# 프랑스민법전

## *Code civil des Français*

(사)한불민사법학회

Groupe coréen de l'Association Henri Capitant

박영사

# 발 간 사

한불민사법학회(한국앙리까삐땅학회)가 2017년 6월에 프랑스민법전번역 프로젝트를 법무부로부터 수주한 후, 햇수로 7년 만에 프랑스민법전의 번역본을 출간하게 되었다. 프랑스민법전의 번역 프로젝트에는 채권총론에 해당하는 부분은 번역과 함께 해제를 하는 것도 포함되어 있었다. 우리 학회는 2017년 6월부터 2021년 11월에 이르기까지 5년 동안 프랑스민법전을 권, 편, 장으로 나누어 번역작업을 수행하였다. 2018년 11월에 채권총론에 해당하는 부분의 번역과 해제를 완료하여 법무부에 제출하였다. 그리고 2021년 11월에 프랑스민법전 전체의 번역 프로젝트를 마무리하고 법무부에 그 결과물을 제출하였다.

프랑스민법전 중 채권총론에 해당하는 부분은 프랑스민법전이 제정된 지 200여년이 지난 2016년 2월 10일에 비로소 개정이 단행되었다. 우리 학회는 하루라도 빨리 우리 민법학계에 이를 소개하기를 원하였다. 그러나 2020년 6월에 예정되어 있던 앙리까삐땅학회 한국세계대회의 준비로 인하여, 프랑스채권법 해제집의 발간은 엄두를 내지 못하였다. 그러던 중 2019년에 발생한 Covid-19로 인하여 앙리까삐땅학회 한국세계대회를 2025년으로 연기할 수밖에 없었다. 비로소 우리 학회는 프랑스채권법 해제집의 발간과 프랑스민법전의 번역에 학회의 역량을 쏟을 수 있는 시간을 얻게 되었다. 그 결과 2021년 1월에 프랑스채권법 해제집이 먼저 출간될 수 있었다.

프랑스민법전 전체의 번역 프로젝트가 마무리되기 오래전부터 민법학자들과 법실무자들이 프랑스민법전 번역본의 출간을 기다리고 있다는 소식을 자주 접하게 되었다. 우리 학회 회원들은 사명감을 가지고 프랑스민법전 번역본의 출간을 서두르지 않을 수 없었다. 프랑스민법전 번역의 프로젝트가 마무리되기도 전인 2021년 3월부터 프랑스민법전의 번역본 출간을 위한 검토위원회를 운영하여 6팀으로 나누어서 기존에 제출하였던 보고서를 검토하기 시작하였다. 프랑스채권법의 해제집을 출간할 때도 마찬가지였지만, 오류와 흠결이 적은 프랑스민법전의 번역본을 출간한다는 것은 여간 어려운 작업이 아니었다. 이미 출간된 프랑스채권법 해제집에 실린 채권총론부분의 번역도 검토작업에 포함되었다. 번역의 의미에는 오류가 없다고 할지라도, 어떻게 번역할 것인가 하는 것은 별개의 문제이기 때문이다. 우리 학회는 프랑스민법전의 번역본의 출간에 신중에 신중을 기하여 임하였다. 프랑스민법전 전체의 번역 프로젝트가 완결된 후인 2022년 1월부터 2023년 5월까지 본격적으로 재검토위원회를 운영하게 되었다. 재검토위원회는 프랑스민법전 전체를 다시 분담하여 11인의 위원이 재검토를 실시하였다. 재검토위원회에서 위원 각자가 분담부분의 재번역을 발표하면서, 조문의 의미이든, 단어의 의미이든 또 번역의 문제이든 모든 사항에 대하여 토론하여 결정하였다. 한번 결정된 사항이더라도 후속 재검토위원의 발표에 따라서 다시 수정되는 일도 비일비재하였다. 또 토론에 기초하여 프랑스법률용어 사전을 작성하기도 하면서, 재검토위원회가 거듭될수록 번역의 통일성을 제고할 수 있었다. 재검토위원회의 회의는 평균 6시간 총 30회에 걸쳐 이루어졌다. 그리고 2022년 11월부터 2023년 5월까지는 재검토위원회와 별개로 5인의 최종검토위원회를 운영하여, 검토과정에서 제기된 문제들을 집중적으로 해결하였다.

프랑스민법전 제정자들은 프랑스국민들이 용이하게 접근할 수 있는 민법전을 제정하는 데 무엇보다도 노력을 기울였다. 제정과정에 비법률가로서 참여한 Napoléon이 이해할 수 있는 프랑스민법전을 제정해야 했기에 더욱 그러하였다. 프랑스민법전은 가독성이 있고 문법에 맞는 논리정연한 문체가 사용되었다. Stendhal이 자신의 문학지망생들에게 프랑스민법전을 반드시 읽기를 권유할 정도였다. 그 결과 프랑스민법전은 국민을 위하여 쉽게 쓰인 유일한 법전으로 인식되기에 이르렀다. 이러한 노력은 프랑스민법전이 개정될 때마다 계속되었다. 200여 년 만에 프랑스민법전의 채권총론이 개정될 때에도, 2016년 2월 10일자 Ordonnance를 통하여 정확성과 간결성을 갖는 문체와 현대적인 단어와 명확한 표현을 사용하여 국민들의 접근성을 높일 것을 명령하였다. 그럼에도 불구하고 현재의 프랑스민법전 안에는 1804년에 제정 당시에 존재하던 조문과 최근에 개정된 조문이 혼재하고 있는 것 또한 사실이다. 담보법, 채권총론, 성년보호법, 부부재산제, 상속법과 가족법 등은 최근에 이르기까지 수시로 개정이 이루어졌다. 그러나 그 밖의 계약법과 불법행위법은 거의 개정이 되지 않아서 제정시의 조문이 그대로라고 해도 과언이 아닐 정도이다. 특히 우리의 상린권에 해당하는 법정지역권에는 현재 프랑스에서도 잘 사용되지 않고 또 일반 국민들이 이해하지 어려운 법률용어가 그대로 존치되어 있다. 우리 학회는 법률용어의 의미를 찾기 위하여 프랑스법률용어사전, 인터넷상의 법률자료, 법률가들의 제안, 프랑스공보의 회람 등을 검색하는 것을 게을리하지 않았다. 제정 후 개정되지 않은 부분과 또 개정시기가 다른 부분들이 산재하는 현재의 프랑스민법전을 번역한다는 일은 결코 쉬운 작업이 아니었다.

프랑스민법전을 번역함에 있어 "이해하고 알기 쉬운 번역"을 다른 무엇보다도 가장 중요한 목표로 하였다. 이를 위해서 몇 가지 원칙을 세웠다.

1. 일반적인 번역의 경우 직역은 하지 않는 것이 원칙이다. 그러나 프랑스민법전의 번역에 있어서는 직역을 하는 것을 원칙으로 하였다. 직역을 하게 되면, 번역이 생경해질 가능성이 있다. 그러나 의역을 하게 되면 자의적인 해석으로 뜻이 왜곡될 수가 있다. 이러한 이유에서, 번역은 가능한 직역을 원칙으로 하였다. 직역의 원칙은 법률용어를 번역하는 때에도 그대로 준수하였다. 우리 민법에 이미 존재하는 법률용어라 하더라도 프랑스민법에서 달리 사용되고 있을 경우에는 직역하였다. 예를 들면, 우리 민법에서 추정과 의제는 별개의 용어를 사용하여 구별된다. 그런데 프랑스민법전에는 양자를 모두 présomption이라는 하나의 용어를 사용하고 있다. 추정은 présomption simple, 의제는 présomption irréfragable을 사용하고 있다. 이에 전자는 단순추정으로 번역하지만 후자는 절대적 추정으로 번역하게 된 것이다.

2. 프랑스어와 우리말은 동사와 목적어의 어순이 다르고 또 종속절의 위치가 다르다. 그 외에 프랑스어와 우리말의 어순이 동일한 경우에는 이를 준수하여 번역하였다. 어순을 바꾸어 번역하면 강조하는 바가 달라질 수 있기 때문이다. 특히 번역에서 외국어의 부사나 부사구가 둘 이상일 경우 뒤의 말부터 번역하는 관례가 있기는 하지만, 프랑스어의 어순에 따라서 번역하였다.

3. 프랑스어의 수동태와 능동태를 그대로 두고 번역하였다. 사물이 주어가 되는 경우, 사물주어를 부사적으로 번역하는 것이 매끄럽기는 하다. 그러나 원문의 의미를 그대로 살리기 위해서, 사물주어를 그대로 두고 번역하는 것을 원칙으로 하였다.

프랑스민법의 조문과 우리 민법의 조문은 항에 번호를 붙이고 계산하는 데에 커다란 차이가 드러나고 있다.

1. 프랑스민법의 조문은 항(項)의 번호를 붙이지 않는다. 그러나 프랑스에서도 어느 조문에서 다른 조문을 인용할 경우에는 몇 번째 항임을 반드시 표시하여야 한다. 이것이 이른바 프랑스의 항계산방식(mode de computation des alinéas)이다.

2. 항계산방식은 의회입법이냐 행정입법이냐에 따라 다르다. 의회입법의 경우에는 마침표로 끝나는 경우뿐만 아니라, 새로운 줄(ligne)로 시작되기만 하면 마침표로 끝나지 않더라도 항으로 계산한다. 즉, 새로운 줄이 호(號), 절, 구 또는 하나의 단어로 구성되고, 쌍점(:)이나 쌍반점(;)의 부호가 사용되거나 또는 아무런 부호가 붙지 않는 경우에도 줄만 바뀌면 항이 된다. 이러한 방식을 '줄바꿈방식'이라 할 수 있다. '줄바

꿈방식'은 우리에게는 매우 생소한 방식이다. 이에 반하여 행정입법의 경우에는, 마침표로 끝나야만 항으로 계산한다. 호(號), 절, 구 또는 하나의 단어로 구성되는 새로운 줄이 있더라도 이를 새로운 항으로 계산하지 않는다. 이를 '마침표방식'이라 부를 수 있다. 항계산방식이 다른 데에 따르는 불편을 해소하기 위하여, 프랑스공보(Journal officiel)는 2000년 10월 20일자 회람(circulaire)을 통하여 행정입법의 경우에도 의회입법의 줄바꿈방식인 항계산방식으로 따르도록 하였다.

3. 항계산방식은 한국 독자들의 편의를 위하여 우리 민법의 방식대로 '마침표방식'에 따랐다. 그 결과 불가피하게 조문의 번역이 원문과 달리 수정되는 곳이 몇 군데 나타나게 되었다. '줄바꿈방식'을 따르면, 프랑스민법 제26-5조의 'deuxième alinéa (1°) de l'article 23-9'는 '제23-9조 제2항(제1호)'으로 또 제271조의 'sixième alinéa'은 '제6항'으로 번역되어야 한다. 그러나 '마침표방식'에 따라서, 제26-5조의 경우는 '제23-9조 제1호'로 또 제271조의 경우는 '제271조 제2항의 넷째 줄'로 번역하였다.

4. 프랑스민법전은 유일하게 항의 번호로 로마자를 붙이기도 한다. 제373-2-2조, 제515-11-1조, 제1843-4조가 그러하다. 각 로마자에는 다시 여러 항이 있을 수 있는 바, 로마자는 항 위의 번호를 가리키는 것이다. 이 경우 로마자 I, II는 제I., 제II로 번역하여 표시하였다. 또 각 로마자에는 여러 항이 있을 수 있다. 항의 번호는 I, II에 구애되지 않고 연속적으로 계산하여 인용되고 있다. 예를 들면, 제I에 두 항이 존재하고 제II에 세 항이 존재한다면 I. ①, ②, II. ③, ④, ⑤로 표시된다. 이 경우 II. ③을 인용할 경우 'troisième alinéa' 또는 'première alinéa du II'로 인용되고 있다. 다만, 호를 표시할 경우에는 항을 표시하지 않고 직접 호를 인용하기도 한다(제373-2-2조 참조).

5. 프랑스민법전의 경우 항을 계산하는 데에 따르는 번거로움과 오류를 피하기 위해서 항을 표시하지 않기도 한다. 예를 들면, 제515-11-1조의 경우가 그러하다. 제515-11-1조에서 제511-11조의 제1항의 제1호를 인용하는 경우, 'première alinéa(1°) de l'article 515-11'로 하지 않고 '1° de l'article 515-11'로 인용하고 있다. 그러나 번역을 하는 경우에는 '마침표방식'에 따라서 '제515-11조 제1항 제1호'로 번역하였다.

프랑스어와 우리말에는 문법상의 차이가 있음에 유의하면서 번역하였다. "정확하지 않은 것은 프랑스어가 아니다!"(Ce qui n'est pas correct n'est pas français!)라고 하는 속담을 염두에 두면서 정확히 번역하려고 하였다.

1. 프랑스어의 대명사와 중성대명사(en, le, y)가 정확히 무엇을 가리키는지를 밝히

면서 번역하였다. 특히 중성대명사의 경우는 그 앞에 명사, 부사 등이 둘 이상이 올 경우, 어느 단어를 받는지에 따라 전혀 의미가 달라지기 때문이다.

2. 관계대명사, 접속사 또는 접속사구의 제한적 용법과 계속적 용법을 구분하여 번역하였다. 특히 à moins que -, soit que -, que 등이 문두, 문중 또는 문미에 쓰이는 경우를 구별하여, 문미에 쓰일 경우에는 계속적 용법으로 번역을 하였다. 예를 들면, à peine de nullité가 문두 또는 문중에 올 때는 "무효가 되지 않기 위하여"(제26-1조)로, 문미에 올 때는 "그러하지 아니하면 무효이다."(제2012조 2항, 제1596조)라고 번역하였다. 또 à moins que가 문두 또는 문중에 올 때에는 "-하지 않는 한"으로, 문미에 오는 때에는 "-인 경우에는 그러하지 아니하다."라고 번역하였다.

3. 쉼표인 반점(,)은 의도적으로 쉽게 하여, 이해를 높이거나 또는 뜻을 강조하기 위하여 사용된다. 그런데 쉼표가 어느 때 사용되어야 하는지에 대하여는 프랑스어도 우리말에도 뚜렷한 원칙은 존재하지 않는다. 프랑스민법의 조문은 반점을 사용하는 경우가 매우 많다. 심지어 접속사의 다음에서도 아주 빈번하게 사용되고 있다. 또 문장이 긴 경우뿐 아니라 짧은 경우에도 그러하다. 번역을 할 때에는 가급적 반점을 그대로 두었고, 불가피한 경우에는 반점을 빼거나 추가하였다.

4. 프랑스어의 경우 쌍점(:)과 쌍반점(;)이 사용되고 있다. 우리말의 경우에는 쌍반점이 없고 또 프랑스어와 우리말에서 쌍점이 사용되는 경우가 다르다. 이러한 이유에서 프랑스어의 쌍점은 마침표로 대신하였고, 쌍반점은 삭제하였다.

프랑스민법전을 번역함에 있어서 어려웠던 점들을 몇 가지 적어본다.

1. 하나의 법률용어는 사용되는 어느 곳이냐에 따라 여러 가지 의미를 갖는다. 이는 법률용어가 아닌 일반용어의 경우도 마찬가지이다. 일일이 열거할 수 없을 정도로 많은 단어가 그러하였다. 예를 들면, successeur는 제1301조에서는 승계인으로 제1309조와 제1320조에서는 상속인으로 번역하였다. 또 ayant cause가 상속법에서 단독으로 쓰이는 경우에는 승계인, héritier와 함께 쓰이는 경우에는 "상속인 이외의 승계인"으로 번역하였다. 그리고 bénéficiaire는 수익자, 수혜자, 권리자의 의미를 갖는 바, 문맥에 따라 증여의 수익자(제470조, bénéficiaire de la donation), 수혜자의 자녀(제61-2조, enfants du bénéficiaire), 등기권리자인 채권자(제2430조, 제2451조, créancier bénéficiaire de l'inscription)로 번역하였다. 이처럼 프랑스민법 전반에 대한 이해가 없이는 한 단어를 달리 번역한다는 것은 사실상 불가능에 가깝다고도 할 수 있다. 관련문헌들을 참조하여 해결하려고 노력하였지만, 착오나 오류가 있다면,

이는 전적으로 우리 학회의 책임이라 하지 않을 수 없다.

2. 프랑스어에서는 동일한 의미를 갖지만, 우리말의 경우 달리 번역하여야 하는 법률용어도 있다. 예를 들면, 프랑스의 avis라는 법률용어는 우리의 법률용어로 의견 또는 통지의 의미이지만, 다시 그 행위주체가 누구이냐에 따라, (사인의) 의견(제348-2조), (의학적) 소견(제433조), 자문기관(예를 들면, 국사원)의 의견(제27-2조)과 (사인에 대한) 통지(제499조), (공중에 대한) 공고(제1397조) 등으로 번역되어야 한다.

3. 프랑스민법전 안에는 국적에 관한 공법규정과 증거에 관한 절차규정들이 적지 않게 존재한다. 또 저당권과 부동산우선특권의 경우에는 실체법이 아닌 등기절차나 실행절차에 관한 규정들이 많이 존재한다. 이들 규정들은 우리 법의 관련분야에서 갖는 의미로 번역하려고 하였다.

4. 프랑스민법전의 여러 부분이 수시로 개정되는 데에 따른 어려움이 있었다. 번역하는 동안에도 여러 부분들이 수시로 개정되었다. 특히 상속, 부부재산제 등은 자주 개정이 있었다. 심지어 채권총론에 해당하는 부분은 개정된 지 불과 1년 후에 다시 조문이 개정되기도 하였다. 우리 학회는 2023년 1월 1일까지 개정된 프랑스민법전을 대상으로 번역하였다.

5. 프랑스민법의 조문은 표제를 붙이지 않는다. 그 대신 권, 편, 장, 절, 부속절, 관에서 개괄적인 제목을 붙이고 있을 뿐이다. 예를 들면, 형식(forme), 성질(nature), 절차(formalité, procédure), 요건(condition), 효과(effet) 등의 제목이다. 따라서 각 조문의 내용에 따르는 색인을 작성하는 것은 애초에 불가하다. 그러기에 프랑스민법전의 색인은 2단으로 100여 페이지에 이를 정도이다. 이런 사정을 감안하여, 프랑스어 색인은 한편으로 장, 절, 부속절, 관의 제목을 참조하기도 하고, 다른 한편으로 각 조문의 내용을 읽어 중심되는 단어를 찾아서 작성하였다.

한불민사법학회(한국앙리까삐땅학회)의 존재 목적은 회원들이 프랑스민법을 연구하여 훌륭한 논문을 발표하고 또 우리 민법의 개정 시에 참고할 좋은 비교법자료를 학계에 제공하는 것이다. 이를 위해서는 프랑스민법전과의 번역과 프랑스민법전의 각 부분에 대한 해제집의 출간이 필수적이라 할 것이다. 우리 학회는 먼저 프랑스채권법해제집을 출간하면서 프랑스민법전 번역본을 출간을 약속하였던 것이다. 비록 늦기는 하였지만 이 약속을 지키게 되어, 우리 자신들로부터의 비난을 면할 수 있게 되었다. 앞으로 프랑스민법전의 각 부분에 대하여 해제집들을 출간하는 것을 염원해 본다.

　프랑스민법전의 번역작업과 검토작업에는 7년 동안 전 회원이 참여하였다. 회원들은 처음 5년 동안 해마다 2그룹으로 나뉘어서 번역작업을 진행하였고 그 후에는 1년 6개월 동안 또 검토작업과 재검토작업을 실행하였다. 이를 통하여 우리 회원들은 프랑스민법에 대하여 더 정확한 지식을 가질 수 있었고 또 프랑스어를 이해하고 구사하는 데에 더 많은 발전을 이룩하였다. 프랑스민법전 번역본의 출간은 7년이라는 짧지 않은 기간 동안 우리 학회 회원들이 기울인 노력과 열정으로 태어난 것이다. 특히 김은아 학술간사와 김태희 연구간사는 누락된 조문이 없는지, 개정된 조문이 제대로 반영되고 있는지, 권, 편, 장, 절, 부속절, 관의 제목이 제대로 번역되었는지 또 항(項)이 줄바꿈방식으로 통일되어 있는지를 검토하고 또 프랑스민법전 번역본의 형식적인 통일을 꾀하고 색인에 추가사항을 넣고 편집하는 등 성가시고 어려운 일들을 도맡아 처리하였다. 이제 프랑스민법전 번역본의 발간은 모든 회원들의 공과 영광이 되는 것으로 회원들이 함께 자축하는 바이다.

　프랑스민법전의 번역본 출간을 맡아주신 박영사 조성호 이사께 감사의 말씀을 전한다. 또 2023년 5월부터 10월까지 번역의 통일성을 제고하기 위한 학회의 여러 까다로운 요구사항을 수용하여 주셨고 또 수차례에 걸쳐서 꼼꼼하고 성실하게 교정을 보신 한두희 과장께도 깊은 감사의 말씀을 드린다.

　프랑스민법전의 번역본 프로젝트를 제안한 법무부에 무엇보다도 진심으로 감사의 말씀을 전한다. 법무부의 제안이 없었더라면 프랑스민법전의 번역본은 결코 햇빛을 볼 수 없었을 것이다. 또 첫해에 이어 해마다 우리 학회와 프로젝트 수주계약을 체결하여준 법무부 조민우 검사를 비롯하여 여러 검사께도 진심으로 감사의 말씀을 전한다. 마지막으로 자신의 분야가 아님에도 불구하고 프랑스민법전 번역본의 출간을 위한 검토작업의 필요성을 이해하여서, 그 실행에 필요한 재정지원을 아끼지 않은 ㈜범창산업 김창식 회장께도 진심으로 깊은 감사의 말씀을 전하는 바이다.

2023. 10. 19.

남효순

프랑스민법전의 번역본 발간위원장

서울대학교 법학전문대학원 명예교수

# Préface

*Philippe Dupichot, Professeur à l'Ecole de droit de la Sorbonne (Université Paris 1 Panthéon-Sorbonne), Président de l'Association Henri Capitant*

Promulgué le 21 mars 1804 sous le nom de « Code civil des français », et vieux de presque 220 années, le Code civil dont on découvrira la traduction coréenne dans les pages qui suivent aura connu une longévité et un rayonnement exceptionnels.

Rappelons qu'il fut le fruit du travail d'une commission de 4 membres instituée par un arrêté des consuls du 24 thermidor an VIII (12 août 1800) : François Tronchet, président du tribunal de cassation et ancien avocat Parlement de Paris ; Félix Bigot de Préameneu, commissaire du gouvernement près le tribunal de cassation et avocat au Parlement de Paris ; Jean-Etienne-Marie Portalis, commissaire du gouvernement du conseil des prises et ancien avocat au Parlement d'Aix ; Jacques de Maleville, juge au tribunal de cassation et ancien avocat au Parlement de Toulouse. Tous étaient des praticiens représentant à parité la culture juridique de droit coutumier (Tronchet et Bigot de Préameneu) et la culture romaine de droit écrit (Portalis et Maleville). Ces jurisconsultes élaborèrent un Projet dit de l'an VIII en cinq mois seulement, lequel fut imprimé le 1er pluviôse an IX, soit le 21 janvier 1801. Pour ce faire, ils puisèrent abondamment dans les travaux de l'Ancien Droit de Pothier ainsi que de Domat et adoptèrent une conception élevée de l'office du législateur, magnifiquement décrite par Portalis dans son Discours préliminaire : "*La science du législateur consiste à trouver, dans chaque matière, les principes les plus favorables au bien commun (···) L'office de la loi est de fixer, par de grandes vues, les maximes générales du droit ; d'établir des principes féconds en conséquences, et non de descendre dans le détail des questions qui peuvent naître sur chaque matière. C'est au magistrat et au jurisconsulte, pénétrés de l'esprit général des lois, à en diriger l'application*". L'ADN du droit continental se trouve dans cet extrait : le législateur doit arrêter de grands principes tout en s'appuyant sur le juge, la doctrine et les praticiens pour leur mise en œuvre ; de sorte qu'il serait faux de croire que le juge n'aurait pas droit de cité en terres de tradition civilistes···

# 축하의 글

필립 뒤피쇼(*Philippe Dupichot*)

소르본느 법과대학(파리 제1대학, 판테온-소르본느) 교수, 앙리까삐땅협회 회장

1804년 3월 21일에 "프랑스 국민의 민법전"이라는 명칭으로 공포되어 거의 220년의 역사를 지닌 채, 이번에 한국어로 번역되는 프랑스 민법전은 아주 특별한 생명력과 영향력을 누려 왔습니다.

이 민법전은 공화력 8년 테르미도르 24일(1800년 8월 12일) 집정관령에 의해 설립된 4인 위원회 작업의 결실이었습니다. 프랑소와 트롱세(François Tronchet : 파기법원장, 전 파리의회 변호사), 펠릭스 비고 드 프레암느(Félix Bigot de Préameneu : 파기법원 소속 정부위원, 파리의회 변호사), 장 에띠엔느 마리 포딸리스(Jean-Etienne-Marie Portalis : 행정법원의 정부위원, 전 엑스의회 변호사), 자크 드 말레빌르(Jacques de Maleville : 파기법원 법관, 전 툴르즈의회 변호사) 등이 바로 그들이었습니다. 이들은 관습법의 법문화를 대표하는 실무가(트롱세, 비고 드 프레암느)이자 성문의 로마법 문화를 대표하는 실무가(포딸리스, 말레빌르)였습니다. 이 법률가들은 단 5개월 만에 공화력 8년 기획안을 완성하였고, 이 기획안은 공화력 9년 플리비오스 1일(1801년 1월 21일)에 인쇄되었습니다. 이를 위해 이들은 포티에르(Pothier)와 도마(Domat)의 구법(Ancien Droit) 연구자료를 수없이 참조하였고 입법자의 기능과 역할에 관한 하나의 개념을 채택하였습니다. 포딸리스는 이를 서문에서 다음과 같이 훌륭하게 표현하고 있습니다. "*입법자의 역량은 각 분야에서 공동선에 가장 적합한 원칙들을 찾는 데에 있다. (...) 법률의 역할은 폭넓은 시각을 통해 법의 일반적 규범을 확정하고, 결과적으로 풍부한 원칙들을 설정하는 것이지, 각각의 사건에서 제기될 수 있는 의문점들의 세세한 부분까지 다루는 것이 아니다. 이는 법의 일반정신에 기초하여 해당 사안에 법을 적용하는 법관이나 법률가들의 몫이다.*" 대륙법의 DNA는 이 인용문에 있습니다. 입법자는 대원칙에서 멈추고, 그 구현을 위해, 법관과 법리 및 실무가들을 전적으로 신뢰하여야 합니다. 따라서 법관은 전통적인 시민법 지역에서는 환영받지 못하리라고 여기는 것은 근거 없는 것입니다.

Soumis au tribunal de cassation et aux tribunaux d'appel pour consultation, le projet de Code civil fut discuté par le Conseil d'État qui sous l'impulsion de Bonaparte, Premier Consul, lui donna sa forme finale. Sensiblement modifié, il sera finalement adopté au bout de 4 ans et voté par le Corps législatif en 36 lois réunies sous le titre de *"Code civil des Français"* et promulguées par Loi 30 Ventôse an XII, soit le 21 mars 1804.

On y trouvait alors 2281 articles organisés en trois Livres, conformément à la tradition romaine ("Des personnes" ; "Des biens et des différentes modifications de la propriété" ; "Des différentes manières dont on acquiert la propriété"). Trois Livres formant les trois briques de toute société humaine : en effet, ce sont toujours des personnes - physiques ou morales - qui échangent des richesses par les contrats qu'elles concluent. Jean Carbonnier y verra les trois piliers d'un Code civil dans lequel il a identifié ni plus ni moins que « la Constitution civile des français » : la famille, la propriété et le contrat. Il est vrai que les acquis révolutionnaires s'y trouveront consacrés mais avec mesure et sans hybris : la liberté contractuelle, la propriété privée, l'égalité des individus et la sécularisation du droit et des institutions.

Cette codification emprunta au cartésianisme ce qu'il avait de meilleur : à la faveur d'un plan (dont on oublierait qu'il sert de guide sûr en géographie comme en légistique !), la législation civile se trouve réunie suivant un ordonnancement logique dans un même ouvrage en garantissant la simplicité et l'accessibilité. Stendhal louera la sobriété et la clarté de la plume d'un législateur peu versé dans la théorie ou l'académisme : la différence d'approche avec la tradition germanique apparaîtra nettement près d'un siècle plus tard avec l'adoption du BGB, volontiers plus « scientifique » et abstrait dans son approche de la codification.

Le rayonnement international du Code civil fut immense ; si celui-ci fut parfois imposé par la force des baïonnettes par les armées napoléoniennes, il fut une source directe d'inspiration pendant tout le 19ème siècle aux Pays-Bas (1837), en Italie (1865), en Roumanie (1865) au Portugal (1867), en Espagne (1889) et jusqu'en Amérique du Sud (Chili, 1855 ; Argentine,1869) ou encore au Québec (1866).

Certes, il souffrit de la double concurrence résultant du BGB - entré en vigueur le 1er janvier 1900 et dont le rayonnement fut particulièrement grand en Asie en général et au Japon ou en Corée du Sud en particulier ! - et d'une tradition de *common law* portée par la première puissance mondiale des Etats-Unis, réputée « business friendly ».

자문을 받기 위해 파기법원과 항소법원에 제출된 바 있는 민법전 제정안은, 제1집 정관인 보나파르트의 영향력 아래, 국사원에서 논의가 되었고, 국사원은 그 최종안을 만들었습니다. 상당 부분이 수정되어, 제정안은 거의 4년 만에 결국 채택되었고, 36개의 법률이 합쳐진 "프랑스 국민의 민법전"이라는 명칭으로 입법부에서 가결되었으며 공화력 12년 벵토즈 30일(1804년 3월 21일)에 공포되었습니다.

이 민법전은 로마법의 전통에 맞추어 총 3권("인(人)" ; "물건, 소유권의 다양한 수정" ; "소유권을 취득하는 다양한 방법")의 2281개 조항으로 구성되었습니다. 이 3개의 권은 모든 인류사회의 세 요소를 나타내고 있지만, 계약의 체결을 통해 재화를 교환하는 주체는, 자연인이든 법인이든, 사실 늘 인(人)입니다. 쟝 까르보니에르(Jean Carbonnier)는 민법전이야말로 바로 "프랑스인들의 민사적 헌법"(la Constitution civile des français)임을 확인하고, 여기에서, 가족과 소유권 그리고 계약이라는 민법전의 3 기둥을 발견하게 됩니다. 계약 자유, 사소유권, 개인의 평등 그리고 법과 제도의 세속화라는 혁명적 가치들이 절제되고 기복 없이 여기에 녹아 있음도 사실입니다.

이 법전화는 데카르트 철학에서 가장 좋은 점을 차용하였습니다. 하나의 구상을 이용하여(이 구상이 입법학은 물론 지리학에서도 확실한 지침 역할을 한 것을 우리는 잊었을 것입니다!), 민사 법제는 단순성과 접근성을 보장하면서 동일한 작품 안에 논리적 순서에 따라 통합되었습니다. 스탕달은 이론이나 아카데미즘에 정통하지 않았던 입법자의 펜의 절제와 명확함을 칭찬할 것입니다. 게르만 전통과의 접근 방식의 차이는 거의 100년 후, 법전화에 대한 접근에서 의도에 따라 더 "과학적"이고 추상적인, 독일민법전(BGB)의 채택과 더불어 분명히 드러나게 됩니다.

민법전의 국제적 파급력은 대단했습니다. 이것이 때로는 나폴레옹 군대에 의한 총검의 힘으로 부과되었지만, 민법전은 19세기 내내 네덜란드(1837), 이탈리아(1865), 루마니아(1865), 포르투갈(1867). 스페인(1889)과 멀리 남아메리카(칠레 1855, 아르헨티나 1869), 심지어는 퀘벡(1866)에 이르기까지. 영감(靈感)의 직접적인 원천이었습니다

물론, 프랑스 민법전은 이중의 경쟁을 겪었습니다! : 1900년 1월 1일에 발효되어 아시아 일반, 특히 일본이나 한국에 큰 영향을 미쳤던 독일민법전(BGB) 그리고 "기업 친화적"이라고 평가된, 미국이라는 세계 최강국이 이어온, Common law 전통으로 인한 것이었습니다.

Il n'en restera pas moins une source d'inspiration majeure pour les pays de tradition civiliste et notamment pour le Brésil (1916) ou le Code des obligations et des contrats du Liban, adopté en 1932.

Et si aujourd'hui, il ne reste plus qu'environ un tiers d'articles estampillés de l'année 1804 (contre 40 % au début des années 2000 avec 1115 articles d'origine et environ 70 % en 1964 avec 1716 articles d'origine), le rayonnement du Code civil s'est paradoxalement accru à la faveur d'un double mouvement.

Le premier tient à son actuelle *rénovation*. La période contemporaine a démontré qu'un Code ne garde de sa superbe que pour autant - à l'instar de tout organisme soumis à loi de Darwin - qu'il se renouvelle et s'adapte. A cet égard, les récentes réformes du droit des contrats par l'ordonnance du 10 février 2016 ou du droit des sûretés par les ordonnances du 23 mars 2006 et du 15 septembre 2021 ont accru l'intérêt international pour le Code civil de la France. En charge des célébrations du bicentenaire du Code civil en 2004, l'Association Henri Capitant a pris toute sa part dans ce mouvement de rénovation : elle l'a tantôt impulsée (droits des contrats, des biens, des contrats spéciaux, etc.), tantôt directement élaborée à la demande du Ministère de la Justice (droit des sûretés).

Le second tient à sa *traduction*. Enfermé dans une seule langue et quels qu'en soient les mérites (le français, parlé par plus de 325 millions d'habitants et 5$^{ème}$ langue mondiale à ce titre), un code se meurt. Seule la traduction permet d'aller à la rencontre des autres juristes ou pays et de diffuser une certaine façon de penser le droit et la loi. Et il faut se féliciter que des initiatives privées permettent de combler les défaillances de l'initiative publique : la nouvelle version de Légifrance ne comporte ainsi plus la traduction anglaise ou espagnole du Code civil, sans doute parce qu'elle devenait progressivement obsolète···

C'est tout le mérite de la présente traduction qui est le fruit d'un travail colossal, engagé début 2017.

Tous les membres du Groupe coréen de l'Association Henri Capitant - soit une vingtaine de juristes - se sont réunis, à raison d'au moins une réunion mensuelle pour poursuivre cette entreprise sous la présidence de Monsieur NAM Hyosoon.

　그럼에도 불구하고, 프랑스 민법전은 성문 민법 전통을 가진 국가, 특히 브라질 (1916)이나, 1932년에 채택된, 레바논 「채무 및 계약 법전」에 주요 영감의 원천으로 남아 있을 것입니다.

　그리고 오늘날 1804년도에 검인된 조문들의 약 3분의 1만 남았지만(1964년에는 1716개의 원본 조문의 약 70%, 2000년대 초에는 1115개의 원본 조문의 40%에 대하여), 프랑스 민법전의 영향력은 두 가지 운동 덕분에 역설적으로 증가했습니다.

　그 첫째는 현재의 혁신에서 비롯됩니다. 현시대는 다윈의 법칙을 따르는 다른 유기체와 마찬가지로 법전이 갱신되고 적응하는 경우에만 그 훌륭함을 유지한다는 것을 보여주었습니다. 이와 관련하여 최근 2016년 2월 10일 오르도낭스에 따른 계약법 개정 또는 2006년 3월 23일 및 2021년 9월 15일 오르도낭스에 따른 담보법 개정은 프랑스 민법에 대한 국제적 관심을 증가시켰습니다. 2004년에 민법전 200주년을 기념하면서, 앙리까삐땅협회(l'Association Henri Capitant)는 이러한 혁신 운동에 적극적으로 참여했습니다. 협회는 때로는 이를 추진하기도 했고(계약법, 재산, 특수계약 등) 때로는 법무부의 요청에 따라 시안을 만들기도 하였습니다(담보법).

　그 둘째는 번역입니다. 그 장점이 어떠하든(프랑스어는 3억 2천 5백만 명 이상의 주민이 사용하는 세계 5번째의 언어임) 단일언어에 갇혀 있다면, 법전은 사라지게 됩니다. 번역만이 다른 법학자나 국가를 만나게 하고, 법과 법률에 관한 특정한 사고방식을 전파하는 것을 가능하게 합니다. 그리고 민간의 주도로 공공 주도의 단점을 보완할 수 있도록 하는 것은 환영받아야 합니다. 레지프랑스(Légifrance)[1]의 새로운 버전에는 민법전의 영어나 스페인어 번역이 더는 포함되지 않습니다. 아마도 이 번역이 점차 구식이 되었기 때문입니다.

　이것이 2017년 초부터 수행된 엄청난 작업의 결실인 본 번역본의 모든 장점입니다.

　앙리까삐땅학회 한국그룹의 모든 회원들(20여 명 정도의 법학자)은 이 사업 추진을 위해 남효순위원장의 주재로 매달 최소 한 번의 모임을 가졌습니다.

---

1) 프랑스 법무부 법률정보제공 사이트.

Le sens de cette traduction est très fort : il témoigne d'abord de l'exceptionnel dynamisme des juristes coréens et de leur attachement à la tradition juridique continentale en général et romaniste en particulier ; il signale *urbi et orbi* ensuite que la Corée du Sud, par-delà les crises sanitaires et les tensions internationales, poursuite et amplifie même ses activités académiques de droit comparé ; il confirme enfin que la traduction est un vecteur fondamental de diffusion et de connaissance : sans traduction, nos lois, nos codes resteraient enfermés sur un territoire et sur une langue et peineraient à aller à la rencontre des juristes de tous horizons.

La contribution du Groupe coréen à cette entreprises de diffusion de la pensée juridique continentale est immense et inspire la plus profonde gratitude.

C'est pourquoi l'Association Henri Capitant, premier réseau international de la tradition civiliste, est heureuse de décerner au collectif d'auteurs qui ont assuré cette belle traduction la Médaille de vermeil de notre Association. Cette dernière constitue la plus haute distinction honorifique de notre Association, pour services exceptionnels rendus à son projet, lequel de façon immuable et conformément à ses statuts d'association reconnue publique est le développement des relations intellectuelles et amicales entre juristes ayant reçu en partage le don de la codification.

A tous ces collègues et amis traducteurs et amateurs de droit continental, nous disons très chaleureusement : Merci et bravo, 고맙습니다 그리고 수고하셨습니다.

이 번역의 의미는 매우 강력합니다. 무엇보다도 한국 법학자들의 뛰어난 역동성과 대륙법 전통 전반, 특히 로마법에 대한 그들의 애정을 입증합니다. 다음으로 한국은 보건 위기와 국제적 긴장을 극복하고 비교법 분야의 학술 활동을 계속하고 심지어 확대하고 있음을 세상에 알리고 있습니다. 마지막으로 번역은 전파와 지식의 기본 매개임을 확인시키고 있습니다. 번역이 없다면, 우리의 법률과 법전들은 하나의 지역과 하나의 언어에 국한되었을 것이고 모든 지평선 너머의 법률가들에게 다가가는 데 난관에 부딪힐 것입니다.

대륙의 법사상을 전파하려는 노력에 대한 한국그룹의 기여는 엄청나기에 이들에게 가장 깊은 사의를 표합니다.

이것이 바로 성문 민법 전통의 최초의 국제적인 네트워크인 앙리까삐땅학회가 이 아름다운 번역을 완성한 단체에 학회의 Vermeil 메달을 수여하게 된 것을 기쁘게 생각하는 이유입니다. 이 메달은 우리 학회에서 가장 영예로운 상으로서, 확고부동한 방식으로 그리고 공인된 학회의 규약에 적합하게, 법전화의 혜택을 공유한 법률가들 사이의 지적이고 우호적인 관계를 발전시키고자 하는 학회의 사업에 탁월한 공헌을 한 경우에 수여되는 것입니다.

대륙법에 애정을 가지고 번역을 수행한 동료이자 친구들에게 진심으로 말씀드립니다. : Merci et bravo, 고맙습니다 그리고 수고하셨습니다.

# 감사의 글

드디어 프랑스민법전 한글완역본이 세상에 나오게 되었습니다. 2016년의 대대적인 개정을 비롯하여 최근의 개정 내용(2023년 1월)까지 모두 포함된 것이기에 그 의미가 남다릅니다.

현행 프랑스민법전의 완역 작업은 2017년부터 진행된 법무부 프로젝트를 기점으로 본격적으로 시작되었습니다. 그러나 실제로는 2007년 초에 당시 서울대 남효순 교수님(현 한불민사법학회 명예회장, 프랑스민법전 번역본 발간위원장)의 주도로 프랑스민법 연구모임이 구성된 때부터라 할 수 있습니다. 이때는 마침 프랑스에서 민법전의 대대적인 개정작업이 활발하게 진행되던 시기이기도 하였습니다. 프랑스민법 연구자들 각자가 개별적으로 이러한 엄청난 변화를 감당할 수 없었음은 물론이고, 개인적 연구의 한계를 극히 인식하고 있었기에, 프랑스민법 연구모임의 구성은 어쩌면 필연이었습니다. 이로써 프랑스민법 및 민법전 개정 시안의 연구와 번역은 조직적이고 체계적으로 수행될 수 있었습니다. 그리고 이 연구모임은 2008년부터 한국민사법학회 산하의 프랑스민법연구회로 전환되어 더욱 활발한 연구 활동으로 이어질 수 있었습니다. 우리는 이 연구 활동을 통해 프랑스민법의 특정 분야, 특히 개정안이 나왔거나 개정된 분야를 주 대상으로 하여 공동연구를 진행하고 그 성과를 공동으로 발표하였습니다. 연구 방법은 해당 법조문을 분담하여 번역하고 그 번역문을 중심으로 함께 토론하여 내용을 정하는 방식으로 진행하였습니다. 법조문 하나, 용어 하나, 하나의 의미와 번역어를 두고 몇 시간씩 토론하는 경우가 헤아릴 수 없을 정도로 많았습니다. 20여 명 내외의 소수였음에도, 상당한 노력과 시간을 투여해야 하는 힘든 작업이었음에도, 지침과 불평보다는 열정과 화합이 모임을 이끌었습니다. 비교법을 핵심 방법론으로 하는 법학(특히 민법)에서 독일 법학에 편중되어 연구가 진행되는 것에 대한 문제의식, 한국 민법학의 균형적 발전을 위해 프랑스민법을 제대로 소개해야 한다는 사명감이 우리에게 있었습니다. 이러한 우리의 노력은 앙리까삐땅학회(Association Henri Capitant)와 연결되었고, 2020 앙리까삐땅학회 세계대회의 한국 유치를 계기로(현재 이 대회는 2025년으로 연기되었음), 2016년 12월에 사단법인 '한불민사법학회'가 출범하게 되었습니다. 프랑스민법전 번역을 내용으로 하는 법무부

프로젝트는 이때부터 시작됩니다. 20여 명의 회원들이 이 작업에 모두 참여하였습니다. 그리고 5년이 흐른 2021년에 프랑스민법전 대부분의 번역이 완료되었습니다. 이후 프랑스민법전 번역본의 출간 작업은, 우리 모두의 희망사항이었기 때문에, 너무나 당연한 일이었습니다. 남효순 발간위원장님을 중심으로 하여 번역의 원칙이 정하여졌고, 모든 회원은 6개의 팀으로 나뉘어 검토위원회를 구성하였습니다. 우선 각 팀은, 팀별 모임을 통해, 맡은 조문들의 번역문을 분석하는 작업을 하였습니다. 이미 상당한 논의를 거쳐 번역된 문장과 용어임에도 불구하고, 이 과정에서 재논의 및 수정의 필요성이 있는 조문들이 많이 발견되었습니다. 수년간의 경험을 통해 느낀 바이지만, 번역이라는 작업, 특히 법조문의 번역은 끝이 없는 작업이었습니다. 계속되는 팀별 모임과 전체 모임에서도 치열한 토론이 행해졌습니다. 이어서 재검토위원회를 운영하게 되었습니다. 프랑스민법전 원문의 의미 해석과 번역을 위하여, 때론 5~6시간 이상의 토론이 있었음에도, 모두가 만족하는 해석과 번역을 찾지 못하였기에, 차선책을 구해야 하는 경우도 많았습니다. 단독으로 번역할 때에는 전혀 인식되지 못하였던 문제들이 논의 과정에서 수시로 드러나는 모습을 지켜보면서, 공동 작업이 얼마나 중요한가를 새삼스레 느꼈습니다. 이렇게 2년이 넘는 시간의 노력을 통해 프랑스민법전 한글완역본이 출간되게 되었습니다. 2007년 '프랑스민법 연구모임'의 결성 이후 지금의 '한불민사법학회'에 이르기까지 16년이라는 기간은 이렇게 채워졌고, 우리는 이 시공간의 일부가 되었습니다. 그리고 우리는 2021년에 '프랑스채권법 해제집'을 출간하였고 지금은 '프랑스민법전 번역본'을 출간합니다. 완벽한 작품은 아닐지라도 우리의 최선의 노력이 곁들어진 것임은 분명합니다. 수없이 많은 어려움이 있었음에도, 부단한 의지로서 우리 학회는 물론 프랑스민법전 번역 작업을 이끌어 오신 남효순 발간위원장님께 무한한 사의를 표합니다. 돌이켜보면, 남효순 교수님의 의지가 있었기에 지금의 한불민사법학회가 존재할 수 있었다는 생각이 듭니다. 또한 넉넉지 못한 여건에도, 각자의 생각과 견해가 다를 수 있음에도, 열정적으로 학회의 활동과 발전에 적극적으로 동참하여 주시고, 프랑스민법전 번역 작업을 위해 최선의 노력을 다하여 주신 회원님들 모두에게 깊은 감사를 드립니다. 여러분들의 열정과 노력이 있기에 한불민사법학회는 더욱 발전할 것이고, 계속하여 연구결과물을 펴낼 것입니다. 또 검토위원회, 재검토위원회와 최종검토위원회에서 수고하신 회원님들의 노고도 잊을 수 없을 것입니다.

아울러 법무부의 프로젝트 수행이 없었다면, 프랑스민법전의 번역이라는 방대한 작업을 진행하기란 몹시 어려웠을 것입니다. 감사합니다. 그리고 검토 작업의 실행을 위해 상당한 재정적 지원을 하여 주신 ㈜범창산업 김창식 회장님께도 심심한 사의를 표합니다.

2023. 10. 19.

남 궁 술

(사)한불민사법학회 회장

경상국립대학교 법과대학 교수

# 차 례

## Livre IV Des sûretés
## 제4권 담보

# 프랑스민법전

*Code civil des Français*

# Titre préliminaire De la publication, des effets et de l'application des lois en général

**Article 1** Les lois et, lorsqu'ils sont publiés au Journal officiel de la République française, les actes administratifs entrent en vigueur à la date qu'ils fixent ou, à défaut, le lendemain de leur publication. Toutefois, l'entrée en vigueur de celles de leurs dispositions dont l'exécution nécessite des mesures d'application est reportée à la date d'entrée en vigueur de ces mesures. En cas d'urgence, entrent en vigueur dès leur publication les lois dont le décret de promulgation le prescrit et les actes administratifs pour lesquels le Gouvernement l'ordonne par une disposition spéciale.

Les dispositions du présent article ne sont pas applicables aux actes individuels.

**Article 2** La loi ne dispose que pour l'avenir ; elle n'a point d'effet rétroactif.

**Article 3** Les lois de police et de sûreté obligent tous ceux qui habitent le territoire.

Les immeubles, même ceux possédés par des étrangers, sont régis par la loi française.

Les lois concernant l'état et la capacité des personnes régissent les Français, même résidant en pays étranger.

**Article 4** Le juge qui refusera de juger, sous prétexte du silence, de l'obscurité ou de l'insuffisance de la loi, pourra être poursuivi comme coupable de déni de justice.

**Article 5** Il est défendu aux juges de prononcer par voie de disposition générale et réglementaire sur les causes qui leur sont soumises.

**Article 6** On ne peut déroger, par des conventions particulières, aux lois qui intéressent l'ordre public et les bonnes moeurs.

**Article 6-1** Le mariage et la filiation adoptive emportent les mêmes effets, droits et obligations reconnus par les lois, à l'exclusion de ceux prévus aux chapitres I$^{er}$ à IV du titre VII du livre I$^{er}$ du présent code, que les époux ou les parents soient de sexe différent ou de même sexe.

# 서(序)편 법률의 공포, 효력 및 시행 일반

**제1조** ① 법률과 프랑스 공화국의 관보에 공포되는 행정행위는, 법률과 행정행위가 정하는 날 또는, 그렇지 않으면, 그들의 공포가 있은 다음 날에 발효된다. 그러나 그 시행에 있어서 적용 조치를 필요로 하는 규정들이 있는 법률의 발효는 그 조치의 발효일까지 연기된다. 긴급한 경우, 법률을 위한 공포 데크레가 이를 규정하고 행정행위를 위하여 정부가 특별규정으로 이를 명령하면 법률과 행정행위는 그 공포 즉시 발효된다.

② 본조의 규정은 개별 행위에는 적용되지 아니한다.

**제2조** 법률은 장래에 대하여만 규정한다. 법률은 전혀 소급효를 갖지 아니한다.

**제3조** ① 공적 질서와 안전에 관한 법률들은 영토 내에서 거주하는 모든 사람을 강제한다.
② 부동산은, 외국인이 소유한 것일지라도, 프랑스 법률에 의하여 규율된다.
③ 사람의 신분과 능력에 관한 법률은 프랑스인을 규율하며, 외국에 거주하더라도 마찬가지이다.

**제4조** 법률의 흠결, 불명확 또는 불충분을 이유로, 재판을 거부하는 법관은 재판 거부에 대한 유죄로 기소될 수 있다.

**제5조** 법관은 자신에게 맡겨진 사건에 대하여 일반적이고 법규적 효력을 가지는 규정에 의하여 재판하는 것이 금지된다.

**제6조** 누구도, 개별적 합의에 의하여, 공적 질서와 선량한 풍속에 관련한 법률을 위반할 수 없다.

**제6-1조** 혼인과 양친자관계는, 본법전 제1권 제7편 제1장에서 제6장에 규정된 것을 제외하고, 법률에 의하여 인정된 동일한 효과, 권리 및 의무를 가져오며, 배우자 또는 부모가 이성(異性)이든 동성(同性)이든 마찬가지이다.

**Article 6-2** Tous les enfants dont la filiation est légalement établie ont, dans leurs rapports avec leurs parents, les mêmes droits et les mêmes devoirs, sous réserve des dispositions propres à l'adoption simple. La filiation fait entrer l'enfant dans la famille de chacun de ses parents.

# Livre I<sup>er</sup> Des personnes

## Titre I<sup>er</sup> Des droits civils

**Article 7** L'exercice des droits civils est indépendant de l'exercice des droits politiques, lesquels s'acquièrent et se conservent conformément aux lois constitutionnelles et électorales.

**Article 8** Tout Français jouira des droits civils.

**Article 9** Chacun a droit au respect de sa vie privée.

Les juges peuvent, sans préjudice de la réparation du dommage subi, prescrire toutes mesures, telles que séquestre, saisie et autres, propres à empêcher ou faire cesser une atteinte à l'intimité de la vie privée : ces mesures peuvent, s'il y a urgence, être ordonnées en référé.

**Article 9-1** Chacun a droit au respect de la présomption d'innocence.

Lorsqu'une personne est, avant toute condamnation, présentée publiquement comme étant coupable de faits faisant l'objet d'une enquête ou d'une instruction judiciaire, le juge peut, même en référé, sans préjudice de la réparation du dommage subi, prescrire toutes mesures, telles que l'insertion d'une rectification ou la diffusion d'un communiqué, aux fins de faire cesser l'atteinte à la présomption d'innocence, et ce aux frais de la personne, physique ou morale, responsable de cette atteinte.

**Article 10** Chacun est tenu d'apporter son concours à la justice en vue de la manifestation de la vérité.

Celui qui, sans motif légitime, se soustrait à cette obligation lorsqu'il en a été légalement requis, peut être contraint d'y satisfaire, au besoin à peine d'astreinte ou d'amende civile, sans préjudice de dommages et intérêts.

**제6-2조** 친자관계가 적법하게 성립된 모든 자녀들은, 자신들의 부모와의 관계에서, 단순입양에 특유한 규정들의 유보 하에, 동일한 권리와 동일한 의무를 가진다. 친자관계는 자녀를 그의 부모 각자의 가족의 일원이 되게 한다.

# 제1권 인

## 제1편 사권

**제7조** 사권의 행사는 헌법과 선거법에 따라 취득되고 보유되는 공권의 행사와는 독립적이다.

**제8조** 모든 프랑스인은 사권을 향유한다.

**제9조** ① 누구나 자신의 사생활을 존중받을 권리가 있다.
② 법원은, 입은 손해의 배상과는 별도로, 계쟁물기탁이나 압류 등과 같이, 사생활의 비밀의 침해를 방지하거나 중단시키기에 적절한 모든 조치를 명할 수 있다. 이 조치는, 긴급한 경우에는, 긴급심리로 명할 수 있다.

**제9-1조** ① 누구나 무죄의 추정을 존중받을 권리가 있다.
② 어느 사람이 모든 형의 선고 전에, 조사 또는 사법 예심의 대상이 되는 행위가 유죄인 것으로 공개적으로 발표된 경우, 법원은, 긴급심리에 의해서라도, 입은 손해의 배상과는 별도로, 정정문 게재 또는 공식 성명의 배포와 같은, 무죄 추정에 대한 침해를 중단시킬 목적으로, 모든 조치를 명할 수 있고, 그리고 이는 그 침해에 책임이 있는 자연인 또는 법인의 비용으로 한다.

**제10조** ① 누구나 진실을 밝히기 위하여 재판에 협력할 의무가 있다.

② 정당한 이유 없이 이 의무를 회피하는 사람은, 그에게 재판에 협력할 의무가 법적으로 요구되는 경우, 손해배상과는 별도로, 필요에 따라 이행강제금 또는 민사벌금에 의하여 이를 이행하도록 강제될 수 있다.

**Article 11** L'étranger jouira en France des mêmes droits civils que ceux qui sont ou seront accordés aux Français par les traités de la nation à laquelle cet étranger appartiendra.

**Article 12** (abrogé)
**Article 13** (abrogé)

**Article 14** L'étranger, même non résidant en France, pourra être cité devant les tribunaux français, pour l'exécution des obligations par lui contractées en France avec un Français ; il pourra être traduit devant les tribunaux de France, pour les obligations par lui contractées en pays étranger envers des Français.

**Article 15** Un Français pourra être traduit devant un tribunal de France, pour des obligations par lui contractées en pays étranger, même avec un étranger.

## Chapitre I<sup>er</sup> De la jouissance des droits civils (abrogé)

### Chapitre II Du respect du corps humain

**Article 16** La loi assure la primauté de la personne, interdit toute atteinte à la dignité de celle-ci et garantit le respect de l'être humain dès le commencement de sa vie.

**Article 16-1** Chacun a droit au respect de son corps.

Le corps humain est inviolable.

Le corps humain, ses éléments et ses produits ne peuvent faire l'objet d'un droit patrimonial.

**Article 16-1-1** Le respect dû au corps humain ne cesse pas avec la mort.

Les restes des personnes décédées, y compris les cendres de celles dont le corps a donné lieu à crémation, doivent être traités avec respect, dignité et décence.

**Article 16-2** Le juge peut prescrire toutes mesures propres à empêcher ou faire cesser une atteinte illicite au corps humain ou des agissements illicites portant sur des éléments ou des produits de celui-ci, y compris après la mort.

**제11조** 외국인은 자신이 속한 나라의 조약에 의하여 프랑스인에게 부여되거나 부여될 것과 동일한 사권을 프랑스에서 향유한다.

**제12조** (삭제)
**제13조** (삭제)

**제14조** 외국인은, 프랑스에 거주하지 않더라도, 그에 의하여 프랑스에서 프랑스인과 약정된 채무의 이행에 관하여, 프랑스 법원에 소환될 수 있다. 외국인은 외국에서, 그에 의하여 외국에서 프랑스인에게 약정된 채무에 관하여, 프랑스의 법원에 소환될 수 있다

**제15조** 프랑스인은 그에 의하여 외국에서 약정된 채무에 관하여 프랑스 법원에 소환될 수 있고, 외국인과 약정한 경우에도 마찬가지이다.

## 제1장 사권의 향유 (삭제)

## 제2장 인체의 존중

**제16조** 법은 인간의 우위를 확인하고, 인간의 존엄성에 대한 모든 침해를 금지하며, 인간에 대한 존중을 그의 출생 시부터 보장한다.

**제16-1조** ① 누구나 자신의 신체를 존중받을 권리가 있다.
② 인체는 침해될 수 없다.
③ 인체, 인체의 일부, 인체의 유래물은 재산권의 대상이 될 수 없다.

**제16-1-1조** ① 인체에 대한 존중은 사망으로 중단되지 아니한다.
② 사망자의 유해는, 신체의 화장 시에 발생한 사망자의 유골을 포함하여, 존중과 존엄 그리고 예의를 갖춰 다루어져야 한다.

**제16-2조** 법원은 인체에 대한 불법적 침해 또는 인체의 일부나 유래물에 대한 불법적 행위를 방지하거나 중단시키기에 적절한 모든 조치를 명할 수 있고, 이는 사망 이후의 인체도 포함한다.

**Article 16-3** Il ne peut être porté atteinte à l'intégrité du corps humain qu'en cas de nécessité médicale pour la personne ou à titre exceptionnel dans l'intérêt thérapeutique d'autrui.

Le consentement de l'intéressé doit être recueilli préalablement hors le cas où son état rend nécessaire une intervention thérapeutique à laquelle il n'est pas à même de consentir.

**Article 16-4** Nul ne peut porter atteinte à l'intégrité de l'espèce humaine.

Toute pratique eugénique tendant à l'organisation de la sélection des personnes est interdite.

Est interdite toute intervention ayant pour but de faire naître un enfant génétiquement identique à une autre personne vivante ou décédée.

Sans préjudice des recherches tendant à la prévention et au traitement des maladies génétiques, aucune transformation ne peut être apportée aux caractères génétiques dans le but de modifier la descendance de la personne.

**Article 16-5** Les conventions ayant pour effet de conférer une valeur patrimoniale au corps humain, à ses éléments ou à ses produits sont nulles.

**Article 16-6** Aucune rémunération ne peut être allouée à celui qui se prête à une expérimentation sur sa personne, au prélèvement d'éléments de son corps ou à la collecte de produits de celui-ci.

**Article 16-7** Toute convention portant sur la procréation ou la gestation pour le compte d'autrui est nulle.

**Article 16-8** Aucune information permettant d'identifier à la fois celui qui a fait don d'un élément ou d'un produit de son corps et celui qui l'a reçu ne peut être divulguée. Le donneur ne peut connaître l'identité du receveur ni le receveur celle du donneur.

En cas de nécessité thérapeutique, seuls les médecins du donneur et du receveur peuvent avoir accès aux informations permettant l'identification de ceux-ci.

**Article 16-8-1** Dans le cas d'un don de gamètes ou d'un accueil d'embryon, les receveurs sont les personnes qui ont donné leur consentement à l'assistance médicale à la procréation.

Le principe d'anonymat du don ne fait pas obstacle à l'accès de la personne majeure née d'une assistance médicale à la procréation avec tiers donneur, sur sa demande, à des données non identifiantes ou à l'identité du tiers donneur, dans les conditions prévues au chapitre III du titre IV du livre Ier de la deuxième partie du code de la santé publique.

**제16-3조** ① 인체의 완전성은 본인을 위하여 의료적으로 필요한 경우에만 또는 타인의 치료상 이익을 위하여 예외적으로만 침해될 수 있다.

② 당사자의 동의는 그의 상태가 동의를 할 수 없는 치료적 개입을 필요로 하는 경우 외에는 사전에 받아야 한다.

**제16-4조** ① 누구도 인간의 완전성을 침해할 수 없다.
② 인간의 선별을 기획하고자 하는 모든 우생학적 실행은 금지된다.

③ 살아있거나 사망한 다른 사람과 유전적으로 동일한 자녀를 태어나게 할 목적을 가진 모든 개입은 금지된다.
④ 유전적 질병의 예방과 치료를 위한 연구와는 별도로, 인간의 후손을 변경할 목적으로 하는 유전적 형질에 대한 어떠한 변형도 행해질 수 없다.

**제16-5조** 인체, 인체의 일부 또는 인체의 유래물에 대하여 재산적 가치를 부여하는 합의는 무효이다.

**제16-6조** 본인에 대한 실험, 자신의 신체 일부의 채취 또는 자신의 신체의 유래물 수집에 동의한 사람에게는 어떠한 보수도 지급될 수 없다.

**제16-7조** 타인을 위한 출산 또는 임신을 대상으로 하는 모든 합의는 무효이다.

**제16-8조** ① 자신의 신체 일부 또는 유래물을 기증했던 자와 이를 받았던 자를 동시에 확인할 수 있게 하는 어떠한 정보도 누설될 수 없다. 기증자는 수증자의 신원을 알 수 없고, 수증자도 기증자의 신원을 알 수 없다.
② 치료에 필요한 경우, 기증자와 수증자의 의사만이 이들의 신원을 확인할 수 있는 정보에 접근할 수 있다.

**제16-8-1조** ① 생식세포 기증이나 배아 수용의 경우에서 수증자는 수정에 대한 의학적 지원에 동의한 사람이다.
② 기증의 익명성 원칙은 제3기증자와 함께 수정에 대한 의료보조생식에서 출생한 성년자가 본인의 청구에 따라, 공중보건법전 제2부 제1권 제4편 제3장에 규정된 요건에 따라, 신원 미확인의 데이터나 제3기증자의 신원에 접근하는 것을 방해하지 아니한다.

**Article 16-9** Les dispositions du présent chapitre sont d'ordre public.

### Chapitre III De l'examen des caractéristiques génétiques d'une personne et de l'identification d'une personne par ses empreintes génétiques

**Article 16-10** I. - L'examen des caractéristiques génétiques constitutionnelles d'une personne ne peut être entrepris qu'à des fins médicales ou de recherche scientifique. Il est subordonné au consentement exprès de la personne, recueilli par écrit préalablement à la réalisation de l'examen.

II. - Le consentement prévu au I est recueilli après que la personne a été dûment informée :

1° De la nature de l'examen ;

2° De l'indication de l'examen, s'il s'agit de finalités médicales, ou de son objectif, s'il s'agit de recherches scientifiques ;

3° Le cas échéant, de la possibilité que l'examen révèle incidemment des caractéristiques génétiques sans relation avec son indication initiale ou avec son objectif initial mais dont la connaissance permettrait à la personne ou aux membres de sa famille de bénéficier de mesures de prévention, y compris de conseil en génétique, ou de soins ;

4° De la possibilité de refuser la révélation des résultats de l'examen de caractéristiques génétiques sans relation avec l'indication initiale ou l'objectif initial de l'examen ainsi que des risques qu'un refus ferait courir aux membres de sa famille potentiellement concernés, dans le cas où une anomalie génétique pouvant être responsable d'une affection grave justifiant de mesures de prévention, y compris de conseil génétique, ou de soins serait diagnostiquée.

Le consentement mentionne l'indication ou l'objectif mentionné au 2° du présent II.

Le consentement est révocable en tout ou partie, sans forme et à tout moment.

La communication des résultats révélés incidemment, mentionnés au 4°, est assurée dans le respect des conditions fixées au titre II du livre I$^{er}$ de la première partie du code de la santé publique, lorsque l'examen poursuit des finalités de recherche scientifique, ou au titre III du même livre I$^{er}$, lorsque les finalités de l'examen sont médicales.

III. - Par dérogation aux I et II, en cas d'examen des caractéristiques génétiques mentionné au I entrepris à des fins de recherche scientifique et réalisé à partir d'éléments du corps d'une personne prélevés à d'autres fins, l'article L. 1130-5 du code de la santé publique est applicable.

IV. - Tout démarchage à caractère publicitaire portant sur l'examen des caractéristiques génétiques constitutionnelles d'une personne est interdit.

**제16-9조** 본장의 규정들은 공적 질서에 속한다.

### 제3장 사람의 유전적 특성 검사 및 유전자 지문에 의한 사람의 신원 확인

**제16-10조** I. 사람의 선천적인 유전적 특성의 검사는 의학적 목적 또는 과학적 조사에 한하여 시도될 수 있다. 이 검사는 당사자의 명시적인 동의가 있어야 하며, 검사의 시행에 앞서 서면으로 받아야 한다.

II. ① 제I.에 규정된 동의는 본인이 다음 각 호의 사항을 정식으로 정보제공을 받은 후에 받아야 한다.
1. 검사의 성질
2. 의학적인 합목적성에 관한 경우에는 검사의 내용, 과학적인 조사에 관한 경우에는 검사의 목적
3. 경우에 따라서는, 검사의 본래의 내용이나 본래의 목적과 무관하지만, 이를 알면 본인이나 가족의 구성원들에게 유전학적인 조언이나 치료를 포함한 예방 조치의 혜택을 받을 수 있도록 허용하는 유전적 특성이 우연히 드러날 가능성

4. 유전학적인 조언이나 치료를 포함한 예방 조치를 정당화시키는 심각한 증상의 원인이 될 수 있는 유전학적 비정상이 있을 경우에, 검사의 본래의 내용이나 본래의 목적과 무관한 유전적 특성의 검사 결과의 공개를 거절할 가능성과 그 거절이 잠재적으로 관련된 그의 가족 구성원들에게 겪게 할 위험

② 동의서에는 본 제II. 제2호에 규정된 내용이나 목적을 기재하여야 한다.
③ 동의는 그 전부 또는 일부에 대하여, 형식에 상관없이 언제든지 철회할 수 있다.
④ 제4호에서 정해진 것으로, 우연히 드러난 결과의 통지는, 검사가 과학적 조사를 위한 경우에는, 공중보건법전 제1부 제1권 제2편에 정해지고, 또는 검사의 목적이 의학적인 경우에는, 동 제1권 제3편에 정해진 요건을 준수하여 보장된다.

III. 제I.과 제II.에 대한 예외로서, 과학적 조사의 목적으로 시도되었으나 다른 목적으로 채취된 사람의 신체의 요소로부터 실행된 제I.에 정해진 유전적 특징에 대한 검사의 경우, 공중보건법전 제L.1130-5조가 적용된다.

IV. 사람의 선천적인 유전적 특성의 검사에 관한 광고적 성격을 지닌 모든 방문판매는 금지된다.

**Article 16-11** L'identification d'une personne par ses empreintes génétiques ne peut être recherchée que :

1° Dans le cadre de mesures d'enquête ou d'instruction diligentées lors d'une procédure judiciaire ;

2° A des fins médicales ou de recherche scientifique ;

3° Aux fins d'établir, lorsqu'elle est inconnue, l'identité de personnes décédées ;

4° Dans les conditions prévues à l'article L. 2381-1 du code de la défense.

En matière civile, cette identification ne peut être recherchée qu'en exécution d'une mesure d'instruction ordonnée par le juge saisi d'une action tendant soit à l'établissement ou la contestation d'un lien de filiation, soit à l'obtention ou la suppression de subsides. Le consentement de l'intéressé doit être préalablement et expressément recueilli. Sauf accord exprès de la personne manifesté de son vivant, aucune identification par empreintes génétiques ne peut être réalisée après sa mort.

Lorsque l'identification est effectuée à des fins médicales ou de recherche scientifique, le consentement exprès de la personne doit être recueilli par écrit préalablement à la réalisation de l'identification, après qu'elle a été dûment informée de sa nature et de sa finalité. Le consentement mentionne la finalité de l'identification. Il est révocable sans forme et à tout moment.

Lorsque la recherche d'identité mentionnée au 3° concerne soit un militaire décédé à l'occasion d'une opération conduite par les forces armées ou les formations rattachées, soit une victime de catastrophe naturelle, soit une personne faisant l'objet de recherches au titre de l'article 26 de la loi n° 95-73 du 21 janvier 1995 d'orientation et de programmation relative à la sécurité et dont la mort est supposée, des prélèvements destinés à recueillir les traces biologiques de cette personne peuvent être réalisés dans des lieux qu'elle est susceptible d'avoir habituellement fréquentés, avec l'accord du responsable des lieux ou, en cas de refus de celui-ci ou d'impossibilité de recueillir cet accord, avec l'autorisation du juge des libertés et de la détention du tribunal judiciaire. Des prélèvements aux mêmes fins sur les ascendants, descendants ou collatéraux supposés de cette personne peuvent être également réalisés. Le consentement exprès de chaque personne concernée est alors recueilli par écrit préalablement à la réalisation du prélèvement, après que celle-ci a été dûment informée de la nature de ce prélèvement, de sa finalité ainsi que du caractère à tout moment révocable de son consentement. Le consentement mentionne la finalité du prélèvement et de l'identification.

Les modalités de mise en œuvre des recherches d'identification mentionnées au 3° du présent article sont précisées par décret en Conseil d'Etat.

**제16-11조** ① 자신의 유전자 지문에 의한 사람의 신원 확인은 다음 각 호의 경우에만 조사될 수 있다.
1. 사법절차 시에 이루어진 긴급 조치 또는 예심조치 범위 내의 경우
2. 의료적 또는 과학적 조사를 목적으로 하는 경우
3. 사망자의 신원을 알 수 없는 때, 그의 신원을 확인하기 위한 경우
4. 방위법전 제L.2381-1조에 규정된 요건에 따른 경우

② 민사 사건에서, 이 신원 확인은, 친자관계의 성립 또는 다툼을 목적으로 하는 것이든, 보조금의 취득 또는 폐지를 목적으로 하는 것이든, 소(訴)가 제기된 법원이 명한 심리 조치의 시행으로만 조사될 수 있다. 이해관계인의 동의는 사전에 명시적으로 받아야 한다. 본인의 명시적 동의가 생전에 표명된 경우를 제외하고, 유전적 지문에 의한 어떠한 신원확인도 그의 사망 후에 행해질 수 없다.

③ 신원 확인이 의료적 또는 과학적 조사의 목적으로 실행되는 경우, 본인의 명시적인 동의는 본인의 신원 확인의 성질과 목적을 정식으로 통지받은 후, 신원 확인의 실행에 앞서 서면으로 받아야 한다. 동의에는 신원 확인의 목적을 기재한다. 동의는 언제든지 형식에 상관없이 철회될 수 있다.

④ 제3호에서 정한 신원 확인의 조사가, 군 또는 그에 부속된 조직이 지휘한 작전에서 사망한 군인이든, 자연재해의 피해자이든, 안전에 관한 방침과 계획에 관한 1995년 1월 21일 법률 제95-73호 제26조에 의하여 조사의 대상이면서 사망이 추정되는 사람이든, 그 사람의 생물학 흔적을 얻기 위한 채취는 그가 일상적으로 다녔을 수 있는 장소에서, 그 곳의 책임자의 동의하에 또는, 그가 거절하거나 이 동의를 받을 수 없는 때, 민사지방법원1)의 석방 및 구금판사의 허가를 얻어 실행될 수 있다. 동일한 목적으로 이 사람의 직계존속, 직계비속 또는 방계로 추정되는 사람들에 대한 채취 또한 시행될 수 있다. 각 관계자의 명시적인 동의는 채취의 실행에 앞서 이 경우에는 서면으로 받아야 하며, 본인이 그 채취의 성질과 그 목적 및 그의 동의는 언제든지 철회될 수 있음을 정식으로 통지받은 후이어야 한다. 동의에는 채취와 신원 확인의 목적을 기재한다.

⑤ 본조 제3호에 규정된 신원 확인을 조사하는 실행방식은 국사원 데크레에 의하여 정해진다.

---

1) 종래 프랑스에서 민사사건의 1심법원은 10,000 유로 이하의 민사사건과 가벼운 형사사건을 관할하는 'tribunal d'instance'와 10,000 유로 이상의 민사사건 및 중대 형사사건을 관할하는 'tribunal de grande instance'로 구분되었는데, 2020. 1. 1.부터 절차를 간소화하기 위하여 같은 지역 내에 있는 두 법원이 'tribunal judiciaire'로 통합되었다. 이하 종래의 지방법원과의 구별을 위하여 '민사지방법원'으로 번역한다.

**Article 16-12** Sont seuls habilités à procéder à des identifications par empreintes génétiques :

1° Les services ou organismes de police technique et scientifique mentionnés à l'article 157-2 du code de procédure pénale ;

2° Les personnes ayant fait l'objet d'un agrément dans des conditions fixées par décret en Conseil d'Etat. Dans le cadre d'une procédure judiciaire, ces personnes doivent, en outre, être inscrites sur une liste d'experts judiciaires.

**Article 16-13** Nul ne peut faire l'objet de discriminations en raison de ses caractéristiques génétiques.

### Chapitre IV De l'utilisation des techniques d'imagerie cérébrale

**Article 16-14** Les techniques d'imagerie cérébrale ne peuvent être employées qu'à des fins médicales ou de recherche scientifique ou dans le cadre d'expertises judiciaires, à l'exclusion, dans ce cadre, de l'imagerie cérébrale fonctionnelle. Le consentement exprès de la personne doit être recueilli par écrit préalablement à la réalisation de l'examen, après qu'elle a été dûment informée de sa nature et de sa finalité. Le consentement mentionne la finalité de l'examen. Il est révocable sans forme et à tout moment.

## Titre I^er bis De la nationalité française

### Chapitre I^er Dispositions générales

**Article 17** La nationalité française est attribuée, s'acquiert ou se perd selon les dispositions fixées par le présent titre, sous la réserve de l'application des traités et autres engagements internationaux de la France.

**Article 17-1** Les lois nouvelles relatives à l'attribution de la nationalité d'origine s'appliquent aux personnes encore mineures à la date de leur entrée en vigueur, sans préjudicier aux droits acquis par des tiers et sans que la validité des actes passés antérieurement puisse être contestée pour cause de nationalité.

Les dispositions de l'alinéa précédent s'appliquent à titre interprétatif, aux lois sur la nationalité d'origine qui ont été mises en vigueur après la promulgation du titre I^er du présent code.

**제16-12조** 다음 각 호의 조직이나 사람만이 유전자 지문에 의한 신원 확인을 진행할 권한이 있다.
1. 형사소송법전 제157-2조에 정해진 과학기술 경찰 부서나 기관

2. 국사원 데크레에 의하여 규정된 요건 하에 승인을 받은 사람. 사법절차의 일환으로서, 이들은, 그 밖에, 사법 감정인 명부에 기재되어야 한다.

**제16-13조** 누구도 자신의 유전적 특성을 이유로 하는 차별의 대상이 될 수 없다.


### 제4장 뇌영상 기술의 활용

**제16-14조** 뇌영상기술은 의학적 목적이나 과학적 조사의 목적으로 또는 재판상 감정의 범위에 한해서만 사용될 수 있는데, 재판상 감정의 범위에서는 기능성 뇌영상기술은 예외로 한다. 본인의 명시적인 동의는 검사의 시행에 앞서 서면으로 받아야 하며, 당사자가 검사의 성질과 목적을 정식으로 통지받은 후이어야 한다. 동의서에는 검사의 목적을 기재한다. 동의는 형식에 상관없이 언제든지 철회할 수 있다.


## 제1편의乙 프랑스 국적

### 제1장 총칙

**제17조** 프랑스 국적은 본편에 정해진 규정들에 따라 부여되거나, 취득되거나, 또는 상실되며, 프랑스의 조약 및 기타 국제협정의 적용을 받는다.


**제17-1조** ① 출생에 의한 국적의 부여에 관한 신법률은 그 법률이 발효된 날에 아직 미성년인 자들에게 적용되고, 제3자가 취득한 권리를 해함이 없이 그리고 이전에 행해진 행위의 유효성은 국적을 원인으로 다투어질 수 없다.

② 제1항의 규정은, 본법전 제1편의 공포 후 시행되었던 출생에 의한 국적에 관한 법률에, 해석상으로, 적용된다.

**Article 17-2** L'acquisition et la perte de la nationalité française sont régies par la loi en vigueur au temps de l'acte ou du fait auquel la loi attache ces effets.

Les dispositions de l'alinéa qui précède règlent, à titre interprétatif, l'application dans le temps des lois sur la nationalité qui ont été en vigueur avant le 19 octobre 1945.

**Article 17-3** Les demandes en vue d'acquérir, de perdre la nationalité française ou d'être réintégré dans cette nationalité, ainsi que les déclarations de nationalité, peuvent, dans les conditions prévues par la loi, être faites, sans autorisation, dès l'âge de seize ans.

Le mineur âgé de moins de seize ans doit être représenté par celui ou ceux qui exercent à son égard l'autorité parentale.

Doit être pareillement représenté tout mineur dont l'altération des facultés mentales ou corporelles empêche l'expression de la volonté. L'empêchement est constaté par un certificat délivré par un médecin spécialiste choisi sur une liste établie par le procureur de la République. Ce certificat est joint à la demande.

Lorsque le mineur mentionné à l'alinéa précédent est placé sous tutelle, sa représentation est assurée par le tuteur autorisé à cet effet par le conseil de famille.

**Article 17-4** Au sens du présent titre, l'expression "en France" s'entend du territoire métropolitain, des départements et des collectivités d'outre-mer ainsi que de la Nouvelle-Calédonie et des Terres australes et antarctiques françaises.

**Article 17-5** Dans le présent titre, majorité et minorité s'entendent au sens de la loi française.

**Article 17-6** Il est tenu compte pour la détermination, à toute époque, du territoire français, des modifications résultant des actes de l'autorité publique française pris en application de la Constitution et des lois, ainsi que des traités internationaux survenus antérieurement.

**Article 17-7** Les effets sur la nationalité française des annexions et cessions de territoires sont réglés par les dispositions qui suivent, à défaut de stipulations conventionnelles.

**Article 17-8** Les nationaux de l'Etat cédant, domiciliés dans les territoires annexés au jour du transfert de la souveraineté acquièrent la nationalité française, à moins qu'ils n'établissent effectivement leur domicile hors de ces territoires. Sous la même réserve, les nationaux français, domiciliés dans les territoires cédés au jour du transfert de la souveraineté perdent cette nationalité.

**제17-2조** ① 프랑스 국적의 취득과 상실은 법률이 그 효력을 부여하는 행위 또는 사실이 있었던 때 시행 중인 법률에 의하여 규율된다.
② 제1항의 규정은 1945년 10월 19일 이전에 시행되었던 국적에 관한 법률의 시간적 적용을, 해석상으로, 규율한다.

**제17-3조** ① 프랑스 국적의 취득, 상실 또는 그 국적의 회복을 위한 신청 및 국적의 신고는, 법률에 의하여 규정된 요건에 따라, 허가 없이, 16세부터 행해질 수 있다.

② 16세 미만인 미성년자는 그에 대하여 친권을 행사하는 1인 또는 수인에 의하여 대리되어야 한다.
③ 정신적 또는 신체적 능력의 손상으로 의사표시에 장애가 있는 모든 미성년자도 마찬가지로 대리되어야 한다. 그 장애는 검사장에 의하여 작성된 명단에서 선임된 전문의에 의하여 발급된 증명서에 의하여 확인된다. 이 증명서는 신청서에 첨부된다.

④ 제3항에서 기재된 미성년자가 후견 중에 있는 경우, 그의 대리는 친족회에 의하여 그러한 목적으로 허락을 받은 후견인에 의하여 수행된다.

**제17-4조** 본편의 의미상, "프랑스에서"라는 어구는 누벨칼레도니 및 프랑스령 남반구와 남극 지역뿐 아니라 본토, 해외의 도(道)와 자치령(自治領)을 의미한다.

**제17-5조** 본편에서, 성년과 미성년은 프랑스법상의 의미에 따른다.

**제17-6조** 프랑스 영토의 확정을 위하여, 언제나, 헌법 및 법률의 적용으로 취해진 프랑스 공공기관의 행위 및 이전에 성립한 국제조약으로 기인된 변경이 고려되어야 한다.

**제17-7조** 영토의 병합 및 양여의 프랑스 국적에 대한 효력은, 합의된 약정이 없으면, 이하의 규정들에 의하여 규율된다.

**제17-8조** 주권이 이양되는 날에 병합되는 영토 내에 주소를 둔 양여 국가의 국민은 프랑스 국적을 취득하지만, 이들이 이 영토의 밖에 자신들의 주소를 실제로 정하는 경우에는 그러하지 아니하다. 동일한 유보 하에, 주권이 이양되는 날에 양여되는 영토 내에 주소를 둔 프랑스 국민은 그 국적을 상실한다.

**Article 17-9** Les effets sur la nationalité française de l'accession à l'indépendance d'anciens départements ou territoires d'outre-mer de la République sont déterminés au chapitre VII du présent titre.

**Article 17-10** Les dispositions de l'article 17-8 s'appliquent, à titre interprétatif, aux changements de nationalité consécutifs aux annexions et cessions de territoires résultant de traités antérieurs au 19 octobre 1945.

Toutefois, les personnes étrangères qui étaient domiciliées dans les territoires rétrocédés par la France, conformément au traité de Paris du 30 mai 1814 et qui, à la suite de ce traité, ont transféré en France leur domicile, n'ont pu acquérir, de ce chef, la nationalité française que si elles se sont conformées aux dispositions de la loi du 14 octobre 1814. Les Français qui étaient nés hors des territoires rétrocédés et qui ont conservé leur domicile sur ces territoires n'ont pas perdu la nationalité française, par application du traité susvisé.

**Article 17-11** Sans qu'il soit porté atteinte à l'interprétation donnée aux accords antérieurs, un changement de nationalité ne peut, en aucun cas, résulter d'une convention internationale si celle-ci ne le prévoit expressément.

**Article 17-12** Lorsqu'un changement de nationalité est subordonné, dans les termes d'une convention internationale, à l'accomplissement d'un acte d'option, cet acte est déterminé dans sa forme par la loi de celui des pays contractants dans lequel il est institué.

## Chapitre II De la nationalité française d'origine

### Section 1 Des Français par filiation

**Article 18** Est français l'enfant dont l'un des parents au moins est français.

**Article 18-1** Toutefois, si un seul des parents est français, l'enfant qui n'est pas né en France a la faculté de répudier la qualité de Français dans les six mois précédant sa majorité et dans les douze mois la suivant.

Cette faculté se perd si le parent étranger ou apatride acquiert la nationalité française durant la minorité de l'enfant.

**제17-9조** 공화국의 구도(舊道) 또는 해외 영토의 독립 획득의 프랑스 국적에 대한 효력은 본편 제7장에 따라 정해진다.

**제17-10조** ① 제17-8조의 규정은, 해석상으로, 1945년 10월 19일 이전의 조약에 기인한 영토의 병합과 양여에 따른 국적의 변경에 적용된다.

② 그러나, 1814년 5월 30일 파리조약에 의거하여 프랑스에 의하여 반환되는 영토 내에 주소를 두었고 또, 이 조약에 따라, 그의 주소를 프랑스로 이전했던 외국인들은 그들이 1814년 10월 14일 법률의 규정에 따랐던 때에만, 이를 근거로, 프랑스 국적을 취득할 수 있었다. 반환되는 영토 밖에서 출생하였고 이 영토에 그의 주소를 유지했던 프랑스인은 위 조약의 적용으로 프랑스 국적을 상실하지 않는다.

**제17-11조** 이전의 협정에 부여된 해석을 침해함이 없이, 국적의 변경은 국제협약이 이를 명시적으로 규정하지 않으면, 어떠한 경우에도, 국제협약에 의하여 발생할 수 없다.

**제17-12조** 국적의 변경이, 국제협약의 조항에 따라, 선택행위의 완성에 따르는 경우, 그 행위는 선택행위가 설정된 체약국들의 국적변경 법률에 따라 그 형식이 정해진다.

## 제2장 출생으로 인한 프랑스 국적

### 제1절 친자관계에 의한 프랑스인

**제18조** 적어도 부모 중 일방이 프랑스인인 자녀는 프랑스인이다.

**제18-1조** ① 그러나, 부모 중 단지 일방이 프랑스인이면, 프랑스에서 출생하지 않은 자녀는 그의 성년 이전 6개월 내 그리고 성년 이후 12개월 내에 프랑스인의 자격을 포기할 권리가 있다.
② 이 권리는 외국인 또는 무국적인 부 또는 모가 자녀의 미성년인 동안 프랑스 국적을 취득하면 상실된다.

## Section 2 Des Français par la naissance en France

**Article 19** Est français l'enfant né en France de parents inconnus.

Toutefois, il sera réputé n'avoir jamais été français si, au cours de sa minorité, sa filiation est établie à l'égard d'un étranger et s'il a, conformément à la loi nationale de son auteur, la nationalité de celui-ci.

**Article 19-1** Est français :
1° L'enfant né en France de parents apatrides ;
2° L'enfant né en France de parents étrangers pour lequel les lois étrangères de nationalité né permettent en aucune façon qu'il se voie transmettre la nationalité de l'un ou l'autre de ses parents.

Toutefois, il sera réputé n'avoir jamais été français si, au cours de sa minorité, la nationalité étrangère acquise ou possédée par l'un de ses parents vient à lui être transmise.

**Article 19-2** Est présumé né en France l'enfant dont l'acte de naissance a été dressé conformément à l'article 58 du présent code.

**Article 19-3** Est français l'enfant né en France lorsque l'un de ses parents au moins y est lui-même né.

**Article 19-4** Toutefois, si un seul des parents est né en France, l'enfant français, en vertu de l'article 19-3, a la faculté de répudier cette qualité dans les six mois précédant sa majorité et dans les douze mois la suivant.

Cette faculté se perd si l'un des parents acquiert la nationalité française durant la minorité de l'enfant.

## Section 3 Dispositions communes

**Article 20** L'enfant qui est français en vertu des dispositions du présent chapitre est réputé avoir été français dès sa naissance, même si l'existence des conditions requises par la loi pour l'attribution de la nationalité française n'est établie que postérieurement.

La nationalité de l'enfant qui a fait l'objet d'une adoption plénière est déterminée selon les distinctions établies aux articles 18 et 18-1,19-1,19-3 et 19-4 ci-dessus.

Toutefois, l'établissement de la qualité de Français postérieurement à la naissance ne porte pas atteinte à la validité des actes antérieurement passés par l'intéressé ni aux droits antérieurement acquis à des tiers sur le fondement de la nationalité apparente de l'enfant.

## 제2절 프랑스 내 출생에 의한 프랑스인

**제19조** ① 신원미상인 부모로부터 프랑스에서 출생한 자녀는 프랑스인이다.
② 그러나, 그가 미성년인 동안에, 그의 친자관계가 어느 외국인에 대하여 성립된 경우 그리고 그가, 외국인의 본국법에 따라서 외국의 국적을 갖는 경우, 그는 결코 프랑스인이 아니었던 것으로 본다.

**제19-1조** ① 다음 각 호에 해당하는 자녀는 프랑스인이다.
1. 무국적인 부모로부터 프랑스에서 출생한 자녀
2. 외국인인 부모로부터 프랑스에서 출생한 자녀로서 그에 대하여 외국의 국적법이 그의 부모 중 일방 또는 타방의 국적을 그에게 승계되는 것을 어떠한 방식으로든 허용되지 않는 자녀

② 그러나, 그가 미성년인 동안에, 그 부모 중 일방에 의하여 취득 또는 보유된 외국의 국적이 그에게 승계된 경우, 그는 결코 프랑스인이 아니었던 것으로 본다.

**제19-2조** 출생증서가 본법전 제58조에 따라 작성된 자녀는 프랑스에서 출생한 것으로 추정된다.

**제19-3조** 자신의 부모 중 적어도 일방이 프랑스에서 출생한 경우에는 자녀는 프랑스인이다.

**제19-4조** ① 그러나, 부모 중 단지 일방이 프랑스에서 출생하면, 프랑스인인 자녀는, 제19-3조에 따라, 그의 성년 이전 6개월 내 그리고 성년 이후 12개월 내 이 자격을 포기할 권리가 있다.

② 이 권리는 부모 중 일방이 자녀의 미성년인 동안 프랑스 국적을 취득하면 상실된다.

## 제3절 통칙

**제20조** ① 본장의 규정에 의하여 프랑스인인 자녀는, 프랑스 국적의 부여를 위하여 법률에 의하여 요구되는 요건의 존재가 사후에야 증명되더라도, 그 출생시부터 프랑스인이었던 것으로 본다.
② 완전입양의 대상이 된 자녀의 국적은 위의 제18조와 제18-1조, 제19-1조, 제19-3조와 제19-4조에서 정한 구별에 따라 결정된다.
③ 그러나, 출생 이후 프랑스인 자격의 증명은 당사자에 의하여 이전에 행해진 행위의 유효성도 자녀의 표현국적을 근거로 제3자에게 이전에 취득된 권리들도 해하지 아니한다.

**Article 20-1** La filiation de l'enfant n'a d'effet sur la nationalité de celui-ci que si elle est établie durant sa minorité.

**Article 20-2** Le Français qui possède la faculté de répudier la nationalité française dans les cas visés au présent titre peut exercer cette faculté par déclaration souscrite conformément aux articles 26 et suivants.

Il peut renoncer à cette faculté à partir de l'âge de seize ans dans les mêmes conditions.

**Article 20-3** Dans les cas visés à l'article précédent, nul ne peut répudier la nationalité française s'il ne prouve qu'il a par filiation la nationalité d'un pays étranger.

**Article 20-4** Le Français qui contracte un engagement dans les armées françaises perd la faculté de répudiation.

**Article 20-5** Les dispositions contenues dans les articles 19-3 et 19-4 ne sont pas applicables aux enfants nés en France des agents diplomatiques ou des consuls de carrière de nationalité étrangère.

Ces enfants ont toutefois la faculté d'acquérir volontairement la qualité de Français conformément aux dispositions de l'article 21-11 ci-après.


### Chapitre III De l'acquisition de la nationalité française

### Section I Des modes d'acquisition de la nationalité française

### Paragraphe 1 Acquisition de la nationalité française à raison de la filiation

**Article 21** L'adoption simple n'exerce de plein droit aucun effet sur la nationalité de l'adopté.

### Paragraphe 2 Acquisition de la nationalité française à raison du mariage

**Article 21-1** Le mariage n'exerce de plein droit aucun effet sur la nationalité.

**제20-1조** 자녀의 친자관계는 그 친자관계가 그의 미성년인 동안에 증명되어야만 그의 국적에 대하여 효력이 있다.

**제20-2조** ① 본편에서 규정된 경우에 프랑스 국적을 포기할 권리를 보유한 프랑스인은 제26조 이하에 따라 접수된 신고에 의하여 이 권리를 행사할 수 있다.

② 그는 16세부터 동일한 요건에 따라 이 권리를 포기할 수 있다.

**제20-3조** 제20-2조에 규정된 경우, 누구도 친자관계에 의하여 외국의 국적을 가지고 있다는 것을 증명하지 못하면 프랑스 국적을 포기할 수 없다.

**제20-4조** 프랑스 군대에서 의무를 부담하는 프랑스인은 국적을 포기할 권리를 상실한다.

**제20-5조** ① 제19-3조와 제19-4조에 포함된 규정들은 프랑스에서 외국 국적의 직업 외교관 또는 영사로부터 출생한 자녀들에게는 적용되지 아니한다.

② 그러나 이 자녀들은 다음의 제21-11조 규정에 따라 프랑스인의 자격을 자발적으로 취득할 권리가 있다.

## 제3장 프랑스 국적의 취득

### 제1절 프랑스 국적의 취득 방법

#### 제1관 친자관계에 의한 프랑스 국적의 취득

**제21조** 단순입양은 양자의 국적에 대하여 어떠한 효력도 당연히는 미치지 아니한다.

#### 제2관 혼인에 의한 프랑스 국적의 취득

**제21-1조** 혼인은 국적에 대하여 어떠한 효력도 당연히는 미치지 아니한다.

**Article 21-2** L'étranger ou apatride qui contracte mariage avec un conjoint de nationalité française peut, après un délai de quatre ans à compter du mariage, acquérir la nationalité française par déclaration à condition qu'à la date de cette déclaration la communauté de vie tant affective que matérielle n'ait pas cessé entre les époux depuis le mariage et que le conjoint français ait conservé sa nationalité.

Le délai de communauté de vie est porté à cinq ans lorsque l'étranger, au moment de la déclaration, soit ne justifie pas avoir résidé de manière ininterrompue et régulière pendant au moins trois ans en France à compter du mariage, soit n'est pas en mesure d'apporter la preuve que son conjoint français a été inscrit pendant la durée de leur communauté de vie à l'étranger au registre des Français établis hors de France. En outre, le mariage célébré à l'étranger doit avoir fait l'objet d'une transcription préalable sur les registres de l'état civil français.

Le conjoint étranger doit également justifier d'une connaissance suffisante, selon sa condition, de la langue française, dont le niveau et les modalités d'évaluation sont fixés par décret en Conseil d'Etat.

**Article 21-3** Sous réserve des dispositions prévues aux articles 21-4 et 26-3, l'intéressé acquiert la nationalité française à la date à laquelle la déclaration a été souscrite.

**Article 21-4** Le Gouvernement peut s'opposer par décret en Conseil d'Etat, pour indignité ou défaut d'assimilation, autre que linguistique, à l'acquisition de la nationalité française par le conjoint étranger dans un délai de deux ans à compter de la date du récépissé prévu au deuxième alinéa de l'article 26 ou, si l'enregistrement a été refusé, à compter du jour où la décision judiciaire admettant la régularité de la déclaration est passée en force de chose jugée.

La situation effective de polygamie du conjoint étranger ou la condamnation prononcée à son encontre au titre de l'infraction définie à l'article 222-9 du code pénal, lorsque celle-ci a été commise sur un mineur de quinze ans, sont constitutives du défaut d'assimilation.

En cas d'opposition du Gouvernement, l'intéressé est réputé n'avoir jamais acquis la nationalité française.

Toutefois, la validité des actes passés entre la déclaration et le décret d'opposition ne pourra être contestée pour le motif que l'auteur n'a pu acquérir la nationalité française.

**Article 21-5** Le mariage déclaré nul par une décision émanant d'une juridiction française ou d'une juridiction étrangère dont l'autorité est reconnue en France ne rend pas caduque la déclaration prévue à l'article 21-2 au profit du conjoint qui l'a contracté de bonne foi.

**제21-2조** ① 프랑스 국적의 배우자와 혼인계약을 체결하는 외국인이나 무국적자는, 신고일을 기준으로 정서상은 물론 물질적인 생활공동체가 혼인 후부터 배우자들 사이에 중단되지 않았고 또 프랑스인인 배우자가 자신의 국적을 유지하고 있는 것을 조건으로, 혼인 시부터 4년의 기간 후에, 신고에 의하여 프랑스 국적을 취득할 수 있다.

② 외국인이, 신고 시에, 혼인 시부터 적어도 3년 동안 중단 없이 합법적인 방법으로 프랑스에 거주하였음을 증명하지 못하든, 그의 프랑스인 배우자가 외국에서의 그들의 생활공동체 기간 동안 재외프랑스인 등록부에 등록되어 있었다는 것을 증명할 수 없는 경우에는, 생활공동체 기간은 5년으로 연장된다. 그 밖에, 외국에서 거행된 혼인은 프랑스 민적등록부에 사전에 전사의 대상이 되었어야 한다.

③ 외국인 배우자는 또한, 자신의 여건에 따라, 프랑스어에 관한 충분한 지식을 증명하여야 하며, 지식의 등급과 평가 방식은 국사원 데크레에 의하여 정해진다.

**제21-3조** 제21-4조와 제26-3조에 정한 규정의 유보 하에, 당사자는 신고가 접수된 때부터 프랑스 국적을 취득한다.

**제21-4조** ① 정부는 국사원 데크레에 의하여, 언어 이외에도, 부적격 또는 동화(同化)의 흠결을 이유로, 제26조 제2항에 규정된 접수증명서의 교부일로부터, 또는 등록이 거부되면 신고의 적합성을 인정하는 법원 판결이 기판력을 가지는 날로부터, 2년의 기간 내에 외국인 배우자의 프랑스 국적 취득에 대하여 이의를 제기할 수 있다.

② 외국인 배우자의 사실상 일부다처 상태 또는 형법전 제222-9조에 정의된 범죄를 이유로 한 그에 대한 형의 선고는, 이 범죄가 15세 이하의 미성년자에게 행해진 경우, 동화(同化)의 흠결을 구성한다.

③ 정부의 이의가 있는 경우, 당사자는 프랑스 국적을 결코 취득하지 않은 것으로 본다.

④ 그러나, 신고와 이의의 데크레 사이에 행해진 행위의 유효성은 당사자가 프랑스 국적을 취득할 수 없었다는 이유로 다투어질 수 없다.

**제21-5조** 프랑스 법원 또는 프랑스에서 그 권한이 인정되는 외국 법원에 의한 결정에 의하여 무효로 선고된 혼인은 선의로 혼인계약을 체결한 배우자를 위하여 제21-2조에 규정된 신고를 실효시키지 아니한다.

**Article 21-6** L'annulation du mariage n'a point d'effet sur la nationalité des enfants qui en sont issus.

**Paragraphe 3 Acquisition de la nationalité française à raison de la naissance et de la résidence en France**

**Article 21-7** Tout enfant né en France de parents étrangers acquiert la nationalité française à sa majorité si, à cette date, il a en France sa résidence et s'il a eu sa résidence habituelle en France pendant une période continue ou discontinue d'au moins cinq ans, depuis l'âge de onze ans.

Les tribunaux judiciaires, les collectivités territoriales, les organismes et services publics, et notamment les établissements d'enseignement sont tenus d'informer le public, et en particulier les personnes auxquelles s'applique le premier alinéa, des dispositions en vigueur en matière de nationalité. Les conditions de cette information sont fixées par décret en Conseil d'Etat.

**Article 21-8** L'intéressé a la faculté de déclarer, dans les conditions prévues aux articles 26 et suivants et sous réserve qu'il prouve qu'il a la nationalité d'un Etat étranger, qu'il décline la qualité de Français dans les six mois qui précèdent sa majorité ou dans les douze mois qui la suivent.

Dans ce dernier cas, il est réputé n'avoir jamais été français.

**Article 21-9** Toute personne qui remplit les conditions prévues à l'article 21-7 pour acquérir la qualité de Français perd la faculté de décliner celle-ci si elle contracte un engagement dans les armées françaises.

Tout mineur né en France de parents étrangers, qui est régulièrement incorporé en qualité d'engagé, acquiert la nationalité française à la date de son incorporation.

**Article 21-10** Les dispositions des articles 21-7 à 21-9 ne sont pas applicables aux enfants nés en France des agents diplomatiques et des consuls de carrière de nationalité étrangère. Ces enfants ont toutefois la faculté d'acquérir volontairement la nationalité française conformément aux dispositions de l'article 21-11 ci-après.

**제21-6조** 혼인의 무효화는 그로부터 출생한 자녀들의 국적에 대하여 전혀 효력을 미치지 아니한다.

### 제3관 프랑스에서의 출생과 거주에 의한 프랑스 국적의 취득

**제21-7조** ① 외국인인 부모로부터 프랑스에서 출생한 모든 자녀는, 성년 일에 프랑스에 자신의 거소를 두고 있으며 또 11세 때부터 적어도 5년의 계속적 또는 비계속적인 기간 동안 프랑스에 그의 상시 거소를 두고 있는 경우, 그의 성년기에 프랑스 국적을 취득한다.

② 민사지방법원, 지방자치단체, 공공의 기관 및 단체, 특히 교육기관은 공중(公衆)에게, 특히 제1항이 적용되는 사람들에게, 국적에 관한 현행 규정들을 알려야 할 의무가 있다. 이 정보제공의 요건은 국사원 데크레에 의하여 정해진다.

**제21-8조** ① 당사자는, 제26조 이하에 규정된 요건에 따라 그리고 자신이 외국의 국적을 가지고 있다는 것을 증명한다는 유보 하에, 자신의 성년 이전 6개월 이내에 그리고 그 이후 12개월 이내에 그가 프랑스인의 자격을 포기한다는 것을 선언할 권리가 있다.

② 이 포기의 경우, 당사자는 프랑스인이 결코 아니었던 것으로 본다.

**제21-9조** ① 프랑스인의 자격을 취득하기 위한 제21-7조에 규정된 요건을 구비한 모든 사람은, 자신이 프랑스 군대에서 의무를 부담하면, 프랑스인의 자격을 포기할 권리를 상실한다.

② 외국인인 부모로부터 프랑스에서 출생하였으며, 지원병의 자격으로 정식으로 편입된 모든 미성년자는, 그의 입대일에 프랑스 국적을 취득한다.

**제21-10조** 제21-7조부터 제21-9조까지의 규정들은 외국 국적의 직업 외교관 또는 영사로부터 프랑스에서 출생한 자녀들에게 적용되지 아니한다. 그러나 이 자녀들은 다음의 제21-11조 규정에 따라 프랑스인의 신분을 자발적으로 취득할 권리가 있다.

**Article 21-11** L'enfant mineur né en France de parents étrangers peut à partir de l'âge de seize ans réclamer la nationalité française par déclaration, dans les conditions prévues aux articles 26 et suivants si, au moment de sa déclaration, il a en France sa résidence et s'il a eu sa résidence habituelle en France pendant une période continue ou discontinue d'au moins cinq ans, depuis l'âge de onze ans.

Dans les mêmes conditions, la nationalité française peut être réclamée, au nom de l'enfant mineur né en France de parents étrangers, à partir de l'âge de treize ans, la condition de résidence habituelle en France devant alors être remplie à partir de l'âge de huit ans. Le consentement du mineur est requis, sauf s'il est empêché d'exprimer sa volonté par une altération de ses facultés mentales ou corporelles constatée selon les modalités prévues au troisième alinéa de l'article 17-3.

**Paragraphe 4 Acquisition de la nationalité française par déclaration de nationalité**

**Article 21-12** L'enfant qui a fait l'objet d'une adoption simple par une personne de nationalité française peut, jusqu'à sa majorité, déclarer, dans les conditions prévues aux articles 26 et suivants, qu'il réclame la qualité de Français, pourvu qu'à l'époque de sa déclaration il réside en France.

Toutefois, l'obligation de résidence est supprimée lorsque l'enfant a été adopté par une personne de nationalité française n'ayant pas sa résidence habituelle en France.

Peut, dans les mêmes conditions, réclamer la nationalité française :

1° L'enfant qui, depuis au moins trois années, est recueilli sur décision de justice et élevé par une personne de nationalité française ou est confié au service de l'aide sociale à l'enfance ;

2° L'enfant recueilli en France et élevé dans des conditions lui ayant permis de recevoir, pendant cinq années au moins une formation française, soit par un organisme public, soit par un organisme privé présentant les caractères déterminés par un décret en Conseil d'Etat.

**Article 21-13** Peuvent réclamer la nationalité française par déclaration souscrite conformément aux articles 26 et suivants, les personnes qui ont joui, d'une façon constante, de la possession d'état de Français, pendant les dix années précédant leur déclaration.

Lorsque la validité des actes passés antérieurement à la déclaration était subordonnée à la possession de la nationalité française, cette validité ne peut être contestée pour le seul motif que le déclarant n'avait pas cette nationalité.

**제21-11조** ① 외국인인 부모로부터 프랑스에서 출생한 미성년인 자녀는, 그의 신고 시에 프랑스에 거소를 두고 있고 그리고 11세 때부터 적어도 5년의 계속적 또는 비계속적인 기간 동안 프랑스에 상시 거소를 두고 있었던 경우, 제26조 이하에 규정된 요건 하에 16세 때부터 신고를 통해 프랑스 국적을 요청할 수 있다.

② 동일한 요건하에, 프랑스 국적은 외국인인 부모로부터 프랑스에서 출생한 미성년인 자녀의 이름으로, 13세 때부터, 요청될 수 있으나, 이 경우에는 프랑스에의 상시 거주의 요건은 8세 때부터 충족되어야 한다. 미성년자가 제17-3조 제3항에 규정된 방식에 따라서 확정된 정신적 또는 신체적 능력의 손상에 의하여 의사표시에 장애가 있는 경우를 제외하고, 그의 동의가 요구된다.

## 제4관 국적 신고에 의한 프랑스 국적의 취득

**제21-12조** ① 프랑스 국적의 사람에 의하여 단순입양의 대상이 된 자녀는, 성년기에 이를 때까지, 제26조 이하에 규정된 요건에 따라, 프랑스인의 자격을 요청한다는 것을 신고할 수 있으며, 신고 당시에 그가 프랑스에 거주하고 있어야 한다.

② 그러나, 자녀가 프랑스에 상시 거소를 두고 있지 않는 프랑스 국적의 사람에 의하여 입양되었던 경우, 거주의무는 없어진다.
③ 다음 각 호의 자녀도, 동일한 요건으로, 프랑스 국적을 요청할 수 있다.
1. 적어도 3년 이전부터, 법원의 결정에 따라 받아들여졌으며 그리고 프랑스 국적의 사람에 의하여 양육되었거나 아동사회지원기관의 사무에 위탁된 아동

2. 프랑스에서 받아들여졌고 공공기관에서든 국사원 데크레에 의하여 정해진 특성을 나타내는 사설기관에서든, 적어도 5년 동안, 그에게 프랑스 교육을 받는 것을 허용하는 조건에서 양육된 아동

**제21-13조** ① 자신들의 신고에 앞서 10년 동안, 지속적으로, 프랑스인 신분점유를 향유한 사람들은 제26조 이하에 따라 접수된 신고에 의하여 프랑스 국적을 요청할 수 있다.

② 신고 이전에 행해진 행위의 유효성이 프랑스 국적의 점유에 의거되었던 경우, 이 유효성은 신고자가 프랑스 국적을 가지지 않았었다는 것을 유일한 이유로 하여 다툴 수 있다.

**Article 21-13-1** Peuvent réclamer la nationalité française, par déclaration souscrite en application des articles 26 à 26-5, les personnes qui, âgées de soixante-cinq ans au moins, résident régulièrement et habituellement en France depuis au moins vingt-cinq ans et sont les ascendants directs d'un ressortissant français.

Les conditions fixées au premier alinéa du présent article s'apprécient à la date de la souscription de la déclaration mentionnée au même premier alinéa.

Le Gouvernement peut s'opposer, dans les conditions définies à l'article 21-4, à l'acquisition de la nationalité française par le déclarant qui se prévaut des dispositions du présent article.

**Article 21-13-2** Peuvent réclamer la nationalité française à leur majorité, par déclaration souscrite auprès de l'autorité administrative en application des articles 26 à 26-5, les personnes qui résident habituellement sur le territoire français depuis l'âge de six ans, si elles ont suivi leur scolarité obligatoire en France dans des établissements d'enseignement soumis au contrôle de l'Etat, lorsqu'elles ont un frère ou une sœur ayant acquis la nationalité française en application des articles 21-7 ou 21-11.

L'article 21-4 est applicable aux déclarations souscrites en application du premier alinéa du présent article.

**Article 21-14** Les personnes qui ont perdu la nationalité française en application de l'article 23-6 ou à qui a été opposée la fin de non-recevoir prévue par l'article 30-3 peuvent réclamer la nationalité française par déclaration souscrite conformément aux articles 26 et suivants.

Elles doivent avoir soit conservé ou acquis avec la France des liens manifestes d'ordre culturel, professionnel, économique ou familial, soit effectivement accompli des services militaires dans une unité de l'armée française ou combattu dans les armées françaises ou alliées en temps de guerre.

Les conjoints survivants des personnes qui ont effectivement accompli des services militaires dans une unité de l'armée française ou combattu dans les armées françaises ou alliées en temps de guerre peuvent également bénéficier des dispositions du premier alinéa du présent article.

**제21-13-1조** ① 최소 65세이고 적어도 25년 전부터 프랑스에서 합법적이고 상시적으로 거주하고 있으며 프랑스 국민의 직계존속인 사람들은 제26조부터 제26-5조까지에 따라 접수된 신고에 의하여 프랑스 국적을 요청할 수 있다.

② 본조 제1항에서 정해진 조건들은 같은 항에 기재된 신고의 접수일에 심사된다.

③ 정부는 제21-4조에서 정해진 요건에 따라, 본조의 규정을 원용하는 신고인의 프랑스 국적 취득에 대하여, 이의제기를 할 수 있다.


**제21-13-2조** ① 6세부터 프랑스 영토에서 상시적으로 거주하고 있는 사람들은, 자신들이 프랑스에서 국가의 관리 하에 있는 교육기관에서 자신들의 의무교육을 이수하였다면, 제21-7조 또는 제21-11조의 적용에 따라 프랑스 국적을 취득한 형제나 자매를 두고 있는 경우, 자신들의 성년기에 제26조에서 제26-5조의 적용에 따라 행정기관에 대하여 접수된 신고에 의하여, 프랑스 국적을 요청할 수 있다.

② 제21-4조는 본조 제1항의 적용에 따라 접수된 신고에 적용된다.


**제21-14조** ① 제23-6조의 적용에 의하여 프랑스 국적을 상실하였거나 제30-3조에 의하여 규정된 불수리사유로 이의제기를 받은 사람들은 제26조 이하에 따라 접수된 신고에 의하여 프랑스 국적을 요청할 수 있다.

② 그들은 문화적, 직업적, 경제적 또는 가족적 차원에서 프랑스와 명백한 관계를 보유하였거나 취득하였든, 또는 실제로 프랑스 군대에서 군복무를 완수하였거나 전쟁 시에 프랑스 군(軍)이나 동맹군에서 전투를 수행했어야 한다.

③ 실제로 프랑스 군대에서 군복무를 완수하였거나 전쟁 시에 프랑스 군(軍)이나 동맹군에서 전투를 수행했던 사람의 생존배우자들도 마찬가지로 본조 제1항에 있는 규정의 혜택을 받을 수 있다.

**Paragraphe 5 Acquisition de la nationalité française par décision de l'autorité publique**

**Article 21-14-1** La nationalité française est conférée par décret, sur proposition du ministre de la défense, à tout étranger engagé dans les armées françaises qui a été blessé en mission au cours ou à l'occasion d'un engagement opérationnel et qui en fait la demande.

En cas de décès de l'intéressé, dans les conditions prévues au premier alinéa, la même procédure est ouverte à ses enfants mineurs qui, au jour du décès, remplissaient la condition de résidence prévue à l'article 22-1.

**Article 21-15** Hors le cas prévu à l'article 21-14-1, l'acquisition de la nationalité française par décision de l'autorité publique résulte d'une naturalisation accordée par décret à la demande de l'étranger.

**Article 21-16** Nul ne peut être naturalisé s'il n'a en France sa résidence au moment de la signature du décret de naturalisation.

**Article 21-17** Sous réserve des exceptions prévues aux articles 21-18, 21-19 et 21-20, la naturalisation ne peut être accordée qu'à l'étranger justifiant d'une résidence habituelle en France pendant les cinq années qui précèdent le dépôt de la demande.

**Article 21-18** Le stage mentionné à l'article 21-17 est réduit à deux ans :
1° Pour l'étranger qui a accompli avec succès deux années d'études supérieures en vue d'acquérir un diplôme délivré par une université ou un établissement d'enseignement supérieur français ;
2° Pour celui qui a rendu ou qui peut rendre par ses capacités et ses talents des services importants à la France ;
3° Pour l'étranger qui présente un parcours exceptionnel d'intégration, apprécié au regard des activités menées ou des actions accomplies dans les domaines civique, scientifique, économique, culturel ou sportif.

## 제5관 공공기관의 결정에 의한 프랑스 국적의 취득

**제21-14-1조** ① 프랑스 군에 속하여 군사 작전 수행 중에 또는 이를 계기로 부상을 당하여 프랑스 국적을 신청한 모든 외국인에게는, 국방부장관의 제청을 받아, 데크레에 의하여 프랑스 국적이 부여된다.

② 당사자가 사망한 경우, 제1항에 규정된 요건에 따라, 동일한 절차가, 사망일에, 제22-1조에 규정된 거소 요건을 충족한 그의 미성년 자녀에게도 개시된다.

**제21-15조** 제21-14-1조에 규정된 경우 외에는, 공공기관의 결정에 의한 프랑스 국적의 취득은 외국인의 신청에 대하여 데크레로 허용된 귀화에 의하여 발생한다.

**제21-16조** 누구도 귀화 데크레의 서명이 있는 순간에 프랑스에 자신의 거소를 가지지 않으면 귀화할 수 없다.

**제21-17조** 제21-18조, 제21-19조 및 제21-20조에 규정된 예외의 유보 하에, 귀화는 신청서 제출에 앞서 5년 동안의 프랑스 내의 상시 거소를 증명하는 외국인에게만 주어질 수 있다.

**제21-18조** 다음 각 호의 외국인을 위해서는, 제21-17조에 규정된 기간은 2년으로 단축된다.
1. 프랑스의 대학교 또는 상급교육기관에서 발급되는 졸업증서를 취득하기 위해 상급의 교육을 2년 동안 성공적으로 이수한 외국인

2. 자신의 능력이나 재능으로 프랑스에 중요한 공헌을 하였거나 할 수 있는 외국인

3. 사회적, 과학적, 경제적, 문화적 또는 스포츠 영역에서 수행된 활동이나 완수한 행동에 비추어 평가되는, 예외적인 통합 경력을 제시하는 외국인

**Article 21-19** Peut être naturalisé sans condition de stage :

1° (alinéa abrogé) ;

2° (alinéa abrogé) ;

3° (alinéa abrogé) ;

4° L'étranger qui a effectivement accompli des services militaires dans une unité de l'armée française ou qui, en temps de guerre, a contracté un engagement volontaire dans les armées françaises ou alliées ;

5° (alinéa abrogé) ;

6° L'étranger qui a rendu des services exceptionnels à la France ou celui dont la naturalisation présente pour la France un intérêt exceptionnel. Dans ce cas, le décret de naturalisation ne peut être accordé qu'après avis du Conseil d'Etat sur rapport motivé du ministre compétent ;

7° L'étranger qui a obtenu le statut de réfugié en application de la loi n° 52-893 du 25 juillet 1952 portant création d'un Office français de protection des réfugiés et apatrides.

**Article 21-20** Peut être naturalisée sans condition de stage la personne qui appartient à l'entité culturelle et linguistique française, lorsqu'elle est ressortissante des territoires ou Etats dont la langue officielle ou l'une des langues officielles est le français, soit lorsque le français est sa langue maternelle, soit lorsqu'elle justifie d'une scolarisation minimale de cinq années dans un établissement enseignant en langue française.

**Article 21-21** La nationalité française peut être conférée par naturalisation sur proposition du ministre des affaires étrangères à tout étranger francophone qui en fait la demande et qui contribue par son action émérite au rayonnement de la France et à la prospérité de ses relations économiques internationales.

**Article 21-22** Nul ne peut être naturalisé s'il n'a atteint l'âge de dix-huit ans.

Toutefois, la naturalisation peut être accordée à l'enfant mineur resté étranger bien que l'un de ses parents ait acquis la nationalité française s'il justifie avoir résidé en France avec ce parent durant les cinq années précédant le dépôt de la demande.

**Article 21-23** Nul ne peut être naturalisé s'il n'est pas de bonnes vie et moeurs ou s'il a fait l'objet de l'une des condamnations visées à l'article 21-27 du présent code.

Les condamnations prononcées à l'étranger pourront toutefois ne pas être prises en considération ; en ce cas, le décret prononçant la naturalisation ne pourra être pris qu'après avis conforme du Conseil d'Etat.

**제21-19조** 다음 각 호의 외국인은 기간의 요건 없이 귀화될 수 있다.

1. (호 삭제)

2. (호 삭제)

3. (호 삭제)

4. 프랑스 군대에서 실제로 군복무를 수행하였거나, 전쟁 중에, 프랑스 군이나 동맹군 내에서 자발적으로 의무를 부담한 외국인

5. (호 삭제)

6. 프랑스에 이례적인 조력을 한 외국인 또는 그의 귀화가 프랑스에 이례적인 이익을 제공하는 외국인. 이 경우, 귀화 데크레는 관할 장관의 이유가 설시된 보고서에 근거한 국사원의 의견을 들은 후에야 승인될 수 있다.

7. 프랑스 난민 및 무국적자 보호국의 설치에 관한 1952년 7월 25일 법률 제52-893호의 적용에 따라 난민의 지위를 취득한 외국인

**제21-20조** 프랑스 문화와 언어권에 속하는 사람이, 그 사람이 그 공식 언어가 프랑스어이거나 또는 공식 언어 중의 하나가 프랑스어인 지역이나 국가에 속하는 경우, 프랑스어가 자신의 모국어이든 또는 그가 프랑스어로 교육하는 기관에서 적어도 5년의 기간 동안 수학하였음을 증명하는 경우이든, 기간의 요건 없이 귀화할 수 있다.

**제21-21조** 프랑스 국적은 귀하를 신청한 자로서 숙달된 활동을 통해 프랑스의 영예와 프랑스의 국제경제관계의 발전에 기여한 모든 프랑스어권 외국인에게 외무부장관의 제청에 의한 귀하에 의하여 부여될 수 있다.

**제21-22조** ① 누구도 18세 미만이면 귀화할 수 없다.

② 그러나, 부모 중 1인이 프랑스 국적을 취득하였음에도 불구하고 외국인으로 남은 미성년인 자녀에게도, 그가 신청서 제출 전에 프랑스 국적의 부 또는 모와 5년 동안 프랑스에 거주하였음을 증명하면, 귀화가 허용될 수 있다.

**제21-23조** ① 누구도 선량한 생활이나 풍속을 따르지 않으면 또는 본법전의 제21-27조에 규정된 형의 선고 중 하나의 대상이 되면, 귀화할 수 없다.

② 그러나 외국인에 대한 형의 선고는 고려되지 않을 수 있다. 이 경우, 귀화를 표명하는 데크레는 국사원의 긍정적인 의견을 들은 후에야 행해질 수 있다.

**Article 21-24** Nul ne peut être naturalisé s'il ne justifie de son assimilation à la communauté française, notamment par une connaissance suffisante, selon sa condition, de la langue, de l'histoire, de la culture et de la société françaises, dont le niveau et les modalités d'évaluation sont fixés par décret en Conseil d'Etat, et des droits et devoirs conférés par la nationalité française ainsi que par l'adhésion aux principes et aux valeurs essentiels de la République.

A l'issue du contrôle de son assimilation, l'intéressé signe la charte des droits et devoirs du citoyen français. Cette charte, approuvée par décret en Conseil d'Etat, rappelle les principes, valeurs et symboles essentiels de la République française.

**Article 21-24-1** La condition de connaissance de la langue française ne s'applique pas aux réfugiés politiques et apatrides résidant régulièrement et habituellement en France depuis quinze années au moins et âgés de plus de soixante-dix ans.

**Article 21-25** Les conditions dans lesquelles s'effectuera le contrôle de l'assimilation et de l'état de santé de l'étranger en instance de naturalisation seront fixées par décret.

**Article 21-25-1** La réponse de l'autorité publique à une demande d'acquisition de la nationalité française par naturalisation doit intervenir au plus tard dix-huit mois à compter de la remise de toutes les pièces nécessaires à la constitution d'un dossier complet contre laquelle un récépissé est délivré immédiatement.

Le délai visé au premier alinéa est réduit à douze mois lorsque l'étranger en instance de naturalisation justifie avoir en France sa résidence habituelle depuis une période d'au moins dix ans au jour de cette remise.

Les délais précités peuvent être prolongés une fois, par décision motivée, pour une période de trois mois.

**제21-24조** ① 누구도 특히, 그의 상황에 따라, 평가의 등급과 방식이 국사원 데크레에 의하여 정해지는 프랑스의 언어, 역사, 문화, 사회 및 프랑스 국적에 의하여 부여되는 권리와 의무에 관한 충분한 지식에 의하여 그리고 공화국의 핵심적 원칙과 가치에 대한 지지에 의하여, 프랑스 공동체에의 동화(同化)를 증명하지 못하면 귀화할 수 없다.

② 그의 동화(同化)에 관한 검증이 끝난 후에, 당사자는 프랑스 국민의 권리와 의무에 관한 헌장에 서명한다. 국사원 데크레에 의하여 승인된 이 헌장은 프랑스 공화국의 핵심적 원칙, 가치 및 상징을 상기시킨다.

**제21-24-1조** 프랑스어에 관한 지식 요건은 적어도 15년 전부터 합법적이고 상시적으로 거주하고 있고 또 70세 이상인 정치적 난민과 무국적자에게는 적용되지 아니한다.

**제21-25조** 귀화가 진행 중인 외국인의 동화(同化) 및 건강상태에 대한 검증이 실행되는 조건은 데크레에 의하여 정해진다.

**제21-25-1조** ① 귀화에 의한 프랑스 국적의 취득 신청에 대한 공공기관의 회답은 문서의 완비에 요구되는 모든 서류들이 제출된 때부터 늦어도 18개월 이내에 행해져야 하고, 이 제출에 대하여 즉시 접수증명서가 교부된다.

② 제1항에서 규정된 기간은, 귀화 진행 중인 외국인이 그 서류의 제출일을 기준으로 적어도 10년 전의 기간부터 그가 프랑스에 상거소를 두고 있음을 증명하는 경우, 12개월로 단축된다.

③ 위의 두 항에 언급된 기간은, 이유가 설시된 결정에 의해, 1회에 한하여 3개월의 기간으로 연장될 수 있다.

**Paragraphe 6 Dispositions communes à certains modes d'acquisition de la nationalité française**

**Article 21-26** Est assimilé à la résidence en France lorsque cette résidence constitue une condition de l'acquisition de la nationalité française :

1° Le séjour hors de France d'un étranger qui exerce une activité professionnelle publique ou privée pour le compte de l'Etat français ou d'un organisme dont l'activité présente un intérêt particulier pour l'économie ou la culture française ;

2° Le séjour dans les pays en union douanière avec la France qui sont désignés par décret ;

3° La présence hors de France, en temps de paix comme en temps de guerre, dans une formation régulière de l'armée française ou au titre des obligations prévues par le livre II du code du service national ;

4° Le séjour hors de France en qualité de volontaire du service national.

L'assimilation de résidence qui profite à l'un des époux s'étend à l'autre s'ils habitent effectivement ensemble.

**Article 21-27** Nul ne peut acquérir la nationalité française ou être réintégré dans cette nationalité s'il a été l'objet soit d'une condamnation pour crimes ou délits constituant une atteinte aux intérêts fondamentaux de la Nation ou un acte de terrorisme, soit, quelle que soit l'infraction considérée, s'il a été condamné à une peine égale ou supérieure à six mois d'emprisonnement, non assortie d'une mesure de sursis.

Il en est de même de celui qui a fait l'objet soit d'un arrêté d'expulsion non expressément rapporté ou abrogé, soit d'une interdiction du territoire français non entièrement exécutée.

Il en est de même de celui dont le séjour en France est irrégulier au regard des lois et conventions relatives au séjour des étrangers en France.

Les dispositions du présent article ne sont pas applicables à l'enfant mineur susceptible d'acquérir la nationalité française en application des articles 21-7, 21-11, 21-12 et 22-1, ni au condamné ayant bénéficié d'une réhabilitation de plein droit ou d'une réhabilitation judiciaire conformément aux dispositions de l'article 133-12 du code pénal, ou dont la mention de la condamnation a été exclue du bulletin n° 2 du casier judiciaire, conformément aux dispositions des articles 775-1 et 775-2 du code de procédure pénale.

**Article 21-27-1** Lors de son acquisition de la nationalité française par décision de l'autorité publique ou par déclaration, l'intéressé indique à l'autorité compétente la ou les nationalités qu'il possède déjà, la ou les nationalités qu'il conserve en plus de la nationalité française ainsi que la ou les nationalités auxquelles il entend renoncer.

## 제6관 일정한 방식에 따른 프랑스 국적 취득에 관한 통칙

**제21-26조** ① 프랑스 내의 거주가 프랑스 국적 취득의 요건인 경우, 다음 각 호의 체류는 프랑스 내의 거주로 본다.

1. 국가를 위하여 또는 프랑스의 경제 또는 문화에 특별한 이익을 주는 조직의 공적 또는 사적 직업활동을 영위하는 외국인의 프랑스 밖에서의 체류

2. 데크레에 의하여 지정된 프랑스의 관세동맹국에서의 체류

3. 평화시나 전시에, 프랑스 군대의 정기훈련 또는 국방법전 제2권에 규정된 의무이행을 위하여 프랑스 밖에서의 주둔

4. 병역 자원자의 자격으로 프랑스 밖에서의 체류

② 부부가 사실상 함께 거주하면, 부부 일방에게 이익이 되는 거소의 동일시는 타방에게 영향을 미친다.

**제21-27조** ① 누구나, 국가의 중대한 이익을 침해하는 행위 또는 테러행위를 구성하는 중범죄나 경범죄의 형의 선고의 대상이 되었거나, 해당 범죄행위가 무엇이든, 집행유예 조치 없이 6개월 또는 그 이상의 징역형으로 처벌되었다면, 프랑스 국적을 취득하거나 이 국적으로 회복될 수 없다.

② 명시적으로 연기되거나 폐기되지 아니한 추방명령이든 또는 완전히 집행되지 아니한 프랑스 영토 내 입국금지이든 그 대상이 된 자에 대해서도 마찬가지이다.

③ 프랑스 내 외국인체류 법률 및 협약에 비추어 프랑스 내 체류가 불법적인 자에 대해서도 마찬가지이다.

④ 본조의 규정은 제21-7조, 제21-11조, 제21-12조 및 제22-1조의 적용에 의하여 프랑스 국적을 취득할 수 있는 미성년인 자녀와 법률상 또는 형법전 제133-12조의 규정에 따른 당연복권 또는 재판상 복권의 혜택을 받는 자 및 형사소송법전 제775-1조 및 제775-2조의 규정에 따라 전과기록 제2호 공보에서 그 형의 선고의 기재가 배제된 자에게는 적용되지 아니한다.

**제21-27-1조** 공공기관의 결정에 의하여 또는 신고에 의하여 자신의 프랑스 국적을 취득하는 경우, 당사자는 이미 지닌 1개 또는 수 개의 국적, 프랑스 국적과 더불어 유지할 1개 또는 수 개의 국적 및 당사자는 포기하기를 원하는 1개 또는 수 개의 국적을 관할 기관에 지정한다.

**Paragraphe 7 De la cérémonie d'accueil dans la citoyenneté française**

**Article 21-28** Le représentant de l'Etat dans le département ou, à Paris, le préfet de police organise, dans un délai de six mois à compter de l'acquisition de la nationalité française, une cérémonie d'accueil dans la citoyenneté française à l'intention des personnes résidant dans le département visées aux articles 21-2, 21-11, 21-12, 21-13-1, 21-13-2, 21-14, 21-14-1, 21-15, 24-1, 24-2 et 32-4 du présent code ainsi qu'à l'article 2 de la loi n° 64-1328 du 26 décembre 1964 autorisant l'approbation de la convention du Conseil de l'Europe sur la réduction des cas de pluralité de nationalités et sur les obligations militaires en cas de pluralité de nationalités, signée à Strasbourg le 6 mai 1963.

Les députés et les sénateurs élus dans le département sont invités à la cérémonie d'accueil.

Les personnes ayant acquis de plein droit la nationalité française en application de l'article 21-7 sont invitées à cette cérémonie dans un délai de six mois à compter de la délivrance du certificat de nationalité française mentionné à l'article 31.

Au cours de la cérémonie d'accueil, la charte des droits et devoirs du citoyen français mentionnée à l'article 21-24 est remise aux personnes ayant acquis la nationalité française visées aux premier et troisième alinéas.

**Article 21-29** Le représentant de l'Etat dans le département ou, à Paris, le préfet de police communique au maire, en sa qualité d'officier d'état civil, l'identité et l'adresse des personnes résidant dans la commune susceptibles de bénéficier de la cérémonie d'accueil dans la citoyenneté française.

Lorsque le maire en fait la demande, il peut l'autoriser à organiser, en sa qualité d'officier d'état civil, la cérémonie d'accueil dans la citoyenneté française.

**Section 2 Des effets de l'acquisition de la nationalité française**

**Article 22** La personne qui a acquis la nationalité française jouit de tous les droits et est tenue à toutes les obligations attachées à la qualité de Français, à dater du jour de cette acquisition.

## 제7관 프랑스 국적 취득 환영식

**제21-28조** ① 도에서는 중앙정부대표자[2] 또는, 파리에서는, 경찰청장이 본법전 제21-2조, 제21-11조, 제21-12조, 제21-13-1조, 제21-13-2조, 제21-14조, 제21-14-1조, 제21-15조, 제24-1조, 제24-2조와 제32-4조 그리고 복수국적의 감소와 복수국적자의 국방의무에 관하여 1963년 5월 6일 스트라스부흐에서 조인된 유럽위원회 협약의 승인을 허락하기 위한 1964년 12월 26일 법률 제64-1328호 제2조에 규정되어 있는 도에 거주하는 사람들을 위하여, 프랑스 국적취득 6개월 이내에, 프랑스 국적취득 환영식을 준비한다.

② 도에서 선출된 하원 및 상원의원은 환영식에 초청된다.

③ 제21-1조의 적용으로 당연히 프랑스 국적을 취득하는 사람도 제31조에서 규정된 프랑스 국적증명서가 발급된 때로부터 6개월 기간 이내에 환영식에 초청된다.

④ 환영식 중에, 제1항 및 제3항이 예정하는 프랑스 국적을 취득한 사람에게 제21-24조에 규정된 프랑스 국민의 권리의무 헌장을 교부한다.

**제21-29조** ① 도에서는 중앙정부대표자 또는, 파리에서는, 경찰서장이, 민적관의 자격으로, 기초자치단체에 거주하면서 프랑스 국적취득 환영식에 초청될 수 있는 사람의 신원과 주소를 시장에게 알린다.

② 시장이 이를 요청하는 경우, 도에서는 중앙정부대표자가 또는 파리에서는 경찰서장이, 자신의 민적관 자격으로, 프랑스 국적취득 환영식을 준비하는 것을 허가할 수 있다.

## 제2절 프랑스 국적 취득의 효력

**제22조** 프랑스 국적을 취득한 사람은 프랑스인의 자격에 부여된 모든 의무를 부담하며, 이는 취득일을 기준으로 한다.

---

2) Le représentant de l'Etat는 지자체와의 여러 문제를 해결하고 조율하기 위해 국가(중앙정부)를 대표하여 각 지자체에 파견된 사람을 의미한다.

**Article 22-1** L'enfant mineur dont l'un des deux parents acquiert la nationalité française, devient français de plein droit s'il a la même résidence habituelle que ce parent ou s'il réside alternativement avec ce parent dans le cas de séparation ou divorce.

Les dispositions du présent article ne sont applicables à l'enfant d'une personne qui acquiert la nationalité française par décision de l'autorité publique ou par déclaration de nationalité que si son nom est mentionné dans le décret ou dans la déclaration.

**Article 22-2** Les dispositions de l'article précédent ne sont pas applicables à l'enfant marié.

**Article 22-3** Toutefois, l'enfant français en vertu de l'article 22-1 et qui n'est pas né en France a la faculté de répudier cette qualité pendant les six mois précédant sa majorité et dans les douze mois la suivant.

Il exerce cette faculté par déclaration souscrite conformément aux articles 26 et suivants.

Il peut renoncer à cette faculté à partir de l'âge de seize ans dans les mêmes conditions.

## Chapitre IV De la perte, de la déchéance et de la réintégration dans la nationalité française

### Section 1 De la perte de la nationalité française

**Article 23** Toute personne majeure de nationalité française, résidant habituellement à l'étranger, qui acquiert volontairement une nationalité étrangère ne perd la nationalité française que si elle le déclare expressément, dans les conditions prévues aux articles 26 et suivants du présent titre.

**Article 23-1** La déclaration en vue de perdre la nationalité française peut être souscrite à partir du dépôt de la demande d'acquisition de la nationalité étrangère et, au plus tard, dans le délai d'un an à compter de la date de cette acquisition.

**Article 23-2** Les Français de moins de trente-cinq ans ne peuvent souscrire la déclaration prévue aux articles 23 et 23-1 ci-dessus que s'ils sont en règle avec les obligations du livre II du code du service national.

**Article 23-3** Perd la nationalité française le Français qui exerce la faculté de répudier cette qualité dans les cas prévus aux articles 18-1, 19-4 et 22-3.

**제22-1조** ① 부모 중 1인이 프랑스국적을 취득한 자의 미성년인 자녀는, 국적을 취득한 부 또는 모와 동일한 상시 거소를 가지고 있거나 또는 별거나 이혼의 경우에, 국적을 취득한 부 또는 모와 번갈아가며 거주하면, 당연히 프랑스인이 된다.
② 본조의 규정은, 그의 이름이 데크레나 국적신고에 기재된 때에만, 공공기관의 결정이나 국적신고에 의하여 프랑스 국적을 취득한 사람의 자녀에게는 적용되지 아니한다.

**제22-2조** 제22-1조의 규정은 혼인한 자녀에게는 적용되지 아니한다.

**제22-3조** ① 그러나, 제22-1조에 의한 프랑스인인 자녀로서 프랑스에서 출생하지 않은 자녀는 자신의 성년 이전 6개월 내 그리고 자신의 성년 이후 12개월 내에 프랑스인의 자격을 포기할 권리가 있다.
② 그는 제26조 이하에 따라 접수된 신고서에 의하여 이 권리를 행사한다.

③ 그는 만 16세부터 동일한 조건 하에서 포기할 수 있다.

## 제4장 프랑스국적의 상실, 박탈 및 회복

### 제1절 프랑스 국적의 상실

**제23조** 자발적으로 외국의 국적을 취득하려는 성년의 프랑스인은, 외국에 상시 거주하더라도, 이를 명시적으로 신고하는 때에만 프랑스 국적을 상실하며. 이는 본편 제26조 이하에 규정된 요건에 따른다.

**제23-1조** 프랑스 국적을 상실하기 위한 신고는 외국 국적 취득을 위한 신청서를 제출한 날로부터 접수될 수 있으며 그리고, 늦어도, 국적을 취득한 날로부터 1년의 기간 이내에 하여야 한다.

**제23-2조** 만 35세 미만의 프랑스인은 병역법전 제2권의 의무를 다하는 경우에만 위 제23조 및 제23-1조에 규정된 신고서를 제출할 수 있다.

**제23-3조** 프랑스 자격을 포기할 권리를 행사하는 프랑스인은 제18-1조, 제19-4조 및 제22-3조에 규정된 경우에 프랑스인의 국적을 상실한다.

**Article 23-4** Perd la nationalité française le Français, même mineur, qui, ayant une nationalité étrangère, est autorisé, sur sa demande, par le Gouvernement français, à perdre la qualité de Français.

Cette autorisation est accordée par décret.

**Article 23-5** En cas de mariage avec un étranger, le conjoint français peut répudier la nationalité française selon les dispositions des articles 26 et suivants à la condition qu'il ait acquis la nationalité étrangère de son conjoint et que la résidence habituelle du ménage ait été fixée à l'étranger.

Toutefois, les français âgés de moins de trente-cinq ans ne pourront exercer cette faculté de répudiation que s'ils sont en règle avec les obligations prévues au livre II du code du service national.

Les Français de moins de trente-cinq ans ne peuvent souscrire la déclaration prévue aux articles 23 et 23-1 ci-dessus que s'ils sont en règle avec les obligations du livre II du code du service national.

**Article 23-6** La perte de la nationalité française peut être constatée par jugement lorsque l'intéressé, français d'origine par filiation, n'en a point la possession d'état et n'a jamais eu sa résidence habituelle en France, si les ascendants, dont il tenait la nationalité française, n'ont eux-mêmes ni possession d'état de Français, ni résidence en France depuis un demi-siècle.

Le jugement détermine la date à laquelle la nationalité française a été perdue. Il peut décider que cette nationalité avait été perdue par les auteurs de l'intéressé et que ce dernier n'a jamais été français.

**Article 23-7** Le Français qui se comporte en fait comme le national d'un pays étranger peut, s'il a la nationalité de ce pays, être déclaré, par décret après avis conforme du Conseil d'Etat, avoir perdu la qualité de Français.

**제23-4조** ① 외국 국적을 가지고 있어서, 그의 신청으로, 프랑스 정부에 의하여 프랑스인의 자격을 상실하는 것을 허가받은 프랑스인은, 미성년자일지라도, 프랑스 국적을 상실한다.

② 이 허가는 데크레에 의하여 주어진다.

**제23-5조** ① 외국인과 혼인한 경우에, 프랑스인인 배우자는 그가 자신의 배우자의 외국 국적을 취득하였고 그리고 혼인생활의 상시 거소가 외국으로 정해졌던 것을 조건으로 제26조 이하의 규정에 따라 프랑스 국적을 포기할 수 있다.

② 그러나, 35세 미만의 프랑스인은 병역법전 제2권에 규정된 의무를 다하는 경우에만 포기권을 행사할 수 있다.

③ 35세 미만의 프랑스인은 병역법전 제2권에 규정된 의무를 다하는 경우에만 위 제23조 및 제23-1조에 정한 신고를 제출할 수 있다.

**제23-6조** ① 당사자가, 친자관계에 의하여 태생적으로 프랑스인이고, 아무런 신분점유도 없었고 프랑스에서 상거소를 가져본 적도 없었던 경우에는, 그가 프랑스 국적을 취득하게 된 직계존속도 그 자신들도 마찬가지로 프랑스인으로서의 신분점유는 물론 반세기 이전부터 프랑스 내의 상시 거소가 없었다면, 프랑스 국적의 상실은 재판으로 확인될 수 있다.

② 재판으로 프랑스 국적이 상실된 날을 정한다. 재판으로 이 국적이 당사자의 직계존속에 의하여 상실되었고 그리고 그는 결코 프랑스인이 아니었음을 결정할 수 있다.

**제23-7조** 사실상 어느 외국 국민처럼 행동하는 프랑스인이, 외국 국적을 가지고 있는 경우에는, 국사원의 긍정적인 의견을 들은 후 데크레에 의하여, 프랑스인의 자격을 상실한 것으로 선언될 수 있다.

**Article 23-8** Perd la nationalité française le Français qui, occupant un emploi dans une armée ou un service public étranger ou dans une organisation internationale dont la France ne fait pas partie ou plus généralement leur apportant son concours, n'a pas résigné son emploi ou cessé son concours nonobstant l'injonction qui lui en aura été faite par le Gouvernement.

L'intéressé sera, par décret en Conseil d'Etat, déclaré avoir perdu la nationalité française si, dans le délai fixé par l'injonction, délai qui ne peut être inférieur à quinze jours et supérieur à deux mois, il n'a pas mis fin à son activité.

Lorsque l'avis du Conseil d'Etat est défavorable, la mesure prévue à l'alinéa précédent ne peut être prise que par décret en conseil des ministres.

**Article 23-9** La perte de la nationalité française prend effet :
1° Dans le cas prévu à l'article 23 à la date de l'acquisition de la nationalité étrangère ;
2° Dans le cas prévu aux articles 23-3 et 23-5 à la date de la déclaration ;
3° Dans le cas prévu aux articles 23-4, 23-7 et 23-8 à la date du décret ;
4° Dans les cas prévus à l'article 23-6 au jour fixé par le jugement.

## Section 2 De la réintégration dans la nationalité française

**Article 24** La réintégration dans la nationalité française des personnes qui établissent avoir possédé la qualité de Français résulte d'un décret ou d'une déclaration suivant les distinctions fixées aux articles ci-après.

**Article 24-1** La réintégration par décret peut être obtenue à tout âge et sans condition de stage. Elle est soumise, pour le surplus, aux conditions et aux règles de la naturalisation.

**Article 24-2** Les personnes qui ont perdu la nationalité française à raison du mariage avec un étranger ou de l'acquisition par mesure individuelle d'une nationalité étrangère peuvent, sous réserve des dispositions de l'article 21-27, être réintégrées par déclaration souscrite, en France ou à l'étranger, conformément aux articles 26 et suivants.

Elles doivent avoir conservé ou acquis avec la France des liens manifestes, notamment d'ordre culturel, professionnel, économique ou familial.

**Article 24-3** La réintégration par décret ou par déclaration produit effet à l'égard des enfants âgés de moins de dix-huit ans dans les conditions des articles 22-1 et 22-2 du présent titre.

**제23-8조** ① 외국의 군대나 공공기관에서 또는 프랑스가 가입하지 않은 국제기구에서 직장을 가지거나 보다 일반적으로 이들에게 협력하면서, 정부에 의하여 그에게 이에 대하여 내려진 명령에도 불구하고 자신의 직장을 사직하지 않거나 자신의 협력을 멈추지 않은 프랑스인은 프랑스 국적을 상실한다.

② 이해관계인은, 15일 미만이 될 수 없고 2개월을 초과할 수 없는 기간으로, 명령으로 정해진 기간 내에 그의 활동을 종료하지 않으면, 그는, 국사원 데크레에 의하여, 프랑스 국적이 상실하였음을 선언받을 수 있다.
③ 국사원의 의견이 부정적인 경우, 제2항에 규정된 조치는 국무위원회의 데크레에 의하여서만 취해질 수 있다.

**제23-9조** 프랑스 국적의 상실은 다음 각 호의 날로부터 효력을 발생한다.
1. 제23조에 규정된 경우, 외국 국적의 취득일
2. 제23-3조 및 제23-5조에서 규정된 경우, 신고일
3. 제23-4조, 제23-7조 및 제23-8조에 규정된 경우, 데크레 일자
4. 제23-6조에 규정된 경우, 재판으로 정한 날

### 제2절 프랑스 국적의 회복

**제24조** 프랑스인의 자격을 가졌음을 증명한 사람의 프랑스 국적의 회복은 다음의 조문들에서 정한 구분에 따라 데크레 또는 신고에 의하여 발생한다.

**제24-1조** 데크레에 의한 국적 회복은 모든 연령에서 기간 충족의 요건 없이 취득될 수 있다. 그 회복의, 추가 사항에 관하여는, 귀화에 관한 요건과 원칙에 따른다.

**제24-2조** ① 외국인과의 혼인 또는 개별적 조치에 의한 외국 국적의 취득을 이유로 프랑스 국적을 상실한 자는, 제21-27조의 규정의 유보 하에, 제26조 이하의 규정에 따라, 프랑스 또는 외국에서, 접수된 신고에 의하여 국적이 회복될 수 있다.

② 신고자는 프랑스와 명백한 관계, 특히 문화적, 직업적, 경제적 또는 가족적 관계를 보유하거나 맺었어야 한다.

**제24-3조** 데크레 또는 신고에 의한 회복은 본편 제22-1조 및 제22-2조의 요건에 따라 18세 미만의 자녀에 대해서도 효력이 있다.

## Section 3 De la déchéance de la nationalité française

**Article 25** L'individu qui a acquis la qualité de Français peut, par décret pris après avis conforme du Conseil d'Etat, être déchu de la nationalité française, sauf si la déchéance a pour résultat de le rendre apatride :

1° S'il est condamné pour un acte qualifié de crime ou délit constituant une atteinte aux intérêts fondamentaux de la Nation ou pour un crime ou un délit constituant un acte de terrorisme ;

2° S'il est condamné pour un acte qualifié de crime ou délit prévu et réprimé par le chapitre II du titre III du livre IV du code pénal ;

3° S'il est condamné pour s'être soustrait aux obligations résultant pour lui du code du service national ;

4° S'il s'est livré au profit d'un Etat étranger à des actes incompatibles avec la qualité de Français et préjudiciables aux intérêts de la France.

**Article 25-1** La déchéance n'est encourue que si les faits reprochés à l'intéressé et visés à l'article 25 se sont produits antérieurement à l'acquisition de la nationalité française ou dans le délai de dix ans à compter de la date de cette acquisition.

Elle ne peut être prononcée que dans le délai de dix ans à compter de la perpétration desdits faits.

Si les faits reprochés à l'intéressé sont visés au 1° de l'article 25, les délais mentionnés aux deux alinéas précédents sont portés à quinze ans.

## Chapitre V Des actes relatifs à l'acquisition ou à la perte de la nationalité française

### Section 1 Des déclarations de nationalité

**Article 26** Les déclarations de nationalité souscrites en raison soit du mariage avec un conjoint français, en application de l'article 21-2, soit de la qualité d'ascendant de Français, en application de l'article 21-13-1, soit de la qualité de frère ou sœur de Français, en application de l'article 21-13-2, sont reçues par l'autorité administrative. Les autres déclarations de nationalité sont reçues par le directeur des services de greffe judiciaires du tribunal judiciaire ou par le consul. Les formes suivant lesquelles ces déclarations sont reçues sont déterminées par décret en Conseil d'Etat.

Il en est délivré récépissé après remise des pièces nécessaires à la preuve de leur recevabilité.

## 제3절 프랑스 국적의 박탈

**제25조** 프랑스인의 자격을 취득한 개인은 다음 각 호의 경우에, 국사원의 긍정적인 의견을 들은 후 데크레에 의하여, 프랑스 국적을 박탈당할 수 있지만, 박탈이 그를 무국적자로 하는 결과를 가지는 경우는 제외한다.
1. 그가 국가의 중대한 이익을 침해함으로 인한 중범죄 또는 경범죄에 해당하는 행위로 또는 테러행위를 구성하는 중범죄 또는 경범죄로 유죄선고를 받은 경우

2. 그가 형법전 제4권 제3편 제2장에 규정되고 처벌을 받는 중범죄 또는 경범죄로 인하여 유죄선고를 받은 경우
3. 그가 병역법전에서 그에게 부과하는 의무를 기피하여 유죄선고를 받은 경우

4. 그가 외국을 위하여 프랑스인의 자격과 양립할 수 없고 프랑스의 이익을 해치는 행위를 한 경우

**제25-1조** ① 국적 박탈은 제25조에 규정되어 있는 당사자의 유책행위가 그의 프랑스 국적 취득 이전에 또는 국적 취득일로부터 10년 이내에 행해진 때에만 초래될 수 있다.

② 국적 박탈은 해당 행위의 범행이 있은 때로부터 10년의 기간 내에만 선고될 수 있다.

③ 당사자의 유책행위가 제25조 제1호에 규정되었다면, 제1항 및 제2항의 기간은 15년으로 연장된다.

## 제5장 프랑스 국적의 취득 또는 상실에 관한 증서

## 제1절 국적의 신고

**제26조** ① 제21-2조의 적용에 따라 프랑스인인 배우자와의 혼인이든, 제21-13-1조의 적용에 따라 프랑스인의 직계존속인 자격이든, 제21-13-2조의 적용에 따라 프랑스인의 형제 또는 자매인 자격이든 이를 이유로 접수된 국적 신고는 행정기관에 의하여 수리된다. 그 밖의 국적 신고는 민사지방법원의 사법서기국장 또는 영사에 의하여 수리된다. 이들 신고가 수리되는 방식은 국사원 데크레에 의하여 정한다.

② 신고의 접수증명서는 수리적격성을 증명하는 데에 필요한 서류가 제출된 후에 발급된다.

**Article 26-1** Toute déclaration de nationalité doit, à peine de nullité, être enregistrée soit par le directeur des services de greffe judiciaires du tribunal judiciaire, pour les déclarations souscrites en France, soit par le ministre de la justice, pour les déclarations souscrites à l'étranger, à l'exception des déclarations suivantes, qui sont enregistrées par le ministre chargé des naturalisations :

1° Celles souscrites du mariage avec un conjoint français ;

2° Celles souscrites en application de l'article 21-13-1 à raison de la qualité d'ascendant de Français ;

3° Celles souscrites en application de l'article 21-13-2 à raison de la qualité de frère ou sœur de Français.

**Article 26-2** Le siège et le ressort des tribunaux judiciaires ou des chambres de proximité compétents pour recevoir et enregistrer les déclarations de nationalité française sont fixés par décret.

**Article 26-3** Le ministre ou le directeur des services de greffe judiciaires du tribunal judiciaire refuse d'enregistrer les déclarations qui ne satisfont pas aux conditions légales.

Sa décision motivée est notifiée au déclarant qui peut la contester devant le tribunal judiciaire durant un délai de six mois. L'action peut être exercée personnellement par le mineur dès l'âge de seize ans.

La décision de refus d'enregistrement doit intervenir six mois au plus après la date à laquelle a été délivré au déclarant le récépissé constatant la remise de toutes les pièces nécessaires à la preuve de recevabilité de la déclaration.

Le délai est porté à un an pour les déclarations souscrites en vertu des articles 21-2, 21-13-1 et 21-13-2. Dans le cas où une procédure d'opposition est engagée par le Gouvernement en application des articles 21-4, 21-13-1 ou 21-13-2, ce délai est porté à deux ans.

**Article 26-4** A défaut de refus d'enregistrement dans les délais légaux, copie de la déclaration est remise au déclarant revêtue de la mention de l'enregistrement.

Dans le délai de deux ans suivant la date à laquelle il a été effectué, l'enregistrement peut être contesté par le ministère public si les conditions légales ne sont pas satisfaites.

L'enregistrement peut encore être contesté par le ministère public en cas de mensonge ou de fraude dans le délai de deux ans à compter de leur découverte. La cessation de la communauté de vie entre les époux dans les douze mois suivant l'enregistrement de la déclaration prévue à l'article 21-2 constitue une présomption de fraude.

**제26-1조** 모든 국적 신고는, 무효가 되지 않기 위해서는, 프랑스에서 접수된 신고인 경우에는 민사지방법원의 사법서기국장에 의하여든, 외국에서 접수된 신고인 경우에는 법무부장관에 의하여든 등록되어야 하지만, 귀화를 담당하는 장관에 의하여 등록되는 다음 각 호의 신고는 제외한다.

1. 프랑스인과 혼인을 이유로 하여 접수된 신고
2. 제21-13-1조의 적용에 따라 프랑스인의 직계존속인 자격을 이유로 접수된 신고

3. 제21-13-2조의 적용에 따라 프랑스인의 형제자매인 자격을 이유로 접수된 신고


**제26-2조** 프랑스 국적 신고의 수리와 등록을 위한 민사지방법원 또는 간이법원의 소재지와 관할지역은 데크레에 의하여 정해진다.


**제26-3조** ① 장관 또는 민사지방법원의 사법서기국장은 법정 요건을 충족하지 못한 신고의 등록을 거부한다.
② 이유가 설시된 결정이 신고인에게 통지되면 신고인은 6월의 기간 동안에 민사지방법원에서 이를 다툴 수 있다. 이 소권은 16세 이상인 미성년자에 의하여 직접 행사될 수 있다.

③ 등록거부결정은 신고의 수리적격성의 증명에 필요한 모든 서류의 제출을 확인하는 접수증이 신고인에게 발급된 날부터 늦어도 6월 내에 이루어져야 한다.

④ 그 기간은 제21-2조, 제21-13-1조, 제21-13-2조에 의거하여 접수된 신고에 대해서는 1년으로 연장된다. 제21-4조, 제21-13-1조 또는 제21-13-2조의 적용에 따라 정부에 의하여 이의절차가 행해진 경우에는 이 기간은 2년으로 연장된다.


**제26-4조** ① 법정기간 내에 등록의 거부가 없으면, 신고 사본은 등록의 기재를 하여 신고인에게 교부된다.
② 등록이 실행된 날로부터 2년의 기간 내에는, 그 등록이 법정 요건이 충족되지 않았으면, 검찰에 의하여 다투어질 수 있다.
③ 등록이 거짓 또는 기망인 경우에는 그것이 발견된 때로부터 2년의 기간 내에 검찰에 의하여 여전히 다투어질 수 있다. 제21-2조에 규정된 신고의 등록 이후 12개월 내에 배우자 사이에 생활공동체의 중단은 기망의 추정을 구성한다.

**Article 26-5** Sous réserve des dispositions du deuxième alinéa (1°) de l'article 23-9, les déclarations de nationalité, dès lors qu'elles ont été enregistrées, prennent effet à la date à laquelle elles ont été souscrites.

### Section 2 Des décisions administratives

**Article 27** Toute décision déclarant irrecevable, ajournant ou rejetant une demande d'acquisition, de naturalisation ou de réintégration par décret ainsi qu'une autorisation de perdre la nationalité française doit être motivée.

**Article 27-1** Les décrets portant acquisition, naturalisation ou réintégration, autorisation de perdre la nationalité française, perte ou déchéance de cette nationalité, sont pris et publiés dans des formes fixées par décret. Ils n'ont point d'effet rétroactif.

**Article 27-2** Les décrets portant acquisition, naturalisation ou réintégration peuvent être rapportés sur avis conforme du Conseil d'Etat dans le délai de deux ans à compter de leur publication au Journal officiel si le requérant ne satisfait pas aux conditions légales ; si la décision a été obtenue par mensonge ou fraude, ces décrets peuvent être rapportés dans le délai de deux ans à partir de la découverte de la fraude.

**Article 27-3** Les décrets qui portent perte pour l'une des causes prévues aux articles 23-7 et 23-8 ou déchéance de la nationalité française sont pris, l'intéressé entendu ou appelé à produire ses observations.

### Section 3 Des mentions sur les registres de l'état civil

**Article 28** Mention sera portée, en marge de l'acte de naissance, des actes administratifs et des déclarations ayant pour effet l'acquisition, la perte de la nationalité française ou la réintégration dans cette nationalité.

Il sera fait de même mention de toute première délivrance de certificat de nationalité française et des décisions juridictionnelles ayant trait à cette nationalité.

**제26-5조** 제23-9조 둘째 줄(제1호)의 규정의 유보 하에, 국적 신고는, 그것이 등록이 된 때부터, 신고가 접수된 날에 효력을 발생한다.

## 제2절 행정결정

**제27조** 데크레에 의한 취득, 귀화, 또는 회복의 신청을 각하, 연기 또는 기각하는 모든 결정과 프랑스 국적을 상실하는 데에 대한 허가는 이유가 설시되어야 한다.

**제27-1조** 취득, 귀화 또는 회복, 프랑스 국적을 상실하는 것의 허가, 프랑스 국적의 상실 또는 박탈을 내용으로 하는 데크레는 데크레에서 정한 형식으로 이루어지고 공시되어야 한다. 이는 전혀 소급효를 갖지 못한다.

**제27-2조** 취득, 귀화 또는 회복을 내용으로 하는 데크레는, 신청인이 법정요건을 충족하지 않았으면, 공보에 게시된 날로부터 2년 내에 국사원의 긍정적인 의견에 따라 취소될 수 있다. 그 결정이 거짓이나 기망에 의하여 취득되었으면, 이 데크레는 그 기망이 발견된 때부터 2년 내에 취소될 수 있다.

**제27-3조** 제23-7조 및 제23-8조에 규정된 원인 중 하나로 인한 프랑스 국적의 상실이나 프랑스 국적의 박탈을 내용으로 하는 데크레는, 당사자가 출석하여 자신의 의견을 제출하여, 행해진다.

## 제3절 민적등록부상의 기재

**제28조** ① 출생증서, 행정증서 및 프랑스 국적의 취득, 상실 또는 회복의 효력을 가지기 위한 신고서의 비고란에, 기재가 행해진다.

② 프랑스 국적 증명서 및 프랑스 국적에 관한 법원의 결정의 모든 최초 발급에도 동일한 기재가 행해진다.

**Article 28-1** Les mentions relatives à la nationalité prévues à l'article précédent sont portées d'office sur les copies et les extraits avec indication de la filiation des actes de naissance ou des actes dressés pour en tenir lieu.

Ces mentions sont également portées sur les extraits sans indication de la filiation des actes de naissance ou sur le livret de famille à la demande des intéressés. Toutefois, la mention de la perte, de la déclination, de la déchéance, de l'opposition à l'acquisition de la nationalité française, du retrait du décret d'acquisition, de naturalisation ou de réintégration ou de la décision judiciaire ayant constaté l'extranéité est portée d'office sur tous les extraits des actes de naissance et sur le livret de famille lorsqu'une personne ayant antérieurement acquis cette nationalité, ou s'étant vu reconnaître judiciairement celle-ci, ou délivrer un certificat de nationalité française a demandé qu'il en soit fait mention sur lesdits documents.

## Chapitre VI Du contentieux de la nationalité

### Section 1 De la compétence des tribunaux judiciaires et de la procédure devant ces tribunaux

**Article 29** La juridiction civile de droit commun est seule compétente pour connaître des contestations sur la nationalité française ou étrangère des personnes physiques.

Les questions de nationalité sont préjudicielles devant toute autre juridiction de l'ordre administratif ou judiciaire à l'exception des juridictions répressives comportant un jury criminel.

**Article 29-1** Le siège et le ressort des tribunaux judiciaires compétents pour connaître des contestations sur la nationalité française ou étrangère des personnes physiques sont fixés par décret.

**Article 29-2** La procédure suivie en matière de nationalité, et notamment la communication au ministère de la justice des assignations, conclusions et voies de recours, est déterminée par le code de procédure civile.

**제28-1조** ① 제28조에 규정된 국적에 관한 기재는 출생증서 또는 이를 대신하기 위해 작성된 증서의 사본 및 초본에 친자관계의 표시와 함께 직권으로 기입된다.

② 이 기재는 또한 이해관계인의 신청에 따라 친자관계 표시 없이 출생증서의 초본 또는 가족관계증명서에 행해진다. 그러나, 프랑스 국적의 상실, 포기, 박탈, 취득에 대한 이의제기, 취득, 귀화 또는 회복에 관한 데크레의 취소 또는 외국인 국적을 확인한 법원 판결에 관한 기재는, 사전에 이 국적을 취득하였거나, 이 국적을 사법상 확인받았거나 또는 프랑스 국적 증명서를 발급받은 사람이 해당 문서 위에 그 사실을 기재할 것을 청구한 경우, 출생증서의 모든 초본 및 가족관계증명서에 직권으로 기입된다.

## 제6장 국적에 관한 쟁송

### 제1절 민사지방법원의 관할과 법원에서의 절차

**제29조** ① 일반법상 민사법원은 자연인의 프랑스 또는 외국 국적에 관한 다툼을 확인하기 위한 전속관할권이 있다.
② 국적문제는, 형사배심을 가지는 형사법원을 예외로 하여, 행정 또는 사법의 모든 다른 법원에서, 사전에 결정되어야 한다.

**제29-1조** 자연인의 프랑스 국적 또는 외국 국적에 관한 다툼을 확인하기 위한 관할권이 있는 민사지방법원의 소재지와 관할지역은 데크레로 정한다.

**제29-2조** 국적에 관하여 진행되는 절차, 특히 소환, 결정 및 불복방법에 관한 법무부에 대한 통보는 민사소송법전에 의하여 정한다.

**Article 29-3** Toute personne a le droit d'agir pour faire décider qu'elle a ou qu'elle n'a point la qualité de Français.

Le procureur de la République a le même droit à l'égard de toute personne. Il est défendeur nécessaire à toute action déclaratoire de nationalité. Il doit être mis en cause toutes les fois qu'une question de nationalité est posée à titre incident devant un tribunal habile à en connaître.

**Article 29-4** Le procureur est tenu d'agir s'il en est requis par une administration publique ou par une tierce personne ayant soulevé l'exception de nationalité devant une juridiction qui a sursis à statuer en application de l'article 29. Le tiers requérant devra être mis en cause.

**Article 29-5** Les jugements et arrêts rendus en matière de nationalité française par le juge de droit commun ont effet même à l'égard de ceux qui n'y ont été ni parties, ni représentés.

Tout intéressé est recevable cependant à les attaquer par la tierce opposition à la condition de mettre en cause le procureur de la République.

### Section 2 De la preuve de la nationalité devant les tribunaux judiciaires

**Article 30** La charge de la preuve, en matière de nationalité française, incombe à celui dont la nationalité est en cause.

Toutefois, cette charge incombe à celui qui conteste la qualité de Français à un individu titulaire d'un certificat de nationalité française délivré conformément aux articles 31 et suivants.

**Article 30-1** Lorsque la nationalité française est attribuée ou acquise autrement que par déclaration, décret d'acquisition ou de naturalisation, réintégration ou annexion de territoires, la preuve ne peut être faite qu'en établissant l'existence de toutes les conditions requises par la loi.

**제29-3조** ① 모든 사람은 자신이 프랑스인의 자격을 가지는지 또는 전혀 가지지 않는지를 결정하기 위한 소를 제기할 권리가 있다.

② 검사장은 모든 사람에 대하여 동일한 권리가 있다. 그는 모든 국적 확인의 소에 대하여 필수적 피고이다. 그 검사장은 이를 확인할 권한이 있는 법원에 국적 문제가 부대적으로 제기된 모든 경우마다 참가하여야 한다.

**제29-4조** 제29조의 적용에 따른 결정을 하는 법원에 국적에 대한 이의를 제기한 공적기관이나 제3자가 검사장에게 요구하는 경우, 검사장은 소를 제기하여야 한다. 제3의 신청자는 참가하여야 한다.

**제29-5조** ① 프랑스 국적에 관하여 일반법상의 법원에 의하여 내려진 판결은 당사자나 대리인이 아니었던 사람에게도 효력이 있다.

② 그러나 모든 이해관계인은 검사장이 참가하는 조건으로 제3자 이의제기에 의하여 이를 다툴 수 있다.

### 제2절 민사지방법원에서의 국적의 증명

**제30조** ① 증명책임은, 프랑스 국적에 있어서, 자신의 국적이 문제가 된 사람에게 있다.

② 그러나, 이 책임은 제31조 이하에 따라 발급된 프랑스 국적증명서를 소지한 개인에 대하여 프랑스인의 자격을 다투는 사람에게 있다.

**제30-1조** 신고, 취득 또는 귀화의 데크레, 회복 또는 영토의 병합이 아닌 다른 방법으로 프랑스 국적이 부여되거나 취득된 경우에는, 증명은 법률에 의하여 요구하는 모든 요건의 존재를 밝힘으로써만 이루어 질 수 있다.

**Article 30-2** Néanmoins, lorsque la nationalité française ne peut avoir sa source que dans la filiation, elle est tenue pour établie, sauf la preuve contraire si l'intéressé et celui de ses père et mère qui a été susceptible de la lui transmettre ont joui d'une façon constante de la possession d'état de Français.

La nationalité française des personnes nées à Mayotte, majeures au 1er janvier 1994, sera subsidiairement tenue pour établie si ces personnes ont joui de façon constante de la possession d'état de Français.

Pendant une période de trois ans à compter de la publication de la loi n° 2006-911 du 24 juillet 2006 relative à l'immigration et à l'intégration, pour l'application du deuxième alinéa du présent article, les personnes majeures au 1er janvier 1994 qui établissent qu'elles sont nées à Mayotte sont réputées avoir joui de façon constante de la possession d'état de Français si elles prouvent, en outre, qu'elles ont été inscrites sur une liste électorale à Mayotte au moins dix ans avant la publication de la loi n°2006-911 du 24 juillet 2006 précitée et qu'elles font la preuve d'une résidence habituelle à Mayotte.

**Article 30-3** Lorsqu'un individu réside ou a résidé habituellement à l'étranger, où les ascendants dont il tient par filiation la nationalité sont demeurés fixés pendant plus d'un demi-siècle, cet individu ne sera pas admis à faire la preuve qu'il a, par filiation, la nationalité française si lui-même et celui de ses père et mère qui a été susceptible de la lui transmettre n'ont pas eu la possession d'état de Français.

Le tribunal devra dans ce cas constater la perte de la nationalité française, dans les termes de l'article 23-6.

**Article 30-4** En dehors des cas de perte ou de déchéance de la nationalité française, la preuve de l'extranéité d'un individu peut seulement être établie en démontrant que l'intéressé ne remplit aucune des conditions exigées par la loi pour avoir la qualité de Français.

## Section 3 Des certificats de nationalité française

**Article 31** Le directeur des services de greffe judiciaires du tribunal judiciaire a seul qualité pour délivrer un certificat de nationalité française à toute personne justifiant qu'elle a cette nationalité.

**Article 31-1** Le siège et le ressort des tribunaux judiciaires compétents pour délivrer les certificats de nationalité sont fixés par décret.

**제30-2조** ① 그럼에도 불구하고, 프랑스 국적이 친자관계에서만 그 연원이 있는 경우에는, 당사자 및 그 프랑스국적을 그에게 전달할 수 있었던 그의 부모 중 1인이 프랑스인 신분 점유를 지속적으로 향유하였다면, 반증이 있는 경우를 제외하고, 프랑스 국적은 증명이 된 것으로 본다.

② 1994년 1월 1일에 성년이 되는, 마요트에서 출생한 사람의 프랑스 국적은, 이 사람이 프랑스인 신분점유를 지속적으로 향유하였다면, 부수적으로 증명된 것으로 본다.

③ 본조 제2항의 적용을 위하여, 이민과 귀화에 관한 2006년 7월 24일 법률 제2006-911호의 공표 시부터 3년의 기간 동안, 마요트에서 출생한 것을 증명하는 1994월 1월 1일 당시 성년인 사람은 그가 적어도 위 2006년 7월 24일 법률의 공표 10년 전에 마요트 선거인 명부에 등록되어 있었고 또 마요트에서 상시 거주하였음을, 추가로, 증명한다면, 프랑스인 신분점유자격을 지속적으로 향유한 것으로 본다.

**제30-3조** ① 개인이 그로부터 친자관계에 의하여 국적을 취득한 직계존속이 반세기 이상 동안에 정착한 외국에서 상시적으로 거주하였거나 거주하였던 경우, 그 자신과 국적을 그에게 이전할 수 있었던 부모 중 1인이 프랑스인 신분점유를 가지지 않고 있었다면, 그 개인은, 친자관계에 의하여, 프랑스 국적을 가지고 있다는 것을 증명하는 것이 허용되지 아니한다.

② 법원은 이 경우에 제23-6조의 내용에 따라, 프랑스 국적의 상실을 확인하여야 한다.

**제30-4조** 프랑스 국적의 상실 또는 박탈의 경우를 제외하고, 당사자가 프랑스인의 자격을 가지기 위하여 법률에 의하여 요구되는 어떠한 요건도 충족하지 못함을 증명하는 것만으로도 개인의 외국인신분은 증명될 수 있다.

## 제3절 프랑스 국적증명서

**제31조** 민사지방법원 사법서기국장만이 프랑스 국적을 가지는 것을 증명하는 모든 사람에게 프랑스 국적증명서를 발급할 권한을 가진다.

**제31-1조** 국적증명서를 발급할 권한을 가지는 민사지방법원의 소재지와 관할지역은 데크레로 정한다.

**Article 31-2** Le certificat de nationalité indique, en se référant aux chapitres II, III, IV et VII du présent titre, la disposition légale en vertu de laquelle l'intéressé a la qualité de Français, ainsi que les documents qui ont permis de l'établir. Il fait foi jusqu'à preuve du contraire.

Pour l'établissement d'un certificat de nationalité, le directeur des services de greffe judiciaires du tribunal judiciaire pourra présumer, à défaut d'autres éléments, que les actes d'état civil dressés à l'étranger et qui sont produits devant lui emportent les effets que la loi française y aurait attachés.

**Article 31-3** Lorsque le directeur des services de greffe judiciaires du tribunal judiciaire refuse de délivrer un certificat de nationalité, l'intéressé peut saisir le ministre de la justice, qui décide s'il y a lieu de procéder à cette délivrance.

## Chapitre VII Des effets sur la nationalité française des transferts de souveraineté relatifs à certains territoires

**Article 32** Les Français originaires du territoire de la République française, tel qu'il était constitué à la date du 28 juillet 1960, et qui étaient domiciliés au jour de son accession à l'indépendance sur le territoire d'un Etat qui avait eu antérieurement le statut de territoire d'outre-mer de la République française, ont conservé la nationalité française.

Il en est de même des conjoints, des veufs ou veuves et des descendants desdites personnes.

**Article 32-1** Les Français de statut civil de droit commun domiciliés en Algérie à la date de l'annonce officielle des résultats du scrutin d'autodétermination conservent la nationalité française quelle que soit leur situation au regard de la nationalité algérienne.

**Article 32-2** La nationalité française des personnes de statut civil de droit commun, nées en Algérie avant le 22 juillet 1962, sera tenue pour établie, dans les conditions de l'article 30-2, si ces personnes ont joui de façon constante de la possession d'état de Français.

**제31-2조** ① 국적증명서는, 본절의 제2장, 제3장, 제4장 및 제7장을 참조하여, 당사자가 프랑스인의 자격을 가지는 근거가 되는 법 규정 및, 그 자격을 증명하는 것을 허용하는 문서도 표시한다. 그 국적증명서는 반증이 있을 때까지 증명력이 있다.

② 국적증명서의 작성에 있어서, 민사지방법원 사법서기국장은, 다른 요소가 없으면, 외국에서 작성되어 그에게 제출된 민적증명서는 프랑스법이라면 그 민적증명서에 부여하였을 효력을 가진다고 추정할 수 있다.

**제31-3조** 민사지방법원 사법서기국장이 국적증명서의 발급을 거부하는 경우, 당사자는 법무부장관에게 청구할 수 있고, 법무부장관은 필요하다면 그 발급에 관하여 절차를 진행하는 것을 결정한다.

## 제7장 일정 영토에 관한 주권이양의 프랑스 국적에 대한 효력

**제32조** ① 1960년 7월 28일에 구성된 바 있는 프랑스 공화국의 영토에서 태어나고, 그리고 이전에는 프랑스 공화국의 해외 영토의 지위를 가졌던 국가의 영토에서 독립을 달성한 날에 거주했었던 프랑스인들은 프랑스 국적을 유지한다.

② 전술한 사람들의 배우자들, 생존배우자들과 직계비속들도 마찬가지이다.

**제32-1조** 민족자결투표의 결과를 공식적으로 발표한 날에 알제리에 거주했던 일반법상 민사적 신분을 가지는 프랑스인들은, 알제리의 국적과 관련하여 자신들의 상태가 어떠하든, 프랑스 국적을 유지한다.

**제32-2조** 일반법상의 민사적 신분으로 1962년 7월 22일 이전에 알제리에 출생한 사람들의 프랑스 국적은, 이 사람들이 프랑스인의 신분점유를 지속적으로 향유했다면, 제30-2조의 요건 하에서, 증명된 것으로 본다.

**Article 32-3** Tout Français domicilié à la date de son indépendance sur le territoire d'un Etat qui avait eu antérieurement le statut de département ou de territoire d'outre-mer de la République, conserve de plein droit sa nationalité dès lors qu'aucune autre nationalité ne lui a été conférée par la loi de cet Etat.

Conservent également de plein droit la nationalité française les enfants des personnes bénéficiaires des dispositions de l'alinéa précédent, mineurs de dix-huit ans à la date de l'accession à l'indépendance du territoire où leurs parents étaient domiciliés.

**Article 32-4** Les anciens membres du Parlement de la République, de l'Assemblée de l'Union française et du Conseil économique qui ont perdu la nationalité française et acquis une nationalité étrangère par l'effet d'une disposition générale peuvent être réintégrés dans la nationalité française par simple déclaration, lorsqu'ils ont établi leur domicile en France.

La même faculté est ouverte à leur conjoint, veuf ou veuve et à leurs enfants.

**Article 32-5** La déclaration de réintégration prévue à l'article précédent peut être souscrite par les intéressés, conformément aux dispositions des articles 26 et suivants, dès qu'ils ont atteint l'âge de dix-huit ans ; elle ne peut l'être par représentation. Elle produit effet à l'égard des enfants mineurs dans les conditions des articles 22-1 et 22-2.

## Chapitre VIII Dispositions particulières aux collectivités d'outre-mer régies par l'article 74 de la Constitution et à la Nouvelle-Calédonie

**Article 33** Pour l'application du présent titre :
1° Les mots : "tribunal de grande instance" sont remplacés par les mots : "tribunal de première instance" ;
2° Aux articles 21-28 et 21-29, les mots : "dans le département" sont remplacés par les mots : "dans la collectivité" ou "en Nouvelle-Calédonie".

Les sanctions pécuniaires encourues en vertu de l'article 68 dans les îles Wallis et Futuna, en Polynésie française et en Nouvelle-Calédonie sont prononcées en monnaie locale, compte tenu de la contre-valeur dans cette monnaie de l'euro.

**Article 33-1** Par dérogation à l'article 26, la déclaration qui doit être reçue par le directeur des services de greffe judiciaires du tribunal judiciaire est reçue par le président du tribunal de première instance ou par le juge chargé de la section détachée.

**제32-3조** ① 이전에 공화국의 해외의 도 또는 영토의 지위를 가졌던 국가의 영토에서 그 국가의 독립한 날에 거주했던 모든 프랑스인은, 그 국가의 법률에 의하여 어떠한 다른 국적도 부여되지 않았던 이상, 당연히 자신의 국적을 유지한다.

② 제1항의 수혜자인 자들의 자녀들로서, 자신들의 부모가 거주했던 영토가 독립한 날에 18세인 미성년자들은, 당연히 프랑스 국적을 유지한다.

**제32-4조** ① 공화국의 의회, 프랑스 연합의 의회와 경제위원회의 옛 구성원으로서 일반규정의 효력에 의하여 프랑스 국적을 상실하였거나 외국 국적을 취득하였던 자들은, 그들이 프랑스에 자신들의 주소를 설정한 때에는, 신고만으로 프랑스 국적을 회복할 수 있다.

② 동일한 권리가 그들의 배우자, 생존배우자와 그들의 자녀에게 인정된다.

**제32-5조** 제32-4조에 규정된 회복신고는, 제26조 이하의 규정에 따라, 당사자들이 만 18세에 달한 때부터, 당사자들에 의하여 신청될 수 있다. 이 신고는 대리에 의하여 신청될 수 없다. 이 신고는 제22-1조와 제22-2조의 요건 하에서 미성년인 자녀에 대하여도 효력을 발생한다.

## 제8장 헌법 제74조의 규율을 받는 해외공동체와 누벨칼레도니에 관한 통칙

**제33조** ① 본편의 적용을 위하여,
1. "지방법원"이라는 용어는 "1심 법원"으로 대체된다.

2. 제21-28조와 제21-29조에 있는 "도에서"라는 용어는 "자치단체에서" 또는 "누벨칼레도니에서"라는 용어로 대체된다.
② 왈리스 푸투나 제도, 프랑스령 뽈리네시와 누벨칼레도니에서 제68조에 의하여 부과된 금전적 제재는, 유로화의 지역화폐에 대한 교환가치를 고려하여, 지역화폐로 선고된다.

**제33-1조** 제26조에 대한 예외로서, 민사지방법원의 사법서기국장에 의하여 수리되어야 하는 신고는 1심법원장 또는 파견된 담당법관에 의하여 수리된다.

**Article 33-2** Par dérogation à l'article 31, le président du tribunal de première instance ou le juge chargé de la section détachée a seul qualité pour délivrer un certificat de nationalité française à toute personne justifiant qu'elle a cette nationalité.

## Titre II Des actes de l'état civil

### Chapitre I<sup>er</sup> Dispositions générales.

**Article 34** Les actes de l'état civil énonceront l'année, le jour et l'heure où ils seront reçus, les prénoms et nom de l'officier de l'état civil, les prénoms, noms, professions et domiciles de tous ceux qui y seront dénommés.

Les dates et lieux de naissance :
a) Des parents dans les actes de naissance et de reconnaissance ;
b) De l'enfant dans les actes de reconnaissance ;
c) Des époux dans les actes de mariage ;
d) Du décédé dans les actes de décès,
seront indiqués lorsqu'ils seront connus. Dans le cas contraire, l'âge desdites personnes sera désigné par leur nombre d'années, comme le sera, dans tous les cas, l'âge des déclarants. En ce qui concerne les témoins, leur qualité de majeur sera seule indiquée.

**Article 34-1** Les actes de l'état civil sont établis par les officiers de l'état civil. Ces derniers exercent leurs fonctions sous le contrôle du procureur de la République.

**Article 35** Les officiers de l'état civil ne pourront rien insérer dans les actes qu'ils recevront, soit par note, soit par énonciation quelconque, que ce qui doit être déclaré par les comparants.

**Article 36** Dans les cas où les parties intéressées ne seront point obligées de comparaître en personne, elles pourront se faire représenter par un fondé de procuration spéciale et authentique.

**Article 37** Les témoins produits aux actes de l'état civil devront être âgés de dix-huit ans au moins, parents ou autres, sans distinction de sexe ; ils seront choisis par les personnes intéressées.

**제33-2조** 제31조에 대한 예외로서, 1심 민사법원장 또는 파견된 담당법관만이 프랑스 국적을 소지하였음을 증명하는 모든 사람에게 프랑스 국적증명서를 발급할 권한을 가진다.


# 제2편 민적증서

## 제1장 총칙

**제34조** ① 민적증서는 그것이 수리(受理)될 연도, 일자 및 시간, 민적관의 이름 및 성(姓), 민적증서에 지명될 모든 사람들의 이름, 성(姓), 직업 및 주소를 표시한다.

② 다음 각 호의 사람들
a) 출생 및 인지증서상의 부모
b) 인지증서상의 자녀
c) 혼인증서상의 부부
d) 사망증서상의 사망자의
출생의 일자와 장소는 알 수 있는 경우에는 적시된다. 반대의 경우, 모든 경우에 신고자의 연령이 표시되듯이, 상기인들의 연령은 연수로 표시된다. 증인에 관해서는, 그들의 성년의 자격만 적시된다.

**제34-1조** 민적증서는 민적관들에 의하여 작성된다. 민적관들은 검사장의 감독을 받아 자신들의 직무를 수행한다.

**제35조** 민적관들은 자신들이 수리(受理)하는 증서에는, 메모에 의하든 어떠한 표시에 의하든, 출석자들이 신고하여야 하는 것 외에는 아무것도 추가할 수 없다.


**제36조** 이해관계 당사자들이 직접 출석할 의무가 전혀 없을 경우, 그들은 공증된 특별수임인에 의하여 대리될 수 있다.


**제37조** 민적증서에 세운 증인들은, 혈족 또는 타인으로서, 성별의 구별 없이, 적어도 18세이어야 한다. 그들은 이해관계 있는 사람들에 의하여 선택된다.

**Article 38** L'officier de l'état civil donnera lecture des actes aux parties comparantes, ou à leur fondé de procuration, et aux témoins ; il les invitera à en prendre directement connaissance avant de les signer.

Il sera fait mention sur les actes de l'accomplissement de ces formalités.

**Article 39** Ces actes seront signés par l'officier de l'état civil, par les comparants et les témoins ; ou mention sera faite de la cause qui empêchera les comparants et les témoins de signer.

**Article 40** Les actes de l'état civil sont établis sur papier et sont inscrits, dans chaque commune, sur un ou plusieurs registres tenus en double exemplaire.

Lorsqu'elles ont mis en œuvre des traitements automatisés des données de l'état civil, les communes s'assurent de leurs conditions de sécurité et d'intégrité. Les caractéristiques techniques des traitements mis en œuvre pour conserver ces données sont fixées par décret en Conseil d'Etat.

Par dérogation au premier alinéa, les communes dont les traitements automatisés de données de l'état civil satisfont à des conditions et à des caractéristiques techniques fixées par décret sont dispensées de l'obligation d'établir un second exemplaire des actes de l'état civil.

Cette dispense est également applicable aux actes de l'état civil établis par le ministère des affaires étrangères.

**Article 41** (abrogé)
**Article 42** (abrogé)
**Article 43** (abrogé)
**Article 44** (abrogé)
**Article 45** (abrogé)

**제38조** ① 민적관은 출석하는 당사자들 또는 그들의 수임인 및 증인들에게 증서를 낭독한다. 민적관은 그들에게 그 증서에 서명하기 전에 증서를 직접 이해시키도록 한다.

② 증서에는 이 절차들이 이행되었음이 기재되어야 한다.

**제39조** 이 증서에는 민적관, 출석자들과 증인들이 서명한다. 또는 출석자들과 증인들의 서명을 방해하는 사유에 대한 기재가 이루어진다.

**제40조** ① 민적증서는 종이에 작성되며, 각 기초자치단체에서, 복본으로 보존되는 1개 또는 수 개의 등록부에 등록된다.
② 기초자치단체가 민적 정보의 자동화 처리를 실행할 때, 기초자치단체는 안전성과 완전성에 관한 요건을 보증하여야 한다. 이 정보를 보존하기 위해 실행되는 처리의 기술적 특성은 국사원 데크레에 의하여 정한다.

③ 제1항에 대한 예외로서, 민적 정보의 자동화 처리가 데크레에 의하여 정한 요건과 기술적 특성을 충족시키는 기초자치단체들은 증서의 두 번째 사본을 작성할 의무가 면제된다.

④ 이 면제는 외무부장관에 의하여 작성된 민적증서에도 적용된다.

**제41조** (삭제)
**제42조** (삭제)
**제43조** (삭제)
**제44조** (삭제)
**제45조** (삭제)

**Article 46** Lorsqu'il n'aura pas existé de registres, ou qu'ils seront perdus, la preuve en sera reçue tant par titres que par témoins ; et, dans ces cas, les mariages, naissances et décès pourront être prouvés tant par les registres et papiers émanés des pères et mères décédés, que par témoins.

Jusqu'à ce que la reconstitution ou la restitution des registres ait été effectuée, il peut être suppléé par des actes de notoriété à tous les actes de l'état civil dont les originaux ont été détruits ou sont disparus par suite d'un sinistre ou de faits de guerre.

Ces actes de notoriété sont délivrés par un notaire.

L'acte de notoriété est établi sur la foi des déclarations d'au moins trois témoins et de tout autre document produit qui attestent de l'état civil de l'intéressé. L'acte de notoriété est signé par le notaire et par les témoins.

Les requérants et les témoins sont passibles des peines prévues à l'article 441-4 du code pénal.

**Article 47** Tout acte de l'état civil des Français et des étrangers fait en pays étranger et rédigé dans les formes usitées dans ce pays fait foi, sauf si d'autres actes ou pièces détenus, des données extérieures ou des éléments tirés de l'acte lui-même établissent, le cas échéant après toutes vérifications utiles, que cet acte est irrégulier, falsifié ou que les faits qui y sont déclarés ne correspondent pas à la réalité. Celle-ci est appréciée au regard de la loi française.

**Article 48** Tout acte de l'état civil des Français en pays étranger sera valable s'il a été reçu, conformément aux lois françaises, par les agents diplomatiques ou consulaires.

La conservation des données de l'état civil est assurée par un traitement automatisé satisfaisant aux conditions prévues à l'article 40 et mis en œuvre par le ministère des affaires étrangères, qui peut en délivrer des copies et des extraits.

**제46조** ① 등록부가 없거나 소실되었을 경우, 그에 대한 증거는 증서뿐 아니라 증인을 통해서도 수리된다. 이 경우, 혼인과 출생 및 사망은 사망했던 부모에게서 나온 등록부와 서류뿐 아니라 증인에 의해서도 증명될 수 있다.

② 등록부의 재편성 또는 복구가 실행될 때까지, 원본이 재난 또는 전쟁의 결과로 멸실되거나 소멸된 모든 민적증서는 신원확인증서로 대체될 수 있다.

③ 이 신원확인증서는 공증인에 의하여 발급된다.

④ 신원확인증서는 당사자의 민적을 증명하는 적어도 3인의 증인의 진술 및 제출된 다른 모든 문서에 의거하여 작성된다. 신원확인증서는 공증인과 증인에 의하여 서명된다.

⑤ 신청인들과 증인들은 형법전 제441-4조에 규정된 처벌을 받을 수 있다.

**제47조** 외국에서 만들어지고 그 나라에서 사용되는 형식으로 작성된 프랑스인과 외국인에 관한 모든 민적증서는 증명력이 있지만, 소지한 다른 증서들과 서류들, 외부의 정보 또는 증서 자체에서 나온 요소들이, 경우에 따라서는 모든 유용한 검증 후, 그 증서가 부적법하거나 허위이며 또는 증서에 신고된 사실이 실제에 부합하지 않는다는 것이 증명되면 예외로 한다. 이 실제는 프랑스 법률의 관점에서 평가된다.

**제48조** ① 외국에 있는 프랑스인에 관한 모든 민적증서는 그것이, 프랑스 법률에 따라, 외교관 또는 영사에 의하여 수리(受理)되었다면 유효하다.

② 민적정보의 보존은 제40조에 규정된 요건을 충족하는 자동화 처리에 의하여 보증되고 또 외교부장관에 의하여 실행되며, 그 외무부장관은 그 민적증서의 사본과 초본을 발급할 수 있다.

**Article 49** Dans tous les cas où la mention d'un acte relatif à l'état civil devra avoir lieu en marge d'un acte déjà inscrit, elle sera faite d'office.

L'officier de l'état civil qui aura dressé ou transcrit l'acte donnant lieu à mention effectuera cette mention, dans les trois jours, sur les registres qu'il détient, et, si le double du registre où la mention doit être effectuée se trouve au greffe, il adressera un avis au procureur de la République de son arrondissement.

Si l'acte en marge duquel doit être effectuée cette mention a été dressé ou transcrit dans une autre commune, l'avis sera adressé, dans le délai de trois jours, à l'officier de l'état civil de cette commune et celui-ci en avisera aussitôt, si le double du registre est au greffe, le procureur de la République de son arrondissement.

Si l'acte en marge duquel une mention devra être effectuée a été dressé ou transcrit à l'étranger, l'officier de l'état civil qui a dressé ou transcrit l'acte donnant lieu à mention en avisera, dans les trois jours, le ministre des affaires étrangères.

Les officiers de l'état civil des communes mentionnées au troisième alinéa de l'article 40 sont dispensés de l'envoi d'avis de mention au greffe.

**Article 50** Toute contravention aux articles précédents, de la part des fonctionnaires y dénommés, sera poursuivie devant le tribunal judiciaire, et punie d'une amende de 3 à 30 euros.

**Article 51** Tout dépositaire des registres sera civilement responsable des altérations qui y surviendront, sauf son recours, s'il y a lieu, contre les auteurs desdites altérations.

**Article 52** Toute altération, tout faux dans les actes de l'état civil, toute inscription de ces actes faite sur une feuille volante et autrement que sur les registres à ce destinés, donneront lieu aux dommages-intérêts des parties, sans préjudice des peines portées au code pénal.

**Article 53** Le procureur de la République territorialement compétent pourra à tout moment vérifier l'état des registres ; il dressera un procès-verbal sommaire de la vérification, dénoncera les contraventions ou délits commis par les officiers de l'état civil, et requerra contre eux la condamnation aux amendes.

**Article 54** Dans tous les cas où un tribunal judiciaire connaîtra des actes relatifs à l'état civil, les parties intéressées pourront se pourvoir contre le jugement.

**제49조** ① 민적에 관한 증서의 기재를 이미 등록된 증서의 비고란에 하여야 할 모든 경우, 기재는 직권으로 행해진다.

② 기재가 행해질 증서를 작성 또는 전사하는 민적관은, 3일 이내에, 자신이 소지하는 등록부에, 이 기재를 실행하며 그리고, 기재가 실행될 등록부의 복본이 서기국에 있으면, 민적관은 자신의 시·군·구의 검사장에게 통보한다.

③ 비고란에 해당 기재가 행해질 증서가 다른 기초자치단체에서 작성되었거나 전사되어야 한다면, 통보는, 3일의 기간 내에, 해당 기초자치단체의 민적관에게 행해져야 하고 그리고, 등록부의 복본이 서기국에 있다면, 그 민적관은 이를 즉시 자신의 시·군·구의 검사장에게 통보하여야 한다.

④ 비고란에 어떠한 기재가 실행되어야 할 증서가 외국에서 작성되었거나 전사되었어야 한다면, 기재가 행해질 증서를 작성 또는 전사한 민적관은, 3일 이내에, 외교부장관에게 이를 통보하여야 한다.

⑤ 제40조 제3항에 규정된 기초자치단체의 민적관들은 서기국에 기재통보의 발송이 면제된다.

**제50조** 앞의 조문들에서 지명된 공무원들의 그 조문들에 대한 모든 위반은, 민사지방법원에 기소되어, 3유로에서 30유로의 벌금에 처해진다.

**제51조** 모든 등록부의 보관자는 등록부에 발생하는 변조에 대하여 민사책임을 지며, 필요하다면, 상기의 변조행위자들에 대하여 구상할 수 있다.

**제52조** 모든 변조, 민적증서상의 모든 허위, 낱장의 종이 위나 기록용 등록부 위가 아닌 다른 곳에 행해진 증서에 대한 모든 기록은, 당사자들에게 손해배상책임을 발생시키며, 형법전에 규정된 형벌에는 영향을 미치지 않는다.

**제53조** 지역적인 관할권이 있는 검사장은 언제든지 등록부의 상태를 확인할 수 있다. 검사장은 약식의 확인에 관한 조서를 작성하고, 민적관들이 범한 경범죄를 고발하며, 그들에게 벌금 선고를 청구할 수 있다.

**제54조** 민사지방법원이 민적에 관한 증서에 관하여 재판권이 있는 모든 경우, 이해관계 당사자들은 판결에 대하여 상소할 수 있다.

## Chapitre II Des actes de naissance.

### Section 1 Des déclarations de naissance.

**Article 55** Les déclarations de naissance sont faites dans les cinq jours de l'accouchement, à l'officier de l'état civil du lieu.

Par dérogation, ce délai est porté à huit jours lorsque l'éloignement entre le lieu de naissance et le lieu où se situe l'officier de l'état civil le justifie. Un décret en Conseil d'Etat détermine les communes où le présent alinéa s'applique.

Lorsqu'une naissance n'a pas été déclarée dans le délai légal, l'officier de l'état civil ne peut la relater sur ses registres qu'en vertu d'un jugement rendu par le tribunal de l'arrondissement dans lequel est né l'enfant, et mention sommaire en est faite en marge à la date de la naissance. Si le lieu de la naissance est inconnu, le tribunal compétent est celui du domicile du requérant. Le nom de l'enfant est déterminé en application des règles énoncées aux articles 311-21 et 311-23.

En pays étranger, les déclarations aux agents diplomatiques ou consulaires sont faites dans les quinze jours de l'accouchement. Toutefois, ce délai peut être prolongé par décret dans certaines circonscriptions consulaires.

**Article 56** La naissance de l'enfant sera déclarée par le père, ou, à défaut du père, par les docteurs en médecine ou en chirurgie, sages-femmes, officiers de santé ou autres personnes qui auront assisté à l'accouchement ; et lorsque la mère sera accouchée hors de son domicile, par la personne chez qui elle sera accouchée.

L'acte de naissance sera rédigé immédiatement.

## 제2장 출생증서

### 제1절 출생신고

**제55조** ① 출생신고는 출산 후 5일 이내에 출생지의 민적관에게 행해진다.

② 예외로, 이 기간은 출생지와 민적관이 소재하는 장소 사이의 먼 거리가 이를 정당화하는 경우에는, 8일로 한다. 국사원 데크레로 본항이 적용되는 기초자치단체를 정한다.

③ 출생이 법정기간 내에 신고가 되지 않은 경우, 민적관은 아동이 출생한 시·군·구 법원의 판결에 의해서만 등록부에 이 신고를 기재할 수 있으며, 그에 대한 간략한 기재가 출생일의 비고란에 행해진다. 출생지를 알 수 없으면, 관할법원은 그 신청인의 주소지의 법원으로 한다. 아동의 성(姓)은 제311-21조 및 제311-23조에 규정된 규칙들을 적용하여 결정된다.

④ 외국에서, 외교관 또는 영사에 대한 신고는 출산 후 15일 이내에 행해진다. 그러나, 이 기간은 특정 영사관할구역에서는 데크레로 연장될 수 있다.

**제56조** ① 아동의 출생은 부(父)에 의하여 또는, 부가 없으면, 일반 의사 또는 외과 의사, 조산사, 보건관 기타 출산에 조력한 자에 의하여 신고되어야 한다. 모(母)가 자신의 주소 외에서 출산하는 경우에는, 모가 출산한 곳의 거주자에 의하여 신고되어야 한다.

② 출생증서는 즉시 작성되어야 한다.

**Article 57** L'acte de naissance énoncera le jour, l'heure et le lieu de la naissance, le sexe de l'enfant, les prénoms qui lui seront donnés, le nom de famille, suivi le cas échéant de la mention de la déclaration conjointe de ses parents quant au choix effectué, ainsi que les prénoms, noms, âges, professions et domiciles des père et mère et, s'il y a lieu, ceux du déclarant. Si les père et mère de l'enfant ou l'un d'eux ne sont pas désignés à l'officier de l'état civil, il ne sera fait sur les registres aucune mention à ce sujet.

En cas d'impossibilité médicalement constatée de déterminer le sexe de l'enfant au jour de l'établissement de l'acte, le procureur de la République peut autoriser l'officier de l'état civil à ne pas faire figurer immédiatement le sexe sur l'acte de naissance. L'inscription du sexe médicalement constaté intervient à la demande des représentants légaux de l'enfant ou du procureur de la République dans un délai qui ne peut être supérieur à trois mois à compter du jour de la déclaration de naissance. Le procureur de la République ordonne de porter la mention du sexe en marge de l'acte de naissance et, à la demande des représentants légaux, de rectifier l'un des ou les prénoms de l'enfant.

Les prénoms de l'enfant sont choisis par ses père et mère. La femme qui a demandé le secret de son identité lors de l'accouchement peut faire connaître les prénoms qu'elle souhaite voir attribuer à l'enfant. A défaut ou lorsque les parents de celui-ci ne sont pas connus, l'officier de l'état civil choisit trois prénoms dont le dernier tient lieu de nom de famille à l'enfant. L'officier de l'état civil porte immédiatement sur l'acte de naissance les prénoms choisis. Tout prénom inscrit dans l'acte de naissance peut être choisi comme prénom usuel.

Lorsque ces prénoms ou l'un d'eux, seul ou associé aux autres prénoms ou au nom, lui paraissent contraires à l'intérêt de l'enfant ou au droit des tiers à voir protéger leur nom de famille, l'officier de l'état civil en avise sans délai le procureur de la République. Celui-ci peut saisir le juge aux affaires familiales.

Si le juge estime que le prénom n'est pas conforme à l'intérêt de l'enfant ou méconnaît le droit des tiers à voir protéger leur nom de famille, il en ordonne la suppression sur les registres de l'état civil. Il attribue, le cas échéant, à l'enfant un autre prénom qu'il détermine lui-même à défaut par les parents d'un nouveau choix qui soit conforme aux intérêts susvisés. Mention de la décision est portée en marge des actes de l'état civil de l'enfant.

**Article 57-1** Lorsque l'officier de l'état civil du lieu de naissance d'un enfant porte mention de la reconnaissance dudit enfant en marge de l'acte de naissance de celui-ci, il en avise l'autre parent par lettre recommandée avec demande d'avis de réception.

Si ce parent ne peut être avisé, l'officier de l'état civil en informe le procureur de la République, qui fait procéder aux diligences utiles.

**제57조** ① 출생증서는 출생의 날짜, 시간 및 장소, 아동의 성별, 그에게 주어질 이름, 가족성(姓), 이어서, 경우에 따라서는, 실행된 선택에 관한 부모 공동의 신고에 대한 기재를 표시하여야 하고, 부와 모 그리고, 필요하다면, 신고자의 이름, 성(姓), 연령, 직업 및 주소도 마찬가지이다. 아동의 부모 또는 부모 중 일방이 민적관에게 지정되지 않았다면, 이에 관하여 어떠한 기재도 등록부에 행해지지 않아야 한다.

② 증서의 작성일에 아동의 성(性)을 결정하는 것이 불가능함이 의학적으로 확인된 경우, 검사장은 민적관이 출생증서에 성(性)을 즉시 표시하지 않도록 허가할 수 있다. 의학적으로 확인된 성(性)의 기재는 출생신고일로부터 3개월을 초과하지 않는 기간 내에 아동의 법정대리인이나 검사장의 신청으로 이루어진다. 검사장은 출생증서의 비고란에 성(性)의 기재를 기입하도록 명하고, 법정대리인의 신청에 따라, 아동의 이름들 중의 하나 또는 이름들을 교정하도록 명한다.

③ 아동의 이름은 부모에 의하여 선택된다. 출산 시에 자신의 신원의 비밀을 요구한 여자는 그녀가 아동에게 부여되기를 원하는 이름을 알려 줄 수 있다. 여자가 아동의 이름을 알려주지 않았거나 또는 아동의 부모가 알려지지 않은 경우, 민적관은 아동을 위하여 3개의 이름을 선택하고 그 중 마지막 이름이 아동의 가족성(姓)을 대신한다. 민적관은 선택된 이름을 즉시 출생증서에 기재한다. 출생증서에 기록된 모든 이름은 일상의 이름으로 선택될 수 있다.

④ 이 이름들 또는 그 중의 하나가, 단독으로 또는 다른 이름이나 성(姓)과 결합하여, 아동의 이익 또는 자신들의 가족성(姓)이 보호받아야 할 제3자의 권리에 반하는 것으로 보이는 경우, 민적관은 지체 없이 검사장에게 이를 통지한다. 검사장은 가사담당 법관에게 제소할 수 있다.

⑤ 법관이 이름이 아동의 이익에 부합하지 않거나 자신들의 가족성(姓)이 보호받아야 하는 제3자의 권리를 존중하지 않는다고 판단하면, 법관은 등록부에서 그 이름의 삭제를 명한다. 법관은, 경우에 따라서는, 부모에 의하여 위에 언급된 이익에 부합하는 새로운 선택이 없으면, 그가 스스로 결정한 다른 이름을 아동에게 부여한다. 그 결정에 관한 기재는 아동의 민적증서 비고란에 기입된다.

**제57-1조** ① 아동의 출생지의 민적관이 그 아동의 출생증서 비고란에 해당 아동의 인지에 대한 기재를 기입하는 경우, 민적관은 타방의 부 또는 모에게 수취증명 등기우편으로 이를 통지한다.
② 부 또는 모가 통지를 받을 수 없으면, 민적관은 이를 검사장에게 통지하고, 검사장은 유용한 절차를 하게 한다.

**Article 58** Toute personne qui aura trouvé un enfant nouveau-né est tenue d'en faire la déclaration à l'officier de l'état civil du lieu de la découverte. Si elle ne consent pas à se charger de l'enfant, elle doit le remettre, ainsi que les vêtements et autres effets trouvés avec lui, à l'officier de l'état civil.

Il est dressé un procès-verbal détaillé qui, outre les indications prévues à l'article 34 du présent code, énonce la date, l'heure, le lieu et les circonstances de la découverte, l'âge apparent et le sexe de l'enfant, toute particularité pouvant contribuer à son identification ainsi que l'autorité ou la personne à laquelle il est confié. Ce procès-verbal est inscrit à sa date sur les registres de l'état civil.

A la suite et séparément de ce procès-verbal, l'officier de l'état civil établit un acte tenant lieu d'acte de naissance. En plus des indications prévues à l'article 34, cet acte énonce le sexe de l'enfant ainsi que les prénoms et nom qui lui sont donnés ; il fixe une date de naissance pouvant correspondre à son âge apparent et désigne comme lieu de naissance la commune où l'enfant a été découvert.

Pareil acte doit être établi, sur déclaration des services de l'assistance à l'enfance, pour les enfants placés sous leur tutelle et dépourvus d'acte de naissance connu ou pour lesquels le secret de la naissance a été réclamé.

Les copies et extraits du procès-verbal de découverte ou de l'acte provisoire de naissance sont délivrés dans les conditions et selon les distinctions faites à l'article 57 du présent code.

Si l'acte de naissance de l'enfant vient à être retrouvé ou si sa naissance est judiciairement déclarée, le procès-verbal de la découverte et l'acte provisoire de naissance sont annulés à la requête du procureur de la République ou des parties intéressées.

**Article 59** En cas de naissance pendant un voyage maritime, il en sera dressé acte dans les trois jours de l'accouchement sur la déclaration du père, s'il est à bord.

Si la naissance a lieu pendant un arrêt dans un port, l'acte sera dressé dans les mêmes conditions, lorsqu'il y aura impossibilité de communiquer avec la terre, ou lorsqu'il n'existera pas dans le port, si l'on est à l'étranger, d'agent diplomatique ou consulaire français investi des fonctions d'officier de l'état civil.

Cet acte sera rédigé, savoir : sur les bâtiments de l'Etat, par le commissaire des armées du bâtiment ou, à son défaut, par le commandant ou celui qui en remplit les fonctions ; et sur les autres bâtiments, par le capitaine, maître ou patron, ou par celui qui en remplit les fonctions.

Il y sera fait mention de celle des circonstances ci-dessus prévues, dans laquelle l'acte a été dressé. L'acte sera inscrit à la suite du livre de bord.

**제58조** ① 신생아를 발견한 사람은 누구든지 발견지의 민적관에게 이를 신고할 의무가 있다. 그 아동을 발견한 사람이 아동을 돌보지 않기로 한다면, 아동을, 아동과 같이 발견된 의류와 기타 물품과 함께, 민적관에게 인도하여야 한다.

② 본법전 제34조에 규정된 사항 이외에, 발견의 일시, 장소, 상황, 아동의 추정연령과 성별, 그의 신원 확인에 기여할 수 있는 모든 특징 및 아동이 위탁된 기관 또는 개인을 기재하는 상세한 조서가 작성된다. 이 조서는 작성일에 민적등록부에 등록된다.

③ 이 조서에 이어서 그리고 별도로, 민적관은 출생증서를 대신하는 증서를 작성한다. 이 증서에는 제34조에 규정된 사항 이외에, 아동의 성별 및 아동에게 주어진 이름과 성(姓)을 기재한다. 이 증서는 아동의 추정 연령에 상응하는 출생일을 정하고, 아동이 발견된 기초자치단체를 출생지로 표시한다.

④ 아동지원기관의 후견을 받는데 알려진 출생증서가 없는 아동 또는 출생의 비밀이 요구된 아동에 대해서는, 아동지원기관의 신고를 받아, 동일한 증서가 작성되어야 한다.

⑤ 발견조서 또는 임시출생증서의 등본과 초본은 본법전 제57조에 정해진 요건과 구별에 따라 발급된다.

⑥ 아동의 출생증서가 발견되거나 또는 그의 출생이 재판에 의하여 신고되었다면, 발견조서와 임시출생증서는 검사장 또는 이해관계 당사자들의 신청에 의하여 무효화된다.

**제59조** ① 해상여행 중 출생한 경우, 부가 선상에 있으면, 출산한 후 3일 이내에 부의 신고에 따라 그에 대하여 증서가 작성되어야 한다.
② 항구에 정박 중에 출생이 발생하면, 육지와 통신이 불가능한 경우 또는 외국의 항구에 있음으로써 민적관의 업무가 부여된 프랑스 외교관 또는 영사가 없는 경우, 증서는 전항과 같은 요건으로 작성되어야 한다.

③ 이 증서는, 예를 들면, 다음과 같이 작성되어야 한다. 국가의 선박 위에서는 선박의 군사무관에 의해서 또는, 군사무관이 없으면, 선박의 지휘관 또는 그 직책을 수행하는 자에 의하여 작성되어야 한다. 그리고 기타의 선박 위에서는 선장, 선주 또는 그 직책을 수행하는 자에 의하여 작성되어야 한다.
④ 이 증서에는, 위에 규정된 상황들 중에서 증서가 작성되었던 상황에 대하여 기재가 행해져야 한다. 이 증서는 항해일지의 다음에 기록되어야 한다.

**Article 60** Toute personne peut demander à l'officier de l'état civil à changer de prénom. La demande est remise à l'officier de l'état civil du lieu de résidence ou du lieu où l'acte de naissance a été dressé. S'il s'agit d'un mineur ou d'un majeur en tutelle, la demande est remise par son représentant légal. L'adjonction, la suppression ou la modification de l'ordre des prénoms peut également être demandée.

Si l'enfant est âgé de plus de treize ans, son consentement personnel est requis.

La décision de changement de prénom est inscrite sur le registre de l'état civil.

S'il estime que la demande ne revêt pas un intérêt légitime, en particulier lorsqu'elle est contraire à l'intérêt de l'enfant ou aux droits des tiers à voir protéger leur nom de famille, l'officier de l'état civil saisit sans délai le procureur de la République. Il en informe le demandeur. Si le procureur de la République s'oppose à ce changement, le demandeur, ou son représentant légal, peut alors saisir le juge aux affaires familiales.

## Section 2 Des changements de prénoms et de nom.

**Article 61** Toute personne qui justifie d'un intérêt légitime peut demander à changer de nom.

La demande de changement de nom peut avoir pour objet d'éviter l'extinction du nom porté par un ascendant ou un collatéral du demandeur jusqu'au quatrième degré.

Le changement de nom est autorisé par décret.

**Article 61-1** Tout intéressé peut faire opposition devant le Conseil d'Etat au décret portant changement de nom dans un délai de deux mois à compter de sa publication au Journal officiel.

Un décret portant changement de nom prend effet, s'il n'y a pas eu d'opposition, à l'expiration du délai pendant lequel l'opposition est recevable ou, dans le cas contraire, après le rejet de l'opposition.

**Article 61-2** Le changement de nom s'étend de plein droit aux enfants du bénéficiaire lorsqu'ils ont moins de treize ans.

**Article 61-3** Tout changement de nom de l'enfant de plus de treize ans nécessite son consentement personnel lorsque ce changement ne résulte pas de l'établissement ou d'une modification d'un lien de filiation.

L'établissement ou la modification du lien de filiation n'emporte cependant le changement du nom de famille des enfants majeurs que sous réserve de leur consentement.

**제60조** ① 누구든지 민적관에게 이름의 변경을 신청할 수 있다. 신청은 그의 거소 또는 출생증서가 작성된 장소의 민적관에게 제출된다. 미성년자이거나 피성년후견인이라면, 그의 법정대리인에 의하여 신청이 제출된다. 이름의 추가, 삭제 또는 순서의 변경도 신청할 수 있다.

② 아동의 연령이 13세 이상이면, 그 자신의 동의를 요한다.
③ 이름 변경의 결정은 민적등록부에 등록된다.
④ 민적관은 그 신청이 정당한 이익이 없고, 특히 신청이 아동의 이익이나 자신의 가족성(姓)이 보호받아야 하는 제3자의 권리에 반하는 것으로 판단되면, 그는 지체 없이 이를 검사장에게 통보한다. 민적관은 이를 신청인에게 통지한다. 검사장이 이 변경에 반대한다면, 신청인 또는 그의 법정대리인은 이 경우에 가사담당 법관에 제소할 수 있다.

## 제2절 성명(姓名)의 변경

**제61조** ① 정당한 이익을 증명하는 자는 누구든지 성(姓)의 변경을 신청할 수 있다.

② 성(姓)의 변경 신청은 신청인의 직계존속 또는 4촌 이내의 방계혈족이 사용하는 성이 소멸되는 것을 면하기 위한 목적으로 할 수 있다.
③ 성(姓)의 변경은 데크레에 의하여 허가된다.

**제61-1조** ① 모든 이해관계인은 관보에 게시된 날로부터 2개월 이내에 국사원에 성(姓)의 변경을 정하는 데크레에 대하여 이의를 제기할 수 있다.

② 성(姓)의 변경을 정하는 데크레는, 이의가 없다면, 이의가 수리될 수 있는 기간의 종료 시에 또는, 반대의 경우에는, 이의의 기각 후에, 효력을 발생한다.

**제61-2조** 성(姓)의 변경은, 수혜자의 자녀들이 13세 미만인 경우에는, 당연히 그들에게 영향을 미친다.

**제61-3조** ① 13세 이상인 자녀의 성(姓)의 모든 변경은, 그 변경이 친자관계의 성립 또는 변경으로 인한 것이 아닐 경우에는, 본인의 동의를 필요로 한다.

② 그러나 친자관계의 성립 또는 변경은 성년인 자녀들의 동의를 받는다는 유보 하에서만 그 성년인 자녀들의 출생시성(姓)의 변경을 가져온다.

**Article 61-3-1** Toute personne qui justifie d'un nom inscrit sur le registre de l'état civil d'un autre Etat peut demander à l'officier de l'état civil dépositaire de son acte de naissance établi en France son changement de nom en vue de porter le nom acquis dans cet autre Etat. Lorsque la personne est mineure, la déclaration est effectuée conjointement par les deux parents exerçant l'autorité parentale ou par le parent exerçant seul l'autorité parentale, avec son consentement personnel si elle a plus de treize ans.

Le changement de nom est autorisé par l'officier de l'état civil, qui le consigne dans le registre de naissance en cours.

En cas de difficultés, l'officier de l'état civil saisit le procureur de la République, qui peut s'opposer à la demande. En ce cas, l'intéressé en est avisé.

Saisi dans les mêmes conditions, le procureur de la République du lieu de naissance peut ordonner lui-même le changement de nom.

Le changement de nom acquis dans les conditions fixées aux quatre premiers alinéas s'étend de plein droit aux enfants du bénéficiaire lorsqu'ils ont moins de treize ans.

**Article 61-4** Mention des décisions de changement de prénoms et de nom est portée en marge des actes de l'état civil de l'intéressé et, le cas échéant, de ceux de son conjoint, de son partenaire lié par un pacte civil de solidarité et de ses enfants.

De même, les décisions de changement de prénoms et de nom régulièrement acquises à l'étranger sont portées en marge des actes de l'état civil sur instructions du procureur de la République.

Les dispositions des articles 100 et 101 sont applicables aux modifications de prénoms et de nom.

### Section 2 bis De la modification de la mention du sexe à l'état civil

**Article 61-5** Toute personne majeure ou mineure émancipée qui démontre par une réunion suffisante de faits que la mention relative à son sexe dans les actes de l'état civil ne correspond pas à celui dans lequel elle se présente et dans lequel elle est connue peut en obtenir la modification.

Les principaux de ces faits, dont la preuve peut être rapportée par tous moyens, peuvent être :

1° Qu'elle se présente publiquement comme appartenant au sexe revendiqué ;

2° Qu'elle est connue sous le sexe revendiqué de son entourage familial, amical ou professionnel ;

3° Qu'elle a obtenu le changement de son prénom afin qu'il corresponde au sexe revendiqué ;

**제61-3-1조** ① 다른 국가의 민적등록부에 등록된 성(姓)을 증명한 모든 사람은 프랑스에서 작성된 자신의 출생증서를 보관하는 민적관에게 다른 국가에서 취득한 성을 사용하기 위하여 그 성의 변경을 신청할 수 있다. 당사자가 미성년인 경우에는, 신고는 친권을 행사하는 두 부모가 공동으로 또는 친권을 단독으로 행사하는 부 또는 모에 의하여 실행되며, 당사자가 13세 이상이라면 그 자신의 동의를 요한다.

② 성(姓)의 변경은 민적관에 의하여 허가되며, 민적관은 그것을 당시의 출생등록부에 등록한다.

③ 허가하기 곤란한 경우, 민적관은 검사장에게 제소하며, 검사장은 신청에 대하여 이의를 제기할 수 있다. 이 경우, 이해관계인은 그에 대하여 통지를 받는다.
④ 동일한 요건하에 제소된 때에는, 출생지의 검사장은 스스로 성(姓)의 변경을 명할 수 있다.

⑤ 제1항부터 제4항까지에 규정된 요건을 갖춘 성(姓)의 변경은, 수혜자의 자녀가 13세 미만일 경우에는, 당연히 그들에게도 영향을 미친다.

**제61-4조** ① 성(姓)과 이름의 변경 결정의 기재는 당사자의 출생증서, 경우에 따라서는, 그의 배우자의 출생증서, 그의 민사연대계약에 의하여 결합된 동반자의 출생증서 그리고 자녀의 출생증서의 비고란에 기입된다.
② 마찬가지로, 국외에서 적법하게 이루어진 성(姓)과 이름의 변경 결정은 검사장의 지시에 따라 민적증서 비고란에 기입된다.

③ 제100조 및 제101조의 규정들은 성(姓)과 이름의 변경에 적용된다.

## 제2절의乙 민적상의 성별(性別) 기재의 변경

**제61-5조** ① 성년자와 친권이 해방된 미성년자는 누구든지 자신의 민적증서상의 성별에 관한 기재가 자신이 드러나고 또 자신이 알려진 성별과 일치하지 않는다는 것을 사실의 충분한 수집을 통하여 증명하면 그 성별기재의 변경을 받을 수 있다.

② 모든 수단에 의하여 그에 관한 증거가 제시될 수 있는 위의 사실 중 중요한 사실은 다음 각 호와 같다.
1. 자신이 주장된 성별에 속하는 것으로 공개적으로 드러난다는 사실
2. 자신이 가족, 친구 또는 직업상 측근으로부터 주장된 성별로 알려졌다는 사실

3. 자신이 주장된 성별에 일치하도록 위한 자신의 이름의 변경을 받았다는 사실

**Article 61-8** La modification de la mention du sexe dans les actes de l'état civil est sans effet sur les obligations contractées à l'égard de tiers ni sur les filiations établies avant cette modification.

### Section 3 De l'acte de reconnaissance.

**Article 62** L'acte de reconnaissance énonce les prénoms, nom, date de naissance ou, à défaut, âge, lieu de naissance et domicile de l'auteur de la reconnaissance.

Il indique les date et lieu de naissance, le sexe et les prénoms de l'enfant ou, à défaut, tous renseignements utiles sur la naissance, sous réserve des dispositions de l'article 326.

L'acte de reconnaissance est inscrit à sa date sur les registres de l'état civil.

Seules les mentions prévues au premier alinéa sont portées, le cas échéant, en marge de l'acte de naissance de l'enfant.

Dans les circonstances prévues à l'article 59, la déclaration de reconnaissance peut être reçue par les officiers instrumentaires désignés en cet article et dans les formes qui y sont indiquées.

Lors de l'établissement de l'acte de reconnaissance, il est fait lecture à son auteur des articles 371-1 et 371-2.

**Article 62-1** Si la transcription de la reconnaissance paternelle s'avère impossible, du fait du secret de son identité opposé par la mère, le père peut en informer le procureur de la République. Celui-ci procède à la recherche des date et lieu d'établissement de l'acte de naissance de l'enfant.

**제61-8조** 민적증서상 성별에 대한 기재의 변경은 제3자와 관련하여 체결된 채권채무관계에 대해서도 또 그 변경 전에 확립된 친자관계에 대해서도 효력이 없다.

### 제3절  인지증서

**제62조** ① 인지증서는 이름, 성(姓), 출생일 또는 출생일이 없으면 연령, 출생장소 및 인지자의 주소를 기재한다.
② 인지증서는 자녀의 출생일 및 출생장소, 성별 및 이름 또는 성별 및 이름이 없으면, 출생에 관한 모든 유용한 정보를 기재하고, 제326조 규정을 유보한다.
③ 인지증서는 인지일에 민적등록부에 등록된다.
④ 제1항에 규정된 기재만이, 경우에 따라서는, 자녀의 출생증서 비고란에 기입된다.

⑤ 제59조에 규정된 상황의 경우, 인지신고는 제59조에서 지정된 입회공무원에 의하여 그리고 동조에서 적시된 형식으로 수리될 수 있다.

⑥ 인지증서의 작성 시에, 인지자에게 제371-1조 및 제371-2조의 낭독이 행해진다.


**제62-1조** 모(母)에 의하여 제기된 신원 비밀 때문에 부(父)의 인지에 대한 전사가 불가능한 것으로 드러난다면, 부는 검사장에게 이를 통지할 수 있다. 검사장은 자녀의 출생증서 작성일과 작성장소의 조사를 진행한다.

## Chapitre III Des actes de mariage.

**Article 63** Avant la célébration du mariage, l'officier de l'état civil fera une publication par voie d'affiche apposée à la porte de la maison commune. Cette publication énoncera les prénoms, noms, professions, domiciles et résidences des futurs époux, ainsi que le lieu où le mariage devra être célébré.

La publication prévue au premier alinéa ou, en cas de dispense de publication accordée conformément aux dispositions de l'article 169, la célébration du mariage est subordonnée :

1° A la remise, pour chacun des futurs époux, des indications ou pièces suivantes :

- les pièces exigées par les articles 70 ou 71 ;
- la justification de l'identité au moyen d'une pièce délivrée par une autorité publique ;
- l'indication des prénoms, nom, date et lieu de naissance, profession et domicile des témoins, sauf lorsque le mariage doit être célébré par une autorité étrangère ;
- le cas échéant, la justification de l'information de la personne chargée de la mesure de protection prévue à l'article 460 ;

2° A l'audition commune des futurs époux, sauf en cas d'impossibilité ou s'il apparaît, au vu des pièces fournies, que cette audition n'est pas nécessaire au regard des articles 146 et 180.

L'officier de l'état civil, s'il l'estime nécessaire, demande à s'entretenir séparément avec l'un ou l'autre des futurs époux.

L'audition du futur conjoint mineur se fait hors la présence de ses père et mère ou de son représentant légal et de son futur conjoint.

L'officier de l'état civil peut déléguer à un ou plusieurs fonctionnaires titulaires du service de l'état civil de la commune la réalisation de l'audition commune ou des entretiens séparés. Lorsque l'un des futurs époux réside à l'étranger, l'officier de l'état civil peut demander à l'autorité diplomatique ou consulaire territorialement compétente de procéder à son audition.

L'autorité diplomatique ou consulaire peut déléguer à un ou plusieurs fonctionnaires titulaires chargés de l'état civil ou, le cas échéant, aux fonctionnaires dirigeant une chancellerie détachée ou aux consuls honoraires de nationalité française compétents la réalisation de l'audition commune ou des entretiens séparés. Lorsque l'un des futurs époux réside dans un pays autre que celui de la célébration, l'autorité diplomatique ou consulaire peut demander à l'officier de l'état civil territorialement compétent de procéder à son audition.

L'officier d'état civil qui ne se conformera pas aux prescriptions des alinéas précédents sera poursuivi devant le tribunal judiciaire et puni d'une amende de 3 à 30 euros.

## 제3장 혼인증서

**제63조** ① 혼인의 거행 전에, 민적관은 기초자치단체 청사 출입문에 부착된 게시문의 방식으로 공고를 행한다. 이 공고는 장래의 부부의 이름, 성(姓), 직업, 주소와 거소를 표시하여야 하고, 혼인이 거행될 장소도 마찬가지이다.

② 제1항에 규정된 공고 또는, 제169조에서 규정하는 바에 따라 부여된 공고의 면제의 경우, 혼인의 거행은 다음 각 호의 요건에 따른다.
1. 장래의 부부 각각에 관한 아래의 사항이나 서류의 제출
- 제70조나 제71조에서 요구하는 서류들
- 공공기관이 발급한 서류에 의한 신원의 증명
- 혼인이 외국 기관에 의하여 거행되어야 하는 경우를 제외한, 증인들의 이름, 성(姓), 출생일과 출생지, 직업, 주소에 관한 사항
- 경우에 따라서는, 제460조에 규정된 보호조치담당자에 관한 정보의 증명서

2. 불가능한 경우 또는, 제시된 서류들에 기초하여, 제146조와 제180조와 관련하여 의견청취가 필요하지 않다고 판단되는 경우를 제외하고, 장래의 배우자들에 대한 의견청취

③ 민적관은, 그가 필요하다고 판단하면, 장래의 배우자들 각각을 분리하여 의견청취할 것을 요청한다.
④ 미성년인 장래의 배우자에 대한 의견청취는 그의 부모나 법정대리인 및 그의 장래의 배우자가 참석하지 않은 상태에서 행해진다.
⑤ 민적관은 공동 의견청취 또는 분리 의견청취의 실행을 기초자치단체의 민적업무의 권한을 가진 1인 또는 수인의 공무원들에게 위임할 수 있다. 장래의 배우자들 중 1인이 외국에 거주할 경우, 민적관은 지역적으로 관할권이 있는 외교 또는 영사 기관에 그에 대한 의견청취를 진행할 것을 요구할 수 있다.

⑥ 외교 또는 영사 기관은 공동 의견청취 또는 분리 의견청취를 1인 또는 수인의 민적업무공무원 또는, 경우에 따라서는, 파견사무국을 지휘하는 공무원이나 프랑스 국적의 관할 명예 영사들에게 위임할 수 있다. 장래의 배우자들 중 1인이 혼인거행국 이외의 국가에 거주하는 경우, 외교 또는 영사 기관은 지역을 관할하는 민적관에게 그에 대한 의견청취를 진행할 것을 요구할 수 있다.

⑦ 제1항부터 제6항까지의 규정을 따르지 않는 민적관은 민사지방법원에 기소되고 3유로에서 30유로까지의 벌금으로 처벌될 수 있다.

**Article 64** L'affiche prévue à l'article précédent restera apposée à la porte de la maison commune pendant dix jours.

Le mariage ne pourra être célébré avant le dixième jour depuis et non compris celui de la publication.

Si l'affichage est interrompu avant l'expiration de ce délai, il en sera fait mention sur l'affiche qui aura cessé d'être apposée à la porte de la maison commune.

**Article 65** Si le mariage n'a pas été célébré dans l'année, à compter de l'expiration du délai de la publication, il ne pourra plus être célébré qu'après une nouvelle publication faite dans la forme ci-dessus.

**Article 66** Les actes d'opposition au mariage seront signés sur l'original et sur la copie par les opposants ou par leurs fondés de procuration, spéciale et authentique ; ils seront signifiés, avec la copie de la procuration, à la personne ou au domicile des parties, et à l'officier de l'état civil, qui mettra son visa sur l'original.

**Article 67** L'officier de l'état civil fera, sans délai, une mention sommaire des oppositions sur le registre des mariages ; il fera aussi mention, en marge de l'inscription desdites oppositions, des jugements ou des actes de mainlevée dont expédition lui aura été remise.

**Article 68** En cas d'opposition, l'officier d'état civil ne pourra célébrer le mariage avant qu'on lui en ait remis la mainlevée, sous peine de 3 000 euros d'amende et de tous dommages-intérêts.

**Article 69** Si la publication a été faite dans plusieurs communes, l'officier de l'état civil de chaque commune transmettra sans délai à celui d'entre eux qui doit célébrer le mariage un certificat constatant qu'il n'existe point d'opposition.

**제64조** ① 제63조에 규정된 게시문은 기초자치단체 청사 출입문에 10일 동안 부착된다.

② 혼인은 공고일을 포함하지 않은 다음 날부터 10일 전에는 거행될 수 없다.

③ 게시가 이 기간의 만료 전에 중단되면, 게시문에 이를 기재하고, 이 게시문은 기초자치단체 청사 출입문에는 부착되지 아니한다.

**제65조** 혼인이, 공고의 기간이 종료된 때부터, 1년 이내에 거행되지 않았다면, 혼인은 위의 형식에 따라 행해지는 재공고 이후에야 거행될 수 있다.

**제66조** 혼인에 대한 이의제기 증서는 이의제기자들 또는 그들의 특별히 공증된 수임인에 의하여 원본과 사본에 서명되어야 한다. 이 증서는, 위임장 사본과 함께, 당사자들 본인 또는 이들의 주소에, 그리고 민적관에게 송부되고, 민적관은 원본에 서명을 한다.

**제67조** 민적관은, 지체 없이, 혼인등록부에 이의제기에 관한 간략한 기재를 하여야 한다. 민적관은, 이러한 이의제기등록의 비고란에, 면적관에게 등본으로 교부될 판결 또는 취소증서에 대한 기재를 하여야 한다.

**제68조** 이의제기의 경우, 민적관은 자신에게 이의제기의 취소가 전달되기 전에는 혼인을 거행할 수 없으며, 이를 위반하면 3,000유로의 벌금과 모든 손해배상책임을 부담한다.

**제69조** 공고가 다수의 기초자치단체에서 행해졌으면, 각 기초자치단체의 민적관은 그들 중 혼인을 거행해야 하는 민적관에게 지체 없이 아무런 이의제기도 없다는 것을 확인하는 증명서를 송부하여야 한다.

**Article 70** Chacun des futurs époux remet à l'officier de l'état civil qui doit célébrer le mariage l'extrait avec indication de la filiation de son acte de naissance, qui ne doit pas dater de plus de trois mois s'il a été délivré par un officier de l'état civil français.

Toutefois, l'officier de l'état civil peut, après en avoir préalablement informé le futur époux, demander la vérification des données à caractère personnel contenues dans les actes de l'état civil auprès du dépositaire de l'acte de naissance du futur époux. Ce dernier est alors dispensé de la production de son extrait d'acte de naissance.

Lorsque l'acte de naissance n'est pas détenu par un officier de l'état civil français, l'extrait de cet acte ne doit pas dater de plus de six mois. Cette condition de délai ne s'applique pas lorsque l'acte émane d'un système d'état civil étranger ne procédant pas à la mise à jour des actes.

**Article 71** Celui des futurs époux qui serait dans l'impossibilité de se procurer cet acte pourra le suppléer en rapportant un acte de notoriété délivré par un notaire ou, à l'étranger, par les autorités diplomatiques ou consulaires françaises compétentes.

L'acte de notoriété est établi sur la foi des déclarations d'au moins trois témoins et de tout autre document produit qui attestent des prénoms, nom, profession et domicile du futur époux et de ceux de ses père et mère s'ils sont connus, du lieu et, autant que possible, de l'époque de la naissance et des causes qui empêchent de produire l'acte de naissance. L'acte de notoriété est signé par le notaire ou l'autorité diplomatique ou consulaire et par les témoins.

**Article 72** (abrogé)

**Article 73** L'acte authentique du consentement des père et mère ou aïeuls ou aïeules ou, à leur défaut, celui du conseil de famille, contiendra les prénoms, noms, professions et domicile des futurs époux et de tous ceux qui auront concouru à l'acte, ainsi que leur degré de parenté.

Hors le cas prévu par l'article 159 du code civil, cet acte de consentement est dressé, soit par un notaire, soit par l'officier de l'état civil du domicile ou de la résidence de l'ascendant, et, à l'étranger, par les agents diplomatiques ou consulaires français. Lorsqu'il est dressé par un officier de l'état civil, il ne doit être légalisé, sauf conventions internationales contraires, que lorsqu'il y a lieu de le produire devant les autorités étrangères.

**제70조** ① 장래의 부부 각자는 혼인을 거행해야 하는 민적관에게 친자관계가 명시된 자신의 출생증서 초본을 제출해야 하고, 이 초본은 프랑스 민적관에 의하여 발급된 것이면 3개월 이상을 넘지 않은 것이어야 한다.

② 그러나, 민적관은, 장래의 부부 일방에게 이를 미리 통보한 후, 장래의 부부 일방의 출생증서 보관담당자에게 출생증서에 포함된 장래 부부 일방의 개인적 특성을 지닌 정보의 검증을 요구할 수 있다. 부부 일방은 이 경우에는 자신의 출생증서 사본의 제출이 면제된다.

③ 출생증서가 프랑스 민적관에 의하여 소지되지 않은 경우, 이 증서의 초본이 6개월 이상을 넘지 않은 것이어야 한다. 이 기간요건은 증서의 증보를 행하지 않은 외국의 민적체제에서 증서가 발행된 경우에는 적용되지 아니한다.

**제71조** ① 이 증서를 받기에 불가능한 상태에 있는 장래 부부들 중 일방은 공증인에 의하여 또는, 외국에서, 관할권 있는 프랑스의 외교 또는 영사 기관에 의하여 발급된 신원확인증서를 제출하여 이 증서를 갈음할 수 있다.

② 신원확인증서는 최소 3인의 증인들의 증언 그리고 장래 부부 일방의 이름, 성(姓), 직업과 주소 및, 알려져 있다면, 그의 부모들의 출생지와, 가능한 한, 출생 시기 그리고 출생증서의 제출에 장애가 되는 사유들을 증명하는 제출된 모든 다른 문서의 내용에 의거하여 작성된다. 신원확인증서는 공증인 또는 외교 또는 영사 기관 그리고 증인들에 의하여 서명된다.

**제72조** (삭제)

**제73조** ① 부모 또는 조부나 조모의 동의에 관한 공정증서 또는, 이것들이 없으면, 친족회의 동의에 관한 공정증서는 장래 부부와 증서에 협력한 모든 사람들의 이름, 성(姓), 직업과 주소를 포함하며, 이들 혈족의 촌수도 마찬가지이다.

② 민법전 제159조에 규정된 경우 이외에, 이 동의증서는 공증인에 의하여, 직계존속의 주소나 거소의 민적관에 의하거나 그리고, 외국에서는, 프랑스 외교관 또는 영사에 의하여 작성된다. 이 증서가 민적관에 의하여 작성되는 경우, 반대의 국제협약이 없으면, 이 증서는 외국 기관에 제출할 필요가 있는 때에 한하여 인증되어야 되어야 한다.

**Article 74** Le mariage sera célébré, au choix des époux, dans la commune où l'un d'eux, ou l'un de leurs parents, aura son domicile ou sa résidence établie par un mois au moins d'habitation continue à la date de la publication prévue par la loi.

**Article 74-1** Avant la célébration du mariage, les futurs époux confirment l'identité des témoins déclarés en application de l'article 63 ou, le cas échéant, désignent les nouveaux témoins choisis par eux.

**Article 75** Le jour désigné par les parties, après le délai de publication, l'officier de l'état civil, à la mairie, en présence d'au moins deux témoins, ou de quatre au plus, parents ou non des parties, fera lecture aux futurs époux des articles 212 et 213, du premier alinéa des articles 214 et 215, et de l'article 371-1 du présent code.

Toutefois, en cas d'empêchement grave, le procureur de la République du lieu du mariage pourra requérir l'officier de l'état civil de se transporter au domicile ou à la résidence de l'une des parties pour célébrer le mariage. En cas de péril imminent de mort de l'un des futurs époux, l'officier de l'état civil pourra s'y transporter avant toute réquisition ou autorisation du procureur de la République, auquel il devra ensuite, dans le plus bref délai, faire part de la nécessité de cette célébration hors de la maison commune.

Mention en sera faite dans l'acte de mariage.

L'officier de l'état civil interpellera les futurs époux, et, s'ils sont mineurs, leurs ascendants présents à la célébration et autorisant le mariage, d'avoir à déclarer s'il a été fait un contrat de mariage et, dans le cas de l'affirmative, la date de ce contrat, ainsi que les nom et lieu de résidence du notaire qui l'aura reçu.

Si les pièces produites par l'un des futurs époux ne concordent point entre elles quant aux prénoms ou quant à l'orthographe des noms, il interpellera celui qu'elles concernent, et s'il est mineur, ses plus proches ascendants présents à la célébration, d'avoir à déclarer que le défaut de concordance résulte d'une omission ou d'une erreur.

Il recevra de chaque partie, l'une après l'autre, la déclaration qu'elles veulent se prendre pour époux : il prononcera, au nom de la loi, qu'elles sont unies par le mariage, et il en dressera acte sur-le-champ.

**제74조** 혼인은, 부부 쌍방의 선택에 따라, 부부 중 일방 또는 그들의 혈족 중 1인이 주소를 두고 있거나 법률에 규정된 공고일에 최소 1개월의 주거가 계속되고 있음이 증명된 거소를 두고 있는 기초자치단체에서 거행된다.

**제74-1조** 혼인의 거행에 앞서, 장래의 부부들은, 제63조의 적용에 따라 선서한 증인들의 신원을 확인하거나, 경우에 따라서는, 그들이 선택한 새로운 증인들을 지명한다.

**제75조** ① 공고 기간 이후에 당사자들이 정한 날에, 민적관은, 청사에서, 최소 2인의 증인, 또는 4명 이상의 당사자들의 혈족이나 당사자들이 아닌 사람들이 참석한 상태에서, 장래 배우자들에게 본법전 제212조와 제213조, 제214조 제1항과 제215조 제1항 및 제371-1조를 낭독하여야 한다.
② 그러나, 심각한 장애가 있는 경우, 혼인지의 검사장은 민적관에게 혼인을 거행하기 위해 당사자들 중 1인의 주소나 거소로 이동할 것을 요구할 수 있다. 장래 부부 중 일방에게 사망의 절박한 위험이 있는 경우, 검사장의 어떠한 요구나 허가에 앞서, 민적관은 위의 주소나 거소로 이동할 수 있으며, 그 검사장에게 곧이어, 최단의 기간 내에, 기초자치단체 청사 출입문에서 이 혼인거행의 필요성을 검사장에게 알려야 한다.

③ 이에 관한 기재는 혼인증서에 행해진다.
④ 민적관은 장래의 부부에게, 그들이 미성년인 경우, 혼인거행에 참석하고 혼인을 허락한 그들의 직계존속에게, 부부재산계약이 체결되었는지의 여부 및, 계약이 체결된 경우, 이 계약의 체결일 및 계약을 수리한 공증인의 성명과 거소지를 신고하여야 한다는 것을 촉구하여야 한다.

⑤ 장래의 부부 중 일방에 의하여 제출된 서류들이 상호간에 이름들 또는 성(姓)들의 철자법에 관하여 일치하지 않는다면, 민적관은 이에 관련된 사람에게, 또 그가 미성년인 경우, 혼인거행에 참석한 최측근의 직계존속에게, 일치의 결여가 누락 또는 착오로 발생한 것임을 신고하여야 한다는 것을 촉구하여야 한다.
⑥ 민적관은 각 당사자들로부터, 차례로, 서로의 배우자가 되기를 원한다는 선언을 받는다. 민적관은, 법의 이름으로, 이들이 혼인으로 결합되었음을 선언하며 현장에서 이에 관한 증서를 작성한다.

**Article 76** L'acte de mariage énoncera :

1° Les prénoms, noms, professions, âges, dates et lieux de naissance, domiciles et résidences des époux ;

2° Les prénoms, noms, professions et domiciles des pères et mères ;

3° Le consentement des pères et mères, aïeuls ou aïeules, et celui du conseil de famille, dans le cas où ils sont requis ;

4° Les prénoms et nom du précédent conjoint de chacun des époux ;

5° (abrogé) ;

6° La déclaration des contractants de se prendre pour époux, et le prononcé de leur union par l'officier de l'état civil ;

7° Les prénoms, noms, professions, domiciles des témoins et leur qualité de majeurs ;

8° La déclaration, faite sur l'interpellation prescrite par l'article précédent, qu'il a été ou qu'il n'a pas été fait de contrat de mariage, et, autant que possible, la date du contrat, s'il existe, ainsi que les nom et lieu de résidence du notaire qui l'aura reçu ; le tout à peine, contre l'officier de l'état civil, de l'amende fixée par l'article 50.

Dans le cas où la déclaration aurait été omise ou serait erronée, la rectification de l'acte, en ce qui touche l'omission ou l'erreur, pourra être effectuée conformément à l'article 99-1.

9° S'il y a lieu, la déclaration qu'il a été fait un acte de désignation de la loi applicable conformément à la convention sur la loi applicable aux régimes matrimoniaux, faite à La Haye le 14 mars 1978, ainsi que la date et le lieu de signature de cet acte et, le cas échéant, le nom et la qualité de la personne qui l'a établi.

En marge de l'acte de naissance de chaque époux, il sera fait mention de la célébration du mariage et du nom du conjoint.

## Chapitre IV Des actes de décès

**Article 78** L'acte de décès sera dressé par l'officier de l'état civil de la commune où le décès a eu lieu, sur la déclaration d'un parent du défunt ou sur celle d'une personne possédant sur son état civil les renseignements les plus exacts et les plus complets qu'il sera possible.

Pour s'assurer de l'exactitude des informations déclarées, l'officier de l'état civil peut demander la vérification des données à caractère personnel du défunt auprès du dépositaire de l'acte de naissance ou, à défaut d'acte de naissance détenu en France, de l'acte de mariage.

**제76조** ① 혼인증서는 다음 각 호의 사항들을 표시한다.

1. 부부 쌍방의 이름, 성(姓), 직업, 연령, 출생일과 출생지 및 주소와 거주

2. 부모의 이름, 성(姓), 직업과 주소

3. 동의가 요구되는 경우, 부모, 조부나 조모의 동의, 그리고 친족회의 동의

4. 부부 각자의 전배우자의 이름과 성(姓)

5. (삭제)

6. 당사자들 상호 간에 부부가 되겠다는 신고, 그리고 이들의 결합에 관한 민적관의 선언

7. 증인들의 이름, 성(姓), 직업, 주소, 그리고 그들의 성년의 자격

8. 제75조에 규정된 촉구에 의거하여 행해진, 부부재산계약이 체결되었는지 여부에 관한 신고, 그리고 계약을 수리했을 공증인의 성명과 거주 장소뿐 아니라, 가능한 한, 혼인계약이 존재한다면, 계약체결. 이 모두를 위반한 경우, 민적관에 대하여, 제50조에 정한 벌금이 부과된다. 신고가 누락되거나 오기된 경우, 누락이나 오기와 관련된, 증서의 정정은 제99-1조에 따라 실행된다.

9. 필요하다면, 1978년 3월 14일 헤이그에서 체결된, 부부재산제도의 준거법에 관한 협약에 따라 적용될 법률을 지정하는 증서가 작성되었다는 신고 및 이 증서의 서명일과 서명장소, 경우에 따라서는, 이 증서를 작성한 사람의 성명과 자격

② 각 부부의 출생증서의 비고란에는 혼인의 거행과 배우자의 성명이 기재된다.


## 제4장 사망증서

**제78조** ① 사망증서는 사망자의 친족의 신고 또는 사망자의 신분에 관하여 가능한 한 가장 정확하고 완전한 정보를 가진 자의 신고에 따라 사망이 발생한 기초자치단체의 민적관에 의하여 작성된다.

② 신고된 정보의 정확성을 보장하기 위하여, 민적관은 사망자의 출생증서 또는, 프랑스에 출생증서가 없으면, 혼인증서의 보관자에 대하여 사망자의 개인적 성격을 가진 정보의 검증을 요구할 수 있다.

**Article 79** L'acte de décès énoncera :

1° Le jour, l'heure et le lieu de décès ;

2° Les prénoms, nom, date et lieu de naissance, profession et domicile de la personne décédée ;

3° Les prénoms, noms, professions et domiciles de ses père et mère ;

4° Les prénoms et nom de l'autre époux, si la personne décédée était mariée, veuve ou divorcée ;

4° bis Les prénoms et nom de l'autre partenaire, si la personne décédée était liée par un pacte civil de solidarité ;

5° Les prénoms, nom, âge, profession et domicile du déclarant et, s'il y a lieu, son degré de parenté avec la personne décédée.

Le tout, autant qu'on pourra le savoir.

Il sera fait mention du décès en marge de l'acte de naissance de la personne décédée.

**Article 79-1** Lorsqu'un enfant est décédé avant que sa naissance ait été déclarée à l'état civil, l'officier de l'état civil établit un acte de naissance et un acte de décès sur production d'un certificat médical indiquant que l'enfant est né vivant et viable et précisant les jours et heures de sa naissance et de son décès.

A défaut du certificat médical prévu à l'alinéa précédent, l'officier de l'état civil établit un acte d'enfant sans vie. Cet acte est inscrit à sa date sur les registres de décès et il énonce les jour, heure et lieu de l'accouchement, les prénoms et noms, dates et lieux de naissance, professions et domiciles des père et mère et, s'il y a lieu, ceux du déclarant. L'acte dressé ne préjuge pas de savoir si l'enfant a vécu ou non ; tout intéressé pourra saisir le tribunal judiciaire à l'effet de statuer sur la question.

**제79조** ① 사망증서는 다음 각 호의 사항을 표시한다.
1. 사망일, 사망시각 및 사망장소
2. 사망자의 이름, 성(姓), 출생일과 출생지, 직업 및 주소

3. 사망자의 부모의 이름, 성(姓), 직업 및 주소
4. 사망자가 혼인 중이었거나, 배우자를 잃었거나 이혼하였다면, 타방 부부의 이름과 성(姓)

4의乙. 사망자가 민사연대계약을 맺었다면, 상대 동반자의 이름과 성(姓)

5. 신고자의 이름, 성(姓), 연령, 직업, 주소 및, 필요하다면, 신고자와 사망자 간의 촌수

② 알 수 있는 한, 이상의 모든 사항을 기재하여야 한다.
③ 사망자의 출생증서 비고란에 사망의 기재를 한다.

**제79-1조** ① 자녀가 민적에 그의 출생을 신고하기 전에 사망한 경우, 민적관은 자녀가 살아서 생존능력을 갖추고 출생하였음을 적시하고 또 그의 출생과 사망일시를 표시하는 의료증명서의 제출에 의거하여 출생증서와 사망증서를 작성한다.

② 제1항에 규정된 의료증명서가 없으면, 민적관은 생명력무자녀증서를 작성한다. 이 증서는 이를 작성한 날에 사망등록부에 등록되며 그리고 이 증서는 분만의 일시와 장소, 부모의 이름과 성(姓), 출생의 날짜와 장소, 직업 및 주소, 필요하다면, 신고자의 이 사항들을 기재한다. 작성된 증서가 자녀의 생존 여부를 예단하는 것은 아니다. 모든 이해관계인은 이 문제에 관하여 재판할 목적으로 민사지방법원에 제소할 수 있다.

**Article 80** Lorsqu'un décès se sera produit ailleurs que dans la commune où le défunt était domicilié, l'officier de l'état civil qui aura dressé l'acte de décès enverra, dans le plus bref délai, à l'officier de l'état civil du dernier domicile du défunt, une expédition de cet acte, laquelle sera immédiatement transcrite sur les registres. Cette disposition ne s'applique pas aux villes divisées en arrondissements, lorsque le décès est survenu dans un arrondissement autre que celui où le défunt était domicilié.

En cas de décès dans les établissements de santé et dans les établissements sociaux et médico-sociaux qui accueillent des personnes âgées, les directeurs en donnent avis, par tous moyens, dans les vingt-quatre heures, à l'officier de l'état civil. Dans ces établissements, un registre est tenu sur lequel sont inscrits les déclarations et renseignements portés à la connaissance de l'officier de l'état civil.

En cas de difficulté, l'officier de l'état civil doit se rendre dans les établissements pour s'assurer, sur place, du décès et en dresser l'acte, conformément à l'article 79, sur la base des déclarations et renseignements qui lui sont communiqués.

**Article 81** Lorsqu'il y aura des signes ou indices de mort violente, ou d'autres circonstances qui donneront lieu de le soupçonner, on ne pourra faire l'inhumation qu'après qu'un officier de police, assisté d'un docteur en médecine ou en chirurgie, aura dressé procès-verbal de l'état du cadavre et des circonstances y relatives, ainsi que des renseignements qu'il aura pu recueillir sur les prénoms, nom, âge, profession, lieu de naissance et domicile de la personne décédée.

**Article 82** L'officier de police sera tenu de transmettre de suite à l'officier de l'état civil du lieu où la personne sera décédée, tous les renseignements énoncés dans son procès-verbal, d'après lesquels l'acte de décès sera rédigé.

L'officier de l'état civil en enverra une expédition à celui du domicile de la personne décédée, s'il est connu : cette expédition sera inscrite sur les registres.

**Article 83** (abrogé)

**Article 84** En cas de décès dans les prisons ou maisons de réclusion ou de détention, il en sera donné avis sur-le-champ, par les concierges ou gardiens, à l'officier de l'état civil, qui s'y transportera comme il est dit en l'article 80, et rédigera l'acte de décès.

**Article 85** Dans tous les cas de mort violente ou survenue dans un établissement pénitentiaire, il ne sera fait sur les registres aucune mention de ces circonstances, et les actes de décès seront simplement rédigés dans les formes prescrites par l'article 79.

**제80조** ① 사망자가 주소를 두었던 기초자치단체가 아닌 다른 곳에서 사망이 발생한 경우, 사망증서를 작성한 민적관은, 가능한 가장 빠른 기간 내에, 사망자의 최종 주소지의 민적관에게 이 증서의 등본을 송부하며, 이 등본은 즉시 등록부에 전사된다. 이 규정은, 여러 구로 분할된 도시에서, 사망이 사망자가 주소를 두고 있는 구와 이외의 구에서 발생한 경우에는, 적용되지 아니한다.

② 보건시설 및 고령자를 수용하는 사회시설 또는 사회의료시설에서의 사망인 경우에, 그 시설의 장은 모든 방법으로, 24시간 이내에, 민적관에게 통지하여야 한다. 이 시설에서는 민적관에게 알려진 신고사항과 정보를 등록한 등록부가 보관된다.

③ 곤란한 경우에는, 민적관은, 현장에서, 사망을 확인하고 또 자신에게 통지된 신고와 정보에 기초하여, 제79조에 따라, 사망증서를 작성하기 위하여 그 시설을 방문하여야 한다.

**제81조** 변사의 징표나 징후, 또는 이를 의심할 만한 다른 정황이 있을 경우, 경찰관이, 일반의사 또는 외과의사의 도움을 받아서, 시신의 상태 및 시신에 관한 상황 및 사망자의 이름, 성(姓), 연령, 직업, 출생지 및 주소에 관하여 그가 수집할 수 있었을 정보에 관한 조서를 작성한 후에만, 매장할 수 있다.

**제82조** ① 경찰관은 사람이 사망한 지역의 민적관에게 조서에 표시된 모든 정보를 즉시 전달할 책임이 있으며, 그 정보에 따라 사망증서가 작성된다.

② 사망자의 주소지가 알려졌다면, 민적관은 그 주소지의 민적관에게 사망증서의 등본을 송부하여야 한다. 그 등본은 등록부에 등록된다.

**제83조** (삭제)

**제84조** 교도소, 유치장 또는 구금시설에서의 사망인 경우, 교도관 또는 경비원은 이를 즉시 민적관에게 통지하고, 민적관은 제80조에 규정된 바와 같이 그 곳을 방문하여 사망증서를 작성하여야 한다.

**제85조** 교정 시설에서 발생한 모든 변사 또는 돌연사의 경우, 등록부에는 이러한 상황이 기재되지 않으며, 사망증서는 단지 제79조에서 규정하는 방식에 따라 작성되어야 된다.

**Article 86** En cas de décès pendant un voyage maritime et dans les circonstances prévues à l'article 59, il en sera, dans les vingt-quatre heures, dressé acte par les officiers instrumentaires désignés en cet article et dans les formes qui y sont prescrites.

**Article 87** Lorsque le corps d'une personne décédée est retrouvé et peut être identifié, un acte de décès doit être dressé par l'officier de l'état civil du lieu présumé du décès, quel que soit le temps écoulé entre le décès et la découverte du corps.

Si le défunt ne peut être identifié, l'acte de décès doit comporter son signalement le plus complet ; en cas d'identification ultérieure, l'acte est rectifié dans les conditions prévues à l'article 99-1 du présent code. L'officier d'état civil informe sans délai le procureur de la République du décès, afin qu'il puisse prendre les réquisitions nécessaires aux fins d'établir l'identité du défunt.

**Article 88** Peut être judiciairement déclaré, à la requête du procureur de la République ou des parties intéressées, le décès de tout Français disparu en France ou hors de France, dans des circonstances de nature à mettre sa vie en danger, lorsque son corps n'a pu être retrouvé.

Peut, dans les mêmes conditions, être judiciairement déclaré le décès de tout étranger ou apatride disparu soit sur un territoire relevant de l'autorité de la France, soit à bord d'un bâtiment ou aéronef français, soit même à l'étranger s'il avait son domicile ou sa résidence habituelle en France.

La procédure de déclaration judiciaire de décès est également applicable lorsque le décès est certain mais que le corps n'a pu être retrouvé.

**Article 89** La requête est présentée au tribunal judiciaire du lieu de la mort ou de la disparition, si celle-ci s'est produite sur un territoire relevant de l'autorité de la France, sinon au tribunal du domicile ou de la dernière résidence du défunt ou du disparu ou, à défaut, au tribunal du lieu du port d'attache de l'aéronef ou du bâtiment qui le transportait. A défaut de tout autre, le tribunal judiciaire de Paris est compétent.

Si plusieurs personnes ont disparu au cours du même événement, une requête collective peut être présentée au tribunal du lieu de la disparition, à celui du port d'attache du bâtiment ou de l'aéronef, au tribunal judiciaire de Paris ou à tout autre tribunal judiciaire que l'intérêt de la cause justifie.

**제86조** 항해 중 그리고 제59조에 규정된 상황에서의 사망인 경우, 사망증서가 24시간 이내에 동조에 지정된 입회공무원에 의하여 동조에 정해진 방식에 따라 작성되어야 한다.

**제87조** ① 사망자의 시신이 발견되었고 신원이 확인될 수 있는 경우, 사망과 시신 발견 간의 시간의 경과가 어떠하든, 사망증서는 사망추정지의 민적관에 의하여 작성되어야 한다.

② 사망자가 신원이 확인될 수 없는 경우, 사망증서는 그의 인상착의를 최대한 완전하게 포함하여야 한다. 신원 확인이 추후에 이루어질 경우, 사망증서는 본법전 제99-1조에 규정된 요건에 따라 정정된다. 민적관은 검사장이 그에게 지체 없이 사망을 통보하여, 그가 사망자의 신원을 밝히기 위해 필요한 청구를 할 수 있도록 하여야 하다.

**제88조** ① 프랑스 또는 프랑스 외에서 자신의 생명을 위험에 처하게 할 수 있는 상황에서 실종된 모든 프랑스인의 사망은, 그 시신이 발견될 수 없었던 경우, 검사장 또는 이해관계 당사자들의 신청에 따라, 재판상 선고될 수 있다.

② 프랑스의 주권이 미치는 영토에서이든, 프랑스 국적의 선박이나 항공기에서이든, 프랑스에 자신의 주소나 상시 거소를 가지고 있던 자로서 외국에서이든, 실종된 모든 외국인이나 무국적자의 사망도, 동일한 요건 하에서, 재판상 선고될 수 있다.

③ 사망의 재판상 선고절차는 사망이 확실하나 시신이 발견될 수 없었던 경우에도 준용된다.

**제89조** ① 신청은, 사망 또는 실종이 프랑스의 주권에 속하는 영토에서 발생하면, 사망지 또는 실종지의 민사지방법원에, 그렇지 않으면, 사망자 또는 실종자의 주소지 또는 최종 거소지의 법원에 또는, 주소나 거소도 없으면, 사망자 또는 실종자를 운송하던 항공기 또는 선박의 등록지의 법원에 제출되어야 한다. 이 모두가 아니라면, 파리 민사지방법원이 관할권이 있다.

② 동일한 사건 중 수인이 실종되었다면, 집단신청은 실종지의 법원, 선박 또는 항공기의 기항지 법원, 파리 민사지방법원 또는 원인상의 이익이 정당화하는 다른 모든 민사지방법원에 제출될 수 있다.

**Article 90** Lorsqu'elle n'émane pas du procureur de la République, la requête est transmise par son intermédiaire au tribunal. L'affaire est instruite et jugée en chambre du conseil. Le ministère d'avocat n'est pas obligatoire et tous les actes de la procédure, ainsi que les expéditions et extraits desdits actes, sont dispensés du timbre et enregistrés gratis.

Si le tribunal estime que le décès n'est pas suffisamment établi, il peut ordonner toute mesure d'information complémentaire et requérir notamment une enquête administrative sur les circonstances de la disparition.

Si le décès est déclaré, sa date doit être fixée en tenant compte des présomptions tirées des circonstances de la cause et, à défaut, au jour de la disparition. Cette date ne doit jamais être indéterminée.

**Article 91** Le dispositif du jugement déclaratif de décès est transcrit sur les registres de l'état civil du lieu réel ou présumé du décès et, le cas échéant, sur ceux du lieu du dernier domicile du défunt.

Mention de la transcription est faite en marge des registres à la date du décès. En cas de jugement collectif, des extraits individuels du dispositif sont transmis aux officiers de l'état civil du dernier domicile de chacun des disparus, en vue de la transcription.

Les jugements déclaratifs de décès tiennent lieu d'actes de décès et sont opposables aux tiers, qui peuvent seulement en obtenir la rectification ou l'annulation, conformément aux articles 99 et 99-1 du présent code.

**Article 92** Si celui dont le décès a été judiciairement déclaré reparaît postérieurement au jugement déclaratif, le procureur de la République ou tout intéressé peut poursuivre, dans les formes prévues aux articles 89 et suivants, l'annulation du jugement.

Les dispositions des articles 130, 131 et 132 sont applicables, en tant que de besoin.

Mention de l'annulation du jugement déclaratif sera faite en marge de sa transcription.

**제90조** ① 사망선고의 신청이 검사장에 의한 것이 아닌 경우, 그 신청은 검사장에 의하여 법원에 전달된다. 사건은 비공개부에서3) 심리되고 재판된다. 변호사의 조력은 의무적이지 않으며, 이 절차에 관한 모든 문서는, 그 문서의 등본과 초본도 마찬가지로, 인지가 면제되고 등록도 무료이다.
② 법원은 사망이 충분히 입증되지 않았다고 판단하면, 보완적 정보를 위한 모든 조치를 명할 수 있으며, 특히 실종 상황에 관한 행정조사를 요구할 수 있다.

③ 사망이 선고되면, 사망일은 사망원인이 되는 사정으로부터 도출된 추정을 고려하여 그렇지 않으면, 실종일로 정한다. 실종일은 결코 불확정적이어서는 안 된다.


**제91조** ① 사망선고 판결의 주문은 실제의 또는 추정된 사망지의 민적등록부에 전사되며, 경우에 따라서는, 사망자의 최종 주소지의 민적부에 전사된다.

② 전사에 대한 기재는 등록부의 비고란에 사망일자에 행해진다. 집단 판결의 경우, 전사를 위해, 주문의 개인별 초본은 실종자 각자의 최종 주소지의 민적관에게 송부된다.

③ 사망선고의 판결문은 사망증서에 대신하며 제3자에게 대항할 수 있으며, 제3자는 본법전 제99조 및 제99-1조에 따라서만 그의 정정 또는 무효화를 얻을 수 있다.


**제92조** ① 사망이 재판상 선고되었던 자가 사망선언판결 후에 생환한다면, 검사장 또는 모든 이해관계인은, 제89조 이하에 규정된 방식에 따라, 판결의 무효화를 소구할 수 있다.

② 제130조, 제131조와 제132조의 규정은, 필요에 따라, 준용된다.
③ 사망선언판결의 무효화에 대한 기재는 그 전사의 비고란에 행해져야 한다.

---

3) 법이 정하는 경우, 검사장 또는 당사자의 신청에 의하여 비공개로 심문이 열리는 민사지방법원의 부를 말한다. 당사자 또는 그의 법정대리인이 출석하지만, 검사장이 출석하는 경우에는 반드시 변호사도 출석하여야 한다. 또 이 명칭은 소송절차로 확대되어, 당사자가 직접 출석하여야 법관의 면전에서 조사가 이루어지는 소송절차를 의미하기도 한다.

## Chapitre V Des actes de l'état civil concernant les militaires et marins dans certains cas spéciaux.

**Article 93** Les actes de l'état civil concernant les militaires et les marins de l'Etat sont établis comme il est dit aux chapitres précédents.

Toutefois, en cas de guerre, d'opérations militaires conduites en dehors du territoire national ou de stationnement des forces armées françaises en territoire étranger, en occupation ou en vertu d'accords intergouvernementaux, ces actes peuvent être également reçus par les officiers de l'état civil militaires désignés par arrêté du ministre de la défense. Lesdits officiers de l'état civil sont également compétents à l'égard des non-militaires lorsque les dispositions des chapitres précédents sont inapplicables.

Sur le territoire national, les officiers de l'état civil susmentionnés peuvent recevoir les actes concernant les militaires et les non-militaires, dans les parties du territoire où, par suite de mobilisation ou de siège, le service de l'état civil n'est plus régulièrement assuré.

Les déclarations de naissance aux armées sont faites dans les dix jours qui suivent l'accouchement.

Les actes de décès peuvent être dressés aux armées, bien que l'officier de l'état civil n'ait pu se transporter auprès de la personne décédée. Par dérogation aux dispositions de l'article 78, ils peuvent y être dressés sur l'attestation de deux déclarants.

**Article 94** (abrogé)

**Article 95** Dans les cas prévus aux alinéas 2 et 3 de l'article 93, les actes de l'état civil sont dressés sur un registre spécial, dont la tenue et la conservation sont réglées par arrêté du ministre de la défense.

**Article 96** Lorsqu'un mariage est célébré dans l'un des cas prévus aux alinéas 2 et 3 de l'article 93, les publications sont faites, dans la mesure où les circonstances le permettent, au lieu du dernier domicile du futur époux ; elles sont en outre assurées, dans l'unité à laquelle l'intéressé appartient, dans les conditions fixées par arrêté du ministre de la défense.

## 제5장 특별한 경우에서의 육군과 해군에 관한 민적증서

**제93조** ① 프랑스 육군과 해군에 관한 민적증서는 이전의 장들에서 정한 바와 같이 작성된다.

② 그러나, 전쟁, 프랑스 영토 밖에서 행해진 군사작전 또는 점령이나 정부 간 협정에 의하여 외국 영토에서 프랑스 군대가 주둔하는 경우, 이 증서는 국방부장관의 명령에 의하여 지명된 군민적관에 의하여도 수리될 수 있다. 이를 민적관은 이전의 장들의 규정을 적용할 수 없는 경우 비군인에 대하여도 관할권이 있다.

③ 프랑스 영토에서, 전항의 민적관은 동원 또는 계엄으로 인하여 민적사무가 더 이상 정상적으로 확보되지 않는 영토의 일부지역에서, 군인과 비군인에 관한 민적증서를 수리할 수 있다.

④ 군에서의 출생신고는 출산 후 10일 이내에 행해져야 한다.

⑤ 민적관이 사망한 자에게 이동할 수 없었을지라도, 사망증서는 군에서 작성될 수 있다. 제78조의 규정에 대한 예외로, 사망증서는 2인의 신고자의 증언을 기초로 군에서 작성될 수 있다.

**제94조** (삭제)

**제95조** 제93조 제2항과 제3항에 규정된 경우, 민적증서는 특별등록부에 작성되며, 그 관리와 보존은 국방부장관의 명령에 의하여 규율된다.

**제96조** 혼인이 제93조 제2항과 제3항에 규정된 경우들 중 하나의 경우에 거행된 경우, 공고는, 사정이 이를 허락하는 한, 장래 부부의 최종 주소지에서 행해진다. 공고는 그 밖에, 당사자가 속한 군대 내에서도, 국방부장관의 명령에 의하여 정해진 요건에 따라서 행해진다.

**Article 96-1** En cas de guerre ou d'opérations militaires conduites en dehors du territoire national, pour causes graves et sur autorisation, d'une part, du garde des sceaux, ministre de la justice, et d'autre part, du ministre de la défense, il peut être procédé à la célébration du mariage des militaires, des marins de l'Etat, des personnes employées à la suite des armées ou embarquées à bord des bâtiments de l'Etat sans que le futur époux comparaisse en personne et même si le futur époux est décédé, à la condition que le consentement au mariage ait été constaté dans les formes ci-après :

1° Sur le territoire national, le consentement au mariage du futur époux est constaté par un acte dressé par l'officier de l'état civil du lieu où la personne se trouve en résidence ;

2° Hors du territoire national ou dans tous les cas où le service de l'état civil ne serait plus assuré dans le lieu où la personne se trouve en résidence, l'acte de consentement est dressé par les officiers de l'état civil désignés à l'article 93 ;

3° Lorsqu'il s'agit de militaires prisonniers de guerre ou internés, ce consentement peut être établi par les agents diplomatiques ou consulaires de l'Etat étranger chargé des intérêts français dans les pays où ces militaires sont retenus en captivité ou par les autorités diplomatiques ou consulaires françaises accréditées dans les pays où ils sont internés. Il peut également être établi soit par deux officiers ou sous-officiers français, soit par un officier ou un sous-officier français assisté de deux témoins de même nationalité;

4° L'acte de consentement est lu par l'officier de l'état civil au moment de la célébration du mariage.

Les actes de procuration et les actes de consentement au mariage de leurs enfants mineurs passés par les personnes susmentionnées peuvent être dressés dans les mêmes conditions que l'acte de consentement prévu aux alinéas précédents.

Les modalités d'application du présent article sont fixées par voie réglementaire.

**Article 96-2** Les effets du mariage mentionné à l'article 96-1 remontent à la date à laquelle le consentement du futur époux a été reçu.

**Article 97** Les actes de décès reçus par l'autorité militaire, dans tous les cas prévus à l'article 93 ci-dessus, ou par l'autorité civile pour des membres des forces armées, des civils participant à leur action, en service commandé, ou des personnes employées à la suite des armées, peuvent être l'objet d'une rectification administrative dans des conditions fixées par décret, dans les périodes et sur les territoires où l'autorité militaire est habilitée, par ledit article 93, à recevoir éventuellement ces actes.

**제96-1조** ① 전쟁 또는, 중대한 사유로, 한편으로는, 법무부장관의 허가, 다른 한편으로는, 국방부장관의 허가 하에, 프랑스 영토 밖에서 행해진 군사작전의 경우, 육군, 해군, 군부대에 고용된 사람이거나 프랑스 해군 선박에 탑승한 사람의 혼인의 거행은, 장래 배우자가 직접 출석하지 않고 또 장래 배우자가 사망한 경우에도 다음 각 호의 방식으로 혼인의 동의가 확인되었음을 조건으로 하여, 진행될 수 있다.

1. 프랑스 영토에서는, 장래 배우자의 혼인의 동의는 그 사람이 거주하는 지역의 민적관에 의하여 작성된 증서에 의하여 확인된다.
2. 프랑스 영토 밖의 지역 또는 그 사람이 거주하는 지역에서 민적사무가 더 이상 확보되지 않는 모든 경우, 그 동의증서는 제93조에서 지정된 민적관에 의하여 작성된다.

3. 전쟁 포로나 억류된 군인들의 경우, 혼인의 동의는 그 군인들이 구금되어 있는 국가에서 프랑스인의 이익을 담당하는 외국의 외교관 또는 영사에 의하여 또는 그들이 감금되어 있는 나라에서 신임장을 받은 프랑스의 외교기관 또는 영사기관에 의하여 확인될 수 있다. 혼인의 동의는 프랑스 장교나 부사관 2인에 의해서든, 프랑스 국적의 증인 2인의 도움을 받는 프랑스 장교 1인 또는 부사관 1인에 의해서도 마찬가지로 확인될 수 있다.

4. 동의증서는 혼인 거행 시에 민적관에 의하여 낭독된다.

② 제1항에서 언급된 사람들에 의하여 인정된 그들의 미성년 자녀의 혼인에 대한 위임장과 합의증서는 제1항 제1호부터 제4호까지 규정된 동의증서와 동일한 요건으로 작성될 수 있다.

③ 본조의 적용 방식은 시행세칙으로 정해진다.

**제96-2조** 제96-1조에 기재된 혼인의 효력은 장래 부부의 합의를 받은 일자로 소급한다.

**제97조** 위의 제93조에 규정된 모든 경우에 군기관에 의하여 수리되거나, 또는 군의 구성원, 명령받은 근무 중, 자신들의 활동에 참여하는 민간인 또는 군과 관련하여 고용된 사람들을 위하여 민간인에 의하여 수리된 사망증서는, 데크레에 규정된 요건에 따라, 군기관이 위 제93조에 의하여 경우에 따라 증서를 수리할 권한을 가지는 기간 내에 그리고 영토에서, 행정적으로 정정의 대상이 될 수 있다.

## Chapitre VI De l'état civil des personnes nées à l'étranger qui acquièrent ou recouvrent la nationalité française.

**Article 98** Un acte tenant lieu d'acte de naissance est dressé pour toute personne née à l'étranger qui acquiert ou recouvre la nationalité française à moins que l'acte dressé à sa naissance n'ait déjà été porté sur un registre conservé par une autorité française.

Cet acte énonce les nom, prénoms et sexe de l'intéressé et indique le lieu et la date de sa naissance, sa filiation, sa résidence à la date de l'acquisition de la nationalité française.

**Article 98-1** De même, un acte tenant lieu d'acte de mariage est dressé lorsque la personne qui acquiert ou recouvre la nationalité française a contracté mariage antérieurement à l'étranger, à moins que la célébration du mariage n'ait déjà été constatée par un acte porté sur un registre conservé par une autorité française.

L'acte énonce :
- la date et le lieu de la célébration ;
- l'indication de l'autorité qui y a procédé ;
- les noms, prénoms, dates et lieux de naissance de chacun des époux ;
- la filiation des époux ;
- ainsi que, s'il y a lieu, le nom, la qualité et la résidence de l'autorité qui a reçu le contrat de mariage.

**Article 98-2** Un même acte peut être dressé portant les énonciations relatives à la naissance et au mariage, à moins que la naissance et le mariage n'aient déjà été constatés par des actes portés sur un registre conservé par une autorité française.

Il tient lieu à la fois d'acte de naissance et d'acte de mariage.

**Article 98-3** Les actes visés aux articles 98 à 98-2 indiquent en outre :
- la date à laquelle ils ont été dressés ;
- le nom et la signature de l'officier de l'état civil ;
- les mentions portées en marge de l'acte dont ils tiennent lieu ;
- l'indication des actes et décisions relatifs à la nationalité de la personne.

Mention est faite ultérieurement en marge :
- des indications prescrites pour chaque catégorie d'acte par le droit en vigueur.

## 제6장 외국에서 출생한 자로서 프랑스 국적을 취득하거나 회복한 자의 민적

**제98조** ① 자신의 출생 시에 작성된 증서가 프랑스 기관에 의하여 보존된 등록부에 이미 기입되어 있지 않는 한, 외국에서 출생한 자로서 프랑스 국적을 취득하거나 회복하는 모든 자를 위하여는 출생증서에 갈음하는 증서가 작성된다.
② 이 증서는 당사자의 성(姓), 이름 및 성별을 기재하고, 그의 출생지와 출생일, 그의 가족관계 및 프랑스 국적의 취득일 당시의 그의 거소를 기재한다.

**제98-1조** ① 마찬가지로, 프랑스 국적을 취득하거나 회복하는 자가 외국에서 이전에 혼인계약을 체결한 경우에는, 혼인증서에 갈음하는 증서가 작성되나, 혼인의 거행이 프랑스 기관에 의하여 보존되고 있는 등록부에 기입된 증서에 의하여 이미 확인되어 있는 경우에는 그러하지 아니하다.
② 증서는 다음 사항을 기재한다.
- 혼인거행 일자와 장소
- 혼인을 거행한 기관의 표시
- 부부 각자의 성(姓), 이름, 출생일과 출생지
- 부부 쌍방의 친자관계
- 마찬가지로, 필요하다면, 부부재산계약을 수리한 기관의 이름, 자격과 거소

**제98-2조** ① 출생과 혼인에 관한 기재사항들을 기입하는 동일한 증서가 작성될 수 있으나, 출생과 혼인이 프랑스의 기관에 의하여 보존된 등록부에 기입된 증서들에 의하여 이미 확인되어 있는 경우에는 그러하지 아니하다.
② 이 증서는 출생증서와 혼인증서를 동시에 갈음한다.

**제98-3조** ① 제98조부터 제98-2조까지에 규정된 증서들은 그밖에 다음 사항들도 표시한다.
- 증서들이 작성된 일자
- 민적관의 성명과 서명
- 이 증서들이 갈음하는 증서의 비고란에 기입된 기재사항
- 사람의 국적에 관한 증서와 결정의 표시
② 장차 비고란에는 다음 기재가 행해진다.
- 각 종류별 증서에 대하여 현행법에 의해서 규정된 표시

**Article 98-4** Les personnes pour lesquelles des actes ont été dressés en application des articles 98 à 98-2 perdent la faculté de requérir la transcription de leur acte de naissance ou de mariage reçu par une autorité étrangère.

En cas de désaccord entre les énonciations de l'acte de l'état civil étranger ou de l'acte de l'état civil consulaire français et celles de l'acte dressé selon les dispositions desdits articles, ces dernières feront foi jusqu'à décision de rectification.

## Chapitre VII De l'annulation et de la rectification des actes de l'état civil

**Article 99** La rectification des actes de l'état civil est ordonnée par le président du tribunal.

La rectification de l'indication du sexe et, le cas échéant, des prénoms est ordonnée à la demande de toute personne présentant une variation du développement génital ou, si elle est mineure, à la demande de ses représentants légaux, s'il est médicalement constaté que son sexe ne correspond pas à celui figurant sur son acte de naissance.

L'annulation des actes de l'état civil est ordonnée par le tribunal. Toutefois, le procureur de la République territorialement compétent peut faire procéder à l'annulation de l'acte lorsque celui-ci est irrégulièrement dressé.

**Article 99-1** L'officier de l'état civil rectifie les erreurs ou omissions purement matérielles entachant les énonciations et mentions apposées en marge des actes de l'état civil dont il est dépositaire et dont la liste est fixée par le code de procédure civile.

Si l'erreur entache d'autres actes de l'état civil, l'officier de l'état civil saisi procède ou fait procéder à leur rectification lorsqu'il n'est pas dépositaire de l'acte.

Les modalités de cette rectification sont précisées au même code.

Le procureur de la République territorialement compétent peut toujours faire procéder à la rectification administrative des erreurs et omissions purement matérielles des actes de l'état civil ; à cet effet, il donne directement les instructions utiles aux dépositaires des registres de l'acte erroné ainsi qu'à ceux qui détiennent les autres actes entachés par la même erreur.

**제98-4조** ① 제98조부터 제98-2조까지의 적용으로 증서가 작성되었던 사람들은, 외국의 기관에 의하여 수리된 그들의 출생증서 또는 혼인증서의 전사를 신청할 수 있는 권리를 상실한다.

② 외국의 민적증서 또는 프랑스 영사의 민적증서상의 기재사항과 위의 제98조부터 제98-2조까지의 규정들에 따라 작성된 증서상의 기재사항 사이에 불일치가 있는 경우에는, 정정 결정이 있을 때까지는 후자가 증명력이 있다.

## 제7장 민적증서의 무효화와 정정

**제99조** ① 민적증서의 정정은 법원장에 의하여 명령된다.

② 성별(性別)표시와, 경우에 따라서는, 이름의 정정은 생식기의 발달의 변이가 있는 사람의 신청에 의하여 또는, 그가 미성년자이면, 미성년자의 성별이 출생증서에 기재된 성별과 일치하지 않는다고 의학적으로 확인되면, 법정대리인의 신청에 의하여 명령된다.

③ 민적증서의 무효화는 법원에 의하여 명령된다. 그러나, 지역 관할 검사장은, 민적증서가 부적법하게 작성된 경우, 그 무효화를 진행시킬 수 있다.

**제99-1조** ① 민적관은 그가 그 보관자인 민적증서의 비고란에 삽입된 표시와 기재에 관한 순전히 사소한 착오나 누락을 정정하며, 그 목록은 민사소송법전에 의하여 정한다.

② 착오가 다른 민적증서에 오류를 발생시키면, 신청을 받은 민적관이 그 증서의 보관자가 아닌 경우, 그는 그 증서의 정정을 진행하거나 진행시킬 수 있다.
③ 이 정정 방식은 민사소송법전에서 규율한다.
④ 지역 관할 검사장은 민적증서상의 순전히 사소한 착오와 누락에 대하여 행정적 정정을 진행시킬 수 있다. 이를 위하여, 그는 잘못된 문서의 등록부 보관자들 그리고 동일한 착오로 오류가 발생한 다른 증서들을 소지하고 있는 보관자들에게 직접 필요한 지시를 내릴 수 있다.

**Article 99-2** Les personnes habilitées à exercer les fonctions d'officier de l'état civil pour dresser les actes mentionnés aux articles 98 à 98-2 peuvent procéder à la rectification administrative des erreurs et omissions purement matérielles entachant les énonciations et mentions apposées en marge de ces actes conformément à l'article 99-1.

Les personnes habilitées à exercer les fonctions d'officier de l'état civil auprès de l'Office français de protection des réfugiés et apatrides peuvent, dans les mêmes conditions, procéder à la rectification des certificats tenant lieu d'acte de l'état civil établis conformément au code de l'entrée et du séjour des étrangers et du droit d'asile.

**Article 100** Toute rectification ou annulation judiciaire ou administrative d'un acte est opposable à tous à compter de sa publicité sur les registres de l'état civil.

**Article 101** Expédition de l'acte ne peut plus être délivrée qu'avec les rectifications ordonnées, à peine de l'amende édictée par l'article 50 du code civil et de tous dommages-intérêts contre le dépositaire des registres.

## Chapitre VIII De la publicité des actes de l'état civil

**Article 101-1** La publicité des actes de l'état civil est assurée par la délivrance des copies intégrales ou d'extraits faite par les officiers de l'état civil.

Le contenu et les conditions de délivrance des copies intégrales et des extraits sont fixés par décret en Conseil d'Etat.

La procédure de vérification sécurisée des données à caractère personnel contenues dans les actes de l'état civil peut être mise en œuvre aux fins de suppléer à la délivrance des copies intégrales et des extraits, dans les conditions fixées par décret en Conseil d'Etat. Lorsque la procédure de vérification peut être mise en œuvre par voie dématérialisée, notamment par les notaires, elle se substitue à toute autre forme de délivrance de copie intégrale ou d'extrait mentionnée aux articles précédents.

La procédure de vérification par voie dématérialisée est obligatoirement mise en œuvre par les communes sur le territoire desquelles est située ou a été établie une maternité.

**Article 101-2** La publicité des actes de l'état civil est également assurée par le livret de famille, dont le contenu, les règles de mise à jour et les conditions de délivrance et de sécurisation sont fixés par décret en Conseil d'Etat. Son modèle est défini par arrêté.

**제99-2조** ① 제98조부터 제98-2조까지에 규정된 증서를 작성하기 위하여 민적관의 직무를 행사할 권한을 가진 자는, 제99-1조에 적합하게, 이들 증서의 비고란에 들어간 서술사항과 기재사항에 오류를 일으키는 순전히 사소한 착오와 누락에 대하여 행정적 정정을 진행할 수 있다.

② 프랑스 난민 및 무국적자 보호국에서 민적관의 임무를 행사할 권한을 가진 자는, 동일한 요건 하에서, 외국인의 입국과 체류 및 망명권에 관한 법전에 따라 작성된 민적증서에 갈음하는 증명서의 정정을 진행할 수 있다.

**제100조** 증서에 관한 모든 재판상 또는 행정상 정정이나 무효화는 민적등록부에 공시된 때부터 누구에게나 대항할 수 있다.

**제101조** 증서의 등본은 명령된 정정과 더불어서만 발급될 수 있으며, 이를 위반하면 등록부 보관자에 대하여 민법전 제50조에 규정된 벌금과 모든 손해의 배상책임이 부과된다.


## 제8장 민적증서의 공시

**제101-1조** ① 민적증서의 공시는 민적관에 의하여 작성된 증서 전체의 사본 또는 초본의 발급으로 보장된다.
② 증서 전체의 사본과 초본 발급의 내용과 요건은 국사원 데크레에 의하여 정한다.

③ 민적증서에 포함된 개인적 성격을 가진 정보의 안전한 검증 절차는 국사원 데크레로 정해진 요건에 따라 증서 전체의 사본과 초본의 발급을 보완할 목적으로 실행될 수 있다. 검증 절차가 전자적 방식으로, 특히 공증인에 의해, 실행될 수 있는 경우, 이 절차는 위의 조문들에서 규정된 전체 사본과 초본의 다른 형태의 발급을 갈음한다.

④ 전자적 방식에 의한 검증 절차는 반드시 출산 기관이 위치하거나 설립된 지역의 기초자치단체에 의하여 실행된다.

**제101-2조** 민적증서의 공시는 또한 가족기록부에 의하여 보장되며, 그 내용, 증보 규칙, 발급 및 보안 요건은 국사원 데크레에 의하여 정해진다. 그 전형은 명령에 의하여 정해진다.

## Titre III  Du domicile

**Article 102** Le domicile de tout Français, quant à l'exercice de ses droits civils, est au lieu où il a son principal établissement.

Le lieu d'exercice des droits civils d'une personne sans domicile stable est celui où elle a fait élection de domicile dans les conditions prévues à l'article L. 264-1 du code de l'action sociale et des familles.

Les bateliers et autres personnes vivant à bord d'un bateau de navigation intérieure immatriculé en France, qui n'ont pas le domicile prévu à l'alinéa précédent ou un domicile légal, sont tenus de choisir un domicile dans l'une des communes dont le nom figure sur une liste établie par arrêté du garde des sceaux, ministre de la justice, du ministre de l'intérieur et du ministre des travaux publics, des transports et du tourisme. Toutefois, les bateliers salariés et les personnes vivant à bord avec eux peuvent se domicilier dans une autre commune à condition que l'entreprise qui exploite le bateau y ait son siège ou un établissement ; dans ce cas, le domicile est fixé dans les bureaux de cette entreprise ; à défaut de choix par eux exercé, ces bateliers et personnes ont leur domicile au siège de l'entreprise qui exploite le bateau et, si ce siège est à l'étranger, au bureau d'affrètement de Paris.

**Article 103** Le changement de domicile s'opérera par le fait d'une habitation réelle dans un autre lieu, joint à l'intention d'y fixer son principal établissement.

**Article 104** La preuve de l'intention résultera d'une déclaration expresse, faite tant à la municipalité du lieu que l'on quittera, qu'à celle du lieu où on aura transféré son domicile.

**Article 105** A défaut de déclaration expresse, la preuve de l'intention dépendra des circonstances.

**Article 106** Le citoyen appelé à une fonction publique temporaire ou révocable conservera le domicile qu'il avait auparavant, s'il n'a pas manifesté d'intention contraire.

**Article 107** L'acceptation de fonctions conférées à vie emportera translation immédiate du domicile du fonctionnaire dans le lieu où il doit exercer ces fonctions.

# 제3편 주소

**제102조** ① 모든 프랑스 국민의 주소는, 사권의 행사에 관해서는, 그가 주된 거처가 있는 장소에 있다.

② 안정된 주소가 없는 사람의 사권의 행사 장소는, 사회적 활동 및 가족법전 제L.264-1조에 규정된 요건에 따라, 그가 주소의 선정을 행한 장소이다.

③ 프랑스에 등록된 내수면 항해 선박에서 생활하는 선원 및 기타의 자로서, 제2항에 규정된 주소나 법정주소가 없는 자는, 법무부장관, 내무부장관 및 건설교통관광부장관의 명령에 의하여 작성된 목록에 그 이름이 기재된 기초자치단체 중의 한 곳에서 주소를 선택하여야 한다. 그러나, 임금을 받는 선원 및 그와 함께 선상에서 생활하는 사람은, 당해선박을 운영하는 기업이 다른 기초자치단체에 사무소나 영업소를 두는 것을 조건으로, 그 기초자치단체에서 주소를 정할 수 있다. 이 경우에, 주소는 그 기업의 사무실로 정해진다. 그들이 이 선택을 하지 않으면, 이 선원 및 사람들은 선박을 운영하는 기업의 사무소에 자신들의 주소를 두며 그리고, 이 사무소가 외국에 있으면, 파리 용선국을 주소로 한다.

**제103조** 주소의 변경은 다른 장소에서 실제로 거주한다는 사실에 의하여 이루어져야 하며, 이 사실은 그곳에 주된 거처를 정하려는 의사와 결합되어야 한다.

**제104조** 의사에 대한 증명은 명시적 신고에 의하며, 퇴거하려는 장소의 행정구역에서나 자신의 주소를 이전하려는 장소의 행정구역에서, 행해져야 한다.

**제105조** 명시적인 신고가 없으면, 의사에 대한 증명은 상황에 따른다.

**제106조** 임시적인 또는 면직 가능한 공직에 임명된 시민은 그가 종전에 가졌던 주소를 유지하여야 하나, 반대의 의사를 표시하였다면 그러하지 아니하다.

**제107조** 종신으로 부여된 직무의 수락은 공무원이 그 직무를 수행해야 하는 장소로 즉시 주소의 이전을 수반한다.

**Article 108** Le mari et la femme peuvent avoir un domicile distinct sans qu'il soit pour autant porté atteinte aux règles relatives à la communauté de la vie.

Toute notification faite à un époux, même séparé de corps, en matière d'état et de capacité des personnes, doit également être adressée à son conjoint, sous peine de nullité.

**Article 108-1** La résidence séparée des époux, au cours de la procédure de divorce ou de séparation de corps, entraîne de plein droit domicile distinct.

**Article 108-2** Le mineur non émancipé est domicilié chez ses père et mère.

Si les père et mère ont des domiciles distincts, il est domicilié chez celui des parents avec lequel il réside.

**Article 108-3** Le majeur en tutelle est domicilié chez son tuteur.

**Article 109** Les majeurs qui servent ou travaillent habituellement chez autrui auront le même domicile que la personne qu'ils servent ou chez laquelle ils travaillent, lorsqu'ils demeureront avec elle dans la même maison.

**Article 110** (abrogé)

**Article 111** Lorsqu'un acte contiendra, de la part des parties ou de l'une d'elles, élection de domicile pour l'exécution de ce même acte dans un autre lieu que celui du domicile réel, les significations, demandes et poursuites relatives à cet acte pourront être faites au domicile convenu, et, sous réserve des dispositions de l'article 48 du code de procédure civile, devant le juge de ce domicile.

## Titre IV Des absents

### Chapitre Ier De la présomption d'absence

**Article 112** Lorsqu'une personne a cessé de paraître au lieu de son domicile ou de sa résidence sans que l'on en ait eu de nouvelles, le juge des tutelles peut, à la demande des parties intéressées ou du ministère public, constater qu'il y a présomption d'absence.

**제108조** ① 남편과 아내는 생활공동체에 관한 규정을 위반하지 않고 별개의 주소를 가질 수 있다.
② 배우자 일방에게 행해진 모든 통지는, 별거 중일지라도, 사람의 신분과 능력과 관련하여, 그의 배우자에게도 동일하게 전달되어야 하며, 이를 위반하면 무효이다.

**제108-1조** 부부 쌍방의 분리된 거소는, 이혼 또는 별거의 절차 중에는, 당연히 별개의 주소가 된다.

**제108-2조** ① 친권에서 해방되지 않은 미성년자는 그의 부와 모의 주소지에 주소를 둔다.
② 부와 모가 별개의 주소를 가지고 있으면, 미성년자는 부모 중 그가 함께 거주하는 자의 주소지에 주소를 둔다.

**제108-3조** 피성년후견인은 자신의 후견인의 주소지에 주소를 둔다.

**제109조** 타인의 주소지에서 일상적으로 봉사하거나 일하는 성년자들은, 그 타인과 동일한 주택에서 거주하는 경우, 그들이 봉사하는 사람 또는 자신의 주소지에서 그들에게 일을 시키는 사람과 동일한 주소를 가진다.

**제110조** (삭제)

**제111조** 어떤 행위가, 당사자들 또는 그들 중 일방으로부터, 실제의 주소지와 다른 장소에서 동일한 행위의 이행을 위한 주소의 선정을 포함하고 있는 경우, 그 행위에 관한 통지, 청구 및 소구는 합의된 주소지에서 또, 민사소송법전 제48조 규정의 유보 하에, 그 주소지의 법관 앞에서 행해질 수 있다.


# 제4편 부재자

## 제1장 부재추정

**제112조** 어떤 사람이 소식도 없이 그의 주소지나 거소지에의 출현이 중단된 경우, 후견법관은 이해당사자들이나 검찰의 청구에 따라 부재의 추정이 있음을 확정할 수 있다.

**Article 113** Le juge peut désigner un ou plusieurs parents ou alliés, ou, le cas échéant, toutes autres personnes pour représenter la personne présumée absente dans l'exercice de ses droits ou dans tout acte auquel elle serait intéressée, ainsi que pour administrer tout ou partie de ses biens ; la représentation du présumé absent et l'administration de ses biens sont alors soumises, sous réserve des dispositions du présent chapitre, aux règles applicables à la tutelle des majeurs sans conseil de famille, ou, à titre exceptionnel et sur décision expresse du juge, aux règles de l'habilitation familiale si le représentant est une des personnes mentionnées à l'article 494-1.

**Article 114** Sans préjudice de la compétence particulière attribuée à d'autres juridictions, aux mêmes fins, le juge fixe, le cas échéant, suivant l'importance des biens, les sommes qu'il convient d'affecter annuellement à l'entretien de la famille ou aux charges du mariage.

Il détermine comment il est pourvu à l'établissement des enfants.

Il spécifie aussi comment sont réglées les dépenses d'administration ainsi qu'éventuellement la rémunération qui peut être allouée à la personne chargée de la représentation du présumé absent et de l'administration de ses biens.

**Article 115** Le juge peut, à tout moment et même d'office, mettre fin à la mission de la personne ainsi désignée ; il peut également procéder à son remplacement.

**Article 116** Si le présumé absent est appelé à un partage, celui-ci peut être fait à l'amiable.

En cas d'opposition d'intérêts entre le représentant et le présumé absent, le juge des tutelles autorise le partage, même partiel, en présence du remplaçant désigné conformément à l'article 115.

Dans tous les cas, l'état liquidatif est soumis à l'approbation du juge des tutelles.

Le partage peut également être fait en justice conformément aux dispositions des articles 840 à 842.

Tout autre partage est considéré comme provisionnel.

**Article 117** Le ministère public est spécialement chargé de veiller aux intérêts des présumés absents ; il est entendu sur toutes les demandes les concernant ; il peut requérir d'office l'application ou la modification des mesures prévues au présent titre.

**Article 118** Si un présumé absent reparaît ou donne de ses nouvelles, il est, sur sa demande, mis fin par le juge aux mesures prises pour sa représentation et l'administration de ses biens ; il recouvre alors les biens gérés ou acquis pour son compte durant la période de l'absence.

**제113조** 법관은 부재추정자의 권리 행사 또는 그와 이해관계가 있는 모든 행위에서 그를 대리하기 위하여 1인이나 수인의 혈족, 인척 또는, 경우에 따라서, 다른 모든 사람을 선임할 수 있으며, 그의 재산의 전부 또는 일부를 관리하기 위해서도 마찬가지이다. 이 경우에 부재추정자의 대리와 그의 재산관리는, 본장의 규정을 유보하고, 친족회가 없는 성년후견에 적용되는 규칙에 따르고, 그 대리인이 제494-1조에 규정된 자 중의 하나이면 예외적으로 그리고 법관의 명시적 결정에 기초하여 가족 간 권한부여 규칙에 따른다.

**제114조** ① 다른 재판절차에 부여된 특별관할권을 침해함이 없이, 동일한 목적으로, 법관은 경우에 따라 재산의 규모에 의하여 가족의 부양 또는 혼인생활비용을 충당하기에 적당한 연간금액을 정한다.
② 법관은 자녀들의 양육에 관하여 필요한 방법을 정한다.
③ 또한 법관은 관리비용을 지급하는 방법을 정하며, 경우에 따라, 부재추정자를 대리하거나 그의 재산을 관리할 책임이 있는 사람에게 지급될 수 있는 보수를 정한다.

**제115조** 법관은 선임된 사람의 직무를 언제든지 직권으로 종료시킬 수 있다. 또한 법관은 그를 다른 사람으로 교체할 수 있다.

**제116조** ① 부재추정자가 분할에 참여하여야 하더라도, 분할이 합의에 의하여 행해질 수 있다.
② 대리인과 부재추정자 사이에 이해가 상반되는 경우, 후견법관은 제115조에 따라 선임된 후임자의 출석 하에, 일부 분할일지라도, 분할을 승인한다.

③ 모든 경우, 청산보고서는 후견법관의 승인을 받아야 한다.
④ 분할은 제840조부터 제842조까지의 규정에 따라 재판상 행하여질 수도 있다.

⑤ 다른 모든 분할은 잠정적인 것으로 본다.

**제117조** 검찰은 부재추정자의 이해관계를 감독할 특별한 책임이 있다. 검찰은 이와 관련된 모든 청구에 관하여 통지받는다. 검찰은 직권으로 본편에 규정된 조치의 적용과 변경을 요구할 수 있다.

**제118조** 부재추정자가 다시 출현하거나 소식을 보내면 그의 대리와 재산관리를 위한 조치는 그의 청구에 따라 법관에 의하여 종료된다. 그러면 부재추정자는 부재 기간 중에 그를 위하여 관리되거나 취득된 재산을 회복한다.

**Article 119** Les droits acquis sans fraude, sur le fondement de la présomption d'absence, ne sont pas remis en cause lorsque le décès de l'absent vient à être établi ou judiciairement déclaré, quelle que soit la date retenue pour le décès.

**Article 120** Les dispositions qui précèdent, relatives à la représentation des présumés absents et à l'administration de leurs biens, sont aussi applicables aux personnes qui, par suite d'éloignement, se trouvent malgré elles hors d'état de manifester leur volonté.

**Article 121** Ces mêmes dispositions ne sont pas applicables aux présumés absents ou aux personnes mentionnées à l'article 120 lorsqu'ils ont laissé une procuration suffisante à l'effet de les représenter et d'administrer leurs biens.

Il en est de même si le conjoint peut pourvoir suffisamment aux intérêts en cause par l'application du régime matrimonial, et notamment par l'effet d'une décision obtenue en vertu des articles 217 et 219, 1426 et 1429.

## Chapitre II De la déclaration d'absence

**Article 122** Lorsqu'il se sera écoulé dix ans depuis le jugement qui a constaté la présomption d'absence, soit selon les modalités fixées par l'article 112, soit à l'occasion de l'une des procédures judiciaires prévues par les articles 217 et 219, 1426 et 1429, l'absence pourra être déclarée par le tribunal judiciaire à la requête de toute partie intéressée ou du ministère public.

Il en sera de même quand, à défaut d'une telle constatation, la personne aura cessé de paraître au lieu de son domicile ou de sa résidence, sans que l'on en ait eu de nouvelles depuis plus de vingt ans.

**Article 123** Des extraits de la requête aux fins de déclaration d'absence, après avoir été visés par le ministère public, sont publiés dans deux journaux diffusés dans le département ou, le cas échéant, dans le pays du domicile ou de la dernière résidence de la personne demeurée sans donner de nouvelles.

Le tribunal, saisi de la requête, peut en outre ordonner toute autre mesure de publicité dans tout lieu où il le juge utile.

Ces mesures de publicité sont assurées par la partie qui présente la requête.

**제119조** 부재자의 사망이 확정되거나 재판상 선고된 경우, 사망한 것으로 정해진 일자에 상관없이, 부재추정을 근거로 기망행위 없이 취득된 권리는 영향을 받지 아니한다.


**제120조** 부재추정자의 대리와 재산관리에 관한 위 규정들은, 멀리 떨어져 있음으로 인하여, 자신의 의사를 표시할 수 없는 상황에 있는 사람들에 대하여도 준용된다.


**제121조** ① 부재추정자 또는 제120조에 규정된 사람들이 자신들을 대리하고 자신들의 재산을 관리하기에 충분한 위임을 한 경우에는, 부재추정자의 대리와 재산관리에 관한 위 규정들이 적용되지 아니한다.
② 배우자가 부부재산제의 적용에 의하여, 그리고 특히 제217조와 제219조, 제1426조와 제1429조에 근거하여 취득한 결정의 효력으로, 관련 이익을 충분히 대비할 수 있으면 전항과 마찬가지이다.


## 제2장 부재선고

**제122조** ① 부재추정을 확정한 판결로부터 10년이 경과한 경우, 제112조에 의하여 정해진 방식에 따르든, 제217조와 제219조 그리고 제1426조와 제1429조에서 규정된 사법절차 중 하나에 따르든, 모든 이해당사자 또는 검찰의 신청을 받아 민사지방법원은 부재를 선고할 수 있다.


② 이와 같은 확정이 없더라도, 사람이 20년을 초과하여 소식도 없이 그의 주소지 또는 거소지에서의 출현이 중단된 경우에도 마찬가지이다.


**제123조** ① 부재선고를 위한 신청서의 초본은, 검찰의 승인을 받은 후에, 소식이 없는 상태에 있는 사람의 주소나 최종 거소가 있는 도(道) 또는 경우에 따라 나라에서 배포되는 두 가지의 신문에 공고된다.

② 그 신청을 받은 법원은 그 밖에 유용하다고 판단한 모든 장소에서 모든 다른 공시조치를 명할 수 있다.
③ 이 공시 조치들은 신청서를 제출한 당사자에 의하여 수행된다.

**Article 124** Dès que les extraits en ont été publiés, la requête est transmise, par l'intermédiaire du procureur de la République, au tribunal qui statue d'après les pièces et documents produits et eu égard aux conditions de la disparition, ainsi qu'aux circonstances qui peuvent expliquer le défaut de nouvelles.

Le tribunal peut ordonner toute mesure d'information complémentaire et prescrire, s'il y a lieu, qu'une enquête soit faite contradictoirement avec le procureur de la République, quand celui-ci n'est pas lui-même requérant, dans tout lieu où il le jugera utile, et notamment dans l'arrondissement du domicile ou dans ceux des dernières résidences, s'ils sont distincts.

**Article 125** La requête introductive d'instance peut être présentée dès l'année précédant l'expiration des délais prévus aux alinéas 1 et 2 de l'article 122. Le jugement déclaratif d'absence est rendu un an au moins après la publication des extraits de cette requête. Il constate que la personne présumée absente n'a pas reparu au cours des délais visés à l'article 122.

**Article 126** La requête aux fins de déclaration d'absence est considérée comme non avenue lorsque l'absent reparaît ou que la date de son décès vient à être établie, antérieurement au prononcé du jugement.

**Article 127** Lorsque le jugement déclaratif d'absence est rendu, des extraits en sont publiés selon les modalités prévues à l'article 123, dans le délai fixé par le tribunal. La décision est réputée non avenue si elle n'a pas été publiée dans ce délai.

Quand le jugement est passé en force de chose jugée, son dispositif est transcrit à la requête du procureur de la République sur les registres des décès du lieu du domicile de l'absent ou de sa dernière résidence. Mention de cette transcription est faite en marge des registres à la date du jugement déclarant l'absence ; elle est également faite en marge de l'acte de naissance de la personne déclarée absente.

La transcription rend le jugement opposable aux tiers qui peuvent seulement en obtenir la rectification ou l'annulation, conformément aux articles 99 et 99-1.

**Article 128** Le jugement déclaratif d'absence emporte, à partir de la transcription, tous les effets que le décès établi de l'absent aurait eus.

Les mesures prises pour l'administration des biens de l'absent, conformément au chapitre Ier du présent titre prennent fin, sauf décision contraire du tribunal ou, à défaut, du juge qui les a ordonnées.

Le conjoint de l'absent peut contracter un nouveau mariage.

**제124조** ① 초본이 공고된 후 즉시, 신청서는 검사장을 거쳐 법원에 이송되며, 법원은 제출된 자료와 문서에 의거하여 그리고 무소식을 설명할 수 있는 상황과 실종의 요건을 고려하여 재판한다.

② 법원은 모든 정보보완조치를 명할 수 있고, 필요하다면, 검사장이 신청인이 아닌 경우, 법원이 유용하다고 판단하는 모든 지역에서, 특히 주소의 시·군·구에서 또는 최종 거소의 시·군·구가 주소의 시·군·구와 다르다면 최종 거소의 시·군·구에서, 검사장과 함께 대심(對審)의 형식으로 조사가 행해지도록 명할 수도 있다.

**제125조** 소송개시 신청서는 제122조 제1항과 제2항에서 규정된 기한이 만료되기 1년 전부터 제출될 수 있다. 부재선고의 판결은 이 신청서의 초본이 공고된 때로부터 최소한 1년 이후에 내려진다. 이 판결은 부재추정자가 제122조에서 정한 기간 내에 출현하지 않았음을 확정한다.

**제126조** 부재자가 다시 출현하거나 판결 선고 이전에 그의 사망일이 확증된 경우, 부재선고를 위한 신청은 없었던 것으로 본다.

**제127조** ① 부재선고 판결이 내려지면, 판결문 초본은 법원이 정한 기간 내에 제123조에서 규정된 방식에 따라 공고된다. 그 기간 내에 공고되지 않았다면, 그 판결은 없었던 것으로 본다.

② 판결에 집행력이 발생한 때에는, 그 판결주문은 부재자의 주소지 또는 최종 거소지의 사망등록부에 검사장의 신청에 따라 등록된다. 이 등록 기재는 부재선고 판결이 있는 일자에 등록부의 비고란에 행해진다. 또한 이 기재는 부재가 선고된 사람의 출생증서 비고란에도 행해진다.

③ 등록은 판결을 제3자에게 대항할 수 있게 하며, 제3자는 제99조와 제99-1조에 따라서만 그 정정이나 무효화를 얻을 수 있다.

**제128조** ① 부재선고 판결은, 등록된 때로부터, 부재자의 확정된 사망이 가졌을 모든 효력을 발생시킨다.
② 법원의 반대 결정이나 그렇지 않으면 이를 명한 법관의 반대 결정이 없으면, 본편 제1장에 따른 부재자의 재산관리를 위해 취해진 조치들은 종료된다.

③ 부재자의 배우자는 새로운 혼인계약을 체결할 수 있다.

**Article 129** Si l'absent reparaît ou si son existence est prouvée postérieurement au jugement déclaratif d'absence, l'annulation de ce jugement peut être poursuivie, à la requête du procureur de la République ou de toute partie intéressée.

Toutefois, si la partie intéressée entend se faire représenter, elle ne pourra le faire que par un avocat régulièrement inscrit au barreau.

Le dispositif du jugement d'annulation est publié sans délai, selon les modalités fixées par l'article 123. Mention de cette décision est portée, dès sa publication, en marge du jugement déclaratif d'absence et sur tout registre qui y fait référence.

**Article 130** L'absent dont l'existence est judiciairement constatée recouvre ses biens et ceux qu'il aurait dû recueillir pendant son absence dans l'état où ils se trouvent, le prix de ceux qui auraient été aliénés ou les biens acquis en emploi des capitaux ou des revenus échus à son profit.

**Article 131** Toute partie intéressée qui a provoqué par fraude une déclaration d'absence sera tenue de restituer à l'absent dont l'existence est judiciairement constatée les revenus des biens dont elle aura eu la jouissance et de lui en verser les intérêts légaux à compter du jour de la perception, sans préjudice, le cas échéant, de dommages-intérêts complémentaires.

Si la fraude est imputable au conjoint de la personne déclarée absente, celle-ci sera recevable à attaquer la liquidation du régime matrimonial auquel le jugement déclaratif d'absence aura mis fin.

**Article 132** Le mariage de l'absent reste dissous, même si le jugement déclaratif d'absence a été annulé.

**Article 133** (abrogé)
**Article 134** (abrogé)
**Article 135** (abrogé)
**Article 136** (abrogé)
**Article 137** (abrogé)
**Article 138** (abrogé)
**Article 139** (abrogé)
**Article 140** (abrogé)
**Article 141** (abrogé)
**Article 142** (abrogé)

**제129조** ① 부재자가 다시 출현하거나 부재선고 판결 이후 그의 생존이 증명된다면, 검사장 또는 모든 이해당사자의 신청에 따라 그 판결의 무효화가 소구될 수 있다.

② 그러나 이해당사자가 대리를 받고자 한다면, 그는 변호사회에 정식으로 등록된 변호사를 통해서만 이를 행할 수 있다.

③ 부재선고 무효화 판결의 주문은 제123조에서 규정된 방식에 따라 지체 없이 공고된다. 이 결정은 공고 후 즉시 부재선고 판결문의 여백에 기입하고 부재선고판결에 기초한 모든 등록부에 기입한다.

**제130조** 재판에 의하여 생존이 확정된 부재자는 그의 재산을 회복하고, 그의 부재기간 중 그가 취득하였어야 했을 재산을 현존상태로 회복하며, 양도되었을 재산의 가액 또는 그의 이익으로 귀속되는 원본이나 수입을 사용하여 획득되었을 재산을 회복한다.

**제131조** ① 기망행위로 부재선고를 초래한 모든 이해당사자는, 그가 부재자의 재산을 향유하여 얻었을 수익을 그 생존이 재판상 확인된 부재자에게 반환하여야 하고, 인지한 날로부터 수익에 대한 법정이자도 그에게 지급하여야 하며, 경우에 따라서는 추가적인 손해배상책임도 부담한다.

② 기망행위가 부재선고를 받은 자의 배우자에게 책임이 있다면, 부재자는 부재선고 판결에 의하여 종료된 부부재산제의 청산에 이의를 제기할 수 있다.

**제132조** 부재선고 판결이 무효화 되었더라도, 부재자의 혼인은 해소된 상태로 남는다.

**제133조** (삭제)
**제134조** (삭제)
**제135조** (삭제)
**제136조** (삭제)
**제137조** (삭제)
**제138조** (삭제)
**제139조** (삭제)
**제140조** (삭제)
**제141조** (삭제)
**제142조** (삭제)

## Titre V  Du mariage

### Chapitre I<sup>er</sup> Des qualités et conditions requises pour pouvoir contracter mariage

**Article 143** Le mariage est contracté par deux personnes de sexe différent ou de même sexe.

**Article 144** Le mariage ne peut être contracté avant dix-huit ans révolus.

**Article 145** Néanmoins, il est loisible au procureur de la République du lieu de célébration du mariage d'accorder des dispenses d'âge pour des motifs graves.

**Article 146** Il n'y a pas de mariage lorsqu'il n'y a point de consentement.

**Article 146-1** Le mariage d'un Français, même contracté à l'étranger, requiert sa présence.

**Article 147** On ne peut contracter un second mariage avant la dissolution du premier.

**Article 148** Les mineurs ne peuvent contracter mariage sans le consentement de leurs père et mère ; en cas de dissentiment entre le père et la mère, ce partage emporte consentement.

**Article 149** Si l'un des deux est mort ou s'il est dans l'impossibilité de manifester sa volonté, le consentement de l'autre suffit.

Il n'est pas nécessaire de produire l'acte de décès du père ou de la mère de l'un des futurs époux lorsque le conjoint ou les père et mère du défunt attestent ce décès sous serment.

Si la résidence actuelle du père ou de la mère est inconnue, et s'il n'a pas donné de ses nouvelles depuis un an, il pourra être procédé à la célébration du mariage si l'enfant et celui de ses père et mère qui donnera son consentement en fait la déclaration sous serment.

Du tout, il sera fait mention sur l'acte de mariage.

Le faux serment prêté dans les cas prévus au présent article et aux articles suivants du présent chapitre sera puni des peines édictées par l'article 434-13 du code pénal.

# 제5편 혼인

## 제1장 혼인계약의 체결을 위하여 요구되는 자격과 요건

**제143조** 혼인계약은 이성(異性) 또는 동성(同性)인 2인에 의하여 체결된다.


**제144조** 혼인계약은 만 18세에 달하지 않으면 체결될 수 없다.

**제145조** 그럼에도 불구하고, 혼인거행지의 검사장은 중대한 사유가 있으면 연령제한의 면제를 허가할 수 있다.

**제146조** 합의가 없는 경우에 혼인은 없다.

**제146-1조** 프랑스인의 혼인계약은, 외국에서 체결되더라도, 당사자의 출석을 요한다.

**제147조** 누구든지 전혼의 해소 전에는 후혼을 체결할 수 없다.

**제148조** 미성년자는 그 부모의 동의 없이 혼인계약을 체결할 수 없다. 부와 모 사이에 의견이 일치하지 아니하는 경우에 가부동수는 동의로 인정된다.

**제149조** ① 부모 중 일방이 사망하였거나 자신의 의사를 표시할 수 없으면 다른 일방의 동의로 충분하다.
② 장래의 부부 중 일방의 부 또는 모에 대한 사망증서는 망인의 배우자 또는 부모가 선서에 의하여 그 사망을 증명하는 경우에는 제출할 필요가 없다.

③ 부 또는 모의 현거소가 알려지지 않고 그로부터 1년 이상 소식이 없었으면, 자녀 및 부모 중 동의를 할 자가 선서에 의하여 이를 진술한다면 혼인의 거행을 진행할 수 있다.

④ 제1항, 제2항 및 제3항의 모든 사항은 혼인증서에 기재된다.
⑤ 본장의 본조 이하에서 규정된 경우에서 한 위증은 형법전 제434-13조에 정한 형벌에 처한다.

**Article 150** Si le père et la mère sont morts, ou s'ils sont dans l'impossibilité de manifester leur volonté, les aïeuls et aïeules les remplacent ; s'il y a dissentiment entre l'aïeul et l'aïeule de la même ligne, ou s'il y a dissentiment entre les deux lignes, ce partage emporte consentement.

Si la résidence actuelle des père et mère est inconnue et s'ils n'ont pas donné de leurs nouvelles depuis un an, il pourra être procédé à la célébration du mariage si les aïeuls et aïeules ainsi que l'enfant lui-même en font la déclaration sous serment. Il en est de même si, un ou plusieurs aïeuls ou aïeules donnant leur consentement au mariage, la résidence actuelle des autres aïeuls ou aïeules est inconnue et s'ils n'ont pas donné de leurs nouvelles depuis un an.

**Article 151** La production de l'expédition, réduite au dispositif, du jugement qui aurait déclaré l'absence ou aurait ordonné l'enquête sur l'absence des père et mère, aïeuls ou aïeules de l'un des futurs époux équivaudra à la production de leurs actes de décès dans les cas prévus aux articles 149, 150, 158 et 159 du présent code.

**Article 152** (abrogé)
**Article 153** (abrogé)

**Article 154** Le dissentiment entre le père et la mère, entre l'aïeul et l'aïeule de la même ligne, ou entre aïeuls des deux lignes peut être constaté par un notaire, requis par le futur époux et instrumentant sans le concours d'un deuxième notaire ni de témoins, qui notifiera l'union projetée à celui ou à ceux des père, mère ou aïeuls dont le consentement n'est pas encore obtenu.

L'acte de notification énonce les prénoms, noms, professions, domiciles et résidences des futurs époux, de leurs pères et mères, ou, le cas échéant, de leurs aïeuls, ainsi que le lieu où sera célébré le mariage.

Il contient aussi déclaration que cette notification est faite en vue d'obtenir le consentement non encore accordé et que, à défaut, il sera passé outre à la célébration du mariage.

**Article 155** Le dissentiment des ascendants peut également être constaté soit par une lettre dont la signature est légalisée et qui est adressée à l'officier de l'état civil qui doit célébrer le mariage, soit par un acte dressé dans la forme prévue par l'article 73, alinéa 2.

Les actes énumérés au présent article et à l'article précédent sont visés pour timbre et enregistrés gratis.

**제150조** ① 부모가 사망하였거나 그들이 자신의 의사를 표시할 수 없으면, 조부와 조모가 그들을 대신한다. 동일계의 조부와 조모 사이에 의견이 일치하지 아니하거나 양(兩)계 사이에 의견이 일치하지 아니하면 가부동수는 동의로 인정된다.

② 부모의 현거소가 알려지지 않고 이들로부터 1년 이상 소식이 없었으면, 조부와 조모 및 자녀 자신이 서서로써 이를 신고한다면 혼인거행을 진행할 수 있다. 1인 또는 수 인의 조부 또는 조모는 혼인에 동의하고 나머지 조부 또는 조모의 현거소가 알려지지 않고 이들로부터 1년 이상 소식이 없었던 경우에도 마찬가지이다.

**제151조** 장래 부부 중 일방의 부모, 조부와 조모의 부재를 선고하거나 부재에 관한 조사를 명하는 판결주문의 등본제출은 본법전 제149조, 제150조, 제158조 및 제159조에 규정된 경우에 있어서 그 사망증서의 제출과 같은 효력이 있다.

**제152조** (삭제)
**제153조** (삭제)

**제154조** ① 부모 사이, 동일계의 조부모 사이, 또는 양계의 조부모 사이의 의견불일치는, 장래 부부의 요청에 따라 제2의 공증인이나 증인의 협력 없이 증서를 작성하는 공증인에 의하여 확인될 수 있고, 공증인은 아직 동의를 하지 않은 1인 또는 수인의 부, 모, 또는 조부모에게 계획된 결합을 통지한다.

② 통지서에는 장래 부부와 그들의 부모 또는, 경우에 따라, 조부모의 이름, 성(姓), 직업, 주소와 거소 및 혼인거행지가 기재된다.

③ 통지서에는 또한 이 통지가 아직 부여되지 않은 동의를 얻기 위한 것이며, 동의가 없으면, 혼인의 거행은 진행될 것이라는 기재를 포함한다.

**제155조** ① 직계존속의 의견불일치는, 서명이 인증되고 혼인을 거행할 민적관에게 제출된 문서를 통해서 또는 제73조 제2항에 규정된 형식에 따라 작성된 증서를 통해서도 확인될 수 있다.

② 본조 및 제154조에서 열거된 증서들은 인지 첨부의 대상이 되고 무료로 등록된다.

**Article 156** Les officiers de l'état civil qui auraient procédé à la célébration des mariages contractés par des fils ou filles n'ayant pas atteint l'âge de dix-huit ans accomplis sans que le consentement des pères et mères, celui des aïeuls ou aïeules et celui du conseil de famille, dans le cas où il est requis, soit énoncé dans l'acte de mariage, seront, à la diligence des parties intéressées ou du procureur de la République près le tribunal judiciaire de l'arrondissement où le mariage aura été célébré, condamnés à l'amende portée en l'article 192 du code civil.

**Article 157** L'officier de l'état civil qui n'aura pas exigé la justification de la notification prescrite par l'article 154 sera condamné à l'amende prévue en l'article précédent.

**Article 158** (abrogé)

**Article 159** S'il n'y a ni père, ni mère, ni aïeuls, ni aïeules, ou s'ils se trouvent tous dans l'impossibilité de manifester leur volonté, les mineurs de dix-huit ans ne peuvent contracter mariage sans le consentement du conseil de famille.

**Article 160** Si la résidence actuelle de ceux des ascendants du mineur de dix-huit ans dont le décès n'est pas établi est inconnue et si ces ascendants n'ont pas donné de leurs nouvelles depuis un an, le mineur en fera la déclaration sous serment devant le juge des tutelles de sa résidence, assisté de son greffier, dans son cabinet, et le juge des tutelles en donnera acte.

Le juge des tutelles notifiera ce serment au conseil de famille, qui statuera sur la demande d'autorisation en mariage. Toutefois, le mineur pourra prêter directement serment en présence des membres du conseil de famille.

**Article 161** En ligne directe, le mariage est prohibé entre tous les ascendants et descendants et les alliés dans la même ligne.

**Article 162** En ligne collatérale, le mariage est prohibé, entre le frère et la sœur, entre frères et entre sœurs.

**Article 163** Le mariage est prohibé entre l'oncle et la nièce ou le neveu, et entre la tante et le neveu ou la nièce.

**제156조** 만 18세에 달하지 않은 자녀들에 의하여 체결된 혼인에 대해서 부모의 동의 또는 조부나 조모의 동의 또는 친족회의 동의가 있어야 하는 경우에 그 동의가 혼인증서에 기재됨이 없이 혼인거행을 진행한 민적관에게는, 이해당사자들의 청구 또는 혼인이 거행된 군의 민사지방법원 소속 검사장의 청구에 의하여, 민법전 제192조에 규정된 벌금이 부과된다.

**제157조** 제154조에서 정한 통지의 증명을 요구하지 않은 민적관에게는 제156조에 규정된 벌금이 부과된다.

**제152조** (삭제)

**제159조** 부, 모, 조부, 조모가 아무도 없거나 그들이 모두 자신의 의사를 표시할 수 없는 상태에 있으면, 18세인 미성년자는 친족회의 동의 없이 혼인계약을 체결할 수 없다.

**제160조** ① 만 18세인 미성년자의 직계존속 중 사망이 확증되지 않은 사람의 현 거소가 알려져 있지 않고 그 직계존속으로부터 1년 이상 소식이 없었다면, 미성년자는 거소 관할 후견법관의 집무실에서 법원서기의 참여 하에 법관 앞에서 선서로써 이를 진술하고, 후견법관은 그에 관한 증서를 발행한다.

② 후견법관은 이 선서를 친족회에 통지하고, 친족회는 혼인 동의의 청구에 대하여 결정한다. 그렇지만 미성년자는 친족회원들의 면전에서 직접 선서할 수 있다.

**제161조** 직계에서는, 동일계의 모든 직계존속과 직계비속 사이 및 인척 사이의 혼인이 금지된다.

**제162조** 방계에서는, 남매 사이, 형제 사이 그리고 자매 사이의 혼인은 금지된다.

**제163조** 삼촌·외삼촌과 조카 사이, 그리고 고모·이모와 조카 사이의 혼인은 금지된다.

**Article 164** Néanmoins, il est loisible au Président de la République de lever, pour des causes graves, les prohibitions portées :

1° Par l'article 161 aux mariages entre alliés en ligne directe lorsque la personne qui a créé l'alliance est décédée ;

2° (abrogé) ;

3° Par l'article 163.

## Chapitre II Des formalités relatives à la célébration du mariage

**Article 165** Le mariage sera célébré publiquement lors d'une cérémonie républicaine par l'officier de l'état civil de la commune dans laquelle l'un des époux, ou l'un de leurs parents, aura son domicile ou sa résidence à la date de la publication prévue par l'article 63, et, en cas de dispense de publication, à la date de la dispense prévue à l'article 169 ci-après.

**Article 166** La publication ordonnée à l'article 63 sera faite à la mairie du lieu du mariage et à celle du lieu où chacun des futurs époux a son domicile ou, à défaut de domicile, sa résidence.

**Article 167** (abrogé)
**Article 168** (abrogé)

**Article 169** Le procureur de la République dans l'arrondissement duquel sera célébré le mariage peut dispenser, pour des causes graves, de la publication et de tout délai ou de l'affichage de la publication seulement.

**Article 170** (abrogé)

**Article 171** Le Président de la République peut, pour des motifs graves, autoriser la célébration du mariage en cas de décès de l'un des futurs époux, dès lors qu'une réunion suffisante de faits établit sans équivoque son consentement.

Dans ce cas, les effets du mariage remontent à la date du jour précédant celui du décès de l'époux.

Toutefois, ce mariage n'entraîne aucun droit de succession ab intestat au profit de l'époux survivant et aucun régime matrimonial n'est réputé avoir existé entre les époux.

**제164조** 그럼에도 불구하고, 공화국 대통령은 중대한 이유가 있으면 다음 각 호에 규정된 금지를 해제할 수 있다.
1. 인척관계를 발생시킨 사람이 사망한 경우, 제161조에 따른 직계인척 사이의 혼인 금지

2. (삭제)
3. 제163조에 따른 혼인 금지

## 제2장 혼인의 거행에 관한 절차

**제165조** 혼인의 공개적 거행은, 제63조에 의하여 규정된 공고일에 그리고 공고면제의 경우에는 다음의 제169조에서 정한 면제일에 부부 중 일방 또는 그들의 부모 중 1인이 그 주소나 거소가 있을 기초자치단체의 민적관에 의한 공화국 예식을 하는 때에 이루어진다.

**제166조** 제63조에 정해진 공고는 혼인거행지의 청사 그리고 장래의 배우자 각자의 주소 또는, 주소가 없으면 각 거소가 있는 지역의 청사에서 행해진다.

**제167조** (삭제)
**제168조** (삭제)

**제169조** 혼인이 거행될 구(區)의 검사장은, 중대한 원인이 있으면, 공고와 전(全) 기간 또는 공고게시만을 면제할 수 있다.

**제170조** (삭제)

**제171조** ① 대통령은, 중대한 사유가 있으면, 장래의 부부 중 1인이 사망한 경우에 사실상의 충분한 결합이 망인의 합의를 명백하게 증명하는 때에는 혼인의 거행을 허가할 수 있다.

② 이 경우, 혼인의 효력은 그 1인의 사망일의 전일(前日)의 일자로 소급하여 발생한다.

③ 그러나, 이 혼인은 생존배우자를 위해 어떠한 무유언 상속권도 발생시키지 아니하며 부부 사이에 어떠한 부부재산제도 존재하였다고 간주되지 아니한다.

## Section 1 Dispositions générales

**Article 171-1** Le mariage contracté en pays étranger entre Français, ou entre un Français et un étranger, est valable s'il a été célébré dans les formes usitées dans le pays de célébration et pourvu que le ou les Français n'aient point contrevenu aux dispositions contenues au chapitre Ier du présent titre.

Il en est de même du mariage célébré par les autorités diplomatiques ou consulaires françaises, conformément aux lois françaises.

Toutefois, ces autorités ne peuvent procéder à la célébration du mariage entre un Français et un étranger que dans les pays qui sont désignés par décret.

## Section 2 Des formalités préalables au mariage célébré à l'étranger par une autorité étrangère

**Article 171-2** Lorsqu'il est célébré par une autorité étrangère, le mariage d'un Français doit être précédé de la délivrance d'un certificat de capacité à mariage établi après l'accomplissement, auprès de l'autorité diplomatique ou consulaire compétente au regard du lieu de célébration du mariage, des prescriptions prévues à l'article 63.

Sous réserve des dispenses prévues à l'article 169, la publication prévue à l'article 63 est également faite auprès de l'officier de l'état civil ou de l'autorité diplomatique ou consulaire du lieu où le futur époux français a son domicile ou sa résidence.

**Article 171-3** A la demande de l'autorité diplomatique ou consulaire compétente au regard du lieu de célébration du mariage, l'audition et les entretiens individuels avec les futurs époux mentionnés à l'article 63 sont réalisés par l'officier de l'état civil du lieu du domicile ou de résidence en France du ou des futurs conjoints, ou par l'autorité diplomatique ou consulaire territorialement compétente en cas de domicile ou de résidence à l'étranger.

**Article 171-4** Lorsque des indices sérieux laissent présumer que le mariage envisagé encourt la nullité au titre des articles 144, 146, 146-1, 147, 161, 162, 163, 180 ou 191, l'autorité diplomatique ou consulaire saisit sans délai le procureur de la République compétent et en informe les intéressés.

Le procureur de la République peut, dans le délai de deux mois à compter de la saisine, faire connaître par une décision motivée, à l'autorité diplomatique ou consulaire du lieu où la célébration du mariage est envisagée et aux intéressés, qu'il s'oppose à cette célébration.

La mainlevée de l'opposition peut être demandée, à tout moment, devant le tribunal judiciaire conformément aux dispositions des articles 177 et 178 par les futurs époux, même mineurs.

## 제1절 총칙

**제171-1조** ① 외국에서 체결된 프랑스인들 사이 또는 프랑스인과 외국인 사이의 혼인계약은, 혼인거행국에서 통용되는 일반 방식으로 거행되었고 프랑스인 또는 프랑스인들이 본편 제1장에 포함된 규정들을 위반하지 않는 한, 유효하다.

② 혼인이 프랑스법에 따라 프랑스의 외교 또는 영사 기관에 의하여 거행된 경우에도 마찬가지이다.

③ 그러나, 위의 기관은 데크레에 의하여 지정된 국가에서만 프랑스인과 외국인 사이의 혼인거행을 진행할 수 있다.

## 제2절 외국에서 외국 기관에 의하여 거행되는 혼인의 사전 절차

**제171-2조** ① 프랑스인의 혼인이 외국 기관에 의하여 거행되는 경우, 그 혼인에 앞서 혼인거행지를 관할하는 외교 또는 영사 기관에서 제63조에 규정된 사항을 이행한 후 작성된 혼인능력증명서의 발급이 선행되어야 한다.

② 제169조에 규정된 면제의 유보 하에, 제63조에 규정된 공고 역시 프랑스 국적의 장래 배우자가 자신의 주소나 거소를 두고 있는 장소의 민적관 또는 외교 또는 영사 기관이 행한다.

**제171-3조** 혼인거행지를 관할하는 외교 또는 영사 기관의 청구가 있는 때에는, 제63조에 규정된 장래의 부부에 대한 신문(訊問)과 개별적 면담은 장래의 부부 중 일방 또는 쌍방의 프랑스 내 주소지 또는 거소지의 민적관이 실행하거나 외국에 주소나 거소가 있는 경우 토지관할권이 있는 외교 또는 영사 기관이 실행한다.

**제171-4조** ① 예정된 혼인이 제144조, 제146조, 제146-1조, 제147조, 제161조, 제162조, 제163조, 제180조 또는 제191조에 의하여 무효화가 일어난다고 추정케 하는 심각한 상황증거가 있는 경우, 외교 또는 영사 기관은 지체 없이 관할 검사장에게 통보하고 이해관계인들에게 이를 알린다.

② 검사장은 통보로부터 2개월의 기간 내에 이유가 설시된 결정으로 혼인의 거행이 예정된 곳의 외교 또는 영사 기관 그리고 이해관계인들에게 그가 이 혼인 거행에 이의를 제기할 것임을 통보할 수 있다.

③ 장래의 부부는, 미성년일지라도, 제177조와 제178조의 규정에 따라 언제든지 민사지방법원에 이의의 취소를 청구할 수 있다.

## Section 3 De la transcription du mariage célébré à l'étranger par une autorité étrangère

**Article 171-5** Pour être opposable aux tiers en France, l'acte de mariage d'un Français célébré par une autorité étrangère doit être transcrit sur les registres de l'état civil français. En l'absence de transcription, le mariage d'un Français, valablement célébré par une autorité étrangère, produit ses effets civils en France à l'égard des époux et des enfants.

Les futurs époux sont informés des règles prévues au premier alinéa à l'occasion de la délivrance du certificat de capacité à mariage.

La demande de transcription est faite auprès de l'autorité consulaire ou diplomatique compétente au regard du lieu de célébration du mariage.

**Article 171-6** Lorsque le mariage a été célébré malgré l'opposition du procureur de la République, l'officier de l'état civil consulaire ne peut transcrire l'acte de mariage étranger sur les registres de l'état civil français qu'après remise par les époux d'une décision de mainlevée judiciaire.

**Article 171-7** Lorsque le mariage a été célébré en contravention aux dispositions de l'article 171-2, la transcription est précédée de l'audition commune des époux et, le cas échéant, d'entretiens individuels par l'autorité diplomatique ou consulaire. Toutefois, si cette dernière dispose d'informations établissant que la validité du mariage n'est pas en cause au regard des articles 146 et 180, elle peut, par décision motivée, faire procéder à la transcription sans audition préalable des époux.

A la demande de l'autorité diplomatique ou consulaire compétente au regard du lieu de célébration du mariage, l'audition commune et les entretiens individuels sont réalisés par l'officier de l'état civil du lieu du domicile ou de résidence en France des époux, ou par l'autorité diplomatique ou consulaire territorialement compétente si les époux ont leur domicile ou résidence à l'étranger. La réalisation de l'audition commune et des entretiens individuels peut être déléguée à un ou plusieurs fonctionnaires titulaires chargés de l'état civil ou, le cas échéant, aux fonctionnaires dirigeant une chancellerie détachée ou aux consuls honoraires de nationalité française compétents.

Lorsque des indices sérieux laissent présumer que le mariage célébré devant une autorité étrangère encourt la nullité au titre des articles 144, 146, 146-1, 147, 161, 162, 163, 180 ou 191, l'autorité diplomatique ou consulaire chargée de transcrire l'acte en informe immédiatement le ministère public et sursoit à la transcription.

Le procureur de la République se prononce sur la transcription dans les six mois à compter de sa saisine.

## 제3절 외국에서 외국 기관에 의하여 거행된 혼인의 등록

**제171-5조** ① 프랑스에서 제3자에게 대항할 수 있기 위해, 외국 기관에 의하여 거행된 프랑스인의 혼인증서는 프랑스 민적등록부에 등록되어야 한다. 등록이 없으면, 외국 기관에 의하여 유효하게 거행된 프랑스인의 혼인은 부부와 자녀에 대하여 프랑스에서 법적 효력이 발생한다.

② 장래의 부부는 혼인능력증명서를 발급받을 때에 제1항에 규정된 사항을 통보받는다.

③ 등록 청구는 혼인거행지에 대하여 관할권이 있는 영사나 외교 기관에 한다.

**제171-6조** 검사장의 이의제기에도 불구하고 혼인이 거행된 경우, 영사기관의 민적관은 부부가 재판상 취소 결정을 제출한 후에야 프랑스 민적등록부에 외국의 혼인증서를 등록할 수 있다.

**제171-7조** ① 혼인이 제171-2조의 규정을 위반하여 거행된 경우, 등록에 앞서 외교 또는 영사 기관에 의하여 부부에 대한 공동 신문(訊問)과, 필요한 경우, 개인별 면담이 행해진다. 그러나 위 기관이 혼인의 유효성이 제146조와 제180조와 관련하여 문제가 없음을 증명하는 정보를 가지고 있다면, 해당 기관은 이유가 설시된 결정을 통해 부부에 대한 사전 신문(訊問) 없이 등록을 진행할 수 있다.

② 혼인거행지를 관할하는 외교 또는 영사 기관의 청구에 따라, 공동 신문(訊問)과 개인별 면담은 부부의 프랑스내 주소지나 거소지의 민적관에 의하여, 부부의 주소나 거소가 외국에 있다면, 지역관할권이 있는 외교 또는 영사 기관에 의하여 실행된다. 공동 신문(訊問)과 개인별 면담의 실행은 민적업무를 담당하는 1인 또는 수인의 정규직 공무원 또는 필요한 경우 파견사무국을 지휘하는 공무원에게 또는 관할권 있는 프랑스 국적의 명예 영사들에게 위임될 수 있다.

③ 거행된 혼인이 제144조, 제146조, 제146-1조, 제147조, 제161조, 제162조, 제163조, 제180조 또는 제191조에 따라 무효임을 추정케 하는 심각한 상황증거가 있는 경우, 증서 등록을 담당하는 외교 또는 영사 기관은 즉시 검찰에 이를 통보하고 등록을 유예한다.

④ 검사장은 고발로부터 6개월의 기간 내에 등록에 대한 결정을 한다.

S'il ne s'est pas prononcé à l'échéance de ce délai ou s'il s'oppose à la transcription, les époux peuvent saisir le tribunal judiciaire pour qu'il soit statué sur la transcription du mariage. Le tribunal judiciaire statue dans le mois. En cas d'appel, la cour statue dans le même délai.

Dans le cas où le procureur de la République demande, dans le délai de six mois, la nullité du mariage, il ordonne que la transcription soit limitée à la seule fin de saisine du juge. Jusqu'à la décision de celui-ci, une expédition de l'acte transcrit ne peut être délivrée qu'aux autorités judiciaires ou avec l'autorisation du procureur de la République.

**Article 171-8** Lorsque les formalités prévues à l'article 171-2 ont été respectées et que le mariage a été célébré dans les formes usitées dans le pays, il est procédé à sa transcription sur les registres de l'état civil à moins que des éléments nouveaux fondés sur des indices sérieux laissent présumer que le mariage encourt la nullité au titre des articles 144, 146, 146-1, 147, 161, 162, 163, 180 ou 191.

Dans ce dernier cas, l'autorité diplomatique ou consulaire, après avoir procédé à l'audition commune des époux et, le cas échéant, aux entretiens individuels informe immédiatement le ministère public et sursoit à la transcription.

A la demande de l'autorité diplomatique ou consulaire compétente au regard du lieu de célébration du mariage, l'audition commune et les entretiens individuels sont réalisés par l'officier de l'état civil du lieu du domicile ou de résidence en France des époux, ou par l'autorité diplomatique ou consulaire territorialement compétente si les époux ont leur domicile ou résidence à l'étranger. La réalisation de l'audition et des entretiens individuels peut être déléguée à un ou plusieurs fonctionnaires titulaires chargés de l'état civil ou, le cas échéant, aux fonctionnaires dirigeant une chancellerie détachée ou aux consuls honoraires de nationalité française compétents.

Le procureur de la République dispose d'un délai de six mois à compter de sa saisine pour demander la nullité du mariage. Dans ce cas, les dispositions du dernier alinéa de l'article 171-7 sont applicables.

Si le procureur de la République ne s'est pas prononcé dans le délai de six mois, l'autorité diplomatique ou consulaire transcrit l'acte. La transcription ne fait pas obstacle à la possibilité de poursuivre ultérieurement l'annulation du mariage en application des articles 180 et 184.

⑤ 검사장이 이 기간의 만료 시까지 결정을 표명하지 않았거나 등록에 반대하면, 부부는 민사
지방법원이 혼인의 등록에 관한 판결을 내리도록 소를 제기할 수 있다. 민사지방법원은 1개월
이내에 판결한다. 항소의 경우, 항소법원은 동일한 기간 내에 판결한다.

⑥ 검사장이 6개월의 기간 내에 혼인의 무효를 청구하는 경우, 검사장은 등록이 법원에의 제소
목적에 한할 것을 명한다. 법원의 판결이 있을 때까지, 등록증서의 등본은 법원 당국에만 교부
되거나 검사장의 허가로 교부될 수 있다.

**제171-8조** ① 제171-2조에 정해진 절차가 준수되었고 혼인이 해당 국가에서 통용되는 방식으
로 거행되었을 경우, 민적등록부에 혼인의 등록이 진행되나, 심각한 상황증거에 기초한 새로운
자료들이 혼인이 제144조, 제146조, 제146-1조, 제147조, 제161조, 제162조, 제163조, 제180조
또는 제191조에 의하여 무효라는 것이 추정되는 때에는 그러하지 아니하다.

② 전항 후단의 경우, 외교 또는 영사 기관은 부부에 대한 공동 신문(訊問)과, 필요한 경우,
개인별 면담을 수행한 후에 즉시 검찰에 통보하고 등록을 유예한다.

③ 혼인거행지에 대하여 관할권이 있는 외교 또는 영사 기관의 청구에 따라, 공동 신문(訊問)
과 개인별 면담은 부부의 프랑스 내 주소지나 거소지의 민적관에 의하여, 부부가 그들의 주소
나 거소를 외국에 두고 있으면 지역관할권이 있는 외교 또는 영사 기관에 의하여 실행된다.
공동 신문(訊問)과 개인별 면담은 민적업무를 담당하는 1인 또는 정규직 공무원 또는 필요한
경우 파견사무국을 지휘하는 공무원에게, 또는 관할권 있는 프랑스 국적의 영사들에게 위임될
수 있다.

④ 검사장에게는 혼인의 무효 청구를 위해 고발로부터 6개월의 기간이 부여된다. 이 경우, 제
171-7조 제6항의 규정을 적용할 수 있다.

⑤ 검사장이 6개월의 기간 내에 결정하지 않았으면, 외교 또는 영사 기관은 혼인증서를 등록한
다. 등록은 제180조와 제184조의 적용에 의한 혼인 무효의 사후적 소구 가능성에 장애가 되지
아니한다.

## Section 4 De l'impossibilité pour les Français établis hors de France de célébrer leur mariage à l'étranger

**Article 171-9** Par dérogation aux articles 74 et 165, lorsque les futurs époux de même sexe, dont l'un au moins a la nationalité française, ont leur domicile ou leur résidence dans un pays qui n'autorise pas le mariage entre deux personnes de même sexe et dans lequel les autorités diplomatiques et consulaires françaises ne peuvent procéder à sa célébration, le mariage est célébré publiquement par l'officier de l'état civil de la commune de naissance ou de dernière résidence de l'un des époux ou de la commune dans laquelle l'un de leurs parents a son domicile ou sa résidence établie dans les conditions prévues à l'article 74. A défaut, le mariage est célébré par l'officier de l'état civil de la commune de leur choix.

La compétence territoriale de l'officier de l'état civil de la commune choisie par les futurs époux résulte du dépôt par ceux-ci d'un dossier constitué à cette fin au moins un mois avant la publication prévue à l'article 63. L'officier de l'état civil peut demander à l'autorité diplomatique ou consulaire territorialement compétente de procéder à l'audition commune et aux entretiens individuels mentionnés à ce même article 63.

## Chapitre III Des oppositions au mariage

**Article 172** Le droit de former opposition à la célébration du mariage appartient à la personne engagée par mariage avec l'une des deux parties contractantes.

**Article 173** Le père, la mère, et, à défaut de père et de mère, les aïeuls et aïeules peuvent former opposition au mariage de leurs enfants et descendants, même majeurs.

Après mainlevée judiciaire d'une opposition au mariage formée par un ascendant, aucune nouvelle opposition, formée par un ascendant, n'est recevable ni ne peut retarder la célébration.

## 제4절 프랑스 밖에서 정착한 프랑스인들의 외국에서의 혼인 거행의 불가능성

**제171-9조** ① 제74조와 제165조의 예외로, 그들 중 최소한 1인이 프랑스 국적을 가지는 동성(同性)인 장래의 부부가, 동성 간의 혼인을 허가하지 않는 국가에 그들의 주소나 거소를 두고 있고 그 국가의 프랑스 외교 또는 영사 기관이 혼인을 거행할 수 없는 경우, 혼인은 부부 중 1인의 출생지나 최종 거소가 있는 기초자치단체 또는 그들의 부모 중 1인이 제74조에 정해진 요건에 따라 주소나 거소를 두고 있는 기초자치단체의 민적관에 의하여 공개적으로 거행된다. 그러한 기초자치단체가 없으면, 혼인은 그들이 선택한 기초자치단체의 민적관에 의하여 거행된다.

② 장래의 부부가 선택한 기초자치단체의 민적관의 지역관할권은 이를 목적으로 작성된 문서를 이들이 제63조의 공고 최소 1개월 전에 제출함으로써 발생한다. 민적관은 지역관할권이 있는 외교 또는 영사 기관에 같은 제63조에 규정된 공동 신문(訊問)과 개인별 면담을 수행할 것을 청구할 수 있다.

## 제3장 혼인에 대한 이의

**제172조** 혼인의 거행에 대하여 이의를 제기할 권리는 혼인계약의 두 당사자 중의 1인과 혼인으로 맺어진 자에게 있다.

**제173조** ① 부, 모, 부모가 없으면 조부와 조모는, 그들의 자녀와 직계비속이 성년자일지라도, 자녀와 직계비속의 혼인에 이의를 제기할 수 있다.
② 직계존속이 제기한 혼인이의가 재판상 취소된 후에는 직계존속이 어떠한 새로운 이의를 제기한다 해도 수리되지 않으며 혼인거행이 늦추어질 수도 없다.

**Article 174** A défaut d'ascendant, le frère ou la sœur, l'oncle ou la tante, le cousin ou la cousine germains, majeurs, ne peuvent former opposition que dans les deux cas suivants :
1° Lorsque le consentement du conseil de famille, requis par l'article 159, n'a pas été obtenu ;
2° Lorsque l'opposition est fondée sur l'altération des facultés personnelles du futur époux ; cette opposition, dont le tribunal pourra prononcer mainlevée pure et simple, ne sera jamais reçue qu'à la charge, par l'opposant, de provoquer ou faire provoquer l'ouverture d'une mesure de protection juridique.

**Article 175** Le tuteur ou le curateur peut former opposition, dans les conditions prévues à l'article 173, au mariage de la personne qu'il assiste ou représente.

**Article 175-1** Le ministère public peut former opposition pour les cas où il pourrait demander la nullité du mariage.

**Article 175-2** Lorsqu'il existe des indices sérieux laissant présumer, le cas échéant au vu de l'audition ou des entretiens individuels mentionnés à l'article 63, que le mariage envisagé est susceptible d'être annulé au titre de l'article 146 ou de l'article 180, l'officier de l'état civil saisit sans délai le procureur de la République. Il en informe les intéressés.

Le procureur de la République est tenu, dans les quinze jours de sa saisine, soit de laisser procéder au mariage, soit de faire opposition à celui-ci, soit de décider qu'il sera sursis à sa célébration, dans l'attente des résultats de l'enquête à laquelle il fait procéder. Il fait connaître sa décision motivée à l'officier de l'état civil, aux intéressés.

La durée du sursis décidé par le procureur de la République ne peut excéder un mois renouvelable une fois par décision spécialement motivée.

A l'expiration du sursis, le procureur de la République fait connaître par une décision motivée à l'officier de l'état civil s'il laisse procéder au mariage ou s'il s'oppose à sa célébration.

L'un ou l'autre des futurs époux, même mineur, peut contester la décision de sursis ou son renouvellement devant le président du tribunal judiciaire, qui statue dans les dix jours. La décision du président du tribunal judiciaire peut être déférée à la cour d'appel qui statue dans le même délai.

**제174조** 직계존속이 없으면, 성년자인 형제자매, 숙부나 숙모, 사촌은 다음의 두 경우에만 이의를 제기할 수 있다.
1. 제159조가 요구하는 친족회의 동의를 얻지 못한 경우

2. 이의가 장래의 배우자의 개인적 능력의 손상에 근거한 경우. 이 이의에 대하여 법원은 단순취소를 선고할 수 있으며, 이의제기자가 사법보호조치의 개시를 청구하거나 청구하게 한다는 조건으로만 이의가 접수된다.

**제175조** 후견인 또는 보좌인은 자신이 보조하거나 대리하는 자의 혼인에 대한 이의를 제173조에 규정된 요건 하에서 제기할 수 있다.

**제175-1조** 검찰은 자신이 혼인무효를 청구할 수 있는 경우에 이의를 제기할 수 있다.

**제175-2조** ① 예견되는 혼인에, 경우에 따라서는 제63조에 규정된 신문(訊問) 또는 개인별 면담 등에 의거하여, 제146조나 제180조에 의하여 무효로 될 수 있음을 추정케 하는 심각한 상황증거가 있는 경우, 민적관은 지체 없이 검사장에게 통보한다. 민적관은 이해관계인들에게 이를 알린다.
② 통보로부터 15일 이내에, 검사장은 혼인이 진행되도록 하거나, 이의를 제기하거나, 자신이 진행하는 조사의 결과를 기다리면서 혼인거행을 연기하도록 결정하여야 한다. 검사장은 이유가 설시된 자신의 결정을 민적관과 이해관계인들에게 통지한다.

③ 검사장이 정한 연기의 기간은 1개월을 초과할 수 없으며, 이 기간은 특별한 이유가 설시된 결정에 의하여 1회에 한하여 갱신될 수 있다.
④ 연기가 종료되는 때, 검사장은 혼인이 진행되도록 할 것인지 또는 혼인 거행에 이의를 제기할 것인지에 관한 자신의 결정을 이유를 설시하여 민적관에게 통지한다.

⑤ 장래의 부부의 일방 또는 타방은, 미성년일지라도, 민사지방법원장 앞에서 연기 결정 또는 갱신 결정에 불복할 수 있으며, 민사지방법원장은 10일 이내에 판결한다. 민사지방법원장의 판결에 대해서는 항소법원에 항소할 수 있으며, 항소법원은 동일한 기간 내에 판결한다.

**Article 176** Tout acte d'opposition énonce la qualité qui donne à l'opposant le droit de la former. Il contient également les motifs de l'opposition, reproduit le texte de loi sur lequel est fondée l'opposition et contient élection de domicile dans le lieu où le mariage doit être célébré. Toutefois, lorsque l'opposition est faite en application de l'article 171-4, le ministère public fait élection de domicile au siège de son tribunal.

Les prescriptions mentionnées au premier alinéa sont prévues à peine de nullité et de l'interdiction de l'officier ministériel qui a signé l'acte contenant l'opposition.

Après une année révolue, l'acte d'opposition cesse de produire effet. Il peut être renouvelé, sauf dans le cas visé par le deuxième alinéa de l'article 173.

Toutefois, lorsque l'opposition est faite par le ministère public, elle ne cesse de produire effet que sur décision judiciaire.

**Article 177** Le tribunal judiciaire prononcera dans les dix jours sur la demande en mainlevée formée par les futurs époux, même mineurs.

**Article 178** S'il y a appel, il y sera statué dans les dix jours et, si le jugement dont est appel a donné mainlevée de l'opposition, la cour devra statuer même d'office.

**Article 179** Si l'opposition est rejetée, les opposants, autres néanmoins que les ascendants, pourront être condamnés à des dommages-intérêts.

Les jugements et arrêts par défaut rejetant les oppositions à mariage ne sont pas susceptibles d'opposition.

## Chapitre IV Des demandes en nullité de mariage

**Article 180** Le mariage qui a été contracté sans le consentement libre des deux époux, ou de l'un d'eux, ne peut être attaqué que par les époux, ou par celui des deux dont le consentement n'a pas été libre, ou par le ministère public. L'exercice d'une contrainte sur les époux ou l'un d'eux, y compris par crainte révérencielle envers un ascendant, constitue un cas de nullité du mariage.

S'il y a eu erreur dans la personne, ou sur des qualités essentielles de la personne, l'autre époux peut demander la nullité du mariage.

**제176조** ① 모든 이의제기서에는 이의제기자에게 이의제기권을 부여하는 자격을 기재한다. 이에는 또한 이의제기의 사유가 포함되고, 그 근거가 되는 법률규정이 명시되며, 혼인이 거행되어야 하는 장소에서의 주소선정이 포함된다. 그러나 이의제기가 제171-4조의 적용에 의하여 행해진 경우, 검찰은 소속 민사지방법원의 소재지에서 주소선정을 한다.

② 제1항에 명시된 규칙을 위반한 이의제기서는 무효이며 그에 서명한 사법보조관은 정직된다.

③ 1년이 경과하면 이의제기서는 효력을 잃는다. 이의제기서는, 제173조 제2항에 해당하는 경우를 제외하고, 갱신될 수 있다.
④ 그러나, 이의가 검찰에 의하여 제기된 경우, 그 이의는 법원 판결에 의해서만 효력을 잃는다.

**제177조** 민사지방법원은 미성년자일지라도 장래의 부부에 의하여 제기된 취소청구에 대하여 10일 이내에 판결하여야 한다.

**제178조** 항소가 있다면, 그에 대하여 10일 이내에 판결을 내리며, 이의의 취소를 인정한 판결에 대한 항소라면, 법원은 직권으로라도 판결하여야 한다.

**제179조** ① 이의가 기각된다면, 직계존속 이외의 이의제기자들에게는 손해배상이 부과될 수 있다.
② 혼인에 대한 이의를 기각하는 궐석의 판결에 대해서는 다툴 수 없다.

## 제4장 혼인 무효 청구

**제180조** ① 혼인계약이 부부 쌍방 또는 부부 중 일방의 자유로운 혼인의사 없이 체결된 경우, 혼인의사가 자유롭지 않았던 부부 쌍방이나 일방 또는 검찰만이 혼인의 무효를 주장할 수 있다. 직계존속에 대한 경외심에 의한 것도 포함하여, 부부 쌍방 또는 일방에 대한 강박은, 혼인 무효의 사유가 된다.

② 사람의 동일성 또는 사람의 본질적 자격에 관한 착오가 있었다면, 그 타방이 혼인의 무효를 청구할 수 있다.

**Article 181** Dans le cas de l'article précédent, la demande en nullité n'est plus recevable à l'issue d'un délai de cinq ans à compter du mariage.

**Article 182** Le mariage contracté sans le consentement des père et mère, des ascendants, ou du conseil de famille, dans les cas où ce consentement était nécessaire, ne peut être attaqué que par ceux dont le consentement était requis, ou par celui des deux époux qui avait besoin de ce consentement.

**Article 183** L'action en nullité ne peut plus être intentée ni par les époux, ni par les parents dont le consentement était requis, toutes les fois que le mariage a été approuvé expressément ou tacitement par ceux dont le consentement était nécessaire, ou lorsqu'il s'est écoulé cinq années sans réclamation de leur part, depuis qu'ils ont eu connaissance du mariage. Elle ne peut être intentée non plus par l'époux, lorsqu'il s'est écoulé cinq années sans réclamation de sa part, depuis qu'il a atteint l'âge compétent pour consentir par lui-même au mariage.

**Article 184** Tout mariage contracté en contravention aux dispositions contenues aux articles 144, 146, 146-1, 147, 161, 162 et 163 peut être attaqué, dans un délai de trente ans à compter de sa célébration, soit par les époux eux-mêmes, soit par tous ceux qui y ont intérêt, soit par le ministère public.

**Article 185** (abrogé)
**Article 186** (abrogé)

**Article 187** Dans tous les cas où, conformément à l'article 184, l'action en nullité peut être intentée par tous ceux qui y ont un intérêt, elle ne peut l'être par les parents collatéraux, ou par les enfants nés d'un autre mariage, du vivant des deux époux, mais seulement lorsqu'ils y ont un intérêt né et actuel.

**Article 188** L'époux au préjudice duquel a été contracté un second mariage peut en demander la nullité, du vivant même de l'époux qui était engagé avec lui.

**Article 190** Le procureur de la République, dans tous les cas auxquels s'applique l'article 184, peut et doit demander la nullité du mariage, du vivant des deux époux, et les faire condamner à se séparer.

**Article 190-1** (abrogé)

**제181조** 제180조의 경우, 혼인으로부터 5년이 경과하면 혼인무효의 청구는 허용되지 아니한다.

**제182조** 부모나 직계존속 또는 친족회의 동의가 필요한 혼인의 경우, 그 동의 없이 체결된 혼인에 대하여는 동의권자 또는 부부 중 동의가 필요했던 일방만이 그 무효를 주장할 수 있다.

**제183조** 혼인이 동의권자에 의하여 명시적 또는 묵시적으로 승인된 모든 경우, 또는 동의권자가 혼인을 인지한 후 스스로 무효주장을 하지 않은 채 5년이 경과한 경우, 부부는 물론 동의권 있는 혈족도 더 이상 무효화소를 제기할 수 없다. 부부 일방이 단독으로 혼인에 합의할 수 있는 연령에 도달한 후 스스로 무효주장을 하지 않은 채 5년이 경과된 경우, 그 일방은 더 이상 혼인무효의 소를 제기할 수 없다.

**제184조** 제144조, 제146조, 제146-1조, 제147조, 제161조, 제162조 및 제163조의 규정에 위반하여 체결된 모든 혼인계약에 대하여는 혼인거행 후 30년 내에는 부부 자신에 의해서든, 혼인에 이해관계가 있는 모든 사람에 의해서든, 검찰에 의해서든, 소가 제기될 수 있다.

**제185조** (삭제)
**제186조** (삭제)

**제187조** 혼인에 이해관계가 있는 모든 자가 제184조에 의하여 무효화소를 제기할 수 있는 모든 경우에 방계혈족 또는 다른 혼인에서 출생한 자녀는 이미 발생한 현실적인 이해관계가 있는 때에 한하여 부부 쌍방의 생존 중에 무효화소를 제기할 수 있다.

**제188조** 후혼이 체결됨으로써 피해를 입은 부부 일방은 자신과 혼인했던 타방이 살아있는 동안에도 후혼의 무효를 청구할 수 있다.

**제190조** 제184조가 적용되는 모든 경우, 검사장은 부부 쌍방의 생존 중에 혼인의 무효를 청구하고 이들의 별거가 선고되도록 해야 한다.

**제190-1조** (삭제)

**Article 191** Tout mariage qui n'a point été contracté publiquement, et qui n'a point été célébré devant l'officier public compétent, peut être attaqué, dans un délai de trente ans à compter de sa célébration, par les époux eux-mêmes, par les père et mère, par les ascendants et par tous ceux qui y ont un intérêt né et actuel, ainsi que par le ministère public.

**Article 192** Si le mariage n'a point été précédé de la publication requise ou s'il n'a pas été obtenu des dispenses permises par la loi, ou si les intervalles prescrits entre les publications et la célébration n'ont point été observés, le procureur de la République fera prononcer contre l'officier public une amende qui ne pourra excéder 4,5 euros et contre les parties contractantes, ou ceux sous la puissance desquels elles ont agi, une amende proportionnée à leur fortune.

**Article 193** Les peines prononcées par l'article précédent seront encourues par les personnes qui y sont désignées, pour toute contravention aux règles prescrites par l'article 165, lors même que ces contraventions ne seraient pas jugées suffisantes pour faire prononcer la nullité du mariage.

**Article 194** Nul ne peut réclamer le titre d'époux et les effets civils du mariage, s'il ne représente un acte de célébration inscrit sur le registre de l'état civil ; sauf les cas prévus par l'article 46, au titre Des actes de l'état civil.

**Article 195** La possession d'état ne pourra dispenser les prétendus époux qui l'invoqueront respectivement, de représenter l'acte de célébration du mariage devant l'officier de l'état civil.

**Article 196** Lorsqu'il y a possession d'état, et que l'acte de célébration du mariage devant l'officier de l'état civil est représenté, les époux sont respectivement non recevables à demander la nullité de cet acte.

**Article 197** Si néanmoins, dans le cas des articles 194 et 195, il existe des enfants issus de deux individus qui ont vécu publiquement comme mari et femme, et qui soient tous deux décédés, la légitimité des enfants ne peut être contestée sous le seul prétexte du défaut de représentation de l'acte de célébration, toutes les fois que cette légitimité est prouvée par une possession d'état qui n'est point contredite par l'acte de naissance.

**제191조** 공개적으로 체결되지 않았고 관할권 있는 공무관 앞에서 거행되지 않은 모든 혼인에 대하여는 혼인의 거행 후 30년 내에 부부 자신, 부모, 직계존속, 당해 혼인에 관하여 이미 발생한 현실적 이해관계를 가진 모든 사람 및 검찰에 의하여 무효가 주장될 수 있다.

**제192조** 혼인이 필요한 공고절차를 거치지 않았거나 법률상 허여된 면제를 받지 못했거나 공고와 혼인거행 사이의 정해진 시간적 간격이 준수되지 않는다면, 검사장은 공무관에게는 4.5유로 이하의 벌금이, 혼인 당사자들 또는 당사자들의 행동을 지배한 자들에게는 그들의 재산에 비례하는 벌금이 선고되도록 한다.

**제193조** 제165조의 규정을 위반한 모든 경우, 그 위반이 비록 혼인의 무효가 선고되도록 하는 데 충분하다고 판단되지 않더라도, 제192조에 지시된 사람들에게는 동조에서 정해진 형벌이 부과된다.

**제194조** 민적등록부에 등재된 혼인거행증서를 제출하지 않은 경우, 누구도 배우자의 자격 및 혼인의 법적 효력을 주장하지 못한다. 다만 민적증서에 관한 편의 제46조에 의하는 경우는 제외된다.

**제195조** 신분점유는 각자 이를 원용하는 자칭 부부에게 민적관 앞에서의 혼인거행증서의 제출을 면제하여 주지 아니한다.

**제196조** 신분점유가 있고 민적관 앞에서의 혼인거행증서가 제출된 경우, 부부 각자에게는 이 증서의 무효청구가 허용되지 아니한다.

**제197조** 그럼에도 불구하고 제194조 및 제195조의 경우에서, 부부로서 공연히 생활하다 둘 모두 사망한 사람들 사이에서 출생한 자녀가 있다면, 이 자녀가 혼생자임이 출생증서와 전혀 모순되지 않는 신분점유에 의하여 증명되는 때에는 언제든지, 혼인거행증서의 제출이 없었다는 이유만으로 혼생을 다투지 못한다.

**Article 198** Lorsque la preuve d'une célébration légale du mariage se trouve acquise par le résultat d'une procédure criminelle, l'inscription du jugement sur les registres de l'état civil assure au mariage, à compter du jour de sa célébration, tous les effets civils, tant à l'égard des époux qu'à l'égard des enfants issus de ce mariage.

**Article 199** Si les époux ou l'un d'eux sont décédés sans avoir découvert la fraude, l'action criminelle peut être intentée par tous ceux qui ont intérêt de faire déclarer le mariage valable, et par le procureur de la République.

**Article 200** Si l'officier public est décédé lors de la découverte de la fraude, l'action sera dirigée au civil contre ses héritiers, par le procureur de la République, en présence des parties intéressées, et sur leur dénonciation.

**Article 201** Le mariage qui a été déclaré nul produit, néanmoins, ses effets à l'égard des époux, lorsqu'il a été contracté de bonne foi.

Si la bonne foi n'existe que de la part de l'un des époux, le mariage ne produit ses effets qu'en faveur de cet époux.

**Article 202** Il produit aussi ses effets à l'égard des enfants, quand bien même aucun des époux n'aurait été de bonne foi.

Le juge statue sur les modalités de l'exercice de l'autorité parentale comme en matière de divorce.

## Chapitre IV bis Des règles de conflit de lois

**Article 202-1** Les qualités et conditions requises pour pouvoir contracter mariage sont régies, pour chacun des époux, par sa loi personnelle. Quelle que soit la loi personnelle applicable, le mariage requiert le consentement des époux, au sens de l'article 146 et du premier alinéa de l'article 180.

Deux personnes de même sexe peuvent contracter mariage lorsque, pour au moins l'une d'elles, soit sa loi personnelle, soit la loi de l'Etat sur le territoire duquel elle a son domicile ou sa résidence le permet.

**Article 202-2** Le mariage est valablement célébré s'il l'a été conformément aux formalités prévues par la loi de l'Etat sur le territoire duquel la célébration a eu lieu.

**제198조** 형사소송의 결과로 혼인의 적법한 거행이 증명된 경우, 민적등록부에 그 판결문을 기재함으로써, 그 혼인은 거행일로부터 모든 법적 효력이, 부부에 대해서도 그리고 이 혼인관계에서 출생한 자녀에 대해서도 보장된다.

**제199조** 부부 쌍방 또는 일방이 기망을 인식하지 못한 채 사망하면, 형사소송은 혼인의 유효를 선고하게 하는 데 이해관계가 있는 모든 사람 및 검사장에 의하여 제기될 수 있다.

**제200조** 기망행위의 인식 당시에 공무관이 사망하였다면, 검사장은 그 상속인을 상대로 하여 이해당사자들의 참여 하에 그리고 그들의 고발에 기하여 민사소송을 한다.

**제201조** ① 혼인의 무효가 선언되었다 할지라도 혼인계약이 선의로 체결된 경우에는 부부에 대하여 그 효력을 발생한다.
② 선의가 부부 일방에게만 있으면 혼인은 그 일방을 위해서만 효력을 발생한다.

**제202조** ① 부부 중 어느 누구도 선의가 아닐지라도, 이들의 자녀에 대하여는 혼인의 효력이 발생한다.
② 이혼의 경우와 마찬가지로 법관은 친권의 행사방식에 관한 결정을 내린다.

## 제4장의乙 법률 충돌에 관한 규정

**제202-1조** ① 혼인계약을 체결할 수 있기 위해 요구되는 자격 및 요건은 부부 각자에 관하여 각자의 속인법(屬人法)에 의해서 규율된다. 적용되는 속인법이 무엇이든, 혼인에는 제146조 및 제180조 제1항의 의미에서 부부 쌍방의 동의가 있어야 한다.

② 동성(同性)인 2인은 최소한 그들 중 1인에게 있어 그의 속인법 또는 그의 주소 또는 거소가 있는 영토가 속하는 국가의 법률이 그 혼인을 허용할 때에 혼인계약을 체결할 수 있다.

**제202-2조** 혼인은, 거행지 국가의 법률에 규정된 형식에 적합하게 행해진 경우에 유효하게 거행된다.

## Chapitre V Des obligations qui naissent du mariage

**Article 203** Les époux contractent ensemble, par le fait seul du mariage, l'obligation de nourrir, entretenir et élever leurs enfants.

**Article 204** L'enfant n'a pas d'action contre ses père et mère pour un établissement par mariage ou autrement.

**Article 205** Les enfants doivent des aliments à leurs père et mère ou autres ascendants qui sont dans le besoin.

**Article 206** Les gendres et belles-filles doivent également, et dans les mêmes circonstances, des aliments à leur beau-père et belle-mère, mais cette obligation cesse lorsque celui des époux qui produisait l'affinité et les enfants issus de son union avec l'autre époux sont décédés.

**Article 207** Les obligations résultant de ces dispositions sont réciproques.

Néanmoins, quand le créancier aura lui-même manqué gravement à ses obligations envers le débiteur, le juge pourra décharger celui-ci de tout ou partie de la dette alimentaire.

En cas de condamnation du créancier pour un crime commis sur la personne du débiteur ou l'un de ses ascendants, descendants, frères ou sœurs, le débiteur est déchargé de son obligation alimentaire à l'égard du créancier, sauf décision contraire du juge.

**Article 207-1** (abrogé)

**Article 208** Les aliments ne sont accordés que dans la proportion du besoin de celui qui les réclame, et de la fortune de celui qui les doit.

Le juge peut, même d'office, et selon les circonstances de l'espèce, assortir la pension alimentaire d'une clause de variation permise par les lois en vigueur.

**Article 209** Lorsque celui qui fournit ou celui qui reçoit des aliments est replacé dans un état tel, que l'un ne puisse plus en donner, ou que l'autre n'en ait plus besoin en tout ou partie, la décharge ou réduction peut en être demandée.

## 제5장 혼인으로부터 발생하는 의무

**제203조** 부부는 혼인이라는 사실만으로 그들의 자녀를 먹이고, 부양하고, 양육할 의무를 공동으로 부담한다.

**제204조** 자녀는 부모를 상대로 혼인 등에 의한 자립(自立)을 청구할 소권이 없다.

**제205조** 자녀들은 곤궁한 상태에 있는 부모 또는 그 밖의 직계존속을 부양해야 한다.

**제206조** 사위와 며느리도 같은 상황에서 그들의 장인장모나 시부모를 부양하여야 한다. 다만 이 의무는 인척관계를 발생시킨 부부 일방이 사망하고 그와 타방의 결합에서 출생한 자녀들도 사망한 경우에 소멸한다.

**제207조** ① 이상의 규정들로부터 발생하는 의무는 상호적이다.
② 그럼에도 불구하고, 채권자 자신이 채무자에 대한 자신의 의무를 중대하게 위반하는 때에 법관은 채무자의 부양의무의 전부 또는 일부를 면제할 수 있다.
③ 채권자가 채무자 본인이나 그의 직계존속, 직계비속, 형제자매 중의 1인에 대한 범죄로 형의 선고를 받은 경우, 채무자는 채권자에 대한 부양의무에서 면제되나 법원의 반대 결정이 있는 경우에는 그러하지 아니하다.

**제207-1조** (삭제)

**제208조** ① 부양은 이를 청구하는 자의 곤궁한 상태와 그 의무를 지는 자의 재산에 비례하여서만 인정된다.
② 법원은 직권으로도 사안의 사정에 따라서, 현행 법률에 의하여 허용되는 변동조항을 부양정기금에 부가할 수 있다.

**제209조** 부양을 제공하는 사람이 더 이상 부양을 할 수 없거나 부양을 받는 사람이 더 이상 부양의 전부 또는 일부가 필요하지 않은 상태에 다시 처하게 된 경우에는 그 면제 또는 경감이 청구될 수 있다.

**Article 210** Si la personne qui doit fournir des aliments justifie qu'elle ne peut payer la pension alimentaire, le juge aux affaires familiales pourra, en connaissance de cause, ordonner qu'elle recevra dans sa demeure, qu'elle nourrira et entretiendra celui auquel elle devra des aliments.

**Article 211** Le juge aux affaires familiales prononcera également si le père ou la mère qui offrira de recevoir, nourrir et entretenir dans sa demeure, l'enfant à qui il devra des aliments, devra dans ce cas être dispensé de payer la pension alimentaire.

### Chapitre VI Des devoirs et des droits respectifs des époux

**Article 212** Les époux se doivent mutuellement respect, fidélité, secours, assistance.

**Article 213** Les époux assurent ensemble la direction morale et matérielle de la famille. Ils pourvoient à l'éducation des enfants et préparent leur avenir.

**Article 214** Si les conventions matrimoniales ne règlent pas la contribution des époux aux charges du mariage, ils y contribuent à proportion de leurs facultés respectives.

Si l'un des époux ne remplit pas ses obligations, il peut y être contraint par l'autre dans les formes prévues au code de procédure civile.

**Article 215** Les époux s'obligent mutuellement à une communauté de vie.

La résidence de la famille est au lieu qu'ils choisissent d'un commun accord.

Les époux ne peuvent l'un sans l'autre disposer des droits par lesquels est assuré le logement de la famille, ni des meubles meublants dont il est garni. Celui des deux qui n'a pas donné son consentement à l'acte peut en demander l'annulation : l'action en nullité lui est ouverte dans l'année à partir du jour où il a eu connaissance de l'acte, sans pouvoir jamais être intentée plus d'un an après que le régime matrimonial s'est dissous.

**Article 216** Chaque époux a la pleine capacité de droit ; mais ses droits et pouvoirs peuvent être limités par l'effet du régime matrimonial et des dispositions du présent chapitre.

**제210조** 부양을 제공해야 하는 사람이 부양정기금을 지급할 수 없음을 증명하면, 가사담당 법관은 사정을 잘 고려하여 그 사람이 피부양자를 자신의 주거에 받아들여 음식을 제공하고 보살피도록 명할 수 있다.

**제211조** 가사담당 법관은 부양할 자녀를 자신의 주거에 받아들여 음식을 제공하고 보살피게 될 부 또는 모가 이 경우에 부양정기금의 지급이 면제되는지의 여부도 선고한다.

## 제6장 부부 각자의 의무와 권리

**제212조** 부부는 상호적으로 존중, 충실, 부조, 조력의 의무를 진다.

**제213조** 부부는 가정의 정신적, 물질적 경영을 함께 보장한다. 그들은 자녀에게 교육을 제공하고, 자녀의 장래를 준비한다.

**제214조** ① 부부재산합의가 부부의 혼인생활비용의 분담을 정하지 아니하면 이들은 각자의 자력(資力)에 비례하여 이를 분담한다.
② 부부 중 일방이 자신의 의무를 다하지 아니하면 그는 타방에 의하여 민사소송법전에서 규정된 절차에 따라 이를 강제당할 수 있다.

**제215조** ① 부부는 생활공동체에 대하여 상호적으로 의무를 부담한다.
② 가족의 거소는 그들이 공동의 합의로 정한 장소로 한다.
③ 부부는 일방이 다른 일방 없이 가족의 주거를 보장하는 권리들을 처분할 수 없고 그곳에 갖춰진 가구용 동산도 처분할 수 없다. 그 행위에 동의하지 아니한 부부 일방은 그 행위의 무효화를 청구할 수 있다. 무효화소권은 그가 행위를 안 날로부터 1년 이내에는 인정되나, 부부재산제가 해소된 지 1년 이후에는 결코 제기될 수 없다.

**제216조** 부부 각자는 완전한 법적 능력을 가진다. 그러나 그의 권리와 권한은 부부재산제의 효력과 본장의 규정에 의하여 제한될 수 있다.

**Article 217** Un époux peut être autorisé par justice à passer seul un acte pour lequel le concours ou le consentement de son conjoint serait nécessaire, si celui-ci est hors d'état de manifester sa volonté ou si son refus n'est pas justifié par l'intérêt de la famille.

L'acte passé dans les conditions fixées par l'autorisation de justice est opposable à l'époux dont le concours ou le consentement a fait défaut, sans qu'il en résulte à sa charge aucune obligation personnelle.

**Article 218** Un époux peut donner mandat à l'autre de le représenter dans l'exercice des pouvoirs que le régime matrimonial lui attribue.

Il peut, dans tous les cas, révoquer librement ce mandat.

**Article 219** Si l'un des époux se trouve hors d'état de manifester sa volonté, l'autre peut se faire habiliter par justice à le représenter, d'une manière générale, ou pour certains actes particuliers, dans l'exercice des pouvoirs résultant du régime matrimonial, les conditions et l'étendue de cette représentation étant fixées par le juge.

A défaut de pouvoir légal, de mandat ou d'habilitation par justice, les actes faits par un époux en représentation de l'autre ont effet, à l'égard de celui-ci, suivant les règles de la gestion d'affaires.

**Article 220** Chacun des époux a pouvoir pour passer seul les contrats qui ont pour objet l'entretien du ménage ou l'éducation des enfants : toute dette ainsi contractée par l'un oblige l'autre solidairement.

La solidarité n'a pas lieu, néanmoins, pour des dépenses manifestement excessives, eu égard au train de vie du ménage, à l'utilité ou à l'inutilité de l'opération, à la bonne ou mauvaise foi du tiers contractant.

Elle n'a pas lieu non plus, s'ils n'ont été conclus du consentement des deux époux, pour les achats à tempérament ni pour les emprunts à moins que ces derniers ne portent sur des sommes modestes nécessaires aux besoins de la vie courante et que le montant cumulé de ces sommes, en cas de pluralité d'emprunts, ne soit pas manifestement excessif eu égard au train de vie du ménage.

**제217조** ① 부부 일방은, 그 배우자가 자신의 의사를 표시할 상태에 있지 아니하거나 배우자의 거절이 가족의 이익에 의하여 정당화되지 아니하면, 배우자의 협력 또는 동의가 필요한 행위를 단독으로 하기 위해 법원의 허가를 받을 수 있다.
② 법원의 허가에 의하여 정해진 요건에 따라 행해진 행위는, 협력 또는 동의를 하지 않은 배우자에게 대항할 수 있으나, 그로부터 그가 어떠한 개인적 채무를 부담하지는 아니한다.

**제218조** ① 부부 일방은 부부재산제가 부여한 권한을 행사함에 있어서 타방이 그를 대리하도록 위임할 수 있다.
② 그는 모든 경우에 있어서 그 위임을 자유롭게 철회할 수 있다.

**제219조** ① 부부 중 일방이 자신의 의사를 표시할 수 없는 상태에 있으면 타방은 부부재산제에 따른 권한을 행사함에 있어서 포괄적으로 또는 일정한 특정 행위에 대하여, 그를 대리하도록 법원으로부터 수권을 받을 수 있고, 이 대리의 요건과 범위는 법원이 정한다.

② 법정 권한, 위임 또는 법원으로부터의 수권이 없으면, 부부 일방이 타방을 대리하여 한 행위는 타방에 대하여 사무관리의 규정에 따라 효력을 가진다.

**제220조** ① 부부 각자는 가사의 유지 또는 자녀 교육을 목적으로 하는 계약을 단독으로 체결할 수 있는 권한이 있다. 부부 일방에 의하여 이렇게 체결된 모든 채무는 타방에게 연대채무를 지게 한다.
② 그럼에도 불구하고, 가사 생활 규모, 거래의 유익 또는 무익, 계약자인 제3자의 선의 또는 악의를 고려할 때 명백히 과도한 지출에 대해서는 연대책임이 발생하지 아니한다.

③ 금전차용이 일상생활의 필요에 불가피한 적정금액이고 또, 다수의 금전차용의 경우, 이를 금전의 누적금액이, 가사 생활의 규모를 고려할 때 명백히 과도하지 않는 한, 할부구매나 금전차용도 부부 쌍방의 동의에 기하여 체결되지 않았으면, 연대책임이 발생하지 아니한다.

**Article 220-1** Si l'un des époux manque gravement à ses devoirs et met ainsi en péril les intérêts de la famille, le juge aux affaires familiales peut prescrire toutes les mesures urgentes que requièrent ces intérêts.

Il peut notamment interdire à cet époux de faire, sans le consentement de l'autre, des actes de disposition sur ses propres biens ou sur ceux de la communauté, meubles ou immeubles. Il peut aussi interdire le déplacement des meubles, sauf à spécifier ceux dont il attribue l'usage personnel à l'un ou à l'autre des conjoints.

La durée des mesures prises en application du présent article doit être déterminée par le juge et ne saurait, prolongation éventuellement comprise, dépasser trois ans.

**Article 220-2** Si l'ordonnance porte interdiction de faire des actes de disposition sur des biens dont l'aliénation est sujette à publicité, elle doit être publiée à la diligence de l'époux requérant. Cette publication cesse de produire effet à l'expiration de la période déterminée par l'ordonnance, sauf à la partie intéressée à obtenir dans l'intervalle une ordonnance modificative, qui sera publiée de la même manière.

Si l'ordonnance porte interdiction de disposer des meubles corporels, ou de les déplacer, elle est signifiée par le requérant à son conjoint, et a pour effet de rendre celui-ci gardien responsable des meubles dans les mêmes conditions qu'un saisi. Signifiée à un tiers, elle le constitue de mauvaise foi.

**Article 220-3** Sont annulables, à la demande du conjoint requérant, tous les actes accomplis en violation de l'ordonnance, s'ils ont été passés avec un tiers de mauvaise foi, ou même s'agissant d'un bien dont l'aliénation est sujette à publicité, s'ils sont simplement postérieurs à la publication prévue par l'article précédent.

L'action en nullité est ouverte à l'époux requérant pendant deux années à partir du jour où il a eu connaissance de l'acte, sans pouvoir jamais être intentée, si cet acte est sujet à publicité, plus de deux ans après sa publication.

**Article 221** Chacun des époux peut se faire ouvrir, sans le consentement de l'autre, tout compte de dépôt et tout compte de titres en son nom personnel.

A l'égard du dépositaire, le déposant est toujours réputé, même après la dissolution du mariage, avoir la libre disposition des fonds et des titres en dépôt.

**제220-1조** ① 부부 중 일방이 그의 의무를 중대하게 위반하여 가족의 이익을 위태롭게 하면, 가사담당 법관은 가족의 이익에 필요한 모든 긴급 조치를 명할 수 있다.

② 법관은 특히 그 일방이 타방의 동의 없이, 동산 또는 부동산이든, 그의 고유재산 또는 공동재산에 속하는 재산에 대한 처분행위를 하는 것을 금지할 수 있다. 또한 법관은 동산의 반출을 금지할 수 있으나, 개인적 사용권을 배우자들 중 일방 또는 타방에 부여하는 동산을 지정할 수도 있다.

③ 본조의 적용으로 이루어진 조치의 기간은 법관이 정해야 하며, 그 기간은 연장을 포함하여 3년을 넘지 못한다.

**제220-2조** ① 법원의 명령이 양도에 공시를 요하는 재산의 처분행위를 금지하는 것이면 이는 신청자인 부부 일방의 청구에 따라 공고되어야 한다. 이 공고는 명령에서 정한 기간의 만료 시에 효력 발생이 중단되나, 그 사이에 이해 당사자가 변경 명령을 받아낼 수도 있으며, 변경명령은 동일한 방식으로 공고된다.

② 법원의 명령이 유체동산의 처분 또는 반출을 금지하는 것이면, 이는 신청자에 의하여 그 배우자에게 송달되고, 그 배우자를 압류와 동일한 조건으로 동산의 관리책임자가 되게 하는 효력을 가진다. 제3자에게 송달되면, 그 명령에 의하여 제3자는 악의자가 된다.

**제220-3조** ① 법원의 명령을 위반하여 행해진 모든 행위는, 그 행위가 악의의 제3자와의 사이에서 행해졌으면 또는 양도에 공시를 요하는 재산에 대한 것일지라도 그 행위가 전조의 규정에서 정한 공고 이후의 것이기만 하면, 신청자인 배우자의 청구에 따라 무효화될 수 있다.

② 무효화소권은 신청자인 부부 일방에게 그가 그 행위를 안 날로부터 2년 동안 인정되며, 그 행위가 공시를 요하는 것이면 명령의 공고 이후 2년이 지나서는 결코 제기될 수 없다.

**제221조** ① 부부 각자는 타방의 동의 없이 자신의 이름으로 모든 예금계좌 및 모든 증권계좌를 개설할 수 있다.

② 수치인과의 관계에서, 예치인은 혼인이 해소된 이후라 할지라도 언제나 예탁된 자금과 증권의 자유로운 처분권을 가진 것으로 본다.

**Article 222** Si l'un des époux se présente seul pour faire un acte d'administration, de jouissance ou de disposition sur un bien meuble qu'il détient individuellement, il est réputé, à l'égard des tiers de bonne foi, avoir le pouvoir de faire seul cet acte.

Cette disposition n'est pas applicable aux meubles meublants visés à l'article 215, alinéa 3, non plus qu'aux meubles corporels dont la nature fait présumer la propriété de l'autre conjoint conformément à l'article 1404.

**Article 223** Chaque époux peut librement exercer une profession, percevoir ses gains et salaires et en disposer après s'être acquitté des charges du mariage.

**Article 224** (abrogé)

**Article 225** Chacun des époux administre, oblige et aliène seul ses biens personnels.

**Article 225-1** Chacun des époux peut porter, à titre d'usage, le nom de l'autre époux, par substitution ou adjonction à son propre nom dans l'ordre qu'il choisit.

**Article 226** Les dispositions du présent chapitre, en tous les points où elles ne réservent pas l'application des conventions matrimoniales, sont applicables, par le seul effet du mariage, quel que soit le régime matrimonial des époux.

## Chapitre VII De la dissolution du mariage

**Article 227** Le mariage se dissout :
1° Par la mort de l'un des époux ;
2° Par le divorce légalement prononcé.

**Article 228** (abrogé)

**제222조** ① 부부 중 일방이 개인적으로 소지하고 있는 동산에 관해 관리행위, 향유행위 또는 처분행위를 하기 위하여 단독으로 나타나면, 그는, 선의의 제3자와의 관계에서, 그 행위를 단독으로 할 권한을 가진 것으로 본다.
② 이 규정은 제215조 제3항에 규정된 가구용 동산에는 적용되지 아니하며, 제1404조에 따라 상대 배우자의 소유로 추정되는 성질의 유체동산에도 적용되지 아니한다.

**제223조** 부부 각자는 자유롭게 직업에 종사할 수 있고, 자신의 소득과 보수를 받을 수 있으며, 혼인생활비용을 지급한 후 이를 처분할 수 있다.

**제224조** (삭제)

**제225조** 부부 각자는 자신의 개인적 재산을 단독으로 관리하고, 담보로 제공하며, 양도한다.

**제225-1조** 부부 각자는 관행에 따라 타방의 성(姓)을, 그로써 자기 성을 대체하거나 자신이 선택한 순서에 따라 부가하여 지닐 수 있다.

**제226조** 본장의 규정들은, 그 규정들이 부부재산합의의 적용을 유보하지 않은 모든 사항에 있어서, 부부의 부부재산제가 어떠하든지, 혼인의 효력만으로 적용된다.


## 제7장 혼인의 해소

**제227조** 혼인은 다음 각 호의 경우에 해소된다.
1. 부부 중 일방의 사망
2. 적법하게 선고된 이혼

**제228조** (삭제)

## Titre VI Du divorce

### Chapitre I^er Des cas de divorce

**Article 229** Les époux peuvent consentir mutuellement à leur divorce par acte sous signature privée contresigné par avocats, déposé au rang des minutes d'un notaire.

   Le divorce peut être prononcé en cas :

-soit de consentement mutuel, dans le cas prévu au 1° de l'article 229-2 ;

-soit d'acceptation du principe de la rupture du mariage ;

-soit d'altération définitive du lien conjugal ;

-soit de faute.

### Section 1 Du divorce par consentement mutuel

### Paragraphe 1 Du divorce par consentement mutuel par acte sous signature privée contresigné par avocats, déposé au rang des minutes d'un notaire

**Article 229-1** Lorsque les époux s'entendent sur la rupture du mariage et ses effets, ils constatent, assistés chacun par un avocat, leur accord dans une convention prenant la forme d'un acte sous signature privée contresigné par leurs avocats et établi dans les conditions prévues à l'article 1374.

   Cette convention est déposée au rang des minutes d'un notaire, qui contrôle le respect des exigences formelles prévues aux 1° à 6° de l'article 229-3. Il s'assure également que le projet de convention n'a pas été signé avant l'expiration du délai de réflexion prévu à l'article 229-4.

   Ce dépôt donne ses effets à la convention en lui conférant date certaine et force exécutoire.

**Article 229-2** Les époux ne peuvent consentir mutuellement à leur divorce par acte sous signature privée contresigné par avocats lorsque :

1° Le mineur, informé par ses parents de son droit à être entendu par le juge dans les conditions prévues à l'article 388-1, demande son audition par le juge ;

2° L'un des époux se trouve placé sous l'un des régimes de protection prévus au chapitre II du titre XI du présent livre.

# 제6편 이혼

## 제1장 이혼의 경우

**제229조** ① 부부는, 변호사들이 연서하고 공증인의 원본철에 편철되는 사서증서에 의하여, 이혼에 대하여 상호 협의할 수 있다.
② 이혼은 다음 각 호의 경우에 선고될 수 있다.
-제229-2조 제1호에 정한 경우에 있어서 상호협의가 이루어진 경우
-혼인파탄주의가 승낙된 경우
-부부관계가 확정적으로 변질된 경우
-과책이 있는 경우.

### 제1절 상호협의에 의한 이혼

#### 제1관 변호사들이 연서하고 공증인의 원본철에 편철되는 사서증서로써 하는 상호협의에 의한 이혼

**제229-1조** ① 부부가 혼인의 파탄과 그 효력에 대하여 합의한 경우에, 그들은 각자 변호사의 조력을 받아서, 변호사들이 연서하고 제1347조에 규정된 요건에 따라 작성된 사서증서인 합의서로 자신들의 합의를 확인한다.

② 이 합의서는 공증인의 원본철에 편철되며, 공증인은 제229-3조 제1호부터 제6호까지에서 정한 형식요건을 준수하였는지 심사한다. 공증인은 또한 합의서 초안이 제229-4조에서 정한 숙려기간이 만료하기 전에 서명되지 않았음을 확인한다.

③ 이 편철로써 합의서가 효력을 발생하며 확정일자와 집행력을 부여받는다.

**제229-2조** 부부는 다음 각 호의 경우에는 이혼에 대한 상호협의를 변호사들이 연서한 사서증서로써 할 수 없다.
1. 미성년자가 부모로부터 제388-1조에 정해진 요건에 따른 법관에 대한 의견개진권을 고지받고 법관에 의한 심문을 요구한 경우
2. 부부 중 1인이 본권 제11편 제2장에 정해진 보호제도 중 하나를 적용받는 경우

**Article 229-3** Le consentement au divorce et à ses effets ne se présume pas.

La convention comporte expressément, à peine de nullité :

1° Les nom, prénoms, profession, résidence, nationalité, date et lieu de naissance de chacun des époux, la date et le lieu de mariage, ainsi que les mêmes indications, le cas échéant, pour chacun de leurs enfants ;

2° Le nom, l'adresse professionnelle et la structure d'exercice professionnel des avocats chargés d'assister les époux ainsi que le barreau auquel ils sont inscrits ;

3° La mention de l'accord des époux sur la rupture du mariage et sur ses effets dans les termes énoncés par la convention ;

4° Les modalités du règlement complet des effets du divorce conformément au chapitre III du présent titre, notamment s'il y a lieu au versement d'une prestation compensatoire ;

5° L'état liquidatif du régime matrimonial, le cas échéant en la forme authentique devant notaire lorsque la liquidation porte sur des biens soumis à publicité foncière, ou la déclaration qu'il n'y a pas lieu à liquidation ;

6° La mention que le mineur a été informé par ses parents de son droit à être entendu par le juge dans les conditions prévues à l'article 388-1 et qu'il ne souhaite pas faire usage de cette faculté.

**Article 229-4** L'avocat adresse à l'époux qu'il assiste, par lettre recommandée avec demande d'avis de réception, un projet de convention, qui ne peut être signé, à peine de nullité, avant l'expiration d'un délai de réflexion d'une durée de quinze jours à compter de la réception.

La convention a force exécutoire au jour où elle acquiert date certaine.

### Paragraphe 2 Du divorce par consentement mutuel judiciaire

**Article 230** Dans le cas prévu au 1°de l'article 229-2, le divorce peut être demandé conjointement par les époux lorsqu'ils s'entendent sur la rupture du mariage et ses effets en soumettant à l'approbation du juge une convention réglant les conséquences du divorce.

**Article 231** (abrogé)

**Article 232** Le juge homologue la convention et prononce le divorce s'il a acquis la conviction que la volonté de chacun des époux est réelle et que leur consentement est libre et éclairé.

Il peut refuser l'homologation et ne pas prononcer le divorce s'il constate que la convention préserve insuffisamment les intérêts des enfants ou de l'un des époux.

제229-3조 ① 이혼 및 그 효력에 대한 합의는 추정되지 아니한다.

② 합의서가 무효가 되지 않기 위해서는 다음 각 호를 명시적으로 포함하여야 한다.

1. 부부 각자의 성(姓), 이름, 직업, 거소, 국적, 출생의 일자와 장소, 혼인일자와 장소 및 자녀가 있는 때에는 자녀들 각자에 대한 동일한 사항

2. 부부에 보좌할 책임을 맡은 변호사의 이름과 사무실 주소, 직업행사방식 및 그들이 등록한 지역변호사회

3. 혼인 파기 및 그 효력에 대한 부부의 합의를 합의서에 규정된 문언으로 기재

4. 이혼의 효력, 특히 보상급부를 지급하여야 한다면 이를 본편 제3장에 합치하도록 완전히 이행하는 방식

5. 부부재산제 청산보고서 또는 청산이 불필요하다는 선언. 부동산 공시 대상인 재산이 청산의 대상이 되는 경우 청산보고서는 공증인 면전에서의 공증의 방식을 취해야 한다.

6. 미성년자가 부모로부터 제388-1조에 정해진 요건에 따른 법관에 대한 의견개진권을 고지받았다는 점과 그가 이 권한을 행사할 의사가 없다는 점에 대한 기재


제229-4조 ① 변호사는 그가 보좌하는 배우자에게 수취증명 등기우편으로 합의서 초안을 송부하고, 이는 수령 시로부터 15일의 숙려기간이 만료하기 전에는 서명될 수 없으며, 이를 위반하면 무효이다.

② 합의서는 확정일자를 얻는 날로부터 집행력이 있다.

### 제2관 재판상 상호협의에 의한 이혼

제230조 제229-2조 제1호에 해당하는 경우, 부부가 혼인의 파탄과 그 효과에 대하여 합의하고 이혼의 효력을 규율하는 합의서에 대한 법관의 승인을 요청한 경우에 이혼은 부부에 의하여 공동으로 청구될 수 있다.

제231조 (삭제)

제232조 ① 법관은 부부 각자의 의사가 실재하고 그들의 협의가 자유롭고 명확하다는 확신을 얻었으면 합의서를 승인하고 이혼을 선고한다.

② 법관이 합의서가 자녀 또는 배우자 일방의 복리의 보호에 불충분함을 확인하면 승인을 거부하고 이혼을 선고하지 않을 수 있다.

## Section 2 Du divorce accepté

**Article 233** Le divorce peut être demandé conjointement par les époux lorsqu'ils acceptent le principe de la rupture du mariage sans considération des faits à l'origine de celle-ci.

Il peut être demandé par l'un ou l'autre des époux ou par les deux lorsque chacun d'eux, assisté d'un avocat, a accepté le principe de la rupture du mariage par acte sous signature privée contresigné par avocats, qui peut être conclu avant l'introduction de l'instance.

Le principe de la rupture du mariage peut aussi être accepté par les époux à tout moment de la procédure.

L'acceptation n'est pas susceptible de rétractation, même par la voie de l'appel.

**Article 234** S'il a acquis la conviction que chacun des époux a donné librement son accord, le juge prononce le divorce et statue sur ses conséquences.

**Article 235** (abrogé)
**Article 236** (abrogé)

## Section 3 Du divorce pour altération définitive du lien conjugal

**Article 237** Le divorce peut être demandé par l'un des époux lorsque le lien conjugal est définitivement altéré.

**Article 238** L'altération définitive du lien conjugal résulte de la cessation de la communauté de vie entre les époux, lorsqu'ils vivent séparés depuis un an lors de l'assignation en divorce.

Si le demandeur a introduit l'instance sans indiquer les motifs de sa demande, le délai caractérisant l'altération définitive du lien conjugal est apprécié au prononcé du divorce.

Toutefois, sans préjudice des dispositions de l'article 246, dès lors qu'une demande sur ce fondement et une autre demande en divorce sont concurremment présentées, le divorce est prononcé pour altération définitive du lien conjugal sans que le délai d'un an ne soit exigé.

**Article 239** (abrogé)
**Article 240** (abrogé)
**Article 241** (abrogé)

## 제2절 승낙된 이혼

**제233조** ① 부부가 혼인 파탄의 원인이 되는 사실을 고려함이 없이 혼인파탄주의를 승낙하는 경우, 이혼은 부부에 의하여 공동으로 청구될 수 있다.
② 부부 각자가, 변호사의 조력을 받아서, 변호사들이 연서한 사서증서로써 혼인파탄주의를 승낙한 경우에 이혼은 부부 일방 또는 쌍방에 의하여 청구될 수 있고 이는 재판개시 전에 체결될 수 있다.

③ 또한 혼인파탄주의는 소송 중 어느 때라도 부부에 의하여 승낙될 수 있다.

④ 이 승낙은 항소의 방식으로도 철회할 수 없다.

**제234조** 법관은 부부 각자가 자유롭게 동의하였다는 확신을 얻었으면 이혼을 선고하고 이혼의 효과에 대하여 재판한다.

**제235조** (삭제)
**제236조** (삭제)

## 제3절 부부관계의 확정적 변질에 의한 이혼

**제237조** 부부관계가 확정적으로 변질된 경우에 이혼은 부부 일방에 의하여 청구될 수 있다.

**제238조** ① 이혼의 소(訴)에 소환된 때에 부부가 1년 전부터 별거한 경우, 부부관계의 확정적 변질은 부부 사이의 생활공동체의 중단으로 인해 발생한다.

② 원고가 청구의 이유를 적시하지 않고 소를 제기하면 부부관계의 확정적 변질을 특정짓는 기간은 이혼 선고 시에 판단된다.
③ 그러나 제246조의 규정과는 별도로, 이 청구원인에 기한 청구와 다른 이혼청구가 경합하여 제기된 때부터, 이혼은 1년의 기간을 요함이 없이 부부관계의 확정적 변질을 이유로 선고될 수 있다.

**제239조** (삭제)
**제240조** (삭제)
**제241조** (삭제)

## Section 4 Du divorce pour faute

**Article 242** Le divorce peut être demandé par l'un des époux lorsque des faits constitutifs d'une violation grave ou renouvelée des devoirs et obligations du mariage sont imputables à son conjoint et rendent intolérable le maintien de la vie commune.

**Article 243** (abrogé)

**Article 244** La réconciliation des époux intervenue depuis les faits allégués empêche de les invoquer comme cause de divorce. Le juge déclare alors la demande irrecevable. Une nouvelle demande peut cependant être formée en raison de faits survenus ou découverts depuis la réconciliation, les faits anciens pouvant alors être rappelés à l'appui de cette nouvelle demande. Le maintien ou la reprise temporaire de la vie commune ne sont pas considérés comme une réconciliation s'ils ne résultent que de la nécessité ou d'un effort de conciliation ou des besoins de l'éducation des enfants.

**Article 245** Les fautes de l'époux qui a pris l'initiative du divorce n'empêchent pas d'examiner sa demande ; elles peuvent, cependant, enlever aux faits qu'il reproche à son conjoint le caractère de gravité qui en aurait fait une cause de divorce.

Ces fautes peuvent aussi être invoquées par l'autre époux à l'appui d'une demande reconventionnelle en divorce. Si les deux demandes sont accueillies, le divorce est prononcé aux torts partagés.

Même en l'absence de demande reconventionnelle, le divorce peut être prononcé aux torts partagés des deux époux si les débats font apparaître des torts à la charge de l'un et de l'autre.

**Article 245-1** A la demande des conjoints, le juge peut se limiter à constater dans les motifs du jugement qu'il existe des faits constituant une cause de divorce, sans avoir à énoncer les torts et griefs des parties.

**Article 246** Si une demande pour altération définitive du lien conjugal et une demande pour faute sont concurremment présentées, le juge examine en premier lieu la demande pour faute.

## 제4절 유책이혼

**제242조** 혼인의무의 중대 또는 반복적 위반을 구성하는 사실들의 책임을 상대 배우자에게 물을 수 있고 그로 인해 생활공동체의 유지를 견디기 힘들게 되는 경우, 이혼은 부부 일방에 의하여 청구될 수 있다.

**제243조** (삭제)

**제244조** 주장된 사실이 있은 후 부부간에 화해가 이루어지면 그 사실을 이혼사유로 원용할 수 없다. 법관은 이 경우에 청구를 각하한다. 그러나 화해 후에 발생한 또는 발견된 사실들을 이유로 새로운 청구를 할 수 있으며, 이 경우에 기존의 사실들도 새로운 청구를 지지하기 위하여 상기될 수 있다. 생활공동체의 유지 또는 일시적인 회복이 단지 형편상 또는 조정의 노력으로 또는 자녀 교육상 필요에 기한 것인 때에는 이를 화해로 보지 아니한다.

**제245조** ① 이혼의 소를 제기한 부부 일방의 과책은 그의 청구를 심사하는 것을 방해하지 아니한다. 다만, 그 과책으로 말미암아 그가 비난하는 배우자의 행위가 이혼원인이 될 만큼의 중대성을 갖지 않는 것으로 될 수 있다.
② 이 과책은 타방의 이혼 반소청구를 위하여 원용될 수도 있다. 두 청구가 받아들여지면, 이혼은 쌍방유책으로 선고된다.

③ 반소의 청구가 없어도, 변론을 통하여 일방과 타방에 책임이 있는 유책이 드러나면 이혼이 쌍방유책으로 선고될 수 있다.

**제245-1조** 공동의 이혼청구에 관하여, 법관은 판결이유에서 이혼의 원인을 이루는 사실이 존재한다는 점만을 확인하고 당사자들의 잘못과 고통을 밝히지 않을 수 있다.

**제246조** 부부관계의 확정적 변질로 인한 청구와 과책으로 인한 청구가 경합하면, 법관은 과책으로 인한 청구를 먼저 심사한다.

### Section 5 Des modifications du fondement d'une demande en divorce

**Article 247** Les époux peuvent, à tout moment de la procédure :

1° Divorcer par consentement mutuel par acte sous signature privée contresigné par avocats, déposé au rang des minutes d'un notaire ;

2° Dans le cas prévu au 1° de l'article 229-2, demander au juge de constater leur accord pour voir prononcer le divorce par consentement mutuel en lui présentant une convention réglant les conséquences de celui-ci.

**Article 247-1** Les époux peuvent également, à tout moment de la procédure, lorsque le divorce aura été demandé pour altération définitive du lien conjugal ou pour faute, demander au juge de constater leur accord pour voir prononcer le divorce pour acceptation du principe de la rupture du mariage.

**Article 247-2** Si le demandeur forme une demande en divorce pour altération définitive du lien conjugal et que le défendeur demande reconventionnellement le divorce pour faute, le demandeur peut invoquer les fautes de son conjoint pour modifier le fondement de sa demande.

### Chapitre II De la procédure du divorce judiciaire

### Section 1 Dispositions générales

**Article 248** Les débats sur la cause, les conséquences du divorce et les mesures provisoires ne sont pas publics.

**Article 249** Dans l'instance en divorce, le majeur en tutelle est représenté par son tuteur et le majeur en curatelle exerce l'action lui-même, avec l'assistance de son curateur. Toutefois, la personne protégée peut accepter seule le principe de la rupture du mariage sans considération des faits à l'origine de celle-ci.

**Article 249-1** (abrogé)

**Article 249-2** Un tuteur ou un curateur ad hoc est nommé lorsque la tutelle ou la curatelle avait été confiée au conjoint de la personne protégée.

## 제5절 이혼 청구원인의 변경

**제247조** 부부는 소송 중 어느 때라도 다음 각 호의 행위를 할 수 있다.
1. 변호사들이 연서하고 공증인의 원본철에 편철되는 사서증서에 의한 상호협의를 통한 이혼

2. 제229-2조 제1호에 해당하는 경우, 상호협의에 의한 이혼을 선고받고자 법관에게 이혼의 효과를 규율하는 합의서를 제출함으로써 법관이 그들의 합의를 확인하도록 하는 청구

**제247-1조** 이혼이 부부관계의 확정적 변질을 이유로 또는 과책을 이유로 청구된 경우, 부부는 소송 중 어느 때라도 혼인파탄주의의 승낙을 이유로 한 이혼을 선고받고자 하는 자신들의 합의를 확인할 것을 법관에게 청구할 수도 있다.

**제247-2조** 원고가 부부관계의 확정적 변질을 이유로 이혼을 청구하고 피고가 반소로써 유책이혼을 청구하면, 원고는 청구원인을 변경하기 위하여 배우자의 과책을 원용할 수 있다.

## 제2장 재판상 이혼의 절차

### 제1절 총칙

**제248조** 이혼의 원인, 효과 및 잠정조치에 관한 변론은 공개하지 아니한다.

**제249조** 이혼소송에서, 피성년후견인은 그의 성년후견인에 의하여 대리되며, 피성년보좌인은 보좌인의 도움을 받아 그 자신이 소권을 행사한다. 그러나 피보호자는 파탄의 원인이 되는 사실을 고려함이 없이 혼인파탄주의를 단독으로 승낙할 수 있다.

**제249-1조** (삭제)

**제249-2조** 후견 또는 보좌를 피보호자의 배우자가 담당하였던 경우, 특별후견인 또는 특별보좌인을 지정한다.

**Article 249-3** Si une demande de mesure de protection juridique est déposée ou en cours, la demande en divorce ne peut être examinée qu'après l'intervention du jugement se prononçant sur la mise en place d'une telle mesure de protection. Toutefois, le juge peut prendre les mesures provisoires prévues aux articles 254 et 255.

**Article 249-4** Lorsque l'un des époux se trouve placé sous l'un des régimes de protection prévus au chapitre II du titre XI du présent livre, aucune demande en divorce par consentement mutuel ne peut être présentée.

**Section 2 De la procédure applicable au divorce par consentement mutuel judiciaire**

**Article 250** La demande en divorce est présentée par les avocats respectifs des parties ou par un avocat choisi d'un commun accord.

Le juge examine la demande avec chacun des époux, puis les réunit. Il appelle ensuite le ou les avocats.

**Article 250-1** Lorsque les conditions prévues à l'article 232 sont réunies, le juge homologue la convention réglant les conséquences du divorce et, par la même décision, prononce celui-ci.

**Article 250-2** En cas de refus d'homologation de la convention, le juge peut cependant homologuer les mesures provisoires au sens des articles 254 et 255 que les parties s'accordent à prendre jusqu'à la date à laquelle le jugement de divorce passe en force de chose jugée, sous réserve qu'elles soient conformes à l'intérêt du ou des enfants.

Une nouvelle convention peut alors être présentée par les époux dans un délai maximum de six mois.

**Article 250-3** A défaut de présentation d'une nouvelle convention dans le délai fixé à l'article 250-2 ou si le juge refuse une nouvelle fois l'homologation, la demande en divorce est caduque.

**제249-3조** 사법보호조치의 청구가 제기되거나 계속중이면, 이혼의 청구는 그 보호조치를 정하는 선고 재판이 이루어진 이후에만 심사될 수 있다. 그러나, 법관은 제254조 및 제255조에서 정하는 잠정조치를 명할 수 있다.

**제249-4조** 부부 일방이 본권 제11편 제2장에 정해진 보호제도 중 하나를 적용받는 경우에는 상호협의에 의한 이혼의 청구가 제기될 수 없다.

## 제2절 재판상 상호협의에 의한 이혼에 적용되는 절차

**제250조** ① 이혼의 청구는 각 당사자의 변호사들에 의하여 또는 상호 합의를 통해 지정된 1인의 변호사에 의하여 이루어질 수 있다.
② 법관은 부부 각자와 청구를 심사하고, 이어서 이들을 함께 출석시킨다. 법관은 그 후 일방 또는 쌍방의 변호사를 소환한다.

**제250-1조** 제232조에 정해진 요건이 충족된 경우, 법관은 이혼의 효과를 규율하는 합의서를 승인하고, 동일한 판결로, 이혼을 선고한다.

**제250-2조** ① 그러나 합의서의 승인을 거부하는 경우, 법관은 양 당사자가 이혼판결의 기판력이 발생하는 날까지 취하기로 합의한 제254조 및 제255조가 정하는 잠정조치를, 그 조치가 자녀의 일방 또는 쌍방의 복리에 부합한다는 조건 하에, 승인할 수 있다.

② 새로운 합의서는 이 경우에 최대 6개월 이내에 부부에 의하여 제출될 수 있다.

**제250-3조** 새로운 합의서가 제250-2조에 정해진 기간 내에 제출되지 않은 때 또는 법관이 승인을 재차 거부한 때에는, 이혼청구가 실효된다.

Section 3 De la procédure applicable aux autres cas de divorce judiciaire

Paragraphe 1 De l'introduction de la demande en divorce

**Article 251** L'époux qui introduit l'instance en divorce peut indiquer les motifs de sa demande si celle-ci est fondée sur l'acceptation du principe de la rupture du mariage ou l'altération définitive du lien conjugal. Hors ces deux cas, le fondement de la demande doit être exposé dans les premières conclusions au fond.

**Article 252** La demande introductive d'instance comporte le rappel des dispositions relatives à :
1° La médiation en matière familiale et à la procédure participative ;
2° L'homologation des accords partiels ou complets des parties sur les modalités d'exercice de l'autorité parentale et les conséquences du divorce.

Elle comporte également, à peine d'irrecevabilité, une proposition de règlement des intérêts pécuniaires et patrimoniaux des époux.

**Article 252-1** (abrogé)
**Article 252-2** (abrogé)
**Article 252-3** (abrogé)
**Article 252-4** (abrogé)

**Article 253** Lorsqu'il rejette définitivement la demande en divorce, le juge peut statuer sur la contribution aux charges du mariage, la résidence de la famille et les modalités de l'exercice de l'autorité parentale.

Paragraphe 2 Des mesures provisoires.

**Article 254** Le juge tient, dès le début de la procédure, sauf si les parties ou la partie seule constituée y renonncent, une audience à l'issue de laquelle il prend les mesures nécessaires pour assurer l'existence des époux et des enfants de l'introduction de la demande en divorce à la date à laquelle le jugement passe en force de chose jugée, en considération des accords éventuels des époux.

## 제3절 그 밖의 재판상 이혼의 경우에 적용되는 절차

### 제1관 이혼 청구의 제기

**제251조** 이혼 재판을 개시하는 부부 일방은 그 청구가 혼인파탄주의에 대한 승낙 또는 부부관계의 확정적 변질에 기초한다면, 그 사유를 적시할 수 있다. 이 두 경우 외에는 청구의 기초가 본안에 관한 최초의 이유서에 제시되어야 한다.

**제252조** ① 재판을 개시하는 청구서에는 다음에 관한 규정들을 환기하는 내용을 포함한다.

1. 가족관계 조정과 참여절차
2. 친권의 행사방식과 이혼의 효과에 관한 당사자들의 부분적 또는 완전한 합의의 승인

② 청구서에는 또한 부부의 금전적이고 재산적인 이익의 정산에 관한 제안을 포함하고 그렇지 않은 경우 각하된다.

**제252-1조** (삭제)
**제252-2조** (삭제)
**제252-3조** (삭제)
**제252-4조** (삭제)

**제253조** 이혼청구를 종국적으로 기각하는 경우, 법관은 혼인생활비용의 분담, 가족의 거소, 친권행사의 방식에 관하여 판결할 수 있다.

### 제2관 잠정조치

**제254조** 절차가 개시되면 법관은, 당사자들 쌍방 또는 지정된 일방이 포기한 경우를 제외하고, 신문(訊問)을 개최하며 신문(訊問)의 종료 시에는 이혼청구 개시 시로부터 재판이 확정력을 가지는 날까지 부부와 자녀들의 생존을 보장하기 위하여 필요한 조치를, 부부 사이의 합의가 있는 경우에는 이를 고려하여, 취한다.

**Article 255** Le juge peut notamment :

1° Proposer aux époux une mesure de médiation et, après avoir recueilli leur accord, désigner un médiateur familial pour y procéder ;

2° Enjoindre aux époux de rencontrer un médiateur familial qui les informera sur l'objet et le déroulement de la médiation ;

3° Statuer sur les modalités de la résidence séparée des époux ;

4° Attribuer à l'un d'eux la jouissance du logement et du mobilier du ménage ou partager entre eux cette jouissance, en précisant son caractère gratuit ou non et, le cas échéant, en constatant l'accord des époux sur le montant d'une indemnité d'occupation ;

5° Ordonner la remise des vêtements et objets personnels ;

6° Fixer la pension alimentaire et la provision pour frais d'instance que l'un des époux devra verser à son conjoint, désigner celui ou ceux des époux qui devront assurer le règlement provisoire de tout ou partie des dettes ;

7° Accorder à l'un des époux des provisions à valoir sur ses droits dans la liquidation du régime matrimonial si la situation le rend nécessaire ;

8° Statuer sur l'attribution de la jouissance ou de la gestion des biens communs ou indivis autres que ceux visés au 4°, sous réserve des droits de chacun des époux dans la liquidation du régime matrimonial ;

9° Désigner tout professionnel qualifié en vue de dresser un inventaire estimatif ou de faire des propositions quant au règlement des intérêts pécuniaires des époux ;

10° Désigner un notaire en vue d'élaborer un projet de liquidation du régime matrimonial et de formation des lots à partager.

**Article 256** Les mesures provisoires relatives aux enfants sont réglées selon les dispositions du chapitre Ier du titre IX du présent livre.

**Article 257** (abrogé)
**Article 257-1** (abrogé)
**Article 257-2** (abrogé)
**Article 258** (abrogé)

**제255조** 법관은 특히 다음 각 호의 조치를 취할 수 있다.
1. 부부에게 조정조치를 제안하는 것, 그리고 그들의 동의를 얻은 후에는 이를 진행할 가사조정인을 선임하는 것
2. 부부에게 조정의 대상과 절차를 통지할 가사조정인을 만날 것을 명령하는 것

3. 부부의 별거 방식을 결정하는 것
4. 주거 및 가사도구 향유를, 그 성질의 무상 여부를 명시하고, 경우에 따라서는, 점유보상금액에 관한 부부의 합의를 확인하면서, 부부 일방에게 귀속시키거나 부부 쌍방에게 배분하는 것

5. 의류와 개인용품의 교부를 명하는 것
6. 부부 일방이 그 배우자에게 지급하여야 할 부양정기금과 소송비용 예납금을 정하는 것, 채무의 전부 또는 일부의 가지급을 보장하여야 하는 부부 일방 또는 쌍방을 지정하는 것

7. 사정상 필요하다면, 부부 일방에게 부부재산제의 청산에서 그의 권리에 상당하는 선급금을 부여하는 것
8. 부부재산제의 청산에 따른 부부 각자의 권리를 유보하고, 제4호에 규정된 것 이외의 공동 또는 공유 재산의 향유와 관리권의 귀속을 결정하는 것

9. 평가목록을 작성하거나 부부의 재산상 이익의 규율에 관한 제안을 하기 위하여 자격이 있는 모든 전문가를 선임하는 것
10. 부부재산제를 청산하고 분할될 몫을 정하는 초안을 만들기 위한 공증인을 선임하는 것

**제256조** 자녀에 관한 잠정조치는 본권 제9편 제1장의 규정에 따라 규율된다.

**제257조** (삭제)
**제257-1조** (삭제)
**제257-2조** (삭제)
**제258조** (삭제)

## Paragraphe 3 Des preuves.

**Article 259** Les faits invoqués en tant que causes de divorce ou comme défenses à une demande peuvent être établis par tout mode de preuve, y compris l'aveu. Toutefois, les descendants ne peuvent jamais être entendus sur les griefs invoqués par les époux.

**Article 259-1** Un époux ne peut verser aux débats un élément de preuve qu'il aurait obtenu par violence ou fraude.

**Article 259-2** Les constats dressés à la demande d'un époux sont écartés des débats s'il y a eu violation de domicile ou atteinte illicite à l'intimité de la vie privée.

**Article 259-3** Les époux doivent se communiquer et communiquer au juge ainsi qu'aux experts et aux autres personnes désignées par lui en application des 9° et 10° de l'article 255, tous renseignements et documents utiles pour fixer les prestations et pensions et liquider le régime matrimonial.

Le juge peut faire procéder à toutes recherches utiles auprès des débiteurs ou de ceux qui détiennent des valeurs pour le compte des époux sans que le secret professionnel puisse être opposé.

## Chapitre III Des conséquences du divorce

### Section 1 De la date à laquelle se produisent les effets du divorce

**Article 260** Le mariage est dissous :
1° Par la convention de divorce conclue par acte sous signature privée contresigné par avocats, à la date à laquelle elle acquiert force exécutoire ;
2° Par la décision qui prononce le divorce, à la date à laquelle elle prend force de chose jugée.

**Article 261** (abrogé)
**Article 261-1** (abrogé)
**Article 261-2** (abrogé)

**Article 262** La convention ou le jugement de divorce est opposable aux tiers, en ce qui concerne les biens des époux, à partir du jour où les formalités de mention en marge prescrites par les règles de l'état civil ont été accomplies.

## 제3관 증거

**제259조** 이혼사유로서 또는 청구에 대한 방어로서 원용된 사실은 자백을 포함한 모든 증거방법에 의하여 증명될 수 있다. 그러나 직계비속은 부부에 의하여 원용된 이유에 대하여 심문될 수 없다.

**제259-1조** 부부 일방은 강압 또는 기망에 의하여 취득한 증거자료를 변론에 제출할 수 없다.

**제259-2조** 부부 일방의 청구에 따라 작성된 확인조서는 주거침입이나 사생활의 불법적인 침해가 있었으면 변론에서 배제된다.

**제259-3조** ① 부부는 급부 및 정기금을 정하고 부부재산제를 청산하는 데에 유용한 모든 정보와 서류를 서로 알려야 하고, 법관 및 제255조 제9호와 제10호의 적용에 따라 법관에 의하여 지정된 감정인과 그 밖의 사람들에게 알려야 한다.

② 법관은 채무자들 또는 부부의 계산으로 유가증권을 보유하는 자들에 대하여 직업상 비밀이라는 항변을 받지 아니하고 모든 유용한 조사를 진행시킬 수 있다.

## 제3장 이혼의 효과

### 제1절 이혼의 효력이 발생하는 일자

**제260조** 혼인은 다음 각 호의 일자에 해소된다.
1. 변호사들이 연서한 사서증서에 의하여 체결된 이혼합의에 의하여 그 이혼합의가 집행력을 취득한 날
2. 이혼선고판결에 의하는 경우에는 그 판결의 기판력이 발생한 날

**제261조** (삭제)
**제261-1조** (삭제)
**제261-2조** (삭제)

**제262조** 이혼 합의 또는 판결은, 부부의 재산과 관련하여서는, 민적 규정에 정해진 여백 기재의 절차가 이루어진 날부터 제3자에게 대항할 수 있다.

**Article 262-1** La convention ou le jugement de divorce prend effet dans les rapports entre les époux, en ce qui concerne leurs biens :
- lorsqu'il est constaté par consentement mutuel par acte sous signature privée contresigné par avocats déposé au rang des minutes d'un notaire, à la date à laquelle la convention réglant l'ensemble des conséquences du divorce acquiert force exécutoire, à moins que cette convention n'en stipule autrement ;
- lorsqu'il est prononcé par consentement mutuel dans le cas prévu au 1° de l'article 229-2, à la date de l'homologation de la convention réglant l'ensemble des conséquences du divorce, à moins que celle-ci n'en dispose autrement ;
- lorsqu'il est prononcé pour acceptation du principe de la rupture du mariage, pour altération définitive du lien conjugal ou pour faute, à la date de l'ordonnance de non-conciliation.

A la demande de l'un des époux, le juge peut fixer les effets du jugement à la date à laquelle ils ont cessé de cohabiter et de collaborer. Cette demande ne peut être formée qu'à l'occasion de l'action en divorce. La jouissance du logement conjugal par un seul des époux conserve un caractère gratuit jusqu'à l'ordonnance de non-conciliation, sauf décision contraire du juge.

**Article 262-2** Toute obligation contractée par l'un des époux à la charge de la communauté, toute aliénation de biens communs faite par l'un d'eux dans la limite de ses pouvoirs, postérieurement à la demande en divorce, sera déclarée nulle, s'il est prouvé qu'il y a eu fraude aux droits de l'autre conjoint.

## Section 2 Des conséquences du divorce pour les époux

### Paragraphe 1 Dispositions générales.

**Article 263** Si les époux divorcés veulent contracter entre eux une autre union, une nouvelle célébration du mariage est nécessaire.

**Article 264** A la suite du divorce, chacun des époux perd l'usage du nom de son conjoint.

L'un des époux peut néanmoins conserver l'usage du nom de l'autre, soit avec l'accord de celui-ci, soit avec l'autorisation du juge, s'il justifie d'un intérêt particulier pour lui ou pour les enfants.

**Article 264-1** (abrogé)

**제262-1조** ① 이혼 합의 또는 판결은 부부 사이의 관계에 있어서 그들의 재산과 관련하여 다음과 같은 일자에 효력이 발생한다.
- 변호사가 연서하고 공증인의 원본철에 편철되는 사서증서에 의한 상호협의로 이혼이 확인된 경우, 합의에서 달리 정하지 않는 한, 이혼의 모든 효과를 정하는 합의가 집행력을 가지는 날

- 제229-2조 제1호에 규정된 경우에서 상호협의에 의한 이혼이 선고된 경우, 합의에서 달리 정하지 않는 한, 이혼의 모든 효과를 정하는 합의의 승인일

- 혼인파탄주의에 대한 승낙, 혼인 관계의 확정적 변질 또는 유책을 이유로 이혼이 선고되는 경우, 조정불성립 결정일

② 부부 일방의 청구에 따라 법관은 판결의 효력이 부부가 동거와 협력을 중단한 일자에 발생한 것으로 정할 수 있다. 이 청구는 이혼의 소가 제기된 경우에만 할 수 있다. 부부 일방만에 의한 혼인주거의 향유는, 법관의 반대결정이 없으면, 조정불성립 결정이 있을 때까지 무상의 성격을 가진다.

**제262-2조** 이혼청구가 있은 후에 부부 일방이 공동재산이 부담하게끔 약정한 채무 그리고 부부 일방이 자신의 권한의 범위 내에서 행한 공동재산의 처분은 모두, 타방 배우자의 권리에 대한 사해가 있었음이 증명되면, 무효로 선언된다.

### 제2절 이혼의 부부에 대한 효과

### 제1관 총칙

**제263조** 이혼한 부부가 그들 사이에 또 다른 결합을 체결하고자 하면 새로운 혼인의 거행이 필요하다.

**제264조** ① 이혼의 결과, 부부 각자는 자기 배우자의 성(姓)을 사용할 권리를 잃는다.
② 그렇지만, 타방의 동의가 있는 경우 또는 자신이나 자녀들을 위한 특별한 이익을 증명하여 법원의 허가를 받은 경우, 부부 일방은 타방의 성(姓)을 사용할 권리를 유지할 수 있다.

**제264-1조** (삭제)

**Article 265** Le divorce est sans incidence sur les avantages matrimoniaux qui prennent effet au cours du mariage et sur les donations de biens présents quelle que soit leur forme.

Le divorce emporte révocation de plein droit des avantages matrimoniaux qui ne prennent effet qu'à la dissolution du régime matrimonial ou au décès de l'un des époux et des dispositions à cause de mort, accordés par un époux envers son conjoint par contrat de mariage ou pendant l'union, sauf volonté contraire de l'époux qui les a consentis. Cette volonté est constatée dans la convention signée par les époux et contresignée par les avocats ou par le juge au moment du prononcé du divorce et rend irrévocables l'avantage ou la disposition maintenus.

Toutefois, si le contrat de mariage le prévoit, les époux pourront toujours reprendre les biens qu'ils auront apportés à la communauté.

**Article 265-1** Le divorce est sans incidence sur les droits que l'un ou l'autre des époux tient de la loi ou des conventions passées avec des tiers.

**Article 265-2** Les époux peuvent, pendant l'instance en divorce, passer toutes conventions pour la liquidation et le partage de leur régime matrimonial.

Lorsque la liquidation porte sur des biens soumis à la publicité foncière, la convention doit être passée par acte notarié.

## Paragraphe 2 Des conséquences propres aux divorces autres que par consentement mutuel.

**Article 266** Sans préjudice de l'application de l'article 270, des dommages et intérêts peuvent être accordés à un époux en réparation des conséquences d'une particulière gravité qu'il subit du fait de la dissolution du mariage soit lorsqu'il était défendeur à un divorce prononcé pour altération définitive du lien conjugal et qu'il n'avait lui-même formé aucune demande en divorce, soit lorsque le divorce est prononcé aux torts exclusifs de son conjoint.

Cette demande ne peut être formée qu'à l'occasion de l'action en divorce.

**제265조** ① 이혼은 혼인 중 효력이 발생한 부부재산제상 이익에 대하여, 그리고 현존 재산의 증여에 대하여, 그 형식을 불문하고, 영향을 미치지 아니한다.

② 이혼은, 부부재산제의 해소 시 또는 부부 일방의 사망 시에야 효력을 발생하는 부부재산제상 이익 및 부부 일방이 자신의 배우자에게 부부재산계약에 의하여 부여하였거나 결합 중에 부여한 사인처분(死因處分)을 당연히 취소시키나, 처분행위를 한 부부 일방의 반대의사가 있는 때에는 그러하지 아니하다. 이 의사는 부부의 서명과 변호사의 연서가 있는 합의서에서 또는 이혼의 선고 시에 법관에 의하여 확인되고, 부부재산제상 이익이나 기존의 처분행위를 취소할 수 없는 것으로 한다.

③ 그러나 부부재산계약이 이를 정하고 있으면 부부는 그들이 공동재산에 출자한 재산을 언제든지 회수할 수 있다.

**제265-1조** 이혼은 부부 일방 또는 타방이 법률 또는 제3자와 체결한 합의로부터 얻은 권리에 영향을 미치지 아니한다.

**제265-2조** ① 부부는 이혼 심리 중에 부부재산제의 청산과 분할을 위한 모든 합의를 체결할 수 있다.

② 청산이 부동산 공시의 대상이 되는 재산에 대한 것인 경우에는 합의가 공정증서에 의하여 체결되어야 한다.

### 제2관 상호협의에 의하지 않은 이혼에 고유한 효과

**제266조** ① 제270조의 적용을 방해하지 않고, 부부 일방은, 혼인관계의 확정적 변질을 이유로 선고되는 이혼에서 피고이었을 뿐 자신은 어떠한 이혼 청구도 하지 아니한 경우 또는 이혼이 그 배우자의 전적인 유책으로 선고되는 경우, 혼인 해소의 사실로부터 입은 특별히 중대한 결과에 대한 배상으로 그에게 손해배상금이 부여될 수 있다.

② 이 청구는 이혼의 소가 제기된 경우에만 할 수 있다.

**Article 267** A défaut d'un règlement conventionnel par les époux, le juge statue sur leurs demandes de maintien dans l'indivision, d'attribution préférentielle et d'avance sur part de communauté ou de biens indivis.

Il statue sur les demandes de liquidation et de partage des intérêts patrimoniaux, dans les conditions fixées aux articles 1361 à 1378 du code de procédure civile, s'il est justifié par tous moyens des désaccords subsistant entre les parties, notamment en produisant :
- une déclaration commune d'acceptation d'un partage judiciaire, indiquant les points de désaccord entre les époux ;
- le projet établi par le notaire désigné sur le fondement du 10° de l'article 255.

Il peut, même d'office, statuer sur la détermination du régime matrimonial applicable aux époux.

**Article 267-1** (abrogé)

**Article 268** Les époux peuvent, pendant l'instance, soumettre à l'homologation du juge des conventions réglant tout ou partie des conséquences du divorce.

Le juge, après avoir vérifié que les intérêts de chacun des époux et des enfants sont préservés, homologue les conventions en prononçant le divorce.

**Article 268-1** (abrogé)
**Article 269** (abrogé)

### Paragraphe 3 Des prestations compensatoires

**Article 270** Le divorce met fin au devoir de secours entre époux.

L'un des époux peut être tenu de verser à l'autre une prestation destinée à compenser, autant qu'il est possible, la disparité que la rupture du mariage crée dans les conditions de vie respectives. Cette prestation a un caractère forfaitaire. Elle prend la forme d'un capital dont le montant est fixé par le juge.

Toutefois, le juge peut refuser d'accorder une telle prestation si l'équité le commande, soit en considération des critères prévus à l'article 271, soit lorsque le divorce est prononcé aux torts exclusifs de l'époux qui demande le bénéfice de cette prestation, au regard des circonstances particulières de la rupture.

**제267조** ① 부부의 협의에 의한 정산이 없으면, 법관은 공유유지, 우선분배, 그리고 무엇보다 공동재산이나 공유재산의 지분에 관한 부부의 청구에 대하여 재판한다.

② 법관은 재산상 이익의 청산과 분할의 청구에 대하여, 당사자 사이에 존재하는 의견불일치가 어떤 수단으로든, 특히 다음을 제출하여, 증명될 수 있다면, 민사소송법전 제1361조부터 제1378조까지에서 정한 요건에 따라 재판한다.
- 부부 사이에 의견불일치의 점을 지적하는 한편 재판상 분할을 승낙한다는 공동의 선언

- 제255조 제10호에 기초하여 지명된 공증인이 작성한 초안
③ 법관은 부부에게 적용되는 부부재산제의 결정에 관하여 직권으로도 판단할 수 있다.


**제267-1조** (삭제)

**제268조** ① 부부는, 재판 절차 중에, 이혼의 효과를 전부 또는 일부 정하는 합의서에 대하여 법관의 승인을 신청할 수 있다.
② 법관은 부부 각자 및 자녀들의 이익이 보존된다는 점을 확인한 다음에 합의서를 승인하고 이혼을 선고할 수 있다.

**제268-1조** (삭제)
**제269조** (삭제)

### 제3관 보상급부

**제270조** ① 이혼은 부부 사이의 부조의무를 종료시킨다.
② 부부 중 일방은, 혼인의 종료가 각자의 생활여건에 초래한 격차를 가능한 한 보상할 목적의 급부를 상대방에게 지급할 의무를 부담할 수 있다. 이 급부는 정액의 속성을 가진다. 급부는 원본의 형태를 취하며 그 금액은 법관이 정한다.

③ 그러나 제271조에 규정된 기준을 고려하여 또는 이 급부의 수혜를 청구하는 배우자의 전적인 과책을 이유로 이혼이 선고되는 경우, 형평이 이를 요구한다면, 법관은 혼인종료의 특수한 사정에 비추어 그러한 급부의 부여를 기각할 수 있다.

**Article 271** La prestation compensatoire est fixée selon les besoins de l'époux à qui elle est versée et les ressources de l'autre en tenant compte de la situation au moment du divorce et de l'évolution de celle-ci dans un avenir prévisible.

A cet effet, le juge prend en considération notamment :
- la durée du mariage ;
- l'âge et l'état de santé des époux ;
- leur qualification et leur situation professionnelles ;
- les conséquences des choix professionnels faits par l'un des époux pendant la vie commune pour l'éducation des enfants et du temps qu'il faudra encore y consacrer ou pour favoriser la carrière de son conjoint au détriment de la sienne ;
- le patrimoine estimé ou prévisible des époux, tant en capital qu'en revenu, après la liquidation du régime matrimonial ;
- leurs droits existants et prévisibles ;
- leur situation respective en matière de pensions de retraite en ayant estimé, autant qu'il est possible, la diminution des droits à retraite qui aura pu être causée, pour l'époux créancier de la prestation compensatoire, par les circonstances visées au sixième alinéa.

**Article 272** Dans le cadre de la fixation d'une prestation compensatoire, par le juge ou par les parties, ou à l'occasion d'une demande de révision, les parties fournissent au juge une déclaration certifiant sur l'honneur l'exactitude de leurs ressources, revenus, patrimoine et conditions de vie.

**Article 273** (abrogé)

**Article 274** Le juge décide des modalités selon lesquelles s'exécutera la prestation compensatoire en capital parmi les formes suivantes :
1° Versement d'une somme d'argent, le prononcé du divorce pouvant être subordonné à la constitution des garanties prévues à l'article 277 ;
2° Attribution de biens en propriété ou d'un droit temporaire ou viager d'usage, d'habitation ou d'usufruit, le jugement opérant cession forcée en faveur du créancier. Toutefois, l'accord de l'époux débiteur est exigé pour l'attribution en propriété de biens qu'il a reçus par succession ou donation.

**제271조** ① 보상급부는 이를 지급받을 부부 일방의 필요와 타방의 자력(資力)에 맞추어 그리고 이혼 당시의 사정 및 그 사정의 예견 가능한 장래의 전개를 고려하여 정해진다.

② 이를 위하여, 법관은 특히 다음 각 사항을 고려한다.
- 혼인의 기간
- 부부의 연령과 건강상태
- 부부의 직업적 자격과 사정
- 자녀들의 교육 및 아직 그에 들여야 할 시간을 위하여 또는 자신의 경력을 희생하여 배우자의 경력을 돕기 위하여 부부 일방이 공동생활 중에 한 직업상 선택으로 인한 결과

- 부부재산제의 청산 후, 원본 또는 소득으로 산정되었거나 예견 가능한 부부의 재산

- 부부의 현존하는 권리와 예견 가능한 권리
- 퇴직연금에 관한 부부 각자의 사정. 이때 여섯째 줄에서 정하는 사정에 의하여 보상급부채권자인 배우자에게 초래될 수 있는 퇴직금에 관한 권리의 감소를, 가능한 한, 산정한다.


**제272조** 법관 또는 당사자들에 의한 보상급부 결정에 있어서 또는 변경 청구 시에, 당사자들은 자신들의 자력(資力), 소득, 재산과 생활여건이 정확하다는 것을 명예를 걸고 확인하는 신고서를 법원에 제출한다.


**제273조** (삭제)

**제274조** 법관은 보상급부 원본이 지급될 방식을 다음 각 호의 방식 중에서 정한다.

1. 금전의 지급. 이혼을 선고받은 사람은 제277조에 규정된 담보 설정의무를 부담할 수 있다.

2. 재산의 소유권, 일시적 또는 종신적 사용권, 거주권 또는 점용권을 판결에 의하여 채권자에게 강제 양도함으로써 귀속시킴. 그러나 채무자인 부부 일방이 상속 또는 증여에 의하여 취득한 재산의 소유권을 귀속시키기 위해서는 그의 동의가 요구된다.

**Article 275** Lorsque le débiteur n'est pas en mesure de verser le capital dans les conditions prévues par l'article 274, le juge fixe les modalités de paiement du capital, dans la limite de huit années, sous forme de versements périodiques indexés selon les règles applicables aux pensions alimentaires.

Le débiteur peut demander la révision de ces modalités de paiement en cas de changement important de sa situation. A titre exceptionnel, le juge peut alors, par décision spéciale et motivée, autoriser le versement du capital sur une durée totale supérieure à huit ans.

Le débiteur peut se libérer à tout moment du solde du capital indexé.

Après la liquidation du régime matrimonial, le créancier de la prestation compensatoire peut saisir le juge d'une demande en paiement du solde du capital indexé.

**Article 275-1** Les modalités de versement prévues au premier alinéa de l'article 275 ne sont pas exclusives du versement d'une partie du capital dans les formes prévues par l'article 274.

**Article 276** A titre exceptionnel, le juge peut, par décision spécialement motivée, lorsque l'âge ou l'état de santé du créancier ne lui permet pas de subvenir à ses besoins, fixer la prestation compensatoire sous forme de rente viagère. Il prend en considération les éléments d'appréciation prévus à l'article 271.

Le montant de la rente peut être minoré, lorsque les circonstances l'imposent, par l'attribution d'une fraction en capital parmi les formes prévues à l'article 274.

**Article 276-1** La rente est indexée ; l'indice est déterminé comme en matière de pension alimentaire.

Le montant de la rente avant indexation est fixé de façon uniforme pour toute sa durée ou peut varier par périodes successives suivant l'évolution probable des ressources et des besoins.

**Article 276-2** (abrogé)

**Article 276-3** La prestation compensatoire fixée sous forme de rente peut être révisée, suspendue ou supprimée en cas de changement important dans les ressources ou les besoins de l'une ou l'autre des parties.

La révision ne peut avoir pour effet de porter la rente à un montant supérieur à celui fixé initialement par le juge.

**제275조** ① 채무자가 제274조에 규정된 요건에 따라 원본을 지급할 자력이 없는 경우, 법관은 원본의 지급방식을 8년의 범위 내에서, 부양정기금에 적용되는 규칙에 따라 지수연동된 정기적 지급의 형태로 정한다.

② 채무자는 자신이 처한 상황의 중대한 변화가 있을 경우에는 변제 방식의 변경을 청구할 수 있다. 예외적으로, 법관은 이 경우에, 이유를 설시한 특별한 결정으로, 총 8년을 초과하는 기간에 걸쳐 원본을 지급하는 것을 허가할 수 있다.
③ 채무자는 지수연동된 원본의 미불금을 언제든지 변제하여 면책될 수 있다.
④ 부부재산제의 청산 후, 보상급부의 채권자는 지수연동된 원본의 미불금의 변제를 구하는 소송을 법원에 제기할 수 있다.

**제275-1조** 제275조 제1항에 규정된 지급방식은 원본의 일부를 제274조에 규정된 방식에 따라 지급하는 것을 배제하지 아니한다.

**제276조** ① 예외적으로 법관은 이유를 설시한 특별한 결정으로, 채권자가 그 연령 또는 건강 상태로 인하여 자신의 생계를 조달할 수 없는 경우, 보상급부를 종신정기금의 형태로 정할 수 있다. 법원은 제271조에 규정된 평가요소를 고려한다.

② 정기금의 금액은, 사정에 따라 요청되는 경우, 제274조에 규정된 방식으로 원본의 일부를 지급함으로써 낮춰질 수 있다.

**제276-1조** ① 정기금은 지수연동된다. 지수는 부양정기금에서와 같이 정해진다.

② 지수연동 전의 정기금의 금액은 정기금의 전 기간 동안 일정한 방법으로 정해지거나 또는 자력(資力)과 필요의 개연적인 전개에 좇아 연속되는 기간별로 달라질 수 있다.

**제276-2조** (삭제)

**제276-3조** ① 정기금의 형태로 정해진 보상급부는, 당사자들 일방 또는 타방의 자력(資力)과 필요에 중대한 변화가 있을 경우, 변경되거나, 정지되거나 또는 종료될 수 있다.

② 변경은 법관에 의하여 처음에 정해진 금액을 초과하는 금액으로 정기금을 인상하는 효력을 가질 수 없다.

**Article 276-4** Le débiteur d'une prestation compensatoire sous forme de rente peut, à tout moment, saisir le juge d'une demande de substitution d'un capital à tout ou partie de la rente. La substitution s'effectue selon des modalités fixées par décret en Conseil d'Etat.

Le créancier de la prestation compensatoire peut former la même demande s'il établit qu'une modification de la situation du débiteur permet cette substitution, notamment lors de la liquidation du régime matrimonial.

Les modalités d'exécution prévues aux articles 274, 275 et 275-1 sont applicables. Le refus du juge de substituer un capital à tout ou partie de la rente doit être spécialement motivé.

**Article 277** Indépendamment de l'hypothèque légale ou judiciaire, le juge peut imposer à l'époux débiteur de constituer un gage, de donner caution ou de souscrire un contrat garantissant le paiement de la rente ou du capital.

**Article 278** En cas de divorce par consentement mutuel, les époux fixent le montant et les modalités de la prestation compensatoire dans la convention établie par acte sous signature privée contresigné par les avocats ou dans la convention qu'ils soumettent à l'homologation du juge. Ils peuvent prévoir que le versement de la prestation cessera à compter de la réalisation d'un événement déterminé. La prestation peut prendre la forme d'une rente attribuée pour une durée limitée.

Le juge, toutefois, refuse d'homologuer la convention si elle fixe inéquitablement les droits et obligations des époux.

**Article 279** La convention homologuée a la même force exécutoire qu'une décision de justice.

Elle ne peut être modifiée que par une nouvelle convention entre des époux, également soumise à homologation.

Les époux ont néanmoins la faculté de prévoir dans leur convention que chacun d'eux pourra, en cas de changement important dans les ressources ou les besoins de l'une ou l'autre des parties, demander au juge de réviser la prestation compensatoire. Les dispositions prévues aux deuxième et troisième alinéas de l'article 275 ainsi qu'aux articles 276-3 et 276-4 sont également applicables, selon que la prestation compensatoire prend la forme d'un capital ou d'une rente temporaire ou viagère.

Sauf disposition particulière de la convention, les articles 280 à 280-2 sont applicables.

Les troisième et avant-dernier alinéas du présent article s'appliquent à la convention de divorce établie par acte sous signature privée contresigné par avocats, déposé au rang des minutes d'un notaire.

**제276-4조** ① 정기금 형태의 보상급부를 부담하는 채무자는, 언제든지, 법관에게 정기금의 전부 또는 일부를 원본으로 대체해 달라는 청구를 제기할 수 있다. 대체는 국사원 데크레가 정하는 방식에 따라 이루어진다.

② 보상급부채권자도 특히 부부재산제의 청산 시에, 채무자의 상황이 변경되어 이 대체가 허용됨을 증명하면, 전항의 청구를 제기할 수 있다.

③ 제274조, 제275조 및 제275-1조에 규정된 이행의 방식이 적용된다. 정기금의 전부 또는 일부를 원본으로 대체하는 것에 대한 법관의 거부에는 특별한 이유가 설시되어야 한다.

**제277조** 법정 저당권 또는 재판상 저당권과는 별개로, 법관은 채무자인 부부 일방으로 하여금 질권을 설정하거나, 보증인을 세우거나 또는 정기금 또는 원본의 변제를 담보할 계약에 서명하도록 할 수 있다.

**제278조** ① 상호협의에 의하여 이혼할 경우, 부부는 변호사들이 연서한 사서증서에 의하여 작성된 합의서 또는 법원의 승인을 받기 위해 제출하는 합의서에 보상급부의 금액과 방식을 정한다. 부부는 정해진 사건이 실현된 때로부터 지급이 종료된다는 것을 예정할 수 있다. 보상급부는 일정 기간에 한하여 부여되는 정기금의 형태를 취할 수 있다.

② 그러나 합의서가 부부의 권리와 의무를 불공평하게 정한다면, 법관은 이의 승인을 거부한다.

**제279조** ① 승인된 합의서는 법원의 결정과 동일한 집행력을 가진다.

② 승인된 합의서는 부부 사이의 새로운 합의서에 의해서만 변경될 수 있으며, 마찬가지로 승인을 받아야 한다.

③ 그럼에도 불구하고 부부는 자신들의 합의서에, 부부 각자는 당사자들의 일방 또는 상대방의 자력(資力)과 필요에 중대한 변화가 있을 경우, 법관에게 보상급부의 변경을 청구할 수 있다는 것을 예정할 수 있다. 보상급부가 원본 아니면 일시적 또는 종신적 정기금의 형태를 갖느냐에 따라, 제275조의 제2항과 제3항 및 제276-3조와 제276-4조에 정한 규정들도 적용된다.

④ 합의서에 특별한 규정이 없다면, 제280조부터 제280-2조까지가 적용된다.

⑤ 본조의 제3항과 제4항은, 변호사들이 연서하고 공증인의 원본철에 편철된 사서증서에 의하여 작성된 이혼합의서에 적용된다.

**Article 279-1** Lorsqu'en application de l'article 268, les époux soumettent à l'homologation du juge une convention relative à la prestation compensatoire, les dispositions des articles 278 et 279 sont applicables.

**Article 280** A la mort de l'époux débiteur, le paiement de la prestation compensatoire, quelle que soit sa forme, est prélevé sur la succession. Le paiement est supporté par tous les héritiers, qui n'y sont pas tenus personnellement, dans la limite de l'actif successoral et, en cas d'insuffisance, par tous les légataires particuliers, proportionnellement à leur émolument, sous réserve de l'application de l'article 927.

Lorsque la prestation compensatoire a été fixée sous forme d'un capital payable dans les conditions de l'article 275, le solde de ce capital indexé devient immédiatement exigible.

Lorsqu'elle a été fixée sous forme de rente, il lui est substitué un capital immédiatement exigible. La substitution s'effectue selon des modalités fixées par décret en Conseil d'Etat.

**Article 280-1** Par dérogation à l'article 280, les héritiers peuvent décider ensemble de maintenir les formes et modalités de règlement de la prestation compensatoire qui incombaient à l'époux débiteur, en s'obligeant personnellement au paiement de cette prestation. A peine de nullité, l'accord est constaté par un acte notarié. Il est opposable aux tiers à compter de sa notification à l'époux créancier lorsque celui-ci n'est pas intervenu à l'acte.

Lorsque les modalités de règlement de la prestation compensatoire ont été maintenues, les actions prévues au deuxième alinéa de l'article 275 et aux articles 276-3 et 276-4, selon que la prestation compensatoire prend la forme d'un capital ou d'une rente temporaire ou viagère, sont ouvertes aux héritiers du débiteur. Ceux-ci peuvent également se libérer à tout moment du solde du capital indexé lorsque la prestation compensatoire prend la forme prévue au premier alinéa de l'article 275.

**제279-1조** 제268조의 적용에 의하여 부부가 보상급부에 관한 합의서에 대하여 법관의 승인을 신청하는 경우, 제278조와 제279조의 규정이 적용된다.

**제280조** ① 채무자인 부부 일방이 사망한 때, 보상급부의 형태가 어떠하든 그 변제는 상속재산으로부터 선취된다. 상속인들이 개인적으로 변제의무를 부담하지는 않으나, 상속인들 전원이 상속적극재산의 범위 내에서 책임을 지고, 상속적극재산이 부족한 경우, 제927조의 적용유보 하에, 특정 수유자들 전원이 자신들의 취득분에 비례하여 책임을 진다.

② 보상급부가 제275조의 요건에 따라 변제가능한 원본의 형태로 정해진 경우, 지수연동된 원본의 미불금은 즉시 청구될 수 있다.

③ 보상급부가 정기금의 형태로 정해진 경우, 즉시 청구될 수 있는 원본이 정기금을 대체한다. 대체는 국사원 데크레가 정하는 방식에 따라 이루어진다.

**제280-1조** ① 제280조에 대한 예외로서, 상속인들은, 채무자인 부부 일방에게 부과되었던 보상급부의 형태와 변제방식을 유지할 것을 함께 정하고, 보상급부의 변제의무를 개인적으로 부담할 수 있다. 그 합의는 공정증서에 의하여 확인되지 않으면 무효이다. 채권자인 부부 일방이 공정증서에 개입하지 않은 경우에는 합의가 그에게 통지된 때로부터 제3자에게 대항할 수 있다.

② 보상급부의 변제 방식이 유지된 경우, 보상급부가 원본 아니면 일시적 또는 종신적 정기금의 형태를 취하느냐에 따라, 제275조 제2항에 그리고 제276-3조와 제276-4조에 규정된 소권이 채무자의 상속인들에게 인정된다. 보상급부가 제275조 제1항에 규정된 형태를 취하는 경우, 채무자의 상속인들은 또한 지수연동된 원본의 미불금을 언제든지 변제하여 면책될 수 있다.

**Article 280-2** Les pensions de réversion éventuellement versées du chef du conjoint décédé sont déduites de plein droit du montant de la prestation compensatoire, lorsque celle-ci, au jour du décès, prenait la forme d'une rente. Si les héritiers usent de la faculté prévue à l'article 280-1 et sauf décision contraire du juge, une déduction du même montant continue à être opérée si le créancier perd son droit ou subit une variation de son droit à pension de réversion.

**Article 281** Les transferts et abandons prévus au présent paragraphe sont, quelles que soient leurs modalités de versement, considérés comme participant du régime matrimonial. Ils ne sont pas assimilés à des donations.

**Article 282** (abrogé)
**Article 283** (abrogé)
**Article 284** (abrogé)
**Article 285** (abrogé)

### Paragraphe 4 Du logement

**Article 285-1** Si le local servant de logement à la famille appartient en propre ou personnellement à l'un des époux, le juge peut le concéder à bail au conjoint qui exerce seul ou en commun l'autorité parentale sur un ou plusieurs de leurs enfants lorsque ceux-ci résident habituellement dans ce logement et que leur intérêt le commande.

Le juge fixe la durée du bail et peut le renouveler jusqu'à la majorité du plus jeune des enfants.

Le juge peut résilier le bail si des circonstances nouvelles le justifient.

**제280-2조** 사망한 배우자의 명의로 불입된 전환연금은, 그 사망시에 보상급부가 정기금의 형태를 취했던 경우, 보상급부의 금액에서 당연히 공제된다. 상속인들이 제280-1조에 규정된 권리를 행사하고 또한 법원의 반대의 결정이 없다면, 채권자가 전환연금에 대한 권리를 상실하거나 그 권리에 변동이 있을 때에도, 동일한 금액의 공제가 계속 실행된다.

**제281조** 본관에 규정된 권리의 이전과 포기는, 그 지급 방식이 어떠하든, 부부재산제의 성질을 지닌 것으로 간주된다. 권리의 이전과 포기는 증여와 동일시되지 아니한다.

**제282조** (삭제)
**제283조** (삭제)
**제284조** (삭제)
**제285조** (삭제)

### 제4관 주거

**제285-1조** ① 가족의 주거로 사용되는 장소가 부부 중 일방의 고유재산 또는 개인적으로 어느 한 명의 소유인 경우, 자녀들이 이 주거에 상시 거주하고 그들의 이익을 위해 필요한 경우에는, 법관은 1인 또는 수인의 자녀들에 대하여 단독으로 또는 공동으로 친권을 행사하는 배우자에게 그 장소에 대한 임차권을 부여할 수 있다.
② 법관은 임대차의 기간을 정하고 가장 어린 자녀가 성년이 될 때까지 임대차를 갱신할 수 있다.
③ 법관은, 새로운 사정이 이를 정당화한다면 임대차를 해지할 수 있다.

## Section 3 Des conséquences du divorce pour les enfants

**Article 286** Les conséquences du divorce pour les enfants sont réglées selon les dispositions du chapitre Ier du titre IX du présent livre.

**Article 287** (abrogé)
**Article 288** (abrogé)
**Article 289** (abrogé)
**Article 290** (abrogé)
**Article 291** (abrogé)
**Article 292** (abrogé)
**Article 293** (abrogé)
**Article 294** (abrogé)
**Article 295** (abrogé)

## Chapitre IV De la séparation de corps

### Section 1 Des cas et de la procédure de la séparation de corps

**Article 296** La séparation de corps peut être prononcée à la demande de l'un des époux dans les mêmes cas et aux mêmes conditions que le divorce judiciaire.

**Article 297** L'époux contre lequel est présentée une demande en divorce peut former une demande reconventionnelle en séparation de corps. Toutefois, lorsque la demande principale en divorce est fondée sur l'altération définitive du lien conjugal, la demande reconventionnelle ne peut tendre qu'au divorce. L'époux contre lequel est présentée une demande en séparation de corps peut former une demande reconventionnelle en divorce.

**Article 297-1** Lorsqu'une demande en divorce et une demande en séparation de corps sont concurremment présentées, le juge examine en premier lieu la demande en divorce. Il prononce celui-ci dès lors que les conditions en sont réunies. A défaut, il statue sur la demande en séparation de corps.

Toutefois, lorsque ces demandes sont fondées sur la faute, le juge les examine simultanément et, s'il les accueille, prononce à l'égard des deux conjoints le divorce aux torts partagés.

## 제3절 자녀에 대한 이혼의 효과

**제286조** 자녀에 대한 이혼의 효과는 본권 제9편 제1장의 규정에 따라 규율된다.

**제287조** (삭제)
**제288조** (삭제)
**제289조** (삭제)
**제290조** (삭제)
**제291조** (삭제)
**제292조** (삭제)
**제293조** (삭제)
**제294조** (삭제)
**제295조** (삭제)

## 제4장 별거

### 제1절 별거의 경우와 절차

**제296조** 별거는 부부 중 일방의 청구에 의하여 재판상 이혼과 동일한 경우에 그리고 동일한 요건 하에 선고될 수 있다.

**제297조** 이혼청구를 제기받은 부부 일방은 별거의 반소청구를 제기할 수 있다. 그러나 이혼의 본소청구가 부부관계의 확정적 변질에 근거한 경우 반소청구는 이혼청구만 가능하다. 별거의 청구를 제기받은 부부 일방은 이혼의 반소청구를 제기할 수 있다.

**제297-1조** ① 이혼청구와 별거청구가 중첩적으로 제기된 경우에는, 법관은 먼저 이혼청구를 심사한다. 법원은 이혼의 요건이 구비된 이상 이혼을 선고한다. 그렇지 않은 경우, 법관은 별거청구에 대하여 재판한다.

② 그러나, 이 청구들이 과책에 근거한 경우에는 법원은 이들을 동시에 심사하고, 두 청구가 인정되면 두 배우자에 대하여 쌍방 유책에 따른 이혼을 선고한다.

**Article 298** En outre, les règles contenues aux articles 229-1 à 229-4 ainsi qu'au chapitre II ci-dessus sont applicables à la procédure de la séparation de corps.

### Section 2 Des conséquences de la séparation de corps

**Article 299** La séparation de corps ne dissout pas le mariage mais elle met fin au devoir de cohabitation.

**Article 300** Chacun des époux séparés conserve l'usage du nom de l'autre. Toutefois, le jugement de séparation de corps ou un jugement postérieur peut, compte tenu des intérêts respectifs des époux, le leur interdire.

**Article 301** En cas de décès de l'un des époux séparés de corps, l'autre époux conserve les droits que la loi accorde au conjoint survivant. Lorsque la séparation de corps est prononcée par consentement mutuel, les époux peuvent inclure dans leur convention une renonciation aux droits successoraux qui leur sont conférés par les articles 756 à 757-3 et 764 à 766.

**Article 302** La séparation de corps entraîne toujours séparation de biens.

En ce qui concerne les biens, la date à laquelle la séparation de corps produit ses effets est déterminée conformément aux dispositions des articles 262 à 262-2.

**Article 303** La séparation de corps laisse subsister le devoir de secours ; le jugement qui la prononce ou un jugement postérieur fixe la pension alimentaire qui est due à l'époux dans le besoin. La pension alimentaire peut aussi être prévue par la convention de séparation de corps par consentement mutuel.

Cette pension est attribuée sans considération des torts. L'époux débiteur peut néanmoins invoquer, s'il y a lieu, les dispositions de l'article 207, alinéa 2.

Cette pension est soumise aux règles des obligations alimentaires.

Toutefois, lorsque la consistance des biens de l'époux débiteur s'y prête, la pension alimentaire est remplacée, en tout ou partie, par la constitution d'un capital, selon les règles des articles 274 à 275-1, 277 et 281. Si ce capital devient insuffisant pour couvrir les besoins du créancier, celui-ci peut demander un complément sous forme de pension alimentaire.

**제298조** 그 밖에 제229-1조부터 제229-4조까지와 위의 제2장에 포함된 규정은 별거의 절차에 준용된다.

## 제2절 별거의 효과

**제299조** 별거는 혼인을 해소하지 않지만 동거의무는 종료시킨다.

**제300조** 별거 중인 부부 각자는 타방의 성(姓)의 사용을 유지할 수 있다. 그러나, 별거의 판결 또는 그 후의 판결은, 부부 각자의 이익을 고려하여, 부부에게 이를 금지할 수 있다.

**제301조** 별거 중인 부부 중 일방이 사망한 경우, 타방은 법률이 생존배우자에게 부여한 권리를 유지한다. 별거가 상호협의에 의하여 선고되는 경우, 부부는 자신들의 합의서에 제756조부터 제757-3조와 제764조부터 제766조까지에 의하여 그들에게 부여된 상속권의 포기를 포함시킬 수 있다.

**제302조** ① 별거는 언제나 재산의 분리를 초래한다.
② 재산과 관련해서, 별거가 그 효력을 발생하는 일자는 제262조부터 제262-2조까지의 규정에 따라 정해진다.

**제303조** ① 별거는 부조의무를 존속시킨다. 별거를 선고하는 판결 또는 그 후의 판결로 곤궁에 처한 부부 일방에게 지급해야 할 부양정기금을 정한다. 부양정기금은 상호협의에 의한 별거의 합의서로도 정할 수 있다.

② 이 정기금은 유책을 고려하지 않고 부여된다. 그럼에도 불구하고 채무자인 부부 일방은, 필요하다면, 제207조 제2항의 규정을 원용할 수 있다.
③ 이 정기금은 부양의무에 관한 규정에 따른다.
④ 그러나, 채무자인 부부 일방의 재산 구성이 이에 적합할 경우에는, 부양정기금은 그 전부 또는 일부가 원본의 설정으로 대체될 수 있으며, 제274조부터 제275-1조까지, 제277조와 제281조의 규정에 따른다. 이 원본이 채권자의 필요를 충족하기에 불충분하게 되면, 채권자는 부양정기금 형태의 보충을 청구할 수 있다.

**Article 304** Sous réserve des dispositions de la présente section, les conséquences de la séparation de corps obéissent aux mêmes règles que les conséquences du divorce énoncées au chapitre III ci-dessus.

### Section 3 De la fin de la séparation de corps

**Article 305** La reprise volontaire de la vie commune met fin à la séparation de corps.

Pour être opposable aux tiers, celle-ci doit, soit être constatée par acte notarié, soit faire l'objet d'une déclaration à l'officier d'état civil. Mention en est faite en marge de l'acte de mariage des époux, ainsi qu'en marge de leurs actes de naissance.

La séparation de biens subsiste sauf si les époux adoptent un nouveau régime matrimonial suivant les règles de l'article 1397.

**Article 306** A la demande de l'un des époux, le jugement de séparation de corps est converti de plein droit en jugement de divorce quand la séparation de corps a duré deux ans.

**Article 307** Dans tous les cas de séparation de corps, celle-ci peut être convertie en divorce par consentement mutuel.

En cas de séparation de corps par consentement mutuel, la conversion en divorce ne peut intervenir que par consentement mutuel.

**Article 308** Du fait de la conversion, la cause de la séparation de corps devient la cause du divorce ; l'attribution des torts n'est pas modifiée.

Le juge fixe les conséquences du divorce. Les prestations et pensions entre époux sont déterminées selon les règles propres au divorce.

### Chapitre V Du conflit des lois relatives au divorce et à la séparation de corps

**Article 309** Le divorce et la séparation de corps sont régis par la loi française:
- lorsque l'un et l'autre époux sont de nationalité française ;
- lorsque les époux ont, l'un et l'autre, leur domicile sur le territoire français;
- lorsque aucune loi étrangère ne se reconnaît compétence, alors que les tribunaux français sont compétents pour connaître du divorce ou de la séparation de corps.

**제304조** 본절의 규정의 유보 하에, 별거의 효과는 위 제3장에 열거된 이혼의 효과와 동일한 규정에 따른다.

## 제3절 별거의 종료

**제305조** ① 공동생활의 자발적인 재개는 별거를 종료시킨다.
② 제3자에게 대항하기 위해서, 공동생활의 재개는 공정증서에 의하여 확인되거나 또는 민적관에게 신고되어야 한다. 공동생활의 재개의 기재는 부부의 혼인증서의 비고란과 그들의 출생증서의 비고란에 행해진다.
③ 부부가 제1397조의 규정에 따라 새로운 부부재산제를 채택한 경우를 제외하고는 재산의 분리는 존속된다.

**제306조** 부부 중 일방의 청구에 의하여, 별거판결은 별거가 2년간 지속된 때에 당연히 이혼판결로 전환된다.

**제307조** ① 별거의 모든 경우에 별거는 상호협의에 의한 이혼으로 전환될 수 있다.

② 상호협의에 의한 별거의 경우, 이혼으로의 전환은 상호협의에 의해서만 일어날 수 있다.

**제308조** ① 전환으로 인하여, 별거의 원인은 이혼의 원인이 된다. 유책의 분배는 변경되지 아니한다.
② 법관은 이혼의 효과를 정한다. 부부 사이의 급부와 정기금은 이혼에 고유한 원칙에 따라 정해진다.

## 제5장 이혼과 별거에 관한 법률의 충돌

**제309조** 이혼과 별거는 다음의 경우에 프랑스의 법률에 의하여 규율된다.
- 부부 쌍방이 모두 프랑스 국적인 경우
- 부부 쌍방이 모두 프랑스 영토에 주소가 있는 경우
- 프랑스 법원에 이혼 또는 별거를 재판하는 관할권이 있음에 반하여, 어떠한 외국 법률도 관할권을 인정하지 않는 경우

## Titre VII De la filiation

**Article 310** (abrogé)

## Chapitre I^{er} Dispositions générales

**Article 310-1** La filiation est légalement établie, dans les conditions prévues au chapitre II du présent titre, par l'effet de la loi, par la reconnaissance volontaire ou par la possession d'état constatée par un acte de notoriété.

Elle peut aussi l'être par jugement dans les conditions prévues au chapitre III du présent titre.

**Article 310-2** S'il existe entre les père et mère de l'enfant un des empêchements à mariage prévus par les articles 161 et 162 pour cause de parenté, la filiation étant déjà établie à l'égard de l'un, il est interdit d'établir la filiation à l'égard de l'autre par quelque moyen que ce soit.

### Section 1 Des preuves et présomptions

**Article 310-3** La filiation se prouve par l'acte de naissance de l'enfant, par l'acte de reconnaissance ou par l'acte de notoriété constatant la possession d'état.

Si une action est engagée en application du chapitre III du présent titre, la filiation se prouve et se conteste par tous moyens, sous réserve de la recevabilité de l'action.

**Article 311** La loi présume que l'enfant a été conçu pendant la période qui s'étend du trois centième au cent quatre-vingtième jour, inclusivement, avant la date de la naissance.

La conception est présumée avoir eu lieu à un moment quelconque de cette période, suivant ce qui est demandé dans l'intérêt de l'enfant.

La preuve contraire est recevable pour combattre ces présomptions.

# 제7편 친자관계

**제310조** (삭제)

## 제1장 총칙

**제310-1조** ① 친자관계는, 본편 제2장에 규정된 요건에 따라서, 법률의 효력에 의하여, 임의인지에 의하여 또는 신원확인증서에 의해서 확인된 신분점유에 의하여, 법적으로 성립한다.

② 친자관계는, 본편 제3장에 규정된 요건에 따라서, 판결에 의하여 성립할 수도 있다.

**제310-2조** 자녀의 부와 모 사이에 혈족관계를 원인으로 한 제161조와 제162조에 규정된 혼인장애 사유 중 하나가 있고 그중 1인과 자녀 사이의 친자관계가 이미 성립한 경우, 다른 1인과 자녀의 친자관계를 성립시키는 것은 그 방법이 무엇이건 금지된다.

## 제1절 증명과 추정

**제310-3조** ① 친자관계는 자녀의 출생증서나 인지증서 또는 신분점유를 확인하는 신원확인증서를 통해 증명된다.
② 본편 제3장의 적용으로 소가 제기된 때에는, 소의 수리가능성을 유보로 하여, 친자관계는 모든 방법으로 증명되고 다투어진다.

**제311조** ① 법률은 자녀가 출생 전 300일부터 180일까지의 기간 중에 포태된 것으로 추정한다.

② 자녀의 이익에 의거하여 요구되는 바에 따라, 포태는 위 기간 중의 어느 시점에 일어난 것으로 추정된다.
③ 제1항과 제2항의 추정을 다투기 위한 반증은 수리될 수 있다.

**Article 311-1** La possession d'état s'établit par une réunion suffisante de faits qui révèlent le lien de filiation et de parenté entre une personne et la famille à laquelle elle est dite appartenir.

Les principaux de ces faits sont :

1° Que cette personne a été traitée par celui ou ceux dont on la dit issue comme leur enfant et qu'elle-même les a traités comme son ou ses parents ;

2° Que ceux-ci ont, en cette qualité, pourvu à son éducation, à son entretien ou à son installation ;

3° Que cette personne est reconnue comme leur enfant, dans la société et par la famille ;

4° Qu'elle est considérée comme telle par l'autorité publique ;

5° Qu'elle porte le nom de celui ou ceux dont on la dit issue.

**Article 311-2** La possession d'état doit être continue, paisible, publique et non équivoque.

**Article 311-3** (abrogé)
**Article 311-4** (abrogé)
**Article 311-5** (abrogé)
**Article 311-6** (abrogé)

### Section 2 Du conflit des lois relatives à la filiation

**Article 311-7** (abrogé)
**Article 311-8** (abrogé)
**Article 311-11** (abrogé)
**Article 311-12** (abrogé)
**Article 311-13** (abrogé)

**Article 311-14** La filiation est régie par la loi personnelle de la mère au jour de la naissance de l'enfant ; si la mère n'est pas connue, par la loi personnelle de l'enfant.

**Article 311-15** Toutefois, si l'enfant et ses père et mère ou l'un d'eux ont en France leur résidence habituelle, commune ou séparée, la possession d'état produit toutes les conséquences qui en découlent selon la loi française, lors même que les autres éléments de la filiation auraient pu dépendre d'une loi étrangère.

**제311-1조** ① 신분점유는 어떤 사람과 그가 속한다고 하는 친족 간에 친자관계와 혈족관계를 나타내는 사실들의 충분한 결합으로 성립한다.

② 그 사실들 가운데 주요한 것은 다음과 같다.
1. 그 사람이 자기 출생의 근원이라 말해지는 자 또는 자들로부터 자녀로서의 대우를 받았으며 그 자신도 그 또는 그들을 부모로 대우했을 것
2. 그들이 부모의 자격으로 그 사람을 교육하거나 부양하거나 정착시켰을 것

3. 그 사람이 사회와 가족으로부터 그들의 자녀로서 인정될 것
4. 공공기관이 그 사람을 그들의 자녀로 간주할 것
5. 그 사람이 자기 출생의 근원이라 말해지는 자 또는 자들의 성(姓)을 지니고 있을 것

**제311-2조** 신분점유는 계속되고 평온하고 공연하여야 하며 모호하지 않아야 한다.

**제311-3조** (삭제)
**제311-4조** (삭제)
**제311-5조** (삭제)
**제311-6조** (삭제)

### 제2절 친자관계에 관한 법률의 충돌

**제311-7조** (삭제)
**제311-8조** (삭제)
**제311-11조** (삭제)
**제311-12조** (삭제)
**제311-13조** (삭제)

**제311-14조** 친자관계는 자녀 출생일의 모(母)의 속인법에 의하여 규율한다. 모(母)를 알지 못한다면, 자녀의 속인법에 의하여 규율한다.

**제311-15조** 전조의 규정에도 불구하고, 자녀와 부모 모두 또는 자녀와 부모 중 1인이 공동이든 별도이든 프랑스에 상거소를 가진 때에는, 친자관계의 다른 요소들이 외국법에 따르는 경우에도 신분점유는 프랑스법에 따라 그로부터 발생하는 모든 효과를 발생시킨다.

**Article 311-17** La reconnaissance volontaire de paternité ou de maternité est valable si elle a été faite en conformité, soit de la loi personnelle de son auteur, soit de la loi personnelle de l'enfant.

**Article 311-18** (abrogé)

## Section 3 De l'assistance médicale à la procréation (abrogé)

**Article 311-19** (abrogé)
**Article 311-20** (abrogé)

## Section 3 Des règles de dévolution du nom de famille

**Article 311-21** Lorsque la filiation d'un enfant est établie à l'égard de ses deux parents au plus tard le jour de la déclaration de sa naissance ou par la suite mais simultanément, ces derniers choisissent le nom de famille qui lui est dévolu : soit le nom du père, soit le nom de la mère, soit leurs deux noms accolés dans l'ordre choisi par eux dans la limite d'un nom de famille pour chacun d'eux. En l'absence de déclaration conjointe à l'officier de l'état civil mentionnant le choix du nom de l'enfant, celui-ci prend le nom de celui de ses parents à l'égard duquel sa filiation est établie en premier lieu et le nom de son père si sa filiation est établie simultanément à l'égard de l'un et de l'autre. En cas de désaccord entre les parents, signalé par l'un d'eux à l'officier de l'état civil, au plus tard au jour de la déclaration de naissance ou après la naissance, lors de l'établissement simultané de la filiation, l'enfant prend leurs deux noms, dans la limite du premier nom de famille pour chacun d'eux, accolés selon l'ordre alphabétique.

En cas de naissance à l'étranger d'un enfant dont l'un au moins des parents est français, les parents qui n'ont pas usé de la faculté de choix du nom dans les conditions du précédent alinéa peuvent effectuer une telle déclaration lors de la demande de transcription de l'acte, au plus tard dans les trois ans de la naissance de l'enfant.

Lorsqu'il a déjà été fait application du présent article, du deuxième alinéa de l'article 311-23, de l'article 342-12 ou de l'article 357 à l'égard d'un enfant commun, le nom précédemment dévolu ou choisi vaut pour les autres enfants communs.

Lorsque les parents ou l'un d'entre eux portent un double nom de famille, ils peuvent, par une déclaration écrite conjointe, ne transmettre qu'un seul nom à leurs enfants.

**제311-17조** 부성 또는 모성의 임의인지는 인지자의 속인법이나 자녀의 속인법에 부합하게 이루어졌을 때 유효하다.


**제311-18조** (삭제)

### 제3절 의료보조생식 (삭제)

**제311-19조** (삭제)
**제311-20조** (삭제)

### 제3절 가족성(姓)의 귀속에 관한 규정

**제311-21조** ① 자녀의 친자관계가 부모 모두에 관하여, 늦어도 출생신고일에 또는 그 후라도 동시에 성립한 경우에는, 부의 성(姓)이든 모의 성(姓)이든 또는 부모 각자의 가족성(姓) 중 하나씩의 범위 내에서 부모가 정한 순서에 따라 부모의 성(姓)을 병기하든, 자녀에게 귀속될 가족성(姓)을 부모가 선택한다. 자녀의 성(姓)의 선택에 관하여 민적관에게 공동신고를 하지 않으면 자녀는 친자관계가 먼저 성립한 부모의 성(姓)을 취하고, 친자관계가 부모 쌍방에 관하여 동시에 성립한다면, 부의 성(姓)을 취한다. 부모의 의견 불일치의 경우, 부모 중 1인이 늦어도 출생신고일 또는 출생 후 친자관계의 동시 성립 시에 민적관에게 이를 알린 때에는, 자녀는 부와 모 각자의 제1의 가족성(姓)의 범위 내에서 철자 순으로 병기된 그들의 두 성(姓)을 취한다.


② 부모 중 적어도 1인이 프랑스인인 자녀가 외국에서 출생한 경우로서 제1항의 요건에 따른 성(姓)의 선택권을 행사하지 않았던 부모는, 늦어도 자녀의 출생으로부터 3년 이내에, 출생증서의 등록신청 시에 자녀의 성(姓)의 선택에 관한 신고를 할 수 있다.

③ 공동의 자녀 1인에 관하여 이미 본조, 제311-23조 제2항, 제342-12조 또는 제357조를 적용한 때에는 전에 귀속하거나 선택한 성이 다른 공동의 자녀에 대하여 효력이 있다.

④ 부모 모두 또는 그들 중 1인이 두 개의 가족성(姓)을 가지고 있는 때에는, 부모는 서면에 의한 공동신청에 의하여 자녀에게 하나의 성(姓)만을 물려줄 수 있다.

**Article 311-22** Les dispositions de l'article 311-21 sont applicables à l'enfant qui devient français en application des dispositions de l'article 22-1, dans les conditions fixées par un décret pris en Conseil d'Etat.

**Article 311-23** Lorsque la filiation n'est établie qu'à l'égard d'un parent, l'enfant prend le nom de ce parent.

Lors de l'établissement du second lien de filiation puis durant la minorité de l'enfant, les parents peuvent, par déclaration conjointe devant l'officier de l'état civil, choisir soit de lui substituer le nom de famille du parent à l'égard duquel la filiation a été établie en second lieu, soit d'accoler leurs deux noms, dans l'ordre choisi par eux, dans la limite d'un nom de famille pour chacun d'eux. Le changement de nom est mentionné en marge de l'acte de naissance. En cas d'empêchement grave, le parent peut être représenté par un fondé de procuration spéciale et authentique.

Toutefois, lorsqu'il a déjà été fait application de l'article 311-21, du deuxième alinéa du présent article, de l'article 342-12 ou de l'article 357 à l'égard d'un autre enfant commun, la déclaration de changement de nom ne peut avoir d'autre effet que de donner le nom précédemment dévolu ou choisi.

Si l'enfant a plus de treize ans, son consentement personnel est nécessaire.

**Article 311-24** La faculté de choix ouverte en application des articles 311-21 et 311-23 ne peut être exercée qu'une seule fois.

**Article 311-24-1** En cas de naissance à l'étranger d'un enfant dont au moins l'un des parents est français, la transcription de l'acte de naissance de l'enfant doit retenir le nom de l'enfant tel qu'il résulte de l'acte de naissance étranger. Toutefois, au moment de la demande de transcription, les parents peuvent opter pour l'application de la loi française pour la détermination du nom de leur enfant, dans les conditions prévues à la présente section.

**제311-22조** 제311-21조의 규정은 제22-1조의 적용으로 프랑스인이 된 자녀에게, 국사원 데크레가 정한 요건에 따라, 적용된다.


**제311-23조** ① 친자관계가 부모 중 1인에 관해서만 성립한 경우, 자녀는 그 1인의 성(姓)을 취한다.

② 자녀가 미성년인 동안에 제2의 친자관계가 성립한 경우에 부모는, 민적관 앞에서의 공동신고를 통해, 친자관계가 나중에 성립한 부 또는 모의 가족성(姓)으로 대체하거나, 부모별로 하나씩의 가족성(姓)의 범위 내에서, 부모가 정한 순서로 부모의 두 성(姓)을 병기하는 것 중에서 선택할 수 있다. 성(姓)의 변경은 출생증서 비고란에 기재된다. 중대한 장애사유가 있는 경우, 부 또는 모는 공증된 특별수임인에 의하여 대리될 수 있다.


③ 그러나, 공동의 다른 자녀 1인에 관하여 이미 제311-21조, 본조 제2항, 제342-12조 또는 제357조가 적용된 때에는, 성(姓) 변경의 신고는 이미 귀속하거나 선택한 성(姓)을 부여하는 것 이외의 다른 효력은 가질 수 없다.

④ 자녀가 13세 이상인 때에는 자녀 자신의 동의가 필요하다.

**제311-24조** 제311-21조와 제311-23조를 적용하여 인정되는 선택권은 한 번만 행사할 수 있다.


**제311-24-1조** 적어도 부모 중 1인이 프랑스인인 자녀가 외국에서 출생한 경우, 그 자녀의 출생증서 등록에는 외국의 출생증서 상에 표기된 자녀의 성(姓)이 그대로 유지된다. 그러나 부모는 본절에서 정한 요건에 따라 등록신청 시에 자녀의 성(姓) 결정에 관한 프랑스법의 적용을 선택할 수 있다.

**Article 311-24-2** Toute personne majeure peut porter, à titre d'usage, l'un des noms prévus aux premier et dernier alinéas de l'article 311-21.

A l'égard des enfants mineurs, cette faculté est mise en œuvre par les deux parents exerçant l'autorité parentale ou par le parent exerçant seul l'autorité parentale.

En outre, le parent qui n'a pas transmis son nom de famille peut adjoindre celui-ci, à titre d'usage, au nom de l'enfant mineur. Cette adjonction se fait dans la limite du premier nom de famille de chacun des parents. Il en informe préalablement et en temps utile l'autre parent exerçant l'autorité parentale. Ce dernier peut, en cas de désaccord, saisir le juge aux affaires familiales, qui statue selon ce qu'exige l'intérêt de l'enfant.

Dans tous les cas, si l'enfant est âgé de plus de treize ans, son consentement personnel est requis.

## Chapitre II De l'établissement de la filiation

### Section 1 De l'établissement de la filiation par l'effet de la loi

#### Paragraphe 1 De la désignation de la mère dans l'acte de naissance

**Article 311-25** La filiation est établie, à l'égard de la mère, par la désignation de celle-ci dans l'acte de naissance de l'enfant.

#### Paragraphe 2 De la présomption de paternité

**Article 312** L'enfant conçu ou né pendant le mariage a pour père le mari.

**Article 313** La présomption de paternité est écartée lorsque l'acte de naissance de l'enfant ne désigne pas le mari en qualité de père. Elle est encore écartée lorsque l'enfant est né plus de trois cents jours après l'introduction de la demande en divorce ou en séparation de corps ou après le dépôt au rang des minutes d'un notaire de la convention réglant l'ensemble des conséquences du divorce, et moins de cent quatre-vingts jours depuis le rejet définitif de la demande ou la réconciliation.

**Article 314** Si elle a été écartée en application de l'article 313, la présomption de paternité se trouve rétablie de plein droit si l'enfant a la possession d'état à l'égard du mari et s'il n'a pas une filiation paternelle déjà établie à l'égard d'un tiers.

**제311-24-2조** ① 모든 성년자는, 관행에 따라, 제311-21조의 제1항과 제4항에 규정된 성(姓)들 중의 하나를 지닐 수 있다.

② 미성년인 자녀에 관하여, 이 권한은 친권을 행사하는 두 부모 또는 단독으로 친권을 행사하는 부나 모에 의해 실행된다.

③ 그밖에, 자신의 가족성(姓)을 물려주지 않은 부나 모는, 관행에 따라, 미성년인 자녀의 성(姓)에 이를 부가할 수 있다. 이러한 부가는 부모 각자의 제1의 가족성(姓)의 범위 내에서 행해진다. 그는 친권을 행사하는 타방 부모에게 사전에 그리고 적절한 시기에 이를 알려야 한다. 이 타방 부모는, 이에 동의하지 않는 경우, 가사담당 법관에게 자녀의 이익이 요구하는 바에 따라 재판할 것을 청구할 수 있다.

④ 모든 경우에서, 자녀가 13세 이상이면, 그의 개인적인 동의가 요구된다.

## 제2장 친자관계의 성립

### 제1절 법률규정에 의한 친자관계의 성립

#### 제1관 출생증서상 모(母)의 표시

**제311-25조** 모에 대한 친자관계는 자녀의 출생증서에 모를 표시함으로써 성립된다.

#### 제2관 부성추정

**제312조** 혼인 중에 포태하거나 출생한 자녀는 남편을 그 부(父)로 한다.

**제313조** 출생증서에 남편이 부(父)로 표시되지 않은 경우에는 부성추정이 배제된다. 자녀가 이혼이나 별거 청구의 소가 제기된 날 또는 이혼의 모든 효력을 규율하는 합의서를 공증인의 원본철에 편철된 날로부터 300일이 경과한 이후 및 당해 청구나 조정이 종국적으로 기각된 날로부터 180일 이전에 출생한 경우에도 또한 부성추정이 배제된다.

**제314조** 제313조를 적용하여 부성추정이 배제되었더라도, 자녀가 남편에 관하여 신분점유를 가지며 제3자에 대해서는 이미 어떠한 부자관계도 성립하지 않는다면, 부성추정이 당연히 회복된다.

**Article 315** Lorsque la présomption de paternité est écartée dans les conditions prévues à l'article 313, ses effets peuvent être rétablis en justice dans les conditions prévues à l'article 329. Le mari a également la possibilité de reconnaître l'enfant dans les conditions prévues aux articles 316 et 320.

## Section 2 De l'établissement de la filiation par la reconnaissance

**Article 316** Lorsque la filiation n'est pas établie dans les conditions prévues à la section I du présent chapitre, elle peut l'être par une reconnaissance de paternité ou de maternité, faite avant ou après la naissance.

La reconnaissance n'établit la filiation qu'à l'égard de son auteur.

Elle est faite dans l'acte de naissance, par acte reçu par l'officier de l'état civil ou par tout autre acte authentique.

L'acte de reconnaissance est établi sur déclaration de son auteur, qui justifie :

1° De son identité par un document officiel délivré par une autorité publique comportant son nom, son prénom, sa date et son lieu de naissance, sa photographie et sa signature ainsi que l'identification de l'autorité qui a délivré le document, la date et le lieu de délivrance ;

2° De son domicile ou de sa résidence par la production d'une pièce justificative datée de moins de trois mois. Lorsqu'il n'est pas possible d'apporter la preuve d'un domicile ou d'une résidence et lorsque la loi n'a pas fixé une commune de rattachement, l'auteur fournit une attestation d'élection de domicile dans les conditions fixées à l'article L. 264-2 du code de l'action sociale et des familles.

L'acte comporte les énonciations prévues à l'article 62 et la mention que l'auteur de la reconnaissance a été informé du caractère divisible du lien de filiation ainsi établi.

**제315조** 제313조에서 정한 요건에 따라 부성추정이 배제된 경우에는 제329조에서 정한 요건에 따라 재판에 의하여 부성추정의 효력이 회복될 수 있다. 남편도 제316조와 제320조에서 정한 요건에 따라서 자녀를 인지할 수 있다.

## 제2절 인지에 의한 친자관계의 성립

**제316조** ① 친자관계가 제2장 제1절에서 정한 요건에 따라 성립하지 아니한 경우, 친자관계는 자녀의 출생 전이나 후에 이루어진 부 또는 모의 인지에 의하여 성립할 수 있다.

② 인지는 인지자에 대해서만 친자관계를 성립시킨다.
③ 인지는, 민적관이 수리한 증서나 다른 모든 공정증서에 의하여, 출생증서에 행해진다.

④ 인지증서는 인지자의 신고를 토대로 작성된다. 인지자는 다음의 각 호의 사항을 증명한다.
1. 인지자의 성, 이름, 출생일과 출생지, 사진, 서명 및 문서를 교부한 기관의 식별, 교부일과 교부장소가 기재된 공공기관에 의하여 교부된 공적 문서에 의한 인지자의 신원

2. 3개월 이내에 발행된 증빙서류의 제출을 통한 인지자의 주소나 거소. 주소나 거소를 증명할 수 없는 경우 그리고 법률이 원적지를 정하지 않은 경우에 인지자는 사회복지 및 가족법전 제L.264-2조에 정한 요건에 따라서 주소 지정 증명서를 제출한다.

⑤ 위 증서에는 제62조에 규정된 사항들과 그렇게 성립한 친자관계의 가분성이 인지자에게 고지되었다는 기재가 표기되어야 한다.

**Article 316-1** Lorsqu'il existe des indices sérieux laissant présumer, le cas échéant au vu de l'audition par l'officier de l'état civil de l'auteur de la reconnaissance de l'enfant, que celle-ci est frauduleuse, l'officier de l'état civil saisit sans délai le procureur de la République et en informe l'auteur de la reconnaissance.

Le procureur de la République est tenu de décider, dans un délai de quinze jours à compter de sa saisine, soit de laisser l'officier de l'état civil enregistrer la reconnaissance ou mentionner celle-ci en marge de l'acte de naissance, soit qu'il y est sursis dans l'attente des résultats de l'enquête à laquelle il fait procéder, soit d'y faire opposition.

La durée du sursis ainsi décidé ne peut excéder un mois, renouvelable une fois par décision spécialement motivée. Toutefois, lorsque l'enquête est menée, en totalité ou en partie, à l'étranger par l'autorité diplomatique ou consulaire, la durée du sursis est portée à deux mois, renouvelable une fois par décision spécialement motivée. Dans tous les cas, la décision de sursis et son renouvellement sont notifiés à l'officier de l'état civil et à l'auteur de la reconnaissance.

A l'expiration du sursis, le procureur de la République fait connaître à l'officier de l'état civil et aux intéressés, par décision motivée, s'il laisse procéder à l'enregistrement de la reconnaissance ou à sa mention en marge de l'acte de naissance de l'enfant.

L'auteur de la reconnaissance, même mineur, peut contester la décision de sursis ou de renouvellement de celui-ci devant le tribunal judiciaire, qui statue dans un délai de dix jours à compter de sa saisine. En cas d'appel, la cour statue dans le même délai.

**Article 316-2** Tout acte d'opposition du procureur de la République mentionne les prénoms et nom de l'auteur de la reconnaissance ainsi que les prénoms et nom, date et lieu de naissance de l'enfant concerné.

En cas de reconnaissance prénatale, l'acte d'opposition mentionne les prénoms et nom de l'auteur de la reconnaissance ainsi que toute indication communiquée à l'officier de l'état civil relative à l'identification de l'enfant à naître.

A peine de nullité, tout acte d'opposition à l'enregistrement d'une reconnaissance ou à sa mention en marge de l'acte de naissance de l'enfant énonce la qualité de l'auteur de l'opposition ainsi que les motifs de celle-ci. Il reproduit les dispositions législatives sur lesquelles est fondée l'opposition.

L'acte d'opposition est signé, sur l'original et sur la copie, par l'opposant et notifié à l'officier de l'état civil, qui met son visa sur l'original.

L'officier de l'état civil fait sans délai une mention sommaire de l'opposition sur le registre de l'état civil. Il mentionne également en marge de l'inscription de ladite opposition les éventuelles décisions de mainlevée dont expédition lui a été remise. L'auteur de la reconnaissance en est informé sans délai.

**제316-1조** ① 필요에 따라 자녀의 인지자에 대한 민적관의 신문(訊問)에 의거하여, 인지가 기망임을 추정하게 하는 심각한 징후가 있는 경우, 민적관은 지체 없이 검사장에게 통보하고 인지자에게 이를 알린다.

② 검사장은 통보받은 때로부터 15일 이내에, 민적관이 인지를 등록하거나 출생증서의 비고란에 이를 기재하게 하든지, 아니면 자신이 진행시키는 조사의 결과를 기다리면서 이를 보류시킬 것인지, 아니면 그에 대한 이의를 제기할 것인지를 결정하여야 한다.

③ 위 결정에 의한 보류기간은 1개월을 초과할 수 없고 특별한 이유를 설시한 결정으로써 1회 갱신될 수 있다. 그러나 조사의 전부 또는 일부가 외국에서 외교 또는 영사 기관에 의하여 수행되는 경우, 보류기간은 2개월까지 연장되고 특별한 이유를 설시한 결정으로써 1회 갱신될 수 있다. 어느 경우에나 보류결정과 그 갱신은 민적관과 인지자에게 통지된다.

④ 보류기간이 만료하면 검사장은 민적관과 이해관계인에게 이유를 설시한 결정으로써 인지의 등록 또는 자녀의 출생증서 비고란에의 기재를 진행하도록 둘 것인지의 여부를 알려준다.

⑤ 인지자는 미성년이라 할지라도 보류결정이나 그 갱신결정을 민사지방법원에서 다툴 수 있으며, 민사지방법원은 제소된 때부터 10일 이내에 판결한다. 항소의 경우, 항소법원은 동일 기간 내에 판결한다.

**제316-2조** ① 검사장의 이의서에는 언제나 인지자의 성명 및 관련된 자녀의 성명, 출생일과 출생지를 기재한다.

② 출생 전 인지의 경우, 이의서에는 인지자의 성명 및 출생할 자녀의 신원에 관하여 민적관에게 통지된 모든 정보를 기재한다.

③ 인지의 등록 또는 자녀의 출생증서 비고란에의 기재에 대한 모든 이의서에는 언제나 이의자의 자격 및 이의사유를 밝혀야 하며, 이를 누락한 이의서는 무효이다. 이의서에는 이의제기의 근거가 되는 법률규정들을 적시한다.

④ 이의서는 그 원본과 사본에 이의제기자가 서명하여 민적관에게 송부되며, 민적관은 원본에 접수필을 날인한다.
⑤ 민적관은 지체 없이 민적등록부에 이의제기의 요지를 기재한다. 민적관은 이의제기 취소 결정을 송달받은 경우, 이를 당해 이의제기 등록부의 비고란에도 기재한다. 인지자에게는 이를 지체 없이 알린다.

En cas d'opposition, l'officier de l'état civil ne peut, sous peine de l'amende prévue à l'article 68, enregistrer la reconnaissance ou la mentionner sur l'acte de naissance de l'enfant, sauf si une expédition de la mainlevée de l'opposition lui a été remise.

**Article 316-3** Le tribunal judiciaire se prononce, dans un délai de dix jours à compter de sa saisine, sur la demande en mainlevée de l'opposition formée par l'auteur de la reconnaissance, même mineur.

En cas d'appel, il est statué dans le même délai et, si le jugement dont il est fait appel a prononcé mainlevée de l'opposition, la cour doit statuer, même d'office.

Le jugement rendu par défaut rejetant l'opposition à l'enregistrement de la reconnaissance ou à sa mention en marge de l'acte de naissance de l'enfant ne peut être contesté.

**Article 316-4** Lorsque la saisine du procureur de la République concerne une reconnaissance prénatale ou concomitante à la déclaration de naissance, l'acte de naissance de l'enfant est dressé sans indication de cette reconnaissance.

**Article 316-5** Lorsque la reconnaissance est enregistrée, ses effets pour l'application des articles 311-21 ou 311-23 remontent à la date de la saisine du procureur de la République.

### Section 3 De l'établissement de la filiation par la possession d'état

**Article 317** Chacun des parents ou l'enfant peut demander à un notaire que lui soit délivré un acte de notoriété qui fera foi de la possession d'état jusqu'à preuve contraire.

L'acte de notoriété est établi sur la foi des déclarations d'au moins trois témoins et de tout autre document produit qui attestent une réunion suffisante de faits au sens de l'article 311-1. L'acte de notoriété est signé par le notaire et par les témoins.

La délivrance de l'acte de notoriété ne peut être demandée que dans un délai de cinq ans à compter de la cessation de la possession d'état alléguée ou à compter du décès du parent prétendu, y compris lorsque celui-ci est décédé avant la déclaration de naissance.

La filiation établie par la possession d'état constatée dans l'acte de notoriété est mentionnée en marge de l'acte de naissance de l'enfant.

⑥ 이의제기의 경우, 민적관은 인지를 등록하거나 자녀의 출생증서에 이를 기재할 수 없으며, 이를 위반한 때에는 제68조에서 정한 벌금의 제재를 받으나, 이의제기 취소를 송달받은 경우에는 그러하지 아니하다.

**제316-3조** ① 민사지방법원은 인지자가, 비록 미성년자일지라도, 제기한 이의제기 취소 청구에 대하여 제소된 때로부터 10일 이내에 선고한다.

② 항소의 경우에도 동일 기간 내에 판결되며, 항소대상 판결이 이의제기의 취소를 선고한 다면 항소법원은 직권으로라도 판결하여야 한다.
③ 인지의 등록 또는 자녀의 출생증서 비고란에의 기재에 대한 이의제기를 기각한 궐석판결에 대해서는 다툴 수 없다.

**제316-4조** 검사장에의 통보가 출생 전 인지 또는 출생신고와 동시에 행해진 인지에 관한 것인 경우, 자녀의 출생증서는 이 인지의 표기 없이 작성된다.

**제316-5조** 위 인지가 등록된 경우, 인지의 효력은 제311-21조나 제311-23조의 적용을 위해 검사장에의 통보일로 소급한다.

### 제3절 신분점유에 의한 친자관계의 성립

**제317조** ① 부모 각자나 자녀는 반증이 있을 때까지 신분점유를 증명할 수 있는 신원확인증서를 발급하여 줄 것을 공증인에게 청구할 수 있다.
② 신원확인증서는 제311-1조에서 정하는 요건들의 충족을 증명하는 3인 이상의 증인들의 진술과 제출된 모든 다른 문서를 기반으로 작성한다. 신원확인증서에는 공증인과 증인들이 서명한다.
③ 신원확인증서의 발급은 주장된 신분점유의 중단 시부터 5년 이내 또는 추정되는 부 또는 모의 사망 시부터, 그가 출생신고 이전에 사망한 경우도 포함하여, 5년 이내에만 청구될 수 있다.
④ 신원확인증서에서 확인한 신분점유에 의하여 성립한 친자관계는 자녀의 출생증서 비고란에 기재된다.

## Chapitre III Des actions relatives à la filiation

### Section 1 Dispositions générales

**Article 318** Aucune action n'est reçue quant à la filiation d'un enfant qui n'est pas né viable.

**Article 318-1** Le tribunal judiciaire, statuant en matière civile, est seul compétent pour connaître des actions relatives à la filiation.

**Article 319** En cas d'infraction portant atteinte à la filiation d'une personne, il ne peut être statué sur l'action pénale qu'après le jugement passé en force de chose jugée sur la question de filiation.

**Article 320** Tant qu'elle n'a pas été contestée en justice, la filiation légalement établie fait obstacle à l'établissement d'une autre filiation qui la contredirait.

**Article 321** Sauf lorsqu'elles sont enfermées par la loi dans un autre délai, les actions relatives à la filiation se prescrivent par dix ans à compter du jour où la personne a été privée de l'état qu'elle réclame, ou a commencé à jouir de l'état qui lui est contesté. A l'égard de l'enfant, ce délai est suspendu pendant sa minorité.

**Article 322** L'action peut être exercée par les héritiers d'une personne décédée avant l'expiration du délai qui était imparti à celle-ci pour agir.

Les héritiers peuvent également poursuivre l'action déjà engagée, à moins qu'il n'y ait eu désistement ou péremption d'instance.

**Article 323** Les actions relatives à la filiation ne peuvent faire l'objet de renonciation.

**Article 324** Les jugements rendus en matière de filiation sont opposables aux personnes qui n'y ont point été parties. Celles-ci ont le droit d'y former tierce opposition dans le délai mentionné à l'article 321 si l'action leur était ouverte.

Les juges peuvent d'office ordonner que soient mis en cause tous les intéressés auxquels ils estiment que le jugement doit être rendu commun.

# 제3장 친자관계에 관한 소권

## 제1절 총칙

**제318조** 생존능력을 갖추고 태어나지 않은 자녀의 친자관계에 관하여는 어떠한 소도 수리되지 아니한다.

**제318-1조** 민사지방법원이 친자관계에 관한 소의 심리를 위한 전속관할권을 가진다.

**제319조** 어느 사람의 친자관계를 침해하는 범죄의 경우, 형사소송에 대해서는 친자관계 문제에 관한 기판력 있는 판결이 있은 이후에만 판단할 수 있다.

**제320조** 친자관계가 재판에 의하여 번복되지 않는 한, 적법하게 성립된 친자관계는 이에 모순되는 다른 친자관계의 성립을 저지한다.

**제321조** 친자관계에 관한 소권은, 법률에 의하여 다른 기한이 적용되지 않는 한, 사람이 자신이 주장하는 신분을 박탈당한 날 또는 자신에게 이의가 제기되는 신분을 향유하기 시작한 날로부터 10년의 경과로 시효소멸한다. 자녀의 경우, 그가 미성년인 동안은 시효가 정지된다.

**제322조** ① 소제기를 위해 주어진 기간의 만료 전에 권리자가 사망한 경우, 소권은 그의 상속인에 의하여 행사될 수 있다.
② 상속인은 이미 개시된 소를 승계할 수도 있으나, 소가 취하되거나 소권이 소멸한 경우에는 그러하지 아니하다.

**제323조** 친자관계에 관한 소권은 포기의 대상이 될 수 없다.

**제324조** ① 친자관계에 관하여 내려진 판결은 소송에 전혀 참여하지 않았던 사람들에게도 대항력이 있다. 소외인들은, 자신들에게 친자관계에 관한 소권이 인정된다면, 제321조에서 규정된 기간 내에 제3자 이의를 제기할 권리가 있다.
② 법원은 공동으로 판결이 내려져야 한다고 판단되는 모든 이해관계인이 소송에 참여하도록 직권으로 명할 수 있다.

## Section 2 Des actions aux fins d'établissement de la filiation

**Article 325** A défaut de titre et de possession d'état, la recherche de maternité est admise.

L'action est réservée à l'enfant qui est tenu de prouver qu'il est celui dont la mère prétendue a accouché.

**Article 326** Lors de l'accouchement, la mère peut demander que le secret de son admission et de son identité soit préservé.

**Article 327** La paternité hors mariage peut être judiciairement déclarée.

L'action en recherche de paternité est réservée à l'enfant.

**Article 328** Le parent, même mineur, à l'égard duquel la filiation est établie a, pendant la minorité de l'enfant, seul qualité pour exercer l'action en recherche de maternité ou de paternité.

Si aucun lien de filiation n'est établi ou si ce parent est décédé ou dans l'impossibilité de manifester sa volonté, l'action est intentée par le tuteur conformément aux dispositions du deuxième alinéa de l'article 408.

L'action est exercée contre le parent prétendu ou ses héritiers. A défaut d'héritiers ou si ceux-ci ont renoncé à la succession, elle est dirigée contre l'Etat. Les héritiers renonçants sont appelés à la procédure pour y faire valoir leurs droits.

**Article 329** Lorsque la présomption de paternité a été écartée en application de l'article 313, chacun des époux peut demander, durant la minorité de l'enfant, que ses effets soient rétablis en prouvant que le mari est le père. L'action est ouverte à l'enfant pendant les dix années qui suivent sa majorité.

**Article 330** La possession d'état peut être constatée, à la demande de toute personne qui y a intérêt, dans le délai de dix ans à compter de sa cessation ou du décès du parent prétendu.

**Article 331** Lorsqu'une action est exercée en application de la présente section, le tribunal statue, s'il y a lieu, sur l'exercice de l'autorité parentale, la contribution à l'entretien et à l'éducation de l'enfant et l'attribution du nom.

## 제2절 친자관계의 성립을 위한 소권

**제325조** ① 증서와 신분점유가 없는 경우, 모성확인을 위한 소권이 허용된다.
② 소권은 추정되는 모(母)로부터 본인이 출생하였음을 증명해야 하는 자녀에게 있다.

**제326조** 출산 시에 모는 자신의 입원사실과 신상에 관한 비밀이 지켜질 것을 청구할 수 있다.

**제327조** ① 혼인 외의 부성은 재판에 의하여 선고될 수 있다.
② 부성확인의 소권은 자녀에게 있다.

**제328조** ① 친자관계가 성립된 부 또는 모는, 비록 본인이 미성년일지라도, 자녀가 미성년인 동안에 부성 또는 모성 확인의 소권을 행사할 수 있다.

② 어떠한 친자관계도 성립되지 않았거나 그 부모가 사망하였거나 의사를 표명하는 것이 불가능하다면, 제408조 제2항의 규정에 따라 후견인이 친자관계 확인의 소를 제기한다.

③ 소권은 추정되는 부나 모 또는 그의 상속인을 상대로 행사된다. 상속인이 없거나 상속인이 상속을 포기한다면, 소권은 국가를 상대로 행사된다. 상속을 포기한 사람들은 그들의 권리가 행사될 수 있도록 소송절차에 소환된다.

**제329조** 제313조에 따라 부성추정이 배제된 경우, 부부 각자는 자녀가 미성년인 동안에는 남편이 자녀의 부(父)임을 증명함으로써 부성추정의 효력 회복을 청구할 수 있다. 자녀는 성년이 된 후부터 10년 동안 부성추정 회복의 소를 제기할 수 있다.

**제330조** 신분점유가 중단된 때부터 또는 추정되는 부 또는 모가 사망한 때로부터 10년의 기간 이내에, 신분점유는 이해관계를 가진 모든 사람들의 청구에 의하여 확인될 수 있다.

**제331조** 본절의 적용에 따라 소권이 행사된 때에 민사지방법원은 필요하다면 친권의 행사, 자녀의 부양 및 교육의 분담, 그리고 성(姓)의 귀속에 관하여 판결한다.

## Section 3 Des actions en contestation de la filiation

**Article 332** La maternité peut être contestée en rapportant la preuve que la mère n'a pas accouché de l'enfant.

La paternité peut être contestée en rapportant la preuve que le mari ou l'auteur de la reconnaissance n'est pas le père.

**Article 333** Lorsque la possession d'état est conforme au titre, seuls peuvent agir l'enfant, l'un de ses père et mère ou celui qui se prétend le parent véritable. L'action se prescrit par cinq ans à compter du jour où la possession d'état a cessé ou du décès du parent dont le lien de filiation est contesté.

Nul, à l'exception du ministère public, ne peut contester la filiation lorsque la possession d'état conforme au titre a duré au moins cinq ans depuis la naissance ou la reconnaissance, si elle a été faite ultérieurement.

**Article 334** A défaut de possession d'état conforme au titre, l'action en contestation peut être engagée par toute personne qui y a intérêt dans le délai prévu à l'article 321.

**Article 335** La filiation établie par la possession d'état constatée par un acte de notoriété peut être contestée par toute personne qui y a intérêt en rapportant la preuve contraire, dans le délai de dix ans à compter de la délivrance de l'acte.

**Article 336** La filiation légalement établie peut être contestée par le ministère public si des indices tirés des actes eux-mêmes la rendent invraisemblable ou en cas de fraude à la loi.

**Article 336-1** Lorsqu'il détient une reconnaissance paternelle prénatale dont les énonciations relatives à son auteur sont contredites par les informations concernant le père que lui communique le déclarant, l'officier de l'état civil compétent en application de l'article 55 établit l'acte de naissance au vu des informations communiquées par le déclarant. Il en avise sans délai le procureur de la République qui élève le conflit de paternité sur le fondement de l'article 336.

**Article 337** Lorsqu'il accueille l'action en contestation, le tribunal peut, dans l'intérêt de l'enfant, fixer les modalités des relations de celui-ci avec la personne qui l'élevait.

## 제3절 친자관계의 부인을 위한 소권

**제332조** ① 모성은 모가 자녀를 출산하지 않았다는 증명에 의하여 부인될 수 있다.

② 부성은 남편이나 인지자가 부(父)가 아니라는 증명에 의하여 부인될 수 있다.

**제333조** ① 신분점유가 증서에 부합하는 경우에는, 자녀, 그의 부모 중 1인 또는 자신이 진정한 부 또는 모라고 주장하는 자만이 제소할 수 있다. 소권은 신분점유가 중단된 날 또는 친자관계가 다투어지는 부 또는 모가 사망한 날로부터 5년의 경과로 시효소멸한다.

② 증서에 부합하는 신분점유가 출생 또는 그 이후에 이루어진 인지가 있은 때로부터 적어도 5년 동안 계속된 경우, 검찰을 제외하고는, 누구도 친자관계를 다툴 수 없다.

**제334조** 증서에 부합하는 신분점유가 없는 경우에는 제321조에서 정한 기간 내에 이해관계 있는 모든 사람에 의하여 부인의 소가 제기될 수 있다.

**제335조** 신원확인증서에 의하여 확인된 신분점유로 성립된 친자관계는, 증서 발급일로부터 10년의 기간 내에, 이해관계가 있는 모든 사람이 반대 증거를 제시함으로써 부인될 수 있다.

**제336조** 적법하게 성립된 친자관계는, 증서들 자체에서 나온 징후로 인해 친자관계가 사실 같지 않다면 또는 법률사취의 경우, 검찰에 의하여 부인될 수 있다.

**제336-1조** 민적관이 출생 전 부(父)의 인지서를 소지하고 있고 그 인지자에 관한 진술이 신고인이 제출한 부에 관한 정보와 모순되는 경우, 제55조에 따라 관할권이 있는 민적관은 신고인이 제출한 정보에 기초하여 출생증서를 작성한다. 민적관은 지체 없이 이에 대하여 제336조에 근거하여 부성충돌을 제기하는 검사장에게 알린다.

**제337조** 민사지방법원이 친자관계 부인의 소를 인용(認容)하는 경우, 법원은 자녀의 이익을 위하여 자녀를 양육한 사람과 자녀와의 관계에 관한 양태를 정할 수 있다.

## Chapitre IV De l'action à fins de subsides

**Article 342** Tout enfant dont la filiation paternelle n'est pas légalement établie, peut réclamer des subsides à celui qui a eu des relations avec sa mère pendant la période légale de la conception.

L'action peut être exercée pendant toute la minorité de l'enfant ; celui-ci peut encore l'exercer dans les dix années qui suivent sa majorité si elle ne l'a pas été pendant sa minorité.

L'action est recevable même si le père ou la mère était au temps de la conception, engagé dans les liens du mariage avec une autre personne, ou s'il existait entre eux un des empêchements à mariage réglés par les articles 161 à 164 du présent code.

**Article 342-2** Les subsides se règlent, en forme de pension, d'après les besoins de l'enfant, les ressources du débiteur, la situation familiale de celui-ci.

La pension peut être due au-delà de la majorité de l'enfant, s'il est encore dans le besoin, à moins que cet état ne lui soit imputable à faute.

**Article 342-4** Le défendeur peut écarter la demande en faisant la preuve par tous moyens qu'il ne peut être le père de l'enfant.

**Article 342-5** La charge des subsides se transmet à la succession du débiteur suivant les règles de l'article 767.

**Article 342-6** Les articles 327 alinéa 2, et 328 ci-dessus sont applicables à l'action à fins de subsides.

**Article 342-7** Le jugement qui alloue les subsides crée entre le débiteur et le bénéficiaire, ainsi que, le cas échéant, entre chacun d'eux et les parents ou le conjoint de l'autre, les empêchements à mariage réglés par les articles 161 à 164 du présent code.

**Article 342-8** La chose jugée sur l'action à fins de subsides n'élève aucune fin de non-recevoir contre une action ultérieure en recherche de paternité.

L'allocation des subsides cessera d'avoir effet si la filiation paternelle de l'enfant vient à être établie par la suite à l'endroit d'un autre que le débiteur.

## 제4장 보조금을 위한 소권

**제342조** ① 부자관계가 적법하게 성립되지 아니한 모든 자녀는 임신의 법정기간 동안 그의 모와 관계가 있었던 사람에게 보조금을 청구할 수 있다.

② 소권은 자녀가 미성년인 전 기간 동안 행사될 수 있다. 자녀는, 소권이 그의 미성년기에 행사되지 않았다면, 성년이 된 후 10년 내에는 여전히 소권을 행사할 수 있다.

③ 소는 임신 당시에 부나 모가 타인과 혼인관계에 있었다면, 또는 그들 사이에 본법전의 제161조부터 제164조까지에 규정된 혼인장애가 있었던 때에도 수리될 수 있다.

**제342-2조** ① 보조금은 자녀의 필요 및 채무자의 자력과 가족상황을 참작하여 정기금의 형태로 지급된다.
② 정기금은 자녀가 성년이 된 후에도 그가 곤궁하다면 지급될 수 있으나, 이 상태가 자녀의 과책에 기인한 경우에는 그러하지 아니하다.

**제342-4조** 피고는 자신이 자녀의 부일 수 없음을 모든 방법을 통하여 증명함으로써 청구를 배척할 수 있다.

**제342-5조** 보조금의 부담은 제767조의 규정들에 따라 채무자의 상속자산에 이전된다.

**제342-6조** 위의 제327조 제2항과 제328조는 보조금을 위한 소권에 준용된다.

**제342-7조** 보조금을 명하는 판결은 채무자와 수익자 사이는 물론, 경우에 따라서는, 그들 각자와 부모 또는 타방 배우자 사이에서도, 본법전 제161조부터 제164조까지에 의하여 규정된 혼인장애사유들을 야기시킨다.

**제342-8조** ① 보조금을 위한 소에서의 판결의 기판력은 이후에 제기된 부성확인의 소의 불수리 사유가 되지 아니한다.
② 보조금의 지급은, 자녀의 부성의 친자관계가 이후에 채무자 이외의 자와 성립된다면, 효력의 발생을 중단한다.

## Chapitre V De l'assistance médicale à la procréation avec tiers donneur

**Article 342-9** En cas d'assistance médicale à la procréation nécessitant l'intervention d'un tiers donneur, aucun lien de filiation ne peut être établi entre l'auteur du don et l'enfant issu de l'assistance médicale à la procréation.

Aucune action en responsabilité ne peut être exercée à l'encontre du donneur.

**Article 342-10** Les couples ou la femme non mariée qui, pour procréer, recourent à une assistance médicale nécessitant l'intervention d'un tiers donneur doivent donner préalablement leur consentement à un notaire, qui les informe des conséquences de leur acte au regard de la filiation ainsi que des conditions dans lesquelles l'enfant pourra, s'il le souhaite, accéder à sa majorité aux données non identifiantes et à l'identité de ce tiers donneur.

Le consentement donné à une assistance médicale à la procréation interdit toute action aux fins d'établissement ou de contestation de la filiation, à moins qu'il ne soit soutenu que l'enfant n'est pas issu de l'assistance médicale à la procréation ou que le consentement a été privé d'effet.

Le consentement est privé d'effet en cas de décès, d'introduction d'une demande en divorce ou en séparation de corps, de signature d'une convention de divorce ou de séparation de corps par consentement mutuel selon les modalités prévues à l'article 229-1 ou de cessation de la communauté de vie, survenant avant la réalisation de l'insémination ou du transfert d'embryon. Il est également privé d'effet lorsque l'un des membres du couple le révoque, par écrit et avant la réalisation de l'assistance médicale à la procréation, auprès du médecin chargé de mettre en œuvre cette insémination ou ce transfert ou du notaire qui l'a reçu.

**Article 342-11** Lors du recueil du consentement prévu à l'article 342-10, le couple de femmes reconnaît conjointement l'enfant.

La filiation est établie, à l'égard de la femme qui accouche, conformément à l'article 311-25. Elle est établie, à l'égard de l'autre femme, par la reconnaissance conjointe prévue au premier alinéa du présent article. Celle-ci est remise par l'une des deux femmes ou, le cas échéant, par la personne chargée de déclarer la naissance à l'officier de l'état civil, qui l'indique dans l'acte de naissance.

Tant que la filiation ainsi établie n'a pas été contestée en justice dans les conditions prévues au deuxième alinéa de l'article 342-10, elle fait obstacle à l'établissement d'une autre filiation dans les conditions prévues au présent titre.

## 제5장 제3자의 기증에 의한 의료보조생식

**제342-9조** ① 제3의 기증자의 개입을 필요로 하는 의료보조생식의 경우, 기증자와 인공수정을 통한 자녀 사이에는 어떠한 친자관계도 성립할 수 없다.

② 기증자를 상대로 하여서는 어떠한 책임 소권도 행사할 수 없다.

**제342-10조** ① 생식을 위하여 제3 기증자의 개입을 필요로 하는 의료보조를 받고자 하는 커플(couple)이나 미혼의 여성은 그들의 동의를 사전에 공증인에게 제공하여야 하며, 공증인은 그들의 행위가 친자관계에 관하여 가지는 효과 및 자녀가 원한다면 그가 성년이 된 이후에 제3의 기증자의 미확인 정보와 신원에 대하여 접근할 수 있는 조건을 안내한다.

② 의료보조생식에 대한 동의는 친자관계의 성립이나 부인을 위한 모든 소를 금지하나, 자녀가 의료보조생식을 통하여 출생하지 않았다거나 그 동의가 효력을 잃었음이 주장되는 경우에는 그러하지 아니하다.

③ 의료보조생식에 대한 동의는, 인공수정이나 배아이식을 실행하기 전에 사망, 이혼청구나 별거청구의 소제기, 제229-1조에서 정한 방식에 따른 상호 협의에 의한 이혼합의서나 별거합의서에 대한 서명, 또는 생활공동체의 중단이 발생한 경우 그 효력을 잃는다. 또한, 의료보조생식에 대한 동의는 커플의 구성원 중 1인이 의료보조생식의 실행 이전에 인공수정이나 배아이식을 실행하기로 한 의사 또는 위 동의를 수령한 공증인에게 서면에 의하여 철회의 의사표시를 한 경우에도 그 효력을 잃는다.

**제342-11조** ① 제342-10조에서 규정한 동의를 얻은 때에, 여성 커플은 자녀를 공동으로 인지한다.
② 친자관계는, 제311-25조에 따라, 출산을 한 여성에 대하여 성립한다. 다른 여성에 대한 친자관계는 본조 제1항에서 규정한 공동의 인지에 의하여 성립한다. 이 인지는 두 여성 중 1인에 의하여 또는 경우에 따라서는 민적관에게 출생신고를 하기로 한 사람에 의하여 제출되며, 민적관은 출생증서에 이를 기재한다.

③ 위와 같이 성립된 친자관계가 제342-10조 제2항에서 규정한 요건에 따라 재판상 부인되지 않는 한, 본편에서 규정된 조건 하에서 친자관계의 성립에 장애가 되지 아니한다.

**Article 342-12** Lorsque la filiation est établie dans les conditions prévues à l'article 342-11 par reconnaissance conjointe, les femmes qui y sont désignées choisissent le nom de famille qui est dévolu à l'enfant au plus tard au moment de la déclaration de naissance : soit le nom de l'une d'elles, soit leurs deux noms accolés dans l'ordre choisi par elles dans la limite d'un nom de famille pour chacune d'elles. En l'absence de déclaration conjointe à l'officier de l'état civil mentionnant le choix du nom de l'enfant, celui-ci prend leurs deux noms, dans la limite du premier nom de famille de chacune d'elles, accolés selon l'ordre alphabétique.

En cas de naissance à l'étranger d'un enfant dont l'un au moins des parents est français, les parents qui n'ont pas usé de la faculté de choix du nom dans les conditions prévues au premier alinéa du présent article peuvent effectuer une telle déclaration lors de la demande de transcription de l'acte, au plus tard dans les trois ans suivant la naissance de l'enfant.

Lorsqu'il a déjà été fait application du présent article, de l'article 311-21, du deuxième alinéa de l'article 311-23 ou de l'article 357 à l'égard d'un enfant commun, le nom précédemment dévolu ou choisi vaut pour les autres enfants communs.

Lorsque les parents ou l'un d'entre eux portent un double nom de famille, ils peuvent, par une déclaration écrite conjointe, ne transmettre qu'un seul nom à leurs enfants.

Lorsqu'il est fait application du dernier alinéa de l'article 342-13 et que la filiation de l'enfant s'en trouve modifiée, le procureur de la République modifie le nom de l'enfant par application du présent article.

**제342-12조** ① 친자관계가 제342-11조에서 규정하는 요건에 따라 공동의 인지에 의하여 성립되는 경우, 출생증서에 기재된 여성들은 아무리 늦어도 출생신고가 있을 때까지 자녀에게 귀속되는 가족성(姓)으로 그들 중 어느 한 사람의 성(姓)을 선택하거나 또는 그들 각자의 가족성(姓) 중 하나씩의 범위 내에서 그들이 정한 순서에 따라 병기된 그들의 두 성(姓)을 선택한다. 자녀의 성(姓)의 선택에 관하여 민적관에게 공동신고를 하지 않으면, 자녀는 그들 각자의 제1의 가족성(姓)의 범위 내에서 철자 순으로 병기된 그들의 두 성(姓)을 취한다.

② 부모 중 적어도 1인이 프랑스인인 자녀가 외국에서 출생한 경우로서 본조 제1항에서 규정하는 요건에 따른 성(姓)의 선택권을 행사하지 않았던 부모는, 늦어도 자녀의 출생으로부터 3년 이내에, 출생증서의 등록신청 시에 자녀의 성(姓)의 선택에 관한 신고를 할 수 있다.

③ 공동의 자녀 1인에 관하여 이미 본조, 제311-21조, 제311-23조 제2항 또는 제357조를 적용한 때에는 전에 귀속하거나 선택한 성(姓)이 다른 공동의 자녀에 대하여 효력이 있다.

④ 부모 모두 또는 그들 중 1인이 두 개의 가족성(姓)을 가지고 있는 때에는, 부모는 서면에 의한 공동신청에 의하여 자녀에게 하나의 성(姓)만을 물려줄 수 있다.

⑤ 제342-13조 제4항을 적용하는 경우로서 자녀의 친자관계가 변경되는 경우, 검사장은 본조의 적용에 의하여 자녀의 성(姓)을 변경한다.

**Article 342-13** Celui qui, après avoir consenti à l'assistance médicale à la procréation, ne reconnaît pas l'enfant qui en est issu engage sa responsabilité envers la mère et envers l'enfant.

En outre, sa paternité est judiciairement déclarée. L'action obéit aux dispositions des articles 328 et 331.

La femme qui, après avoir consenti à l'assistance médicale à la procréation, fait obstacle à la remise à l'officier de l'état civil de la reconnaissance conjointe mentionnée à l'article 342-10 engage sa responsabilité.

En cas d'absence de remise de la reconnaissance conjointe mentionnée au même article 342-10, celle-ci peut être communiquée à l'officier de l'état civil par le procureur de la République à la demande de l'enfant majeur, de son représentant légal s'il est mineur ou de toute personne ayant intérêt à agir en justice. La reconnaissance conjointe est portée en marge de l'acte de naissance de l'enfant. Toutefois, la filiation établie par la reconnaissance conjointe ne peut être portée dans l'acte de naissance tant que la filiation déjà établie à l'égard d'un tiers, par présomption, reconnaissance volontaire ou adoption plénière, n'a pas été contestée en justice dans les conditions prévues à la section 3 du chapitre III du présent titre, par une action en tierce opposition dans les conditions prévues à l'article 353-2 ou par un recours en révision dans les conditions prévues par décret.

## Titre VIII De la filiation adoptive

### Chapitre I^er Des conditions requises pour l'adoption

#### Section 1 De l'adoptant

**Article 343** L'adoption peut être demandée par deux époux non séparés de corps, deux partenaires liés par un pacte civil de solidarité ou deux concubins.

Les adoptants doivent être en mesure d'apporter la preuve d'une communauté de vie d'au moins un an ou être âgés l'un et l'autre de plus de vingt-six ans.

**제342-13조** ① 의료보조생식에 대하여 동의한 이후에 그로부터 출생한 자녀를 인지하지 않는 사람은 모와 자녀에 대하여 자신의 책임을 부담한다.

② 그 밖에, 위 사람의 부성(父性)은 재판에 의하여 선고된다. 이 소권은 제328조와 제331조의 규정에 따른다.

③ 의료보조생식에 대하여 동의한 이후에 제342-10조에서 규정하는 민적관에게 공동인지의 제출을 방해하는 여성은 자신의 책임을 부담한다.

④ 제342-10조에서 규정하는 공동인지를 제출하지 않는 경우, 공동인지는 성년인 자녀, 자녀가 미성년인 경우에는 법정대리인 또는 소를 제기할 이익이 있는 모든 사람의 청구에 따라, 검사장이 민적관에게 전달할 수 있다. 공동인지는 자녀의 출생증서의 비고란에 기재된다. 그러나 공동인지에 의하여 성립된 친자관계는, 추정이나 임의인지 또는 완전입양에 의해 제3자에 대하여 이미 성립된 친자관계가 제353-2조에서 규정된 요건에 따른 제3자 이의의 소 또는 데크레에 의하여 규정된 요건에 따른 재심청구에 의하여 본편 제3장 제3절에서 규정된 요건으로 재판상 다투어지지 않은 한, 출생증서에 기재될 수 없다.

## 제8편 입양

### 제1장 입양의 요건

#### 제1절 양친(養親)

**제343조** ① 입양은 별거하지 않는 부부 쌍방, 민사연대계약에 의하여 결합된 동반자 쌍방 또는 동거인 쌍방에 의하여 청구될 수 있다.
② 양친[4]들은 적어도 1년 이상의 생활공동체의 증명을 할 수 있어야 하거나, 두 사람 모두 26세 이상이어야 한다.[5]

---

4) 프랑스에서는 동성혼이 인정되므로 표현상으로는 양부모라고 하고 있으나 양친(養親)으로 이해할 수 있기에 이하에서는 양친으로 번역한다.

5) adoptant은 양친(양부모)이 될 사람 또는 양친(양부모)이 된 사람을 모두 표현한다.

**Article 343-1** L'adoption peut être aussi demandée par toute personne âgée de plus de vingt-six ans.

Si l'adoptant est marié et non séparé de corps ou lié par un pacte civil de solidarité, le consentement de l'autre membre du couple est nécessaire à moins que celui-ci ne soit dans l'impossibilité de manifester sa volonté.

## Section 2 De l'adopté

**Article 344** Peuvent être adoptés :

1° Les mineurs pour lesquels les parents ou le conseil de famille ont valablement consenti à l'adoption ;

2° Les pupilles de l'Etat pour lesquels le conseil de famille des pupilles de l'Etat a consenti à l'adoption ;

3° Les enfants judiciairement déclarés délaissés dans les conditions prévues aux articles 381-1 et 381-2 ;

4° Les majeurs, en la forme simple et en la forme plénière dans les cas prévus à l'article 345.

**Article 345** L'adoption plénière n'est permise qu'en faveur des enfants âgés de moins de quinze ans, accueillis au foyer du ou des adoptants depuis au moins six mois.

Toutefois, si l'enfant a plus de quinze ans, l'adoption plénière peut également être demandée, si les conditions en sont remplies, pendant la minorité de l'enfant et dans les trois ans suivant sa majorité :

1° Lorsque l'enfant a été accueilli avant ses quinze ans par des personnes qui ne remplissaient pas les conditions légales pour adopter ;

2° Lorsque l'enfant a fait l'objet d'une adoption simple avant ses quinze ans ;

3° Dans les cas prévus aux 2° et 3° de l'article 344 ;

4° Dans les cas prévus à l'article 370-1-3.

**Article 345-1** L'adoption simple est permise quel que soit l'âge de l'adopté.

**Article 345-2** Nul ne peut être adopté par plusieurs personnes si ce n'est par deux époux, deux partenaires liés par un pacte civil de solidarité ou deux concubins.

Toutefois, une nouvelle adoption simple ou plénière peut être prononcée après le décès de l'adoptant ou des deux adoptants, et une adoption simple peut être prononcée au profit d'un enfant ayant fait l'objet d'une adoption plénière s'il existe des motifs graves.

**제343-1조** ① 입양은 26세 이상인 모든 사람에 의하여 청구될 수 있다.

② 양친이 혼인 중이며 별거 중에 있지 않거나 또는 민사연대계약에 의하여 결합되어 있는 경우에는 커플의 다른 구성원의 동의가 필요하나, 그 구성원이 자신의 의사를 표시하는 것이 불가능한 경우에는 그러하지 아니하다.

### 제2절 양자

**제344조** 다음 각 호의 자는 입양될 수 있다.
1. 부와 모 또는 친족회가 유효하게 입양에 동의한 미성년자

2. 국가후견아동6)의 친족회가 입양에 동의한 국가후견아동

3. 제381-1조와 제381-2조에서 규정된 요건에 따라 유기되었음이 재판상 선고된 자녀

4. 단순입양과 제345조에 규정된 경우의 완전입양에서 성년자


**제345조** ① 완전입양은 적어도 6개월 전부터 양친의 일방 또는 쌍방의 가정에 수용된 15세 미만의 자녀를 위해서만 허용된다.
② 그러나, 자녀가 15세 이상이면, 자녀의 미성년기간 동안과 그가 성년으로 된 이후 3년 사이에 완전입양 관련 요건이 충족된 경우에는 완전입양이 청구될 수 있다.

1. 자녀가 입양을 위한 법정요건을 충족하지 못한 자에 의하여 15세 이전에 수용된 경우

2. 자녀가 15세 이전에 단순입양이 된 경우
3. 제344조 제2호 및 제3호에서 규정된 사례에 해당하는 경우
4. 제370-1-3조에 규정된 사례에 해당하는 경우

**제345-1조** 단순입양은 양자의 나이를 불문하고 허용된다.

**제345-2조** ① 누구도, 부부 쌍방, 민사연대계약에 의하여 결합된 동반자 쌍방 또는 동거인 쌍방에 의한 경우가 아니라면 여러 사람에 의하여 입양될 수 없다.
② 그러나, 새로운 단순입양 또는 완전입양은 양친 또는 양친 쌍방의 사망 이후에 선고될 수 있고, 중대한 사유가 있으면 완전입양의 대상이었던 자녀를 위하여 단순입양이 선고될 수 있다.

---

6) 국가의 후견을 받는 아동을 의미한다.

## Section 3 Des rapports entre l'adoptant et l'adopté

**Article 346** L'adoption entre ascendants et descendants en ligne directe et entre frères et sœurs est prohibée.

Toutefois, le tribunal peut prononcer l'adoption s'il existe des motifs graves que l'intérêt de l'adopté commande de prendre en considération.

**Article 347** Le ou les adoptants doivent avoir quinze ans de plus que les enfants qu'ils se proposent d'adopter.

Toutefois, lorsque la différence d'âge est inférieure à celle que prévoit l'alinéa précédent, le tribunal peut prononcer l'adoption s'il existe de justes motifs.

## Section 4 Du consentement à l'adoption

**Article 348** Lorsque la filiation d'un mineur est établie à l'égard de ses deux parents, l'un et l'autre doivent consentir à l'adoption.

Si l'un d'eux est décédé, dans l'impossibilité de manifester sa volonté, ou s'il a perdu ses droits d'autorité parentale, le consentement de l'autre suffit.

**Article 348-1** Lorsque la filiation d'un enfant n'est établie qu'à l'égard de l'un de ses auteurs, lui seul doit consentir à l'adoption.

**Article 348-2** Lorsque les parents de l'enfant sont décédés, dans l'impossibilité de manifester leur volonté ou s'ils ont perdu leurs droits d'autorité parentale, le consentement est donné par le conseil de famille, après avis de la personne qui, en fait, prend soin de l'enfant. Il en est de même lorsque la filiation de l'enfant n'est pas établie.

**Article 348-3** Le consentement à l'adoption doit être libre, obtenu sans aucune contrepartie après la naissance de l'enfant et éclairé sur les conséquences de l'adoption, en particulier s'il est donné en vue d'une adoption plénière, sur le caractère complet et irrévocable de la rupture du lien de filiation préexistant.

Le consentement à l'adoption est donné devant un notaire français ou étranger, ou devant les agents diplomatiques ou consulaires français. Il peut également être reçu par le service de l'aide sociale à l'enfance lorsque l'enfant lui a été remis.

## 제3절 양친과 양자의 관계

**제346조** ① 직계존속과 직계비속 사이 및 형제와 자매 사이의 입양은 금지된다.

② 그러나, 법원은 양자의 이익을 고려하여야 하는 중대한 사유가 있는 경우에 입양을 선고할 수 있다.

**제347조** ① 1인 또는 2인의 양친은 입양하고자 하는 자녀보다 15세 이상 많아야 한다.

② 그러나, 법원은 정당한 이유가 있으면, 나이 차이가 제1항에서 규정하는 차이보다 적은 경우에도 입양을 선고할 수 있다.

## 제4절 입양에 대한 동의

**제348조** ① 미성년자의 친자관계가 그의 두 부모에 관하여 성립된 경우, 모두 그 입양에 동의하여야 한다.
② 둘 중 1인이 사망 또는 자신의 의사를 표시하는 것이 불가능한 상태에 있거나 친권을 상실한 때에는, 나머지 1인의 동의만으로 충분하다.

**제348-1조** 어느 자녀의 친자관계가 부모 중 1인에 관하여만 성립된 경우, 그 1인만이 입양에 동의하여야 한다.

**제348-2조** 자녀의 부모가 사망하였거나 자신의 의사를 표시하는 것이 불가능한 상태에 있거나 친권을 상실한 경우, 자녀를 실제로 보호하는 자의 의견을 들은 후 친족회가 입양에 동의한다. 자녀의 친자관계가 성립되지 아니한 경우에도 마찬가지이다.

**제348-3조** ① 입양에 대한 동의는 자녀의 출생 이후에 어떠한 반대급부 없이 자유로이 이루어져야 하며 입양의 효력 특히 완전입양에 대한 동의가 있은 경우에는 기존의 친자관계의 완전하고 회복불가능한 단절에 대하여 일깨워져야 한다.

② 입양에 대한 동의는 프랑스나 외국의 공증인 또는 프랑스 외교관이나 영사의 면전에서 이루어진다. 또한 자녀가 아동사회부조기관에 인도된 때에는 해당 기관이 입양에 대한 동의를 수리할 수 있다.

**Article 348-4** Le consentement à l'adoption des enfants de moins de deux ans n'est valable que si l'enfant a été effectivement remis au service de l'aide sociale à l'enfance, sauf le cas où il existe un lien de parenté ou d'alliance jusqu'au sixième degré inclus entre l'adoptant et l'adopté ou dans les cas d'adoption de l'enfant du conjoint, du partenaire lié par un pacte civil de solidarité ou du concubin.

**Article 348-5** Le consentement à l'adoption peut être rétracté pendant deux mois. La rétractation doit être faite par lettre recommandée avec demande d'avis de réception adressée à la personne ou au service qui a reçu le consentement à l'adoption. La remise de l'enfant à ses parents sur demande même verbale par cette personne ou ce service vaut rétractation.

Si à l'expiration du délai de deux mois, le consentement n'a pas été rétracté, les parents peuvent encore demander la restitution de l'enfant à condition que celui-ci n'ait pas été placé en vue de l'adoption. Si la personne qui l'a recueilli refuse de le restituer, les parents peuvent saisir le tribunal qui apprécie, compte tenu de l'intérêt de l'enfant, s'il y a lieu d'en ordonner la restitution. La restitution rend caduc le consentement à l'adoption.

**Article 348-6** Lorsque les parents, l'un d'eux ou le conseil de famille consentent à l'admission de l'enfant en qualité de pupille de l'Etat en le remettant au service de l'aide sociale à l'enfance, le choix de l'adoptant est laissé au tuteur, avec l'accord du conseil de famille des pupilles de l'Etat.

**Article 348-7** Lorsque les parents refusent de consentir à l'adoption de leur enfant dont ils se sont désintéressés au risque d'en compromettre la santé ou la moralité, le tribunal peut prononcer l'adoption s'il estime ce refus abusif.

Il en est de même en cas de refus abusif de consentement du conseil de famille.

**Article 349** L'adopté âgé de plus de treize ans consent personnellement à son adoption.

Ce consentement est donné selon les formes prévues au deuxième alinéa de l'article 348-3.

Il peut être rétracté à tout moment jusqu'au prononcé de l'adoption.

**Article 350** Le tribunal peut prononcer l'adoption, si elle est conforme à l'intérêt de l'adopté, d'un mineur âgé de plus de treize ans ou d'un majeur protégé, l'un et l'autre hors d'état d'y consentir personnellement, après avoir recueilli l'avis d'un administrateur ad hoc ou de la personne chargée d'une mesure de protection juridique avec représentation relative à la personne.

**제348-4조** 양친과 양자 사이에 6촌 이내의 혈족 또는 인척관계가 있는 경우 또는 배우자, 민사연대계약에 의하여 결합된 동반자 또는 동거인의 자녀를 입양하는 경우를 제외하고 2세 미만의 자녀의 입양에 대한 동의는 그 자녀가 아동사회부조기관에 실제로 인도된 때에만 유효하다.

**제348-5조** ① 입양에 대한 동의는 2개월 동안은 철회될 수 있다. 철회는 입양에 대한 동의를 수리한 사람이나 기관을 상대로 수취증명 등기우편으로 하여야 한다. 구두의 요청이 있었더라도 이 사람이나 기관에 의한 부모에게로의 자녀의 인도는 철회의 효력이 있다.

② 2개월이 만료할 때까지 동의가 철회되지 않는다면, 부모는 자녀의 반환을 청구할 수 있으나 이때까지 자녀가 입양을 위하여 입주하지 않았어야 한다. 자녀를 수용한 사람이 자녀의 인도를 거절하는 때에는 부모가 법원에 제소할 수 있으며, 법원은 자녀의 이익을 고려하여 자녀의 반환을 명할 필요가 있는지를 평가한다. 반환은 입양에 대한 동의를 실효시킨다.

**제348-6조** 부모 쌍방, 일방 또는 친족회가 자녀를 아동사회부조기관에 인도함으로써 자녀에게 국가후견아동의 지위가 인정되는 것에 동의하는 경우, 양친에 대한 선택권은 국가후견아동의 친족회의 동의를 얻어 후견인이 행사한다.

**제348-7조** ① 부모가 자신들이 방기하여 건강이나 심리상태를 해할 위험에 빠뜨렸던 자녀의 입양동의를 거절하는 경우, 법원은 그 거절이 남용이라고 판단한다면 입양을 선고할 수 있다.

② 친족회의 동의 거절이 남용인 경우에도 마찬가지이다.

**제349조** ① 양자의 나이가 13세 이상이라면, 그 자신이 입양에 동의한다.
② 이 동의는 제348-3조 제2항에 규정된 방식에 따라 행해져야 한다.

③ 이 동의는 입양이 선고될 때까지는 언제든지 철회될 수 있다.

**제350조** 양자인 13세 이상의 미성년자 또는 피보호성년자가, 개인적으로 동의할 수 있는 상태에 있지 아니한 때에는 입양이 양자의 이익에 부합한다면, 법원은, 특별관리인이나 신상, 신분에 관한 대리와 함께 사법보호조치를 담당하는 사람의 의견을 청취한 후 입양을 선고할 수 있다.

## Chapitre II De la procédure et du jugement d'adoption

### Section 1 Du placement en vue de l'adoption

**Article 351** Le placement en vue de l'adoption concerne les pupilles de l'Etat ou les enfants judiciairement déclarés délaissés. En cas d'adoption plénière, il concerne également les enfants pour lesquels il a été valablement et définitivement consenti à l'adoption.

Ce placement prend effet à la date de la remise effective de l'enfant aux futurs adoptants.

**Article 352** Si les parents ont demandé la restitution de l'enfant dont la filiation est établie, ce dernier ne peut faire l'objet d'un placement tant qu'il n'a pas été statué sur le bien-fondé de cette demande à la requête de la partie la plus diligente.

Lorsque la filiation de l'enfant n'est pas établie, il ne peut y avoir de placement en vue de l'adoption plénière pendant un délai de deux mois à compter du recueil de l'enfant.

**Article 352-1** Le ou les futurs adoptants accomplissent les actes usuels de l'autorité parentale relativement à la personne de l'enfant à partir de la remise de celui-ci et jusqu'au prononcé du jugement d'adoption.

**Article 352-2** Le placement en vue de l'adoption plénière fait obstacle à toute restitution de l'enfant à sa famille d'origine. Il fait échec à toute déclaration de filiation et à toute reconnaissance.

Si le placement en vue de l'adoption cesse ou si le tribunal refuse de prononcer l'adoption, les effets de ce placement sont rétroactivement résolus.

### Section 2 De l'agrément

**Article 353** Dans le cas d'adoption d'un pupille de l'Etat ou d'un enfant étranger qui n'est pas l'enfant du conjoint, du partenaire lié par un pacte civil de solidarité ou du concubin de l'adoptant, le tribunal vérifie avant de prononcer l'adoption que le ou les requérants ont obtenu l'agrément pour adopter ou en étaient dispensés.

Si l'agrément a été refusé ou s'il n'a pas été délivré dans le délai légal, le tribunal peut prononcer l'adoption s'il estime que le ou les requérants sont aptes à accueillir l'enfant et que celle-ci est conforme à son intérêt.

## 제2장 절차와 입양판결

### 제1절 입양을 위한 입주

**제351조** ① 입양을 위한 입주는 국가후견아동 또는 법원의 판결에 의하여 유기되었음이 선고된 아동에 대한 것이다. 완전입양의 경우에는, 입주는 유효하고 종국적인 입양동의가 있는 자녀에 대한 것이기도 하다.
② 이 입주는, 자녀를 장래의 양친에게 실제로 인도한 날로부터 효력을 발생한다.

**제352조** ① 부모가 친자관계가 성립한 자녀의 인도를 청구하였다면, 가장 먼저 신청한 당사자의 이 청구의 정당성에 대하여 결정하지 않는 한, 이 자녀는 입주의 대상이 될 수 없다.

② 자녀의 친자관계가 성립되지 아니한 경우, 자녀를 수용한 날로부터 2개월 동안은 완전입양을 위한 입주가 성립하지 아니한다.

**제352-1조** 장래의 양친은 자녀를 인도받은 때로부터 입양판결의 선고가 있을 때까지 자녀의 신상에 관한 일상적인 친권을 행사한다.

**제352-2조** ① 완전입양을 위한 입주는 자녀의 원래 가족으로의 모든 반환에 장애가 된다. 친자관계의 선고와 인지도 전혀 할 수 없다.

② 입양을 위한 입주가 중단되거나 법원이 입양선고를 거절하면 입주의 효력은 소급하여 해소된다.

### 제2절 입양승인

**제353조** ① 국가후견아동 또는 양친의 배우자, 민사연대계약에 의하여 결합된 동반자 또는 동거인의 자녀가 아닌 외국인 자녀를 입양하는 경우, 법원은 입양판결을 하기 전에 청구인이 입양승인을 받았거나 면제받았는지를 심리하여야 한다.

② 입양승인이 거절되었거나 법정 기한 내에 발부되지 않은 때에도, 법원은 1인 또는 2인의 청구인이 자녀를 받아들일 능력이 있고 입양이 자녀의 이익에 부합한다고 판단한 때에는 입양을 선고할 수 있다.

## Section 3 Du jugement d'adoption

**Article 353-1** L'adoption est prononcée à la requête du ou des adoptants par le tribunal judiciaire qui vérifie dans un délai de six mois à compter de la saisine du tribunal si les conditions de la loi sont remplies et si l'adoption est conforme à l'intérêt de l'enfant.

Le mineur capable de discernement est entendu par le tribunal ou, lorsque son intérêt le commande, par la personne désignée par le tribunal à cet effet. Il doit être entendu selon des modalités adaptées à son âge et à son degré de maturité. Lorsqu'il refuse d'être entendu, le juge apprécie le bien-fondé de ce refus. Le mineur peut être entendu seul ou avec un avocat ou une personne de son choix. Si ce choix n'apparaît pas conforme à son intérêt, le juge peut procéder à la désignation d'une autre personne

Dans le cas où l'adoptant a des descendants le tribunal vérifie en outre si l'adoption n'est pas de nature à compromettre la vie familiale.

Si l'adoptant décède, après avoir régulièrement recueilli l'enfant en vue de son adoption, la requête peut être présentée en son nom par le conjoint, le partenaire lié par un pacte civil de solidarité ou le concubin survivant, ou l'un des héritiers de l'adoptant.

Le décès de l'adoptant survenu postérieurement au dépôt de la requête ne dessaisit pas le tribunal.

Si l'enfant décède après avoir été régulièrement recueilli en vue de son adoption, la requête peut toutefois être présentée. Le jugement produit effet le jour précédant le décès et emporte uniquement modification de l'état civil de l'enfant.

Le jugement prononçant l'adoption n'est pas motivé.

**Article 353-2** La tierce opposition à l'encontre du jugement d'adoption n'est recevable qu'en cas de dol ou de fraude imputable aux adoptants ou au conjoint, partenaire lié par un pacte civil de solidarité ou concubin de l'adoptant.

Constitue un dol au sens du premier alinéa la dissimulation au tribunal du maintien des liens entre l'enfant adopté et un tiers, décidé par le juge aux affaires familiales sur le fondement de l'article 371-4, ainsi que la dissimulation au tribunal de l'existence d'un consentement à une procédure d'assistance médicale à la procréation avec tiers donneur et, le cas échéant, d'une reconnaissance conjointe tels que prévus au chapitre V du titre VII du présent livre.

## 제3절 입양판결

**제353-1조** ① 입양은, 1인 또는 2인의 양친의 청구에 기하여 민사지방법원이 소제기일로부터 6개월 내에 법정요건이 충족되었는지와 입양이 자녀의 이익에 합치하는지를 심리하여 선고한다.

② 사리분별이 가능한 미성년자는 법원이나 또는 미성년자의 이익을 위해 요구되는 경우에는 이를 위하여 법관이 지명한 자에 의하여 의견을 청취하여야 한다. 미성년자는 그의 나이와 성숙도에 따라 의견을 청취한다. 그가 의견개진을 거부하는 때에는 법관은 그 거부가 정당성이 있는지를 평가한다. 미성년자는 단독으로 또는 자신이 선택한 사람이나 변호사와 함께 의견을 개진할 수 있다. 그 선택이 미성년자의 이익에 부합하지 않는다면, 법관은 다른 사람을 지명할 수 있다.
③ 양친에게 직계비속이 있는 경우, 법원은 더 나아가 입양이 가정생활을 해칠 우려가 없는지도 심리한다.
④ 양친이 입양을 위하여 자녀를 적법하게 입주한 후에 사망하더라도, 생존배우자나 민사연대계약에 의한 동반자, 동거인 또는 상속인 중 1인이 망인의 명의로 입양청구를 할 수 있다.

⑤ 양친이 입양청구서를 제출한 후에 사망하여도 법원은 계속하여 심리한다.

⑥ 자녀가 입양을 위하여 적법하게 입주한 후에 사망하더라도 입양청구는 가능하다. 판결은 사망 전 날 효력을 발생하고 자녀의 민적의 변경만을 초래한다.

⑦ 입양을 선고하는 판결에는 이유를 기재하지 아니한다.

**제353-2조** ① 입양판결에 대한 제3자 이의는 양친 또는 양친의 배우자, 민사연대계약에 의한 동반자 또는 동거인에게 책임이 있는 사기나 기망의 경우에만 수리될 수 있다.

② 본권 제7편 제5장에서 규정하는 의료보조생식절차 및 경우에 따라서는 공동인지절차에 대한 동의의 존재를 법원에 감추는 것뿐만 아니라 제371-4조에 근거하여 가사담당 법관이 결정한, 입양될 자녀와 제3자 사이의, 관계유지를 법원에 감추는 것은 제1항의 사기에 해당한다.

**Article 354** Le jugement prononçant l'adoption est mentionné ou transcrit sur les registres de l'état civil dans les conditions prévues par décret en Conseil d'Etat.

La transcription tient lieu d'acte de naissance à l'adopté.

Elle énonce le jour, l'heure et le lieu de la naissance, le sexe de l'enfant ainsi que ses nom de famille et prénoms, tels qu'ils résultent du jugement d'adoption, les prénoms, noms, date et lieu de naissance, profession et domicile du ou des adoptants. Elle ne contient aucune indication relative à la filiation d'origine de l'enfant.

### Chapitre III  Des effets de l'adoption

### Section 1  Dispositions communes

**Article 355** Le tribunal prononce l'adoption plénière ou l'adoption simple.

L'adoption produit ses effets à compter du jour du dépôt de la requête en adoption.

### Section 2  Des effets de l'adoption plénière

**Article 356** L'adoption plénière confère à l'enfant une filiation qui se substitue à sa filiation d'origine : l'adopté cesse d'appartenir à sa famille d'origine, sous réserve des prohibitions au mariage visées aux articles 161 à 164.

**Article 357** L'adoption plénière confère à l'enfant le nom de l'adoptant.

En cas d'adoption d'un enfant par un couple, ou les adoptants choisissent, par déclaration conjointe, le nom de famille dévolu à l'enfant : soit le nom de l'un d'eux, soit leurs deux noms accolés dans l'ordre choisi par eux, dans la limite d'un nom de famille pour chacun d'eux.

Cette faculté de choix ne peut être exercée qu'une seule fois.

En l'absence de déclaration conjointe mentionnant le choix de nom de l'enfant, celui-ci prend le nom de l'adoptant ou de chacun des deux adoptants, dans la limite du premier nom de famille pour chacun d'eux, accolés selon l'ordre alphabétique.

Lorsqu'il a été fait application de l'article 311-21, du deuxième alinéa de l'article 311-23, de l'article 342-12 ou du présent article à l'égard d'un enfant commun, le nom précédemment dévolu ou choisi vaut pour l'adopté.

Lorsque les adoptants ou l'un d'entre eux portent un double nom de famille, ils peuvent, par une déclaration écrite conjointe, ne transmettre qu'un seul nom à l'adopté.

Sur la demande du ou des adoptants, le tribunal peut modifier les prénoms de l'enfant. Si l'enfant est âgé de plus de treize ans, son consentement est requis.

**제354조** ① 입양을 선고하는 판결은, 국사원 데크레에서 정한 요건에 따라 민적등록부에 기재 또는 등록된다.

② 등록은 양자의 출생증서를 갈음한다.

③ 등록 시에는 가족성(姓)과 이름 및 그의 생년일시, 출생지, 성별을 입양판결에 표시된 대로 기재하고, 1인 또는 2인의 양친의 이름, 성, 출생일과 출생지, 직업과 주소를 기재한다. 등록은 자녀의 원래의 친자관계에 관한 어떠한 사항도 포함하지 아니한다.


## 제3장 입양의 효과

### 제1절 통칙

**제355조** ① 법원은 완전입양 또는 단순입양을 선고한다.

② 입양은 입양청구서가 제출된 날로부터 효력을 발생한다.

### 제2절 완전입양의 효과

**제356조** 완전입양은 자녀에게 원래의 친자관계를 대체하는 친자관계를 부여한다. 양자는 더 이상 자신의 혈연에 기한 가족에 속하지 않으나 민법전 제161조부터 제164조까지에서 정하는 혼인금지는 유보된다.

**제357조** ① 완전입양은 자녀에게 양친의 성(姓)을 부여한다.

② 커플에 의한 입양의 경우, 양친들은 공동신고를 통하여 다음과 같이 자녀에게 부여되는 가족성(姓)을 선택한다. 그들 중 1인의 성(姓) 또는 두 성(姓)을 각자의 가족성(姓) 중 하나씩만 그들이 선택한 순서에 따라 병기하여도 된다.

③ 이 선택권은 한 번만 행사할 수 있다.

④ 자녀의 성의 선택을 기재한 공동신고를 하지 않으면, 자녀는 양친의 성(姓) 또는 두 양친 각자의 성을 취하며, 그들 각자의 성을 제1의 가족성(姓)만을 철자 순으로 병기한다.

⑤ 공동의 자녀에 대하여 제311-21조, 제311-23조 제2항, 제342-12조 또는 본조가 적용되는 경우, 이미 귀속하거나 선택한 성(姓)은 양자에게 적용된다.

⑥ 양친 또는 그들 중 1인이 두 개의 가족성(姓)을 가진 경우 양친들은 서면에 의한 공동신고를 통해 양자에게 하나의 성(姓)만을 물려줄 수 있다.

⑦ 양친의 일방 또는 쌍방의 신청이 있는 경우, 법원은 자녀의 이름을 변경할 수 있다. 자녀가 13세 이상이라면 그의 동의가 요구된다.

**Article 358** A l'exception de son dernier alinéa, l'article 357 est applicable à l'enfant qui a fait l'objet d'une adoption régulièrement prononcée à l'étranger ayant en France les effets de l'adoption plénière.

Les adoptants exercent l'option qui leur est ouverte par cet article lors de la demande de transcription du jugement d'adoption, par déclaration adressée au procureur de la République du lieu où cette transcription doit être opérée.

Lorsque les adoptants sollicitent l'exequatur du jugement d'adoption étranger, ils joignent la déclaration d'option à leur demande. Mention de cette déclaration est portée dans la décision.

La mention du nom choisi est opérée à la diligence du procureur de la République, dans l'acte de naissance de l'enfant.

**Article 359** L'adoption est irrévocable.

### Section 3 Des effets de l'adoption simple

**Article 360** L'adoption simple confère à l'adopté une filiation qui s'ajoute à sa filiation d'origine selon les modalités prévues au présent chapitre. L'adopté continue d'appartenir à sa famille d'origine et y conserve tous ses droits.

Les prohibitions au mariage prévues aux articles 161 à 164 s'appliquent entre l'adopté et sa famille d'origine.

**Article 361** Le lien de parenté résultant de l'adoption simple s'étend aux enfants de l'adopté.

Le mariage est prohibé :

1° Entre l'adoptant, l'adopté et ses descendants ;

2° Entre l'adopté et le conjoint ou le partenaire lié par un pacte civil de solidarité de l'adoptant ; réciproquement entre l'adoptant et le conjoint ou le partenaire lié par un pacte civil de solidarité de l'adopté ;

3° Entre les enfants adoptifs du même adoptant ;

4° Entre l'adopté et les enfants de l'adoptant.

Néanmoins, les prohibitions au mariage portées aux 3° et 4° ci-dessus peuvent être levées par dispense du Président de la République, s'il y a des causes graves.

La prohibition au mariage portée au 2° ci-dessus peut être levée dans les mêmes conditions lorsque la personne qui a créé l'alliance ou qui était liée par un pacte civil de solidarité est décédée.

**제358조** ① 제357조, 제7항은 제외하고, 외국에서 정식으로 선고되었고 프랑스에서 완전입양의 효력을 가지는 입양의 대상이 된 자녀에게 적용된다.

② 양친은 입양판결의 등록신청 시에 제357조에 의한 선택권을 행사하며, 당해 등록이 행해져야 하는 지역의 검사장에 대한 신고에 의한다.

③ 양친이 외국에서 받은 입양판결의 집행판결을 청구하는 경우에는 청구 시에 선택권의 행사신고를 같이 하여야 한다. 결정문에는 위 신고가 있었음을 기재한다.

④ 선택된 성(姓)은 검사장의 청구에 따라 자녀의 출생증서에 기재한다.

**제359조** 완전입양은 파양할 수 없다.

### 제3절 단순입양의 효과

**제360조** ① 단순입양은 양자에게 원래의 친자관계에 부가되는 친자관계를 부여한다. 양자는 자신의 원래의 가족에 여전히 속하며 그 안에서의 모든 권리들을 유지한다.

② 민법전 제161조부터 제164조까지에서 규정된 혼인금지는 양자와 자신의 원래의 가족 사이에 적용된다.

**제361조** ① 단순입양으로 인하여 발생한 혈족관계는 양자의 자녀에게 미친다.

② 다음과 같은 혼인은 금지된다.
1. 양친, 양자와 그 직계비속 사이
2. 양자와 양친의 배우자 또는 민사연대계약에 의하여 결합된 동반자 사이. 마찬가지로 양친과 양자의 배우자 또는 민사연대계약에 의하여 결합된 동반자 사이

3. 동일인의 양친의 양자들 사이
4. 양자와 양친의 자녀 사이
③ 그럼에도 불구하고, 위 제3호와 제4호에 규정한 혼인금지는, 중대한 이유가 있으면, 대통령의 면제에 의하여 해소될 수 있다.
④ 위 제2호에 규정된 혼인금지는, 인척관계를 창설하였거나 또는 민사연대계약에 의하여 결합된 사람이 사망한 경우에는, 동일한 요건에 따라 해소될 수 있다.

**Article 362** L'adoptant est seul investi à l'égard de l'adopté de tous les droits d'autorité parentale, inclus celui de consentir au mariage de l'adopté.

Les droits d'autorité parentale sont exercés par le ou les adoptants dans les conditions prévues par le chapitre Ier du titre IX du présent livre.

Les règles de l'administration légale et de la tutelle des mineurs s'appliquent à l'adopté.

**Article 363** L'adoption simple confère le nom de l'adoptant à l'adopté en l'ajoutant au nom de ce dernier. Toutefois, si l'adopté est âgé de plus de treize ans, il doit consentir à cette adjonction.

Lorsque l'adopté et l'adoptant, ou l'un d'eux, portent un double nom de famille, le nom conféré à l'adopté résulte de l'adjonction du nom de l'adoptant à son propre nom, dans la limite d'un seul nom pour chacun d'eux. Le choix du nom adjoint ainsi que l'ordre des deux noms appartiennent à l'adoptant, qui doit recueillir le consentement personnel de l'adopté âgé de plus de treize ans. En cas de désaccord ou à défaut de choix, le nom conféré à l'adopté résulte de l'adjonction en seconde position du premier nom de l'adoptant au premier nom de l'adopté.

En cas d'adoption par deux époux, partenaires liés par un pacte civil de solidarité ou concubins, le nom ajouté à celui de l'adopté est, à la demande des adoptants, celui de l'un d'eux, dans la limite d'un nom. Si l'adopté porte un double nom de famille, le choix du nom conservé et l'ordre des noms adjoints appartient aux adoptants, qui doivent recueillir le consentement personnel de l'adopté âgé de plus de treize ans. En cas de désaccord ou à défaut de choix, le nom conféré à l'adopté résulte de l'adjonction en seconde position du premier nom des adoptants selon l'ordre alphabétique, au premier nom de l'adopté.

Le tribunal peut, toutefois, à la demande de l'adoptant, décider que l'adopté ne portera que le nom de l'adoptant. En cas d'adoption par deux personnes, le nom de famille substitué à celui de l'adopté peut, au choix des adoptants, être soit celui de l'un d'eux, soit leurs deux noms accolés dans l'ordre choisi par eux et dans la limite d'un seul nom pour chacun d'eux. Cette demande peut également être formée postérieurement à l'adoption. Si l'adopté est âgé de plus de treize ans, son consentement personnel est requis.

Sur la demande du ou des adoptants, le tribunal peut modifier les prénoms de l'enfant. Si l'enfant est âgé de plus de treize ans, son consentement personnel est requis.

**제362조** ① 양친만이 양자에 대하여 양자의 혼인에 동의할 권리를 포함하여 친권에 속하는 모든 권리를 가진다.
② 친권은 본권 제9편 제1장에서 정한 요건에 따라 1인 또는 2인의 양친이 행사한다.

③ 미성년자의 법정재산관리 및 후견에 관한 규정은 양자에게 적용된다.

**제363조** ① 단순입양은 양자에게 양친의 성(姓)을 부여하는데, 이는 양자의 성(姓)에 양친의 성(姓)을 부가하는 방식에 의한다. 그러나 양자가 13세 이상이라면 이 부가방식에 대하여 양자가 동의하여야 한다.
② 양자와 양친, 또는 그 중 1인이 두 개의 가족성(姓)을 가진 경우, 양자에게 부여되는 성은 그 자신 성에 양친의 성(姓)을 부가함에 의하나, 그들 중 각자의 성(姓) 하나만을 선택한다. 부가할 성(姓)을 선택하고 두 성(姓)의 순서를 정하는 권리는 양친에게 있으나, 양자가 13세 이상인 경우에는 양자 자신의 동의를 얻어야 한다. 의견이 불일치하거나 선택이 없는 경우, 양자에게 부여되는 성은 양자의 제1의 성에 양친의 제1의 성을 두 번째로 부가함에 의한다.

③ 부부 쌍방, 민사연대계약에 의하여 결합된 동반자 쌍방 또는 동거인 쌍방에 의한 입양의 경우, 양자의 성에 부가되는 성은 양친들의 청구에 따라 입양하는 부부 중 1인의 성 하나만을 취한다. 양자가 두 개의 가족성(姓)을 가지고 있다면, 유지될 성과 부가될 성의 순서에 대한 선택권은 양친에게 있으나, 양자가 13세 이상인 경우에는 그의 동의를 얻어야 한다. 의견이 불일치하거나 선택권의 행사가 없는 경우, 양자에게 부여되는 성은 양자의 제1의 성에 철자의 순에 따라 양친의 제1의 성을 두 번째로 부가함에 의한다.

④ 그러나 법원은 양친의 신청에 기하여 양자가 양친의 성(姓)만을 갖도록 결정할 수 있다. 두 사람에 의한 입양의 경우, 양자의 성(姓)을 대체하는 가족성(姓)은, 양친들의 선택에 따라 두 사람 중 1인의 성(姓)일 수도 있고 두 사람의 성(姓) 둘일 수도 있는데, 둘인 경우 두 성(姓)의 순서는 두 사람이 선택하며 각자의 성(姓) 하나씩만 사용한다. 이 신청은 입양 후에도 할 수 있다. 양자가 13세 이상인 때에는 이와 같은 가족성(姓)의 대체에 대한 양자 자신의 동의가 필요하다.

⑤ 1인 또는 2인의 양친의 청구가 있는 경우, 법원은 자녀의 이름을 변경할 수 있다. 자녀가 13세 이상이면 그 자신의 동의가 요구된다.

**Article 363-1** Les dispositions de l'article 363 sont applicables à l'enfant ayant fait l'objet d'une adoption régulièrement prononcée à l'étranger ayant en France les effets d'une adoption simple, lorsque l'acte de naissance de l'adopté est conservé par une autorité française.

Les adoptants exercent l'option qui leur est ouverte par cet article par déclaration adressée au procureur de la République du lieu où l'acte de naissance est conservé à l'occasion de la demande de mise à jour de celui-ci.

La mention du nom choisi est portée à la diligence du procureur de la République dans l'acte de naissance de l'enfant.

**Article 364** L'adopté doit des aliments à l'adoptant s'il est dans le besoin et, réciproquement, l'adoptant doit des aliments à l'adopté. Les parents d'origine de l'adopté ne sont tenus de lui fournir des aliments que s'il ne peut les obtenir de l'adoptant. L'obligation de fournir des aliments à ses père et mère cesse pour l'adopté dès lors qu'il a été admis en qualité de pupille de l'Etat ou pris en charge dans les délais prescrits à l'article L. 132-6 du code de l'action sociale et des familles.

**Article 365** L'adopté et ses descendants ont, dans la famille de l'adoptant, les droits successoraux prévus au chapitre III du titre Ier du livre III.

L'adopté et ses descendants n'ont cependant pas la qualité d'héritier réservataire à l'égard des ascendants de l'adoptant.

**Article 366** Dans la succession de l'adopté, à défaut de descendants et de conjoint survivant, les biens donnés par l'adoptant ou recueillis dans sa succession retournent à l'adoptant ou à ses descendants, s'ils existent encore en nature lors du décès de l'adopté, à charge de contribuer aux dettes et sous réserve des droits acquis par les tiers. Les biens que l'adopté avait reçus à titre gratuit de ses parents retournent pareillement à ces derniers ou à leurs descendants.

Le surplus des biens de l'adopté se divise par moitié entre sa famille d'origine et sa famille d'adoption.

**Article 367** L'adoption conserve tous ses effets, nonobstant l'établissement ultérieur d'un lien de filiation.

**제363-1조** ① 양자의 출생증서가 프랑스의 관청에 의하여 보관되어 있는 경우, 제363조의 규정은 외국에서 정식으로 선고되었고 프랑스에서 단순입양의 효력을 가지는 입양의 대상이 된 자녀에게 적용된다.

② 양친들은 출생증서가 보관된 지역의 검사장에게 출생증서의 개정 신청 시에 신고함으로써 제363조에 의하여 인정되는 선택권을 행사한다.

③ 선택된 성(姓)은, 검사장의 청구에 따라, 자녀의 출생증서에 기재된다.

**제364조** 양자는 양친이 곤궁한 경우에 양친을 부양하여야 하고, 마찬가지로 양친은 양자를 부양하여야 한다. 양자의 원래의 부모는 양자가 양친으로부터 부양을 받을 수 없는 때에만 양자를 부양할 의무를 부담한다. 양자가 그 부와 모를 부양할 의무는, 양자에게 국가후견아동의 지위가 인정된 때 또는 양자가 사회복지 및 가족법전 제L.132-6조에서 규정한 기간 내에 부양된 때로부터 소멸한다.

**제365조** ① 양자와 그 직계비속은 양친의 친족 내에서 제3권 제1편 제3장에 규정된 상속권을 가진다.
② 그러나 양자와 그 직계비속은 양친의 직계존속에 관하여 유류분을 가지는 상속인의 자격이 없다.

**제366조** ① 양자의 상속에 있어서 직계비속이나 생존배우자가 없는 때에는, 양친으로부터 증여되거나 상속받은 재산은 그 재산이 양자의 사망 시에 여전히 원물로 존속하는 경우에는 양친이나 그의 직계비속에게 귀속되지만, 채무 분담을 부담하며, 제3자에 의하여 취득된 권리는 유보한다. 마찬가지로 양자가 그 부와 모로부터 무상으로 수령한 재산은 그 부와 모 또는 그들의 직계비속에게 귀속된다.

② 양자의 그 밖의 남는 재산은 원래의 가족과 입양 가족 사이에 반분하여 귀속된다.

**제367조** 이후에 친자관계가 성립되더라도, 입양은 그 모든 효력을 보존한다.

**Article 368** S'il est justifié de motifs graves, l'adoption peut être révoquée, lorsque l'adopté est majeur, à la demande de ce dernier ou de l'adoptant.

Lorsque l'adopté est mineur, la révocation de l'adoption ne peut être demandée que par le ministère public.

**Article 369** Le jugement révoquant l'adoption doit être motivé.

Son dispositif est mentionné en marge de l'acte de naissance ou de la transcription du jugement d'adoption, dans les conditions prévues par décret en Conseil d'Etat.

**Article 369-1** La révocation fait cesser pour l'avenir tous les effets de l'adoption, à l'exception de la modification des prénoms.

## Chapitre IV De l'adoption de l'enfant de l'autre membre du couple

**Article 370** A l'exception des dispositions des articles 351, 352, 352-1, 352-2 et 353 et sous réserve des règles particulières du présent chapitre, les dispositions des chapitres Ier à III du présent titre sont applicables à l'adoption de l'enfant du conjoint non séparé de corps, du partenaire lié par un pacte civil de solidarité et du concubin.

### Section 1 Dispositions communes

**Article 370-1** L'adoption de l'enfant de l'autre membre du couple n'est pas subordonnée à une condition d'âge de l'adoptant.

**Article 370-1-1** L'adoptant doit avoir dix ans de plus que l'enfant qu'il se propose d'adopter.

Toutefois, lorsque la différence d'âge est inférieure à celle que prévoit l'alinéa précédent, le tribunal peut prononcer l'adoption s'il existe de justes motifs.

**Article 370-1-2** En cas de décès de l'un des deux adoptants, une nouvelle adoption peut être prononcée à la demande du nouveau conjoint, partenaire lié par un pacte civil de solidarité ou concubin du survivant d'entre eux.

**제368조** ① 중대한 사유가 증명되는 경우, 양자가 성년인 때에는 양자 또는 양친의 청구에 의하여 입양은 파양될 수 있다.

② 양자가 미성년자인 경우에는 입양의 파양은 검찰에 의해서만 청구될 수 있다.

**제369조** ① 입양을 파양하는 판결에는 이유를 설시하여야 한다.

② 파양판결의 주문은 국사원 데크레에서 정한 요건 하에서 출생증명서 또는 입양판결등록서의 비고란에 기재된다.

**제369-1조** 파양은 장래를 향하여 입양의 모든 효력을 중단시키지만 성명의 변경은 예외로 한다.

## 제4장 커플의 다른 구성원의 자녀의 입양

**제370조** 제351조, 제352조, 제352-1조, 제352-2조, 제353조의 규정들은 예외로 하고 본장의 개별 규정들의 유보 하에, 본편의 제1장부터 제3장의 규정은 별거하지 않는 배우자, 민사연대계약에 의해 결합된 동반자, 동거인의 자녀의 입양에 적용한다.

### 제1절 통칙

**제370-1조** 커플의 다른 구성원의 자녀의 입양에는 양친의 연령요건이 요구되지 아니한다.

**제370-1-1조** ① 양친은 입양하고자 하는 자녀보다 10세 이상 많아야 된다.

② 그러나, 나이 차이가 제2항에서 규정하는 차이보다 적은 경우에, 법원은 정당한 이유가 있으면 입양을 선고할 수 있다.

**제370-1-2조** 두 양친 중 1인이 사망한 경우에 생존 양친의 새로운 배우자, 민사연대계약에 의해서 결합된 동반자 또는 동거인의 청구에 의하여 새로운 입양이 선고될 수 있다.

## Section 2 Dispositions propres à l'adoption plénière

## Paragraphe 1 Des conditions requises pour l'adoption plénière

**Article 370-1-3** L'adoption plénière de l'enfant du conjoint, du partenaire lié par un pacte civil de solidarité ou du concubin est permise :
1° Lorsque l'enfant n'a de filiation légalement établie qu'à l'égard de ce conjoint, partenaire lié par un pacte civil de solidarité ou concubin ;
2° Lorsque l'enfant a fait l'objet d'une adoption plénière par ce seul conjoint, partenaire lié par un pacte civil de solidarité ou concubin et n'a de filiation établie qu'à son égard ;
3° Lorsque l'autre parent que le conjoint, partenaire lié par un pacte civil de solidarité ou concubin s'est vu retirer totalement l'autorité parentale ;
4° Lorsque l'autre parent que le conjoint, partenaire lié par un pacte civil de solidarité ou concubin est décédé et n'a pas laissé d'ascendants au premier degré ou lorsque ceux-ci se sont manifestement désintéressés de l'enfant.

## Paragraphe 2 Des effets de l'adoption plénière

**Article 370-1-4** L'adoption plénière de l'enfant du conjoint, du partenaire lié par un pacte civil de solidarité ou du concubin laisse subsister sa filiation d'origine à l'égard de cette personne et de sa famille. Elle produit pour le surplus, les effets d'une adoption par un couple.

**Article 370-1-5** L'adoptant et l'autre membre du couple choisissent, par déclaration conjointe, le nom de famille dévolu à l'enfant : soit le nom de l'un d'eux, soit leurs deux noms accolés dans l'ordre choisi par eux, dans la limite d'un nom de famille pour chacun d'eux.

Cette faculté de choix ne peut être exercée qu'une seule fois.

En l'absence de déclaration conjointe mentionnant le choix de nom de l'enfant, celui-ci prend le nom de l'adoptant et de l'autre membre du couple, dans la limite du premier nom de famille pour chacun d'eux, accolés selon l'ordre alphabétique.

Lorsqu'il a été fait application de l'article 311-21, du deuxième alinéa de l'article 311-23, ou du présent article à l'égard d'un enfant commun, le nom précédemment dévolu ou choisi vaut pour l'adopté.

Lorsque l'adoptant ou l'autre membre du couple porte un double nom de famille, ils peuvent, par une déclaration écrite conjointe, ne transmettre qu'un seul nom à l'adopté.

Sur la demande de l'adoptant, le tribunal peut modifier les prénoms de l'enfant. Si l'enfant est âgé de plus de treize ans, son consentement personnel est requis.

## 제2절 완전입양에 대한 특칙

### 제1관 완전입양의 요건

**제370-1-3조** 배우자, 민사연대계약에 의하여 결합된 동반자 또는 동거인의 자녀에 대한 완전입양은 다음 각 호의 경우에 허용된다.

1. 자녀가 위 배우자, 민사연대계약에 의하여 결합된 동반자 또는 동거인에 관하여만 친자관계가 법적으로 성립된 경우
2. 위 배우자, 민사연대계약에 의하여 결합된 동반자 또는 동거인 단독으로 자녀를 완전입양하였고 그 둘 사이에만 친자관계가 성립된 경우
3. 위 배우자, 민사연대계약에 의하여 결합된 동반자 또는 동거인 이외의 다른 부모가 친권을 전부 상실한 경우
4. 위 배우자, 민사연대계약에 의하여 결합된 동반자 또는 동거인 이외의 다른 부모가 사망하였고 망인과 1촌인 직계존속도 없는 경우 또는 이 직계존속이 자녀를 명백하게 방기한 경우

### 제2관 완전입양의 효과

**제370-1-4조** 배우자, 민사연대계약에 의하여 결합된 동반자 또는 동거인의 자녀의 완전입양은 그 사람 및 그의 가족에 관한 원래의 친자관계를 존속시킨다. 이러한 입양은 더 나아가 커플에 의한 입양의 효력을 가진다.

**제370-1-5조** ① 양친과 그 커플의 다른 구성원은 공동신고를 통하여 다음과 같이 자녀에게 부여되는 가족성(姓)을 선택한다. 그들 중 1인의 성(姓) 또는 그들의 두 성(姓)을 각자의 가족성(姓) 중 하나씩만 그들이 선택한 순서에 따라 병기하여도 된다.

② 이 선택권은 한 번만 행사할 수 있다.
③ 자녀의 성(姓)의 선택을 기재한 공동신고를 하지 않으면, 자녀는 양친과 그 커플의 다른 구성원의 성(姓)을 취하며, 그들 각자의 제1의 가족성(姓)만을 철자 순으로 병기한다.

④ 공동의 자녀에 대하여 제311-21조, 제311-23조 제2항, 제342-12조 또는 본조가 적용되는 경우, 이미 귀속하거나 선택한 성(姓)은 양자에게 적용된다.

⑤ 양친 또는 그 커플의 다른 구성원이 두 개의 가족성(姓)을 가진 경우, 그들은 서면에 의한 공동신고를 통해 양자에게 하나의 성(姓)만 물려줄 수 있다.
⑥ 양친의 신청이 있는 경우, 법원은 자녀의 이름을 변경할 수 있다. 자녀가 13세 이상이라면 그의 동의가 요구된다.

## Section 3 Dispositions propres à l'adoption simple

### Paragraphe 1 Des conditions requises pour l'adoption simple

**Article 370-1-6** L'enfant précédemment adopté par une seule personne, en la forme simple ou plénière, peut l'être une seconde fois, par l'autre membre du couple, en la forme simple.

### Paragraphe 2 Des effets de l'adoption simple

**Article 370-1-7** L'adoption simple confère le nom de l'adoptant à l'adopté en l'ajoutant au nom de ce dernier. Toutefois, si l'adopté est âgé de plus de treize ans, il doit consentir à cette adjonction.

Lorsque l'adopté et l'adoptant, ou l'un d'eux, portent un double nom de famille, le nom conféré à l'adopté résulte de l'adjonction du nom de l'adoptant à son propre nom, dans la limite d'un seul nom pour chacun d'eux. Le choix du nom adjoint ainsi que l'ordre des deux noms appartient à l'adoptant, qui doit recueillir le consentement personnel de l'adopté âgé de plus de treize ans. En cas de désaccord ou à défaut de choix, le nom conféré à l'adopté résulte de l'adjonction en seconde position du premier nom de l'adoptant au premier nom de l'adoptant.

Le tribunal peut, toutefois, à la demande de l'adoptant, décider que l'adopté conservera son nom d'origine.

Sur la demande de l'adoptant, le tribunal peut modifier les prénoms de l'enfant. Si l'enfant est âgé de plus de treize ans, son consentement personnel est requis.

**Article 370-1-8** L'adoptant est titulaire de l'autorité parentale concurremment avec l'autre membre du couple, lequel en conserve seul l'exercice, sous réserve d'une déclaration conjointe avec l'adoptant adressée au directeur des services de greffe judiciaires du tribunal judiciaire aux fins d'un exercice en commun de cette autorité.

## 제3절 단순입양에 대한 특칙

### 제1관 단순입양의 요건

**제370-1-6조** 이미 1인에 의해서만 단순입양 또는 완전입양된 자녀는 그 커플의 다른 구성원에 의하여 2차로 단순입양될 수 있다.

### 제2관 단순입양의 효과

**제370-1-7조** ① 단순입양은 양자에게 양친의 성(姓)을 부여하는데, 이는 양자의 성(姓)에 양친의 성(姓)을 부가하는 방식에 의한다. 그러나, 양자가 13세 이상인 때에는 이러한 부가방식에 대하여 양자가 동의하여야 한다.
② 양자와 양친, 또는 그 중 1인이 두 개의 가족성(姓)을 가진 경우, 양자에게 부여되는 성은 그 자신의 성에 양친의 성(姓)을 부가함에 의하나, 그들 중 각자의 성(姓) 하나만을 선택한다. 부가할 성(姓)을 선택하고 두 성(姓)의 순서를 정하는 권리는 양친에게 있으나, 양자가 13세 이상인 경우에는 양자 자신의 동의를 얻어야 한다. 의견이 불일치하거나 선택이 없는 경우, 양자에게 부여되는 성은 양자의 제1의 성에 양친의 제1의 성을 두 번째로 부가함에 의한다.

③ 그러나 법원은 양친의 신청에 기하여 양자가 원래의 성(姓)을 보유하도록 결정할 수 있다.

④ 양친의 신청이 있는 경우 법원은 자녀의 이름을 변경할 수 있다. 자녀가 13세 이상이면 그 자신의 동의가 요구된다.

**제370-1-8조** 양친은 단독으로 친권을 행사하는 자신의 배우자, 자신의 민사연대계약에 의하여 결합된 동반자 또는 자신의 동거인과 함께 친권을 가지게 되나, 이는 공동으로 친권을 행사할 목적으로 민사지방법원의 사법서기국장에게 양친과 함께 신고할 것을 조건으로 한다.

## Chapitre V De l'adoption internationale, des conflits de lois et de l'effet en France des adoptions prononcées à l'étranger

**Article 370-2** L'adoption est internationale

1° Lorsqu'un mineur résidant habituellement dans un Etat étranger a été, est ou doit être déplacé, dans le cadre de son adoption, vers la France, où résident habituellement le ou les adoptants ;

2° Lorsqu'un mineur résidant habituellement en France a été, est ou doit être déplacé, dans le cadre de son adoption, vers un Etat étranger, où résident habituellement le ou les adoptants.

**Article 370-3** Les conditions de l'adoption sont soumises à la loi nationale de l'adoptant ou, en cas d'adoption par un couple, à la loi nationale commune des deux membres du couple au jour du dépôt de la requête en adoption ou, à défaut, à la loi de leur résidence habituelle commune au jour du dépôt de la requête en adoption ou, à défaut, à la loi de la juridiction saisie. L'adoption ne peut toutefois être prononcée si la loi nationale des deux membres du couple la prohibe.

L'adoption d'un mineur étranger ne peut être prononcée si sa loi nationale prohibe cette institution, sauf si ce mineur est né et réside habituellement en France.

Quelle que soit la loi applicable, l'adoption requiert le consentement du représentant légal de l'enfant dans les conditions définies au premier alinéa de l'article 348-3.

**Article 370-4** Les effets de l'adoption prononcée en France sont ceux de la loi française.

**Article 370-5** L'adoption régulièrement prononcée à l'étranger produit en France les effets de l'adoption plénière si elle rompt de manière complète et irrévocable le lien de filiation préexistant. A défaut, elle produit les effets de l'adoption simple. Elle peut être convertie en adoption plénière si les consentements requis ont été donnés expressément en connaissance de cause.

## 제5장 국제입양, 법률의 충돌, 외국에서 선고된 입양의 프랑스에서의 효력

**제370-2조** 입양은 다음 각 호의 경우 국제적이다.
1. 외국에 상시적으로 거주하는 미성년자가 자신의 입양에 있어서 1인 또는 2인의 양친이 상시적으로 거주하는 프랑스로 이전하였거나 이전하여야 하는 경우

2. 프랑스에서 상시적으로 거주하는 미성년자가 자신의 입양에 있어서 1인 또는 2인의 양친이 상시적으로 거주하는 외국으로 이전하였거나 이전하여야 하는 경우

**제370-3조** ① 입양의 요건은 양친의 본국법에 따르거나 또는 커플에 의하여 입양되는 경우에는 입양신청서의 제출일에 커플의 구성원 쌍방에게 공통되는 본국법 또는 공통되는 본국법이 없는 경우에는 입양신청서의 제출일에 그들 공동의 상시 거소지 법률, 또는 상시 거소지 법률이 없다면 소제기 법원의 법률에 따른다. 그러나 커플의 구성원 쌍방의 본국법이 입양을 금지하면 입양이 선언될 수 없다.

② 외국인 미성년자에 대한 입양은 그 미성년자의 본국법이 입양을 금지하고 있으면 선고할 수 없으나, 그 미성년자가 프랑스에서 출생하여 상시 거주하고 있는 때에는 그러하지 아니하다.
③ 준거법이 무엇이든 입양은 제348-3조 제1항에서 규정된 요건에 따라 자녀의 법정대리인의 동의를 필요로 한다.

**제370-4조** 프랑스에서 선고된 입양의 효력은 프랑스법의 효력에 의한다.

**제370-5조** 외국에서 합법적으로 선고된 입양이 기존의 친자관계를 완전하고 돌이킬 수 없게 단절시키는 경우, 그 입양은 프랑스에서 완전입양의 효력을 발생한다. 그렇지 않은 때에는 단순입양의 효력을 발생한다. 그 입양은, 필요한 동의가 사정을 잘 알면서 명시적으로 이루어진 경우, 완전입양으로 전환될 수 있다.

## Titre IX De l'autorité parentale

## Chapitre Ier De l'autorité parentale relativement à la personne de l'enfant

**Article 371** L'enfant, à tout âge, doit honneur et respect à ses père et mère.

**Article 371-1** L'autorité parentale est un ensemble de droits et de devoirs ayant pour finalité l'intérêt de l'enfant.

Elle appartient aux parents jusqu'à la majorité ou l'émancipation de l'enfant pour le protéger dans sa sécurité, sa santé et sa moralité, pour assurer son éducation et permettre son développement, dans le respect dû à sa personne.

L'autorité parentale s'exerce sans violences physiques ou psychologiques.

Les parents associent l'enfant aux décisions qui le concernent, selon son âge et son degré de maturité.

**Article 371-2** Chacun des parents contribue à l'entretien et à l'éducation des enfants à proportion de ses ressources, de celles de l'autre parent, ainsi que des besoins de l'enfant.

Cette obligation ne cesse de plein droit ni lorsque l'autorité parentale ou son exercice est retiré, ni lorsque l'enfant est majeur.

**Article 371-3** L'enfant ne peut, sans permission des père et mère, quitter la maison familiale et il ne peut en être retiré que dans les cas de nécessité que détermine la loi.

**Article 371-4** L'enfant a le droit d'entretenir des relations personnelles avec ses ascendants. Seul l'intérêt de l'enfant peut faire obstacle à l'exercice de ce droit.

Si tel est l'intérêt de l'enfant, le juge aux affaires familiales fixe les modalités des relations entre l'enfant et un tiers, parent ou non, en particulier lorsque ce tiers a résidé de manière stable avec lui et l'un de ses parents, a pourvu à son éducation, à son entretien ou à son installation, et a noué avec lui des liens affectifs durables.

**Article 371-5** L'enfant ne doit pas être séparé de ses frères et sœurs, sauf si cela n'est pas possible ou si son intérêt commande une autre solution. S'il y a lieu, le juge statue sur les relations personnelles entre les frères et sœurs.

# 제9편 친권

## 제1장 자녀의 신상에 관한 친권

**제371조** 자녀는 나이를 불문하고 자신의 부와 모를 공경하고 존경해야 한다.

**제371-1조** ① 친권은 자녀의 이익을 목적으로 하는 권리와 의무의 총체이다.

② 친권은, 자녀의 안전, 건강 및 심리상태를 보호하기 위하여 자녀의 인격을 존중하면서 교육을 보장하고 자녀의 발달을 가능하게 하기 위하여, 자녀가 성년이 되거나 친권 해방이 될 때까지 부모에게 속한다.
③ 친권은 신체적 또는 심리적 폭력 없이 행사된다.
④ 부모는 자녀의 연령 및 성숙도에 따라 자녀에 관한 결정을 함에 있어서 자녀를 참가시킨다.

**제371-2조** ① 부모 각자는 자신의 자력, 타방의 자력 및 자녀의 필요에 비례하여 자녀의 양육 및 교육을 분담한다.
② 이 의무는 친권 또는 친권행사가 박탈된 경우나 자녀가 성년이 된 경우에도 당연히 소멸하지는 아니한다.

**제371-3조** 자녀는 부와 모의 허락이 없이 가족의 주택을 떠날 수 없으며, 자녀는 법률이 정하는 필요의 경우에만 그 주택에서 퇴거될 수 있다.

**제371-4조** ① 자녀는 자신의 직계존속과 인적 관계를 유지할 권리를 가진다. 자녀의 이익만이 그 권리의 행사를 방해할 수 있다.
② 그것이 자녀의 이익이 된다면, 가사담당 법관은, 특히 제3자가 자녀 및 그 부모 중 1인과 안정적으로 거주하였고, 교육, 양육, 입주를 제공하였고 그와 지속적인 정서적 유대를 형성하였던 경우에, 자녀와 혈족이거나 아닌 그 제3자 사이의 관계의 형태를 정한다.

**제371-5조** 자녀는 그의 형제자매와 분리되어서는 안 되지만, 그것이 불가능하거나 자녀의 이익이 다른 해결을 요청하는 경우에는 그러하지 아니하다. 필요하다면, 법관은 형제자매 사이의 인적 관계에 대하여 재판한다.

**Article 371-6** L'enfant quittant le territoire national sans être accompagné d'un titulaire de l'autorité parentale est muni d'une autorisation de sortie du territoire signée d'un titulaire de l'autorité parentale.

Un décret en Conseil d'Etat détermine les conditions d'application du présent article.

### Paragraphe 1 Principes généraux.

**Article 372** Les père et mère exercent en commun l'autorité parentale. L'autorité parentale est exercée conjointement dans le cas prévu à l'article 342-11.

Toutefois, lorsque la filiation est établie à l'égard de l'un d'entre eux plus d'un an après la naissance d'un enfant dont la filiation est déjà établie à l'égard de l'autre, celui-ci reste seul investi de l'exercice de l'autorité parentale. Il en est de même lorsque la filiation est judiciairement déclarée à l'égard du second parent de l'enfant ou, dans le cas d'un établissement de la filiation dans les conditions prévues au chapitre V du titre VII du présent livre, lorsque la mention de la reconnaissance conjointe est apposée à la demande du procureur de la République.

L'autorité parentale pourra néanmoins être exercée en commun en cas de déclaration conjointe des père et mère adressée au directeur des services de greffe judiciaires du tribunal judiciaire ou sur décision du juge aux affaires familiales.

**Article 372-2** A l'égard des tiers de bonne foi, chacun des parents est réputé agir avec l'accord de l'autre, quand il fait seul un acte usuel de l'autorité parentale relativement à la personne de l'enfant.

**Article 373** Est privé de l'exercice de l'autorité parentale le père ou la mère qui est hors d'état de manifester sa volonté, en raison de son incapacité, de son absence ou de toute autre cause.

**Article 373-1** Si l'un des père et mère décède ou se trouve privé de l'exercice de l'autorité parentale, l'autre exerce seul cette autorité, à moins qu'il en ait été privé par une décision judiciaire antérieure.

**제371-6조** ① 친권을 가지는 자가 동반하지 않고 출국하는 자녀는 친권자가 서명한 출국허가증을 소지하여야 한다.

② 국사원의 데크레로 본조의 적용 요건을 정한다.

### 제1관 일반 원칙

**제372조** ① 부와 모는 공동으로 친권을 행사한다. 친권은 제342-11조에서 규정하는 경우에 있어서는 공동으로 행사된다.
② 그러나 부모 중 일방에 관한 친자관계가 자녀의 출생 1년 이후에 성립되고 그 자녀에 대한 친자관계가 이미 타방에 관하여 성립된 경우에는, 그 타방이 단독으로 친권을 행사한다. 친자관계가 자녀의 두 번째 부모에 관하여 재판에 의하여 선고된 경우 또는 본권 제7편 제5장에서 규정하는 요건에 따라 친자관계가 성립된 때에는 공동인지에 대한 언급이 검사장의 청구에 의하여 기재된 경우에도 마찬가지이다.

③ 그럼에도 불구하고, 부와 모가 공동으로 민사지방법원의 사법서기국장에게 신고서를 제출하거나 또는 가사담당 법관의 결정이 있는 경우, 친권은 공동으로 행사될 수 있다.

**제372-2조** 부모 각자가 단독으로 자녀의 신상에 관하여 친권의 일상적 행사를 한 때에는, 선의의 제3자에 대해서는 타방과 합의하여 행위한 것으로 간주된다.

**제373조** 제한능력, 부재 또는 그 밖의 다른 모든 사유로 인하여 자신의 의사를 표시할 수 없는 상태에 있는 부 또는 모는 친권의 행사가 박탈된다.

**제373-1조** 부와 모 중 1인이 사망하거나 친권의 행사를 박탈당하면, 다른 1인이 단독으로 친권을 행사하나, 선행된 법원 판결에 의하여 친권이 박탈된 경우에는 그러하지 아니하다.

## Paragraphe 2 De l'exercice de l'autorité parentale par les parents séparés

**Article 373-2** La séparation des parents est sans incidence sur les règles de dévolution de l'exercice de l'autorité parentale.

Chacun des père et mère doit maintenir des relations personnelles avec l'enfant et respecter les liens de celui-ci avec l'autre parent.

A cette fin, à titre exceptionnel, à la demande de la personne directement intéressée ou du juge aux affaires familiales, le procureur de la République peut requérir le concours de la force publique pour faire exécuter une décision du juge aux affaires familiales, une convention de divorce par consentement mutuel prenant la forme d'un acte sous signature privée contresigné par avocats déposé au rang des minutes d'un notaire ou une convention homologuée fixant les modalités d'exercice de l'autorité parentale.

Tout changement de résidence de l'un des parents, dès lors qu'il modifie les modalités d'exercice de l'autorité parentale, doit faire l'objet d'une information préalable et en temps utile de l'autre parent. En cas de désaccord, le parent le plus diligent saisit le juge aux affaires familiales qui statue selon ce qu'exige l'intérêt de l'enfant. Le juge répartit les frais de déplacement et ajuste en conséquence le montant de la contribution à l'entretien et à l'éducation de l'enfant.

**Article 373-2-1** Si l'intérêt de l'enfant le commande, le juge peut confier l'exercice de l'autorité parentale à l'un des deux parents.

L'exercice du droit de visite et d'hébergement ne peut être refusé à l'autre parent que pour des motifs graves.

Lorsque, conformément à l'intérêt de l'enfant, la continuité et l'effectivité des liens de l'enfant avec le parent qui n'a pas l'exercice de l'autorité parentale l'exigent, le juge aux affaires familiales peut organiser le droit de visite dans un espace de rencontre désigné à cet effet.

Lorsque l'intérêt de l'enfant le commande ou lorsque la remise directe de l'enfant à l'autre parent présente un danger pour l'un d'eux, le juge en organise les modalités pour qu'elle présente toutes les garanties nécessaires. Il peut prévoir qu'elle s'effectue dans un espace de rencontre qu'il désigne, ou avec l'assistance d'un tiers de confiance ou du représentant d'une personne morale qualifiée.

Le parent qui n'a pas l'exercice de l'autorité parentale conserve le droit et le devoir de surveiller l'entretien et l'éducation de l'enfant. Il doit être informé des choix importants relatifs à la vie de ce dernier. Il doit respecter l'obligation qui lui incombe en vertu de l'article 371-2.

## 제2관 별거한 부모에 의한 친권 행사

**제373-2조** ① 부모의 별거는 친권행사의 귀속에 관한 규정에 영향을 미치지 아니한다.

② 부와 모 각자는 자녀와의 인적 관계를 유지하고 자녀와 타방 부모와의 관계를 존중하여야 한다.

③ 이를 위하여 검사장은 직접적인 이해관계인이나 가사담당 법관의 청구가 있는 경우 예외적으로, 친권행사의 방식을 정하는 가사담당 법관의 결정, 사서증서의 형식으로 작성되고 변호사가 연서하여 공증인의 원본철에 편철된 상호동의에 의한 이혼합의 또는 승인받은 합의를 집행하기 위해 공권력의 협조를 신청할 수 있다.

④ 부모 어느 일방의 거소에 관한 모든 변동은, 그로 인해 친권 행사의 방식이 변경되는 한, 사전에 그리고 타방 부모의 적절한 시기에, 고지의 대상이 되어야 한다. 의견불일치의 경우, 부 또는 모는 먼저 가사담당 법관에게 자녀의 이익이 요구하는 바에 따라 재판할 것을 청구할 수 있다. 법관은 이주비를 분배하고 그 결과에 따라 자녀의 양육과 교육의 분담액을 조정한다.

**제373-2-1조** ① 자녀의 이익이 이를 필요로 한다면, 법관은 두 부모 중 일방에게 친권 행사를 맡길 수 있다.

② 방문 및 숙박권의 행사는 중대한 사유가 있는 경우에만 타방 부모에게 거절될 수 있다.

③ 자녀의 이익에 비추어, 친권을 행사하지 않는 부 또는 모와 자녀 사이의 관계의 계속성 및 실효성을 위해 필요한 경우, 가사담당 법관은 이를 위하여 지정된 면회 장소에서의 방문권을 정할 수 있다.

④ 자녀의 이익을 위해 필요한 경우 또는 타방 부모에게 자녀를 직접 인도하는 것이 그들 중 어느 일방에게 위험할 경우, 법관은 필요한 모든 담보를 제시하는 인도방법을 정한다. 법관은 그가 지정하는 면회장소에서 또는 신뢰할 수 있는 제3자나 자격있는 법인의 대표자의 조력을 받아 인도가 이루어지도록 정할 수 있다.

⑤ 친권을 행사하지 않는 부 또는 모는 자녀의 양육 및 교육을 감독할 권리와 의무를 가진다. 그는 자녀의 생활에 관한 중대한 선택에 대하여 정보제공을 받아야 한다. 그는 제371-2조에 따라 그에게 부과된 의무를 준수하여야 한다.

**Article 373-2-2** I. - En cas de séparation entre les parents, ou entre ceux-ci et l'enfant, la contribution à son entretien et à son éducation prend la forme d'une pension alimentaire versée, selon le cas, par l'un des parents à l'autre, ou à la personne à laquelle l'enfant a été confié.

Les modalités et les garanties de cette pension alimentaire sont fixées par :

1° Une décision judiciaire ;

2° Une convention homologuée par le juge ;

3° Une convention de divorce ou de séparation de corps par consentement mutuel selon les modalités prévues à l'article 229-1 ;

4° Un acte reçu en la forme authentique par un notaire ;

5° Une convention à laquelle l'organisme débiteur des prestations familiales a donné force exécutoire en application de l'article L. 582-2 du code de la sécurité sociale.

6° Une transaction ou un acte constatant un accord issu d'une médiation, d'une conciliation ou d'une procédure participative, lorsqu'ils sont contresignés par les avocats de chacune des parties et revêtus de la formule exécutoire par le greffe de la juridiction compétente en application du 7° de l'article L. 111-3 du code des procédures civiles d'exécution.

Il peut être notamment prévu le versement de la pension alimentaire par virement bancaire ou par tout autre moyen de paiement.

Cette pension peut en tout ou partie prendre la forme d'une prise en charge directe de frais exposés au profit de l'enfant ou être, en tout ou partie, servie sous forme d'un droit d'usage et d'habitation.

II. - Lorsque la pension est fixée en tout ou partie en numéraire par un des titres mentionnés aux 1° à 6° du I, son versement par l'intermédiaire de l'organisme débiteur des prestations familiales au parent créancier est mis en place, pour la part en numéraire, dans les conditions et selon les modalités prévues au chapitre II du titre VIII du livre V du code de la sécurité sociale et par le code de procédure civile.

Toutefois, l'intermédiation n'est pas mise en place dans les cas suivants :

1° En cas de refus des deux parents, ce refus devant être mentionné dans les titres mentionnés au I du présent article et pouvant, lorsque la pension est fixée dans un titre mentionné au 1° du même I, être exprimé à tout moment de la procédure ;

2° A titre exceptionnel, lorsque le juge estime, par décision spécialement motivée, le cas échéant d'office, que la situation de l'une des parties ou les modalités d'exécution de la contribution à l'entretien et à l'éducation de l'enfant sont incompatibles avec sa mise en place.

**제373-2-2조** Ⅰ. ① 부모가 별거하거나 또는 부모와 자녀가 별거하는 경우, 자녀의 양육과 교육에 대한 분담금은 경우에 따라서 부모 중 일방이 타방 또는 자녀를 맡고 있는 사람에게 지급하는 부양정기금의 형식을 취한다.

② 이 부양정기금의 방식과 담보는 다음 각 호에 의하여 정한다.
1. 법원 판결
2. 법관이 승인한 합의
3. 제229-1조에 규정된 방식에 따른 상호합의에 의한 이혼이나 별거의 합의

4. 공증의 형식으로 공증인이 수령한 증서
5. 채무자인 가족수당지급기관이 사회보장법전 제L.582-2조의 적용에 따라 집행력을 부여한 합의
6. 각 당사자들의 변호사가 연서하고 민사집행법 제L.111-3조 제7호의 적용에 따라 관할권 있는 재판적의 서기에 의하여 집행증서의 양식을 갖춘 조정, 화해 또는 참가절차에 따른 합의를 확인하는 조정조서 또는 증서

③ 특히 부양정기금을 은행송금 또는 다른 모든 지급수단에 의하여 지급할 것을 미리 정할 수 있다.
④ 이 정기금의 전부 또는 일부는 자녀의 이익을 위한 비용을 직접 부담하는 형식을 취할 수 있으며, 또는 그 전부나 일부가 사용권 및 거주권의 형식으로 제공될 수도 있다.

Ⅱ. ⑤ 부양정기금의 전부 또는 일부가 위 제Ⅰ.의 제2항 제1호부터 제6호까지에 규정된 명목들 중 어느 하나에 의하여 일정금액으로 확정된 경우, 채무자인 가족수당지급기관의 개입에 의한 정기금채권자인 부모에 대한 그 금액부분의 지급은 사회보장법전 제5권 제8편 제2장 및 민사소송법전에서 규정하는 요건과 방식에 따라 실행된다.

⑥ 그러나 다음 각 호의 경우에는 개입이 적용되지 아니한다.
1. 두 부모가 거절하는 경우로서, 이 거절은 본조의 제Ⅰ.에서 열거하는 명목들 중에 열거되어 있어야 하며, 부양정기금이 같은 제Ⅰ.의 제2항 제1호에서 규정하는 명목으로 정해진 경우에는, 언제라도 그 절차가 설명될 수 있어야 한다.
2. 예외적으로, 법관이 특별히 이유를 설시한 결정에 의해, 경우에 따라서는 직권으로, 당사자 일방의 상황 또는 자녀의 양육과 교육에 대한 분담금의 이행방식이 그 실행에 적합하지 않은 것으로 판단하는 경우

Lorsqu'elle est mise en place, il est mis fin à l'intermédiation sur demande de l'un des parents, adressée à l'organisme débiteur des prestations familiales, sous réserve du consentement de l'autre parent.

Le deuxième alinéa, le 1° et l'avant-dernier alinéa du présent II ne sont pas applicables lorsque l'une des parties fait état, dans le cadre de la procédure conduisant à l'émission d'un des titres mentionnés au I, de ce que le parent débiteur a fait l'objet d'une plainte ou d'une condamnation pour des faits de menaces ou de violences volontaires sur le parent créancier ou l'enfant ou lorsque l'une des parties produit, dans les mêmes conditions, une décision de justice concernant le parent débiteur mentionnant de telles menaces ou violences dans ses motifs ou son dispositif.

III. - Lorsque le versement de la pension par l'intermédiaire de l'organisme débiteur des prestations familiales au parent créancier n'a pas été mis en place ou lorsqu'il y a été mis fin, l'intermédiation financière est mise en œuvre à la demande d'au moins l'un des deux parents auprès de l'organisme débiteur des prestations familiales, selon les modalités prévues à l'article L. 582-1 du code de la sécurité sociale, sous réserve que la pension soit fixée en tout ou partie en numéraire par un des titres mentionnés aux 1° à 6° du I du présent article.

Lorsque l'intermédiation financière a été écartée en application du 2° du II, son rétablissement est demandé devant le juge, qui apprécie l'existence d'un élément nouveau.

IV. - Dans les cas mentionnés aux 3° à 6° du I, la date de paiement et les modalités de revalorisation annuelle du montant de la pension versée par l'intermédiaire de l'organisme débiteur des prestations familiales respectent des conditions fixées par décret en Conseil d'Etat. Il en est de même dans le cas mentionné au 2° du même I, sauf lorsque la convention homologuée comporte des stipulations relatives au paiement de la pension ou à sa revalorisation ou a expressément exclu cette dernière.

Un décret en Conseil d'Etat précise également les éléments strictement nécessaires, incluant le cas échéant le fait que l'une des parties a fait état ou a produit les informations et éléments mentionnés au dernier alinéa du II, au regard de la nécessité de protéger la vie privée des membres de la famille, au versement de la pension par l'intermédiaire de l'organisme débiteur des prestations familiales que les greffes, les avocats et les notaires sont tenus de transmettre aux organismes débiteurs des prestations familiales en sus des extraits exécutoires des décisions mentionnées au 1° du I ou des copies exécutoires des conventions et actes mentionnés aux 2° à 4° et 6° du même I, ainsi que les modalités de leur transmission.

⑦ 부양정기금이 실행되는 경우, 채무자인 가족수당지급기관에 제출된 부모 중 일방의 청구에 의하여 개입은 종료되지만, 타방 부모의 동의를 유보한다.

⑧ 본 제II. 제2항 제1호 및 본 제II.의 제3항은 부모 중 일방이, 제I.에 규정된 명목들 중 어느 하나의 실현을 이끄는 절차의 범주에서, 부양정기금 채무자인 부 또는 모가 부양정기금 채권자인 부 또는 모나 자녀에 대한 협박 또는 고의적인 폭력으로 인하여 고소를 당하거나 형의 선고를 받았음을 인용하는 경우, 또는 부모 중 일방이, 같은 조건 하에서, 판결이유나 주문에서 그와 같은 협박이나 폭력을 언급하는 부양정기금 채무자인 부 또는 모에 관한 법원의 결정을 제출한 경우에는 적용되지 아니한다.

III. ⑨ 채무자인 가족수당지급기관의 개입에 의한 정기금채권자인 부모에 대한 부양정기금의 지급이 실행되지 않고 있는 경우 또는 종료된 경우, 채무자인 가족수당지급기관에 대한 적어도 두 부모 중 1인의 청구에 의하여 사회보장법전 제L.582-1조에서 규정한 방식에 따라 재정적 개입이 실시되지만, 부양정기금의 전부 또는 일부가 본조의 제I.의 제2항 제1호부터 제6호까지에서 열거한 명목 중 어느 하나에 의하여 일정금액으로 정해질 것을 유보한다.

⑩ 위 제II.의 제2항 제2호의 적용에 의하여 재정적 개입이 배제된 경우, 그 회복은 법관에게 청구되며, 법관은 새로운 요소의 존재를 평가한다.
IV. ⑪ 위 제I.의 제2항 제3호부터 제6호까지에서 규정하고 있는 경우들에 있어서, 채무자인 가족수당지급기관의 개입에 의하여 지급되는 부양정기금의 지급일자와 연례 재산정(再算定) 방식은 국사원 데크레에 의하여 정하는 요건을 준수한다. 같은 위 제I.의 제2항 제2호에서 언급하는 경우에도 마찬가지이나 승인된 합의가 정기금의 지급이나 재산정에 관한 약정을 포함하고 있거나 이 재산정을 명시적으로 배제하고 있는 때에는 그러하지 아니하다.

⑫ 또한 국사원 데크레는, 경우에 따라서 당사자 일방이 제II.의 제4항에서 열거하는 정보와 자료를 인용하거나 제출한 사실을 포함하여, 서기들, 변호사, 공증인이 제I.의 제2항 제1호에서 규정하는 결정의 집행문 또는 같은 제I.의 제2항 제2호부터 제4호까지 및 제6호에서 규정하는 합의와 증서의 집행정본 이외에도 채무자인 가족수당지급기관에 전달할 의무가 있는 것으로서, 가족구성원의 사생활보호의 필요성이라는 견지에서, 채무자인 가족수당지급기관의 개입에 의한 정기금의 지급에 있어서 엄격하게 필요로 하는 자료들 및 그 전달방식을 정한다.

**Article 373-2-3** Lorsque la consistance des biens du débiteur s'y prête, la pension alimentaire peut être remplacée, en tout ou partie, par le versement d'une somme d'argent entre les mains d'un organisme accrédité chargé d'accorder en contrepartie à l'enfant une rente indexée, l'abandon de biens en usufruit ou l'affectation de biens productifs de revenus, sous les modalités et garanties prévues par la décision, l'acte ou la convention mentionnés aux 1° à 6° du I de l'article 373-2-2.

**Article 373-2-4** L'attribution d'un complément, notamment sous forme de pension alimentaire, peut, s'il y a lieu, être demandée ultérieurement.

**Article 373-2-5** Le parent qui assume à titre principal la charge d'un enfant majeur qui ne peut lui-même subvenir à ses besoins peut demander à l'autre parent de lui verser une contribution à son entretien et à son éducation. Le juge peut décider ou les parents convenir que cette contribution sera versée en tout ou partie entre les mains de l'enfant.

## Paragraphe 3 De l'intervention du juge aux affaires familiales

**Article 373-2-6** Le juge du tribunal judiciaire délégué aux affaires familiales règle les questions qui lui sont soumises dans le cadre du présent chapitre en veillant spécialement à la sauvegarde des intérêts des enfants mineurs.

Le juge peut prendre les mesures permettant de garantir la continuité et l'effectivité du maintien des liens de l'enfant avec chacun de ses parents.

Il peut notamment ordonner l'interdiction de sortie de l'enfant du territoire français sans l'autorisation des deux parents. Cette interdiction de sortie du territoire sans l'autorisation des deux parents est inscrite au fichier des personnes recherchées par le procureur de la République.

Il peut, même d'office, ordonner une astreinte pour assurer l'exécution de sa décision. Si les circonstances en font apparaître la nécessité, il peut assortir d'une astreinte la décision rendue par un autre juge ainsi que l'accord parental constaté dans l'un des titres mentionnés aux 1° et 2° du I de l'article 373-2-2. Les dispositions des articles L. 131-2 à L. 131-4 du code des procédures civiles d'exécution sont applicables.

Il peut également, lorsqu'un parent fait délibérément obstacle de façon grave ou renouvelée à l'exécution de l'un des titres mentionnés aux 1° à 6° du I de l'article 373-2-2, le condamner au paiement d'une amende civile d'un montant qui ne peut excéder 10 000 €.

**제373-2-3조** 채무자의 재산구성이 허용하는 경우, 부양정기금은 제373-2-2조 제I.의 제1호부터 제6호까지에 규정된 결정, 증서 또는 합의에 의하여 규정된 방식과 담보에 따라, 그 전부 또는 일부를 지수에 따른 정기금을 자녀에게 반대급부로서 지급할 의무가 있는 인가된 기관의 수중에 일정액으로 지급하거나, 점용권의 대상인 재산을 포기하거나 또는 수익을 발생시키는 재산을 할당하는 것으로 대체될 수 있다.

**제373-2-4조** 특히 부양정기금의 형태로 이루어지는 보충물의 분배는 필요한 경우, 추후에 청구될 수 있다.

**제373-2-5조** 자신의 필요에 스스로 대처할 수 없는 성년인 자녀에 대한 부담을 주로 담당하고 있는 부 또는 모는 타방 부모에 대하여 자녀의 양육 및 교육에 대한 분담금을 자신에게 지급하도록 청구할 수 있다. 이 분담(금)의 전부 또는 일부를 자녀에게 직접 지급할 것을 법관이 결정하거나 부모가 합의할 수 있다.

### 제3관 가사담당 법관의 개입

**제373-2-6조** ① 가사사건을 담당하는 민사지방법원의 법관은 본장의 범위에서 자신에게 주어진 문제들을 규율함에 있어서 특별히 미성년인 자녀의 이익 보호에 유의한다.

② 법관은 자녀가 그 부모 각자와의 관계 유지의 계속성 및 실효성을 보장하는 조치를 취할 수 있다.
③ 법관은 특히 두 부모의 승낙 없이 프랑스 영토 밖으로의 자녀의 출국금지를 명할 수 있다. 두 부모의 승낙 없는 출국의 금지는 검사장에 의하여 수색자 인명록에 등록된다.

④ 법관은 직권에 의하여도, 결정의 이행을 담보하기 위한 이행강제금을 명할 수 있다. 여러 사정에 비추어 그 필요성이 있으면, 법관은 다른 법관이 내린 결정 및 제373-2-2조 제I.의 제2항 제1호와 제2호에 열거된 증서 중 하나에서 확인된 부모의 합의에 이행강제금을 부가할 수 있다. 민사집행법전 제L.131-2조부터 제L.131-4조까지의 규정이 적용된다.

⑤ 또한 어느 부모가 고의로 제373-2-2조 제I.의 제2항 제1호부터 제6호까지에 열거된 증서의 이행을 심각하고 반복적으로 방해하는 경우, 법관은 1만 유로를 초과하지 않는 민사벌금을 선고할 수 있다.

**Article 373-2-7** Les parents peuvent saisir le juge aux affaires familiales afin de faire homologuer la convention par laquelle ils organisent les modalités d'exercice de l'autorité parentale et fixent la contribution à l'entretien et à l'éducation de l'enfant.

Le juge homologue la convention sauf s'il constate qu'elle ne préserve pas suffisamment l'intérêt de l'enfant ou que le consentement des parents n'a pas été donné librement.

**Article 373-2-8** Le juge peut également être saisi par l'un des parents ou le ministère public, qui peut lui-même être saisi par un tiers, parent ou non, à l'effet de statuer sur les modalités d'exercice de l'autorité parentale et sur la contribution à l'entretien et à l'éducation de l'enfant.

**Article 373-2-9** En application des deux articles précédents, la résidence de l'enfant peut être fixée en alternance au domicile de chacun des parents ou au domicile de l'un d'eux.

A la demande de l'un des parents ou en cas de désaccord entre eux sur le mode de résidence de l'enfant, le juge peut ordonner à titre provisoire une résidence en alternance dont il détermine la durée. Au terme de celle-ci, le juge statue définitivement sur la résidence de l'enfant en alternance au domicile de chacun des parents ou au domicile de l'un d'eux.

Lorsque la résidence de l'enfant est fixée au domicile de l'un des parents, le juge aux affaires familiales statue sur les modalités du droit de visite de l'autre parent. Ce droit de visite, lorsque l'intérêt de l'enfant le commande, peut, par décision spécialement motivée, être exercé dans un espace de rencontre désigné par le juge.

Lorsque l'intérêt de l'enfant le commande ou lorsque la remise directe de l'enfant à l'autre parent présente un danger pour l'un d'eux, le juge en organise les modalités pour qu'elle présente toutes les garanties nécessaires. Il peut prévoir qu'elle s'effectue dans un espace de rencontre qu'il désigne, ou avec l'assistance d'un tiers de confiance ou du représentant d'une personne morale qualifiée.

**Article 373-2-9-1** Lorsqu'il est saisi d'une requête relative aux modalités d'exercice de l'autorité parentale, le juge aux affaires familiales peut attribuer provisoirement la jouissance du logement de la famille à l'un des deux parents, le cas échéant en constatant l'accord des parties sur le montant d'une indemnité d'occupation.

Le juge fixe la durée de cette jouissance pour une durée maximale de six mois.

Lorsque le bien appartient aux parents en indivision, la mesure peut être prorogée, à la demande de l'un ou l'autre des parents, si durant ce délai le tribunal a été saisi des opérations de liquidation partage par la partie la plus diligente.

**제373-2-7조** ① 부모는, 친권 행사의 방식을 정하고 자녀의 양육 및 교육에 대한 분담을 정하는 합의의 승인을 가사담당 법관에게 청구할 수 있다.

② 법관은, 합의가 자녀의 이익을 충분히 보호하지 않거나 또는 부모의 동의가 자유로이 이루어지지 않은 것을 확인한 경우를 제외하고는 위 합의를 승인한다.

**제373-2-8조** 법관은 또한 부모 중 일방의 신청 또는 혈족 여부를 불문하는 제3자에 의해서 소환될 수 있는 검찰의 청구에 의하여, 친권행사의 방식과 자녀의 양육 및 교육에 대한 분담에 관하여 재판하도록 제소될 수 있다.

**제373-2-9조** ① 전 2조의 적용에 따라, 자녀의 거소는 부모 각각의 주소 또는 일방의 주소를 교대로 정할 수 있다.
② 부모 중 일방의 청구가 있거나 또는 자녀의 거소의 형태에 대하여 부모 사이에 의견불일치가 있는 경우에는 법관은 잠정적으로 기간을 정하여 교대로 거소를 명할 수 있다. 이 기간이 종료한 때에 법관은 자녀의 거소에 대하여 부모 각각의 주소 중에서 교대하는지, 아니면 부모 중 일방의 주소로 최종적으로 판결한다.

③ 자녀의 거소가 부모 일방의 주소로 정해진 때에는 가사담당 법관은 타방 부모의 방문권의 방식에 대하여 결정한다. 이 방문권은 자녀의 이익을 위해 필요한 경우에는 별도의 이유가 설시된 결정으로 법관이 지정한 면회 장소에서 행사될 수 있다.

④ 자녀의 이익을 위해 필요한 경우 또는 타방 부모에게 자녀를 직접 인도하는 것이 그들 중 어느 일방에게 위험할 경우, 법관은 필요한 모든 담보를 제시하는 인도방법을 정한다. 법관은 그가 지정하는 면회장소에서 또는 신뢰할 수 있는 제3자나 자격있는 법인의 대표자의 조력을 받아 인도가 이루어지도록 정할 수 있다.

**제373-2-9-1조** ① 친권의 행사방식에 관한 신청이 있는 경우, 가사담당 법관은 두 부모 중 일방에게 가족주거의 향유를 임시로 부여할 수 있으며, 필요한 경우 거주보상금액에 관한 당사자들의 합의를 확인한다.

② 법관은 최장 6개월 동안에 걸친 이 향유 기간을 정한다.
③ 재산이 부모의 공유에 속하는 경우, 이 향유 기간 동안 가장 먼저 한 당사자에 의하여 법원이 분할청산절차를 개시하였으면, 부모 중 일방 또는 타방의 청구에 의하여, 그 조치는 연장될 수 있다.

**Article 373-2-10** En cas de désaccord, le juge s'efforce de concilier les parties.

A l'effet de faciliter la recherche par les parents d'un exercice consenuel de l'autorité parentale, le juge peut leur proposer une mesure de médiation, sauf si des violences sont alléguées par l'un des parents sur l'autre parent ou sur l'enfant, ou sauf emprise manifeste de l'un des parents sur l'autre parent, et, après avoir recueilli leur accord, désigner un médiateur familial pour y procéder, y compris dans la décision statuant définitivement sur les modalités d'exercice de l'autorité parentale.

Il peut de même leur enjoindre, sauf si des violences sont alléguées par l'un des parents sur l'autre parent ou sur l'enfant, ou sauf emprise manifeste de l'un des parents sur l'autre parent, de rencontrer un médiateur familial qui les informera sur l'objet et le déroulement de cette mesure.

**Article 373-2-11** Lorsqu'il se prononce sur les modalités d'exercice de l'autorité parentale, le juge prend notamment en considération :
1° La pratique que les parents avaient précédemment suivie ou les accords qu'ils avaient pu antérieurement conclure ;
2° Les sentiments exprimés par l'enfant mineur dans les conditions prévues à l'article 388-1 ;
3° L'aptitude de chacun des parents à assumer ses devoirs et respecter les droits de l'autre ;
4° Le résultat des expertises éventuellement effectuées, tenant compte notamment de l'âge de l'enfant ;
5° Les renseignements qui ont été recueillis dans les éventuelles enquêtes et contre-enquêtes sociales prévues à l'article 373-2-12 ;
6° Les pressions ou violences, à caractère physique ou psychologique, exercées par l'un des parents sur la personne de l'autre.

**Article 373-2-12** Avant toute décision fixant les modalités de l'exercice de l'autorité parentale et du droit de visite ou confiant les enfants à un tiers, le juge peut donner mission à toute personne qualifiée d'effectuer une enquête sociale. Celle-ci a pour but de recueillir des renseignements sur la situation de la famille et les conditions dans lesquelles vivent et sont élevés les enfants.

Si l'un des parents conteste les conclusions de l'enquête sociale, une contre-enquête peut à sa demande être ordonnée.

L'enquête sociale ne peut être utilisée dans le débat sur la cause du divorce.

**제373-2-10조** ① 의견불일치의 경우에 법관은 당사자들이 화해하도록 노력한다.
② 부모 중 일방이 타방 부모 또는 자녀에게 폭력을 가하였다는 주장이 있는 경우나 부모 중 일방이 타방 부모를 명백히 지배하는 경우를 제외하고, 법관은 합의에 의한 친권의 행사를 부모가 추구하는 것을 용이하게 하기 위하여 부모에게 조정의 조치를 제안할 수 있고 부모의 합의가 있은 후에는, 친권의 행사 방법에 관하여 종국적으로 재판하는 결정을 포함하여, 절차를 진행하기 위한 가사조정인을 선임할 수 있다.

③ 법관은, 부모 중 일방이 타방 부모 또는 자녀에게 폭력을 가하였다는 주장이 있는 경우나 부모 중 일방이 타방 부모를 명백히 지배하는 경우를 제외하고, 부모들에게 이 조치의 목적 및 진행과정을 통지할 가사조정인을 만날 것을 명할 수도 있다.

**제373-2-11조** 친권의 행사 방법에 대하여 판결하는 경우, 법관은 특히 다음 각 호의 사항을 고려한다.
1. 부모가 이전에 따르고 있던 관행 또는 부모가 이전에 체결할 수 있었던 합의

2. 제388-1조에서 규정된 요건 하에서 미성년인 자녀가 표현한 감정

3. 부모 각자가 자신의 의무를 부담하고 타방의 권리를 존중하기 위해 취하는 태도
4. 특히 자녀의 연령을 고려하여, 경우에 따라 실행될 수도 있는 감정(鑑定)의 결과

5. 제373-2-12조에서 규정된, 있을 수 있는 사회적 설문조사 및 반대조사에서 수집된 정보

6. 부모 중 일방이 타방의 인신에 가한 신체적 또는 심리적 압력이나 폭력

**제373-3-12조** ① 법관은, 친권과 방문권의 행사 방법을 정하는 결정이나 자녀를 제3자에게 위탁하는 결정을 하기 전에, 자격이 있는 모든 자에게 사회적 설문조사를 실행할 임무를 부여할 수 있다. 이 조사는 가족의 상황 및 자녀가 생활하고 성장한 조건에 대한 정보의 수집을 목적으로 한다.

② 부모 중 1인이 사회적 설문조사의 결과에 이의를 제기하는 때에는, 그의 청구에 따라 반대조사를 명할 수 있다.
③ 사회적 설문조사는 이혼사유에 관한 변론에서는 이용될 수 없다.

**Article 373-2-13** Les dispositions contenues dans la convention homologuée ou dans la convention de divorce par consentement mutuel prenant la forme d'un acte sous signature privée contresigné par avocats déposé au rang des minutes d'un notaire ainsi que les décisions relatives à l'exercice de l'autorité parentale peuvent être modifiées ou complétées à tout moment par le juge, à la demande des ou d'un parent ou du ministère public, qui peut lui-même être saisi par un tiers, parent ou non.

### Paragraphe 4 De l'intervention des tiers

**Article 373-3** Le juge peut, à titre exceptionnel et si l'intérêt de l'enfant l'exige, notamment lorsqu'un des parents est privé de l'exercice de l'autorité parentale, décider de confier l'enfant à un tiers, choisi de préférence dans sa parenté. Il est saisi et statue conformément aux articles 373-2-8 et 373-2-11.

Dans des circonstances exceptionnelles, le juge aux affaires familiales qui statue sur les modalités de l'exercice de l'autorité parentale après séparation des parents peut décider, du vivant même des parents, qu'en cas de décès de celui d'entre eux qui exerce cette autorité, l'enfant n'est pas confié au survivant. Il peut, dans ce cas, désigner la personne à laquelle l'enfant est provisoirement confié.

**Article 373-4** Lorsque l'enfant a été confié à un tiers, l'autorité parentale continue d'être exercée par les père et mère ; toutefois, la personne à qui l'enfant a été confié accomplit tous les actes usuels relatifs à sa surveillance et à son éducation.

Le juge aux affaires familiales, en confiant l'enfant à titre provisoire à un tiers, peut décider qu'il devra requérir l'ouverture d'une tutelle.

**Article 373-5** S'il ne reste plus ni père ni mère en état d'exercer l'autorité parentale, il y aura lieu à l'ouverture d'une tutelle ainsi qu'il est dit à l'article 390 ci-dessous.

**Article 374-1** Le tribunal qui statue sur l'établissement d'une filiation peut décider de confier provisoirement l'enfant à un tiers qui sera chargé de requérir l'organisation de la tutelle.

**Article 374-2** Dans tous les cas prévus au présent titre, la tutelle peut être ouverte lors même qu'il n'y aurait pas de biens à administrer.

Elle est alors organisée selon les règles prévues au titre X.

**제373-2-13조** 승인받은 합의 또는 사서증서의 형식으로 작성되고 변호사가 연서하여 공증인의 원본철에 편철된 상호동의에 의한 이혼합의에 포함된 규정들 및 친권의 행사에 관한 결정은 부모들 또는 그 일방의 청구에 따라 또는 혈족 여부를 불문하는 제3자에 의해서 소환될 수 있는 검찰의 청구에 따라, 언제든지 법관에 의하여 수정 또는 보완될 수 있다.


## 제4관 제3자의 개입

**제373-3조** ① 법관은 부모 중 1인이 친권행사를 박탈당한 때 등 예외적으로, 자녀의 이익이 이를 요청한다면, 자녀를 그의 혈족 중에서 우선적으로 선택되는 제3자에게 위탁할 것을 결정할 수 있다. 법관은 제373-2-8조와 제373-2-11조에 따라 제기된 소에 대하여 심판한다.

② 예외적인 사정이 있는 경우에, 부모의 별거 후의 친권행사 방법에 대하여 심판하는 가사담당 법관은, 부모의 생존 중에도, 친권을 행사하는 부모들 중의 일방이 사망한 경우에 자녀가 생존자에게 맡겨지지 않도록 결정할 수 있다. 이 경우에 법관은 자녀가 임시로 위탁될 자를 선임할 수 있다.


**제373-4조** ① 자녀가 제3자에게 위탁된 경우, 친권은 계속해서 부와 모에 의하여 행사된다. 그러나 자녀를 위탁받은 자는 자녀의 감독 및 교육에 관한 모든 일상적 행위를 완수한다.

② 가사담당 법관은 자녀를 임시로 제3자에게 위탁하면서 그가 후견개시를 신청해야 한다고 결정할 수 있다.

**제373-5조** 친권을 행사할 수 있는 부도 모도 더 이상 남아 있지 않은 때에는, 이하의 제390조에서 규정하는 바와 같이 후견이 개시된다.

**제374-1조** 친자관계의 성립에 대하여 판결하는 법원은, 자녀를 임시로 제3자에게 위탁하는 것을 결정할 수 있으며 이 제3자는 후견의 구성을 신청할 임무를 담당한다.


**제374-2조** ① 본편에 규정된 모든 경우에는 관리해야 할 재산이 없는 때에도 후견이 개시될 수 있다.
② 후견은 이 경우에 제10편에 규정된 규칙에 따라서 구성된다.

## Section 1 De l'exercice de l'autorité parentale (abrogé)

## Section 2 De l'assistance éducative

**Article 375** Si la santé, la sécurité ou la moralité d'un mineur non émancipé sont en danger, ou si les conditions de son éducation ou de son développement physique, affectif, intellectuel et social sont gravement compromises, des mesures d'assistance éducative peuvent être ordonnées par justice à la requête des père et mère conjointement, ou de l'un d'eux, de la personne ou du service à qui l'enfant a été confié ou du tuteur, du mineur lui-même ou du ministère public. Dans les cas où le ministère public a été avisé par le président du conseil départemental, il s'assure que la situation du mineur entre dans le champ d'application de l'article L. 226-4 du code de l'action sociale et des familles. Le juge peut se saisir d'office à titre exceptionnel.

Elles peuvent être ordonnées en même temps pour plusieurs enfants relevant de la même autorité parentale.

La décision fixe la durée de la mesure sans que celle-ci puisse excéder deux ans. La mesure peut être renouvelée par décision motivée.

Cependant, lorsque les parents présentent des difficultés relationnelles et éducatives graves, sévères et chroniques, évaluées comme telles dans l'état actuel des connaissances, affectant durablement leurs compétences dans l'exercice de leur responsabilité parentale, une mesure d'accueil exercée par un service ou une institution peut être ordonnée pour une durée supérieure, afin de permettre à l'enfant de bénéficier d'une continuité relationnelle, affective et géographique dans son lieu de vie dès lors qu'il est adapté à ses besoins immédiats et à venir.

Un rapport concernant la situation de l'enfant doit être transmis annuellement, ou tous les six mois pour les enfants de moins de deux ans, au juge des enfants. Ce rapport comprend notamment un bilan pédiatrique, psychique et social de l'enfant.

**Article 375-1** Le juge des enfants est compétent, à charge d'appel, pour tout ce qui concerne l'assistance éducative.

Il doit toujours s'efforcer de recueillir l'adhésion de la famille à la mesure envisagée et se prononcer en stricte considération de l'intérêt de l'enfant.

Il doit systématiquement effectuer un entretien individuel avec l'enfant capable de discernement lors de son audience ou de son audition.

Lorsque l'intérêt de l'enfant l'exige, le juge des enfants, d'office ou à la demande du président du conseil départemental, demande au bâtonnier la désignation d'un avocat pour l'enfant capable de discernement et demande la désignation d'un administrateur ad hoc pour l'enfant non capable de discernement.

## 제1절 친권의 행사 (삭제)

## 제2절 교육적 조력

**제375조** ① 친권에서 해방되지 않은 미성년자의 건강, 안전 또는 심리상태가 위험에 처하거나 그의 교육환경 또는 신체, 정서, 지능 및 사회성의 발달에 관한 환경이 중대하게 위태롭다면, 부모 공동 또는 부모 중 1인, 그 자녀를 위탁받은 개인이나 기관, 후견인, 미성년자 자신 또는 검찰의 신청에 기하여 법원은 교육적 조력조치를 명할 수 있다. 검찰이 도(道)위원회의 장으로부터 통지를 받은 경우, 검찰은 미성년자의 상황이 사회복지 및 가족법전 제L.226-4조의 적용범위에 있는지를 확인한다. 법관은 예외적으로 직권에 의하여 심판할 수 있다.

② 교육적 조력조치는 동일한 친권 하의 수인의 자녀에 대하여 동시에 명해질 수 있다.

③ 결정은 교육적 조력조치의 기간을 정하나 당해 기간은 2년을 초과할 수 없다. 교육적 조력조치는 이유를 설시한 결정에 의하여 갱신될 수 있다.
④ 그러나 현재의 학문적 수준에서 평가해 볼 때, 부모로서의 책임을 이행하는 능력에 지속적으로 영향을 미치는 중대하고, 심각하며, 만성적인 관계적·교육적 어려움이 나타난 경우, 자녀의 생활근거지가 자녀에게 당면한 필요 및 장래의 필요에 적합한 이상 자녀가 그곳에서의 관계적·정서적·지역적 지속성을 누릴 수 있도록, 그 이상의 기간 동안 기관 또는 단체에 수용하는 조치를 명할 수 있다.

⑤ 자녀의 상황에 관한 보고서는 매년, 또는 2세 이하의 자녀에 대해서는 매 6월마다 소년부 법관에게 제출되어야 한다. 당해 보고서는 특히 자녀에 대한 소아과적, 심리적, 사회적 평가를 포함한다.

**제375-1조** ① 소년부 법관은 교육적 조력조치에 관한 모든 사항에 관하여 관할권을 가지며, 그 결정에 대하여는 항소할 수 있다.
② 소년부 법관은 검토한 조치에 대하여 가족의 지지를 얻도록 항상 노력해야 하며, 자녀의 이익을 엄격히 고려하여 이를 선고해야 한다.
③ 소년부 법관은 자녀에 대한 청문 또는 심문 시에는 사리분별이 가능한 자녀와의 개별적 면담을 어김없이 실행하여야 한다.
④ 자녀의 이익이 요구하는 경우, 소년부 법관은 직권으로 또는 도위원회의 장의 청구에 따라, 변호사회 회장에게 사리분별이 가능한 자녀를 위해서는 변호사를 지정할 것을 신청하고, 사리분별이 불가능한 자녀를 위해서는 특별관리인을 지정할 것을 신청한다.

**Article 375-2** Chaque fois qu'il est possible, le mineur doit être maintenu dans son milieu actuel. Dans ce cas, le juge désigne, soit une personne qualifiée, soit un service d'observation, d'éducation ou de rééducation en milieu ouvert, en lui donnant mission d'apporter aide et conseil à la famille, afin de surmonter les difficultés matérielles ou morales qu'elle rencontre. Cette personne ou ce service est chargé de suivre le développement de l'enfant et d'en faire rapport au juge périodiquement. Si la situation le nécessite, le juge peut ordonner, pour une durée maximale d'un an renouvelable, que cet accompagnement soit renforcé ou intensifié.

Lorsqu'il confie un mineur à un service mentionné au premier alinéa, il peut autoriser ce dernier à lui assurer un hébergement exceptionnel ou périodique à condition que ce service soit spécifiquement habilité à cet effet. Chaque fois qu'il héberge le mineur en vertu de cette autorisation, le service en informe sans délai ses parents ou ses représentants légaux ainsi que le juge des enfants et le président du conseil départemental. Le juge est saisi de tout désaccord concernant cet hébergement.

Le juge peut aussi subordonner le maintien de l'enfant dans son milieu à des obligations particulières, telles que celle de fréquenter régulièrement un établissement sanitaire ou d'éducation, ordinaire ou spécialisé, le cas échéant sous régime de l'internat ou d'exercer une activité professionnelle.

**Article 375-3** Si la protection de l'enfant l'exige, le juge des enfants peut décider de le confier :

1° A l'autre parent ;

2° A un autre membre de la famille ou à un tiers digne de confiance ;

3° A un service départemental de l'aide sociale à l'enfance ;

4° A un service ou à un établissement habilité pour l'accueil de mineurs à la journée ou suivant toute autre modalité de prise en charge ;

5° A un service ou à un établissement sanitaire ou d'éducation, ordinaire ou spécialisé.

Sauf urgence, le juge ne peut confier l'enfant en application des 3° à 5° qu'après évaluation, par le service compétent, des conditions d'éducation et de développement physique, affectif, intellectuel et social de l'enfant dans le cadre d'un accueil par un membre de la famille ou par un tiers digne de confiance, en cohérence avec le projet pour l'enfant prévu à l'article L. 223-1-1 du code de l'action sociale et des familles, et après audition de l'enfant lorsque ce dernier est capable de discernement.

**제375-2조** ① 가능할 때에는 언제나, 미성년자의 현재 주거환경은 유지되어야 한다. 이 경우, 법관은 유자격자를 지정하거나 공개된 환경에서의 관찰, 교육 또는 재교육을 위한 기관을 지정하여 가족이 처한 물질적·정신적 어려움을 극복할 수 있도록 가족에게 조력하고 조언을 제공할 임무를 부여한다. 이들 개인과 기관은 자녀의 발달과정을 추적하고, 정기적으로 그에 대하여 법관에게 보고할 책임이 있다. 상황이 필요로 한다면, 법관은 최장 1년의 기간 동안 이 동반이 보강되거나 강화될 것을 명할 수 있으며, 이 기간은 갱신할 수 있다.

② 법관이 제1항에 규정된 기관에 미성년자를 위탁하는 경우, 법관은 해당 기관으로 하여금 미성년자에게 이례적이거나 정기적인 숙소를 확보하도록 허가할 수 있으나, 이는 해당 기관이 이에 관한 특별한 권한이 있을 것을 조건으로 한다. 이 허가에 의하여 기관이 미성년자를 유숙하게 할 때마다 기관은 그에 관하여 그의 부모 또는 법정대리인 및 소년부 법관과 도위원회의 장에게 지체 없이 알려야 한다. 법관은 이 숙소에 관한 모든 의견불일치에 관하여 정한다.

③ 법관은 또한 자녀의 그 주거환경을 유지하면서 일반적 또는 전문적 보건·교육시설, 경우에 따라서는 기숙형태의 시설에 정기적으로 방문하게 하거나, 직업적 활동을 수행하게 하는 것과 같은 특별한 의무에 따르게 할 수 있다.

**제375-3조** ① 자녀의 보호를 위하여 필요하다면, 소년부 법관은 다음 각 호의 자에게 자녀를 위탁하는 결정을 내릴 수 있다.
1. 부모 중 타방
2. 친족회원 중 1인 또는 신뢰할 만한 제3자
3. 각 도(道)의 아동사회부조기관
4. 미성년자를 주간에 수용하거나 여타의 모든 방식으로 책임을 맡을 권한이 있는 기관 또는 시설
5. 일반적 또는 전문적 보건·교육 기관 또는 시설
② 긴급한 경우를 제외하고, 법관은 친족회원 중 1인이나 신뢰할만한 제3자에 의한 수용이 자녀의 교육환경과 자녀의 신체, 정서, 지능 및 사회성의 발달에 관한 환경에 대한 평가능력이 있는 기관에 의한 평가가 있은 이후에만 사회복지 및 가족법전 제L.223-1-1조에서 규정하는 자녀를 위한 계획에 부합하게, 그리고 자녀가 사리분별능력이 있는 경우에는 자녀에 대한 심문을 거친 이후에, 제3호부터 제5호를 적용하여 자녀를 위탁할 수 있다.

Toutefois, lorsqu'une demande en divorce a été présentée ou un jugement de divorce rendu entre les père et mère ou lorsqu'une demande en vue de statuer sur la résidence et les droits de visite afférents à un enfant a été présentée ou une décision rendue entre les père et mère, ces mesures ne peuvent être prises que si un fait nouveau de nature à entraîner un danger pour le mineur s'est révélé postérieurement à la décision statuant sur les modalités de l'exercice de l'autorité parentale ou confiant l'enfant à un tiers. Elles ne peuvent faire obstacle à la faculté qu'aura le juge aux affaires familiales de décider, par application de l'article 373-3 du présent code, à qui l'enfant devra être confié. Les mêmes règles sont applicables à la séparation de corps.

Le procureur de la République peut requérir directement le concours de la force publique pour faire exécuter les décisions de placement rendues en assistance éducative.

**Article 375-4** Dans les cas spécifiés aux 1°, 2°, 4° et 5° de l'article précédent, le juge peut charger, soit une personne qualifiée, soit un service d'observation, d'éducation ou de rééducation en milieu ouvert d'apporter aide et conseil à la personne ou au service à qui l'enfant a été confié ainsi qu'à la famille et de suivre le développement de l'enfant.

Dans le cas mentionné au 3° de l'article 375-3, le juge peut, à titre exceptionnel et sur réquisitions écrites du ministère public, lorsque la situation et l'intérêt de l'enfant le justifient, charger un service du secteur public de la protection judiciaire de la jeunesse d'apporter aide et conseil au service auquel l'enfant est confié et d'exercer le suivi prévu au premier alinéa du présent article.

Dans tous les cas, le juge peut assortir la remise de l'enfant des mêmes modalités que sous l'article 375-2, troisième alinéa. Il peut aussi décider qu'il lui sera rendu compte périodiquement de la situation de l'enfant.

**Article 375-4-1** Lorsque le juge des enfants ordonne une mesure d'assistance éducative en application des articles 375-2 à 375-4, il peut proposer aux parents une mesure de médiation familiale, sauf si des violences sur l'autre parent ou sur l'enfant sont alléguées par l'un des parents ou sauf emprise manifeste de l'un des parents sur l'autre parent, et, après avoir recueilli leur accord, désigner un médiateur familial pour y procéder, dans des conditions définies par décret en Conseil d'Etat.

③ 그러나, 부와 모 사이에 이혼 청구가 있거나 이혼 판결이 내려진 경우, 또는 부와 모 사이에 자녀의 거소 및 자녀에 대한 면접권에 관하여 정하고자 하는 신청이 있거나 그에 관한 결정이 내려진 경우, 이 조치는 친권행사의 방법을 정하거나 제3자에게 자녀를 위탁하는 결정이 있기 이전에 자녀에 대하여 위험을 초래할 수 있는 성질의 새로운 사실이 밝혀진 때에만 취해질 수 있다. 이 조치는 본법전 제373-3조의 적용에 의하여 누구에게 자녀를 위탁할지 여부를 결정하는 가사담당 법관의 권한에 장애가 되지 아니한다. 동일한 규칙이 별거의 경우에도 적용된다.

④ 검사장은 교육적 조력조치로서 행해진 수용결정을 집행하기 위하여 공권력의 협조를 직접 청구할 수 있다.

**제375-4조** ① 제375-3조 제1호, 제2호, 제4호 및 제5호에서 명시된 경우들에서, 법관은 유자격자라든가 공개된 환경에서의 관찰, 교육 또는 재교육기관으로 하여금 자녀의 가족뿐만 아니라 자녀를 위탁받은 개인 또는 기관에게 조력하고 조언을 하도록 하며 자녀의 발달과정을 추적하게 할 수 있다.
② 제375-3조의 제3호에 규정된 사안에서, 법관은 예외적으로 그리고 검찰의 서면 요청에 따라, 자녀의 상황과 이익에 비추어 정당한 경우에는, 청소년 사법 보호국7)의 공공 부문 부서로 하여금 자녀가 위탁된 기관에 조력과 조언을 제공하고 본조 제1항에서 규정한 추적을 실행하도록 할 수 있다.

③ 이 모든 경우에, 법관은 자녀의 인도에 있어서 제375-2조 제3항에서와 동일한 방식을 부가할 수 있다. 또한 법관은 수탁자가 자녀의 상황에 대하여 정기적으로 보고하도록 결정할 수 있다.

**제375-4-1조** ① 소년부 법관이 제375-2조부터 제375-4조까지의 적용에 따라 교육적 조력조치를 명하는 경우, 부모 중 일방이 타방 부모 또는 자녀에게 폭력을 가하였다는 주장이 있는 경우나 부모 중 일방이 타방 부모를 명백히 지배하는 경우를 제외하고는, 그 부모에게 가족적 조정조치를 제안할 수 있으며, 부모의 합의가 있은 후, 국사원 데크레로 정한 조건에 따라 조정에 착수할 가족의 조정자를 지정할 수 있다.

---

7) 법무부 산하, 프랑스 법무부에는 사무국(Secrétariat général), 사법감독국(Inspection générale de la justice) 외 5개 국(Direction)이 있다. 5개 국에는 사법국(Direction des services judiciaires), 민사국(Direction des affaires civiles et du sceau), 형사사면국(Direction des affaires criminelles et des grâces), 교정행정국(Direction de l'administration pénitentiaire), 청소년사법보호국(Direction de la protection judiciaire de la jeunesse)이 있다. (http://www.enpjj.justice.fr/la-direction-de-la-protec-tion-judiciaire-de-la-jeunesse-dpjj)

Dans le cas où le juge propose une mesure de médiation familiale en application du premier alinéa du présent article, il informe également les parents des mesures dont ils peuvent bénéficier au titre des articles L. 222-2 à L. 222-4-2 et L. 222-5-3 du code de l'action sociale et des familles.

**Article 375-5** A titre provisoire mais à charge d'appel, le juge peut, pendant l'instance, soit ordonner la remise provisoire du mineur à un centre d'accueil ou d'observation, soit prendre l'une des mesures prévues aux articles 375-3 et 375-4.

En cas d'urgence, le procureur de la République du lieu où le mineur a été trouvé a le même pouvoir, à charge de saisir dans les huit jours le juge compétent, qui maintiendra, modifiera ou rapportera la mesure. Si la situation de l'enfant le permet, le procureur de la République fixe la nature et la fréquence du droit de correspondance, de visite et d'hébergement des parents, sauf à les réserver si l'intérêt de l'enfant l'exige.

Lorsqu'un service de l'aide sociale à l'enfance signale la situation d'un mineur privé temporairement ou définitivement de la protection de sa famille, selon le cas, le procureur de la République ou le juge des enfants demande au ministère de la justice de lui communiquer, pour chaque département, les informations permettant l'orientation du mineur concerné.

Le procureur de la République ou le juge des enfants prend sa décision en stricte considération de l'intérêt de l'enfant, qu'il apprécie notamment à partir des éléments ainsi transmis pour garantir des modalités d'accueil adaptées.

En cas d'urgence, dès lors qu'il existe des éléments sérieux laissant supposer que l'enfant s'apprête à quitter le territoire national dans des conditions qui le mettraient en danger et que l'un des détenteurs au moins de l'autorité parentale ne prend pas de mesure pour l'en protéger, le procureur de la République du lieu où demeure le mineur peut, par décision motivée, interdire la sortie du territoire de l'enfant. Il saisit dans les huit jours le juge compétent pour qu'il maintienne la mesure dans les conditions prévues au dernier alinéa de l'article 375-7 ou qu'il en prononce la mainlevée. La décision du procureur de la République fixe la durée de cette interdiction, qui ne peut excéder deux mois. Cette interdiction de sortie du territoire est inscrite au fichier des personnes recherchées.

**Article 375-6** Les décisions prises en matière d'assistance éducative peuvent être, à tout moment, modifiées ou rapportées par le juge qui les a rendues soit d'office, soit à la requête des père et mère conjointement, ou de l'un d'eux, de la personne ou du service à qui l'enfant a été confié ou du tuteur, du mineur lui-même ou du ministère public.

② 법관이 본조 제1항의 적용에 따라 가족적 조정조치를 제안하는 경우, 법관은 또한 사회복지 및 가족법전 제L.222-2조부터 제L.222-4-2조 및 제L.222-5-3조의 명목으로 수혜를 받을 수 있는 조치들에 대하여 부모들에게 정보를 제공한다.

**제375-5조** ① 법관은 임시적으로, 소송 계속 중에는 수용·관찰센터에의 미성년자의 임시 인도를 명하거나, 제375-3조 및 제375-4조에서 규정한 조치들 중의 하나를 취할 수 있으며, 이에 대하여는 항소할 수 있다.
② 긴급한 경우에는, 미성년자가 소재하는 지역의 검사장도 동일한 권한을 가지며, 8일 이내에 관할권 있는 법관에게 해당 조치를 유지·변경·취소할 것을 청구해야 한다. 자녀의 상황이 이를 허락한다면, 검사장은 부모의 교섭·방문·숙박권의 성질 및 빈도를 정할 수 있으나, 자녀의 이익이 이를 요청한다면, 그 결정을 유보할 수 있다.

③ 아동사회부조기관이 일시적 또는 영구적으로 가족의 보호를 받지 못하는 미성년자의 상황을 신고하는 경우, 검사장 또는 소년부 법관은 경우에 따라, 각 도(道)에 있어서 해당 미성년자를 선도할 수 있게 하는 정보를 자신에게 제출할 것을 법무부에 요청한다.

④ 검사장 또는 소년부 법관은 자녀의 이해관계를 엄격히 고려하여 결정을 내리며, 이 경우 법관은 특히 법무부로부터 전달받은 자료를 기초로 자녀의 이익을 평가하여 적합한 수용방식을 보장한다.
⑤ 긴급한 경우, 즉 자녀가 스스로를 위험에 빠뜨리는 상황 하에서 출국하려고 하는 것과 같은 심각한 상황이 존재하나, 친권을 가진 자 중 적어도 1인이 그를 위험으로부터 보호할 조치를 취하지 않는 경우에, 미성년자가 머무르고 있는 지역의 검사장은 이유를 설시한 결정으로 자녀가 출국하는 것을 금지할 수 있다. 검사장은 8일 이내에 관할권 있는 법관에게 제375-7조 제7항에서 정하는 요건에 따라 해당 조치를 유지할 것인지 아니면 취소할 것인지 청구한다. 검사장의 결정은 출국금지의 기간을 정하나, 이는 2개월을 초과할 수 없다. 이 출국금지는 수색자 인명록에 등록된다.

**제375-6조** 교육적 조력조치의 영역에서 내려진 결정은 해당 결정을 내리는 법관이 직권에 의하든지 아니면 부와 모 공동, 부모 중 일방, 자녀를 위탁받은 개인이나 기관, 후견인, 미성년자 자신 또는 검찰의 신청에 의하든지, 언제든지 변경하거나 취소할 수 있다.

**Article 375-7** Les père et mère de l'enfant bénéficiant d'une mesure d'assistance éducative continuent à exercer tous les attributs de l'autorité parentale qui ne sont pas inconciliables avec cette mesure. Ils ne peuvent, pendant la durée de cette mesure, émanciper l'enfant sans autorisation du juge des enfants.

Sans préjudice de l'article 373-4 et des dispositions particulières autorisant un tiers à accomplir un acte non usuel sans l'accord des détenteurs de l'autorité parentale, le juge des enfants peut exceptionnellement, dans tous les cas où l'intérêt de l'enfant le justifie, autoriser la personne, le service ou l'établissement à qui est confié l'enfant à exercer un ou plusieurs actes déterminés relevant de l'autorité parentale en cas de refus abusif ou injustifié ou en cas de négligence des détenteurs de l'autorité parentale ou lorsque ceux-ci sont poursuivis ou condamnés, même non définitivement, pour des crimes ou délits commis sur la personne de l'enfant, à charge pour le demandeur de rapporter la preuve de la nécessité de cette mesure.

Le lieu d'accueil de l'enfant doit être recherché dans l'intérêt de celui-ci et afin de faciliter l'exercice du droit de visite et d'hébergement par le ou les parents et le maintien de ses liens avec ses frères et sœurs. L'enfant est accueilli avec ses frères et sœurs en application de l'article 371-5, sauf si son intérêt commande une autre solution.

S'il a été nécessaire de confier l'enfant à une personne ou un établissement, ses parents conservent un droit de correspondance ainsi qu'un droit de visite et d'hébergement. Le juge en fixe les modalités et peut, si l'intérêt de l'enfant l'exige, décider que l'exercice de ces droits, ou de l'un d'eux, est provisoirement suspendu. Il peut également, par décision spécialement motivée, imposer que le droit de visite du ou des parents ne peut être exercé qu'en présence d'un tiers qu'il désigne lorsque l'enfant est confié à une personne ou qui est désigné par l'établissement ou le service à qui l'enfant est confié. Lorsque le juge des enfants ordonne que le droit de visite du ou des parents de l'enfant confié dans le cas prévu au 2° de l'article 375-3 s'exerce en présence d'un tiers, il peut charger le service de l'aide sociale à l'enfance ou le service chargé de la mesure mentionnée à l'article 375-2 d'accompagner l'exercice de ce droit de visite. Les modalités d'organisation de la visite en présence d'un tiers sont précisées par décret en Conseil d'Etat.

Si la situation de l'enfant le permet, le juge fixe la nature et la fréquence des droits de visite et d'hébergement et peut décider que leurs conditions d'exercice sont déterminées conjointement entre les titulaires de l'autorité parentale et la personne, le service ou l'établissement à qui l'enfant est confié, dans un document qui lui est alors transmis. Il est saisi en cas de désaccord.

Le juge peut décider des modalités de l'accueil de l'enfant en considération de l'intérêt de celui-ci. Si l'intérêt de l'enfant le nécessite ou en cas de danger, le juge décide de l'anonymat du lieu d'accueil.

**제375-7조** ① 교육적 조력조치의 수혜를 받는 자녀의 부와 모는 해당 조치와 양립할 수 없지 않은 친권상의 권한 전부를 계속하여 행사한다. 그들은 해당 조치의 기간 동안 소년부 법관의 허가 없이 자녀를 친권 해방할 수 없다.

② 제373-4조 및 제3자가 친권을 가진 자의 동의 없이 통상적이지 않은 행위를 하는 것을 허가하는 개별적 규정과 별도로, 소년부 법관은 권리남용적이거나 부당한 친권행사의 거부 또는 친권을 가진 자의 과책이 있는 경우 또는 이들이 자녀의 인신에 대한 중죄나 경죄를 이유로 기소되거나 비록 확정적이지는 않더라도 처벌된 경우로서 자녀의 이익에 합당한 때에는 언제나 자녀를 위탁받은 개인, 기관 또는 시설이 친권과 관련된 하나 또는 수 개의 특정한 행위를 이행할 것을 예외적으로 허가할 수 있고, 이 조치가 필요하다는 증거를 제시할 책임은 이를 청구하는 자가 부담한다.

③ 자녀를 수용하는 장소는 자녀의 이익에 따라, 그리고 부모 또는 부모 일방의 방문·숙박권의 행사와 형제자매와의 관계유지가 용이하도록 물색되어야 한다. 자녀는 제371-5조의 적용에 따라 형제자매와 함께 수용되나, 자녀의 이익이 다른 해결책을 요구하는 경우에는 그러하지 아니하다.
④ 개인 또는 시설에 자녀를 위탁할 필요가 있었다 하더라도, 그 부모는 방문·숙박권뿐만 아니라 교섭권을 가진다. 법관은 그 방식에 관하여 정하며, 자녀의 이익이 이를 요청한다면, 이들 권리들 또는 그 중 어느 하나의 행사를 잠정적으로 중단할 것을 정할 수 있다. 또한, 법관은 특별히 이유를 설시한 결정으로 자녀를 개인에게 위탁한 경우에는 법관이 지정한 제3자, 자녀를 시설 또는 기관에 위탁한 경우에는 그 시설이나 기관에서 지정한 제3자가 참가한 상태에서만 부모의 일방 또는 쌍방이 방문권을 행사할 수 있다고 정할 수 있다. 소년부 법관이 제375-3조의 제2호에서 정한 경우에 따라 위탁된 자녀의 부모의 일방 또는 쌍방의 방문권을 제3자의 참가 하에서 이루어지도록 명한 경우, 법관은 아동사회부조기관 또는 제375-2조에 규정된 조치를 담당하는 기관으로 하여금 당해 방문권의 행사에 동반하도록 할 수 있다. 제3자의 참가 하의 방문의 운영방식은 국사원 데크레에 의하여 명시된다.

⑤ 자녀의 상황이 이를 허락한다면, 법관은 방문·숙박권의 성질 및 빈도를 정하고, 그 행사요건은 친권의 귀속자와 자녀를 위탁받은 개인, 기관이나 시설이 공동으로 정하고 그 문서를 법관에게 제출하도록 결정할 수 있다. 법관은 의견불일치의 경우 정한다.

⑥ 법관은 자녀의 이익을 고려하여 자녀의 수용방식을 결정할 수 있다. 자녀의 이익을 위해 필요하거나 위험한 경우라면, 법관은 수용장소의 비공개에 대하여 결정한다.

Lorsqu'il fait application de l'article 1183 du code de procédure civile, des articles 375-2, 375-3 ou 375-5 du présent code, le juge peut également ordonner l'interdiction de sortie du territoire de l'enfant. La décision fixe la durée de cette interdiction qui ne saurait excéder deux ans. Cette interdiction de sortie du territoire est inscrite au fichier des personnes recherchées par le procureur de la République.

**Article 375-8** Les frais d'entretien et d'éducation de l'enfant qui a fait l'objet d'une mesure d'assistance éducative continuent d'incomber à ses père et mère ainsi qu'aux ascendants auxquels des aliments peuvent être réclamés, sauf la faculté pour le juge de les en décharger en tout ou en partie.

**Article 375-9** La décision confiant le mineur, sur le fondement du 5° de l'article 375-3, à un établissement recevant des personnes hospitalisées en raison de troubles mentaux, est ordonnée après avis médical circonstancié d'un médecin extérieur à l'établissement, pour une durée ne pouvant excéder quinze jours.

La mesure peut être renouvelée, après avis médical conforme d'un psychiatre de l'établissement d'accueil, pour une durée d'un mois renouvelable.

## Section 2-1 Mesure judiciaire d'aide à la gestion du budget familial

**Article 375-9-1** Lorsque les prestations familiales ou le revenu de solidarité active servi aux personnes isolées mentionnées à l'article L. 262-9 du code de l'action sociale et des familles ne sont pas employés pour les besoins liés au logement, à l'entretien, à la santé et à l'éducation des enfants et qu'une des prestations d'aide à domicile prévue à l'article L. 222-3 du code de l'action sociale et des familles n'apparaît pas suffisante, le juge des enfants peut ordonner qu'ils soient, en tout ou partie, versés à une personne physique ou morale qualifiée, dite "délégué aux prestations familiales".

Ce délégué prend toutes décisions, en s'efforçant de recueillir l'adhésion des bénéficiaires des prestations familiales ou de l'allocation mentionnée au premier alinéa et de répondre aux besoins liés à l'entretien, à la santé et à l'éducation des enfants ; il exerce auprès de la famille une action éducative visant à rétablir les conditions d'une gestion autonome des prestations.

La liste des personnes habilitées à saisir le juge aux fins d'ordonner cette mesure d'aide est fixée par décret.

La décision fixe la durée de la mesure. Celle-ci ne peut excéder deux ans. Elle peut être renouvelée par décision motivée.

⑦ 민사소송법전 제1183조, 민법전 제375-2조, 제375-3조 또는 제375-5조가 적용되는 경우, 법관은 또한 자녀의 출국금지를 명할 수 있다. 이 결정은 출국금지의 기간을 정하나 이는 2년을 초과할 수 없다. 이 출국금지는 검사장에 의하여 수색자 인명록에 등록된다.

**제375-8조** 교육적 조력조치의 대상이 된 자녀의 양육비 및 교육비는 그의 부모 뿐만 아니라 부양의무 있는 직계존속이 계속 부담하여야 하나, 법관이 그 전부 또는 일부를 면제시킬 권한을 행사한 경우에는 그러하지 아니하다.

**제375-9조** ① 제375-3조 제5호에 근거하여, 정신적 문제를 이유로 입원하는 사람을 수용하는 시설에 미성년자를 위탁하는 결정은 그 시설에 소속되지 않은 의사의 자세한 의학적 소견을 청취한 이후에 명해져야 하며 그 기간은 15일을 초과할 수 없다.

② 이 조치는 해당 수용시설에서 근무하는 정신과 의사의 표준적인 의학적 소견을 청취한 이후에 1월의 기간 동안 갱신될 수 있다.

### 제2-1절 가족수당의 관리에 관한 재판상 부조처분

**제375-9-1조** ① 가족수당 또는 사회복지 및 가족법전 제L.262-9조에 규정된 고립된 개인을 대상으로 제공되는 적극적 연대 수익이 자녀의 주거·부양·보건·교육상 필요를 위해 사용되지 않은 경우, 그리고 사회복지 및 가족법전 제L.222-3조에 규정된 주거보조수당의 어느 하나가 충분한 것으로 나타나지 않은 경우, 소년부 법관은 이 수당과 수익이 자격 있는 자연인 또는 법인인 소위 "가족수당 수임인"에게 전부 또는 일부 지급될 것을 명할 수 있다.

② 위 수임인이 결정을 내릴 때에는 언제나 가족수당의 수혜자들 또는 제1항에서 정하는 보조금의 수혜자의 지지를 얻고 자녀의 부양·보건·교육에 관한 필요를 충족하기 위하여 노력한다. 수임인은 그 가족에 대하여 가족수당의 자율적 관리조건을 회복하기 위한 교육활동을 수행한다.

③ 법관에게 이 부조조치를 명하도록 청구할 권한이 있는 사람의 목록은 데크레에 의하여 정해진다.
④ 결정에서는 해당 조치의 기간을 정한다. 그 기간은 2년을 초과할 수 없다. 해당 조치의 기간은 이유를 설시한 결정으로 갱신될 수 있다.

**Article 375-9-2** Le maire ou son représentant au sein du conseil pour les droits et devoirs des familles peut saisir le juge des enfants, conjointement avec l'organisme débiteur des prestations familiales, pour lui signaler, en application de l'article 375-9-1, les difficultés d'une famille. Lorsque le maire a désigné un coordonnateur en application de l'article L. 121-6-2 du code de l'action sociale et des familles, il l'indique, après accord de l'autorité dont relève ce professionnel, au juge des enfants. Ce dernier peut désigner le coordonnateur pour exercer la fonction de délégué aux prestations familiales.

L'exercice de la fonction de délégué aux prestations familiales par le coordonnateur obéit aux règles posées par l'article L. 474-3 et les premier et deuxième alinéas de l'article L. 474-5 du code de l'action sociale et des familles ainsi que par l'article 375-9-1 du présent code.

### Section 3 De la délégation de l'autorité parentale

**Article 376** Aucune renonciation, aucune cession portant sur l'autorité parentale, ne peut avoir d'effet, si ce n'est en vertu d'un jugement dans les cas ci-dessous.

**Article 376-1** Un juge aux affaires familiales peut, quand il est appelé à statuer sur les modalités de l'exercice de l'autorité parentale ou sur l'éducation d'un enfant mineur ou quand il décide de confier l'enfant à un tiers, avoir égard aux pactes que les père et mère ont pu librement conclure entre eux à ce sujet, à moins que l'un d'eux ne justifie de motifs graves qui l'autoriseraient à révoquer son consentement.

**Article 377** Les père et mère, ensemble ou séparément, peuvent, lorsque les circonstances l'exigent, saisir le juge en vue de voir déléguer tout ou partie de l'exercice de leur autorité parentale à un tiers, membre de la famille, proche digne de confiance, établissement agréé pour le recueil des enfants ou service départemental de l'aide sociale à l'enfance.

En cas de désintérêt manifeste ou si les parents sont dans l'impossibilité d'exercer tout ou partie de l'autorité parentale ou si un parent est poursuivi ou condamné pour un crime commis sur la personne de l'autre parent ayant entraîné la mort de celui-ci, le particulier, l'établissement ou le service départemental de l'aide sociale à l'enfance qui a recueilli l'enfant ou un membre de la famille peut également saisir le juge aux fins de se faire déléguer totalement ou partiellement l'exercice de l'autorité parentale.

**제375-9-2조** ① 시장 또는 가족에 관한 권리·의무 심의회 소속의 대표자는 채무자인 가족수당지급기관과 공동으로 소년부 법관에게 제375-9-1조에 따라 어느 가족의 곤경을 알리기 위해 심사청구를 할 수 있다. 시장이 사회복지 및 가족법전 제L.121-6-2조의 적용에 따라 조정관을 지명한 경우에는, 시장은 그 전문가가 속한 기관의 동의를 얻어 소년부 법관에게 추천한다. 소년부 법관은 가족수당 수임인의 직무를 수행하기 위한 조정관을 선임할 수 있다.

② 조정관이 가족수당 수임인의 직무를 수행할 때에는 민법전 제375-9-1조 뿐만 아니라 사회복지 및 가족법전 제L.474-3조와 제L.474-5조의 제1항과 제2항 및 민법전 제375-9-1조에서 정해진 규칙에 따른다.

## 제3절 친권의 위임

**제376조** 친권에 대한 어떠한 포기나 양도도 아래에서 정한 경우의 판결에 의한 것이 아닌 한 효력이 없다.

**제376-1조** 가사담당 법관은 친권행사의 방식이나 미성년 자녀의 교육에 관한 결정을 내릴 것을 청구받은 경우 또는 제3자에게 자녀를 위탁하는 결정을 하는 경우에 부모가 그에 관하여 서로 자유로이 체결한 계약을 고려할 수 있으나, 부모 중 일방이 그 합의의 철회를 허가할 중대한 사유를 증명하는 경우에는 그러하지 아니하다.

**제377조** ① 부와 모는, 공동으로 또는 단독으로, 사정상 그것이 요구되는 경우에 제3자, 친족회원, 신뢰할 만한 지인, 공인된 아동수용시설 또는 각 도의 아동사회부조기관에 친권의 행사 전부 또는 일부를 위임하기 위하여 법관에게 청구할 수 있다.

② 명백한 무관심의 경우 또는 부모가 친권의 전부 또는 일부를 행사하기 불가능한 경우 또는 타방을 사망에 이르게 한 부모 일방이 타방의 인신에 대하여 저지른 중죄를 이유로 기소되거나 처벌을 받은 경우에는, 자녀를 맡고 있는 사인(私人), 시설, 또는 각 도의 아동사회부조기관이나 친족회원은 마찬가지로 친권의 행사 전부 또는 일부를 위임받기 위하여 법관에게 청구할 수 있다.

Dans ce dernier cas, le juge peut également être saisi par le ministère public, avec l'accord du tiers candidat à la délégation totale ou partielle de l'exercice de l'autorité parentale, à l'effet de statuer sur ladite délégation. Le cas échéant, le ministère public est informé par transmission de la copie du dossier par le juge des enfants ou par avis de ce dernier.

Dans tous les cas visés au présent article, les deux parents doivent être appelés à l'instance. Lorsque l'enfant concerné fait l'objet d'une mesure d'assistance éducative, la délégation ne peut intervenir qu'après avis du juge des enfants.

**Article 377-1** La délégation, totale ou partielle, de l'autorité parentale résultera du jugement rendu par le juge aux affaires familiales.

Toutefois, le jugement de délégation peut prévoir, pour les besoins d'éducation de l'enfant, que les père et mère, ou l'un d'eux, partageront tout ou partie de l'exercice de l'autorité parentale avec le tiers délégataire. Le partage nécessite l'accord du ou des parents en tant qu'ils exercent l'autorité parentale. La présomption de l'article 372-2 est applicable à l'égard des actes accomplis par le ou les délégants et le délégataire.

Le juge peut être saisi des difficultés que l'exercice partagé de l'autorité parentale pourrait générer par les parents, l'un d'eux, le délégataire ou le ministère public. Il statue conformément aux dispositions de l'article 373-2-11.

**Article 377-2** La délégation pourra, dans tous les cas, prendre fin ou être transférée par un nouveau jugement, s'il est justifié de circonstances nouvelles.

Dans le cas où la restitution de l'enfant est accordée aux père et mère, le juge aux affaires familiales met à leur charge, s'ils ne sont indigents, le remboursement de tout ou partie des frais d'entretien.

**Article 377-3** Le droit de consentir à l'adoption du mineur n'est jamais délégué.

③ 전항의 경우에, 검찰은 친권행사의 전부 또는 일부 위임에 적합한 후보인 제3자의 동의를 얻어 전술한 친권위임에 관하여 정할 것을 법관에게 청구할 수도 있다. 필요한 경우, 검찰은 소년부 법관으로부터 관계 서류 사본을 송달받거나 소년부 법관의 의견을 듣는다.

④ 본조에서 정하는 모든 경우에 있어서, 부와 모는 심리절차에 소환되어야 한다. 해당 자녀가 교육적 조력조치의 대상인 경우, 친권의 위임은 소년부 법관의 의견을 청취한 후에만 행해질 수 있다.

**제377-1조** ① 친권의 전부 또는 일부 위임은 가사담당 법관에 의하여 내려진 판결에 의한다.

② 그러나 위임판결은 자녀의 교육상 필요를 대비하여 부와 모 또는 부모의 일방이, 위임을 받은 제3자와 친권 행사의 전부 또는 일부를 분할하는 것을 정할 수 있다. 이 친권의 분할행사에는 부모의 일방 또는 쌍방이 친권을 행사하는 한 그 동의를 필요로 한다. 제372-2조의 추정은 위임자와 수임자에 의해서 이행된 행위에 관하여 적용된다.

③ 법관은 부모, 부모 일방, 수임인 또는 검찰의 청구에 의해서 친권공동행사로 인하여 발생할 수 있는 갈등을 심의할 수 있다. 법관은 제373-2-11조의 규정에 부합하게 재판한다.

**제377-2조** ① 위임은, 새로운 상황에 의하여 정당화된다면, 어떠한 경우라도 새로운 판결에 의하여 종료되거나 이전될 수 있다.
② 자녀의 반환이 부와 모에게 허용되는 경우, 가사담당 법관은 부모가 빈곤상태에 있는 경우가 아닌 한, 양육비의 전부 또는 일부의 상환을 부모에게 부담하게 한다.

**제377-3조** 미성년자의 입양에 관한 동의권은 절대로 위임되지 아니한다.

## Section 4 Du retrait total ou partiel de l'autorité parentale et du retrait de l'exercice de l'autorité parentale

**Article 378** Peuvent se voir retirer totalement l'autorité parentale ou l'exercice de l'autorité parentale par une décision expresse du jugement pénal les père et mère qui sont condamnés, soit comme auteurs, coauteurs ou complices d'un crime ou délit commis sur la personne de leur enfant, soit comme coauteurs ou complices d'un crime ou délit commis par leur enfant, soit comme auteurs, coauteurs ou complices d'un crime ou délit sur la personne de l'autre parent.

Ce retrait est applicable aux ascendants autres que les père et mère pour la part d'autorité parentale qui peut leur revenir sur leurs descendants.

**Article 378-1** Peuvent se voir retirer totalement l'autorité parentale, en dehors de toute condamnation pénale, les père et mère qui, soit par de mauvais traitements, soit par une consommation habituelle et excessive de boissons alcooliques ou un usage de stupéfiants, soit par une inconduite notoire ou des comportements délictueux, notamment lorsque l'enfant est témoin de pressions ou de violences, à caractère physique ou psychologique, exercées par l'un des parents sur la personne de l'autre, soit par un défaut de soins ou un manque de direction, mettent manifestement en danger la sécurité, la santé ou la moralité de l'enfant.

Peuvent pareillement se voir retirer totalement l'autorité parentale, quand une mesure d'assistance éducative avait été prise à l'égard de l'enfant, les père et mère qui, pendant plus de deux ans, se sont volontairement abstenus d'exercer les droits et de remplir les devoirs que leur laissait l'article 375-7.

L'action en retrait total de l'autorité parentale est portée devant le tribunal judiciaire, soit par le ministère public, soit par un membre de la famille ou le tuteur de l'enfant, soit par le service départemental de l'aide sociale à l'enfance auquel l'enfant est confié.

**Article 378-2** L'exercice de l'autorité parentale et les droits de visite et d'hébergement du parent poursuivi ou condamné, même non définitivement, pour un crime commis sur la personne de l'autre parent sont suspendus de plein droit jusqu'à la décision du juge et pour une durée maximale de six mois, à charge pour le procureur de la République de saisir le juge aux affaires familiales dans un délai de huit jours.

## 제4절 친권의 전부 또는 일부의 박탈과 친권행사의 박탈

**제378조** ① 자녀의 인신에 가한 중죄 또는 경죄의 정범, 공동정범 또는 공범이라든가, 자녀가 저지른 중죄 또는 경죄의 공동정범 또는 공범이라든가, 타방 부모의 인신에 가한 중죄 또는 경죄의 정범, 공동정범 또는 공범으로서 처벌받은 부모는 형사판결의 명시적 결정에 의하여 친권이 전부 박탈되거나 친권행사가 박탈될 수 있다.

② 친권 및 친권행사의 박탈은 부와 모 이외의 직계존속이 그 직계비속에 대하여 친권의 일부를 가지는 경우에도 적용된다.

**제378-1조** ① 모든 형사제재 이외에도, 학대로 인한 것이든, 알코올음료의 상습적이고 과도한 소비 또는 마약의 복용으로 인한 것이든, 공공연한 비행 또는 불법적인 태도, 특히 자녀가 부모 일방이 다른 일방에 대하여 신체적이거나 정신적인 압박 또는 폭력을 가하였다고 증언한 경우로 인한 것이든, 보육의 결여 또는 감독의 부족으로 인한 것이든 자녀의 안전, 건강 또는 심리 상태를 명백한 위험에 노출시키는 부와 모는 친권이 전부 박탈될 수 있다.

② 자녀에 대하여 교육적 조력조치가 내려진 경우, 제375-7조가 부모에게 허용하는 권리의 행사와 의무의 이행을 2년 이상의 기간 동안 임의로 방기하는 부와 모도 마찬가지로 친권이 전부 박탈될 수 있다.

③ 친권의 전부박탈에 관한 소는 검찰에 의해서든, 친족회원 또는 자녀의 후견인에 의해서든, 자녀가 위탁된 각 도의 아동사회부조기관에 의해서든 민사지방법원에 제기된다.

**제378-2조** 타방 부모의 인신에 가한 중죄를 이유로 기소되거나 비록 확정적이지는 않더라도 처벌된 부 또는 모의 친권행사와 방문·숙박권은 법관의 결정이 있을 때까지 최대 6개월의 기간 동안 당연히 정지되나, 검사장은 이를 8일의 기간 내에 가사담당 법관에게 청구할 의무가 있다.

**Article 379** Le retrait total de l'autorité parentale prononcé en vertu des articles 378 et 378-1 porte de plein droit sur tous les attributs, tant patrimoniaux que personnels, se rattachant à l'autorité parentale ; à défaut d'autre détermination, il s'étend à tous les enfants mineurs déjà nés au moment du jugement.

Il emporte, pour l'enfant, dispense de l'obligation alimentaire, par dérogation aux articles 205 à 207, sauf disposition contraire dans le jugement de retrait.

**Article 379-1** Le jugement peut, au lieu du retrait total, se borner à prononcer un retrait partiel de l'autorité parentale, limité aux attributs qu'il spécifie, ou un retrait de l'exercice de l'autorité parentale. Il peut aussi décider que le retrait total ou partiel de l'autorité parentale n'aura d'effet qu'à l'égard de certains des enfants déjà nés

**Article 380** En prononçant le retrait total ou partiel de l'autorité parentale ou de l'exercice de l'autorité parentale ou du droit de garde, la juridiction saisie devra, si l'autre parent est décédé ou s'il a perdu l'exercice de l'autorité parentale, soit désigner un tiers auquel l'enfant sera provisoirement confié à charge pour lui de requérir l'organisation de la tutelle, soit confier l'enfant au service départemental de l'aide sociale à l'enfance.

Elle pourra prendre les mêmes mesures lorsque l'autorité parentale est dévolue à l'un des parents par l'effet du retrait total de l'autorité parentale ou de l'exercice de l'autorité parentale prononcé contre l'autre.

**Article 381** Les père et mère qui ont fait l'objet d'un retrait total de l'autorité parentale ou d'un retrait de droits pour l'une des causes prévues aux articles 378 et 378-1 pourront, par requête, obtenir du tribunal judiciaire, en justifiant de circonstances nouvelles, que leur soient restitués, en tout ou partie, les droits dont ils avaient été privés.

La demande en restitution ne pourra être formée qu'un an au plus tôt après que le jugement prononçant le retrait total ou partiel de l'autorité parentale est devenu irrévocable ; en cas de rejet, elle ne pourra être renouvelée qu'après une nouvelle période d'un an. Aucune demande ne sera recevable lorsque, avant le dépôt de la requête, l'enfant aura été placé en vue de l'adoption.

Si la restitution est accordée, le ministère public requerra, le cas échéant, des mesures d'assistance éducative.

**제379조** ① 제378조 및 제378-1조를 근거로 선고된 친권의 전부박탈은 친권과 결부된 재산 및 신상에 관한 모든 권한을 당연히 상실시킨다. 다른 결정이 없는 한, 친권의 전부박탈은 판결의 선고 시에 이미 출생한 모든 미성년 자녀에까지 효력을 미친다.

② 친권의 전부박탈은 제205조부터 제207조까지의 규정에 대한 예외로서 자녀에 대한 부양의무의 면제를 초래하나, 친권박탈판결에서 반대의 처분이 있는 경우에는 예외로 한다.

**제379-1조** 판결은 친권의 전부박탈 대신에 판결이 특정한 권한으로 제한되는 친권의 일부박탈 또는 친권행사의 박탈을 선고하는 것으로 그칠 수 있다. 판결은 또한 친권의 전부 또는 일부가 이미 출생한 자녀의 일부에 대해서만 효력을 가지는 것으로 정할 수 있다.

**제380조** ① 친권, 친권행사 또는 감호권의 전부 또는 일부박탈을 선고하는 재판부는 다른 부모가 이미 사망하거나 친권을 행사할 권한을 상실한다면 자녀를 임시로 위탁받아 후견개시를 신청할 책임을 부담하는 제3자를 선임하거나, 각 도의 아동사회부조기관에 자녀를 위탁하여야 한다.

② 위 재판부는 타방부모에 대하여 선고된 친권 또는 친권행사의 전부박탈의 효력에 의하여 친권이 부모 중 1인에게 귀속되는 경우에도 동일한 조치를 취할 수 있다.

**제381조** ① 친권의 전부박탈 또는 제378조 및 제378-1조에서 정하는 원인 중 하나를 이유로 하는 권리의 박탈이 있었던 부와 모는 민사지방법원에의 신청을 통해 새로운 사정을 증명함으로써 박탈된 권리의 전부 또는 일부를 그들이 회복할 것을 허가받을 수 있다.

② 친권회복청구는 친권의 전부 또는 일부를 박탈하는 판결이 취소할 수 없게 된 때로부터 최소 1년 후에야 제기될 수 있다. 친권회복청구가 기각된 경우, 새로운 1년의 기간 후에 다시 청구할 수 있다. 신청서가 제출되기 전에 그 자녀가 입양을 위해 입주한 경우에는 어떠한 청구도 받아들여질 수 없다.

③ 친권이 회복되더라도, 검찰은 경우에 따라서는 교육적 조력조치를 청구할 수 있다.

## Section 5 De la déclaration judiciaire de délaissement parental

**Article 381-1** Un enfant est considéré comme délaissé lorsque ses parents n'ont pas entretenu avec lui les relations nécessaires à son éducation ou à son développement pendant l'année qui précède l'introduction de la requête, sans que ces derniers en aient été empêchés par quelque cause que ce soit.

**Article 381-2** Le tribunal judiciaire déclare délaissé l'enfant recueilli par une personne, un établissement ou un service départemental de l'aide sociale à l'enfance qui se trouve dans la situation mentionnée à l'article 381-1 pendant l'année qui précède l'introduction de la demande en déclaration judiciaire de délaissement parental. La demande en déclaration de délaissement parental est obligatoirement transmise, à l'expiration du délai d'un an prévu à l'article 381-1, par la personne, l'établissement ou le service départemental de l'aide sociale à l'enfance qui a recueilli l'enfant, après que des mesures appropriées de soutien aux parents leur ont été proposées. La demande peut également être présentée par le ministère public agissant d'office ou, le cas échéant, sur proposition du juge des enfants.

La simple rétractation du consentement à l'adoption, la demande de nouvelles ou l'intention exprimée mais non suivie d'effet de reprendre l'enfant ne constituent pas un acte suffisant pour rejeter de plein droit une demande en déclaration de délaissement parental et n'interrompent pas le délai mentionné au premier alinéa du présent article.

Le délaissement parental n'est pas déclaré si, au cours du délai mentionné au premier alinéa, un membre de la famille a demandé à assumer la charge de l'enfant et si cette demande est jugée conforme à l'intérêt de ce dernier.

Le délaissement parental peut être déclaré à l'endroit des deux parents ou d'un seul.

Lorsqu'il déclare l'enfant délaissé, le tribunal délègue par la même décision l'autorité parentale sur l'enfant à la personne, à l'établissement ou au service départemental de l'aide sociale à l'enfance qui a recueilli l'enfant ou à qui ce dernier a été confié.

La tierce opposition n'est recevable qu'en cas de dol, de fraude ou d'erreur sur l'identité de l'enfant.

## 제5절 부모의 자녀방임에 대한 재판상 선고

**제381-1조** 친권회복청구가 계속되기 전 1년 동안 부모가 자녀의 교육 및 발달과정상 필수적인 관계를 자녀와 유지하지 않은 경우에는 그와 같은 관계유지를 방해한 사유가 무엇이건 부모가 자녀를 방임한 것으로 본다.

**제381-2조** ① 개인, 시설 또는 각 도의 아동사회부조기관에 수용되어 있는 자녀가 자녀방임의 재판상 선고 청구가 있기 전 1년 동안 제388-1조에 규정된 상황에 처해있는 때에는, 민사지방법원은 그 자녀가 방임되었음을 선고한다. 부모의 자녀방임선고 청구는 제381-1조에서 정한 1년의 기간이 만료하면, 자녀를 수용하고 있는 개인, 시설 또는 각 도의 아동사회부조기관에 의해, 부모를 지원하기 위한 적절한 조치가 부모에게 제안된 이후에, 반드시 전달되어야 한다. 또한, 해당 청구는 검찰이 직권으로 또는, 경우에 따라서는, 소년부 법관의 제청에 따라서 할 수도 있다.

② 입양 합의의 단순한 철회, 소식의 요청 또는 자녀를 데려가겠다고 하고 데려가지 않은 것은 자녀방임 선고 청구를 당연히 기각할 만한 충분한 행위를 구성하지 않으며, 이는 본조 제1항에서 정한 기간의 경과를 방해하지 아니한다.

③ 제1항에서 기재된 기간 중에 어느 친족회원이 자녀에 대한 책임을 인수하겠다고 청구하고 또한 이 청구가 자녀의 이익에 부합한다고 판단된다면 부모의 자녀방임을 선고하지 아니한다.

④ 부모의 자녀방임은 부모 쌍방에 대하여 또는 부모 일방 만에 대하여 선고될 수 있다.
⑤ 민사지방법원이 자녀방임을 선고한 경우에, 해당 법원은 자녀를 수용하고 있는 개인, 시설 또는 각 도의 아동사회부조기관에게 동일한 결정으로 자녀에 대한 친권을 위임한다.

⑥ 제3자 이의는 사기, 사취 또는 자녀의 동일성에 대한 착오의 경우에만 수리될 수 있다.

## Chapitre II De l'autorité parentale relativement aux biens de l'enfant

### Section 1 De l'administration légale

**Article 382** L'administration légale appartient aux parents. Si l'autorité parentale est exercée en commun par les deux parents, chacun d'entre eux est administrateur légal. Dans les autres cas, l'administration légale appartient à celui des parents qui exerce l'autorité parentale.

**Article 382-1** Lorsque l'administration légale est exercée en commun par les deux parents, chacun d'eux est réputé, à l'égard des tiers, avoir reçu de l'autre le pouvoir de faire seul les actes d'administration portant sur les biens du mineur.

La liste des actes qui sont regardés comme des actes d'administration est définie dans les conditions de l'article 496.

**Article 383** Lorsque les intérêts de l'administrateur légal unique ou, selon le cas, des deux administrateurs légaux sont en opposition avec ceux du mineur, ces derniers demandent la nomination d'un administrateur ad hoc par le juge des tutelles. A défaut de diligence des administrateurs légaux, le juge peut procéder à cette nomination à la demande du ministère public, du mineur lui-même ou d'office.

Lorsque les intérêts d'un des deux administrateurs légaux sont en opposition avec ceux du mineur, le juge des tutelles peut autoriser l'autre administrateur légal à représenter l'enfant pour un ou plusieurs actes déterminés.

**Article 384** Ne sont pas soumis à l'administration légale les biens donnés ou légués au mineur sous la condition qu'ils soient administrés par un tiers.

Le tiers administrateur a les pouvoirs qui lui sont conférés par la donation, le testament ou, à défaut, ceux d'un administrateur légal.

Lorsque le tiers administrateur refuse cette fonction ou se trouve dans une des situations prévues aux articles 395 et 396, le juge des tutelles désigne un administrateur ad hoc pour le remplacer.

**Article 385** L'administrateur légal est tenu d'apporter dans la gestion des biens du mineur des soins prudents, diligents et avisés, dans le seul intérêt du mineur.

# 제2장 자녀의 재산에 관한 친권

## 제1절 법정재산관리

**제382조** 법정재산관리권은 부모에게 속한다. 친권이 두 부모에 의하여 공동으로 행사된다면, 그들 각자가 법정재산관리인이 된다. 그 밖의 경우, 법정재산관리권은 친권을 행사하는 부모에게 속한다.

**제382-1조** ① 법정재산관리권이 두 부모에 의하여 공동으로 행사되는 경우, 제3자와의 관계에서는 그들 각자가 미성년자의 재산을 대상으로 하는 관리행위를 단독으로 행할 권한을 타방으로부터 부여받은 것으로 간주된다.
② 재산관리행위로 간주되는 행위의 목록은 제496조의 요건에 따라 정해진다.

**제383조** ① 단독의 법정재산관리인 또는 경우에 따라서 두 법정재산관리인의 이익이 미성년자의 이익에 반하는 경우, 법정재산관리인은 후견법관에 의한 특별재산관리인의 선임을 청구할 수 있다. 법정재산관리인의 청구가 없는 경우, 후견법관은 검찰, 미성년자 본인의 청구 또는 직권으로 그 선임을 진행할 수 있다.

② 두 법정재산관리인 중 1인의 이익이 미성년자의 이익에 반하는 경우, 후견법관은 다른 법정재산관리인이 하나 또는 여러 개의 특정한 행위에 대하여 자녀를 대리할 것을 허가할 수 있다.

**제384조** ① 제3자에 의하여 관리되는 것을 조건으로 미성년자에게 증여 또는 유증된 재산은 법정재산관리의 대상이 되지 아니한다.
② 제3자인 재산관리인은 위 생전증여나 유언에 따라 그에게 부여된 권한을 가지며, 별도의 정함이 없는 경우에는 법정재산관리인이 가지는 권한을 가진다.
③ 제3자인 재산관리인이 이 임무수행을 거부하거나, 제395조 및 제396조에서 정한 상황에 처한 경우, 후견법관은 그를 교체하기 위하여 특별재산관리인을 선임한다.

**제385조** 법정재산관리인은 미성년자의 재산을 관리함에 있어서 오직 미성년자만의 이익을 위하여 신중하고, 성실하며, 심사숙고하는 주의를 할 책임이 있다.

**Article 386** L'administrateur légal est responsable de tout dommage résultant d'une faute quelconque qu'il commet dans la gestion des biens du mineur.

Si l'administration légale est exercée en commun, les deux parents sont responsables solidairement.

L'Etat est responsable des dommages susceptibles d'être occasionnés par le juge des tutelles et le directeur des services de greffe judiciaires du tribunal judiciaire dans l'exercice de leurs fonctions en matière d'administration légale, dans les conditions prévues à l'article 412.

L'action en responsabilité se prescrit par cinq ans à compter de la majorité de l'intéressé ou de son émancipation.

### Section 2 De la jouissance légale

**Article 386-1** La jouissance légale est attachée à l'administration légale : elle appartient soit aux parents en commun, soit à celui d'entre eux qui a la charge de l'administration.

**Article 386-2** Le droit de jouissance cesse :
1° Dès que l'enfant a seize ans accomplis ou même plus tôt quand il contracte mariage ;
2° Par les causes qui mettent fin à l'autorité parentale ou par celles qui mettent fin à l'administration légale ;
3° Par les causes qui emportent l'extinction de tout usufruit.

**Article 386-3** Les charges de cette jouissance sont :
1° Celles auxquelles sont tenus les usufruitiers ;
2° La nourriture, l'entretien et l'éducation de l'enfant, selon sa fortune ;
3° Les dettes grevant la succession recueillie par l'enfant en tant qu'elles auraient dû être acquittées sur les revenus.

**Article 386-4** La jouissance légale ne s'étend pas aux biens :
1° Que l'enfant peut acquérir par son travail ;
2° Qui lui sont donnés ou légués sous la condition expresse que les parents n'en jouiront pas ;
3° Qu'il reçoit au titre de l'indemnisation d'un préjudice extrapatrimonial dont il a été victime.

**제386조** ① 법정재산관리인은 미성년자의 재산을 관리함에 있어서 그가 범하는 과책이 무엇이건 불문하고 그에 기하여 발생한 모든 손해에 대하여 책임을 진다.
② 법정재산관리권이 공동으로 행사된다면, 두 부모는 연대하여 손해배상책임을 진다.

③ 후견법관 및 민사지방법원의 사법서기국장이 법정재산관리에 관한 자신들의 업무를 수행함에 있어서 초래될 수 있는 손해에 대하여 국가는 제412조에서 정한 요건에 따라 배상책임을 진다.

④ 책임소권은 해당 미성년자가 성년이 된 때로부터 또는 미성년자의 친권 해방 시로부터 5년의 경과로 시효소멸한다.

## 제2절　법정향유권

**제386-1조** 법정향유권은 법정재산관리권과 동반된다. 즉 법정향유권은 부모에게 공동으로 귀속되거나 부모 중 재산관리업무를 수행하는 자에게 귀속된다.

**제386-2조** 향유권은 다음 각 호의 경우에 중단된다.
1. 자녀가 만 16세에 도달하거나 그 전이라도 자녀가 혼인한 때
2. 친권이 종료되는 사유 또는 법정재산관리권이 종료되는 사유에 의해

3. 모든 향유권을 종료시키는 사유에 따라

**제386-3조** 법정향유권의 부담내용은 다음 각 호와 같다.
1. 점용권자로서 부담하는 사항
2. 자신의 재산상황에 따른, 자녀의 양육, 부양 및 교육
3. 자녀가 받은 상속재산이 부담하는 채무로서 그것이 수익에 의하여 지급되어야 하는 것인 경우

**제386-4조** 법정향유권은 다음 각 호의 재산에는 미치지 아니한다.
1. 자녀가 자신의 노무에 의하여 취득할 수 있는 재산
2. 자녀에게 증여되거나 유증된 것으로서 명시적인 조건으로 부모가 향유할 수 없는 재산

3. 자녀가 피해자로서 비재산적 손해에 대한 배상의 명목으로 취득한 재산

## Section 3 De l'intervention du juge des tutelles

**Article 387** En cas de désaccord entre les administrateurs légaux, le juge des tutelles est saisi aux fins d'autorisation de l'acte.

**Article 387-1** L'administrateur légal ne peut, sans l'autorisation préalable du juge des tutelles :
1° Vendre de gré à gré un immeuble ou un fonds de commerce appartenant au mineur ;
2° Apporter en société un immeuble ou un fonds de commerce appartenant au mineur ;
3° Contracter un emprunt au nom du mineur ;
4° Renoncer pour le mineur à un droit, transiger ou compromettre en son nom ;
5° Accepter purement et simplement une succession revenant au mineur ;
6° Acheter les biens du mineur, les prendre à bail ; pour la conclusion de l'acte, l'administrateur légal est réputé être en opposition d'intérêts avec le mineur ;
7° Constituer gratuitement une sûreté au nom du mineur pour garantir la dette d'un tiers ;
8° Procéder à la réalisation d'un acte portant sur des valeurs mobilières ou instruments financiers au sens de l'article L. 211-1 du code monétaire et financier, si celui-ci engage le patrimoine du mineur pour le présent ou l'avenir par une modification importante de son contenu, une dépréciation significative de sa valeur en capital ou une altération durable des prérogatives du mineur.

L'autorisation détermine les conditions de l'acte et, s'il y a lieu, le prix ou la mise à prix pour lequel l'acte est passé.

**Article 387-2** L'administrateur légal ne peut, même avec une autorisation :
1° Aliéner gratuitement les biens ou les droits du mineur ;
2° Acquérir d'un tiers un droit ou une créance contre le mineur ;
3° Exercer le commerce ou une profession libérale au nom du mineur ;
4° Transférer dans un patrimoine fiduciaire les biens ou les droits du mineur.

## 제3절 후견법관의 개입

**제387조** 법정재산관리인들 사이에 의견이 불일치하는 경우, 후견법관에게 행위의 허가를 받기 위하여 제소한다.

**제387-1조** ① 법정재산관리인은 후견법관의 사전 허가 없이는 다음 각 호의 행위를 할 수 없다.

1. 미성년자가 소유하는 부동산이나 영업재산의 수의계약에 의한 매매
2. 미성년자가 소유하는 부동산이나 영업재산의 회사에로의 출자
3. 미성년자 명의의 소비대차계약 체결
4. 미성년자를 위한 권리의 포기, 미성년자의 명의로 행하는 화해 또는 중재계약
5. 미성년자에로의 상속의 단순승인
6. 미성년자의 재산의 매입과 임차. 그러한 행위를 위한 계약체결에 대하여는, 법정재산관리인은 미성년자의 이익에 반하는 것으로 간주된다.
7. 제3자의 채무를 담보하기 위하여 미성년자의 명의로 행하는 무상의 담보권설정
8. 유가증권 또는 통화금융법전 제L.211-1조의 금융상품증서를 대상으로 한 행위의 이행의 착수로서, 미성년자의 현재 또는 장래의 자산에 대하여 그 내용을 중대하게 변경시키거나 그 원본의 가치를 심각하게 하락시키거나 또는 미성년자의 특권을 지속적으로 변경시키는 행위

② 허가 시에는 그 행위의 요건에 관하여, 그리고 필요하다면, 그 행위가 체결되기 위한 가격 또는 가격지정에 관하여 정한다.

**제387-2조** 법정재산관리인은 허가가 있는 경우에도 다음 각 호의 행위를 할 수 없다.
1. 미성년자의 재산이나 권리의 무상 양도
2. 제3자로부터의 미성년자에 대한 권리 또는 채권의 취득
3. 미성년자 명의로 행하는 상업 또는 자유 전문직의 수행
4. 미성년자의 재산 또는 권리의 신탁재산으로의 이전

**Article 387-3** A l'occasion du contrôle des actes mentionnés à l'article 387-1, le juge peut, s'il l'estime indispensable à la sauvegarde des intérêts du mineur, en considération de la composition ou de la valeur du patrimoine, de l'âge du mineur ou de sa situation familiale, décider qu'un acte ou une série d'actes de disposition seront soumis à son autorisation préalable.

Le juge est saisi aux mêmes fins par les parents ou l'un d'eux, le ministère public ou tout tiers ayant connaissance d'actes ou omissions qui compromettent manifestement et substantiellement les intérêts patrimoniaux du mineur ou d'une situation de nature à porter un préjudice grave à ceux-ci.

Les tiers qui ont informé le juge de la situation ne sont pas garants de la gestion des biens du mineur faite par l'administrateur légal.

**Article 387-4** A l'occasion du contrôle qu'il exerce en application des articles 387-1 et 387-3, le juge peut demander à l'administrateur légal qu'un inventaire du patrimoine du mineur lui soit transmis ainsi que, chaque année, un inventaire actualisé.

Une copie de l'inventaire est remise au mineur âgé de seize ans révolus.

**Article 387-5** A l'occasion du contrôle mentionné à l'article précédent, le juge peut demander à l'administrateur légal de soumettre au directeur des services de greffe judiciaires du tribunal judiciaire un compte de gestion annuel, accompagné des pièces justificatives, en vue de sa vérification.

Lorsque des comptes ont été demandés, l'administrateur légal doit remettre au directeur des services de greffe judiciaires, à la fin de sa mission, un compte définitif des opérations intervenues depuis l'établissement du dernier compte annuel.

Le directeur des services de greffe judiciaires peut être assisté dans sa mission de contrôle des comptes dans les conditions fixées par le code de procédure civile. Il peut aussi solliciter des établissements auprès desquels des comptes sont ouverts au nom du mineur un relevé annuel de ceux-ci sans que puisse lui être opposé le secret professionnel ou le secret bancaire.

S'il refuse d'approuver le compte, le directeur des services de greffe judiciaires dresse un rapport des difficultés rencontrées, qu'il transmet au juge. Celui-ci statue sur la conformité du compte.

Si l'importance et la composition du patrimoine du mineur le justifient, le juge peut décider que la mission de vérification et d'approbation sera exercée, aux frais du mineur et selon les modalités qu'il fixe, par un technicien.

Une copie des comptes de gestion est remise au mineur âgé de seize ans révolus.

L'action en reddition de comptes, en revendication ou en paiement se prescrit par cinq ans à compter de la majorité de l'intéressé.

**제387-3조** ① 제387-1조에서 규정된 행위를 감독하는 경우, 법관은 미성년자의 자산의 구성이나 가치, 미성년자의 나이 또는 가족적 사정을 고려할 때, 미성년자의 이익을 보호하기 위하여 필요하다고 판단하면, 어떤 처분행위 또는 일련의 처분행위는 사전허가를 받아야 한다고 정할 수 있다.

② 부모, 부모 중 일방, 검찰 또는 미성년자의 자산상 이익을 명백하고 본질적으로 해치는 작위 또는 부작위를 알거나, 미성년자의 자산상 이익에 중대한 손해를 가져오는 성격의 상황을 아는 모든 제3자는 법관에게 전항의 결정을 청구할 수 있다.

③ 법관에게 해당 상황을 알린 제3자는 법정재산관리인에 의하여 행해진 미성년자의 재산관리에 대해서는 책임을 지지 아니한다.

**제387-4조** ① 제387-1조 및 제387-3조의 적용에 따라 감독을 행하는 경우에, 법관은 미성년자의 자산목록 및, 해마다, 업데이트된 자산목록을 법관에게 제출할 것을 법정재산관리인에게 요구할 수 있다.
② 위 재산목록의 사본은 만 16세의 미성년자에게 교부된다.

**제387-5조** ① 제387-4조에 규정된 감독을 하는 경우, 법관은 법정재산관리인이 연간 관리장부를 그 검증을 위한 증명서류와 함께 민사지방법원의 사법서기국장에게 제출할 것을 요구할 수 있다.

② 장부의 제출이 요구되는 경우, 법정재산관리인은 마지막 연례 장부 작성 이후에 행해진 거래에 관한 최종 장부를 그 임무의 종료 시에 민사지방법원의 사법서기국장에게 제출하여야 한다.
③ 민사지방법원의 사법서기국장은 민사소송법전에서 정하는 요건에 따라 장부의 감독업무에 참관할 수 있다. 민사지방법원의 서기과장은 또한 미성년자 명의로 개설된 계좌가 있는 금융기관에 대하여 연간 출람명세서를 요청할 수 있으며, 직업상 비밀 또는 은행업무상 비밀을 이유로 그에게 대항할 수 없다.

④ 민사지방법원의 사법서기국장이 장부의 승인을 거부하면, 그는 당면한 문제점에 관한 보고서를 작성하고, 이를 법관에 제출한다. 법관은 장부의 적합성 여부를 재판한다.

⑤ 미성년자의 자산의 규모와 구성에 비추어 필요한 때에는, 법관은 미성년자의 비용으로, 그리고 법관이 정한 방식에 따라 전문 기술자가 검증과 승인 업무를 이행할 것을 결정할 수 있다.

⑥ 관리장부의 사본은 만 16세의 미성년자에게 교부된다.
⑦ 회계보고소권, 반환청구소권 또는 변제소권은 해당 미성년자가 성년이 된 때로부터 5년의 경과로 시효소멸한다.

**Article 387-6** L'administrateur légal est tenu de déférer aux convocations du juge des tutelles et du procureur de la République et de leur communiquer toute information qu'ils requièrent.

Le juge peut prononcer contre lui des injonctions et le condamner à l'amende civile prévue par le code de procédure civile s'il n'a pas déféré.

## Titre X De la minorité, de la tutelle et de l'émancipation

### Chapitre I<sup>er</sup> De la minorité

**Article 388** Le mineur est l'individu de l'un ou l'autre sexe qui n'a point encore l'âge de dix-huit ans accomplis.

Les examens radiologiques osseux aux fins de détermination de l'âge, en l'absence de documents d'identité valables et lorsque l'âge allégué n'est pas vraisemblable, ne peuvent être réalisés que sur décision de l'autorité judiciaire et après recueil de l'accord de l'intéressé.

Les conclusions de ces examens, qui doivent préciser la marge d'erreur, ne peuvent à elles seules permettre de déterminer si l'intéressé est mineur. Le doute profite à l'intéressé.

En cas de doute sur la minorité de l'intéressé, il ne peut être procédé à une évaluation de son âge à partir d'un examen du développement pubertaire des caractères sexuels primaires et secondaires.

**Article 388-1** Dans toute procédure le concernant, le mineur capable de discernement peut, sans préjudice des dispositions prévoyant son intervention ou son consentement, être entendu par le juge ou, lorsque son intérêt le commande, par la personne désignée par le juge à cet effet.

Cette audition est de droit lorsque le mineur en fait la demande. Lorsque le mineur refuse d'être entendu, le juge apprécie le bien-fondé de ce refus. Il peut être entendu seul, avec un avocat ou une personne de son choix. Si ce choix n'apparaît pas conforme à l'intérêt du mineur, le juge peut procéder à la désignation d'une autre personne.

L'audition du mineur ne lui confère pas la qualité de partie à la procédure.

Le juge s'assure que le mineur a été informé de son droit à être entendu et à être assisté par un avocat.

**Article 388-1-1** L'administrateur légal représente le mineur dans tous les actes de la vie civile, sauf les cas dans lesquels la loi ou l'usage autorise les mineurs à agir eux-mêmes.

**제387-6조** ① 법정재산관리인은 후견법관과 검사장의 소환에 따르고, 그들이 요구하는 모든 정보를 그들에게 알릴 의무가 있다.

② 법관은 법정재산관리인에 대하여 명령을 내릴 수 있고, 그가 응하지 않을 경우 민사소송법전에 규정된 민사벌금을 선고할 수 있다.

## 제10편 미성년, 후견 그리고 친권 해방

### 제1장 미성년

**제388조** ① 미성년자는 성별을 불문하고 아직 만 18세가 되지 않은 사람이다.

② 유효한 신분 문서가 없고 주장되는 나이가 진실되어 보이지 않는 경우, 사법기관의 결정과 이해관계인의 동의를 받은 후에라야만 나이를 정하기 위한 방사선 뼈검사가 실행될 수 있다.

③ 오류범위를 명시해야 하는 이 검사의 결과는 그것만으로는 이해관계인이 미성년자인지를 결정할 수 없다. 의심스러울 때에는 이해관계인의 이익으로 한다.

④ 이해관계인의 미성년에 대하여 의심이 있는 경우, 1차와 2차 성징의 사춘기 발달 검사로부터 그의 연령 평가가 시행될 수는 없다.

**제388-1조** ① 그와 관련된 모든 소송절차에서, 사리분별이 가능한 미성년자는 자신의 개입이나 동의를 정하는 규정과는 별도로, 법관에 의하여 의견이 청취될 수 있으며, 그의 이익이 요구하는 경우에는 이를 위하여 법관이 지정한 자에 의하여 의견이 청취될 수 있다.

② 이 심문은 미성년자가 이를 청구하는 경우에는 당연히 개시된다. 미성년자가 청문을 거부할 경우, 법관은 이 거부의 정당성을 평가한다. 미성년자는 단독으로, 또는 변호사나 그가 선택한 사람과 함께 청문에 응할 수 있다. 이 선택이 미성년자의 이익에 부합하지 않음이 명백한 경우, 법관은 다른 사람으로 지명할 수 있다.

③ 미성년자에 대한 심문은 그에게 소송상 당사자 능력을 부여하지 아니한다.

④ 법관은 미성년자가 자신의 의견청취권과 변호사의 조력을 받을 권리에 대하여 설명을 들었는지를 확인한다.

**제388-1-1조** 법정재산관리인은 모든 민사 행위에서 미성년자를 대리하나, 법률이나 관습이 미성년자가 단독으로 행위하도록 허용한 경우는 제외한다.

**Article 388-1-2** Un mineur âgé de seize ans révolus peut être autorisé, par son ou ses administrateurs légaux, à accomplir seul les actes d'administration nécessaires à la création et à la gestion d'une entreprise individuelle à responsabilité limitée ou d'une société unipersonnelle. Les actes de disposition ne peuvent être effectués que par son ou ses administrateurs légaux.

L'autorisation mentionnée au premier alinéa revêt la forme d'un acte sous seing privé ou d'un acte notarié et comporte la liste des actes d'administration pouvant être accomplis par le mineur.

**Article 388-2** Lorsque, dans une procédure, les intérêts d'un mineur apparaissent en opposition avec ceux de ses représentants légaux, le juge des tutelles dans les conditions prévues à l'article 383 ou, à défaut, le juge saisi de l'instance lui désigne un administrateur ad hoc chargé de le représenter.

Dans le cadre d'une procédure d'assistance éducative, l'administrateur ad hoc désigné en application du premier alinéa du présent article doit être indépendant de la personne morale ou physique à laquelle le mineur est confié, le cas échéant.

**Article 388-3** (abrogé)

### Section 1 De l'administration légale (abrogé)

**Article 389** (abrogé)
**Article 389-1** (abrogé)
**Article 389-2** (abrogé)
**Article 389-3** (abrogé)
**Article 389-4** (abrogé)
**Article 389-5** (abrogé)
**Article 389-6** (abrogé)
**Article 389-7** (abrogé)
**Article 389-8** (abrogé)

### Section 2 De la tutelle (abrogé)

**제388-1-2조** ① 만 16세인 미성년자는 자신의 법정재산관리인(들)의 허가를 얻어, 1인유한책임회사나 1인회사의 설립과 운영에 필요한 관리행위를 단독으로 할 수 있다. 처분행위는 법정재산관리인(들)에 의해서만 행해질 수 있다.

② 제1항에 규정된 허가는 사서증서나 공정증서의 형식을 취하며, 미성년자에 의하여 행해질 수 있는 관리행위의 목록을 포함한다.

**제388-2조** ① 소송절차에서, 미성년자의 이익이 그의 법정대리인의 이익과 상반됨이 명백한 경우, 후견법관은 제383조에서 정한 요건에 따라, 또는 후견법관이 없을 때에는 해당 사건을 담당한 법관이 미성년자의 대리를 담당하는 특별재산관리인을 선임한다.

② 교육적 조력절차의 범주에서, 본조 제1항에 따라 선임된 특별재산관리인은, 필요한 경우 미성년자가 위탁된 법인 또는 자연인으로부터 독립적이어야 한다.

**제388-3조** (삭제)

### 제1절 법정재산관리 (삭제)

**제389조** (삭제)
**제389-1조** (삭제)
**제389-2조** (삭제)
**제389-3조** (삭제)
**제389-4조** (삭제)
**제389-5조** (삭제)
**제389-6조** (삭제)
**제389-7조** (삭제)
**제389-8조** (삭제)

### 제2절 후견 (삭제)

## Chapitre II De la tutelle

### Section 1 Des cas d'ouverture et de fin de la tutelle

**Article 390** La tutelle s'ouvre lorsque le père et la mère sont tous deux décédés ou se trouvent privés de l'exercice de l'autorité parentale.

Elle s'ouvre, aussi, à l'égard d'un enfant dont la filiation n'est pas légalement établie.

Il n'est pas dérogé aux lois particulières qui régissent le service de l'aide sociale à l'enfance.

**Article 391** En cas d'administration légale, le juge des tutelles peut, à tout moment et pour cause grave, soit d'office, soit à la requête de parents ou alliés ou du ministère public, décider d'ouvrir la tutelle après avoir entendu ou appelé, sauf urgence, l'administrateur légal. Celui-ci ne peut faire aucun acte de disposition à partir de la demande et jusqu'au jugement définitif sauf en cas d'urgence.

Si la tutelle est ouverte, le juge des tutelles convoque le conseil de famille, qui peut soit nommer comme tuteur l'administrateur légal, soit désigner un autre tuteur.

**Article 392** Si un enfant vient à être reconnu par l'un de ses deux parents après l'ouverture de la tutelle, le juge des tutelles pourra, à la requête de ce parent, décider de substituer à la tutelle l'administration légale.

**Article 393** Sans préjudice des dispositions de l'article 392, la tutelle prend fin à l'émancipation du mineur ou à sa majorité. Elle prend également fin en cas de jugement de mainlevée passé en force de chose jugée ou en cas de décès de l'intéressé.

### Section 2 De l'organisation et du fonctionnement de la tutelle

### Paragraphe 1 Des charges tutélaires

**Article 394** La tutelle, protection due à l'enfant, est une charge publique. Elle est un devoir des familles et de la collectivité publique.

## 제2장 후견

### 제1절 후견의 개시와 종료

**제390조** ① 후견은 두 부모가 모두 사망하거나 친권의 행사가 박탈된 경우에 개시된다.

② 후견은 또한 친자관계가 법적으로 성립되지 않은 자녀에 대해서도 개시된다.
③ 아동사회부조기관을 규율하는 특별법에는 적용 예외가 없다.


**제391조** ① 법정재산관리의 경우, 후견법관은, 언제든지 중대한 사유가 있는 때에는 직권으로 든지, 부모 또는 친인척이나 검찰의 신청에 의하든지, 긴급한 경우를 제외하고는, 법정재산관리인을 청문 또는 소환한 후에 후견 개시를 결정할 수 있다. 법정재산관리인은 후견개시청구가 있은 때로부터 종국판결 시까지 긴급한 경우를 제외하고는 어떠한 처분행위도 할 수 없다.

② 후견이 개시되면, 후견법관은 친족회를 소집하고, 친족회는 법정재산관리인을 후견인으로 임명하거나 다른 후견인을 선임할 수 있다.

**제392조** 자녀가 후견 개시 후에 그의 두 부모 중 1인에 의하여 인지된 때에는, 후견법관은 이 부모의 신청에 따라 후견에서 법정재산관리로의 전환을 결정할 수 있다.


**제393조** 제392조의 규정과는 별도로, 후견은 미성년의 친권해방 또는 성년이 되었을 때에 종료한다. 또한, 후견은 기판력에 의한 후견종료 판결 또는 이해관계인의 사망의 경우에도 종료한다.

### 제2절 후견의 조직과 운영

### 제1관 후견의 임무

**제394조** 후견은, 아동 보호라는, 공적 임무이다. 후견은 가족과 공공단체의 의무이다.

**Article 395** Ne peuvent exercer les différentes charges de la tutelle :

1° Les mineurs non émancipés, sauf s'ils sont le père ou la mère du mineur en tutelle ;

2° Les majeurs qui bénéficient d'une mesure de protection juridique prévue par le présent code ;

3° Les personnes à qui l'autorité parentale a été retirée ;

4° Les personnes à qui l'exercice des charges tutélaires a été interdit en application de l'article 131-26 du code pénal.

**Article 396** Toute charge tutélaire peut être retirée en raison de l'inaptitude, de la négligence, de l'inconduite ou de la fraude de celui à qui elle a été confiée. Il en est de même lorsqu'un litige ou une contradiction d'intérêts empêche le titulaire de la charge de l'exercer dans l'intérêt du mineur.

Il peut être procédé au remplacement de toute personne à qui une charge tutélaire a été confiée en cas de changement important dans sa situation.

**Article 397** Le conseil de famille statue sur les empêchements, les retraits et les remplacements qui intéressent le tuteur et le subrogé tuteur.

Le juge des tutelles statue sur ceux qui intéressent les autres membres du conseil de famille.

Une charge tutélaire ne peut être retirée, par celui qui l'a confiée, qu'après que son titulaire a été entendu ou appelé.

Le juge peut, s'il estime qu'il y a urgence, prescrire des mesures provisoires dans l'intérêt du mineur.

### Paragraphe 2 Du conseil de famille

**Article 398** Même en présence d'un tuteur testamentaire et sauf vacance, la tutelle est organisée avec un conseil de famille.

**제395조** 다음 각 호의 자들은 후견의 여러 임무를 수행할 수 없다.
1. 후견상태에 있는 미성년자의 부 또는 모의 경우를 제외한 친권이 해방되지 않은 미성년자
2. 본법전에 규정된 사법보호조치의 수혜를 입는 성년자

3. 친권을 박탈당한 사람
4. 형법전 제131-26조의 적용으로 후견임무의 행사가 금지되는 사람


**제396조** ① 모든 후견임무는 이를 부여받은 사람의 부적격, 태만, 비행, 기망을 이유로 박탈될 수 있다. 분쟁이나 이익상반이, 권한있는 자로 하여금 미성년자의 이익으로 임무수행하는 것을 방해하는 경우에도 마찬가지이다.

② 후견임무를 부여받은 사람의 상황에 중대한 변화가 있는 경우에는 후견인을 교체할 수 있다.


**제397조** ① 친족회는 후견인 및 후견감독인에 관한 장애사유, 권한박탈, 교체를 결정한다.

② 후견법관은 친족회의 다른 구성원에 관한 사항들을 결정한다.

③ 후견의 임무는, 이를 수여한 사람에 의해서, 권리자가 청문 또는 소환된 후에만 박탈될 수 있다.
④ 법관은 긴급하다고 판단하면, 미성년자의 이익을 위해서 잠정조치를 명할 수 있다.


### 제2관 친족회

**제398조** 유언으로 지정한 후견인이 있더라도 후견의 부재인 경우를 제외하고는 후견은 친족회와 함께 운영된다.

**Article 399** Le juge des tutelles désigne les membres du conseil de famille pour la durée de la tutelle.

Le conseil de famille est composé d'au moins quatre membres, y compris le tuteur et le subrogé tuteur, mais non le juge.

Peuvent être membres du conseil de famille les parents et alliés des père et mère du mineur ainsi que toute personne, résidant en France ou à l'étranger, qui manifeste un intérêt pour lui.

Les membres du conseil de famille sont choisis en considération de l'intérêt du mineur et en fonction de leur aptitude, des relations habituelles qu'ils entretenaient avec le père ou la mère de celui-ci, des liens affectifs qu'ils ont avec lui ainsi que de la disponibilité qu'ils présentent.

Le juge doit éviter, dans la mesure du possible, de laisser l'une des deux branches, paternelle ou maternelle, sans représentation.

**Article 400** Le conseil de famille est présidé par le juge des tutelles. Ses délibérations sont adoptées par vote de ses membres.

Toutefois, le tuteur ou le subrogé tuteur, dans le cas où il remplace le tuteur, ne vote pas.

En cas de partage des voix, celle du juge est prépondérante.

**Article 401** Le conseil de famille règle les conditions générales de l'entretien et de l'éducation du mineur en ayant égard à la volonté que les père et mère avaient pu exprimer.

Il apprécie les indemnités qui peuvent être allouées au tuteur.

Il prend les décisions et donne au tuteur les autorisations nécessaires pour la gestion des biens du mineur conformément aux dispositions du titre XII.

Le conseil de famille autorise le mineur âgé de seize ans révolus à accomplir seul les actes d'administration nécessaires pour les besoins de la création et de la gestion d'une entreprise individuelle à responsabilité limitée ou d'une société unipersonnelle.

L'autorisation visée à l'alinéa précédent revêt la forme d'un acte sous seing privé ou d'un acte notarié et comporte la liste des actes d'administration pouvant être accomplis par le mineur.

**제399조** ① 후견법관은 친족회의 구성원을 후견기간을 임기로 하여 선임한다.

② 친족회는 최소 4인으로 구성되며, 후견인과 후견감독인이 포함되나 법관은 포함되지 아니한다.

③ 친족회의 구성원이 될 수 있는 사람은, 해당 미성년자의 부와 모의 혈족과 인척 및 프랑스 국내 또는 외국에 거주하는, 해당 미성년자에게 관심을 표명한 모든 사람이다.

④ 친족회의 구성원은 해당 미성년자의 이익을 고려하여, 그리고 그들의 적성, 해당 미성년자의 부모와 맺었던 통상적인 관계, 해당 미성년자와의 친밀관계 및 그들의 시간적 여유에 따라서 선택한다.

⑤ 법관은 가능한 한 부계나 모계 중 한 친계라도 대표하는 자가 전혀 없지 않도록 하여야 한다.

**제400조** ① 친족회는 후견법관이 주재한다. 친족회의 의결은 회원들의 투표에 의한다.

② 그러나 후견인 또는 후견인을 대체하는 경우의 후견감독인은 표결에 참여하지 아니한다.

③ 가부동수인 때에는 법관이 결정한다.

**제401조** ① 친족회는 미성년자의 부양과 교육에 관한 일반적인 조건을 정하며, 이때 부와 모가 표시하였을 수 있을 의사를 고려한다.

② 친족회는 후견인에게 지급할 수 있는 보상금을 정한다.

③ 친족회는 제12편의 규정에 따라서 미성년자의 재산관리를 위해 필요한 결정과 후견인에게의 허가를 행한다.

④ 친족회는 16세 이상의 미성년자가 1인유한책임회사나 1인회사의 설립과 운영에 필요한 관리행위를 단독으로 하는 것을 허가한다.

⑤ 제4항에서의 허가는 사서증서 또는 공정증서의 형식을 취하며 미성년자에 의하여 행해질 수 있는 관리행위 목록을 포함한다.

**Article 402** Les délibérations du conseil de famille sont nulles lorsqu'elles ont été surprises par dol ou fraude ou que des formalités substantielles ont été omises.

La nullité est couverte par une nouvelle délibération valant confirmation selon l'article 1182.

L'action en nullité peut être exercée par le tuteur, le subrogé tuteur, les autres membres du conseil de famille et le procureur de la République dans les deux années de la délibération ainsi que par le mineur devenu majeur ou émancipé dans les deux années de sa majorité ou de son émancipation. La prescription ne court pas s'il y a eu dol ou fraude tant que le fait qui en est à l'origine n'est pas découvert.

Les actes accomplis en vertu d'une délibération annulée sont annulables de la même manière. Le délai court toutefois de l'acte et non de la délibération.

### Paragraphe 3 Du tuteur

**Article 403** Le droit individuel de choisir un tuteur, qu'il soit ou non parent du mineur, n'appartient qu'au dernier vivant des père et mère s'il a conservé, au jour de son décès, l'exercice de l'autorité parentale.

Cette désignation ne peut être faite que dans la forme d'un testament ou d'une déclaration spéciale devant notaire.

Elle s'impose au conseil de famille à moins que l'intérêt du mineur commande de l'écarter.

Le tuteur désigné par le père ou la mère n'est pas tenu d'accepter la tutelle.

**Article 404** S'il n'y a pas de tuteur testamentaire ou si celui qui a été désigné en cette qualité vient à cesser ses fonctions, le conseil de famille désigne un tuteur au mineur.

**Article 405** Le conseil de famille peut, en considération de la situation du mineur, des aptitudes des intéressés et de la consistance du patrimoine à administrer, désigner plusieurs tuteurs pour exercer en commun la mesure de protection. Chaque tuteur est réputé, à l'égard des tiers, avoir reçu des autres le pouvoir de faire seul les actes pour lesquels un tuteur n'aurait besoin d'aucune autorisation.

Le conseil de famille peut décider que l'exercice de la tutelle sera divisé entre un tuteur chargé de la personne du mineur et un tuteur chargé de la gestion de ses biens ou que la gestion de certains biens particuliers sera confiée à un tuteur adjoint.

A moins qu'il en ait été autrement décidé par le conseil de famille, les tuteurs désignés en application du deuxième alinéa sont indépendants et ne sont pas responsables l'un envers l'autre. Ils s'informent toutefois des décisions qu'ils prennent.

**제402조** ① 친족회의 결의가 사기나 강박에 의하여 이루어졌거나 중요한 형식요건을 결여한 때에는 무효이다.

② 전항의 무효는 제1182조에 따른 추인의 효력을 가지는 새로운 결의에 의하여 치유된다.

③ 무효화소권은 친족회 결의가 있은 후 2년 내에 후견인, 후견감독인, 친족회의 다른 구성원, 또는 검사장에 의하여 또 성년이 되거나 친권에서 해방된 때로부터 2년 내 성년이 되었거나 친권이 해방이 된 미성년자에 의하여 행사될 수 있다. 사기나 강박이 있었던 때에는 그 원인인 사실이 밝혀지지 않은 한 소멸시효가 진행하지 아니한다.

④ 무효화된 결의에 기해 행해진 행위는 같은 방식으로 무효화할 수 있다. 그러나 시효기간은 행위 시로부터 진행하며 결의 시로부터 진행하지 아니한다.

### 제3관 후견인

**제403조** ① 후견인을 선택할 개인의 권리는 부와 모 중 최종 생존자에게만 있고, 후견인은 미성년자의 혈족이 아니어도 되나, 최종 생존자는 사망일에 친권행사자격을 보유하였어야 한다.

② 이 후견인의 선임은 유언이나 공증인 면전에서의 특별신고의 방식으로만 행해질 수 있다.

③ 후견인의 선임은 미성년자의 이익이 후견인의 지정을 배척하지 않는 한 친족회에 부과된다.

④ 부 또는 모가 선임한 후견인은 후견을 승낙할 의무가 없다.

**제404조** 유언으로 선임한 후견인이 없거나 유언으로 지정한 후견인이 직무수행을 종료하게 된다면, 친족회가 미성년후견인을 지정한다.

**제405조** ① 친족회는 미성년자의 상황, 이해관계인들의 능력, 관리할 재산의 구성상태를 고려하여, 보호조치를 공동으로 수행할 수 있도록 수인의 후견인을 선임할 수 있다. 각 후견인은 제3자와의 관계에 있어서는 어느 후견인이 어떠한 허가도 필요 없이 단독으로 행위를 할 수 있는 권한을 다른 후견인으로부터 얻은 것으로 간주된다.

② 친족회는 후견의 행사를 분할하여 미성년자의 신상을 담당하는 후견인과 미성년자의 재산을 담당하는 후견인을 두거나, 특정한 재산의 관리는 보조후견인에게 맡기는 결정을 할 수 있다.

③ 친족회가 달리 정하지 않은 한, 제2항을 적용하여 지정된 후견인들은 독립적이고 서로에 대하여 책임을 부담하지 아니한다. 그러나 그들이 내린 결정을 서로에게 통지한다.

**Article 406** Le tuteur est désigné pour la durée de la tutelle.

**Article 407** La tutelle est une charge personnelle.

Elle ne se transmet pas aux héritiers du tuteur.

**Article 408** Le tuteur prend soin de la personne du mineur et le représente dans tous les actes de la vie civile, sauf les cas dans lesquels la loi ou l'usage autorise le mineur à agir lui-même.

Il représente le mineur en justice. Toutefois, il ne peut agir, en demande ou en défense, pour faire valoir les droits extrapatrimoniaux qu'après autorisation ou sur injonction du conseil de famille. Celui-ci peut également enjoindre au tuteur de se désister de l'instance ou de l'action, ou de transiger.

Le tuteur gère les biens du mineur et rend compte de sa gestion conformément aux dispositions du titre XII.

Le tuteur, après autorisation du conseil de famille, effectue les actes de disposition nécessaires pour les besoins de la création et de la gestion d'une entreprise individuelle à responsabilité limitée ou d'une société unipersonnelle.

**Article 408-1** Les biens ou droits d'un mineur ne peuvent être transférés dans un patrimoine fiduciaire.

### Paragraphe 4 Du subrogé tuteur

**Article 409** La tutelle comporte un subrogé tuteur nommé par le conseil de famille parmi ses membres.

Si le tuteur est parent ou allié du mineur dans une branche, le subrogé tuteur est choisi, dans la mesure du possible, dans l'autre branche.

La charge du subrogé tuteur cesse à la même date que celle du tuteur.

**제406조** 후견인은 후견기간을 임기로 하여 선임된다.

**제407조** ① 후견은 인적 부담이다.
② 후견은 후견인의 상속인에게 이전되지 아니한다.

**제408조** ① 후견인은 피후견 미성년자의 신상을 돌보고, 모든 민사행위를 대리하지만, 법률이나 관습상 미성년자 스스로 행위하는 것이 허용되는 경우는 제외한다.

② 후견인은 미성년자를 재판상 대리한다. 그러나 후견인이 비재산적 권리를 주장하기 위해 제소하거나 응소하려면 친족회의 허락을 얻은 후 또는 명령에 의해서만 할 수 있다. 친족회는 또한 후견인에게 소나 상소를 취하하거나 화해할 것을 지시할 수도 있다.

③ 후견인은 제12편의 규정에 따라 미성년자의 재산을 관리하고 그 관리를 보고한다.

④ 후견인은 친족회의 허락을 얻은 후에 1인유한책임회사나 1인회사의 설립과 운영에 필요한 처분행위를 한다.

**제408-1조** 미성년자의 재산이나 권리는 신탁재산에 이전될 수 없다.

### 제4관 후견감독인

**제409조** ① 후견에는 친족회가 친족회원 중에서 선임한 후견감독인을 둔다.

② 후견인이 미성년자의 어느 한 친계에 속하는 혈족이나 인척인 때에는 후견감독인은 가능한 한, 다른 친계에서 선택한다.
③ 후견감독인의 임무는 후견인의 임무와 동일한 날에 종료한다.

**Article 410** Le subrogé tuteur surveille l'exercice de la mission tutélaire et représente le mineur lorsque les intérêts de celui-ci sont en opposition avec ceux du tuteur.

Le subrogé tuteur est informé et consulté avant tout acte important accompli par le tuteur.

A peine d'engager sa responsabilité à l'égard du mineur, il surveille les actes passés par le tuteur en cette qualité et informe sans délai le juge des tutelles s'il constate des fautes dans l'exercice de la mission tutélaire.

Il ne remplace pas de plein droit le tuteur en cas de cessation des fonctions de celui-ci ; mais il est tenu, sous la même responsabilité, de provoquer la nomination d'un nouveau tuteur.

### Paragraphe 5 De la vacance de la tutelle

**Article 411** La tutelle est déclarée vacante s'il est impossible de mettre en place une tutelle avec un conseil de famille ou d'admettre l'enfant à la qualité de pupille de l'Etat. Dans ce cas, le juge des tutelles la défère à la collectivité publique compétente en matière d'aide sociale à l'enfance. La tutelle ne comporte alors ni conseil de famille ni subrogé tuteur.

La tutelle est levée dès que l'enfant peut être admis à la qualité de pupille de l'Etat.

**Article 411-1** Le juge des tutelles et le procureur de la République exercent une surveillance générale des tutelles de leur ressort.

Les tuteurs et autres organes tutélaires sont tenus de déférer à leur convocation et de leur communiquer toute information qu'ils requièrent.

Le juge peut prononcer contre eux des injonctions et condamner à l'amende civile prévue par le code de procédure civile ceux qui n'y ont pas déféré.

**제410조** ① 후견감독인은 후견인의 임무 수행을 감독하고 미성년자의 이익이 후견인의 이익과 상반되는 경우에는 미성년자를 대리한다.
② 후견감독인은 후견인이 모든 중요한 행위를 하기 전에 통지를 받고 자문을 행한다.

③ 미성년자에 대하여 책임을 지지 않기 위해서는, 후견감독인은 후견인이 후견인으로서 수행하는 행위를 감독하고, 후견인의 임무수행에 있어서 과책을 확인한 때에는 후견법관에게 지체없이 통지한다.
④ 후견감독인은 후견인이 임무를 중단한 경우 당연히 후견인을 대체하지는 아니한다. 그러나 후견감독인은 동일한 책임 하에 새로운 후견인의 선임을 요구할 의무를 부담한다.

## 제5관 후견의 부재

**제411조** ① 친족회와 함께 후견을 구성하거나 자녀에게 국가후견아동의 지위가 인정되는 것이 불가능한 때에는 후견이 부재한 것으로 선고된다. 이 경우, 후견법관은 아동에 대한 사회부조의 분야에서 권한이 있는 공공단체에게 후견을 맡긴다. 이때 후견은 친족회나 후견감독인을 포함하지 아니한다.

② 후견은 자녀가 국가후견아동의 지위가 인정될 수 있는 때 중단된다.

**제411-1조** ① 후견법관과 검사장은 관할지역에서 행해지는 후견에 대하여 일반적 감독을 한다.

② 후견인들과 그 밖의 후견기관은, 후견법관과 검사장의 소환에 응할 의무와 자신들이 취득한 모든 정보를 그들에게 보고할 의무를 부담한다.
③ 법관은 후견인들과 그 밖의 후견기관에게 명령을 할 수 있고 명령에 따르지 않는 자에게 민사소송법전에 규정된 민사벌금을 선고할 수 있다.

## Paragraphe 6 De la responsabilité

**Article 412** Tous les organes de la tutelle sont responsables du dommage résultant d'une faute quelconque qu'ils commettent dans l'exercice de leur fonction.

Lorsque la faute à l'origine du dommage a été commise dans l'organisation et le fonctionnement de la tutelle par le juge des tutelles, le directeur des services de greffe judiciaires du tribunal judiciaire ou le greffier, l'action en responsabilité est dirigée contre l'Etat qui dispose d'une action récursoire.

**Article 413** L'action en responsabilité se prescrit par cinq ans à compter de la majorité de l'intéressé, alors même que la gestion aurait continué au-delà, ou de la fin de la mesure si elle cesse avant.

## Chapitre III De l'émancipation

**Article 413-1** Le mineur est émancipé de plein droit par le mariage.

**Article 413-2** Le mineur, même non marié, pourra être émancipé lorsqu'il aura atteint l'âge de seize ans révolus.

Après audition du mineur, cette émancipation sera prononcée, s'il y a de justes motifs, par le juge des tutelles, à la demande des père et mère ou de l'un d'eux.

Lorsque la demande sera présentée par un seul des parents, le juge décidera, après avoir entendu l'autre, à moins que ce dernier soit dans l'impossibilité de manifester sa volonté.

**Article 413-3** Le mineur resté sans père ni mère pourra de la même manière être émancipé à la demande du conseil de famille.

**Article 413-4** Lorsque, dans le cas de l'article précédent, aucune diligence n'ayant été faite par le tuteur, un membre du conseil de famille estimera que le mineur est capable d'être émancipé, il pourra requérir le juge des tutelles de convoquer le conseil pour délibérer à ce sujet. Le mineur lui-même pourra demander cette convocation.

**Article 413-5** Le compte de l'administration, le cas échéant, ou de la tutelle est rendu au mineur émancipé dans les conditions prévues respectivement par les articles 387-5 et 514.

## 제6관 책임

**제412조** ① 모든 후견기관은 그 직무를 수행함에 있어서 범한 과책이 무엇이든지 그 과책으로 인한 손해를 배상할 책임이 있다.
② 손해의 원인되는 과책이 후견에 관한 조직과 운영에 있어서 후견법관이나 민사지방법원 사법서기국장 또는 서기에 의하여 이루어진 경우, 책임의 소는 국가를 상대로 제기되며 국가는 구상권을 가진다.


**제413조** 책임의 소는 비록 관리행위가 이해관계인이 성년이 된 이후에 계속되더라도, 이해당사자의 성년 시로부터 5년의 경과로 시효소멸하거나, 관리행위가 성년이 되기 전에 종료한다면, 그 조치가 종료된 때로부터 5년의 경과로 시효소멸한다.


## 제3장 친권해방

**제413-1조** 미성년자는 혼인에 의하여 당연히 친권해방된다.

**제413-2조** ① 혼인하지 않은 미성년자도 만 16세가 된 경우, 친권해방될 수 있다.

② 친권해방은 부와 모 또는 부모 중 1인의 청구에 의하여 후견법관이 미성년자를 심문한 후 정당한 이유가 있으면 선언될 수 있다.
③ 부모 중 1인에 의해서만 친권해방이 청구된 경우, 법관은, 타방의 의견을 청취한 후 판단을 내리나, 이 후자가 자신의 의사를 표시하는 것이 불가능한 때에는 그러하지 아니하다.

**제413-3조** 부모가 없는 미성년자는 친족회의 청구에 의하여 동일한 방식으로 친권해방될 수 있다.

**제413-4조** 제413-3조의 경우에 후견인은 아무런 청구를 하지 않으나 어느 친족회원이 미성년자가 친권해방될 수 있다고 판단하는 경우, 그 친족회원은 후견법관에게 이 문제를 논의하기 위한 친족회를 소집할 것을 청구할 수 있다. 미성년자 자신도 친족회의 소집을 청구할 수 있다.


**제413-5조** 관리행위의 보고는, 경우에 따라서, 후견의 보고는 제387-5조 및 제514조에 각각 정해진 요건에 따라서 친권에서 해방된 미성년자에게 한다.

**Article 413-6** Le mineur émancipé est capable, comme un majeur, de tous les actes de la vie civile.

Il doit néanmoins, pour se marier ou se donner en adoption, observer les mêmes règles que s'il n'était point émancipé.

**Article 413-7** Le mineur émancipé cesse d'être sous l'autorité de ses père et mère.

Ceux-ci ne sont pas responsables de plein droit, en leur seule qualité de père ou de mère, du dommage qu'il pourra causer à autrui postérieurement à son émancipation.

**Article 413-8** Le mineur émancipé peut être commerçant sur autorisation du juge des tutelles au moment de la décision d'émancipation et du président du tribunal judiciaire s'il formule cette demande après avoir été émancipé.

## Titre XI De la majorité et des majeurs protégés par la loi

### Chapitre I<sup>er</sup> Des dispositions générales

**Article 414** La majorité est fixée à dix-huit ans accomplis ; à cet âge, chacun est capable d'exercer les droits dont il a la jouissance.

#### Section 1 Des dispositions indépendantes des mesures de protection

**Article 414-1** Pour faire un acte valable, il faut être sain d'esprit. C'est à ceux qui agissent en nullité pour cette cause de prouver l'existence d'un trouble mental au moment de l'acte.

**Article 414-2** De son vivant, l'action en nullité n'appartient qu'à l'intéressé.

Après sa mort, les actes faits par lui, autres que la donation entre vifs et le testament, ne peuvent être attaqués par ses héritiers, pour insanité d'esprit, que dans les cas suivants :
1° Si l'acte porte en lui-même la preuve d'un trouble mental ;
2° S'il a été fait alors que l'intéressé était placé sous sauvegarde de justice ;
3° Si une action a été introduite avant son décès aux fins d'ouverture d'une curatelle ou d'une tutelle ou si effet a été donné au mandat de protection future.

L'action en nullité s'éteint par le délai de cinq ans prévu à l'article 1304.

**제413-6조** ① 친권에서 해방된 미성년자는 성년자와 마찬가지로 모든 민사행위를 할 수 있다.

② 전항에도 불구하고, 미성년자가 혼인을 하거나 양자가 되기 위해서는 친권이 해방되지 않은 때와 동일한 원칙을 준수하여야 한다.

**제413-7조** ① 친권에서 해방된 미성년자는 더 이상 그의 부와 모의 친권에 복종하지 아니한다. ② 부모는 미성년자가 친권해방 이후에 타인에게 가한 손해에 대하여 부모라는 이유만으로 당연히 책임을 지지는 아니한다.

**제413-8조** 친권이 해방된 미성년자는 친권해방 결정 시에 후견법관의 허가를 얻어 상인이 될 수 있으며, 친권해방 이후에 그가 이 신청을 하는 때에는 민사지방법원장의 허가를 얻어 상인이 될 수 있다.

# 제11편 성년 및 법률에 의하여 보호되는 성년자

## 제1장 총칙

**제414조** 성년은 만 18세로 정해진다. 이 나이가 되면 각자는 자신이 향유할 수 있는 권리를 행사할 수 있다.

### 제1절 보호조치와 관계없는 규정

**제414-1조** 유효한 행위를 하기 위해서는 온전한 정신상태에 있어야 한다. 정신장애를 이유로 무효를 주장하는 사람은 행위 당시에 그 사유가 존재했음을 증명하여야 한다.

**제414-2조** ① 생존 중에는 무효화소는 이해관계인만이 제기할 수 있다.
② 사망 후에는, 생전증여 또는 유언 외의 행위는 다음 각 호의 어느 하나에 해당하는 때에 한하여 온전하지 않은 정신상태를 이유로 행위자의 상속인이 그 유효성을 다툴 수 있다.
1. 행위가 그 자체로서 정신장애의 증거가 되는 경우
2. 이해관계인이 사법보호를 받는 기간 중에 행위가 이루어진 경우
3. 행위자의 사망 전에 보좌 또는 후견의 개시를 목적으로 하는 소가 제기되었거나 또는 장래 보호위임계약이 효력을 발생한 경우
③ 무효화소권은 제1304조에 규정된 5년의 기간 경과로 인하여 소멸한다.

**Article 414-3** Celui qui a causé un dommage à autrui alors qu'il était sous l'empire d'un trouble mental n'en est pas moins obligé à réparation.

## Section 2 Des dispositions communes aux majeurs protégés

**Article 415** Les personnes majeures reçoivent la protection de leur personne et de leurs biens que leur état ou leur situation rend nécessaire selon les modalités prévues au présent titre.

Cette protection est instaurée et assurée dans le respect des libertés individuelles, des droits fondamentaux et de la dignité de la personne.

Elle a pour finalité l'intérêt de la personne protégée. Elle favorise, dans la mesure du possible, l'autonomie de celle-ci.

Elle est un devoir des familles et de la collectivité publique.

**Article 416** Le juge des tutelles et le procureur de la République exercent une surveillance générale des mesures de protection dans leur ressort.

Ils peuvent visiter ou faire visiter les personnes protégées et celles qui font l'objet d'une demande de protection, quelle que soit la mesure prononcée ou sollicitée.

Les personnes chargées de la protection sont tenues de déférer à leur convocation et de leur communiquer toute information qu'ils requièrent.

**Article 417** Le juge des tutelles peut prononcer des injonctions contre les personnes chargées de la protection et condamner à l'amende civile prévue par le code de procédure civile celles qui n'y ont pas déféré.

Il peut les dessaisir de leur mission en cas de manquement caractérisé dans l'exercice de celle-ci, après les avoir entendues ou appelées.

Il peut, dans les mêmes conditions, demander au procureur de la République de solliciter la radiation d'un mandataire judiciaire à la protection des majeurs de la liste prévue à l'article L. 471-2 du code de l'action sociale et des familles.

**Article 418** Sans préjudice de l'application des règles de la gestion d'affaires, le décès de la personne protégée met fin à la mission de la personne chargée de la protection.

**제414-3조** 타인에게 손해를 야기한 사람은 비록 당시 그가 정신장애 상태에 있었다 하더라도 여전히 손해배상의무를 부담한다.

## 제2절 피보호성년자에 대한 통칙

**제415조** ① 성년자는 그의 상태 또는 사정상 필요하다고 인정된 때에는 본편에 규정된 절차에 따라 그 신상과 재산에 대하여 보호를 받는다.

② 이 보호는 개인의 자유, 기본권과 인간의 존엄을 존중하면서 설정되고 보장되어야 한다.

③ 이 보호는 피보호자의 이익을 목적으로 한다. 이 보호는 피보호자의 자율성을 가능한 범위에서 보장한다.
④ 이 보호는 가족과 공공단체의 의무이다.

**제416조** ① 후견법관 및 검사장은 그 관할권 내에서 보호조치에 대한 일반적인 감독을 행한다.

② 후견법관 및 검사장은 선고된 또는 청구된 보호조치의 형태와 상관없이 피보호자 및 보호조치 신청 대상자를 방문하거나 방문하게 할 수 있다.
③ 보호업무수행자는 후견법관 및 검사장의 소환에 응할 의무가 있으며 이들이 요구하는 모든 정보를 제공할 책임이 있다.

**제417조** ① 후견법관은 보호업무수행자를 상대로 금지명령을 내릴 수 있고, 이에 따르지 않는 보호업무 수행자에게는 민사소송법전에 규정된 민사벌금을 선고할 수 있다.

② 후견법관은, 보호업무수행자의 직무수행이 현저히 부실한 경우, 그의 의견을 청취하거나 소환한 다음 그 직무를 박탈할 수 있다.
③ 후견법관은 제2항과 같은 요건 하에서 검사장에게 사회복지 및 가족법전 제L.471-2조에서 규정한 명부에 기재된 성년보호 사법수임인의 말소를 신청할 것을 요청할 수 있다.

**제418조** 피보호자의 사망은 보호업무수행자의 직무를 종료시키거나, 사무관리에 관한 규칙의 적용에 영향을 미치지 아니한다.

**Article 419** Les personnes autres que le mandataire judiciaire à la protection des majeurs (MJPM) exercent à titre gratuit les mesures judiciaires de protection. Toutefois, le juge des tutelles ou le conseil de famille s'il a été constitué peut autoriser, selon l'importance des biens gérés ou la difficulté d'exercer la mesure, le versement d'une indemnité à la personne chargée de la protection. Il en fixe le montant. Cette indemnité est à la charge de la personne protégée.

Si la mesure judiciaire de protection est exercée par un mandataire judiciaire à la protection des majeurs, son financement est à la charge totale ou partielle de la personne protégée en fonction de ses ressources et selon les modalités prévues par le code de l'action sociale et des familles.

Lorsque le financement de la mesure ne peut être intégralement assuré par la personne protégée, il est pris en charge par la collectivité publique, selon des modalités de calcul communes à tous les mandataires judiciaires à la protection des majeurs et tenant compte des conditions de mise en œuvre de la mesure, quelles que soient les sources de financement. Ces modalités sont fixées par décret.

A titre exceptionnel, le juge ou le conseil de famille s'il a été constitué peut, après avoir recueilli l'avis du procureur de la République, allouer au mandataire judiciaire à la protection des majeurs, pour l'accomplissement d'un acte ou d'une série d'actes requis par la mesure de protection et impliquant des diligences particulièrement longues ou complexes, une indemnité en complément des sommes perçues au titre des deux alinéas précédents lorsqu'elles s'avèrent manifestement insuffisantes. Cette indemnité est à la charge de la personne protégée.

Le mandat de protection future s'exerce à titre gratuit sauf stipulations contraires.

**Article 420** Sous réserve des aides ou subventions accordées par les collectivités publiques aux personnes morales pour leur fonctionnement général, les mandataires judiciaires à la protection des majeurs ne peuvent, à quelque titre et sous quelque forme que ce soit, percevoir aucune autre somme ou bénéficier d'aucun avantage financier en relation directe ou indirecte avec les missions dont ils ont la charge.

Ils ne peuvent délivrer un mandat de recherche des héritiers de la personne protégée qu'après autorisation du juge des tutelles.

**Article 421** Tous les organes de la mesure de protection judiciaire sont responsables du dommage résultant d'une faute quelconque qu'ils commettent dans l'exercice de leur fonction. Toutefois, sauf cas de curatelle renforcée, le curateur et le subrogé curateur n'engagent leur responsabilité, du fait des actes accomplis avec leur assistance, qu'en cas de dol ou de faute lourde.

**제419조** ① 성년보호 사법수임인 외의 사람은 재판상 보호조치를 무상으로 행한다. 그러나 후견법관 또는 친족회가 구성되었다면 친족회는, 관리대상인 재산의 중요성과 보호조치 수행상의 난이도에 따라 보호업무수행자에게 보상금을 지급하는 것을 허용할 수 있다. 후견법관 또는 친족회는 그 액수를 정한다. 이 보상금은 피보호자의 부담으로 한다.

② 성년보호 사법수임인에 의하여 재판상 보호조치가 수행된다면, 그 재원은 피보호자의 소득과 사회복지 및 가족법전에 규정된 방식에 따라 피보호자가 전부 또는 일부를 부담한다.

③ 보호조치에 필요한 재원이 피보호자에 의하여 완전하게 보장될 수 없는 경우, 그 재원은 모든 성년보호 사법수임인에 공통적으로 적용되는 계산방식에 따라 보호조치의 적용요건을 고려하여 재원의 출처가 무엇이든 간에 공공단체가 부담한다. 이 방법은 데크레로 정한다.

④ 예외적으로, 법관 또는 친족회가 구성되었다면 친족회는, 검사장의 의견을 청취한 후, 성년보호 사법수임인에게 보호조치에 의하여 요구되는 것으로서 특별히 장기간 또는 복잡한 노력을 포함하는 행위 또는 일련의 행위의 수행에 대하여 제2항과 제3항에 기하여 지급받은 금액이 명백히 부족하다고 판단되는 때에는 그 금액 이외에 보충적으로 보상금을 더 지급하도록 허용할 수 있다. 이 보상금은 피보호자의 부담으로 한다.

⑤ 장래보호위임은 반대의 약정이 없는 한 무상으로 행해진다.

**제420조** ① 법인의 일반적 운영을 위하여 공공단체에 의하여 제공되는 원조 또는 보조금의 유보 하에 성년보호 사법수임인은 명목과 형태를 불문하고 그가 담당하는 직무와 직접 또는 간접적으로 관련하여 어떠한 금전이나 재정적 이익도 받을 수 없다.

② 성년보호 사법수임인은 후견법관의 허가를 받은 후에만 피보호자의 상속인을 찾기 위한 위임장을 교부할 수 있다.

**제421조** 사법보호조치 관련 기관들은 모두 그 직무수행에 있어 범하는 과책으로 인하여 발생하는 손해에 대하여 책임이 있다. 그러나 보좌인과 보좌감독인은, 강화된 보좌의 경우를 제외하고, 그들의 원조에 의해서 이루어진 행위에 대하여 기망 또는 중대한 과책이 있는 때에 한하여 그 책임을 진다.

**Article 422** Lorsque la faute à l'origine du dommage a été commise dans l'organisation et le fonctionnement de la mesure de protection par le juge des tutelles, le directeur des services de greffe judiciaires du tribunal judiciaire ou le greffier, l'action en responsabilité diligentée par la personne protégée ou ayant été protégée ou par ses héritiers est dirigée contre l'Etat qui dispose d'une action récursoire.

Lorsque la faute à l'origine du dommage a été commise par le mandataire judiciaire à la protection des majeurs, l'action en responsabilité peut être dirigée contre celui-ci ou contre l'Etat qui dispose d'une action récursoire.

**Article 423** L'action en responsabilité se prescrit par cinq ans à compter de la fin de la mesure de protection alors même que la gestion aurait continué au-delà. Toutefois, lorsque la curatelle a cessé par l'ouverture d'une mesure de tutelle, le délai ne court qu'à compter de l'expiration de cette dernière.

**Article 424** Le mandataire de protection future engage sa responsabilité pour l'exercice de son mandat dans les conditions prévues à l'article 1992.

La personne habilitée en application des dispositions de la section 6 du chapitre II du présent titre engage sa reponsabilité à l'égard de la personne représentée pour l'exercice de l'habilitation qui lui est conférée, dans les mêmes conditions.

## Chapitre II Des mesures de protection juridique des majeurs

### Section 1 Des dispositions générales

**Article 425** Toute personne dans l'impossibilité de pourvoir seule à ses intérêts en raison d'une altération, médicalement constatée, soit de ses facultés mentales, soit de ses facultés corporelles de nature à empêcher l'expression de sa volonté peut bénéficier d'une mesure de protection juridique prévue au présent chapitre.

S'il n'en est disposé autrement, la mesure est destinée à la protection tant de la personne que des intérêts patrimoniaux de celle-ci. Elle peut toutefois être limitée expressément à l'une de ces deux missions.

**제422조** ① 손해의 원인되는 과책이 보호조치에 관한 조직과 운용에 있어서 후견법관이나 민사지방법원 사법서기국장 또는 서기에 의하여 이루어진 경우, 피보호자, 피보호자이었던 자 또는 그 상속인이 제기하는 책임의 소는 국가를 상대로 제기되며 국가는 구상소권을 가진다.

② 손해의 원인되는 과책이 성년보호 사법수임인에 의하여 이루어진 경우, 책임의 소는 성년보호 사법수임인 또는 국가를 상대로 제기되며 국가는 구상권을 가진다.

**제423조** 책임의 소는 비록 관리행위가 보호조치 이후에 계속되더라도, 보호조치가 종료된 때로부터 5년의 경과로 시효소멸한다. 그러나 보좌가 후견조치의 개시로 인하여 종료된 경우, 그 기간은 후견이 종료된 때로부터만 기산된다.

**제424조** ① 장래보호수임인은 제1992조에서 정한 요건에 따라 그 위임사무의 수행에 관한 책임을 진다.
② 본 편 제2장 제6절 규정의 적용에 따라 권한을 부여받은 자는 자신에게 부여된 권한을 행사함에 있어서 그 대리된 자에 대하여 동일한 요건 하에서 책임을 진다.

## 제2장 성년자에 대한 사법보호조치

### 제1절 총칙

**제425조** ① 자신의 의사를 표시하는 데에 장애를 일으키는 정신능력이라든가 신체능력에 대한 의학적으로 확인된 손상으로 인하여 단독으로 자기의 이익을 추구할 능력이 없는 모든 사람은 본장에서 정한 사법보호조치의 혜택을 받을 수 있다.

② 달리 정한 바가 없다면, 이 사법보호조치는 피보호자의 신상보호 및 그의 재산상 이익의 보호를 목적으로 한다. 그러나 이 사법보호조치는 이 둘 중 어느 하나로 명시적으로 제한될 수 있다.

**Article 426** Le logement de la personne protégée et les meubles dont il est garni, qu'il s'agisse d'une résidence principale ou secondaire, sont conservés à la disposition de celle-ci aussi longtemps qu'il est possible.

Le pouvoir d'administrer les biens mentionnés au premier alinéa ne permet que des conventions de jouissance précaire qui cessent, malgré toutes dispositions ou stipulations contraires, dès le retour de la personne protégée dans son logement.

S'il devient nécessaire ou s'il est de l'intérêt de la personne protégée qu'il soit disposé des droits relatifs à son logement ou à son mobilier par l'aliénation, la résiliation ou la conclusion d'un bail, l'acte est autorisé par le juge ou par le conseil de famille s'il a été constitué, sans préjudice des formalités que peut requérir la nature des biens. L'avis préalable d'un médecin inscrit sur la liste prévue à l'article 431 est requis si l'acte a pour finalité l'accueil de l'intéressé dans un établissement. Dans tous les cas, les souvenirs, les objets à caractère personnel, ceux indispensables aux personnes handicapées ou destinés aux soins des personnes malades sont gardés à la disposition de l'intéressé, le cas échéant par les soins de l'établissement dans lequel celui-ci est hébergé.

**Article 427** La personne chargée de la mesure de protection ne peut pas procéder à la clôture des comptes ou livrets ouverts, avant le prononcé de la mesure, au nom de la personne protégée. Elle ne peut pas non plus procéder à l'ouverture d'un autre compte ou livret auprès d'un nouvel établissement habilité à recevoir des fonds du public.

Le juge des tutelles ou le conseil de famille s'il a été constitué peut toutefois l'y autoriser si l'intérêt de la personne protégée le commande.

Un compte est ouvert au nom de la personne protégée auprès de la Caisse des dépôts et consignations par la personne chargée de la protection si le juge ou le conseil de famille s'il a été constitué l'estime nécessaire.

Lorsque la personne protégée n'est titulaire d'aucun compte ou livret, la personne chargée de la mesure de protection lui en ouvre un.

Les opérations bancaires d'encaissement, de paiement et de gestion patrimoniale effectuées au nom et pour le compte de la personne protégée sont réalisées exclusivement au moyen des comptes ouverts au nom de celle-ci.

Les fruits, produits et plus-values générés par les fonds et les valeurs appartenant à la personne protégée lui reviennent exclusivement.

Si la personne protégée a fait l'objet d'une interdiction d'émettre des chèques, la personne chargée de la mesure de protection peut néanmoins, avec l'autorisation du juge ou du conseil de famille s'il a été constitué, faire fonctionner sous sa signature les comptes dont la personne protégée est titulaire et disposer de tous les moyens de paiement habituels.

**제426조** ① 피보호자의 주거 및 그곳에 비치된 가구에 관하여는, 당해 주택이 주된 거소든 2차적 거소든 간에 가능한 한 오랫동안 피보호자에게 보존되어 처분에 맡겨진다.

② 제1항에 규정된 재산을 관리하는 권한은 일시적 향유에 관한 합의만을 허용하며, 이 합의는 이에 반하는 다른 규정이나 약정이 있다 하더라도 피보호자가 자신의 주택으로 복귀하면 즉시 그 효력을 상실한다.

③ 양도, 임대차의 해지 또는 체결에 의해, 피보호자의 주택이나 동산에 관한 권리의 처분이 필요하거나 또는 피보호자에게 이익이 되는 경우, 그 행위는 법관 또는 친족회가 구성되었다면 친족회의 허가를 받아야 하며, 이때에는 재산의 성질에 따라 요구되는 방식을 준수하여야 한다. 그 행위가 이해관계인을 어느 기관에 입소시킬 목적으로 행해진다면, 제431조에 규정된 명부에 등록된 의사의 사전적 의견이 요구된다. 어느 경우이건, 추억이 담긴 물건, 일신적 성질의 물건, 장애가 있는 피보호자에게 필수적인 물건 또는 환자의 치료를 위한 물건은 이해관계인의 관리 하에 있도록 하며, 경우에 따라서는 피보호자가 유숙하는 기관이 이를 보관한다.

**제427조** ① 보호조치업무수행자는 보호조치가 시행되기 전에 피보호자의 명의로 개설된 계좌 또는 통장을 폐쇄할 수 없다. 또한 일반인으로부터 자금을 받을 수 있는 권한이 있는 새로운 시설에서 다른 계좌나 통장을 개설할 수 없다.

② 그러나 후견법관 또는 친족회가 구성되었다면 친족회는 피보호자의 이익이 이를 필요로 한다면, 이를 허가할 수 있다.

③ 법관 또는, 친족회가 구성되었다면 친족회가 필요하다고 판단한다면 보호업무수행자는 예금공탁금고에 피보호자의 명의로 계좌를 개설할 수 있다.

④ 피보호자가 어떠한 계좌나 장부를 가지지 않은 경우, 보호조치업무수행자는 그에게 하나를 개설해 준다.

⑤ 피보호자의 명의와 계산으로 행해지는 은행업무상의 입금, 결제, 재산관리는 피보호자의 명의로 개설된 계좌의 방법으로만 행해진다.

⑥ 피보호자에 속하는 자산 또는 유가증권의 운용으로 인하여 발생한 과실, 산출물 및 가치증가분은 피보호자에게 배타적으로 귀속한다.

⑦ 그럼에도 불구하고 피보호자의 수표 발행행위가 금지된 경우, 보호조치업무수행자는 법관의 허가 또는 친족회가 구성되었다면 친족회의 허락을 얻은 후 자신의 서명으로 피보호자 명의의 계좌를 활성화하고 통상적인 모든 변제수단을 사용할 수 있다.

## Section 2 Des dispositions communes aux mesures judiciaires

**Article 428** La mesure de protection judiciaire ne peut être ordonnée par le juge qu'en cas de nécessité et lorsqu'il ne peut être suffisamment pourvu aux intérêts de la personne par la mis en œuvre du mandat de protection future conclu par l'intéressé, par l'application des règles du droit commun de la représentation, de celles relatives aux droits et devoirs respectifs des époux et des règles des régimes matrimoniaux, en particulier celles prévues aux articles 217, 219, 1426 et 1429 ou, par une autre mesure de protection judiciaire moins contraignante.

La mesure est proportionnée et individualisée en fonction du degré d'altération des facultés personnelles de l'intéressé.

**Article 429** La mesure de protection judiciaire peut être ouverte pour un mineur émancipé comme pour un majeur.

Pour un mineur non émancipé, la demande peut être introduite et jugée dans la dernière année de sa minorité. La mesure de protection judiciaire ne prend toutefois effet que du jour de sa majorité.

**Article 430** La demande d'ouverture de la mesure peut être présentée au juge par la personne qu'il y a lieu de protéger ou, selon le cas, par son conjoint, le partenaire avec qui elle a conclu un pacte civil de solidarité ou son concubin, à moins que la vie commune ait cessé entre eux, ou par un parent ou un allié, une personne entretenant avec le majeur des liens étroits et stables, ou la personne qui exerce à son égard une mesure de protection juridique.

Elle peut être également présentée par le procureur de la République soit d'office, soit à la demande d'un tiers.

## 제2절 사법적 조치에 대한 통칙

**제428조** ① 사법보호조치는, 그 필요성이 인정되며 성년자의 이익을 보호하기에는 이해관계인에 의하여 체결된 장래보호위임계약, 대리, 배우자의 권리와 의무, 부부재산제, 특히 제217조, 제219조, 제1426조와 제1429조의 규정에 의한 일반법의 적용에 의하여, 또는 덜 강제적인 재판상 보호조치가 충분하지 않은 경우에 한하여, 법관에 의하여 선고될 수 있다.

② 이 조치는 이해관계인의 심신 손상 정도에 따라 비례적이고 개별적으로 행해져야 한다.

**제429조** ① 사법보호조치는 성년자의 경우와 마찬가지로 친권에서 해방된 미성년자를 위하여 개시될 수 있다.
② 친권에서 해방되지 아니한 미성년자에 대한 사법보호조치 청구는 미성년의 마지막 해에 제기되고 결정될 수 있다. 그러나 사법보호조치는 성년이 시작되는 날에 효력이 발생한다.

**제430조** ① 보호조치의 개시청구는, 요(要)보호자 자신 또는, 경우에 따라서는, 공동생활이 중단되지 않은 한, 그의 배우자, 민사연대계약을 체결한 동반자, 사실혼 배우자 또는 혈족, 인척, 해당 성년자와 밀접하고 안정적인 관계를 유지하고 있는 사람 또는 해당 성년자에 대하여 사법보호조치를 행하는 사람에 의하여 법관에게 신청될 수 있다.

② 보호조치의 개시청구는 또한 직권으로든, 제3자의 청구에 의하든 검사장에 의하여 신청될 수 있다.

**Article 431** La demande est accompagnée, à peine d'irrecevabilité, d'un certificat circonstancié rédigé par un médecin choisi sur une liste établie par le procureur de la République. Ce médecin peut solliciter l'avis du médecin traitant de la personne qu'il y a lieu de protéger.

Le coût de ce certificat est fixé par décret en Conseil d'Etat.

Lorsque le procureur de la République est saisi par une personne autre que l'une de celles de l'entourage du majeur énumérées au premier alinéa de l'article 430, la requête transmise au juge des tutelles comporte en outre, à peine d'irrecevabilité, les informations dont cette personne dispose sur la situation sociale et pécuniaire de la personne qu'il y a lieu de protéger et l'évaluation de son autonomie ainsi que, le cas échéant, un bilan des actions personnalisées menées auprès d'elle. La nature et les modalités de recueil des informations sont définies par voie réglementaire. Le procureur de la République peut solliciter du tiers qui l'a saisi des informations complémentaires.

**Article 431-1** (abrogé)

**Article 432** Le juge statue, la personne entendue ou appelée. L'intéressé peut être accompagné par un avocat ou, sous réserve de l'accord du juge, par toute autre personne de son choix.

Le juge peut toutefois, par décision spécialement motivée et sur avis du médecin mentionné à l'article 431, décider qu'il n'y a pas lieu de procéder à l'audition de l'intéressé si celle-ci est de nature à porter atteinte à sa santé ou s'il est hors d'état d'exprimer sa volonté.

### Section 3 De la sauvegarde de justice

**Article 433** Le juge peut placer sous sauvegarde de justice la personne qui, pour l'une des causes prévues à l'article 425, a besoin d'une protection juridique temporaire ou d'être représentée pour l'accomplissement de certains actes déterminés.

Cette mesure peut aussi être prononcée par le juge, saisi d'une procédure de curatelle ou de tutelle, pour la durée de l'instance.

Par dérogation à l'article 432, le juge peut, en cas d'urgence, statuer sans avoir procédé à l'audition de la personne. En ce cas, il entend celle-ci dans les meilleurs délais, sauf si, sur avis médical, son audition est de nature à porter préjudice à sa santé ou si elle est hors d'état d'exprimer sa volonté.

**제431조** ① 보호조치의 개시청구에는 검사장이 작성한 목록에서 선정된 의사가 작성하여 발급한 상세한 증명서가 첨부되어야 하며, 그러하지 아니하면 각하된다. 이 의사는 요(要)보호자를 치료하는 의사의 소견을 요청할 수 있다.

② 이 증명서의 비용은 국사원 데크레로 정한다.

③ 검사장이 제430조 제1항에 열거된 성년자 주변인들 중 1인 이외의 사람에 의하여 청구를 받는 경우, 후견 법관에게 송부된 신청서에는, 이 사람이 요(要)보호자의 사회적, 재정적 상황에 대한 정보 및 요(要)보호자의 자율성에 대한 평가 및 경우에 따라서는, 요(要)보호자에게 행해진 개인별 활동의 종합평가가 포함되어야 하고, 그러하지 아니하면 기각된다. 정보 수집의 성질과 방법은 명령에 의하여 정의된다. 검사장은 그에게 청구를 한 제3자에게 보충적인 정보를 요구할 수 있다.

**제431-1조** (삭제)

**제432조** ① 법관은, 요(要)보호자를 의견청취하거나 소환하여, 심판한다. 이해관계인은 변호사 또는, 법관의 승인의 유보 하에, 자신이 선정한 다른 사람의 동반을 받을 수 있다.

② 그러나 법관은, 이해관계인에 대한 심문이 그의 건강을 해할 성질이거나 또는 그가 자신의 의사를 표시할 수 없으면, 별도의 이유가 설시된 결정에 의하여 제431조에 규정된 의사의 의견을 참고하여, 이해관계인의 심문을 진행할 필요가 없다고 결정할 수 있다.

### 제3절 사법보호

**제433조** ① 법관은, 제425조에서 정한 사유 중 하나로, 일시적인 법적 보호가 필요하거나 또는 일정한 특정행위를 완수하기 위하여 대리될 필요가 있는 사람에 대하여 사법보호를 받게 할 수 있다.

② 이 조치는, 보좌 또는 후견의 절차가 심판청구된, 법관에 의하여 심판절차 기간 중에도 선고될 수 있다.

③ 제432조에 대한 예외로서, 법관은, 긴급한 경우에, 요(要)보호자에 대한 심문을 진행하지 않고 심판할 수 있다. 이 경우, 법관은 당사자를 최대한 빠른 시일 내에 소환하여 의견을 청취하지만, 의사의 소견에 따라, 그에 대한 심문이 그의 건강을 해칠 수 있거나 또는 그가 자신의 의사를 표시할 수 없는 상태이면 그러하지 아니하다.

**Article 434** La sauvegarde de justice peut également résulter d'une déclaration faite au procureur de la République dans les conditions prévues par l'article L. 3211-6 du code de la santé publique.

**Article 435** La personne placée sous sauvegarde de justice conserve l'exercice de ses droits. Toutefois, elle ne peut, à peine de nullité, faire un acte pour lequel un mandataire spécial a été désigné en application de l'article 437.

Les actes qu'elle a passés et les engagements qu'elle a contractés pendant la durée de la mesure peuvent être rescindés pour simple lésion ou réduits en cas d'excès alors même qu'ils pourraient être annulés en vertu de l'article 414-1. Les tribunaux prennent notamment en considération l'utilité ou l'inutilité de l'opération, l'importance ou la consistance du patrimoine de la personne protégée et la bonne ou mauvaise foi de ceux avec qui elle a contracté.

L'action en nullité, en rescision ou en réduction n'appartient qu'à la personne protégée et, après sa mort, à ses héritiers. Elle s'éteint par le délai de cinq ans prévu à l'article 2224.

**Article 436** Le mandat par lequel la personne protégée a chargé une autre personne de l'administration de ses biens continue à produire ses effets pendant la sauvegarde de justice à moins qu'il ne soit révoqué ou suspendu par le juge des tutelles, le mandataire étant entendu ou appelé.

En l'absence de mandat, les règles de la gestion d'affaires sont applicables.

Ceux qui ont qualité pour demander l'ouverture d'une curatelle ou d'une tutelle sont tenus d'accomplir les actes conservatoires indispensables à la préservation du patrimoine de la personne protégée dès lors qu'ils ont connaissance tant de leur urgence que de l'ouverture de la mesure de sauvegarde. Les mêmes dispositions sont applicables à la personne ou à l'établissement qui héberge la personne placée sous sauvegarde.

**Article 437** S'il y a lieu d'agir en dehors des cas définis à l'article 436, tout intéressé peut en donner avis au juge.

Le juge peut désigner un mandataire spécial, dans les conditions et selon les modalités prévues aux articles 445 et 448 à 451, à l'effet d'accomplir un ou plusieurs actes déterminés, même de disposition, rendus nécessaires par la gestion du patrimoine de la personne protégée. Le mandataire peut, notamment, recevoir mission d'exercer les actions prévues à l'article 435.

Le mandataire spécial est tenu de rendre compte de l'exécution de son mandat à la personne protégée et au juge dans les conditions prévues aux articles 510 à 515.

**제434조** 사법보호는 공중보건법전 제L.3211-6조에서 정한 요건에 따라 검사장에게 한 신고에 의해서도 이루어질 수 있다.


**제435조** ① 사법보호를 받는 사람은 자신의 권리를 행사할 수 있다. 그러나, 그는, 무효가 되지 않기 위해서는, 제437조의 적용으로 당해 행위를 위하여 특별수임인이 지정되었던 행위는 할 수 없다.

② 사법보호를 받는 사람이 보호조치기간 동안 체결한 행위 및 약정한 의무는, 제414-1조에 의하여 설사 무효화 될 수 있다 하더라도, 단순한 급부불균형으로 무효가 되거나 또는 초과인 경우에 감액될 수 있다. 법원은 특히 거래의 유익 또는 무익, 피보호자의 재산 규모나 구성 그리고 당사자와 거래한 자들의 선의 또는 악의를 고려한다.


③ 무효화소권, 급부불균형소권 또는 감액소권은 피보호자에게만 귀속되고, 그의 사망 후에는 그의 상속인에게 귀속된다. 이 소권은 제2224조에서 정한 5년의 기간의 경과로 소멸한다.


**제436조** ① 피보호자가 자신의 재산에 대한 관리를 맡겨 타인과 체결한 위임계약은 사법보호조치 동안 계속 효력을 발생하나, 수임인이 의견청취 또는 소환되어, 후견법관에 의해 위임계약이 파기 또는 정지된 때에는 그러하지 아니하다.

② 위임계약이 없으면, 사무관리에 관한 규정이 적용될 수 있다.

③ 보좌 또는 후견의 개시를 청구할 수 있는 자격을 가진 사람은 보존행위의 긴급성 및 사법보호조치의 개시사실을 알게 된 즉시 피보호자의 재산관리에 필요불가결한 보존행위를 하여야 할 책임이 있다. 동일한 조치는 사법보호를 받는 자를 유숙시키고 있는 사람 또는 기관에게도 적용된다.


**제437조** ① 제436조에서 정한 경우 외에 다른 행위가 필요하다면, 모든 이해관계인은 법관에게 그에 대하여 의견을 개진할 수 있다.

② 법관은, 제445조 및 제448조부터 제451조까지의 규정에서 정한 요건과 방식에 따라, 피보호자의 재산관리에 의하여 필요하게 된 처분행위까지도 포함하는 하나 또는 수 개의 특정 행위를 완수하기 위하여, 특별수임인을 선임할 수 있다. 특별수임인은 특히 제435조에서 정한 소권을 행사할 임무를 부여받을 수 있다.

③ 특별수임인은 자신의 위임의 수행에 대하여 제510조부터 제515조까지에서 정한 요건에 따라 피보호자와 법관에게 보고할 책임이 있다.

**Article 438** Le mandataire spécial peut également se voir confier une mission de protection de la personne dans le respect des articles 457-1 à 463.

**Article 439** Sous peine de caducité, la mesure de sauvegarde de justice ne peut excéder un an, renouvelable une fois dans les conditions fixées au quatrième alinéa de l'article 442.

Lorsque la sauvegarde de justice a été prononcée en application de l'article 433, le juge peut, à tout moment, en ordonner la mainlevée si le besoin de protection temporaire cesse.

Lorsque la sauvegarde de justice a été ouverte en application de l'article 434, elle peut prendre fin par déclaration faite au procureur de la République si le besoin de protection temporaire cesse ou par radiation de la déclaration médicale sur décision du procureur de la République.

Dans tous les cas, à défaut de mainlevée, de déclaration de cessation ou de radiation de la déclaration médicale, la sauvegarde de justice prend fin à l'expiration du délai ou après l'accomplissement des actes pour lesquels elle a été ordonnée. Elle prend également fin par l'ouverture d'une mesure de curatelle ou de tutelle à partir du jour où la nouvelle mesure de protection juridique prend effet.

### Section 4 De la curatelle et de la tutelle

**Article 440** La personne qui, sans être hors d'état d'agir elle-même, a besoin, pour l'une des causes prévues à l'article 425, d'être assistée ou contrôlée d'une manière continue dans les actes importants de la vie civile peut être placée en curatelle.

La curatelle n'est prononcée que s'il est établi que la sauvegarde de justice ne peut assurer une protection suffisante.

La personne qui, pour l'une des causes prévues à l'article 425, doit être représentée d'une manière continue dans les actes de la vie civile, peut être placée en tutelle.

La tutelle n'est prononcée que s'il est établi que ni la sauvegarde de justice, ni la curatelle ne peuvent assurer une protection suffisante.

### Sous-section 1 De la durée de la mesure

**Article 441** Le juge fixe la durée de la mesure sans que celle-ci puisse excéder cinq ans.

Le juge qui prononce une mesure de tutelle peut, par décision spécialement motivée et sur avis conforme d'un médecin inscrit sur la liste mentionnée à l'article 431 constatant que l'altération des facultés personnelles de l'intéressé décrites à l'article 425 n'apparaît manifestement pas susceptible de connaître une amélioration selon les données acquises de la science, fixer une durée plus longue, n'excédant pas dix ans.

**제438조** 특별수임인은 또한 제457-1조부터 제463조까지의 규정을 준수하여 신상보호의 임무를 맡을 수도 있다.

**제439조** ① 실효되지 않기 위해서는, 사법보호조치는 1년을 초과할 수 없으며, 다만 제442조 제4항에서 정한 요건에 따라 1회 갱신될 수 있다.
② 사법보호가 제433조의 적용으로 선고된 경우, 법관은, 일시적 보호의 필요성이 소멸되면, 언제든지, 그 취소를 명할 수 있다.
③ 사법보호가 제434조의 적용으로 개시된 경우, 일시적 보호의 필요성이 소멸하면 검사장에게 행해진 신고에 의하여 또는 검사장의 결정에 기한 의료신고의 말소에 의하여 종료될 수 있다.

④ 모든 경우에, 취소, 소멸신고 또는 의료신고의 말소가 없으면, 사법보호는 기간의 만료 시 또는 사법보호가 명령되었던 행위의 완수 후에 종료된다. 사법보호는 또한 보좌조치 또는 후견조치의 개시에 의하여, 새로운 사법보호조치가 효력을 발생한 날부터, 종료된다.


## 제4절 보좌와 후견

**제440조** ① 스스로 행위를 할 수 없지는 않지만 제425조에서 정한 사유 중 하나로 인하여 민사생활의 중요한 행위에 있어서 보좌나 감독을 계속적으로 받을 필요가 있는 사람은 보좌를 받을 수 있다.
② 보좌는 사법보호가 충분한 보호를 보장할 수 없음이 확립된 때에만 선고된다.

③ 제425조에 정한 사유 중의 하나로 인하여 민사생활의 행위에 있어서 지속적으로 대리될 필요가 있는 사람은 후견을 받을 수 있다.
④ 후견은 사법보호도 보좌도 충분한 보호를 보장할 수 없음이 확립된 때에만 선고된다.


## 제1부속절 보호조치의 기간

**제441조** ① 법관은 조치기간을 정하나 이 기간은 5년을 초과할 수 없다.
② 후견조치를 선고하는 법관은, 별도의 이유가 설시된 결정에 의하여, 그리고 제425조에 기술된 이해관계인의 개인적 능력의 손상이 과학에 의하여 수집된 정보에 비추어볼 때 명백하게 호전될 것 같지 않다는 것을 확인하는 제431조에 규정된 목록에 등록된 의사의 적절한 의견에 따라, 더 긴 기간을 정할 수 있으나, 10년을 넘지 못한다.

**Article 442** Le juge peut renouveler la mesure pour une même durée.

Toutefois, lorsque l'altération des facultés personnelles de l'intéressé décrite à l'article 425 n'apparaît manifestement pas susceptible de connaître une amélioration selon les données acquises de la science, le juge peut, par décision spécialement motivée et sur avis conforme d'un médecin sur la liste mentionnée à l'article 431, renouveler la mesure pour une durée plus longue qu'il détermine n'excédant pas vingt ans.

Le juge peut, à tout moment, mettre fin à la mesure, la modifier ou lui substituer une autre mesure prévue au présent titre, après avoir recueilli l'avis de la personne chargée de la mesure de protection.

Il statue d'office ou à la requête d'une des personnes mentionnées à l'article 430, au vu d'un certificat médical et dans les conditions prévues à l'article 432. Il ne peut toutefois renforcer le régime de protection de l'intéressé que s'il est saisi d'une requête en ce sens satisfaisant aux articles 430 et 431.

**Article 443** La mesure prend fin, en l'absence de renouvellement, à l'expiration du délai fixé, en cas de jugement de mainlevée passé en force de chose jugée ou en cas de décès de l'intéressé.

Sans préjudice des articles 3 et 15, le juge peut également y mettre fin lorsque la personne protégée réside hors du territoire national, si cet éloignement empêche le suivi et le contrôle de la mesure.

### Sous-section 2 De la publicité de la mesure

**Article 444** Les jugements portant ouverture, modification ou mainlevée de la curatelle ou de la tutelle ne sont opposables aux tiers que deux mois après que la mention en a été portée en marge de l'acte de naissance de la personne protégée selon les modalités prévues par le code de procédure civile.

Toutefois, même en l'absence de cette mention, ils sont opposables aux tiers qui en ont personnellement connaissance.

**제442조** ① 법관은 이 조치를 동일한 기간으로 갱신할 수 있다.

② 그러나, 제425조에 기술된 이해관계인의 개인적 능력의 손상이 과학에 의하여 수집된 정보에 비추어볼 때 명백하게 호전될 것으로 보이지 않는 경우에는, 법관은, 별도의 이유가 설시된 결정으로, 그리고 제431조에 규정된 목록에 등록된 의사의 적절한 의견에 따라, 보호조치를 자신이 더 긴 기간으로 정하여 갱신할 수 있으나, 20년을 넘지 못한다.

③ 법관은, 언제든지, 보호조치를 종료하거나 변경하거나 또는 본편에 규정된 다른 조치로 대체할 수 있으나, 보호조치담당자의 의견을 들은 후이어야 한다.

④ 법관은 직권으로 또는 제430조에 규정된 사람의 신청에 의하여, 의료증명서를 보고 또 제432조에서 정한 요건에 따라서, 심판한다. 그러나 법관은 제430조와 제431조를 충족하는 신청에 의하여 청구되는 때에만 이해관계인에 대한 보호조치를 강화할 수 있다.


**제443조** ① 보호조치는, 갱신이 없으면, 기판력 있는 후견취소판결의 경우 또는 이해관계인의 사망의 경우, 정해진 기간의 경과 시에 종료된다.

② 제3조에서 제15조까지에 영향을 미치지 않고, 법관은 피보호자가 국내의 영토 외에 거주하고, 이러한 거리가 보호조치에 따르는 추적 또는 감독을 방해하는 경우에도 보호조치를 종료시킬 수 있다.

### 제2부속절 보호조치의 공시

**제444조** ① 보좌 또는 후견의 개시·변경·종료에 관한 판결은 민사소송법전에서 정한 방식에 따라 피보호자의 출생증서 비고란에 그 기재가 이루어진 지 2개월 후에만 제3자에게 대항할 수 있다.

② 그러나, 제1항의 기재가 없어도, 위 판결은 당해 사실을 개인적으로 알고 있는 제3자에 대하여 대항할 수 있다.

### Sous-section 3 Des organes de protection

**Article 445** Les charges curatélaires et tutélaires sont soumises aux conditions prévues pour les charges tutélaires des mineurs par les articles 395 à 397. Toutefois, les pouvoirs dévolus par l'article 397 au conseil de famille sont exercés par le juge en l'absence de constitution de cet organe.

Les membres des professions médicales et de la pharmacie, ainsi que les auxiliaires médicaux ne peuvent exercer une charge curatélaire ou tutélaire à l'égard de leurs patients.

Le fiduciaire désigné par le contrat de fiducie ne peut exercer une charge curatélaire ou tutélaire à l'égard du constituant.

### Paragraphe 1 Du curateur et du tuteur

**Article 446** Un curateur ou un tuteur est désigné pour la personne protégée dans les conditions prévues au présent paragraphe et sous réserve des pouvoirs conférés au conseil de famille s'il a été constitué.

**Article 447** Le curateur ou le tuteur est désigné par le juge.

Celui-ci peut, en considération de la situation de la personne protégée, des aptitudes des intéressés et de la consistance du patrimoine à administrer, désigner plusieurs curateurs ou plusieurs tuteurs pour exercer en commun la mesure de protection. Chaque curateur ou tuteur est réputé, à l'égard des tiers, avoir reçu des autres le pouvoir de faire seul les actes pour lesquels un tuteur n'aurait besoin d'aucune autorisation.

Le juge peut diviser la mesure de protection entre un curateur ou un tuteur chargé de la protection de la personne et un curateur ou un tuteur chargé de la gestion patrimoniale. Il peut confier la gestion de certains biens à un curateur ou à un tuteur adjoint.

A moins que le juge en ait décidé autrement, les personnes désignées en application de l'alinéa précédent sont indépendantes et ne sont pas responsables l'une envers l'autre. Elles s'informent toutefois des décisions qu'elles prennent.

**Article 448** La désignation par une personne d'une ou plusieurs personnes chargées d'exercer les fonctions de curateur ou de tuteur pour le cas où elle serait placée en curatelle ou en tutelle s'impose au juge, sauf si la personne désignée refuse la mission ou est dans l'impossibilité de l'exercer ou si l'intérêt de la personne protégée commande de l'écarter. En cas de difficulté, le juge statue.

## 제3부속절 보호기관

**제445조** ① 보좌와 후견의 사무들은 제395조부터 제397조까지에서 미성년자의 후견사무를 위해 규정된 요건에 따라야 한다. 그러나, 제397조에 의하여 친족회에 귀속되는 권한은 친족회의 구성이 없으면 법관에 의하여 행사된다.

② 전문의료 및 의약 종사자들 및 의료보조인들은 그들의 환자에 대하여 보좌나 후견의 사무를 행할 수 없다.
③ 신탁계약에 의하여 지정된 수탁자는 신탁자에 대하여 보좌나 후견의 사무를 행할 수 없다.

## 제1관 보좌인과 후견인

**제446조** 보좌인 또는 후견인은, 본관에서 정한 요건에 따라 또 친족회가 구성되었다면 친족회에 부여된 권한의 유보 하에, 피보호자를 위하여 선임된다.

**제447조** ① 보좌인 또는 후견인은 법관에 의하여 선임된다.
② 법관은, 피보호자의 상황, 이해관계인들의 능력 및 관리할 재산의 구성을 고려하여, 보호조치를 공동으로 수행하도록 수인의 보좌인 또는 후견인을 선임할 수 있다. 각 보좌인 또는 후견인은, 제3자에 대한 관계에서, 1인의 후견인이 아무런 허가를 필요하지 않은 행위를 단독으로 할 수 있는 권한을 다른 보좌인 또는 후견인으로부터 받은 것으로 본다.

③ 법관은 보호조치를 신상보호를 담당하는 보좌인 또는 후견인과 재산관리를 담당하는 보좌인 또는 후견인 사이에 나눌 수 있다. 법관은 일정 재산의 관리를 특정의 보좌인 또는 보조후견인에게 위탁할 수 있다.
④ 법관이 그에 대하여 달리 결정한 바가 없다면, 제3항의 적용에 따라 선임된 사람은 각각 독립적이며 서로에게 책임을 지지 아니한다. 그러나 각자가 내린 결정은 서로에게 알린다.

**제448조** ① 어느 사람이 자신이 보좌 또는 후견을 받을 경우를 대비하여 보좌인 또는 후견인의 직무의 수행을 담당할 1인 또는 수인을 지정하는 것은 법관을 기속하지만, 지정된 사람이 임무를 거절하거나 임무를 수행하기가 불가능하거나 피보호자의 이익이 그를 배제하면 그러하지 아니하다. 어려움이 있는 경우에는, 법관이 심판한다.

Il en est de même lorsque les parents ou le dernier vivant des père et mère, ne faisant pas l'objet d'une mesure de curatelle ou de tutelle, qui exercent l'autorité parentale sur leur enfant mineur ou assument la charge matérielle et affective de leur enfant majeur désignent une ou plusieurs personnes chargées d'exercer les fonctions de curateur ou de tuteur à compter du jour où eux-mêmes décéderont ou ne pourront plus continuer à prendre soin de l'intéressé.

**Article 449** A défaut de désignation faite en application de l'article 448, le juge nomme, comme curateur ou tuteur, le conjoint de la personne protégée, le partenaire avec qui elle a conclu un pacte civil de solidarité ou son concubin, à moins que la vie commune ait cessé entre eux ou qu'une autre cause empêche de lui confier la mesure.

A défaut de nomination faite en application de l'alinéa précédent et sous la dernière réserve qui y est mentionnée, le juge désigne un parent, un allié ou une personne résidant avec le majeur protégé ou entretenant avec lui des liens étroits et stables.

Le juge prend en considération les sentiments exprimés par celui-ci, ses relations habituelles, l'intérêt porté à son égard et les recommandations éventuelles de ses parents et alliés ainsi que de son entourage.

**Article 450** Lorsqu'aucun membre de la famille ou aucun proche ne peut assumer la curatelle ou la tutelle, le juge désigne un mandataire judiciaire à la protection des majeurs inscrit sur la liste prévue à l'article L. 471-2 du code de l'action sociale et des familles. Ce mandataire ne peut refuser d'accomplir les actes urgents que commande l'intérêt de la personne protégée, notamment les actes conservatoires indispensables à la préservation de son patrimoine.

**Article 451** Si l'intérêt de la personne hébergée ou soignée dans un établissement de santé ou dans un établissement social ou médico-social le justifie, le juge peut désigner, en qualité de curateur ou de tuteur, une personne ou un service préposé de l'établissement inscrit sur la liste des mandataires judiciaires à la protection des majeurs au titre du 1° ou du 3° de l'article L. 471-2 du code de l'action sociale et des familles, qui exerce ses fonctions dans les conditions fixées par décret en Conseil d'Etat.

La mission confiée au mandataire s'étend à la protection de la personne, sauf décision contraire du juge.

② 자신들의 미성년자녀에 대하여 친권을 행사하거나 성년자녀에 대하여 물질적으로 또는 정서적으로 보살피는, 보좌조치 또는 후견조치의 대상이 아닌, 부모 또는 부모 중 최후 생존자가, 그들 자신이 사망하거나 또는 피보호자에 대한 보살핌을 계속하지 못하게 되는 날부터, 보좌인 또는 후견인의 직무 수행을 담당할 1인 또는 수인을 지정한 때에도 제1항과 마찬가지이다.


**제449조** ① 제448조를 적용하여 행해진 지정이 없으면, 법관은, 피보호자의 배우자, 피보호자가 체결한 민사연대계약(PACS)⁸⁾의 동반자 또는 그의 사실혼배우자를 보좌인 또는 후견인으로 지명하지만, 그들 사이에 공동생활이 종료되었거나 다른 사유로 그에게 그 임무를 맡길 수 없는 때에는 그러하지 아니하다.
② 제1항을 적용하여 행해진 지명이 없고 제1항에 규정된 마지막의 유보 하에 법관은, 피보호성년자와 동거하거나 그와 친밀하고 안정적인 관계를 유지하는 혈족, 인척 또는 사람을 보좌인 또는 후견인으로 선임한다.
③ 법관은 피보호성년자에 의하여 표현된 감정, 그의 일상적 관계, 그와 관련된 이익 그리고 그의 혈족과 인척 및 주변 지인에 의하여 있을 수 있는 추천을 고려하여야 한다.


**제450조** 가족구성원이나 친지 중 어느 누구도 보좌나 후견을 담당할 사람이 없는 경우에, 법관은 사회복지 및 가족법전 제L.471-2조에서 정한 명부에 등록된 성년보호 사법수임인을 선임한다. 이 수임인은 피보호자의 이익이 요구하는 긴급한 행위, 특히 그의 재산의 유지를 위해 필수불가결한 보존행위를 수행하는 것을 거부할 수 없다.


**제451조** ① 보건기관이나 사회복지 또는 의료복지기관에 유숙하거나 치료받는 사람의 이익이 이를 정당화할 경우, 법관은 사회복지 및 가족법전 제L.471-2조 제1호 또는 제3호에서 정한 성년보호 사법수임인 명부에 등록된 기관 소속의 구성원 또는 담당부서를, 보좌인 또는 후견인으로, 선임할 수 있으며, 이들은 국사원 데크레에서 정해진 요건에 따라 그 직무를 수행한다.


② 수임인에게 부여된 직무는 신상보호에까지 미치나, 법관의 반대 결정이 있으면 그러하지 아니하다.

---

8) PACS(pacte civil de solidarité)는 민사연대계약으로 번역한다.

**Article 452** La curatelle et la tutelle sont des charges personnelles.

Le curateur et le tuteur peuvent toutefois s'adjoindre, sous leur propre responsabilité, le concours de tiers majeurs ne faisant pas l'objet d'une mesure de protection juridique pour l'accomplissement de certains actes dont la liste est fixée par décret en Conseil d'Etat.

**Article 453** Nul n'est tenu de conserver la curatelle ou la tutelle d'une personne au-delà de cinq ans, à l'exception du conjoint, du partenaire du pacte civil de solidarité et des enfants de l'intéressé ainsi que des mandataires judiciaires à la protection des majeurs.

### Paragraphe 2 Du subrogé curateur et du subrogé tuteur

**Article 454** Le juge peut, s'il l'estime nécessaire et sous réserve des pouvoirs du conseil de famille s'il a été constitué, désigner un subrogé curateur ou un subrogé tuteur.

Si le curateur ou le tuteur est parent ou allié de la personne protégée dans une branche, le subrogé curateur ou le subrogé tuteur est choisi, dans la mesure du possible, dans l'autre branche.

Lorsqu'aucun membre de la famille ou aucun proche ne peut assumer les fonctions de subrogé curateur ou de subrogé tuteur, un mandataire judiciaire à la protection des majeurs inscrit sur la liste prévue à l'article L. 471-2 du code de l'action sociale et des familles peut être désigné.

A peine d'engager sa responsabilité à l'égard de la personne protégée, le subrogé curateur ou le subrogé tuteur surveille les actes passés par le curateur ou par le tuteur en cette qualité et informe sans délai le juge s'il constate des fautes dans l'exercice de sa mission.

Le subrogé curateur ou le subrogé tuteur assiste ou représente, selon le cas, la personne protégée lorsque les intérêts de celle-ci sont en opposition avec ceux du curateur ou du tuteur ou lorsque l'un ou l'autre ne peut lui apporter son assistance ou agir pour son compte en raison des limitations de sa mission.

Il est informé et consulté par le curateur ou le tuteur avant tout acte grave accompli par celui-ci.

La charge du subrogé curateur ou du subrogé tuteur cesse en même temps que celle du curateur ou du tuteur. Le subrogé curateur ou le subrogé tuteur est toutefois tenu de provoquer le remplacement du curateur ou du tuteur en cas de cessation des fonctions de celui-ci sous peine d'engager sa responsabilité à l'égard de la personne protégée.

제452조 ① 보좌와 후견은 일신적 사무이다.

② 그러나 보좌인과 후견인은 국사원 데크레에서 정해진 목록의 특정 행위를 완수하기 위하여, 자신의 책임 하에, 사법보호조치의 대상이 아닌 성년인 제3자의 협력을 받을 수 있다.

제453조 누구도 어느 사람의 보좌 또는 후견을 5년 이상 유지할 책임이 없으나, 당사자의 배우자, 민사연대계약의 동반자, 당사자의 자녀 및 성년보호사법수임인은 제외한다.

## 제2관 보좌감독인과 후견감독인

제454조 ① 법관은, 필요하다고 판단하면, 그리고 친족회가 구성되었다면 친족회의 권한을 유보하고, 보좌감독인 또는 후견감독인을 선임할 수 있다.

② 보좌인 또는 후견인이 피보호자의 어느 친계의 혈족 또는 인척이면, 보좌감독인 또는 후견감독인은, 가능한 한, 다른 친계에서 선택된다.

③ 가족구성원이나 친지 중 어느 누구도 보좌감독인 또는 후견감독인의 임무를 수행할 수 없으면, 사회복지 및 가족법전 제L.471-2조에서 정한 명부에 등록된 성년보호사법수임인이 지정될 수 있다.

④ 피보호자에 대하여 자신의 책임을 지지 않기 위해서는, 보좌감독인 또는 후견감독인은 보좌인 또는 후견인이 그 자격에서 체결한 행위를 감독하고 그 임무의 수행에 있어서 과책을 확인한다면 즉시 법관에게 통보하여야 한다.

⑤ 보좌감독인 또는 후견감독인은, 피보호자의 이익과 보좌인이나 후견인의 이익이 상반되는 경우 또는 보좌인이나 후견인이 업무범위의 제한으로 인하여 피보호자를 보좌하지 못하거나 그의 계산으로 행위를 하지 못하는 경우, 경우에 따라서, 피보호자를 보좌하거나 대리한다.

⑥ 보좌인 또는 후견인은 자신이 수행하는 모든 중대한 행위에 앞서 보좌감독인 또는 후견감독인에게 이를 통보하고 그 의견을 구한다.

⑦ 보좌감독인 또는 후견감독인의 사무는 보좌인 또는 후견인의 사무종료와 동시에 종료한다. 그러나 보좌감독인 또는 후견감독인은 보좌인 또는 후견인이 사무를 중단한 경우 이들의 교체를 촉구하여야 하며, 그렇지 않으면 피보호자에 대하여 자신의 책임을 진다.

## Paragraphe 3 Du curateur ad hoc et du tuteur ad hoc

**Article 455** En l'absence de subrogé curateur ou de subrogé tuteur, le curateur ou le tuteur dont les intérêts sont, à l'occasion d'un acte ou d'une série d'actes, en opposition avec ceux de la personne protégée ou qui ne peut lui apporter son assistance ou agir pour son compte en raison des limitations de sa mission fait nommer par le juge ou par le conseil de famille s'il a été constitué un curateur ou un tuteur ad hoc.

Cette nomination peut également être faite à la demande du procureur de la République, de tout intéressé ou d'office.

## Paragraphe 4 Du conseil de famille des majeurs en tutelle

**Article 456** Le juge peut organiser la tutelle avec un conseil de famille si les nécessités de la protection de la personne ou la consistance de son patrimoine le justifient et si la composition de sa famille et de son entourage le permet.

Le juge désigne les membres du conseil de famille en considération des sentiments exprimés par la personne protégée, de ses relations habituelles, de l'intérêt porté à son égard et des recommandations éventuelles de ses parents et alliés ainsi que de son entourage.

Le conseil de famille désigne le tuteur, le subrogé tuteur et, le cas échéant, le tuteur ad hoc conformément aux articles 446 à 455.

Il est fait application des règles prescrites pour le conseil de famille des mineurs, à l'exclusion de celles prévues à l'article 398, au quatrième alinéa de l'article 399 et au premier alinéa de l'article 401. Pour l'application du troisième alinéa de l'article 402, le délai court, lorsque l'action est exercée par le majeur protégé, à compter du jour où la mesure de protection prend fin.

**Article 457** Le juge peut autoriser le conseil de famille à se réunir et délibérer hors de sa présence lorsque ce dernier a désigné un mandataire judiciaire à la protection des majeurs comme tuteur ou subrogé tuteur. Le conseil de famille désigne alors un président et un secrétaire parmi ses membres, à l'exclusion du tuteur et du subrogé tuteur.

Le président du conseil de famille transmet préalablement au juge l'ordre du jour de chaque réunion.

Les décisions prises par le conseil de famille ne prennent effet qu'à défaut d'opposition formée par le juge, dans les conditions fixées par le code de procédure civile.

Le président exerce les missions dévolues au juge pour la convocation, la réunion et la délibération du conseil de famille. Le juge peut toutefois, à tout moment, convoquer une réunion du conseil de famille sous sa présidence.

## 제3관 특별보좌인과 특별후견인

**제455조** ① 보좌감독인 또는 후견감독인이 없으면, 그의 이익이, 하나 또는 일련의 행위에 있어서, 피보호자의 이익과 상반되거나 또는 업무범위의 제한으로 인하여 피보호자를 보좌하지 못하거나 그의 계산으로 행위를 하지 못하는 보좌인 또는 후견인은 법관 또는 친족회가 구성되었다면 친족회로 하여금 특별보좌인 또는 특별후견인을 지명하도록 한다.

② 이 지명은 검사장, 모든 이해관계인의 청구 또는 법관의 직권으로 행해질 수도 있다.

## 제4관 피성년후견인의 친족회

**제456조** ① 법관은, 피보호자에 대한 보호의 필요성 또는 그의 재산의 구성이 이를 정당화하고 그의 가족과 주변 지인의 구성이 이를 허용한다면, 친족회가 있는 후견을 조직할 수 있다.

② 법관은 피보호자가 표현한 감정, 그의 일상적 관계, 그와 관련된 이익, 그의 혈족과 인척 및 주변 지인에 의하여 있을 수 있는 추천이 있는 때에는 그 추천을 고려하여 친족회의 구성원을 지정한다.
③ 친족회는 제446조부터 제455조까지에 따라 후견인, 후견감독인 및 경우에 따라서는 특별후견인을 지정한다.
④ 제398조, 제399조 제4항, 제401조 제1항의 규정을 제외하고 미성년자의 친족회에 관한 규정을 준용한다. 제402조 제3항의 적용과 관련하여, 피보호성년자에 의하여 소송이 제기된 경우에 그 기간은 보호조치가 종료한 날로부터 기산한다.

**제457조** ① 친족회가 성년보호사법수임인을 후견인 또는 후견감독인으로 지정한 경우에는, 법관은 법관의 출석 없이 친족회가 회의를 소집하고 의결하는 것을 허가할 수 있다. 친족회는 이 경우에 후견인 또는 후견감독인을 제외한 회원 중에서 회장과 총무를 지정한다.

② 친족회의 회장은 각 회의의 의사일정을 법관에게 사전에 고지한다.

③ 친족회에서 내린 결정은 법관에 의한 반대가 없는 경우에만 민사소송법전에 정해진 요건 하에 효력이 발생한다.
④ 회장은 친족회의 소집, 회의 및 의결에 관하여 법관에게 부여된 임무를 수행한다. 그러나 법관은 언제든지 자신의 주재 하에 친족회를 소집할 수 있다.

**Sous-section 4 Des effets de la curatelle et de la tutelle quant à la protection de la personne**

**Article 457-1** La personne protégée reçoit de la personne chargée de sa protection, selon des modalités adaptées à son état et sans préjudice des informations que les tiers sont tenus de lui dispenser en vertu de la loi, toutes informations sur sa situation personnelle, les actes concernés, leur utilité, leur degré d'urgence, leurs effets et les conséquences d'un refus de sa part.

**Article 458** Sous réserve des dispositions particulières prévues par la loi, l'accomplissement des actes dont la nature implique un consentement strictement personnel ne peut jamais donner lieu à assistance ou représentation de la personne protégée.

Sont réputés strictement personnels la déclaration de naissance d'un enfant, sa reconnaissance, les actes de l'autorité parentale relatifs à la personne d'un enfant, la déclaration du choix ou du changement du nom d'un enfant et le consentement donné à sa propre adoption ou à celle de son enfant.

**Article 459** Hors les cas prévus à l'article 458, la personne protégée prend seule les décisions relatives à sa personne dans la mesure où son état le permet.

Lorsque l'état de la personne protégée ne lui permet pas de prendre seule une décision personnelle éclairée, le juge ou le conseil de famille s'il a été constitué peut prévoir qu'elle bénéficiera, pour l'ensemble des actes relatifs à sa personne ou ceux d'entre eux qu'il énumère, de l'assistance de la personne chargée de sa protection. Au cas où cette assistance ne suffirait pas, il peut, le cas échéant après l'ouverture d'une mesure de tutelle, autoriser la personne chargée de cette habilitation ou de cette mesure à représenter l'intéressé, y compris pour les actes ayant pour effet de porter gravement atteinte à son intégrité corporelle. Sauf urgence, en cas de désaccord entre le majeur protégé et la personne chargée de sa protection, le juge autorise l'un ou l'autre à prendre la décision, à leur demande ou d'office.

Toutefois, sauf urgence, la personne chargée de la protection du majeur ne peut, sans l'autorisation du juge ou du conseil de famille s'il a été constitué, prendre une décision ayant pour effet de porter gravement atteinte à l'intégrité corporelle de la personne protégée ou à l'intimité de la vie privée de la personne protégée.

La personne chargée de la protection du majeur peut prendre à l'égard de celui-ci les mesures de protection strictement nécessaires pour mettre fin au danger que son propre comportement ferait courir à l'intéressé. Elle en informe sans délai le juge ou le conseil de famille s'il a été constitué.

## 제4부속절 신상보호에 관한 보좌와 후견의 효과

**제457-1조** 피보호자는 보호업무 담당자로부터, 법률규정에 의하여 제3자가 그에게 제공해야 하는 정보와 별도로, 자신의 개인적 상황, 관련된 행위, 행위의 유용성, 행위의 긴급한 정도, 행위의 효력 및 피보호자의 거부에 따른 결과에 관한 모든 정보를 자신의 상태에 적합한 방법으로 제공받는다.

**제458조** ① 법률에 의하여 정해진 특별한 규정의 유보 하에, 그 성질상 극히 일신적인 동의가 필요한 행위는 결코 피보호자에 대한 보좌나 대리의 방식으로 이루어질 수 없다.

② 자녀의 출생신고, 그의 인지, 자녀의 신상에 관한 친권의 행사, 자녀의 성(姓)의 선택 또는 변경의 신고 및 자신의 입양에 대한 동의 또는 자기 자녀의 입양에 대한 동의는 극히 일신적인 것으로 본다.

**제459조** ① 제458조에 정한 경우 외에, 피보호자는 그의 상태가 허락하는 한도에서 그의 신상에 관한 결정은 단독으로 한다.
② 피보호자의 상태가 신상에 관한 분별있는 결정을 단독으로 할 수 없도록 하는 경우 법관이나 친족회가 구성되었다면 친족회는, 피보호자의 신상에 관한 모든 행위 또는 그 중에서 법관이나 친족회가 열거한 일부의 행위에 대하여 보호업무 담당자의 보좌를 받을 수 있는 것으로 정할 수 있다. 이 보좌가 충분하지 않을 경우에는, 법관 또는 친족회는 경우에 따라 후견조치가 개시된 후에, 이 권한 또는 조치를 담당하는 사람에게 당사자를 대리하도록 허가할 수 있고, 여기에는 신체적 완전성을 심각하게 손상시키는 효과가 있는 행위가 포함된다. 긴급 상황을 제외하고, 피보호성년자와 보호업무 담당자 사이에 의견이 불일치하는 경우, 법관은 그들의 신청에 따라 또는 직권으로 그들 중 한 사람이 결정을 내리는 것을 허가한다.

③ 그러나 긴급한 경우를 제외하고, 성년자에 대한 보호업무 담당자는, 법관 또는 친족회의 허락 없이는 피보호자의 신체에 대한 완전성 또는 피보호자의 사생활의 비밀에 중대한 침해를 일으키는 결과를 초래하는 결정을 내릴 수 없다.

④ 성년자에 대한 보호업무 담당자는 피보호자의 행위로 인하여 피보호자에게 초래된 위험을 종료하기 위하여 반드시 필요한 보호조치를 취할 수 있다. 보호업무 담당자는 이 사실을 법관에게 또는 친족회가 구성되었다면 친족회에 지체 없이 통보한다.

**Article 459-1** L'application de la présente sous-section ne peut avoir pour effet de déroger aux dispositions particulières prévues par le code de la santé publique et le code de l'action sociale et des familles prévoyant l'intervention d'un représentant légal.

Toutefois, lorsque la mesure a été confiée à une personne ou un service préposé d'un établissement de santé ou d'un établissement social ou médico-social dans les conditions prévues à l'article 451, et que cette personne ou ce service doit soit prendre une décision nécessitant l'autorisation du juge ou du conseil de famille en application du troisième alinéa de l'article 459, soit accomplir au bénéfice de la personne protégée une diligence ou un acte pour lequel le code de la santé publique prévoit l'intervention du juge, ce dernier peut décider, s'il estime qu'il existe un conflit d'intérêts, d'en confier la charge au subrogé curateur ou au subrogé tuteur, s'il a été nommé, et à défaut à un curateur ou à un tuteur ad hoc.

**Article 459-2** La personne protégée choisit le lieu de sa résidence.

Elle entretient librement des relations personnelles avec tout tiers, parent ou non. Elle a le droit d'être visitée et, le cas échéant, hébergée par ceux-ci.

En cas de difficulté, le juge ou le conseil de famille s'il a été constitué statue.

**Article 460** La personne chargée de la mesure de protection est préalablement informée du projet de mariage du majeur qu'il assiste ou représente.

**Article 461** La personne en curatelle ne peut, sans l'assistance du curateur, signer la convention par laquelle elle conclut un pacte civil de solidarité. Aucune assistance n'est requise lors de la déclaration conjointe devant l'officier de l'état civil ou devant le notaire instrumentaire prévue au premier alinéa de l'article 515-3.

Les dispositions de l'alinéa précédent sont applicables en cas de modification de la convention.

La personne en curatelle peut rompre le pacte civil de solidarité par déclaration conjointe ou par décision unilatérale. L'assistance de son curateur n'est requise que pour procéder à la signification prévue au cinquième alinéa de l'article 515-7.

La personne en curatelle est assistée de son curateur dans les opérations prévues aux dixième et onzième alinéas de l'article 515-7.

Pour l'appplication du présent article, le curateur est réputé en opposition d'intérêts avec la personne protégée lorsque la curatelle est confiée à son partenaire.

**제459-1조** ① 본부속절의 적용은 법정대리인의 개입에 관하여 공중보건법전과 사회복지 및 가족법전에 의하여 정한 특별규정에 반하는 효력을 가질 수 없다.

② 그러나, 보호조치가 보건기관이나 사회복지 또는 의료복지기관 소속의 구성원 또는 담당부서에 제451조에서 정한 요건에 따라 위탁된 경우 그리고 이 사람 또는 이 부서가 제459조 제3항의 적용에 의하여 법관 허락 또는 친족회의 허락을 요하는 결정을 내리든 피보호자의 이익을 위하여 주의의무이행 또는 공중보건법전의 규정에 따라 법관의 개입이 필요한 행위를 완수하든 해야 하는 경우, 법관은, 이익의 충돌이 있다고 판단되면, 보좌감독인이나 후견감독인이 지명된 때에는 이들에게, 이들이 없는 때에는 특별보좌인이나 특별후견인에게 보호에 관한 직무를 위탁하는 결정을 할 수 있다.

**제459-2조** ① 피보호자는 자신의 거소지를 선택한다.
② 피보호자는 혈족이든 아니든 모든 제3자와 자유롭게 개인적인 관계를 유지한다. 피보호자는 이들 제3자의 방문을 받고, 경우에 따라서는, 이들에 의하여 유숙될 권리를 가진다.
③ 어려움이 있는 경우, 법관 또는 친족회가 구성되었다면 친족회가 결정한다.

**제460조** 보호조치 업무 담당자는 자신이 보좌하거나 대리하는 성년자의 결혼계획에 대하여 사전에 통보받는다.

**제461조** ① 피보좌인은 보좌인의 보좌 없이는 민사연대계약의 체결을 위한 합의에 서명할 수 없다. 민적관 또는 입회 공증인 면전에서 제515-3조 제1항에 규정된 공동신고를 할 때에는 어떠한 보좌도 필요하지 않다.

② 제1항의 규정은 합의를 변경할 경우에 적용된다.

③ 피보좌인은 공동신고나 일방적 결정에 의하여 민사연대계약을 파기할 수 있다. 보좌인의 보좌는 제515-7조 제5항에 규정된 통지의 절차를 위해서만 요구된다.

④ 피보좌인은 제515-7조 제10항과 제11항에 규정된 행위를 함에 있어서 보좌인의 보좌를 받는다.
⑤ 본조의 적용에 있어서 보좌가 피보호자의 민사연대계약 동반자에게 위탁된 때에는 보좌인은 피보호자와 이익이 상반되는 것으로 간주한다.

**Article 462** La personne en tutelle est assisté de son tuteur lors de la signature de la convention. Aucune assistance ni représentation ne sont requises lors de la déclaration conjointe devant l'officier de l'état civil ou devant le notaire instrumentaire prévue au premier alinéa de l'article 515-3.

Les dispositions du premier alinéa du présent article sont applicables en cas de modification de la convention.

La personne en tutelle peut rompre le pacte civil de solidarité par déclaration conjointe ou par décision unilatérale. La formalité de signification prévue au cinquième alinéa de l'article 515-7 est opérée à la diligence du tuteur. Lorsque l'initiative de la rupture émane de l'autre partenaire, cette signification est faite à la personne du tuteur.

La rupture unilatérale du pacte civil de solidarité peut également intervenir sur l'initiative du tuteur, autorisé par le juge ou le conseil de famille s'il a été constitué, après audition de l'intéressé et recueil, le cas échéant, de l'avis des parents et de l'entourage.

Aucune assistance ni représentation ne sont requises pour l'accomplissement des formalités relatives à la rupture par déclaration conjointe.

La personne en tutelle est représentée par son tuteur dans les opérations prévues aux dixième et onzième alinéas de l'article 515-7.

Pour l'application du présent article, le tuteur est réputé en opposition d'intérêts avec la personne protégée lorsque la tutelle est confiée à son partenaire.

**Article 463** A l'ouverture de la mesure ou, à défaut, ultérieurement, le juge ou le conseil de famille s'il a été constitué décide des conditions dans lesquelles le curateur ou le tuteur chargé d'une mission de protection de la personne rend compte des diligences qu'il accomplit à ce titre.

### Sous-section 5 De la régularité des actes

**Article 464** Les obligations résultant des actes accomplis par la personne protégée moins de deux ans avant la publicité du jugement d'ouverture de la mesure de protection peuvent être réduites sur la seule preuve que son inaptitude à défendre ses intérêts, par suite de l'altération de ses facultés personnelles, était notoire ou connue du cocontractant à l'époque où les actes ont été passés.

Ces actes peuvent, dans les mêmes conditions, être annulés s'il est justifié d'un préjudice subi par la personne protégée.

Par dérogation à l'article 2252, l'action doit être introduite dans les cinq ans de la date du jugement d'ouverture de la mesure.

**제462조** ① 피후견인은 민사연대계약의 체결을 위한 합의에 서명할 때 후견인의 보좌를 받는다. 민적관 또는 입회공증인 면전에서 제515-3조 제1항에 규정된 공동신고를 할 때에는 어떠한 보좌나 대리도 필요하지 않다.

② 본조 제1항의 규정은 합의를 변경할 경우에 적용된다.

③ 피후견인은 공동신고나 일방적 결정에 의하여 민사연대계약을 파기할 수 있다. 제515-7조 제5항에 규정된 통지의 절차는 후견인의 청구로 진행된다. 민사연대계약의 파기가 상대 동반자의 개시로 이루어진 것이라면 이 통지는 후견인에게 한다.

④ 민사연대계약의 일방적 파기는, 당사자의 심문 후, 경우에 따라 친족과 주변인의 의견을 취합한 후에 법관 또는 친족회가 구성되었다면 친족회의 허가를 받아 후견인의 주도로 이루어질 수도 있다.
⑤ 공동신고에 의한 파기에 관한 절차의 수행에 있어서는 어떠한 보좌나 대리도 요구되지 아니한다.
⑥ 피후견인은 제515-7조 제10항과 제11항에 규정된 행위를 함에 있어서 후견인에 의하여 대리된다.
⑦ 본조의 적용에 있어서, 후견이 피보호자의 민사연대계약 동반자에게 위탁된 경우에는 후견인은 피보호자와 이익이 상반되는 것으로 간주된다.

**제463조** 보호조치의 개시 시 또는 그 때 결정하지 않았다면 나중에, 법관 또는 친족회가 구성되었다면 친족회는, 성년자보호의 임무를 맡은 보좌인 또는 후견인이 그 자격으로 완수한 주의의무이행에 대하여 보고함에 있어서 준수할 요건을 결정한다.

## 제5부속절  행위의 적법성

**제464조** ① 보호조치 개시의 심판이 공시되기 전 2년 이내에 피보호자에 의하여 행해진 행위로 인하여 발생한 채무는, 개인적 능력의 손상으로 인하여 자기 이익을 방어하기에 적절하지 않음이 명백하였거나 상대방이 당해 행위가 행해질 때에 이를 알고 있었다는 증명만으로도 감축될 수 있다.

② 이 행위는, 피보호자가 입은 손해가 증명된다면, 동일한 요건에서 무효화될 수 있다.

③ 제2252조에 대한 예외로서, 이 소송은 보호조치 개시의 심판일로부터 5년 이내에 제기되어야 한다.

**Article 465** A compter de la publicité du jugement d'ouverture, l'irrégularité des actes accomplis par la personne protégée ou par la personne chargée de la protection est sanctionnée dans les conditions suivantes :

1° Si la personne protégée a accompli seule un acte qu'elle pouvait faire sans l'assistance ou la représentation de la personne chargée de sa protection, l'acte reste sujet aux actions en rescision ou en réduction prévues à l'article 435 comme s'il avait été accompli par une personne placée sous sauvegarde de justice, à moins qu'il ait été expressément autorisé par le juge ou par le conseil de famille s'il a été constitué ;

2° Si la personne protégée a accompli seule un acte pour lequel elle aurait dû être assistée, l'acte ne peut être annulé que s'il est établi que la personne protégée a subi un préjudice ;

3° Si la personne protégée a accompli seule un acte pour lequel elle aurait dû être représentée, l'acte est nul de plein droit sans qu'il soit nécessaire de justifier d'un préjudice ;

4° Si le tuteur ou le curateur a accompli seul un acte qui aurait dû être fait par la personne protégée soit seule, soit avec son assistance ou qui ne pouvait être accompli qu'avec l'autorisation du juge ou du conseil de famille s'il a été constitué, l'acte est nul de plein droit sans qu'il soit nécessaire de justifier d'un préjudice.

Le curateur ou le tuteur peut, avec l'autorisation du juge ou du conseil de famille s'il a été constitué, engager seul l'action en nullité, en rescision ou en réduction des actes prévus aux 1°, 2° et 3°.

Dans tous les cas, l'action s'éteint par le délai de cinq ans prévu à l'article 2224.

Pendant ce délai et tant que la mesure de protection est ouverte, l'acte prévu au 4° peut être confirmé avec l'autorisation du juge ou du conseil de famille s'il a été constitué.

**Article 466** Les articles 464 et 465 ne font pas obstacle à l'application des articles 414-1 et 414-2.

### Sous-section 6 Des actes faits dans la curatelle

**Article 467** La personne en curatelle ne peut, sans l'assistance du curateur, faire aucun acte qui, en cas de tutelle, requerrait une autorisation du juge ou du conseil de famille.

Lors de la conclusion d'un acte écrit, l'assistance du curateur se manifeste par l'apposition de sa signature à côté de celle de la personne protégée.

A peine de nullité, toute signification faite à cette dernière l'est également au curateur.

**제465조** ① 보호조치 개시심판이 공시된 때로부터 피보호자 또는 보호업무 담당자에 의하여 완수된 행위의 위법성은 다음 각 호의 요건에 따라서 제재를 받는다.

1. 피보호자가 보호업무 담당자의 보좌 또는 대리 없이 할 수 있는 행위를 단독으로 행하였다면 그 행위는, 사법보호를 받는 사람에 의하여 이루어진 행위와 마찬가지로, 제435조에 규정된 급부불균형소권 또는 감액소권의 대상이 되나, 법관 또는 친족회가 구성되었다면 친족회에 의하여 명시적으로 허가받은 때에는 그러하지 아니하다.

2. 피보호자가 보좌를 요하는 행위를 단독으로 행하였다면 그 행위는 피보호자에게 손해가 발생하였다는 사실이 증명된 때에만 무효로 할 수 있다.
3. 피보호자가 대리를 요하는 행위를 단독으로 행하였다면 그 행위는 손해를 증명할 필요도 없이 당연히 무효이다.
4. 후견인 또는 보좌인이, 피보호자 단독으로 또는 보좌를 받아 피보호자가 하여야 하는 행위나 법관 또는 친족회가 구성되었다면 친족회의 허가가 있어야만 할 수 있는 행위를 단독으로 완수하였다면, 그 행위는 손해를 증명할 필요도 없이 당연히 무효이다.

② 보좌인 또는 후견인은 법관 또는 친족회가 구성되었다면 친족회의 허가를 받아 제1항 제1호, 제2호 및 제3호에 규정된 무효화소, 급부불균형의 소 또는 감액의 소를 단독으로 제기할 수 있다.
③ 모든 경우에 소권은 제2224조에서 정한 5년의 기간의 경과로 인하여 소멸한다.
④ 이 기간 동안에는 그리고 보호조치가 개시되어 있는 한, 제1항 제4호에 규정된 행위는 법관 또는 친족회가 구성되었다면 친족회의 허가를 받아 추인될 수 있다.

**제466조** 제464조와 제465조는 제414-1조와 제414-2조의 적용에 장애가 되지 아니한다.

## 제6부속절 보좌 중에 행해진 행위

**제467조** ① 피보좌인은, 보좌인의 보좌 없이는, 후견의 경우에 있어서 법관 또는 친족회의 허가가 요구되는 행위를 할 수 없다.
② 서면에 의한 행위를 체결함에 있어서 보좌인의 보좌는 피보호자의 서명 옆에 보좌인의 서명을 함으로써 표시한다.
③ 피보호자에 대하여 이루어지는 모든 통지는 보좌인에 대하여도 하여야 하며, 그러하지 않은 통지는 무효이다.

**Article 468** Les capitaux revenant à la personne en curatelle sont versés directement sur un compte ouvert à son seul nom et mentionnant son régime de protection, auprès d'un établissement habilité à recevoir des fonds du public.

La personne en curatelle ne peut, sans l'assistance du curateur conclure un contrat de fiducie ni faire emploi de ses capitaux.

Cette assistance est également requise pour introduire une action en justice ou y défendre.

**Article 469** Le curateur ne peut se substituer à la personne en curatelle pour agir en son nom.

Toutefois, le curateur peut, s'il constate que la personne en curatelle compromet gravement ses intérêts, saisir le juge pour être autorisé à accomplir seul un acte déterminé ou provoquer l'ouverture de la tutelle.

Si le curateur refuse son assistance à un acte pour lequel son concours est requis, la personne en curatelle peut demander au juge l'autorisation de l'accomplir seule.

**Article 470** La personne en curatelle peut librement tester sous réserve des dispositions de l'article 901.

Elle ne peut faire de donation qu'avec l'assistance du curateur.

Le curateur est réputé en opposition d'intérêts avec la personne protégée lorsqu'il est bénéficiaire de la donation.

**Article 471** A tout moment, le juge peut, par dérogation à l'article 467, énumérer certains actes que la personne en curatelle a la capacité de faire seule ou, à l'inverse, ajouter d'autres actes à ceux pour lesquels l'assistance du curateur est exigée.

**Article 472** Le juge peut également, à tout moment, ordonner une curatelle renforcée. Dans ce cas, le curateur perçoit seul les revenus de la personne en curatelle sur un compte ouvert au nom de cette dernière. Il assure lui-même le règlement des dépenses auprès des tiers et dépose l'excédent sur un compte laissé à la disposition de l'intéressé ou le verse entre ses mains.

Sans préjudice des dispositions de l'article 459-2, le juge peut autoriser le curateur à conclure seul un bail d'habitation ou une convention d'hébergement assurant le logement de la personne protégée.

La curatelle renforcée est soumise aux dispositions des articles 503 et 510 à 515.

**제468조** ① 피보좌인에게 귀속될 자금은, 공공기금을 수령할 자격이 있는 기관에 피보좌인의 단독 명의로 개설되고 그의 보호유형이 기재된 계좌로 직접 지급된다.

② 피보좌인은 보좌인의 보좌 없이는 신탁계약을 체결하거나 자금의 운용을 할 수 없다.

③ 이 보좌는 재판상 소를 제기하거나 응소를 하기 위해서도 요구된다.


**제469조** ① 보좌인은 피보좌인의 명의로 행위하기 위해 그를 갈음할 수 없다.

② 그러나 보좌인은, 피보좌인이 자신의 이익을 심각하게 해하고 있음을 확인하였다면 법관에게 특정 행위를 단독으로 완수하도록 허가해 줄 것을 청구하거나 후견의 개시를 청구할 수 있다.

③ 보좌인이 그의 보좌가 요구되는 행위에 대한 보좌를 거부하는 때에는 피보좌인은 법관에게 단독으로 행위하도록 허가해 줄 것을 청구할 수 있다.

**제470조** ① 제901조 규정의 유보 하에 피보좌인은 자유롭게 유언을 할 수 있다.

② 피보좌인은 보좌인의 보좌가 있어야만 증여를 할 수 있다.
③ 보좌인이 증여의 수혜자인 때에는 보좌인은 피보호자와 이익이 상반하는 것으로 간주된다.


**제471조** 법관은 언제든지, 제467조에 대한 예외로, 피보좌인이 단독으로 체결할 수 있는 특정 행위들을 열거하거나 그 반대로 보좌인의 보좌가 요구되는 행위 목록에 다른 행위를 추가할 수 있다.

**제472조** ① 법관은 또한 언제든지 강화된 보좌를 명할 수 있다. 이 경우에 보좌인은 피보좌인의 수입을 피보좌인의 명의로 개설된 계좌를 통하여 단독으로 수령한다. 보좌인은 제3자에 대한 지급결제를 스스로 행하며 초과부분은 해당 피보좌인의 처분 아래에 있는 계좌에 예치하거나 그에게 직접 지급한다.

② 법관은, 제459-2조의 규정에 영향을 미치지 않는 범위에서, 보좌인이 피보호자의 주거를 확보하기 위하여 주거용 임대차 또는 유숙 합의를 단독으로 체결하는 것을 허가할 수 있다.

③ 강화된 보좌는 제503조 및 제510조부터 제515조까지의 규정에 따른다.

## Sous-section 7 Des actes faits dans la tutelle

**Article 473** Sous réserve des cas où la loi ou l'usage autorise la personne en tutelle à agir elle-même, le tuteur la représente dans tous les actes de la vie civile.

Toutefois, le juge peut, dans le jugement d'ouverture ou ultérieurement, énumérer certains actes que la personne en tutelle aura la capacité de faire seule ou avec l'assistance du tuteur.

**Article 474** La personne en tutelle est représentée dans les actes nécessaires à la gestion de son patrimoine dans les conditions et selon les modalités prévues au titre XII.

**Article 475** La personne en tutelle est représentée en justice par le tuteur.

Celui-ci ne peut agir, en demande ou en défense, pour faire valoir les droits extra-patrimoniaux de la personne protégée qu'après autorisation ou sur injonction du juge ou du conseil de famille s'il a été constitué. Le juge ou le conseil de famille peut enjoindre également au tuteur de se désister de l'instance ou de l'action ou de transiger.

**Article 476** La personne en tutelle peut, avec l'autorisation du juge ou du conseil de famille s'il a été constitué, être assistée ou au besoin représentée par le tuteur pour faire des donations.

Elle ne peut faire seule son testament après l'ouverture de la tutelle qu'avec l'autorisation du juge ou du conseil de famille s'il a été constitué, à peine de nullité de l'acte. Le tuteur ne peut ni l'assister ni la représenter à cette occasion.

Toutefois, elle peut seule révoquer le testament fait avant ou après l'ouverture de la tutelle.

Le testament fait antérieurement à l'ouverture de la tutelle reste valable à moins qu'il ne soit établi que, depuis cette ouverture, la cause qui avait déterminé le testateur à disposer a disparu.

## 제7부속절 후견 중에 행해진 행위

**제473조** ① 법률 또는 관행이 피후견인이 단독으로 행위함을 허가하는 경우의 유보 하에, 후견인은 모든 민사행위에 있어서 피후견인을 대리한다.

② 그러나 법관은 후견개시의 결정에서 또는 그 후에 피후견인이 단독으로 또는 후견인의 보좌를 받아 행할 수 있는 특정 행위들을 열거할 수 있다.

**제474조** 피후견인은 자신의 재산의 관리에 필요한 행위에 있어서 제12편에 규정된 요건과 방식에 따라 대리된다.

**제475조** ① 피후견인은 후견인에 의하여 재판상 대리된다.

② 후견인은 법관 또는 친족회가 구성되었다면 친족회의 허가가 있거나 명령에 기하여만 피보호자의 비재산권적 권리를 행사하기 위하여 제소 또는 응소할 수 있다. 법관 또는 친족회는 후견인에게 소송의 취하, 소권의 포기 또는 화해를 명령할 수도 있다.

**제476조** ① 피후견인은, 법관 또는 친족회가 구성되었다면 친족회의 허가를 받아, 증여를 하기 위하여 후견인의 보좌를 받거나 필요하다면 대리될 수 있다.

② 후견의 개시 이후 피후견인은, 법관 또는 친족회가 구성된다면 친족회의 허가가 있어야만 단독으로 유언을 할 수 있으며, 허가가 없다면 그 행위는 무효이다. 이때 후견인은 피후견인을 보좌하거나 대리할 수 없다.

③ 그러나 피후견인은 후견개시 전이나 후에 행해진 유언을 단독으로 철회할 수 있다.

④ 후견개시 전에 이루어진 유언은 여전히 유효하나, 유언자가 처분하기로 결정한 원인이 후견개시 이래 소멸하였음이 증명된 때에는 그러하지 아니하다.

## Section 5 Du mandat de protection future

## Sous-section 1 Des dispositions communes

**Article 477** Toute personne majeure ou mineure émancipée ne faisant pas l'objet d'une mesure de tutelle peut charger une ou plusieurs personnes, par un même mandat, de la représenter pour le cas où, pour l'une des causes prévues à l'article 425, elle ne pourrait plus pourvoir seule à ses intérêts.

La personne en curatelle ne peut conclure un mandat de protection future qu'avec l'assistance de son curateur.

Les parents ou le dernier vivant des père et mère, ne faisant pas l'objet d'une mesure de curatelle ou de tutelle, qui exercent l'autorité parentale sur leur enfant mineur ou assument la charge matérielle et affective de leur enfant majeur peuvent, pour le cas où cet enfant ne pourrait plus pourvoir seul à ses intérêts pour l'une des causes prévues à l'article 425, désigner un ou plusieurs mandataires chargés de le représenter. Cette désignation prend effet à compter du jour où le mandant décède ou ne peut plus prendre soin de l'intéressé.

Le mandat est conclu par acte notarié ou par acte sous seing privé. Toutefois, le mandat prévu au troisième alinéa ne peut être conclu que par acte notarié.

**Article 477-1** Le mandat de protection future est publié par une inscription sur un registre spécial dont les modalités et l'accès sont réglés par décret en Conseil d'Etat.

**Article 478** Le mandat de protection future est soumis aux dispositions des articles 1984 à 2010 qui ne sont pas incompatibles avec celles de la présente section.

**Article 479** Lorsque le mandat s'étend à la protection de la personne, les droits et obligations du mandataire sont définis par les articles 457-1 à 459-2. Toute stipulation contraire est réputée non écrite.

Le mandat peut prévoir que le mandataire exercera les missions que le code de la santé publique et le code de l'action sociale et des familles confient au représentant de la personne en tutelle ou à la personne de confiance.

Le mandat fixe les modalités de contrôle de son exécution.

## 제5절 장래보호위임계약

## 제1부속절 통칙

**제477조** ① 후견조치의 대상이 아닌 모든 성년자나 친권이 해방된 미성년자는 1인 또는 수인에게 하나의 동일한 위임계약으로, 제425조에 규정된 사유 중의 하나로 인하여 단독으로 자기의 이익을 추구할 수 없게 될 경우에 자신을 대리하도록 위임할 수 있다.

② 피보좌인은 보좌인의 보좌가 있어야만 장래보호위임계약을 체결할 수 있다.

③ 미성년자녀에 대하여 친권을 행사하거나 성년인 자녀를 물질적·정서적으로 보살피는 부모 또는 부모 중 최후생존자는, 그 자신이 보좌나 후견조치의 대상이 아닌 경우 그 자녀가 제425조에 규정된 사유 중의 하나로 인하여 단독으로 자기의 이익을 추구할 수 없게 될 경우에 자녀를 대리하도록 1인 또는 수인의 수임인을 선임할 수 있다. 이 선임은 위임인이 사망한 날 또는 위임인이 더 이상 해당 자녀를 보살필 수 없는 날로부터 효력이 발생한다.

④ 장래보호위임계약은 공정증서 또는 사서증서에 의하여 체결된다. 그러나 제3항에 규정된 위임계약은 공정증서로써만 체결될 수 있다.

**제477-1조** 장래보호위임계약은, 그 양식과 열람이 국사원 데크레에 의하여 정해지는 특별등록부에 등기됨으로써 공시된다.

**제478조** 장래보호위임계약은 본절의 규정과 양립이 불가능하지 않은 제1984조부터 제2010조까지의 규정에 따른다.

**제479조** ① 위임계약이 신상보호에까지 미친다면 수임인의 권리와 의무는 제457-1조부터 제459-2조까지에 의하여 정해진다. 이에 반하는 모든 약정은 기재되지 않은 것으로 본다.

② 위임계약은, 공중보건법전과 사회복지 및 가족법전이 피후견인의 대리인 또는 신뢰할 수 있는 사람에게 위임하는 임무를 수임인이 수행하도록 정할 수 있다.

③ 위임계약은 수임인의 임무수행에 대한 감독의 방식을 정한다.

**Article 480** Le mandataire peut être toute personne physique choisie par le mandant ou une personne morale inscrite sur la liste des mandataires judiciaires à la protection des majeurs prévue à l'article L. 471-2 du code de l'action sociale et des familles.

Le mandataire doit, pendant toute l'exécution du mandat, jouir de la capacité civile et remplir les conditions prévues pour les charges tutélaires par l'article 395 et les deux derniers alinéas de l'article 445 du présent code.

Il ne peut, pendant cette exécution, être déchargé de ses fonctions qu'avec l'autorisation du juge des tutelles.

**Article 481** Le mandat prend effet lorsqu'il est établi que le mandant ne peut plus pourvoir seul à ses intérêts. Celui-ci en reçoit notification dans les conditions prévues par le code de procédure civile.

A cette fin, le mandataire produit au greffe du tribunal judiciaire le mandat et un certificat médical émanant d'un médecin choisi sur la liste mentionnée à l'article 431 établissant que le mandant se trouve dans l'une des situations prévues à l'article 425. Le greffier vise le mandat et date sa prise d'effet, puis le restitue au mandataire.

**Article 482** Le mandataire exécute personnellement le mandat. Toutefois, il peut se substituer un tiers pour les actes de gestion du patrimoine mais seulement à titre spécial.

Le mandataire répond de la personne qu'il s'est substituée dans les conditions de l'article 1994.

**Article 483** Le mandat mis à exécution prend fin par :

1° Le rétablissement des facultés personnelles de l'intéressé constaté à la demande du mandant ou du mandataire, dans les formes prévues à l'article 481 ;

2° Le décès de la personne protégée ou son placement en curatelle ou en tutelle, sauf décision contraire du juge qui ouvre la mesure ;

3° Le décès du mandataire, son placement sous une mesure de protection ou sa déconfiture ;

4° Sa révocation prononcée par le juge des tutelles à la demande de tout intéressé, lorsqu'il s'avère que les conditions prévues par l'article 425 ne sont pas réunies, ou lorsque l'exécution du mandat est de nature à porter atteinte aux intérêts du mandant.

Le juge peut également suspendre les effets du mandat pour le temps d'une mesure de sauvegarde de justice.

**Article 484** Tout intéressé peut saisir le juge des tutelles aux fins de contester la mise en œuvre du mandat ou de voir statuer sur les conditions et modalités de son exécution.

**제480조** ① 수임인은 위임인에 의하여 선임된 모든 자연인 또는 사회복지 및 가족법전 제 L.471-2조에서 정한 성년보호사법수임인 명부에 등록된 하나의 법인이 될 수 있다.

② 수임인은 위임사무를 수행하는 동안 민사 행위능력이 있고 본법전 제395조, 제445조 제2항 및 제3항에 규정된 후견사무의 요건을 충족하여야 한다.

③ 수임인은, 위임사무를 수행하는 동안, 후견법관의 허가가 있어야만 그의 직무로부터 벗어날 수 있다.

**제481조** ① 위임계약은 위임인이 혼자서 자기의 이익을 추구할 수 없게 되었음이 증명된 때에 그 효력이 발생한다. 위임인은 민사소송법전에서 정한 요건에 따라 통지를 수령한다.

② 이를 위하여, 수임인은 민사지방법원의 서기에게 위임계약과 제431조에 규정된 목록에서 선택된 의사가 위임인이 제425조에 규정된 사유 중 하나에 해당함을 증명하는 의료진단서를 제출한다. 서기는 위임계약에 승인사증을 하고 효력 발생일을 기입한 후, 수임인에게 반환한다.

**제482조** ① 수임인은 스스로 위임사무를 수행한다. 그러나, 특별한 경우에 한하여 재산관리행위를 제3자가 대신하도록 할 수 있다.
② 수임인은 자신을 대신하는 사람에 대하여 제1994조에서 정한 요건에 따라 책임을 진다.

**제483조** ① 이행 중인 위임계약은 다음의 사유로 종료된다.
1. 위임인 또는 수임인의 청구에 따라 신상적 능력의 회복이 제481조에서 정한 방식으로 확인된 경우
2. 피보호자의 사망 또는 조치를 개시하는 법관의 반대의 결정이 있는 경우를 제외하고, 피보호자에 대한 보호조치가 보좌 또는 후견으로 대체된 경우
3. 수임인의 사망, 수임인을 대상으로 한 보호조치의 결정 또는 수임인의 도산

4. 제425조에서 정한 요건이 충족되지 않은 것이 확인된 때, 또는 위임계약의 이행이 위임인의 이익을 침해하는 성질을 가지는 때 모든 이해관계인의 청구에 따라 후견법관에 의한 위임계약 파기의 결정이 있는 경우
② 법관은 또한 사법보호 조치의 기간 동안 위임계약의 효력을 정지할 수 있다.

**제484조** 모든 이해관계인은 위임계약의 이행에 대하여 이의를 제기하기 위하여 또는 그 이행의 요건과 방식에 관한 결정을 구하기 위하여 후견법관에게 제소할 수 있다.

**Article 485** Le juge qui met fin au mandat peut ouvrir une mesure de protection juridique dans les conditions et selon les modalités prévues aux sections 1 à 4 du présent chapitre.

Lorsque la mise en œuvre du mandat ne permet pas, en raison de son champ d'application, de protéger suffisamment les intérêts personnels ou patrimoniaux de la personne, le juge peut ouvrir une mesure de protection juridique complémentaire confiée, le cas échéant, au mandataire de protection future. Il peut aussi autoriser ce dernier ou un mandataire ad hoc à accomplir un ou plusieurs actes déterminés non couverts par le mandat.

Le mandataire de protection future et les personnes désignées par le juge sont indépendants et ne sont pas responsables l'un envers l'autre ; ils s'informent toutefois des décisions qu'ils prennent.

**Article 486** Le mandataire chargé de l'administration des biens de la personne protégée fait procéder à leur inventaire lors de l'ouverture de la mesure. Il assure son actualisation au cours du mandat afin de maintenir à jour l'état du patrimoine.

Il établit annuellement le compte de sa gestion qui est vérifié selon les modalités définies par le mandat et que le juge peut en tout état de cause faire vérifier selon les modalités prévues à l'article 512.

**Article 487** A l'expiration du mandat et dans les cinq ans qui suivent, le mandataire tient à la disposition de la personne qui est amenée à poursuivre la gestion, de la personne protégée si elle a recouvré ses facultés ou de ses héritiers l'inventaire des biens et les actualisations auxquelles il a donné lieu ainsi que les cinq derniers comptes de gestion et les pièces nécessaires pour continuer celle-ci ou assurer la liquidation de la succession de la personne protégée.

**Article 488** Les actes passés et les engagements contractés par une personne faisant l'objet d'un mandat de protection future mis à exécution, pendant la durée du mandat, peuvent être rescindés pour simple lésion ou réduits en cas d'excès alors même qu'ils pourraient être annulés en vertu de l'article 414-1. Les tribunaux prennent notamment en considération l'utilité ou l'inutilité de l'opération, l'importance ou la consistance du patrimoine de la personne protégée et la bonne ou mauvaise foi de ceux avec qui elle a contracté.

L'action n'appartient qu'à la personne protégée et, après sa mort, à ses héritiers. Elle s'éteint par le délai de cinq ans prévu à l'article 2224.

**제485조** ① 위임계약을 종료시킨 법관은 본장 제1절부터 제4절까지에서 정한 요건과 방식에 따라 사법보호조치를 개시할 수 있다.
② 위임계약의 적용범위로 인하여 위임계약의 이행이 당사자의 신상 또는 재산에 관한 이익을 충분히 보호하지 못하는 경우, 법관은 보충적인 재판상 보호조치를 개시하여 필요하다면 장래 보호위임계약의 수임인에게 위임할 수 있다. 또한 법관은 수임인 또는 특별수임인에게 위임계약에 포함되지 아니한 하나 또는 수 개의 특정 행위를 이행하도록 허가할 수 있다.

③ 장래보호수임인과 법관에 의하여 지정된 사람은 독립적이며 서로에 대하여 책임을 지지 아니한다. 그러나 각자 내린 결정에 대해서는 서로 알려야 한다.

**제486조** ① 피보호자의 재산관리업무를 맡은 수임인은 보호조치의 개시와 함께 재산목록을 작성한다. 수임인은 위임계약기간 동안 재산 현황을 최신 상태로 유지하기 위하여 재산목록을 계속 갱신하여야 한다.
② 수임인은, 위임계약에서 정한 방식에 따라 확인되고, 법관이 어떻게든 제512조에서 정한 방식에 따라 확인하도록 할 수 있는 관리장부를 매년 작성하여야 한다.

**제487조** 위임계약의 만료 시 그리고 이후 5년 내에, 수임인은 후임으로 관리를 맡은 사람이나 만약 피보호자의 능력이 회복되었다면 그 피보호자 또는 그 상속인에게 재산목록과 그 현황보고서 및 최근 5년간의 관리장부, 관리를 계속하거나 피보호자의 상속재산을 청산함에 필요한 서류를 제공하여야 한다.

**제488조** ① 이행중인 장래보호위임계약의 대상이 되는 사람에 의하여 위임계약기간 동안 체결된 행위와 약정된 의무가 제414-1조에 의하여 무효로 될 수 있더라도 그가 입은 단순급부불균형으로 인한 손해를 이유로 무효를 주장하거나 또는 과잉부분에 대한 감액청구를 할 수 있다. 이때 법원은 특히 거래의 유익성 또는 무익성, 피보호자의 재산의 규모나 구성, 그 거래상대방의 선의 또는 악의를 고려한다.

② 소권은 피보호자에게만 귀속되고, 그의 사망 후에는 상속인이 제기할 수 있다. 이들 소권은 제2224조에서 정한 5년의 기간의 경과로 소멸한다.

## Sous-section 2 Du mandat notarié

**Article 489** Lorsque le mandat est établi par acte authentique, il est reçu par un notaire choisi par le mandant. L'acceptation du mandataire est faite dans les mêmes formes.

Tant que le mandat n'a pas pris effet, le mandant peut le modifier dans les mêmes formes ou le révoquer en notifiant sa révocation au mandataire et au notaire et le mandataire peut y renoncer en notifiant sa renonciation au mandant et au notaire.

**Article 490** Par dérogation à l'article 1988, le mandat, même conçu en termes généraux, inclut tous les actes patrimoniaux que le tuteur a le pouvoir d'accomplir seul ou avec une autorisation.

Toutefois, le mandataire ne peut accomplir un acte de disposition à titre gratuit qu'avec l'autorisation du juge des tutelles.

**Article 491** Pour l'application du second alinéa de l'article 486, le mandataire rend compte au notaire qui a établi le mandat en lui adressant ses comptes, auxquels sont annexées toutes pièces justificatives utiles. Celui-ci en assure la conservation ainsi que celle de l'inventaire des biens et de ses actualisations.

Le notaire saisit le juge des tutelles de tout mouvement de fonds et de tout acte non justifiés ou n'apparaissant pas conformes aux stipulations du mandat.

## Sous-section 3 Du mandat sous seing privé

**Article 492** Le mandat établi sous seing privé est daté et signé de la main du mandant. Il est soit contresigné par un avocat, soit établi selon un modèle défini par décret en Conseil d'Etat.

Le mandataire accepte le mandat en y apposant sa signature.

Tant que le mandat n'a pas reçu exécution, le mandant peut le modifier ou le révoquer dans les mêmes formes et le mandataire peut y renoncer en notifiant sa renonciation au mandant.

**Article 492-1** Le mandat n'acquiert date certaine que dans les conditions de l'article 1328.

**Article 493** Le mandat est limité, quant à la gestion du patrimoine, aux actes qu'un tuteur peut faire sans autorisation.

Si l'accomplissement d'un acte qui est soumis à autorisation ou qui n'est pas prévu par le mandat s'avère nécessaire dans l'intérêt du mandant, le mandataire saisit le juge des tutelles pour le voir ordonner.

## 제2부속절 공정증서로 체결된 위임계약

**제489조** ① 위임계약이 공정증서로 체결될 때에는 위임인이 정하는 공증인이 위임장을 접수한다. 수임인의 승낙도 같은 방식으로 이루어진다.
② 위임계약이 아직 효력을 발생하지 않은 한, 위임인은 같은 방식으로 계약을 변경하거나 수임인과 공증인에게 철회의사를 통지함으로써 계약을 철회할 수 있고, 수임인은 위임인과 공증인에게 포기의사를 통지함으로써 수임을 포기할 수 있다.

**제490조** ① 제1988조의 예외로서, 위임계약은 비록 일반적인 문언으로 표시되었다 하더라도 후견인이 단독으로 또는 허가를 얻어 체결할 수 있는 모든 재산에 관한 행위를 포함한다.

② 그러나 수임인은 후견법관의 허가가 있어야만 무상의 처분행위를 할 수 있다.

**제491조** ① 제486조 제2항의 적용을 위하여 수임인은 위임계약을 공증한 공증인에게 장부를 제출하여 보고하며, 장부에는 모든 유용한 증거서류가 첨부되어야 한다. 공증인은 이 장부 및 재산목록과 현황보고서를 보존하여야 한다.

② 공증인은 모든 자산의 흐름, 정당하지 않거나 위임계약의 내용에 부합하지 않는 것으로 보이는 모든 행위에 대하여 후견법관에게 소를 제기할 수 있다.

## 제3부속절 사서증서로 체결된 위임계약

**제492조** ① 사서증서로 성립된 위임계약은 위임인이 직접 날짜를 기입하고 서명한다. 이 계약에는 변호사에 의해 부서되거나 국사원 데크레에 정한 표준에 따라 작성된다.

② 수임인은 서명을 함으로써 위임계약을 승낙한다.
③ 위임계약이 아직 이행되지 않은 한, 위임인은 같은 방식으로 계약을 변경하거나 철회할 수 있고, 수임인은 위임인에게 포기의사를 통지함으로써 수임을 포기할 수 있다.

**제492-1조** 이 위임계약은 제1328조의 요건 아래에서만 확정일자를 취득한다.

**제493조** ① 이 위임계약은 재산의 관리에 관하여 후견인이 허가 없이 체결할 수 있는 행위로 그 범위가 제한된다.
② 허가를 받아야 하거나 위임계약에 의하여 정해지지 않은 행위로서 위임인의 이익을 위하여 필요하다고 판단되는 행위에 대해서는 수임인이 후견법관에게 적절한 명령을 구할 수 있다.

**Article 494** Pour l'application du dernier alinéa de l'article 486, le mandataire conserve l'inventaire des biens et ses actualisations, les cinq derniers comptes de gestion, les pièces justificatives ainsi que celles nécessaires à la continuation de celle-ci.

Il est tenu de les présenter au juge des tutelles ou au procureur de la République dans les conditions prévues à l'article 416.

## Section 6 De l'habilitation familiale

**Article 494-1** Lorsqu'une personne est dans l'impossibilité de pourvoir seule à ses intérêts en raison d'une altération, médicalement constatée soit de ses facultés mentales, soit de ses facultés corporelles de nature à empêcher l'expression de sa volonté, le juge des tutelles peut habiliter une ou plusieurs personnes choisies parmi ses ascendants ou descendants, frères et sœurs ou, à moins que la communauté de vie ait cessé entre eux, le conjoint, le partenaire auquel elle est liée par un pacte civil de solidarité ou le concubin à la représenter, à l'assister dans les conditions prévues à l'article 467 ou à passer un ou des actes en son nom dans les conditions et selon les modalités prévues à la présente section et à celles du titre XIII du livre III qui ne lui sont pas contraires, afin d'assurer la sauvegarde de ses intérêts.

La personne habilitée doit remplir les conditions pour exercer les charges tutélaires. Elle exerce sa mission à titre gratuit.

**Article 494-2** L'habilitation familiale ne peut être ordonnée par le juge qu'en cas de nécessité et lorsqu'il ne peut être suffisamment pourvu aux intérêts de la personne par l'application des règles du droit commun de la représentation, de celles relatives aux droits et devoirs respectifs des époux et des règles des régimes matrimoniaux, en particulier celles prévues aux articles 217, 219, 1426 et 1429, ou par les stipulations du mandat de protection future conclu par l'intéressé.

**Article 494-3** La demande aux fins de désignation d'une personne habilitée peut être présentée au juge par la personne qu'il y a lieu de protéger, par l'une des personnes mentionnées à l'article 494-1 ou par le procureur de la République à la demande de l'une d'elles.

La demande est introduite, instruite et jugée conformément aux règles du code de procédure civile et dans le respect des dispositions des articles 429 et 431.

La désignation d'une personne habilitée est également possible à l'issue de l'instruction d'une requête aux fins d'ouverture d'une mesure de protection judiciaire ou lorsque, en application du troisième alinéa de l'article 442, le juge des tutelles substitue une habilitation familiale à une mesure de curatelle ou de tutelle.

**제494조** ① 제486조 제2항의 적용을 위하여 수임인은 재산목록과 그 현황보고서, 최근 5년간의 관리장부와 증빙서류 및 관리의 지속에 필요한 서류를 보존해야 한다.

② 수임인은 이 서류들을 후견법관 또는 검사장에게 제416조에 규정된 요건 아래 제출할 의무가 있다.

### 제6절　가족권한부여

**제494-1조** ① 어떤 사람이 정신능력이든 자신의 의사를 표시하는 데 장애를 일으키는 신체적 능력이든 의학적으로 확인된 손상으로 인하여 단독으로 자신의 이익을 추구할 능력이 없을 경우, 후견법관은 그의 이익의 보호를 보장하기 위해, 그의 직계존속이나 직계비속, 형제자매, 또는 공동생활이 중단되지 않는 한, 배우자, 민사연대계약 동반자, 또는 사실혼배우자 중 선택된 한 명 또는 여러 명의 사람들에게, 제467조에서 규정된 요건 하에서 그를 대리하거나, 보좌하거나 또는 본절과 본절에 반하지 않는 제3권 제13편에 규정된 요건과 양태에 따라 하나 또는 다수의 법률행위를 할 수 있는 자격을 부여할 수 있다.

② 수권자는 후견임무를 수행하기 위한 요건을 충족하여야 한다. 그는 무상으로 자신의 사무를 수행한다.

**제494-2조** 가족권한부여는, 필요한 경우에만 그리고 대리의 일반법의 규정, 부부 각자의 권리와 의무에 관한 규정, 부부재산제에 관한 규정, 특히 제217조, 제219조, 제1426조와 제1429조에서 정한 규정의 적용에 의하여, 또는 당사자가 체결한 장래보호위임조항에 의하여 그 사람의 이익이 충분히 고려되지 못한 경우에만 법관에 의하여 선고될 수 있다.

**제494-3조** ① 수권자의 지정을 위한 청구는 요(要)보호자, 제494-1조에서 규정된 사람 중 한 명, 또는 그들로부터 신청을 받은 검사장이 법관에게 할 수 있다.

② 이 청구는 제429조와 제431조, 그리고 민사소송법전의 규정에 따라 제기, 심리 및 판결된다.

③ 수권자의 지정은 사법보호조치 개시 신청을 검토한 후에도 가능하며, 또는 제442조 제3항에 따라 후견법관이 보좌조치 또는 후견조치를 가족권한수여제도로 대체할 때에도 가능하다.

**Article 494-4** La personne à l'égard de qui l'habilitation est demandée est entendue ou appelée selon les modalités prévues au premier alinéa de l'article 432. Toutefois, le juge peut, par décision spécialement motivée et sur avis du médecin mentionné à l'article 431, décider qu'il n'y a pas lieu de procéder à son audition si celle-ci est de nature à porter atteinte à sa santé ou si la personne est hors d'état de s'exprimer.

Le juge s'assure de l'adhésion ou, à défaut, de l'absence d'opposition légitime à la mesure d'habilitation et au choix de la personne habilitée des proches mentionnés à l'article 494-1 qui entretiennent des liens étroits et stables avec la personne ou qui manifestent de l'intérêt à son égard et dont il connaît l'existence au moment où il statue.

**Article 494-5** Le juge statue sur le choix de la personne habilitée et l'étendue de l'habilitation en s'assurant que le dispositif projeté est conforme aux intérêts patrimoniaux et, le cas échéant, personnels de l'intéressé.

Si l'habilitation familiale sollicitée ne permet pas d'assurer une protection suffisante, le juge peut ordonner une des mesures de protection judiciaire mentionnées aux sections 3 et 4 du présent chapitre.

**Article 494-6** L'habilitation peut porter sur :

- un ou plusieurs des actes que le tuteur a le pouvoir d'accomplir, seul ou avec une autorisation, sur les biens de l'intéressé ;

- un ou plusieurs actes relatifs à la personne à protéger. Dans ce cas, l'habilitation s'exerce dans le respect des dispositions des articles 457-1 à 459-2 du code civil.

La personne habilitée ne peut accomplir en représentation un acte de disposition à titre gratuit qu'avec l'autorisation du juge des tutelles.

Si l'intérêt de la personne à protéger l'implique, le juge peut délivrer une habilitation générale portant sur l'ensemble des actes ou l'une des deux catégories d'actes mentionnés aux deuxième et troisième alinéas.

La personne habilitée dans le cadre d'une habilitation générale ne peut accomplir un acte pour lequel elle serait en opposition d'intérêts avec la personne protégée. Toutefois, à titre exceptionnel et lorsque l'intérêt de celle-ci l'impose, le juge peut autoriser la personne habilitée à accomplir cet acte.

**제494-4조** ① 수권청구의 대상이 된 사람은 제432조 제1항에서 규정된 절차에 따라 그 의견이 청취되거나 소환된다. 그러나 당사자에 대한 심문이 그의 건강을 해할 가능성이 있거나 그가 자신의 의사를 표시할 수 없는 상태라면, 법관은 제431조에 규정된 의사의 소견을 참고하여 당사자의 청문절차를 진행하지 않는다는 결정을 특별히 이유를 붙여 할 수 있다.

② 법관은 수권조치에 대하여 그리고 제494-1조에서 규정된, 피후견인과 긴밀하고 안정된 관계를 유지하고 있는 지인들 또는 판결선고 시에 법관이 그 존재를 알고 있는 피후견인에 대하여 관심을 갖고 있는 지인들 가운데에서 수권자를 선택한 것에 대하여 지지가 있거나 또는 그것이 없을 경우, 정당한 반대가 없음을 검토하여야 한다.

**제494-5조** ① 법관은 작성된 판결주문이 당사자의 재산상, 그리고 필요한 경우 당사자의 신상의 이익과 일치하는지 검토하며 수권자를 선택하고 권한의 범위에 대한 판결을 선고한다.

② 청구된 가족권한부여가 충분한 보호를 보장하지 못하는 경우, 법관은 본장 제3절과 제4절에 규정된 사법보호조치 중 하나를 명할 수 있다.

**제494-6조** ① 가족권한부여는 다음을 대상으로 한다.
- 피보호자의 재산에 대하여 후견인이 스스로 또는 허가를 받아 수행할 권한이 있는 하나 또는 다수의 행위
- 피보호자와 관련된 하나 또는 다수의 행위. 이 경우에, 민법전의 제457-1조부터 제459-2조까지의 규정을 준수하면서 권한수여가 행해진다.
② 수권자는 후견법관의 허가를 받았을 때에만 무상의 처분행위를 대리할 수 있다.

③ 피보호자의 이익상 필요한 경우, 법관은 제2항과 제3항에서 규정된 두 종류의 행위 중 하나 또는 전부에 대한 포괄적인 대리 권한을 수여할 수 있다.

④ 포괄적인 대리의 권한을 수여 받은 수권자는 그와 피보호자의 이해관계가 반하는 행위를 할 수 없다. 그러나 예외적인 상황과 후자(피보호자)의 이익상 필요한 경우, 법관은 수권자가 해당 행위를 수행하도록 허가할 수 있다.

En cas d'habilitation générale, le juge fixe une durée au dispositif sans que celle-ci puisse excéder dix ans. Statuant sur requête de l'une des personnes mentionnées à l'article 494-1 ou du procureur de la République saisi à la demande de l'une d'elles, il peut renouveler l'habilitation lorsque les conditions prévues aux articles 431 et 494-5 sont remplies. Le renouvellement peut-être prononcé pour la même durée ; toutefois, lorsque l'altération des facultés personnelles de la personne à l'égard de qui l'habilitation a été délivrée n'apparaît manifestement pas susceptible de connaître une amélioration selon les données acquises de la science, le juge peut, par décision spécialement motivée et sur avis conforme du médecin mentionné à l'article 431, renouveler le dispositif pour une durée plus longue qu'il détermine, n'excédant pas vingt ans.

Les jugements accordant, modifiant ou renouvelant une habilitation générale font l'objet d'une mention en marge de l'acte de naissance selon les conditions prévues à l'article 444. Il en est de même lorsqu'il est mis fin à l'habilitation pour l'une des causes prévues à l'article 494-11.

**Article 494-7** La personne habilitée à représenter la personne protégée peut, sauf décision contraire du juge, procéder sans autorisation aux actes mentionnés au premier alinéa de l'article 427.

**Article 494-8** La personne à l'égard de qui l'habilitation a été délivrée conserve l'exercice de ses droits autres que ceux dont l'exercice a été confié à la personne habilitée à la représenter en application de la présente section.

Toutefois, elle ne peut, en cas d'habilitation générale à la représenter, conclure un mandat de protection future pendant la durée de l'habilitation.

**Article 494-9** Si la personne à l'égard de qui l'habilitation a été délivrée passe seule un acte dont l'accomplissement a été confié à la personne habilitée, celui-ci est nul de plein droit sans qu'il soit nécessaire de justifier d'un préjudice.

Si elle accomplit seule un acte dont l'accomplissement nécessitait une assistance de la personne habilitée, l'acte ne peut être annulé que s'il est établi que la personne protégée a subi un préjudice.

Les obligations résultant des actes accomplis par une personne à l'égard de qui une mesure d'habilitation familiale a été prononcée moins de deux ans avant le jugement délivrant l'habilitation peuvent être réduits ou annulés dans les conditions prévues à l'article 464.

⑤ 포괄적 수권의 경우, 법관은 판결주문에서 10년이 넘지 않는 범위에서 기간을 정한다. 제494-1조에서 규정된 사람들 중 한 명의 신청, 또는 그들의 요청을 받은 검사장의 신청에 대하여 결정을 내리며, 법관은 제431조와 제494-5조에서 규정된 요건들이 충족되었을 때 가족수권을 갱신할 수 있다. 갱신은 같은 기간으로 행하여질 수 있다: 그러나 가족수권의 대상이 된 피보호자의 능력손상이 과학적 근거 자료에 의했을 때, 호전상태가 인정될 수 없음이 명백한 경우, 법관은 특별한 이유를 붙여 제431조에 규정된 의사의 적절한 소견을 참고하여, 20년을 넘지 않는 범위에서 그가 정한 기간보다 더 길게 판결주문을 갱신할 수 있다.

⑥ 포괄적 수권을 승인하고, 변경하고, 갱신하는 판결은 제444조에서 규정된 요건에 따라 출생증서 비고란에 기재된다. 제494-11조에서 정한 원인들 중 하나로 수권이 종료되었을 때도 마찬가지이다.

**제494-7조** 피보호자를 대리할 권한을 부여 받은 사람은, 법관의 반대의 결정이 없으면, 제427조 제1항에서 규정된 행위를 허가 없이 진행할 수 있다.

**제494-8조** ① 피보호자는 본절에서 후견인이 수권자를 대리하여 행사하도록 위임된 권리 외의 다른 권리를 행사할 권한을 가진다.

② 그러나 포괄적 수권의 경우, 피보호자는 수권의 기간 동안 장래 보호에 대한 위임계약을 체결할 수 없다.

**제494-9조** ① 피보호자가 수권자에게 위임된 행위를 단독으로 행하였다면, 그 행위는 손해를 증명할 필요도 없이 당연히 무효이다.

② 피보호자가 수권자의 보조가 필요한 행위를 단독으로 행하였다면, 그 행위는 피보호자가 손해를 입은 것이 증명될 때만 무효로 할 수 있다.

③ 가족권한수여 결정이 있기 전 2년 이내에 피보호자에 의하여 이루어진 행위의 결과 발생한 채무는 제464조에서 규정된 요건 하에 감액되거나 무효로 할 수 있다.

La personne habilitée peut, avec l'autorisation du juge des tutelles, engager seule l'action en nullité ou en réduction prévue aux alinéas ci-dessus.

Si la personne habilitée accomplit seule, en cette qualité, un acte n'entrant pas dans le champ de l'habilitation qui lui a été délivrée ou qui ne pouvait être accompli qu'avec l'autorisation du juge, l'acte est nul de plein droit sans qu'il soit nécessaire de justifier d'un préjudice.

Dans tous les cas, l'action en nullité ou en réduction est exercée dans le délai de cinq ans prévu à l'article 2224.

Pendant ce délai et tant que la mesure d'habilitation est en cours, l'acte contesté peut être confirmé avec l'autorisation du juge des tutelles.

**Article 494-10** Le juge statue à la demande de tout intéressé ou du procureur de la République sur les difficultés qui pourraient survenir dans la mise en œuvre du dispositif.

Saisi à cette fin dans les conditions prévues au premier alinéa de l'article 494-3, le juge peut, à tout moment, modifier l'étendue de l'habilitation ou y mettre fin, après avoir entendu ou appelé la personne à l'égard de qui l'habilitation a été délivrée, dans les conditions prévues au premier alinéa de l'article 494-4 ainsi que la personne habilitée.

**Article 494-11** Outre le décès de la personne à l'égard de qui l'habilitation familiale a été délivrée, celle-ci prend fin :
1° Par le placement de l'intéressé sous sauvegarde de justice, sous curatelle ou sous tutelle ;
2° En cas de jugement de mainlevée passé en force de chose jugée prononcé par le juge à la demande de la personne protégée, de l'une des personnes mentionnées à l'article 494-1 ou du procureur de la République, lorsqu'il s'avère que les conditions prévues à cet article ne sont plus réunies ou lorsque l'exécution de l'habilitation familiale est de nature à porter atteinte aux intérêts de la personne protégée ;
3° De plein droit en l'absence de renouvellement à l'expiration du délai fixé ;
4° Après l'accomplissement des actes pour lesquels l'habilitation avait été délivrée.

**Article 494-12** Les modalités d'application de la présente section sont précisées par décret en Conseil d'Etat.

④ 수권자는, 후견법관의 허가를 받아, 위 조항들에서 규정된 무효화소 또는 감액의 소를 단독으로 개시할 수 있다.

⑤ 수권자가 그에게 부여된 대리의 범위 하에 있지 않는 행위, 또는 법관의 허가가 있을 때에만 수행될 수 있는 행위를 단독으로 행한 경우, 그 행위는 손해를 증명할 필요도 없이 당연히 무효이다.

⑥ 모든 경우에, 무효화소 또는 감액의 소는 제2224조에서 규정된 5년의 기간 내에 제기하여야 한다.

⑦ 이 기간 동안에는 수권조치가 진행되는 한, 계쟁 행위는 후견법관의 허가를 받아 추인될 수 있다.

**제494-10조** ① 법관은, 모든 당사자 또는 검사장의 청구에 따라, 재판주문의 집행에서 발생할 수 있는 어려움에 대하여 심판한다.

② 제494-3조 제1항에서 규정된 요건 하에서, 위의 목적으로 청구를 받은 법관은 언제든지 제494-4조 제1항에서 규정된 요건 하에서, 권한부여가 행하여진 사람 및 수권자를 의견청취하거나 소환한 후에, 권한부여의 범위를 변경하거나 권한부여를 종료시킬 수 있다.

**제494-11조** 가족권한부여가 행하여진 사람의 사망 외에, 권한부여는 다음의 각 호의 사유로 종료된다.

1. 당사자가 사법보호, 보좌 또는 후견을 받게 된 경우
2. 제494-1조에 규정된 요건이 더 이상 충족되지 않는다고 밝혀지거나 또는 가족권한부여의 실행이 성질상 피보호자의 이익에 해가 되는 때에, 피보호자, 제494-1조에서 규정된 사람 중의 1인, 또는 검사장의 청구로 법관에 의하여 선고된 기판력 있는 취소 판결이 있는 경우

3. 정해진 기간이 만료된 때에 갱신이 없으면 당연히
4. 권한부여의 목적이었던 행위의 완료 이후

**제494-12조** 본절의 적용 방법은 국사원 데크레에 의하여 상세히 정한다.

## Chapitre III De la mesure d'accompagnement judiciaire

**Article 495** Lorsque les mesures mises en œuvre en application des articles L. 271-1 à L. 271-5 du code de l'action sociale et des familles au profit d'une personne majeure n'ont pas permis une gestion satisfaisante par celle-ci de ses prestations sociales et que sa santé ou sa sécurité en est compromise, le juge des tutelles peut ordonner une mesure d'accompagnement judiciaire destinée à rétablir l'autonomie de l'intéressé dans la gestion de ses ressources.

Il n'y a pas lieu de prononcer cette mesure à l'égard d'une personne mariée lorsque l'application des règles relatives aux droits et devoirs respectifs des époux et aux régimes matrimoniaux permet une gestion satisfaisante des prestations sociales de l'intéressé par son conjoint.

**Article 495-1** La mesure d'accompagnement judiciaire ne peut être prononcée si la personne bénéficie d'une mesure de protection juridique prévue au chapitre II du présent titre.

Le prononcé d'une mesure de protection juridique met fin de plein droit à la mesure d'accompagnement judiciaire.

**Article 495-2** La mesure d'accompagnement judiciaire ne peut être prononcée qu'à la demande du procureur de la République qui en apprécie l'opportunité au vu du rapport des services sociaux prévu à l'article L. 271-6 du code de l'action sociale et des familles.

Le juge statue, la personne entendue ou appelée.

**Article 495-3** Sous réserve des dispositions de l'article 495-7, la mesure d'accompagnement judiciaire n'entraîne aucune incapacité.

**Article 495-4** La mesure d'accompagnement judiciaire porte sur la gestion des prestations sociales choisies par le juge, lors du prononcé de celle-ci, dans une liste fixée par décret.

Le juge statue sur les difficultés qui pourraient survenir dans la mise en œuvre de la mesure. A tout moment, il peut, d'office ou à la demande de la personne protégée, du mandataire judiciaire à la protection des majeurs ou du procureur de la République, en modifier l'étendue ou y mettre fin, après avoir entendu ou appelé la personne.

## 제3장 사법원조조치

**제495조** ① 어느 성년자를 위하여 사회복지 및 가족법전 제L.271-1조에서 제L.271-5조까지의 적용으로 실행된 조치가 그에 의한 사회보장급여의 만족스러운 관리를 허용하지 못하고 또한 관리로 인하여 그의 건강이나 안전이 위태로운 경우, 후견법관은 자산관리에 있어서의 당사자의 자율성 회복을 목적으로 하는 사법원조조치를 명할 수 있다.

② 부부 각자의 권리·의무 및 부부재산제에 관한 규정의 적용이 타방 배우자에 의한 당사자의 사회보장급여의 만족스러운 관리를 가능하게 하는 경우, 기혼자에 대하여 이 사법원조조치를 선고할 필요가 없다.

**제495-1조** ① 사법원조조치는 당사자가 본편 제2장에 규정된 사법보호조치의 수혜자라면 선고될 수 없다.

② 사법보호조치의 선고는 당연히 사법원조조치를 종료시킨다.

**제495-2조** ① 사법원조조치는 사회복지 및 가족법전 제L.271-6조에 규정된 사회보장부서의 보고서를 참조하여 이 조치의 적절성을 판단하는 검사장의 청구에 의해서만 선고될 수 있다.

② 법관은 당사자를 의견청취하거나 소환한 후에 심판한다.

**제495-3조** 제495-7조의 규정의 유보 하에, 사법원조조치는 어떠한 능력의 제한도 초래하지 아니한다.

**제495-4조** ① 사법원조조치는, 이 조치의 선고 시에, 데크레에 의하여 정해진 목록에서 법관이 선택한 사회보장급여의 관리를 대상으로 한다.
② 법관은 이 조치의 실행에서 발생할 수 있는 어려움에 대하여 심판한다. 언제든지 법관은 직권으로 또는 피보호자나 성년보호 사법수임인 또는 검사장의 청구에 따라, 당사자를 의견청취하거나 소환한 후에, 이 조치의 범위를 수정하거나 조치를 종료시킬 수 있다.

**Article 495-5** Les prestations pour lesquelles le juge des enfants a ordonné la mesure prévue à l'article 375-9-1 sont exclues de plein droit de la mesure d'accompagnement judiciaire.

Les personnes chargées respectivement de l'exécution d'une mesure prévue à l'article 375-9-1 et d'une mesure d'accompagnement judiciaire pour un même foyer s'informent mutuellement des décisions qu'elles prennent.

**Article 495-6** Seul un mandataire judiciaire à la protection des majeurs inscrit sur la liste prévue à l'article L. 471-2 du code de l'action sociale et des familles peut être désigné par le juge pour exercer la mesure d'accompagnement judiciaire.

**Article 495-7** Le mandataire judiciaire à la protection des majeurs perçoit les prestations incluses dans la mesure d'accompagnement judiciaire sur un compte ouvert au nom de la personne auprès d'un établissement habilité à recevoir des fonds du public, dans les conditions prévues au premier alinéa de l'article 472, sous réserve des dispositions applicables aux mesures de protection confiées aux personnes ou services préposés des établissements de santé et des établissements sociaux ou médico-sociaux soumis aux règles de la comptabilité publique.

Il gère ces prestations dans l'intérêt de la personne en tenant compte de son avis et de sa situation familiale.

Il exerce auprès de celle-ci une action éducative tendant à rétablir les conditions d'une gestion autonome des prestations sociales.

**Article 495-8** Le juge fixe la durée de la mesure qui ne peut excéder deux ans. Il peut, à la demande de la personne protégée, du mandataire ou du procureur de la République, la renouveler par décision spécialement motivée sans que la durée totale puisse excéder quatre ans.

**Article 495-9** Les dispositions du titre XII relatives à l'établissement, la vérification et l'approbation des comptes et à la prescription qui ne sont pas incompatibles avec celles du présent chapitre sont applicables à la gestion des prestations sociales prévues à l'article 495-7.

**제495-5조** ① 소년부 법관이 제375-9-1조에 규정된 조치를 명한 급여는 사법원조조치에서 당연히 제외된다.

② 제375-9-1조에 규정된 조치와 동일한 가정을 위한 사법원조조치의 이행을 제각기 담당하는 사람들은 자신들이 결정한 사항을 서로에게 알려야 한다.

**제495-6조** 사회복지 및 가족법전 제L.471-2조에 규정된 목록에 등록된 성년보호사법수임인 1인만이 사법원조조치의 실행을 위해서 법관에 의하여 지정될 수 있다.

**제495-7조** ① 성년보호사법수임인은 제472조 제1항에 정한 요건 하에서 공공기금을 수령할 자격이 있는 기관에 당사자의 명의로 개설된 계좌로 사법원조조치에 포함되는 급여를 수령하지만, 공공회계 규정을 따르는 보건기관과 사회복지 또는 의료·사회복지기관 소속의 구성원 또는 부서에 위탁된 보호조치에 적용되는 규정은 유보된다.

② 성년보호사법수임인은 당사자의 이익을 위하여 그의 의견과 그의 가족상황을 고려하여 이 급여를 관리한다.
③ 성년보호사법수임인은 당사자에 대하여 사회보장급여의 자율적 관리요건의 회복을 위한 교육활동을 수행한다.

**제495-8조** 법관은 2년을 초과하지 않는 범위에서 사법원조조치의 기간을 정한다. 법관은 피보호자, 수임인 또는 검사장의 청구에 따라 특별사유로 인정되는 결정에 의하여 총 4년을 초과하지 않고, 그 기간을 갱신할 수 있다.

**제495-9조** 본장의 규정과 양립하면서 장부의 작성·확인·승인 및 시효에 관련된 제12편의 규정은 제495-7조에 규정된 사회보장급여의 관리에 적용된다.

Titre XII De la gestion du patrimoine des mineurs et majeurs en tutelle

## Chapitre I<sup>er</sup> Des modalités de la gestion

**Article 496** Le tuteur représente la personne protégée dans les actes nécessaires à la gestion de son patrimoine.

Il est tenu d'apporter, dans celle-ci, des soins prudents, diligents et avisés, dans le seul intérêt de la personne protégée.

La liste des actes qui sont regardés, pour l'application du présent titre, comme des actes d'administration relatifs à la gestion courante du patrimoine et comme des actes de disposition qui engagent celui-ci de manière durable et substantielle est fixée par décret en Conseil d'Etat.

**Article 497** Lorsqu'un subrogé tuteur a été nommé, celui-ci atteste auprès du juge du bon déroulement des opérations que le tuteur a l'obligation d'accomplir.

Il en est notamment ainsi de l'emploi ou du remploi des capitaux opéré conformément aux prescriptions du conseil de famille ou, à défaut, du juge.

**Article 498** Les capitaux revenant à la personne protégée sont versés directement sur un compte ouvert à son seul nom et mentionnant la mesure de tutelle, auprès d'un établissement habilité à recevoir des fonds du public.

Lorsque la mesure de tutelle est confiée aux personnes ou services préposés des établissements de santé et des établissements sociaux ou médico-sociaux soumis aux règles de la comptabilité publique, cette obligation de versement est réalisée dans des conditions fixées par décret en Conseil d'Etat.

**Article 499** Les tiers peuvent informer le juge des actes ou omissions du tuteur qui leur paraissent de nature à porter préjudice aux intérêts de la personne protégée.

Ils ne sont pas garants de l'emploi des capitaux. Toutefois, si à l'occasion de cet emploi ils ont connaissance d'actes ou omissions qui compromettent manifestement l'intérêt de la personne protégée, ils en avisent le juge.

La tierce opposition contre les autorisations du conseil de famille ou du juge ne peut être exercée que par les créanciers de la personne protégée et en cas de fraude à leurs droits.

# 제12편 미성년자 및 피성년후견인의 재산 관리

## 제1장 관리의 방법

**제496조** ① 후견인은 피보호자의 재산관리에 필요한 행위에 있어서 그를 대리한다.

② 이 경우, 그는 피보호자의 이익만을 위하여 신중하고, 성실하며 사려 깊은 주의를 할 의무가 있다.

③ 본편의 적용을 위하여, 지속적이고 본질적인 방식으로 재산에 영향을 미치는 처분행위와 재산의 일상적 운영에 관한 관리행위로 여겨지는 행위의 목록은 국사원 데크레에 의하여 정해진다.

**제497조** ① 후견감독인이 임명된 경우, 그는 후견인이 수행할 의무가 있는 행위의 원활한 진행을 법관에게 보증한다.

② 이는 특히 친족회 또는, 친족회가 없으면, 법관의 명령에 적합하게 행해지는 자금에 의한 재산 취득[9] 또는 재산의 매각대금에 의한 재산의 취득 경우에도 그러하다.

**제498조** ① 피보호자에게 귀속되는 자금은 공공기금을 수령할 자격이 있는 기관에 피보호자의 단독명의로 개설되고 후견조치가 기재된 계좌로 직접 지급된다.

② 후견조치가 공공회계 규정을 따르는 보건기관과 사회복지 또는 의료·사회복지기관 소속의 구성원 또는 부서에 위임되었을 경우, 이 지급의무는 국사원 데크레에 의하여 정해진 요건에 따라 실행된다.

**제499조** ① 제3자는 자신들이 보기에 피보호자의 이익을 침해할 성질인 후견인의 작위 또는 부작위를 법관에게 통지할 수 있다.

② 제3자는 자금의 사용에 대하여 책임지지 아니한다. 그러나 자금에 의한 재산 취득에 피보호자의 이익을 명백하게 위태롭게 하는 작위 또는 부작위를 알게 된다면, 제3자는 법관에게 이를 통지한다.

③ 친족회 또는 법관의 허가에 반대하는 제3자 이의는, 피보호자의 채권자에 의해서만, 그리고 이 채권자의 권리에 대한 위법행위의 경우에만 제기될 수 있다.

---

9) emploi는 금전에 의한 재산취득을, remploi는 재산의 매각대금에 의한 재산취득을 의미한다.

## Section 1 Des décisions du conseil de famille ou du juge

**Article 500** Le tuteur arrête le budget de la tutelle en déterminant, en fonction de l'importance des biens de la personne protégée et des opérations qu'implique leur gestion, les sommes annuellement nécessaires à l'entretien de celle-ci et au remboursement des frais d'administration de ses biens. Le tuteur en informe le conseil de famille ou, à défaut, le juge. En cas de difficultés, le budget est arrêté par le conseil de famille ou, à défaut, par le juge.

Sous sa propre responsabilité, le tuteur peut inclure dans les frais de gestion la rémunération des administrateurs particuliers dont il demande le concours.

Si le tuteur conclut un contrat avec un tiers pour la gestion des valeurs mobilières et instruments financiers de la personne protégée, il choisit le tiers contractant en considération de son expérience professionnelle et de sa solvabilité. Le contrat peut, à tout moment et nonobstant toute stipulation contraire, être résilié au nom de la personne protégée.

**Article 501** Le conseil de famille ou, à défaut, le juge détermine la somme à partir de laquelle commence, pour le tuteur, l'obligation d'employer les capitaux liquides et l'excédent des revenus. Le tuteur peut toutefois, sans autorisation, placer des fonds sur un compte.

Le conseil de famille ou, à défaut, le juge prescrit toutes les mesures qu'il juge utiles quant à l'emploi ou au remploi des fonds soit par avance, soit à l'occasion de chaque opération. L'emploi ou le remploi est réalisé par le tuteur dans le délai fixé par la décision qui l'ordonne et de la manière qu'elle prescrit. Passé ce délai, le tuteur peut être déclaré débiteur des intérêts.

Le conseil de famille ou, à défaut, le juge peut ordonner que certains fonds soient déposés sur un compte indisponible.

Les comptes de gestion du patrimoine de la personne protégée sont exclusivement ouverts, si le conseil de famille ou, à défaut, le juge l'estime nécessaire compte tenu de la situation de celle-ci, auprès de la Caisse des dépôts et consignations.

**Article 502** Le conseil de famille ou, à défaut, le juge statue sur les autorisations que le tuteur sollicite pour les actes qu'il ne peut accomplir seul.

Toutefois, les autorisations du conseil de famille peuvent être suppléées par celles du juge si les actes portent sur des biens dont la valeur en capital n'excède pas une somme fixée par décret.

## 제1절 친족회 또는 법관의 결정

**제500조** ① 후견인은, 피보호자의 재산의 규모와 그 관리에 따르는 활동들을 고려하여, 피보호자의 부양 및 재산관리비용의 상환을 위해 필요한 연간 비용을 정하면서 후견 예산을 결정한다. 후견인은 친족회 또는, 친족회가 없으면, 법관에게 이를 알린다. 어려움이 있는 때에는, 후견예산은 친족회 또는, 친족회가 없으면, 법관에 의하여 결정된다.

② 자신의 고유한 책임 하에서, 후견인은 자신이 협력을 요청하는 개별 관리인들의 보수를 관리비용에 포함시킬 수 있다.
③ 후견인이 피보호자의 유가증권과 금융상품증서의 관리를 위해 제3자와 계약을 체결한다면, 그는 직업적 경험과 지급능력을 고려하여 계약할 제3자를 선택한다. 계약은, 언제든지 그리고 반대되는 약정에도 불구하고, 피보호자의 명의로 해지될 수 있다.

**제501조** ① 친족회 또는, 친족회가 없으면, 법관은 후견인에게 유동자산과 수입의 초과분을 사용할 의무가 시작되는 총액을 결정한다. 그러나 후견인은 허가 없이도 자산을 계좌에 예치할 수 있다.

② 친족회 또는, 친족회가 없으면, 법관은 금전자산에 의한 재산 취득 또는 매각대금에 의한 재산 취득에 관해 자신이 유용하다고 판단하는 모든 조치를 사전에 또는 각 실행 상황에서 정한다. 금전자산에 의한 재산 취득 또는 매각대금에 의한 재산의 취득은 그것을 명하는 결정에서 정한 기간 내에 그리고 이 결정이 정한 방법에 따라 후견인에 의하여 실현된다. 이 기간이 경과하면, 후견인은 이익의 채무자로 선고될 수 있다.
③ 친족회 또는, 친족회가 없는 경우, 법관은 특정 자금을 처분불가의 계좌에 예치하라고 명령할 수 있다.
④ 친족회 또는, 친족회가 없으면, 법관이 피보호자의 상황을 고려하여 그것이 필요하다고 판단한다면, 피보호자의 재산관리계좌는 예치 및 공탁금고에만 배타적으로 개설된다.

**제502조** ① 친족회 또는, 친족회가 없으면, 법관은 후견인이 단독으로 할 수 없는 행위를 위하여 그가 요청한 허가에 대하여 결정한다.
② 그러나, 그 자산가치가 데크레에서 정한 금액을 초과하지 않는 재산에 관한 행위라면 친족회의 허가는 법관의 허가로 대체될 수 있다.

## Section 2 Des actes du tuteur

## Paragraphe 1 Des actes que le tuteur accomplit sans autorisation

**Article 503** Le tuteur fait procéder, en présence du subrogé tuteur s'il a été désigné, à un inventaire des biens de la personne protégée, qui est transmis au juge dans les trois mois de l'ouverture de la tutelle pour les biens meubles corporels, et dans les six mois pour les autres biens, avec le budget prévisionnel. Il en assure l'actualisation au cours de la mesure.

Il peut obtenir communication de tous renseignements et documents nécessaires à l'établissement de l'inventaire auprès de toute personne publique ou privée, sans que puisse lui être opposé le secret professionnel ou le secret bancaire.

Lorsque le juge l'estime nécessaire, il peut désigner dès l'ouverture de la mesure un commissaire-priseur judiciaire, un huissier de justice ou un notaire pour procéder, aux frais de la personne protégée, à l'inventaire des biens meubles corporels, dans le délai prévu au premier alinéa.

Si l'inventaire n'a pas été établi ou se révèle incomplet ou inexact, la personne protégée et, après son décès, ses héritiers peuvent faire la preuve de la valeur et de la consistance de ses biens par tous moyens.

En cas de retard dans la transmission de l'inventaire, le juge peut désigner un commissaire-priseur judiciaire, un huissier de justice, un notaire ou un mandataire judiciaire à la protection des majeurs pour y procéder aux frais du tuteur.

**Article 504** Le tuteur accomplit seul les actes conservatoires et, sous réserve des dispositions du second alinéa de l'article 473, les actes d'administration nécessaires à la gestion du patrimoine de la personne protégée.

Il agit seul en justice pour faire valoir les droits patrimoniaux de la personne protégée.

Les baux consentis par le tuteur ne confèrent au preneur, à l'encontre de la personne protégée devenue capable, aucun droit de renouvellement et aucun droit à se maintenir dans les lieux à l'expiration du bail, quand bien même il existerait des dispositions légales contraires. Ces dispositions ne sont toutefois pas applicables aux baux consentis avant l'ouverture de la tutelle et renouvelés par le tuteur.

## 제2절 후견인의 행위

### 제1관 후견인이 허가 없이 하는 행위

**제503조** ① 후견인은, 후견감독인이 선임되었다면 그의 참여하에서, 피보호자의 재산목록을 작성하며, 이 재산목록은 유체동산에 관한 경우 후견이 시작된 지 3개월 이내, 그리고 다른 재산에 관한 경우 6개월 이내 추정 예산과 함께 법관에게 제출되어야 한다. 조치가 있는 동안 후견인은 재산목록의 현실화를 보장한다.

② 후견인은, 직업상 비밀 또는 은행업무상 비밀로 항변 받음이 없이, 모든 공인 또는 사인들에게서 재산목록을 작성하기 위해 필요한 모든 자료와 문서들을 송부받을 수 있다.

③ 법관이 필요하다고 판단하면, 조치의 개시 때부터, 그는 피보호자의 비용으로 유체동산에 대한 재산목록을 제1항에서 규정된 기간 내에 작성하기 위하여 사법동산경매인, 집행관 또는 공증인을 선임할 수 있다.

④ 재산목록이 작성되지 않았거나 불완전하거나 부정확하다면, 피보호자 그리고, 그의 사망 이후, 그의 상속인은 모든 방법으로 그의 재산의 가치와 구성을 증명할 수 있다.

⑤ 재산목록의 제출이 지체되는 경우, 법관은 후견인의 비용으로 그것을 작성하기 위하여 사법동산경매인, 집행관, 공증인, 또는 성년보호 사법수임인을 선임할 수 있다.

**제504조** ① 후견인은 피보호자 재산의 보존행위 및 제473조 제2항 규정의 유보 하에서, 관리에 필요한 행위를 단독으로 행한다.

② 후견인은 피보호자의 재산권을 행사하기 위하여 재판상 행위를 단독으로 행한다.
③ 후견인이 체결한 임대차 계약은, 반대되는 법률 규정이 존재할지라도, 임차인에게 행위능력을 회복한 피보호자에 반하여 임대차의 만료 시 갱신요구권 및 그 장소에 머물 어떠한 권리도 부여하지 아니한다. 그러나 이 규정들은 후견의 개시 전에 체결되어 후견인에 의하여 갱신된 임대차 계약에는 적용되지 아니한다.

### Paragraphe 2 Des actes que le tuteur accomplit avec une autorisation

**Article 505** Le tuteur ne peut, sans y être autorisé par le conseil de famille ou, à défaut, le juge, faire des actes de disposition au nom de la personne protégée.

L'autorisation détermine les stipulations et, le cas échéant, le prix ou la mise à prix pour lequel l'acte est passé. L'autorisation n'est pas exigée en cas de vente forcée sur décision judiciaire ou en cas de vente amiable sur autorisation du juge.

Si l'autorisation prévoit une vente aux enchères publiques du ou des biens mis à disposition, celle-ci peut être organisée et réalisée par une personne habilitée à réaliser des ventes volontaires de meubles aux enchères publiques en application de l'article L. 321-4 du code de commerce.

L'autorisation de vendre ou d'apporter en société un immeuble, un fonds de commerce ou des instruments financiers non admis à la négociation sur un marché réglementé ne peut être donnée qu'après la réalisation d'une mesure d'instruction exécutée par un technicien ou le recueil de l'avis d'au moins deux professionnels qualifiés.

En cas d'urgence, le juge peut, par décision spécialement motivée prise à la requête du tuteur, autoriser, en lieu et place du conseil de famille, la vente d'instruments financiers à charge qu'il en soit rendu compte sans délai au conseil qui décide du remploi.

**Article 506** Le tuteur ne peut transiger ou compromettre au nom de la personne protégée qu'après avoir fait approuver par le conseil de famille ou, à défaut, par le juge les clauses de la transaction ou du compromis et, le cas échéant, la clause compromissoire.

**Article 507** En cas d'opposition d'intérêts avec la personne chargée de la mesure de protection, le partage à l'égard d'une personne protégée peut être fait à l'amiable sur autorisation du conseil de famille ou, à défaut, du juge. Il peut n'être que partiel.

Dans tous les cas, l'état liquidatif est soumis à l'approbation du conseil de famille ou, à défaut, du juge.

Le partage peut également être fait en justice conformément aux articles 840 et 842.

Tout autre partage est considéré comme provisionnel.

## 제2관 후견인이 허가를 받아 하는 행위

**제505조** ① 후견인은, 친족회 또는, 친족회가 없으면, 법관의 허가 없이는, 피보호자의 이름으로 처분행위를 행할 수 없다.

② 허가는 약정 내용을 그리고, 경우에 따라서는, 그 행위가 이루어지기 위한 가격 또는 가격지정을 결정한다. 법원 판결에 의한 강제 매각의 경우나 법관의 허가에 근거한 임의매각의 경우에는 허가가 요구되지 아니한다.

③ 허가가 처분되어야 할 1개 또는 수 개의 재산의 공경매를 예정한다면, 공경매는 상법전 제 L.321-4조의 적용에 따라 동산의 임의 공경매를 실행할 자격을 가진 사람에 의하여 기획되고 실행될 수 있다.

④ 부동산, 영업재산, 규제 시장에서의 매매가 허가되지 않은 금융상품증서를 매각하거나 출자하는 것에 대한 허가는 1인의 기술전문가에 의하여 행해진 심리 조치[10]의 실현 후에야 또는 적어도 2인의 자격을 갖춘 전문가의 의견의 수합한 이후에만 주어질 수 있다.

⑤ 긴급한 경우, 법관은, 후견인의 신청에 따른 이유가 특별히 명시된 결정을 통해, 재산의 매각대금에 의한 새로운 재산의 취득을 정하는 친족회에 지체 없이 보고되는 것을 조건으로 하여 친족회를 대신하여 금융상품증서의 매각을 허가할 수 있다.

**제506조** 후견인은, 화해 또는 중재합의의 조항에 관한 그리고, 경우에 따라서는, 중재조항에 관한 친족회 또는, 친족회가 없으면, 법관의 승인을 받은 후에만, 피보호자 명의로 화해하거나 중재로 타협할 수 있다.[11]

**제507조** ① 보호조치를 담당하는 사람과의 이익 상반의 경우, 피보호자에 관한 재산분할은 친족회 또는, 친족회가 없으면, 법관의 허가에 기하여 합의로 이루어질 수 있다. 이는 부분분할에 한한다.

② 모든 경우에, 청산 증서는 친족회 또는, 친족회가 없으면, 법관의 승인을 받아야 한다.

③ 재산분할은 제840조와 제842조에 따라 재판상 행해질 수도 있다.
④ 다른 모든 분할은 잠정적인 것으로 본다.

---

10) '1인의 기술전문가에 의하여 행해진 심리조치'(la mesure d'instruction exécutée par un technicien)란 당사자의 청구에 따라 또는 법관의 직권으로 소송상 쟁점의 일정 사항을 명확히 하기 위해 관련 전문가에게 그 심리를 맡기는 조치를 말한다. 프랑스 민사소송법전 제232조 ~ 제284-1조 참조.

11) 중재조항(la clause compromissoire)이란 당사자들 사이에 장래 발생할 수 있는 분쟁을 중재법원(le tribunal arbitral)에 맡기기로 하는 당사자들의 약정을 의미하고, 중재합의(le compromis d'arbitrage)란 이미 발생한 분쟁을 중재법원에서 해결하기로 하는 당사자들의 합의를 의미한다. 프랑스 민사소송법전 제1442조 ~ 제1446조 참조.

**Article 507-1** Par dérogation à l'article 768, le tuteur ne peut accepter une succession échue à la personne protégée qu'à concurrence de l'actif net. Toutefois, il peut l'accepter purement et simplement si l'actif dépasse manifestement le passif, après recueil d'une attestation du notaire chargé du règlement de la succession ou, à défaut, après autorisation du conseil de famille ou du juge.

Le tuteur ne peut renoncer à une succession échue à la personne protégée sans une autorisation du conseil de famille ou, à défaut, du juge.

**Article 507-2** Dans le cas où la succession à laquelle il a été renoncé au nom de la personne protégée n'a pas été acceptée par un autre héritier et tant que l'Etat n'a pas été envoyé en possession, la renonciation peut être révoquée soit par le tuteur autorisé à cet effet par une nouvelle délibération du conseil de famille ou, à défaut, une nouvelle décision du juge, soit par la personne protégée devenue capable. Le second alinéa de l'article 807 est applicable.

**Article 508** A titre exceptionnel et dans l'intérêt de la personne protégée, le tuteur qui n'est pas mandataire judiciaire à la protection des majeurs peut, sur autorisation du conseil de famille ou, à défaut, du juge, acheter les biens de celle-ci ou les prendre à bail ou à ferme.

Pour la conclusion de l'acte, le tuteur est réputé être en opposition d'intérêts avec la personne protégée.

### Paragraphe 3 Des actes que le tuteur ne peut accomplir

**Article 509** Le tuteur ne peut, même avec une autorisation :
1° Accomplir des actes qui emportent une aliénation gratuite des biens ou des droits de la personne protégée sauf ce qui est dit à propos des donations, tels que la remise de dette, la renonciation gratuite à un droit acquis, la renonciation anticipée à l'action en réduction visée aux articles 929 à 930-5, la mainlevée d'hypothèque ou de sûreté sans paiement ou la constitution gratuite d'une servitude ou d'une sûreté pour garantir la dette d'un tiers ;
2° Acquérir d'un tiers un droit ou une créance que ce dernier détient contre la personne protégée ;
3° Exercer le commerce ou une profession libérale au nom de la personne protégée ;
4° Acheter les biens de la personne protégée ainsi que les prendre à bail ou à ferme, sous réserve des dispositions de l'article 508 ;
5° Transférer dans un patrimoine fiduciaire les biens ou droits d'un majeur protégé.

**제507-1조** ① 제768조의 예외로, 후견인은 한정승인에 의해서만 피보호자에게 귀속되는 상속을 승인할 수 있다. 그러나 자산이 부채를 명백하게 초과하면, 상속의 결산을 담당하는 공증인의 증명서의 수취 후에 또는, 그것이 없으면, 친족회 또는 법관의 허가 이후에 후견인은 이를 단순 승인할 수 있다.

② 후견인은 친족회 또는, 친족회가 없는 경우, 법관의 허가 없이 피보호자에게 귀속되는 상속을 포기할 수 없다.

**제507-2조** 피보호자의 이름으로 포기된 상속이 다른 상속인에 의하여 승인되지 않은 경우 그리고 국가가 점유를 개시하지 않은 한, 상속 포기는, 친족회의 새로운 심의 또는, 친족회가 없으면, 법관의 새로운 결정으로 이를 허가받은 후견인에 의해서든 또는 행위능력을 회복한 피보호자에 의해서든 철회될 수 있다. 제807조 제2항이 적용된다.

**제508조** ① 예외적으로 그리고 피보호자의 이익을 위해, 성년보호사법수임인이 아닌 후견인은 친족회 또는, 친족회가 없으면, 법관의 허가에 기하여 피보호자의 재산을 매입하거나 이를 임차 또는 농지임차할 수 있다.

② 그 행위의 체결에 관하여는, 후견인은 피보호자와 이해 상반에 있는 것으로 본다.

### 제3관 후견인이 할 수 없는 행위

**제509조** ① 후견인은 허가가 있는 경우에도 다음 각 호의 행위를 할 수 없다.
1. 증여에 관한 것을 제외하고, 채무 면제, 취득한 권리의 무상 포기, 제929조부터 제930-5조에 규정된 감액소권의 사전포기, 변제 없이 저당 또는 담보의 말소, 또는 지역권의 무상설정이나 제3자의 채무를 담보하기 위한 담보권의 무상설정과 같이 피보호자의 재산이나 권리의 무상 양도를 초래하는 행위를 수행하는 행위

2. 제3자로부터 제3자가 피보호자에 대하여 가지는 권리 또는 채권을 취득하는 행위

3. 피보호자 명의로 상행위를 하거나 전문직을 수행하는 행위
4. 제508조의 규정의 유보 하에, 피보호자의 재산을 매입하거나 이를 임차 또는 농지임차 하는 행위
5. 피보호성년자의 재산 또는 권리를 신탁재산으로 이전하는 행위

**Chapitre II De l'établissement, de la vérification et de l'approbation des comptes**

**Article 510** Le tuteur établit chaque année un compte de sa gestion auquel sont annexées toutes les pièces justificatives utiles.

A cette fin, il sollicite des établissements auprès desquels un ou plusieurs comptes sont ouverts au nom de la personne protégée un relevé annuel de ceux-ci, sans que puisse lui être opposé le secret professionnel ou le secret bancaire.

Le tuteur est tenu d'assurer la confidentialité du compte de gestion. Toutefois, une copie du compte et des pièces justificatives est remise chaque année par le tuteur à la personne protégée lorsqu'elle est âgée d'au moins seize ans, ainsi qu'au subrogé tuteur s'il a été nommé et, si le tuteur l'estime utile, aux autres personnes chargées de la protection de l'intéressé.

En outre, le juge peut, après avoir entendu la personne protégée et recueilli son accord, si elle a atteint l'âge précité et si son état le permet, autoriser le conjoint, le partenaire du pacte civil de solidarité qu'elle a conclu, un parent, un allié de celle-ci ou un de ses proches, s'ils justifient d'un intérêt légitime, à se faire communiquer à leur charge par le tuteur une copie du compte et des pièces justificatives ou une partie de ces documents.

**Article 511** Pour les mineurs sous tutelle, le tuteur soumet au directeur des services de greffe judiciaires du tribunal judiciaire un compte de gestion annuel, accompagné des pièces justificatives, en vue de sa vérification.

Le subrogé tuteur vérifie le compte avant de le transmettre avec ses observations au directeur des services de greffe judiciaires.

Le directeur des services de greffe judiciaires peut être assisté dans sa mission de contrôle des comptes dans les conditions fixées par le code de procédure civile.

Le juge peut décider que la mission de vérification et d'approbation des comptes dévolue au directeur des services de greffe judiciaires sera exercée par le subrogé tuteur.

Si les ressources du mineur le permettent et si l'importance et la composition de son patrimoine le justifient, le juge peut décider que la mission de vérification et d'approbation sera exercée, aux frais du mineur et selon les modalités qu'il fixe, par un professionnel qualifié.

## 제2장 장부의 작성, 확인 및 승인

**제510조** ① 후견인은 매년 모든 유용한 증명 서류가 첨부된 관리장부를 작성한다.

② 이를 위해 후견인은, 직업상 비밀 또는 은행업무상 비밀로 항변받음이 없이, 피보호자 명의로 1개 또는 수 개의 계좌가 개설된 금융기관에 연간 장부 명세서를 요청할 수 있다.

③ 후견인은 관리장부의 기밀을 보장할 책임이 있다. 그러나 매년 장부와 증명 서류의 사본이 후견인에 의하여 최소 16세 이상인 피보호자에게, 또한 후견감독인이 지명되었다면 그에게 그리고 후견인이 유용하다고 판단한다면 피보호자를 보호할 책임이 있는 다른 사람들에게도 교부되어야 한다.

④ 그 밖에, 법관은 피보호자가 제3항의 나이에 도달하였고 피보호자의 상황이 허용하면, 피보호자의 의견을 청취하고 그의 동의를 구한 후에, 배우자, 피보호자가 체결한 민사연대계약의 동반자, 부모, 그의 인척 또는 친족이 정당한 이해관계를 증명하면, 그들의 부담으로 후견인에 의하여 장부와 증명 서류의 사본 또는 해당 서류의 일부가 전달되도록 허가할 수 있다.

**제511조** ① 피후견미성년자에 관하여는, 후견인은 검증을 위한 증명 서류와 함께 연간 관리장부를 민사지방법원의 사법서기국장에게 제출한다.

② 후견감독인은 사법서기국장에게 장부를 그의 소견과 함께 전달하기 전에 장부를 검증한다.

③ 사법서기국장은 민사소송법전에서 정해진 요건 하에 장부 감사 업무를 보좌 받을 수 있다.

④ 법관은 사법서기국장에게 부여된 장부의 검증 및 승인 업무가 후견감독인에 의하여 수행될 것을 결정할 수 있다.
⑤ 미성년자의 자력이 이를 허용하고 그의 재산의 규모와 구성이 이를 정당화한다면, 법관은 검증 및 승인 업무가, 미성년자의 비용으로 법관이 정하는 방식에 따라, 자격을 갖춘 전문가에 의하여 실행될 것을 결정할 수 있다.

**Article 512** Pour les majeurs protégés, les comptes de gestion sont vérifiés et approuvés annuellement par le subrogé tuteur lorsqu'il en a été nommé un ou par le conseil de famille lorsqu'il est fait application de l'article 457. Lorsque plusieurs personnes ont été désignées dans les conditions de l'article 447 pour la gestion patrimoniale, les comptes annuels de gestion doivent être signés par chacune d'elles, ce qui vaut approbation. En cas de difficulté, le juge statue sur la conformité des comptes à la requête de l'une des personnes chargées de la mesure de protection.

Par dérogation au premier alinéa du présent article, lorsque l'importance et la composition du patrimoine de la personne protégée le justifient, le juge désigne, dès réception de l'inventaire du budget prévisionnel, un professionnel qualifié chargé de la vérification et de l'approbation des comptes dans des conditions fixées par décret en Conseil d'Etat. Le juge fixe dans sa décision les modalités selon lesquelles le tuteur soumet à ce professionnel le compte de gestion, accompagné des pièces justificatives, en vue de ces opérations.

En l'absence de désignation d'un subrogé tuteur, d'un co-tuteur, d'un tuteur adjoint ou d'un conseil de famille, le juge fait application du deuxième alinéa du présent article.

**Article 513** Par dérogation aux articles 510 à 512, le juge peut décider de dispenser le tuteur de soumettre le compte de gestion à approbation en considération de la modicité des revenus ou du patrimoine de la personne protégée.

Lorsque la tutelle n'a pas été confiée à un mandataire judiciaire à la protection des majeurs, il peut également décider de le dispenser d'établir le compte de gestion.

**Article 513-1** La personne chargée de vérifier et d'approuver les comptes peut faire usage du droit de communication prévu au deuxième alinéa de l'article 510, sans que puisse lui être opposé le secret professionnel ou le secret bancaire. Elle est tenue d'assurer la confidentialité du compte de gestion.

A l'issue de la vérification du compte de gestion, un exemplaire est versé sans délai au dossier du tribunal par la personne chargée de cette mission.

En cas de refus d'approbation des comptes, le juge est saisi par un rapport de difficulté et statue sur la conformité du compte.

**제512조** ① 피보호성년자에 관하여는, 관리장부는 후견감독인이 지명된 경우 후견감독인에 의해, 제457조가 적용되는 경우에는 친족회에 의하여 매년 검증 및 승인을 받는다. 제447조의 요건에서 자산 관리를 위해 수인의 후견인이 지정되었을 때에는 연간 관리장부는 후견인들 각자의 서명을 받아야 하며, 이는 승인의 의의를 가진다. 어려움이 있는 경우에는, 보호조치를 담당하는 사람들 중 한 명의 신청으로 법관이 장부의 적합성에 대하여 심판한다.

② 본조 제1항의 예외로, 피보호자의 재산의 규모와 구성이 이를 정당화하는 경우, 법관은 추정 예산 목록을 받자마자, 국사원 데크레에 의하여 정해진 요건에 따라, 장부의 확인과 승인을 담당할 자격을 갖춘 전문가를 지명한다. 법관은 그 결정에서 후견인이 이 작업을 위하여 이 전문가에게 증명서류가 첨부된 관리장부를 제출하는 방식을 정한다.

③ 후견감독인, 공동후견인, 보조후견인 또는 친족회의 지명이 없으면, 법관은 본조 제2항을 적용한다.

**제513조** ① 제510조부터 제512조의 예외로, 법관은 피보호자의 수입이나 자산이 근소한 점을 고려하여, 후견인이 승인 목적으로 관리장부를 제출하는 것을 면제하는 결정을 할 수 있다.

② 성년보호사법수임인에게 후견이 부여되지 않은 경우, 법관은 또한 후견인이 관리장부를 작성하는 것을 면제하는 결정을 할 수 있다.

**제513-1조** ① 장부를 검증하고 승인하는 것을 담당하는 사람은 직업상 비밀 또는 은행업무상 비밀로 항변받지 않고, 제510조 제2항에 규정된 요구권을 활용할 수 있다. 그는 관리장부의 기밀을 보장할 책임이 있다.

② 관리장부의 검증이 종료된 이후, 사본은 이 임무를 담당하는 사람에 의하여 지체 없이 법원자료로 이관된다.
③ 장부의 승인이 거부되는 경우, 법관은 그 어려움에 관한 보고서를 제출받아 장부의 적합성에 대하여 심판한다.

**Article 514** Lorsque sa mission prend fin pour quelque cause que ce soit, le tuteur établit un compte de gestion des opérations intervenues depuis l'établissement du dernier compte et le soumet à la vérification et à l'approbation prévues aux articles 511 à 513-1.

En outre, dans les trois mois qui suivent la fin de sa mission, le tuteur ou ses héritiers s'il est décédé remettent une copie des cinq derniers comptes de gestion et du compte mentionné au premier alinéa du présent article, selon le cas, à la personne devenue capable si elle n'en a pas déjà été destinataire, à la personne nouvellement chargée de la mesure de gestion ou aux héritiers de la personne protégée.

Les alinéas précédents ne sont pas applicables dans le cas prévu à l'article 513.

Dans tous les cas, le tuteur remet aux personnes mentionnées au deuxième alinéa du présent article les pièces nécessaires pour continuer la gestion ou assurer la liquidation de la succession, ainsi que l'inventaire initial et les actualisations auxquelles il a donné lieu.

## Chapitre III De la prescription

**Article 515** L'action en reddition de comptes, en revendication ou en paiement diligentée par la personne protégée ou ayant été protégée ou par ses héritiers relativement aux faits de la tutelle se prescrit par cinq ans à compter de la fin de la mesure, alors même que la gestion aurait continué au-delà.

## Titre XIII Du pacte civil de solidarité et du concubinage

### Chapitre I<sup>er</sup> Du pacte civil de solidarité

**Article 515-1** Un pacte civil de solidarité est un contrat conclu par deux personnes physiques majeures, de sexe différent ou de même sexe, pour organiser leur vie commune.

**Article 515-2** A peine de nullité, il ne peut y avoir de pacte civil de solidarité :
1° Entre ascendant et descendant en ligne directe, entre alliés en ligne directe et entre collatéraux jusqu'au troisième degré inclus ;
2° Entre deux personnes dont l'une au moins est engagée dans les liens du mariage ;
3° Entre deux personnes dont l'une au moins est déjà liée par un pacte civil de solidarité.

**제514조** ① 후견인의 임무가 어떤 이유로든 종료된 경우, 후견인은 최종 장부의 작성 이후에 행해진 거래에 관한 관리장부를 작성하고 그 관리장부를 제511조부터 제513-1조까지에서 규정된 검증과 승인을 받아야 한다.
② 그 밖에 후견인, 만일 그가 사망했다면 그의 상속인들은, 그의 임무가 끝난 지 3개월 이내에, 상황에 따라서 행위능력자가 된 사람이 이미 수취자가 되지 않았다면 그에게, 또는 신규로 관리조치를 담당하게 된 사람에게 또는 피보호자의 상속인에게, 최근 5년의 관리장부의 사본과 본조 제1항에 규정된 장부를 제출한다.

③ 제1항과 제2항은 제513조에 규정된 경우에는 적용되지 아니한다.
④ 모든 경우에, 후견인은 본조 제2항에 규정된 사람들에게 관리를 계속하거나 상속재산의 청산을 보장하기 위하여 필요한 문서 및 최초의 재산목록과 그가 야기한 현황보고서를 제출한다.


## 제3장 소멸시효

**제515조** 피보호자, 또는 보호를 받았던 사람에 의하여 또는 그의 상속인에 의하여 후견사실과 관련하여 제기된 회계보고소권, 반환소권 또는 변제소권은, 관리가 그 이후에도 계속되었다고 할지라도, 재산관리조치가 종료된 때로부터 5년의 경과로 시효소멸한다.


## 제13편 민사연대계약과 사실혼

### 제1장 민사연대계약

**제515-1조** 민사연대계약은 공동생활을 영위할 목적으로 이성 또는 동성의 성년인 두 자연인에 의하여 체결되는 계약이다.

**제515-2조** 다음 각 호의 민사연대계약은 무효이다.
1. 직계존속과 직계비속 사이, 직계 인척 사이, 3촌 이내의 방계혈족 사이
2. 적어도 1인이 혼인관계에 있는 두 사람 사이
3. 적어도 1인이 이미 민사연대계약 관계에 있는 두 사람 사이

**Article 515-3** Les personnes qui concluent un pacte civil de solidarité en font la déclaration conjointe devant l'officier de l'état civil de la commune dans laquelle elles fixent leur résidence commune ou, en cas d'empêchement grave à la fixation de celle-ci, devant l'officier de l'état civil de la commune où se trouve la résidence de l'une des parties.

En cas d'empêchement grave, l'officier de l'état civil se transporte au domicile ou à la résidence de l'une des parties pour enregistrer le pacte civil de solidarité.

A peine d'irrecevabilité, les personnes qui concluent un pacte civil de solidarité produisent la convention passée entre elles à l'officier de l'état civil, qui la vise avant de la leur restituer.

L'officier de l'état civil enregistre la déclaration et fait procéder aux formalités de publicité.

Lorsque la convention de pacte civil de solidarité est passée par acte notarié, le notaire instrumentaire recueille la déclaration conjointe, procède à l'enregistrement du pacte et fait procéder aux formalités de publicité prévues à l'alinéa précédent.

La convention par laquelle les partenaires modifient le pacte civil de solidarité est remise ou adressée à l'officier de l'état civil ou au notaire qui a reçu l'acte initial afin d'y être enregistrée.

A l'étranger, l'enregistrement de la déclaration conjointe d'un pacte liant deux partenaires dont l'un au moins est de nationalité française et les formalités prévues aux troisième et cinquième alinéas sont assurés par les agents diplomatiques et consulaires français ainsi que celles requises en cas de modification du pacte.

**Article 515-3-1** Il est fait mention, en marge de l'acte de naissance de chaque partenaire, de la déclaration de pacte civil de solidarité, avec indication de l'identité de l'autre partenaire. Pour les personnes de nationalité étrangère nées à l'étranger, cette information est portée sur un registre tenu au service central d'état civil du ministère des affaires étrangères. L'existence de conventions modificatives est soumise à la même publicité.

Le pacte civil de solidarité ne prend effet entre les parties qu'à compter de son enregistrement, qui lui confère date certaine. Il n'est opposable aux tiers qu'à compter du jour où les formalités de publicité sont accomplies. Il en va de même des conventions modificatives.

**제515-3조** ① 민사연대계약을 체결하는 자는, 그들이 공동 거소를 정한 기초자치단체의 민적관의 면전에서 또는 공동거소를 정함에 있어 중대한 장애사유가 있는 경우에는 당사자 중 1인의 거소가 있는 기초자치단체의 민적관의 면전에서 민사연대계약을 공동 신고를 한다.

② 중대한 장애사유가 있는 경우, 민적관은 민사연대계약을 등록하기 위하여 당사자 중 1인의 주소나 거소에 방문해야 한다.

③ 각하되지 않기 위해서는, 민사연대계약을 체결하는 사람들이 민적관에게 그들 사이에 작성된 합의서를 제출하고, 민적관은 합의서를 반환하기 전에 합의서에 사증을 하지 아니하면 불수리된다.

④ 민적관은 신고를 등록하고 공시절차를 진행하게 한다.

⑤ 민사연대계약의 합의가 공정증서에 의하여 체결된 경우, 입회 공증인은 공동 신고를 접수하여 민사연대계약의 등록절차를 처리하며 제4항에서 규정된 공시절차를 진행하게 한다.

⑥ 동반자들이 민사연대계약을 변경하는 합의서는, 등록되기 위하여 최초의 증서를 수령한 민적관이나 입회공증인에게 제출되거나 전달되어야 한다.

⑦ 외국에서는, 적어도 1인이 프랑스 국적인 쌍방 동반자를 결합시키는 민사연대계약의 공동 신고 등록과 제3항 및 제5항에서 정하는 절차가 프랑스 외교관과 영사에 의하여 보장되고, 민사연대계약의 변경의 경우에 요구되는 절차도 그러하다.

**제515-3-1조** ① 민사연대계약의 신고는, 각 동반자의 출생증서의 비고란에 타방 동반자의 신원의 표시와 함께 기재된다. 외국에서 출생한 외국국적의 사람들에 대해서는, 이 정보는 외무부의 중앙민적담당부서에서 책임지는 등록부에 기재된다. 민사연대계약의 변경합의의 존재는 동일한 공시절차의 대상이 된다.

② 민사연대계약은 확정일자가 부여되는 등록시부터만 당사자 사이에 효력을 가진다. 민사연대계약은 공시절차가 완료된 날로부터만 제3자에게 대항할 수 있다. 변경합의의 경우도 마찬가지이다.

**Article 515-4** Les partenaires liés par un pacte civil de solidarité s'engagent à une vie commune, ainsi qu'à une aide matérielle et une assistance réciproques. Si les partenaires n'en disposent autrement, l'aide matérielle est proportionnelle à leurs facultés respectives.

Les partenaires sont tenus solidairement à l'égard des tiers des dettes contractées par l'un d'eux pour les besoins de la vie courante. Toutefois, cette solidarité n'a pas lieu pour les dépenses manifestement excessives. Elle n'a pas lieu non plus, s'ils n'ont été conclus du consentement des deux partenaires, pour les achats à tempérament ni pour les emprunts à moins que ces derniers ne portent sur des sommes modestes nécessaires aux besoins de la vie courante et que le montant cumulé de ces sommes, en cas de pluralité d'emprunts, ne soit pas manifestement excessif eu égard au train de vie du ménage.

**Article 515-5** Sauf dispositions contraires de la convention visée au troisième alinéa de l'article 515-3, chacun des partenaires conserve l'administration, la jouissance et la libre disposition de ses biens personnels. Chacun d'eux reste seul tenu des dettes personnelles nées avant ou pendant le pacte, hors le cas du dernier alinéa de l'article 515-4.

Chacun des partenaires peut prouver par tous les moyens, tant à l'égard de son partenaire que des tiers, qu'il a la propriété exclusive d'un bien. Les biens sur lesquels aucun des partenaires ne peut justifier d'une propriété exclusive sont réputés leur appartenir indivisément, à chacun pour moitié.

Le partenaire qui détient individuellement un bien meuble est réputé, à l'égard des tiers de bonne foi, avoir le pouvoir de faire seul sur ce bien tout acte d'administration, de jouissance ou de disposition.

**Article 515-5-1** Les partenaires peuvent, dans la convention initiale ou dans une convention modificative, choisir de soumettre au régime de l'indivision les biens qu'ils acquièrent, ensemble ou séparément, à compter de l'enregistrement de ces conventions. Ces biens sont alors réputés indivis par moitié, sans recours de l'un des partenaires contre l'autre au titre d'une contribution inégale.

**제515-4조** ① 민사연대계약으로 결합된 동반자들은 물질적인 조력과 상호부조는 물론 공동생활의 의무를 부담한다. 동반자들이 달리 정하지 않는 한, 물질적인 조력은 각자의 능력에 비례한다.
② 동반자들은 일상생활의 필요에 관하여 그들 중 1인에 의하여 약정된 채무를 제3자에게 연대하여 책임진다. 그러나, 이 연대책임은 명백히 과도한 비용에 대해서는 발생하지 아니한다. 금전차용이 일상생활의 필요에 불가피한 적정 금액이고 또, 다수의 금전차용의 경우, 이들 금전의 누적 금액이, 가사 생활의 규모를 고려할 때 명백히 과도하지 않는 한, 할부구매나 금전차용도 부부 쌍방의 동의에 기하여 체결되지 않았으면 연대책임이 더 이상 발생하지 아니한다.

**제515-5조** ① 제515-3조 제3항에서 정한 합의와 반대의 규정이 있는 경우를 제외하고, 동반자 각자는 자신의 개인적 재산에 대한 관리권, 향유권과 자유로운 처분권을 보유한다. 동반자 각자는 민사연대계약 이전이나 민사연대계약 중에 발생한 개인적 채무에 대해서는, 제515-4조 제2항의 경우를 제외하고는, 단독으로 책임진다.
② 동반자 각자는 모든 수단에 의하여 민사연대계약의 동반자뿐만 아니라 제3자에게 그가 재산에 대한 독점적인 소유권을 가진다는 것을 증명할 수 있다. 동반자 누구도 독점적인 소유권을 증명할 수 없는 재산은 각자에게 절반씩 공유로 귀속하는 것으로 본다.

③ 어느 동산을 개인적으로 점유하는 동반자는, 선의의 제3자에 대하여, 그 재산에 대한 모든 관리, 사용수익 또는 처분행위를 단독으로 할 권한을 가지는 것으로 본다.

**제515-5-1조** 동반자들은 최초의 합의 또는 변경 합의에서 이 합의의 등록 시로부터 자신들이 공동으로 또는 단독으로 취득하는 재산을 공유체제에 따르는 것으로 정할 수 있다. 이러한 재산은 동반자 일방이 타방에게 불균등한 분담을 명목으로 소구할 수 없으며, 절반씩 공유하는 것으로 본다.

**Article 515-5-2** Toutefois, demeurent la propriété exclusive de chaque partenaire :

1° Les deniers perçus par chacun des partenaires, à quelque titre que ce soit, postérieurement à la conclusion du pacte et non employés à l'acquisition d'un bien;

2° Les biens créés et leurs accessoires ;

3° Les biens à caractère personnel ;

4° Les biens ou portions de biens acquis au moyen de deniers appartenant à un partenaire antérieurement à l'enregistrement de la convention initiale ou modificative aux termes de laquelle ce régime a été choisi ;

5° Les biens ou portions de biens acquis au moyen de deniers reçus par donation ou succession ;

6° Les portions de biens acquises à titre de licitation de tout ou partie d'un bien dont l'un des partenaires était propriétaire au sein d'une indivision successorale ou par suite d'une donation.

L'emploi de deniers tels que définis aux 4° et 5° fait l'objet d'une mention dans l'acte d'acquisition. A défaut, le bien est réputé indivis par moitié et ne donne lieu qu'à une créance entre partenaires.

**Article 515-5-3** A défaut de dispositions contraires dans la convention, chaque partenaire est gérant de l'indivision et peut exercer les pouvoirs reconnus par les articles 1873-6 à 1873-8.

Pour l'administration des biens indivis, les partenaires peuvent conclure une convention relative à l'exercice de leurs droits indivis dans les conditions énoncées aux articles 1873-1 à 1873-15. A peine d'inopposabilité, cette convention est, à l'occasion de chaque acte d'acquisition d'un bien soumis à publicité foncière, publiée au fichier immobilier.

Par dérogation à l'article 1873-3, la convention d'indivision est réputée conclue pour la durée du pacte civil de solidarité. Toutefois, lors de la dissolution du pacte, les partenaires peuvent décider qu'elle continue de produire ses effets. Cette décision est soumise aux dispositions des articles 1873-1 à 1873-15.

**Article 515-6** Les dispositions des articles 831, 831-2, 832-3 et 832-4 sont applicables entre partenaires d'un pacte civil de solidarité en cas de dissolution de celui-ci.

Les dispositions du premier alinéa de l'article 831-3 sont applicables au partenaire survivant lorsque le défunt l'a expressément prévu par testament.

Lorsque le pacte civil de solidarité prend fin par le décès d'un des partenaires, le survivant peut se prévaloir des dispositions des deux premiers alinéas de l'article 763.

**제515-5-2조** ① 그러나, 다음 각 호는 동반자 각자의 배타적 재산이 된다.
1. 그것이 어떤 명목이든 동반자 각자에 의하여 민사연대계약 체결 이후에 수취되고 재산 취득에 사용되지 않은 금전
2. 제조된 재산과 그 부속물
3. 개인적 성격의 재산
4. 그 제도가 정해진 최초의 합의 또는 변경 합의의 등록 이전에 일방 동반자에게 속하는 금전으로 취득된 재산이나 재산의 일부

5. 증여나 상속에 의하여 수취된 금전으로 취득된 재산이나 재산의 일부

6. 동반자 일방이 공동상속이나 수증에 의하여 소유자가 된 재산의 전부 또는 일부의 경매로 취득한 재산 부분

② 제4호 및 제5호에서 규정된 것과 같은 금전의 사용은 취득증서에 기재 대상이 된다. 그렇지 않으면, 재산은 절반씩 공유로 간주되고 동반자들 사이에 채권만을 발생시킨다.

**제515-5-3조** ① 합의서에 반대의 규정이 없으면, 각 동반자는 공유재산의 관리자이며, 제1873-6조부터 제1873-8조에 규정된 권한을 행사할 수 있다.

② 공유재산의 관리를 위하여, 동반자들은 제1873-1조부터 제1873-15조에 규정된 요건에 따라 그들의 공유권의 행사에 관한 합의를 체결할 수 있다. 대항불가를 회의하기 위해서는, 부동산 공시절차에 따르는 재산의 각 취득행위의 경우, 이 합의는 부동산색인에 공시되어야 한다.

③ 제1873-3조의 예외로서, 공유합의는 민사연대계약의 존속기간 동안으로 체결되었다고 본다. 그러나, 민사연대계약을 해소할 때, 동반자는 그 효력을 계속 발생시키는 것으로 결정할 수 있다. 이 결정은 제1873-1조부터 제1873-15조의 규정에 따른다.

**제515-6조** ① 제831조, 제831-2조, 제831-3조 및 제831-4조의 규정은 민사연대계약의 해소의 경우 그 동반자들 사이에 준용된다.
② 제831-3조 제1항의 규정은 망인이 유언으로 그 적용을 명시한 경우 생존 동반자에게 준용된다.
③ 민사연대계약이 동반자 일방의 사망으로 종료되는 경우, 생존 동반자는 제763조 제1항 및 제2항의 규정을 원용할 수 있다.

**Article 515-7** Le pacte civil de solidarité se dissout par la mort de l'un des partenaires ou par le mariage des partenaires ou de l'un d'eux. En ce cas, la dissolution prend effet à la date de l'événement.

L'officier de l'état civil du lieu d'enregistrement du pacte civil de solidarité ou le notaire instrumentaire qui a procédé à l'enregistrement du pacte, informé du mariage ou du décès par l'officier de l'état civil compétent, enregistre la dissolution et fait procéder aux formalités de publicité.

Le pacte civil de solidarité se dissout également par déclaration conjointe des partenaires ou décision unilatérale de l'un d'eux.

Les partenaires qui décident de mettre fin d'un commun accord au pacte civil de solidarité remettent ou adressent à l'officier de l'état civil du lieu de son enregistrement ou au notaire instrumentaire qui a procédé à l'enregistrement du pacte une déclaration conjointe à cette fin.

Le partenaire qui décide de mettre fin au pacte civil de solidarité le fait signifier à l'autre. Une copie de cette signification est remise ou adressée à l'officier de l'état civil du lieu de son enregistrement ou au notaire instrumentaire qui a procédé à l'enregistrement du pacte.

L'officier de l'état civil ou le notaire enregistre la dissolution et fait procéder aux formalités de publicité.

La dissolution du pacte civil de solidarité prend effet, dans les rapports entre les partenaires, à la date de son enregistrement.

Elle est opposable aux tiers à partir du jour où les formalités de publicité ont été accomplies.

A l'étranger, les fonctions confiées par le présent article à l'officier de l'état civil sont assurées par les agents diplomatiques et consulaires français, qui procèdent ou font procéder également aux formalités prévues au sixième alinéa.

Les partenaires procèdent eux-mêmes à la liquidation des droits et obligations résultant pour eux du pacte civil de solidarité. A défaut d'accord, le juge statue sur les conséquences patrimoniales de la rupture, sans préjudice de la réparation du dommage éventuellement subi.

Sauf convention contraire, les créances dont les partenaires sont titulaires l'un envers l'autre sont évaluées selon les règles prévues à l'article 1469. Ces créances peuvent être compensées avec les avantages que leur titulaire a pu retirer de la vie commune, notamment en ne contribuant pas à hauteur de ses facultés aux dettes contractées pour les besoins de la vie courante.

**제515-7조** ① 민사연대계약은 일방의 사망이나 동반자들 또는 그 중 일방의 혼인에 의하여 해소된다. 이 경우, 민사연대계약의 해소는 그 사건 일자에 효력이 발생한다.

② 민사연대계약의 등록지 민적관 또는 민사연대계약의 등록을 진행한 입회공증인은, 관할 민적관에 의하여 혼인이나 사망을 통보받아 그 해소를 등록하고 공시절차를 진행하게 한다.

③ 민사연대계약은 동반자의 공동신고 또는 동반자 일방의 일방적 결정에 의해서도 해소된다.

④ 상호 합의로 민사연대계약을 종료하기로 결정한 동반자들은 그 등록지의 민적관이나 민사연대계약의 등록을 진행한 입회공증인에게 이를 위한 공동신고를 제출하거나 전달하여야 한다.

⑤ 민사연대계약을 종료하기로 결정한 동반자는 타방 동반자에게 이를 통지하여야 한다. 이 통지의 사본은 그 등록지의 민적관이나 민사연대계약의 등록을 진행한 입회공증인에게 제출되거나 전달되어야 한다.

⑥ 민적관 또는 입회공증인은 그 해소를 등록하며 공시절차를 진행하게 한다.

⑦ 민사연대계약의 해소는 동반자들 사이의 관계에서는 그 등록일로부터 효력을 발생한다.

⑧ 민사연대계약의 해소는 공시절차가 완료된 날로부터 제3자에게 대항할 수 있다.

⑨ 외국에서는, 본조에 의하여 민적관에게 부여된 직무가 제6항에서 규정된 절차를 수행하거나 동일하게 수행하게 하는 프랑스 외교관이나 영사에 의하여 보장된다.

⑩ 동반자들은 민사연대계약에 의하여 그들에게 발생한 권리와 의무의 청산을 스스로 진행한다. 합의가 이루어지지 않으면, 법관은 민사연대계약의 파기로 인한 재산적 결과에 대하여 심판하여야 하며, 이는 경우에 따라 입게 되는 손해배상에 영향을 미치지 아니한다.

⑪ 반대의 합의가 없으면, 동반자 일방이 타방 동반자에 대하여 가지는 채권은 제1469조에 정한 규정에 따라 평가된다. 이 채권은 그 권리자가 공동생활로부터, 특히 일상생활의 필요를 위하여 약정된 채무에 대하여 자기의 자력 수준으로 분담하지 않음으로써 얻을 수 있었던 이익과 상계할 수 있다.

**Article 515-7-1** Les conditions de formation et les effets d'un partenariat enregistré ainsi que les causes et les effets de sa dissolution sont soumis aux dispositions matérielles de l'État de l'autorité qui a procédé à son enregistrement.

### Chapitre II Du concubinage

**Article 515-8** Le concubinage est une union de fait, caractérisée par une vie commune présentant un caractère de stabilité et de continuité, entre deux personnes, de sexe différent ou de même sexe, qui vivent en couple.

## Titre XIV Des mesures de protection des victimes de violences

**Article 515-9** Lorsque les violences exercées au sein du couple ou par un ancien conjoint, un ancien partenaire lié par un pacte civil de solidarité ou un ancien concubin mettent en danger la personne qui en est victime, un ou plusieurs enfants, le juge aux affaires familiales peut délivrer en urgence à cette dernière une ordonnance de protection.

**Article 515-10** L'ordonnance de protection est délivrée par le juge, saisi par la personne en danger, si besoin assistée, ou, avec l'accord de celle-ci, par le ministère public.

Dès la réception de la demande d'ordonnance de protection, le juge convoque, par tous moyens adaptés, pour une audition, la partie demanderesse et la partie défenderesse, assistées, le cas échéant, d'un avocat, ainsi que le ministère public. Ces auditions peuvent avoir lieu séparément. Elles peuvent se tenir en chambre du conseil.

**제515-7-1조** 등록된 민사연대계약의 성립과 효력에 관한 요건 및 민사연대계약의 해소의 원인과 효력은 민사연대계약의 등록을 수행한 관할국의 실질적 규정에 따른다.

## 제2장 사실혼

**제515-8조** 사실혼은 동반하여 생활하는 이성 또는 동성의 두 사람 사이의 안정성 및 지속성을 나타내는 공동생활로 특징지어지는 사실상 결합이다.

## 제14편 폭력 피해자의 보호조치

**제515-9조** 동반자 또는 과거의 배우자, 민사연대계약으로 결합된 과거의 동반자 또는 과거의 사실혼 배우자에 의하여 행해지는 폭력이, 피해자가 된 사람이나 1인 또는 수인의 자녀를 위험에 처하게 하는 경우, 가사담당 법관은 이들에게 긴급하게 보호처분명령을 내릴 수 있다.

**제515-10조** ① 보호처분명령은, 위험에 처한 사람의 청구 또는 조력이 필요하거나 위험에 처한 사람의 동의를 받으면 검찰의 청구로, 법관에 의하여 내려진다.
② 보호처분명령의 청구를 받은 때부터, 법관은 모든 적정한 수단으로 심문을 위하여 청구인과 피청구인을 소환하며, 경우에 따라서는 변호사 및 검찰을 출석하게 한다. 그 심문은 분리하여 이루어질 수 있다. 그 심문은 비공개회의실에서 개최될 수 있다.

**Article 515-11** L'ordonnance de protection est délivrée, par le juge aux affaires familiales, dans un délai maximal de six jours à compter de la fixation de la date de l'audience, s'il estime, au vu des éléments produits devant lui et contradictoirement débattus, qu'il existe des raisons sérieuses de considérer comme vraisemblables la commission des faits de violence allégués et le danger auquel la victime ou un ou plusieurs enfants sont exposés. A l'occasion de sa délivrance, après avoir recueilli les observations des parties sur chacune des mesures suivantes, le juge aux affaires familiales est compétent pour :

1° Interdire à la partie défenderesse de recevoir ou de rencontrer certaines personnes spécialement désignées par le juge aux affaires familiales, ainsi que d'entrer en relation avec elles, de quelque façon que ce soit ;

1° bis Interdire à la partie défenderesse de se rendre dans certains lieux spécialement désignés par le juge aux affaires familiales dans lesquels se trouve de façon habituelle la partie demanderesse ;

2° Interdire à la partie défenderesse de détenir ou de porter une arme et, le cas échéant, lui ordonner de remettre au service de police ou de gendarmerie qu'il désigne les armes dont elle est détentrice en vue de leur dépôt au greffe ; Lorsque l'ordonnance de protection édicte la mesure prévue au 1°, la décision de ne pas interdire la détention ou le port d'arme est spécialement motivée ;

2° bis Ordonner à la partie défenderesse de remettre au service de police ou de gendarmerie le plus proche du lieu de son domicile les armes dont elle est détentrice ;

2° ter Proposer à la partie défenderesse une prise en charge sanitaire, sociale ou psychologique ou un stage de responsabilisation pour la prévention et la lutte contre les violences au sein du couple et sexistes. En cas de refus de la partie défenderesse, le juge aux affaires familiales en avise immédiatement le procureur de la République ;

3° Statuer sur la résidence séparée des époux. La jouissance du logement conjugal est attribuée, sauf ordonnance spécialement motivée justifiée par des circonstances particulières, au conjoint qui n'est pas l'auteur des violences, et ce même s'il a bénéficié d'un hébergement d'urgence. Dans ce cas, la prise en charge des frais afférents peut être à la charge du conjoint violent ;

4° Se prononcer sur le logement commun de partenaires liés par un pacte civil de solidarité ou de concubins. La jouissance du logement commun est attribuée, sauf ordonnance spécialement motivée justifiée par des circonstances particulières, au partenaire lié par un pacte civil de solidarité ou au concubin qui n'est pas l'auteur des violences, et ce même s'il a bénéficié d'un hébergement d'urgence. Dans ce cas, la prise en charge des frais afférents peut être à la charge du partenaire ou concubin violent ;

**제515-11조** ① 보호처분명령은, 가사담당 법관이 자신에게 제출되어 대심으로 변론된 사항을 고려하여, 주장되고 있는 폭력행위의 사실과 피해자 또는 1인 또는 수인의 자녀에게 노출된 위험의 개연성이 있는 것으로 위원회가 고려할만한 중요한 이유가 있다고 판단하면, 심문일 지정으로부터 최대 6일의 기간 내에 가사담당법관에 의하여 내려질 수 있다. 가사담당 법관이 명령을 내리는 경우, 다음 조치들 중 각각에 대하여 당사자의 의견을 수렴한 후에 다음 각 호의 행위를 할 권한이 있다.

1. 피청구인이 가사담당법관에 의하여 특별히 지정된 특정인을 초대하거나 만나는 것 및 이유 여하를 막론하고 그 특정인과 관계를 맺는 것을 금지하는 것

1의乙. 피청구인이, 일상적으로 청구인이 소재하고 가사담당 법관에 의하여 특별히 지정된 장소에 가는 것을 금지하는 것

2. 피청구인이 무기를 보유하거나 소지하는 것을 금지하는 것, 그리고 경우에 따라서는, 피청구인이 보유한 무기를 법원의 서기에게 보관시키기 위하여 법관이 지정하는 경찰이나 헌병대에 이를 제출하도록 명령하는 것. 보호처분명령이 1호에 규정된 조치를 명하는 경우, 무기의 보유 또는 소지를 금지하지 않기로 하는 결정에는 특별한 이유가 있어야 한다.

2의乙. 피청구인에게 자신이 보유한 무기를 그의 주소지와 가장 근접한 경찰 또는 헌병대에 제출하도록 명령하는 것

2의丙. 피청구인에게 동반자와 성차별주의자 사이의 폭력 예방 및 대응을 위한 보건적, 사회적 또는 심리학적 책임 부담 또는 책임감 고양 연수를 제안하는 것. 피청구인측이 거절하는 경우 가사담당 법관은 즉시 검사장에게 이를 통지한다.

3. 부부의 거소 분리를 심판하는 것. 부부 주거의 향유권은 특수한 사정에 의하여 특별히 정당화된 이유에 따른 명령이 있는 경우를 제외하고는 폭력을 행사하지 않은 배우자에게 귀속되고, 그가 긴급피신처를 이용하고 있는 경우에도 그러하다. 이 경우 관련 비용은 폭력을 행사하는 배우자의 부담이 될 수 있다.

4. 민사연대계약이나 사실혼의 동반자들의 공동 주거를 판결하는 것. 공동주거의 향유권은 특수한 사정에 의하여 특별히 정당화된 이유에 따른 명령이 있는 경우를 제외하고는 폭력을 행사하지 않은 민사연대계약이나 사실혼의 동반자에게 귀속되고, 그가 긴급피신처를 이용하고 있는 경우에도 그러하다. 이 경우 관련 비용은 폭력적인 동반자 또는 사실혼 배우자의 부담이 될 수 있다.

5° Se prononcer sur les modalités d'exercice de l'autorité parentale et, au sens de l'article 373-2-9, sur les modalités du droit de visite et d'hébergement, ainsi que, le cas échéant, sur la contribution aux charges du mariage pour les couples mariés, sur l'aide matérielle au sens de l'article 515-4 pour les partenaires d'un pacte civil de solidarité et sur la contribution à l'entretien et à l'éducation des enfants ; Lorsque l'ordonnance de protection édicte la mesure prévue au 1° du présent article, la décision de ne pas ordonner l'exercice du droit de visite dans un espace de rencontre désigné ou en présence d'un tiers de confiance est spécialement motivée ;

6° Autoriser la partie demanderesse à dissimuler son domicile ou sa résidence et à élire domicile chez l'avocat qui l'assiste ou la représente ou auprès du procureur de la République près le tribunal judiciaire pour toutes les instances civiles dans lesquelles elle est également partie. Si, pour les besoins de l'exécution d'une décision de justice, l'huissier chargé de cette exécution doit avoir connaissance de l'adresse de cette personne, celle-ci lui est communiquée, sans qu'il puisse la révéler à son mandant ;

6° bis Autoriser la partie demanderesse à dissimuler son domicile ou sa résidence et à élire domicile pour les besoins de la vie courante chez une personne morale qualifiée ;

7° Prononcer l'admission provisoire à l'aide juridictionnelle des deux parties ou de l'une d'elles en application du premier alinéa de l'article 20 de la loi n° 91-647 du 10 juillet 1991 relative à l'aide juridique.

Le cas échéant, le juge présente à la partie demanderesse une liste des personnes morales qualifiées susceptibles de l'accompagner pendant toute la durée de l'ordonnance de protection. Il peut, avec son accord, transmettre à la personne morale qualifiée les coordonnées de la partie demanderesse, afin qu'elle la contacte.

Lorsque le juge délivre une ordonnance de protection, il en informe sans délai le procureur de la République, auquel il signale également les violences susceptibles de mettre en danger un ou plusieurs enfants.

**Article 515-11-1** I. - Lorsque l'interdiction prévue au 1° de l'article 515-11 a été prononcée, le juge aux affaires familiales peut prononcer une interdiction de se rapprocher de la partie demanderesse à moins d'une certaine distance qu'il fixe et ordonner, après avoir recueilli le consentement des deux parties, le port par chacune d'elles d'un dispositif électronique mobile anti-rapprochement permettant à tout moment de signaler que la partie défenderesse ne respecte pas cette distance. En cas de refus de la partie défenderesse faisant obstacle au prononcé de cette mesure, le juge aux affaires familiales en avise immédiatement le procureur de la République.

II. - Ce dispositif fait l'objet d'un traitement de données à caractère personnel, dont les conditions et les modalités de mise en œuvre sont définies par décret en Conseil d'Etat.

5. 친권의 행사방법과, 제373-2-9조의 의미로서 방문 및 숙박할 권리의 방법 및 경우에 따라서는, 혼인한 부부에 대해서는 혼인생활비용의 분담, 민사연대계약의 당사자에 대해서는 제515-4조의 의미로서 물질적인 조력 및 자녀에 대한 부양료와 교육비의 분담을 판결하는 것. 보호처분명령이 본조 제1호에 규정된 조치를 명하는 경우, 지정된 만남의 공간에서 또는 신뢰할 수 있는 제3자의 면전에서 방문할 권리의 실행을 명하지 않는 결정에는 특별한 이유가 있어야 한다.


6. 청구인이 그 주소 또는 거소를 은닉하는 것을 허가하고, 청구인을 보좌하거나 대리하는 변호사의 주소지 또는 청구인이 당사자가 되는 모든 민사소송에 관한 민사지방법원에 인접한 검사장의 인근에 주소지를 선택하는 것을 허가하는 것. 법원의 결정을 집행하는 필요로 그 집행을 담당하는 집행관이 청구인의 주소를 알아야 한다면, 그 주소는 집행관에게 전달되나, 집행관은 이를 자신의 위임인에게 알릴 수 없다.

6의乙. 청구인이 그 주소지나 거소지를 은닉하는 것을 허가하고, 일상생활상의 요구를 위해 자격 있는 법인의 주소에 주소지를 선택하는 것을 허가하는 것
7. 사법적 부조에 관한 1991년 7월 10일의 법률 제91-647호 제20조 제1항의 적용에 의하여 양 당사자 또는 그중 1인에 대한 사법적 부조를 일시적으로 승인하는 것

② 경우에 따라서는, 법관은 청구인에게 전체 보호처분명령 기간 동안 청구인을 동반할 능력이 있는 자격 있는 법인의 명부를 제공한다. 법관은 청구인의 동의가 있는 경우 자격 있는 법인이 청구인에게 연락을 취할 수 있도록 청구인의 연락처를 전달할 수 있다.

③ 법관이 보호처분명령을 내리는 경우, 법관은 지체 없이 검사장에게 이를 통지하고, 1인 또는 수인의 자녀를 위험에 처하게 하는 폭력에 대해서도 통지해야 한다.


**제515-11-1조** I. 제515-11조 제1항 제1호에 규정된 금지가 선고된 경우 가사담당 법관은 양 당사자의 동의를 얻은 후에, 법관이 정하고 명령하는 특정 거리 이내로 청구인에게 접근하는 것의 금지와, 언제라도 피청구인이 특정거리를 준수하지 않는 것을 알리도록 허용하는 양 당사자 각자의 모바일 전자 기기 착용을 선고할 수 있다. 이 조치의 선고를 반대하는 피청구인의 거부가 있는 경우, 가사담당 법관은 즉시 검사장에게 이를 통지한다.


II. 이 장치는 개인정보처리대상이 되며, 사용 조건 및 방법은 국사원 데크레에 의하여 정해진다.

**Article 515-12** Les mesures mentionnées à l'article 515-11 sont prises pour une durée maximale de six mois à compter de la notification de l'ordonnance. Elles peuvent être prolongées au-delà si, durant ce délai, une requête en divorce ou en séparation de corps a été déposée ou si le juge aux affaires familiales a été saisi d'une requête relative à l'exercice de l'autorité parentale. Le juge aux affaires familiales peut, à tout moment, à la demande du ministère public ou de l'une ou l'autre des parties, ou après avoir fait procéder à toute mesure d'instruction utile, et après avoir invité chacune d'entre elles à s'exprimer, supprimer ou modifier tout ou partie des mesures énoncées dans l'ordonnance de protection, en décider de nouvelles, accorder à la personne défenderesse une dispense temporaire d'observer certaines des obligations qui lui ont été imposées ou rapporter l'ordonnance de protection.

**Article 515-13** Une ordonnance de protection peut également être délivrée en urgence par le juge à la personne majeure menacée de mariage forcé, dans les conditions fixées à l'article 515-10.

Le juge est compétent pour prendre les mesures mentionnées aux 1°, 2°, 2° bis, 6° et 7° de l'article 515-11. Il peut également ordonner, à sa demande, l'interdiction temporaire de sortie du territoire de la personne menacée. Cette interdiction de sortie du territoire est inscrite au fichier des personnes recherchées par le procureur de la République. L'article 515-12 est applicable aux mesures prises sur le fondement du présent article.

## Livre II Des biens et des différentes modifications de la propriété

**Article 515-14** Les animaux sont des êtres vivants doués de sensibilité. Sous réserve des lois qui les protègent, les animaux sont soumis au régime des biens.

## Titre I<sup>er</sup> De la distinction des biens

**Article 516** Tous les biens sont meubles ou immeubles.

**제515-12조** 제515-11조에 규정된 조치들은 명령의 통지 시로부터 최장 6개월 기간 동안 취해진다. 이 기간 동안 이혼이나 별거 신청이 제출되었거나, 또는 가사담당 법관이 친권의 행사에 관련된 신청을 제소받았다면, 위 조치들은 그 이상으로 연장될 수 있다. 가사담당 법관은 검찰의 청구로 또는 당사자들 중 일방 또는 타방의 청구로, 필요한 모든 심리조치를 진행하게 한 후, 그리고 각 당사자를 불러 그들의 의견을 제시하도록 한 후에는, 언제라도 보호처분명령에서 정한 조치의 전부 또는 일부를 철회하거나 변경할 수 있으며, 새로운 보호처분명령을 결정할 수 있고, 피청구인에게 부과되었던 특정의무 준수의 일시적 면제를 허락하거나 또는 보호처분명령을 철회할 수 있다.

**제515-13조** ① 보호처분명령은 제515-10조에 정한 요건에 따라, 강제 혼인의 위협에 처한 성인에 대해서도 법관에 의하여 긴급하게 내려질 수 있다.

② 법관은 제515-11조 제1호, 제2호, 제2호의乙, 제6호 및 제7호에서 정하는 조치를 취할 권한이 있다. 법관은 또한 위험에 처한 사람의 청구로 그의 거주지역 이탈에 대한 일시적 금지를 명할 수 있다. 이러한 거주지역 이탈 금지는 검사장에 의한 수배자색인에 기재된다. 제515-12조는 본조에 근거하여 취해진 조치에 대하여 적용된다.

## 제2권 물건 및 소유권의 다양한 변경

**제515-14조** 동물은 감성을 타고난 생명체이다. 동물을 보호하는 법률의 유보 하에, 동물은 물건에 관한 법률관계에 따른다.

## 제1편 물건의 분류

**제516조** 모든 물건은 동산 또는 부동산이다.

## Chapitre I<sup>er</sup> Des immeubles

**Article 517** Les biens sont immeubles, ou par leur nature, ou par leur destination, ou par l'objet auquel ils s'appliquent.

**Article 518** Les fonds de terre et les bâtiments sont immeubles par leur nature.

**Article 519** Les moulins à vent ou à eau, fixés sur piliers et faisant partie du bâtiment, sont aussi immeubles par leur nature.

**Article 520** Les récoltes pendantes par les racines et les fruits des arbres non encore recueillis sont pareillement immeubles.

Dès que les grains sont coupés et les fruits détachés, quoique non enlevés, ils sont meubles.

Si une partie seulement de la récolte est coupée, cette partie seule est meuble.

**Article 521** Les coupes ordinaires des bois taillis ou de futaies mises en coupes réglées ne deviennent meubles qu'au fur et à mesure que les arbres sont abattus.

**Article 522** Les animaux que le propriétaire du fonds livre au fermier ou au métayer pour la culture, estimés ou non, sont soumis au régime des immeubles tant qu'ils demeurent attachés au fonds par l'effet de la convention.

Ceux qu'il donne à cheptel à d'autres qu'au fermier ou métayer sont soumis au régime des meubles.

**Article 523** Les tuyaux servant à la conduite des eaux dans une maison ou autre héritage sont immeubles et font partie du fonds auquel ils sont attachés.

# 제1장 부동산

**제517조** 물건은 성질에 의하여, 용도에 의하여 또는 그것이 적용되는 객체에 의하여 부동산이 된다.

**제518조** 토지와 건물은 성질에 의한 부동산이다.

**제519조** 기둥에 고정되어 건물의 일부를 구성하는, 풍차 또는 수차도, 성질에 의한 부동산이다.

**제520조** ① 뿌리에 의하여 매달린 수확물과 나무에서 아직 분리되지 않은 과실은 마찬가지로 부동산이다.12)
② 곡물이 잘리거나 과실이 분리되는 즉시 이동되지 않더라도, 동산이 된다.

③ 수확물의 일부만이 잘린 때에는, 그 일부만이 동산이다.

**제521조** 정기적으로 벌목된 관목과 교목의 통상적인 벌목은 나무가 쓰러지는 때마다 동산이 된다.

**제522조** ① 토지의 소유자가 농지임차인 또는 정률임차인에게 경작을 위하여 인도한 동물은, 가액이 평가되었든 그렇지 않든, 합의의 효력에 의하여 토지에 부속되어 있는 한 부동산에 관한 법률관계에 따른다.
② 토지의 소유자가 정액토지임차인 또는 분익토지임차인 이외의 자에게 임대하는 동물은 동산에 관한 법률관계에 따른다.13)

**제523조** 주택 또는 다른 부동산에 물을 끌어들이는 데에 사용되는 수도관은 부동산으로서 그것이 부속된 토지의 일부를 구성한다.14)

---

12) 본항의 부동산도 성질에 의한 부동산이다.
13) 본항의 임대하다(donner à chepel)의 의미는 제1801조에 따른다.
14) 본조의 부동산도 성질에 의한 부동산이다.

**Article 524** Les objets que le propriétaire d'un fonds y a placés pour le service et l'exploitation de ce fonds sont immeubles par destination.

Les animaux que le propriétaire d'un fonds y a placés aux mêmes fins sont soumis au régime des immeubles par destination.

Ainsi, sont immeubles par destination, quand ils ont été placés par le propriétaire pour le service et l'exploitation du fonds :

Les ustensiles aratoires ;

Les semences données aux fermiers ou métayers ;

Les ruches à miel ;

Les pressoirs, chaudières, alambics, cuves et tonnes ;

Les ustensiles nécessaires à l'exploitation des forges, papeteries et autres usines ;

Les pailles et engrais.

Sont aussi immeubles par destination tous effets mobiliers que le propriétaire a attachés au fonds à perpétuelle demeure.

**Article 525** Le propriétaire est censé avoir attaché à son fonds des effets mobiliers à perpétuelle demeure, quand ils y sont scellés en plâtre ou à chaux ou à ciment, ou, lorsqu'ils ne peuvent être détachés sans être fracturés ou détériorés, ou sans briser ou détériorer la partie du fonds à laquelle ils sont attachés.

Les glaces d'un appartement sont censées mises à perpétuelle demeure lorsque le parquet sur lequel elles sont attachées fait corps avec la boiserie.

Il en est de même des tableaux et autres ornements.

Quant aux statues, elles sont immeubles lorsqu'elles sont placées dans une niche pratiquée exprès pour les recevoir, encore qu'elles puissent être enlevées sans fracture ou détérioration.

**Article 526** Sont immeubles, par l'objet auquel ils s'appliquent :

L'usufruit des choses immobilières ;

Les servitudes ou services fonciers ;

Les actions qui tendent à revendiquer un immeuble.

**제524조** ① 토지의 소유자가 토지의 사용과 운용을 위하여 토지에 설치한 물건은 용도에 의한 부동산이다.
② 토지의 소유자가 같은 목적으로 토지에 둔 동물은 용도에 의한 부동산에 관한 법률관계에 따른다.
③ 또한, 토지의 소유자가 토지의 사용과 운용을 위하여 토지에 설치한 다음의 물건은 용도에 의한 부동산이다.
농기구
농지임차인 또는 정률임차인에게 인도된 종자
꿀벌통
포도압축기, 포도주가열기, 포도주증류기, 양조통과 큰 통
대장간, 제지 공장 및 기타 공장의 운용에 필요한 도구
짚과 비료
④ 토지의 소유자가 영구적으로 토지에 부속한 모든 동산도 용도에 의한 부동산이다.


**제525조** ① 동산이 석고, 석회 또는 시멘트로 토지에 부착된 때, 또는 동산이 파괴되거나 훼손되지 않고서는 분리할 수 없거나 동산이 부착되어 있는 토지의 일부를 파괴하거나 훼손하지 않고서는 동산을 분리할 수 없는 경우, 토지의 소유자가 그 동산을 영구적으로 토지에 부착한 것으로 본다.
② 주택의 거울은 그 거울이 부착된 나무판이 벽판과 일체가 된 때에는 영구적으로 부착된 된 것으로 본다.
③ 그림액자 및 기타 장식품도 마찬가지이다.
④ 조각상은 그것을 놓을 의도로 만든 벽감(壁龕)에 설치된 경우에는 파괴 또는 훼손하지 않고서 옮길 수 있더라도 부동산이다.


**제526조** 다음의 권리는 그 권리가 적용되는 객체에 의한 부동산이다.
부동산점용권
지역권 또는 토지상의 부담
어느 부동산의 반환을 목적으로 하는 소권

## Chapitre II Des meubles

**Article 527** Les biens sont meubles par leur nature ou par la détermination de la loi.

**Article 528** Sont meubles par leur nature les biens qui peuvent se transporter d'un lieu à un autre.

**Article 529** Sont meubles par la détermination de la loi les obligations et actions qui ont pour objet des sommes exigibles ou des effets mobiliers, les actions ou intérêts dans les compagnies de finance, de commerce ou d'industrie, encore que des immeubles dépendant de ces entreprises appartiennent aux compagnies. Ces actions ou intérêts sont réputés meubles à l'égard de chaque associé seulement, tant que dure la société.

Sont aussi meubles par la détermination de la loi les rentes perpétuelles ou viagères, soit sur l'Etat, soit sur des particuliers.

**Article 530** Toute rente établie à perpétuité pour le prix de la vente d'un immeuble, ou comme condition de la cession à titre onéreux ou gratuit d'un fonds immobilier, est essentiellement rachetable.

Il est néanmoins permis au créancier de régler les clauses et conditions du rachat.

Il lui est aussi permis de stipuler que la rente ne pourra lui être remboursée qu'après un certain terme, lequel ne peut jamais excéder trente ans ; toute stipulation contraire est nulle.

**Article 531** Les bateaux, bacs, navires, moulins et bains sur bateaux, et généralement toutes usines non fixées par des piliers, et ne faisant point partie de la maison, sont meubles : la saisie de quelques-uns de ces objets peut cependant, à cause de leur importance, être soumise à des formes particulières, ainsi qu'il sera expliqué dans le code de la procédure civile.

**Article 532** Les matériaux provenant de la démolition d'un édifice, ceux assemblés pour en construire un nouveau, sont meubles jusqu'à ce qu'ils soient employés par l'ouvrier dans une construction.

## 제2장 동산

**제527조** 물건은 성질에 의하여 또는 법률의 정함에 의하여 동산이 된다.

**제528조** 한 장소에서 다른 장소로 이동될 수 있는 물건은 성질에 의한 동산이다.

**제529조** ① 즉시 청구가능한 금액이나 동산을 목적으로 하는 채권(債權)과 소권, 또는 금융회사, 상사회사 또는 산업회사의 주식이나 지분은, 이 사업들에 종속되는 부동산이 이 회사들에 귀속하는 경우에도 법률의 정함에 의한 동산이 된다. 이들 주식이나 지분은 회사가 존속하는 한 각 사원에 대해서만은 동산으로 본다.15)16)

② 국가에 대한 것이든 개인에 대한 것이든 영구적 또는 종신의 정기금도 법률의 정함에 의한 동산이다.17)

**제530조** ① 부동산의 매매대금으로서 또는 부동산자산의 유상 또는 무상의 양도조건으로서 종신으로 성립한 모든 정기금은 본질적으로 환매할 수 있다.18)

② 그럼에도 불구하고 채권자에게는 환매에 관한 조항과 요건을 정하는 것이 허용된다.
③ 또한 채권자에게는 정기금이 일정한 기간이 경과한 후에만 자신에게 반환될 수 있는 것으로 약정하는 것이 허용되지만, 그 기간은 30년을 초과할 수 없다. 이에 반하는 모든 약정은 무효이다.

**제531조** 선박, 나룻배, 함선, 선박 위의 풍차와 욕조 및 일반적으로 기둥에 의하여 고정되지 않아 주택을 구성하지 않은 모든 설비는 동산이다. 그러나 이 물건에 대한 압류는 그 중요성으로 인하여 민사소송법전에 규정된 바와 같은 특별한 형식에 따른다.

**제532조** 건물의 철거로부터 나오는 재료, 새로운 건물의 건축을 위하여 모아 놓은 재료는 노무자에 의하여 건축에 사용되기까지는 동산이다.

---

15) compagnie란 société de commerce를 말한다. 여기서 intérets는 배당금이 아니라 지분을 말한다.
16) actions은 "les obligations et actions"에서는 소권을 "les actions ou intérêts"에서는 주식을 가리킨다.
17) 구법시대에는 토지의 매매대금으로서 토지에 대한 정기적 급부가 성립할 수가 있었다. 이 경우 토지를 대상으로 하는 토지정기금(la rente foncière)이 성립하는바, 이는 물권으로서 부동산이었다. 이에 반하여 본항은 국가 또는 개인의 정기적 급부를 대상으로 하는 것이므로 동산이 되는 것이다.
18) 본조는 정기금 중 영구적 정기금에 대하여 규정하고 있다.

**Article 533** Le mot "meuble", employé seul dans les dispositions de la loi ou de l'homme, sans autre addition ni désignation, ne comprend pas l'argent comptant, les pierreries, les dettes actives, les livres, les médailles, les instruments des sciences, des arts et métiers, le linge de corps, les équipages, armes, grains, vins, foins et autres denrées ; il ne comprend pas aussi ce qui fait l'objet d'un commerce.

**Article 534** Les mots "meubles meublants" ne comprennent que les meubles destinés à l'usage et à l'ornement des appartements, comme tapisseries, lits, sièges, glaces, pendules, tables, porcelaines et autres objets de cette nature.

Les tableaux et les statues qui font partie du meuble d'un appartement y sont aussi compris, mais non les collections de tableaux qui peuvent être dans les galeries ou pièces particulières.

Il en est de même des porcelaines : celles seulement qui font partie de la décoration d'un appartement sont comprises sous la dénomination de "meubles meublants".

**Article 535** L'expression "biens meubles", celle de "mobilier ou d'effets mobiliers", comprennent généralement tout ce qui est censé meuble d'après les règles ci-dessus établies.

La vente ou le don d'une maison meublée ne comprend que les meubles meublants.

**Article 536** La vente ou le don d'une maison, avec tout ce qui s'y trouve, ne comprend pas l'argent comptant, ni les dettes actives et autres droits dont les titres peuvent être déposés dans la maison ; tous les autres effets mobiliers y sont compris.

## Chapitre III Des biens dans leurs rapports avec ceux qui les possèdent

**Article 537** Les particuliers ont la libre disposition des biens qui leur appartiennent, sous les modifications établies par les lois.

Les biens qui n'appartiennent pas à des particuliers sont administrés et ne peuvent être aliénés que dans les formes et suivant les règles qui leur sont particulières.

**Article 538** (abrogé)

**제533조** 달리 추가나 설명 없이 법률의 규정이나 사람에 의하여 단독으로 사용되는 "동산"이라는 용어는 현금, 보석, 채권(債權), 서적, 훈장, 과학기재, 공예품, 의복, 장신구, 총기,19) 곡물, 포도주, 건초 및 기타 식료품20)을 포함하지 아니한다. "동산"이라는 용어는 상거래의 객체가 되는 것도 포함하지 아니한다.


**제534조** ① "가구용 동산"이라는 용어는 장식융단, 침대, 의자, 거울, 추시계, 탁자, 도자기 및 기타 이러한 성질의 물건으로서 주택의 사용과 장식에 사용되는 동산만을 포함한다.

② 주택의 동산을 구성하는 그림과 조각상도 가구용 동산에 포함되지만, 회랑 또는 특정의 방에 있는 그림의 수집품은 그러하지 않다.

③ 도자기도 마찬가지이다. 주택의 장식을 구성하는 도자기만이 "가구용 동산"이라는 명칭에 포함된다.

**제535조** ① "동산인 물건" 또는 "동산"이라는 표현은 일반적으로 위에서 확립된 규칙에 따라 동산으로 간주되는 모든 물건을 포함한다.

② 가구가 구비된 주택의 매매 또는 증여는 가구용 동산만을 포함한다.

**제536조** 주택에 소재하는 모든 동산을 포함하는 주택의 매매 또는 증여는 현금, 채권(債權) 및 주택 내에 놓여진 증서로 표상되는 기타 권리는 포함하지 아니한다. 그러나 그 밖의 모든 동산은 이에 포함된다.


## 제3장 물건을 점유하는 자와의 관계에서의 물건

**제537조** ① 사인은, 법률에 의하여 정해진 변경 하에서, 자신에게 속하는 물건에 대한 자유로운 처분권을 가진다.
② 사인에게 속하지 않는 물건은 그것에 특유한 형식 및 규칙에 따라 관리되고, 그에 따라서만 양도될 수 있다.

**제538조** (삭제)

---

19) 의복(신체), 서적(정신), 공예품 등(직업) 등 개인과 밀접한 관련이 있는 물건들의 예시이다.
20) 소유권의 이용을 위한 물건들의 예시이다.

**Article 539** Les biens des personnes qui décèdent sans héritiers ou dont les successions sont abandonnées appartiennent à l'Etat.

**Article 540** (abrogé)
**Article 541** (abrogé)

**Article 542** Les biens communaux sont ceux à la propriété ou au produit desquels les habitants d'une ou plusieurs communes ont un droit acquis.

**Article 543** On peut avoir sur les biens, ou un droit de propriété, ou un simple droit de jouissance, ou seulement des services fonciers à prétendre.

## Titre II De la propriété

**Article 544** La propriété est le droit de jouir et disposer des choses de la manière la plus absolue, pourvu qu'on n'en fasse pas un usage prohibé par les lois ou par les règlements.

**Article 545** Nul ne peut être contraint de céder sa propriété, si ce n'est pour cause d'utilité publique, et moyennant une juste et préalable indemnité.

**Article 546** La propriété d'une chose soit mobilière, soit immobilière, donne droit sur tout ce qu'elle produit, et sur ce qui s'y unit accessoirement soit naturellement, soit artificiellement.
Ce droit s'appelle "droit d'accession".

## Chapitre I<sup>er</sup> Du droit d'accession sur ce qui est produit par la chose

**Article 547** Les fruits naturels ou industriels de la terre,
Les fruits civils,
Le croît des animaux, appartiennent au propriétaire par droit d'accession.

**제539조** 상속인 없이 사망한 자의 물건 또는 상속이 포기된 물건은 국가에 귀속한다.

**제540조** (삭제)
**제541조** (삭제)

**제542조** 지방자치단체의 물건이란 하나 또는 다수의 지방자치단체의 주민들이 그 소유권 또는 산출물에 대하여 취득한 권리를 가지는 물건을 말한다.

**제543조** 물건에 대하여는 소유권, 단순한 향유권 또는 주장할 수 있는 토지상의 부담만을 가진다.

## 제2편 소유권

**제544조** 소유권은, 법령에 의하여 그에 대한 금지된 사용을 하지 않는 한, 가장 절대적인 방법으로 물건을 향유하고 처분할 수 있는 권리이다.

**제545조** 누구도 공익을 원인으로 하여 정당한 사전 보상을 받지 아니하는 한 자신의 소유권을 양도하도록 강제 받지 아니한다.

**제546조** ① 물건의 소유권은 동산이든 부동산이든, 그 물건이 산출하는 모든 것과 그 물건에 자연적 또는 인위적으로 부속된 것에 대한 권리를 부여한다.
② 이 권리를 "첨부권"이라 한다.

### 제1장 물건에 의하여 산출된 것에 대한 첨부권

**제547조** 토지의 천연과실 또는 인공과실,
법정과실,
동물의 새끼는 첨부권에 의하여 그 소유자에게 속한다.

**Article 548** Les fruits produits par la chose n'appartiennent au propriétaire qu'à la charge de rembourser les frais des labours, travaux et semences faits par des tiers et dont la valeur est estimée à la date du remboursement.

**Article 549** Le simple possesseur ne fait les fruits siens que dans le cas où il possède de bonne foi. Dans le cas contraire, il est tenu de restituer les produits avec la chose au propriétaire qui la revendique; si lesdits produits ne se retrouvent pas en nature, leur valeur est estimée à la date du remboursement.

**Article 550** Le possesseur est de bonne foi quand il possède comme propriétaire, en vertu d'un titre translatif de propriété dont il ignore les vices.

Il cesse d'être de bonne foi du moment où ces vices lui sont connus.

## Chapitre II Du droit d'accession sur ce qui s'unit et s'incorpore à la chose

**Article 551** Tout ce qui s'unit et s'incorpore à la chose appartient au propriétaire, suivant les règles qui seront ci-après établies.

### Section 1 Du droit d'accession relativement aux choses immobilières

**Article 552** La propriété du sol emporte la propriété du dessus et du dessous.

Le propriétaire peut faire au-dessus toutes les plantations et constructions qu'il juge à propos, sauf les exceptions établies au titre "Des servitudes ou services fonciers".

Il peut faire au-dessous toutes les constructions et fouilles qu'il jugera à propos, et tirer de ces fouilles tous les produits qu'elles peuvent fournir, sauf les modifications résultant des lois et règlements relatifs aux mines, et des lois et règlements de police.

**Article 553** Toutes constructions, plantations et ouvrages sur un terrain ou dans l'intérieur sont présumés faits par le propriétaire à ses frais et lui appartenir, si le contraire n'est prouvé ; sans préjudice de la propriété qu'un tiers pourrait avoir acquise ou pourrait acquérir par prescription soit d'un souterrain sous le bâtiment d'autrui, soit de toute autre partie du bâtiment.

**제548조** 물건으로부터 산출된 과실은 제3자에 의한 경작, 노동 및 종자 비용을 상환하는 부담으로만 소유자에게 속하고 그 가액은 상환일에 산정된다.

**제549조** 단순히 점유한 자는 선의로 점유한 경우에만 과실을 자신의 것으로 한다. 반대의 경우, 물건의 반환을 청구한 소유자에게 그 물건과 함께 과실을 반환해야 한다. 그 과실을 원물(原物)로 반환할 수 없다면, 그 가액은 상환일에 산정된다.

**제550조** ① 점유자가 그 흠결을 알지 못하는 소유권이전권원에 의하여 소유자로서 점유한 경우에 선의이다.
② 점유자가 소유권이전권원의 흠결을 안 때로부터 선의는 중단된다.

## 제2장 물건의 결합·합체물에 대한 첨부권

**제551조** 물건에 결합되어 합체되는 모든 것은 아래에서 정한 규정에 따라 물건의 소유자에게 속한다.

### 제1절 부동산에 관한 첨부권

**제552조** ① 토지의 소유권은 토지 상하의 소유권에 미친다.
② 소유자는 "지역권" 편에서 정하는 예외를 제외하고는 지상에 그가 적절하다고 판단하는 수목의 식재와 건축 모두를 할 수 있다.
③ 소유자는 광산 및 공적 질서에 관한 법령으로 인한 변경을 제외하고는, 그 지하에서 그가 적절하다고 판단하는 모든 건축 및 채굴을 할 수 있으며, 이 채굴로부터 제공될 수 있는 모든 산출물을 얻을 수 있다.

**제553조** 지상 또는 지중에 있는 모든 건축물·수목 및 공작물은 반증이 없으면 토지소유자가 자기의 비용으로 설치하고 자기에게 속하는 것으로 추정된다. 다만, 타인의 건물 아래의 지하 공간 또는 건물의 다른 모든 부분에 대하여 제3자가 시효로 취득하였거나 취득할 수 있는 소유권의 취득을 침해하지 못한다.

**Article 554** Le propriétaire du sol qui a fait des constructions, plantations et ouvrages avec des matériaux qui ne lui appartenaient pas doit en payer la valeur estimée à la date du paiement ; il peut aussi être condamné à des dommages-intérêts, s'il y a lieu : mais le propriétaire des matériaux n'a pas le droit de les enlever.

**Article 555** Lorsque les plantations, constructions et ouvrages ont été faits par un tiers et avec des matériaux appartenant à ce dernier, le propriétaire du fonds a le droit, sous réserve des dispositions de l'alinéa 4, soit d'en conserver la propriété, soit d'obliger le tiers à les enlever.

Si le propriétaire du fonds exige la suppression des constructions, plantations et ouvrages, elle est exécutée aux frais du tiers, sans aucune indemnité pour lui ; le tiers peut, en outre, être condamné à des dommages-intérêts pour le préjudice éventuellement subi par le propriétaire du fonds.

Si le propriétaire du fonds préfère conserver la propriété des constructions, plantations et ouvrages, il doit, à son choix, rembourser au tiers, soit une somme égale à celle dont le fonds a augmenté de valeur, soit le coût des matériaux et le prix de la main-d'œuvre estimés à la date du remboursement, compte tenu de l'état dans lequel se trouvent lesdites constructions, plantations et ouvrages.

Si les plantations, constructions et ouvrages ont été faits par un tiers évincé qui n'aurait pas été condamné, en raison de sa bonne foi, à la restitution des fruits, le propriétaire ne pourra exiger la suppression desdits ouvrages, constructions et plantations, mais il aura le choix de rembourser au tiers l'une ou l'autre des sommes visées à l'alinéa précédent.

**Article 556** Les atterrissements et accroissements qui se forment successivement et imperceptiblement aux fonds riverains d'un cours d'eau s'appellent "alluvion".

L'alluvion profite au propriétaire riverain, qu'il s'agisse d'un cours d'eau domanial ou non; à la charge, dans le premier cas, de laisser le marchepied ou chemin de halage, conformément aux règlements.

**Article 557** Il en est de même des relais que forme l'eau courante qui se retire insensiblement de l'une de ses rives en se portant sur l'autre : le propriétaire de la rive découverte profite de l'alluvion, sans que le riverain du côté opposé y puisse venir réclamer le terrain qu'il a perdu.

Ce droit n'a pas lieu à l'égard des relais de la mer.

**제554조** 토지 위에 자기에게 속하지 않는 재료로써 건축물, 수목 및 공작물을 설치한 토지소유자는 변제일에 산정된 그 가액을 상환하여야 한다. 토지소유자는 필요하다면, 손해배상의 책임이 있다. 그러나 재료의 소유자는 이를 수거할 권리를 가지지 못한다.

**제555조** ① 수목, 건축물 및 공작물이 제3자에 의하여 그의 재료로 이루어진 경우 토지소유자는, 제4항의 규정의 유보 하에서, 소유권을 보유하거나 제3자에게 이를 수거하도록 강제할 수 있다.

② 토지소유자가 건축물, 수목 및 공작물의 철거를 청구한다면, 그 철거는 제3자의 비용으로 제3자를 위한 아무런 보상 없이 할 수 있다. 또한 제3자는 토지소유자가 입은 손해를 배상할 책임이 있다.

③ 토지소유자가 건축물, 수목 및 공작물에 대한 소유권을 보유하고자 하는 경우, 그는 건축물, 수목 및 공작물의 상태를 고려하여, 그의 선택에 따라 토지의 가치증가분에 해당하는 금액이나, 상환일에 산정된 재료의 비용 및 노무에 대한 보수를 제3자에게 상환하여야 한다.

④ 수목, 건축 및 공작물이 권리를 박탈당하였지만, 선의임을 이유로, 과실에 대한 반환책임은 없는 제3자에 의하여 이루어졌다면, 토지소유자는 당해 공작물, 건축물 및 수목의 철거를 청구할 수 없으나, 제3자에게 제3항에 규정된 금액 중 하나를 상환하는 것을 선택할 수 있다.

**제556조** ① 유수의 연안지(沿岸地)에 연속적이고 서서히 형성된 퇴적지 및 충적토를 "충적지"라고 한다.
② 충적지는 국공유 유수인지의 여부와 관계없이 연안지 소유자에게 이익이 된다. 다만, 국공유 유수인 경우에는 규칙에 따라 계단식 경사로나 예선로의 사용을 용인하여야 한다.

**제557조** ① 유수(流水)가 한쪽 연안에서 점진적으로 밀려나 다른 연안을 대상으로 흘러 형성된 모래톱의 경우에도 전조와 같다. 드러난 연안지 소유자는 충적지로부터 이익을 얻게 되는 반면, 대안(對岸)의 소유자가 자신이 상실한 토지를 청구할 수 없다.

② 이 권리는 바다의 모래톱에 대하여는 발생하지 아니한다.

**Article 558** L'alluvion n'a pas lieu à l'égard des lacs et étangs, dont le propriétaire conserve toujours le terrain que l'eau couvre quand elle est à la hauteur de la décharge de l'étang, encore que le volume de l'eau vienne à diminuer.

Réciproquement, le propriétaire de l'étang n'acquiert aucun droit sur les terres riveraines que son eau vient à couvrir dans des crues extraordinaires.

**Article 559** Si un cours d'eau, domanial ou non, enlève par une force subite une partie considérable et reconnaissable d'un champ riverain, et la porte vers un champ inférieur ou sur la rive opposée, le propriétaire de la partie enlevée peut réclamer sa propriété ; mais il est tenu de former sa demande dans l'année : après ce délai, il n'y sera plus recevable, à moins que le propriétaire du champ auquel la partie enlevée a été unie, n'eût pas encore pris possession de celle-ci.

**Article 560** Les îles, îlots, atterrissements, qui se forment dans le lit des cours d'eau domaniaux, appartiennent à la personne publique propriétaire du domaine concerné, en l'absence de titre ou de prescription contraire.

**Article 561** Les îles et atterrissements qui se forment dans les cours d'eau non domaniaux, appartiennent aux propriétaires riverains du côté où l'île s'est formée : si l'île n'est pas formée d'un seul côté, elle appartient aux propriétaires riverains des deux côtés, à partir de la ligne qu'on suppose tracée au milieu du cours d'eau.

**Article 562** Si un cours d'eau, en se formant un bras nouveau, coupe et embrasse le champ d'un propriétaire riverain, et en fait une île, ce propriétaire conserve la propriété de son champ, encore que l'île se soit formée dans un cours d'eau domanial.

**제558조** ① 충적지는 호수와 연못에 대하여는 발생하지 아니하며, 그 소유자는, 수량이 감소하더라도, 연못의 배수구의 높이까지 물이 찼을 때에 그 수면 이하에 있는 토지에 대한 소유권을 항상 보유한다.

② 반면, 연못의 소유자는 비정상적으로 불어난 연못물에 잠긴 연안지에 대하여 어떠한 권리도 취득하지 못한다.

**제559조** 유수가, 국공유이든 아니든, 갑작스런 힘에 의하여 연안지의 상당하고 현저한 부분을 분리시켜 하류지 또는 대안(對岸)으로 이동시킨다면, 그 분리된 부분의 연안지 소유자는 그 소유권을 주장할 수 있다. 그러나 그 소유자는 1년 내에 소를 제기하여야 한다. 이 기간 이후에는 그는 더 이상 소를 제기할 수 없으나, 분리된 부분이 결합된 연안지 소유자가 그 토지에 대한 점유를 개시하지 않은 경우에는 그러하지 아니하다.

**제560조** 국공유 유수의 하상(河床)에 형성된 도서 및 충적토는 권원 또는 반대 규정이 없으면, 관련 국공유재산의 소유자인 공적 주체에게 속한다.

**제561조** 국공유가 아닌 유수에서 형성된 섬들과 충적토는 그 섬이 형성된 쪽의 연안지 소유자에게 속한다. 그 섬이 한쪽에만 형성되지 않은 경우에는 그것은 유수의 가상의 중앙선으로부터 양안(兩岸)의 소유자에게 속한다.

**제562조** 유수가 새로운 지류를 형성하면서 연안지 소유자의 토지를 분리하고 에워싸서 섬을 형성하는 경우, 그 섬이 국공유 유수에서 형성된 경우에도 연안지 소유자는 그 섬의 소유권을 보유한다.

**Article 563** Si un cours d'eau domanial forme un nouveau cours en abandonnant son ancien lit, les propriétaires riverains peuvent acquérir la propriété de cet ancien lit, chacun en droit soi, jusqu'à une ligne qu'on suppose tracée au milieu du cours d'eau. Le prix de l'ancien lit est fixé par des experts nommés par le président du tribunal de la situation des lieux, à la requête de l'autorité compétente.

A défaut par les propriétaires riverains de déclarer, dans les trois mois de la notification qui leur sera faite par l'autorité compétente, l'intention de faire l'acquisition aux prix fixés par les experts, il est procédé à l'aliénation de l'ancien lit selon les règles qui président aux aliénations du domaine des personnes publiques.

Le prix provenant de la vente est distribué aux propriétaires des fonds occupés par le nouveau cours à titre d'indemnité, dans la proportion de la valeur du terrain enlevé à chacun d'eux.

**Article 564** Les pigeons, lapins, poissons, qui passent dans un autre colombier, garenne ou plan d'eau visé aux articles L. 431-6 et L. 431-7 du code de l'environnement appartiennent au propriétaire de ces derniers, pourvu qu'ils n'y aient point été attirés par fraude et artifice.

## Section 2 Du droit d'accession relativement aux choses mobilières

**Article 565** Le droit d'accession, quand il a pour objet deux choses mobilières appartenant à deux maîtres différents, est entièrement subordonné aux principes de l'équité naturelle.

Les règles suivantes serviront d'exemple au juge pour se déterminer, dans les cas non prévus, suivant les circonstances particulières.

**Article 566** Lorsque deux choses appartenant à différents maîtres, qui ont été unies de manière à former un tout, sont néanmoins séparables, en sorte que l'une puisse subsister sans l'autre, le tout appartient au maître de la chose qui forme la partie principale, à la charge de payer à l'autre la valeur, estimée à la date du paiement, de la chose qui a été unie.

**Article 567** Est réputée partie principale celle à laquelle l'autre n'a été unie que pour l'usage, l'ornement ou le complément de la première.

**제563조** ① 국공유 유수가 종래의 하상을 떠나 새로운 유수를 형성한다면, 연안지 소유자들은 유수의 가상의 중앙선까지, 직각으로[21] 종래 하상의 소유권을 취득할 수 있다. 종래 하상의 가액은 주무관청의 신청으로 그 지역을 관할하는 법원이 지명한 감정인에 의하여 정해진다.

② 연안지 소유자가 주무관청에 의하여 통지가 이루어진 날로부터 3월 이내에 감정인에 의하여 정해진 대금으로 취득할 의사를 표시하지 않은 때에는, 공적 주체의 국공유재산의 매각에 관한 규정에 따라 종래 하상이 양도된다.

③ 매매대금은 새로운 유수가 차지한 토지 소유자에게 그들 각자가 상실한 토지의 가액에 비례하여 보상으로 분급된다.

**제564조** 다른 비둘기장, 토끼장 또는 환경법전 제L.431-6조 및 제L.431-7조에서 규정된 양어장으로 이동한 비둘기, 토끼 및 물고기는 기망적이고 인위적으로 유인된 것이 아닌 한 그 이동한 비둘기장, 토끼장 또는 양어장의 소유자에게 속한다.

## 제2절 동산에 관한 첨부권

**제565조** ① 첨부권은, 서로 다른 두 소유자에게 속하는 두 개의 동산을 목적으로 하는 경우에는 전적으로 자연적 형평의 원칙에 따른다.
② 다음의 규정은 법률의 정함이 없는 경우에는 특수한 사정에 따라 법원의 결정을 위한 기준으로서 작용한다.

**제566조** 서로 다른 소유자에게 속한 두 개의 물건이 합성물로 부합되었지만, 한 물건이 다른 물건 없이 존재할 수 있을 정도로 두 물건이 분리될 수 있을 때에는, 그 합성물은 주된 부분을 형성하는 물건의 소유자에게 속하고, 합성물 소유자는 지급일에 평가된 부합된 물건의 가액을 타인에게 변제할 책임이 있다.

**제567조** 이용, 장식 또는 완성을 위해서만 다른 물건이 부합되어 있는 어떤 물건은 주된 부분으로 간주된다.

---

21) 원문 'chacun en droit soi'는 연안지에서 가상의 중앙선까지 '직각으로'를 의미한다.

**Article 568** Néanmoins, quand la chose unie est beaucoup plus précieuse que la chose principale, et quand elle a été employée à l'insu du propriétaire, celui-ci peut demander que la chose unie soit séparée pour lui être rendue, même quand il pourrait en résulter quelque dégradation de la chose à laquelle elle a été jointe.

**Article 569** Si, de deux choses unies pour former un seul tout, l'une ne peut point être regardée comme l'accessoire de l'autre, celle-là est réputée principale qui est la plus considérable en valeur, ou en volume, si les valeurs sont à peu près égales.

**Article 570** Si un artisan ou une personne quelconque a employé une matière qui ne lui appartenait pas à former une chose d'une nouvelle espèce, soit que la matière puisse ou non reprendre sa première forme, celui qui en était le propriétaire a le droit de réclamer la chose qui en a été formée en remboursant le prix de la main-d'œuvre estimée à la date du remboursement.

**Article 571** Si, cependant, la main-d'œuvre était tellement importante qu'elle surpassât de beaucoup la valeur de la matière employée, l'industrie serait alors réputée la partie principale et l'ouvrier aurait le droit de retenir la chose travaillée, en remboursant au propriétaire le prix de la matière, estimée à la date du remboursement.

**Article 572** Lorsqu'une personne a employé en partie la matière qui lui appartenait et en partie celle qui ne lui appartenait pas à former une chose d'une espèce nouvelle, sans que ni l'une ni l'autre des deux matières soit entièrement détruite, mais de manière qu'elles ne puissent pas se séparer sans inconvénient, la chose est commune aux deux propriétaires, en raison, quant à l'un, de la matière qui lui appartenait, quant à l'autre, en raison à la fois et de la matière qui lui appartenait et du prix de sa main-d'œuvre. Le prix de la main-d'œuvre est estimé à la date de la licitation prévue à l'article 575.

**Article 573** Lorsqu'une chose a été formée par le mélange de plusieurs matières appartenant à différents propriétaires, mais dont aucune ne peut être regardée comme la matière principale, si les matières peuvent être séparées, celui à l'insu duquel les matières ont été mélangées peut en demander la division.

Si les matières ne peuvent plus être séparées sans inconvénient, ils en acquièrent en commun la propriété dans la proportion de la quantité, de la qualité et de la valeur des matières appartenant à chacun d'eux.

**제568조** 그러나, 부합된 물건이 주된 물건보다 현저하게 값진 것이고 그것이 소유자가 모르는 사이에 부합된 경우에는 그 소유자는 부합된 물건을 분리시켜 자신에게 반환할 것을 요구할 수 있고, 이는 부합된 물건이 부착되어 있는 주된 물건에 훼손이 발생할 수 있는 경우에도 마찬가지이다.

**제569조** 합성물을 구성하는 두 개의 물건 중 하나의 물건이 다른 물건에 종속된 것으로 볼 수 없는 경우, 가치가 더 큰 물건이 주된 부분으로, 또는 가치가 거의 같다면 부피가 더 큰 물건이 주된 부분으로 간주된다.

**제570조** 수공업자 또는 기타의 자가 자기 소유가 아닌 재료를 사용해서 새로운 종류의 물건을 가공하였다면, 그 재료가 원래의 형태로 회복될 수 있는지 여부와 관계없이, 그 재료의 소유자는 상환일에 산정된 노무에 대한 보수를 상환하고 가공된 물건을 반환청구할 권리를 가진다.

**제571조** 그러나, 노무가 사용된 재료의 가액을 현저히 초과할 정도로 중대하면, 가공은 이 경우에 주된 부분으로 간주되어 가공자는 상환일에 산정된 재료의 가액을 그 소유자에게 상환하고 노무가 이루어진 물건을 취득할 권리를 가진다.

**제572조** 어떤 사람이 일부는 자기 소유의 재료를, 일부는 타인 소유의 재료를 사용하여, 두 재료 모두 완전히 훼손되지 않고는 용이하게 분리할 수 없는 정도로 새로운 종류의 물건을 형성한 경우, 그 물건은 일방에 대해서는 자기 소유의 재료를 고려하여, 타방에 대해서는 자기 소유의 재료와 노무에 대한 보수를 동시에 고려하여 두 소유자의 공유가 된다. 노무에 대한 보수는 제575조에서 정한 공유재산 경매일에 산정된다.

**제573조** ① 어떤 물건이 수인의 소유자들에게 속하는 여러 재료가 혼화하여 형성되었지만, 어떤 재료도 주된 재료로 간주될 수 없는 경우, 그 재료가 분리될 수 있으면, 자신이 모르는 상태에서 재료가 혼화된 당사자는 혼화물을 분리할 것을 청구할 수 있다.

② 재료가 더 이상 용이하게 분리될 수 없으면, 각 재료의 소유자들은 자기 소유의 재료의 수량, 품질 및 가액에 비례하여 그 물건의 소유권을 공동으로 취득한다.

**Article 574** Si la matière appartenant à l'un des propriétaires était de beaucoup supérieure à l'autre par la quantité et le prix, en ce cas le propriétaire de la matière supérieure en valeur pourrait réclamer la chose provenue du mélange en remboursant à l'autre la valeur de sa matière, estimée à la date du remboursement.

**Article 575** Lorsque la chose reste en commun entre les propriétaires des matières dont elle a été formée, elle doit être licitée au profit commun.

**Article 576** Dans tous les cas où le propriétaire dont la matière a été employée, à son insu, à former une chose d'une autre espèce peut réclamer la propriété de cette chose, il a le choix de demander la restitution de sa matière en même nature, quantité, poids, mesure et bonté, ou sa valeur estimée à la date de la restitution.

**Article 577** Ceux qui auront employé des matières appartenant à d'autres, et à leur insu, pourront aussi être condamnés à des dommages et intérêts, s'il y a lieu, sans préjudice des poursuites par voie extraordinaire, si le cas y échet.

## Titre III De l'usufruit, de l'usage et de l'habitation

### Chapitre I<sup>er</sup> De l'usufruit

**Article 578** L'usufruit est le droit de jouir des choses dont un autre a la propriété, comme le propriétaire lui-même, mais à la charge d'en conserver la substance.

**Article 579** L'usufruit est établi par la loi, ou par la volonté de l'homme.

**Article 580** L'usufruit peut être établi, ou purement, ou à certain jour, ou à condition.

**Article 581** Il peut être établi sur toute espèce de biens meubles ou immeubles.

### Section 1 Des droits de l'usufruitier

**Article 582** L'usufruitier a le droit de jouir de toute espèce de fruits, soit naturels, soit industriels, soit civils, que peut produire l'objet dont il a l'usufruit.

**제574조** 소유자 중 한 사람이 소유한 재료의 수량과 가액이 타인의 것보다 현저히 크다면, 이 경우 가치가 큰 재료의 소유자는 상환일에 산정된 재료의 가격을 타인에게 상환하고 혼화로 인한 물건을 청구할 수 있다.

**제575조** 물건이 그것이 형성된 재료의 소유자들의 공유로 남아 있는 경우, 물건은 공유자의 공동이익으로 경매되어야 한다.

**제576조** 자기 모르게 자기 소유의 재료가 다른 종류의 물건을 형성하는 데 사용된 재료의 소유자가 그 물건의 소유권을 주장할 수 있는 모든 경우, 재료의 소유자는 동일한 성질, 수량, 무게, 길이, 품질로 자신의 재료의 반환을 청구하거나 반환일에 산정된 가액의 반환을 청구하는 것을 선택할 수 있다.

**제577조** 타인 소유의 재료를 소유자 몰래 사용한 자는, 필요하다면 손해배상책임도 부담하나, 경우에 따라서는 특별 절차에 의한 소구에는 영향을 미치지 아니한다.

## 제3편 점용권, 사용권, 주거권

### 제1장 점용권

**제578조** 점용권은 타인이 소유한 물건을 소유자처럼 향유하는 권리이지만, 그 실체를 보존하는 것을 부담으로 한다.

**제579조** 점용권은 법률이나, 사람의 의사에 의하여 성립한다.

**제580조** 점용권은 시기(始期)나 조건 없이, 또는 시기부나 조건부로 성립할 수 있다.

**제581조** 점용권은 모든 종류의 동산 또는 부동산에 대하여 성립할 수 있다.

#### 제1절 점용권자의 권리

**제582조** 점용권자는 자신이 점용권을 가지는 목적물로부터 발생할 수 있는, 천연이든, 인공이든, 법정이든, 모든 종류의 과실을 향유할 권리를 가진다.

**Article 583** Les fruits naturels sont ceux qui sont le produit spontané de la terre. Le produit et le croît des animaux sont aussi des fruits naturels.

Les fruits industriels d'un fonds sont ceux qu'on obtient par la culture.

**Article 584** Les fruits civils sont les loyers des maisons, les intérêts des sommes exigibles, les arrérages des rentes.

Les prix des baux à ferme sont aussi rangés dans la classe des fruits civils.

**Article 585** Les fruits naturels et industriels, pendants par branches ou par racines au moment où l'usufruit est ouvert, appartiennent à l'usufruitier.

Ceux qui sont dans le même état au moment où finit l'usufruit appartiennent au propriétaire, sans récompense de part ni d'autre des labours et des semences, mais aussi sans préjudice de la portion des fruits qui pourrait être acquise au métayer, s'il en existait un au commencement ou à la cessation de l'usufruit.

**Article 586** Les fruits civils sont réputés s'acquérir jour par jour et appartiennent à l'usufruitier à proportion de la durée de son usufruit. Cette règle s'applique aux prix des baux à ferme comme aux loyers des maisons et autres fruits civils.

**Article 587** Si l'usufruit comprend des choses dont on ne peut faire usage sans les consommer, comme l'argent, les grains, les liqueurs, l'usufruitier a le droit de s'en servir, mais à la charge de rendre, à la fin de l'usufruit, soit des choses de même quantité et qualité soit leur valeur estimée à la date de la restitution.

**Article 588** L'usufruit d'une rente viagère donne aussi à l'usufruitier, pendant la durée de son usufruit, le droit d'en percevoir les arrérages, sans être tenu à aucune restitution.

**Article 589** Si l'usufruit comprend des choses qui, sans se consommer de suite, se détériorent peu à peu par l'usage, comme du linge, des meubles meublants, l'usufruitier a le droit de s'en servir pour l'usage auquel elles sont destinées, et n'est obligé de les rendre à la fin de l'usufruit que dans l'état où elles se trouvent, non détériorées par son dol ou par sa faute.

**제583조** ① 천연과실은 토지로부터 자연적으로 발생한 산출물인 과실이다. 동물의 산출물과 새끼도 천연과실에 속한다.
② 토지의 인공과실은 경작에 의하여 얻어지는 과실이다.

**제584조** ① 법정과실은 주택의 차임, 청구할 수 있는 금전채권의 이자, 정기금의 급여이다.
② 농지임대차의 차임도 법정과실에 속한다.

**제585조** ① 점용권이 개시된 때 식물의 가지나 뿌리에 달린 천연과실 및 인공과실은 점용권자에게 속한다.
② 점용권이 종료한 때 동일한 상태에 있는 천연과실 및 인공과실은 소유자에게 속하고, 소유권자 또는 점용권자에 의하여든 경작이나 종자에 관한 보상을 해줄 필요는 없으나, 점용권의 개시 또는 종료 시에 정률임차인이 있었다면, 그가 취득할 수 있었던 과실의 부분에 대하여도 영향을 미치지 아니한다.

**제586조** 법정과실은 일수(日數)로 취득되는 것으로 간주되어, 점용권의 존속기간의 비율에 따라 점용권자에게 귀속한다. 이 규칙은 주택의 차임, 기타 법정과실뿐만 아니라 농지임대차계약의 차임에 적용된다.

**제587조** 점용권이 금전, 곡물, 주류와 같이 소비하지 않고서는 사용할 수 없는 물건을 포함하면, 점용권자는 이를 사용할 권리가 있으나, 점용권이 종료한 때, 같은 수량 및 품질의 물건이든, 반환시점에 산정한 가액이든 반환하여야 한다.

**제588조** 종신정기금의 점용권 역시 점용권자에게, 점용권의 존속기간 동안, 급여를 수취할 권리를 부여하지만, 어떠한 반환도 책임지지 아니한다.

**제589조** 점용권이 의복, 가구용 동산과 같이, 즉시 소비되지는 아니하나 사용으로 점차 소모되는 물건을 포함하면, 점용권자는 그 물건의 용법에 따라 이를 사용할 권리를 가지고, 고의 또는 과실로 훼손된 것이 아닌 한, 점용권이 종료한 때 물건이 현존하는 상태로만 반환할 의무를 부담한다.

**Article 590** Si l'usufruit comprend des bois taillis, l'usufruitier est tenu d'observer l'ordre et la quotité des coupes, conformément à l'aménagement ou à l'usage constant des propriétaires ; sans indemnité toutefois en faveur de l'usufruitier ou de ses héritiers, pour les coupes ordinaires, soit de taillis, soit de baliveaux, soit de futaie, qu'il n'aurait pas faites pendant sa jouissance.

Les arbres qu'on peut tirer d'une pépinière sans la dégrader ne font aussi partie de l'usufruit qu'à la charge par l'usufruitier de se conformer aux usages des lieux pour le remplacement.

**Article 591** L'usufruitier profite encore, toujours en se conformant aux époques et à l'usage des anciens propriétaires, des parties de bois de haute futaie qui ont été mises en coupes réglées, soit que ces coupes se fassent périodiquement sur une certaine étendue de terrain, soit qu'elles se fassent d'une certaine quantité d'arbres pris indistinctement sur toute la surface du domaine.

**Article 592** Dans tous les autres cas, l'usufruitier ne peut toucher aux arbres de haute futaie : il peut seulement employer, pour faire les réparations dont il est tenu, les arbres arrachés ou brisés par accident ; il peut même, pour cet objet, en faire abattre s'il est nécessaire, mais à la charge d'en faire constater la nécessité avec le propriétaire.

**Article 593** Il peut prendre, dans les bois, des échalas pour les vignes ; il peut aussi prendre, sur les arbres, des produits annuels ou périodiques ; le tout suivant l'usage du pays ou la coutume des propriétaires.

**Article 594** Les arbres fruitiers qui meurent, ceux mêmes qui sont arrachés ou brisés par accident, appartiennent à l'usufruitier, à la charge de les remplacer par d'autres.

**제590조** ① 점용권이 관목림(灌木林)[22)]을 포함하면, 점용권자는 소유자들의 정비나 통상의 관행에 따라 벌목의 순서와 양을 준수할 의무가 있다. 그러나 점용권자는, 관목(灌木)이든, 소교목(小喬木)이든, 교목(喬木)이든, 향유기간 동안 행하지 않은, 통상적인 벌목에 대하여는, 점용권자나 그의 상속인을 위하여 보상할 필요는 없다.

② 묘상(苗床)의 훼손 없이 묘상으로부터 뽑을 수 있는 수목은 또한 점용권자가 묘목 보충에 관한 해당 지역의 관행에 따른다는 부담 하에만 점용권에 속한다.

**제591조** 점용권자는, 여전히 종전 소유자들의 시기 및 관행에 따라 정기적 벌목이 행해진 대교목(大喬木)의 부분들로부터도 이익을 누리며, 이 벌목이 정기적으로 일정한 범위의 지역에서 이루어지든, 이 벌목이 분포지의 전 지역에서 구별 없이 일정 수량의 수목에 대하여 이루어지든 그러하다.

**제592조** 그 밖에 모든 경우에는, 점용권자는 대교목을 벌목할 수 없다. 점용권자는 자신이 의무가 있는 수리를 하기 위하여 우연히 뽑히거나 절단된 나무를 사용할 수 있을 뿐이다. 이 목적을 위하여 필요하면, 점용권자는 벌목도 할 수 있으나, 소유자와 함께 그 목적을 확인할 의무를 진다.

**제593조** 점용권자는, 대교목림에서, 포도나무용 버팀목을 취할 수 있다. 또한 점용권자는 수목에서 연간 또는 정기적 산출물을 수취할 수 있다. 이러한 모든 것은 그 지역의 관행 또는 소유자들의 관습에 따른다.

**제594조** 고사한 과수(果樹)와 우연히 뽑히거나 부러진 과수는, 이를 다른 과수로 보충하는 것을 부담으로 하여, 점용권자에게 속한다.

---

22) 관목림은 관목, 소교목, 교목을 포함하는 개념으로, 대교목은 이에 포함되지 아니한다.
    수목 점용권은, 그 대상이 관목림인지, 대교목림인지, 과수림인지에 따라 그 효력이 상이하다. 이는 관목림의 경우 통상적으로 벌채가 행해지고 그 보충이 쉬우나, 대교목림의 경우에는 그렇지 않다는 점 때문에 그러하다. 관목이란 키가 작고 원줄기와 가지의 구별이 분명하지 않으며 밑동에서 가지를 많이 치는 나무를 뜻하고, 대교목은 줄기가 곧고 굵으며 높이가 큰 나무를 뜻한다.

**Article 595** L'usufruitier peut jouir par lui-même, donner à bail à un autre, même vendre ou céder son droit à titre gratuit.

Les baux que l'usufruitier seul a faits pour un temps qui excède neuf ans ne sont, en cas de cessation de l'usufruit, obligatoires à l'égard du nu-propriétaire que pour le temps qui reste à courir, soit de la première période de neuf ans, si les parties s'y trouvent encore, soit de la seconde, et ainsi de suite de manière que le preneur n'ait que le droit d'achever la jouissance de la période de neuf ans où il se trouve.

Les baux de neuf ans ou au-dessous que l'usufruitier seul a passés ou renouvelés plus de trois ans avant l'expiration du bail courant s'il s'agit de biens ruraux, et plus de deux ans avant la même époque s'il s'agit de maisons, sont sans effet, à moins que leur exécution n'ait commencé avant la cessation de l'usufruit.

L'usufruitier ne peut, sans le concours du nu-propriétaire, donner à bail un fonds rural ou un immeuble à usage commercial, industriel ou artisanal. A défaut d'accord du nu-propriétaire, l'usufruitier peut être autorisé par justice à passer seul cet acte.

**Article 596** L'usufruitier jouit de l'augmentation survenue par alluvion à l'objet dont il a l'usufruit.

**Article 597** Il jouit des droits de servitude, de passage, et généralement de tous les droits dont le propriétaire peut jouir, et il en jouit comme le propriétaire lui-même.

**Article 598** Il jouit aussi, de la même manière que le propriétaire, des mines et carrières qui sont en exploitation à l'ouverture de l'usufruit ; et néanmoins, s'il s'agit d'une exploitation qui ne puisse être faite sans une concession, l'usufruitier ne pourra en jouir qu'après en avoir obtenu la permission du Président de la République.

Il n'a aucun droit aux mines et carrières non encore ouvertes, ni aux tourbières dont l'exploitation n'est point encore commencée, ni au trésor qui pourrait être découvert pendant la durée de l'usufruit.

**제595조** ① 점용권자는 점용권을 스스로 향유하거나, 타인에게 임대할 수 있고, 심지어 매도하거나 무상으로 양도할 수 있다.

② 점용권자가 단독으로 9년이 넘는 기간으로 체결한 임대차계약은, 점용권이 종료된 경우에는, 당사자들이 아직 첫 9년의 기간에 속해있다면 그 잔존기간 동안, 두 번째 9년의 기간에 속해있다면 그 잔존기간 동안 등과 같이, 임차인이 속한 9년의 기간의 향유를 완성할 권리만을 가지는 방식으로 제한소유권자에 대하여 구속력이 있다.[23]

③ 농지임대차라면, 현존하는 임대차계약이 종료하기 3년도 더 전에, 주택임대차라면, 현존하는 임대차계약이 종료하기 2년도 더 전에, 점용권자가 단독으로 체결하거나 갱신한 9년 또는 그 미만의 임대차계약은 효력이 없으나, 그 이행이 점용권의 종료 전에 개시된 때에는 그러하지 아니하다.

④ 점용권자는 제한소유권자의 협력 없이는 농지 또는 상업용, 공업용, 수공업용의 부동산을 임대할 수 없다. 제한소유권자의 동의가 없으면, 점용권자는 법원의 허가를 얻어 단독으로 이 계약을 체결할 수 있다.

**제596조** 점용권자는 그가 점용권을 가지는 목적물에 충적(沖積)으로 인하여 발생된 증가분을 향유한다.

**제597조** 점용권자는 지역권, 통행권 및 소유자가 일반적으로 누릴 수 있는 모든 권리를 향유하고, 점용권자는 스스로 소유자처럼 이를 향유한다.

**제598조** ① 점용권자는 점용권이 개시한 때에 개발 중에 있는 광산 및 채석장에 대하여 소유자와 마찬가지로 권리를 향유한다. 그럼에도 불구하고, 특허 없이 이루어질 수 없는 개발인 경우 점용권자는, 그에 대해서 대통령의 허가를 받은 후에만 이익을 향유할 수 있다.[24]

② 점용권자는 아직 채굴에 착수하지 않는 광산, 채석장, 아직 개발에 착수하지 않은 이탄장(泥炭場) 및 점용권의 존속기간 중에 발견될 수 있는 매장물에 대한 어떠한 권리도 갖지 아니한다.

---

23) 2010년에 점용권자인 A가 B에게 점용물을 30년간 임대하였는데, (1) 점용권이 2015년에 종료하면 B는 소유권자에게 임대차의 첫 번째 9년의 기간인 2019년까지만 대항할 수 있고, (2) 점용권이 2020년에 종료하면 B는 소유권자에게 임대차의 두 번째 9년의 기간인 2028년까지만 대항할 수 있고, (3) 점용권이 2035년에 종료하면 B는 소유권자에게 임대차의 세 번째 9년의 기간인 2037년까지 대항할 수 있다.

24) 대부분의 광산이 1946년 국유화가 되어 이에 대한 사인간의 점용권 설정에 대해서는 이 조문이 거의 실익이 없어졌다.

**Article 599** Le propriétaire ne peut, par son fait, ni de quelque manière que ce soit, nuire aux droits de l'usufruitier.

De son côté, l'usufruitier ne peut, à la cessation de l'usufruit, réclamer aucune indemnité pour les améliorations qu'il prétendrait avoir faites, encore que la valeur de la chose en fût augmentée.

Il peut cependant, ou ses héritiers, enlever les glaces, tableaux et autres ornements qu'il aurait fait placer, mais à la charge de rétablir les lieux dans leur premier état.

### Section 2 Des obligations de l'usufruitier

**Article 600** L'usufruitier prend les choses dans l'état où elles sont, mais il ne peut entrer en jouissance qu'après avoir fait dresser, en présence du propriétaire, ou lui dûment appelé, un inventaire des meubles et un état des immeubles sujets à l'usufruit.

**Article 601** Il donne caution de jouir raisonnablement, s'il n'en est dispensé par l'acte constitutif de l'usufruit ; cependant les père et mère ayant l'usufruit légal du bien de leurs enfants, le vendeur ou le donateur, sous réserve d'usufruit, ne sont pas tenus de donner caution.

**Article 602** Si l'usufruitier ne trouve pas de caution, les immeubles sont donnés à ferme ou mis en séquestre ;

Les sommes comprises dans l'usufruit sont placées ;

Les denrées sont vendues et le prix en provenant est pareillement placé ;

Les intérêts de ces sommes et les prix des fermes appartiennent, dans ce cas, à l'usufruitier.

**Article 603** A défaut d'une caution de la part de l'usufruitier, le propriétaire peut exiger que les meubles qui dépérissent par l'usage soient vendus, pour le prix en être placé comme celui des denrées ; et alors l'usufruitier jouit de l'intérêt pendant son usufruit : cependant l'usufruitier pourra demander, et les juges pourront ordonner, suivant les circonstances, qu'une partie des meubles nécessaires pour son usage lui soit délaissée, sous sa simple caution juratoire, et à la charge de les représenter à l'extinction de l'usufruit.

**Article 604** Le retard de donner caution ne prive pas l'usufruitier des fruits auxquels il peut avoir droit ; ils lui sont dus du moment où l'usufruit a été ouvert.

**제599조** ① 소유자는, 자신의 행위, 또는 그 어떠한 방법으로든, 점용권자의 권리를 해할 수 없다.

② 점용권자는 점용기간 종료 시 물건의 가치가 증가되었더라도, 자신이 하였다고 주장하는 개량행위에 대한 어떠한 보상도 청구할 수 없다.

③ 그러나 점용권자 또는 그의 상속인들은 자신이 설치한 거울, 그림 및 기타 장식물을 수거할 수 있으나, 처음의 상태로 그 장소를 원상회복할 부담을 진다.

## 제2절 점용권자의 의무

**제600조** 점용권자는 물건을 그 있는 상태대로 점용하나, 소유자가 참석하거나 또는 그를 적법하게 소환하여, 점용권의 대상이 되는 동산목록과 부동산현황조사서를 작성하게 한 후에만 향유할 수 있다.

**제601조** 점용권을 설정하는 행위에 의하여 면제받지 않았다면, 점용권자는 합리적으로 향유하는 것에 대한 보증인을 세운다. 그러나 자녀들의 물건에 법정 점용권을 가지고 있는 부모와 점용권을 유보한 매도인 또는 증여자는 보증인을 세울 의무가 없다.

**제602조** ① 점용권자가 보증인을 구하지 못한다면, 부동산은 임대되거나 계쟁물로 임치되어야 한다.

② 점용권에 포함된 금전은 예치되어야 한다.

③ 식료품은 매각되고, 그로 인하여 생긴 대금도 또한 예치되어야 한다.

④ 금전의 이자 및 차임은, 이 경우에, 점용권자에게 속한다.

**제603조** 점용권자 측에 보증인이 없으면, 소유자는 사용으로 멸실되는 동산의 매각을 청구할 수 있고, 그 가액은 식료품의 매각대금처럼 예치된다. 이 경우에 점용권자는 존속기간 동안 이자를 향유한다. 그러나 단순한 보증서 하에, 점용권의 소멸 시에 동산을 표시할 것을 부담으로 하여, 동산의 일부를 자신에게 남겨둘 것을 점용권자가 청구할 수 있으며, 그리고 법원은 상황에 따라서 이를 명령할 수 있다.

**제604조** 보증인을 세울 의무를 지체하는 것은 점용권자에게 그가 권리를 가질 수 있는 과실을 박탈하지 아니한다. 과실은 점용권이 개시된 때로부터 점용권자에게 귀속된다.

**Article 605** L'usufruitier n'est tenu qu'aux réparations d'entretien.

Les grosses réparations demeurent à la charge du propriétaire, à moins qu'elles n'aient été occasionnées par le défaut de réparations d'entretien, depuis l'ouverture de l'usufruit ; auquel cas l'usufruitier en est aussi tenu.

**Article 606** Les grosses réparations sont celles des gros murs et des voûtes, le rétablissement des poutres et des couvertures entières.

Celui des digues et des murs de soutènement et de clôture aussi en entier.

Toutes les autres réparations sont d'entretien.

**Article 607** Ni le propriétaire, ni l'usufruitier, ne sont tenus de rebâtir ce qui est tombé de vétusté, ou ce qui a été détruit par cas fortuit.

**Article 608** L'usufruitier est tenu, pendant sa jouissance, de toutes les charges annuelles de l'héritage, telles que les contributions et autres qui dans l'usage sont censées charges des fruits.

**Article 609** A l'égard des charges qui peuvent être imposées sur la propriété pendant la durée de l'usufruit, l'usufruitier et le propriétaire y contribuent ainsi qu'il suit :
Le propriétaire est obligé de les payer, et l'usufruitier doit lui tenir compte des intérêts ;
Si elles sont avancées par l'usufruitier, il a la répétition du capital à la fin de l'usufruit.

**Article 610** Le legs fait par un testateur, d'une rente viagère ou pension alimentaire, doit être acquitté par le légataire universel de l'usufruit dans son intégrité, et par le légataire à titre universel de l'usufruit dans la proportion de sa jouissance, sans aucune répétition de leur part.

**Article 611** L'usufruitier à titre particulier n'est pas tenu des dettes auxquelles le fonds est hypothéqué : s'il est forcé de les payer, il a son recours contre le propriétaire, sauf ce qui est dit à l'article 1020, au titre "Des donations entre vifs et des testaments".

제605조 ① 점용권자는 유지에 관한 수선책임만이 있다.
② 대수선은, 유지에 관한 수선의 결여로 발생하지 않은 한, 점용권이 개시된 이후 소유자가 계속 부담한다. 그러나 유지에 관한 수선의 결여로 인한 경우에는 점용권자도 역시 대수선의무를 부담한다.

제606조 ① 대수선은, 대벽 및 궁륭의 수선과 들보 및 지붕 전체의 복원이다.

② 제방, 옹벽 및 담장 전체의 복원 또한 대수선이다.
③ 그 밖의 모든 수선은 유지에 관한 것이다.

제607조 소유자, 점용권자 중 그 누구도 후폐로 붕괴되거나 우연한 사정으로 파괴된 것에 대하여는 재건축할 책임을 지지 아니한다.

제608조 점용권자는, 향유하는 동안, 공과금 및 관행상 과실에 대한 부담으로 간주되는 기타 비용과 같은 부동산의 모든 연례적 부담에 대하여 책임이 있다.


제609조 점용기간 동안 소유물에 대하여 부과될 수 있는 부담과 관련하여, 점용권자와 소유자는 다음에 의하여 이를 분담한다.
소유자는 이를 변제할 의무가 있고, 점용권자는 그에게 이자를 계산할 의무가 있다.
부담이 점용권자에 의하여 선급된다면, 점용권의 종료 시에 원본의 반환을 청구할 권리가 있다.

제610조 유언자에 의한 종신정기금 또는 부양료에 대한 유증은, 점용권의 포괄적 수유자에 의해서는 그 전체를, 점용권의 부분 포괄 수유자에 의해서는 그 향유에 비례하여 이행하여야 하며, 그 부분에 대하여는 어떠한 반환도 이루어지지 아니한다.


제611조 특정 점용권자는 그 토지에 대하여 저당권이 설정된 채무를 변제할 책임이 없다. 점용권자가 할 수 없이 이를 변제하여야 했다면, 점용권자는 "생전증여와 유언에 관한 편"에서의, 제1020조에서 정한 경우를 제외하고 소유자에 대하여 구상권을 가진다.

**Article 612** L'usufruitier, ou universel, ou à titre universel, doit contribuer avec le propriétaire au paiement des dettes ainsi qu'il suit :

On estime la valeur du fonds sujet à usufruit ; on fixe ensuite la contribution aux dettes à raison de cette valeur.

Si l'usufruitier veut avancer la somme pour laquelle le fonds doit contribuer, le capital lui en est restitué à la fin de l'usufruit, sans aucun intérêt.

Si l'usufruitier ne veut pas faire cette avance, le propriétaire a le choix, ou de payer cette somme, et, dans ce cas, l'usufruitier lui tient compte des intérêts pendant la durée de l'usufruit, ou de faire vendre jusqu'à due concurrence une portion des biens soumis à l'usufruit.

**Article 613** L'usufruitier n'est tenu que des frais des procès qui concernent la jouissance et des autres condamnations auxquelles ces procès pourraient donner lieu.

**Article 614** Si, pendant la durée de l'usufruit, un tiers commet quelque usurpation sur le fonds, ou attente autrement aux droits du propriétaire, l'usufruitier est tenu de le dénoncer à celui-ci ; faute de ce, il est responsable de tout le dommage qui peut en résulter pour le propriétaire, comme il le serait de dégradations commises par lui-même.

**Article 615** Si l'usufruit n'est établi que sur un animal qui vient à périr sans la faute de l'usufruitier, celui-ci n'est pas tenu d'en rendre un autre, ni d'en payer l'estimation.

**Article 616** Si le troupeau sur lequel un usufruit a été établi périt entièrement par accident ou par maladie et sans la faute de l'usufruitier, celui-ci n'est tenu envers le propriétaire que de lui rendre compte des cuirs, ou de leur valeur estimée à la date de la restitution.

Si le troupeau ne périt pas entièrement, l'usufruitier est tenu de remplacer, jusqu'à concurrence du croît, les têtes des animaux qui ont péri.

### Section 3 Comment l'usufruit prend fin

**Article 617** L'usufruit s'éteint :

Par la mort de l'usufruitier ;

Par l'expiration du temps pour lequel il a été accordé ;

Par la consolidation ou la réunion sur la même tête, des deux qualités d'usufruitier et de propriétaire ;

Par le non-usage du droit pendant trente ans ;

Par la perte totale de la chose sur laquelle l'usufruit est établi.

**제612조** ① 포괄적 또는 부분 포괄적 점용권자는 소유자와 함께 채무 변제에 대하여 다음과 같이 분담하여야 한다.
점용권의 대상인 토지의 가액을 산정한다. 채무의 분담을 이 가액에 기초하여 정한다.

② 점용권자가 그 토지가 분담하여야 할 금액을 선급하고자 하면, 원본은 점용권의 종료 시에 아무런 이자 없이 그에게 반환되어야 한다.
③ 점용권자가 선급하고자 하지 않으면, 소유자는 그 금액을 변제하고 점용권자에게 점용기간 중의 이자를 부담하게 하거나, 점용권의 대상인 물건의 일부분을 그 금액의 한도에서 매각하게 할 수 있는 선택권을 가진다.

**제613조** 점용권자는 향유에 관한 소송비용과 그 소송으로 인해서 발생할 기타의 제재에 대하여만 책임이 있다.

**제614조** 점용기간 동안 제3자가 그 토지에 어떠한 침입을 하거나 다른 방법으로 소유자의 권리를 침해하면 점용권자는 소유자에게 이를 알려야 한다. 이를 알리지 않은 경우에는 점용권자는 스스로 야기한 훼손에 대하여 배상책임이 있듯이 소유자에게 발생하는 손해 전부에 대하여 배상하여야 한다.

**제615조** 점용권이 어느 한 동물에 대하여 성립되고 그 동물이 점용권자의 과책 없이 죽으면, 그는 다른 동물을 반환하거나 그 산정된 가액을 변제할 책임이 없다.

**제616조** ① 점용권이 성립된 동물의 무리가 사고 또는 질병으로 점용권자의 과책 없이 전부 죽으면, 점용권자는 소유자에 대하여 가죽 또는 반환 일에 산정된 가죽의 가액만을 반환할 책임만 있다.
② 동물의 무리가 전부 죽지 않으면, 점용권자는 번식의 한도 내에서 죽은 동물의 수만큼 대체할 책임이 있다.

## 제3절 점용권은 어떻게 종료하는가

**제617조** 점용권은 다음의 사유로 소멸한다.
점용권자의 사망
점용권의 존속기간 만료
점용권자와 소유자의 지위의 혼동

30년간 점용권의 미사용
점용권이 성립된 물건 전부의 멸실

**Article 618** L'usufruit peut aussi cesser par l'abus que l'usufruitier fait de sa jouissance, soit en commettant des dégradations sur le fonds, soit en le laissant dépérir faute d'entretien.

Les créanciers de l'usufruitier peuvent intervenir dans les contestations pour la conservation de leurs droits ; ils peuvent offrir la réparation des dégradations commises et des garanties pour l'avenir.

Les juges peuvent, suivant la gravité des circonstances, ou prononcer l'extinction absolue de l'usufruit, ou n'ordonner la rentrée du propriétaire dans la jouissance de l'objet qui en est grevé, que sous la charge de payer annuellement à l'usufruitier, ou à ses ayants cause, une somme déterminée, jusqu'à l'instant où l'usufruit aurait dû cesser.

**Article 619** L'usufruit qui n'est pas accordé à des particuliers ne dure que trente ans.

**Article 620** L'usufruit accordé jusqu'à ce qu'un tiers ait atteint un âge fixe dure jusqu'à cette époque, encore que le tiers soit mort avant l'âge fixé.

**Article 621** En cas de vente simultanée de l'usufruit et de la nue-propriété d'un bien, le prix se répartit entre l'usufruit et la nue-propriété selon la valeur respective de chacun de ces droits, sauf accord des parties pour reporter l'usufruit sur le prix.

La vente du bien grevé d'usufruit, sans l'accord de l'usufruitier, ne modifie pas le droit de ce dernier, qui continue à jouir de son usufruit sur le bien s'il n'y a pas expressément renoncé.

**Article 622** Les créanciers de l'usufruitier peuvent faire annuler la renonciation qu'il aurait faite à leur préjudice.

**Article 623** Si une partie seulement de la chose soumise à l'usufruit est détruite, l'usufruit se conserve sur ce qui reste.

**Article 624** Si l'usufruit n'est établi que sur un bâtiment, et que ce bâtiment soit détruit par un incendie ou autre accident, ou qu'il s'écroule de vétusté, l'usufruitier n'aura le droit de jouir ni du sol ni des matériaux.

Si l'usufruit était établi sur un domaine dont le bâtiment faisait partie, l'usufruitier jouirait du sol et des matériaux.

**제618조** ① 점용권은 점용권자가 토지를 훼손하든, 유지의 잘못으로 이를 노후하게 방치하든 자신의 향유를 남용함에 의하여 또한 종료될 수 있다.
② 점용권자의 채권자는 자신의 권리를 보존하기 위해 소송에 참가할 수 있다. 그는 발생한 훼손에 대한 수선과 장래를 위한 담보를 제공할 수 있다.

③ 법원은 사정의 중대성에 따라 점용권의 절대적 소멸을 선고하거나, 점용권자 또는 그의 승계인에게 점용권이 종료되었을 시기까지 매년 일정 금액을 지급할 부담 하에만, 소유자에게 점용권이 설정된 목적물의 향유를 회복할 것을 명할 수 있다.


**제619조** 자연인에게 부여되지 않은 점용권은 30년 동안만 존속한다.

**제620조** 제3자가 정해진 연령에 도달할 때까지로 합의된 점용권은, 제3자가 정해진 연령이 되기 전에 사망하는 경우에도 이 시기까지 존속한다.

**제621조** ① 물건의 점용권과 제한소유권이 동시에 매매된 경우, 그 대금은 점용권이 대금에 대하여 존속한다는 당사자의 합의가 있는 경우를 제외하고는 이들 권리의 각 가액에 따라 점용권자와 제한소유권자에게 분배된다.
② 점용권이 설정된 물건의 매매는 점용권자의 동의가 없으면 점용권자의 권리를 변경시키지 아니하며, 점용권자가 명시적으로 포기하지 않는 한 그 물건에 관한 향유를 계속한다.


**제622조** 점용권자의 채권자는 점용권자가 그에게 손해를 가한 점용권포기를 무효화시킬 수 있다.


**제623조** 점용물의 일부만이 멸실되면, 점용권은 잔존부분에 존속한다.


**제624조** ① 점용권이 건물에 대하여만 성립되고, 그 건물이 화재 기타 사고로 멸실되거나 노후로 인해 붕괴되면, 점용권자는 대지에 대하여든 재료에 대하여든 향유할 권리가 없다.

② 점용권이 건물이 그 일부를 차지하는 토지에 대하여 성립되었다면, 점용권자는 대지와 건물의 재료에 대하여 향유할 권리가 있다.

## Chapitre II De l'usage et de l'habitation

**Article 625** Les droits d'usage et d'habitation s'établissent et se perdent de la même manière que l'usufruit.

**Article 626** On ne peut en jouir, comme dans le cas de l'usufruit, sans donner préalablement caution et sans faire des états et inventaires.

**Article 627** L'usager, et celui qui a un droit d'habitation, doivent jouir raisonnablement.

**Article 628** Les droits d'usage et d'habitation se règlent par le titre qui les a établis et reçoivent, d'après ses dispositions, plus ou moins d'étendue.

**Article 629** Si le titre ne s'explique pas sur l'étendue de ces droits ils sont réglés ainsi qu'il suit.

**Article 630** Celui qui a l'usage des fruits d'un fonds ne peut en exiger qu'autant qu'il lui en faut pour ses besoins et ceux de sa famille.
Il peut en exiger pour les besoins même des enfants qui lui sont survenus depuis la concession de l'usage.

**Article 631** L'usager ne peut céder ni louer son droit à un autre.

**Article 632** Celui qui a un droit d'habitation dans une maison peut y demeurer avec sa famille, quand même il n'aurait pas été marié à l'époque où ce droit lui a été donné.

**Article 633** Le droit d'habitation se restreint à ce qui est nécessaire pour l'habitation de celui à qui ce droit est concédé et de sa famille.

**Article 634** Le droit d'habitation ne peut être ni cédé ni loué.

**Article 635** Si l'usager absorbe tous les fruits du fonds ou s'il occupe la totalité de la maison, il est assujetti aux frais de culture, aux réparations d'entretien et au paiement des contributions, comme l'usufruitier.

S'il ne prend qu'une partie des fruits ou s'il n'occupe qu'une partie de la maison, il contribue au prorata de ce dont il jouit.

## 제2장 사용권과 주거권

**제625조** 사용권과 주거권은 점용권과 같은 방식으로 성립하고 소멸한다.


**제626조** 점용권의 경우와 마찬가지로, 사용권과 주거권은 보증인을 미리 세우고 현황조사서 및 목록표를 작성하지 아니하면 향유할 수 없다.

**제627조** 사용권자와 주거권자는 합리적으로 향유하여야 한다.

**제628조** 사용권과 주거권은 이를 성립시킨 권원에 따라 규율되며, 그 정한 바에 따라 범위가 확장 또는 축소된다.

**제629조** 권원이 사용권과 주거권의 범위에 관하여 정하지 않으면, 이 권리들은 이하에 따라 규율된다.

**제630조** ① 토지의 과실에 대하여 사용권을 가진 자는, 그와 그의 가족에게 필요한 한도 내에서만 과실을 청구할 수 있다.
② 사용권을 가진 자는 사용권의 부여 이후 출생하여 생존한 자녀의 필요를 위하여도 과실을 청구할 수 있다.

**제631조** 사용권자는 그의 권리를 타인에게 양도하거나 임대할 수 없다.

**제632조** 주택의 주거권을 가진 자는, 그에게 주거권이 부여된 당시에는 혼인하지 않았던 경우라도, 그의 가족과 함께 그곳에 거주할 수 있다.

**제633조** 주거권은 주거권을 부여받은 자와 그의 가족의 거주에 필요한 범위로 한정된다.


**제634조** 주거권은 양도하거나 임대할 수 없다.

**제635조** ① 사용권자가 토지의 과실 전부를 수취하거나 주택의 전부를 점유하면, 그는 점용권자와 마찬가지로 경작비용, 수선비용, 공과금을 부담한다.

② 사용권자가 과실의 일부만을 수취하거나 주택의 일부만을 점유한다면, 그는 그가 향유하는 부분에 비례하여 비용을 부담한다.

**Article 636** L'usage des bois et forêts est réglé par des lois particulières.

## Titre IV Des servitudes ou services fonciers

**Article 637** Une servitude est une charge imposée sur un héritage pour l'usage et l'utilité d'un héritage appartenant à un autre propriétaire.

**Article 638** La servitude n'établit aucune prééminence d'un héritage sur l'autre.

**Article 639** Elle dérive ou de la situation naturelle des lieux, ou des obligations imposées par la loi, ou des conventions entre les propriétaires.

## Chapitre I<sup>er</sup> Des servitudes qui dérivent de la situation des lieux

**Article 640** Les fonds inférieurs sont assujettis envers ceux qui sont plus élevés à recevoir les eaux qui en découlent naturellement sans que la main de l'homme y ait contribué.

Le propriétaire inférieur ne peut point élever de digue qui empêche cet écoulement.

Le propriétaire supérieur ne peut rien faire qui aggrave la servitude du fonds inférieur.

**Article 641** Tout propriétaire a le droit d'user et de disposer des eaux pluviales qui tombent sur son fonds.

Si l'usage de ces eaux ou la direction qui leur est donnée aggrave la servitude naturelle d'écoulement établie par l'article 640, une indemnité est due au propriétaire du fonds inférieur.

La même disposition est applicable aux eaux de sources nées sur un fonds.

Lorsque, par des sondages ou des travaux souterrains, un propriétaire fait surgir des eaux dans son fonds, les propriétaires des fonds inférieurs doivent les recevoir ; mais ils ont droit à une indemnité en cas de dommages résultant de leur écoulement.

Les maisons, cours, jardins, parcs et enclos attenant aux habitations ne peuvent être assujettis à aucune aggravation de la servitude d'écoulement dans les cas prévus par les paragraphes précédents.

**제636조** 임야의 사용권은 특별법[25])에 따라 규율된다.

# 제4편 지역권

**제637조** 지역권은 타인의 소유에 속하는 부동산의 사용과 편익을 위하여 어느 부동산에 부과되는 부담이다.

**제638조** 지역권은 어느 부동산의 다른 부동산에 대한 어떠한 우위도 성립시키지 아니한다.

**제639조** 지역권은 토지의 자연적인 상태, 법률에 의하여 부과된 의무, 또는 소유자간 합의에 의하여 발생한다.

## 제1장 토지의 상태로부터 발생되는 지역권

**제640조** ① 저지(低地)는 고지(高地)에 대하여 그로부터 인위적인 개입 없이 자연적으로 흘러내리는 물을 받아들여야 한다.
② 저지의 소유자는 이러한 물의 흐름을 방해하는 둑을 높일 수 없다.
③ 고지의 소유자는 저지의 부담을 가중시키는 어떠한 행위도 할 수 없다.

**제641조** ① 모든 소유자는 자신의 토지 위에 떨어지는 빗물을 사용하고 처분할 권리가 있다.

② 빗물의 사용 또는 빗물이 흐르는 방향이 제640조에 규정된 물의 흐름에 의한 자연적 부담을 가중시키면 저지의 소유자에 대하여 보상의무가 있다.

③ 제2항의 규정은 토지에서 발원한 샘물에도 적용된다.
④ 소유자가 시추 또는 지하공사를 하여 그의 토지에 물을 솟아나게 한 경우, 저지의 소유자는 이를 받아들여야 한다. 그러나 그러한 물의 흐름으로 인하여 손해가 발생한 경우 저지의 소유자는 보상을 받을 권리가 있다.
⑤ 거주지에 인접한 주택, 마당, 정원, 공원 및 울타리로 둘러싸인 토지는 제1항부터 제4항까지에 규정된 물의 흐름의 부담에 관한 어떠한 가중도 받지 아니한다.

---

25) 삼림법전(Code forestier)에서 그 규정을 찾을 수 있다.

Les contestations auxquelles peuvent donner lieu l'établissement et l'exercice des servitudes prévues par ces paragraphes et le règlement, s'il y a lieu, des indemnités dues aux propriétaires des fonds inférieurs sont portées, en premier ressort, devant le juge du tribunal judiciaire du canton qui, en prononçant, doit concilier les intérêts de l'agriculture et de l'industrie avec le respect dû à la propriété.

S'il y a lieu à expertise, il peut n'être nommé qu'un seul expert.

**Article 642** Celui qui a une source dans son fonds peut toujours user des eaux à sa volonté dans les limites et pour les besoins de son héritage.

Le propriétaire d'une source ne peut plus en user au préjudice des propriétaires des fonds inférieurs qui, depuis plus de trente ans, ont fait et terminé, sur le fonds où jaillit la source, des ouvrages apparents et permanents destinés à utiliser les eaux ou à en faciliter le passage dans leur propriété.

Il ne peut pas non plus en user de manière à enlever aux habitants d'une commune, village ou hameau, l'eau qui leur est nécessaire ; mais si les habitants n'en n'ont pas acquis ou prescrit l'usage, le propriétaire peut réclamer une indemnité, laquelle est réglée par experts.

**Article 643** Si, dès la sortie du fonds où elles surgissent, les eaux de source forment un cours d'eau offrant le caractère d'eaux publiques et courantes, le propriétaire ne peut les détourner de leurs cours naturel au préjudice des usagers inférieurs.

**Article 644** Celui dont la propriété borde une eau courante, autre que celle qui est déclarée dépendance du domaine public par l'article 538 au titre "De la distinction des biens", peut s'en servir à son passage pour l'irrigation de ses propriétés.

Celui dont cette eau traverse l'héritage peut même en user dans l'intervalle qu'elle y parcourt, mais à la charge de la rendre, à la sortie de ses fonds, à son cours ordinaire.

**Article 645** S'il s'élève une contestation entre les propriétaires auxquels ces eaux peuvent être utiles, les tribunaux, en prononçant, doivent concilier l'intérêt de l'agriculture avec le respect dû à la propriété ; et, dans tous les cas, les règlements particuliers et locaux sur le cours et l'usage des eaux doivent être observés.

**Article 646** Tout propriétaire peut obliger son voisin au bornage de leurs propriétés contiguës. Le bornage se fait à frais communs.

**Article 647** Tout propriétaire peut clore son héritage, sauf l'exception portée en l'article 682.

⑥ 제1항부터 제5항까지 규정된 지역권의 성립과 행사에 관하여 발생 가능한 분쟁과, 필요하다면, 저지 소유자에게 하여야하는 보상금의 지급에 대한 분쟁해결은, 제1심으로서, 깡똥 (canton)의 민사지방법원의 법관에게 제기하여야 하며, 그 법관은 판결을 할 때 농업 및 산업상 이해관계를 조정하고, 소유권을 존중하여야 한다.

⑦ 감정이 필요하다면, 1인의 감정인만을 선임할 수 있다.

**제642조** ① 자기 토지에 샘을 가진 자는 그 토지의 경계 내에서 토지의 필요를 위하여 언제나 그 물을 임의로 사용할 수 있다.
② 샘의 소유자는, 저지의 소유자들이 물을 사용하거나 자신들의 소유 토지 내에서 물의 흐름을 용이하게 할 용도로, 샘이 솟아나는 토지 위에, 30년 이상 전부터, 드러나고 영구적인 공작물을 설치하고 완공한 경우, 저지의 소유자에게 손해를 가하여 샘을 사용할 수 없다.

③ 샘의 소유자는, 기초자치단체, 마을, 촌락의 주민들이 필요한 물을 그들로부터 박탈하는 방법으로 샘을 사용할 수도 없다. 그러나 주민들이 물의 사용권을 얻지 못하거나 시효취득하지 못하였다면, 소유자는 감정인에 의하여 평가된 보상금을 청구할 수 있다.

**제643조** 샘물이 그것이 솟아나온 토지를 벗어난 후 공공유수의 성격을 가지는 유수를 형성한 경우, 소유자는 저지 사용에게 손해를 가하여 자연적 유수의 방향을 변경하지 못한다.

**제644조** ① 유수에 인접한 토지의 소유자는, "물건의 분류" 편 제538조에 따라 국·공유의 귀속이 선언된 이외의 유수를, 자신이 소유한 토지들의 관개(灌漑)를 위하여, 그것이 흘러갈 때 이를 사용할 수 있다.
② 유수가 통과하는 토지의 소유자는 그 유수가 해당 토지를 흐르는 범위에서는 물을 사용할 수 있으나, 유수가 그 토지를 벗어나는 지점에서는 본래의 흐름을 회복할 부담을 진다.

**제645조** 물이 유용한 소유자들 사이에 분쟁이 발생하는 경우, 법원은 판결을 할 때 농업 및 산업상 이해관계를 조정하고, 소유권을 존중하여야 한다. 그리고 모든 경우, 물의 흐름과 이용에 관한 특별규정과 지역규정을 준수하여야 한다.

**제646조** 모든 소유자는 이웃 토지의 소유자에게 인접하는 토지 사이의 경계표를 설치할 것을 요구할 수 있다. 경계표 설치의 비용은 공동부담으로 한다.

**제647조** 모든 소유자는 제682조에 규정된 경우를 제외하고 자기 소유의 토지 둘레에 울타리를 설치할 수 있다.

**Article 648** Le propriétaire qui veut se clore perd son droit au parcours et vaine pâture en proportion du terrain qu'il y soustrait.

## Chapitre II Des servitudes établies par la loi

**Article 649** Les servitudes établies par la loi ont pour objet l'utilité publique ou communale, ou l'utilité des particuliers.

**Article 650** Celles établies pour l'utilité publique ou communale ont pour objet le marchepied le long des cours d'eau domaniaux, la construction ou réparation des chemins et autres ouvrages publics ou communaux.

Tout ce qui concerne cette espèce de servitude est déterminé par des lois ou des règlements particuliers.

**Article 651** La loi assujettit les propriétaires à différentes obligations l'un à l'égard de l'autre, indépendamment de toute convention.

**Article 652** Partie de ces obligations est réglée par les lois sur la police rurale ;

Les autres sont relatives au mur et au fossé mitoyens, au cas où il y a lieu à contre-mur, aux vues sur la propriété du voisin, à l'égout des toits, au droit de passage.

## Section 1 Du mur et du fossé mitoyens

**Article 653** Dans les villes et les campagnes, tout mur servant de séparation entre bâtiments jusqu'à l'héberge, ou entre cours et jardins, et même entre enclos dans les champs, est présumé mitoyen s'il n'y a titre ou marque du contraire.

**Article 654** Il y a marque de non-mitoyenneté lorsque la sommité du mur est droite et à plomb de son parement d'un côté, et présente de l'autre un plan incliné.

Lors encore qu'il n'y a que d'un côté ou un chaperon ou des filets et corbeaux de pierre qui y auraient été mis en bâtissant le mur.

Dans ces cas, le mur est censé appartenir exclusivement au propriétaire du côté duquel sont l'égout ou les corbeaux et filets de pierre.

**제648조** 울타리를 설치하고자 하는 소유자는 울타리로 가둔 토지의 면적 비율에 따라 공동사용권과 공동방목권을 상실한다.

## 제2장 법률에 의하여 성립된 지역권

**제649조** 법률에 의하여 성립된 지역권은 공적 또는 공동의 효용, 또는 사인(私人)들의 효용을 그 목적으로 한다.

**제650조** ① 공적 또는 공동의 효용을 위해 설정된 지역권은 공공수로를 따라 있는 오솔길, 도로의 건설이나 수리 및 공적 또는 공동의 기타 공작물을 목적으로 한다.

② 이러한 종류의 지역권에 관한 모든 사항은 법률 또는 특별규정으로 정해진다.

**제651조** 법률은, 모든 합의와는 무관하게, 소유자들 상호 간에 대하여 여러 의무를 부담시킨다.

**제652조** 이 의무 중 일부는 농촌의 공적 질서에 관한 제반 법률에 의하여 규율된다.
그 밖의 의무들은 공유인 벽과 도랑, 벽에 맞댈 필요가 있는 경우, 상린지에 대한 조망시설, 지붕의 빗물받이 및 통행권에 관한 것이다.

### 제1절 공유인 벽과 도랑

**제653조** 도시와 농촌에서, 공유구획선까지의 건물들 사이 또는 마당과 정원 사이, 또한 들판에서 울타리 쳐진 토지 사이를 구분시키는 모든 벽은 반대의 권원이나 표지가 없는 한 공유로 추정된다.

**제654조** ① 벽의 상단이 한쪽의 외장면과 직선으로 수직이고 다른 쪽과 사면인 경우에는, 비공유의 표지가 있는 것이다.
② 벽을 쌓으면서 한쪽에만 설치된 관석 또는 석망(石望)과 받침돌이 있는 경우에도 제1항과 같다.
③ 제1항과 제2항의 경우, 벽은 빗물받이 또는 받침돌과 석망이 설치된 쪽의 소유자에게 배타적으로 속하는 것으로 본다.

**Article 655** La réparation et la reconstruction du mur mitoyen sont à la charge de tous ceux qui y ont droit, et proportionnellement au droit de chacun.

**Article 656** Cependant tout copropriétaire d'un mur mitoyen peut se dispenser de contribuer aux réparations et reconstructions en abandonnant le droit de mitoyenneté, pourvu que le mur mitoyen ne soutienne pas un bâtiment qui lui appartienne.

**Article 657** Tout copropriétaire peut faire bâtir contre un mur mitoyen, et y faire placer des poutres ou solives dans toute l'épaisseur du mur, à cinquante-quatre millimètres près, sans préjudice du droit qu'a le voisin de faire réduire à l'ébauchoir la poutre jusqu'à la moitié du mur, dans le cas où il voudrait lui-même asseoir des poutres dans le même lieu, ou y adosser une cheminée.

**Article 658** Tout copropriétaire peut faire exhausser le mur mitoyen ; mais il doit payer seul la dépense de l'exhaussement et les réparations d'entretien au-dessus de la hauteur de la clôture commune ; il doit en outre payer seul les frais d'entretien de la partie commune du mur dus à l'exhaussement et rembourser au propriétaire voisin toutes les dépenses rendues nécessaires à ce dernier par l'exhaussement.

**Article 659** Si le mur mitoyen n'est pas en état de supporter l'exhaussement, celui qui veut l'exhausser doit le faire reconstruire en entier à ses frais, et l'excédent d'épaisseur doit se prendre de son côté.

**Article 660** Le voisin qui n'a pas contribué à l'exhaussement peut en acquérir la mitoyenneté en payant la moitié de la dépense qu'il a coûté et la valeur de la moitié du sol fourni pour l'excédent d'épaisseur, s'il y en a. La dépense que l'exhaussement a coûté est estimée à la date de l'acquisition, compte tenu de l'état dans lequel se trouve la partie exhaussée du mur.

**Article 661** Tout propriétaire joignant un mur a la faculté de le rendre mitoyen en tout ou en partie, en remboursant au maître du mur la moitié de la dépense qu'il a coûté, ou la moitié de la dépense qu'a coûté la portion du mur qu'il veut rendre mitoyenne et la moitié de la valeur du sol sur lequel le mur est bâti. La dépense que le mur a coûté est estimée à la date de l'acquisition de sa mitoyenneté, compte tenu de l'état dans lequel il se trouve.

**제655조** 공유벽의 수리 및 개축은 그 벽에 권리를 가지는 모든 자들이 각자의 권리에 비례하여 부담한다.

**제656조** 그러나 공유벽의 공유자는, 그 공유벽이 자신의 소유에 속하는 건물을 지지하고 있지 않다면, 자신의 공유권을 포기하면서 수리 및 개축에 대한 분담을 면할 수 있다.

**제657조** 모든 공유자는 공유벽에 맞대어 건축하고 그 벽두께 내에서 약 54밀리미터까지 들보 또는 들보재를 설치할 수 있으나, 상린자도 또한 동일 장소에 들보 또는 굴뚝을 설치하고자 하는 경우에는 벽두께의 2분의 1까지 상린자가 들보를 축소시킬 수 있는 권리를 침해하지 못한다.

**제658조** 모든 공유자는 공유벽을 높일 수 있다. 그러나 그 공유자는 공유벽을 높이는 비용 및 높아진 부분의 유지를 위한 수리비용을 단독으로 부담해야 한다. 또한 그 공유자는 벽을 높임으로써 발생한 벽의 공유부분의 유지비용을 단독으로 부담하며, 벽을 높임으로써 상린자가 불가피하게 부담하게 된 모든 비용을 상린자에게 상환하여야 한다.

**제659조** 공유벽이 벽높임을 지탱할 수 있는 상태가 아닌 경우에 벽을 높이고자 하는 자는 자신의 비용으로 공유벽 전체를 개축하여야 하며, 공유벽의 두꺼워진 부분은 그의 쪽으로 자리잡아야 한다.

**제660조** 벽높임에 기여하지 않은 상린자는 높임 공사비의 2분의 1과, 벽이 확장된 경우, 두꺼워진 부분이 차지하는 토지의 2분의 1의 가액을 지급함으로써 그 부분의 공유권을 취득할 수 있다. 벽을 높이는 데 지출된 비용은 벽의 높아진 부분이 존재하는 상태를 고려하여 취득일에 산정된다.

**제661조** 벽에 접한 모든 소유자는, 벽의 소유자에게 벽 건축비의 2분의 1, 또는 공유하고자 하는 벽 부분의 건축비의 2분의 1과 벽이 건축되어 있는 토지의 가액의 2분의 1을 상환함으로써, 벽의 전부 또는 일부를 공유할 권리를 가진다. 벽의 건축에 소요되는 비용은 벽이 존재하는 상태를 고려하여 자신의 공유권 취득일에 산정된다.

**Article 662** L'un des voisins ne peut pratiquer dans le corps d'un mur mitoyen aucun enfoncement, ni y appliquer ou appuyer aucun ouvrage sans le consentement de l'autre, ou sans avoir, à son refus, fait régler par experts les moyens nécessaires pour que le nouvel ouvrage ne soit pas nuisible aux droits de l'autre.

**Article 663** Chacun peut contraindre son voisin, dans les villes et faubourgs, à contribuer aux constructions et réparations de la clôture faisant séparation de leurs maisons, cours et jardins assis ès dites villes et faubourgs : la hauteur de la clôture sera fixée suivant les règlements particuliers ou les usages constants et reconnus et, à défaut d'usages et de règlements, tout mur de séparation entre voisins, qui sera construit ou rétabli à l'avenir, doit avoir au moins trente-deux décimètres de hauteur, compris le chaperon, dans les villes de cinquante mille âmes et au-dessus, et vingt-six décimètres dans les autres.

**Article 664** (abrogé)

**Article 665** Lorsqu'on reconstruit un mur mitoyen ou une maison, les servitudes actives et passives se continuent à l'égard du nouveau mur ou de la nouvelle maison, sans toutefois qu'elles puissent être aggravées, et pourvu que la reconstruction se fasse avant que la prescription soit acquise.

**Article 666** Toute clôture qui sépare des héritages est réputée mitoyenne, à moins qu'il n'y ait qu'un seul des héritages en état de clôture, ou s'il n'y a titre, prescription ou marque contraire.

Pour les fossés, il y a marque de non-mitoyenneté lorsque la levée ou le rejet de la terre se trouve d'un côté seulement du fossé.

Le fossé est censé appartenir exclusivement à celui du côté duquel le rejet se trouve.

**Article 667** La clôture mitoyenne doit être entretenue à frais communs ; mais le voisin peut se soustraire à cette obligation en renonçant à la mitoyenneté.

Cette faculté cesse si le fossé sert habituellement à l'écoulement des eaux.

**Article 668** Le voisin dont l'héritage joint un fossé ou une haie non mitoyens ne peut contraindre le propriétaire de ce fossé ou de cette haie à lui céder la mitoyenneté.

Le copropriétaire d'une haie mitoyenne peut la détruire jusqu'à la limite de sa propriété, à la charge de construire un mur sur cette limite.

La même règle est applicable au copropriétaire d'un fossé mitoyen qui ne sert qu'à la clôture.

**제662조** 상린자의 일방은 타방 상린자의 동의가 없거나 또는 그가 동의를 거절하는 경우에 감정인으로 하여금 신축공작물이 타방의 권리를 침해하지 않도록 필요한 수단을 세우게 하지 아니하고는 공유 벽체에 어떠한 박기도 할 수 없고, 어떠한 공작물도 부착하거나 받쳐놓을 수 없다.

**제663조** 도시 및 교외에서, 누구든지 자신의 상린자에게 당해 도시 및 교외에 위치한 주택들, 마당들과 정원들 사이를 구분시키는 담장의 건축과 수리를 분담하게 할 수 있다. 담장의 높이는 특별규정 또는 지속적이고 인정된 관행에 따라 정해지며, 규정이나 관행이 없다면, 장래에 건축 또는 복구되는 상린자 사이의 모든 벽은 관석을 포함하여 인구 5만 명 이상의 도시에서는 최소 3.2미터, 기타 지역의 경우에는 최소 2.6미터의 높이를 가져야 한다.

**제664조** (삭제)

**제665조** 공유벽 또는 주택을 개축한 때에는 적극적 및 소극적 지역권은 새로운 벽 또는 새로운 주택에 대하여 계속 존속하나, 그 지역권은 가중되지 않으며 개축은 시효가 완성되기 전에 이루어져야만 한다.

**제666조** ① 부동산들을 구분하는 모든 담장은, 부동산들 중 1개에만 담장이 쳐져 있거나 또는 반대의 권원이나 시효 내지는 표시가 없는 한, 공유로 본다.

② 도랑의 경우, 흙의 쌓임이나 파임이 도랑의 한쪽에만 있는 때에는 비공유의 표시가 있다.

③ 도랑은 파임이 있는 쪽의 소유자에게 배타적으로 속하는 것으로 본다.

**제667조** ① 공유담장은 공동비용으로 유지되어야 한다. 그러나 상린자는 공유를 포기함으로써 이 의무에서 벗어날 수 있다.

② 도랑이 통상적으로 물이 흐르는 데 사용된다면, 이 권리는 행사될 수 없다.

**제668조** ① 자신의 부동산이 공유에 속하지 않는 도랑 또는 생울타리에 연결되어 있는 상린자는 그 도랑 또는 생울타리의 소유자에 대하여 공유권을 자신에게 양도할 것을 강요할 수 없다.

② 공유인 생울타리의 공유권자는 그의 소유지의 경계까지 이를 제거할 수 있으며, 이때에는 그 경계에 벽을 건축할 부담을 진다.

③ 경계로만 이용되는 공유도랑의 공유권자에게 동일한 규칙이 적용된다.

**Article 669** Tant que dure la mitoyenneté de la haie, les produits en appartiennent aux propriétaires par moitié.

**Article 670** Les arbres qui se trouvent dans la haie mitoyenne sont mitoyens comme la haie. Les arbres plantés sur la ligne séparative de deux héritages sont aussi réputés mitoyens. Lorsqu'ils meurent ou lorsqu'ils sont coupés ou arrachés, ces arbres sont partagés par moitié. Les fruits sont recueillis à frais communs et partagés aussi par moitié, soit qu'ils tombent naturellement, soit que la chute en ait été provoquée, soit qu'ils aient été cueillis.

Chaque propriétaire a le droit d'exiger que les arbres mitoyens soient arrachés.

**Article 671** Il n'est permis d'avoir des arbres, arbrisseaux et arbustes près de la limite de la propriété voisine qu'à la distance prescrite par les règlements particuliers actuellement existants, ou par des usages constants et reconnus et, à défaut de règlements et usages, qu'à la distance de deux mètres de la ligne séparative des deux héritages pour les plantations dont la hauteur dépasse deux mètres, et à la distance d'un demi-mètre pour les autres plantations.

Les arbres, arbustes et arbrisseaux de toute espèce peuvent être plantés en espaliers, de chaque côté du mur séparatif, sans que l'on soit tenu d'observer aucune distance, mais ils ne pourront dépasser la crête du mur.

Si le mur n'est pas mitoyen, le propriétaire seul a le droit d'y appuyer les espaliers.

**Article 672** Le voisin peut exiger que les arbres, arbrisseaux et arbustes, plantés à une distance moindre que la distance légale, soient arrachés ou réduits à la hauteur déterminée dans l'article précédent, à moins qu'il n'y ait titre, destination du père de famille ou prescription trentenaire.

Si les arbres meurent ou s'ils sont coupés ou arrachés, le voisin ne peut les remplacer qu'en observant les distances légales.

**Article 673** Celui sur la propriété duquel avancent les branches des arbres, arbustes et arbrisseaux du voisin peut contraindre celui-ci à les couper. Les fruits tombés naturellement de ces branches lui appartiennent.

Si ce sont les racines, ronces ou brindilles qui avancent sur son héritage, il a le droit de les couper lui-même à la limite de la ligne séparative.

Le droit de couper les racines, ronces et brindilles ou de faire couper les branches des arbres, arbustes ou arbrisseaux est imprescriptible.

**제669조** 생울타리의 공유권이 존속하는 한, 그 산출물은 절반씩 각 소유자에게 속한다.

**제670조** ① 공유인 생울타리에 있는 수목은 생울타리와 마찬가지로 공유에 속한다. 두 부동산의 경계선상에 식재한 수목 또한 공유로 본다. 이들 수목이 죽은 때 또는 벌목되거나 뽑힌 때에는 이들 수목은 절반씩 분배된다. 과실이 자연적으로 떨어지거나 그 떨어짐이 인위적이거나 또는 채취된 것이든 간에, 과실은 공동비용으로 수확하고 절반씩 분배된다.

② 각 소유자는 공유인 수목을 뽑도록 요구할 권리를 가진다.

**제671조** ① 인접소유지 경계 부근에 있는 수목, 관목 및 소관목을 소유하는 것은 현행의 특별규정 또는 지속적이고 인정된 관행으로 정한 이격거리를 두어야만 허용되며, 규정이나 관행이 없다면, 높이가 2미터를 넘는 나무들의 경우에는 두 토지의 경계선으로부터 2미터, 기타 나무들의 경우에는 반미터의 거리를 두어야만 한다.

② 모든 종류의 수목, 관목 및 소관목은 어떠한 이격거리도 둘 필요 없이 경계벽의 각 측면에 과수울타리로 식재될 수 있으나, 이 나무들은 벽의 높이를 초과할 수 없다.

③ 벽이 공유가 아닌 때에는 소유자만이 벽에 과수울타리를 붙일 권리가 있다.

**제672조** ① 상린자는 법정의 이격거리보다 가까운 거리에 식재된 수목, 관목과 소관목을 뽑거나 제671조에서 정해진 높이까지 자르도록 요구할 수 있으나, 권원이나 분할 전 소유자의 용도지정 또는 30년의 취득시효 완성이 있는 때에는 그러하지 않다.

② 그 수목이 죽은 때 또는 벌목되거나 뽑힌 때에는 상린자는 법정의 이격거리를 준수해야만 이를 대체할 수 있다.

**제673조** ① 상린자의 수목, 관목과 소관목의 가지들이 넘어온 토지의 소유자는 가지들을 제거하도록 상린자를 강제할 수 있다. 이들 가지에서 자연적으로 떨어진 과실은 토지의 소유자에게 속한다.
② 토지를 넘어온 것이 뿌리나 가시덤불 또는 잔가지인 경우, 토지의 소유자는 스스로 경계선을 한도로 하여 이를 제거할 수 있다.
③ 뿌리, 가시덤불 및 잔가지를 제거할 권리, 또는 수목, 관목이나 소관목의 가지를 제거하도록 하는 권리는 시효로 소멸하지 아니한다.

## Section 2 De la distance et des ouvrages intermédiaires requis pour certaines constructions

**Article 674** Celui qui fait creuser un puits ou une fosse d'aisance près d'un mur mitoyen ou non,

Celui qui veut y construire cheminée ou âtre, forge, four ou fourneau,

Y adosser une étable,

Ou établir contre ce mur un magasin de sel ou amas de matières corrosives,

Est obligé à laisser la distance prescrite par les règlements et usages particuliers sur ces objets, ou à faire les ouvrages prescrits par les mêmes règlements et usages, pour éviter de nuire au voisin.

## Section 3 Des vues sur la propriété de son voisin

**Article 675** L'un des voisins ne peut, sans le consentement de l'autre, pratiquer dans le mur mitoyen aucune fenêtre ou ouverture, en quelque manière que ce soit, même à verre dormant.

**Article 676** Le propriétaire d'un mur non mitoyen, joignant immédiatement l'héritage d'autrui, peut pratiquer dans ce mur des jours ou fenêtres à fer maillé et verre dormant.

Ces fenêtres doivent être garnies d'un treillis de fer dont les mailles auront un décimètre (environ trois pouces huit lignes) d'ouverture au plus et d'un châssis à verre dormant.

**Article 677** Ces fenêtres ou jours ne peuvent être établis qu'à vingt-six décimètres (huit pieds) au-dessus du plancher ou sol de la chambre qu'on veut éclairer, si c'est à rez-de-chaussée, et à dix-neuf décimètres (six pieds) au-dessus du plancher pour les étages supérieurs.

**Article 678** On ne peut avoir des vues droites ou fenêtres d'aspect, ni balcons ou autres semblables saillies sur l'héritage clos ou non clos de son voisin, s'il n'y a dix-neuf décimètres de distance entre le mur où on les pratique et ledit héritage, à moins que le fonds ou la partie du fonds sur lequel s'exerce la vue ne soit déjà grevé, au profit du fonds qui en bénéficie, d'une servitude de passage faisant obstacle à l'édification de constructions.

**Article 679** On ne peut, sous la même réserve, avoir des vues par côté ou obliques sur le même héritage, s'il n'y a six décimètres de distance.

## 제2절 특정의 건축물에 대하여 요구되는 이격거리 및 중간시설

**제674조** 공유 또는 비공유의 벽 근처에 우물이나 변소를 파게 하는 자,

그곳에 굴뚝이나 아궁이, 화덕, 가마나 노(爐)를 설치하고자 하는 자,
그곳에 축사를 세우고자 하거나,
또는 이 벽에 맞대어 소금 창고 또는 부식성 재료의 저장고를 설치하고자 하는 자는,
상린자를 해하지 않기 위해, 이에 관한 특별한 규정과 관행으로 정한 이격거리를 두거나, 또는
동일한 규정과 관행으로 정한 시설을 설치하여야 한다.

## 제3절 상린자의 소유지에 대한 조망시설

**제675조** 상린자들 중 일방은 타방의 동의 없이는, 그 방식이 무엇이든, 공유벽에 어떠한 창문
이나 채광창도, 심지어는 고정된 간유리라도, 설치할 수 없다.

**제676조** ① 타인의 토지에 바로 인접한 비공유인 벽의 소유자는 그 벽에 철망과 고정된 간유
리로 된 채광창이나 창문을 설치할 수 있다.
② 제1항의 창문은 그 격자의 크기가 최대 10센티미터(약 3푸스 8린느) 구멍의 철망과 고정된
간유리로 된 창틀을 갖추어야 한다.

**제677조** 제676조의 창문이나 채광창은, 채광하고자 하는 방이 1층에 있으면, 방의 바닥 또는
지면으로부터 2미터 60센티미터(8피트)의 높이에만, 그리고 2층 이상에서는 바닥으로부터 1미
터 90센티미터(6피트)의 높이에만 설치될 수 있다.

**제678조** 바로 보이는 조망시설이나, 조망창, 발코니 또는 기타 유사한 돌출시설 등이 설치되는
벽과 해당 토지 사이의 이격거리가 1미터 90센티미터에 이르지 않는 경우, 누구도 자신의 상린
자와 울타리 쳐져 있거나 그렇지 않은 토지를 향하여 전술한 조망시설 등을 가질 수 없으나,
조망시설이 미치는 토지의 전부 또는 일부에, 조망시설의 혜택을 보는 토지를 위하여, 건물의
축조를 방해하는 통행권이 이미 설정되어 있는 때에는 그러하지 아니하다.

**제679조** 벽과 토지 사이의 이격거리가 60센티미터에 이르지 않는 경우, 제678조와 같은 유보
하에서, 누구도 동일한 토지를 향한 측면 또는 사면에서의 조망시설을 가질 수 없다.

**Article 680** La distance dont il est parlé dans les deux articles précédents se compte depuis le parement extérieur du mur où l'ouverture se fait, et, s'il y a balcons ou autres semblables saillies, depuis leur ligne extérieure jusqu'à la ligne de séparation des deux propriétés.

## Section 4 De l'égout des toits

**Article 681** Tout propriétaire doit établir des toits de manière que les eaux pluviales s'écoulent sur son terrain ou sur la voie publique ; il ne peut les faire verser sur le fonds de son voisin.

## Section 5 Du droit de passage

**Article 682** Le propriétaire dont les fonds sont enclavés et qui n'a sur la voie publique aucune issue, ou qu'une issue insuffisante, soit pour l'exploitation agricole, industrielle ou commerciale de sa propriété, soit pour la réalisation d'opérations de construction ou de lotissement, est fondé à réclamer sur les fonds de ses voisins un passage suffisant pour assurer la desserte complète de ses fonds, à charge d'une indemnité proportionnée au dommage qu'il peut occasionner.

**Article 683** Le passage doit régulièrement être pris du côté où le trajet est le plus court du fonds enclavé à la voie publique.

Néanmoins, il doit être fixé dans l'endroit le moins dommageable à celui sur le fonds duquel il est accordé.

**Article 684** Si l'enclave résulte de la division d'un fonds par suite d'une vente, d'un échange, d'un partage ou de tout autre contrat, le passage ne peut être demandé que sur les terrains qui ont fait l'objet de ces actes.

Toutefois, dans le cas où un passage suffisant ne pourrait être établi sur les fonds divisés, l'article 682 serait applicable.

**Article 685** L'assiette et le mode de servitude de passage pour cause d'enclave sont déterminés par trente ans d'usage continu.

L'action en indemnité, dans le cas prévu par l'article 682, est prescriptible, et le passage peut être continué, quoique l'action en indemnité ne soit plus recevable.

**제680조** 제678조와 제679조에 규정된 이격거리는, 출입구가 설치되는 벽의 외측면에서, 그리고 발코니 또는 기타 돌출시설이 있는 경우에는 그 외측선에서 두 소유지의 경계선까지로 측정된다.

## 제4절 지붕의 빗물받이

**제681조** 모든 소유자는 빗물이 자신의 토지 또는 공로로 흘러가도록 지붕을 축조하여야 한다. 소유자는 빗물이 상린자의 토지로 흘러가게 할 수 없다.

## 제5절 통행권

**제682조** 자신의 토지가 타인의 토지로 둘러싸여 자신의 토지를 농업, 공업 또는 상업상으로 이용하거나, 또는 건축이나 토지구획을 하기에 공로를 향한 어떠한 출구도 없거나 불충분한 출구만 있는 경우, 토지소유자는 자신의 토지의 완전한 통로를 확보하기 위하여 상린자의 토지 위에 충분한 통행로를 요구할 수 있으나, 통행로가 유발할 수 있는 손해에 비례한 보상을 부담하여야 한다.

**제683조** ① 통행로는 타인의 토지로 둘러싸인 토지에서 공로까지의 거리가 가장 짧은 쪽에 적법하게 설치되어야 한다.
② 그럼에도 불구하고, 통행로는 그것이 허용되는 토지의 소유자에게 손해가 가장 적은 장소에 설치되어야 한다.

**제684조** ① 타인의 토지로 둘러싸임이 매매, 교환, 분할 또는 모든 다른 계약으로 인한 토지의 분할에서 발생하면, 이러한 행위의 대상이 된 토지에 대하여만 통행로를 요구할 수 있다.

② 그러나 분할된 토지에 충분한 통행로가 설치될 수 없는 경우에는 제682조가 적용된다.

**제685조** ① 타인의 토지로 둘러싸임을 원인으로 한 통행지역권의 위치와 형태는 30년의 계속된 사용으로 결정된다.
② 제682조에서 정하고 있는 경우의 보상소권은 소멸시효의 대상이 되고, 보상소권이 더 이상 수리될 수 없는 경우라도 통행로는 존속할 수 있다.

**Article 685-1** En cas de cessation de l'enclave et quelle que soit la manière dont l'assiette et le mode de la servitude ont été déterminés, le propriétaire du fonds servant peut, à tout moment, invoquer l'extinction de la servitude si la desserte du fonds dominant est assurée dans les conditions de l'article 682.

A défaut d'accord amiable, cette disparition est constatée par une décision de justice.

## Chapitre III Des servitudes établies par le fait de l'homme

### Section 1 Des diverses espèces de servitudes qui peuvent être établies sur les biens

**Article 686** Il est permis aux propriétaires d'établir sur leurs propriétés, ou en faveur de leurs propriétés, telles servitudes que bon leur semble, pourvu néanmoins que les services établis ne soient imposés ni à la personne, ni en faveur de la personne, mais seulement à un fonds et pour un fonds, et pourvu que ces services n'aient d'ailleurs rien de contraire à l'ordre public.

L'usage et l'étendue des servitudes ainsi établies se règlent par le titre qui les constitue ; à défaut de titre, par les règles ci-après.

**Article 687** Les servitudes sont établies ou pour l'usage des bâtiments, ou pour celui des fonds de terre.

Celles de la première espèce s'appellent «urbaines», soit que les bâtiments auxquels elles sont dues soient situés à la ville ou à la campagne.

Celles de la seconde espèce se nomment «rurales»

**Article 688** Les servitudes sont ou continues, ou discontinues.

Les servitudes continues sont celles dont l'usage est ou peut être continuel sans avoir besoin du fait actuel de l'homme : tels sont les conduites d'eau, les égouts, les vues et autres de cette espèce.

Les servitudes discontinues sont celles qui ont besoin du fait actuel de l'homme pour être exercées : tels sont les droits de passage, puisage, pacage et autres semblables.

**Article 689** Les servitudes sont apparentes ou non apparentes.

Les servitudes apparentes sont celles qui s'annoncent par des ouvrages extérieurs, tels qu'une porte, une fenêtre, un aqueduc.

Les servitudes non apparentes sont celles qui n'ont pas de signe extérieur de leur existence, comme, par exemple, la prohibition de bâtir sur un fonds, ou de ne bâtir qu'à une hauteur déterminée.

**제685-1조** ① 타인의 토지로 둘러싸임이 종료되는 경우 그리고 지역권의 위치와 형태를 정했던 방식이 어떠하든, 승역지의 소유자는 요역지의 통행이 제682조의 요건에 따라 확보된 경우에는 언제든 지역권의 소멸을 주장할 수 있다.

② 합의가 없는 때에는, 이 소멸은 법원의 판결에 의하여 확정된다.

## 제3장 사람의 행위로 인해 성립되는 지역권

### 제1절 물건에 성립될 수 있는 다양한 종류의 지역권

**제686조** ① 소유자들은 자신의 토지 위에 또는 자신의 토지에 유익하게 그들에게 적절한 방법으로 지역권을 설정할 수 있으나, 설정된 지역권은 사람에게도 사람을 위하여도 아니며 단지 토지에 그리고 토지를 위하여 부과되어야 하고, 이 지역권은 공적 질서에 반하는 어떠한 것도 포함하지 않아야 한다.

② 위와 같이 설정된 지역권의 행사와 범위는 이를 설정한 권원에 따라 규율된다. 다만 권원이 없는 때에는, 다음의 규정들에 따른다.

**제687조** ① 지역권은 건물의 사용이나 토지의 사용을 위해 설정된다.

② 건물의 사용을 위해 설정되는 지역권은, 지역권을 가지는 건물이 도시에 있든 농촌에 있든, "도시지역권"이라 부른다.
③ 토지의 사용을 위해 설정되는 지역권은 "농촌지역권"이라 부른다.

**제688조** ① 지역권은 계속적이거나 불계속일 수 있다.
② 계속지역권은 사람의 실제 행위를 요하지 않고 그 사용이 계속적이거나 계속적일 수 있는 것을 말한다. 수도관, 하수구, 조망시설 및 이러한 종류의 기타 시설들이 이에 해당한다.

③ 불계속지역권은 행사되기 위해 사람의 실제 행위가 필요한 것을 말한다. 통행권, 용수권, 방목권 및 기타 이와 유사한 권리가 이에 해당한다.

**제689조** ① 지역권은 표현되거나 표현되지 않을 수 있다.
② 표현지역권은 문, 창문, 수로와 같이 외부시설에 의하여 표현된 지역권이다.

③ 불표현지역권은, 예를 들어, 어느 토지에서의 건축 금지나 정해진 고도로 제한된 건축과 같이 그 존재에 대하여 외적 표지가 없는 지역권이다.

## Section 2 Comment s'établissent les servitudes

**Article 690** Les servitudes continues et apparentes s'acquièrent par titre, ou par la possession de trente ans.

**Article 691** Les servitudes continues non apparentes, et les servitudes discontinues apparentes ou non apparentes, ne peuvent s'établir que par titres.

La possession même immémoriale ne suffit pas pour les établir, sans cependant qu'on puisse attaquer aujourd'hui les servitudes de cette nature déjà acquises par la possession, dans les pays où elles pouvaient s'acquérir de cette manière.

**Article 692** La destination du père de famille vaut titre à l'égard des servitudes continues et apparentes.

**Article 693** Il n'y a destination du père de famille que lorsqu'il est prouvé que les deux fonds actuellement divisés ont appartenu au même propriétaire, et que c'est par lui que les choses ont été mises dans l'état duquel résulte la servitude.

**Article 694** Si le propriétaire de deux héritages entre lesquels il existe un signe apparent de servitude, dispose de l'un des héritages sans que le contrat contienne aucune convention relative à la servitude, elle continue d'exister activement ou passivement en faveur du fonds aliéné ou sur le fonds aliéné.

**Article 695** Le titre constitutif de la servitude, à l'égard de celles qui ne peuvent s'acquérir par la prescription, ne peut être remplacé que par un titre récognitif de la servitude, et émané du propriétaire du fonds asservi.

**Article 696** Quand on établit une servitude, on est censé accorder tout ce qui est nécessaire pour en user.

Ainsi la servitude de puiser l'eau à la fontaine d'autrui emporte nécessairement le droit de passage.

## 제2절 지역권은 어떻게 성립되는가

**제690조** 계속적이고 표현된 지역권은 권원 또는 30년간의 점유에 의하여 취득한다.


**제691조** ① 계속적이고 불표현된 지역권, 그리고 불계속적이고 표현된 지역권이거나 불계속적이고 불표현된 지역권은 권원에 의해서만 성립될 수 있다.

② 점유는 아주 오래되었을지라도 제1항의 지역권을 설정하기에 충분하지 않으나, 이러한 방식으로 지역권이 취득될 수 있던 지역에서 점유에 의하여 이미 취득된 이러한 성질의 지역권에 대하여 이제는 누구도 이의제기할 수 없다.

**제692조** 분할전 소유자의 용도지정은 계속적이고 표현된 지역권에 대해서는 권원에 해당한다.


**제693조** 분할전 소유자의 용도지정은 현재는 분할된 두 토지가 동일한 소유자에게 속했다는 것과 그 소유자에 의하여 물건들이 지역권이 발생하는 상태에 놓였었다는 것이 증명된 때에만 인정된다.

**제694조** 지역권이 표현된 표지가 있는 두 토지의 소유자가 지역권과 관련하여 계약상 어떠한 합의도 없는 상태에서 그 토지 중에 하나를 처분한다면, 지역권은 양도된 토지를 위해 또는 양도된 토지 위에 적극적으로 또는 소극적으로 계속하여 존속한다.


**제695조** 지역권을 설정하는 권원은, 시효로 취득할 수 없는 지역권에 관하여, 승역지 소유자에 의한 지역권을 확인하는 권원에 의하여만 대체될 수 있다.


**제696조** ① 지역권을 설정한 경우, 이를 사용하는 데 필요한 모든 것을 부여한 것으로 본다.

② 그러므로 타인의 샘으로부터 인수(引水)하기 위한 지역권은 통행권을 당연히 포함한다.

## Section 3 Des droits du propriétaire du fonds auquel la servitude est due

**Article 697** Celui auquel est due une servitude a droit de faire tous les ouvrages nécessaires pour en user et pour la conserver.

**Article 698** Ces ouvrages sont à ses frais, et non à ceux du propriétaire du fonds assujetti, à moins que le titre d'établissement de la servitude ne dise le contraire.

**Article 699** Dans le cas même où le propriétaire du fonds assujetti est chargé par le titre de faire à ses frais les ouvrages nécessaires pour l'usage ou la conservation de la servitude, il peut toujours s'affranchir de la charge, en abandonnant le fonds assujetti au propriétaire du fonds auquel la servitude est due.

**Article 700** Si l'héritage pour lequel la servitude a été établie vient à être divisé, la servitude reste due pour chaque portion, sans néanmoins que la condition du fonds assujetti soit aggravée.

Ainsi, par exemple, s'il s'agit d'un droit de passage, tous les copropriétaires seront obligés de l'exercer par le même endroit.

**Article 701** Le propriétaire du fonds débiteur de la servitude ne peut rien faire qui tende à en diminuer l'usage, ou à le rendre plus incommode.

Ainsi, il ne peut changer l'état des lieux, ni transporter l'exercice de la servitude dans un endroit différent de celui où elle a été primitivement assignée.

Mais cependant, si cette assignation primitive était devenue plus onéreuse au propriétaire du fonds assujetti, ou si elle l'empêchait d'y faire des réparations avantageuses, il pourrait offrir au propriétaire de l'autre fonds un endroit aussi commode pour l'exercice de ses droits, et celui-ci ne pourrait pas le refuser.

**Article 702** De son côté, celui qui a un droit de servitude ne peut en user que suivant son titre, sans pouvoir faire, ni dans le fonds qui doit la servitude, ni dans le fonds à qui elle est due, de changement qui aggrave la condition du premier.

## 제3절 지역권을 가지는 토지소유자의 권리

**제697조** 지역권자는 지역권을 사용하고 보전하는 데 필요한 모든 공작물을 설치할 권리를 가진다.

**제698조** 이 공작물은, 승역지 소유자의 비용이 아닌 지역권자의 비용으로 하지만, 지역권을 설정하는 권원이 반대로 정하는 때에는 그러하지 아니하다.

**제699조** 승역지 소유자가 권원에 의하여 자신의 비용으로 지역권의 사용 또는 보전을 위하여 필요한 공작물을 설치할 것을 부담하는 경우에도, 그는 지역권자에게 승역지를 위기(委棄)하여 언제든지 그 부담을 면할 수 있다.

**제700조** ① 요역지가 분할되었다면, 지역권은 각 부분을 위하여 존속하지만, 승역지의 상태가 악화되지 않아야 한다.

② 따라서, 예를 들어 통행권에 관한 것이라면, 모든 공유자는 동일한 장소에서 통행권을 행사해야 한다.

**제701조** ① 승역지의 소유자는 지역권의 사용을 감축시키거나 더 불편하게 하는 어떠한 행위도 할 수 없다.

② 따라서 그는 토지의 상태를 변경할 수도 없고, 원래 정해졌던 장소와는 다른 장소로 지역권의 행사를 이전할 수도 없다.

③ 그러나, 원래의 정함이 승역지 소유자의 비용을 증가시키거나 승역지 소유자가 유익한 수리를 하는 것을 방해한다면, 승역지 소유자는 요역지 소유자에게 그의 권리를 행사하는 데 동일한 정도로 적합한 장소를 제공할 수 있고, 요역지 소유자는 이를 거부할 수 없다.

**제702조** 지역권을 가진 자로서는, 승역지에서든 요역지에서든, 승역지의 상태를 악화시키는 변화를 초래할 수 없고, 그의 권원에 따라서만 지역권을 사용할 수 있다.

## Section 4 Comment les servitudes s'éteignent

**Article 703** Les servitudes cessent lorsque les choses se trouvent en tel état qu'on ne peut plus en user.

**Article 704** Elles revivent si les choses sont rétablies de manière qu'on puisse en user ; à moins qu'il ne se soit déjà écoulé un espace de temps suffisant pour faire présumer l'extinction de la servitude, ainsi qu'il est dit à l'article 707.

**Article 705** Toute servitude est éteinte lorsque le fonds à qui elle est due, et celui qui la doit, sont réunis dans la même main.

**Article 706** La servitude est éteinte par le non-usage pendant trente ans.

**Article 707** Les trente ans commencent à courir, selon les diverses espèces de servitudes, ou du jour où l'on a cessé d'en jouir, lorsqu'il s'agit de servitudes discontinues, ou du jour où il a été fait un acte contraire à la servitude, lorsqu'il s'agit de servitudes continues.

**Article 708** Le mode de la servitude peut se prescrire comme la servitude même, et de la même manière.

**Article 709** Si l'héritage en faveur duquel la servitude est établie appartient à plusieurs par indivis, la jouissance de l'un empêche la prescription à l'égard de tous.

**Article 710** Si, parmi les copropriétaires, il s'en trouve un contre lequel la prescription n'ait pu courir, comme un mineur, il aura conservé le droit de tous les autres.

## 제4절 지역권은 어떻게 소멸되는가

**제703조** 지역권은 물건을 더 이상 사용할 수 없는 상태인 경우에 중단된다.

**제704조** 지역권은 물건이 사용될 수 있도록 복구된다면 회복된다. 다만, 제707조에서 규정된 바와 같이 지역권의 소멸을 추정하기에 충분한 기간이 이미 경과한 경우에는 그러하지 아니하다.

**제705조** 모든 지역권은 요역지와 승역지가 동일한 자에게 귀속한 경우에는 소멸한다.

**제706조** 지역권은 30년간 사용하지 않음으로써 소멸한다.

**제707조** 30년은 다양한 종류의 지역권에 따라, 불계속지역권에 대하여는 지역권의 사용수익을 중단한 날로부터, 계속지역권에 대하여는 그 지역권에 반하는 행위가 이루어진 날로부터 진행한다.

**제708조** 지역권의 형태는 지역권 자체와 마찬가지로 동일한 방식으로 시효로 소멸할 수 있다.

**제709조** 지역권이 성립되어 있는 토지가 공유로 수인에게 속한다면, 1인의 향유는 모두에 대하여 시효 진행을 중단시킨다.

**제710조** 공유자 중 1인이 미성년자인 경우와 같이 그에 대하여 시효가 진행될 수 없었던 자인 때에는, 그는 다른 모든 공유자들의 권리를 보전한다.

## Titre V De la publicité foncière

### Chapitre unique De la forme authentique des actes

**Article 710-1** Tout acte ou droit doit, pour donner lieu aux formalités de publicité foncière, résulter d'un acte reçu en la forme authentique par un notaire exerçant en France, d'une décision juridictionnelle ou d'un acte authentique émanant d'une autorité administrative.

Le dépôt au rang des minutes d'un notaire d'un acte sous seing privé, contresigné ou non, même avec reconnaissance d'écriture et de signature, ne peut donner lieu aux formalités de publicité foncière. Toutefois, même lorsqu'ils ne sont pas dressés en la forme authentique, les procès-verbaux des délibérations des assemblées générales préalables ou consécutives à l'apport de biens ou droits immobiliers à une société ou par une société ainsi que les procès-verbaux d'abornement peuvent être publiés au bureau des hypothèques à la condition d'être annexés à un acte qui en constate le dépôt au rang des minutes d'un notaire.

Le premier alinéa n'est pas applicable aux formalités de publicité foncière des assignations en justice, des commandements valant saisie, des différents actes de procédure qui s'y rattachent et des jugements d'adjudication, des documents portant limitation administrative au droit de propriété ou portant servitude administrative, des procès-verbaux établis par le service du cadastre, des documents d'arpentage établis par un géomètre et des modifications provenant de décisions administratives ou d'événements naturels.

# Livre III Des différentes manières dont on acquiert la propriété

## Dispositions générales

**Article 711** La propriété des biens s'acquiert et se transmet par succession, par donation entre vifs ou testamentaire, et par l'effet des obligations.

**Article 712** La propriété s'acquiert aussi par accession ou incorporation, et par prescription.

# 제5편 부동산 공시제도

## 제1장 문서의 공증형식

**제710-1조** ① 부동산 공시 절차의 원인이 되기 위해서는, 모든 법률행위 또는 권리는 프랑스에서 활동하는 공증인에 의하여 공증의 형식으로 받은 문서, 법원의 결정 또는 행정기관이 발행한 원본 문서로 인한 것이어야 한다.

② 사서증서의 공증인 원본철에의 편철은, 부서(副署)가 되었든 그렇지 않든, 심지어 필체와 서명을 확인하였더라도, 공시 절차의 원인이 될 수 없다. 그러나 공증 형식으로 작성되지 않은 경우라도, 토지경계확정 조서뿐 아니라 회사에 대한 또는 회사에 의한 재산 또는 부동산권리의 출연 전이나 이후에 있은 총회의 결의 의사록은 공증인 원본철에의 편철을 확인하는 문서에 첨부되는 조건으로 등기소에서 공시될 수 있다.

③ 제1항은 재판소환장, 압류의 집행명령, 집행명령에 관련된 여러 소송행위, 경매판결, 소유권에 대한 행정적 제한 또는 행정적 지역권이 기재된 문서, 지적부(地積部)가 작성한 조서, 측량기사가 작성한 측량문서, 행정결정 또는 자연적 사건으로 인한 변경문서의 부동산공시절차에는 적용되지 아니한다.

# 제3권 소유권을 취득하는 다양한 방식

## 총칙

**제711조** 재산의 소유권은 상속, 생전증여와 유증, 그리고 채무의 효력에 의하여 취득되고 이전된다.

**제712조** 소유권은 첨부나 합체, 그리고 시효에 의하여도 취득된다.

**Article 713** Les biens qui n'ont pas de maître appartiennent à la commune sur le territoire de laquelle ils sont situés. Par délibération du conseil municipal, la commune peut renoncer à exercer ses droits, sur tout ou partie de son territoire, au profit de l'établissement public de coopération intercommunale à fiscalité propre dont elle est membre. Les biens sans maître sont alors réputés appartenir à l'établissement public de coopération intercommunale à fiscalité propre.

Si la commune ou l'établissement public de coopération intercommunale à fiscalité propre renonce à exercer ses droits, la propriété est transférée de plein droit :

1° Pour les biens situés dans les zones définies à l'article L. 322-1 du code de l'environnement, au Conservatoire de l'espace littoral et des rivages lacustres lorsqu'il en fait la demande ou, à défaut, au conservatoire régional d'espaces naturels agréé au titre de l'article L. 414-11 du même code lorsqu'il en fait la demande ou, à défaut, à l'Etat ;

2° Pour les autres biens, après accord du représentant de l'Etat dans la région, au conservatoire régional d'espaces naturels agréé au titre du même article L. 414-11 lorsqu'il en fait la demande ou, à défaut, à l'Etat.

**Article 714** Il est des choses qui n'appartiennent à personne et dont l'usage est commun à tous.

Des lois de police règlent la manière d'en jouir.

**Article 715** La faculté de chasser ou de pêcher est également réglée par des lois particulières.

**Article 716** La propriété d'un trésor appartient à celui qui le trouve dans son propre fonds ; si le trésor est trouvé dans le fonds d'autrui, il appartient pour moitié à celui qui l'a découvert, et pour l'autre moitié au propriétaire du fonds.

Le trésor est toute chose cachée ou enfouie sur laquelle personne ne peut justifier sa propriété, et qui est découverte par le pur effet du hasard.

**Article 717** Les droits sur les effets jetés à la mer, sur les objets que la mer rejette, de quelque nature qu'ils puissent être, sur les plantes et herbages qui croissent sur les rivages de la mer, sont aussi réglés par des lois particulières.

Il en est de même des choses perdues dont le maître ne se représente pas.

**제713조** ① 소유주가 없는 재산은 그것이 소재하는 지역의 기초자치단체에 속한다. 기초자치단체가 구성원이면서 독자재정인 기초자치단체간 협동공공시설의 이익을 위하여, 기초자치단체는 자치단체위원회의 의결을 통해 그의 소재지 재산의 권리의 전부 또는 일부의 행사를 포기할 수 있다. 소유주가 없는 재산은 이 경우에 독자재정인 기초자치단체간 협동공공시설에 속하는 것으로 본다.

② 기초자치단체나 독자재정인 기초자치단체간 협동공공시설이 그 권리의 행사를 포기하면, 소유권은 다음 각 호에 따라 당연히 이전된다.
1. 환경법전 제L.322-1조에 규정된 구역 안에 있는 재산에 관하여는 연안구역·호수연안보존청의 요구가 있는 경우에 그 보존청으로, 요구가 없고 동법전 제L.414-11조에 의하여 인가된 지역자연환경보존소의 요구가 있는 경우에는 그 보존소에, 요구가 없을 경우에는 국가에 이전된다.

2. 기타 재산에 관하여는 제L.414-11조에 의하여 인가된 지역자연환경보존소의 요구가 있는 경우에는, 지역 내의 중앙정부대표자의 동의 후에, 그 보존소에, 요구가 없을 경우에는 국가에 이전된다.

**제714조** ① 누구에게도 귀속되지 않고 모두가 공동으로 사용할 수 있는 물건이 있다.

② 그 향유 방법은 공적 질서에 관한 법률들에 의하여 규율된다.

**제715조** 수렵·어로권도 특별법에 의하여 규율된다.

**제716조** ① 매장물의 소유권은 자신의 토지에서 그것을 발견한 사람에게 귀속된다. 매장물이 다른 사람의 토지에서 발견된 것이면, 반은 그것을 발견한 사람에게, 나머지 반은 토지의 소유자에게 귀속된다.
② 매장물은 감춰지거나 묻혀있던 것으로 누구도 그 소유권을 증명할 수 없고, 순수한 우연의 결과로 발견된 모든 물건이다.

**제717조** ① 권리의 성질이 어떠하든, 바다에 던져진 재물(財物), 바다에서 떠밀려온 물건, 해안가에서 자라는 식물과 목초에 대한 권리도 특별법에 의하여 규율된다.

② 소유주가 나타나지 않는 유실물도 마찬가지이다.

## Titre I<sup>er</sup> Des successions

### Chapitre I<sup>er</sup> De l'ouverture des successions, du titre universel et de la saisine

**Article 718** (abrogé)
**Article 719** (abrogé)

**Article 720** Les successions s'ouvrent par la mort, au dernier domicile du défunt.

**Article 721** Les successions sont dévolues selon la loi lorsque le défunt n'a pas disposé de ses biens par des libéralités.

Elles peuvent être dévolues par les libéralités du défunt dans la mesure compatible avec la réserve héréditaire.

**Article 722** Les conventions qui ont pour objet de créer des droits ou de renoncer à des droits sur tout ou partie d'une succession non encore ouverte ou d'un bien en dépendant ne produisent effet que dans les cas où elles sont autorisées par la loi.

**Article 723** (abrogé)

**Article 724** Les héritiers désignés par la loi sont saisis de plein droit des biens, droits et actions du défunt.

Les légataires et donataires universels sont saisis dans les conditions prévues au titre II du présent livre.

A leur défaut, la succession est acquise à l'Etat, qui doit se faire envoyer en possession.

**Article 724-1** Les dispositions du présent titre, notamment celles qui concernent l'option, l'indivision et le partage, s'appliquent en tant que de raison aux légataires et donataires universels ou à titre universel, quand il n'y est pas dérogé par une règle particulière.

# 제1편 상속

## 제1장 상속, 포괄유증 및 유산점유의 개시

**제718조** (삭제)
**제719조** (삭제)

**제720조** 상속은 사망에 의하여, 망인의 최후 주소지에서 개시된다.

**제721조** ① 상속재산은 망인이 무상양여에 의하여 자신의 재산을 처분하지 않은 경우에 법률에 따라 귀속된다.
② 상속재산은 유류분과 양립할 수 있는 범위 내에서 망인의 무상양여에 의하여 귀속될 수 있다.

**제722조** 아직 개시되지 않은 상속재산 또는 그에 속하는 재산의 전부 또는 일부에 대한 권리를 창설하거나 권리를 포기할 목적으로 행해진 합의는 법률에 의하여 허용된 경우에만 그 효력이 있다.

**제723조** (삭제)

**제724조** ① 법률에 의하여 지정된 상속인은 망인의 재산, 권리 및 소권에 대하여 당연히 유산점유를 한다.
② 포괄수유자와 포괄수증자는 본권 제2편에서 정해진 요건에 따라 유산점유를 한다.

③ 제1항과 제2항에서 정한 자가 없으면, 상속재산은 국가에 귀속되고, 국가는 점유부여명령을 받아야 한다.

**제724-1조** 본편의 규정, 특히 선택, 공유 및 분할에 관한 규정은, 특별 규칙에 의하여 그와 달리 정하지 않는 한, 포괄 또는 부분 포괄의 수유자와 수증자에게 합리적인 한 적용된다.

**Chapitre II Des qualités requises pour succéder - De la preuve de la qualité d'héritier**

**Section 1 Des qualités requises pour succéder**

**Article 725** Pour succéder, il faut exister à l'instant de l'ouverture de la succession ou, ayant déjà été conçu, naître viable.

Peut succéder celui dont l'absence est présumée selon l'article 112.

**Article 725-1** Lorsque deux personnes, dont l'une avait vocation à succéder à l'autre, périssent dans un même événement, l'ordre des décès est établi par tous moyens.

Si cet ordre ne peut être déterminé, la succession de chacune d'elles est dévolue sans que l'autre y soit appelée.

Toutefois, si l'un des codécédés laisse des descendants, ceux-ci peuvent représenter leur auteur dans la succession de l'autre lorsque la représentation est admise.

**Article 726** Sont indignes de succéder et, comme tels, exclus de la succession :

1° Celui qui est condamné, comme auteur ou complice, à une peine criminelle pour avoir volontairement donné ou tenté de donner la mort au défunt ;

2° Celui qui est condamné, comme auteur ou complice, à une peine criminelle pour avoir volontairement porté des coups ou commis des violences ou voies de fait ayant entraîné la mort du défunt sans intention de la donner.

**Article 727** Peuvent être déclarés indignes de succéder :

1° Celui qui est condamné, comme auteur ou complice, à une peine correctionnelle pour avoir volontairement donné ou tenté de donner la mort au défunt ;

2° Celui qui est condamné, comme auteur ou complice, à une peine correctionnelle pour avoir volontairement commis des violences ayant entraîné la mort du défunt sans intention de la donner ;

3° Celui qui est condamné pour témoignage mensonger porté contre le défunt dans une procédure criminelle ;

4° Celui qui est condamné pour s'être volontairement abstenu d'empêcher soit un crime soit un délit contre l'intégrité corporelle du défunt d'où il est résulté la mort, alors qu'il pouvait le faire sans risque pour lui ou pour les tiers ;

5° Celui qui est condamné pour dénonciation calomnieuse contre le défunt lorsque, pour les faits dénoncés, une peine criminelle était encourue.

Peuvent également être déclarés indignes de succéder ceux qui ont commis les actes mentionnés aux 1° et 2° et à l'égard desquels, en raison de leur décès, l'action publique n'a pas pu être exercée ou s'est éteinte.

## 제2장 상속에 요구되는 자격 – 상속인 자격의 증명

## 제1절 상속에 요구되는 자격

**제725조** ① 상속하기 위해서는 상속개시 시점에 생존하거나 또는, 앞서 포태되어 있다면, 생존
능력을 갖추고 태어나야 한다.
② 제112조에 따라 부재가 추정되는 자도 상속할 수 있다.

**제725-1조** ① 일방이 타방을 상속할 지위에 있었던 두 사람이 동일한 사고로 사망한 경우, 사
망의 순서는 모든 수단에 의하여 증명된다.
② 사망의 순서가 결정될 수 없는 경우, 그들 각자의 상속재산은 타방의 참여 없이 귀속된다.

③ 그러나 동시사망자 중의 일방에게 직계비속이 있다면, 그 직계비속은 대습상속이 허용되는
경우에 타방의 상속에서 자신의 직계존속을 대습상속할 수 있다.

**제726조** 다음 각 호에 해당하는 사람은 상속결격자이며 상속에서 배제된다.
1. 망인을 고의로 살해하였거나 살해하려 함으로써 중죄 형벌의 정범이나 공범으로 처벌받은
사람
2. 살해의 의도는 없었으나 고의로 폭행, 상해 또는 유형력의 행사로 망인을 사망에 이르게
함으로써 중죄 형벌의 정범이나 공범으로 처벌받은 사람

**제727조** ① 다음 각 호에 해당하는 사람은 상속결격이 선언될 수 있다.
1. 고의로 망인을 살해하였거나 살해하려 함으로써 경죄 형벌의 정범이나 공범으로 처벌받은
사람
2. 살해의 의도는 없었으나 고의에 의한 폭력행사로 망인을 사망에 이르게 함으로써 경죄 형벌
의 정범이나 공범으로 처벌받은 사람

3. 형사소송에서 망인에게 불리한 허위진술로 처벌받은 사람

4. 망인의 신체적 완전성을 침해하는 중죄나 경죄를 자신이나 제3자에게 위험을 초래함이 없이
막을 수 있었음에도, 이를 고의로 막지 아니하여 망인을 사망에 이르게 함으로써 처벌받은 사람

5. 무고로 망인에게 중죄 형벌을 초래한 경우, 무고죄로 처벌받은 사람

② 제1호와 제2호에 규정된 행위를 하였으나 사망으로 인해 그에 대한 공소권이 행사될 수
없거나 소멸된 사람에게도 상속결격이 선언될 수 있다.

**Article 727-1** La déclaration d'indignité prévue à l'article 727 est prononcée après l'ouverture de la succession par le tribunal judiciaire à la demande d'un autre héritier. La demande doit être formée dans les six mois du décès si la décision de condamnation ou de déclaration de culpabilité est antérieure au décès, ou dans les six mois de cette décision si elle est postérieure au décès.

En l'absence d'héritier, la demande peut être formée par le ministère public.

**Article 728** N'est pas exclu de la succession le successible frappé d'une cause d'indignité prévue aux articles 726 et 727, lorsque le défunt, postérieurement aux faits et à la connaissance qu'il en a eue, a précisé, par une déclaration expresse de volonté en la forme testamentaire, qu'il entend le maintenir dans ses droits héréditaires ou lui a fait une libéralité universelle ou à titre universel.

**Article 729** L'héritier exclu de la succession pour cause d'indignité est tenu de rendre tous les fruits et tous les revenus dont il a eu la jouissance depuis l'ouverture de la succession.

**Article 729-1** Les enfants de l'indigne ne sont pas exclus par la faute de leur auteur, soit qu'ils viennent à la succession de leur chef, soit qu'ils y viennent par l'effet de la représentation ; mais l'indigne ne peut, en aucun cas, réclamer, sur les biens de cette succession, la jouissance que la loi accorde aux père et mère sur les biens de leurs enfants.

### Section 2 De la preuve de la qualité d'héritier

**Article 730** La preuve de la qualité d'héritier s'établit par tous moyens.

Il n'est pas dérogé aux dispositions ni aux usages concernant la délivrance de certificats de propriété ou d'hérédité par des autorités judiciaires ou administratives.

**Article 730-1** La preuve de la qualité d'héritier peut résulter d'un acte de notoriété dressé par un notaire, à la demande d'un ou plusieurs ayants droit.

L'acte de notoriété doit viser l'acte de décès de la personne dont la succession est ouverte et faire mention des pièces justificatives qui ont pu être produites, tels les actes de l'état civil et, éventuellement, les documents qui concernent l'existence de libéralités à cause de mort pouvant avoir une incidence sur la dévolution successorale.

Il contient l'affirmation, signée du ou des ayants droit auteurs de la demande, qu'ils ont vocation, seuls ou avec d'autres qu'ils désignent, à recueillir tout ou partie de la succession du défunt.

Toute personne dont les dires paraîtraient utiles peut être appelée à l'acte.

Il est fait mention de l'existence de l'acte de notoriété en marge de l'acte de décès.

**제727-1조** ① 제727조의 상속결격 선언은 상속개시 후에 다른 상속인의 청구에 의해서 민사지방법원에 의하여 행해진다. 형(刑)의 선고나 유책성 선언의 판결이, 사망 이전이면 청구는 사망 시로부터 6개월 이내에 행해져야 하고, 사망 이후면 청구는 판결 후 6개월 이내에 행해져야 한다.

② 상속인이 없는 경우에는, 청구는 검찰에 의하여 행해질 수 있다.

**제728조** 제726조와 제727조에 정해진 상속결격 사유가 발생한 상속권자라도, 망인이 후에 그 사실을 인지한 상태에서 유언으로 그의 상속권을 유지하거나 그에게 포괄 또는 부분 포괄의 무상양여를 한다는 명시적인 의사표시를 한 경우에는, 상속에서 배제되지 아니한다.

**제729조** 상속결격의 사유로 상속에서 배제된 상속인은 상속의 개시 후에 그가 향유한 모든 과실과 모든 소득을 반환하여야 한다.

**제729-1조** 상속결격자의 자녀는, 자신의 지위로서 상속에 참여하든, 대습상속의 효과로 상속에 참여하든, 그들의 직계존속의 과책으로 인하여 상속에서 배제되지 아니한다. 그러나 상속결격자는, 그 상속재산에 대하여, 법률이 부모에게 부여한 자녀의 재산에 대한 향유권을 어떠한 경우라도 주장할 수 없다.

### 제2절 상속인 자격의 증명

**제730조** ① 상속인 자격의 증명은 모든 방법으로 이루어진다.
② 사법기관이나 행정기관에 의한 소유권증명서 또는 상속권증명서의 발급에 관한 규정이나 관행에 위반하지 않아야 한다.

**제730-1조** ① 상속인 자격의 증명은 1인 또는 수인의 승계인의 청구로 공증인 1인이 작성한 신원확인증서로 이루어질 수 있다.
② 신원확인증서에는 상속이 개시된 자의 사망증서를 사증(査證)해야 하며, 민적증서와 같이, 제출될 수 있었던 증명서류와, 경우에 따라서는, 상속재산의 귀속에 영향을 미칠 수 있는 사망을 원인으로 하는 무상양여의 존재에 관한 문서가 기재되어야 한다.

③ 신원확인증서는 신청자인 1인 또는 수인인 승계인에 의하여 서명되며, 신청자만이 또는 그들이 지명한 사람들과 함께 망인의 상속재산을 전부 또는 일부 수령할 자격이 있음을 확인하는 것을 포함한다.
④ 그 진술이 유용할 것으로 보이는 모든 사람은 작성에 소환될 수 있다.
⑤ 사망증서의 부기란에 신원확인증서의 존재가 기재된다.

**Article 730-2** L'affirmation contenue dans l'acte de notoriété n'emporte pas, par elle-même, acceptation de la succession.

**Article 730-3** L'acte de notoriété ainsi établi fait foi jusqu'à preuve contraire.

Celui qui s'en prévaut est présumé avoir des droits héréditaires dans la proportion qui s'y trouve indiquée.

**Article 730-4** Les héritiers désignés dans l'acte de notoriété ou leur mandataire commun sont réputés, à l'égard des tiers détenteurs de biens de la succession, avoir la libre disposition de ces biens et, s'il s'agit de fonds, la libre disposition de ceux-ci dans la proportion indiquée à l'acte.

**Article 730-5** Celui qui, sciemment et de mauvaise foi, se prévaut d'un acte de notoriété inexact, encourt les pénalités de recel prévues à l'article 778, sans préjudice de dommages et intérêts.

## Chapitre III Des héritiers

**Article 731** La succession est dévolue par la loi aux parents et au conjoint successibles du défunt dans les conditions définies ci-après.

**Article 732** Est conjoint successible le conjoint survivant non divorcé.

### Section 1 Des droits des parents en l'absence de conjoint successible

**Article 733** La loi ne distingue pas selon les modes d'établissement de la filiation pour déterminer les parents appelés à succéder.

Les droits résultant de la filiation adoptive sont réglés au titre de l'adoption.

**제730-2조** 신원확인증서에 포함된 확인은 그 자체로 상속의 승인을 수반하지 아니한다.

**제730-3조** ① 위와 같이 작성된 신원확인증서는 반증이 있기까지 증명력을 가진다.
② 신원확인증서를 원용하는 자는 이 증서에 지시된 비율로 상속권을 가지는 것으로 추정된다.

**제730-4조** 신원확인증서에 지정된 상속인 또는 그들의 공동수임인은, 상속재산의 소지자인 제3자에 대하여, 그 재산에 대한 자유로운 처분권을 가진 것으로 보며 그리고, 부동산에 관한 때에는 증서에 지시된 비율에 따라 이를 자유롭게 처분할 권리를 가진 것으로 본다.

**제730-5조** 고의 및 악의로 부정확한 신원확인증서를 원용한 자는, 손해배상에 영향을 미침이 없이, 제778조에 규정된 은닉의 벌칙을 받는다.


### 제3장 상속인

**제731조** 상속재산은 아래에서 정한 조건에 따라 망인의 상속권이 있는 혈족 및 배우자에게 법률에 따라 귀속된다.

**제732조** 이혼하지 않은 생존배우자는 상속권 있는 배우자이다.


### 제1절 상속권 있는 배우자가 없는 때의 혈족의 권리

**제733조** ① 법률은 상속에 참여할 수 있는 혈족을 결정함에 있어서, 친자관계의 성립방식에 따라 구별하지 아니한다.
② 양자관계로부터 나온 권리는 입양 편에서 규율한다.

### Paragraphe 1 Des ordres d'héritiers

**Article 734** En l'absence de conjoint successible, les parents sont appelés à succéder ainsi qu'il suit :

   1° Les enfants et leurs descendants ;

   2° Les père et mère ; les frères et sœurs et les descendants de ces derniers;

   3° Les ascendants autres que les père et mère ;

   4° Les collatéraux autres que les frères et sœurs et les descendants de ces derniers.

   Chacune de ces quatre catégories constitue un ordre d'héritiers qui exclut les suivants.

**Article 735** Les enfants ou leurs descendants succèdent à leurs père et mère ou autres ascendants, sans distinction de sexe, ni de primogéniture, même s'ils sont issus d'unions différentes.

**Article 736** Lorsque le défunt ne laisse ni postérité, ni frère, ni sœur, ni descendants de ces derniers, ses père et mère lui succèdent, chacun pour moitié.

**Article 737** Lorsque les père et mère sont décédés avant le défunt et que celui-ci ne laisse pas de postérité, les frères et sœurs du défunt ou leurs descendants lui succèdent, à l'exclusion des autres parents, ascendants ou collatéraux.

**Article 738** Lorsque les père et mère survivent au défunt et que celui-ci n'a pas de postérité, mais des frères et sœurs ou des descendants de ces derniers, la succession est dévolue, pour un quart, à chacun des père et mère et, pour la moitié restante, aux frères et sœurs ou à leurs descendants.

   Lorsqu'un seul des père et mère survit, la succession est dévolue pour un quart à celui-ci et pour trois quarts aux frères et sœurs ou à leurs descendants.

**Article 738-1** Lorsque seul le père ou la mère survit et que le défunt n'a ni postérité ni frère ni sœur ni descendant de ces derniers, mais laisse un ou des ascendants de l'autre branche que celle de son père ou de sa mère survivant, la succession est dévolue pour moitié au père ou à la mère et pour moitié aux ascendants de l'autre branche.

## 제1관 상속인의 순위

**제734조** ① 상속권 있는 배우자가 없으면, 혈족은 다음 각 호의 순서에 따라 상속에 참여할 수 있다.
1. 자녀 및 그의 직계비속
2. 부모, 형제자매 및 그의 직계비속
3. 부모 이외의 직계존속
4. 형제자매 및 그의 직계비속을 제외한 방계
② 이들 네 가지의 각 범주는 상속인 순위를 구성하며, 후순위자는 배제된다.

**제735조** 자녀 또는 그 직계비속은, 성별과 장자녀의 구별 없이, 비록 그들이 다른 결합에서 출생했을지라도, 부모 또는 그 밖의 직계존속을 상속한다.


**제736조** 망인에게 후손, 형제자매 및 형제자매의 직계비속도 없는 경우, 그의 부모가 각자 절반씩 상속한다.

**제737조** 부모가 망인보다 먼저 사망하고 또한 망인이 후손을 남기지 않은 경우, 망인의 형제자매 또는 그들의 직계비속은 그 밖의 혈족, 직계존속 또는 방계혈족을 배제하고 망인을 상속한다.

**제738조** ① 부모가 망인의 사망 후에도 생존하고 망인이 후손을 남기지 않았으나 형제자매 또는 그들의 직계비속이 있는 경우에는, 상속재산은 4분의 1씩 부모 각자에게, 남은 2분의 1은 형제자매 또는 그들의 직계비속에게 귀속된다.

② 부모 중 1인만이 생존한 경우, 상속재산의 4분의 1은 그에게, 4분의 3은 형제자매 또는 그들의 직계비속에게 귀속된다.

**제738-1조** 부 또는 모만 생존하고, 망인에게 후손, 형제자매 및 그들의 직계비속은 없으나, 생존한 부 또는 모의 다른 계의 1인 또는 수인의 직계존속이 있는 경우에, 상속재산의 2분의 1은 부 또는 모에게, 2분의 1은 다른 계의 직계존속에게 귀속된다.

**Article 738-2** Lorsque les père et mère ou l'un d'eux survivent au défunt et que celui-ci n'a pas de postérité, ils peuvent dans tous les cas exercer un droit de retour, à concurrence des quote-parts fixées au premier alinéa de l'article 738, sur les biens que le défunt avait reçus d'eux par donation.

La valeur de la portion des biens soumise au droit de retour s'impute en priorité sur les droits successoraux des père et mère.

Lorsque le droit de retour ne peut s'exercer en nature, il s'exécute en valeur, dans la limite de l'actif successoral.

**Article 739** A défaut d'héritier des deux premiers ordres, la succession est dévolue aux ascendants autres que les père et mère.

**Article 740** A défaut d'héritier des trois premiers ordres, la succession est dévolue aux parents collatéraux du défunt autres que les frères et sœurs et les descendants de ces derniers.

### Paragraphe 2 Des degrés

**Article 741** La proximité de parenté s'établit par le nombre de générations ; chaque génération s'appelle un degré.

**Article 742** La suite des degrés forme la ligne ; on appelle ligne directe la suite des degrés entre personnes qui descendent l'une de l'autre ; ligne collatérale, la suite des degrés entre personnes qui ne descendent pas les unes des autres, mais qui descendent d'un auteur commun.

On distingue la ligne directe descendante et la ligne directe ascendante.

**Article 743** En ligne directe, on compte autant de degrés qu'il y a de générations entre les personnes : ainsi, l'enfant est, à l'égard du père et de la mère, au premier degré, le petit-fils ou la petite-fille au second ; et réciproquement du père et de la mère à l'égard de l'enfant et des aïeuls à l'égard du petit-fils ou de la petite-fille ; ainsi de suite.

En ligne collatérale, les degrés se comptent par génération, depuis l'un des parents jusques et non compris l'auteur commun, et depuis celui-ci jusqu'à l'autre parent.

Ainsi, les frères et sœurs sont au deuxième degré ; l'oncle ou la tante et le neveu ou la nièce sont au troisième degré ; les cousins germains et cousines germaines au quatrième ; ainsi de suite.

**제738-2조** ① 망인의 부모 또는 부모 중 1인이 생존하고, 망인에게 직계후손이 없는 경우에는, 생존한 부모는 어떠한 경우이든 제738조 제1항이 정한 상속분의 범위에서 부모가 망인에게 증여한 재산에 대하여 회복청구권을 행사할 수 있다.

② 회복청구권의 대상이 되는 재산 부분의 가액은 부모의 상속권에 우선하여 충당된다.

③ 회복청구권이 원물로 행사될 수 없는 경우, 이는 상속적극재산의 한도 내에서 가액으로 행사된다.

**제739조** 제2순위까지의 상속인이 없는 경우, 상속재산은 부모 이외의 다른 직계존속에게 귀속된다.

**제740조** 제3순위까지 상속인이 없는 경우, 상속재산은 형제자매 및 그들의 직계비속 이외의 방계혈족에게 귀속된다.

## 제2관 촌수

**제741조** 혈족의 원근은 세대차의 수로 결정된다. 각 세대차는 1촌이다.

**제742조** ① 촌수의 연속은 계를 형성한다. 일방이 타방의 후손인 관계에 있는 사람들 사이의 촌수의 연속을 직계라 부른다. 일방이 타방의 후손은 아니지만 공동 선조의 후손인 사람들 사이의 촌수의 연속을 방계라 부른다.

② 직계비속과 직계존속은 구분된다.

**제743조** ① 직계에서, 사람들 사이의 세대차의 수만큼 촌수를 계산한다. 따라서 부모에 대하여, 자녀는 1촌이고, 손자녀는 2촌이다. 마찬가지로 부모는 자녀에 대하여 1촌이고 조부모는 손자녀에 대하여 2촌이다. 그 이하도 같다.

② 방계에서, 촌수는 혈족의 일방으로부터 공동의 선조까지 다시 그로부터 타방인 혈족까지의 세대의 수로 계산된다.
③ 그러므로 형제자매간은 2촌이다. 삼촌·외삼촌이나 고모·이모와 조카 사이는 3촌이다. 조부모·외조부모가 같은 사촌간은 4촌이다. 그 이하도 같다.

**Article 744** Dans chaque ordre, l'héritier le plus proche exclut l'héritier plus éloigné en degré.

A égalité de degré, les héritiers succèdent par égale portion et par tête.

Le tout sauf ce qui sera dit ci-après de la division par branches et de la représentation.

**Article 745** Les parents collatéraux relevant de l'ordre d'héritiers mentionné au 4° de l'article 734 ne succèdent pas au-delà du sixième degré.

### Paragraphe 3 De la division par branches, paternelle et maternelle

**Article 746** La parenté se divise en deux branches, selon qu'elle procède du père ou de la mère.

**Article 747** Lorsque la succession est dévolue à des ascendants, elle se divise par moitié entre ceux de la branche paternelle et ceux de la branche maternelle.

**Article 748** Dans chaque branche succède, à l'exclusion de tout autre, l'ascendant qui se trouve au degré le plus proche.

Les ascendants au même degré succèdent par tête.

A défaut d'ascendant dans une branche, les ascendants de l'autre branche recueillent toute la succession.

**Article 749** Lorsque la succession est dévolue à des collatéraux autres que les frères et sœurs ou leurs descendants, elle se divise par moitié entre ceux de la branche paternelle et ceux de la branche maternelle.

**Article 750** Dans chaque branche succède, à l'exclusion de tout autre, le collatéral qui se trouve au degré le plus proche.

Les collatéraux au même degré succèdent par tête.

A défaut de collatéral dans une branche, les collatéraux de l'autre branche recueillent toute la succession.

### Paragraphe 4 De la représentation

**Article 751** La représentation est une fiction juridique qui a pour effet d'appeler à la succession les représentants aux droits du représenté.

**제744조** ① 각 순위에 있어서 최근친 상속인은 촌수가 그보다 먼 상속인을 배제한다.

② 촌수가 같은 경우, 상속인들은 인원수대로 동일한 상속분으로 상속한다.
③ 부계와 모계의 구분과 대습상속에 관하여 아래에서 정한 것에는 제1항과 제2항이 적용되지 아니한다.

**제745조** 제734조 제4호에 규정된 상속인 순위에 해당하는 방계혈족은 6촌을 넘어서는 상속하지 아니한다.

### 제3관 부계와 모계의 구분

**제746조** 혈족은 아버지로부터인지 어머니로부터인지에 따라 양계로 나뉜다.

**제747조** 상속재산이 직계존속에게 귀속되는 경우, 상속재산은 부계의 직계존속과 모계의 직계존속 사이에 2분의 1씩 나뉜다.

**제748조** ① 각 계에서 최근친인 직계존속이 다른 모든 자(者)를 배제하고 상속한다.

② 촌수가 같은 직계존속들은 인원수대로 상속한다.
③ 어느 한 계에 직계존속이 없는 경우에는, 다른 계의 직계존속이 상속재산 전부를 차지한다.

**제749조** 상속재산이 형제자매와 그들의 직계비속 이외의 방계혈족에게 귀속되는 경우, 부계의 방계혈족과 모계의 방계혈족에게 2분의 1씩 나뉜다.

**제750조** ① 각 계에서 최근친인 방계혈족이 다른 모든 자(者)를 배제하고 상속한다.

② 촌수가 같은 방계혈족들은 인원수대로 상속한다.
③ 어느 한 계에 방계혈족이 없는 경우, 다른 계의 방계혈족이 상속재산 전부를 차지한다.

### 제4관 대습상속

**제751조** 대습상속은 대습자에게 피대습자의 권리를 상속하도록 하는 효과를 가지는 법적 의제이다.

**Article 752** La représentation a lieu à l'infini dans la ligne directe descendante.

Elle est admise dans tous les cas, soit que les enfants du défunt concourent avec les descendants d'un enfant prédécédé, soit que tous les enfants du défunt étant morts avant lui, les descendants desdits enfants se trouvent entre eux en degrés égaux ou inégaux.

**Article 752-1** La représentation n'a pas lieu en faveur des ascendants ; le plus proche, dans chacune des deux lignes, exclut toujours le plus éloigné.

**Article 752-2** En ligne collatérale, la représentation est admise en faveur des enfants et descendants de frères ou sœurs du défunt, soit qu'ils viennent à sa succession concurremment avec des oncles ou tantes, soit que tous les frères et sœurs du défunt étant prédécédés, la succession se trouve dévolue à leurs descendants en degrés égaux ou inégaux.

**Article 753** Dans tous les cas où la représentation est admise, le partage s'opère par souche, comme si le représenté venait à la succession ; s'il y a lieu, il s'opère par subdivision de souche. A l'intérieur d'une souche ou d'une subdivision de souche, le partage se fait par tête.

**Article 754** On représente les prédécédés, on ne représente les renonçants que dans les successions dévolues en ligne directe ou collatérale.

Les enfants du renonçant conçus avant l'ouverture de la succession dont le renonçant a été exclu rapportent à la succession de ce dernier les biens dont ils ont hérité en son lieu et place, s'ils viennent en concours avec d'autres enfants conçus après l'ouverture de la succession. Le rapport se fait selon les dispositions énoncées à la section 2 du chapitre VIII du présent titre.

Sauf volonté contraire du disposant, en cas de représentation d'un renonçant, les donations faites à ce dernier s'imputent, le cas échéant, sur la part de réserve qui aurait dû lui revenir s'il n'avait pas renoncé.

On peut représenter celui à la succession duquel on a renoncé.

**Article 755** La représentation est admise en faveur des enfants et descendants de l'indigne, encore que celui-ci soit vivant à l'ouverture de la succession.

Les dispositions prévues au deuxième alinéa de l'article 754 sont applicables aux enfants de l'indigne de son vivant.

**제752조** ① 대습상속은 직계비속에서는 무한히 발생한다.

② 대습상속은 망인의 자녀가 먼저 사망한 자녀의 직계비속과 경합하든, 망인의 모든 자녀가 망인보다 먼저 사망하고 그 자녀들의 직계비속이 서로 촌수가 같든 다르든, 모든 경우에 인정된다.

**제752-1조** 대습상속은 직계존속을 위해서는 발생하지 아니한다. 양계의 각 계에서 최근친자는 최원친자를 언제나 배제한다.

**제752-2조** 방계에서는 망인의 형제 또는 자매의 자녀와 직계비속을 위하여, 그들이 친·외삼촌이나 고·이모와 경합하여 상속하든 망인의 모든 형제자매가 먼저 사망하여 상속재산이 그들의 같은 또는 다른 촌수의 직계비속에게 귀속하든 대습상속이 인정된다.

**제753조** 대습상속이 인정되는 모든 경우에 그 분할은 피대습자에게 상속이 일어났던 것처럼 동일비속계 별로 이루어진다. 필요하다면, 분할은 하위동일비속계에 의하여 이루어진다. 동일비속계 내에서 또는 하위동일비속계 내에서는 균분하여 분할이 일어난다.

**제754조** ① 먼저 사망한 자는 대습상속이 되며, 상속포기자는 직계 또는 방계로 귀속된 상속재산에 대해서만 대습상속이 된다.

② 포기자의 자녀로서 포기자가 배제된 상속의 개시 전에 포태된 자는, 상속의 개시 후에 포태된 다른 자녀들과 경합하게 되는 경우, 그가 포기자를 대신하여 상속하였던 재산을 포기자의 상속재산에 반환한다. 반환은 본편 제8장 제2절에서 언급된 규정에 따라 이루어진다.

③ 처분자의 반대의사가 없으면, 포기자를 대습상속하는 경우에 포기자에게 행해진 증여는, 경우에 따라서는, 포기자가 포기하지 않았더라면 그에게 귀속되었어야 할 유류분에서 충당된다.

④ 피대습자에 대하여 상속을 포기한 자도 피대습자를 대습상속할 수 있다.

**제755조** ① 대습상속은, 비록 결격자가 상속개시 시에 생존해 있다고 하더라도, 그의 자녀와 직계비속을 위해서 인정된다.

② 제754조 제2항에 정해진 규정은 생존 중인 결격자의 자녀들에게 적용된다.

## Section 2 Des droits du conjoint successible

## Paragraphe 1 De la nature des droits, de leur montant et de leur exercice

**Article 756** Le conjoint successible est appelé à la succession, soit seul, soit en concours avec les parents du défunt.

**Article 757** Si l'époux prédécédé laisse des enfants ou descendants, le conjoint survivant recueille, à son choix, l'usufruit de la totalité des biens existants ou la propriété du quart des biens lorsque tous les enfants sont issus des deux époux et la propriété du quart en présence d'un ou plusieurs enfants qui ne sont pas issus des deux époux.

**Article 757-1** Si, à défaut d'enfants ou de descendants, le défunt laisse ses père et mère, le conjoint survivant recueille la moitié des biens. L'autre moitié est dévolue pour un quart au père et pour un quart à la mère.

Quand le père ou la mère est prédécédé, la part qui lui serait revenue échoit au conjoint survivant.

**Article 757-2** En l'absence d'enfants ou de descendants du défunt et de ses père et mère, le conjoint survivant recueille toute la succession.

**Article 757-3** Par dérogation à l'article 757-2, en cas de prédécès des père et mère, les biens que le défunt avait reçus de ses ascendants par succession ou donation et qui se retrouvent en nature dans la succession sont, en l'absence de descendants, dévolus pour moitié aux frères et sœurs du défunt ou à leurs descendants, eux-mêmes descendants du ou des parents prédécédés à l'origine de la transmission.

**Article 758** Lorsque le conjoint survivant recueille la totalité ou les trois quarts des biens, les ascendants du défunt, autres que les père et mère, qui sont dans le besoin bénéficient d'une créance d'aliments contre la succession du prédécédé.

Le délai pour la réclamer est d'un an à partir du décès ou du moment à partir duquel les héritiers cessent d'acquitter les prestations qu'ils fournissaient auparavant aux ascendants. Le délai se prolonge, en cas d'indivision, jusqu'à l'achèvement du partage.

La pension est prélevée sur la succession. Elle est supportée par tous les héritiers et, en cas d'insuffisance, par tous les légataires particuliers, proportionnellement à leur émolument.

Toutefois, si le défunt a expressément déclaré que tel legs sera acquitté de préférence aux autres, il sera fait application de l'article 927.

## 제2절 상속권 있는 배우자의 권리

### 제1관 권리의 성질, 총액 및 행사

**제756조** 상속권 있는 배우자는 단독으로 또는 망인의 혈족과 경합하여 상속에 참여한다.

**제757조** 먼저 사망한 배우자가 자녀 또는 직계비속을 남기면, 생존배우자는 모든 자녀가 부부 쌍방 사이에서 태어난 때에는 그의 선택에 따라 현존재산 전부의 점용권 또는 재산의 4분의 1에 대한 소유권을, 부부 쌍방 사이에서 태어나지 않은 1인 또는 수인의 자녀가 있는 때에는 재산의 4분의 1에 대한 소유권을 받는다.

**제757-1조** ① 자녀나 직계비속이 없이 망인에게 부모가 있으면, 생존배우자는 재산의 2분의 1을 받는다. 나머지 2분의 1은 부에게 4분의 1만큼이 모에게도 4분의 1만큼이 귀속된다.

② 부 또는 모가 먼저 사망한 때에, 그에게 돌아갔을 상속분은 생존배우자에게 귀속된다.

**제757-2조** 망인의 자녀 또는 직계비속과 그의 부모가 없으면, 생존배우자는 모든 상속재산을 받는다.

**제757-3조** 제757-2조의 예외로, 부모가 먼저 사망한 경우, 망인이 자신의 직계존속으로부터 상속이나 증여로 받았고 상속재산 중에 원물로 존재하는 재산은, 직계비속이 없으면, 그 2분의 1이 이전이 일어난 당시에 먼저 사망한 부모의 일방 또는 쌍방의 직계비속인 망인의 형제자매 또는 그들의 직계비속에게 귀속된다.

**제758조** ① 생존배우자가 재산의 전부 또는 4분의 3을 받는 경우, 부모 이외에, 곤궁한 상태에 있는 망인의 직계존속은 먼저 사망한 자의 상속재산에 대하여 부양채권의 혜택을 받는다.

② 부양채권의 청구 기간은 사망한 때부터 또는 상속인들이 이전에 직계존속에게 제공하였던 부양료의 지급을 중지한 때부터 1년이다. 그 기간은, 공유인 경우, 분할의 완료 시까지 연장된다.

③ 부양정기금은 상속재산에서 선취된다. 부양정기금은 모든 상속인이 부담하고, 불충분한 경우에는 모든 특정 수유자도 함께 그들의 취득분에 비례하여 부담한다.

④ 그러나, 망인이 어느 유증을 다른 유증에 우선하여 지급할 것을 명시적으로 표시한다면, 제927조가 적용되어야 한다.

**Article 758-1** Lorsque le conjoint a le choix de la propriété ou de l'usufruit, ses droits sont incessibles tant qu'il n'a pas exercé son option.

**Article 758-2** L'option du conjoint entre l'usufruit et la propriété se prouve par tout moyen.

**Article 758-3** Tout héritier peut inviter par écrit le conjoint à exercer son option. Faute d'avoir pris parti par écrit dans les trois mois, le conjoint est réputé avoir opté pour l'usufruit.

**Article 758-4** Le conjoint est réputé avoir opté pour l'usufruit s'il décède sans avoir pris parti.

**Article 758-5** Le calcul du droit en toute propriété du conjoint prévu aux articles 757 et 757-1 sera opéré sur une masse faite de tous les biens existant au décès de son époux auxquels seront réunis fictivement ceux dont il aurait disposé, soit par acte entre vifs, soit par acte testamentaire, au profit de successibles, sans dispense de rapport.

Le conjoint ne pourra exercer son droit que sur les biens dont le prédécédé n'aura disposé ni par acte entre vifs, ni par acte testamentaire, et sans préjudicier aux droits de réserve ni aux droits de retour.

**Article 758-6** Les libéralités reçues du défunt par le conjoint survivant s'imputent sur les droits de celui-ci dans la succession. Lorsque les libéralités ainsi reçues sont inférieures aux droits définis aux articles 757 et 757-1, le conjoint survivant peut en réclamer le complément, sans jamais recevoir une portion des biens supérieure à la quotité définie à l'article 1094-1.

### Paragraphe 2 De la conversion de l'usufruit

**Article 759** Tout usufruit appartenant au conjoint sur les biens du prédécédé, qu'il résulte de la loi, d'un testament ou d'une donation de biens à venir, donne ouverture à une faculté de conversion en rente viagère, à la demande de l'un des héritiers nus-propriétaires ou du conjoint successible lui-même.

**Article 759-1** La faculté de conversion n'est pas susceptible de renonciation. Les cohéritiers ne peuvent en être privés par la volonté du prédécédé.

**제758-1조** 배우자가 소유권 또는 점용권에 대한 선택권을 가진 경우, 그의 권리는 그가 선택권을 행사하지 아니하는 한 양도될 수 없다.

**제758-2조** 점용권과 소유권 사이에서의 배우자의 선택은 모든 방법으로 증명된다.

**제758-3조** 모든 상속인은 서면으로 배우자에게 선택권을 행사하도록 촉구할 수 있다. 3개월 이내에 서면으로 선택하지 아니한 경우, 배우자는 점용권을 선택한 것으로 본다.

**제758-4조** 배우자가 선택하지 아니하고 사망하였다면, 배우자는 점용권을 선택한 것으로 본다.

**제758-5조** ① 제757조 및 제757-1조에 규정된 배우자의 단독소유가 되는 권리의 계산은 상대 배우자의 사망 시에 존재하는 모든 재산으로 구성되는 총체에 대하여 이루어지고, 이 총체에는 상대 배우자가 상속권자를 위하여 생전행위에 의하든 유언행위에 의하든 반환의 면제 없이 처분하였을 재산이 가상으로 합쳐진다.
② 배우자는 먼저 사망한 배우자가 생존행위나 유언행위로도 처분하지 않았을 재산에 대하여만 그의 권리를 행사할 수 있으나, 유류분권이나 상속회복청구권을 해할 수 없다.

**제758-6조** 생존배우자가 망인으로부터 받은 무상양여는 상속재산 안에서의 그의 권리에서 공제된다. 이렇게 받은 무상양여가 제757조 및 제757-1조에 정한 권리보다 적을 경우, 생존배우자는 그 권리의 보충을 청구할 수 있으나, 제1094-1조에 정한 상속분을 초과하는 재산 부분은 수령할 수 없다.

## 제2관 점용권의 전환

**제759조** 먼저 사망한 배우자의 재산에 대하여 배우자에게 귀속하는 모든 점용권은, 그것이 법률에서 발생한 것이든 유언 또는 장래 재산의 증여에서 발생한 것이든, 제한소유권자인 상속인들 중의 1인 또는 상속권 있는 배우자 자신의 청구에 따라, 종신정기금으로 전환될 수 있다.

**제759-1조** 전환권은 포기될 수 없다. 공동상속인들은 먼저 사망한 자의 의사에 의하여 이를 박탈당할 수 없다.

**Article 760** A défaut d'accord entre les parties, la demande de conversion est soumise au juge. Elle peut être introduite jusqu'au partage définitif.

S'il fait droit à la demande de conversion, le juge détermine le montant de la rente, les sûretés que devront fournir les cohéritiers débiteurs, ainsi que le type d'indexation propre à maintenir l'équivalence initiale de la rente à l'usufruit.

Toutefois, le juge ne peut ordonner contre la volonté du conjoint la conversion de l'usufruit portant sur le logement qu'il occupe à titre de résidence principale, ainsi que sur le mobilier le garnissant.

**Article 761** Par accord entre les héritiers et le conjoint, il peut être procédé à la conversion de l'usufruit du conjoint en un capital.

**Article 762** La conversion de l'usufruit est comprise dans les opérations de partage. Elle ne produit pas d'effet rétroactif, sauf stipulation contraire des parties.

### Paragraphe 3 Du droit au logement temporaire et du droit viager au logement

**Article 763** Si, à l'époque du décès, le conjoint successible occupe effectivement, à titre d'habitation principale, un logement appartenant aux époux ou dépendant totalement de la succession, il a de plein droit, pendant une année, la jouissance gratuite de ce logement, ainsi que du mobilier, compris dans la succession, qui le garnit.

Si son habitation était assurée au moyen d'un bail à loyer ou d'un logement appartenant pour partie indivise au défunt, les loyers ou l'indemnité d'occupation lui en seront remboursés par la succession pendant l'année, au fur et à mesure de leur acquittement.

Les droits prévus au présent article sont réputés effets directs du mariage et non droits successoraux.

Le présent article est d'ordre public.

**제760조** ① 당사자 사이에 합의가 없는 경우, 전환의 청구는 법원에 따른다. 이 청구는 확정적 분할 시까지 제기될 수 있다.

② 법관이 전환 청구를 인정한다면, 법관은 정기금의 액수, 채무자인 공동상속인들이 제공해야 할 담보를 정할 수 있고, 점용권에 대한 정기금의 초기 등가성을 유지하기에 적합한 지수화의 유형도 마찬가지이다.

③ 그러나 법원은 배우자의 의사에 반하여 그가 주된 거소로 점유하고 있는 주거 및 그 주거에 구비된 동산을 대상으로 하는 점용권의 전환을 명할 수 없다.

**제761조** 상속인들과 배우자의 합의에 따라 배우자 점용권의 일시금으로의 전환이 진행될 수 있다.

**제762조** 점용권의 전환은 분할 이행에 포함된다. 이 전환은 당사자의 반대 약정이 있는 경우를 제외하고 소급효를 발생시키지 아니한다.

### 제3관 임시주거권 및 종신주거권

**제763조** ① 사망 시에, 상속권 있는 배우자가 부부에게 속하거나 그 전부가 상속재산에 속하는 주거를 주된 거주로 실제로 점유하고 있다면, 그는 그 주거 및 그 주거에 구비되었고 상속재산에 포함된 동산을 1년 동안 당연히 무상으로 향유한다.

② 배우자의 거주가 주택임대차 또는 공유부분만큼 망인에게 속하는 주거에 의하여 보장되었다면, 차임 또는 점유보상금은 그 지급에 따라 1년 동안은 상속재산에 의하여 그에게 상환된다.

③ 본조에 규정된 권리는 상속권이 아니고 혼인의 직접적 효과로 본다.

④ 본조는 강행규정이다.

**Article 764** Sauf volonté contraire du défunt exprimée dans les conditions de l'article 971, le conjoint successible qui occupait effectivement, à l'époque du décès, à titre d'habitation principale, un logement appartenant aux époux ou dépendant totalement de la succession, a sur ce logement, jusqu'à son décès, un droit d'habitation et un droit d'usage sur le mobilier, compris dans la succession, le garnissant.

La privation de ces droits d'habitation et d'usage exprimée par le défunt dans les conditions mentionnées au premier alinéa est sans incidence sur les droits d'usufruit que le conjoint recueille en vertu de la loi ou d'une libéralité, qui continuent à obéir à leurs règles propres.

Ces droits d'habitation et d'usage s'exercent dans les conditions prévues aux articles 627, 631, 634 et 635.

Le conjoint, les autres héritiers ou l'un d'eux peuvent exiger qu'il soit dressé un inventaire des meubles et un état de l'immeuble soumis aux droits d'usage et d'habitation.

Par dérogation aux articles 631 et 634, lorsque la situation du conjoint fait que le logement grevé du droit d'habitation n'est plus adapté à ses besoins, le conjoint ou son représentant peut le louer à usage autre que commercial ou agricole afin de dégager les ressources nécessaires à de nouvelles conditions d'hébergement.

**Article 765** La valeur des droits d'habitation et d'usage s'impute sur la valeur des droits successoraux recueillis par le conjoint.

Si la valeur des droits d'habitation et d'usage est inférieure à celle de ses droits successoraux, le conjoint peut prendre le complément sur les biens existants.

Si la valeur des droits d'habitation et d'usage est supérieure à celle de ses droits successoraux, le conjoint n'est pas tenu de récompenser la succession à raison de l'excédent.

**Article 765-1** Le conjoint dispose d'un an à partir du décès pour manifester sa volonté de bénéficier de ces droits d'habitation et d'usage.

**Article 765-2** Lorsque le logement faisait l'objet d'un bail à loyer, le conjoint successible qui, à l'époque du décès, occupait effectivement les lieux à titre d'habitation principale bénéficie du droit d'usage sur le mobilier, compris dans la succession, le garnissant.

**Article 766** Le conjoint successible et les héritiers peuvent, par convention, convertir les droits d'habitation et d'usage en une rente viagère ou en capital.

S'il est parmi les successibles parties à la convention un mineur ou un majeur protégé, la convention doit être autorisée par le juge des tutelles.

**제764조** ① 제971조의 요건 하에서 망인이 반대 의사를 표시한 경우를 제외하고, 사망 시에 부부에게 속하거나 그 전부가 상속재산에 속하는 주거를 주된 거소로 실제로 점유하던 상속권 있는 배우자는, 종신까지 그 주거에 대한 주거권 및 주거에 구비되고 상속재산에 포함된 동산에 대한 사용권을 가진다.

② 제1항에 규정된 요건 하에서 망인에 의하여 표시된 주거권 및 사용권의 박탈은 법률 또는 무상양여에 의하여 배우자가 수취한 점용권에 영향을 주지 않으며, 이 점용권은 고유한 규정에 계속하여 따른다.

③ 이 거주권 및 사용권은 제627조, 제631조, 제634조 및 제635조에 규정된 요건 하에 행사된다.

④ 배우자, 다른 상속인들 또는 그들 중 1인은 사용권 및 거주권의 대상이 되는 동산목록 및 부동산현황조사서의 작성을 요구할 수 있다.
⑤ 제631조 및 제643조의 규정에도 불구하고, 거주권이 설정된 주거가 더 이상 그의 필요에 적합하지 않게 된 경우에 배우자 또는 그의 대리인은 새로운 거주요건에 필요한 수입을 창출하기 위하여 상업 또는 농업 이외의 용도로 그 주거를 임대할 수 있다.


**제765조** ① 거주권 및 사용권의 가액은 배우자가 받는 상속권의 가액에서 공제된다.

② 거주권 및 사용권의 가액이 배우자의 상속권 가액보다 적으면, 배우자는 현존하는 재산에서 보충받을 수 있다.
③ 거주권 및 사용권의 가액이 배우자의 상속권 가액보다 많을지라도, 배우자는 초과를 이유로 상속재산에 대하여 상환의무를 부담하지 아니한다.


**제765-1조** 배우자는 사망 시부터 1년 이내에 거주권 및 사용권의 혜택을 받겠다는 의사를 표시할 수 있다.

**제765-2조** 주거가 주택임대차의 대상이 되어 있었던 경우, 사망 시에 주된 거주로 건물을 실제로 점유하고 있던 상속권 있는 배우자는, 상속재산에 포함되어있는 그 주거에 구비된 동산에 대한 사용권의 혜택을 받는다.

**제766조** ① 상속권 있는 배우자 및 상속인들은 합의에 의하여 거주권 및 사용권을 종신정기금 또는 일시금으로 전환할 수 있다.
② 합의의 당사자인 상속권자 중에 미성년자 또는 피보호성년자가 있다면, 그 합의는 후견법관에 의하여 허가되어야 한다.

## Paragraphe 4 Du droit à pension

**Article 767** La succession de l'époux prédécédé doit une pension au conjoint successible qui est dans le besoin. Le délai pour la réclamer est d'un an à partir du décès ou du moment où les héritiers cessent d'acquitter les prestations qu'ils fournissaient auparavant au conjoint. Le délai se prolonge, en cas d'indivision, jusqu'à l'achèvement du partage.

La pension alimentaire est prélevée sur la succession. Elle est supportée par tous les héritiers et, en cas d'insuffisance, par tous les légataires particuliers, proportionnellement à leur émolument.

Toutefois, si le défunt a expressément déclaré que tel legs sera acquitté de préférence aux autres, il sera fait application de l'article 927.

## Chapitre IV De l'option de l'héritier

### Section 1 Dispositions générales

**Article 768** L'héritier peut accepter la succession purement et simplement ou y renoncer. Il peut également accepter la succession à concurrence de l'actif net lorsqu'il a une vocation universelle ou à titre universel.

Est nulle l'option conditionnelle ou à terme.

**Article 769** L'option est indivisible.

Toutefois, celui qui cumule plus d'une vocation successorale à la même succession a, pour chacune d'elles, un droit d'option distinct.

**Article 770** L'option ne peut être exercée avant l'ouverture de la succession, même par contrat de mariage.

**Article 771** L'héritier ne peut être contraint à opter avant l'expiration d'un délai de quatre mois à compter de l'ouverture de la succession.

A l'expiration de ce délai, il peut être sommé, par acte extrajudiciaire, de prendre parti à l'initiative d'un créancier de la succession, d'un cohéritier, d'un héritier de rang subséquent ou de l'Etat.

## 제4관 부양정기금에 대한 권리

**제767조** ① 먼저 사망한 배우자의 상속재산은 곤궁한 상태에 처한 상속권 있는 배우자에게 부양정기금을 부담한다. 부양정기금의 청구 기간은 사망 시부터 또는 상속인들이 배우자에게 이전부터 제공하였던 부양료의 지급을 중지한 때부터 1년이다. 공유인 경우, 기간은 분할의 완료 시까지 연장된다.
② 부양정기금은 상속재산에서 선취된다. 부양정기금은 모든 상속인이 부담하고, 불충분한 경우에는 모든 특정수유자도 함께 그들의 취득분에 비례하여 부담한다.

③ 그러나, 망인이 어느 유증을 다른 유증에 우선하여 지급할 것을 명시적으로 표시한다면, 제927조가 적용된다.

## 제4장 상속인의 선택

## 제1절 총칙

**제768조** ① 상속인은 상속을 단순히 승인하거나 이를 포기할 수 있다. 또한 상속인이 포괄승계 또는 부분 포괄승계의 지위를 가지는 경우, 그는 한정승인으로 상속을 승인할 수 있다.

② 조건부 또는 기한부 선택은 무효이다.

**제769조** ① 선택은 불가분이다.
② 그러나, 동일한 상속으로부터 하나 이상의 상속상의 지위를 중첩하여 가지는 자는 각각의 선택에 있어 구분된 선택권을 가진다.

**제770조** 선택은, 부부재산계약에 의할지라도, 상속개시 전에는 행사될 수 없다.

**제771조** ① 상속인은 상속개시로부터 4개월의 기간이 만료하기 전에는 선택을 강요당할 수 없다.
② 이 기간이 만료되면, 상속인은 상속재산의 채권자, 공동상속인, 후순위상속인 또는 국가로부터 선택을 할 것을 재판외 행위로, 최고될 수 있다.

**Article 772** Dans les deux mois qui suivent la sommation, l'héritier doit prendre parti ou solliciter un délai supplémentaire auprès du juge lorsqu'il n'a pas été en mesure de clôturer l'inventaire commencé ou lorsqu'il justifie d'autres motifs sérieux et légitimes. Ce délai est suspendu à compter de la demande de prorogation jusqu'à la décision du juge saisi.

A défaut d'avoir pris parti à l'expiration du délai de deux mois ou du délai supplémentaire accordé, l'héritier est réputé acceptant pur et simple.

**Article 773** A défaut de sommation, l'héritier conserve la faculté d'opter, s'il n'a pas fait par ailleurs acte d'héritier et s'il n'est pas tenu pour héritier acceptant pur et simple en application des articles 778, 790 ou 800.

**Article 774** Les dispositions des articles 771, 772 et 773 s'appliquent à l'héritier de rang subséquent appelé à succéder lorsque l'héritier de premier rang renonce à la succession ou est indigne de succéder. Le délai de quatre mois prévu à l'article 771 court à compter du jour où l'héritier subséquent a eu connaissance de la renonciation ou de l'indignité.

**Article 775** Les dispositions visées à l'article 774 s'appliquent également aux héritiers de celui qui décède sans avoir opté. Le délai de quatre mois court à compter de l'ouverture de la succession de ce dernier.

Les héritiers de celui qui décède sans avoir opté exercent l'option séparément, chacun pour sa part.

**Article 776** L'option exercée a un effet rétroactif au jour de l'ouverture de la succession.

**Article 777** L'erreur, le dol ou la violence est une cause de nullité de l'option exercée par l'héritier.

L'action en nullité se prescrit par cinq ans à compter du jour où l'erreur ou le dol a été découvert ou du jour où la violence a cessé.

**제772조** ① 최고 이후 2개월 이내에, 상속인은 선택을 하거나, 또는 그가 작성을 개시한 재산목록을 종결할 수 없거나 기타 심각하고 정당한 사유를 증명한 경우에 법관에 추가 기간을 요청해야 한다. 이 기간은 연장의 청구 이후부터 법원의 결정이 있을 때까지 정지된다.

② 2개월의 기간 또는 추가로 부여된 기간이 만료할 때까지 아무런 정함이 없는 때에는, 상속인은 단순승인한 것으로 본다.

**제773조** 최고가 없는 경우, 상속인이 다른 한편으로 자신이 상속인임을 표시하지 않았다면, 그리고 제778조, 제790조 또는 제800조의 적용에 따라 단순승인한 상속인으로 간주되지 않는다면, 상속인은 선택권을 보존한다.

**제774조** 제771조, 제772조 및 제773조의 규정은 선순위 상속인이 상속을 포기하거나 상속을 받을 자격이 없는 경우에 상속에 참여하는 후순위 상속인에게 적용된다. 제771조에 규정된 4개월의 기간은 후순위 상속인이 포기 또는 결격을 안 때부터 진행한다.

**제775조** ① 제774조에 명시된 규정들은 선택하지 않고 사망한 자의 상속인들에게도 동일하게 적용된다. 4개월의 기간은 사망한 자의 상속개시일로부터 진행한다.

② 선택하지 않고 사망한 자의 상속인들은 각자 자기의 부분에 대하여 별도로 선택을 행사한다.

**제776조** 행사된 선택은 상속개시 일로 소급하여 그 효력이 있다.

**제777조** ① 착오, 사기, 또는 강박은 상속인에 의하여 행사된 선택의 무효화 사유이다.

② 무효화소권은 착오나 사기가 밝혀진 때 또는 강박이 중단된 날로부터 5년의 시효로 소멸한다.

**Article 778** Sans préjudice de dommages et intérêts, l'héritier qui a recelé des biens ou des droits d'une succession ou dissimulé l'existence d'un cohéritier est réputé accepter purement et simplement la succession, nonobstant toute renonciation ou acceptation à concurrence de l'actif net, sans pouvoir prétendre à aucune part dans les biens ou les droits détournés ou recelés. Les droits revenant à l'héritier dissimulé et qui ont ou auraient pu augmenter ceux de l'auteur de la dissimulation sont réputés avoir été recelés par ce dernier.

Lorsque le recel a porté sur une donation rapportable ou réductible, l'héritier doit le rapport ou la réduction de cette donation sans pouvoir y prétendre à aucune part.

L'héritier receleur est tenu de rendre tous les fruits et revenus produits par les biens recelés dont il a eu la jouissance depuis l'ouverture de la succession.

**Article 779** Les créanciers personnels de celui qui s'abstient d'accepter une succession ou qui renonce à une succession au préjudice de leurs droits peuvent être autorisés en justice à accepter la succession du chef de leur débiteur, en son lieu et place.

L'acceptation n'a lieu qu'en faveur de ces créanciers et jusqu'à concurrence de leurs créances. Elle ne produit pas d'autre effet à l'égard de l'héritier.

**Article 780** La faculté d'option se prescrit par dix ans à compter de l'ouverture de la succession.

L'héritier qui n'a pas pris parti dans ce délai est réputé renonçant.

La prescription ne court contre l'héritier qui a laissé le conjoint survivant en jouissance des biens héréditaires qu'à compter de l'ouverture de la succession de ce dernier.

La prescription ne court contre l'héritier subséquent d'un héritier dont l'acceptation est annulée qu'à compter de la décision définitive constatant cette nullité.

La prescription ne court pas tant que le successible a des motifs légitimes d'ignorer la naissance de son droit, notamment l'ouverture de la succession.

**Article 781** Lorsque le délai de prescription mentionné à l'article 780 est expiré, celui qui se prévaut de sa qualité d'héritier doit justifier que lui-même ou celui ou ceux dont il tient cette qualité ont accepté cette succession avant l'expiration de ce délai.

**제778조** ① 손해배상에 영향을 미침이 없이, 상속에 속하는 재산이나 권리를 은닉하거나 공동 상속인의 존재를 숨긴 상속인은, 포기나 한정승인을 했을지라도, 단순승인을 한 것으로 보며, 그는 횡령되었거나 은닉된 재산이나 권리에 대하여 어떠한 지분도 주장할 수 없다. 숨겨진 상속인에게 귀속되어야 했고 은닉자의 권리를 증가시켰거나 증가시킬 수 있었던 권리는 은닉자에 의하여 감춰졌던 것으로 본다.

② 은닉이 반환될 수 있거나 감액될 수 있는 증여를 대상으로 행해진 경우, 상속인은 이 증여의 반환이나 감액을 부담하며 이에 대한 어떠한 지분도 주장할 수 없다.
③ 은닉자인 상속인은 상속개시 이후 그가 향유한 은닉재산에 의한 모든 과실과 소득을 반환하여야 한다.

**제779조** ① 상속을 승인하지 않거나 상속을 포기하는 자의 개인적 채권자는, 이로 인해 자신의 권리가 침해되는 경우, 자신의 채무자를 대리하여 채무자의 권한으로 상속 승인을 재판상 허가받을 수 있다.
② 승인은 그 채권자를 위하여 그의 채권의 한도 내에서만 발생한다. 이는 상속인에 대하여 다른 효력을 발생시키지 아니한다.

**제780조** ① 선택권은 상속이 개시된 때로부터 10년의 시효로 소멸한다.

② 이 기간 내에 선택을 하지 않는 상속인은 포기자로 본다.
③ 상속재산을 향유하는 생존배우자를 둔 상속인에 대한 시효는 생존배우자의 상속이 개시된 때부터만 진행한다.
④ 상속승인이 무효가 된 상속인의 후순위 상속인에 대한 시효는 이 무효를 종국적으로 확정하는 판결이 있은 때부터만 진행한다.
⑤ 상속권자가 자신의 권리의 발생, 특히 상속의 개시를 모르는 정당한 사유를 가지는 한, 시효는 진행하지 아니한다.

**제781조** 제780조에 규정된 시효기간이 만료된 경우, 자신의 상속인으로서의 자격을 원용하는 자는 그 기간의 만료 전에 본인이 또는 그에게 이 자격을 준 자나 자들이 상속을 승인하였다는 것을 증명하여야 한다.

## Section 2 De l'acceptation pure et simple de la succession

**Article 782** L'acceptation pure et simple peut être expresse ou tacite. Elle est expresse quand le successible prend le titre ou la qualité d'héritier acceptant dans un acte authentique ou sous seing privé. Elle est tacite quand le successible saisi fait un acte qui suppose nécessairement son intention d'accepter et qu'il n'aurait droit de faire qu'en qualité d'héritier acceptant.

**Article 783** Toute cession, à titre gratuit ou onéreux, faite par un héritier de tout ou partie de ses droits dans la succession emporte acceptation pure et simple.

Il en est de même :

1° De la renonciation, même gratuite, que fait un héritier au profit d'un ou de plusieurs de ses cohéritiers ou héritiers de rang subséquent ;

2° De la renonciation qu'il fait, même au profit de tous ses cohéritiers ou héritiers de rang subséquent indistinctement, à titre onéreux.

**Article 784** Les actes purement conservatoires ou de surveillance et les actes d'administration provisoire peuvent être accomplis sans emporter acceptation de la succession, si le successible n'y a pas pris le titre ou la qualité d'héritier.

Tout autre acte que requiert l'intérêt de la succession et que le successible veut accomplir sans prendre le titre ou la qualité d'héritier doit être autorisé par le juge.

Sont réputés purement conservatoires :

1° Le paiement des frais funéraires et de dernière maladie, des impôts dus par le défunt, des loyers et autres dettes successorales dont le règlement est urgent ;

2° Le recouvrement des fruits et revenus des biens successoraux ou la vente des biens périssables, à charge de justifier que les fonds ont été employés à éteindre les dettes visées au 1° ou ont été déposés chez un notaire ou consignés ;

3° L'acte destiné à éviter l'aggravation du passif successoral ;

4° Les actes liés à la rupture du contrat de travail du salarié du particulier employeur décédé, le paiement des salaires et indemnités dus au salarié ainsi que la remise des documents de fin de contrat.

Sont réputés être des actes d'administration provisoire les opérations courantes nécessaires à la continuation à court terme de l'activité de l'entreprise dépendant de la succession.

Sont également réputés pouvoir être accomplis sans emporter acceptation tacite de la succession le renouvellement, en tant que bailleur ou preneur à bail, des baux qui, à défaut, donneraient lieu au paiement d'une indemnité, ainsi que la mise en œuvre de décisions d'administration ou de disposition engagées par le défunt et nécessaires au bon fonctionnement de l'entreprise.

## 제2절 상속의 단순승인

**제782조** 단순승인은 명시적이거나 묵시적일 수 있다. 단순승인은 상속권자가 공정증서나 사서증서로 승인상속인의 권원이나 자격을 가질 때 명시적이다. 단순승인은 점유 상속권자가 승인한다는 의도를 당연히 전제하는 행위를 하고 또한 승인상속인의 자격으로서만 할 수 있는 권리를 가지고 그 행위를 한 때 묵시적이다.

**제783조** ① 상속인이 상속재산에서의 자신의 권리 전부 또는 일부에 대하여 행하는 무상 또는 유상의 모든 양도는 단순승인을 의미한다.
② 다음 각 호의 경우에도 마찬가지이다.
1. 어느 상속인이, 무상일지라도, 자신의 공동상속인 1인 또는 수인을 위하여 또는 후순위 상속인을 위하여 한 포기
2. 어느 상속인이 자신의 공동상속인 또는 후순위 상속인의 구별 없이, 그들 모두를 위한 것일지라도, 유상으로 한 포기

**제784조** ① 순수한 보존행위 또는 감독 행위 및 임시관리행위는, 상속권자가 상속인의 권원이나 자격을 가지지 않았을지라도, 상속의 승인을 수반함이 없이 수행될 수 있다.

② 상속재산의 이익에 필요하고 상속권자가 상속인의 권원이나 자격을 가짐이 없이 수행하고자 하는 모든 다른 행위는 법관의 허가를 받아야 한다.
③ 다음의 각 호의 행위는 순수한 보존행위로 본다.
1. 장례비용 및 마지막 질병치료비의 변제, 망인이 부담하는 세금의 납부, 차임 및 기타 결제가 긴급한 상속재산 상 채무의 변제
2. 자금이 제1호에 명시된 채무를 소멸시키는 데 사용되었음을 또는 공증인에게 맡겨졌거나 공탁되었음을 증명할 것을 조건으로 하는, 상속재산의 과실과 소득의 회수 또는 보존이 어려운 재산의 매매
3. 상속재산 상 소극재산의 악화를 피하기 위한 행위
4. 사망한 특정 사용자의 피용자에 관한 노동계약의 해소와 관련된 행위, 피용자에 대한 보수와 보상금의 지급 및 계약종료와 관련된 서류의 교부

④ 상속재산에 속해있는 기업의 활동을 단기적으로 지속시키는 데 필요한 일상적인 거래는 임시관리행위로 본다.
⑤ 임대인 또는 임차인으로서, 갱신되지 않으면 보상금 지급의 원인이 될, 임대차의 갱신은 상속의 묵시적 승인의 수반 없이 수행될 수 있는 것으로 보며, 망인이 약속하였고 기업의 순조로운 기능에 필요한 관리 또는 처분 결정의 실행도 그러하다.

**Article 785** L'héritier universel ou à titre universel qui accepte purement et simplement la succession répond indéfiniment des dettes et charges qui en dépendent.

Il n'est tenu des legs de sommes d'argent qu'à concurrence de l'actif successoral net des dettes.

**Article 786** L'héritier acceptant purement et simplement ne peut plus renoncer à la succession ni l'accepter à concurrence de l'actif net.

Toutefois, il peut demander à être déchargé en tout ou partie de son obligation à une dette successorale qu'il avait des motifs légitimes d'ignorer au moment de l'acceptation, lorsque l'acquittement de cette dette aurait pour effet d'obérer gravement son patrimoine personnel.

L'héritier doit introduire l'action dans les cinq mois du jour où il a eu connaissance de l'existence et de l'importance de la dette.

### Section 3 De l'acceptation de la succession à concurrence de l'actif net

### Paragraphe 1 Des modalités de l'acceptation de la succession à concurrence de l'actif net

**Article 787** Un héritier peut déclarer qu'il n'entend prendre cette qualité qu'à concurrence de l'actif net.

**Article 788** La déclaration doit être faite au greffe du tribunal judiciaire dans le ressort duquel la succession est ouverte ou devant notaire. Elle comporte élection d'un domicile unique, qui peut être le domicile de l'un des acceptants à concurrence de l'actif net, ou celui de la personne chargée du règlement de la succession. Le domicile doit être situé en France.

La déclaration est enregistrée et fait l'objet d'une publicité nationale, qui peut être faite par voie électronique.

**Article 789** La déclaration est accompagnée ou suivie de l'inventaire de la succession qui comporte une estimation, article par article, des éléments de l'actif et du passif.

L'inventaire est établi par un commissaire-priseur judiciaire, un huissier ou un notaire, selon les lois et règlements applicables à ces professions.

**제785조** ① 상속을 단순승인한 포괄의 또는 부분 포괄의 상속인은 상속에 속하는 채무와 부담에 무한한 책임을 진다.

② 그는 채무가 없는 상속 상의 적극재산의 한도 내에서만 금전 유증에 대하여 책임이 있다.

**제786조** ① 단순승인을 한 상속인은 더 이상 상속을 포기하거나 한정승인을 할 수 없다.

② 그러나, 그는 승인 시에 정당한 사유로 몰랐던 상속재산 상 채무에 대한 그의 의무 중 전부 또는 일부에 대하여, 이 채무의 변제가 그의 개인 재산을 심각하게 위태롭게 하는 경우, 면제를 청구할 수 있다.

③ 상속인은 그 채무의 존재와 규모를 안 날로부터 5개월 이내에 소를 제기해야 한다.

## 제3절 한정승인

### 제1관 한정승인의 방법

**제787조** 상속인은 순 적극재산의 한도 내에서만 상속인의 자격을 가지겠다고 신고할 수 있다.

**제788조** ① 신고는 상속의 개시를 관할하는 민사지방법원의 서기에게 또는 공증인 앞에서 행해져야 한다. 신고는 선정된 하나의 주소를 포함하여야 하며, 그 주소는 한정승인자들 중 1인의 주소지일 수 있거나 상속의 결산을 담당하는 자의 주소지일 수도 있다. 그 주소지는 프랑스에 소재하여야 한다.

② 신고는 등록되어 국가 공시의 대상이 되며, 이는 전자적 방식으로 행해질 수 있다.

**제789조** ① 신고에는 적극재산 항목과 소극재산 항목들의 평가액을 조목별로 표시한 상속재산목록이 첨부되거나 추가되어야 한다.

② 재산목록은 사법동산경매인, 집행관 또는 공증인에 의하여, 해당 직종에 적용되는 법령에 따라, 작성된다.

**Article 790** L'inventaire est déposé au tribunal dans le délai de deux mois à compter de la déclaration.

L'héritier peut solliciter du juge un délai supplémentaire s'il justifie de motifs sérieux et légitimes qui retardent le dépôt de l'inventaire. En ce cas, le délai de deux mois est suspendu à compter de la demande de prorogation.

Le dépôt de l'inventaire est soumis à la même publicité que la déclaration.

Faute d'avoir déposé l'inventaire dans le délai prévu, l'héritier est réputé acceptant pur et simple.

Les créanciers successoraux et légataires de sommes d'argent peuvent, sur justification de leur titre, consulter l'inventaire et en obtenir copie. Ils peuvent demander à être avisés de toute nouvelle publicité.

## Paragraphe 2 Des effets de l'acceptation de la succession à concurrence de l'actif net

**Article 791** L'acceptation à concurrence de l'actif net donne à l'héritier l'avantage :

1° D'éviter la confusion de ses biens personnels avec ceux de la succession ;

2° De conserver contre celle-ci tous les droits qu'il avait antérieurement sur les biens du défunt ;

3° De n'être tenu au paiement des dettes de la succession que jusqu'à concurrence de la valeur des biens qu'il a recueillis.

**Article 792** Les créanciers de la succession déclarent leurs créances en notifiant leur titre au domicile élu de la succession. Ils sont payés dans les conditions prévues à l'article 796. Les créances dont le montant n'est pas encore définitivement fixé sont déclarées à titre provisionnel sur la base d'une évaluation.

Faute de déclaration dans un délai de quinze mois à compter de la publicité prévue à l'article 788, les créances non assorties de sûretés sur les biens de la succession sont éteintes à l'égard de celle-ci. Cette disposition bénéficie également aux cautions et coobligés, ainsi qu'aux personnes ayant consenti une garantie autonome portant sur la créance ainsi éteinte.

**Article 792-1** A compter de sa publication et pendant le délai prévu à l'article 792, la déclaration arrête ou interdit toute voie d'exécution et toute nouvelle inscription de sûreté de la part des créanciers de la succession, portant tant sur les meubles que sur les immeubles.

Toutefois, pour l'application des dispositions de la présente section et sous réserve de la signification prévue à l'article 877, les créanciers saisissants sont considérés comme titulaires de sûretés sur les biens et droits antérieurement saisis.

**제790조** ① 재산목록은 신고한 때로부터 2개월 이내에 법원에 제출되어야 한다.

② 상속인은 재산목록의 제출을 지연시키는 중대하고 타당한 사유를 증명한다면 법원에 추가기간을 요청할 수 있다. 이 경우, 2개월의 기간은 연장을 청구한 때로부터 정지된다.

③ 제출된 재산목록은 신고와 같이 공시의 대상이 된다.
④ 예정된 기간 내에 재산목록을 제출하지 않은 때에는, 상속인이 단순승인을 한 것으로 본다.

⑤ 상속채권자와 금전의 수유자는 그들의 권원을 증명하여 재산목록을 조회하거나 사본을 받을 수 있다. 그들은 모든 새로운 공시에 대하여 통지를 요구할 수 있다.


## 제2관 한정승인의 효과

**제791조** 한정승인은 상속인에게 다음 각 호의 이익을 준다.
1. 자신의 개인 재산과 상속재산의 혼동을 피하는 이익
2. 망인의 재산에서 그가 이전부터 가지고 있었던 모든 권리를 상속으로부터 보존하는 이익

3. 그가 수취한 재산 가액의 한도까지만 상속재산상 채무를 변제할 책임을 부담하는 이익


**제792조** ① 상속재산의 채권자들은 자신들의 권원을 상속상 선택된 주소지로 고지함으로써 그들의 채권을 신고한다. 그들은 제796조에 규정된 요건에 따라 변제받는다. 아직 그 총액이 확정되지 않은 채권은 평가에 기초하여 잠정적으로 신고된다.

② 제788조에 규정된 공시된 때로부터 15개월 동안 아무런 신고가 없는 때에는, 상속재산에 관한 담보를 갖지 못한 채권은 상속재산에 대하여 소멸한다. 이 규정은 보증인이나 공동채무자에게도 동일한 혜택을 주며, 이는 이렇게 소멸한 채권을 대상으로 하는 독립적 보증에 동의한 자에게도 마찬가지이다.


**제792-1조** ① 공시된 때로부터 그리고 제792조에 규정된 기간 동안, 신고는, 동산에 관한 것이든 부동산에 관한 것이든, 상속재산 채권자들의 모든 집행과 새로운 담보의 기재를 중단시키거나 금지시킨다.

② 그러나, 본절의 규정들을 적용함에 있어서 그리고 제877조에 규정된 통지를 조건으로, 압류채권자는 사전에 압류한 재산과 권리에 대하여 담보권자로 간주된다.

**Article 792-2** Lorsque la succession a été acceptée par un ou plusieurs héritiers purement et simplement et par un ou plusieurs autres à concurrence de l'actif net, les règles applicables à cette dernière option s'imposent à tous les héritiers jusqu'au jour du partage.

Les créanciers d'une succession acceptée par un ou plusieurs héritiers purement et simplement et par d'autres à concurrence de l'actif net peuvent provoquer le partage dès lors qu'ils justifient de difficultés dans le recouvrement de la part de leur créance incombant aux héritiers acceptants à concurrence de l'actif net.

**Article 793** Dans le délai prévu à l'article 792, l'héritier peut déclarer qu'il conserve en nature un ou plusieurs biens de la succession. En ce cas, il doit la valeur du bien fixée dans l'inventaire.

Il peut vendre les biens qu'il n'entend pas conserver. En ce cas, il doit le prix de leur aliénation.

**Article 794** La déclaration de l'aliénation ou de la conservation d'un ou de plusieurs biens est faite dans les quinze jours au tribunal qui en assure la publicité.

Sans préjudice des droits réservés aux créanciers munis de sûretés, tout créancier successoral peut contester devant le juge, dans un délai de trois mois après la publicité mentionnée au premier alinéa, la valeur du bien conservé ou, lorsque la vente a été faite à l'amiable, le prix de l'aliénation en prouvant que la valeur du bien est supérieure.

Lorsque la demande du créancier est accueillie, l'héritier est tenu du complément sur ses biens personnels, sauf à restituer à la succession le bien conservé et sans préjudice de l'action prévue à l'article 1341-2.

**Article 795** La déclaration de conserver un bien n'est pas opposable aux créanciers tant qu'elle n'a pas été publiée.

Le défaut de déclaration de l'aliénation d'un bien dans le délai prévu à l'article 794 engage l'héritier sur ses biens personnels à hauteur du prix de l'aliénation.

**Article 796** L'héritier règle le passif de la succession.

Il paye les créanciers inscrits selon le rang de la sûreté assortissant leur créance.

Les autres créanciers qui ont déclaré leur créance sont désintéressés dans l'ordre des déclarations.

Les legs de sommes d'argent sont délivrés après paiement des créanciers.

**제792-2조** ① 상속이 1인 또는 수인의 상속인에 의하여 단순 승인되고 그리고 다른 1인 또는 수인의 상속인에 의하여 한정 승인된 경우, 한정승인에 적용되는 규칙은 분할일까지 모든 상속인에게 부과된다.

② 1인 또는 수인의 상속인에 의하여 단순 승인되고 그리고 다른 1인 또는 수인의 상속인에 의하여 한정 승인된 상속재산의 채권자들은 한정 승인한 상속인들에게 과해지는 그들의 채권의 몫을 추심하기에 어려움이 있음을 증명하면서 분할을 청구할 수 있다.

**제793조** ① 제792조에 규정된 기간 내에, 상속인은 1개 또는 또는 수 개의 상속재산을 원물로 보유하고 있음을 신고할 수 있다. 이 경우, 그는 재산목록에 정해진 재산의 가액을 부담한다.

② 상속인은 그가 보유를 원하지 않는 재산을 매도할 수 있다. 이 경우, 그는 그 양도가액을 부담한다.

**제794조** ① 1개 또는 수 개의 재산의 양도와 보유의 신고는 그 공시를 담당하는 법원에 15일 이내에 행해져야 한다.

② 담보부 채권자들에게 유보된 권리를 해함이 없이, 모든 상속채권자는 제1항에 규정된 공시 후 3개월 이내의 기간에 재산 가액이 더 큼을 증명하면서 보유된 재산의 신고가액 또는 매매가 합의에 의하여 행해진 경우에 그 양도신고가액에 대하여 법관에 이의를 제기할 수 있다.

③ 채권자의 청구가 인용된 경우, 보유된 재산을 상속재산에 반환하는 경우를 제외하고 또한 제1341-2조에 규정된 소권에 영향을 미침이 없이, 상속인은 자신의 개인 재산으로 이를 보충할 책임을 진다.

**제795조** ① 어떤 재산을 보유한다는 신고는, 그것이 공시되지 않고 있는 한, 채권자에게 대항할 수 없다.

② 제794조에 규정된 기간 내에 어떤 재산 양도의 신고가 결여된 때에는, 상속인은 양도가액의 한도까지를 자신의 개인 재산으로 부담한다.

**제796조** ① 상속인은 상속의 소극재산을 청산해야 한다.

② 상속인은 등록된 채권자들에게 그들의 채권에 부수하는 담보의 순위에 따라 변제한다.

③ 자신의 채권을 신고한 기타의 채권자들은 그 신고 순서에 따라 변제된다.

④ 금전 유증은 채권자에 대한 변제 이후에 이행된다.

**Article 797** L'héritier doit payer les créanciers dans les deux mois suivant soit la déclaration de conserver le bien, soit le jour où le produit de l'aliénation est disponible.

Lorsqu'il ne peut s'en dessaisir au profit des créanciers dans ce délai, notamment en raison d'une contestation portant sur l'ordre ou la nature des créances, il consigne les sommes disponibles tant que la contestation subsiste.

**Article 798** Sans préjudice des droits des créanciers munis de sûretés, les créanciers de la succession et les légataires de sommes d'argent ne peuvent poursuivre le recouvrement que sur les biens recueillis de la succession qui n'ont été ni conservés ni aliénés dans les conditions prévues à l'article 793.

Les créanciers personnels de l'héritier ne peuvent poursuivre le recouvrement de leurs créances sur ces biens qu'à l'issue du délai prévu à l'article 792 et après le désintéressement intégral des créanciers successoraux et des légataires.

**Article 799** Les créanciers successoraux qui, dans le délai prévu à l'article 792, déclarent leurs créances après l'épuisement de l'actif n'ont de recours que contre les légataires qui ont été remplis de leurs droits.

**Article 800** L'héritier est chargé d'administrer les biens qu'il recueille dans la succession. Il tient le compte de son administration, des créances qu'il paye et des actes qui engagent les biens recueillis ou qui affectent leur valeur.

Il répond des fautes graves dans cette administration.

Il doit présenter le compte à tout créancier successoral qui en fait la demande et répondre dans un délai de deux mois à la sommation, signifiée par acte extrajudiciaire, de lui révéler où se trouvent les biens et droits recueillis dans la succession qu'il n'a pas aliénés ou conservés dans les conditions prévues à l'article 794. A défaut, il peut être contraint sur ses biens personnels.

L'héritier qui a omis, sciemment et de mauvaise foi, de comprendre dans l'inventaire des éléments actifs ou passifs de la succession ou qui n'a pas affecté au paiement des créanciers de la succession la valeur des biens conservés ou le prix des biens aliénés est déchu de l'acceptation à concurrence de l'actif net. Il est réputé acceptant pur et simple à compter de l'ouverture de la succession.

**Article 801** Tant que la prescription du droit d'accepter n'est pas acquise contre lui, l'héritier peut révoquer son acceptation à concurrence de l'actif net en acceptant purement et simplement. Cette acceptation rétroagit au jour de l'ouverture de la succession.

L'acceptation à concurrence de l'actif net empêche toute renonciation à la succession.

**제797조** ① 상속인은 재산 보유의 신고로부터이든 또는 양도 대가의 가용일로부터이든 2개월 이내에 채권자에게 변제해야 한다.

② 상속인이, 특히 채권들의 순서나 성질에 관한 다툼으로 인하여 이 기간 이내에 채권자들을 위해 이를 변제할 수 없는 경우, 분쟁이 계속되는 한, 그는 가용 가능한 금액을 공탁해야 한다.

**제798조** ① 담보부 채권자의 권리를 해함이 없이, 상속채권자와 금전의 수유자는 제793조에 규정된 요건에 따라 보유되지도 양도되지도 않은 채 상속재산에서 수취된 재산에 대해서만 소구할 수 있다.

② 상속인의 개인적 채권자는 제792조에 규정된 기간이 도과하고 상속채권자와 수유자가 전부 변제를 받은 이후에만 이 재산에 대하여 자신의 채권을 추심할 수 있다.

**제799조** 적극재산이 소진된 이후에 제792조에 규정된 기간 내에 자신들의 채권을 신고한 상속 채권자들은 자신들의 권리가 충족된 수유자들에 대해서만 상환청구권을 가진다.

**제800조** ① 상속인은 그가 상속에서 수취한 재산을 관리할 책임을 진다. 그는 관리행위, 변제한 채권 및 수취한 재산에 담보를 설정하거나 그 가액에 영향을 주는 행위들을 장부에 기재한다.

② 상속인은 이 관리에서 중과책이 있으면 책임을 진다.

③ 상속인은 장부를 요청하는 모든 상속채권자에게 이를 제시해야 하며, 제794조에 규정된 요건에 따라 양도되지 않았거나 또는 보유하지 않은 상속상의 재산과 권리의 소재를 재판외 행위로 통지되는 최고 후 2개월의 기간 내에 상속채권자에게 밝혀야 한다. 이를 하지 않은 경우, 상속인은 자신의 개인 재산으로 강제될 수 있다.

④ 고의 및 악의로 재산목록에 상속상 적극재산이나 소극재산 항목을 포함시키는 것을 생략하거나 보유한 재산의 가액 또는 양도한 물건의 대금을 상속재산 채권자의 변제를 위해 충당하지 않은 상속인은 한정승인이 실효된다. 그는 상속이 개시된 때부터 단순승인을 한 것으로 본다.

**제801조** ① 상속인에 대하여 승인권의 시효가 완성되지 않는 한, 그는 이를 단순승인하면서 자신의 한정승인을 철회할 수 있다. 이 승인의 효력은 상속개시일로 소급한다.

② 한정승인은 상속재산에 대한 모든 포기를 막는다.

**Article 802** Malgré la déchéance ou la révocation de l'acceptation à concurrence de l'actif net, les créanciers successoraux et les légataires de sommes d'argent conservent l'exclusivité des poursuites sur les biens mentionnés au premier alinéa de l'article 798.

**Article 803** Les frais de scellés, d'inventaire et de compte sont à la charge de la succession. Ils sont payés en frais privilégiés de partage.

### Section 4 De la renonciation à la succession

**Article 804** La renonciation à une succession ne se présume pas.

Pour être opposable aux tiers, la renonciation opérée par l'héritier universel ou à titre universel doit être adressée ou déposée au tribunal dans le ressort duquel la succession s'est ouverte ou faite devant notaire.

Dans le mois suivant la renonciation, le notaire qui l'a reçue en adresse copie au tribunal dans le ressort duquel la succession s'est ouverte.

**Article 805** L'héritier qui renonce est censé n'avoir jamais été héritier.

Sous réserve des dispositions de l'article 845, la part du renonçant échoit à ses représentants ; à défaut, elle accroît à ses cohéritiers ; s'il est seul, elle est dévolue au degré subséquent.

**Article 806** Le renonçant n'est pas tenu au paiement des dettes et charges de la succession. Toutefois, il est tenu à proportion de ses moyens au paiement des frais funéraires de l'ascendant ou du descendant à la succession duquel il renonce.

**Article 807** Tant que la prescription du droit d'accepter n'est pas acquise contre lui, l'héritier peut révoquer sa renonciation en acceptant la succession purement et simplement, si elle n'a pas été déjà acceptée par un autre héritier ou si l'Etat n'a pas déjà été envoyé en possession.

Cette acceptation rétroagit au jour de l'ouverture de la succession, sans toutefois remettre en cause les droits qui peuvent être acquis à des tiers sur les biens de la succession par prescription ou par actes valablement faits avec le curateur à la succession vacante.

**Article 808** Les frais légitimement engagés par l'héritier avant sa renonciation sont à la charge de la succession.

**제802조** 한정승인의 실효 또는 철회에도 불구하고, 상속채권자와 금전의 수유자는 제798조 제1항에 명시된 재산에 대하여 배타적인 추급권을 가진다.

**제803조** 봉인, 상속재산목록 및 장부의 비용은 상속재산의 부담으로 한다. 이 비용은 분할에서 우선 비용으로 변제된다.

### 제4절 상속포기

**제804조** ① 상속포기는 추정되지 아니한다.
② 제3자에게 대항할 수 있도록, 포괄상속인이나 부분 포괄상속인이 행한 포기는 상속개시를 관할하는 법원에 송부 또는 제출되거나 또는 공증인 앞에서 행해져야 한다.

③ 이를 접수한 공증인은 포기로부터 1개월 안에 그 사본을 상속개시를 관할하는 법원에 송부하여야 한다.

**제805조** ① 상속을 포기한 상속인은 상속인이 아니었던 것으로 된다.
② 제845조의 규정의 유보 하에, 포기자의 상속분은 그의 대습상속인에게 귀속되며, 대습상속인이 없으면 공동상속인에게 귀속된다. 상속포기자가 유일하다면, 상속분은 후순위 상속인에게 부여된다.

**제806조** 포기자는 상속재산의 채무와 부담을 변제할 책임이 없다. 그러나 그는 자신이 상속을 포기한 직계존속 또는 직계비속의 장례비용의 변제를 자신의 재력에 따라 부담한다.

**제807조** ① 상속인에 대하여 승인권의 시효가 완성되지 않는 한, 다른 상속인이 아직 이를 승인하지 않았거나 국가에 아직 점유가 부여되지 않았다면, 상속인은 상속을 단순승인하면서 자신의 포기를 철회할 수 있다.

② 이 승인은 상속 개시일로 소급하여 효력이 있으나, 제3자가 시효로 또는 상속 주장자의 부재 시에 재산관리인과 함께 유효하게 행한 행위로 상속재산에 대하여 취득할 수 있는 권리를 해하지 아니한다.

**제808조** 상속인이 그의 포기 전에 적법하게 부담한 비용은 상속재산의 부담으로 한다.

## Chapitre V Des successions vacantes et des successions en déshérence

### Section 1 Des successions vacantes

#### Paragraphe 1 De l'ouverture de la vacance

**Article 809** La succession est vacante :

1° Lorsqu'il ne se présente personne pour réclamer la succession et qu'il n'y a pas d'héritier connu ;

2° Lorsque tous les héritiers connus ont renoncé à la succession ;

3° Lorsque, après l'expiration d'un délai de six mois depuis l'ouverture de la succession, les héritiers connus n'ont pas opté, de manière tacite ou expresse.

**Article 809-1** Le juge, saisi sur requête de tout créancier, de toute personne qui assurait, pour le compte de la personne décédée, l'administration de tout ou partie de son patrimoine, d'un notaire, de toute autre personne intéressée ou du ministère public, confie la curatelle de la succession vacante, dont le régime est défini à la présente section, à l'autorité administrative chargée du domaine.

L'ordonnance de curatelle fait l'objet d'une publicité.

**Article 809-2** Dès sa désignation, le curateur fait dresser un inventaire estimatif, article par article, de l'actif et du passif de la succession par un commissaire-priseur judiciaire, un huissier ou un notaire, selon les lois et règlements applicables à ces professions, ou par un fonctionnaire assermenté appartenant à l'administration chargée du domaine.

L'avis au tribunal, par le curateur, de l'établissement de l'inventaire est soumis à la même publicité que la décision de curatelle.

Les créanciers et légataires de sommes d'argent peuvent, sur justification de leur titre, consulter l'inventaire et en obtenir copie. Ils peuvent demander à être avisés de toute nouvelle publicité.

**Article 809-3** La déclaration des créances est faite au curateur.

# 제5장 상속 주장자 부존재의 상속재산과 상속인 부존재 시의 상속재산의 국가 귀속

## 제1절 상속 주장자 부존재의 상속재산

### 제1관 상속 주장자 부존재의 개시

**제809조** 상속은 다음 각 호의 경우에 상속 주장자가 존재하지 아니한다.
1. 상속을 주장하기 위하여 아무도 나타나지 않으며, 알려진 상속인이 없는 경우

2. 알려진 모든 상속인이 상속을 포기한 경우
3. 상속의 개시부터 6개월이 경과한 후, 알려진 상속인이 묵시적으로 또는 명시적으로 상속에 관한 선택을 하지 않은 경우

**제809-1조** ① 법관은 모든 채권자, 망인을 위하여 그의 재산 전부 또는 일부의 관리를 담당하였던 모든 사람, 공증인, 기타 모든 이해관계인 또는 검찰의 신청에 의하여, 본 절에 규정된 제도인 상속 주장자 부존재 시의 상속재산 관리를 국유재산관리기관에 위탁한다.

② 재산관리 명령은 공시의 대상이 된다.

**제809-2조** ① 선임된 때부터 재산관리인은 상속의 적극재산과 소극재산을 조목별로 평가한 재산목록을 사법동산경매인, 집행관 또는 공증인이, 해당 직종에 적용되는 법령에 따라, 작성하도록 하거나, 국유재산관리기관 소속의 선서 공무원이 작성하도록 한다.

② 재산관리인의 법원에 대한 재산목록 작성 통지는 상속재산 관리 결정과 동일하게 공시되어야 한다.
③ 채권자와 금전의 수유자는 그 권원을 증명하여 재산목록을 열람하고 사본을 교부받을 수 있다. 그들은 모든 새로운 공시에 관하여 통지받을 수 있도록 할 것을 요구할 수 있다.

**제809-3조** 채권의 신고는 재산관리인에게 하여야 한다.

### Paragraphe 2 Des pouvoirs du curateur

**Article 810** Dès sa désignation, le curateur prend possession des valeurs et autres biens détenus par des tiers et poursuit le recouvrement des sommes dues à la succession.

Il peut poursuivre l'exploitation de l'entreprise individuelle dépendant de la succession, qu'elle soit commerciale, industrielle, agricole ou artisanale.

Après prélèvement des frais d'administration, de gestion et de vente, il consigne les sommes composant l'actif de la succession ainsi que les revenus des biens et les produits de leur réalisation. En cas de poursuite de l'activité de l'entreprise, seules les recettes qui excèdent le fonds de roulement nécessaire au fonctionnement de celle-ci sont consignées.

Les sommes provenant à un titre quelconque d'une succession vacante ne peuvent, en aucun cas, être consignées autrement que par l'intermédiaire du curateur.

**Article 810-1** Pendant les six mois qui suivent l'ouverture de la succession, le curateur ne peut procéder qu'aux actes purement conservatoires ou de surveillance, aux actes d'administration provisoire et à la vente des biens périssables.

**Article 810-2** A l'issue du délai mentionné à l'article 810-1, le curateur exerce l'ensemble des actes conservatoires et d'administration.

Il procède ou fait procéder à la vente des biens jusqu'à l'apurement du passif.

Il ne peut céder les immeubles que si le produit prévisible de la vente des meubles apparaît insuffisant. Il procède ou fait procéder à la vente des biens dont la conservation est difficile ou onéreuse, alors même que leur réalisation n'est pas nécessaire à l'acquittement du passif.

**Article 810-3** La vente a lieu soit par commissaire-priseur judiciaire, huissier ou notaire selon les lois et règlements applicables à ces professions, soit par le tribunal, soit dans les formes prévues par le code général de la propriété des personnes publiques pour l'aliénation, à titre onéreux, du domaine immobilier ou du domaine mobilier appartenant à l'Etat.

Elle donne lieu à publicité.

Lorsqu'il est envisagé une vente amiable, tout créancier peut exiger que la vente soit faite par adjudication. Si la vente par adjudication a lieu pour un prix inférieur au prix convenu dans le projet de vente amiable, le créancier qui a demandé l'adjudication est tenu, à l'égard des autres créanciers, de la perte qu'ils ont subie.

## 제2관 재산관리인의 권한

**제810조** ① 선임된 때부터 재산관리인은 제3자가 소지하고 있는 유가증권 및 기타 재산의 점유를 취득하고, 상속재산이 가지는 금전채권을 추심한다.

② 재산관리인은 상업, 공업, 농업 또는 수공업을 막론하고, 상속재산에 속하는 개인 기업의 운영을 계속할 수 있다.

③ 관리, 운영 및 매각 비용의 공제 후에, 재산관리인은 상속의 적극재산을 구성하는 금전 및 재산의 수익과 재산의 현금화에 의한 수입을 공탁한다. 기업 활동이 계속되는 경우, 기업 운영에 필요한 운전자금을 초과하는 수입은 공탁된다.

④ 상속 주장자 부존재 시의 상속재산으로부터 발생한 금전은 권원을 불문하고 재산관리인을 통하지 않고서는 어떠한 경우에도 공탁될 수 없다.

**제810-1조** 상속개시 이후 6개월 동안, 재산관리인은 순수한 보존행위 또는 감독 행위, 임시관리행위 및 멸실되기 쉬운 재산의 매각만을 진행할 수 있다.

**제810-2조** ① 제810-1조에 규정된 기간이 끝난 후에, 재산관리인은 보존 및 관리 행위 전부를 수행한다.

② 재산관리인은 소극재산이 변제될 때까지 재산의 매각을 진행하거나 진행시킨다.

③ 재산관리인은 동산 매각의 예상 수익이 불충분한 것으로 드러난 때에만 부동산을 양도할 수 있다. 재산관리인은 그 보존이 용이하지 않거나 과다한 비용이 드는 재산의 매각을 진행하거나 진행시키고, 재산의 현금화가 소극재산의 변제에 필수적이지 않을지라도 마찬가지이다.

**제810-3조** ① 매각은 사법동산경매인, 집행관 또는 공증인에 의하여, 해당 직종에 적용되는 법령에 따라 행하거나, 법원이 행하거나, 국유 부동산 및 동산의 유상 양도에 관한 경우에는 공법인재산일반법전에서 정하는 방식으로 행하여야 한다.

② 매각은 공시가 행해진다.

③ 임의매각이 예정된 경우, 모든 채권자는 매각을 경매로 할 것을 요구할 수 있다. 경매에 의한 매각이 임의매각계획에서 합의된 금액보다 낮은 금액에 낙찰되었다면, 경매를 요구한 채권자는 다른 채권자들에게 그들이 입은 손실을 보상하여야 한다.

**Article 810-4** Le curateur est seul habilité à payer les créanciers de la succession. Il n'est tenu d'acquitter les dettes de la succession que jusqu'à concurrence de l'actif.

Il ne peut payer, sans attendre le projet de règlement du passif, que les frais nécessaires à la conservation du patrimoine, les frais funéraires et de dernière maladie, les impôts dus par le défunt, les loyers et autres dettes successorales dont le règlement est urgent.

**Article 810-5** Le curateur dresse un projet de règlement du passif.

Le projet prévoit le paiement des créances dans l'ordre prévu à l'article 796.

Le projet de règlement est publié. Les créanciers qui ne sont pas intégralement désintéressés peuvent, dans le mois de la publicité, saisir le juge afin de contester le projet de règlement.

**Article 810-6** Les pouvoirs du curateur s'exercent sous réserve des dispositions applicables à la succession d'une personne faisant l'objet d'une procédure de sauvegarde, de redressement ou de liquidation judiciaires.

### Paragraphe 3 De la reddition des comptes et de la fin de la curatelle

**Article 810-7** Le curateur rend compte au juge des opérations effectuées par lui. Le dépôt du compte fait l'objet de publicité.

Le curateur présente le compte à tout créancier ou tout héritier qui en fait la demande.

**Article 810-8** Après réception du compte, le juge autorise le curateur à procéder à la réalisation de l'actif subsistant.

Le projet de réalisation est notifié aux héritiers connus. S'ils sont encore dans le délai pour accepter, ils peuvent s'y opposer dans les trois mois en réclamant la succession. La réalisation ne peut avoir lieu qu'à l'expiration de ce délai, selon les formes prescrites au premier alinéa de l'article 810-3.

**Article 810-9** Les créanciers qui déclarent leur créance postérieurement à la remise du compte ne peuvent prétendre qu'à l'actif subsistant. En cas d'insuffisance de cet actif, ils n'ont de recours que contre les légataires qui ont été remplis de leurs droits.

Ce recours se prescrit par deux ans à compter de la réalisation de la totalité de l'actif subsistant.

**제810-4조** ① 재산관리인만이 상속재산의 채권자들에게 변제할 권한이 있다. 그는 적극재산의 한도 내에서만 상속채무를 이행할 의무를 진다.
② 재산관리인은 재산의 보존에 필요한 비용, 장례 및 최후의 질병에 든 비용, 망인의 세금, 차임 기타 지급이 시급한 상속 채무에 한하여, 소극재산의 상환계획을 기다리지 않고 변제할 수 있다.

**제810-5조** ① 재산관리인은 소극재산의 상환계획을 작성한다.
② 상환계획은 제796조에서 정하는 순서대로 채무의 변제를 정한다.
③ 상환계획은 공시된다. 채권을 완전히 변제받지 못한 채권자는 공시 후 1개월 이내에 상환계획에 대한 이의를 법관에 제기할 수 있다.

**제810-6조** 재산관리인의 권한은 구제 절차, 회생 또는 파산 절차의 대상이 된 자의 상속재산에 적용되는 규정의 유보 하에 행사된다.

### 제3관 보고서의 제출과 재산관리의 종료

**제810-7조** ① 재산관리인은 그가 수행한 업무를 법원에 보고한다. 보고서의 제출은 공시의 대상이다.
② 재산관리인은 보고서의 열람을 요구하는 모든 채권자 또는 모든 상속인에게 보고서를 열람하게 한다.

**제810-8조** ① 보고서를 수리한 후에 법관은 재산관리인이 잔존하는 적극재산의 현금화 진행을 허가한다.
② 현금화 계획은 알려진 상속인들에게 통지된다. 아직 승인기간 이내라면, 상속인들은 3개월 이내에 상속을 주장함으로써 이 계획에 이의를 제기할 수 있다. 현금화는 제810-3조 제1항에 규정된 방식에 따라서 위 기간의 만료 후에만 실행될 수 있다.

**제810-9조** ① 보고서의 제출 이후 채권을 신고한 채권자는 잔존 적극재산에 대해서만 권리를 주장할 수 있다. 이 적극재산이 부족한 경우, 채권자는 자신들의 권리가 충족된 수유자들에 대해서만 상환청구권을 가진다.
② 이 상환청구권은 잔존 적극재산 전부를 현금화한 때로부터 2년이 지나면 시효로 소멸한다.

**Article 810-10** Le produit net de la réalisation de l'actif subsistant est consigné. Les héritiers, s'il s'en présente dans le délai pour réclamer la succession, sont admis à exercer leur droit sur ce produit.

**Article 810-11** Les frais d'administration, de gestion et de vente donnent lieu au privilège du 1° des articles 2331 et 2377.

**Article 810-12** La curatelle prend fin :
 1° Par l'affectation intégrale de l'actif au paiement des dettes et des legs ;
 2° Par la réalisation de la totalité de l'actif et la consignation du produit net ;
 3° Par la restitution de la succession aux héritiers dont les droits sont reconnus ;
 4° Par l'envoi en possession de l'Etat.

### Section 2 Des successions en déshérence

**Article 811** Lorsque l'Etat prétend à la succession d'une personne qui décède sans héritier ou à une succession abandonnée, il doit en demander l'envoi en possession au tribunal.

**Article 811-1** Si l'inventaire prévu à l'article 809-2 n'a pas été établi, l'autorité administrative mentionnée à l'article 809-1 y fait procéder dans les formes prévues par l'article 809-2.

**Article 811-2** La déshérence de la succession prend fin en cas d'acceptation de la succession par un héritier.

**Article 811-3** Lorsqu'il n'a pas accompli les formalités qui lui incombent, l'Etat peut être condamné à des dommages et intérêts envers les héritiers, s'il s'en présente.

**제810-10조** 잔존 적극재산의 현금화에 의한 순수입은 공탁된다. 상속인이 상속주장을 위한 기간 내에 나타난 경우, 상속인은 이 수입에 대한 자신의 권리를 행사할 수 있도록 허용된다.


**제810-11조** 관리, 운영 및 매각 비용은 제2331조의 제1호와 제2377조의 제1호의 우선특권을 발생시킨다.

**제810-12조** 재산관리는 다음 각 호의 사유로 종료된다.
1. 적극재산의 전부를 채무 또는 유증의 변제를 위한 적극재산 전부의 충당
2. 적극재산의 전부의 현금화 및 그 순수입의 공탁
3. 권리가 인정된 상속인에게의 상속재산의 반환
4. 국가에의 점유 부여

### 제2절 상속인 부존재 시의 상속재산의 국가귀속

**제811조** 국가가 상속인 없이 사망한 사람의 상속재산이나 방치된 상속재산에 대한 권리를 주장하는 경우, 국가는 법원에 점유부여를 청구하여야 한다.

**제811-1조** 제809-2조에서 정한 재산목록이 작성되지 않았다면, 제809-1조에 규정된 관리기관은 제809-2조에 의한 방식에 따라 이를 진행시킨다.


**제811-2조** 상속재산의 상속인 부존재상태는 상속인이 상속을 승인하는 경우에는 종료된다.


**제811-3조** 국가가 자신에게 부과된 절차를 수행하지 않은 경우, 국가는 상속인이 나타난다면 그에 대하여 손해배상의 책임을 질 수 있다.

## Chapitre VI De l'administration de la succession par un mandataire

## Section 1 Du mandat à effet posthume

### Paragraphe 1 Des conditions du mandat à effet posthume

**Article 812** Toute personne peut donner à une ou plusieurs autres personnes, physiques ou morales, mandat d'administrer ou de gérer, sous réserve des pouvoirs confiés à l'exécuteur testamentaire, tout ou partie de sa succession pour le compte et dans l'intérêt d'un ou de plusieurs héritiers identifiés.

Le mandataire peut être un héritier.

Il doit jouir de la pleine capacité civile et ne pas être frappé d'une interdiction de gérer lorsque des biens professionnels sont compris dans le patrimoine successoral.

Le mandataire ne peut être le notaire chargé du règlement de la succession.

**Article 812-1** Le mandataire exerce ses pouvoirs alors même qu'il existe un mineur ou un majeur protégé parmi les héritiers.

**Article 812-1-1** Le mandat n'est valable que s'il est justifié par un intérêt sérieux et légitime au regard de la personne de l'héritier ou du patrimoine successoral, précisément motivé.

Il est donné pour une durée qui ne peut excéder deux ans, prorogeable une ou plusieurs fois par décision du juge, saisi par un héritier ou par le mandataire. Toutefois, il peut être donné pour une durée de cinq ans, prorogeable dans les mêmes conditions, en raison de l'inaptitude, de l'âge du ou des héritiers, ou de la nécessité de gérer des biens professionnels.

Il est donné et accepté en la forme authentique.

Il doit être accepté par le mandataire avant le décès du mandant.

Préalablement à son exécution, le mandant et le mandataire peuvent renoncer au mandat après avoir notifié leur décision à l'autre partie.

**Article 812-1-2** Les actes réalisés par le mandataire dans le cadre de sa mission sont sans effet sur l'option héréditaire.

**Article 812-1-3** Tant qu'aucun héritier visé par le mandat n'a accepté la succession, le mandataire ne dispose que des pouvoirs reconnus au successible à l'article 784.

# 제6장 수임인에 의한 상속재산의 관리

## 제1절 사후(死後)효 위임

### 제1관 사후효 위임의 요건

**제812조** ① 누구든지 자연인 또는 법인인 1인 또는 수인의 타인에게, 유언집행자에게 부여한 권한의 유보 하에, 신원이 확인된 1인 또는 수인의 상속인의 계산과 이익으로 상속재산의 전부 또는 일부의 관리 또는 운영을 위임할 수 있다.

② 수임인은 상속인일 수 있다.
③ 수임인은 완전한 민사능력을 향유해야 하고 사업상 재산이 상속재산에 포함된 경우에는 관리의 금지를 당하지 않아야 한다.
④ 수임인은 상속재산의 결산을 담당하는 공증인이 될 수 없다.

**제812-1조** 수임인은 상속인 중에 미성년자 또는 피보호성년자가 있을지라도 자신의 권한을 행사한다.

**제812-1-1조** ① 위임은 그것이 상속인 개인 또는 상속재산의 견지에서 상세한 이유가 제시된 중대하고도 타당한 이익에 의하여 정당화되는 경우에만 유효하다.

② 위임은 2년을 초과하지 않는 기간으로 제시되고, 상속인 또는 수임인의 청구에 의한 법원의 결정으로 1회 또는 수회 연장될 수 있다. 그러나 위임은 1인 또는 수인의 상속인의 부적격이나 연령, 또는 사업상 재산을 관리할 필요성을 이유로 5년의 기간으로 제시될 수 있으며 동일한 요건으로 연장될 수 있다.

③ 위임은 공증의 형식으로 제시되고 승낙된다.
④ 위임은 위임인의 사망 전에 수임인이 승낙하여야 한다.
⑤ 위임의 이행 전에는 위임인이나 수임인은 자신의 결정을 상대방에게 통지한 후에 위임을 포기할 수 있다.

**제812-1-2조** 자신의 임무의 범위 내에서 수임인이 행한 행위는 상속상의 선택에 영향을 미치지 아니한다.

**제812-1-3조** 위임의 대상인 상속인 중 아무도 상속을 승인하지 않은 한 수임인은 제784조가 상속권자에게 인정한 권한만을 가질 뿐이다.

**Article 812-1-4** Le mandat à effet posthume est soumis aux dispositions des articles 1984 à 2010 qui ne sont pas incompatibles avec les dispositions de la présente section.

### Paragraphe 2 De la rémunération du mandataire

**Article 812-2** Le mandat est gratuit s'il n'y a convention contraire.

S'il est prévu une rémunération, celle-ci doit être expressément déterminée dans le mandat. Elle correspond à une part des fruits et revenus perçus par la succession et résultant de la gestion ou de l'administration du mandataire. En cas d'insuffisance ou d'absence de fruits et revenus, elle peut être complétée par un capital ou prendre la forme d'un capital.

**Article 812-3** La rémunération du mandataire est une charge de la succession qui ouvre droit à réduction lorsqu'elle a pour effet de priver les héritiers de tout ou partie de leur réserve. Les héritiers visés par le mandat ou leurs représentants peuvent demander en justice la révision de la rémunération lorsqu'ils justifient de la nature excessive de celle-ci au regard de la durée ou de la charge résultant du mandat.

### Paragraphe 3 De la fin du mandat à effet posthume

**Article 812-4** Le mandat prend fin par l'un des événements suivants :

1° L'arrivée du terme prévu ;

2° La renonciation du mandataire ;

3° La révocation judiciaire, à la demande d'un héritier intéressé ou de son représentant, en cas d'absence ou de disparition de l'intérêt sérieux et légitime ou de mauvaise exécution par le mandataire de sa mission ;

4° La conclusion d'un mandat conventionnel entre les héritiers et le mandataire titulaire du mandat à effet posthume ;

5° L'aliénation par les héritiers des biens mentionnés dans le mandat ;

6° Le décès ou la mise sous mesure de protection du mandataire personne physique, ou la dissolution du mandataire personne morale ;

7° Le décès de l'héritier intéressé ou, en cas de mesure de protection, la décision du juge des tutelles de mettre fin au mandat.

Un même mandat donné pour le compte de plusieurs héritiers ne cesse pas entièrement pour une cause d'extinction qui ne concerne que l'un d'eux. De même, en cas de pluralité de mandataires, la fin du mandat intervenant à l'égard de l'un ne met pas fin à la mission des autres.

**제812-1-4조** 사후효 위임은 본절의 규정과 모순되지 않는 제1984조부터 제2010조의 규정에 따른다.

### 제2관 수임인의 보수

**제812-2조** ① 위임은 반대의 합의가 없다면 무상이다.
② 보수가 약정된다면, 이는 위임에서 명시적으로 정하여야 한다. 보수는 수임인의 운영과 관리에서 발생하는 것으로서 상속재산으로부터 수취한 과실과 수입의 일부로 한다. 과실 또는 수입이 불충분하거나 없으면, 보수는 원본(元本)에 의하여 보충되거나 원본의 형태를 취할 수 있다.

**제812-3조** 수임인의 보수는 상속재산으로 부담하며, 보수가 상속인들의 유류분 전부 또는 일부를 박탈하는 효과를 가지는 경우, 보수의 감액권이 인정된다. 위임으로 특정된 상속인들과 그들의 대리인들은 위임의 기간 또는 위임에서 발생하는 부담에 비하여 보수가 과다함을 증명할 경우, 보수의 조정을 재판상 청구할 수 있다.

### 제3관 사후효 위임의 종료

**제812-4조** ① 위임은 다음 각 호의 사유 중의 하나로 종료한다.
1. 정해진 기한의 도래
2. 수임인의 포기
3. 중대하고 타당한 이익의 부존재나 소멸의 경우 또는 수임인의 잘못된 임무 수행의 경우, 이해관계 있는 상속인 또는 그의 대리인의 신청에 따른 재판상 해임

4. 사후효 위임으로 자격이 부여된 수임인과 상속인들 사이의 약정위임의 체결

5. 위임에 기재된 재산의 상속인에 의한 양도
6. 자연인인 수임인의 사망이나 보호조치 처분 또는 법인인 수임인의 해산

7. 이해관계 있는 상속인의 사망 또는 보호조치의 경우에 위임을 종료시키는 후견법관의 결정

② 수인의 상속인을 위하여 부여된 하나의 동일 위임은 그들 중 어느 상속인 1인에게만 해당하는 종료 원인으로 완전히 중단되지는 아니한다. 마찬가지로 수임인이 복수일 경우, 1인의 수임인에 대하여 발생한 위임의 종료는 다른 수임인들의 임무를 종료시키지 아니한다.

**Article 812-5** La révocation pour cause de disparition de l'intérêt sérieux et légitime ne donne pas lieu à la restitution par le mandataire de tout ou partie des sommes perçues au titre de sa rémunération, sauf si elles ont été excessives eu égard à la durée ou à la charge effectivement assumée par le mandataire.

Sans préjudice de dommages et intérêts, lorsque la révocation est intervenue en raison d'une mauvaise exécution de sa mission, le mandataire peut être tenu de restituer tout ou partie des sommes perçues au titre de sa rémunération.

**Article 812-6** Le mandataire ne peut renoncer à poursuivre l'exécution du mandat qu'après avoir notifié sa décision aux héritiers intéressés ou à leurs représentants.

Sauf convention contraire entre le mandataire et les héritiers intéressés ou leurs représentants, la renonciation prend effet à l'issue d'un délai de trois mois à compter de la notification.

Sans préjudice de dommages et intérêts, le mandataire rémunéré par un capital peut être tenu de restituer tout ou partie des sommes perçues.

**Article 812-7** Chaque année et en fin de mandat, le mandataire rend compte de sa gestion aux héritiers intéressés ou à leurs représentants et les informe de l'ensemble des actes accomplis. A défaut, une révocation judiciaire peut être demandée par tout intéressé.

Si le mandat prend fin par suite du décès du mandataire, cette obligation incombe à ses héritiers.

### Section 2 Du mandataire désigné par convention

**Article 813** Les héritiers peuvent, d'un commun accord, confier l'administration de la succession à l'un d'eux ou à un tiers. Le mandat est régi par les articles 1984 à 2010.

Lorsqu'un héritier au moins a accepté la succession à concurrence de l'actif net, le mandataire ne peut, même avec l'accord de l'ensemble des héritiers, être désigné que par le juge. Le mandat est alors régi par les articles 813-1 à 814.

**제812-5조** ① 중대하고 타당한 이익의 소멸을 원인으로 한 해임은 수임인이 보수로서 수령한 금전의 전부 또는 일부의 반환의 원인이 되지 않으나, 그 금전이 기간이나 수임인이 실제로 담당한 부담에 비하여 과다한 경우에는 그러하지 아니하다.

② 잘못된 수행행위를 이유로 해임이 된 경우, 손해배상에 영향을 미침이 없이, 수임인은 보수로 수령한 금전의 전부 또는 일부를 반환할 의무를 부담할 수 있다.

**제812-6조** ① 수임인은 이해관계 있는 상속인 또는 그들의 대리인에게 자신의 결정을 통지한 후에야 위임의 임무수행을 포기할 수 있다.
② 이해관계 있는 상속인 또는 그 대리인과 수임인 사이에 반대의 합의가 없으면, 포기는 통지로부터 3개월의 기간이 경과한 후에 효력이 발생한다.

③ 손해배상에 영향을 미침이 없이, 원본으로 보수를 받은 수임인은 수령액의 전부 또는 일부를 반환할 의무를 부담할 수 있다.

**제812-7조** ① 매년 그리고 위임의 종료 시에, 수임인은 이해관계 있는 상속인 또는 그들의 대리인에게 그가 한 관리를 보고하여야 하고 수행한 행위 전부를 그들에게 보고하여야 한다. 그렇지 않을 경우, 모든 이해관계인에 의하여 재판상 해임이 청구될 수 있다
② 위임이 수임인의 사망에 의하여 종료된다면, 제1항의 의무는 그의 상속인들에게 부과된다.

## 제2절 합의에 의하여 지정된 수임인

**제813조** ① 상속인들은, 공동의 합의로, 상속재산의 관리를 그들 중 1인 또는 제3자에게 위탁할 수 있다. 위임은 제1984조부터 제2010조까지에 의하여 규율된다.
② 1인의 상속인이라도 한정승인을 하였을 경우, 수임인은 상속인 전원의 합의가 있는 경우에도 법관에 의해서만 선임될 수 있다. 위임은 이 경우에 제813-1조부터 제814조까지에 의하여 규율된다.

## Section 3 Du mandataire successoral désigné en justice

**Article 813-1** Le juge peut désigner toute personne qualifiée, physique ou morale, en qualité de mandataire successoral, à l'effet d'administrer provisoirement la succession en raison de l'inertie, de la carence ou de la faute d'un ou de plusieurs héritiers dans cette administration, de leur mésentente, d'une opposition d'intérêts entre eux ou de la complexité de la situation successorale.

La demande est formée par un héritier, un créancier, toute personne qui assurait, pour le compte de la personne décédée, l'administration de tout ou partie de son patrimoine de son vivant, toute autre personne intéressée ou par le ministère public.

**Article 813-2** Le mandataire successoral ne peut agir que dans la mesure compatible avec les pouvoirs de celui qui a été désigné en application du troisième alinéa de l'article 815-6, du mandataire désigné en application de l'article 812 ou de l'exécuteur testamentaire, nommé par le testateur en application de l'article 1025.

**Article 813-3** La décision de nomination est enregistrée et publiée.

**Article 813-4** Tant qu'aucun héritier n'a accepté la succession, le mandataire successoral ne peut accomplir que les actes mentionnés à l'article 784, à l'exception de ceux prévus à son deuxième alinéa. Le juge peut également autoriser tout autre acte que requiert l'intérêt de la succession. Il peut autoriser le mandataire successoral à dresser un inventaire dans les formes prescrites à l'article 789, ou le demander d'office.

**Article 813-5** Dans la limite des pouvoirs qui lui sont conférés, le mandataire successoral représente l'ensemble des héritiers pour les actes de la vie civile et en justice.

Il exerce ses pouvoirs alors même qu'il existe un mineur ou un majeur protégé parmi les héritiers.

Le paiement fait entre les mains du mandataire successoral est valable.

**Article 813-6** Les actes visés à l'article 813-4 accomplis par le mandataire successoral dans le cadre de sa mission sont sans effet sur l'option héréditaire.

**Article 813-7** A la demande de toute personne intéressée ou du ministère public, le juge peut dessaisir le mandataire successoral de sa mission en cas de manquement caractérisé dans l'exercice de celle-ci. Il désigne alors un autre mandataire successoral, pour une durée qu'il définit.

## 제3절 재판으로 선임된 상속수임인

**제813-1조** ① 법관은, 상속재산의 관리에서, 1인 또는 수인의 상속인들의 나태, 능력부족 또는 과책, 그들의 불화, 그들 사이의 이해관계의 상반 또는 상속상황의 복잡함을 이유로, 임시로 상속재산을 관리하도록 자연인이든 법인이든 자격이 있는 자면 누구든지 상속수임인으로 선임할 수 있다.

② 제1항의 청구는 상속인, 채권자, 사망한 자를 위하여 그의 생전의 재산 전부 또는 일부의 관리를 담당하는 자, 기타 모든 이해관계인 또는 검찰에 의하여 행해진다.

**제813-2조** 상속수임인은 제815-6조 제3항의 적용에 의하여 선임된 자, 제812조의 적용에 의하여 지정된 수임인 또는 제1025조의 적용에 의하여 유언자에 의하여 지정된 유언집행자의 권한과 양립할 수 있는 범위 내에서만 행위를 할 수 있다.

**제813-3조** 선임의 결정은 등록되고 공시된다.

**제813-4조** 어느 상속인도 상속을 승인하지 않는 한, 상속수임인은 제784조에 규정된 행위만을 수행할 수 있으나, 그 제2항에 규정된 행위는 제외된다. 법관은 상속재산의 이익에 필요한 다른 모든 행위도 허가할 수 있다. 법관은 상속수임인에게 제789조에 규정된 형식에 따라 재산목록을 작성할 것을 허가하거나 이를 직권으로 요구할 수 있다.

**제813-5조** ① 부여받은 권한의 범위 내에서, 상속수임인은 민사상 행위와 재판상 행위를 위하여 상속인 전원을 대리한다.
② 수임인은 상속인 중에 미성년자 또는 피보호성년자가 있을지라도 권한을 행사한다.

③ 상속수임인에게 행해진 변제는 효력이 있다.

**제813-6조** 상속수임인이 자신의 임무의 범위 내에서 수행한 제813-4조에 규정된 행위는 상속상의 선택에 영향을 미치지 아니한다.

**제813-7조** 모든 이해관계인 또는 검찰의 청구에 의하여, 법관은 상속수임인의 임무 수행에서 명백한 위반이 있는 경우에 그의 임무를 박탈할 수 있다. 법관은 이때 자신이 정하는 기간 동안 다른 상속수임인을 선임한다.

**Article 813-8** Chaque héritier peut exiger du mandataire successoral la consultation, à tout moment, des documents relatifs à l'exécution de sa mission.

Chaque année et à la fin de sa mission, le mandataire successoral remet au juge et à chaque héritier sur sa demande un rapport sur l'exécution de sa mission.

**Article 813-9** Le jugement désignant le mandataire successoral fixe la durée de sa mission ainsi que sa rémunération. A la demande de l'une des personnes mentionnées au deuxième alinéa de l'article 813-1 ou à l'article 814-1, il peut la proroger pour une durée qu'il détermine.

La mission cesse de plein droit par l'effet d'une convention d'indivision entre les héritiers ou par la signature de l'acte de partage. Elle cesse également lorsque le juge constate l'exécution complète de la mission confiée au mandataire successoral.

**Article 814** Lorsque la succession a été acceptée par au moins un héritier, soit purement et simplement, soit à concurrence de l'actif net, le juge qui désigne le mandataire successoral en application des articles 813-1 et 814-1 peut l'autoriser à effectuer l'ensemble des actes d'administration de la succession.

Il peut également l'autoriser, à tout moment, à réaliser des actes de disposition nécessaires à la bonne administration de la succession et en déterminer les prix et stipulations.

**Article 814-1** En toute circonstance, l'héritier acceptant à concurrence de l'actif net peut demander au juge de désigner toute personne qualifiée en qualité de mandataire successoral à l'effet de le substituer dans la charge d'administrer et de liquider la succession.

## Chapitre VII Du régime légal de l'indivision

**Article 815** Nul ne peut être contraint à demeurer dans l'indivision et le partage peut toujours être provoqué, à moins qu'il n'y ait été sursis par jugement ou convention.

**Article 815-1** Les indivisaires peuvent passer des conventions relatives à l'exercice de leurs droits indivis, conformément aux articles 1873-1 à 1873-18.

**제813-8조** ① 각 상속인은 상속수임인에게, 언제든지, 상속수임인의 임무의 수행에 관한 문서의 열람을 요구할 수 있다.

② 매년 그리고 상속수임인의 임무의 종료 시에, 상속수임인은 법관에, 그리고 상속인의 요구가 있을 경우 상속인에게, 임무수행에 관한 보고서를 제출한다.

**제813-9조** ① 상속수임인을 선임하는 판결은 그의 임무기간 및 보수도 정한다. 제813-1조 제2항 또는 제814-1조에 규정된 자 중 1인의 신청에 의하여 법원은 자신이 정한 기간으로 임무기간을 연장할 수 있다.

② 그 임무는 상속인들 사이의 공유에 관한 합의의 효력으로 또는 분할행위의 서명에 의하여 당연히 종료한다. 상속수임인에게 위탁된 임무가 완전히 이행되었음을 법관이 확인하는 경우에도 임무는 종료한다.

**제814조** ① 1인의 상속인이라도 단순승인 또는 한정승인을 한 경우, 제813-1조와 제814-1조의 적용에 의하여 상속수임인을 선임하는 법관은 그가 상속재산의 관리에 관한 일체의 행위를 실행할 수 있도록 허가할 수 있다.

② 법관은 상속수임인이, 언제든지, 상속재산의 적절한 관리를 위하여 필요한 처분행위를 하고 그 대금과 조건을 정할 수 있도록 허가할 수 있다.

**제814-1조** 어떤 상황에서든지, 한정승인을 한 상속인은 자신을 대신하여 상속재산의 관리와 청산을 부담하게 할 목적으로 자격이 있는 자이면 누구든지 상속수임인으로 선임할 것을 법관에게 청구할 수 있다.

## 제7장 공유의 법정체제

**제815조** 누구도 공유의 상태를 강요당하지 않으며, 분할은 판결 또는 합의에 의하여 유예되지 않는 한 언제든지 청구될 수 있다.

**제815-1조** 공유자들은 제1873-1조부터 제1873-18조에 좇아 자신들의 공유에 관한 권리의 행사에 관한 합의를 할 수 있다.

## Section 1 Des actes relatifs aux biens indivis

## Paragraphe 1 Des actes accomplis par les indivisaires

**Article 815-2** Tout indivisaire peut prendre les mesures nécessaires à la conservation des biens indivis même si elles ne présentent pas un caractère d'urgence.

Il peut employer à cet effet les fonds de l'indivision détenus par lui et il est réputé en avoir la libre disposition à l'égard des tiers.

A défaut de fonds de l'indivision, il peut obliger ses coïndivisaires à faire avec lui les dépenses nécessaires.

Lorsque des biens indivis sont grevés d'un usufruit, ces pouvoirs sont opposables à l'usufruitier dans la mesure où celui-ci est tenu des réparations.

**Article 815-3** Le ou les indivisaires titulaires d'au moins deux tiers des droits indivis peuvent, à cette majorité :

1° Effectuer les actes d'administration relatifs aux biens indivis ;

2° Donner à l'un ou plusieurs des indivisaires ou à un tiers un mandat général d'administration ;

3° Vendre les meubles indivis pour payer les dettes et charges de l'indivision ;

4° Conclure et renouveler les baux autres que ceux portant sur un immeuble à usage agricole, commercial, industriel ou artisanal.

Ils sont tenus d'en informer les autres indivisaires. A défaut, les décisions prises sont inopposables à ces derniers.

Toutefois, le consentement de tous les indivisaires est requis pour effectuer tout acte qui ne ressortit pas à l'exploitation normale des biens indivis et pour effectuer tout acte de disposition autre que ceux visés au 3°.

Si un indivisaire prend en main la gestion des biens indivis, au su des autres et néanmoins sans opposition de leur part, il est censé avoir reçu un mandat tacite, couvrant les actes d'administration mais non les actes de disposition ni la conclusion ou le renouvellement des baux.

# 제1절 공유재산에 관한 행위

## 제1관 공유자에 의하여 수행되는 행위

**제815-2조** ① 모든 공유자는 공유재산의 보존에 필요한 조치가 긴급하지 않더라도 이를 할 수 있다.
② 공유자는 보존의 목적으로 자신이 보유한 공유자금을 사용할 수 있으며 제3자에게 이를 자유로이 처분할 수 있는 것으로 본다.
③ 공유자금이 없는 경우, 공유자는 자신의 공동공유자들로 하여금 자신과 함께 필요비를 지출하게 할 수 있다.
④ 공유재산에 점용권이 설정된 경우, 공유자의 이 권한들은 점용권자가 수선할 의무가 있는 한 점용권자에게 대항할 수 있다.

**제815-3조** ① 3분의 2 이상의 공유권을 가진 공유자 또는 공유자들은 3분의 2의 다수결로 다음 각 호의 행위를 할 수 있다.
1. 공유재산에 관한 관리행위의 실행
2. 1인이나 수인의 공유자 또는 제3자에게 관리에 관한 포괄적 위임의 부여

3. 공유로 인한 채무와 비용을 지급하기 위한 공유동산의 매도
4. 농업, 상업, 공업 또는 수공업용의 부동산에 대한 임대차가 아닌 다른 임대차의 체결과 갱신

② 공유자들은 다른 공유자들에게 제1항의 행위를 통지할 책임이 있다. 그렇지 않으면 정해진 결의는 이들에게 대항력이 없다.
③ 그러나, 공유재산의 통상적인 운용에 속하지 않는 모든 행위와 제1항 제3호에 규정된 행위 이외의 모든 처분행위를 실행하기 위해서는 모든 공유자들의 합의가 요구된다.

④ 어느 공유자가 다른 공유자들이 알고 있으며 그들의 반대 없이 공유재산의 관리를 담당하고 있다면, 그는 처분행위나 임대차의 체결 또는 갱신을 제외한 관리행위를 할 수 있는 묵시적 위임을 받은 것으로 본다.

## Paragraphe 2 Des actes autorisés en justice

**Article 815-4** Si l'un des indivisaires se trouve hors d'état de manifester sa volonté, un autre peut se faire habiliter par justice à le représenter, d'une manière générale ou pour certains actes particuliers, les conditions et l'étendue de cette représentation étant fixées par le juge.

A défaut de pouvoir légal, de mandat ou d'habilitation par justice, les actes faits par un indivisaire en représentation d'un autre ont effet à l'égard de celui-ci, suivant les règles de la gestion d'affaires.

**Article 815-5** Un indivisaire peut être autorisé par justice à passer seul un acte pour lequel le consentement d'un coïndivisaire serait nécessaire, si le refus de celui-ci met en péril l'intérêt commun.

Le juge ne peut, à la demande d'un nu-propriétaire, ordonner la vente de la pleine propriété d'un bien grevé d'usufruit contre la volonté de l'usufruitier.

L'acte passé dans les conditions fixées par l'autorisation de justice est opposable à l'indivisaire dont le consentement a fait défaut.

**Article 815-5-1** Sauf en cas de démembrement de la propriété du bien ou si l'un des indivisaires se trouve dans l'un des cas prévus à l'article 836, l'aliénation d'un bien indivis peut être autorisée par le tribunal judiciaire, à la demande de l'un ou des indivisaires titulaires d'au moins deux tiers des droits indivis, suivant les conditions et modalités définies aux alinéas suivants.

Le ou les indivisaires titulaires d'au moins deux tiers des droits indivis expriment devant un notaire, à cette majorité, leur intention de procéder à l'aliénation du bien indivis.

Dans le délai d'un mois suivant son recueil, le notaire fait signifier cette intention aux autres indivisaires.

Si l'un ou plusieurs des indivisaires s'opposent à l'aliénation du bien indivis ou ne se manifestent pas dans un délai de trois mois à compter de la signification, le notaire le constate par procès-verbal.

Dans ce cas, le tribunal judiciaire peut autoriser l'aliénation du bien indivis si celle-ci ne porte pas une atteinte excessive aux droits des autres indivisaires.

Cette aliénation s'effectue par licitation. Les sommes qui en sont retirées ne peuvent faire l'objet d'un remploi sauf pour payer les dettes et charges de l'indivision.

L'aliénation effectuée dans les conditions fixées par l'autorisation du tribunal judiciaire est opposable à l'indivisaire dont le consentement a fait défaut, sauf si l'intention d'aliéner le bien du ou des indivisaires titulaires d'au moins deux tiers des droits indivis ne lui avait pas été signifiée selon les modalités prévues au troisième alinéa.

## 제2관 재판상 허가된 행위

**제815-4조** ① 공유자들 중의 1인이 자신의 의사를 표시할 수 없는 상태에 있다면, 다른 공유자는 재판에 의하여 포괄적으로 또는 일정한 특정행위에 대하여 그를 대리하는 권한을 부여받을 수 있으며, 이러한 대리의 요건과 범위는 법관이 정한다.

② 법정권한 또는 재판상 위임이나 권한부여가 없는 경우, 어느 공유자가 다른 공유자를 대리하여 한 행위는 사무관리의 규정에 따라 그에 대하여 효력을 가진다.

**제815-5조** ① 어느 공유자는, 다른 공유자의 거절이 공동이익을 위험에 처하게 하면, 그의 동의를 요하는 행위를 단독으로 할 수 있도록 재판을 통해 허가받을 수 있다.

② 법관은, 제한소유권자의 청구에 따라, 점용권자의 의사에 반하여, 점용권이 설정된 물건에 대한 완전소유권의 매도를 명할 수 없다.
③ 재판상 허가에 의하여 정해진 요건에 따른 행위는 동의를 하지 않은 공유자에게도 대항력이 있다.

**제815-5-1조** ① 물건의 소유권이 분지(分枝)되는 경우를 제외하고 또는 공유자들 중의 1인이 제836조에 정한 사유 중의 하나에 해당하면, 민사지방법원은 3분의 2 이상의 공유권을 가진 1인 또는 수인의 공유자들의 청구에 의하여 다음 항들에서 정한 요건과 절차에 따라 공유재산의 양도를 허가할 수 있다.

② 3분의 2 이상의 공유권을 가진 공유자 또는 공유자들은 공증인 앞에서 3분의 2의 다수결로 공유재산의 양도를 실행하고자 하는 그들의 의사를 표시한다.
③ 공증인은 제2항의 의사의 수령 후 1개월의 기간 내에 다른 공유자들에게 이러한 의사를 알린다.
④ 공유자들 중의 1인 또는 수인이 통지가 있은 후 3개월의 기간 내에 공유재산의 양도를 반대하거나 또는 의사를 표시하지 않는다면, 공증인은 조서로 이를 확인한다.

⑤ 이 경우 민사지방법원은, 공유재산의 양도가 다른 공유자의 권리를 과도하게 침해하지 않는다면, 이 양도를 허가할 수 있다.
⑥ 공유물의 양도는 경매에 의하여 실행된다. 경매로 받은 금전은 공유로 인한 채무와 부담을 지급하는 것 외에는 재사용의 대상이 될 수 없다.
⑦ 민사지방법원의 허가에 의하여 정해진 요건에 따라 실행된 양도는 동의하지 않은 공유자에게 대항할 수 있지만, 3분의 2 이상의 공유권을 가진 1인 또는 수인의 공유자들의 양도 의사가 제3항에 규정된 절차에 따라 그에게 통지되지 않았다면 그러하지 아니하다.

**Article 815-6** Le président du tribunal judiciaire peut prescrire ou autoriser toutes les mesures urgentes que requiert l'intérêt commun.

Il peut, notamment, autoriser un indivisaire à percevoir des débiteurs de l'indivision ou des dépositaires de fonds indivis une provision destinée à faire face aux besoins urgents, en prescrivant, au besoin, les conditions de l'emploi. Cette autorisation n'entraîne pas prise de qualité pour le conjoint survivant ou pour l'héritier.

Il peut également soit désigner un indivisaire comme administrateur en l'obligeant s'il y a lieu à donner caution, soit nommer un séquestre. Les articles 1873-5 à 1873-9 du présent code s'appliquent en tant que de raison aux pouvoirs et aux obligations de l'administrateur, s'ils ne sont autrement définis par le juge.

**Article 815-7** Le président du tribunal peut aussi interdire le déplacement des meubles corporels sauf à spécifier ceux dont il attribue l'usage personnel à l'un ou à l'autre des ayants droit, à charge pour ceux-ci de donner caution s'il l'estime nécessaire.

**Article 815-7-1** En Guadeloupe, en Guyane, en Martinique, à La Réunion et à Saint-Martin, lorsqu'un immeuble indivis à usage d'habitation ou à usage mixte d'habitation et professionnel est vacant ou n'a pas fait l'objet d'une occupation effective depuis plus de deux années civiles, un indivisaire peut être autorisé en justice, dans les conditions prévues aux articles 813-1 à 813-9, à exécuter les travaux d'amélioration, de réhabilitation et de restauration de l'immeuble ainsi qu'à accomplir les actes d'administration et formalités de publicité, ayant pour seul objet de le donner à bail à titre d'habitation principale.

### Section 2 Des droits et des obligations des indivisaires

**Article 815-8** Quiconque perçoit des revenus ou expose des frais pour le compte de l'indivision doit en tenir un état qui est à la disposition des indivisaires.

**Article 815-9** Chaque indivisaire peut user et jouir des biens indivis conformément à leur destination, dans la mesure compatible avec le droit des autres indivisaires et avec l'effet des actes régulièrement passés au cours de l'indivision. A défaut d'accord entre les intéressés, l'exercice de ce droit est réglé, à titre provisoire, par le président du tribunal.

L'indivisaire qui use ou jouit privativement de la chose indivise est, sauf convention contraire, redevable d'une indemnité.

**제815-6조** ① 민사지방법원장은 공동이익이 요구하는 모든 긴급한 조치를 명하거나 허가할 수 있다.

② 민사지방법원장은 특히, 필요한 경우에 사용 요건을 규정하면서, 어느 공유자로 하여금 공유로 인한 채무자 또는 공유자금의 수탁자로부터 긴급한 필요에 대처할 용도의 준비금을 수령하도록 허가할 수 있다. 이 허가는 생존배우자 또는 상속인을 위한 자격 취득을 초래하지는 아니한다.

③ 민사지방법원장은 필요하다면, 보증을 제공하게 하면서 어느 공유자를 관리인으로 선임하거나 또는 보관자를 임명할 수 있다. 민법전 제1873-5조부터 제1873-9조는, 법관이 달리 정하지 않았다면 합리적인 한 관리인의 권한과 의무에 적용된다.


**제815-7조** 법원장은 유체동산의 반출을 금지할 수도 있으나, 그가 보증이 필요하다고 판단하면 이의 제공을 부담으로 하여 그가 권리자 중의 일방 또는 타방에게 개인적인 사용권을 부여한 유체동산을 특정하는 경우에는 그러하지 아니하다.

**제815-7-1조** 과드루쁘, 귀얀느, 마르띠니끄, 레위니옹과 생마르땡에서는, 주거용 또는 주거와 업무 겸용의 공유부동산이 비어 있거나 민사상 2년 이상으로 실효적인 점유의 대상이 되지 않았을 경우, 어느 공유자는 제813-1조부터 제813-9조에 규정된 요건에 따라 부동산의 개량, 개축 및 복원공사를 하는 것뿐 아니라 주된 주거용으로 이를 임대할 목적으로만 관리행위 및 공시절차를 수행하는 것을 재판상 허가받을 수 있다.


## 제2절 공유자의 권리와 의무

**제815-8조** 공유와 관련하여 수입을 얻거나 비용을 지출하는 자는 그것에 관하여 공유자들이 열람할 수 있는 명세서를 작성하여야 한다.

**제815-9조** ① 각 공유자는, 다른 공유자들의 권리와 양립할 수 있고 공유 중에 적법하게 체결된 계약의 효력과 양립할 수 있는 범위 내에서, 공유재산을 그 용도에 좇아 사용하거나 향유할 수 있다. 이해관계인들의 합의가 없을 경우, 이 권리의 행사는 법원장에 의하여 임시로 규율된다.

② 공유물을 배타적으로 사용하거나 향유하는 공유자는 반대의 합의가 없으면 배상의 의무가 있다.

**Article 815-10** Sont de plein droit indivis, par l'effet d'une subrogation réelle, les créances et indemnités qui remplacent des biens indivis, ainsi que les biens acquis, avec le consentement de l'ensemble des indivisaires, en emploi ou remploi des biens indivis.

Les fruits et les revenus des biens indivis accroissent à l'indivision, à défaut de partage provisionnel ou de tout autre accord établissant la jouissance divise.

Aucune recherche relative aux fruits et revenus ne sera, toutefois, recevable plus de cinq ans après la date à laquelle ils ont été perçus ou auraient pu l'être.

Chaque indivisaire a droit aux bénéfices provenant des biens indivis et supporte les pertes proportionnellement à ses droits dans l'indivision.

**Article 815-11** Tout indivisaire peut demander sa part annuelle dans les bénéfices, déduction faite des dépenses entraînées par les actes auxquels il a consenti ou qui lui sont opposables.

A défaut d'autre titre, l'étendue des droits de chacun dans l'indivision résulte de l'acte de notoriété ou de l'intitulé d'inventaire établi par le notaire.

En cas de contestation, le président du tribunal judiciaire peut ordonner une répartition provisionnelle des bénéfices sous réserve d'un compte à établir lors de la liquidation définitive.

A concurrence des fonds disponibles, il peut semblablement ordonner une avance en capital sur les droits de l'indivisaire dans le partage à intervenir.

**Article 815-12** L'indivisaire qui gère un ou plusieurs biens indivis est redevable des produits nets de sa gestion. Il a droit à la rémunération de son activité dans les conditions fixées à l'amiable ou, à défaut, par décision de justice.

**Article 815-13** Lorsqu'un indivisaire a amélioré à ses frais l'état d'un bien indivis, il doit lui en être tenu compte selon l'équité, eu égard à ce dont la valeur du bien se trouve augmentée au temps du partage ou de l'aliénation. Il doit lui être pareillement tenu compte des dépenses nécessaires qu'il a faites de ses deniers personnels pour la conservation desdits biens, encore qu'elles ne les aient point améliorés.

Inversement, l'indivisaire répond des dégradations et détériorations qui ont diminué la valeur des biens indivis par son fait ou par sa faute.

**제815-10조** ① 공유재산을 대체하는 채권과 배상금은 물상대위의 효과에 따라 당연히 공유가 되며, 공유자 전원이 합의하여 공유재산을 사용 또는 재사용하여 취득한 재산도 마찬가지이다.

② 공유재산으로부터 발생하는 과실과 수입은, 임시분할을 하지 않거나 또는 분할적 향유를 성립시키는 다른 합의가 없는 한, 공유재산에 귀속된다.

③ 그러나, 과실과 수입에 대한 어떠한 청구도 그것을 수취하였거나 수취할 수 있었던 날로부터 5년이 경과한 후에는 수리될 수 없다.

④ 각 공유자는 공유재산으로부터 발생하는 이익에 대하여 권리를 가지며 공유에서의 자신들의 권리에 비례하여 손실을 부담한다.

**제815-11조** ① 모든 공유자는 그가 동의하였거나 그에게 대항력이 있는 행위로 인하여 발생한 비용을 공제한 수익에 대하여 자신의 몫을 매년 청구할 수 있다.

② 다른 권원이 없는 경우, 공유에서의 각자의 권리의 범위는 공증인에 의하여 작성된 신원확인증서 또는 재산목록사전조서에 의하여 정해진다.

③ 다툼이 있는 경우, 민사지방법원장은, 종국적 정산 시에 작성되는 회계장부의 유보 하에, 이익의 임시적 분배를 명할 수 있다.

④ 처분가능한 공유자금의 한도 내에서, 민사지방법원장은 마찬가지로 앞으로 행해질 분할에서의 공유자의 권리에 관하여 원금의 선지급을 명할 수도 있다.

**제815-12조** 하나 또는 복수의 공유재산을 관리하는 공유자는 그의 관리로 발생한 순이익을 반환할 의무가 있다. 공유자는 합의로 또는 합의가 없다면 법원의 결정으로 정한 조건에 따라 그의 행위에 대하여 보수를 받을 권리가 있다.

**제815-13조** ① 어느 공유자가 자신의 비용으로 공유재산의 상태를 개량한 경우, 분할 또는 양도 시에 재산의 가치가 증가된 것을 고려하고 또 형평에 좇아서 그에게 그 비용을 계산해 주어야 한다. 어느 공유자가 공유재산의 보존을 위하여 개인적인 자금으로 지출한 필요비도, 공유재산이 전혀 개량되지 않았을지라도 마찬가지로 그에게 계산해 주어야 한다.

② 반대로 공유자는 자신의 행위 또는 과책으로 공유재산의 가치를 감소시키는 훼손과 손상에 대하여 책임이 있다.

**Article 815-14** L'indivisaire qui entend céder, à titre onéreux, à une personne étrangère à l'indivision, tout ou partie de ses droits dans les biens indivis ou dans un ou plusieurs de ces biens est tenu de notifier par acte extrajudiciaire aux autres indivisaires le prix et les conditions de la cession projetée ainsi que les nom, domicile et profession de la personne qui se propose d'acquérir.

Tout indivisaire peut, dans le délai d'un mois qui suit cette notification, faire connaître au cédant, par acte extrajudiciaire, qu'il exerce un droit de préemption aux prix et conditions qui lui ont été notifiés.

En cas de préemption, celui qui l'exerce dispose pour la réalisation de l'acte de vente d'un délai de deux mois à compter de la date d'envoi de sa réponse au vendeur. Passé ce délai, sa déclaration de préemption est nulle de plein droit, quinze jours après une mise en demeure restée sans effet, et sans préjudice des dommages-intérêts qui peuvent lui être demandés par le vendeur.

Si plusieurs indivisaires exercent leur droit de préemption, ils sont réputés, sauf convention contraire, acquérir ensemble la portion mise en vente en proportion de leur part respective dans l'indivision.

Lorsque des délais de paiement ont été consentis par le cédant, l'article 828 est applicable.

**Article 815-15** S'il y a lieu à l'adjudication de tout ou partie des droits d'un indivisaire dans les biens indivis ou dans un ou plusieurs de ces biens, l'avocat ou le notaire doit en informer les indivisaires par notification un mois avant la date prévue pour la vente. Chaque indivisaire peut se substituer à l'acquéreur dans un délai d'un mois à compter de l'adjudication, par déclaration au greffe ou auprès du notaire.

Le cahier des conditions de vente établi en vue de la vente doit faire mention des droits de substitution.

**Article 815-16** Est nulle toute cession ou toute licitation opérée au mépris des dispositions des articles 815-14 et 815-15. L'action en nullité se prescrit par cinq ans. Elle ne peut être exercée que par ceux à qui les notifications devaient être faites ou par leurs héritiers.

**제815-14조** ① 공유와 무관한 자에게 공유재산에 대한 또는 공유재산 중의 하나 또는 수 개에 대한 자신의 권리의 전부 또는 일부를 유상으로 양도하려는 공유자는 다른 공유자에게 취득하려는 자의 성명, 주소 및 직업뿐 아니라 제안된 양도의 가격과 조건을 재판외 문서로 통지해야 한다.

② 공유자는 누구든지 그 통지가 있은 후 1개월의 기간 내에 자신에게 통지된 가격과 조건으로 선매권을 행사한다는 것을 재판외 문서로 양도인에게 알릴 수 있다.

③ 선매의 경우, 이를 행사하는 공유자는 매도인에게 자신의 확답을 송부한 날로부터 2개월의 기간 내에 매매행위를 실현하여야 한다. 그 기간이 경과한 경우, 그의 선매의 선언은 최고를 받은 날로부터 15일 내에 회답이 없을 때 당연히 무효가 되고, 이는 매도인이 그에게 청구할 수 있는 손해배상에는 영향을 미치지 아니한다.

④ 수인의 공유자가 선매권을 행사한다면, 반대의 합의가 없으면 그들은 각자의 공유지분의 비율에 따라 공동으로 매수부분을 취득하는 것으로 본다.

⑤ 양도인이 변제를 위한 기간을 합의한 경우에는 제828조가 적용된다.


**제815-15조** ① 공유재산에 대한 또는 공유재산 중의 하나 또는 수 개에 대한 어느 공유자의 권리 전부 또는 일부의 경매가 발생한다면, 변호사 또는 공증인은 공유자들에게 경매 예정일 1개월 전에 통지를 하여 이를 알려주어야 한다. 각 공유자는 경매일로부터 1개월의 기간 내에 법원서기 또는 공증인에게 신고하여 매수인을 대체할 수 있다.

② 매각의 목적으로 작성된 매각조건명세서에는 대체권에 관한 사항이 기재되어야 한다.


**제815-16조** 제815-14조와 제815-15조의 규정에 위반하여 실행된 모든 양도와 경매는 무효이다. 무효화소권은 5년의 시효로 소멸한다. 무효화소권은 통지가 이루어졌어야 할 자 또는 그의 상속인만이 행사할 수 있다.

*Code civil des Français*

## Section 3 Du droit de poursuite des créanciers

**Article 815-17** Les créanciers qui auraient pu agir sur les biens indivis avant qu'il y eût indivision, et ceux dont la créance résulte de la conservation ou de la gestion des biens indivis, seront payés par prélèvement sur l'actif avant le partage. Ils peuvent en outre poursuivre la saisie et la vente des biens indivis.

Les créanciers personnels d'un indivisaire ne peuvent saisir sa part dans les biens indivis, meubles ou immeubles.

Ils ont toutefois la faculté de provoquer le partage au nom de leur débiteur ou d'intervenir dans le partage provoqué par lui. Les coïndivisaires peuvent arrêter le cours de l'action en partage en acquittant l'obligation au nom et en l'acquit du débiteur. Ceux qui exerceront cette faculté se rembourseront par prélèvement sur les biens indivis.

## Section 4 De l'indivision en usufruit

**Article 815-18** Les dispositions des articles 815 à 815-17 sont applicables aux indivisions en usufruit en tant qu'elles sont compatibles avec les règles de l'usufruit.

Les notifications prévues par les articles 815-14, 815-15 et 815-16 doivent être adressées à tout nu-propriétaire et à tout usufruitier. Mais un usufruitier ne peut acquérir une part en nue-propriété que si aucun nu-propriétaire ne s'en porte acquéreur ; un nu-propriétaire ne peut acquérir une part en usufruit que si aucun usufruitier ne s'en porte acquéreur.

## 제3절 채권자의 추급권

**제815-17조** ① 공유가 성립하기 전에 공유재산에 대하여 권리를 행사할 수 있었던 채권자들과 자신의 채권이 공유재산의 보존과 관리로 인하여 발생한 채권자들은 분할 전에 적극재산에 의하여 우선적으로 변제받을 수 있다. 이 채권자들은 그밖에 공유재산을 추급하여 압류와 매각도 할 수 있다.
② 어느 공유자의 개인적 채권자들은, 동산이든 부동산이든, 공유재산에 대한 그의 지분을 압류할 수 없다.
③ 제2항의 채권자들은 자신들의 채무자의 이름으로 분할을 청구하거나 채무자가 청구한 분할에 참가할 권리가 있다. 공동공유자들은 채무자의 이름으로 그리고 그를 대신하여 채무를 변제함으로써 분할소송의 진행을 중단시킬 수 있다. 이 권리를 행사하는 공동공유자들은 공유재산에 의하여 우선적으로 상환받을 수 있다.

## 제4절 점용권이 설정된 공유

**제815-18조** ① 제815조부터 제815-17조의 규정은 점용권에 관한 규정과 양립하는 범위 내에서 점용권이 설정된 공유에 적용된다.
② 제815-14조, 제815-15조 및 제815-16조에 규정된 통지는 모든 제한소유자와 점용권자에게 이루어져야 한다. 점용권자는 어떠한 제한소유자도 제한소유권의 어느 일부의 취득자로 나서지 않는 때에만 이를 취득할 수 있다. 제한소유자는 어떠한 점용권자도 점용권의 어느 일부의 취득자로 나서지 않는 때에만 이를 취득할 수 있다.

## Chapitre VIII Du partage

## Section 1 Des opérations de partage

### Sous-section 1 Dispositions communes

#### Paragraphe 1 Des demandes en partage

**Article 816** Le partage peut être demandé, même quand l'un des indivisaires a joui séparément de tout ou partie des biens indivis, s'il n'y a pas eu d'acte de partage ou une possession suffisante pour acquérir la prescription.

**Article 817** Celui qui est en indivision pour la jouissance peut demander le partage de l'usufruit indivis par voie de cantonnement sur un bien ou, en cas d'impossibilité, par voie de licitation de l'usufruit. Lorsqu'elle apparaît seule protectrice de l'intérêt de tous les titulaires de droits sur le bien indivis, la licitation peut porter sur la pleine propriété.

**Article 818** La même faculté appartient à l'indivisaire en nue-propriété pour la nue-propriété indivise. En cas de licitation de la pleine propriété, le deuxième alinéa de l'article 815-5 est applicable.

**Article 819** Celui qui est pour partie plein propriétaire et qui se trouve en indivision avec des usufruitiers et des nus-propriétaires peut user des facultés prévues aux articles 817 et 818.

Le deuxième alinéa de l'article 815-5 n'est pas applicable en cas de licitation en pleine propriété.

**Article 820** A la demande d'un indivisaire, le tribunal peut surseoir au partage pour deux années au plus si sa réalisation immédiate risque de porter atteinte à la valeur des biens indivis ou si l'un des indivisaires ne peut reprendre l'entreprise agricole, commerciale, industrielle, artisanale ou libérale dépendant de la succession qu'à l'expiration de ce délai. Ce sursis peut s'appliquer à l'ensemble des biens indivis ou à certains d'entre eux seulement.

S'il y a lieu, la demande de sursis au partage peut porter sur des droits sociaux.

# 제8장 분할

## 제1절 분할의 실행

### 제1부속절 공통규정

#### 제1관 분할 청구

**제816조** 분할행위나 취득시효를 충족시키는 점유가 없었다면, 공유자 중 1인이 공유재산의 전부 또는 일부를 분리해서 향유하였을지라도, 분할이 청구될 수 있다.

**제817조** 향유권을 공유하는 자는 어느 재산의 제한 방식으로 또는, 그것이 불가능한 경우에는 점용권 경매의 방식으로, 공유 점용권의 분할을 청구할 수 있다. 경매가 공유재산에 대한 모든 권리자의 이익을 보장하는 유일한 수단으로 보이는 경우, 경매는 완전 소유권에 미칠 수 있다.

**제818조** 공유인 제한소유권의 공유자에게도 동일한 권리가 부여된다. 완전소유권에 대한 경매의 경우, 제815-5조 제2항이 적용된다.

**제819조** ① 부분적으로 완전소유권자이면서 점용권자 및 제한소유권자와 공유상태에 있는 자는 제817조와 제818조에 규정된 권리를 행사할 수 있다.

② 제815-5조 제2항은 완전소유권의 경매인 경우에는 적용되지 아니한다.

**제820조** ① 즉각적인 분할의 실현이 공유재산의 가치를 해할 염려가 있거나 공유자 중의 1인이 상속재산에 속하는 농업·상업·산업·수공업 또는 전문직 영업을 일정 기간의 만료 후에야 재개할 수 있으면, 1심 법원은 공유자의 청구에 의하여 최대 2년 동안 분할을 유예할 수 있다. 이 유예는 공유재산 일체 또는 그 중 특정 재산에만 적용될 수 있다.

② 필요하다면, 분할유예청구는 회사지분을 대상으로 할 수 있다.

**Article 821** A défaut d'accord amiable, l'indivision de toute entreprise agricole, commerciale, industrielle, artisanale ou libérale, dont l'exploitation était assurée par le défunt ou par son conjoint, peut être maintenue dans les conditions fixées par le tribunal à la demande des personnes mentionnées à l'article 822.

S'il y a lieu, la demande de maintien de l'indivision peut porter sur des droits sociaux.

Le tribunal statue en fonction des intérêts en présence et des moyens d'existence que la famille peut tirer des biens indivis.

Le maintien de l'indivision demeure possible lors même que l'entreprise comprend des éléments dont l'héritier ou le conjoint était déjà propriétaire ou copropriétaire avant l'ouverture de la succession.

**Article 821-1** L'indivision peut également être maintenue, à la demande des mêmes personnes et dans les conditions fixées par le tribunal, en ce qui concerne la propriété du local d'habitation ou à usage professionnel qui, à l'époque du décès, était effectivement utilisé pour cette habitation ou à cet usage par le défunt ou son conjoint. Il en est de même des objets mobiliers garnissant le local d'habitation ou servant à l'exercice de la profession.

**Article 822** Si le défunt laisse un ou plusieurs descendants mineurs, le maintien de l'indivision peut être demandé soit par le conjoint survivant, soit par tout héritier, soit par le représentant légal des mineurs.

A défaut de descendants mineurs, le maintien de l'indivision ne peut être demandé que par le conjoint survivant et à la condition qu'il ait été, avant le décès, ou soit devenu du fait du décès, copropriétaire de l'entreprise ou des locaux d'habitation ou à usage professionnel.

S'il s'agit d'un local d'habitation, le conjoint doit avoir résidé dans les lieux à l'époque du décès.

**Article 823** Le maintien dans l'indivision ne peut être prescrit pour une durée supérieure à cinq ans. Il peut être renouvelé, dans le cas prévu au premier alinéa de l'article 822, jusqu'à la majorité du plus jeune des descendants et, dans le cas prévu au deuxième alinéa du même article, jusqu'au décès du conjoint survivant.

**제821조** ① 합의가 없는 경우, 망인 또는 그 배우자에 의하여 그 운영이 보장되었던 모든 농업·상업·산업·수공업 또는 전문직 영업의 공유는 제822조에 규정된 자의 청구에 의하여 1심법원이 정한 조건에 따라 유지될 수 있다.

② 필요하다면, 공유유지청구는 회사지분을 대상으로 할 수 있다.

③ 1심법원은 다양한 이익과 가족이 공유재산에서 취할 수 있는 생계수단에 따라 판결한다.

④ 위의 영업 내에 상속인 또는 그 배우자가 상속개시 전에 이미 소유자 또는 공유자였던 요소가 포함된 경우에도 공유의 유지는 가능하다.

**제821-1조** 사망 당시에 망인 또는 그 배우자에 의하여 실질적으로 주거용 또는 업무용으로 사용되었던 주거용 또는 업무용 장소의 소유권에 관하여도, 동일인의 청구 및 법원이 정한 조건에 따라 공유가 유지될 수 있다. 주거용 장소에 구비되었거나 직업활동에 사용된 동산의 경우에도 마찬가지이다.

**제822조** ① 망인에게 1인 또는 수인의 미성년인 직계비속이 있으면, 공유 유지는 생존배우자이건, 각 상속인이건 미성년자의 법정대리인에 의하여 청구될 수 있다.

② 미성년인 직계비속이 없으면, 공유의 유지는, 사망 전에 또는 사망으로 인하여 생존배우자가 영업, 또는 주거용이나 업무용 장소의 공유자가 된 경우에, 생존배우자에 의해서만 청구될 수 있다.

③ 주거용 장소에 관한 경우, 배우자는 사망 당시에 당해 장소에 거주하였어야 한다.

**제823조** 공유의 유지는 5년을 초과하여 명할 수 없다. 제822조 제1항에 규정된 경우 직계비속 중 최연소자의 성년 시까지, 동조 제2항에 규정된 경우 생존배우자의 사망 시까지 공유의 유지는 갱신될 수 있다.

**Article 824** Si des indivisaires entendent demeurer dans l'indivision, le tribunal peut, à la demande de l'un ou de plusieurs d'entre eux, en fonction des intérêts en présence et sans préjudice de l'application des articles 831 à 832-3, attribuer sa part à celui qui a demandé le partage.

S'il n'existe pas dans l'indivision une somme suffisante, le complément est versé par ceux des indivisaires qui ont concouru à la demande, sans préjudice de la possibilité pour les autres indivisaires d'y participer, s'ils en expriment la volonté. La part de chacun dans l'indivision est augmentée à proportion de son versement.

### Paragraphe 2 Des parts et des lots

**Article 825** La masse partageable comprend les biens existant à l'ouverture de la succession, ou ceux qui leur ont été subrogés, et dont le défunt n'a pas disposé à cause de mort, ainsi que les fruits y afférents.

Elle est augmentée des valeurs soumises à rapport ou à réduction, ainsi que des dettes des copartageants envers le défunt ou envers l'indivision.

**Article 826** L'égalité dans le partage est une égalité en valeur.

Chaque copartageant reçoit des biens pour une valeur égale à celle de ses droits dans l'indivision.

S'il y a lieu à tirage au sort, il est constitué autant de lots qu'il est nécessaire.

Si la consistance de la masse ne permet pas de former des lots d'égale valeur, leur inégalité se compense par une soulte.

**Article 827** Le partage de la masse s'opère par tête. Toutefois, il se fait par souche quand il y a lieu à représentation. Une fois opéré le partage par souche, une répartition distincte est opérée, le cas échéant, entre les héritiers de chaque souche.

**Article 828** Lorsque le débiteur d'une soulte a obtenu des délais de paiement et que, par suite des circonstances économiques, la valeur des biens qui lui sont échus a augmenté ou diminué de plus du quart depuis le partage, les sommes restant dues augmentent ou diminuent dans la même proportion, sauf exclusion de cette variation par les parties.

**제824조** ① 공유자들이 공유로 남아있고자 하면, 1심법원은 그들 중 1인 또는 수인의 청구로, 대립하는 이해관계에 따라 제831조에서 제832-3조까지의 적용을 방해하지 않고 분할을 요구한 자에게 그의 몫을 분배할 수 있다.

② 공유재산에 충분한 금액이 없으면 그 부족금은 청구에 응한 공유자들에 의하여 지급되며, 이는 다른 공유자들이 부족금 지급에 참여의사를 표시하면 각자가 참여할 가능성을 방해하지 아니한다. 공유재산에서의 각자의 몫은 그가 지급한 금액에 비례하여 증가된다.

## 제2관 상속분과 분할분

**제825조** ① 분할되는 총재산에는 상속 개시 시점에 존재하는 재산 또는 그 재산에 대위되는 재산, 망인이 사망했기 때문에 처분되지 않은 재산 및 그에 귀속되는 과실이 포함된다.

② 분할되는 총재산은 반환 또는 감액에 따른 가치 및 공동분할자의 망인에 대한 또는 공유재산에 대한 채무만큼 증가된다.

**제826조** ① 분할에서의 균등은 가치의 균등이다.
② 각 공동분할자는 공유상 자신의 권리의 가치에 상응하는 가치의 재산을 받는다.

③ 추첨을 하는 경우, 필요한 만큼의 분할분으로 구성된다.
④ 총재산의 구성이 동등한 가치의 분할분을 형성하지 못하면, 그 불균등은 보충금으로 정산된다.

**제827조** 총재산의 분할은 인원수대로 진행된다. 그러나 대습상속이 발생하면, 분할은 동일비속계별로 이루어진다. 동일비속계별로 분할이 진행되면, 필요한 경우에는 각 동일비속계의 상속인들 사이에 개별적인 분배가 이루어진다.

**제828조** 보충금 채무자가 지급의 유예를 받았고, 경제사정으로 인하여 그에게 귀속되는 재산의 가치가 분할 이후에 4분의 1 이상 증가하였거나 감소한 경우, 당사자가 그 변동을 배제한 경우를 제외하고, 지급해야 할 잔존 금액은 같은 비율로 증가하거나 감소된다.

**Article 829** En vue de leur répartition, les biens sont estimés à leur valeur à la date de la jouissance divise telle qu'elle est fixée par l'acte de partage, en tenant compte, s'il y a lieu, des charges les grevant.

Cette date est la plus proche possible du partage.

Cependant, le juge peut fixer la jouissance divise à une date plus ancienne si le choix de cette date apparaît plus favorable à la réalisation de l'égalité.

**Article 830** Dans la formation et la composition des lots, on s'efforce d'éviter de diviser les unités économiques et autres ensembles de biens dont le fractionnement entraînerait la dépréciation.

### Paragraphe 3 Des attributions préférentielles

**Article 831** Le conjoint survivant ou tout héritier copropriétaire peut demander l'attribution préférentielle par voie de partage, à charge de soulte s'il y a lieu, de toute entreprise, ou partie d'entreprise agricole, commerciale, industrielle, artisanale ou libérale ou quote-part indivise d'une telle entreprise, même formée pour une part de biens dont il était déjà propriétaire ou copropriétaire avant le décès, à l'exploitation de laquelle il participe ou a participé effectivement. Dans le cas de l'héritier, la condition de participation peut être ou avoir été remplie par son conjoint ou ses descendants.

S'il y a lieu, la demande d'attribution préférentielle peut porter sur des droits sociaux, sans préjudice de l'application des dispositions légales ou des clauses statutaires sur la continuation d'une société avec le conjoint survivant ou un ou plusieurs héritiers.

**Article 831-1** Au cas où ni le conjoint survivant, ni aucun héritier copropriétaire ne demande l'application des dispositions prévues à l'article 831 ou de celles des articles 832 ou 832-1, l'attribution préférentielle prévue en matière agricole peut être accordée à tout copartageant sous la condition qu'il s'oblige à donner à bail dans un délai de six mois le bien considéré dans les conditions fixées au chapitre VI du titre Ier du livre IV du code rural et de la pêche maritime à un ou plusieurs des cohéritiers remplissant les conditions personnelles prévues à l'article 831 ou à un ou plusieurs descendants de ces cohéritiers remplissant ces mêmes conditions.

**제829조** ① 그들의 재산 분배를 위하여, 분할증서로 정해진 분할향유일을 기준으로, 필요한 경우, 부가되는 부담을 고려하여 재산 가치를 평가한다.

② 위의 날은 가능한 한 분할에서 가장 가까운 날이어야 한다.
③ 그러나 법관은, 이러한 날의 선택이 균등을 실현하는 데에 보다 적절하다고 판단되면, 분할 향유일을 그보다 이전의 날로 정할 수 있다.

**제830조** 분할분의 편성과 구성에 있어서, 분리되면 가치가 하락되는 경제단일체와 기타의 재산 일체를 분할하지 않도록 노력해야 한다.

## 제3관 우선분배

**제831조** ① 생존배우자나 공유자인 모든 상속인은 자신이 실질적으로 사업에 참여하고 있거나 참여하였던, 모든 농업·상업·산업·수공업 또는 전문 영업의 전부나 일부 또는 이러한 영업의 공유 지분을 분할하여 우선분배해줄 것을 청구할 수 있고 필요하다면, 보충금을 부담할 수 있는데, 이는 망인의 사망 전에 자신이 이미 소유자 또는 공동소유자였던 재산을 부분으로 하여 설립된 영업일지라도 마찬가지이다. 상속인의 경우, 참여의 요건은 그의 배우자나 직계비속에 의하여 충족되거나 충족되었을 수 있다.

② 필요하다면 우선분배청구는 회사지분을 대상으로 할 수 있으나, 생존배우자나 1인 또는 수인의 상속인을 가진 회사의 계속에 관한 법률 규정 또는 정관 조항의 적용에 영향을 미치지 아니한다.

**제831-1조** 생존배우자나 공유자인 상속인이 제831조나 제832조 또는 제832-1조의 규정의 적용을 청구하지 않은 경우, 농업분야에 관한 우선분배는 어떠한 공동분할자에게도 인정될 수 있으나, 그 공동분할자는 제831조의 인적 요건을 갖춘 1인 또는 수인의 공동상속인 또는 동일한 요건을 갖춘 공동상속인의 1인 또는 수인의 직계비속에게 농수산업법전 제4권 제1부 제6장에 정해진 조건에 따라 해당 재산을 6개월 기간 내에 임대하여야 한다.

**Article 831-2** Le conjoint survivant ou tout héritier copropriétaire peut également demander l'attribution préférentielle :

1° De la propriété ou du droit au bail du local qui lui sert effectivement d'habitation, s'il y avait sa résidence à l'époque du décès, et du mobilier le garnissant, ainsi que du véhicule du défunt dès lors que ce véhicule lui est nécessaire pour les besoins de la vie courante ;

2° De la propriété ou du droit au bail du local à usage professionnel servant effectivement à l'exercice de sa profession et des objets mobiliers nécessaires à l'exercice de sa profession ;

3° De l'ensemble des éléments mobiliers nécessaires à l'exploitation d'un bien rural cultivé par le défunt à titre de fermier ou de métayer lorsque le bail continue au profit du demandeur ou lorsqu'un nouveau bail est consenti à ce dernier.

**Article 831-3** L'attribution préférentielle visée au 1° de l'article 831-2 est de droit pour le conjoint survivant.

Les droits résultant de l'attribution préférentielle ne préjudicient pas aux droits viagers d'habitation et d'usage que le conjoint peut exercer en vertu de l'article 764.

**Article 832** L'attribution préférentielle visée à l'article 831 est de droit pour toute exploitation agricole qui ne dépasse pas les limites de superficie fixées par décret en Conseil d'Etat, si le maintien dans l'indivision n'a pas été ordonné.

**제831-2조** 생존배우자 또는 공유자인 모든 상속인은 다음 각 호의 우선분배를 청구할 수 있다.

1. 사망 당시에 청구인의 주거가 있었다면 실제로 거주의 용도로 제공되는 장소와 그 장소에 구비된 동산 및 망인의 자동차가 청구인의 일상생활의 영위에 필요한 이상 그 자동차의 소유권 또는 임차권

2. 실제로 청구인의 직업 활동에 제공되었던 업무용 장소와 그 직업수행에 필요한 동산의 소유권 또는 임차권

3. 임대차가 청구인을 위하여 계속되거나 새로운 임대차가 청구인에게 승낙된 경우, 정액토지임차인 또는 분익토지임차인의 자격으로 망인에 의하여 경작되었던 농업재산의 운영에 필요한 동산의 일체

**제831-3조** ① 제831-2조 제1호에 규정된 우선분배는 생존배우자에게는 당연히 인정된다.

② 우선분배로 발생한 권리는 제764조에 의거하여 배우자가 행사할 수 있는 거주 및 사용에 관한 종신적 권리를 해하지 아니한다.

**제832조** 제831조에 규정된 우선분배는, 공유유지의 명령이 없었다면, 국사원 데크레에서 정해진 표면적 제한을 초과하지 않는 모든 농업 운영을 위해서 당연히 인정된다.

**Article 832-1** Si le maintien dans l'indivision n'a pas été ordonné et à défaut d'attribution préférentielle en propriété dans les conditions prévues à l'article 831 ou à l'article 832, le conjoint survivant ou tout héritier copropriétaire peut demander l'attribution préférentielle de tout ou partie des biens et droits immobiliers à destination agricole dépendant de la succession en vue de constituer avec un ou plusieurs cohéritiers et, le cas échéant, un ou plusieurs tiers, un groupement foncier agricole.

Cette attribution est de droit si le conjoint survivant ou un ou plusieurs des cohéritiers remplissant les conditions personnelles prévues à l'article 831, ou leurs descendants participant effectivement à l'exploitation, exigent que leur soit donné à bail, dans les conditions fixées au chapitre VI du titre Ier du livre IV du code rural et de la pêche maritime, tout ou partie des biens du groupement.

En cas de pluralité de demandes, les biens du groupement peuvent, si leur consistance le permet, faire l'objet de plusieurs baux bénéficiant à des cohéritiers différents.

Si les clauses et conditions de ce bail ou de ces baux n'ont pas fait l'objet d'un accord, elles sont fixées par le tribunal.

Les biens et droits immobiliers que les demandeurs n'envisagent pas d'apporter au groupement foncier agricole, ainsi que les autres biens de la succession, sont attribués par priorité, dans les limites de leurs droits successoraux respectifs, aux indivisaires qui n'ont pas consenti à la formation du groupement. Si ces indivisaires ne sont pas remplis de leurs droits par l'attribution ainsi faite, une soulte doit leur être versée. Sauf accord amiable entre les copartageants, la soulte éventuellement due est payable dans l'année suivant le partage. Elle peut faire l'objet d'une dation en paiement sous la forme de parts du groupement foncier agricole, à moins que les intéressés, dans le mois suivant la proposition qui leur en est faite, n'aient fait connaître leur opposition à ce mode de règlement.

Le partage n'est parfait qu'après la signature de l'acte constitutif du groupement foncier agricole et, s'il y a lieu, du ou des baux à long terme.

**제832-1조** ① 공유유지의 명령이 없었고 제831조나 제832조에 규정된 요건 에 따른 소유권 우선분배가 없는 경우, 생존배우자 또는 공유자인 모든 상속인은, 1인 또는 수인의 공동상속인과 함께, 그리고 필요한 경우 1인 또는 수인의 제3자와 함께, 농업토지집단(GFA)를 설립할 목적으로, 상속재산에 속하는 농업용 재산과 부동산에 관한 권리의 전부 또는 일부의 우선분배를 청구할 수 있다.

② 제831조의 인적 요건을 갖춘 생존배우자나 1인 또는 수인의 공동상속인 또는 실제로 운영에 참여하는 그들의 직계비속이 농수산업법전 제4권 제1부 제6장에 정해진 조건에 따른 이 집단재산의 전부 또는 일부를 그들에게 임대할 것을 요구한다면, 이 우선분배는 당연히 인정된다.

③ 복수의 청구가 있는 경우에 이 집단의 재산은, 그 구성이 이를 허용한다면, 여러 공동상속인에게 이익이 되는 복수의 임대차의 대상이 될 수 있다.
④ 하나 또는 수 개의 이 임대차계약의 조항과 요건에 관한 합의가 이루어지지 않으면, 1심법원이 이를 정한다.
⑤ 청구자들이 농업토지집단(GFA)에 출자를 고려하지 않은 재산과 권리 및 기타의 상속 재산은 이 집단의 설립에 동의하지 않은 공유자들에게, 각자의 상속권의 범위 내에서, 우선하여 분배된다. 이러한 분배를 통해 이 공유자들의 권리가 충족되지 않으면 이들에게 보충금이 지급되어야 한다. 공동분할자 사이의 합의가 있는 경우를 제외하고, 지급되어야 하는 보충금은 분할 후 1년 안에 지급될 수 있다. 보충금은 농업토지집단(GFA)의 지분의 형태로 대물변제 될 수 있으나, 이해관계자가. 제안이 그들에게 이루어진 후 1월 이내에 이 지급방식에 대하여 이의를 제기한 경우에는 그러하지 아니하다.

⑥ 분할은 농업토지집단(GFA) 설립문서 그리고, 필요하다면, 1개 또는 수 개의 장기임대차 계약의 서명이 있은 후에야 완성된다.

**Article 832-2** Si une exploitation agricole constituant une unité économique et non exploitée sous forme sociale n'est pas maintenue dans l'indivision et n'a pas fait l'objet d'une attribution préférentielle dans les conditions prévues aux articles 831, 832 ou 832-1, le conjoint survivant ou tout héritier copropriétaire qui désire poursuivre l'exploitation à laquelle il participe ou a participé effectivement peut exiger, nonobstant toute demande de licitation, que le partage soit conclu sous la condition que ses copartageants lui consentent un bail à long terme dans les conditions fixées au chapitre VI du titre Ier du livre IV du code rural, sur les terres de l'exploitation qui leur échoient. Dans le cas de l'héritier, la condition de participation peut avoir été remplie par son conjoint ou ses descendants. Sauf accord amiable entre les parties, celui qui demande à bénéficier de ces dispositions reçoit par priorité dans sa part les bâtiments d'exploitation et d'habitation.

Les dispositions qui précèdent sont applicables à une partie de l'exploitation agricole pouvant constituer une unité économique. Cette unité économique peut être formée, pour une part, de biens dont le conjoint survivant ou l'héritier était déjà propriétaire ou copropriétaire avant le décès.

Il est tenu compte, s'il y a lieu, de la dépréciation due à l'existence du bail dans l'évaluation des terres incluses dans les différents lots.

Les articles L. 412-14 et L. 412-15 du code rural et de la pêche maritime déterminent les règles spécifiques au bail mentionné au premier alinéa du présent article.

Si, en raison de l'inaptitude manifeste du ou des demandeurs à gérer tout ou partie de l'exploitation, les intérêts des cohéritiers risquent d'être compromis, le tribunal peut décider qu'il n'y a pas lieu d'appliquer les trois premiers alinéas du présent article.

**Article 832-3** L'attribution préférentielle peut être demandée conjointement par plusieurs successibles afin de conserver ensemble le bien indivis.

A défaut d'accord amiable, la demande d'attribution préférentielle est portée devant le tribunal qui se prononce en fonction des intérêts en présence.

En cas de demandes concurrentes, le tribunal tient compte de l'aptitude des différents postulants à gérer les biens en cause et à s'y maintenir. Pour l'entreprise, le tribunal tient compte en particulier de la durée de la participation personnelle à l'activité.

**제832-2조** ① 하나의 경제단일체를 구성하나 회사의 형식으로 운영되지 않는 농업운영이 공유로 유지되지 않고 제831조, 제832조 또는 제832-1조에 정해진 요건에 따른 우선분배의 대상이 되지 않으면, 자신이 실제로 참여하고 있거나 참여하였던 운영을 계속하고자 하는 생존배우자 또는 공유자인 모든 상속인은, 어떠한 경매 청구가 있는 경우에도, 농수산업법전 제4권 제1부 제6장에 정해진 요건에 따른 장기임대차를 공동분할자들이 동의하여 줄 것을 조건으로 하여, 공동분할자들에게 귀속되는 토지를 분할할 것을 요구할 수 있다. 상속인의 경우, 참여 요건은 그의 배우자나 직계비속에 의하여 충족될 수 있다. 당사자 사이의 다른 합의가 있는 경우를 제외하고, 이 규정의 혜택을 청구하는 자는 자신의 상속분 내에서 운영 및 거주용 건물을 우선하여 받는다.

② 제1항의 규정은 경제단일체를 구성할 수 있는 농업운영의 일부에도 적용된다. 이 경제단일체는, 부분적으로, 사망 전에 생존배우자나 상속인이 이미 소유자 또는 공동소유자였던 재산으로 형성될 수 있다.

③ 서로 다른 분할분에 포함된 토지를 평가하는 데 있어서, 필요하다면, 임대차의 존재로 인한 가치감소도 고려해야 한다.
④ 본조 제1항에 규정된 임대차는 농수산업법전 제L.412-14조와 제L.412-15조에 의하여 정해진 특칙에 따른다.
⑤ 1인 또는 수인의 청구자가 운영 전부 또는 일부를 관리하는 것이 명백히 부적격하여 공동상속인의 이익을 해할 우려가 있으면, 1심법원은 본조 제1항부터 제3항까지의 적용을 배제할 수 있다.

**제832-3조** ① 공유재산을 일체로서 보존하기 위해 수인의 상속권자는 우선분배를 공동으로 청구할 수 있다.
② 합의가 없는 경우, 다양한 이익을 고려하여 판결하는 1심법원에 우선분배가 청구된다.

③ 청구가 경합되는 경우, 1심법원은 해당되는 재산을 관리하고 유지하고자 하는 각 청구인들의 능력을 고려한다. 기업의 경우, 1심법원은 특히 활동에 대한 인적 참여 기간을 고려한다.

**Article 832-4** Les biens faisant l'objet de l'attribution sont estimés à leur valeur à la date fixée conformément à l'article 829.

Sauf accord amiable entre les copartageants, la soulte éventuellement due est payable comptant. Toutefois, dans les cas prévus aux articles 831-3 et 832, l'attributaire peut exiger de ses copartageants, pour le paiement d'une fraction de la soulte, égale au plus à la moitié, des délais ne pouvant excéder dix ans. Sauf convention contraire, les sommes restant dues portent intérêt au taux légal.

En cas de vente de la totalité des biens attribués, la fraction de la soulte y afférente devient immédiatement exigible ; en cas de ventes partielles, le produit de ces ventes est versé aux copartageants et imputé sur la fraction de la soulte encore due.

**Article 833** Les dispositions des articles 831 à 832-4 profitent au conjoint ou à tout héritier appelé à succéder en vertu de la loi, qu'il soit copropriétaire en pleine propriété ou en nue-propriété.

Ces dispositions, à l'exception de celles de l'article 832, profitent aussi à l'héritier ayant une vocation universelle ou à titre universel à la succession en vertu d'un testament ou d'une institution contractuelle.

**Article 834** Le bénéficiaire de l'attribution préférentielle ne devient propriétaire exclusif du bien attribué qu'au jour du partage définitif.

Jusqu'à cette date, il ne peut renoncer à l'attribution que lorsque la valeur du bien, telle que déterminée au jour de cette attribution, a augmenté de plus du quart au jour du partage indépendamment de son fait personnel.

## Sous-section 2 Du partage amiable

**Article 835** Si tous les indivisaires sont présents et capables, le partage peut intervenir dans la forme et selon les modalités choisies par les parties.

Lorsque l'indivision porte sur des biens soumis à la publicité foncière, l'acte de partage est passé par acte notarié.

**Article 836** Si un indivisaire est présumé absent ou, par suite d'éloignement, se trouve hors d'état de manifester sa volonté, un partage amiable peut intervenir dans les conditions prévues à l'article 116.

De même, si un indivisaire fait l'objet d'un régime de protection, un partage amiable peut intervenir dans les conditions prévues aux titres X, XI et XII du livre Ier.

**제832-4조** ① 분배의 대상이 되는 재산은 제829조에 의거하여 정해진 날에 그 가액을 평가받는다.

② 공동분할자 사이의 합의가 있는 경우를 제외하고, 지급되어야 하는 보충금은 현금으로 지급될 수 있다. 그러나 제831-3조와 제832조의 경우에, 분배를 받는 자는 반액 이상의 일부 보충금의 지급을 위해 공동분할자에게 10년 미만의 기간을 요구할 수 있다. 반대의 합의가 없으면, 지급해야 할 잔금에는 법정 이율의 이자가 발생한다.

③ 분배된 재산의 전부 매매의 경우, 이에 관련된 일부 보충금은 즉시 청구될 수 있다. 일부 매매의 경우, 이 매매 수익은 공동분할자에게 지급되고 앞으로 지급되어야 할 일부 보충금에 충당된다.

**제833조** ① 법률에 의거하여 상속인이 되는 배우자나 모든 상속인은, 그가 완전소유권의 공동소유자이든 또는 제한소유권의 공동소유자이든, 제831조부터 제832-4조까지의 규정의 적용을 받는다.

② 유언 또는 계약에 의한 상속인지정에 의거하여 상속에서 포괄승계 또는 부분 포괄승계의 지위를 가진 상속인도, 제832조를 제외하고, 이들 규정의 적용을 받는다.

**제834조** ① 우선분배의 수익자는 최종분할일로부터만 분배된 재산의 배타적 소유자가 된다.

② 최종 분할일까지, 수익자는 분배일에 결정된 재산의 가치가 자신의 개인적 행위와 무관하게 분할일까지 4분의 1 이상 상승하였을 경우에만 분배를 포기할 수 있다.

## 제2부속절 협의분할

**제835조** ① 모든 공유자가 출석했고 능력자라면, 당사자들이 선택한 형식과 방식에 따라 분할이 행해질 수 있다.

② 공유가 부동산 공시의 대상이 되는 재산에 관한 경우, 분할증서는 공증인증서에 의하여 작성된다.

**제836조** ① 어느 공유자의 부재가 추정되거나 부재로 인해 의사를 표명할 수 없는 상태에 있으면, 협의분할은 제116조에 정해진 조건에 따라 이루어질 수 있다.

② 어느 공유자가 보호제도의 대상이 된다면 마찬가지로, 협의분할은 제1권 제10편, 제11편 및 제12편에 정해진 요건에 따라 이루어질 수 있다.

**Article 837** Si un indivisaire est défaillant, sans qu'il soit néanmoins dans l'un des cas prévus à l'article 836, il peut, à la diligence d'un copartageant, être mis en demeure, par acte extrajudiciaire, de se faire représenter au partage amiable.

Faute pour cet indivisaire d'avoir constitué mandataire dans les trois mois de la mise en demeure, un copartageant peut demander au juge de désigner toute personne qualifiée qui représentera le défaillant jusqu'à la réalisation complète du partage. Cette personne ne peut consentir au partage qu'avec l'autorisation du juge.

**Article 838** Le partage amiable peut être total ou partiel. Il est partiel lorsqu'il laisse subsister l'indivision à l'égard de certains biens ou de certaines personnes.

**Article 839** Lorsque plusieurs indivisions existent exclusivement entre les mêmes personnes, qu'elles portent sur les mêmes biens ou sur des biens différents, un partage amiable unique peut intervenir.

### Sous-section 3 Du partage judiciaire

**Article 840** Le partage est fait en justice lorsque l'un des indivisaires refuse de consentir au partage amiable ou s'il s'élève des contestations sur la manière d'y procéder ou de le terminer ou lorsque le partage amiable n'a pas été autorisé ou approuvé dans l'un des cas prévus aux articles 836 et 837.

**Article 840-1** Lorsque plusieurs indivisions existent exclusivement entre les mêmes personnes, qu'elles portent sur les mêmes biens ou sur des biens différents, un partage unique peut intervenir.

**Article 841** Le tribunal du lieu d'ouverture de la succession est exclusivement compétent pour connaître de l'action en partage et des contestations qui s'élèvent soit à l'occasion du maintien de l'indivision soit au cours des opérations de partage. Il ordonne les licitations et statue sur les demandes relatives à la garantie des lots entre les copartageants et sur celles en nullité de partage ou en complément de part.

**Article 841-1** Si le notaire commis pour établir l'état liquidatif se heurte à l'inertie d'un indivisaire, il peut le mettre en demeure, par acte extrajudiciaire, de se faire représenter.

Faute pour l'indivisaire d'avoir constitué mandataire dans les trois mois de la mise en demeure, le notaire peut demander au juge de désigner toute personne qualifiée qui représentera le défaillant jusqu'à la réalisation complète des opérations.

**제837조** ① 공유자가 제836조에 정한 경우에 해당하지 않는 무응답자라면, 다른 공동분할자의 재판외 행위를 통한 청구로써, 협의분할에 관한 대리인의 선임을 최고받을 수 있다.

② 최고로부터 3개월 이내에 해당 공유자가 대리인을 선임하지 않았을 경우, 공동분할자는 분할이 완전히 실현될 때까지 무응답자를 대리할 적절한 사람을 선임할 것을 법관에 청구할 수 있다. 이 사람은 법관의 허가를 받은 경우에만 분할에 동의할 수 있다.

**제838조** 협의분할은 전부 또는 부분으로 행해질 수 있다. 일정한 재산 또는 일정한 사람에 대하여 공유가 잔존하는 경우는 부분협의분할이다.

**제839조** 수 개의 공유가 동일인들 사이에 배타적으로 존재하는 경우, 그 공유가 동일한 재산들에 관한 것이든 상이한 재산들에 관한 것이든, 하나의 협의분할이 행해질 수 있다.

## 제3부속절 재판상 분할

**제840조** 공유자 중 1인이 협의분할에 동의하지 않거나 분할의 절차나 종료 방식에 다툼이 발생하는 경우 또는 제836조와 제837조에 정해진 경우에 협의분할이 허가나 승인을 받지 못하면, 분할은 재판상 진행된다.

**제840-1조** 동일인들 사이에 수 개의 공유가 배타적으로 존재하는 경우, 그 공유가 동일한 재산들에 관한 것이든 상이한 재산들에 관한 것이든, 하나의 분할이 행해질 수 있다.

**제841조** 상속개시지의 법원은 분할소송에 대한 그리고 공유 유지의 경우나 분할의 실행 과정에서 발생하는 다툼에 대한 전속관할권을 가진다. 관할법원은 경매를 명하고, 공동분할자들 사이의 분할분의 담보책임에 관한 청구 및 분할무효나 상속분보충에 관한 청구에 대하여 판결한다.

**제841-1조** ① 분할청산서의 작성을 맡은 공증인이 공유자의 무응답에 직면하면, 공증인은 재판 외의 행위를 통해 해당 공유자에게 대리인의 선임을 최고할 수 있다.
② 최고로부터 3개월 내에 그 공유자가 대리인을 선임하지 않을 경우, 공증인은 분할이 완전히 실현될 때까지 무응답자를 대리할 적격자를 선임할 것을 법관에 청구할 수 있다.

**Article 842** A tout moment, les copartageants peuvent abandonner les voies judiciaires et poursuivre le partage à l'amiable si les conditions prévues pour un partage de cette nature sont réunies.

## Section 2 Du rapport des libéralités

**Article 843** Tout héritier, même ayant accepté à concurrence de l'actif, venant à une succession, doit rapporter à ses cohéritiers tout ce qu'il a reçu du défunt, par donations entre vifs, directement ou indirectement ; il ne peut retenir les dons à lui faits par le défunt, à moins qu'ils ne lui aient été faits expressément hors part successorale.

Les legs faits à un héritier sont réputés faits hors part successorale, à moins que le testateur n'ait exprimé la volonté contraire, auquel cas le légataire ne peut réclamer son legs qu'en moins prenant.

**Article 844** Les dons faits hors part successorale ne peuvent être retenus ni les legs réclamés par l'héritier venant à partage que jusqu'à concurrence de la quotité disponible : l'excédent est sujet à réduction.

**Article 845** L'héritier qui renonce à la succession peut cependant retenir le don entre vifs ou réclamer le legs à lui fait jusqu'à concurrence de la portion disponible à moins que le disposant ait expressément exigé le rapport en cas de renonciation.

Dans ce cas, le rapport se fait en valeur. Lorsque la valeur rapportée excède les droits qu'il aurait dû avoir dans le partage s'il y avait participé, l'héritier renonçant indemnise les héritiers acceptants à concurrence de cet excédent.

**Article 846** Le donataire qui n'était pas héritier présomptif lors de la donation, mais qui se trouve successible au jour de l'ouverture de la succession, ne doit pas le rapport, à moins que le donateur ne l'ait expressément exigé.

**Article 847** Les dons et legs faits au fils de celui qui se trouve successible à l'époque de l'ouverture de la succession sont toujours réputés faits avec dispense du rapport.

Le père venant à la succession du donateur n'est pas tenu de les rapporter.

**Article 848** Pareillement, le fils venant de son chef à la succession du donateur n'est pas tenu de rapporter le don fait à son père, même quand il aurait accepté la succession de celui-ci ; mais si le fils ne vient que par représentation, il doit rapporter ce qui avait été donné à son père, même dans le cas où il aurait répudié sa succession.

**제842조** 협의분할의 조건들이 충족되면, 공동분할자들은 언제든지 재판상 절차를 취하하고 협의분할을 계속할 수 있다.

## 제2절 무상양여의 반환

**제843조** ① 상속에 참여하는 상속인은 누구든지, 비록 한정승인일지라도, 생전증여에 의하여 망인으로부터 직·간접적으로 받은 모든 것을 자신의 공동상속인들에게 반환하여야 한다. 명시적으로 상속분 이외로서 행해진 것이 아닌 한, 상속인은 망인이 그에게 준 증여재산을 보유할 수 없다.
② 상속인에게 행해진 유증은, 유언자가 반대의 의사를 표시하지 않은 한, 상속분 이외로서 행해진 것으로 보며, 유언자가 반대의 의사를 표시한 경우에 수유자는 상속분에 미치지 못한 부분에 대해서만 자신의 유증을 주장할 수 있다.

**제844조** 분할에 참여하는 상속인은 처분가능분의 한도에서만 상속분 외로 행해진 증여재산을 보유하거나 유증을 주장할 수 있다. 초과분은 감액의 대상이 된다.

**제845조** ① 그러나 상속을 포기한 상속인은, 처분자가 상속포기 경우의 반환을 명시적으로 요구하지 않는 한, 처분가능분의 한도 내에서 생전증여재산을 보유하거나 그에게 행해진 유증을 주장할 수 있다.
② 반환이 요구된 경우, 반환은 가액으로 행해진다. 반환될 가액이 상속포기자가 상속에 참여하였더라면 분할로 얻었을 권리를 초과하는 경우, 포기한 상속인은 초과분의 한도 내에서 승인상속인에게 보상한다.

**제846조** 증여 당시에는 추정상속인이 아니었으나 상속개시일에 상속권자인 수증자는, 반환의무를 부담하지 아니하나, 증여자가 반환을 명시적으로 요구하지 않는 때에는 그러하지 아니한다.

**제847조** ① 상속개시 당시에 상속권자의 자(子)에게 행해진 증여나 유증은 언제나 반환이 면제된 것으로 본다.
② 증여자로부터 상속을 받게 된 부는 증여재산을 반환할 의무가 없다.

**제848조** 마찬가지로, 고유한 지위로 증여자로부터 상속을 받게 된 상속권자의 자(子)는, 그가 자신의 아버지의 상속을 승인하였을지라도, 그의 아버지에게 행해진 증여재산을 반환할 책임이 없다. 그러나 이 자(子)가 대습상속으로 참여한 때에는, 그가 상속을 포기하였을지라도, 그의 아버지에게 주어졌던 증여재산을 반환하여야 한다.

**Article 849** Les dons et legs faits au conjoint d'un époux successible sont réputés faits avec dispense du rapport.

Si les dons et legs sont faits conjointement à deux époux, dont l'un seulement est successible, celui-ci en rapporte la moitié ; si les dons sont faits à l'époux successible, il les rapporte en entier.

**Article 850** Le rapport ne se fait qu'à la succession du donateur.

**Article 851** Le rapport est dû de ce qui a été employé pour l'établissement d'un des cohéritiers ou pour le paiement de ses dettes.

Il est également dû en cas de donation de fruits ou de revenus, à moins que la libéralité n'ait été faite expressément hors part successorale.

**Article 852** Les frais de nourriture, d'entretien, d'éducation, d'apprentissage, les frais ordinaires d'équipement, ceux de noces et les présents d'usage ne doivent pas être rapportés, sauf volonté contraire du disposant.

Le caractère de présent d'usage s'apprécie à la date où il est consenti et compte tenu de la fortune du disposant.

**Article 853** Il en est de même des profits que l'héritier a pu retirer des conventions passées avec le défunt, si ces conventions ne présentaient aucun avantage indirect, lorsqu'elles ont été faites.

**Article 854** Pareillement, il n'est pas dû de rapport pour les associations faites sans fraude entre le défunt et l'un de ses héritiers, lorsque les conditions en ont été réglées par un acte authentique.

**Article 855** Le bien qui a péri par cas fortuit et sans la faute du donataire n'est pas sujet à rapport.

Toutefois, si ce bien a été reconstitué au moyen d'une indemnité perçue en raison de sa perte, le donataire doit le rapporter dans la proportion où l'indemnité a servi à sa reconstitution.

Si l'indemnité n'a pas été utilisée à cette fin, elle est elle-même sujette à rapport.

**Article 856** Les fruits des choses sujettes à rapport sont dus à compter du jour de l'ouverture de la succession.

Les intérêts ne sont dus qu'à compter du jour où le montant du rapport est déterminé.

**제849조** ① 상속권을 가진 기혼자의 배우자에게 행해진 증여와 유증은 반환이 면제된 것으로 본다.

② 증여와 유증이 부부에게 공동으로 행해졌고 그 중 일방만이 상속권자인 때에는, 상속권자는 그 절반을 반환한다. 증여가 상속권을 가진 배우자에게 행해진 것이면, 그는 그 전부를 반환한다.

**제850조** 반환은 증여자의 상속재산에 대해서만 행해진다.

**제851조** ① 공동상속인 중 1인의 시설 또는 그의 채무변제를 위하여 사용된 것에 대하여 반환이 이루어져야 한다.

② 과실이나 수입을 증여하는 경우에도 반환이 이루어져야 하나, 무상양여가 명시적으로 상속분 외로 행해지지 않은 때에는 그러하지 아니하다.

**제852조** ① 식비, 양육비, 교육비, 수련비, 일상적 설비 비용, 결혼 비용 및 관행적 선물은, 처분자의 반대의 의사가 있는 경우를 제외하고는, 반환되지 않아야 한다.

② 관행적 선물의 성격은 그것이 승낙된 날에 그리고 처분자의 재산을 고려하여 평가된다.

**제853조** 상속인과 망인 간 합의가 행해질 당시 아무런 간접적 이익도 생기지 않았으면, 상속인이 망인과 체결된 합의로부터 얻을 수 있었던 이익에 대하여도 마찬가지이다.

**제854조** 마찬가지로, 망인과 상속인 중 1인 사이에 기망 없이 설립된 사단도, 그 요건이 공정증서에 의하여 정해진 경우, 반환의 대상이 되지 아니한다.

**제855조** ① 수증자의 과책없이 우연한 사정으로 멸실된 재산은 반환의 대상이 되지 아니한다.

② 그러나 이 재산이 멸실을 이유로 받은 보상금으로 복원되면, 수증자는 보상금이 그 재산의 회복원에 쓰인 비율에 따라 이를 반환하여야 한다.

③ 보상금이 이러한 목적으로 사용되지 아니하면 보상금 자체가 반환의 대상이 된다.

**제856조** ① 반환되어야 할 물건의 과실은 상속개시일로부터 반환되어야 한다.

② 이자는 반환 총액이 정해진 날로부터만 반환되어야 한다.

**Article 857** Le rapport n'est dû que par le cohéritier à son cohéritier ; il n'est pas dû aux légataires ni aux créanciers de la succession.

**Article 858** Le rapport se fait en moins prenant, sauf dans le cas du deuxième alinéa de l'article 845.

Il ne peut être exigé en nature, sauf stipulation contraire de l'acte de donation.

Dans le cas d'une telle stipulation, les aliénations et constitutions de droits réels consenties par le donataire s'éteindront par l'effet du rapport à moins que le donateur n'y ait consenti.

**Article 859** L'héritier a aussi la faculté de rapporter en nature le bien donné qui lui appartient encore à condition que ce bien soit libre de toute charge ou occupation dont il n'aurait pas déjà été grevé à l'époque de la donation.

**Article 860** Le rapport est dû de la valeur du bien donné à l'époque du partage, d'après son état à l'époque de la donation.

Si le bien a été aliéné avant le partage, on tient compte de la valeur qu'il avait à l'époque de l'aliénation. Si un nouveau bien a été subrogé au bien aliéné, on tient compte de la valeur de ce nouveau bien à l'époque du partage, d'après son état à l'époque de l'acquisition. Toutefois, si la dépréciation du nouveau bien était, en raison de sa nature, inéluctable au jour de son acquisition, il n'est pas tenu compte de la subrogation.

Le tout sauf stipulation contraire dans l'acte de donation.

S'il résulte d'une telle stipulation que la valeur sujette à rapport est inférieure à la valeur du bien déterminé selon les règles d'évaluation prévues par l'article 922 ci-dessous, cette différence forme un avantage indirect acquis au donataire hors part successorale.

**Article 860-1** Le rapport d'une somme d'argent est égal à son montant. Toutefois, si elle a servi à acquérir un bien, le rapport est dû de la valeur de ce bien, dans les conditions prévues à l'article 860.

**Article 861** Lorsque le rapport se fait en nature et que l'état des objets donnés a été amélioré par le fait du donataire, il doit lui en être tenu compte, eu égard à ce dont leur valeur se trouve augmentée au temps du partage ou de l'aliénation.

Il doit être pareillement tenu compte au donataire des dépenses nécessaires qu'il a faites pour la conservation du bien, encore qu'elles ne l'aient point amélioré.

**제857조** 공동상속인의 반환의무는 그의 공동상속인에 대해서만 부담한다. 수유자나 상속채권자에게는 반환의무를 부담하지 아니한다.

**제858조** ① 반환은, 제845조 제2항의 경우를 제외하고, 차감함으로써 행해진다.

② 증여증서에 반대의 약정이 있는 경우를 제외하고, 반환은 원물로 요구될 수 없다.
③ 이러한 약정이 있는 경우에 수증자가 행한 양도와 물권의 설정은 증여자가 이에 동의하지 않는 한, 반환의 효과로 소멸된다.

**제859조** 상속인은 또한, 증여재산이 여전히 자신에게 귀속되어 있는 경우 그 재산에 증여 당시 존재하지 않았던 부담이나 점유부담이 없다면, 원물로 반환할 선택권이 있다.

**제860조** ① 반환은, 증여 당시의 상태에 따라, 분할 당시의 증여재산의 가액으로 행해져야 한다.

② 증여재산이 분할 전에 양도되면, 그 재산의 양도 당시의 가액을 고려한다. 새로운 재산이 양도된 재산을 대위하면, 새로운 재산의 취득 당시의 상태에 따라, 분할 당시의 이 재산의 가액을 고려한다. 새로운 재산의 취득 시에 그 성질상 가치하락이 불가피하면, 대위취득은 고려되지 아니한다.

③ 증여증서에 반대의 약정이 있는 경우를 제외하고는 제1항과 제2항이 적용된다.
④ 반대의 약정으로 인하여 반환되어야 할 가액이 아래의 제922조에 규정된 평가기준에 따라 정해진 재산의 가액보다 적으면, 이 차액은 상속분 이외로 수증자가 취득한 간접적 이익이 된다.

**제860-1조** 금전의 반환은 그 금액으로 한다. 그러나 그 금전이 재산의 취득에 쓰이면, 반환은 제860조에 정해진 조건에 따라 그 재산의 가액으로 행해져야 한다.

**제861조** ① 반환을 원물로 하고 증여재산의 상태가 수증자의 행위로 개량된 경우, 증여재산의 가액이 분할 시 또는 양도 시에 증가된 것을 참작하여, 수증자에게 이를 계산하여야 한다.

② 재산의 보존을 위하여 수증자가 지출한 필요비도, 비록 이 지출이 재산을 전혀 개량하지 않았더라도, 수증자에게 계산하여야 한다.

**Article 862** Le cohéritier qui fait le rapport en nature peut retenir la possession du bien donné jusqu'au remboursement effectif des sommes qui lui sont dues pour dépenses ou améliorations.

**Article 863** Le donataire, de son côté, doit, en cas de rapport en nature, tenir compte des dégradations et détériorations qui ont diminué la valeur du bien donné par son fait ou par sa faute.

### Section 3 Du paiement des dettes

### Paragraphe 1 Des dettes des copartageants

**Article 864** Lorsque la masse partageable comprend une créance à l'encontre de l'un des copartageants, exigible ou non, ce dernier en est alloti dans le partage à concurrence de ses droits dans la masse.

A due concurrence, la dette s'éteint par confusion. Si son montant excède les droits du débiteur dans cette masse, il doit le paiement du solde sous les conditions et délais qui affectaient l'obligation.

**Article 865** Sauf lorsqu'elle est relative aux biens indivis, la créance n'est pas exigible avant la clôture des opérations de partage. Toutefois, l'héritier débiteur peut décider à tout moment de s'en acquitter volontairement.

**Article 866** Les sommes rapportables produisent intérêt au taux légal, sauf stipulation contraire.

Ces intérêts courent depuis l'ouverture de la succession lorsque l'héritier en était débiteur envers le défunt et à compter du jour où la dette est exigible, lorsque celle-ci est survenue durant l'indivision.

**Article 867** Lorsque le copartageant a lui-même une créance à faire valoir, il n'est alloti de sa dette que si, balance faite, le compte présente un solde en faveur de la masse indivise.

**Article 868** (abrogé)

**Article 869** (abrogé)

**제862조** 원물반환을 하는 공동상속인은 필요비 또는 유익비로 받아야 할 금액의 실질적 상환이 이루어질 때까지 증여재산을 유치할 수 있다.

**제863조** 원물반환의 경우, 수증자는 자신의 행위 또는 자신의 과책으로 증여재산의 가액을 감소시킨 손상과 훼손을 계산하여야 한다.

## 제3절 채무의 변제

### 제1관 공동분할자의 채무

**제864조** ① 분할되는 총재산에 어느 공동분할자에 대한 채권이 포함되어 있는 경우, 그 공동분할자는, 채권의 즉시청구가 가능하든 가능하지 않든, 그가 총재산에 대하여 가지는 권리를 한도로 하여 채권을 분할분에 귀속받는다.
② 그 권리의 범위에서 위 채무는 혼동에 의하여 소멸한다. 그 채무액이 그 채무자가 총재산에 대하여 가지는 권리를 초과하면 채무자인 공동분할자는 그 채무에 붙어 있는 조건과 기한을 준수하여 차액을 변제하여야 한다.

**제865조** 그 채권이 공유재산과 관련된 경우를 제외하고는, 채권은 분할의 종결 전에는 청구될 수 없다. 그러나 채무자인 상속인은 언제든지 임의로 변제할 것을 결정할 수 있다.

**제866조** ① 반환하여야 하는 채무액은, 반대의 약정이 없으면, 법정이율의 이자를 발생시킨다.

② 이 이자는, 상속인이 망인의 채무자였던 경우 상속개시일로부터 기산하고, 채무가 공유 중에 발생한 경우 채무의 이행을 청구할 수 있는 날로부터 기산한다.

**제867조** 채무자인 공동분할자 자신이 행사할 채권이 있는 경우, 그 공동분할권자는, 정산 결과, 공유인 총재산을 위한 잔액이 존재하는 때에만, 그 채권을 귀속받는다.

**제868조** (삭제)

**제869조** (삭제)

## Paragraphe 2 Des autres dettes

**Article 870** Les cohéritiers contribuent entre eux au paiement des dettes et charges de la succession, chacun dans la proportion de ce qu'il y prend.

**Article 871** Le légataire à titre universel contribue avec les héritiers, au prorata de son émolument ; mais le légataire particulier n'est pas tenu des dettes et charges, sauf toutefois l'action hypothécaire sur l'immeuble légué.

**Article 872** Lorsque des immeubles d'une succession sont grevés de rentes par hypothèque spéciale, chacun des cohéritiers peut exiger que les rentes soient remboursées et les immeubles rendus libres avant qu'il soit procédé à la formation des lots. Si les cohéritiers partagent la succession dans l'état où elle se trouve, l'immeuble grevé doit être estimé au même taux que les autres immeubles ; il est fait déduction du capital de la rente sur le prix total ; l'héritier dans le lot duquel tombe cet immeuble demeure seul chargé du service de la rente et il doit en garantir ses cohéritiers.

**Article 873** Les héritiers sont tenus des dettes et charges de la succession, personnellement pour leur part successorale, et hypothécairement pour le tout ; sauf leur recours soit contre leurs cohéritiers, soit contre les légataires universels, à raison de la part pour laquelle ils doivent y contribuer.

**Article 874** Le légataire particulier qui a acquitté la dette dont l'immeuble légué était grevé demeure subrogé aux droits du créancier contre les héritiers.

**Article 875** Le cohéritier qui, par l'effet de l'hypothèque, a payé au-delà de sa part de la dette commune, n'a de recours contre les autres cohéritiers, que pour la part que chacun d'eux doit personnellement en supporter, même dans le cas où le cohéritier qui a payé la dette se serait fait subroger aux droits des créanciers ; sans préjudice néanmoins des droits d'un cohéritier qui, par l'effet de l'acceptation à concurrence de l'actif net, aurait conservé la faculté de réclamer le paiement de sa créance personnelle, comme tout autre créancier.

**Article 876** En cas d'insolvabilité d'un des cohéritiers, sa part dans la dette hypothécaire est répartie sur tous les autres, au marc le franc.

**Article 877** Le titre exécutoire contre le défunt l'est aussi contre l'héritier, huit jours après que la signification lui en a été faite.

## 제2관 그 밖의 채무

**제870조** 공동상속인들은 각각 상속재산으로부터 취득한 비율에 따라, 그들 사이에 상속재산의 채무 및 부담의 변제를 분담한다.

**제871조** 부분 포괄수유자는, 그 취득분에 비례하여, 상속인들과 함께 분담한다. 그러나 특정수유자는, 유증된 부동산에 저당소권이 있는 경우를 제외하고, 채무와 부담에 대한 책임이 없다.

**제872조** 상속재산에 속한 부동산에 정기금채무를 담보하는 특정 저당권이 설정되어 있는 경우, 각 공동상속인은, 분할분이 형성되기 전에는, 정기금채무를 상환하고 저당권의 소멸을 청구할 수 있다. 공동상속인들이 상속재산을 현상 그대로 분할한다면 저당권이 설정되어 있는 부동산도 다른 부동산과 동일한 비율로 평가하여야 한다. 정기금 원본은 그 부동산의 총 가액에서 공제한다. 해당 부동산이 포함된 분할분의 상속인은 단독으로 정기금의 지급을 부담하며 공동상속인들에게 그 지급을 담보하여야 한다.

**제873조** 상속인들은 각자 상속분에 따라 상속재산에 포함된 채무와 부담에 대한 책임을 지고, 저당권에 대해서는 전부에 대한 책임을 진다. 다만, 공동상속인이나 포괄적 수유자에 대해서는 그들이 분담해야 하는 상속분 비율로 상환을 청구할 수 있다.

**제874조** 수유부동산에 부담지워진 채무를 변제한 특정수유자는 상속인들에 대한 채권자의 권리를 대위한다.

**제875조** 저당권의 효력에 의하여 공동채무의 자기 부담부분을 초과하여 변제한 공동상속인은 다른 공동상속인들에게 그들 각자가 부담할 부분에 한하여 구상청구할 수 있으며 이는 채무를 변제한 공동상속인이 채권자의 권리를 대위하는 경우에도 마찬가지이다. 다만, 모든 다른 채권자와 마찬가지로, 한정승인의 효과에 의하여 자신의 채권에 대한 변제를 청구하는 권한을 보유하였을 공동상속인의 권리에는 영향을 미치지 아니한다.

**제876조** 공동상속인 가운데 1인이 무자력인 경우, 그의 저당권부 채무의 분담부분은 다른 공동상속인 전원에게 상속분에 비례하여 분배된다.

**제877조** 망인에 대한 집행권원은 상속인에게 그 통지가 이루어진 지 8일 후에 상속인에게도 집행될 수 있다.

**Article 878** Les créanciers du défunt et les légataires de sommes d'argent peuvent demander à être préférés sur l'actif successoral à tout créancier personnel de l'héritier.

Réciproquement, les créanciers personnels de l'héritier peuvent demander à être préférés à tout créancier du défunt sur les biens de l'héritier non recueillis au titre de la succession.

Le droit de préférence donne lieu à hypothèque légale spéciale prévue au 5° de l'article 2402 et il est sujet à inscription conformément à l'article 2418.

**Article 879** Ce droit peut s'exercer par tout acte par lequel un créancier manifeste au créancier concurrent son intention d'être préféré sur un bien déterminé.

**Article 880** Il ne peut pas être exercé lorsque le créancier demandeur y a renoncé.

**Article 881** Il se prescrit, relativement aux meubles, par deux ans à compter de l'ouverture de la succession.

A l'égard des immeubles, l'action peut être exercée tant qu'ils demeurent entre les mains de l'héritier.

**Article 882** Les créanciers d'un copartageant, pour éviter que le partage ne soit fait en fraude de leurs droits, peuvent s'opposer à ce qu'il y soit procédé hors de leur présence : ils ont le droit d'y intervenir à leurs frais ; mais ils ne peuvent attaquer un partage consommé, à moins toutefois qu'il n'y ait été procédé sans eux et au préjudice d'une opposition qu'ils auraient formée.

### Section 4 Des effets du partage et de la garantie des lots

**Article 883** Chaque cohéritier est censé avoir succédé seul et immédiatement à tous les effets compris dans son lot, ou à lui échus sur licitation, et n'avoir jamais eu la propriété des autres effets de la succession.

Il en est de même des biens qui lui sont advenus par tout autre acte ayant pour effet de faire cesser l'indivision. Il n'est pas distingué selon que l'acte fait cesser l'indivision en tout ou partie, à l'égard de certains biens ou de certains héritiers seulement.

Toutefois, les actes valablement accomplis soit en vertu d'un mandat des coïndivisaires, soit en vertu d'une autorisation judiciaire, conservent leurs effets quelle que soit, lors du partage, l'attribution des biens qui en ont fait l'objet.

**제878조** ① 망인의 채권자들과 금전수유자들은, 상속인에 대한 모든 채권자에 우선하여 상속 적극재산으로부터 변제를 청구할 수 있다.
② 반대로 상속인에 대한 채권자들은, 상속의 권원으로 취득하지 않은 상속인의 재산으로부터 망인의 채권자에 우선하여 변제를 청구할 수 있다.
③ 위 우선권은 제2402조 제5호에 규정된 특별 법정저당권을 발생시키는 바, 제2418조에 따른 등기를 하여야 한다.

**제879조** 우선권은 한 채권자가 경합하는 채권자에게 특정 재산에서 우선변제를 받을 의사를 표시하는 모든 행위로써 행사될 수 있다.

**제880조** 우선권은 채권자가 이를 포기한 경우에는 행사될 수 없다.

**제881조** ① 동산에 대한 우선권은 상속개시로부터 2년이 지나면 시효로 소멸한다.

② 부동산에 관하여는 그 부동산이 상속인의 소유로 남아 있는 한 소를 제기할 수 있다.

**제882조** 공동분할자의 채권자들은, 분할이 자신의 권리에 대한 사해가 되지 않도록 하기 위해, 채권자들의 참가 없이 진행되는 분할에 대하여 이의를 제기할 수 있다. 공동분할자의 채권자들은 자신의 비용으로 분할에 개입할 권리가 있다. 그러나 분할이 채권자들의 참가 없이 진행되고 채권자들의 이의신청권을 침해한 경우를 제외하고는 완결된 분할에 이의를 제기할 수 없다.

### 제4절 분할의 효과 및 분할분의 담보책임

**제883조** ① 각 공동상속인은 분할분에 포함되어 있거나 경매를 통하여 취득한 모든 재산을 단독으로 즉시 상속한 것으로 보고, 나머지 상속재산에 대하여는 소유권을 전혀 취득하지 않았던 것으로 본다.
② 각 공동상속인이, 상속인들 간의 공유를 종료시킬 목적으로 한 다른 모든 행위에 의하여 취득한 재산에 대하여도 마찬가지이다. 그 행위가 특정의 재산 또는 특정의 상속인에 대하여만 전체적으로 또는 부분적으로 공유를 종료시키더라도 마찬가지이다.
③ 그러나, 공유자들의 위임에 의하든 재판상 허가에 의하든 유효하게 행하여진 행위는, 분할 대상이 된 재산의 귀속이 분할 당시에 어떠하든지, 그 효력을 유지한다.

**Article 884** Les cohéritiers demeurent respectivement garants, les uns envers les autres, des troubles et évictions seulement qui procèdent d'une cause antérieure au partage. Ils sont également garants de l'insolvabilité du débiteur d'une dette mise dans le lot d'un copartageant, révélée avant le partage.

La garantie n'a pas lieu si l'espèce d'éviction soufferte a été exceptée par une clause particulière et expresse de l'acte de partage ; elle cesse si c'est par sa faute que le cohéritier souffre l'éviction.

**Article 885** Chacun des cohéritiers est personnellement obligé, à proportion de son émolument, d'indemniser le cohéritier évincé de la perte qu'il a subie, évaluée au jour de l'éviction.

Si l'un des cohéritiers se trouve insolvable, la portion dont il est tenu doit être également répartie entre le garanti et tous les cohéritiers solvables.

**Article 886** L'action en garantie se prescrit par deux ans à compter de l'éviction ou de la découverte du trouble.

### Section 5 Des actions en nullité du partage ou en complément de part

#### Paragraphe 1 Des actions en nullité du partage

**Article 887** Le partage peut être annulé pour cause de violence ou de dol.

Il peut aussi être annulé pour cause d'erreur, si celle-ci a porté sur l'existence ou la quotité des droits des copartageants ou sur la propriété des biens compris dans la masse partageable.

S'il apparaît que les conséquences de la violence, du dol ou de l'erreur peuvent être réparées autrement que par l'annulation du partage, le tribunal peut, à la demande de l'une des parties, ordonner un partage complémentaire ou rectificatif.

**Article 887-1** Le partage peut être également annulé si un des cohéritiers y a été omis.

L'héritier omis peut toutefois demander de recevoir sa part, soit en nature, soit en valeur, sans annulation du partage.

Pour déterminer cette part, les biens et droits sur lesquels a porté le partage déjà réalisé sont réévalués de la même manière que s'il s'agissait d'un nouveau partage.

**Article 888** Le copartageant qui a aliéné son lot en tout ou partie n'est plus recevable à intenter une action fondée sur le dol, l'erreur ou la violence, si l'aliénation qu'il a faite est postérieure à la découverte du dol ou de l'erreur ou à la cessation de la violence.

**제884조** ① 공동상속인들은 각자 분할 전의 사유로 인하여 생긴 권리주장과 추탈에 대하여만 서로에게 담보책임이 있다. 공동상속인들은 또한 어느 공동분할자의 상속분에 속한 채권에 대한 채무자의 무자력이 분할 전에 드러난 경우에 담보책임을 부담한다.

② 분할증서상 개별적이고 명시적인 조항으로 추탈당하는 경우가 제외되면 담보책임이 발생하지 아니한다. 공동상속인 자신의 과실로 인하여 추탈당한다면, 담보책임이 발생하지 아니한다.

**제885조** ① 각 공동상속인은, 자신의 취득분에 비례하여, 추탈당한 공동상속인에게 그가 입은 손실을 추탈일을 기준으로 평가하여 보상할 의무가 있다.

② 어느 공동상속인이 무자력이면, 그의 부담부분은 담보책임상의 권리자와 자력이 있는 공동상속인들 전원에게 균등하게 분배된다.

**제886조** 담보책임의 소권은 추탈을 당한 날 또는 권리주장을 인식한 날로부터 2년이 지나면 시효로 소멸한다.

### 제5절 분할의 무효화소권과 상속분보충소권

### 제1관 분할의 무효화소권

**제887조** ① 분할은 강박이나 사기를 이유로 무효화할 수 있다.
② 또한, 공동분할자의 권리의 존재나 그 지분에 관하여 착오가 있거나 분할되는 총재산에 포함된 재산의 소유권에 관하여 착오가 있으면, 착오를 이유로 분할을 무효화할 수 있다.

③ 강박이나 사기 또는 착오로 인한 결과를 분할무효화 이외의 방법으로 회복할 수 있으면, 1심법원은 당사자 일방의 청구에 의하여 보충적 분할 또는 수정적 분할을 명할 수 있다.

**제887-1조** ① 분할은 어느 공동상속인이 누락된 때에도 무효화할 수 있다.
② 그러나 누락된 상속인은 분할무효화를 하지 않고, 자기 상속분을 원물이나 가액으로 지급할 것을 청구할 수 있다.
③ 그 상속분을 결정하기 위해서, 이미 분할이 실현된 재산과 권리들은 새로 분할하는 경우와 동일한 방식으로 재평가하여야 한다.

**제888조** 자기 상속분을 전부 또는 일부 양도한 공동분할자는, 사기나 착오를 인식한 후 또는 강박이 종료한 후에 양도가 행해지면 사기. 착오 또는 강박을 이유로 하는 소를 더 이상 제기할 수 없다.

## Paragraphe 2 De l'action en complément de part

**Article 889** Lorsque l'un des copartageants établit avoir subi une lésion de plus du quart, le complément de sa part lui est fourni, au choix du défendeur, soit en numéraire, soit en nature. Pour apprécier s'il y a eu lésion, on estime les objets suivant leur valeur à l'époque du partage.

L'action en complément de part se prescrit par deux ans à compter du partage.

**Article 890** L'action en complément de part est admise contre tout acte, quelle que soit sa dénomination, dont l'objet est de faire cesser l'indivision entre copartageants.

L'action n'est plus admise lorsqu'une transaction est intervenue à la suite du partage ou de l'acte qui en tient lieu sur les difficultés que présentait ce partage ou cet acte.

En cas de partages partiels successifs, la lésion s'apprécie sans tenir compte ni du partage partiel déjà intervenu lorsque celui-ci a rempli les parties de leurs droits par parts égales ni des biens non encore partagés.

**Article 891** L'action en complément de part n'est pas admise contre une vente de droits indivis faite sans fraude à un indivisaire par ses co-indivisaires ou par l'un d'eux, lorsque la cession comporte un aléa défini dans l'acte et expressément accepté par le cessionnaire.

**Article 892** La simple omission d'un bien indivis donne lieu à un partage complémentaire portant sur ce bien.

## Titre II Des libéralités

## Chapitre I<sup>er</sup> Dispositions générales

**Article 893** La libéralité est l'acte par lequel une personne dispose à titre gratuit de tout ou partie de ses biens ou de ses droits au profit d'une autre personne.

Il ne peut être fait de libéralité que par donation entre vifs ou par testament.

**Article 894** La donation entre vifs est un acte par lequel le donateur se dépouille actuellement et irrévocablement de la chose donnée en faveur du donataire qui l'accepte.

**Article 895** Le testament est un acte par lequel le testateur dispose, pour le temps où il n'existera plus, de tout ou partie de ses biens ou de ses droits et qu'il peut révoquer.

## 제2관 상속분보충소권

**제889조** ① 어느 공동분할자가 4분의 1이 넘는 급부불균형을 입었음을 증명한 경우, 그의 상속분의 보충은 상대방의 선택에 좇아 금전 또는 현물로 이루어진다. 급부불균형이 있었는지를 판단하기 위해서는, 대상물을 분할 당시의 가액에 따라 산정하여야 한다.

② 상속분보충소권은 분할 시로부터 2년이 지나면 시효로 소멸한다.

**제890조** ① 상속분보충소권은, 그 명칭을 불문하고, 공동분할자들 사이의 공유를 종료시킬 목적을 가지는 모든 행위에 대하여 인정된다.
② 분할이나 이를 대신하는 행위가 있은 후에 당해 분할 또는 행위로 인하여 생긴 분쟁에 관하여 화해가 성립한 때에는 더 이상 상속분보충소권이 허용되지 아니한다.
③ 연속적 일부분할의 경우, 급부불균형을 평가함에 있어서는, 균등한 상속분으로 당사자들의 권리를 충족시킴으로써 이미 이루어진 일부분할은 고려하지 않으며, 아직 분할되지 않은 재산도 고려하지 아니한다.

**제891조** 어느 공유자들이 다른 공유자에게 또는 다른 공유자가 어느 공유자들에게 기망 없이 행한 공유권 양도에 대하여, 그 양도가 증서에서 정의되고 양수인에 의하여 명시적으로 승인된 불확실성을 포함하는 경우 상속분보충소권이 인정될 수 없다.

**제892조** 어느 공유재산의 단순히 누락은 해당 재산에 관한 보충적 분할을 발생시킨다.

## 제2편 무상양여

### 제1장 총칙

**제893조** ① 무상양여는 자기의 재산 또는 권리의 전부나 일부를 타인을 위해 무상으로 처분하는 행위이다.
② 무상양여는 생전증여 또는 유증에 의해서만 행해질 수 있다.

**제894조** 생전증여는 증여자가 이를 승낙하는 수증자를 위해 증여물을 즉시적이고 취소불가능으로 포기하는 행위이다.

**제895조** 유언은 유언자가 자신이 더 이상 생존하지 않는 때를 위해 자신의 재산 또는 권리의 전부 또는 일부를 처분하는 행위이며 유언자는 이를 취소할 수 있다.

**Article 896** La disposition par laquelle une personne est chargée de conserver et de rendre à un tiers ne produit d'effet que dans le cas où elle est autorisée par la loi.

**Article 897** (abrogé)

**Article 898** La disposition par laquelle un tiers serait appelé à recueillir le don, la succession ou le legs, dans le cas où le donataire, l'héritier institué ou le légataire ne le recueillerait pas, ne sera pas regardée comme une substitution et sera valable.

**Article 899** Il en sera de même de la disposition entre vifs ou testamentaire par laquelle l'usufruit sera donné à l'un et la nue-propriété à l'autre.

**Article 900** Dans toute disposition entre vifs ou testamentaire, les conditions impossibles, celles qui sont contraires aux lois ou aux moeurs, seront réputées non écrites.

**Article 900-1** Les clauses d'inaliénabilité affectant un bien donné ou légué ne sont valables que si elles sont temporaires et justifiées par un intérêt sérieux et légitime. Même dans ce cas, le donataire ou le légataire peut être judiciairement autorisé à disposer du bien si l'intérêt qui avait justifié la clause a disparu ou s'il advient qu'un intérêt plus important l'exige.

Les dispositions du présent article ne préjudicient pas aux libéralités consenties à des personnes morales ou mêmes à des personnes physiques à charge de constituer des personnes morales.

**Article 900-2** Tout gratifié peut demander que soient révisées en justice les conditions et charges grevant les donations ou legs qu'il a reçus, lorsque, par suite d'un changement de circonstances, l'exécution en est devenue pour lui soit extrêmement difficile, soit sérieusement dommageable.

**Article 900-3** La demande en révision est formée par voie principale ; elle peut l'être aussi par voie reconventionnelle, en réponse à l'action en exécution ou en révocation que les héritiers du disposant ont introduite.

Elle est formée contre les héritiers ; elle l'est en même temps contre le ministère public s'il y a doute sur l'existence ou l'identité de certains d'entre eux ; s'il n'y a pas d'héritier connu, elle est formée contre le ministère public.

Celui-ci doit, dans tous les cas, avoir communication de l'affaire.

**제896조** 어떤 사람에게 재산 또는 권리를 보존하여 제3자에게 줄 의무를 부담하도록 하는 처분은 법률에 의하여 허용되는 경우에만 효력이 있다.

**제897조** (삭제)

**제898조** 수증자나 지정상속인 또는 수유자가 증여나 상속 또는 유증을 받지 않는 경우에 제3자가 증여나 상속 또는 유증을 받을 수 있도록 하는 처분은 이전부담부처분으로 보지 않으며 유효하다.

**제899조** 일방에게 점용권을 주고 타방에게는 그 제한소유권을 주는 생전처분 또는 유언처분도 마찬가지이다.

**제900조** 생전처분이나 유언처분에서 불능조건, 법률이나 양속에 반하는 조건은 기재되지 않은 것으로 본다.

**제900-1조** ① 증여물이나 유증물의 양도금지조항은 그 금지가 중대하고 적법한 이익에 의하여 정당화되고 일시적인 때에만 유효하다. 그 경우에도 양도금지조항을 정당화했던 이익이 소멸하거나 또는 더 중요한 이익으로 요구된다면 수증자나 수유자는 재판에 의하여 목적물의 처분을 허가받을 수 있다.

② 본조의 규정은 법인에게 약속한 무상양여 또는 법인설립의무를 부담하는 자연인에게 약속한 무상양여를 해하지 아니한다.

**제900-2조** 무상양여의 수익자는 당해 증여나 유증에 부과되어 있는 조건과 부담의 이행이 사정변경에 따라 매우 어렵게 되었거나 심각한 손해를 야기하는 경우 조건과 부담의 수정을 재판상 청구할 수 있다.

**제900-3조** ① 수정청구는 본소로 제기할 수 있다. 처분자의 상속인들이 제기한 이행청구의 소 또는 취소청구의 소에 응소하여 수정청구를 반소로 제기할 수도 있다.

② 수정청구는 상속인들을 상대로 제기한다. 상속인들 중 일부의 존재 또는 신원에 대하여 의문이 있다면 동시에 검찰을 상대로 제기한다. 알려진 상속인이 없다면 검찰을 상대로 제기한다.

③ 검찰은 어떠한 경우에도 사건을 통지받아야 한다.

**Article 900-4** Le juge saisi de la demande en révision peut, selon les cas et même d'office, soit réduire en quantité ou périodicité les prestations grevant la libéralité, soit en modifier l'objet en s'inspirant de l'intention du disposant, soit même les regrouper, avec des prestations analogues résultant d'autres libéralités.

Il peut autoriser l'aliénation de tout ou partie des biens faisant l'objet de la libéralité en ordonnant que le prix en sera employé à des fins en rapport avec la volonté du disposant.

Il prescrit les mesures propres à maintenir, autant qu'il est possible, l'appellation que le disposant avait entendu donner à sa libéralité.

**Article 900-5** La demande n'est recevable que dix années après la mort du disposant ou, en cas de demandes successives, dix années après le jugement qui a ordonné la précédente révision.

La personne gratifiée doit justifier des diligences qu'elle a faites, dans l'intervalle, pour exécuter ses obligations.

**Article 900-6** La tierce opposition à l'encontre du jugement faisant droit à la demande en révision n'est recevable qu'en cas de fraude imputable au donataire ou légataire.

La rétractation ou la réformation du jugement attaqué n'ouvre droit à aucune action contre le tiers acquéreur de bonne foi.

**Article 900-7** Si, postérieurement à la révision, l'exécution des conditions ou des charges, telle qu'elle était prévue à l'origine, redevient possible, elle pourra être demandée par les héritiers.

**Article 900-8** Est réputée non écrite toute clause par laquelle le disposant prive de la libéralité celui qui mettrait en cause la validité d'une clause d'inaliénabilité ou demanderait l'autorisation d'aliéner.

## Chapitre II De la capacité de disposer ou de recevoir par donation entre vifs ou par testament

**Article 901** Pour faire une libéralité, il faut être sain d'esprit. La libéralité est nulle lorsque le consentement a été vicié par l'erreur, le dol ou la violence.

**제900-4조** ① 수정청구의 수소법원은 경우에 따라서 직권으로, 무상양여에 부담된 급부의 양이나 주기를 감축할 수도 있고, 처분자의 의도를 참작하여 목적물을 변경할 수도 있고, 다른 무상양여로부터 생기는 유사한 급부와 함께 급부를 재편성할 수도 있다.

② 수소법원은 무상양여의 목적물인 재산의 전부나 일부의 양도를 허가하고 그 대금을 처분자의 의사와 관련된 목적에 맞게 사용할 것을 명할 수 있다.

③ 수소법원은, 처분자가 자신의 무상양여에 부여하고자 한 명칭을 가능한 한 유지하기에 적절한 조치를 정한다.

**제900-5조** ① 수정청구는 처분자가 사망한 후 10년 내에 제기하거나 후속 청구인 경우에는 선행하는 수정을 명한 판결이 있은 후 10년 내에 제기하여야 한다.

② 수익자는 그동안 자신의 의무를 이행하기 위해 주의의무를 다했다는 점을 증명하여야 한다.

**제900-6조** ① 수정청구를 인용한 판결에 대한 제3자의 이의제기는, 수증자나 수유자에 책임이 있는 기망이 있는 경우에만 할 수 있다.
② 판결이 취소되거나 변경된다 하여도 선의의 제3취득자에 대해서는 어떠한 소권도 행사할 수 없다.

**제900-7조** 수정이 행해진 후, 조건이나 부담을 원래 정해진 바대로 이행하는 것이 다시 가능하게 되었다면 상속인들은 그 이행을 청구할 수 있다.

**제900-8조** 처분자가, 양도금지조항의 유효성에 의문을 제기하거나 양도의 허가를 청구하는 자로부터 무상양여를 박탈하는 모든 조항은 기재되지 않은 것으로 본다.


## 제2장 생전증여 또는 유언에 의한 처분 또는 취득 능력


**제901조** 무상양여를 하기 위해서는 정신이 건강해야 한다. 의사에 착오, 사기, 강박에 의한 하자가 있는 경우 그 무상양여는 무효이다.

**Article 902** Toutes personnes peuvent disposer et recevoir soit par donation entre vifs, soit par testament, excepté celles que la loi en déclare incapables.

**Article 903** Le mineur âgé de moins de seize ans ne pourra aucunement disposer, sauf ce qui est réglé au chapitre IX du présent titre.

**Article 904** Le mineur, parvenu à l'âge de seize ans et non émancipé, ne pourra disposer que par testament, et jusqu'à concurrence seulement de la moitié des biens dont la loi permet au majeur de disposer.

Toutefois, s'il est appelé sous les drapeaux pour une campagne de guerre, il pourra, pendant la durée des hostilités, disposer de la même quotité que s'il était majeur, en faveur de l'un quelconque de ses parents ou de plusieurs d'entre eux et jusqu'au sixième degré inclusivement ou encore en faveur de son conjoint survivant.

A défaut de parents au sixième degré inclusivement, le mineur pourra disposer comme le ferait un majeur.

**Article 905** (abrogé)

**Article 906** Pour être capable de recevoir entre vifs, il suffit d'être conçu au moment de la donation.

Pour être capable de recevoir par testament, il suffit d'être conçu à l'époque du décès du testateur.

Néanmoins, la donation ou le testament n'auront leur effet qu'autant que l'enfant sera né viable.

**Article 907** Le mineur, quoique parvenu à l'âge de seize ans, ne pourra, même par testament, disposer au profit de son tuteur.

Le mineur, devenu majeur ou émancipé, ne pourra disposer, soit par donation entre vifs, soit par testament, au profit de celui qui aura été son tuteur, si le compte définitif de la tutelle n'a été préalablement rendu et apuré.

Sont exceptés, dans les deux cas ci-dessus, les ascendants des mineurs, qui sont ou qui ont été leurs tuteurs.

**Article 908-2** (abrogé)

**제902조** 모든 사람은 법률에 의하여 제한능력자로 선언된 경우를 제외하고 생전증여 또는 유언에 의하여 재산을 처분하거나 취득할 수 있다.

**제903조** 16세 미만의 미성년자는, 본편 제9장에 규율된 경우를 제외하고는, 어떠한 처분도 할 수 없다.

**제904조** ① 16세 이상이고 친권 미해방된 미성년자는 법률이 성년자에게 처분을 허락한 재산의 2분의 1 한도에서, 유언에 의해서만 재산을 처분할 수 있다.

② 그럼에도 불구하고, 전항의 미성년자가 국가를 위해 전장에 소집되면 그는 전투기간 동안 6촌 이내의 친족중의 1인 또는 수인 나아가 그 생존배우자를 위해, 성년이었더라면 처분할 수 있었을 동일한 몫의 재산을 처분할 수 있다.

③ 6촌 이내의 친족이 없다면, 미성년자는 성년자가 하는 것과 같이 재산을 처분할 수 있다.

**제905조** (삭제)

**제906조** ① 생전증여로 재산을 취득하기 위해서는 증여 시에 포태된 것으로 족하다.

② 유언에 의하여 재산을 취득하기 위해서는 유언자의 사망 당시에 포태된 것으로 족하다.

③ 그럼에도 불구하고, 증여 또는 유언은 자녀가 생존능력을 갖추고 태어난 경우에만 효력이 있다.

**제907조** ① 미성년자는, 16세가 되어서도, 후견인을 위해서는 유언에 의하여도 재산을 처분할 수 없다.
② 미성년자는, 성년이 되거나 친권으로부터 해방된 후에도, 사전에 후견사무의 보고 및 감사가 확정되기 전이면, 후견인이었던 자를 위해 생전증여나 유언으로 재산처분을 할 수 없다.

③ 위 두 경우에 미성년자의 후견인이거나 후견인이었던 직계존속은 제외된다.

**제908-2조** (삭제)

**Article 909** Les membres des professions médicales et de la pharmacie, ainsi que les auxiliaires médicaux qui ont prodigué des soins à une personne pendant la maladie dont elle meurt ne peuvent profiter des dispositions entre vifs ou testamentaires qu'elle aurait faites en leur faveur pendant le cours de celle-ci.

Les mandataires judiciaires à la protection des majeurs et les personnes morales au nom desquelles ils exercent leurs fonctions ne peuvent pareillement profiter des dispositions entre vifs ou testamentaires que les personnes dont ils assurent la protection auraient faites en leur faveur quelle que soit la date de la libéralité.

Sont exceptées :

1° Les dispositions rémunératoires faites à titre particulier, eu égard aux facultés du disposant et aux services rendus ;

2° Les dispositions universelles, dans le cas de parenté jusqu'au quatrième degré inclusivement, pourvu toutefois que le décédé n'ait pas d'héritiers en ligne directe ; à moins que celui au profit de qui la disposition a été faite ne soit lui-même du nombre de ces héritiers.

Les mêmes règles seront observées à l'égard du ministre du culte.

**Article 910** I. - Les dispositions entre vifs ou par testament au profit des établissements de santé, des établissements sociaux et médico-sociaux ou d'établissements d'utilité publique n'ont leur effet qu'autant qu'elles sont autorisées par arrêté du représentant de l'Etat dans le département.

II. - Toutefois, les dispositions entre vifs ou par testament au profit des fondations, des congrégations et des associations ayant la capacité à recevoir des libéralités et, dans les départements du Bas-Rhin, du Haut-Rhin et de la Moselle, des établissements publics du culte et des associations inscrites de droit local, à l'exception des associations ou fondations dont les activités ou celles de leurs dirigeants sont visées à l'article 1er de la loi n° 2001-504 du 12 juin 2001 tendant à renforcer la prévention et la répression des mouvements sectaires portant atteinte aux droits de l'homme et aux libertés fondamentales, sont acceptées librement par celles-ci.

Si le représentant de l'Etat dans le département constate que l'organisme légataire ou donataire ne satisfait pas aux conditions légales exigées pour avoir la capacité juridique à recevoir des libéralités ou qu'il n'est pas apte à utiliser la libéralité conformément à son objet statutaire, il peut former opposition à la libéralité, dans des conditions précisées par décret, la privant ainsi d'effet.

**제909조** ① 질병으로 사망한 자를 그 질병 중 돌보았던 전문의료 및 의약 종사자들은 그 환자가 질병의 투병 기간 중 그들을 위해 행한 생전처분 또는 유언처분에 의한 이익을 취할 수 없다.

② 성년자를 보호하는 사법보호수임인과 자신의 이름으로 역할을 수행하는 법인은 그들이 보호하는 사람이 무상양여를 한 날이 언제이든 그들을 위하여 했었을 생전처분 또는 유언처분에 의하여 이익을 취할 수 없다.

③ 다음 각 호의 처분은 예외로 한다.
1. 처분자의 권한과 제공된 서비스를 고려하여 특정되어 행해진 보수에 관한 처분

2. 망인에게 직계의 상속인이 없다면 4촌 이내의 혈족이 있는 경우에 행한 포괄적 처분. 그러나 그 처분의 이익을 받는 혈족이 망인의 상속인 중의 1인인 경우에는 그러하지 아니하다.

④ 동일한 규율은 성직자에 대하여도 적용된다.

**제910조** I. ① 보건기관, 사회복지기관, 사회의료기관 또는 공익기관을 위한 생전처분 또는 유언처분은, 도 내의 중앙정부대표자의 명령에 의하여 허가된 경우에 한하여 효력이 있다.

II. ② 그러나, 무상양여를 받을 능력을 가진 재단, 종교단체와 비영리단체 및 바랭(Bas-Rhin), 오랭(Haut-Rhin) 및 모젤(Moselle) 도 내에서 성직자의 공공기관 및 지방법상 등록된 비영리단체를 위한 생전처분 또는 유언처분은, 그 활동이나 경영진의 활동이 인간의 권리와 기본적 자유를 침해하는 당파적 운동의 예방과 금지를 강화하려는 2001년 6월 12일 법률 제2001-504호 제1조에 규정된 비영리단체 또는 재단을 제외하고, 자유롭게 승낙된다.

③ 중앙정부대표자가, 수유기관이나 수증기관이 무상양여를 받을 법적 능력을 가지는데 요구되는 법적 조건을 충족하지 않거나 또는 정관의 목적에 부합하는 무상양여를 이용하는데 적합하지 않다고 확인하면 그는 데크레에 명시된 조건 하에 이의를 제기하여 무상양여의 효력을 박탈할 수 있다.

Le troisième alinéa n'est pas applicable aux dispositions entre vifs ou par testament au profit des associations et fondations reconnues d'utilité publique, des associations dont la mission a été reconnue d'utilité publique et des fondations relevant des articles 80 à 88 du code civil local applicable aux départements du Bas-Rhin, du Haut-Rhin et de la Moselle.

III. - Les libéralités consenties à des Etats étrangers ou à des établissements étrangers habilités par leur droit national à recevoir des libéralités sont acceptées librement par ces Etats ou par ces établissements, sauf opposition formée par l'autorité compétente, dans des conditions fixées par décret en Conseil d'Etat.

**Article 910-1** Les libéralités consenties directement ou indirectement à des associations cultuelles au sens des articles 18 et 19 de la loi du 9 décembre 1905 concernant la séparation des Eglises et de l'Etat, à des congrégations et, dans les départements du Bas-Rhin, du Haut-Rhin et de la Moselle, à des établissements publics du culte et à des associations inscrites de droit local à objet cultuel par des Etats étrangers, des personnes morales étrangères ou des personnes physiques non résidentes sont acceptées librement par ces associations et ces établissements, sauf opposition formée par l'autorité administrative compétente, après mise en œuvre d'une procédure contradictoire, pour le motif mentionné au III de l'article 19-3 de la loi du 9 décembre 1905 précitée.

L'opposition à la libéralité, formée dans des conditions fixées par décret en Conseil d'Etat, prive celle-ci d'effet.

**Article 911** Toute libéralité au profit d'une personne physique ou d'une personne morale, frappée d'une incapacité de recevoir à titre gratuit, est nulle, qu'elle soit déguisée sous la forme d'un contrat onéreux ou faite sous le nom de personnes interposées, physiques ou morales.

Sont présumés personnes interposées, jusqu'à preuve contraire, les père et mère, les enfants et descendants, ainsi que l'époux de la personne incapable.

④ 전항은 공익성이 인정된 비영리단체와 재단, 그 사무의 공익성이 인정된 비영리단체 및 바랭(Bas-Rhin), 오랭(Haut-Rhin) 및 모젤(Moselle) 도에서 적용되는 지역 민법전 제80조부터 제88조까지에 관련된 재단의 이익을 위하여 행해진 생전 또는 유언상 처분에는 적용되지 아니한다.

III. ⑤ 외국 또는 해당 국가법에 의하여 무상양여를 받을 자격이 있는 외국 기관에게 한 무상양여는 그 외국 또는 외국 기관에 의하여 자유롭게 승낙된다. 그러나 국사원 데크레에 의하여 정해진 요건 하에 주무관청에 의하여 제기된 이의신청이 있는 경우에는 그러하지 아니하다.

**제910-1조** ① 교회와 국가의 분리에 관한 1905년 12월 9일 법률 제18조 및 제19조의 의미상 종교적 비영리단체에 대해서, 바랭(Bas-Rhin), 오랭(Haut-Rhin) 및 모젤(Moselle) 도내에서 종교단체에 대해서, 성직자의 공공기관과 외국, 외국법인 또는 거주자가 아닌 자연인에 의한 종교적 목적의 지방법상 등록된 비영리단체에 대해서 직접, 간접적으로 한 무상양여는 이와 같은 비영리단체와 기관이 자유롭게 승낙할 수 있다. 다만, 전술한 1905년 12월 9일 법률 제19-3조의 III에 규정된 이유로 상충되는 절차를 이행한 후에, 주무관청에 의하여 제기된 이의신청이 있는 경우는 그러하지 아니하다.

② 국사원 데크레에 의하여 정한 요건으로 형성된, 무상양여에 대한 이의는 무상양여의 효력을 박탈한다.

**제911조** ① 무상으로 재산을 취득할 능력이 제한된 자연인이나 법인을 위해 행해진 모든 무상양여는, 유상계약의 방식으로 가장되거나, 자연인 또는 법인인 명의대여인의 이름으로 행해졌을지라도 무효이다.

② 수유능력 없는 자의 부모, 자녀와 직계비속 및 배우자는, 반증이 없는 한, 명의대여인으로 추정한다.

## Chapitre III De la réserve héréditaire, de la quotité disponible et de la réduction

### Section 1 De la réserve héréditaire et de la quotité disponible

**Article 912** La réserve héréditaire est la part des biens et droits successoraux dont la loi assure la dévolution libre de charges à certains héritiers dits réservataires, s'ils sont appelés à la succession et s'ils l'acceptent.

La quotité disponible est la part des biens et droits successoraux qui n'est pas réservée par la loi et dont le défunt a pu disposer librement par des libéralités.

**Article 913** Les libéralités, soit par actes entre vifs, soit par testament, ne pourront excéder la moitié des biens du disposant, s'il ne laisse à son décès qu'un enfant ; le tiers, s'il laisse deux enfants ; le quart, s'il en laisse trois ou un plus grand nombre.

L'enfant qui renonce à la succession n'est compris dans le nombre d'enfants laissés par le défunt que s'il est représenté ou s'il est tenu au rapport d'une libéralité en application des dispositions de l'article 845.

Lorsque le défunt ou au moins l'un de ses enfants est, au moment du décès, ressortissant d'un Etat membre de l'Union européenne ou y réside habituellement et lorsque la loi étrangère applicable à la succession ne permet aucun mécanisme réservataire protecteur des enfants, chaque enfant ou ses héritiers ou ses ayants cause peuvent effectuer un prélèvement compensatoire sur les biens existants situés en France au jour du décès, de façon à être rétablis dans les droits réservataires que leur octroie la loi française, dans la limite de ceux-ci.

**Article 913-1** Sont compris dans l'article 913, sous le nom d'enfants, les descendants en quelque degré que ce soit, encore qu'ils ne doivent être comptés que pour l'enfant dont ils tiennent la place dans la succession du disposant.

**Article 914** (abrogé)

**Article 914-1** Les libéralités, par actes entre vifs ou par testament, ne pourront excéder les trois quarts des biens si, à défaut de descendant, le défunt laisse un conjoint survivant, non divorcé.

**Article 915** (abrogé)

## 제3장 유류분, 처분가능분 및 감액

### 제1절 유류분 및 처분가능분

**제912조** ① 유류분은 상속 재산 및 권리의 일부로서, 유류분권자로 불리는 상속인이 상속에 참여하고 이를 승낙한다면, 법이 그 유류분권자에게 부담으로부터 자유로운 귀속을 보장하는 부분이다.
② 처분가능분은 상속재산 및 권리 중 법률에 의하여 보장된 유류분이 아닌 부분으로서, 망인이 무상양여로 자유롭게 처분할 수 있었던 부분을 말한다.

**제913조** ① 생전행위 또는 유언에 의한 무상양여는, 처분자가 그의 사망 시에 1인의 자녀만을 남기면, 그 재산의 2분의 1을 넘지 못한다. 2인의 자녀를 남기면 3분의 1을, 3인 이상의 자녀를 남기면 4분의 1을 각각 넘지 못한다.
② 상속을 포기한 자녀는 대습되는 경우나 제845조 규정의 적용에 의하여 무상양여를 반환할 책임이 있는 경우에만 망인이 남긴 자녀 수에 포함된다.

③ 망인 또는 망인의 자녀 중 적어도 1인이 사망 당시에 유럽연합 회원국의 국민이거나 그 나라에 상시 거주하는 경우와 상속에 적용되는 외국법이 자녀를 보호하는 어떠한 유류분 제도도 허용하지 않는 경우, 각 자녀 또는 그의 상속인 또는 그의 승계인은, 프랑스법이 그들에게 부여한 유류분권의 범위 내에서 유류분이 회복될 수 있도록, 사망 당시 프랑스에 존재하는 현존 재산에 대한 보상적 선취를 실행할 수 있다.

**제913-1조** 직계비속들은 촌수에 관계없이 제913조에 따른 자녀에 포함되며, 처분자의 상속에서 직계비속들이 자녀를 대습할 때에는 단지 그 자녀로 계산되어야 한다.

**제914조** (삭제)

**제914-1조** 직계비속이 없는 망인이 이혼하지 않은 생존배우자를 남기면, 생전행위 또는 유언에 의한 무상양여는 재산의 4분의 3을 넘지 못한다.

**제915조** (삭제)

**Article 915-1** (abrogé)

**Article 915-2** (abrogé)

**Article 916** A défaut de descendant et de conjoint survivant non divorcé, les libéralités par actes entre vifs ou testamentaires pourront épuiser la totalité des biens.

**Article 917** Si la disposition par acte entre vifs ou par testament est d'un usufruit ou d'une rente viagère dont la valeur excède la quotité disponible, les héritiers au profit desquels la loi fait une réserve, auront l'option, ou d'exécuter cette disposition, ou de faire l'abandon de la propriété de la quotité disponible.

## Section 2 De la réduction des libéralités excessives

### Paragraphe 1 Des opérations préliminaires à la réduction

**Article 918** La valeur en pleine propriété des biens aliénés, soit à charge de rente viagère, soit à fonds perdus, ou avec réserve d'usufruit à l'un des successibles en ligne directe, est imputée sur la quotité disponible. L'éventuel excédent est sujet à réduction. Cette imputation et cette réduction ne peuvent être demandées que par ceux des autres successibles en ligne directe qui n'ont pas consenti à ces aliénations.

**Article 919** La quotité disponible pourra être donnée en tout ou en partie soit par acte entre vifs, soit par testament, aux enfants ou autres successibles du donateur, sans être sujette au rapport par le donataire ou le légataire venant à la succession, pourvu qu'en ce qui touche les dons la disposition ait été faite expressément hors part successorale.

La déclaration que la donation est hors part successorale pourra être faite, soit par l'acte qui contiendra la disposition, soit postérieurement, dans la forme des dispositions entre vifs ou testamentaires.

**제915-1조** (삭제)

**제915-2조** (삭제)

**제916조** 직계비속도 없고 이혼하지 않은 생존배우자도 없는 경우, 생전행위 또는 유언에 의한 재산의 무상양여로 모든 재산을 처분할 수 있다.

**제917조** 처분가능분을 초과하는 가액의 점용권 또는 종신정기금을 생전처분 또는 유언처분하면, 법률이 유류분을 인정하는 상속인은 이 처분을 이행하거나 처분가능분의 소유권을 포기하는 선택권이 있다.


## 제2절 초과 무상양여의 감액

### 제1관 감액에 대한 예비행위

**제918조** 종신정기금을 부담하거나 종신연금을 지급하는 조건으로 또는 점용권을 유보하여 직계인 상속권자 중 1인에게 양도된 재산의 완전소유권의 가액은 처분가능분에 충당된다. 초과분이 있다면 이는 감액되어야 한다. 이 충당 및 감액은 오직 이 양도에 동의하지 않았던 다른 직계 상속권자에 의해서만 청구될 수 있다.


**제919조** ① 처분가능분은 생전행위 또는 유언에 의하여 증여자의 자녀 또는 다른 상속권자에게 그 전부 또는 일부가 주어질 수 있으며, 증여물에 관하여 명시적으로 상속분 이외의 것으로 처분이 행해졌을 경우에는 상속에 참여한 수증자나 수유자에 의한 반환의 대상이 되지 아니한다.

② 증여가 상속분 외라는 의사표시는 그 처분행위를 포함하는 행위에 의해서, 또는 이후의 생전처분 또는 유언처분의 형식에 의해서 행해질 수 있다.

**Article 919-1** La donation faite en avancement de part successorale à un héritier réservataire qui accepte la succession s'impute sur sa part de réserve et, subsidiairement, sur la quotité disponible, s'il n'en a pas été autrement convenu dans l'acte de donation. L'excédent est sujet à réduction.

La donation faite en avancement de part successorale à un héritier réservataire qui renonce à la succession est traitée comme une donation faite hors part successorale. Toutefois, lorsqu'il est astreint au rapport en application des dispositions de l'article 845, l'héritier qui renonce est traité comme un héritier acceptant pour la réunion fictive, l'imputation et, le cas échéant, la réduction de la libéralité qui lui a été consentie.

**Article 919-2** La libéralité faite hors part successorale s'impute sur la quotité disponible. L'excédent est sujet à réduction.

**Article 920** Les libéralités, directes ou indirectes, qui portent atteinte à la réserve d'un ou plusieurs héritiers, sont réductibles à la quotité disponible lors de l'ouverture de la succession.

### Paragraphe 2 De l'exercice de la réduction

**Article 921** La réduction des dispositions entre vifs ne pourra être demandée que par ceux au profit desquels la loi fait la réserve, par leurs héritiers ou ayants cause : les donataires, les légataires, ni les créanciers du défunt ne pourront demander cette réduction, ni en profiter. Le délai de prescription de l'action en réduction est fixé à cinq ans à compter de l'ouverture de la succession, ou à deux ans à compter du jour où les héritiers ont eu connaissance de l'atteinte portée à leur réserve, sans jamais pouvoir excéder dix ans à compter du décès.

Lorsque le notaire constate, lors du règlement de la succession, que les droits réservataires d'un héritier sont susceptibles d'être atteints par les libéralités effectuées par le défunt, il informe chaque héritier concerné et connu, individuellement et, le cas échéant, avant tout partage, de son droit de demander la réduction des libéralités qui excèdent la quotité disponible.

**제919-1조** ① 상속을 승인한 유류분권자에게 상속분의 선급으로 행하여진 증여는, 증여증서에서 달리 정함이 없으면 유류분에 충당하고, 보충적으로 처분가능분에서 충당하여야 한다. 초과분은 감액의 대상이 된다.

② 상속을 포기한 유류분권자에게 상속분의 선급으로 행한 증여는 상속분 외의 증여처럼 취급된다. 그러나, 제845조의 규정이 적용되어 반환해야 할 의무가 있는 경우, 상속을 포기한 상속인은 의제적 합산, 충당, 경우에 따라서는 자신에게 인정된 무상양여의 감액에 있어 승인상속인으로 취급된다.

**제919-2조** 상속분 이외의 것으로 행해진 무상양여는 처분가능분에 충당된다. 초과분은 감액의 대상이 된다.

**제920조** 직접적이든 간접적이든 무상양여가 1인 또는 그 이상의 상속인들의 유류분을 해할 경우에는 상속개시 시에 처분가능분에 이르기까지 감액할 수 있다.

### 제2관 감액의 실행

**제921조** ① 생전처분의 감액은 법률이 유류분을 인정한 자, 그 상속인 또는 그 승계인의 이익으로 그들에 의하여만 청구될 수 있다. 수증자, 수유자 및 망인의 채권자는 감액을 청구하지 못하고, 이로 인한 이익을 얻을 수도 없다. 감액소권의 시효기간은 상속개시 시로부터 5년 또는 상속인이 자신의 유류분이 침해당하였음을 안 날로부터 2년으로 하되, 사망 시로부터 10년을 초과할 수는 없다.

② 상속을 정리할 때 공증인이, 상속인의 유류분이 망인이 실행한 무상양여로 인해 침해될 가능성이 있다고 판단하는 경우, 공증인은 관련되고 알려진 각 상속인에게 개별적으로, 그리고 필요한 경우 모든 분할 전에, 처분가능분을 초과하는 무상양여의 감액을 청구할 권리를 고지하여야 한다.

**Article 922** La réduction se détermine en formant une masse de tous les biens existant au décès du donateur ou testateur.

Les biens dont il a été disposé par donation entre vifs sont fictivement réunis à cette masse, d'après leur état à l'époque de la donation et leur valeur à l'ouverture de la succession, après qu'en ont été déduites les dettes ou les charges les grevant. Si les biens ont été aliénés, il est tenu compte de leur valeur à l'époque de l'aliénation. S'il y a eu subrogation, il est tenu compte de la valeur des nouveaux biens au jour de l'ouverture de la succession, d'après leur état à l'époque de l'acquisition. Toutefois, si la dépréciation des nouveaux biens était, en raison de leur nature, inéluctable au jour de leur acquisition, il n'est pas tenu compte de la subrogation.

On calcule sur tous ces biens, eu égard à la qualité des héritiers qu'il laisse, quelle est la quotité dont le défunt a pu disposer.

**Article 923** Il n'y aura jamais lieu à réduire les donations entre vifs, qu'après avoir épuisé la valeur de tous les biens compris dans les dispositions testamentaires ; et lorsqu'il y aura lieu à cette réduction, elle se fera en commençant par la dernière donation, et ainsi de suite en remontant des dernières aux plus anciennes.

**Article 924** Lorsque la libéralité excède la quotité disponible, le gratifié, successible ou non successible, doit indemniser les héritiers réservataires à concurrence de la portion excessive de la libéralité, quel que soit cet excédent.

Le paiement de l'indemnité par l'héritier réservataire se fait en moins prenant et en priorité par voie d'imputation sur ses droits dans la réserve.

**Article 924-1** Le gratifié peut exécuter la réduction en nature, par dérogation à l'article 924, lorsque le bien donné ou légué lui appartient encore et qu'il est libre de toute charge dont il n'aurait pas déjà été grevé à la date de la libéralité, ainsi que de toute occupation dont il n'aurait pas déjà fait l'objet à cette même date.

Cette faculté s'éteint s'il n'exprime pas son choix pour cette modalité de réduction dans un délai de trois mois à compter de la date à laquelle un héritier réservataire l'a mis en demeure de prendre parti.

**제922조** ① 감액은 증여자 또는 유언자의 사망 시에 현존하는 모든 재산의 총체를 구성하여 결정된다.

② 생전증여에 의하여 처분된 재산은 재산에 부과된 채무 및 부담이 재산으로부터 공제된 후, 증여 당시의 재산의 상태 및 상속 개시 당시의 재산의 가액에 따라 이 총체재산에 명목상 합산된다. 그 재산이 양도되면 양도 당시의 가액을 고려한다. 대위취득이 있으면 그 취득 당시의 상태에 따라, 상속개시 당시의 새로운 재산의 가액을 고려한다. 그러나, 새로운 재산의 취득 시 그 성질상 불가피하게 가치가 하락하면 그 대위취득은 고려되지 아니한다.

③ 망인의 상속인의 자격을 고려하여, 재산 전체에 대하여 망인이 처분할 수 있었던 부분을 계산한다.

**제923조** 유언처분에 포함된 모든 재산의 가액을 감액한 이후까지는 생전증여에 대한 감액이 행해지지 아니한다. 이 감액이 행해질 경우, 가장 최근의 증여부터 가장 오래된 증여 순으로 역순으로 하여야 한다.

**제924조** ① 무상양여가 처분가능분을 초과할 경우, 수익자는 그가 상속권자이든 상속권자가 아니든, 초과액이 얼마이든, 무상양여의 초과분의 한도 내에서 유류분권자에게 보상해야 한다.

② 유류분권자에 대한 보상금지급은 우선 유류분내의 권리에 충당하는 방법으로 차감하여 받음으로써 이루어진다.

**제924-1조** ① 수익자는 제924조에 대한 예외로 증여되거나 유증된 재산이 자신에게 여전히 귀속되어 있고, 무상양여일에 그 재산이 이미 설정되지 않았을 모든 부담 및 같은 날에 이미 대상이 되지 않았을 모든 점유적 부담도 없는 경우, 원물로 감액을 이행할 수 있다.

② 이 권한은 유류분권자가 수익자에게 결정하도록 최고한 날로부터 3개월 내에 수익자가 감액방법을 위한 선택을 표시하지 않으면 소멸한다.

**Article 924-2** Le montant de l'indemnité de réduction se calcule d'après la valeur des biens donnés ou légués à l'époque du partage ou de leur aliénation par le gratifié et en fonction de leur état au jour où la libéralité a pris effet. S'il y a eu subrogation, le calcul de l'indemnité de réduction tient compte de la valeur des nouveaux biens à l'époque du partage, d'après leur état à l'époque de l'acquisition. Toutefois, si la dépréciation des nouveaux biens était, en raison de leur nature, inéluctable au jour de leur acquisition, il n'est pas tenu compte de la subrogation.

**Article 924-3** L'indemnité de réduction est payable au moment du partage, sauf accord entre les cohéritiers. Toutefois, lorsque la libéralité a pour objet un des biens pouvant faire l'objet d'une attribution préférentielle, des délais peuvent être accordés par le tribunal, compte tenu des intérêts en présence, s'ils ne l'ont pas été par le disposant. L'octroi de ces délais ne peut, en aucun cas, avoir pour effet de différer le paiement de l'indemnité au-delà de dix années à compter de l'ouverture de la succession. Les dispositions de l'article 828 sont alors applicables au paiement des sommes dues.

A défaut de convention ou de stipulation contraire, ces sommes sont productives d'intérêt au taux légal à compter de la date à laquelle le montant de l'indemnité de réduction a été fixé. Les avantages résultant des délais et modalités de paiement accordés ne constituent pas une libéralité.

En cas de vente de la totalité du bien donné ou légué, les sommes restant dues deviennent immédiatement exigibles ; en cas de ventes partielles, le produit de ces ventes est versé aux cohéritiers et imputé sur les sommes encore dues.

**Article 924-4** Après discussion préalable des biens du débiteur de l'indemnité en réduction et en cas d'insolvabilité de ce dernier, les héritiers réservataires peuvent exercer l'action en réduction ou revendication contre les tiers détenteurs des immeubles faisant partie des libéralités et aliénés par le gratifié. L'action est exercée de la même manière que contre les gratifiés eux-mêmes et suivant l'ordre des dates des aliénations, en commençant par la plus récente. Elle peut être exercée contre les tiers détenteurs de meubles lorsque l'article 2276 ne peut être invoqué.

Lorsque, au jour de la donation ou postérieurement, le donateur et tous les héritiers réservataires présomptifs ont consenti à l'aliénation du bien donné, aucun héritier réservataire, même né après que le consentement de tous les héritiers intéressés a été recueilli, ne peut exercer l'action contre les tiers détenteurs. S'agissant des biens légués, cette action ne peut plus être exercée lorsque les héritiers réservataires ont consenti à l'aliénation.

**제924-2조** 감액보상액은 분할 당시 또는 수익자에 의한 양도 당시 증여재산 또는 유증재산의 가액에 따라, 그리고 무상양여가 효력이 발생한 날의 그 목적물의 상태를 고려하여 계산된다. 대위취득이 있으면, 감액보상의 계산은 새로운 재산의 취득 당시의 상태에 따라 분할 당시를 기준으로 그 재산의 가액을 고려한다. 그러나, 새로운 재산이 그 성질로 인해서 취득 일자에 가치하락이 불가피하면 그 대위취득을 고려하지 아니한다.

**제924-3조** ① 감액보상액은 분할 시에 지급되어야 하나, 공동상속인 사이에 합의가 있는 경우에는 그러하지 아니하다. 그러나, 무상양여가 우선배분의 대상이 될 수 있는 재산 중 하나를 목적으로 하는 경우, 처분자가 지급기간을 부여하지 않으면, 법원이 현존하는 이익을 고려하여 일정 기간을 허여할 수 있다. 그 기간의 허여는 어떠한 경우에도 상속개시 시부터 10년을 초과하여 보상액의 지급을 연기할 수 없다. 보상액의 지급에 관하여는 이 경우에 제828조의 규정이 적용된다.

② 합의 또는 반대의 약정이 없으면, 그 보상액에는 감액보상액이 확정된 날로부터 법정이자율의 이자가 발생한다. 부여된 변제기 및 변제방법으로부터 발생한 이익은 무상양여에 해당하지 아니한다.

③ 증여되거나 유증된 재산 전부가 매각된 경우, 지급할 남은 금액은 즉시 지급해야 한다. 일부 매각의 경우, 매각 대금은 공동상속인에게 지급되어야 하고, 이는 지급하여야 할 보상금에 충당된다.

**제924-4조** ① 감액보상 채무자의 재산을 사전검색한 후, 그가 무자력인 경우에 유류분권자는 무상양여의 당사자이자 수익자로부터 무상양여 대상 부동산을 양수받은 제3점유자에 대하여 감액소권 또는 반환소권을 행사할 수 있다. 이 소권은 수익자들에 대하여 행사되는 것과 마찬가지 방법으로 각 양도일의 순서에 따라 가장 최근의 양도부터 시작하여 행사된다. 이 소권은 제2276조가 원용될 수 없는 경우에 동산의 제3점유자에 대하여도 행사될 수 있다.

② 증여일 또는 그 이후, 증여자와 모든 추정 유류분권자가 증여 재산의 양도에 동의한 경우에는 어떠한 유류분권자도, 이해관계 있는 모든 상속인들의 동의를 받은 후에 태어난 유류분권자라 할지라도, 제3점유자에 대하여 그 소권을 행사할 수 없다. 유증재산의 경우, 유류분권자가 양도에 동의하였다면 이 소권은 더 이상 행사될 수 없다.

**Article 925** (abrogé)

**Article 926** Lorsque les dispositions testamentaires excéderont soit la quotité disponible, soit la portion de cette quotité qui resterait après avoir déduit la valeur des donations entre vifs, la réduction sera faite au marc le franc, sans aucune distinction entre les legs universels et les legs particuliers.

**Article 927** Néanmoins dans tous les cas où le testateur aura expressément déclaré qu'il entend que tel legs soit acquitté de préférence aux autres, cette préférence aura lieu ; et le legs qui en sera l'objet ne sera réduit qu'autant que la valeur des autres ne remplirait pas la réserve légale.

**Article 928** Lorsque la réduction s'exécute en nature, le donataire restitue les fruits de ce qui excède la portion disponible, à compter du jour du décès du donateur, si la demande en réduction est faite dans l'année ; sinon, du jour de la demande.

### Paragraphe 3 De la renonciation anticipée à l'action en réduction

**Article 929** Tout héritier réservataire présomptif peut renoncer à exercer une action en réduction dans une succession non ouverte. Cette renonciation doit être faite au profit d'une ou de plusieurs personnes déterminées. La renonciation n'engage le renonçant que du jour où elle a été acceptée par celui dont il a vocation à hériter.

La renonciation peut viser une atteinte portant sur la totalité de la réserve ou sur une fraction seulement. Elle peut également ne viser que la réduction d'une libéralité portant sur un bien déterminé.

L'acte de renonciation ne peut créer d'obligations à la charge de celui dont on a vocation à hériter ou être conditionné à un acte émanant de ce dernier.

**Article 930** La renonciation est établie par acte authentique spécifique reçu par deux notaires. Elle est signée séparément par chaque renonçant en présence des seuls notaires. Elle mentionne précisément ses conséquences juridiques futures pour chaque renonçant.

La renonciation est nulle lorsqu'elle n'a pas été établie dans les conditions fixées au précédent alinéa, ou lorsque le consentement du renonçant a été vicié par l'erreur, le dol ou la violence.

La renonciation peut être faite dans le même acte par plusieurs héritiers réservataires.

**제925조** (삭제)

**제926조** 유언처분이 처분가능분을 초과하든 처분가능분에서 생전증여의 가액을 공제한 후 남은 부분을 초과하든, 감액은 포괄유증과 특정유증간 구분없이 비례하여 행해진다.

**제927조** 그럼에도 불구하고 유언자가 명시적으로 어느 유증이 다른 유증보다 먼저 이행되기를 원한다는 의사를 표시한 경우에는 그러한 우선순위에 따른다. 이와 같이 우선순위의 대상이 된 유증은 다른 유증의 가액으로 법정유류분을 충족시키지 못하는 때에 한하여 감액된다.

**제928조** 감액이 원물로 이루어질 경우, 감액청구가 증여자의 사망일로부터 1년 안에 이루어진다면 증여자의 사망일로부터, 그렇지 않은 경우에는 청구일로부터, 수증자는 처분가능분을 초과하는 것의 과실을 반환한다.

### 제3관 감액소권의 사전포기

**제929조** ① 모든 추정 유류분권자는 개시되지 않은 상속에 대해서도 감액소권 행사를 포기할 수 있다. 이 포기는 특정한 1인 또는 수인의 이익을 위하여 행하여져야 한다. 포기는, 포기자가 상속받을 피상속인에 의하여 포기가 승인된 날로부터만 포기자를 구속한다.

② 포기는 유류분 전체에 대한 침해분 또는 단지 그 일부에 대한 침해분을 대상으로 할 수 있다. 포기는 특정 재산에 대한 무상양여의 감액만을 대상으로 할 수도 있다.

③ 포기 행위는 포기자가 상속받을 피상속인에게 부담이 되는 채무를 발생시킬 수 없고, 피상속인의 일정한 행위를 조건으로 할 수 없다.

**제930조** ① 포기는 2인의 공증인이 공인한 특별공정증서에 의하여 작성된다. 포기는 공증인들만의 면전에서 각 포기자에 의하여 개별적으로 서명된다. 포기에는 각 포기자에 대한 장래 법적 결과가 정확히 기재되어야 한다.
② 포기는 제1항에서 정해진 요건 하에 성립되지 않았거나, 포기자의 의사에 착오, 사기 또는 강박에 의한 하자가 있다면 무효이다.

③ 포기는 수인의 유류분권자에 의하여 동일한 증서로 행하여질 수 있다.

**Article 930-1** La capacité requise du renonçant est celle exigée pour consentir une donation entre vifs. Toutefois, le mineur émancipé ne peut renoncer par anticipation à l'action en réduction.

La renonciation, quelles que soient ses modalités, ne constitue pas une libéralité.

**Article 930-2** La renonciation ne produit aucun effet s'il n'a pas été porté atteinte à la réserve héréditaire du renonçant. Si l'atteinte à la réserve héréditaire n'a été exercée que partiellement, la renonciation ne produit d'effets qu'à hauteur de l'atteinte à la réserve du renonçant résultant de la libéralité consentie. Si l'atteinte à la réserve porte sur une fraction supérieure à celle prévue dans la renonciation, l'excédent est sujet à réduction.

La renonciation relative à la réduction d'une libéralité portant sur un bien déterminé est caduque si la libéralité attentatoire à la réserve ne porte pas sur ce bien. Il en va de même si la libéralité n'a pas été faite au profit de la ou des personnes déterminées.

**Article 930-3** Le renonçant ne peut demander la révocation de sa renonciation que si :
1° Celui dont il a vocation à hériter ne remplit pas ses obligations alimentaires envers lui ;
2° Au jour de l'ouverture de la succession, il est dans un état de besoin qui disparaîtrait s'il n'avait pas renoncé à ses droits réservataires ;
3° Le bénéficiaire de la renonciation s'est rendu coupable d'un crime ou d'un délit contre sa personne.

**Article 930-4** La révocation n'a jamais lieu de plein droit.

La demande en révocation est formée dans l'année, à compter du jour de l'ouverture de la succession, si elle est fondée sur l'état de besoin. Elle est formée dans l'année, à compter du jour du fait imputé par le renonçant ou du jour où le fait a pu être connu par ses héritiers, si elle est fondée sur le manquement aux obligations alimentaires ou sur l'un des faits visés au 3° de l'article 930-3.

La révocation en application du 2° de l'article 930-3 n'est prononcée qu'à concurrence des besoins de celui qui avait renoncé.

**Article 930-5** La renonciation est opposable aux représentants du renonçant.

**제930-1조** ① 포기자에게는 생전증여를 승낙할 수 있는 능력이 요구된다. 그러나 친권해방 미성년자는 사전에 감액소권을 포기할 수 없다.

② 포기는 그 양태가 어떠하든 무상양여에 해당하지 아니한다.

**제930-2조** ① 포기는 포기자의 유류분이 침해되지 않는다면 어떠한 효력도 없다. 유류분에 대한 침해가 부분적으로만 실행되었다면, 포기는 승낙한 무상양여로 인하여 포기자의 유류분이 침해된 한도에서만 그 효력이 있다. 유류분 침해가 그 포기에서 예정된 부분을 초과하면 그 초과분은 감액되어야 한다.

② 특정한 재산을 대상으로 하는 무상양여의 감액에 관한 포기는 유류분을 침해하는 무상양여가 그 재산을 대상으로 하지 않으면 효력을 잃는다. 무상양여가 특정한 1인 또는 수인의 이익을 위하여 행해지지 않은 경우에도 마찬가지이다.

**제930-3조** 포기자는 다음 각 호의 경우에만 포기의 철회를 청구할 수 있다.
1. 상속받을 피상속인이 포기자에 대하여 부양의무를 이행하지 않은 경우
2. 상속개시일에 포기자가 자신의 유류분권을 포기하지 않았다면 없었을 궁핍상태에 있는 경우

3. 포기의 수익자가 포기자에 대하여 중죄 또는 경죄의 유죄판결을 받은 경우

**제930-4조** ① 철회는 결코 당연히 발생하는 것은 아니다.
② 궁핍상태를 이유로 한 철회청구는 상속개시일로부터 1년 안에 제기되어야 한다. 그리고 철회의 청구가 부양의무의 불이행 또는 제930-3조 제3호에서 규정된 행위중 하나에 기초한다면, 포기자가 이유로 삼는 행위가 있은 날로부터 또는 그의 상속인이 그 행위를 알 수 있었던 날로부터 1년 안에 제기되어야 한다.

③ 제930-3조 제2호에 따른 철회는 포기자의 필요의 한도 내에서만 선고된다.

**제930-5조** 포기는 포기자의 대습상속인에 대하여도 대항할 수 있다.

## Chapitre IV Des donations entre vifs

## Section 1 De la forme des donations entre vifs

**Article 931** Tous actes portant donation entre vifs seront passés devant notaires dans la forme ordinaire des contrats ; et il en restera minute, sous peine de nullité.

**Article 931-1** En cas de vice de forme, une donation entre vifs ne peut faire l'objet d'une confirmation. Elle doit être refaite en la forme légale.

Après le décès du donateur, la confirmation ou exécution volontaire d'une donation par les héritiers ou ayant cause du donateur emporte leur renonciation à opposer les vices de forme ou toute autre cause de nullité.

**Article 932** La donation entre vifs n'engagera le donateur, et ne produira aucun effet, que du jour qu'elle aura été acceptée en termes exprès.

L'acceptation pourra être faite du vivant du donateur par un acte postérieur et authentique, dont il restera minute ; mais alors la donation n'aura d'effet, à l'égard du donateur, que du jour où l'acte qui constatera cette acceptation lui aura été notifié.

**Article 933** Si le donataire est majeur, l'acceptation doit être faite par lui ou, en son nom, par la personne fondée de sa procuration, portant pouvoir d'accepter la donation faite, ou un pouvoir général d'accepter les donations qui auraient été ou qui pourraient être faites.

Cette procuration devra être passée devant notaires ; et une expédition devra en être annexée à la minute de la donation, à la minute de l'acceptation qui serait faite par acte séparé.

**Article 934** (abrogé)

**Article 935** La donation faite à un mineur non émancipé ou à un majeur en tutelle devra être acceptée par son tuteur, conformément à l'article 463, au titre "De la minorité, de la tutelle et de l'émancipation".

Néanmoins, les père et mère du mineur non émancipé, ou les autres ascendants, même du vivant des père et mère, quoiqu'ils ne soient pas tuteurs du mineur, pourront accepter pour lui.

# 제4장 생전증여

## 제1절 생전증여의 방식

**제931조** 생전증여를 정하는 모든 증서는 공증인 앞에서 계약의 일반적인 방식으로 행하여진다. 그것은 원본으로 존재해야 하고, 그렇지 않을 경우는 무효이다.

**제931-1조** ① 방식에 하자가 있는 경우에는, 생전증여는 추인의 대상이 될 수 없다. 생전증여는 적법한 방식으로 다시 행해져야 한다.
② 증여자의 사망 후에, 증여자의 상속인 또는 승계인에 의한 추인 또는 증여의 임의 이행은 방식의 하자 또는 다른 모든 무효사유로 대항하는 것을 포기하는 결과를 가져온다.

**제932조** ① 생전증여는 그 증여가 명시적으로 승낙된 날로부터만 증여자를 구속하고, 효력을 발생한다.
② 승낙은 증여자의 생전에 사후(事後)의 공정증서에 의하여 행하여질 수 있으며, 사후(事後)의 공정증서의 원본은 남아있어야 한다. 그러나 증여는 승낙을 확인하는 증서가 증여자에게 통지된 날 이후에만 증여자에게 효력이 있다.

**제933조** ① 수증자가 성년자라면, 승낙은 본인에 의하여 행해지거나, 또는 당해 증여를 승낙할 권한 또는 행하여졌거나 행하여질 수 있었던 증여를 승낙하는 포괄적 권한을 가지는 수임인에 의하여 본인의 이름으로 행해져야 한다.
② 이 위임장은 공증인 앞에서 작성되어야 한다. 그리고 등본은 증여의 원본과 별도의 증서로 이루어진 승낙의 원본에 첨부되어야 한다.

**제934조** (삭제)

**제935조** ① 친권에서 해방되지 않은 미성년자 또는 피성년후견인에게 행하여진 증여는 "미성년, 후견 그리고 친권 해방"편 제463조에 따른 후견인에 의하여 승낙되어야 한다.

② 그럼에도 불구하고, 친권 미해방 미성년자의 부모, 또는 부모가 생존 중일지라도 다른 직계존속은, 미성년자의 후견인이 아닌 경우에도, 그를 위하여 승낙할 수 있다.

**Article 936** Le sourd-muet qui saura écrire pourra accepter lui-même ou par un fondé de pouvoir.

S'il ne sait pas écrire, l'acceptation doit être faite par un curateur nommé à cet effet, suivant les règles établies au titre "De la minorité, de la tutelle et de l'émancipation".

**Article 937** Sous réserve des dispositions des deuxième et troisième alinéas de l'article 910, les donations faites au profit d'établissements d'utilité publique sont acceptées par les administrateurs de ces établissements, après y avoir été dûment autorisés.

**Article 938** La donation dûment acceptée sera parfaite par le seul consentement des parties ; et la propriété des objets donnés sera transférée au donataire, sans qu'il soit besoin d'autre tradition.

**Article 939** Lorsqu'il y aura donation de biens susceptibles d'hypothèques, la publication des actes contenant la donation et l'acceptation, ainsi que la notification de l'acceptation qui aurait eu lieu par acte séparé, devra être faite au service chargé de la publicité foncière de la situation des biens.

**Article 940** Lorsque la donation sera faite à des mineurs, à des majeurs en tutelle ou à des établissements publics, la publication sera faite à la diligence des tuteurs, curateurs ou administrateurs.

**Article 941** Le défaut de publication pourra être opposé par toutes personnes ayant intérêt, excepté toutefois celles qui sont chargées de faire faire la publication, ou leurs ayants cause, et le donateur.

**Article 942** Les mineurs, les majeurs en tutelle ne seront point restitués contre le défaut d'acceptation ou de publication des donations ; sauf leur recours contre leurs tuteurs, s'il y échet, et sans que la restitution puisse avoir lieu, dans le cas même où lesdits tuteurs se trouveraient insolvables.

**Article 943** La donation entre vifs ne pourra comprendre que les biens présents du donateur ; si elle comprend des biens à venir, elle sera nulle à cet égard.

**Article 944** Toute donation entre vifs, faite sous des conditions dont l'exécution dépend de la seule volonté du donateur, sera nulle.

**제936조** ① 글을 쓸 줄 아는 청각언어장애인은 스스로 또는 수임인을 통하여 승낙할 수 있다.

② 청각 언어장애인이 글을 쓸 줄 모른다면, "미성년, 후견 그리고 친권 해방"편의 규정에 따라 그 목적으로 지정된 보좌인에 의하여 승낙이 이루어져야 한다.

**제937조** 제910조 제2항 및 제3항의 규정의 유보 하에, 공익기관을 위해서 행하여진 증여는, 그 증여가 정식으로 허가된 후에 그 기관의 운영자에 의하여 승낙된다.

**제938조** 정식으로 승낙된 증여는 당사자들의 합의만으로 완성된다. 그리고 증여목적물의 소유권은 별도의 인도를 필요로 하지 않고 수증자에게 이전된다.

**제939조** 저당권이 설정될 수 있는 재산을 증여할 경우에는 증여와 승낙을 포함하는 증서의 공시와, 별도의 증서에 의하여 이루어진 승낙의 통지도 마찬가지로, 재산 소재지의 부동산등기소의 담당업무로 행해져야 한다.

**제940조** 증여가 미성년자, 피성년후견인 또는 공공시설에 대하여 행하여질 경우에, 공시는 후견인, 보좌인, 관리인의 청구로 행해진다.

**제941조** 공시의 흠결은 공시를 하게 할 의무를 부담하는 자, 또는 그의 승계인 및 증여자를 제외한 모든 이해관계인에 의하여 대항받을 수 있다.

**제942조** 미성년자, 피성년후견인은 증여의 승낙이나 공시의 흠결에 대항하여 회복되지 아니한다. 경우에 따라 회복이 발생할 수 없으면 그들의 후견인이 무자력인 경우에도 그 후견인에 대한 구상청구가 가능하다.

**제943조** 생전증여는 증여자의 현존 재산만을 그 대상으로 할 수 있다. 증여가 장래의 재산을 대상으로 하면 그 부분에 한하여 무효이다.

**제944조** 이행이 증여자의 의사에만 좌우되는 것을 조건으로 한 모든 생전증여는 무효이다.

**Article 945** Elle sera pareillement nulle si elle a été faite sous la condition d'acquitter d'autres dettes ou charges que celles qui existaient à l'époque de la donation ou qui seraient exprimées soit dans l'acte de donation, soit dans l'état qui devrait y être annexé.

**Article 946** En cas que le donateur se soit réservé la liberté de disposer d'un effet compris dans la donation ou d'une somme fixe sur les biens donnés, s'il meurt sans en avoir disposé, ledit effet ou ladite somme appartiendra aux héritiers du donateur, nonobstant toutes clauses et stipulations à ce contraires.

**Article 947** Les quatre articles précédents ne s'appliquent point aux donations dont est mention aux chapitres VIII et IX du présent titre.

**Article 948** Tout acte de donation d'effets mobiliers ne sera valable que pour les effets dont un état estimatif, signé du donateur et du donataire, ou de ceux qui acceptent pour lui, aura été annexé à la minute de la donation.

**Article 949** Il est permis au donateur de faire la réserve à son profit ou de disposer, au profit d'un autre, de la jouissance ou de l'usufruit des biens meubles ou immeubles donnés.

**Article 950** Lorsque la donation d'effets mobiliers aura été faite avec réserve d'usufruit, le donataire sera tenu, à l'expiration de l'usufruit, de prendre les effets donnés qui se trouveront en nature, dans l'état où il seront ; et il aura action contre le donateur ou ses héritiers, pour raison des objets non existants, jusqu'à concurrence de la valeur qui leur aura été donnée dans l'état estimatif.

**Article 951** Le donateur pourra stipuler le droit de retour des objets donnés soit pour le cas du prédécès du donataire seul, soit pour le cas du prédécès du donataire et de ses descendants.

Ce droit ne pourra être stipulé qu'au profit du donateur seul.

**Article 952** L'effet du droit de retour est de résoudre toutes les aliénations des biens et des droits donnés, et de faire revenir ces biens et droits au donateur, libres de toutes charges et hypothèques, exceptée l'hypothèque légale des époux si les autres biens de l'époux donataire ne suffisent pas à l'accomplissement de ce retour et que la donation lui a été faite par le contrat de mariage dont résultent ces charges et hypothèques.

**제945조** 증여 당시에 존재하였던 채무나 부담, 또는 증여증서에든지, 이에 첨부해야 하는 표에 든지, 표시된 채무나 부담과 다른 채무나 부담의 이행을 조건으로 생전증여가 행하여졌다면 그 생전증여는 마찬가지로 무효이다.

**제946조** 증여자가 증여에 포함된 재산 또는 증여재산에 대하여 정한 금액을 처분할 자유를 유보한 경우, 증여자가 처분하지 않고 사망하였다면, 반대되는 모든 계약조항이나 약정에도 불구하고, 이 재산이나 금액은 증여자의 상속인에게 귀속된다.

**제947조** 전 4조의 규정은 본편의 제8장과 제9장의 증여에 적용되지 아니한다.

**제948조** 모든 동산 증여증서는, 증여자 및 수증자나 수증자를 위해 승낙한 사람들이 서명한 그 재산의 감정평가서가, 증여의 원본에 첨부되는 동산에 한해서만 유효하다.

**제949조** 증여자는 증여 동산이나 부동산의 향유권 또는 점용권을 그의 이익을 위해 유보하거나 타인의 이익을 위해 처분하는 것이 허용된다.

**제950조** 동산증여가 점용권의 유보 하에 행해진 경우, 수증자는 점용권의 종료 시에 원물상태인 증여재산을 있는 그대로 수령할 책임이 있다. 수증자는 증여물이 존재하지 않음을 이유로, 증여자 또는 증여자의 상속인을 상대로, 감정평가서에 제시되었던 금액의 한도에서 소권을 가진다.

**제951조** ① 증여자는 수증자만 먼저 사망한 경우이든 수증자와 그의 직계비속이 먼저 사망하는 경우든 간에 증여재산을 회복할 권리를 약정할 수 있다.

② 이 권리는 증여자만의 이익으로 약정될 수 있다.

**제952조** 회복권의 효력은 증여재산과 증여권리의 모든 양도를 해제하는 것이고, 이 재산과 권리는 모든 부담과 저당으로부터 해방되어 증여자에게 반환되나, 수증자인 부부 일방의 다른 재산이 회복을 실행하는데 충분하지 않고, 증여가 이러한 부담과 저당을 발생시킨 부부재산계약에 의하여 그에게 이루어졌다면, 그 부부 법정저당권은 예외로 한다.

## Section 2 Des exceptions à la règle de l'irrévocabilité des donations entre vifs

**Article 953** La donation entre vifs ne pourra être révoquée que pour cause d'inexécution des conditions sous lesquelles elle aura été faite, pour cause d'ingratitude, et pour cause de survenance d'enfants.

**Article 954** Dans le cas de la révocation pour cause d'inexécution des conditions, les biens rentreront dans les mains du donateur, libres de toutes charges et hypothèques du chef du donataire ; et le donateur aura, contre les tiers détenteurs des immeubles donnés, tous les droits qu'il aurait contre le donataire lui-même.

**Article 955** La donation entre vifs ne pourra être révoquée pour cause d'ingratitude que dans les cas suivants :
1° Si le donataire a attenté à la vie du donateur ;
2° S'il s'est rendu coupable envers lui de sévices, délits ou injures graves ;
3° S'il lui refuse des aliments.

**Article 956** La révocation pour cause d'inexécution des conditions, ou pour cause d'ingratitude, n'aura jamais lieu de plein droit.

**Article 957** La demande en révocation pour cause d'ingratitude devra être formée dans l'année, à compter du jour du délit imputé par le donateur au donataire, ou du jour que le délit aura pu être connu par le donateur.

Cette révocation ne pourra être demandée par le donateur contre les héritiers du donataire, ni par les héritiers du donateur contre le donataire, à moins que, dans ce dernier cas, l'action n'ait été intentée par le donateur, ou qu'il ne soit décédé dans l'année du délit.

**Article 958** La révocation pour cause d'ingratitude ne préjudiciera ni aux aliénations faites par le donataire, ni aux hypothèques et autres charges réelles qu'il aura pu imposer sur l'objet de la donation, pourvu que le tout soit antérieur à la publication, au fichier immobilier, de la demande en révocation.

Dans le cas de révocation, le donataire sera condamné à restituer la valeur des objets aliénés, eu égard au temps de la demande, et les fruits, à compter du jour de cette demande.

**Article 959** Les donations en faveur de mariage ne seront pas révocables pour cause d'ingratitude.

## 제2절 생전증여의 철회불가원칙에 대한 예외

**제953조** 생전증여는 증여가 행해진 조건의 불이행, 망은행위 및 증여 후 자녀의 출생을 이유로 하는 경우에만 철회될 수 있다.

**제954조** 조건의 불이행으로 증여가 철회된 경우에, 증여재산은 수증자 명의의 모든 부담과 저당권으로부터 해방되어 증여자에게 회복된다. 그리고 증여자는 증여부동산의 제3점유자에 대하여 그가 수증자 본인에 대해서 가졌을 모든 권리를 가진다.

**제955조** 생전증여는 다음 각 호의 경우에만 망은행위를 원인으로 철회될 수 있다.

1. 수증자가 증여자의 생명에 위해를 가한 경우
2. 수증자가 증여자에 대하여 학대, 범죄, 중한 모욕을 범한 경우
3. 수증자가 증여자에 대한 부양을 거절하는 경우

**제956조** 조건의 불이행이나 망은행위를 원인으로 한 철회는 결코 당연히 일어나지 아니한다.

**제957조** ① 망은행위를 원인으로 한 철회의 청구는 증여자가 수증자에게 책임을 귀속시키는 범죄를 한 날, 또는 증여자가 그 범죄를 알 수 있었던 날로부터 1년 내에 이루어져야 한다.

② 이 철회는 증여자가 수증자의 상속인에 대하여, 증여자의 상속인이 수증자에 대하여 청구할 수 없으나, 후자의 경우 소가 증여자에 의해서 제기되었거나 증여자가 범죄일로부터 1년 내에 사망한 경우에는 그러하지 아니하다.

**제958조** ① 망은행위를 원인으로 한 철회는, 수증자가 행한 양도 및 수증자가 증여물에 부담시킬 수 있었던 저당권과 다른 물적 부담이 부동산 등기부에 철회청구가 공시되기 전에 일어났다면, 이에 대하여 아무런 영향을 주지 아니한다.

② 철회의 경우에, 수증자는 철회청구 당시의 양도목적물의 가액과 청구일부터의 과실을 반환해야 한다.

**제959조** 혼인을 위하여 한 증여는 망은행위를 원인으로 철회되지 아니한다.

**Article 960** Toutes donations entre vifs faites par personnes qui n'avaient point d'enfants ou de descendants actuellement vivants dans le temps de la donation, de quelque valeur que ces donations puissent être, et à quelque titre qu'elles aient été faites, et encore qu'elles fussent mutuelles ou rémunératoires, même celles qui auraient été faites en faveur de mariage par autres que par les conjoints l'un à l'autre, peuvent être révoquées, si l'acte de donation le prévoit, par la survenance d'un enfant issu du donateur, même après son décès, ou adopté par lui dans les formes et conditions prévues au chapitre Ier du titre VIII du livre Ier.

**Article 961** Cette révocation peut avoir lieu, encore que l'enfant du donateur ou de la donatrice fût conçu au temps de la donation.

**Article 962** La donation peut pareillement être révoquée, même si le donataire est entré en possession des biens donnés et qu'il y a été laissé par le donateur depuis la survenance de l'enfant. Toutefois, le donataire n'est pas tenu de restituer les fruits qu'il a perçus, de quelque nature qu'ils soient, si ce n'est du jour auquel la naissance de l'enfant ou son adoption en la forme plénière lui a été notifiée par exploit ou autre acte en bonne forme, même si la demande pour rentrer dans les biens donnés a été formée après cette notification.

**Article 963** Les biens et droits compris dans la donation révoquée rentrent dans le patrimoine du donateur, libres de toutes charges et hypothèques du chef du donataire, sans qu'ils puissent demeurer affectés, même subsidiairement, à l'hypothèque légale des époux ; il en est ainsi même si la donation a été faite en faveur du mariage du donataire et insérée dans le contrat de mariage.

**Article 964** La mort de l'enfant du donateur est sans effet sur la révocation des donations prévue à l'article 960.

**Article 965** Le donateur peut, à tout moment, renoncer à exercer la révocation pour survenance d'enfant.

**Article 966** L'action en révocation se prescrit par cinq ans à compter de la naissance ou de l'adoption du dernier enfant. Elle ne peut être exercée que par le donateur.

**제960조** 증여 당시 생존 자녀나 직계비속이 없는 사람에 의한 모든 생전증여는, 증여가 어떤 가액으로 행해지든, 증여가 어떤 자격으로 행해지든, 상호증여 또는 보상적 증여로서 행해지든, 비록 혼인을 위해서 배우자 서로 이외의 다른 사람에 의하여 행하여졌더라도 증여증서가 이를 규정한다면, 증여자의 사망 후 증여자의 자녀가 출생하거나 제1권 제8편 제1장에서 규정한 형식과 요건에 따라 증여자가 입양을 한다면 철회될 수 있다.

**제961조** 이 철회는 증여 당시 증여자의 자녀가 포태되어 있는 경우에도 행해질 수 있다.

**제962조** 수증자가 증여물의 점유를 개시하고 증여자가 자녀의 출생 후에 이를 방치한 경우에도 증여는 마찬가지로 철회될 수 있다. 그러나, 수증자는 그가 수취한 과실의 성질이 어떠하든 이를 반환할 책임이 없으나, 자녀의 출생이나 완전 입양이 집행관 문서나 다른 정식 문서로 수증자에게 통지된 날부터는, 증여재산으로의 반환 청구가 이 통지 후에 행하여졌다고 하더라도 그 과실을 반환해야 한다.

**제963조** 철회된 증여에 포함된 물건과 권리는, 부부간 법정저당권에는 부차적으로라도 영향을 미치지 않고, 수증자 명의의 모든 부담과 저당으로부터 해방되어 증여자의 재산에 회복된다. 증여가 수증자의 혼인을 위하여서 행하여졌고, 부부재산계약에 포함된 경우에도 마찬가지이다.

**제964조** 증여자의 자녀의 사망은 제960조에 규정된 증여의 철회에 영향을 미치지 아니한다.

**제965조** 증여자는 자녀의 출생으로 인한 철회권의 행사를 언제든지 포기할 수 있다.

**제966조** 철회소권은 마지막 자녀의 출생 또는 입양으로부터 5년의 경과로 시효소멸한다. 이 소권은 증여자에 의해서만 행사될 수 있다.

## Chapitre V Des dispositions testamentaires

### Section 1 Des règles générales sur la forme des testaments

**Article 967** Toute personne pourra disposer par testament soit sous le titre d'institution d'héritier, soit sous le titre de legs, soit sous toute autre dénomination propre à manifester sa volonté.

**Article 968** Un testament ne pourra être fait dans le même acte par deux ou plusieurs personnes soit au profit d'un tiers, soit à titre de disposition réciproque ou mutuelle.

**Article 969** Un testament pourra être olographe ou fait par acte public ou dans la forme mystique.

**Article 970** Le testament olographe ne sera point valable s'il n'est écrit en entier, daté et signé de la main du testateur : il n'est assujetti à aucune autre forme.

**Article 971** Le testament par acte public est reçu par deux notaires ou par un notaire assisté de deux témoins.

## 제5장 유언에 의한 처분

### 제1절 유언의 방식에 관한 일반규정

**제967조** 모든 사람은 상속인 지정의 명목으로건, 유증의 명목으로건, 또는 자신의 의사를 표시하는데 적합한 다른 모든 명칭으로건 유언처분을 할 수 있다.

**제968조** 유언은 제3자의 이익을 위해서건 보상적 또는 상호적 처분의 명목으로건, 2인 또는 그 이상의 사람들에 의하여 동일한 증서로 할 수는 없다.

**제969조** 유언은 자필 또는 공정증서 또는 비밀증서로 행해질 수 있다.

**제970조** 자필유언은 전부 유언자의 수기로 작성되고 날짜가 기재되며 서명되지 않으면 전혀 효력이 없다. 자필유언은 다른 어떤 형식에도 구속되지 아니한다.

**제971조** 공정증서에 의한 유언은 2인의 공증인에 의하거나 또는 2인의 증인이 참여하여 1인의 공증인에 의하여 작성된다.

**Article 972** Si le testament est reçu par deux notaires, il leur est dicté par le testateur ; l'un de ces notaires l'écrit lui-même ou le fait écrire à la main ou mécaniquement.

S'il n'y a qu'un notaire, il doit également être dicté par le testateur ; le notaire l'écrit lui-même ou le fait écrire à la main ou mécaniquement.

Dans tous les cas, il doit en être donné lecture au testateur.

Lorsque le testateur ne peut s'exprimer en langue française, la dictée et la lecture peuvent être accomplies par un interprète que le testateur choisit sur la liste nationale des experts judiciaires dressée par la Cour de cassation ou sur la liste des experts judiciaires dressée par chaque cour d'appel. L'interprète veille à l'exacte traduction des propos tenus. Le notaire n'est pas tenu de recourir à un interprète lorsque lui-même ainsi que, selon le cas, l'autre notaire ou les témoins comprennent la langue dans laquelle s'exprime le testateur.

Lorsque le testateur peut écrire en langue française mais ne peut parler, le notaire écrit lui-même le testament ou le fait écrire à la main ou mécaniquement d'après les notes rédigées devant lui par le testateur, puis en donne lecture à ce dernier. Lorsque le testateur ne peut entendre, il prend connaissance du testament en le lisant lui-même, après lecture faite par le notaire.

Lorsque le testateur ne peut ni parler ou entendre, ni lire ou écrire, la dictée ou la lecture sont accomplies dans les conditions décrites au quatrième alinéa.

Il est fait du tout mention expresse.

**Article 973** Ce testament doit être signé par le testateur en présence des témoins et du notaire ; si le testateur déclare qu'il ne sait ou ne peut signer, il sera fait dans l'acte mention expresse de sa déclaration, ainsi que de la cause qui l'empêche de signer.

**Article 974** Le testament devra être signé par les témoins et par le notaire.

**Article 975** Ne pourront être pris pour témoins du testament par acte public, ni les légataires, à quelque titre qu'ils soient, ni leurs parents ou alliés jusqu'au quatrième degré inclusivement, ni les clercs des notaires par lesquels les actes seront reçus.

**제972조** ① 유언이 2인의 공증인에 의하여 작성된다면 유언은 유언자가 공증인에게 구술하게 된다. 공증인중 1인은 수기나 기계로 스스로 유언서를 작성하거나 다른 사람에게 이를 작성하게 한다.
② 공증인이 1인만 있으면, 유언은 마찬가지로 유언자의 구술에 의하여야 한다. 공증인은 수기나 기계로 스스로 유언서를 작성하거나 다른 사람에게 이를 작성하게 한다.
③ 유언은 어떠한 경우에도 유언자에게 낭독되어야 한다.
④ 유언자가 프랑스어로 의사표시할 수 없는 경우, 파기원에 의하여 입안된 전국 사법 전문가 명부 또는 각 항소법원에 의하여 입안된 법원의 전문가 명부에서 유언자가 선택한 통역자에 의하여 구술과 낭독이 실행될 수 있다. 통역자는 유언의 정확한 통역에 주의해야 한다. 공증인은 그 스스로 또는 경우에 따라 다른 공증인이나 증인이 유언자가 의사표시하는 언어를 이해하는 경우, 통역자의 도움을 받을 책임이 없다.


⑤ 유언자가 프랑스어로 글을 쓸 수는 있으나 말할 수 없는 경우, 공증인은 유언자의 면전에서 유언자가 작성한 메모에 따라 수기나 기계로 스스로 유언서를 작성하거나 다른 사람에게 이를 작성하게 한 다음, 유언자에게 그 내용을 낭독하여야 한다. 유언자가 들을 수 없는 경우, 공증인이 유언서를 낭독한 후에 유언자가 스스로 유언서를 읽음으로써 숙지한다.

⑥ 유언자가 말할 수도 들을 수도 없을 뿐만 아니라 읽거나 쓸 수도 없는 경우, 구술 또는 낭독은 제4항에서 정한 요건에 따라 이루어진다.
⑦ 유언은 완전히 명시적으로 기재되어야 한다.

**제973조** 공정증서에 의한 유언은 유언자가 증인과 공증인의 면전에서 서명하여야 한다. 유언자가 서명할 줄 모르거나 서명할 수 없다고 진술하면, 그 진술 및 유언자가 서명하는 것을 방해하는 사유가 유언서에 명시적으로 기재되어야 한다.

**제974조** 공정증서에 의한 유언에는 증인과 공증인이 서명하여야 한다.

**제975조** 명목을 불문한 모든 수유자, 4촌 이내의 유언자의 혈족이나 인척 및 공정증서를 수취하는 공증인의 서기는 공정증서에 의한 유언에 있어서 증인이 될 수 없다.

**Article 976** Lorsque le testateur voudra faire un testament mystique, le papier qui contiendra les dispositions ou le papier qui servira d'enveloppe, s'il y en a une, sera clos, cacheté et scellé.

Le testateur le présentera ainsi clos, cacheté et scellé au notaire et à deux témoins, ou il le fera clore, cacheter et sceller en leur présence, et il déclarera que le contenu de ce papier est son testament, signé de lui, et écrit par lui ou par un autre, en affirmant, dans ce dernier cas, qu'il en a personnellement vérifié le libellé ; il indiquera, dans tous les cas, le mode d'écriture employé (à la main ou mécanique).

Le notaire en dressera, en brevet, l'acte de suscription qu'il écrira ou fera écrire à la main ou mécaniquement sur ce papier ou sur la feuille qui servira d'enveloppe et portera la date et l'indication du lieu où il a été passé, la description du pli et de l'empreinte du sceau, et mention de toutes les formalités ci-dessus ; cet acte sera signé tant par le testateur que par le notaire et les témoins.

Tout ce que dessus sera fait de suite et sans divertir à autres actes.

En cas que le testateur, par un empêchement survenu depuis la signature du testament, ne puisse signer l'acte de suscription, il sera fait mention de la déclaration qu'il en aura faite et du motif qu'il en aura donné.

**Article 977** Si le testateur ne sait signer ou s'il n'a pu le faire lorsqu'il a fait écrire ses dispositions, il sera procédé comme il est dit à l'article précédent ; il sera fait, en outre, mention à l'acte de suscription que le testateur a déclaré ne savoir signer ou n'avoir pu le faire lorsqu'il a fait écrire ses dispositions.

**Article 978** Ceux qui ne savent ou ne peuvent lire ne pourront faire de dispositions dans la forme du testament mystique.

**Article 979** En cas que le testateur ne puisse parler, mais qu'il puisse écrire, il pourra faire un testament mystique, à la charge expresse que le testament sera signé de lui et écrit par lui ou par un autre, qu'il le présentera au notaire et aux témoins, et qu'en haut de l'acte de suscription il écrira, en leur présence, que le papier qu'il présente est son testament et signera. Il sera fait mention dans l'acte de suscription que le testateur a écrit et signé ces mots en présence du notaire et des témoins et sera, au surplus, observé tout ce qui est prescrit par l'article 976 et n'est pas contraire au présent article.

Dans tous les cas prévus au présent article ou aux articles précédents, le testament mystique dans lequel n'auront point été observées les formalités légales, et qui sera nul comme tel, vaudra cependant comme testament olographe si toutes les conditions requises pour sa validité comme testament olographe sont remplies, même s'il a été qualifié de testament mystique.

**제976조** ① 유언자가 비밀증서로 유언하려는 경우, 처분내용을 담고 있는 용지 또는 봉투로 사용되는 용지가 있다면, 엄봉날인한다.

② 유언자는 전항에서 정한 바와 같이 엄봉날인된 용지를 공증인과 2인의 증인에게 제출하거나 그들의 면전에서 용지를 엄봉날인하고, 그 용지의 내용이 자신 또는 타인에 의하여 작성하였고, 타인이 작성한 경우에는 직접 문구를 검증하였음을 확인하며, 자신이 서명한 유언임을 표시한다. 어느 경우이건 유언자는 증서작성 방법(수기나 기계)을 표시하여야 한다.

③ 공증인은 그 용지 또는 봉투로 사용되는 용지 위에 수기나 기계로 스스로 기재하거나 타인에게 기재하게 한 인적사항증서를 원본환부증서의 방식으로 작성하면서, 증서가 작성된 날짜와 장소의 표시, 접힌 자국 및 날인의 모습을 기재하고 이상의 모든 절차에 대해서도 기재하여야 한다. 이 증서에는 유언자, 공증인 및 증인이 서명하여야 한다.

④ 위의 모든 절차는 연속적으로 그리고 다른 행위로 전용함이 없이 이루어져야 한다.
⑤ 유언자가 유언서에 서명한 이후에 발생한 장애로 인적사항증서에 서명할 수 없는 경우, 그와 같이 되었다는 진술 및 그에 대한 원인도 증서에 기재되어야 한다.

**제977조** 유언자가 타인에게 자신의 처분행위를 작성하게 한 경우 유언자가 서명할 줄 모르거나 서명할 수 없다면 전조에서 정한 절차에 의한다. 또한, 유언자가 타인에게 자신의 처분행위를 작성하게 한 경우 자신이 서명할 줄 모르거나 서명할 수 없다고 진술하는 것은 인적사항증서에 기재되어야 한다.

**제978조** 읽을 줄 모르거나 읽을 수 없는 사람은 비밀증서로 처분행위를 할 수 없다.

**제979조** ① 유언자가 말을 할 수 없으나 쓸 수 있는 경우, 유언자는 유언서가 유언자 자신 또는 타인에 의하여 작성되어 자신이 서명하였을 것, 유언자가 이 유언서를 공증인과 증인들에게 제시하였을 것, 인적사항증서의 상단에 유언자가 제시한 당해 용지가 자신의 유언서라는 것을 공증인과 증인의 면전에서 기재하고 서명한다는 특별한 부담 하에 비밀증서에 의한 유언을 할 수 있다. 인적사항증서에는 유언자가 공증인과 증인들의 면전에서 그와 같은 내용을 작성하고 서명하였다는 것을 기재하여야 하고, 더 나아가 제976조에 규정된 모든 사항이 준수되어야 하며, 본조에 반하지 않아야 한다.

② 본조 또는 앞선 조문들에서 규정한 모든 경우에, 비밀증서 유언에 법정의 방식이 준수되지 못하여 그 자체로는 무효라 하더라도, 자필유언으로서 유효하기 위해 필요한 모든 요건이 충족되면 그것이 비록 비밀증서 유언이었다고 하더라도 자필유언으로서 유효하다.

**Article 980** Les témoins appelés pour être présents aux testaments devront comprendre la langue française et être majeurs, savoir signer et avoir la jouissance de leurs droits civils. Ils pourront être de l'un ou de l'autre sexe, mais le mari et la femme ne pourront être témoins dans le même acte.

## Section 2 Des règles particulières sur la forme de certains testaments

**Article 981** Les testaments des militaires, des marins de l'Etat et des personnes employées à la suite des armées pourront être reçus dans les cas et conditions prévus à l'article 93 soit par un officier supérieur en présence de deux témoins ; soit par deux commissaires des armées ; soit par un commissaire des armées en présence de deux témoins ; soit enfin, dans un détachement isolé, par l'officier commandant ce détachement, assisté de deux témoins, s'il n'existe pas dans le détachement d'officier supérieur ou de commissaire des armées.

Le testament de l'officier commandant un détachement isolé pourra être reçu par l'officier qui vient après lui dans l'ordre du service.

La faculté de tester dans les conditions prévues au présent article s'étendra aux prisonniers chez l'ennemi.

**Article 982** Les testaments mentionnés à l'article précédent pourront encore, si le testateur est malade ou blessé, être reçus, dans les hôpitaux ou les formations sanitaires militaires, telles que les définissent les règlements de l'armée, par le médecin-chef, quel que soit son grade, assisté de l'officier d'administration gestionnaire.

A défaut de cet officier d'administration, la présence de deux témoins sera nécessaire.

**Article 983** Dans tous les cas, il est fait un double original des testaments mentionnés aux articles 981 et 982.

Si cette formalité n'a pu être accomplie en raison de l'état de santé du testateur, il est dressé une expédition du testament, signée par les témoins et par les officiers instrumentaires, pour tenir lieu du second original. Il y est fait mention des causes qui ont empêché de dresser le second original.

Dès que leur communication est possible, et dans le plus bref délai, les deux originaux, ou l'original et l'expédition du testament, sont adressés par courriers distincts, sous pli clos et cacheté, au ministre chargé de la défense nationale ou de la mer, pour être déposés chez le notaire indiqué par le testateur ou, à défaut d'indication, chez le président de la chambre des notaires de l'arrondissement du dernier domicile du testateur.

**제980조** 유언서에 참여하기 위해 소환된 증인은 프랑스어를 이해할 수 있는 성인으로서 서명을 할 줄 알고 민사적 권리를 향유하는 자이어야 한다. 증인의 성별은 불문하나 남편과 부인은 동일한 증서에서 증인이 될 수 없다.

## 제2절 일정한 유언 방식에 관한 특별규정

**제981조** ① 육군, 해군 및 군대에 의하여 고용된 자의 유언은 제93조에서 규정한 사유와 조건에 따라, 2인의 증인의 면전에서 1인의 고급장교에 의하든, 2인의 재정장교에 의하든, 2인의 증인의 면전에서 1인의 재정장교에 의하든 또는 격리된 파견 부대에서 고급장교나 재정장교가 없으면 2인의 증인이 참여 하에 그 파견부대를 지휘하는 장교에 의하여 작성될 수 있다.

② 격리된 파견부대를 지휘하는 장교의 유언은 업무 서열상 차순위의 장교에 의하여 작성될 수 있다.

③ 본조에서 정한 요건에 따른 유언의 능력은 적군의 포로로 있는 자에게도 미친다.

**제982조** ① 유언자가 질병에 걸리거나 부상당했다면, 제981조에서 규정한 유언은 군대의 규정이 정의하는 군병원이나 군위생부대 내에서 행정관리관의 참여 하에, 계급여하를 불문하고 수석군의관에 의하여 작성될 수 있다.

② 행정관리관이 없는 경우에는 2인의 증인의 참여가 요구된다.

**제983조** ① 어느 경우이든, 제981조와 제982조에 규정된 유언서는 2부의 원본으로 작성된다.

② 유언자의 건강상태를 이유로 위 방식이 충족될 수 없으면, 유언서 제2의 원본에 갈음할 수 있도록 등본을 작성하여 증인들과 입회장교가 서명한다. 제2의 원본을 작성함에 있어서 장애가 된 원인이 등본에 기재되어야 한다.

③ 2부의 유언서 원본 또는 1부의 유언서 원본과 그 등본은 그 송달이 가능하게 되는 즉시 최단기간 내에 엄봉된 채로 국방담당장관 또는 해양담당장관에게 별도의 우편으로 송달되어, 유언자에 의하여 지정된 공증인 또는 그와 같은 지정이 없는 경우에는 유언자의 최후 주소지가 속한 시·군·구의 공증인협회장에게 제출된다.

**Article 984** Le testament fait dans la forme ci-dessus établie sera nul six mois après que le testateur sera venu dans un lieu où il aura la liberté d'employer les formes ordinaires, à moins que, avant l'expiration de ce délai, il n'ait été de nouveau placé dans une des situations spéciales prévues à l'article 93. Le testament sera alors valable pendant la durée de cette situation spéciale et pendant un nouveau délai de six mois après son expiration.

**Article 985** Les testaments faits dans un lieu avec lequel toute communication est impossible à cause d'une maladie contagieuse peuvent être faits par toute personne atteinte de cette maladie ou située dans des lieux qui en sont infectés, devant le juge du tribunal judiciaire ou devant l'un des officiers municipaux de la commune, en présence de deux témoins.

**Article 986** Les testaments faits dans une île du territoire français, où il n'existe pas d'office notarial, peuvent, lorsque toute communication avec le territoire auquel cette île est rattachée est impossible, être reçus dans les formes prévues à l'article 985. L'impossibilité des communications est attestée dans l'acte par le juge du tribunal judiciaire ou l'officier municipal qui reçoit le testament.

**Article 987** Les testaments mentionnés aux deux précédents articles deviendront nuls six mois après que les communications auront été rétablies dans le lieu où le testateur se trouve, ou six mois après qu'il aura passé dans un lieu où elles ne seront point interrompues.

**Article 988** Au cours d'un voyage maritime, soit en route, soit pendant un arrêt dans un port, lorsqu'il y aura impossibilité de communiquer avec la terre ou lorsqu'il n'existera pas dans le port, si l'on est à l'étranger, d'agent diplomatique ou consulaire français investi des fonctions de notaire, les testaments des personnes présentes à bord seront reçus, en présence de deux témoins : sur les bâtiments de l'Etat, par l'officier d'administration ou, à son défaut, par le commandant ou celui qui en remplit les fonctions, et sur les autres bâtiments, par le capitaine, maître ou patron, assisté du second du navire, ou, à leur défaut, par ceux qui les remplacent.

L'acte indiquera celle des circonstances ci-dessus prévues dans laquelle il aura été reçu.

**제984조** 제981조부터 제983조의 방식으로 한 유언은 유언자가 통상적인 방식을 사용할 수 있는 자유를 얻게 되는 장소에 도착한 지 6개월 후에 무효로 되나, 이 기간이 만료하기 전에, 제93조에서 규정된 특별한 상황에 다시 처하게 된 경우에는 그러하지 아니하다. 유언은 이 경우에 이 특별한 상황이 계속되는 동안 및 그 상황이 종료된 후 새로운 6개월의 기간 동안 유효하다.

**제985조** 전염병으로 인하여 모든 통신이 불가능한 장소에서 한 유언은, 당해 질병에 걸리거나 감염된 지역 내에 있는 사람들에 의하여, 민사지방법원의 법관이나 당해 꼬뮌의 지방공무원의 면전에서 2인의 증인의 참여하에 이루어질 수 있다.

**제986조** 공증인사무소가 없는 프랑스 역내의 섬에서 한 유언은, 그 섬이 부속된 지역과의 모든 통신이 불가능한 경우, 제985조에서 규정된 방식으로 작성된다. 통신의 불가능은 유언서를 수취한 민사지방법원의 법관이나 지방공무원에 의하여 증서 상에 확인된다.

**제987조** 제985조 및 제986조에 규정된 유언은 유언자가 소재한 장소에서 통신이 복구된 지 6개월 후에, 통신이 두절되지 않을 장소로 유언자가 이동한 때로부터 6개월이 경과하면 무효가 된다.

**제988조** ① 해상여행의 항행 중이든 또는 항구에 정박하는 동안이든, 육지와 통신이 불가능하거나 외국에 있다면 항구에 공증인의 직무가 부여된 프랑스 외교관이나 영사가 없는 경우, 승선자의 유언은 2인의 증인의 면전에서, 프랑스 국적선박의 경우에는 행정관에 의하여 또는 행정관이 없는 경우에는 선장이나 그 직무를 수행하는 자에 의하여, 그 밖의 선박에서는 부선장의 참여로 또는 부선장이 없는 경우에는 그 직무를 대체하는 자의 참여로 선장 또는 선주에 의하여 작성된다.

② 유언서는 위에 규정된 유언의 수취 상황을 표시하여야 한다.

**Article 989** Sur les bâtiments de l'Etat, le testament de l'officier d'administration sera, dans les circonstances prévues à l'article précédent, reçu par le commandant ou par celui qui en remplit les fonctions, et, s'il n'y a pas d'officier d'administration, le testament du commandant sera reçu par celui qui vient après lui dans l'ordre du service.

Sur les autres bâtiments, le testament du capitaine, maître ou patron, ou celui du second, seront, dans les mêmes circonstances, reçus par les personnes qui viennent après eux dans l'ordre du service.

**Article 990** Dans tous les cas, il sera fait un double original des testaments mentionnés aux deux articles précédents.

Si cette formalité n'a pu être remplie à raison de l'état de santé du testateur, il sera dressé une expédition du testament pour tenir lieu du second original ; cette expédition sera signée par les témoins et par les officiers instrumentaires. Il y sera fait mention des causes qui ont empêché de dresser le second original.

**Article 991** Au premier arrêt dans un port étranger où se trouve un agent diplomatique ou consulaire français, l'un des originaux ou l'expédition du testament est remis, sous pli clos et cacheté, à celui-ci. Cet agent adresse ce pli au ministre chargé de la mer, afin que le dépôt prévu à l'article 983 soit effectué.

**Article 992** A l'arrivée du bâtiment dans un port du territoire national, les deux originaux du testament, ou l'original et son expédition, ou l'original qui reste, en cas de transmission ou de remise effectuée pendant le cours du voyage, sont déposés, sous pli clos et cacheté, pour les bâtiments de l'Etat au ministre chargé de la défense nationale et, pour les autres bâtiments, au ministre chargé de la mer. Chacune de ces pièces est adressée, séparément et par courriers différents, au ministre chargé de la mer, qui les transmet conformément à l'article 983.

**Article 993** Le livre de bord du bâtiment mentionne, en regard du nom du testateur, la remise des originaux ou l'expédition du testament faite, selon le cas, au consulat, au ministre chargé de la défense nationale ou au ministre chargé de la mer.

**제989조** ① 프랑스 국적선박의 경우 제988조에 규정된 상황에서, 행정관의 유언은 선장이나 그 직무를 수행하는 자에 의하여, 그리고 행정관이 없으면 선장의 유언은 직무 서열상 차순위자에 의하여 작성된다.

② 그 밖의 선박의 경우 동일한 상황에서, 선장이나 선주 또는 부선장의 유언은 직무 서열상 차순위자에 의하여 작성된다.

**제990조** ① 어느 경우이든 제988조 및 제989조에 규정된 유언서는 2부의 원본으로 작성된다.

② 유언자의 건강상태를 이유로 위 방식이 충족될 수 없으면, 제2의 원본에 갈음하기 위하여 유언서 등본이 작성된다. 이 등본에는 증인들과 입회공무원들이 서명한다. 제2의 원본을 작성할 수 없었던 원인이 등본에 기재된다.

**제991조** 프랑스 외교관이나 영사가 소재한 외국의 항구에 처음으로 정박하면, 유언서 원본 중 1부 또는 유언서 등본은 엄봉된 상태로 외교관이나 영사에게 교부되어야 한다. 당해 외교관이나 영사는 이 유언서를 제983조에서 규정된 제출이 이루어질 수 있도록 해양담당장관에게 송달한다.

**제992조** 선박이 국내영토의 항구에 도착하면, 2부의 유언서 원본 또는 1부의 원본과 등본 또는 항행 중 전달 또는 교부된 경우에 남은 1부의 원본은, 엄봉된 상태로, 국적선박의 경우에는 국방담당장관에게, 그 밖의 선박의 경우에는 해양담당장관에게 제출된다. 이들 각 유언서는 서로 분리되어 다른 우편으로 해양담당장관에게 송부되어야 하며, 해양담당장관은 유언서를 제983조에 따라 전달한다.

**제993조** 선박항해일지에는, 유언자의 성명 앞에 유언서의 원본 또는 등본이 경우에 따라 영사, 국방담당장관 또는 해양담당장관에게 송부되었음을 기재한다.

**Article 994** Le testament fait au cours d'un voyage maritime, en la forme prescrite par les articles 988 et suivants, ne sera valable qu'autant que le testateur mourra à bord ou dans les six mois après qu'il sera débarqué dans un lieu où il aura pu le refaire dans les formes ordinaires.

Toutefois, si le testateur entreprend un nouveau voyage maritime avant l'expiration de ce délai, le testament sera valable pendant la durée de ce voyage et pendant un nouveau délai de six mois après que le testateur sera de nouveau débarqué.

**Article 995** Les dispositions insérées dans un testament fait, au cours d'un voyage maritime, au profit des officiers du bâtiment autres que ceux qui seraient parents ou alliés du testateur, seront nulles et non avenues.

Il en sera ainsi, que le testament soit fait en la forme olographe ou qu'il soit reçu conformément aux articles 988 et suivants.

**Article 996** Il sera donné lecture au testateur, en présence des témoins, des dispositions de l'article 984, 987 ou 994, suivant le cas, et mention de cette lecture sera faite dans le testament.

**Article 997** Les testaments compris dans les articles ci-dessus de la présente section seront signés par le testateur, par ceux qui les auront reçus et par les témoins.

**Article 998** Si le testateur déclare qu'il ne peut ou ne sait signer, il sera fait mention de sa déclaration, ainsi que de la cause qui l'empêche de signer.

Dans le cas où la présence de deux témoins est requise, le testament sera signé au moins par l'un d'eux, et il sera fait mention de la cause pour laquelle l'autre n'aura pas signé.

**Article 999** Un Français qui se trouvera en pays étranger pourra faire ses dispositions testamentaires par acte sous signature privée, ainsi qu'il est prescrit en l'article 970, ou par acte authentique, avec les formes usitées dans le lieu où cet acte sera passé.

**Article 1000** Les testaments faits en pays étranger ne pourront être exécutés sur les biens situés en France qu'après avoir été enregistrés au bureau du domicile du testateur, s'il en a conservé un, sinon au bureau de son dernier domicile connu en France ; et, dans le cas où le testament contiendrait des dispositions d'immeubles qui y seraient situés, il devra être, en outre, enregistré au bureau de la situation de ces immeubles, sans qu'il puisse être exigé un double droit.

**제994조** ① 해상여행 중에 제988조 이하에 규정된 방식으로 한 유언은, 유언자가 승선 중에 사망한 경우, 또는 유언자가 통상적인 방식으로 유언을 다시 할 수 있는 장소에 하선한 후 6개월 이내에 사망한 경우에만 유효하다.

② 그러나, 유언자가 위 기간이 경과하기 전에 새로운 해상여행을 시작하면, 그 유언은 당해 여행기간 동안 및 유언자가 다시 하선한 후 새로운 6개월 동안 유효하다.

**제995조** ① 해상여행 중에 유언자의 혈족이나 인척이 아닌 자로서 선박 관리인의 이익을 위하여 유언에 삽입된 처분행위는 무효이며 성립하지 않은 것이 된다.

② 유언이 자필 방식으로 되었거나 제988조 이하의 규정에 따라 작성되었어도 마찬가지이다.

**제996조** 경우에 따라 제984조, 제987조 또는 제994조의 규정은 증인의 면전에서 유언자에게 낭독되어야 하며, 유언서에는 이러한 낭독에 대한 진술이 기재된다.

**제997조** 본절에서 위의 조문들에 포함된 유언은 유언자, 유언의 수취인 및 증인에 의하여 서명된다.

**제998조** ① 유언자가 서명할 수 없거나 서명할 줄 모른다고 진술하면, 그의 진술 및 유언자가 서명하는 것을 방해하는 사유도 유언서에 기재되어야 한다.
② 2인의 증인의 참여가 요구되는 경우, 유언서에는 그들 중 최소 1인이 서명하며, 다른 증인이 서명하지 않은 사유가 유언서에 기재된다.

**제999조** 외국에 있는 프랑스인은, 제970조에서 규정하는 것과 같은 사서증서에 의하거나, 증서가 성립된 장소에서 통용되는 방식을 가진 공정증서에 의하여 유언 처분행위를 할 수 있다.

**제1000조** 외국에서 한 유언은 프랑스에 소재하는 재산에 대하여 집행될 수 있는데, 유언자가 프랑스에 하나의 주소를 가지고 있으면 유언자의 주소지 사무소에 등록된 경우에 한하여, 그렇지 않으면 프랑스에서 알려진 유언자의 최후의 주소지 사무소에 등록된 경우에 한하여 그러하다. 유언이 프랑스에 소재하는 부동산의 처분행위를 포함하는 경우, 추가로 당해 부동산 소재지 사무소에 등록되어야 하나, 이 경우에는 이중의 등록세가 요구되지는 아니한다.

**Article 1001** Les formalités auxquelles les divers testaments sont assujettis par les dispositions de la présente section et de la précédente doivent être observées à peine de nullité.

### Section 3 Des institutions d'héritiers et des legs en général

**Article 1002** Les dispositions testamentaires sont ou universelles, ou à titre universel, ou à titre particulier.

Chacune de ces dispositions, soit qu'elle ait été faite sous la dénomination d'institution d'héritier, soit qu'elle ait été faite sous la dénomination de legs, produira son effet suivant les règles ci-après établies pour les legs universels, pour les legs à titre universel, et pour les legs particuliers.

**Article 1002-1** Sauf volonté contraire du disposant, lorsque la succession a été acceptée par au moins un héritier désigné par la loi, le légataire peut cantonner son émolument sur une partie des biens dont il a été disposé en sa faveur. Ce cantonnement ne constitue pas une libéralité faite par le légataire aux autres successibles.

### Section 4 Du legs universel

**Article 1003** Le legs universel est la disposition testamentaire par laquelle le testateur donne à une ou plusieurs personnes l'universalité des biens qu'il laissera à son décès.

**Article 1004** Lorsqu'au décès du testateur il y a des héritiers auxquels une quotité de ses biens est réservée par la loi, ces héritiers sont saisis de plein droit, par sa mort, de tous les biens de la succession ; et le légataire universel est tenu de leur demander la délivrance des biens compris dans le testament.

**Article 1005** Néanmoins, dans les mêmes cas, le légataire universel aura la jouissance des biens compris dans le testament, à compter du jour du décès, si la demande en délivrance a été faite dans l'année, depuis cette époque ; sinon, cette jouissance ne commencera que du jour de la demande formée en justice, ou du jour que la délivrance aurait été volontairement consentie.

**제1001조** 다양한 유언들이 본절 및 앞선 절의 규정들에 따르는 방식은 준수되어야 하며, 그렇지 않으면 무효가 된다.


### 제3절 상속인의 지정과 유증 일반

**제1002조** ① 유언처분은 포괄적 유증, 부분 포괄적 유증 또는 특정유증이 있다.

② 이들 각 처분은, 상속인의 지정의 명목으로 하든 유증의 명목으로 하든, 포괄적 유증, 부분 포괄적 유증 및 특정유증에 대하여 정한 다음의 규정들에 따라 그 효력이 발생한다.


**제1002-1조** 상속이 적어도 법률에서 정한 1인의 상속인에 의하여 승인된 경우, 처분자의 반대의 의사표시가 없으면, 수유자는 자신의 이익으로 처분된 재산의 일부에 대하여 자신의 취득분을 제한할 수 있다. 이 제한은 수유자의 다른 상속권자에 대한 무상양여를 구성하지 아니한다.


### 제4절 포괄적 유증

**제1003조** 포괄적 유증이란 유언자가 자신의 사망 시에 남길 재산 전체를 1인 또는 수인에게 이전하는 유언처분이다.

**제1004조** 유언자의 사망 시 법률에 의하여 유언자의 재산의 지분이 유보되어 있는 상속인이 있는 경우, 이 상속인들은 유언자의 사망에 의하여 모든 상속재산을 당연히 점유한다. 포괄적 수유자는 상속인들에게 유언에 포함된 재산의 인도를 청구할 책임이 있다.


**제1005조** 그럼에도 불구하고 같은 경우에, 사망한 날부터 1년 안에 인도청구가 되지 않으면, 포괄적 수유자는 그 당시부터 유언에 포함된 재산을 향유한다. 그렇지 않은 경우에는 이 향유는 재판상 청구가 행해진 날 또는 인도가 자발적으로 합의된 날부터만 시작된다.

**Article 1006** Lorsqu'au décès du testateur il n'y aura pas d'héritiers auxquels une quotité de ses biens soit réservée par la loi, le légataire universel sera saisi de plein droit par la mort du testateur, sans être tenu de demander la délivrance.

**Article 1007** Tout testament olographe ou mystique sera, avant d'être mis à exécution, déposé entre les mains d'un notaire. Le testament sera ouvert s'il est cacheté. Le notaire dressera sur-le-champ procès-verbal de l'ouverture et de l'état du testament, en précisant les circonstances du dépôt. Dans le cas prévu à l'article 1006, le notaire vérifiera les conditions de la saisine du légataire au regard du caractère universel de sa vocation et de l'absence d'héritiers réservataires. Il portera mention de ces vérifications sur le procès-verbal. Le testament ainsi que le procès-verbal seront conservés au rang des minutes du dépositaire.

Dans le mois qui suivra la date du procès-verbal, le notaire adressera une expédition de celui-ci et une copie figurée du testament au greffier du tribunal de grande instance du lieu d'ouverture de la succession, qui lui accusera réception de ces documents et les conservera au rang de ses minutes.

Dans le mois suivant cette réception, tout intéressé pourra s'opposer à l'exercice de ses droits par le légataire universel saisi de plein droit en vertu du même article 1006. En cas d'opposition, ce légataire se fera envoyer en possession. Les modalités d'application du présent alinéa sont déterminées par décret en Conseil d'Etat.

**Article 1008** (abrogé)

**Article 1009** Le légataire universel, qui sera en concours avec un héritier auquel la loi réserve une quotité des biens, sera tenu des dettes et charges de la succession du testateur, personnellement pour sa part et portion et hypothécairement pour le tout ; et il sera tenu d'acquitter tous les legs, sauf le cas de réduction, ainsi qu'il est expliqué aux articles 926 et 927.

## Section 5 Du legs à titre universel

**Article 1010** Le legs à titre universel est celui par lequel le testateur lègue une quote-part des biens dont la loi lui permet de disposer, telle qu'une moitié, un tiers, ou tous ses immeubles, ou tout son mobilier, ou une quotité fixe de tous ses immeubles ou de tout son mobilier.

Tout autre legs ne forme qu'une disposition à titre particulier.

**제1006조** 유언자의 사망 시 법률에 의하여 유언자의 재산의 지분이 유보된 상속인이 없는 경우, 포괄적 수유자는 인도청구할 책임이 없이 유언자의 사망에 의하여 당연히 점유한다.

**제1007조** ① 모든 자필유언이나 비밀증서에 의한 유언은 집행되기 전에 공증인에게 제출되어야 한다. 유언서가 봉인되어 있다면 개봉된다. 공증인은 제출 사정을 명시하여, 즉석에서 유언서의 개봉과 상태에 대한 조서를 작성한다. 제1006조에 규정된 경우에는, 공증인은 수유자의 권리의 포괄적 성격과 유류분권자가 없는 것과 관련하여 수유자의 유산점유 요건을 검증한다. 공증인은 조서에 이러한 검증을 기재한다. 유언서 및 조서도 수탁자의 원본으로 보관된다.

② 조서작성일로부터 1개월 안에 공증인은 상속개시 장소의 민사지방법원 서기에게 조서 등본과 유언서 사본을 송부하고, 그 서기는 공증인에게 서류의 접수를 고지하고 이를 정본으로 보관한다.

③ 이 접수로부터 1개월 안에 모든 이해관계인은 제1006조에 의하여 당연히 점유하는 포괄적 수유자에 의한 권리의 행사에 대하여 이의를 제기할 수 있다. 이의제기가 있는 경우 포괄적 수유자는 점유 부여를 받아야 한다. 본항의 적용방식은 국사원 데크레에 의하여 정해진다.

**제1008조** (삭제)

**제1009조** 법률로 재산의 지분을 유보한 상속인과 경합하는 포괄적 수유자는 유언자의 상속재산의 채무와 부담에 대하여, 개인적 책임으로서는 자신의 지분으로, 저당 책임으로서는 그 전부로 책임을 진다. 그리고 그는 제926조와 제927조에 명시된 바와 같은 감액의 경우를 제외하고는, 유증 전부를 이행할 책임이 있다.

### 제5절 부분 포괄적 유증

**제1010조** ① 부분 포괄적 유증이란 유언자가 법률이 처분을 허용하는 재산의 일부, 예컨대 2분의 1, 3분의 1, 부동산 전부, 동산 전부, 유언자의 부동산 전부나 동산 전부 중 정한 일부를 유증하는 것이다.

② 모든 다른 유증은 특정적 처분일 뿐이다.

**Article 1011** Les légataires à titre universel seront tenus de demander la délivrance aux héritiers auxquels une quotité des biens est réservée par la loi ; à leur défaut, aux légataires universels et, à défaut de ceux-ci, aux héritiers appelés dans l'ordre établi au titre "Des successions".

**Article 1012** Le légataire à titre universel sera tenu, comme le légataire universel, des dettes et charges de la succession du testateur, personnellement pour sa part et portion, et hypothécairement pour le tout.

**Article 1013** Lorsque le testateur n'aura disposé que d'une quotité de la portion disponible, et qu'il l'aura fait à titre universel, ce légataire sera tenu d'acquitter les legs particuliers par contribution avec les héritiers naturels.

### Section 6 Des legs particuliers

**Article 1014** Tout legs pur et simple donnera au légataire, du jour du décès du testateur, un droit à la chose léguée, droit transmissible à ses héritiers ou ayants cause.

Néanmoins le légataire particulier ne pourra se mettre en possession de la chose léguée, ni en prétendre les fruits ou intérêts, qu'à compter du jour de sa demande en délivrance, formée suivant l'ordre établi par l'article 1011, ou du jour auquel cette délivrance lui aurait été volontairement consentie.

**Article 1015** Les intérêts ou fruits de la chose léguée courront au profit du légataire, dès le jour du décès, et sans qu'il ait formé sa demande en justice:
1° Lorsque le testateur aura expressément déclaré sa volonté, à cet égard, dans le testament ;
2° Lorsqu'une rente viagère ou une pension aura été léguée à titre d'aliments.

**Article 1016** Les frais de la demande en délivrance seront à la charge de la succession, sans néanmoins qu'il puisse en résulter de réduction de la réserve légale.

Les droits d'enregistrement seront dus par le légataire.

Le tout, s'il n'en a été autrement ordonné par le testament.

Chaque legs pourra être enregistré séparément, sans que cet enregistrement puisse profiter à aucun autre qu'au légataire ou à ses ayants cause.

**제1011조** 부분 포괄적 수유자는 법률에 의하여 재산의 지분이 유보된 상속인에게, 그러한 상속인이 없다면 포괄적 수유자에게, 그리고 포괄적 수유자가 없다면 "상속재산"편에서 규정된 순서대로 지명된 상속인에게 인도를 청구할 책임이 있다.

**제1012조** 부분 포괄 수유자는, 포괄적 수유자와 마찬가지로, 유언자의 상속재산의 채무와 부담에 대하여, 개인적 책임으로서는 자신의 지분으로, 저당책임으로서는 그 전부로 책임을 진다.

**제1013조** 유언자가 처분가능분의 일부만을 처분하고 그것을 부분 포괄적 유증으로 한 경우, 부분 포괄적 수유자는 원래의 상속인과 분담하여 특정유증을 이행할 책임이 있다.

## 제6절 특정유증

**제1014조** ① 모든 단순유증은, 유언자의 사망일로부터 유증목적물에 대한 권리, 유언자의 상속인 또는 승계인에게 이전될 수 있는 권리를 수유자에게 이전한다.
② 그럼에도 불구하고 특정수유자는, 제1011조에 규정된 순서에 따라 인도청구가 행해진 날 또는 인도가 자발적으로 합의된 날로부터만 유증목적물을 점유할 수 있고, 과실이나 이자를 청구할 수 있다.

**제1015조** 다음 각 호의 경우에 유증목적물의 이자나 과실은 사망일로부터, 그리고 수유자가 재판상 청구함이 없이 수유자의 이익으로 귀속된다.
1. 유언자가 유언서에서 이에 대하여 그 의사를 명시적으로 표명한 경우

2. 종신정기금 또는 연금이 부양의 명목으로 유증된 경우

**제1016조** ① 인도청구의 비용은 상속재산으로 부담되지만, 법정 유류분의 감액으로 귀결되지는 아니한다.
② 등기세는 수유자가 부담한다.
③ 유언으로 다르게 정해지지 않았다면, 위 두 항이 적용된다.
④ 각 유증은 분리하여 등기될 수 있고, 이 등기는 수유자나 그의 승계인 이외의 다른 자 누구에게도 이익이 되지 아니한다.

**Article 1017** Les héritiers du testateur, ou autres débiteurs d'un legs, seront personnellement tenus de l'acquitter, chacun au prorata de la part et portion dont ils profiteront dans la succession.

Ils en seront tenus hypothécairement pour le tout, jusqu'à concurrence de la valeur des immeubles de la succession dont ils seront détenteurs.

**Article 1018** La chose léguée sera délivrée avec les accessoires nécessaires et dans l'état où elle se trouvera au jour du décès du donateur.

**Article 1019** Lorsque celui qui a légué la propriété d'un immeuble, l'a ensuite augmentée par des acquisitions, ces acquisitions, fussent-elles contiguës, ne seront pas censées, sans une nouvelle disposition, faire partie du legs.

Il en sera autrement des embellissements, ou des constructions nouvelles faites sur le fonds légué, ou d'un enclos dont le testateur aurait augmenté l'enceinte.

**Article 1020** Si, avant le testament ou depuis, la chose léguée a été hypothéquée pour une dette de la succession, ou même pour la dette d'un tiers, ou si elle est grevée d'un usufruit, celui qui doit acquitter le legs n'est point tenu de la dégager, à moins qu'il n'ait été chargé de le faire par une disposition expresse du testateur.

**Article 1021** Lorsque le testateur aura légué la chose d'autrui, le legs sera nul, soit que le testateur ait connu ou non qu'elle ne lui appartenait pas.

**Article 1022** Lorsque le legs sera d'une chose indéterminée, l'héritier ne sera pas obligé de la donner de la meilleure qualité, et il ne pourra l'offrir de la plus mauvaise.

**Article 1023** Le legs fait au créancier ne sera pas censé en compensation de sa créance, ni le legs fait au domestique en compensation de ses gages.

**Article 1024** Le légataire à titre particulier ne sera point tenu des dettes de la succession, sauf la réduction du legs ainsi qu'il est dit ci-dessus, et sauf l'action hypothécaire des créanciers.

**제1017조** ① 유언자의 상속인들 또는 유증의 다른 채무자들은, 그들이 상속재산에서 이익을 얻은 각자의 지분에 비례하여 인적으로 유증을 이행할 책임이 있다.

② 그들은, 자신이 점유자인 상속재산의 부동산 가액의 한도까지 저당책임으로서는 그 전부로 책임을 진다.

**제1018조** 유증목적물은 필요한 부속물과 함께, 그리고 증여자의 사망일의 상태로 인도된다.


**제1019조** ① 부동산의 소유권을 유증한 자가 이후 취득에 의하여 부동산을 증가시킨 경우, 이 취득물이 인접해 있더라도, 새로운 처분이 없으면 유증의 일부가 되는 것으로 간주되지 아니한다.
② 유증된 토지에 행해진 장식 또는 신건축물 또는 유언자가 구역을 확장한 울타리는 그러하지 아니하다.

**제1020조** 유언의 전후로 유증물이 상속재산의 채무 또는 제3자의 채무를 위하여 저당권이나 점용권이 설정되었다면, 유증을 이행하여야 할 자는 이를 소멸시킬 책임이 없지만, 유언자의 명시적 처분에 의하여 저당권이나 점용권을 소멸시킬 의무가 있는 경우에는 그러하지 아니하다.


**제1021조** 유언자가 타인의 물건을 유증한 경우, 유언자가 그 물건이 자신에게 속하지 않음을 알았든 몰랐든 그 유증은 무효이다.

**제1022조** 유증이 불특정물에 대한 것인 경우, 상속인은 최상의 품질로 제공할 의무는 없지만 최하의 품질로 제공할 수도 없다.

**제1023조** 채권자에게 한 유증은 그 채무의 상계로 간주되지 않고 가사고용인에게 한 유증은 급료의 상계로 간주되지 아니한다.

**제1024조** 특정수유자는 상속재산의 채무에 대한 책임을 부담하지 않으나, 위에서 언급한 유증의 감액 및 채권자들의 저당소권의 경우에는 그러하지 아니하다.

## Section 7 Des exécuteurs testamentaires

**Article 1025** Le testateur peut nommer un ou plusieurs exécuteurs testamentaires jouissant de la pleine capacité civile pour veiller ou procéder à l'exécution de ses volontés.

L'exécuteur testamentaire qui a accepté sa mission est tenu de l'accomplir.

Les pouvoirs de l'exécuteur testamentaire ne sont pas transmissibles à cause de mort.

**Article 1026** L'exécuteur testamentaire peut être relevé de sa mission pour motifs graves par le tribunal.

**Article 1027** S'il y a plusieurs exécuteurs testamentaires acceptant, l'un d'eux peut agir à défaut des autres, à moins que le testateur en ait disposé autrement ou qu'il ait divisé leur fonction.

**Article 1028** L'exécuteur testamentaire est mis en cause en cas de contestation sur la validité ou l'exécution d'un testament ou d'un legs.

Dans tous les cas, il intervient pour soutenir la validité ou exiger l'exécution des dispositions litigieuses.

**Article 1029** L'exécuteur testamentaire prend les mesures conservatoires utiles à la bonne exécution du testament.

Il peut faire procéder, dans les formes prévues à l'article 789, à l'inventaire de la succession en présence ou non des héritiers, après les avoir dûment appelés.

Il peut provoquer la vente du mobilier à défaut de liquidités suffisantes pour acquitter les dettes urgentes de la succession.

**Article 1030** Le testateur peut habiliter l'exécuteur testamentaire à prendre possession en tout ou partie du mobilier de la succession et à le vendre s'il est nécessaire pour acquitter les legs particuliers dans la limite de la quotité disponible.

**Article 1030-1** En l'absence d'héritier réservataire acceptant, le testateur peut habiliter l'exécuteur testamentaire à disposer en tout ou partie des immeubles de la succession, recevoir et placer les capitaux, payer les dettes et les charges et procéder à l'attribution ou au partage des biens subsistants entre les héritiers et les légataires.

A peine d'inopposabilité, la vente d'un immeuble de la succession ne peut intervenir qu'après information des héritiers par l'exécuteur testamentaire.

## 제7절 유언집행자

**제1025조** ① 유언자는 자신의 의사의 집행을 감독하거나 실행하기 위하여 완전한 민사능력을 향유하는 1인 또는 수인의 유언집행자를 지정할 수 있다.
② 임무를 승낙한 유언집행자는 그 임무를 이행할 책임이 있다.
③ 유언집행자의 권한은 그의 사망으로 인하여 이전되지 아니한다.

**제1026조** 유언집행자는 중대한 사유를 이유로 법원에 의하여 해임될 수 있다.

**제1027조** 승낙한 유언집행자가 수인이면, 각 유언집행자는 다른 유언집행자가 없이도 활동할 수 있으나, 유언자가 달리 처분하였거나 또는 유언집행자의 임무를 분담시킨 경우에는 그러하지 아니하다.

**제1028조** ① 유언집행자는 유언 또는 유증의 유효성이나 집행에 대한 이의로 인한 소를 제기받는다.
② 모든 경우에, 유언집행자는 다툼이 있는 처분의 유효성을 주장하거나 그 집행을 요구하기 위하여 관여한다.

**제1029조** ① 유언집행자는 유언의 적절한 집행에 필요한 보전조치를 한다.

② 유언집행자는, 상속인들을 적법하게 소집한 뒤 상속인이 참여하든 그렇지 않든, 제789조에서 규정한 방식으로 상속재산목록의 작성에 착수할 수 있다.
③ 유언집행자는 상속재산의 긴급한 채무를 변제하기에 충분한 유동자산이 없는 경우에는 동산의 매매를 추진할 수 있다.

**제1030조** 유언자는 유언집행자에게 상속재산 중 동산의 전부나 일부를 점유할 권한, 그리고 처분가능분의 한도 내에서 특정유증을 이행하기 위하여 필요하다면 이를 매매할 권한을 부여할 수 있다.

**제1030-1조** ① 상속을 승인한 유류분권자가 없는 경우, 유언자는 유언집행자에게 상속재산 중 부동산의 전부 또는 일부를 처분하고, 자산을 수령하고 배치하며, 채무와 부담을 변제하고, 상속인과 수유자들에게 잔존재산의 귀속 또는 분배를 실행할 권한을 부여할 수 있다.

② 대항하기 위해서는, 상속재산 중 부동산의 매매는 유언집행자가 상속인에게 통지한 이후에만 행해져야 한다.

**Article 1030-2** Lorsque le testament a revêtu la forme authentique, l'envoi en possession n'est pas requis pour l'exécution des pouvoirs mentionnés aux articles 1030 et 1030-1.

**Article 1031** Les habilitations mentionnées aux articles 1030 et 1030-1 sont données par le testateur pour une durée qui ne peut excéder deux années à compter de l'ouverture du testament. Une prorogation d'une année au plus peut être accordée par le juge.

**Article 1032** La mission de l'exécuteur testamentaire prend fin au plus tard deux ans après l'ouverture du testament sauf prorogation par le juge.

**Article 1033** L'exécuteur testamentaire rend compte dans les six mois suivant la fin de sa mission.

Si l'exécution testamentaire prend fin par le décès de l'exécuteur, l'obligation de rendre des comptes incombe à ses héritiers.

Il assume la responsabilité d'un mandataire à titre gratuit.

**Article 1033-1** La mission d'exécuteur testamentaire est gratuite, sauf libéralité faite à titre particulier eu égard aux facultés du disposant et aux services rendus.

**Article 1034** Les frais supportés par l'exécuteur testamentaire dans l'exercice de sa mission sont à la charge de la succession.

### Section 8 De la révocation des testaments et de leur caducité

**Article 1035** Les testaments ne pourront être révoqués, en tout ou en partie, que par un testament postérieur ou par un acte devant notaires portant déclaration du changement de volonté.

**Article 1036** Les testaments postérieurs, qui ne révoqueront pas d'une manière expresse les précédents, n'annuleront, dans ceux-ci, que celles des dispositions y contenues qui se trouveront incompatibles avec les nouvelles ou qui seront contraires.

**Article 1037** La révocation faite dans un testament postérieur aura tout son effet, quoique ce nouvel acte reste sans exécution par l'incapacité de l'héritier institué ou du légataire, ou par leur refus de recueillir.

**제1030-2조** 유언이 공정증서로 작성된 경우, 제1030조 및 제1030-1조에 규정된 권한의 집행에 있어서 점유권 부여가 요구되지 아니한다.

**제1031조** 제1030조 및 제1030-1조에 규정된 권한 부여는 유언서의 개봉 시로부터 2년을 초과할 수 없는 기간 동안 유언자에 의하여 이루어진다. 최대 1년의 기간 연장이 법원에 의하여 인정될 수 있다.

**제1032조** 유언집행자 임무는, 법원에 의한 기간 연장이 없는 한, 유언서의 개봉 이후 늦어도 2년 내에 종료한다.

**제1033조** ① 유언집행자는 그 임무종료 후 6개월 내에 보고하여야 한다.

② 유언의 집행이 유언집행자의 사망으로 종료하면, 보고의무는 유언집행자의 상속인에게 부과된다.
③ 유언집행자는 무상수임인의 책임을 진다.

**제1033-1조** 유언집행자의 임무는 무상이지만, 처분자의 권한과 제공된 서비스를 고려하여 특정되어 행해진 무상양여는 그러하지 아니하다.

**제1034조** 유언집행자에 의하여 그의 임무수행으로 발생한 비용은 상속재산의 부담으로 한다.

### 제8절 유언의 철회와 실효

**제1035조** 유언은, 후속 유언 또는 공증인 앞에서 의사변경의 표시를 포함하는 행위를 한 경우에만, 전부 또는 일부가 철회될 수 있다.

**제1036조** 종전 유언을 명백하게 철회하지 않는 후속 유언은, 종전 유언 가운데 새로운 유언과 양립할 수 없거나 저촉되는 내용만을 무효로 한다.

**제1037조** 후속 유언에서 행해진 철회는, 지정상속인이나 수유자가 수령할 능력이 없거나 수령을 거절하여 새로운 행위가 집행되지 않더라도, 완전한 효력이 있다.

**Article 1038** Toute aliénation, celle même par vente avec faculté de rachat ou par échange, que fera le testateur de tout ou de partie de la chose léguée, emportera la révocation du legs pour tout ce qui a été aliéné, encore que l'aliénation postérieure soit nulle, et que l'objet soit rentré dans la main du testateur.

**Article 1039** Toute disposition testamentaire sera caduque si celui en faveur de qui elle est faite n'a pas survécu au testateur.

**Article 1040** Toute disposition testamentaire faite sous une condition dépendante d'un événement incertain, et telle que, dans l'intention du testateur, cette disposition ne doive être exécutée qu'autant que l'événement arrivera ou n'arrivera pas, sera caduque, si l'héritier institué ou le légataire décède avant l'accomplissement de la condition.

**Article 1041** La condition qui, dans l'intention du testateur, ne fait que suspendre l'exécution de la disposition, n'empêchera pas l'héritier institué, ou le légataire, d'avoir un droit acquis et transmissible à ses héritiers.

**Article 1042** Le legs sera caduc si la chose léguée a totalement péri pendant la vie du testateur.

Il en sera de même si elle a péri depuis sa mort, sans le fait et la faute de l'héritier, quoique celui-ci ait été mis en retard de la délivrer, lorsqu'elle eût également dû périr entre les mains du légataire.

**Article 1043** La disposition testamentaire sera caduque lorsque l'héritier institué ou le légataire la répudiera ou se trouvera incapable de la recueillir.

**Article 1044** Il y aura lieu à accroissement au profit des légataires dans le cas où le legs sera fait à plusieurs conjointement.

Le legs sera réputé fait conjointement lorsqu'il le sera par une seule et même disposition et que le testateur n'aura pas assigné la part de chacun des colégataires dans la chose léguée.

**Article 1045** Il sera encore réputé fait conjointement quand une chose qui n'est pas susceptible d'être divisée sans détérioration aura été donnée par le même acte à plusieurs personnes, même séparément.

**제1038조** 모든 양도행위는, 환매조건부 매매나 교환에 의하여, 유언자가 유증물의 전부 또는 일부에 대한 것일지라도, 양도된 재산의 전부에 관하여 유증 철회의 효력이 발생하고, 후의 양도가 무효여서 양도된 재산이 유언자의 수중으로 회복되었더라도 같다,

**제1039조** 모든 유언처분은, 당해 유언의 수익자가 유언자보다 더 오래 생존하지 않는다면 실효될 것이다.

**제1040조** 유언자의 의사로 사건의 발생 여부에 따라서만 처분이 이행되도록 하는 경우와 같이, 불확실한 사건에 의존하는 조건 하에 이루어진 모든 유언처분은 지정상속인 또는 수유자가 그 조건의 성취 전에 사망하면 실효된다.

**제1041조** 유언자의 의사로 처분의 이행을 정지시킬 뿐인 조건은, 지정상속인 또는 수유자로 하여금 그의 상속인들에게 양도가능한 권리를 취득함을 방해하지 아니한다.

**제1042조** ① 유증물이 유언자의 생존 중 완전히 멸실되었다면, 그 유증은 실효된다.

② 유증물이 유언자의 사망 후에 상속인의 행위나 과책 없이 멸실되었다면, 상속인이 인도를 지체하였을지라도 유증물이 수유자의 수중에서 똑같이 멸실되었을 경우에도, 마찬가지이다.

**제1043조** 지정상속인이나 수유자가 유증을 포기하거나 수령할 능력이 없는 경우에도 그 유언처분은 실효된다.

**제1044조** ① 유증이 수인에게 공동으로 행하여진 경우, 다른 수유자들의 이익을 위하여 수유분의 증대가 발생할 수 있다.
② 유증이 하나의 동일한 처분행위에 의하여 행해지고 유언자가 유증물에 대한 공동수유자들 각자의 수유분을 지정하지 아니한 경우, 그 유증은 공동으로 행해진 것으로 본다.

**제1045조** 훼손되지 않고는 분리될 수 없는 목적물을 수인에게 동일한 증서에 의하여 주어지는 때에도, 그것이 별도로 행해졌을지라도, 그 유증은 공동으로 행해진 것으로 본다.

**Article 1046** Les mêmes causes qui, suivant l'article 954 et les deux premières dispositions de l'article 955, autoriseront la demande en révocation de la donation entre vifs, seront admises pour la demande en révocation des dispositions testamentaires.

**Article 1047** Si cette demande est fondée sur une injure grave faite à la mémoire du testateur, elle doit être intentée dans l'année, à compter du jour du délit.

## Chapitre VI Des libéralités graduelles et résiduelles

### Section 1 Des libéralités graduelles

**Article 1048** Une libéralité peut être grevée d'une charge comportant l'obligation pour le donataire ou le légataire de conserver les biens ou droits qui en sont l'objet et de les transmettre, à son décès, à un second gratifié, désigné dans l'acte.

**Article 1049** La libéralité ainsi consentie ne peut produire son effet que sur des biens ou des droits identifiables à la date de la transmission et subsistant en nature au décès du grevé.

Lorsqu'elle porte sur des valeurs mobilières, la libéralité produit également son effet, en cas d'aliénation, sur les valeurs mobilières qui y ont été subrogées.

Lorsqu'elle concerne un immeuble, la charge grevant la libéralité est soumise à publicité.

**Article 1050** Les droits du second gratifié s'ouvrent à la mort du grevé.

Toutefois, le grevé peut abandonner, au profit du second gratifié, la jouissance du bien ou du droit objet de la libéralité.

Cet abandon anticipé ne peut préjudicier aux créanciers du grevé antérieurs à l'abandon, ni aux tiers ayant acquis, de ce dernier, un droit sur le bien ou le droit abandonné.

**Article 1051** Le second gratifié est réputé tenir ses droits de l'auteur de la libéralité. Il en va de même de ses héritiers lorsque ceux-ci recueillent la libéralité dans les conditions prévues à l'article 1056.

**Article 1052** Il appartient au disposant de prescrire des garanties et des sûretés pour la bonne exécution de la charge.

**제1046조** 제954조와 제955조 제1호 및 제2호에 좇아, 생전증여의 철회 청구를 허용하는 동일한 사유는, 유언처분의 철회 청구에도 인정된다.

**제1047조** 철회청구가 유언자의 명예에 대한 중대한 훼손을 이유로 한다면, 그 청구는 불법행위를 한 날로부터 1년 내에 행해져야 한다.

## 제6장 순차적 및 잔여재산 무상양여

### 제1절 순차적 무상양여

**제1048조** 무상양여는 수증자 또는 수유자에게 그 대상이 되는 재산 또는 권리를 보존하여, 그의 사망 시, 증서에 지정된 2차 수혜자에게, 이를 넘겨줄 의무를 포함하는 부담이 부과될 수 있다.

**제1049조** ① 이와 같이 표시된 무상양여는 그 이전일에 확인가능하고 의무부담자의 사망 시에 원물로 존재하는 재산 또는 권리에 대해서만 그 효력이 발생한다.

② 무상양여가 유가증권에 관한 것인 경우, 무상양여는 유가증권 양도 시 이를 대위하는 유가증권에도 동일한 효력을 발생한다.
③ 무상양여가 부동산에 관한 경우, 무상양여에 부과된 부담은 공시되어야 한다.

**제1050조** ① 2차 수혜자의 권리는 의무부담자의 사망 시에 개시된다.
② 그러나 의무부담자는, 2차 수혜자의 이익을 위하여, 무상양여의 대상인 재산 또는 권리의 향유를 포기할 수 있다.
③ 이 사전포기는 포기에 앞서 존재하는 의무부담자의 채권자도, 포기된 권리 또는 재산에 대한 권리를 의무부담자로부터 승계한 제3자도, 해할 수 없다.

**제1051조** 2차 수혜자는 그 권리를 무상양여자로부터 취득한 것으로 본다. 2차 수혜자의 상속인이 제1056조에 규정된 요건에 따라 무상양여를 받을 경우에도 마찬가지이다.

**제1052조** 부담의 적정한 이행을 위하여 담보 및 담보권을 정하는 것은 처분자의 의무이다.

**Article 1053** Le second gratifié ne peut être soumis à l'obligation de conserver et de transmettre.

Si la charge a été stipulée au-delà du premier degré, elle demeure valable mais pour le premier degré seulement.

**Article 1054** Si le grevé est héritier réservataire du disposant, la charge ne peut être imposée que sur la quotité disponible.

Le donataire peut toutefois accepter, dans l'acte de donation ou postérieurement dans un acte établi dans les conditions prévues à l'article 930, que la charge grève tout ou partie de sa réserve.

Le légataire peut, dans un délai d'un an à compter du jour où il a eu connaissance du testament, demander que sa part de réserve soit, en tout ou partie, libérée de la charge. A défaut, il doit en assumer l'exécution.

La charge portant sur la part de réserve du grevé, avec son consentement, bénéficie de plein droit, dans cette mesure, à l'ensemble de ses enfants nés et à naître.

**Article 1055** L'auteur d'une donation graduelle peut la révoquer à l'égard du second gratifié tant que celui-ci n'a pas notifié, dans les formes requises en matière de donation, son acceptation au donateur.

Par dérogation à l'article 932, la donation graduelle peut être acceptée par le second gratifié après le décès du donateur.

**Article 1056** Lorsque le second gratifié prédécède au grevé ou renonce au bénéfice de la libéralité graduelle, les biens ou droits qui en faisaient l'objet dépendent de la succession du grevé, à moins que l'acte prévoit expressément que ses héritiers pourront la recueillir ou désigne un autre second gratifié.

### Section 2 Des libéralités résiduelles

**Article 1057** Il peut être prévu dans une libéralité qu'une personne sera appelée à recueillir ce qui subsistera du don ou legs fait à un premier gratifié à la mort de celui-ci.

**Article 1058** La libéralité résiduelle n'oblige pas le premier gratifié à conserver les biens reçus. Elle l'oblige à transmettre les biens subsistants.

Lorsque les biens, objets de la libéralité résiduelle, ont été aliénés par le premier gratifié, les droits du second bénéficiaire ne se reportent ni sur le produit de ces aliénations ni sur les nouveaux biens acquis.

**제1053조** ① 2차 수혜자는 보존하고 이전할 의무를 부담하지 아니한다.

② 그 부담이 제1대를 넘어 규정되었다면, 그 부담은 제1대에 대해서만 유효하다.

**제1054조** ① 이전의무부담자가 처분자의 유류분권자이면, 그 부담은 임의처분가능분에만 부과될 수 있다.
② 그러나 수증자는, 증여 증서 또는 제930조에 규정된 요건에 따라 추후에 작성된 증서에서, 위의 부담이 유류분 전부 또는 일부에 부과되는 것을 승낙할 수 있다.

③ 수유자는 유언을 안 날로부터 1년의 기간 내에 그 유류분이 전부이든 일부이든 위의 부담에서 벗어나도록 청구할 수 있다. 청구가 없다면 수유자는 이를 이행하여야 한다.

④ 이전의무부담자의 유류분에 대한 부담은, 이전의무부담자의 의사표시와 함께, 법률상 당연히, 그 범위에서 태어나거나 태어날 자녀 집단의 이익이 된다.

**제1055조** ① 순차적 증여자는, 2차 수혜자가 증여 방식에 요구되는 형식으로 승낙을 통지하지 않는 한, 2차 수혜자에 대하여 그 증여를 철회할 수 있다.

② 제932조의 예외로, 순차적 증여는 증여자의 사망 후에 2차 수혜자에 의하여 승낙될 수 있다.

**제1056조** 2차 수혜자가 이전의무부담자보다 먼저 사망하거나 순차적 무상양여의 이익을 포기하는 경우, 그 대상인 재산 또는 권리는 이전의무부담자의 상속에 따르지만, 증서가 그의 상속인이 위 무상양여를 받을 수 있다고 명시적으로 규정하거나 다른 2차 수혜자를 지정한 경우에는 그러하지 아니하다.

## 제2절 잔여재산 무상양여

**제1057조** 무상양여에서, 1차 수익자의 사망 시 1차 수익자에게 행하여진 증여 또는 유증으로부터 남아있는 재산을 어떤 자가 취득할 수 있다고 정할 수 있다.

**제1058조** ① 잔여재산 무상양여는 1차 수익자에게 받은 재산을 보존할 의무를 부담시키지 아니한다. 잔여재산 무상양여는 1차 수익자에게 남아있는 재산을 넘겨줄 의무를 부담시킨다.
② 잔여재산 무상양여의 대상인 재산이 1차 수익자에 의하여 양도되었던 경우, 2차 수혜자의 권리는 그 양도로 인한 수익으로 취득한 새로운 재산 위에도 존속하지 아니한다.

**Article 1059** Le premier gratifié ne peut disposer par testament des biens donnés ou légués à titre résiduel.

La libéralité résiduelle peut interdire au premier gratifié de disposer des biens par donation entre vifs.

Toutefois, lorsqu'il est héritier réservataire, le premier gratifié conserve la possibilité de disposer entre vifs ou à cause de mort des biens qui ont été donnés en avancement de part successorale.

**Article 1060** Le premier gratifié n'est pas tenu de rendre compte de sa gestion au disposant ou à ses héritiers.

**Article 1061** Les dispositions prévues aux articles 1049, 1051, 1052, 1055 et 1056 sont applicables aux libéralités résiduelles.

**Article 1061** Les dispositions

**Article 1062 à Article 1074** (abrogé)

## Chapitre VII Des libéralités-partages

### Section 1 Dispositions générales

**Article 1075** Toute personne peut faire, entre ses héritiers présomptifs, la distribution et le partage de ses biens et de ses droits.

Cet acte peut se faire sous forme de donation-partage ou de testament-partage. Il est soumis aux formalités, conditions et règles prescrites pour les donations entre vifs dans le premier cas et pour les testaments dans le second.

**Article 1075-1** Toute personne peut également faire la distribution et le partage de ses biens et de ses droits entre des descendants de degrés différents, qu'ils soient ou non ses héritiers présomptifs.

**제1059조** ① 1차 수익자는 잔여재산 이전의 명목으로 증여 또는 유증받은 재산을 유언에 의하여 처분할 수 없다.

② 잔여재산 무상양여는 1차 수익자에게 생전증여에 의하여 받은 재산을 처분하는 것을 금지할 수 있다.

③ 그러나, 1차 수익자가 유류분권자인 경우에는, 1차 수익자는 상속분의 선급으로 증여된 재산을 생전에 또는 사망을 이유로 처분할 가능성을 보유한다.

**제1060조** 1차 수익자는 그 재산관리를 처분자 또는 그의 상속인에게 보고할 의무를 부담하지 아니한다.

**제1061조** 제1049조, 제1051조, 제1052조, 제1055조 및 제1056조의 규정은 잔여재산 무상양여에 준용된다.

**제1062조부터 제1074조** (삭제)

### 제7장 분할무상양여

### 제1절 총칙

**제1075조** ① 누구나 자신의 재산과 권리를 그의 상속인 사이에 분배 및 분할을 할 수 있다.

② 이 행위는 분할증여 또는 분할유증의 방식으로 할 수 있다. 그것은 분할증여의 경우에는 생전증여에 관한 절차, 요건, 규정에 따르고, 분할유증의 경우에는 유언에 관한 절차, 요건, 규정에 따른다.

**제1075-1조** 누구나 자신의 재산과 권리를, 추정상속인이든 아니든, 촌수가 다른 직계비속 사이에서도 분배 및 분할을 할 수 있다.

**Article 1075-2** Si ses biens comprennent une entreprise individuelle à caractère industriel, commercial, artisanal, agricole ou libéral ou des droits sociaux d'une société exerçant une activité à caractère industriel, commercial, artisanal, agricole ou libéral et dans laquelle il exerce une fonction dirigeante, le disposant peut en faire, sous forme de donation-partage et dans les conditions prévues aux articles 1075 et 1075-1, la distribution et le partage entre le ou les donataires visés auxdits articles et une ou plusieurs autres personnes, sous réserve des conditions propres à chaque forme de société ou stipulées dans les statuts.

Cette libéralité est faite sous réserve que les biens corporels et incorporels affectés à l'exploitation de l'entreprise ou les droits sociaux entrent dans cette distribution et ce partage, et que cette distribution et ce partage aient pour effet de n'attribuer à ces autres personnes que la propriété ou la jouissance de tout ou partie de ces biens ou droits.

**Article 1075-3** L'action en complément de part pour cause de lésion ne peut être exercée contre les donations-partages et les testaments-partages.

**Article 1075-4** Les dispositions de l'article 828, sont applicables aux soultes mises à la charge des donataires, nonobstant toute convention contraire.

**Article 1075-5** Si tous les biens ou droits que le disposant laisse au jour de son décès n'ont pas été compris dans le partage, ceux de ses biens ou droits qui n'y ont pas été compris sont attribués ou partagés conformément à la loi.

### Section 2 Des donations-partages

### Paragraphe 1 Des donations-partages faites aux héritiers présomptifs

**Article 1076** La donation-partage ne peut avoir pour objet que des biens présents.

La donation et le partage peuvent être faits par actes séparés pourvu que le disposant intervienne aux deux actes.

**Article 1076-1** En cas de donation-partage faite conjointement par deux époux, l'enfant non commun peut être alloti du chef de son auteur en biens propres de celui-ci ou en biens communs, sans que le conjoint puisse toutefois être codonateur des biens communs.

**제1075-2조** ① 처분자의 재산이 공업, 상업, 수공업, 농업 또는 전문직 성질의 개인기업, 또는 처분자가 경영자의 직무를 수행하는, 공업, 상업, 수공업, 농업 또는 전문직 성질의 활동을 수행하는 회사의 사원권을 포함하면, 처분자는 분할증여의 형태로 제1075조와 제1075-1조에서 정한 요건에 따라, 위 조문상의 수증자와 1인 또는 수인의 다른 사람들 사이에, 기업의 각 형식에 고유한 요건 또는 정관의 규정을 유보하여 분배 및 분할을 할 수 있다.

② 제1항의 무상양여는, 기업의 경영에 사용되는 유형·무형의 재산 또는 사원권이 이 분배 및 분할에 포함되고 이 분배 및 분할은 위 재산이나 권리의 전부 또는 일부에 대한 소유권이나 향유권만을 위 다른 사람들에게 할당하는 효력을 가진다는 조건 하에 행해진다.

**제1075-3조** 급부불균형을 이유로 하는 상속분보충소권은 분할증여 및 분할유증에 대하여 행사될 수 없다.

**제1075-4조** 제828조의 규정은, 모든 반대의 합의에도 불구하고, 수증자가 부담하는 보충금에 대하여 준용된다.

**제1075-5조** 처분자의 분할이 그가 사망 시에 남겨놓은 재산 또는 권리의 전부를 대상으로 하는 경우가 아니라면, 그 분할에 포함되지 않은 재산 또는 권리는 법률에 따라 할당되거나 분할된다.

### 제2절 분할증여

### 제1관 추정상속인에게 행해진 분할증여

**제1076조** ① 분할증여는 현존재산만을 그 목적으로 할 수 있다.
② 증여와 분할은, 처분자가 두 행위에 관여하는 한, 별개의 행위로 행해질 수 있다.

**제1076-1조** 분할증여가 두 배우자에 의하여 함께 행해지는 경우, 일방 배우자의 자녀는 자신의 부 또는 모의 권한으로 그의 특유재산이나 공동재산을 분배받을 수 있으나, 상대배우자가 공동재산의 공동증여자인 경우에는 그러하지 아니하다.

**Article 1077** Les biens reçus à titre de partage anticipé par un héritier réservataire présomptif s'imputent sur sa part de réserve, à moins qu'ils n'aient été donnés expressément hors part.

**Article 1077-1** L'héritier réservataire, qui n'a pas concouru à la donation-partage, ou qui a reçu un lot inférieur à sa part de réserve, peut exercer l'action en réduction, s'il n'existe pas à l'ouverture de la succession des biens non compris dans le partage et suffisants pour composer ou compléter sa réserve, compte tenu des libéralités dont il a pu bénéficier.

**Article 1077-2** Les donations-partages suivent les règles des donations entre vifs pour tout ce qui concerne l'imputation, le calcul de la réserve et la réduction.

L'action en réduction ne peut être introduite qu'après le décès du disposant qui a fait le partage. En cas de donation-partage faite conjointement par les deux époux, l'action en réduction ne peut être introduite qu'après le décès du survivant des disposants, sauf pour l'enfant non commun qui peut agir dès le décès de son auteur. L'action se prescrit par cinq ans à compter de ce décès.

L'héritier présomptif non encore conçu au moment de la donation-partage dispose d'une semblable action pour composer ou compléter sa part héréditaire.

**Article 1078** Nonobstant les règles applicables aux donations entre vifs, les biens donnés seront, sauf convention contraire, évalués au jour de la donation-partage pour l'imputation et le calcul de la réserve, à condition que tous les héritiers réservataires vivants ou représentés au décès de l'ascendant aient reçu un lot dans le partage anticipé et l'aient expressément accepté, et qu'il n'ait pas été prévu de réserve d'usufruit portant sur une somme d'argent.

**Article 1078-1** Le lot de certains gratifiés pourra être formé, en totalité ou en partie, des donations, soit rapportables, soit faites hors part, déjà reçues par eux du disposant, eu égard éventuellement aux emplois et remplois qu'ils auront pu faire dans l'intervalle.

La date d'évaluation applicable au partage anticipé sera également applicable aux donations antérieures qui lui auront été ainsi incorporées. Toute stipulation contraire sera réputée non écrite.

**Article 1078-2** Les parties peuvent aussi convenir qu'une donation antérieure faite hors part sera incorporée au partage et imputée sur la part de réserve du donataire à titre d'avancement de part successorale.

**제1077조** 유류분을 가지는 추정상속인에 의하여 사전분할의 명목으로 수령된 재산은 유류분에 충당되지만, 그 재산이 명시적으로 상속분 외로 수령된 경우에는 그러하지 아니하다.

**제1077-1조** 분할증여에 참여하지 않았거나 자신의 유류분에 미달하는 재산을 수령한 유류분권자는, 분할증여에 포함되지 않은 재산으로서 자신의 유류분을 구성하거나 보충하기에 충분한 재산이 상속개시시에 존재하지 않으면, 그가 받을 수 있었던 무상양여를 참작하여 감액소권을 행사할 수 있다.

**제1077-2조** ① 분할증여는 그 충당, 유류분의 산정 및 감액에 관하여 생전증여에 관한 규정에 따른다.
② 감액의 소는 분할을 행한 처분자가 사망한 후에만 제기할 수 있다. 분할증여가 양 배우자에 의하여 공동으로 행해진 경우, 감액청구의 소는 처분자 중 잔존 생존자가 사망한 경우에만 이를 제기할 수 있지만, 일방의 자녀는 자신의 부모의 사망 시로부터 소를 제기할 수 있다. 이 소권은 그 사망으로부터 5년의 시효로 소멸한다.
③ 분할증여 당시 아직 포태되지 아니한 추정상속인은 그의 상속분을 구성하거나 보충하기 위하여 동일한 소를 제기할 수 있다.

**제1078조** 생전증여에 적용되는 규칙에도 불구하고, 증여재산은 반대의 합의가 없으면, 유류분의 충당 및 산정에 있어서 분할증여일을 기준으로 그 가치가 평가되지만, 이는 직계존속의 사망 시 생존하거나 대습되는 모든 유류분권자가 사전분할에서 일정분을 수취하고 이를 명시적으로 승인하였을 것, 그리고 금전에 관한 점용권의 유보가 없었어야 한다는 것을 조건으로 한다.

**제1078-1조** ① 일정한 무상양여수혜자의 분할분은, 그동안 행해질 수 있었을 사용이나 재사용을 고려하여, 반환될 수 있는 것이든 또는 상속분 외의 것이든, 처분자로부터 이미 받은 증여의 전부 또는 일부로 구성될 수 있다.
② 사전분할에 적용되는 평가일은 제1항과 같이 포함될 사전증여에 대하여도 준용된다. 모든 반대 약정은 기재되지 않은 것으로 본다.

**제1078-2조** 당사자들은 상속분 외로 이루어진 사전증여를 분할에 포함시키고 상속분의 선급으로서 수증자의 유류분에 충당하는 것을 합의할 수도 있다.

**Article 1078-3** Les conventions dont il est parlé aux deux articles précédents peuvent avoir lieu même en l'absence de nouvelles donations du disposant. Elles ne sont pas regardées comme des libéralités entre les héritiers présomptifs, mais comme un partage fait par le disposant.

**Paragraphe 2 Des donations-partages faites à des descendants de degrés différents**

**Article 1078-4** Lorsque l'ascendant procède à une donation-partage, ses enfants peuvent consentir à ce que leurs propres descendants y soient allotis en leur lieu et place, en tout ou partie.

Les descendants d'un degré subséquent peuvent, dans le partage anticipé, être allotis séparément ou conjointement entre eux.

**Article 1078-5** Cette libéralité constitue une donation-partage alors même que l'ascendant donateur n'aurait qu'un enfant, que le partage se fasse entre celui-ci et ses descendants ou entre ses descendants seulement.

Elle requiert le consentement, dans l'acte, de l'enfant qui renonce à tout ou partie de ses droits, ainsi que de ses descendants qui en bénéficient. La libéralité est nulle lorsque le consentement du renonçant a été vicié par l'erreur, le dol ou la violence.

**Article 1078-6** Lorsque des descendants de degrés différents concourent à la même donation-partage, le partage s'opère par souche.

Des attributions peuvent être faites à des descendants de degrés différents dans certaines souches et non dans d'autres.

**Article 1078-7** Les donations-partages faites à des descendants de degrés différents peuvent comporter les conventions prévues par les articles 1078-1 à 1078-3.

**제1078-3조** 제1078-1조와 제1078-2조에서 말하는 합의는 처분자에 의한 새로운 증여가 없어도 이를 할 수 있다. 이 약정은 추정상속인 간의 무상양여가 아니라 처분자에 의하여 행해진 분할로 본다.

## 제2관 촌수가 다른 직계비속에게 하는 분할증여

**제1078-4조** ① 직계존속이 분할증여를 행하는 경우, 그 자녀들은 자신을 갈음하여 그들의 직계비속에게 분할증여 재산의 전부 또는 일부를 할당하는 데 동의할 수 있다.

② 후순위 직계비속들은 사전분할에 있어서 그들 사이에 개별적으로 또는 공동으로 할당받을 수 있다.

**제1078-5조** ① 이 무상양여는 직계존속인 증여자에게 자녀가 한 명만 있고 그 분할이 그 한 자녀와 그 자녀의 직계비속 사이에서 이루어지거나 그 자녀의 직계비속들 사이에서만 이루어지더라도 분할증여를 구성한다.
② 이 무상양여는 그 증서에 자신의 권리의 전부 또는 일부를 포기하는 자녀 및 그 혜택을 받는 직계비속의 동의가 있어야 한다. 무상양여는, 권리포기자의 동의가 착오, 사기, 강박에 의하여 하자가 있는 경우, 무효이다.

**제1078-6조** ① 촌수가 다른 직계비속이 동일한 분할증여에 참여하는 경우, 그 분할은 동일비속계별로 행해진다.
② 촌수가 다른 직계비속에 대한 부여는 특정된 동일비속계 안에서 행해지고 다른 동일비속계에서는 행해지지 않을 수 있다.

**제1078-7조** 촌수가 다른 직계비속에게 하는 분할증여는 제1078-1조부터 제1078-3조 규정에 따른 합의를 포함할 수 있다.

**Article 1078-8** Dans la succession de l'ascendant donateur, les biens reçus par les enfants ou leurs descendants à titre de partage anticipé s'imputent sur la part de réserve revenant à leur souche et subsidiairement sur la quotité disponible.

Toutes les donations faites aux membres d'une même souche sont imputées ensemble, quel que soit le degré de parenté avec le défunt.

Lorsque tous les enfants de l'ascendant donateur ont donné leur consentement au partage anticipé et qu'il n'a pas été prévu de réserve d'usufruit portant sur une somme d'argent, les biens dont les gratifiés ont été allotis sont évalués selon la règle prévue à l'article 1078.

Si les descendants d'une souche n'ont pas reçu de lot dans la donation-partage ou n'y ont reçu qu'un lot inférieur à leur part de réserve, ils sont remplis de leurs droits selon les règles prévues par les articles 1077-1 et 1077-2.

**Article 1078-9** Dans la succession de l'enfant qui a consenti à ce que ses propres descendants soient allotis en son lieu et place, les biens reçus par eux de l'ascendant sont traités comme s'ils les tenaient de leur auteur direct.

Ces biens sont soumis aux règles dont relèvent les donations entre vifs pour la réunion fictive, l'imputation, le rapport et, le cas échéant, la réduction.

Toutefois, lorsque tous les descendants ont reçu et accepté un lot dans le partage anticipé et qu'il n'a pas été prévu d'usufruit portant sur une somme d'argent, les biens dont ont été allotis les gratifiés sont traités comme s'ils les avaient reçus de leur auteur par donation-partage.

**Article 1078-10** Les règles édictées à l'article 1078-9 ne s'appliquent pas lorsque l'enfant qui a consenti à ce que ses propres descendants soient allotis en son lieu et place procède ensuite lui-même, avec ces derniers, à une donation-partage à laquelle sont incorporés les biens antérieurement reçus dans les conditions prévues à l'article 1078-4.

Cette nouvelle donation-partage peut comporter les conventions prévues par les articles 1078-1 et 1078-2.

**제1078-8조** ① 직계존속 증여자의 상속에서 자녀 또는 그 직계비속이 사전분할로 수령한 재산은 그들의 동일비속계에 속한 유류분 그리고 보충적으로 처분가능분에 충당된다.

② 피상속인과의 촌수에 관계없이, 같은 동일비속계의 구성원에 대하여 행한 모든 증여재산은 함께 충당된다.
③ 직계존속 증여자의 모든 자녀들이 사전분할에 합의하였고 금전에 관한 점용권이 유보되지 않은 경우, 무상양여수혜자에게 할당된 재산은 제1078조에서 정한 규정에 따라 평가된다.

④ 동일비속계의 직계비속이 분할분을 받지 못했거나 자신의 유류분에 미달하는 분할분을 받은 때에는, 그는 제1077-1조와 제1077-2조에 정해진 규정에 따라 소권을 행사하여 자신의 권리를 보충한다.

**제1078-9조** ① 자신의 직계비속이 자신을 갈음하여 할당받는데 동의한 자녀의 상속에서, 자신의 직계비속이 자신의 직계존속으로부터 받은 재산은 자신으로부터[26] 받은 것으로 본다.

② 이 재산은 의제적 합산, 충당, 반환, 그리고 필요한 경우에 감액을 위한 생전증여에 관련된 규정을 적용한다.
③ 그러나 그 직계비속 전부가 사전분할에서 분할분을 받아 승낙하였고 금전에 관한 점용권이 유보되지 않은 경우에는, 그 수혜자에게 할당된 재산은 그 직계비속의 부모로부터 분할증여에 의하여 받은 것으로 본다.

**제1078-10조** ① 자신을 갈음하여 자신의 직계비속에게 할당하는 데 동의한 자녀가 나중에 자신이 그 직계비속과 함께 분할증여를 진행함에 있어서, 제1078-4조에서 정한 조건으로 이전에 받은 재산을 그 분할증여에 포함시킨 경우에는 제1078-9조에서 정한 규정은 적용되지 아니한다.
② 이 새로운 분할증여는 제1078-1조와 제1078-2조에 의하여 정해진 합의를 포함할 수 있다.

---

26) de leur auteur는 그들의 행위자를 의미하며, 생물학적 관점에서 자신을 출생하게 행위한 사람, 즉 친부 또는 친모를 가리킨다. (예) auteurs de mes jours 우리 부모님.

### Section 3 Des testaments-partages

**Article 1079** Le testament-partage produit les effets d'un partage. Ses bénéficiaires ne peuvent renoncer à se prévaloir du testament pour réclamer un nouveau partage de la succession.

**Article 1080** Le bénéficiaire qui n'a pas reçu un lot égal à sa part de réserve peut exercer l'action en réduction conformément à l'article 1077-2.

## Chapitre VIII Des donations faites par contrat de mariage aux époux, et aux enfants à naître du mariage

**Article 1081** Toute donation entre vifs de biens présents, quoique faite par contrat de mariage aux époux, ou à l'un d'eux, sera soumise aux règles générales prescrites pour les donations faites à ce titre.

Elle ne pourra avoir lieu au profit des enfants à naître, si ce n'est dans les cas énoncés au chapitre VI du présent titre.

**Article 1082** Les père et mère, les autres ascendants, les parents collatéraux des époux, et même les étrangers, pourront, par contrat de mariage, disposer de tout ou partie des biens qu'ils laisseront au jour de leur décès, tant au profit desdits époux, qu'au profit des enfants à naître de leur mariage, dans le cas où le donateur survivrait à l'époux donataire.

Pareille donation, quoique faite au profit seulement des époux ou de l'un d'eux, sera toujours, dans ledit cas de survie du donateur, présumée faite au profit des enfants et descendants à naître du mariage.

**Article 1083** La donation dans la forme portée au précédent article sera irrévocable en ce sens seulement que le donateur ne pourra plus disposer, à titre gratuit, des objets compris dans la donation, si ce n'est pour sommes modiques, à titre de récompense ou autrement.

**Article 1084** La donation par contrat de mariage pourra être faite cumulativement des biens présents et à venir, en tout ou partie, à la charge qu'il sera annexé à l'acte un état des dettes et charges du donateur existantes au jour de la donation ; auquel cas, il sera libre au donataire, lors du décès du donateur, de s'en tenir aux biens présents, en renonçant au surplus des biens du donateur.

## 제3절 분할유증

**제1079조** 분할유증은 분할의 효력을 발생시킨다. 분할유증의 수익자는 상속재산의 새 분할을 청구하기 위하여 유언의 원용을 포기할 수 없다.

**제1080조** 유류분에 상응하는 분할분을 받지 못한 분할유증의 수익자는 제1077-2조에 따라 감액소권을 행사할 수 있다.

## 제8장 배우자 및 혼생자에 대한 부부재산계약에 따른 증여

**제1081조** ① 현존재산에 대한 모든 생전증여는, 그것이 부부재산계약에 의하여 부부 쌍방 또는 일방에 대하여 행하여졌을지라도, 생전증여에 관한 일반 규정의 적용을 받는다.

② 위 생전증여는, 본편 제6장에 정하는 경우가 아니라면, 출생할 자녀의 이익을 위해서 할 수 없다.

**제1082조** ① 부부의 부모, 기타 직계존속, 방계혈족 및 타인조차도 부부재산계약에 의하여 그의 사망일에 남겨질 재산의 전부 또는 일부를 해당 부부의 이익을 위하여 처분할 수 있을 뿐만 아니라, 증여자가 수증자인 부부보다 더 오래 사는 경우 그 혼인으로부터 출생할 자녀의 이익을 위하여 처분할 수 있다.
② 전항의 증여가 부부 일방 또는 상호 이익을 위해서만 행해졌을지라도, 증여자가 수증자보다 더 오래 사는 경우, 언제나 혼생자와 그 직계비속의 이익을 위하여 행해진 것으로 추정된다.

**제1083조** 전조에 따른 방식의 증여는, 증여가 보상이나 그 밖의 명목으로 미미한 대가를 받고 행해지지 않는다면, 증여자가 증여에 포함된 목적물을 더 이상 무상으로 처분할 수 없을 뿐이라는 의미에서, 철회될 수 없다.

**제1084조** 부부재산계약에 의한 증여는, 증여일 당시 존재하는 증여자의 채무 및 부담에 관한 명세서를 첨부할 것을 조건으로, 현존 및 장래재산을 전부 또는 일부 병합하여 행해질 수 있다. 그 경우에는, 증여자의 사망 시에, 증여자의 재산의 초과분을 포기하면서 현존재산을 고려하는 것은 수증자의 자유이다.

**Article 1085** Si l'état dont est mention au précédent article n'a point été annexé à l'acte contenant donation des biens présents et à venir, le donataire sera obligé d'accepter ou de répudier cette donation pour le tout. En cas d'acceptation, il ne pourra réclamer que les biens qui se trouveront existants au jour du décès du donateur, et il sera soumis au paiement de toutes les dettes et charges de la succession.

**Article 1086** La donation par contrat de mariage en faveur des époux et des enfants à naître de leur mariage pourra encore être faite, à condition de payer indistinctement toutes les dettes et charges de la succession du donateur, ou sous d'autres conditions dont l'exécution dépendrait de sa volonté, par quelque personne que la donation soit faite : le donataire sera tenu d'accomplir ces conditions, s'il n'aime mieux renoncer à la donation ; et en cas que le donateur, par contrat de mariage, se soit réservé la liberté de disposer d'un effet compris dans la donation de ses biens présents, ou d'une somme fixe à prendre sur ces mêmes biens, l'effet ou la somme, s'il meurt sans en avoir disposé, seront censés compris dans la donation et appartiendront au donataire ou à ses héritiers.

**Article 1087** Les donations faites par contrat de mariage ne pourront être attaquées ni déclarées nulles sous prétexte de défaut d'acceptation.

**Article 1088** Toute donation faite en faveur du mariage sera caduque si le mariage ne s'ensuit pas.

**Article 1089** Les donations faites à l'un des époux, dans les termes des articles 1082, 1084 et 1086 ci-dessus, deviendront caduques si le donateur survit à l'époux donataire et à sa postérité.

**Article 1090** Toutes donations faites aux époux par leur contrat de mariage seront, lors de l'ouverture de la succession du donateur, réductibles à la portion dont la loi lui permettait de disposer.


### Chapitre IX Des dispositions entre époux, soit par contrat de mariage, soit pendant le mariage

**Article 1091** Les époux pourront, par contrat de mariage, se faire réciproquement, ou l'un des deux à l'autre, telle donation qu'ils jugeront à propos, sous les modifications ci-après exprimées.

**제1085조** 전조에 언급된 명세서가 현존 및 장래재산의 증여에 관한 증서에 첨부되지 않았다면, 수증자는 전부에 대하여 증여의 승인 또는 포기를 하여야 한다. 증여를 승인한 경우 수증자는 증여자의 사망일에 존재하는 재산을 청구할 수 있고, 상속재산의 채무 및 부담을 모두 변제하여야 한다.

**제1086조** 부부 및 그들의 혼생자를 위해서 부부재산계약에 의하여 행해진 증여는, 그 증여가 누구에 의하여 행해졌는지에 관계없이, 증여자의 상속재산에 대한 모든 채무 및 비용을 구별 없이 변제할 것을 조건으로 또는 그 이행이 증여자의 의사에 따른다는 것을 조건으로 하여도 행해질 수 있다. 수증자는 증여의 포기를 선호하지 않는다면 이 조건을 이행하여야 한다. 증여자가 부부재산계약에 의하여 현존 재산에 대한 증여에 포함된 물건의 일부를 처분할 자유 또는 현존 재산으로부터 일정액을 인출하여 처분할 자유를 유보한 경우, 증여자가 그 일정한 물건 또는 금액을 처분하지 않고 사망하였다면 이는 증여에 포함된 것으로 보아 수증자 또는 그의 상속인에게 귀속된다.

**제1087조** 부부재산계약에 의하여 행해진 증여는 승낙의 흠결을 이유로 다투어지거나 무효로 선언되지 아니한다.

**제1088조** 혼인을 위하여 행해진 모든 증여는 혼인이 성립하지 않으면 실효된다.

**제1089조** 위 제1082조, 제1084조 및 제1086조의 내용에 따른 부부 일방에 대하여 행해진 증여는, 증여자가 수증자인 배우자 및 그 후손보다 나중에 사망하면 실효된다.

**제1090조** 부부재산계약에 의하여 부부에게 행해진 모든 증여는, 증여자의 상속개시 시 법률이 증여자의 처분을 허용하는 부분까지 감액될 수 있다.

## 제9장 부부재산계약에 의하거나 혼인 중 행해진 부부간 처분

**제1091조** 부부는 부부재산계약에 의하여, 아래에서 정하는 수정 하에 상호간 또는 그 일방이 타방에게 그들이 적절하다고 판단하는 증여를 할 수 있다.

**Article 1092** Toute donation entre vifs de biens présents, faite entre époux par contrat de mariage, ne sera point censée faite sous la condition de survie du donataire, si cette condition n'est formellement exprimée ; et elle sera soumise à toutes les règles et formes ci-dessus prescrites pour ces sortes de donations.

**Article 1093** La donation de biens à venir, ou de biens présents et à venir, faite entre époux par contrat de mariage, soit simple, soit réciproque, sera soumise aux règles établies par le chapitre précédent, à l'égard des donations pareilles qui leur seront faites par un tiers, sauf qu'elle ne sera point transmissible aux enfants issus du mariage, en cas de décès de l'époux donataire avant l'époux donateur.

**Article 1094** L'époux, soit par contrat de mariage, soit pendant le mariage, pourra, pour le cas où il ne laisserait point d'enfant ni de descendant, disposer en faveur de l'autre époux en propriété, de tout ce dont il pourrait disposer en faveur d'un étranger.

**Article 1094-1** Pour le cas où l'époux laisserait des enfants ou descendants, issus ou non du mariage, il pourra disposer en faveur de l'autre époux, soit de la propriété de ce dont il pourrait disposer en faveur d'un étranger, soit d'un quart de ses biens en propriété et des trois autres quarts en usufruit, soit encore de la totalité de ses biens en usufruit seulement.

   Sauf stipulation contraire du disposant, le conjoint survivant peut cantonner son émolument sur une partie des biens dont il a été disposé en sa faveur. Cette limitation ne peut être considérée comme une libéralité faite aux autres successibles.

**Article 1094-2** (abrogé)

**Article 1094-3** Les enfants ou descendants pourront, nonobstant toute stipulation contraire du disposant, exiger, quant aux biens soumis à l'usufruit, qu'il soit dressé inventaire des meubles ainsi qu'état des immeubles, qu'il soit fait emploi des sommes et que les titres au porteur soient, au choix de l'usufruitier, convertis en titres nominatifs ou déposés chez un dépositaire agréé.

**Article 1095** Le mineur ne pourra, par contrat de mariage, donner à l'autre époux, soit par donation simple, soit par donation réciproque, qu'avec le consentement et l'assistance de ceux dont le consentement est requis pour la validité de son mariage ; et, avec ce consentement, il pourra donner tout ce que la loi permet à l'époux majeur de donner à l'autre conjoint.

**제1092조** 부부재산계약에 의하여 부부간에 행해진 현존재산에 대한 모든 생전증여는, 수증자가 증여자보다 더 오래 살아야 한다는 조건이 명문으로 명시되지 않는 한, 그러한 조건 하에 행해진 것으로 보지 아니한다. 이러한 생전증여는 이와 같은 종류의 증여에 관하여 위에서 정한 규정과 형식에 따른다.

**제1093조** 부부재산계약에 의하여 부부간에 행해진, 장래재산의 증여 또는 현존재산 및 장래재산에 대한 증여는, 일방적이든 상호적이든, 제3자에 의하여 부부에게 행해진 증여에 관한 전(前)장의 규정에 따르나, 수증 배우자가 증여 배우자보다 먼저 사망한 경우에는 증여가 혼생자에게 승계되지 않는다는 것은 제외한다.

**제1094조** 배우자는, 부부재산계약에 의하든 혼인 중이든, 자녀나 직계비속이 없을 것으로 상정된 경우, 타방배우자를 위하여 타인에게 처분가능한 모든 재산을 처분할 수 있다.

**제1094-1조** ① 배우자는, 혼생자이든 혼외자이든, 자녀나 직계비속이 있는 경우를 상정하여, 타방배우자를 위하여, 그가 타인을 위해 처분할 수 있는 소유권이든, 그 재산의 소유권의 4분의 1과 나머지 4분의 3에 대한 점용권이든, 또는 재산 전부에 대한 점용권만을 처분할 수 있다.

② 처분자의 반대의 약정이 없으면, 생존배우자는 그를 위해 처분된 재산의 일부에 대하여 그 상속취득분을 제한할 수 있다. 이 제한은 다른 상속인에게 행해진 무상양여로 볼 수 없다.

**제1094-2조** (삭제)

**제1094-3조** 자녀 또는 직계비속은, 처분자의 모든 반대약정에도 불구하고, 점용권의 목적인 재산에 대하여 동산목록은 물론 부동산상태보고서를 작성할 것, 재산인 금전으로 다른 재산을 취득할 것 및 점용권자의 선택에 따라 무기명증권을 기명증권으로 전환하거나 인가받은 수탁기관에 임치할 것을 청구할 수 있다.

**제1095조** 미성년자는, 그의 혼인의 유효를 위하여 요구되는 사람의 동의와 조력이 있어야만, 부부재산계약에 의해, 일방적이든 상호적이든, 타방배우자에게 증여할 수 있다. 이러한 동의가 있다면, 그는 법률이 성년의 배우자에게 허용하는 모든 것을 타방배우자에게 증여할 수 있다.

**Article 1096** La donation de biens à venir faite entre époux pendant le mariage est toujours révocable.

La donation de biens présents qui prend effet au cours du mariage faite entre époux n'est révocable que dans les conditions prévues par les articles 953 à 958.

Les donations faites entre époux de biens présents ou de biens à venir ne sont pas révoquées par la survenance d'enfants.

**Article 1097** (abrogé)

**Article 1097-1** (abrogé)

**Article 1098** Si un époux a fait à son conjoint, dans les limites de l'article 1094-1, une libéralité en propriété, chacun des enfants qui ne sont pas issus des deux époux aura, en ce qui le concerne, sauf volonté contraire et non équivoque du disposant, la faculté de substituer à l'exécution de cette libéralité l'abandon de l'usufruit de la part de succession qu'il eût recueillie en l'absence de conjoint survivant.

Ceux qui auront exercé cette faculté pourront exiger que soient appliquées les dispositions de l'article 1094-3.

**Article 1099** Les époux ne pourront se donner indirectement au-delà de ce qui leur est permis par les dispositions ci-dessus.

**Article 1099-1** Quand un époux acquiert un bien avec des deniers qui lui ont été donnés par l'autre à cette fin, la donation n'est que des deniers et non du bien auquel ils sont employés.

En ce cas, les droits du donateur ou de ses héritiers n'ont pour objet qu'une somme d'argent suivant la valeur actuelle du bien. Si le bien a été aliéné, on considère la valeur qu'il avait au jour de l'aliénation, et si un nouveau bien a été subrogé au bien aliéné, la valeur de ce nouveau bien.

**제1096조** ① 혼인 중 부부간에 행해진 장래재산의 증여는 언제나 철회될 수 있다.

② 혼인 중 부부간에 효력이 발생한 현존재산의 증여는 제953조부터 제958조까지에서 정해진 조건 하에서만 철회될 수 있다.
③ 부부간 현존재산 또는 장래재산에 대하여 행하여진 증여는 증여 후의 자녀의 출생에 의하여 철회되지 아니한다.

**제1097조** (삭제)

**제1097-1조** (삭제)

**제1098조** ① 일방배우자가 자신의 배우자에게 제1094-1조에서 정한 한도 안에서 소유권을 무상양여하였다면, 부부 쌍방으로부터 출생하지 아니한 자녀 각자는, 이와 관련하여, 처분자의 명백한 반대의사가 있는 경우를 제외하고, 무상양여의 이행을 대체하여 생존배우자가 없었더라면 그가 받을 수 있었을 상속분에 대한 점용권을 포기할 권한을 가진다.

② 이 권리를 행사하려는 자는 제1094-3조의 규정이 적용될 것을 주장할 수 있다.

**제1099조** 부부는 위의 규정에 따라 그에게 허용된 것을 초과하여 간접적으로 서로에게 증여할 수 없다.

**제1099-1조** ① 일방배우자가 그 재산을 취득하게 할 목적으로 타방배우자에 의하여 증여된 현금으로 재산을 취득한 경우, 그 증여는 금전에 한하고 금전으로 취득한 재산은 아니다.

② 전항의 경우, 증여자 또는 그의 상속인의 권리는 재산의 실제가치에 따른 금액만을 목적으로 한다. 그 재산이 양도되었다면, 양도일에 그 재산이 가졌던 가치를, 새 재산이 양도된 재산을 대체하였다면, 이 새 재산의 가치를 고려한다.

# Livre III Des différentes manières dont on acquiert la propriété

## Titre III Des sources d'obligations

**Article 1100** Les obligations naissent d'actes juridiques, de faits juridiques ou de l'autorité seule de la loi.

Elles peuvent naître de l'exécution volontaire ou de la promesse d'exécution d'un devoir de conscience envers autrui.

**Article 1100-1** Les actes juridiques sont des manifestations de volonté destinées à produire des effets de droit. Ils peuvent être conventionnels ou unilatéraux.

Ils obéissent, en tant que de raison, pour leur validité et leurs effets, aux règles qui gouvernent les contrats.

**Article 1100-2** Les faits juridiques sont des agissements ou des événements auxquels la loi attache des effets de droit.

Les obligations qui naissent d'un fait juridique sont régies, selon le cas, par le sous-titre relatif à la responsabilité extracontractuelle ou le sous-titre relatif aux autres sources d'obligations.

## Sous-titre I<sup>er</sup> Le contrat

### Chapitre I<sup>er</sup> Dispositions liminaires

**Article 1101** Le contrat est un accord de volontés entre deux ou plusieurs personnes destiné à créer, modifier, transmettre ou éteindre des obligations.

**Article 1102** Chacun est libre de contracter ou de ne pas contracter, de choisir son cocontractant et de déterminer le contenu et la forme du contrat dans les limites fixées par la loi.

La liberté contractuelle ne permet pas de déroger aux règles qui intéressent l'ordre public.

# 제3권 소유권을 취득하는 여러 가지 양태

## 제3편 채권관계의 발생연원

**제1100조** ① 채권관계는 법률행위, 법적사실 또는 법률의 권위 자체로부터 발생한다.

② 채권관계는 타인에 대한 도의적 의무의 자발적 이행 또는 이행의 약속으로부터 발생할 수 있다.

**제1100-1조** ① 법률행위는 법률효과의 발생을 목적으로 하는 의사표시이다. 법률행위는 합의에 의하거나 또는 일방적일 수 있다.
② 법률행위는, 합리적인 한, 그 유효성과 효력은 계약을 지배하는 규정에 따른다.

**제1100-2조** ① 법적사실은 법률이 법률효과를 부여하는 행위 또는 사건이다.

② 법적사실로부터 발생하는 채권관계는, 경우에 따라, 계약외책임에 관한 부속편 또는 기타 채권관계의 발생연원에 관한 부속편에 의하여 규율된다.

## 제1부속편 계약

### 제1장 서칙

**제1101조** 계약은 채권관계를 발생, 변경, 이전 또는 소멸시키는 것을 목적으로 하는 2인 또는 수인 사이의 의사합치이다.

**제1102조** ① 누구나 법률에 의하여 정해진 범위 내에서 계약의 체결여부, 상대방의 선택, 계약의 내용 및 방식 결정에 관하여 자유를 가진다.

② 계약의 자유는 공적 질서에 관한 규정에 위반하는 것을 허용하지 아니한다.

**Article 1103** Les contrats légalement formés tiennent lieu de loi à ceux qui les ont faits.

**Article 1104** Les contrats doivent être négociés, formés et exécutés de bonne foi.
Cette disposition est d'ordre public.

**Article 1105** Les contrats, qu'ils aient ou non une dénomination propre, sont soumis à des règles générales, qui sont l'objet du présent sous-titre.
Les règles particulières à certains contrats sont établies dans les dispositions propres à chacun d'eux.
Les règles générales s'appliquent sous réserve de ces règles particulières.

**Article 1106** Le contrat est synallagmatique lorsque les contractants s'obligent réciproquement les uns envers les autres.
Il est unilatéral lorsqu'une ou plusieurs personnes s'obligent envers une ou plusieurs autres sans qu'il y ait d'engagement réciproque de celles-ci.

**Article 1107** Le contrat est à titre onéreux lorsque chacune des parties reçoit de l'autre un avantage en contrepartie de celui qu'elle procure.
Il est à titre gratuit lorsque l'une des parties procure à l'autre un avantage sans attendre ni recevoir de contrepartie.

**Article 1108** Le contrat est commutatif lorsque chacune des parties s'engage à procurer à l'autre un avantage qui est regardé comme l'équivalent de celui qu'elle reçoit.
Il est aléatoire lorsque les parties acceptent de faire dépendre les effets du contrat, quant aux avantages et aux pertes qui en résulteront, d'un événement incertain.

**Article 1109** Le contrat est consensuel lorsqu'il se forme par le seul échange des consentements quel qu'en soit le mode d'expression.
Le contrat est solennel lorsque sa validité est subordonnée à des formes déter-minées par la loi.
Le contrat est réel lorsque sa formation est subordonnée à la remise d'une chose.

**Article 1110** Le contrat de gré à gré est celui dont les stipulations sont négociables entre les parties.
Le contrat d'adhésion est celui qui comporte un ensemble de clauses non négociables, déterminées à l'avance par l'une des parties

**제1103조** 적법하게 성립한 계약은 이를 행한 당사자들에 대하여 법률에 갈음한다.

**제1104조** ① 계약은 신의성실에 좇아 협상되고, 성립되고 이행되어야 한다.
② 이 규정은 공적 질서에 속한다.

**제1105조** ① 계약은 고유한 명칭을 갖든 그렇지 않든 본부속편의 대상인 일반규정에 따른다.

② 일정한 계약에 관한 특별규정은 그 계약들 각각에 고유한 규정에서 정한다.

③ 일반규정은 특별규정의 유보 하에 적용된다.

**제1106조** ① 쌍무계약은 계약당사자들이 서로에 대하여 상호적으로 의무를 부담하는 계약이다.

② 편무계약은 1인 또는 수인이 다른 1인 또는 수인에 대하여는 의무를 부담하지만 후자는 상호적인 의무를 부담하지 않는 계약이다.

**제1107조** ① 유상계약은 각 당사자가 제공하는 이익의 대가로서 상대방으로부터 이익을 받는 계약이다.
② 무상계약은 당사자의 일방이 대가를 기대하거나 받지 않고 상대방에게 이익을 제공하는 계약이다.

**제1108조** ① 비사행계약은 당사자 각자가 받는 이익의 등가로 간주되는 이익을 상대방에게 제공할 의무를 부담하는 계약이다.
② 사행계약은 당사자들이 계약으로부터 발생할 이익과 손실에 관한 계약의 효력을 불확실한 사건에 종속시키는 것을 용인하는 계약이다.

**제1109조** ① 낙성계약은 표현방식이 어떠하든 의사의 교환만으로 성립하는 계약이다.

② 요식계약은 그 유효성이 법률이 정하는 형식에 따라야 하는 계약이다.

③ 요물계약은 그 성립에 물건의 교부가 있어야 하는 계약이다.

**제1110조** ① 교섭계약은 그 조항들이 당사자들 사이에 협상될 수 있는 계약이다.

② 부합계약은 당사자 일방에 의하여 사전에 정해져 협상할 수 없는 집단조항을 포함하는 계약이다.

**Article 1111** Le contrat cadre est un accord par lequel les parties conviennent des caractéristiques générales de leurs relations contractuelles futures. Des contrats d'application en précisent les modalités d'exécution.

**Article 1111-1** Le contrat à exécution instantanée est celui dont les obligations peuvent s'exécuter en une prestation unique.

Le contrat à exécution successive est celui dont les obligations d'au moins une partie s'exécutent en plusieurs prestations échelonnées dans le temps.

### Chapitre II La formation du contrat

### Section 1 La conclusion du contrat

### Sous-section 1 Les négociations

**Article 1112** L'initiative, le déroulement et la rupture des négociations pré-contractuelles sont libres. Ils doivent impérativement satisfaire aux exigences de la bonne foi.

En cas de faute commise dans les négociations, la réparation du préjudice qui en résulte ne peut avoir pour objet de compenser ni la perte des avantages attendus du contrat non conclu, ni la perte de chance d'obtenir ces avantages.

**Article 1112-1** Celle des parties qui connaît une information dont l'importance est déterminante pour le consentement de l'autre doit l'en informer dès lors que, légitimement, cette dernière ignore cette information ou fait confiance à son cocontractant.

Néanmoins, ce devoir d'information ne porte pas sur l'estimation de la valeur de la prestation.

Ont une importance déterminante les informations qui ont un lien direct et nécessaire avec le contenu du contrat ou la qualité des parties.

Il incombe à celui qui prétend qu'une information lui était due de prouver que l'autre partie la lui devait, à charge pour cette autre partie de prouver qu'elle l'a fournie.

Les parties ne peuvent ni limiter, ni exclure ce devoir.

Outre la responsabilité de celui qui en était tenu, le manquement à ce devoir d'information peut entraîner l'annulation du contrat dans les conditions prévues aux articles 1130 et suivants.

**제1111조** 기본계약은 당사자들이 장래의 계약관계의 일반적 특성을 합의하는 계약이다. 기본계약의 실행계약은 이행의 태양을 상세하게 정한다.


**제1111-1조** ① 일시적 이행계약은 그 의무들이 단일한 급부로 이행될 수 있는 계약이다.

② 계속적 이행계약은 적어도 그 일방의 채무들이 시간적 간격이 있는 다수의 분할된 급부로 이행되는 계약이다.


## 제2장 계약의 성립

### 제1절 계약의 체결

#### 제1부속절 협상

**제1112조** ① 계약 전 협상의 개시와 진행 및 결렬은 자유롭게 행해질 수 있다. 이는 신의성실의 요구를 반드시 충족시켜야 한다.
② 협상에서 과책이 있었던 경우, 이로 인해 발생한 손해의 배상은 체결되지 아니한 계약에서 기대되는 이익의 상실 및 이러한 이익을 취할 기회의 상실에 대한 보상을 목적으로 할 수 없다.


**제1112-1조** ① 타방 당사자의 의사표시에 결정적인 중요성을 가진 정보를 알고 있는 일방 당사자는, 타방 당사자가 정당하게 이를 모르고 있거나 그 상대방을 신뢰하고 있는 경우, 그 정보를 타방 당사자에게 알려야 한다.
② 그럼에도 불구하고, 이 정보제공의무는 급부의 가치평가를 대상으로 하지 아니한다.

③ 계약의 내용이나 계약 당사자의 특성에 직접적이고 필수적인 관련이 있는 정보는 결정적인 중요성을 가진다.
④ 상대방이 자신에게 필요한 정보라고 주장하는 자는 상대방이 자신에게 해당 정보를 제공했어야 함을 증명하여야 하고, 반대로 그 상대방은 해당 정보를 제공하였음을 증명하여야 한다.
⑤ 당사자들은 이 정보제공의무를 제한하거나 배제할 수 없다.
⑥ 이 정보제공의무의 불이행은, 이를 부담한 자의 책임과는 별도로, 제1130조 이하에 정해진 요건에 따라 계약을 무효로 만들 수 있다.

**Article 1112-2** Celui qui utilise ou divulgue sans autorisation une information confidentielle obtenue à l'occasion des négociations engage sa responsabilité dans les conditions du droit commun.

### Sous-section 2 L'offre et l'acceptation

**Article 1113** Le contrat est formé par la rencontre d'une offre et d'une acceptation par lesquelles les parties manifestent leur volonté de s'engager.

Cette volonté peut résulter d'une déclaration ou d'un comportement non équivoque de son auteur.

**Article 1114** L'offre, faite à personne déterminée ou indéterminée, comprend les éléments essentiels du contrat envisagé et exprime la volonté de son auteur d'être lié en cas d'acceptation. A défaut, il y a seulement invitation à entrer en négociation.

**Article 1115** Elle peut être librement rétractée tant qu'elle n'est pas parvenue à son destinataire.

**Article 1116** Elle ne peut être rétractée avant l'expiration du délai fixé par son auteur ou, à défaut, l'issue d'un délai raisonnable.

La rétractation de l'offre en violation de cette interdiction empêche la conclusion du contrat.

Elle engage la responsabilité extracontractuelle de son auteur dans les conditions du droit commun sans l'obliger à compenser la perte des avantages attendus du contrat.

**Article 1117** L'offre est caduque à l'expiration du délai fixé par son auteur ou, à défaut, à l'issue d'un délai raisonnable.

Elle l'est également en cas d'incapacité ou de décès de son auteur, ou de décès de son destinataire.

**Article 1118** L'acceptation est la manifestation de volonté de son auteur d'être lié dans les termes de l'offre.

Tant que l'acceptation n'est pas parvenue à l'offrant, elle peut être librement rétractée, pourvu que la rétractation parvienne à l'offrant avant l'acceptation.

L'acceptation non conforme à l'offre est dépourvue d'effet, sauf à constituer une offre nouvelle.

**제1112-2조** 협상 과정에서 취득한 비밀 정보를 허락 없이 사용하거나 누설한 자는 일반법상의 요건에 따른 책임을 부담한다.

### 제2부속절 청약과 승낙

**제1113조** ① 계약은, 당사자들이 의무를 부담하기로 하는 자신들의 의사를 표시하는, 청약과 승낙의 합치로 성립된다.
② 이러한 의사는 당사자의 모호하지 않은 언명이나 태도에 의해서 표시될 수 있다.

**제1114조** 특정인이나 불특정인에게 행하여진 청약은 예정된 계약의 본질적 요소를 포함하고 승낙이 행해지면 청약자가 이에 구속된다는 의사가 표시되어야 한다. 그렇지 않은 경우, 협상에의 유인만 존재할 뿐이다

**제1115조** 청약은, 상대방에게 도달하지 않는 동안, 자유로이 철회될 수 있다.

**제1116조** ① 청약은, 청약자가 정한 기간의 만료 또는, 기간의 정함이 없다면, 합리적 기간의 경과 전에는 철회될 수 없다.
② 이러한 금지를 위반한 청약의 철회는 계약의 체결을 방해한다.

③ 철회는 일반법상의 요건에 따른 철회자의 계약외책임을 지우지만, 계약에서 기대되었던 이익의 손실을 보상할 의무는 부과하지 아니한다.

**제1117조** ① 청약자가 정한 기간의 만료 또는, 기간의 정함이 없다면, 합리적 기간의 경과로 청약은 실효된다.
② 청약자가 능력을 상실하거나 사망한 경우, 또는 그의 상대방이 사망한 경우에도, 청약은 실효된다.

**제1118조** ① 승낙은 청약의 내용에 구속되고자 하는 표의자의 의사표시이다.

② 승낙이 청약자에게 도달되지 않은 한, 승낙은 자유로이 철회될 수 있으나, 철회가 승낙에 앞서 청약자에게 도달되어야 한다.
③ 청약에 부합하지 않는 승낙은 효력을 상실하지만, 새로운 청약을 구성한다.

**Article 1119** Les conditions générales invoquées par une partie n'ont effet à l'égard de l'autre que si elles ont été portées à la connaissance de celle-ci et si elle les a acceptées.

En cas de discordance entre des conditions générales invoquées par l'une et l'autre des parties, les clauses incompatibles sont sans effet.

En cas de discordance entre des conditions générales et des conditions particulières, les secondes l'emportent sur les premières.

**Article 1120** Le silence ne vaut pas acceptation, à moins qu'il n'en résulte autrement de la loi, des usages, des relations d'affaires ou de circonstances particulières.

**Article 1121** Le contrat est conclu dès que l'acceptation parvient à l'offrant. Il est réputé l'être au lieu où l'acceptation est parvenue.

**Article 1122** La loi ou le contrat peuvent prévoir un délai de réflexion, qui est le délai avant l'expiration duquel le destinataire de l'offre ne peut manifester son acceptation ou un délai de rétractation, qui est le délai avant l'expiration duquel son bénéficiaire peut rétracter son consentement.

## Sous-section 3 Le pacte de préférence et la promesse unilatérale

**Article 1123** Le pacte de préférence est le contrat par lequel une partie s'engage à proposer prioritairement à son bénéficiaire de traiter avec lui pour le cas où elle déciderait de contracter.

Lorsqu'un contrat est conclu avec un tiers en violation d'un pacte de préférence, le bénéficiaire peut obtenir la réparation du préjudice subi. Lorsque le tiers connaissait l'existence du pacte et l'intention du bénéficiaire de s'en prévaloir, ce dernier peut également agir en nullité ou demander au juge de le substituer au tiers dans le contrat conclu.

Le tiers peut demander par écrit au bénéficiaire de confirmer dans un délai qu'il fixe et qui doit être raisonnable, l'existence d'un pacte de préférence et s'il entend s'en prévaloir.

L'écrit mentionne qu'à défaut de réponse dans ce délai, le bénéficiaire du pacte ne pourra plus solliciter sa substitution au contrat conclu avec le tiers ou la nullité du contrat.

**제1119조** ① 당사자 일방이 원용한 일반조건은, 상대방이 이를 인식하고 승낙한 때에 한하여, 상대방에게 효력이 있다.

② 당사자 일방과 상대방이 각자 원용한 일반조건 사이에 이 불일치가 있는 경우, 양립할 수 없는 조항은 효력이 없다.

③ 일반조건과 특별조건 사이에 불일치가 있는 경우, 특별조건이 우선한다.

**제1120조** 침묵은 승낙이 아니지만, 법률, 관행, 거래관계 또는 특수한 사정에 의하여 달리 평가될 수 있다.

**제1121조** 계약은 승낙이 청약자에 도달한 때부터 체결된다. 계약은 승낙이 도달된 곳에서 체결된 것으로 본다.

**제1122조** 법률이나 계약은 만료 전에 청약의 상대방이 승낙의사를 표시할 수 없는 기간인 숙려기간 또는 만료 전에 그 수익자가 자신의 의사표시를 철회할 수 있는 기간인 철회기간을 정할 수 있다.

### 제3부속절 우선협약과 일방예약

**제1123조** ① 우선협약은 일방 당사자가 계약을 체결하기로 결정할 경우, 자신과 계약을 체결할 것을 그 수혜자에게 우선적으로 제안할 의무를 부담하는 계약이다.

② 우선협약을 위반하여 제3자와 계약이 체결된 경우, 수혜자는 그가 입은 손해의 배상을 받을 수 있다. 제3자가 우선협약의 존재 및 수혜자가 협약을 원용하고자 하는 의사를 알았던 경우, 수혜자는 체결된 계약의 무효를 주장하거나 그가 제3자를 대위할 것을 법관에 청구할 수 있다.

③ 제3자는 합리적인 기간을 정하여 그 기간 내에 우선협약의 존재 및 협약의 원용 여부를 수혜자에게 서면으로 청구할 수 있다.

④ 서면에는 그 기간 내에 응답이 없을 때에는 협약의 수혜자가 더 이상 제3자와 체결된 계약의 대위 또는 그 계약의 무효를 주장할 수 없다는 내용이 기재되어야 한다.

**Article 1124** La promesse unilatérale est le contrat par lequel une partie, le promettant, accorde à l'autre, le bénéficiaire, le droit d'opter pour la conclusion d'un contrat dont les éléments essentiels sont déterminés, et pour la formation duquel ne manque que le consentement du bénéficiaire.

La révocation de la promesse pendant le temps laissé au bénéficiaire pour opter n'empêche pas la formation du contrat promis.

Le contrat conclu en violation de la promesse unilatérale avec un tiers qui en connaissait l'existence est nul.

### Sous-section 4 Dispositions propres au contrat conclu par voie électronique

**Article 1125** La voie électronique peut être utilisée pour mettre à disposition des stipulations contractuelles ou des informations sur des biens ou services.

**Article 1126** Les informations qui sont demandées en vue de la conclusion d'un contrat ou celles qui sont adressées au cours de son exécution peuvent être transmises par courrier électronique si leur destinataire a accepté l'usage de ce moyen.

**Article 1127** Les informations destinées à un professionnel peuvent lui être adressées par courrier électronique, dès lors qu'il a communiqué son adresse électronique.

Si ces informations doivent être portées sur un formulaire, celui-ci est mis, par voie électronique, à la disposition de la personne qui doit le remplir.

**Article 1127-1** Quiconque propose à titre professionnel, par voie électronique, la fourniture de biens ou la prestation de services, met à disposition les stipulations contractuelles applicables d'une manière qui permette leur conservation et leur reproduction.

L'auteur d'une offre reste engagé par elle tant qu'elle est accessible par voie électronique de son fait.

L'offre énonce en outre :

1° Les différentes étapes à suivre pour conclure le contrat par voie électronique ;

2° Les moyens techniques permettant au destinataire de l'offre, avant la conclusion du contrat, d'identifier d'éventuelles erreurs commises dans la saisie des données et de les corriger ;

3° Les langues proposées pour la conclusion du contrat au nombre desquelles doit figurer la langue française ;

4° Le cas échéant, les modalités d'archivage du contrat par l'auteur de l'offre et les conditions d'accès au contrat archivé ;

5° Les moyens de consulter par voie électronique les règles professionnelles et commerciales auxquelles l'auteur de l'offre entend, le cas échéant, se soumettre.

**제1124조** ① 일방예약은 예약자인 일방 당사자가 수익자인 타방 당사자에게 본질적인 내용이 확정되어 있는 계약의 체결을 위한 선택권을 부여하는 계약으로, 계약의 성립을 위해서는 수익자의 동의만이 결여되어 있다.

② 수익자에게 선택을 위하여 주어진 기간 동안의 예약철회는 약속된 계약의 성립을 방해하지 아니한다.

③ 일방예약의 존재를 이를 알고 있었던 제3자와 일방예약을 위반하여 체결된 계약은 무효이다.

### 제4부속절 전자적 수단에 의하여 체결된 계약에 고유한 규정

**제1125조** 전자적 수단은 계약 조항 또는 재화나 용역에 관한 정보를 제공하기 위하여 이용될 수 있다.

**제1126조** 계약 체결을 목적으로 요구되는 정보 또는 계약의 이행 중 알려진 정보는, 수신자가 전자우편의 사용을 승낙하였다면, 전자우편으로 전달될 수 있다.

**제1127조** ① 사업자에게 제공되어야 할 정보는 그가 자신의 전자 주소를 알려준 때부터 그에게 전자우편으로 전달될 수 있다.

② 이 정보가 어떠한 서식을 갖추어야 하면, 이 서식은, 전자적 수단에 의해, 이를 기입하여야 하는 자에게 제공된다.

**제1127-1조** ① 누구든지 사업자로서, 전자적 수단에 의하여, 재화의 공급이나 용역의 제공을 제안하는 자는 적용가능한 계약 조항을 그 보존과 재생을 허용하는 방식으로 제공한다.

② 청약을 한 자는, 청약이 전자적 수단을 통해 접근가능한 한, 청약에 의하여 구속된다.

③ 그 밖에 청약은 다음의 사항을 명시한다.
1. 전자적 수단으로 계약을 체결하기 위하여 따라야 할 여러 단계
2. 계약의 체결 전에, 청약의 상대방에게 자료 입력 시 이루어진 발생가능한 오류를 발견하고 수정함을 허용하는 기술적 방법
3. 프랑스어를 포함하여, 계약체결을 위하여 제안된 여러 언어들

4. 경우에 따라서, 청약자에 의한 계약서의 보관 형식과 보관된 계약서에의 접근 조건

5. 청약자가 경우에 따라, 준수하기로 한 업무상 또는 상업상의 규칙을 전자적 수단으로 열람할 수 있는 방법

**Article 1127-2** Le contrat n'est valablement conclu que si le destinataire de l'offre a eu la possibilité de vérifier le détail de sa commande et son prix total et de corriger d'éventuelles erreurs avant de confirmer celle-ci pour exprimer son acceptation définitive.

L'auteur de l'offre doit accuser réception sans délai injustifié, par voie électronique, de la commande qui lui a été adressée.

La commande, la confirmation de l'acceptation de l'offre et l'accusé de réception sont considérés comme reçus lorsque les parties auxquelles ils sont adressés peuvent y avoir accès.

**Article 1127-3** Il est fait exception aux obligations visées aux 1° à 5° de l'article 1127-1 et aux deux premiers alinéas de l'article 1127-2 pour les contrats de fourniture de biens ou de prestation de services qui sont conclus exclusivement par échange de courriers électroniques.

Il peut, en outre, être dérogé aux dispositions des 1° à 5° de l'article 1127-1 et de l'article 1127-2 dans les contrats conclus entre professionnels.

**Article 1127-4** Hors les cas prévus aux articles 1125 et 1126, la remise d'un écrit électronique est effective lorsque le destinataire, après avoir pu en prendre connaissance, en a accusé réception.

Si une disposition prévoit que l'écrit doit être lu au destinataire, la remise d'un écrit électronique à l'intéressé dans les conditions prévues au premier alinéa vaut lecture.

**Article 1127-5** (abrogé)

### Section 2 La validité du contrat

**Article 1128** Sont nécessaires à la validité d'un contrat :
1° Le consentement des parties ;
2° Leur capacité de contracter ;
3° Un contenu licite et certain.

**제1127-2조** ① 최종 승낙을 표시하기 위한 주문의 확정에 앞서, 청약의 상대방이 주문명세서와 그 대금총액을 확인하고 발생할 수 있는 오류를 수정할 수 있었던 때에 한하여, 계약은 유효하게 체결된다.
② 청약자는, 정당한 사유가 없는 한 지체 없이, 자신에게 전달된 주문의 수신확인을 전자적 수단으로 통지하여야 한다.
③ 주문, 청약의 승낙 확정 및 수신확인은 전달받은 당사자가 이에 접근할 수 있을 때에 수신된 것으로 본다.


**제1127-3조** ① 전자우편의 교환만으로 체결된 재화의 공급이나 용역의 제공 계약은 제1127-1조 제1호부터 제5호까지 그리고 제1127-2조 제1항과 제2항에 규정된 의무에서 제외된다.


② 그 밖에, 사업자 간에 체결된 계약에는 제1127-1조 제1호부터 제5호까지 그리고 제1127-2조의 규정을 적용하지 않을 수 있다.

**제1127-4조** ① 제1125조와 제1126조에 규정된 경우를 제외하고, 전자문서의 교부는 수신인이, 이를 알 수 있었던 후에는, 그 수신확인을 통지한 경우 효력이 있다.

② 문서가 수신인에 의하여 읽혀져야 한다고 정한 규정이 있으면, 제1항의 조건 하에 이해관계인에게의 전자문서의 교부는 읽은 것으로 본다.

**제1127-5조** (삭제)

## 제2절 계약의 유효성

**제1128조** 계약이 유효하기 위해서는 다음 각 호의 요건을 갖추어야 한다.
1. 당사자들의 의사표시
2. 당사자의 계약체결능력
3. 적법하고 확정적인 내용

## Sous-section 1 Le consentement

### Paragraphe 1 L'existence du consentement

**Article 1129** Conformément à l'article 414-1, il faut être sain d'esprit pour consentir valablement à un contrat.

### Paragraphe 2 Les vices du consentement

**Article 1130** L'erreur, le dol et la violence vicient le consentement lorsqu'ils sont de telle nature que, sans eux, l'une des parties n'aurait pas contracté ou aurait contracté à des conditions substantiellement différentes.

Leur caractère déterminant s'apprécie eu égard aux personnes et aux circonstances dans lesquelles le consentement a été donné.

**Article 1131** Les vices du consentement sont une cause de nullité relative du contrat.

**Article 1132** L'erreur de droit ou de fait, à moins qu'elle ne soit inexcusable, est une cause de nullité du contrat lorsqu'elle porte sur les qualités essentielles de la prestation due ou sur celles du cocontractant.

**Article 1133** Les qualités essentielles de la prestation sont celles qui ont été expressément ou tacitement convenues et en considération desquelles les parties ont contracté.

L'erreur est une cause de nullité qu'elle porte sur la prestation de l'une ou de l'autre partie.

L'acceptation d'un aléa sur une qualité de la prestation exclut l'erreur relative à cette qualité.

**Article 1134** L'erreur sur les qualités essentielles du cocontractant n'est une cause de nullité que dans les contrats conclus en considération de la personne.

**Article 1135** L'erreur sur un simple motif, étranger aux qualités essentielles de la prestation due ou du cocontractant, n'est pas une cause de nullité, à moins que les parties n'en aient fait expressément un élément déterminant de leur consentement.

Néanmoins l'erreur sur le motif d'une libéralité, en l'absence duquel son auteur n'aurait pas disposé, est une cause de nullité.

## 제1부속절 의사표시

### 제1관 의사표시의 존재

**제1129조** 제414-1조에 따라, 계약에 유효하게 의사표시를 하기 위해서는 의사능력이 있어야 한다.

### 제2관 의사표시의 하자

**제1130조** ① 착오, 사기 및 강박은, 이들이 없었다면, 당사자 중 일방이 계약을 체결하지 않았을 것이거나 현저히 다른 조건으로 계약을 체결하였을 경우에는 의사표시의 하자를 구성한다.

② 이들의 결정적인 성격은 계약당사자 및 합의가 행해진 상황을 고려하여 판단한다.

**제1131조** 의사표시의 하자는 계약의 상대적 무효원인이 된다.

**제1132조** 법률 또는 사실의 착오는, 용인할 수 없는 것이 아닌 한, 이행해야 할 급부 또는 계약 상대방의 본질적 성질에 관한 것인 경우에는 무효원인이 된다.

**제1133조** ① 급부의 본질적 성질은 명시적 또는 묵시적으로 합의되어, 당사자들이 이를 고려하여 계약을 체결한 성질이다.

② 계약당사자 일방 또는 타방의 급부에 관한 착오는 무효원인이 된다.

③ 급부의 성질에 관한 사행성을 감수한 때에는 급부의 성질에 관한 착오가 배제된다.

**제1134조** 계약상대방의 본질적 성질에 관한 착오는, 그 개인을 고려하여 체결된 계약에서만 무효원인이 된다.

**제1135조** ① 이행해야 할 급부 또는 계약상대방의 본질적 성질에 관한 것이 아닌, 단순한 동기에 관한 착오는 무효원인이 되지 아니하나, 당사자들이 명시적으로 그 동기를 자신들의 합의의 결정적 요소로 한 경우에는 그러하지 아니하다.

② 그럼에도 불구하고 무상양여의 동기에 관한 착오는, 그 동기가 없었더라면 무상양여를 하지 않았을 경우, 무효원인이 된다.

**Article 1136** L'erreur sur la valeur par laquelle, sans se tromper sur les qualités essentielles de la prestation, un contractant fait seulement de celle-ci une appréciation économique inexacte, n'est pas une cause de nullité.

**Article 1137** Le dol est le fait pour un contractant d'obtenir le consentement de l'autre par des manœuvres ou des mensongess.

Constitue également un dol la dissimulation intentionnelle par l'un des contractants d'une information dont il sait le caractère déterminant pour l'autre partie.

Néanmoins, ne constitue pas un dol le fait pour une partie de ne pas révéler à son cocontractant son estimation de la valeur de la prestation.

**Article 1138** Le dol est également constitué s'il émane du représentant, gérant d'affaires, préposé ou porte-fort du contractant.

Il l'est encore lorsqu'il émane d'un tiers de connivence.

**Article 1139** L'erreur qui résulte d'un dol est toujours excusable ; elle est une cause de nullité alors même qu'elle porterait sur la valeur de la prestation ou sur un simple motif du contrat.

**Article 1140** Il y a violence lorsqu'une partie s'engage sous la pression d'une contrainte qui lui inspire la crainte d'exposer sa personne, sa fortune ou celles de ses proches à un mal considérable.

**Article 1141** La menace d'une voie de droit ne constitue pas une violence. Il en va autrement lorsque la voie de droit est détournée de son but ou lorsqu'elle est invoquée ou exercée pour obtenir un avantage manifestement excessif.

**Article 1142** La violence est une cause de nullité qu'elle ait été exercée par une partie ou par un tiers.

**Artlcle 1143** Il y a également violence lorsqu'une partie, abusant de l'état de dépendance dans lequel se trouve son cocontractant à son égard, obtient de lui un engagement qu'il n'aurait pas souscrit en l'absence d'une telle contrainte et en tire un avantage manifestement excessif.

**Article 1144** Le délai de l'action en nullité ne court, en cas d'erreur ou de dol, que du jour où ils ont été découverts et, en cas de violence, que du jour où elle a cessé.

**제1136조** 계약당사자가 급부의 본질적 성질에 관하여 오해함이 없이 단지 급부의 경제적 평가를 잘못한 가치에 대한 착오는 무효원인이 되지 아니한다.


**제1137조** ① 사기는 계약당사자 일방이 속임수나 거짓말에 의하여 타방 당사자의 합의를 얻어내는 행위이다.
② 계약의 일방 당사자가, 타방 당사자에게 결정적 성질을 가지는 정보임을 알면서 이를 의도적으로 은폐하는 것도 사기에 해당한다.
③ 그럼에도 불구하고, 급부의 가치에 대한 자신의 평가를 계약상대방에게 드러내지 않는 행위는 사기에 해당하지 아니한다.

**제1138조** ① 사기는 그것이 계약당사자의 대리인이나 사무관리자, 피용자, 제3자행위의 담보계약자에 의하여 유래한 것이면 마찬가지로 성립한다.
② 사기가 공모자인 제3자에 의하여 행해진 경우에도 사기가 성립한다.

**제1139조** 사기로 인한 착오는 언제나 무효주장이 허용된다. 사기로 인한 착오가 급부의 가치에 관한 것이거나 계약의 단순한 동기에 관한 것일지라도 이는 무효원인이 된다.


**제1140조** 당사자 일방이 자신의 신체나 재산, 또는 자기 친족의 신체나 재산에 중대한 해를 입을 것이라는 공포감을 주는 강요를 당한 상태에서 의무를 부담한 한 경우, 강박이 있다.


**제1141조** 법적 수단에 의한 위협은 강박을 구성하지 아니한다. 법적 수단이 그 목적에서 벗어나거나 명백하게 과도한 이익을 얻기 위해 사용되거나 행하여진 경우에는 그러하지 아니하다.


**제1142조** 강박은 당사자가 행한 것이든 제3자가 행한 것이든 무효원인이 된다.


**제1143조** 일방 당사자가, 타방 당사자가 처한 자신에 대한 종속상태를 남용하여, 그 타방 당사자로 하여금 이러한 강요상태가 없었더라면 부담하지 않았을 의무를 부담하게 하고 그 의무부담으로부터 명백히 과도한 이익을 얻은 경우에도 강박이 있다.


**제1144조** 무효화소권의 행사기간은, 착오나 사기의 경우 착오나 사기가 드러난 날부터, 강박의 경우 강박이 종료한 날부터 진행한다.

## Sous-section 2 La capacité et la représentation

### Paragraphe 1 La capacité

**Article 1145** Toute personne physique peut contracter sauf en cas d'incapacité prévue par la loi.

La capacité des personnes morales est limitée par les règles applicables à chacune d'entre elles.

**Article 1146** Sont incapables de contracter, dans la mesure définie par la loi :
1° Les mineurs non émancipés ;
2° Les majeurs protégés au sens de l'article 425.

**Article 1147** L'incapacité de contracter est une cause de nullité relative.

**Article 1148** Toute personne incapable de contracter peut néanmoins accomplir seule les actes courants autorisés par la loi ou l'usage, pourvu qu'ils soient conclus à des conditions normales.

**Article 1149** Les actes courants accomplis par le mineur peuvent être annulés pour simple lésion. Toutefois, la nullité n'est pas encourue lorsque la lésion résulte d'un événement imprévisible.

La simple déclaration de majorité faite par le mineur ne fait pas obstacle à l'annulation.

Le mineur ne peut se soustraire aux engagements qu'il a pris dans l'exercice de sa profession.

**Article 1150** Les actes accomplis par les majeurs protégés sont régis par les articles 435, 465 et 494-9 sans préjudice des articles 1148, 1151 et 1352-4.

**Article 1151** Le contractant capable peut faire obstacle à l'action en nullité engagée contre lui en établissant que l'acte était utile à la personne protégée et exempt de lésion ou qu'il a profité à celle-ci.

Il peut aussi opposer à l'action en nullité la confirmation de l'acte par son cocontractant devenu ou redevenu capable.

## 제2부속절 행위능력과 대리

### 제1관 행위능력

**제1145조** ① 모든 자연인은, 법률에 의하여 정해진 제한능력의 경우를 제외하고, 계약을 체결할 수 있다.
② 법인의 행위능력은 각 법인에게 적용되는 규칙에 의하여 제한된다.

**제1146조** 다음 각 호의 자는, 법률에 의하여 정해진 범위에서, 계약을 체결할 능력이 제한된다.
1. 친권해방되지 않은 미성년자
2. 제425조가 의미하는 피보호성년자

**제1147조** 계약체결에 대한 제한능력은 상대적 무효원인이다.

**제1148조** 계약체결에 있어 모든 제한능력자는 그럼에도 불구하고 법률이나 관습에 의하여 허용되는 일상적인 행위는, 통상적인 조건에서 체결된다면, 단독으로 할 수 있다.

**제1149조** ① 미성년자가 행한 일상적 행위는 단순한 급부불균형을 이유로 무효화할 수 있다. 그러나 그 급부불균형이 예측할 수 없었던 사건으로 말미암은 때에는 무효를 주장할 수 없다.

② 미성년자가 단지 성년자라고 언명하였다고 해서 무효화에 장애가 되지 아니한다.
③ 미성년자가 자신의 직업을 수행함에 있어서 한 의무부담에 대해서는 책임을 면할 수 없다.

**제1150조** 피보호성년자가 한 행위는 제435조, 제465조, 제494-9조에 따라 규율하되 제1148조, 제1151조, 제1352-4조의 적용을 방해하지 아니한다.

**제1151조** ① 행위능력이 있는 계약당사자는 무효화소에서 해당 행위가 피보호자에게 유용하고 급부불균형이 없다는 점 또는 해당 행위가 피보호자에게 이득이 되었다는 점을 증명함으로써 대항할 수 있다.
② 전항의 자는 무효화소에서 상대방이 행위능력자가 되거나 다시 된 후 당해 행위를 추인하였음을 항변할 수 있다.

**Article 1152** La prescription de l'action court :

1° A l'égard des actes faits par un mineur, du jour de la majorité ou de l'émancipation ;

2° A l'égard des actes faits par un majeur protégé, du jour où il en a eu connaissance alors qu'il était en situation de les refaire valablement ;

3° A l'égard des héritiers de la personne en tutelle ou en curatelle ou de la personne faisant l'objet d'une habilitation familiale, du jour du décès si elle n'a commencé à courir auparavant.

## Paragraphe 2 La représentation

**Article 1153** Le représentant légal, judiciaire ou conventionnel n'est fondé à agir que dans la limite des pouvoirs qui lui ont été conférés.

**Article 1154** Lorsque le représentant agit dans la limite de ses pouvoirs au nom et pour le compte du représenté, celui-ci est seul tenu de l'engagement ainsi contracté.

Lorsque le représentant déclare agir pour le compte d'autrui mais contracte en son propre nom, il est seul engagé à l'égard du cocontractant.

**Article 1155** Lorsque le pouvoir du représentant est défini en termes généraux, il ne couvre que les actes conservatoires et d'administration.

Lorsque le pouvoir est spécialement déterminé, le représentant ne peut accomplir que les actes pour lesquels il est habilité et ceux qui en sont l'accessoire.

**Article 1156** L'acte accompli par un représentant sans pouvoir ou au-delà de ses pouvoirs est inopposable au représenté, sauf si le tiers contractant a légitimement cru en la réalité des pouvoirs du représentant, notamment en raison du comportement ou des déclarations du représenté.

Lorsqu'il ignorait que l'acte était accompli par un représentant sans pouvoir ou au-delà de ses pouvoirs, le tiers contractant peut en invoquer la nullité.

L'inopposabilité comme la nullité de l'acte ne peuvent plus être invoquées dès lors que le représenté l'a ratifié.

**Article 1157** Lorsque le représentant détourne ses pouvoirs au détriment du représenté, ce dernier peut invoquer la nullité de l'acte accompli si le tiers avait connaissance du détournement ou ne pouvait l'ignorer.

**제1152조** 무효화소권의 소멸시효는 다음 각 호의 날부터 진행한다.
1. 미성년자가 행한 행위의 경우, 성년이 된 날 또는 친권해방된 날
2. 피보호성년자가 행한 행위의 경우, 그가 그 행위를 다시 유효하게 할 수 있는 상태에 있으면서 무효화소권을 인식한 날
3. 피후견인이나 피보좌인 또는 가족권한수여의 대상이 된 자의 상속인의 경우, 피상속인의 생전에 시효가 진행하지 않았다면, 피상속인이 사망한 날


## 제2관 대리

**제1153조** 법정대리인, 재판상 대리인 또는 약정대리인은 자신에게 부여된 권한의 범위 내에서만 행위할 자격이 있다.

**제1154조** ① 대리인이 자신의 권한 범위 내에서 본인의 이름 및 계산으로 행위를 한 때에는 본인만이 그와 같이 약정된 의무를 부담한다.
② 대리인이 타인의 계산으로 행위하는 것을 표시하면서 자신의 이름으로 계약한 때에는 대리인만이 계약 상대방에 대하여 의무를 부담한다.

**제1155조** ① 대리인의 권한이 일반조항으로 정해진 경우에는 그 권한은 보존행위 및 관리행위만을 포함한다.
② 권한이 특정된 경우에는 대리인은 권한을 부여받은 행위와 그에 부수적인 행위만을 할 수 있다.

**제1156조** ① 대리인이 권한 없이 또는 그 권한을 넘어서 한 행위는 본인에게 대항할 수 없으나, 계약자인 제3자가 특히 본인의 행동 또는 표시로 인하여 대리인에게 권한이 있다고 정당하게 믿은 때에는 그러하지 아니하다.

② 계약자인 제3자는 대리인의 행위가 권한 없이 또는 그 권한을 넘어서 행하여진 것을 알지 못한 경우에 그 무효를 원용할 수 있다.
③ 본인이 행위를 추인한 때부터는 대항불능 같은 행위의 무효를 더 이상 원용할 수 없다.


**제1157조** 대리인이 그 권한을 남용하여 본인을 해한 경우, 제3자가 그 남용을 알았거나 모를 수 없었다면 본인은 대리행위의 무효를 원용할 수 있다.

**Article 1158** Le tiers qui doute de l'étendue du pouvoir du représentant conventionnel à l'occasion d'un acte qu'il s'apprête à conclure, peut demander par écrit au représenté de lui confirmer, dans un délai qu'il fixe et qui doit être raisonnable, que le représentant est habilité à conclure cet acte.

L'écrit mentionne qu'à défaut de réponse dans ce délai, le représentant est réputé habilité à conclure cet acte.

**Article 1159** L'établissement d'une représentation légale ou judiciaire dessaisit pendant sa durée le représenté des pouvoirs transférés au représentant.

La représentation conventionnelle laisse au représenté l'exercice de ses droits.

**Article 1160** Les pouvoirs du représentant cessent s'il est atteint d'une incapacité ou frappé d'une interdiction.

**Article 1161** En matière de représentation des personnes physiques, un représentant ne peut agir pour le compte de plusieurs parties au contrat en opposition d'intérêts ni contracter pour son propre compte avec le représenté.

En ces cas, l'acte accompli est nul à moins que la loi ne l'autorise ou que le représenté ne l'ait autorisé ou ratifié.

## Sous-section 3 Le contenu du contrat

**Article 1162** Le contrat ne peut déroger à l'ordre public ni par ses stipulations, ni par son but, que ce dernier ait été connu ou non par toutes les parties.

**Article 1163** L'obligation a pour objet une prestation présente ou future.

Celle-ci doit être possible et déterminée ou déterminable.

La prestation est déterminable lorsqu'elle peut être déduite du contrat ou par référence aux usages ou aux relations antérieures des parties, sans qu'un nouvel accord des parties soit nécessaire.

**제1158조** ① 체결을 준비하는 행위에 즈음하여 약정대리인의 권한 범위에 의심을 가지는 제3자는, 그가 정하는 합리적인 기간 내에, 대리인이 그 행위를 체결할 권한이 있는지 여부를 확인하여 줄 것을 본인에게 서면으로 요구할 수 있다.

② 서면에는 위 기간 내에 답변이 없으면 대리인이 그 행위를 체결할 권한을 부여받은 것으로 본다는 뜻을 기재한다.

**제1159조** ① 법정대리 또는 재판상 대리의 성립은 그 기간 동안 대리인에게 이전된 권한을 본인으로부터 박탈한다.
② 약정대리의 경우에는 본인도 자신의 권리를 행사할 수 있다.

**제1160조** 대리인이 능력을 상실하거나 권한행사가 금지되면, 대리인의 권한은 소멸한다.


**제1161조** ① 자연인에 대한 대리의 경우, 대리인은 이해가 대립되는 계약의 여러 당사자의 계산으로 행위할 수 없고, 자신의 계산으로 본인과 계약할 수 없다.

② 이 경우, 법률이 그것을 허용하지 않는 한 또는 본인이 허가하거나 추인하지 않는 한 대리인이 한 행위는 무효이다.

### 제3부속절 계약의 내용

**제1162조** 계약은 그 조항에 의하여도 공적 질서에 반할 수 없고, 계약당사자들이 그 의도를 인식하였는지 여부와 관계없이 그 목적에 의하여서도 공적 질서에 반할 수 없다.

**제1163조** ① 채무는 현재 또는 장래의 급부를 목적으로 한다.
② 장래의 급부는 가능하고, 확정적이거나 확정가능해야 한다.
③ 급부가 계약으로부터 또는 거래의 관행이나 당사자들 간의 기존 관계로부터 추론될 수 있다면, 새로운 합의가 없더라도 그 급부는 확정가능한 것이다.

**Article 1164** Dans les contrats cadre, il peut être convenu que le prix sera fixé unilatéralement par l'une des parties, à charge pour elle d'en motiver le montant en cas de contestation.

En cas d'abus dans la fixation du prix, le juge peut être saisi d'une demande tendant à obtenir des dommages et intérêts et le cas échéant la résolution du contrat.

**Article 1165** Dans les contrats de prestation de service, à défaut d'accord des parties avant leur exécution, le prix peut être fixé par le créancier, à charge pour lui d'en motiver le montant en cas de contestation.

En cas d'abus dans la fixation du prix, le juge peut être saisi d'une demande tendant à obtenir des dommages et intérêts et le cas échéant la résolution du contrat.

**Article 1166** Lorsque la qualité de la prestation n'est pas déterminée ou déterminable en vertu du contrat, le débiteur doit offrir une prestation de qualité conforme aux attentes légitimes des parties en considération de sa nature, des usages et du montant de la contrepartie.

**Article 1167** Lorsque le prix ou tout autre élément du contrat doit être déterminé par référence à un indice qui n'existe pas ou a cessé d'exister ou d'être accessible, celui-ci est remplacé par l'indice qui s'en rapproche le plus.

**Article 1168** Dans les contrats synallagmatiques, le défaut d'équivalence des prestations n'est pas une cause de nullité du contrat, à moins que la loi n'en dispose autrement.

**Article 1169** Un contrat à titre onéreux est nul lorsque, au moment de sa formation, la contrepartie convenue au profit de celui qui s'engage est illusoire ou dérisoire.

**Article 1170** Toute clause qui prive de sa substance l'obligation essentielle du débiteur est réputée non écrite.

**Article 1171** Dans un contrat d'adhésion, toute clause non négociable, déterminée à l'avance par l'une des parties, qui crée un déséquilibre significatif entre les droits et obligations des parties au contrat est réputée non écrite.

L'appréciation du déséquilibre significatif ne porte ni sur l'objet principal du contrat ni sur l'adéquation du prix à la prestation.

**제1164조** ① 기본계약[27])에 있어서, 급부의 대가(代價)가 일방당사자에 의하여 일방적으로 결정된다고 합의할 수 있으나, 이의가 있을 경우 대가를 결정한 당사자가 그 가액이 적정함을 증명하여야 한다.

② 대가결정에 남용이 있는 경우, 법원에 손해배상 및 필요한 경우 계약의 해제를 구하는 소가 제기될 수 있다.

**제1165조** ① 용역제공계약에 있어서, 이행 전에 그 대가(代價)에 대한 합의가 없었다면 대가는 채권자가 정하고 이의가 있을 경우 채권자가 그 가액이 적정함을 증명하여야 한다.

② 대가결정에 남용이 있는 경우, 법원에 손해배상 및 필요한 경우 계약의 해제를 구하는 소가 제기될 수 있다.

**제1166조** 급부의 품질이 계약상 확정되지 않았거나 확정될 수 없는 경우, 채무자는 급부의 성질, 관행, 반대급부의 가액을 고려하여 당사자들의 적법한 기대이익에 부합하는 품질의 급부를 제공하여야 한다.

**제1167조** 대가나 계약의 다른 요소가 어떠한 지수를 참조하여 확정되어야 함에도 참조하여야 할 지수가 존재하지 않거나 소멸되거나 접근될 수 없는 경우, 그 지수는 이와 가장 근접한 내용의 지수로 대체된다.

**제1168조** 쌍무계약에서 급부의 등가성의 결여는, 계약의 무효 사유가 되지 않지만, 법률이 다르게 정하는 경우에는 그러하지 아니하다.

**제1169조** 유상계약은 계약을 체결할 당시에 채무를 부담하는 자의 이익을 위하여 합의된 반대급부가 헛되거나 미미한 경우 무효가 된다.

**제1170조** 채무자의 본질적 채무의 실질적인 내용을 박탈하게 하는 모든 조항은 기재되지 않은 것으로 본다.

**제1171조** ① 부합계약에서 당사자들의 권리와 의무 사이에 중대한 불균형을 가져오는 조항으로서, 당사자 일방에 의하여 미리 정해져 교섭될 수 없는, 모든 조항은 기재되지 않은 것으로 본다.

② 중대한 불균형의 평가는, 계약의 주된 목적이나 급부 대금의 적절성을 대상으로 하지 아니한다.

---

27) 기본계약은 당사자들이 장래의 계약관계의 일반적 특징을 합의하는 계약을 가리키고, 기본계약의 이행 방법은 실행계약(contrat d'application)에서 상세하게 정한다(제1111조).

## Section 3 La forme du contrat

### Sous-section 1 Dispositions générales

**Article 1172** Les contrats sont par principe consensuels.

Par exception, la validité des contrats solennels est subordonnée à l'observation de formes déterminées par la loi à défaut de laquelle le contrat est nul, sauf possible régularisation.

En outre, la loi subordonne la formation de certains contrats à la remise d'une chose.

**Article 1173** Les formes exigées aux fin de preuve ou d'opposabilité sont sans effet sur la validité des contrats.

### Sous-section 2 Dispositions propres au contrat conclu par voie électronique

**Article 1174** Lorsqu'un écrit est exigé pour la validité d'un contrat, il peut être établi et conservé sous forme électronique dans les conditions prévues aux articles 1366 et 1367 et, lorsqu'un acte authentique est requis, au deuxième alinéa de l'article 1369.

Lorsqu'est exigée une mention écrite de la main même de celui qui s'oblige, ce dernier peut l'apposer sous forme électronique si les conditions de cette apposition sont de nature à garantir qu'elle ne peut être effectuée que par lui-même.

**Article 1175** Il est fait exception aux dispositions de l'article précédent pour les actes sous signature privée relatifs au droit de la famille et des successions, sauf les conventions sous signature privée contresignées par avocats en présence des parties et déposées au rang des minutes d'un notaire selon les modalités prévues aux articles 229-1 à 229-4 ou à l'article 298.

**Article 1176** Lorsque l'écrit sur papier est soumis à des conditions particulières de lisibilité ou de présentation, l'écrit électronique doit répondre à des exigences équivalentes.

L'exigence d'un formulaire détachable est satisfaite par un procédé électronique qui permet d'accéder au formulaire et de le renvoyer par la même voie.

**Article 1177** L'exigence d'un envoi en plusieurs exemplaires est réputée satisfaite par voie électronique si l'écrit peut être imprimé par le destinataire.

## 제3절 계약의 성립

### 제1부속절 총칙

**제1172조** ① 계약은 낙성계약을 원칙으로 한다.

② 예외적으로, 요식계약의 유효성은 법률에 의하여 정해진 형식에 의거하며, 형식이 결여된 계약은 무효이나 추완이 가능한 경우에는 그러하지 아니하다.

③ 그 밖에, 법률은 일정한 계약의 성립을 물건의 교부에 따르게 한다.

**제1173조** 증명이나 대항력을 위하여 요구되는 형식은 계약의 유효성에 영향을 미치지 못한다.

### 제2부속절 전자적 수단에 의하여 체결된 계약에 고유한 규정

**제1174조** ① 계약의 유효성을 위해 서면이 요구되는 경우에는 제1366조와 제1367조에 정한 요건 하에서, 그리고 공증을 요하는 경우에는 제1369조 제2항에 제시된 요건 하에서 서면은 전자적 형식으로 작성되고 보존될 수 있다.

② 작성자의 수기(手記)가 요구되는 경우, 봉인의 조건이 본질적으로 작성자에 의해서만 실행될 수 있음을 보장한다면, 작성자는 전자적 형태로 이를 봉인할 수 있다.

**제1175조** 전조의 규정은 가족 및 상속법에 관련된 사서증서에 제외되지만, 당사자들의 출석 하에 변호사에 의하여 배서된, 제229-1조에서 제229-4조 또는 제298조에 규정된 방식에 따라 공증인의 원본철에 편철된 사서증서에 의한 합의서는 예외로 한다.

**제1176조** ① 서면상의 기재가 가독성 또는 제시에 관한 특정 요건을 갖추어야 하는 경우, 전자문서도 동일한 요건에 부합해야 한다.

② 분리 가능한 서식의 요구는 동일한 전자적 수단으로 서식에 접근하고 이를 반송함을 허용하는 전자적 절차에 의하여 충족된다.

**제1177조** 서면이 수신인에 의하여 출력될 수 있다면, 복본(複本)의 발송 요건이 전자적 수단에 의하여 충족된 것으로 본다.

## Section 4 Les sanctions

## Sous-section 1 La nullité

**Article 1178** Un contrat qui ne remplit pas les conditions requises pour sa validité est nul. La nullité doit être prononcée par le juge, à moins que les parties ne la constatent d'un commun accord.

Le contrat annulé est censé n'avoir jamais existé.

Les prestations exécutées donnent lieu à restitution dans les conditions prévues aux articles 1352 à 1352-9.

Indépendamment de l'annulation du contrat, la partie lésée peut demander réparation du dommage subi dans les conditions du droit commun de la responsabilité extracontractuelle.

**Article 1179** La nullité est absolue lorsque la règle violée a pour objet la sauvegarde de l'intérêt général.

Elle est relative lorsque la règle violée a pour seul objet la sauvegarde d'un intérêt privé.

**Article 1180** La nullité absolue peut être demandée par toute personne justifiant d'un intérêt, ainsi que par le ministère public.

Elle ne peut être couverte par la confirmation du contrat.

**Article 1181** La nullité relative ne peut être demandée que par la partie que la loi entend protéger.

Elle peut être couverte par la confirmation.

Si l'action en nullité relative a plusieurs titulaires, la renonciation de l'un n'empêche pas les autres d'agir.

**Article 1182** La confirmation est l'acte par lequel celui qui pourrait se prévaloir de la nullité y renonce. Cet acte mentionne l'objet de l'obligation et le vice affectant le contrat.

La confirmation ne peut intervenir qu'après la conclusion du contrat.

L'exécution volontaire du contrat, en connaissance de la cause de nullité, vaut confirmation. En cas de violence, la confirmation ne peut intervenir qu'après que la violence a cessé.

La confirmation emporte renonciation aux moyens et exceptions qui pouvaient être opposés, sans préjudice néanmoins des droits des tiers.

## 제4절 제재

### 제1부속절 무효

**제1178조** ① 유효요건을 갖추지 않은 계약은 무효이다. 무효는 법관이 선언하여야 하지만, 당사자들이 공동의 의사에 의하여 계약의 무효를 확인하는 경우에는 그러하지 아니하다.

② 무효화된 계약은 존재하지 않았던 것으로 본다.

③ 이행된 급부는 제1352조부터 제1352-9조까지에 규정된 요건에 따라 반환되어야 한다.

④ 계약의 무효화와 관계없이, 피해자는 계약외책임의 일반법상 요건에 따라 입은 손해에 대한 배상을 청구할 수 있다.

**제1179조** ① 위반된 규정이 일반적 이익을 보호하고자 하는 목적을 가진 경우 계약의 무효는 절대적이다.

② 위반된 규정이 개인적 이익을 보호하고자 하는 목적만을 가진 경우 계약의 무효는 상대적이다.

**제1180조** ① 절대적 무효는 이익을 증명하는 모든 사람에 의하여 또 검찰에 의하여 주장될 수 있다.

② 절대적 무효는 계약의 추인으로 치유될 수 없다.

**제1181조** ① 상대적 무효는 당해 법률이 보호하고자 하는 자에 의해서만 주장될 수 있다.

② 상대적 무효는 추인으로 치유될 수 있다.

③ 상대적 무효화소권이 수인에게 속한다면 그 중 1인의 소권 포기는 다른 권리자의 무효 주장을 방해하지 아니한다.

**제1182조** ① 추인은 무효를 주장할 수 있는 자가 무효화소권을 포기하는 행위이다. 이 행위는 채무의 대상 및 계약을 무효화하는 하자를 지적하여야 한다.

② 추인은 계약 체결 이후에만 할 수 있다.

③ 계약의 무효원인을 알면서 한 계약의 임의이행은 추인에 해당한다. 강박의 경우, 추인은 강박이 종료한 후에만 할 수 있다.

④ 추인은 주장될 수 있을 공격방어방법에 대한 포기를 수반하지만, 제3자의 권리를 침해하지 못한다.

**Article 1183** Une partie peut demander par écrit à celle qui pourrait se prévaloir de la nullité soit de confirmer le contrat soit d'agir en nullité dans un délai de six mois à peine de forclusion. La cause de la nullité doit avoir cessé.

L'écrit mentionne expressément qu'à défaut d'action en nullité exercée avant l'expiration du délai de six mois, le contrat sera réputé confirmé.

**Article 1184** Lorsque la cause de nullité n'affecte qu'une ou plusieurs clauses du contrat, elle n'emporte nullité de l'acte tout entier que si cette ou ces clauses ont constitué un élément déterminant de l'engagement des parties ou de l'une d'elles.

Le contrat est maintenu lorsque la loi répute la clause non écrite, ou lorsque les fins de la règle méconnue exigent son maintien.

**Article 1185** L'exception de nullité ne se prescrit pas si elle se rapporte à un contrat qui n'a reçu aucune exécution.

### Sous-section 2 La caducité

**Article 1186** Un contrat valablement formé devient caduc si l'un de ses éléments essentiels disparaît.

Lorsque l'exécution de plusieurs contrats est nécessaire à la réalisation d'une même opération et que l'un d'eux disparaît, sont caducs les contrats dont l'exécution est rendue impossible par cette disparition et ceux pour lesquels l'exécution du contrat disparu était une condition déterminante du consentement d'une partie.

La caducité n'intervient toutefois que si le contractant contre lequel elle est invoquée connaissait l'existence de l'opération d'ensemble lorsqu'il a donné son consentement.

**Article 1187** La caducité met fin au contrat.

Elle peut donner lieu à restitution dans les conditions prévues aux articles 1352 à 1352-9.

**제1183조** ① 일방 당사자는 계약의 무효를 주장할 수 있는 타방 당사자에게 계약을 추인할지, 도과되면 권리가 상실되는 6개월의 기간 내에 무효화소송을 제기할지 여부를 서면으로 요구할 수 있다. 무효원인은 종료되었어야 한다.
② 서면에는 6개월이 종료하기 전에 무효화소권을 행사하지 않으면 계약을 추인한 것으로 간주한다는 점을 명시하여야 한다.

**제1184조** ① 무효원인이 하나 또는 수 개의 계약조항에만 영향을 미치는 경우, 하나 또는 수 개의 계약조항이 당사자 쌍방 또는 일방의 의무부담을 결정하는 요소이었던 때에만 행위 전체를 무효로 한다.
② 법률이 어느 계약조항이 기재되지 않은 것으로 보거나 위반된 법규정의 목적이 계약의 유지를 요구하는 경우, 그 계약은 유지된다.

**제1185조** 무효의 항변이 어떠한 이행도 행해지지 않은 계약에 관한 것이라면, 무효의 항변은 시효로 소멸하지 아니한다.

### 제2부속절 실효

**제1186조** ① 유효하게 성립한 계약은 그 본질적 요소 중 하나가 소멸하면 실효된다.

② 수 개의 계약이 이행이 동일한 거래의 실현을 위해 필요한데 그 중 한 계약이 소멸한 경우에는, 그 소멸로 인해 그 이행이 불가능하게 되고, 소멸된 계약의 이행이 일방 당사자가 합의한 결정적인 조건이었던 다른 계약들이 실효된다.

③ 그러나 그 실효는, 실효가 주장되는 당사자의 상대방이 합의 당시 전체적인 거래의 존재를 알았던 때에만 행해진다.

**제1187조** ① 실효는 계약을 종료시킨다.
② 실효는 제1352조부터 제1352-9조까지 규정된 요건에 따른 반환관계를 발생시킬 수 있다.

## Chapitre III L'interprétation du contrat

**Article 1188** Le contrat s'interprète d'après la commune intention des parties plutôt qu'en s'arrêtant au sens littéral de ses termes.

Lorsque cette intention ne peut être décelée, le contrat s'interprète selon le sens que lui donnerait une personne raisonnable placée dans la même situation.

**Article 1189** Toutes les clauses d'un contrat s'interprètent les unes par rapport aux autres, en donnant à chacune le sens qui respecte la cohérence de l'acte tout entier.

Lorsque, dans l'intention commune des parties, plusieurs contrats concourent à une même opération, ils s'interprètent en fonction de celle-ci.

**Article 1190** Dans le doute, le contrat de gré à gré s'interprète contre le créancier et en faveur du débiteur, et le contrat d'adhésion contre celui qui l'a proposé.

**Article 1191** Lorsqu'une clause est susceptible de deux sens, celui qui lui confère un effet l'emporte sur celui qui ne lui en fait produire aucun.

**Article 1192** On ne peut interpréter les clauses claires et précises à peine de dénaturation.

## Chapitre IV Les effets du contrat

### Section 1 Les effets du contrat entre les parties

#### Sous-section 1 Force obligatoire

**Article 1193** Les contrats ne peuvent être modifiés ou révoqués que de leur consentement mutuel des parties, ou pour les causes que la loi autorise.

**Article 1194** Les contrats obligent non seulement à ce qui y est exprimé, mais encore à toutes les suites que leur donnent l'équité, l'usage ou la loi.

## 제3장 계약의 해석

**제1188조** ① 계약은 그 문언의 문리적 의미에 그치기보다는 당사자의 공통의 의사에 따라 해석된다.
② 이러한 의사가 드러날 수 없는 경우, 계약은 동일한 상황에 처한 합리적인 사람이 부여하였을 의미에 따라 해석된다.

**제1189조** ① 모든 계약 조항은, 전체 행위의 일관성을 준수하는 의미를 각 조항에 부여하면서, 서로 연관되어 해석된다.
② 당사자 공통의 의사에서, 수 개의 계약이 동일한 거래에 공조하는 경우, 이들 계약은 이 거래와 관련하여 해석된다.

**제1190조** 의미가 불분명한 경우, 교섭계약은 채권자에게 불리하고 채무자에게 유리하게 해석되고, 부합계약은 이를 제안한 자에게 불리하게 해석된다.

**제1191조** 한 조항이 두 가지 의미로 해석될 수 있는 경우, 그 조항에 효력을 부여하는 의미가 그 조항에 아무 효력도 발생시키지 않는 의미에 우선한다.

**제1192조** 누구도 명확하고 정확한 조항을 해석하여 그 의미를 변질시킬 수 없다.

## 제4장 계약의 효력

### 제1절 계약의 당사자간 효력

#### 제1부속절 구속적 효력

**제1193조** 계약은 당사자들의 상호합의 또는 법이 허용하는 사유에 의해서만 수정되거나 종료될 수 있다.

**제1194조** 계약은 표시된 것뿐만 아니라 형평, 관행 또는 법률이 그것에 부여하는 모든 사항에 대하여도 의무를 발생시킨다.

**Article 1195** Si un changement de circonstances imprévisible lors de la conclusion du contrat rend l'exécution excessivement onéreuse pour une partie qui n'avait pas accepté d'en assumer le risque, celle-ci peut demander une renégociation du contrat à son cocontractant. Elle continue à exécuter ses obligations durant la renégociation.

En cas de refus ou d'échec de la renégociation, les parties peuvent convenir de la résolution du contrat, à la date et aux conditions qu'elles déterminent, ou demander d'un commun accord au juge de procéder à l'adaptation du contrat. A défaut d'accord dans un délai raisonnable, le juge peut, à la demande d'une partie, réviser le contrat ou y mettre fin, à la date et aux conditions qu'il fixe.

### Sous-section 2  Effet translatif

**Article 1196** Dans les contrats ayant pour objet l'aliénation de la propriété ou la cession d'un autre droit, le transfert s'opère lors de la conclusion du contrat.

Ce transfert peut être différé par la volonté des parties, la nature des choses ou une disposition de la loi.

Le transfert de propriété emporte transfert des risques de la chose. Toutefois le débiteur de l'obligation de délivrer en retrouve la charge à compter de sa mise en demeure, conformément à l'article 1344-2 et sous réserve des règles prévues à l'article 1351-1.

**Article 1197** L'obligation de délivrer la chose emporte obligation de la conserver jusqu'à la délivrance, en y apportant tous les soins d'une personne raisonnable.

**Article 1198** Lorsque deux acquéreurs successifs d'un même meuble corporel tiennent leur droit d'une même personne, celui qui a pris possession de ce meuble en premier est préféré, même si son droit est postérieur, à condition qu'il soit de bonne foi.

Lorsque deux acquéreurs successifs de droits portant sur un même immeuble tiennent leur droit d'une même personne, celui qui a, le premier, publié son titre d'acquisition passé en la forme authentique au fichier immobilier est préféré, même si son droit est postérieur, à condition qu'il soit de bonne foi.

**제1195조** ① 계약의 체결 당시에 예견하지 못하였던 사정의 변화로 그 이행이 위험을 인수한 적이 없는 일방에게 과도한 부담이 된다면, 그 일방은 상대방에게 재교섭을 요구할 수 있다. 그 일방은 재교섭 중에도 자신의 채무는 계속하여 이행하여야 한다.

② 재교섭이 거절되거나 실패한 경우, 당사자들은 그들이 정한 날짜와 조건에 따라 계약을 해제할 것을 합의할 수 있고, 또는 합의에 의하여 법관에게 계약을 조정하여 줄 것을 요구할 수 있다. 상당한 기간 내에 합의가 없을 경우, 법관은 일방의 청구에 의하여 계약을 수정하거나 그가 정하는 날짜와 조건에 따라 계약을 종료시킬 수 있다.

## 제2부속절 이전적 효력

**제1196조** ① 소유권의 이전 또는 기타 권리의 양도를 목적으로 하는 계약에서 권리의 이전은 계약의 체결 시에 이루어진다.
② 권리의 이전은 당사자의 의사, 물건의 성질 또는 법률의 규정에 의하여 달라질 수 있다.

③ 소유권의 이전은 물건의 위험의 이전을 수반한다. 그러나 인도의무의 채무자는 제1344-2조에 따라 지체에 빠진 날부터 위험을 다시 부담하고, 제1351-1조에 정해진 규정이 적용될 것을 유보한다.

**제1197조** 물건을 인도할 채무는 그 물건의 인도 시까지 합리적인 사람의 모든 주의를 다하여 보관할 채무를 수반한다.

**제1198조** ① 2인이 동일한 유체동산에 대하여 동일한 사람으로부터 그 권리를 연이어 취득하는 경우, 유체동산을 먼저 점유한 자는, 선의인 한, 그의 권리가 시기에 있어서 나중일지라도 우선한다.
② 2인이 동일한 부동산에 대하여 동일한 사람으로부터 그 권리를 연이어 취득하는 경우, 공정증서의 형식에 의하여 취득권원을 부동산색인에 먼저 공시한 자는, 선의인 한, 그의 권리가 시기에 있어 나중일지라도 우선한다.

## Section 2 Les effets du contrat à l'égard des tiers

### Sous-section 1 Dispositions générales

**Article 1199** Le contrat ne crée d'obligations qu'entre les parties.

Les tiers ne peuvent ni demander l'exécution du contrat ni se voir contraints de l'exécuter, sous réserve des dispositions de la présente section et de celles du chapitre III du titre IV.

**Article 1200** Les tiers doivent respecter la situation juridique créée par le contrat.

Ils peuvent s'en prévaloir notamment pour apporter la preuve d'un fait.

**Article 1201** Lorsque les parties ont conclu un contrat apparent qui dissimule un contrat occulte, ce dernier, appelé aussi contre-lettre, produit effet entre les parties. Il n'est pas opposable aux tiers, qui peuvent néanmoins s'en prévaloir.

**Article 1202** Est nulle toute contre-lettre ayant pour objet une augmentation du prix stipulé dans le traité de cession d'un office ministériel.

Est également nul tout contrat ayant pour but de dissimuler une partie du prix, lorsqu'elle porte sur une vente d'immeubles, une cession de fonds de commerce ou de clientèle, une cession d'un droit à un bail, ou le bénéfice d'une promesse de bail portant sur tout ou partie d'un immeuble et tout ou partie de la soulte d'un échange ou d'un partage comprenant des biens immeubles, un fonds de commerce ou une clientèle.

### Sous-section 2 Le porte-fort et la stipulation pour autrui

**Article 1203** On ne peut s'engager en son propre nom que pour soi-même.

**Article 1204** On peut se porter fort en promettant le fait d'un tiers.

Le promettant est libéré de toute obligation si le tiers accomplit le fait promis. Dans le cas contraire, il peut être condamné à des dommages et intérêts.

Lorsque le porte-fort a pour objet la ratification d'un engagement, celui-ci est rétroactivement validé à la date à laquelle le porte-fort a été souscrit.

## 제2절 제3자에 대한 계약의 효력

### 제1부속절 총칙

**제1199조** ① 계약은 당사자 사이에서만 채권관계를 발생시킨다.
② 제3자는 본절과 제4편 제3장의 규정의 유보 하에, 계약의 이행을 청구할 수도 없고 이행을 강요당하지도 아니한다.


**제1200조** ① 제3자는 계약으로 창설된 법적 상황을 존중하여야 한다.
② 제3자는 특히 어떠한 사실을 증명하기 위해 그러한 법적 상황을 원용할 수 있다.

**제1201조** 당사자들이 은닉계약(contrat occulte)을 숨기려고 가장계약(contrat apparent)을 체결하였던 경우, 이면계약(contre-lettre)이라고 불리는 은닉계약은 당사자 간에 효력이 있다. 은닉계약은 제3자에게 대항할 수 없지만, 제3자는 이를 원용할 수 있다.

**제1202조** ① 법원부속공무원이 작성한 양도계약서상의 가액을 증액할 목적으로 하는 모든 이면계약은 무효이다.
② 계약이 부동산 매매, 영업재산이나 고객권의 양도, 임차권의 양도, 부동산의 전부 또는 일부에 관한 임대차예약수익, 부동산, 영업재산 또는 고객권이 포함된 교환이나 분할에 있어서의 보충금의 전부 또는 일부를 포함하는 경우, 그 가액의 일부를 은닉할 목적의 모든 계약도 마찬가지로 무효이다.


### 제2부속절 제3자 행위담보계약과 제3자를 위한 계약

**제1203조** 누구나 자신을 위하여만 자신의 이름으로 의무부담을 할 수 있다.

**제1204조** ① 누구나 제3자의 행위를 약속함으로써 제3자의 행위담보를 할 수 있다.
② 낙약자는 제3자가 약속한 행위를 한다면, 모든 의무를 면한다. 그러하지 아니한 경우, 낙약자는 손해배상책임을 질 수 있다.
③ 제3자의 행위담보계약이 의무부담에 대한 추인을 요하는 경우, 그러한 의무부담은 제3자의 행위담보계약이 체결된 날로부터 소급하여 효력이 있다.

**Article 1205** On peut stipuler pour autrui.

L'un des contractants, le stipulant, peut faire promettre à l'autre, le promettant, d'accomplir une prestation au profit d'un tiers, le bénéficiaire. Ce dernier peut être une personne future mais doit être précisément désigné ou pouvoir être déterminé lors de l'exécution de la promesse.

**Article 1206** Le bénéficiaire est investi d'un droit direct à la prestation contre le promettant dès la stipulation.

Néanmoins le stipulant peut librement révoquer la stipulation tant que le bénéficiaire ne l'a pas acceptée.

La stipulation devient irrévocable au moment où l'acceptation parvient au stipulant ou au promettant.

**Article 1207** La révocation ne peut émaner que du stipulant ou, après son décès, de ses héritiers. Ces derniers ne peuvent y procéder qu'à l'expiration d'un délai de trois mois à compter du jour où ils ont mis le bénéficiaire en demeure de l'accepter.

Si elle n'est pas assortie de la désignation d'un nouveau bénéficiaire, la révocation profite, selon le cas, au stipulant ou à ses héritiers.

La révocation produit effet dès lors que le tiers bénéficiaire ou le promettant en a eu connaissance.

Lorsqu'elle est faite par testament, elle prend effet au moment du décès.

Le tiers initialement désigné est censé n'avoir jamais bénéficié de la stipulation faite à son profit.

**Article 1208** L'acceptation peut émaner du bénéficiaire ou, après son décès, de ses héritiers. Elle peut être expresse ou tacite. Elle peut intervenir même après le décès du stipulant ou du promettant.

**Article 1209** Le stipulant peut lui-même exiger du promettant l'exécution de son engagement envers le bénéficiaire.

### Section 3 La durée du contrat

**Article 1210** Les engagements perpétuels sont prohibés.

Chaque contractant peut y mettre fin dans les conditions prévues pour le contrat à durée indéterminée.

제1205조 ① 누구나 타인을 위하여 계약할 수 있다.

② 요약자인 계약의 일방당사자는 낙약자인 타방 당사자에게 제3자 즉, 수익자의 이익을 위하여 급부를 이행할 것을 약속하게 할 수 있다. 수익자는 장래의 사람이 될 수도 있지만 구체적으로 지정되거나 약속의 이행 시에는 확정될 수 있어야 한다.


제1206조 ① 수익자는 제3자를 위한 계약 체결 시부터 낙약자에 대하여 급부의 이행을 직접 청구할 권리가 있다.

② 그럼에도 불구하고 요약자는 수익자가 승인의 의사표시를 하지 않는 한 자유롭게 제3자를 위한 계약을 철회할 수 있다.

③ 제3자를 위한 계약은 그 승인의 의사표시가 요약자 또는 낙약자에게 도달된 때부터는 철회될 수 없다.

제1207조 ① 철회는 요약자 또는 그의 사망 이후에는 그의 상속인만이 할 수 있다. 상속인은 수익자에게 그 승인 여부를 최고한 날로부터 3개월의 기간이 경과한 때에만 철회할 수 있다.

② 철회가 새로운 수익자의 지정을 수반하지 않는다면, 철회는 경우에 따라서 요약자 또는 그의 상속인의 이익으로 한다.

③ 철회는 수익자인 제3자 또는 낙약자가 이를 안 때부터 효력을 발생한다.

④ 철회가 유언으로 행해지는 경우, 철회는 사망 시에 효력을 발생한다.

⑤ 처음에 지정된 제3자는 자신의 이익을 위하여 체결된 제3자를 위한 계약의 이익을 전혀 받지 않은 것으로 된다.

제1208조 승인은 수익자 또는 그의 사망 이후에는 그의 상속인이 할 수 있다. 승인은 명시적 또는 묵시적으로 할 수 있다. 승인은 요약자나 낙약자의 사망 후에도 할 수 있다.


제1209조 요약자 자신도 낙약자에게 낙약자가 수익자에게 부담하는 의무를 이행할 것을 청구할 수 있다.

## 제3절 계약의 기간

제1210조 ① 영구적인 의무부담은 금지된다.

② 각 계약 당사자는 기간의 정함이 없는 계약에 관하여 정해진 요건 하에 영구적 의무부담을 종료시킬 수 있다.

**Article 1211** Lorsque le contrat est conclu pour une durée indéterminée, chaque partie peut y mettre fin à tout moment, sous réserve de respecter le délai de préavis contractuellement prévu ou, à défaut, un délai raisonnable.

**Article 1212** Lorsque le contrat est conclu pour une durée déterminée, chaque partie doit l'exécuter jusqu'à son terme.

Nul ne peut exiger le renouvellement du contrat.

**Article 1213** Le contrat peut être prorogé si les contractants en manifestent la volonté avant son expiration. La prorogation ne peut porter atteinte aux droits des tiers.

**Article 1214** Le contrat à durée déterminée peut être renouvelé par l'effet de la loi ou par l'accord des parties.

Le renouvellement donne naissance à un nouveau contrat dont le contenu est identique au précédent mais dont la durée est indéterminée.

**Article 1215** Lorsqu'à l'expiration du terme d'un contrat conclu à durée déterminée, les contractants continuent d'en exécuter les obligations, il y a tacite reconduction. Celle-ci produit les mêmes effets que le renouvellement du contrat.

## Section 4 La cession de contrat

**Article 1216** Un contractant, le cédant, peut céder sa qualité de partie au contrat à un tiers, le cessionaire avec l'accord de son cocontractant, le cédé.

Cet accord peut être donné par avance, notamment dans le contrat conclu entre les futurs cédant et cédé, auquel cas la cession produit effet à l'égard du cédé lorsque le contrat conclu entre le cédant et le cessionnaire lui est notifié ou lorsqu'il en prend acte.

La cession doit être constatée par écrit, à peine de nullité.

**Article 1216-1** Si le cédé y a expressément consenti, la cession de contrat libère le cédant pour l'avenir.

A défaut, et sauf clause contraire, le cédant est tenu solidairement à l'exécution du contrat.

**제1211조** 기간의 정함이 없는 계약이 체결되었을 경우, 각 당사자는 계약에서 예정한 예고기간 또는 이 기간이 없다면 합리적인 기간을 준수할 것을 유보하여 언제든지 계약을 종료시킬 수 있다.

**제1212조** ① 기간의 정함이 있는 계약이 체결되었을 경우, 각 계약당사자는 그 기간이 종료될 때까지 계약을 이행하여야 한다.
② 누구도 계약의 갱신을 주장할 수 없다.

**제1213조** 계약당사자가 계약 기간의 만료 전에 기간 연장에 대한 의사를 표시한다면 계약은 연장될 수 있다. 기간 연장으로 제3자의 권리를 해하지 못한다.

**제1214조** ① 기간의 정함이 있는 계약은 법률 또는 당사자의 합의로 갱신될 수 있다.

② 갱신된 계약은 종전의 계약과 동일한 내용을 가지나 기간은 정함이 없는 새로운 계약을 발생시킨다.

**제1215조** 기간의 정함이 있는 계약이 그 기간이 만료된 후 계약당사자가 계속하여 채무를 이행하는 경우, 묵시의 갱신이 인정된다. 이것은 계약의 갱신과 동일한 효력이 있다.

## 제4절 계약의 양도

**제1216조** ① 계약당사자인 양도인은 당사자로서의 지위를 제3자인 양수인에게 양도할 수 있으나 자신의 계약상대방인 피양도인의 동의를 얻어야 한다.
② 피양도인의 동의는 사전에, 특히 장래의 양도인과 피양도인 사이에 체결된 계약에서 행해질 수 있는데, 이 경우 계약양도는 양도인과 양수인 사이에 체결된 계약이 피양도인에게 통지된 때 또는 피양도인이 그 계약을 승낙한 때에 피양도인에 대하여 효력이 있다.
③ 계약의 양도는 서면으로 체결되어야 하고, 그러하지 아니하면 무효이다.

**제1216-1조** ① 피양도인이 양도인의 면책에 관하여 명시적으로 합의하였다면, 계약의 양도는 장래를 향하여 양도인을 면책시킨다.
② 양도인의 면책에 관한 명시적 합의가 없고 반대의 약정이 없다면, 양도인은 계약의 이행에 대하여 연대하여 책임을 진다.

**Article 1216-2** Le cessionnaire peut opposer au cédé les exceptions inhérentes à la dette, telles que la nullité, l'exception d'inexécution, la résolution ou la compensation de dettes connexes. Il ne peut lui opposer les exceptions personnelles au cédant.

Le cédé peut opposer au cessionnaire toutes les exceptions qu'il aurait pu opposer au cédant.

**Article 1216-3** Si le cédant n'est pas libéré par le cédé, les sûretés qui ont pu être consenties subsistent. Dans le cas contraire, les sûretés consenties par le cédant ou par des tiers ne subsistent qu'avec leur accord.

Si le cédant est libéré, ses codébiteurs solidaires restent tenus déduction faite de sa part dans la dette.

### Section 5 L'inexécution du contrat

**Article 1217** La partie envers laquelle l'engagement n'a pas été exécuté, ou l'a été imparfaitement, peut :
- refuser d'exécuter ou suspendre l'exécution de sa propre obligation ;
- poursuivre l'exécution forcée en nature de l'obligation ;
- obtenir une réduction du prix ;
- provoquer la résolution du contrat ;
- demander réparation des conséquences de l'inexécution.

Les sanctions qui ne sont pas incompatibles peuvent être cumulées ; des dommages et intérêts peuvent toujours s'y ajouter.

**Article 1218** Il y a force majeure en matière contractuelle lorsqu'un événement échappant au contrôle du débiteur, qui ne pouvait être raisonnablement prévu lors de la conclusion du contrat et dont les effets ne peuvent être évités par des mesures appropriées, empêche l'exécution de son obligation par le débiteur.

Si l'empêchement est temporaire, l'exécution de l'obligation est suspendue à moins que le retard qui en résulterait ne justifie la résolution du contrat. Si l'empêchement est définitif, le contrat est résolu de plein droit et les parties sont libérées de leurs obligations dans les conditions prévues aux articles 1351 et 1351-1.

**제1216-2조** ① 양수인은 계약의 무효, 동시이행의 항변, 해제, 또는 견련관계 있는 상계 등과 같은 채무에 내재된 항변사유로써 피양도인에게 대항할 수 있다. 양수인은 양도인의 인적 항변사유로써 피양도인에게 대항할 수 없다.

② 피양도인은 양도인에게 대항할 수 있었던 모든 항변사유로써 양수인에게 대항할 수 있다.

**제1216-3조** ① 양도인이 피양도인에 의하여 면책되지 않는다면, 합의될 수 있었던 담보는 존속한다. 반대의 경우, 양도인이나 제3자에 의하여 합의된 담보는 그의 동의가 있어야 존속한다.

② 양도인이 면책된다면, 그의 공동연대채무자들은 채무에서 양도인의 면책부분을 제외한 나머지에 대하여만 책임을 진다.

### 제5절 계약의 불이행

**제1217조** ① 채무가 이행되지 않았거나 또는 불완전하게 이행된 당사자는

- 자신의 채무의 이행을 거절하거나 정지할 수 있고
- 채무에 대한 현실이행의 강제를 소구할 수 있고
- 대금감액을 받을 수 있고
- 계약을 해제할 수 있고
- 불이행의 결과에 대한 배상을 청구할 수 있다.
② 양립할 수 있는 제재들은 경합될 수 있다. 손해배상은 언제나 제재에 추가될 수 있다.

**제1218조** ① 채무자의 통제를 벗어나 계약의 체결 당시에 합리적으로 예견할 수 없었고 또 그 효과가 적절한 조치에 의해서 회피될 수 없었던 사건이 채무자에 의한 채무이행을 방해하는 경우, 계약에 있어서 불가항력이 존재한다.

② 방해가 일시적이라면, 방해로 인한 이행의 지연이 계약의 해제를 정당화하지 않는 한 채무의 이행은 정지된다. 방해가 확정적이라면, 계약은 당연히 해제되고 당사자들은 제1351조와 제1351-1조에 정해진 요건에 따라 자신들의 채무를 면한다.

## Sous-section 1 L'exception d'inexécution

**Article 1219** Une partie peut refuser d'exécuter son obligation, alors même que celle-ci est exigible, si l'autre n'exécute pas la sienne et si cette inexécution est suffisamment grave.

**Article 1220** Une partie peut suspendre l'exécution de son obligation dès lors qu'il est manifeste que son cocontractant ne s'exécutera pas à l'échéance et que les conséquences de cette inexécution sont suffisamment graves pour elle. Cette suspension doit être notifiée dans les meilleurs délais.

## Sous-section 2 L'exécution forcée en nature

**Article 1221** Le créancier d'une obligation peut, après mise en demeure, en poursuivre l'exécution en nature sauf si cette exécution est impossible ou s'il existe une disproportion manifeste entre son coût pour le débiteur de bonne foi et son intérêt pour le créancier.

**Article 1222** Après mise en demeure, le créancier peut aussi, dans un délai et à un coût raisonnables, faire exécuter lui-même l'obligation ou, sur autorisation préalable du juge, détruire ce qui a été fait en violation de celle-ci. Il peut demander au débiteur le remboursement des sommes engagées à cette fin.

Il peut aussi demander en justice que le débiteur avance les sommes nécessaires à cette exécution ou à cette destruction.

## Sous-section 3 La réduction du prix

**Article 1223** En cas d'exécution imparfaite de la prestation, le créancier peut, après mise en demeure et s'il n'a pas encore payé tout ou partie de la prestation, notifier dans les meilleurs délais au débiteur sa décision d'en réduire de manière proportionnelle le prix. L'acceptation par le débiteur de la décision de réduction de prix du créancier doit être rédigée par écrit.

Si le créancier a déjà payé, à défaut d'accord entre les parties, il peut demander au juge la réduction de prix.

## 제1부속절 동시이행의 항변권

**제1219조** 당사자 일방은, 자신의 채무가 이행가능할지라도, 상대방이 그 채무를 이행하지 않고 그 불이행이 충분히 중대하다면, 자신의 채무의 이행을 거절할 수 있다.

**제1220조** 당사자 일방은, 자신의 계약상대방이 이행기에 이행하지 않을 것이 명백하고 그 불이행의 결과가 그에게 충분히 중대한 경우에는, 자신의 채무이행을 정지할 수 있다. 채무이행의 정지는 가장 빠른 기간 내에 통지되어야 한다.

## 제2부속절 현실이행의 강제

**제1221조** 채권자는, 최고를 한 후, 그 이행이 불가능하거나 또는 선의인 채무자의 이행비용과 채권자의 이익 사이에 명백한 불균형이 있는 경우를 제외하고, 현실이행을 소구할 수 있다.

**제1222조** ① 최고를 한 후, 채권자는 합리적인 기간 내에 또 합리적인 비용으로, 스스로 채무를 이행하게 하거나 또는, 법관의 사전허락을 받아, 채무의 위반으로 발생한 결과를 제거하게 할 수 있다. 채권자는 채무자에게 이러한 목적으로 부담한 금액의 상환을 청구할 수 있다.

② 채권자는 채무자가 그 이행 또는 그 제거에 필요한 금액을 사전에 지급할 것을 재판상 청구할 수도 있다.

## 제3부속절 대금의 감액

**제1223조** ① 급부의 불완전이행의 경우, 채권자는, 최고를 한 후 급부의 전부 또는 일부를 아직 변제하지 않은 경우에는 가장 빠른 기간 내에 채무자에게 비례적 방법으로 대금을 감액한 결정을 통지할 수 있다. 채권자의 대금감액의 결정에 대한 채무자의 승인은 문서로 작성되어야 한다.

② 채권자가 이미 변제하였으나, 당사자들 사이에 합의가 없으면, 채권자는 법원에 대금감액을 청구할 수 있다.

## Sous-section 4 La résolution

**Article 1224** La résolution résulte soit de l'application d'une clause résolutoire soit, en cas d'inexécution suffisamment grave, d'une notification du créancier au débiteur ou d'une décision de justice.

**Article 1225** La clause résolutoire précise les engagements dont l'inexécution entraînera la résolution du contrat.

La résolution est subordonnée à une mise en demeure infructueuse, s'il n'a pas été convenu que celle-ci résulterait du seul fait de l'inexécution. La mise en demeure ne produit effet que si elle mentionne expressément la clause résolutoire.

**Article 1226** Le créancier peut, à ses risques et périls, résoudre le contrat par voie de notification. Sauf urgence, il doit préalablement mettre en demeure le débiteur défaillant de satisfaire à son engagement dans un délai raisonnable.

La mise en demeure mentionne expressément qu'à défaut pour le débiteur de satisfaire à son obligation, le créancier sera en droit de résoudre le contrat.

Lorsque l'inexécution persiste, le créancier notifie au débiteur la résolution du contrat et les raisons qui la motivent.

Le débiteur peut à tout moment saisir le juge pour contester la résolution. Le créancier doit alors prouver la gravité de l'inexécution.

**Article 1227** La résolution peut, en toute hypothèse, être demandée en justice.

**Article 1228** Le juge peut, selon les circonstances, constater ou prononcer la résolution ou ordonner l'exécution du contrat, en accordant éventuellement un délai au débiteur, ou allouer seulement des dommages et intérêts.

## 제4부속절 해제

**제1224조** 해제는 해제조항의 적용, 충분히 중대한 채무의 불이행시 채권자의 채무자에 대한 통지, 또는 법원의 결정에 의하여 이루어진다.

**제1225조** ① 해제조항은 불이행시 계약의 해제를 야기할 채무를 명시하여야 한다.

② 불이행의 단순한 사실만으로 계약이 해제된다고 약정하지 않으면, 해제는 지체부 최고에 따른 이행이 없을 것을 요건으로 한다. 지체부 최고는 해제조항을 명시적으로 기재하여야만 그 효력이 발생한다.

**제1226조** ① 채권자는, 자신의 위험과 부담으로, 통지에 의하여 계약을 해제할 수 있다. 긴급한 경우를 제외하고, 채권자는 이행하지 아니한 채무자에게 사전에 상당한 기간 내에 그 채무를 이행할 것을 최고하여야 한다.

② 지체부 최고는 채무자가 상당한 기간 내에 그 채무를 이행하지 아니하면 채무자가 계약을 해제할 권리를 가진다는 점을 명시적으로 기재하여야 한다.

③ 채무자의 불이행이 계속되는 경우, 채무자는 채무자에게 계약의 해제와 해제 사유를 통지하여야 한다.

④ 채무자는 언제든지 해제에 대한 이의를 법원에 소로 제기할 수 있다. 채권자는 이 경우에 불이행의 중대성을 증명하여야 한다.

**제1227조** 해제는, 어떠한 경우이든, 재판상 청구될 수 있다.

**제1228조** 법원은, 사안에 따라, 해제를 확인하거나 선고할 수 있고, 또는 채무자에게 일정한 기간을 허여하여 채무의 이행을 명할 수 있으며, 또는 손해배상만을 명할 수 있다.

**Article 1229** La résolution met fin au contrat.

La résolution prend effet, selon les cas, soit dans les conditions prévues par la clause résolutoire, soit à la date de la réception par le débiteur de la notification faite par le créancier, soit à la date fixée par le juge ou, à défaut, au jour de l'assignation en justice.

Lorsque les prestations échangées ne pouvaient trouver leur utilité que par l'exécution complète du contrat résolu, les parties doivent restituer l'intégralité de ce qu'elles se sont procuré l'une à l'autre. Lorsque les prestations échangées ont trouvé leur utilité au fur et à mesure de l'exécution réciproque du contrat, il n'y a pas lieu à restitution pour la période antérieure à la dernière prestation n'ayant pas reçu sa contrepartie; dans ce cas, la résolution est qualifiée de résiliation.

Les restitutions ont lieu dans les conditions prévues aux articles 1352 à 1352-9.

**Article 1230** La résolution n'affecte ni les clauses relatives au règlement des différends, ni celles destinées à produire effet même en cas de résolution, telles les clauses de confidentialité et de non-concurrence.

### Sous-section 5 La réparation du préjudice résultant de l'inexécution du contrat

**Article 1231** A moins que l'inexécution soit définitive, les dommages et intérêts ne sont dus que si le débiteur a préalablement été mis en demeure de s'exécuter dans un délai raisonnable.

**Article 1231-1** Le débiteur est condamné, s'il y a lieu, au paiement de dommages et intérêts soit à raison de l'inexécution de l'obligation, soit à raison du retard dans l'exécution, s'il ne justifie pas que l'exécution a été empêchée par la force majeure.

**Article 1231-2** Les dommages et intérêts dus au créancier sont, en général, de la perte qu'il a faite et du gain dont il a été privé, sauf les exceptions et modifications ci-après.

**Article 1231-3** Le débiteur n'est tenu que des dommages et intérêts qui ont été prévus ou qui pouvaient être prévus lors de la conclusion du contrat, sauf lorsque l'inexécution est due à une faute lourde ou dolosive.

**Article 1231-4** Dans le cas même où l'inexécution du contrat résulte d'une faute lourde ou dolosive, les dommages et intérêts ne comprennent que ce qui est une suite immédiate et directe de l'inexécution.

**제1229조** ① 해제는 계약을 종료시킨다.

② 해제는, 경우에 따라, 해제조항에 의하여 정해진 요건에 따라 또는 채권자의 통지를 채무자가 수령한 날, 재판상 정한 날 또는 정함이 없다면 제소된 날에 효력이 발생한다.

③ 교환된 급부가 해제된 계약의 완전한 이행에 의해서만 유용하게 되는 경우 당사자는 받은 것 전부를 서로 반환하여야 한다. 교환된 급부가 계약의 상호이행에 따라 단계적으로 유용하게 되는 경우에는 반대급부를 받지 못한 최종 급부 이전의 기간에 관하여는 반환의 필요가 없고, 이 경우의 해제는 해지에 해당한다.

④ 반환은 제1352조에서 제1352-9조까지 정한 요건에 따라 이루어진다.

**제1230조** 해제는, 분쟁의 해결에 관한 조항뿐만 아니라, 비밀유지조항과 경업금지조항과 같이 해제의 경우에서조차도 효력을 발생하는 것을 목적으로 하는 조항에도 영향을 미치지 아니한다.

### 제5부속절 채무불이행에 기한 손해의 배상

**제1231조** 불이행이 확정적이지 않는 한, 채무자가 합리적인 기간 내에 이행할 것을 사전에 최고 받은 때에만 손해배상의 의무가 있다.

**제1231-1조** 채무자는, 필요하다면, 이행이 불가항력에 의하여 방해되었음을 증명하지 못하는 한, 채무의 불이행으로 인한 것이든, 이행의 지체로 인한 것이든 손해배상의 책임을 진다.

**제1231-2조** 채권자에게 지급되어야 할 손해배상은, 일반적으로 채권자가 입은 손실과 상실한 이익으로 하나, 다음의 예외 및 수정이 있는 경우에는 그러하지 아니하다.

**제1231-3조** 채무자는, 계약의 체결시에 예상하였거나 예상할 수 있었던 손해에 대하여만 배상책임을 지나, 불이행이 중대한 과책 또는 의도적인 과책에 의한 것인 경우에는 그러하지 아니하다.

**제1231-4조** 채무불이행이 중대한 과책 또는 의도적인 과책으로 인한 것일 경우에도 손해배상은 불이행으로 인한 즉각적이고 직접적인 손해의 배상만을 포함한다.

**Article 1231-5** Lorsque le contrat stipule que celui qui manquera de l'exécuter paiera une certaine somme à titre de dommages et intérêts, il ne peut être alloué à l'autre partie une somme plus forte ni moindre.

Néanmoins, le juge peut, même d'office, modérer ou augmenter la pénalité ainsi convenue si elle est manifestement excessive ou dérisoire.

Lorsque l'engagement a été exécuté en partie, la pénalité convenue peut être diminuée par le juge, même d'office, à proportion de l'intérêt que l'exécution partielle a procuré au créancier, sans préjudice de l'application de l'alinéa précédent.

Toute stipulation contraire aux deux alinéas précédents est réputée non écrite.

Sauf inexécution définitive, la pénalité n'est encourue que lorsque le débiteur est mis en demeure.

**Article 1231-6** Les dommages et intérêts dus à raison du retard dans le paiement d'une obligation de somme d'argent consistent dans l'intérêt au taux légal, à compter de la mise en demeure.

Ces dommages et intérêts sont dus sans que le créancier soit tenu de justifier d'aucune perte.

Le créancier auquel son débiteur en retard a causé, par sa mauvaise foi, un préjudice indépendant de ce retard, peut obtenir des dommages et intérêts distincts de l'intérêt moratoire.

**Article 1231-7** En toute matière, la condamnation à une indemnité emporte intérêts au taux légal même en l'absence de demande ou de disposition spéciale du jugement. Sauf disposition contraire de la loi, ces intérêts courent à compter du prononcé du jugement à moins que le juge n'en décide autrement.

En cas de confirmation pure et simple par le juge d'appel d'une décision allouant une indemnité en réparation d'un dommage, celle-ci porte de plein droit intérêt au taux légal à compter du jugement de première instance. Dans les autres cas, l'indemnité allouée en appel porte intérêt à compter de la décision d'appel. Le juge d'appel peut toujours déroger aux dispositions du présent alinéa.

**Article 1232** (abrogé)
**Article 1233** (abrogé)
**Article 1234** (abrogé)
**Article 1235** (abrogé)
**Article 1236** (abrogé)
**Article 1237** (abrogé)
**Article 1238** (abrogé)
**Article 1239** (abrogé)

**제1231-5조** ① 계약으로 채무를 이행하지 않은 당사자가 손해배상배상금의 명목으로 일정한 금액을 지급할 것을 약정한 경우, 이보다 많거나 적은 금액은 상대방에게 지급될 수 없다.

② 그럼에도 불구하고, 법관은, 합의된 위약금이 명백히 과다하거나 과소라면, 직권으로 이를 감액 또는 증액할 수 있다.
③ 채무가 부분적으로 이행된 경우, 합의된 위약금은 법관에 의하여 직권으로 부분적 이행이 채권자에게 가져올 이익에 비례하여 감액될 수 있고, 제2항의 적용에 영향을 미치지 아니한다.

④ 제2항 및 제3항에 반하는 약정은 기재되지 않은 것으로 본다.
⑤ 불이행이 확정적인 경우를 제외하고, 위약금은 채무자가 지체에 빠진 경우에만 부과된다.


**제1231-6조** ① 금전채무의 변제를 지체함으로 인한 손해배상책임은 최고를 받은 때부터 법정이율의 이자로 구성된다.

② 제1항의 손해배상은 채권자가 어떠한 손실도 증명할 의무를 부담함이 없이 책임이 있다.
③ 채권자는, 지체 중인 자신의 채무자가 악의로 지체와 관계없는 손해를 발생시킨 경우, 지연손해와 구별되는 손해배상을 받을 수 있다.


**제1231-7조** ① 어떠한 경우에도 손해배상판결은 청구 또는 판결의 특별한 정함이 없어도 법정이율의 이자를 포함한다. 법률의 반대규정이 있는 경우를 제외하고, 이자는 법관이 달리 정하지 않는 한 판결이 선고된 때부터 발생한다.

② 항소법원 법관에 의한 손해배상 판결의 단순한 인용의 경우, 손해배상은 1심법원의 판결이 있는 때부터 법정이율의 이자를 당연히 포함한다. 그 밖의 경우에는 항소법원이 명하는 손해배상은 항소법원의 판결이 있는 날부터 이자를 포함한다. 항소법원의 법관은 언제든지 본항의 규정을 따르지 않을 수 있다.


**제1232조** (삭제)
**제1233조** (삭제)
**제1234조** (삭제)
**제1235조** (삭제)
**제1236조** (삭제)
**제1237조** (삭제)
**제1238조** (삭제)
**제1239조** (삭제)

## Sous-titre II La responsabilité extracontractuelle

## Chapitre I La responsabilité extracontractuelle en général

**Article 1240** Tout fait quelconque de l'homme, qui cause à autrui un dommage, oblige celui par la faute duquel il est arrivé à le réparer.

**Article 1241** Chacun est responsable du dommage qu'il a causé non seulement par son fait, mais encore par sa négligence ou par son imprudence.

**Article 1242** On est responsable non seulement du dommage que l'on cause par son propre fait, mais encore de celui qui est causé par le fait des personnes dont on doit répondre, ou des choses que l'on a sous sa garde.

Toutefois, celui qui détient, à un titre quelconque, tout ou partie de l'immeuble ou des biens mobiliers dans lesquels un incendie a pris naissance ne sera responsable, vis-à-vis des tiers, des dommages causés par cet incendie que s'il est prouvé qu'il doit être attribué à sa faute ou à la faute des personnes dont il est responsable.

Cette disposition ne s'applique pas aux rapports entre propriétaires et locataires, qui demeurent régis par les articles 1733 et 1734 du code civil.

Le père et la mère, en tant qu'ils exercent l'autorité parentale, sont solidairement responsables du dommage causé par leurs enfants mineurs habitant avec eux.

Les maîtres et les commettants, du dommage causé par leurs domestiques et préposés dans les fonctions auxquelles ils les ont employés ;

Les instituteurs et les artisans, du dommage causé par leurs élèves et apprentis pendant le temps qu'ils sont sous leur surveillance.

La responsabilité ci-dessus a lieu, à moins que les père et mère et les artisans ne prouvent qu'ils n'ont pu empêcher le fait qui donne lieu à cette responsabilité.

En ce qui concerne les instituteurs, les fautes, imprudences ou négligences invoquées contre eux comme ayant causé le fait dommageable, devront être prouvées, conformément au droit commun, par le demandeur, à l'instance.

**Article 1243** Le propriétaire d'un animal, ou celui qui s'en sert, pendant qu'il est à son usage, est responsable du dommage que l'animal a causé, soit que l'animal fût sous sa garde, soit qu'il fût égaré ou échappé.

**Article 1244** Le propriétaire d'un bâtiment est responsable du dommage causé par sa ruine, lorsqu'elle est arrivée par une suite du défaut d'entretien ou par le vice de sa construction.

## 제2부속편 계약외책임

## 제1장 일반 계약외책임

**제1240조** 타인에게 손해를 야기하는 인간의 모든 행위는 어떠한 행위이든 과책으로 손해를 발생시킨 자에게 그 손해를 배상할 의무를 부과한다.

**제1241조** 누구나 자신의 행위로 인하여 뿐 아니라, 그의 태만으로 인하여 또는 그의 부주의로 인하여 야기한 손해에 대해서도 배상할 책임이 있다.

**제1242조** ① 누구나 자신의 행위에 의하여 야기된 손해뿐만 아니라, 그의 책임 하에 있는 자의 행위 또는 자신의 관리 하에 있는 물건으로 인하여 야기된 손해에 대해서도 배상할 책임이 있다.

② 그러나, 어떠한 권원으로든, 화재가 시작된 부동산 또는 동산의 전부 또는 일부를 보유하는 자는 화재가 그 자신의 과책 또는 그의 책임 하에 있는 자의 과책으로 인한 것임이 증명된 때에 한하여, 당해 화재로 인하여 발생한 손해에 대하여 제3자에게 배상할 책임이 있다.

③ 전항의 규정은 소유자와 임차인 사이의 관계에 대해서는 적용되지 않으며, 이는 민법 제1733조 및 제1734조에 의하여 규율된다.

④ 부모는 그들이 친권을 행사하는 범위 내에서는 그들과 주거를 같이하는 미성년자녀에 의하여 야기된 손해에 대하여 연대하여 배상할 책임이 있다.

⑤ 가사고용인 및 사용자는 그들이 고용한 직무에서 가사피용인 및 피용자에 의해 야기된 손해에 대하여 연대하여 배상할 책임이 있다.

⑥ 교사와 장인(匠人)은 그들의 감독 하에 있는 동안에 학생과 견습생에 의해 야기된 손해에 대하여 연대하여 배상할 책임이 있다.

⑦ 부모와 장인(匠人)이 이러한 책임을 발생시키는 행위를 방지할 수 없었다는 사실을 증명하지 못하는 한, 위의 책임이 발생한다.

⑧ 교사의 책임과 관련하여, 손해를 가하는 행위를 야기한 것으로 그들에 대하여 주장되는 과책, 부주의, 태만은 일반법의 원칙에 따라 소송에서 원고가 이를 입증해야 한다.

**제1243조** 동물의 소유자, 또는 동물을 사용하는 자는, 그 사용 중에 동물이 야기한 손해에 대하여 동물이 자신의 관리 하에 있었는지 또는 동물이 길을 잃었는지, 도망을 한 것인지의 여부를 불문하고 책임을 진다.

**제1244조** 건물의 소유자는 건물의 붕괴가 보존상의 결함 또는 건축상의 하자로 인하여 발생한 때에는 그 붕괴로 인하여 발생한 손해에 대하여 배상할 책임이 있다.

## Chapitre II La responsabilité du fait des produits défectueux

**Article 1245** Le producteur est responsable du dommage causé par un défaut de son produit, qu'il soit ou non lié par un contrat avec la victime.

**Article 1245-1** Les dispositions du présent chapitre s'appliquent à la réparation du dommage qui résulte d'une atteinte à la personne.

Elles s'appliquent également à la réparation du dommage supérieur à un montant déterminé par décret, qui résulte d'une atteinte à un bien autre que le produit défectueux lui-même.

**Article 1245-2** Est un produit tout bien meuble, même s'il est incorporé dans un immeuble, y compris les produits du sol, de l'élevage, de la chasse et de la pêche. L'électricité est considérée comme un produit.

**Article 1245-3** Un produit est défectueux au sens du présent chapitre lorsqu'il n'offre pas la sécurité à laquelle on peut légitimement s'attendre.

Dans l'appréciation de la sécurité à laquelle on peut légitimement s'attendre, il doit être tenu compte de toutes les circonstances et notamment de la présentation du produit, de l'usage qui peut en être raisonnablement attendu et du moment de sa mise en circulation.

Un produit ne peut être considéré comme défectueux par le seul fait qu'un autre, plus perfectionné, a été mis postérieurement en circulation.

**Article 1245-4** Un produit est mis en circulation lorsque le producteur s'en est dessaisi volontairement.

Un produit ne fait l'objet que d'une seule mise en circulation.

**Article 1245-5** Est producteur, lorsqu'il agit à titre professionnel, le fabricant d'un produit fini, le producteur d'une matière première, le fabricant d'une partie composante.

Est assimilée à un producteur pour l'application du présent chapitre toute personne agissant à titre professionnel :

1° Qui se présente comme producteur en apposant sur le produit son nom, sa mar que ou un autre signe distinctif ;

2° Qui importe un produit dans la Communauté européenne en vue d'une vente, d'une location, avec ou sans promesse de vente, ou de toute autre forme de distribution.

Ne sont pas considérées comme producteurs, au sens du présent chapitre, les personnes dont la responsabilité peut être recherchée sur le fondement des articles 1792 à 1792-6 et 1646-1.

## 제2장 제조물책임

**제1245조** 제조업자는 피해자와의 계약관계의 존재 여부와 관계없이 제조물의 결함으로 야기된 손해에 대하여 배상할 책임이 있다.

**제1245-1조** ① 본장의 규정은 인신에 대한 침해로 인하여 발생한 손해배상에 적용된다.

② 본장의 규정은 또한 결함 있는 제조물 자체 이외의 재산에 대한 침해로 발생한 것으로서 데크레에 의하여 정해진 금액을 초과하는 손해배상에 적용된다.

**제1245-2조** 토지의 산출물, 축산물, 수렵물 및 수산물을 포함한 모든 동산은 부동산에 부합된 경우에도 제조물로 본다. 전기는 제조물로 간주된다.

**제1245-3조** ① 제조물에 정당하게 기대되는 안전성이 결여된 경우 본장에서 의미하는 결함이 있는 것으로 본다.
② 정당하게 기대되는 안전성을 평가함에 있어서 제반사정 및 특히 제조물의 표시, 합리적으로 기대되는 제조물의 용도와 제조물이 유통된 시기를 고려해야 한다.

③ 제조물이 유통된 이후에 보다 완전한 다른 제조물이 유통되어졌다는 사실만으로 당해 제조물에 결함이 있다고 볼 수는 없다.

**제1245-4조** ① 제조물은 제조업자가 제조물을 자발적으로 출시하였을 경우 유통된다.

② 제조물은 단 한 번 유통의 대상이 될 뿐이다.

**제1245-5조** ① 완성품의 제조자, 원재료의 생산자, 부품의 제조자는 그가 영업을 하는 경우에는 제조업자이다.
② 다음 각 호의 영업을 하는 모든 자는 본장의 적용을 받는 제조업자에 준한다.

1. 제조물에 성명, 상표, 기타 식별 가능한 기호를 사용하여 자신을 제조업자로 표시한 자

2. 매매 예약의 존부를 불문하고 매매, 임대, 기타 모든 형태의 유통을 목적으로 유럽공동체로 제조물을 수입한 자
③ 제1792조부터 제1792-6조까지 및 제1646-1조에 따라 책임을 지는 자는 본장의 제조업자로 보지 아니한다.

**Article 1245-6** Si le producteur ne peut être identifié, le vendeur, le loueur, à l'exception du crédit-bailleur ou du loueur assimilable au crédit-bailleur, ou tout autre fournisseur professionnel, est responsable du défaut de sécurité du produit, dans les mêmes conditions que le producteur, à moins qu'il ne désigne son propre fournisseur ou le producteur, dans un délai de trois mois à compter de la date à laquelle la demande de la victime lui a été notifiée.

Le recours du fournisseur contre le producteur obéit aux mêmes règles que la demande émanant de la victime directe du défaut. Toutefois, il doit agir dans l'année suivant la date de sa citation en justice.

**Article 1245-7** En cas de dommage causé par le défaut d'un produit incorporé dans un autre, le producteur de la partie composante et celui qui a réalisé l'incorporation sont solidairement responsables.

**Article 1245-8** Le demandeur doit prouver le dommage, le défaut et le lien de causalité entre le défaut et le dommage.

**Article 1245-9** Le producteur peut être responsable du défaut alors même que le produit a été fabriqué dans le respect des règles de l'art ou de normes existantes ou qu'il a fait l'objet d'une autorisation administrative.

**Article 1245-10** Le producteur est responsable de plein droit à moins qu'il ne prouve :
 1° Qu'il n'avait pas mis le produit en circulation ;
 2° Que, compte tenu des circonstances, il y a lieu d'estimer que le défaut ayant causé le dommage n'existait pas au moment où le produit a été mis en circulation par lui ou que ce défaut est né postérieurement ;
 3° Que le produit n'a pas été destiné à la vente ou à toute autre forme de distribution ;
 4° Que l'état des connaissances scientifiques et techniques, au moment où il a mis le produit en circulation, n'a pas permis de déceler l'existence du défaut ;
 5° Ou que le défaut est dû à la conformité du produit avec des règles impératives d'ordre législatif ou réglementaire.

Le producteur de la partie composante n'est pas non plus responsable s'il établit que le défaut est imputable à la conception du produit dans lequel cette partie a été incorporée ou aux instructions données par le producteur de ce produit.

**제1245-6조** ① 제조업자를 알 수 없으면, 리스업자 또는 이와 유사한 임대인을 제외하고, 매도인, 임대인, 기타 직업적 공급자는 제조물의 안전성의 결여에 대해서 제조업자와 동일한 책임이 있으나, 피해자의 청구가 그에게 통지된 날로부터 3월 내에 자신의 공급자 또는 제조업자를 지시한 경우에는 그러하지 아니하다.

② 제조업자에 대한 공급자의 구상은 결함의 직접적인 피해자의 청구와 동일한 규정에 따른다. 그러나, 공급자는 자신에게 소가 제기된 날로부터 1년 내에 구상권을 행사하여야 한다.

**제1245-7조** 다른 물건에 부속된 제조물의 결함으로 인한 손해가 발생한 경우에는 부속물의 제조업자와 부속을 실행한 제조업자는 연대하여 배상할 책임이 있다.

**제1245-8조** 청구권자는 손해, 결함, 결함과 손해 사이의 인과관계를 증명하여야 한다.

**제1245-9조** 제조물이 그 당시의 기술규정 또는 규범을 준수하여 생산되었거나 행정허가의 대상이었다고 하더라도 제조업자는 결함에 대하여 책임을 질 수 있다.

**제1245-10조** ① 제조업자는 다음 각 호의 사항을 증명하지 못하는 한 당연히 책임을 진다.
1. 제조업자가 제조물을 유통시키지 않았다는 사실
2. 여러 사정을 고려하여, 손해의 원인이 된 결함이 제조물을 공급한 당시에 존재하지 않았거나 유통한 이후에 발생하였다고 판단할 수 있는 사실

3. 제조물이 판매, 또는 그 밖의 모든 형태의 배포를 위한 것이 아니었다는 사실
4. 제조물이 공급된 당시의 과학 · 기술의 수준으로는 결함의 존재를 발견할 수 없었다는 사실

5. 제조물의 결함이 강행법규를 준수함에 기인하였다는 사실

② 부속물의 제조업자는 결함이 그 부속물이 부속된 제조물의 설계에 기인하거나 그 제조물 제조업자의 지시에 기인한다는 사실을 증명한 경우에는 책임을 지지 아니한다.

**Article 1245-11** Le producteur ne peut invoquer la cause d'exonération prévue au 4° de l'article 1245-10 lorsque le dommage a été causé par un élément du corps humain ou par les produits issus de celui-ci.

**Article 1245-12** La responsabilité du producteur peut être réduite ou supprimée, compte tenu de toutes les circonstances, lorsque le dommage est causé conjointement par un défaut du produit et par la faute de la victime ou d'une personne dont la victime est responsable.

**Article 1245-13** La responsabilité du producteur envers la victime n'est pas réduite par le fait d'un tiers ayant concouru à la réalisation du dommage.

**Article 1245-14** Les clauses qui visent à écarter ou à limiter la responsabilité du fait des produits défectueux sont interdites et réputées non écrites.

Toutefois, pour les dommages causés aux biens qui ne sont pas utilisés par la victime principalement pour son usage ou sa consommation privée, les clauses stipulées entre professionnels sont valables.

**Article 1245-15** Sauf faute du producteur, la responsabilité de celui-ci, fondée sur les dispositions du présent chapitre, est éteinte dix ans après la mise en circulation du produit même qui a causé le dommage à moins que, durant cette période, la victime n'ait engagé une action en justice.

**Article 1245-16** L'action en réparation fondée sur les dispositions du présent chapitre se prescrit dans un délai de trois ans à compter de la date à laquelle le demandeur a eu ou aurait dû avoir connaissance du dommage, du défaut et de l'identité du producteur.

**Article 1245-17** Les dispositions du présent chapitre ne portent pas atteinte aux droits dont la victime d'un dommage peut se prévaloir au titre du droit de la responsabilité contractuelle ou extracontractuelle ou au titre d'un régime spécial de responsabilité.

Le producteur reste responsable des conséquences de sa faute et de celle des personnes dont il répond.

**제1245-11조** 제조업자는 신체의 일부에 의하여 또는 신체의 적출물에 의하여 손해가 발생한 경우 제1245-10조의 제4호에 규정된 면책사유를 원용할 수 없다.

**제1245-12조** 제조업자의 책임은, 제반사정을 고려하여, 제조물의 결함과 피해자 또는 피해자의 책임 하에 있는 자의 과책이 공동으로 손해발생의 원인이 된 경우에, 감축되거나 면제될 수 있다.

**제1245-13조** 피해자에 대한 제조업자의 책임은 손해의 발생에 기여한 제3자의 행위가 있다고 하여 경감되지 아니한다.

**제1245-14조** ① 제조물의 결함으로 인한 책임을 배제하거나 제한하는 조항은 금지되며 기재되지 않은 것으로 본다.
② 그러나, 주로 피해자의 개인적인 용도 또는 소비에 사용되는 것이 아닌 재산에 야기된 손해에 관한 사업자들 사이의 약정조항은 유효하다.

**제1245-15조** 제조업자에게 과책이 있는 경우를 제외하고는, 본장의 규정에 따른 제조업자의 책임은 손해를 야기한 제조물이 유통된 때로부터 10년이 지나면 소멸하나, 피해자가 이 기간 동안 소를 제기한 경우에는 그러하지 아니하다

**제1245-16조** 본장의 규정에 따른 손해배상청구권은 청구권자가 손해, 결함 및 제조업자를 알았거나 알 수 있었던 날로부터 3년의 시효로 소멸한다.

**제1245-17조** ① 본장의 규정은 손해를 입은 피해자가 계약책임과 계약외책임 또는 특수한 책임제도에 근거하여 주장할 수 있는 권리의 행사에 영향을 미치지 아니한다.

② 제조업자는 자신 및 그의 책임 하에 있는 자의 과책으로 인한 결과에 대하여 책임이 있다.

## Chapitre III La réparation du préjudice écologique

**Article 1246** Toute personne responsable d'un préjudice écologique est tenue de le réparer.

**Article 1247** Est réparable, dans les conditions prévues au présent titre, le préjudice écologique consistant en une atteinte non négligeable aux éléments ou aux fonctions des écosystèmes ou aux bénéfices collectifs tirés par l'homme de l'environnement.

**Article 1248** L'action en réparation du préjudice écologique est ouverte à toute personne ayant qualité et intérêt à agir, telle que l'Etat, l'Office français de la biodiversité, les collectivités territoriales et leurs groupements dont le territoire est concerné, ainsi que les établissements publics et les associations agréées ou créées depuis au moins cinq ans à la date d'introduction de l'instance qui ont pour objet la protection de la nature et la défense de l'environnement.

**Article 1249** La réparation du préjudice écologique s'effectue par priorité en nature.

En cas d'impossibilité de droit ou de fait ou d'insuffisance des mesures de réparation, le juge condamne le responsable à verser des dommages et intérêts, affectés à la réparation de l'environnement, au demandeur ou, si celui-ci ne peut prendre les mesures utiles à cette fin, à l'Etat.

L'évaluation du préjudice tient compte, le cas échéant, des mesures de réparation déjà intervenues, en particulier dans le cadre de la mise en œuvre du titre VI du livre Ier du code de l'environnement.

**Article 1250** En cas d'astreinte, celle-ci est liquidée par le juge au profit du demandeur, qui l'affecte à la réparation de l'environnement ou, si le demandeur ne peut prendre les mesures utiles à cette fin, au profit de l'Etat, qui l'affecte à cette même fin.

Le juge se réserve le pouvoir de la liquider.

**Article 1251** Les dépenses exposées pour prévenir la réalisation imminente d'un dommage, pour éviter son aggravation ou pour en réduire les conséquences constituent un préjudice réparable.

**Article 1252** Indépendamment de la réparation du préjudice écologique, le juge, saisi d'une demande en ce sens par une personne mentionnée à l'article 1248, peut prescrire les mesures raisonnables propres à prévenir ou faire cesser le dommage.

## 제3장 생태손해에 대한 배상

**제1246조** 생태손해에 대하여 책임이 있는 자는 누구나 그 손해를 배상할 책임이 있다.


**제1247조** 생태계의 구성요소나 기능, 인간이 환경으로부터 누릴 수 있는 집단적 이익에 대하여 무시할 수 없는 침해를 구성하는 생태손해는 본편에서 규정하는 요건에 따라 배상받을 수 있다.

**제1248조** 생태손해배상의 소는, 국가, 프랑스생물다양성관리소, 지방자치단체, 그 지역과 관계된 지방자치단체의 집단 및 공공기관과 소가 제기된 날로부터 적어도 5년 전에 설립되거나 인가되어 자연의 보존과 환경의 보호를 목적으로 하는 비영리사단과 같이, 행사할 자격과 이익이 있는 자 누구나 제기할 수 있다.


**제1249조** ① 생태손해에 대한 배상은 원상회복을 우선으로 한다.
② 원상회복조치가 법적으로나 사실적으로 불가능하거나 불충분한 경우, 법원은 배상책임자에게 환경의 원상회복에 충당되는 손해배상금을 원고에게 지급하게 하거나, 원고가 이러한 조치를 취할 수 없다면, 국가에게 지급하도록 명할 수 있다.

③ 손해를 평가함에 있어서는, 필요한 경우, 이미 행해진 원상회복조치, 특히 프랑스환경법전 제1권 제6편에 따라 행해진 조치를 고려하여야 한다.


**제1250조** ① 이행강제금의 경우, 법원은 원고의 이익을 위하여 이를 환경의 회복을 위해 충당하게 하거나 또는 원고가 이러한 목적을 위해 필요한 조치를 취할 수 없다면, 국가의 이익을 위하여 같은 목적을 위해 충당하도록 그 금액을 확정한다.
② 법원은 이행강제금을 확정할 권한을 가진다.

**제1251조** 손해의 임박한 실현을 방지하거나, 손해의 확산을 피하거나 또는 그 결과를 감소시키기 위하여 지출한 비용은 배상가능한 손해에 해당한다.


**제1252조** 생태손해에 대한 배상과는 별도로, 법원은 제1248조에서 규정된 자의 청구가 있는 경우 손해를 방지하거나 중단시키는 데 필요한 합리적인 조치를 명할 수 있다.

**Article 1253** (abrogé)
**Article 1254** (abrogé)
**Article 1255** (abrogé)
**Article 1256** (abrogé)
**Article 1257** (abrogé)
**Article 1258** (abrogé)
**Article 1259** (abrogé)
**Article 1260** (abrogé)
**Article 1261** (abrogé)
**Article 1262** (abrogé)
**Article 1263** (abrogé)
**Article 1264** (abrogé)
**Article 1265** (abrogé)
**Article 1266** (abrogé)
**Article 1267** (abrogé)
**Article 1268** (abrogé)
**Article 1269** (abrogé)
**Article 1270** (abrogé)
**Article 1271** (abrogé)
**Article 1272** (abrogé)
**Article 1273** (abrogé)
**Article 1274** (abrogé)
**Article 1275** (abrogé)
**Article 1276** (abrogé)
**Article 1277** (abrogé)
**Article 1278** (abrogé)
**Article 1279** (abrogé)
**Article 1280** (abrogé)
**Article 1281** (abrogé)
**Article 1282** (abrogé)
**Article 1283** (abrogé)
**Article 1284** (abrogé)
**Article 1285** (abrogé)
**Article 1286** (abrogé)
**Article 1287** (abrogé)

제1253조 (삭제)
제1254조 (삭제)
제1255조 (삭제)
제1256조 (삭제)
제1257조 (삭제)
제1258조 (삭제)
제1259조 (삭제)
제1260조 (삭제)
제1261조 (삭제)
제1262조 (삭제)
제1263조 (삭제)
제1264조 (삭제)
제1265조 (삭제)
제1266조 (삭제)
제1267조 (삭제)
제1268조 (삭제)
제1269조 (삭제)
제1270조 (삭제)
제1271조 (삭제)
제1272조 (삭제)
제1273조 (삭제)
제1274조 (삭제)
제1275조 (삭제)
제1276조 (삭제)
제1277조 (삭제)
제1278조 (삭제)
제1279조 (삭제)
제1280조 (삭제)
제1281조 (삭제)
제1282조 (삭제)
제1283조 (삭제)
제1284조 (삭제)
제1285조 (삭제)
제1286조 (삭제)
제1287조 (삭제)

**Article 1288** (abrogé)
**Article 1289** (abrogé)
**Article 1290** (abrogé)
**Article 1291** (abrogé)
**Article 1292** (abrogé)
**Article 1293** (abrogé)
**Article 1294** (abrogé)
**Article 1295** (abrogé)
**Article 1296** (abrogé)
**Article 1297** (abrogé)
**Article 1298** (abrogé)
**Article 1299** (abrogé)

## Sous-titre III Autres sources d'obligations

**Article 1300** Les quasi-contrats sont des faits purement volontaires dont il résulte un engagement de celui qui en profite sans y avoir droit, et parfois un engagement de leur auteur envers autrui.

Les quasi-contrats régis par le présent sous-titre sont la gestion d'affaire, le paiement de l'indu et l'enrichissement injustifié.

### Chapitre I La gestion d'affaires

**Article 1301** Celui qui, sans y être tenu, gère sciemment et utilement l'affaire d'autrui, à l'insu ou sans opposition du maître de cette affaire, est soumis, dans l'accomplissement des actes juridiques et matériels de sa gestion, à toutes les obligations d'un mandataire.

**Article 1301-1** Il est tenu d'apporter à la gestion de l'affaire tous les soins d'une personne raisonnable ; il doit poursuivre la gestion jusqu'à ce que le maître de l'affaire ou son successeur soit en mesure d'y pourvoir.

Le juge peut, selon les circonstances, modérer l'indemnité due au maître de l'affaire en raison des fautes ou de la négligence du gérant.

제1288조 (삭제)
제1289조 (삭제)
제1290조 (삭제)
제1291조 (삭제)
제1292조 (삭제)
제1293조 (삭제)
제1294조 (삭제)
제1295조 (삭제)
제1296조 (삭제)
제1297조 (삭제)
제1298조 (삭제)
제1299조 (삭제)

## 제3부속편 채권관계의 다른 발생연원

**제1300조** ① 준계약은 전적으로 자발적인 행위로서, 아무런 권리 없이 이득을 얻은 자에게 의무를 발생시키고, 그 행위자에게 때로는 타인에 대한 의무를 발생시킨다.

② 본부속편에서 규정하는 준계약에는, 사무관리, 비채변제 및 부당이득이 있다.

## 제1장 사무관리

**제1301조** 아무런 의무 없이, 타인의 사무를 의식적으로 그리고 유용하게 관리한 자는, 그 사무의 본인이 모르거나 본인의 반대가 없다면, 관리에 관한 법률행위 및 사실행위를 수행함에 있어서 수임인으로서의 모든 의무를 부담한다.

**제1301-1조** ① 관리자는 사무관리에 대해서 합리적인 사람으로서의 모든 주의를 다할 의무를 부담한다. 관리자는 사무의 본인 또는 그 승계인이 사무를 관리할 수 있을 때까지 관리를 계속하여야 한다.
② 법원은 사정을 참작하여 관리자의 과책 또는 태만을 이유로 본인에게 부담하는 배상액을 경감할 수 있다.

**Article 1301-2** Celui dont l'affaire a été utilement gérée doit remplir les engagements contractés dans son intérêt par le gérant.

Il rembourse au gérant les dépenses faites dans son intérêt et l'indemnise des dommages qu'il a subis en raison de sa gestion.

Les sommes avancées par le gérant portent intérêt du jour du paiement.

**Article 1301-3** La ratification de la gestion par le maître vaut mandat.

**Article 1301-4** L'intérêt personnel du gérant à se charger de l'affaire d'autrui n'exclut pas l'application des règles de la gestion d'affaires.

Dans ce cas, la charge des engagements, des dépenses et des dommages se répartit à proportion des intérêts de chacun dans l'affaire commune.

**Article 1301-5** Si l'action du gérant ne répond pas aux conditions de la gestion d'affaires mais profite néanmoins au maître de cette affaire, celui-ci doit indemniser le gérant selon les règles de l'enrichissement injustifié.

## Chapitre II Le paiement de l'indu

**Article 1302** Tout paiement suppose une dette ; ce qui a été reçu sans être dû est sujet à restitution.

La restitution n'est pas admise à l'égard des obligations naturelles qui ont été volontairement acquittées.

**Article 1302-1** Celui qui reçoit par erreur ou sciemment ce qui ne lui est pas dû doit le restituer à celui de qui il l'a indûment reçu.

**Article 1302-2** Celui qui par erreur ou sous la contrainte a acquitté la dette d'autrui peut agir en restitution contre le créancier. Néanmoins ce droit cesse dans le cas où le créancier, par suite du paiement, a détruit son titre ou abandonné les sûretés qui garantissaient sa créance.

La restitution peut aussi être demandée à celui dont la dette a été acquittée par erreur.

**Article 1302-3** La restitution est soumise aux règles fixées aux articles 1352 à 1352-9.

Elle peut être réduite si le paiement procède d'une faute.

**제1301-2조** ① 자신의 사무를 유용하게 관리받은 자는, 그의 이익을 위하여 관리자가 약정한 의무를 이행하여야 한다.
② 본인은 자신의 이익을 위하여 지출한 비용을 관리자에게 상환하고, 그 관리로 인하여 관리자가 입은 손해를 배상한다.
③ 관리자가 먼저 지급한 금액에는 지급일부터 이자가 발생한다.

**제1301-3조** 사무관리를 본인이 추인한 때에는 위임의 효력을 가진다.

**제1301-4조** ① 타인의 사무를 부담하는 것이 관리자에게 개인적인 이익이 되더라도 사무관리에 관한 규정의 적용을 배제하지 아니한다.
② 이 경우에 의무, 비용, 손해의 부담은 공통의 사무에 대한 각자의 이익에 비례하여 분배된다.

**제1301-5조** 관리자의 행위가 사무관리의 요건을 충족시키지 못하지만 사무의 본인에게 이익이 된다면, 본인은 부당이득의 규정에 따라서 관리자에게 배상하여야 한다.

## 제2장 비채변제

**제1302조** ① 모든 변제는 채무를 전제로 한다. 따라서 의무 없이 수령된 것은 반환의 대상이 된다.
② 반환은 임의로 이행한 자연채무에 대하여는 인정되지 아니한다.

**제1302-1조** 자신에게 지급되어야 할 것이 아닌 것을 착오로 또는 알면서도 부당하게 수령한 자는 이를 지급한 자에게 반환하여야 한다.

**제1302-2조** ① 착오 또는 강요로 타인의 채무를 이행한 자는 채권자에 대하여 그에 대한 반환소권을 행사할 수 있다. 그럼에도 불구하고 그 권리는 변제로 인하여 자신의 증서를 훼멸하거나 자신의 채권을 담보하는 담보를 포기한 경우에 소멸한다.

② 반환은 착오로 채무를 이행 받은 자에게도 청구될 수 있다.

**제1302-3조** ① 반환은 제1352조부터 제1352-9조까지에서 정한 규칙에 따른다.
② 반환은, 변제가 과책으로 인하여 행해지면, 경감될 수 있다.

## Chapitre III L'enrichissement injustifié

**Article 1303** En dehors des cas de gestion d'affaires et de paiement de l'indu, celui qui bénéficie d'un enrichissement injustifié au détriment d'autrui doit, à celui qui s'en trouve appauvri, une indemnité égale à la moindre des deux valeurs de l'enrichissement et de l'appauvrissement.

**Article 1303-1** L'enrichissement est injustifié lorsqu'il ne procède ni de l'accomplissement d'une obligation par l'appauvri ni de son intention libérale.

**Article 1303-2** Il n'y a pas lieu à indemnisation si l'appauvrissement procède d'un acte accompli par l'appauvri en vue d'un profit personnel.

L'indemnisation peut être modérée par le juge si l'appauvrissement procède d'une faute de l'appauvri.

**Article 1303-3** L'appauvri n'a pas d'action sur ce fondement lorsqu'une autre action lui est ouverte ou se heurte à un obstacle de droit, tel que la prescription.

**Article 1303-4** L'appauvrissement constaté au jour de la dépense, et l'enrichissement tel qu'il subsiste au jour de la demande, sont évalués au jour du jugement. En cas de mauvaise foi de l'enrichi, l'indemnité due est égale à la plus forte de ces deux valeurs.

## Titre IV Du régime général des obligations

### Chapitre I Les modalités de l'obligation

#### Section 1 L'obligation conditionnelle

**Article 1304** L'obligation est conditionnelle lorsqu'elle dépend d'un événement futur et incertain.

La condition est suspensive lorsque son accomplissement rend l'obligation pure et simple.

Elle est résolutoire lorsque son accomplissement entraîne l'anéantissement de l'obligation.

**Article 1304-1** La condition doit être licite. A défaut, l'obligation est nulle.

## 제3장 부당이득

**제1303조** 사무관리 및 비채변제 이외의 경우, 타인을 해하여 부당한 이득을 받은 자는 그것에 의하여 손실을 입은 자에 대하여 이득과 손실 중 보다 적은 가액에 상당하는 배상을 하여야 한다.

**제1303-1조** 이득은 그것이 손실자에 의한 채무의 이행 또는 손실자의 무상양여 의사로 이루어지는 것이 아닌 경우에는 부당한 것이 된다.

**제1303-2조** ① 손실이 개인적 이익을 위하여 손실자가 한 행위로부터 발생하면, 배상은 인정되지 아니한다.
② 손실이 손실자의 과책으로 인하여 발생하면, 배상은 법원에 의하여 경감될 수 있다.

**제1303-3조** 손실자에게 다른 소권이 인정된 때 또는 그 소권에 시효 등과 같은 법적 장애가 있을 경우에는 손실자는 부당이득에 근거한 소권을 가지지 아니한다.

**제1303-4조** 비용발생일에 확인된 손실 및 청구일에 존재하는 것으로 확인된 이득은 판결일을 기준으로 평가된다. 이득자가 악의인 경우에는 배상하여야 할 금액은 두 가액 중 큰 가액에 상당하는 것으로 하여야 한다.

## 제4편 채권관계의 일반적 규율

### 제1장 채무의 태양

#### 제1절 조건부 채무

**제1304조** ① 채무가 장래의 불확실한 사실의 성부에 의존하는 경우에는 조건부 채무라고 한다.

② 조건이 그 성취로 단순 채무가 되는 경우에는 정지조건이라고 한다.

③ 조건이 그 성취로 채무가 소멸하는 경우에는 해제조건이라고 한다.

**제1304-1조** 조건은 적법하여야 한다. 그렇지 않으면, 채무는 무효가 된다.

**Article 1304-2** Est nulle l'obligation contractée sous une condition dont la réalisation dépend de la seule volonté du débiteur. Cette nullité ne peut être invoquée lorsque l'obligation a été exécutée en connaissance de cause.

**Article 1304-3** La condition suspensive est réputée accomplie si celui qui y avait intérêt en a empêché l'accomplissement.

De la condition résolutoire est réputée défaillie si son accomplissement a été provoqué par la partie qui y avait intérêt.

**Article 1304-4** Une partie est libre de renoncer à la condition stipulée dans son intérêt exclusif, tant que celle-ci n'est pas accomplie ou n'a pas défailli.

**Article 1304-5** Avant que la condition suspensive ne soit accomplie, le débiteur doit s'abstenir de tout acte qui empêcherait la bonne exécution de l'obligation ; le créancier peut accomplir tout acte conservatoire et attaquer les actes du débiteur accomplis en fraude de ses droits.

Ce qui a été payé peut être répété tant que la condition suspensive ne s'est pas accomplie.

**Article 1304-6** L'obligation devient pure et simple à compter de l'accomplissement de la condition suspensive.

Toutefois, les parties peuvent prévoir que l'accomplissement de la condition rétroagira au jour du contrat. La chose, objet de l'obligation, n'en demeure pas moins aux risques du débiteur, qui en conserve l'administration et a droit aux fruits jusqu'à l'accomplissement de la condition.

En cas de défaillance de la condition suspensive, l'obligation est réputée n'avoir jamais existé.

**Article 1304-7** L'accomplissement de la condition résolutoire éteint rétroactivement l'obligation, sans remettre en cause, le cas échéant, les actes conservatoires et d'administration.

La rétroactivité n'a pas lieu si telle est la convention des parties ou si les prestations échangées ont trouvé leur utilité au fur et à mesure de l'exécution réciproque du contrat.

**제1304-2조** 그 성취가 채무자의 의사에만 의존하는 조건하에 약정된 채무는 무효가 된다. 채무자가 그 사유를 알고 채무를 이행한 경우에는 채무의 무효를 주장할 수 없다.

**제1304-3조** ① 정지조건은 그에 대하여 이해관계를 가졌던 자가 성취를 방해한 때 성취된 것으로 본다.
② 해제조건은 그에 대하여 이해관계를 가졌던 당사자에 의하여 성취된 때 성취되지 아니한 것으로 본다.

**제1304-4조** 당사자는 자신의 배타적 이익을 위하여 약정된 조건이 성취되지 아니하였거나 이미 성취될 수 없게 되지 아니하는 한 이를 자유롭게 포기할 수 있다.

**제1304-5조** ① 정지조건이 성취되기 전에는, 채무자는 채무의 성실한 이행을 방해하는 모든 행위를 하여서는 안 된다. 채권자는 모든 보존행위를 할 수 있고 그의 권리를 침해하여 행해진 채무자의 행위를 다툴 수 있다.

② 정지조건이 성취되지 아니하는 한 변제된 것은 반환될 수 있다.

**제1304-6조** ① 채무는 정지조건이 성취된 때로부터 단순채무가 된다.

② 그러나, 당사자들은 조건의 성취가 계약 체결일에 소급하여 효력을 가지는 것으로 정할 수 있다. 채무의 목적인 물건은 채무자의 위험으로 계속 남으며, 채무자는 조건이 성취될 때까지 물건의 관리를 계속하며 과실을 취득할 권리를 가진다.

③ 정지조건이 성취되지 않는 경우에는, 채무는 전혀 존재하지 않았던 것으로 본다.

**제1304-7조** ① 해제조건의 성취는 채무를 소급하여 소멸시키지만, 보존행위와 관리행위에는 영향을 미치지 아니한다.

② 당사자가 비소급효를 합의하거나 또는 교환된 급부가 계약의 상호적 이행에 따라서 효용이 있었다면, 소급효가 발생하지 아니한다.

## Section 2 L'obligation à terme

**Article 1305** L'obligation est à terme lorsque son exigibilité est différée jusqu'à la survenance d'un événement futur et certain, encore que la date en soit incertaine.

**Article 1305-1** Le terme peut être exprès ou tacite.

A défaut d'accord, le juge peut le fixer en considération de la nature de l'obligation et de la situation des parties.

**Article 1305-2** Ce qui n'est du qu'à terme ne peut être exigé avant l'échéance ; mais ce qui a été payé d'avance ne peut être répété.

**Article 1305-3** Le terme profite au débiteur, s'il ne résulte de la loi, de la volonté des parties ou des circonstances qu'il a été établi en faveur du créancier ou des deux parties.

La partie au bénéfice exclusif de qui le terme a été fixé peut y renoncer sans le consentement de l'autre.

**Article 1305-4** Le débiteur ne peut réclamer le bénéfice du terme s'il ne fournit pas les sûretés promises au créancier ou s'il diminue celles qui garantissent l'obligation.

**Article 1305-5** La déchéance du terme encourue par un débiteur est inopposable à ses coobligés, même solidaires et à ses caution.

## Section 3 L'obligation plurale

### Sous-section 1 La pluralité d'objets

#### Paragraphe 1 L'obligation cumulative

**Article 1306** L'obligation est cumulative lorsqu'elle a pour objet plusieurs prestations et que seule l'exécution de la totalité de celles-ci libère le débiteur.

#### Paragraphe 2 L'obligation alternative

**Article 1307** L'obligation est alternative lorsqu'elle a pour objet plusieurs prestations et que l'exécution de l'une d'elles libère le débiteur.

## 제2절 기한부 채무

**제1305조** 채무는, 그 사실의 일자가 확정적이지 않더라도 장래의 확실한 사실이 발생할 때까지 채무의 이행을 청구할 수 없을 경우, 기한부가 된다.

**제1305-1조** ① 기한은 명시적 또는 묵시적일 수 있다.
② 당사자의 합의가 없으면, 법원은 채무의 성질과 당사자의 상황을 고려해서 기한을 확정할 수 있다.

**제1305-2조** 기한에 이행되어야 하는 것은 이행기 전에는 이행이 청구될 수 없다. 그러나 이행기 전에 변제된 것은 반환될 수 없다.

**제1305-3조** ① 기한은 법률, 당사자의 의사 또는 제반 사정상 채권자 또는 당사자 쌍방의 이익을 위한 것으로 정해진 경우가 아니면 채무자의 이익이 된다.
② 자신의 배타적 이익으로 기한이 설정된 당사자는 상대방의 동의없이 이를 포기할 수 있다.

**제1305-4조** 채무자는 채권자에게 약속한 담보를 제공하지 않거나 채무에 관한 담보를 감소시킨다면, 기한의 이익을 주장할 수 없다.

**제1305-5조** 채무자의 기한의 이익의 상실은 다른 공동채무자에 대해서는 주장하지 못하고, 그가 연대채무자와 보증인인 경우에도 마찬가지이다.

## 제3절 다수의 채권관계

### 제1부속절 다수의 목적

#### 제1관 병합채무

**제1306조** 채무가 다수의 급부를 목적으로 하고 그 전부의 이행만으로 채무자를 면책시키는 경우를 병합채무라고 한다.

#### 제2관 선택채무

**제1307조** 채무가 다수의 급부를 목적으로 하고 그중 어느 하나의 급부의 이행으로 채무자를 면책시키는 경우를 선택채무라고 한다.

**Article 1307-1** Le choix entre les prestations appartient au débiteur.

Si le choix n'est pas exercé dans le temps convenu ou dans un délai raisonnable, l'autre partie peut, après mise en demeure, exercer ce choix ou résoudre le contrat.

Le choix exercé est définitif et fait perdre à l'obligation son caractère alternatif.

**Article 1307-2** Si elle procède d'un cas de force majeure, l'impossibilité d'exécuter la prestation choisie libère le débiteur.

**Article 1307-3** Le débiteur qui n'a pas fait connaître son choix doit, si l'une des prestations devient impossible, exécuter l'une des autres.

**Article 1307-4** Le créancier qui n'a pas fait connaître son choix doit, si l'une des prestations devient impossible à exécuter par suite d'un cas de force majeure, se contenter de l'une des autres.

**Article 1307-5** Lorsque les prestations deviennent impossibles, le débiteur n'est libéré que si l'impossibilité procède, pour chacune, d'un cas de force majeure.

### Paragraphe 3 L'obligation facultative

**Article 1308** L'obligation est facultative lorsqu'elle a pour objet une certaine prestation mais que le débiteur a la faculté, pour se libérer, d'en fournir une autre.

L'obligation facultative est éteinte si l'exécution de la prestation initialement convenue devient impossible pour cause de force majeure.

### Sous-section 2 La pluralité de sujets

**Article 1309** L'obligation qui lie plusieurs créanciers ou débiteurs se divise de plein droit entre eux. La division a lieu également entre leurs successeurs, l'obligation fût-elle solidaire. Si elle n'est pas réglée autrement par la loi ou par le contrat, la division a lieu par parts égales.

Chacun des créanciers n'a droit qu'à sa part de la créance commune ; chacun des débiteurs n'est tenu que de sa part de la dette commune.

Il n'en va autrement, dans les rapports entre les créanciers et les débiteurs, que si l'obligation est solidaire ou si la prestation due est indivisible.

제1307-1조 ① 급부의 선택권은 채무자에게 속한다.

② 선택권이 합의된 시기 또는 합리적인 기간 내에 행사되지 않는다면, 상대방은, 최고를 한 후, 그 선택권을 행사하거나 계약을 해제할 수 있다.

③ 행사된 선택권은 확정적이고 채무의 선택적 성격을 상실시킨다.

제1307-2조 선택된 급부의 이행불능이 불가항력으로 인한 것이라면, 이는 채무자를 면책시킨다.

제1307-3조 자신의 선택을 알리지 않은 채무자는 어느 급부가 불능이 된다면, 다른 급부 중의 하나를 이행하여야 한다.

제1307-4조 자신의 선택을 알리지 않은 채권자는 어느 급부가 불가항력으로 불능이 된다면, 다른 급부 중의 하나로 만족하여야 한다.

제1307-5조 급부들이 불능이 된 경우, 불능이 각각에 대하여 불가항력으로 인하여 발생한 때에만 채무자는 면책된다.

### 제3관 임의채무

제1308조 ① 채무가 특정의 급부를 목적으로 하지만 채무자가 면책되기 위하여 그것과 다른 급부를 제공할 권리를 가지는 경우를 임의채무라고 한다.

② 본래 합의된 급부를 이행하는 것이 불가항력으로 인하여 불능이 된다면, 임의채무는 소멸한다.

### 제2부속절 수인의 주체

제1309조 ① 수인의 채권자 또는 채무자 사이의 채권관계는 그들 사이에 당연히 분할된다. 분할은 채권관계가 연대인 경우일지라도, 그들의 상속인 간에는 마찬가지로 일어난다. 분할이 법이나 계약으로 다르게 정해지지 않는다면, 분할은 균등하게 발생한다.

② 각 채권자는 공동채권 중 자기부분에 대해서만 권리가 있다. 각 채무자는 공동채무 중 자기부담부분만을 부담한다.

③ 다만, 수인의 채권자와 채무자 사이에서 채권관계가 연대이거나 부담하는 급부가 불가분인 때에는 그러하지 아니하다.

## Paragraphe 1 L'obligation solidaire

**Article 1310** La solidarité est légale ou conventionnelle ; elle ne se présume pas.

**Article 1311** La solidarité entre créanciers permet à chacun d'eux d'exiger et de recevoir le paiement de toute la créance. Le paiement fait à l'un d'eux, qui en doit compte aux autres, libère le débiteur à l'égard de tous.

Le débiteur peut payer l'un ou l'autre des créanciers solidaires tant qu'il n'est pas poursuivi par l'un d'eux.

**Article 1312** Tout acte qui interrompt ou suspend la prescription à l'égard de l'un des créanciers solidaires, profite aux autres créanciers.

**Article 1313** La solidarité entre les débiteurs oblige chacun d'eux à toute la dette. Le paiement fait par l'un d'eux les libère tous envers le créancier.

Le créancier peut demander le paiement au débiteur solidaire de son choix. Les poursuites exercées contre l'un des débiteurs solidaires n'empêchent pas le créancier d'en exercer de pareilles contre les autres.

**Article 1314** La demande d'intérêts formée contre l'un des débiteurs solidaires fait courir les intérêts à l'égard de tous.

**Article 1315** Le débiteur solidaire poursuivi par le créancier peut opposer les exceptions qui sont communes à tous les codébiteurs, telles que la nullité ou la résolution, et celles qui lui sont personnelles. Il ne peut opposer les exceptions qui sont personnelles à d'autres codébiteurs, telle que l'octroi d'un terme. Toutefois, lorsqu'une exception personnelle à un autre codébiteur éteint la part divise de celui-ci, notamment en cas de compensation ou de remise de dette, il peut s'en prévaloir pour la faire déduire du total de la dette.

**Article 1316** Le créancier qui reçoit paiement de l'un des codébiteurs solidaires et lui consent une remise de solidarité conserve sa créance contre les autres, déduction faite de la part du débiteur qu'il a déchargé.

## 제1관 연대채권관계

**제1310조** 연대에는 법정연대 또는 약정연대가 있다. 이는 추정되지 아니한다.

**제1311조** ① 채권자 사이의 연대성은 각 연대채권자에게 채권 전부의 변제를 요구하고 수령할 수 있게 한다. 채권자들 중 1인에 대하여 이루어진 변제는 채무자를 모든 연대채권자에 대하여 면책시키고, 변제를 수령한 채권자는 다른 연대채권자에게 이를 정산해야 한다.
② 채무자는 연대채권자 중 1인으로부터 이행의 소구를 받지 않는 한 어느 연대채권자에게나 변제할 수 있다.

**제1312조** 연대채권자 중 1인이 시효를 중단 또는 정지하는 모든 행위는 다른 연대채권자에게도 효력이 있다.

**제1313조** ① 채무자 사이의 연대성은 그들 각자에 대하여 채무 전부를 부담하게 한다. 그들 중 1인이 한 변제는 모두를 채권자에 대하여 면책시킨다.
② 채권자는 그가 선택한 연대채무자에게 변제를 청구할 수 있다. 어느 연대채무자 1인에 대한 이행의 소구는 채권자가 다른 연대채무자에게 이행청구를 하는 것을 방해하지 아니한다.

**제1314조** 어느 연대채무자 1인에 대한 이자의 청구는 모든 연대채무자에 대하여 이자를 발생시킨다.

**제1315조** 채권자로부터 이행의 소구를 받은 연대채무자는 무효 또는 해제와 같은 모든 공동채무자에게 공통되는 항변과 자신의 인적 항변으로 채권자에게 대항할 수 있다. 그는 기한의 허여와 같은 다른 공동채무자에게 고유한 항변으로 채권자에게 대항할 수 없다. 그러나, 다른 공동채무자의 인적 항변으로 그의 부담 부분이 소멸하는 경우, 특히 상계 또는 채무면제의 경우에는, 연대채무자는 채무 전부에서 그 부분을 공제하기 위하여 이를 주장할 수 있다.

**제1316조** 공동연대채무자 중 1인으로부터 변제를 수령하고 그에게 연대의 면제를 동의해 준 채권자는 다른 공동연대채무자들에 대하여 채권을 보유하나, 면책된 채무자의 부담 부분은 공제된다.

**Article 1317** Entre eux, les codébiteurs solidaires ne contribuent à la dette que chacun pour sa part.

Celui qui a payé au-delà de sa part dispose d'un recours contre les autres à proportion de leur propre part.

Si l'un d'eux est insolvable, sa part se répartit, par contribution, entre les codébiteurs solvables, y compris celui qui a fait le paiement et celui qui a bénéficié d'une remise de solidarité.

**Article 1318** Si la dette procède d'une affaire qui ne concerne que l'un des codébiteurs solidaires, celui-ci est seul tenu de la dette à l'égard des autres. S'il l'a payée, il ne dispose d'aucun recours contre ses codébiteurs. Si ceux-ci l'ont payée, ils disposent d'un recours contre lui.

**Article 1319** Les codébiteurs solidaires répondent solidairement de l'inexécution de l'obligation. La charge en incombe à titre définitif à ceux auxquels l'inexécution est imputable.

### Paragraphe 2 L'obligation à prestation indivisible

**Article 1320** Chacun des créanciers d'une obligation à prestation indivisible, par nature ou par contrat, peut en exiger et en recevoir le paiement intégral, sauf à rendre compte aux autres ; mais il ne peut seul disposer de la créance ni recevoir le prix au lieu de la chose.

Chacun des débiteurs d'une telle obligation en est tenu pour le tout ; mais il a ses recours en contribution contre les autres.

Il en va de même pour chacun des successeurs de ces créanciers et débiteurs.

**제1317조** ① 공동연대채무자 사이에서 그들은 각자 자기부담부분에 한하여 채무를 분담한다.

② 자기부담부분을 넘어서 변제한 공동연대채무자는 다른 공동연대채무자에 대하여 그들의 고유한 부담부분에 비례하여 구상할 수 있다.

③ 공동연대채무자 중 1인이 자력이 없다면, 그의 부담부분은 변제를 하였거나 연대 면제의 이익을 받은 자를 포함하여 자력이 있는 공동연대채무자들 사이에 그 분담분에 따라 분배된다.

**제1318조** 채무가 공동연대채무자 중 1인만이 관련된 사무에서 발생하면, 그 1인만이 다른 공동연대채무자의 관계에서 채무를 부담한다. 그가 채무를 변제하였다면, 그는 다른 공동채무자에게 어떠한 구상권도 없다. 다른 공동연대채무자가 채무를 변제하였다면, 이들은 그에 대하여 구상권이 있다.

**제1319조** 공동연대채무자는 채무불이행에 대하여 연대하여 책임을 진다. 그 책임은 채무불이행에 귀책사유가 있는 공동연대채무자에게 종국적으로 귀속된다.

### 제2관 불가분급부채권관계

**제1320조** ① 성질 또는 계약으로 불가분인 급부를 목적으로 하는 채권관계의 각 채권자는 전부의 변제를 청구하여 수령할 수 있으며, 다른 채권자에게 정산하여야 한다. 그러나 채권자는 단독으로 그 채권을 처분하거나 물건을 대신하여 대금을 수령할 수 없다.

② 이러한 채권관계의 각 채무자는 그 전부에 대하여 채무를 부담한다. 그러나 다른 채무자에게 그들의 부담부분을 구상할 권리가 있다.

③ 위 채권자와 채무자의 각 상속인에 대하여도 마찬가지이다.

## Chapitre II Les opérations sur obligations

## Section 1 La cession de créance

**Article 1321** La cession de créance est un contrat par lequel le créancier cédant transmet, à titre onéreux ou gratuit, tout ou partie de sa créance contre le débiteur cédé à un tiers appelé le cessionnaire.

Elle peut porter sur une ou plusieurs créances présentes ou futures, déterminées ou déterminables.

Elle s'étend aux accessoires de la créance.

Le consentement du débiteur n'est pas requis, à moins que la créance ait été stipulée incessible.

**Article 1322** La cession de créance doit être constatée par écrit, à peine de nullité.

**Article 1323** Entre les parties, le transfert de la créance s'opère à la date de l'acte.

Il est opposable aux tiers dès ce moment. En cas de contestation, la preuve de la date de la cession incombe au cessionnaire, qui peut la rapporter par tout moyen.

Toutefois, le transfert d'une créance future n'a lieu qu'au jour de sa naissance, tant entre les parties que vis-à-vis des tiers.

**Article 1324** La cession n'est opposable au débiteur, s'il n'y a déjà consenti, que si elle lui a été notifiée ou s'il en a pris acte.

Le débiteur peut opposer au cessionnaire les exceptions inhérentes à la dette, telles que la nullité, l'exception d'inexécution, la résolution ou la compensation des dettes connexes. Il peut également opposer les exceptions nées de ses rapports avec le cédant avant que la cession lui soit devenue opposable, telles que l'octroi d'un terme, la remise de dette ou la compensation de dettes non connexes.

Le cédant et le cessionnaire sont solidairement tenus de tous les frais supplémentaires occasionnés par la cession dont le débiteur n'a pas à faire l'avance. Sauf clause contraire, la charge de ces frais incombe au cessionnaire.

**Article 1325** Le concours entre cessionnaires successifs d'une créance se résout en faveur du premier en date ; il dispose d'un recours contre celui auquel le débiteur aurait fait un paiement.

## 제2장 채권관계에 관한 거래

### 제1절 채권양도

**제1321조** ① 채권양도는 양도인이 채무자에 대한 자신의 채권 전부 또는 일부를 유상 또는 무상으로 양수인이라 불리는 제3자에게 이전하는 계약이다.

② 채권양도는 현재 또는 장래의, 확정되었거나 확정될 수 있는, 하나 또는 수 개의 채권을 대상으로 할 수 있다.

③ 채권양도는 채권의 종된 권리에 미친다.

④ 채무자의 동의는 요구되지 않지만, 채권이 양도될 수 없다고 약정한 때에는 그러하지 아니하다.

**제1322조** 채권의 양도는 서면으로 확인되어야 하고, 그러하지 아니하면 무효이다.

**제1323조** ① 당사자 사이에서는 채권의 이전은 증서의 일자에 이루어진다.

② 채권의 이전은 그때부터 제3자에게 대항할 수 있다. 다툼이 있는 경우 그 일자에 대한 증명책임은 양수인에게 있으며, 양수인은 모든 방법으로 이를 제출할 수 있다.

③ 그러나 장래채권의 이전은 당사자 사이에서뿐 아니라 제3자에 대해서도 그 발생 일자에 이르러서야 발생한다.

**제1324조** ① 채권양도는 채무자의 사전동의가 없으면, 그에게 통지되었거나 이를 승낙한 때에만 그에게 대항할 수 있다.

② 채무자는 무효, 동시이행의 항변, 해제, 견련관계가 있는 채무의 상계 등 채무 자체에 내재된 항변으로써 양수인에게 대항할 수 있다. 또한 채무자는 채권양도로 채무자에게 대항할 수 있기 전에 양도인과의 관계에서 발생한 기한의 허여, 채무의 면제, 견련관계가 없는 채무의 상계 등으로 대항할 수 있다.

③ 양도인과 양수인이 양도로 인하여 발생한 추가비용을 연대하여 부담하며, 채무자가 미리 지급할 필요가 없다. 반대 조항이 없으면, 그 비용은 양수인이 부담한다.

**제1325조** 하나의 채권에 대하여 연속된 양수인 사이에 경합이 있는 경우에는, 일자가 가장 앞선 자가 우선한다. 그는 채무자로부터 이미 변제를 받은 자에 대하여 상환청구권을 가진다.

**Article 1326** Celui qui cède une créance à titre onéreux garantit l'existence de la créance et de ses accessoires, à moins que le cessionnaire l'ait acquise à ses risques et périls ou qu'il ait connu le caractère incertain de la créance.

Il ne répond de la solvabilité du débiteur que lorsqu'il s'y est engagé, et jusqu'à concurrence du prix qu'il a pu retirer de la cession de sa créance.

Lorsque le cédant a garanti la solvabilité du débiteur, cette garantie ne s'entend que de la solvabilité actuelle ; elle peut toutefois s'étendre à la solvabilité à l'échéance, mais à la condition que le cédant l'ait expressément spécifié.

### Section 2 La cession de dette

**Article 1327** Un débiteur peut, avec l'accord du créancier, céder sa dette.

La cession doit être constatée par écrit, à peine de nullité.

**Article 1327-1** Le créancier, s'il a par avance donné son accord à la cession et n'y est pas intervenu, ne peut se la voir opposer ou s'en prévaloir que du jour où elle lui a été notifiée ou dès qu'il en a pris acte.

**Article 1327-2** Si le créancier y consent expressément, le débiteur originaire est libéré pour l'avenir. A défaut, et sauf clause contraire, il est tenu solidairement au paiment de la dette.

**Article 1328** Le débiteur substitué, et le débiteur originaire s'il reste tenu, peuvent opposer au créancier les exceptions inhérentes à la dette, telles que la nulité, l'exception d'inexécution, la résolution ou la compensation de dettes connexes. Chacun peut aussi opposer les exceptions qui lui sont personnelles.

**Article 1328-1** Lorsque le débiteur originaire n'est pas déchargé par le créancier, les sûretés subsistent. Dans le cas contraire, les sûretés consenties par le débiteur originaire ou par des tiers ne subsistent qu'avec leur accord.

Si le cédant est déchargé, ses codébiteurs solidaires restent tenus déduction faite de sa part dans la dette.

**제1326조** ① 채권을 유상으로 양도하는 자는 양수인이 자신의 위험과 손실로 인수하거나 채권의 불확실성을 안 때를 제외하고 채권과 그에 종속된 권리의 존재를 담보한다.

② 양도인은, 그가 채무자의 자력을 담보하기로 한 경우에만 채권의 양도로 취득할 수 있는 가액의 범위에서 채무자의 자력을 담보한다.
③ 양도인이 채무자의 자력을 담보한 경우에는, 그 담보는 현재의 자력에 한한다. 그러나 양도인이 이를 명시적으로 표시하는 조건 하에서, 담보는 이행기의 자력에 미친다.

## 제2절 채무양도

**제1327조** ① 채무자는 채권자의 동의를 얻어 자신의 채무를 양도할 수 있다.
② 양도는 서면으로 확인되어야 하고, 그러하지 아니하면 무효이다.

**제1327-1조** 채권자는, 양도에 대하여 사전에 자신의 동의 또한 양도에 개입하지 않은 경우에는 채무양도가 그에게 통지된 날 또는 그가 승낙한 날로부터만 채무양도의 대항을 받거나 이를 주장할 수 있다.

**제1327-2조** 채권자가 원채무자의 채무면제에 대하여 명시적으로 합의한다면, 원채무자는 장래를 향해 채무를 면한다. 면제에 관한 명시적인 합의 의사표시가 없고 또 반대의 약정이 없으면, 원채무자는 채무의 변제에 대하여 연대하여 책임이 있다.

**제1328조** 신채무자와 여전히 의무를 지는 원채무자는, 무효, 동시이행의 항변, 해제 또는 견련관계 있는 채무의 상계 등과 같은 채무에 내재된 항변으로 채권자에게 대항할 수 있다. 또한 각자는 자신의 인적 항변으로 대항할 수 있다.

**제1328-1조** ① 원채무자가 채권자에 의하여 면책되지 않은 경우에, 그 담보는 존속한다. 반대의 경우에는, 원채무자 또는 제3자가 제공한 담보는 그의 동의가 있는 경우에만 존속한다.

② 채무양도인이 면책된다면, 그의 연대채무자는 그의 부담부분을 공제한 나머지 부분에 대하여 여전히 채무를 부담한다.

## Section 3 La novation

**Article 1329** La novation est un contrat qui a pour objet de substituer à une obligation, qu'elle éteint, une obligation nouvelle qu'elle crée.

Elle peut avoir lieu par substitution d'obligation entre les mêmes parties, par changement de débiteur ou par changement de créancier.

**Article 1330** La novation ne se présume pas; la volonté de l'opérer doit résulter clairement de l'acte.

**Article 1331** La novation n'a lieu que si l'obligation ancienne et l'obligation novelle sont l'une et l'autre valables, à moins qu'elle n'ait pour objet déclaré de substituer un engagement valable à un engagement entaché d'un vice.

**Article 1332** La novation par changement de débiteur peut s'opérer sans le concours du premier débiteur.

**Article 1333** La novation par changement de créancier requiert le consentement du débiteur. Celui-ci peut, par avance, accepter que le nouveau créancier soit désigné par le premier.

La novation est opposable aux tiers à la date de l'acte. En cas de contestation de la date de la novation, la preuve en incombe au nouveau créancier, qui peut l'apporter par tout moyen.

**Article 1334** L'extinction de l'obligation ancienne s'étend à tous ses accessoires.

Par exception, les sûretés d'origine peuvent être réservées pour la garantie de la nouvelle obligation avec le consentement des tiers garants.

**Article 1335** La novation convenue entre le créancier et l'un des codébiteurs solidaires libère les autres.

La novation convenue entre le créancier et une caution ne libère pas le débiteur principal. Elle libère les autres cautions à concurrence de la part contributive de celle dont l'obligation a fait l'objet de la novation.

## 제3절 경개

**제1329조** ① 경개란 그로 인해 소멸하는 채무를 그로 인해 발생하는 신채무로 대체하는 것을 목적으로 하는 계약이다.
② 경개는 동일한 당사자 간 채무의 대체, 채무자의 변경 또는 채권자의 변경에 의하여 발생할 수 있다.

**제1330조** 경개는 추정되지 아니한다. 경개를 실행하려는 의사는 그 행위에 명백히 드러나야 한다.

**제1331조** 경개는 구채무와 신채무가 모두 유효한 때에만 발생할 수 있으나, 경개가 하자 있는 채무를 유효한 채무로 대체할 것을 목적으로 명시한 때에는 그러하지 아니하다.

**제1332조** 채무자 변경에 의한 경개는 구채무자의 협력 없이 실행될 수 있다.

**제1333조** ① 채권자 변경에 의한 경개는 채무자의 합의를 필요로 한다. 채무자는 구채권자가 신채권자를 지정하는 것을 미리 승낙할 수 있다.

② 경개는 행위일로부터 제3자에게 대항할 수 있다. 경개의 일자에 다툼이 있는 경우, 그에 대한 증명책임은 신채권자에게 있고 그는 모든 방법으로써 이를 제출할 수 있다.

**제1334조** ① 구채무의 소멸은 모든 종된 권리에 효력을 미친다.
② 예외적으로, 구채무의 담보는 보증인인 제3자와의 합의에 의하여 신채무의 담보로 유보될 수 있다.

**제1335조** ① 채권자와 어느 공동연대채무자 사이에 합의된 경개는 다른 공동연대채무자의 채무를 면하게 한다.
② 채권자와 보증인 사이에 합의된 경개는 주채무자의 채무를 면하게 하지 아니한다. 이러한 경개는 그 목적이 되었던 채무의 보증인의 부담부분 한도에서 다른 보증인의 채무를 면하게 한다.

## Section 4 La délégation

**Article 1336** La délégation est une opération par laquelle une personne, le délégant, obtient d'une autre, le délégué, qu'elle s'oblige envers une troisième, le délégataire, qui l'accepte comme débiteur.

Le délégué ne peut, sauf stipulation contraire, opposer au délégataire aucune exception tirée de ses rapports avec le délégant ou des rapports entre ce dernier et le délégataire.

**Article 1337** Lorsque le délégant est débiteur du délégataire et que la volonté du délégataire de décharger le délégant résulte expressément de l'acte, la délégation opère novation.

Toutefois, le délégant demeure tenu s'il s'est expressément engagé à garantir la solvabilité future du délégué ou si ce dernier se trouve soumis à une procédure d'apurement de ses dettes lors de la délégation.

**Article 1338** Lorsque le délégant est débiteur du délégataire mais que celui-ci ne l'a pas déchargé de sa dette, la délégation donne au délégataire un second débiteur.

Le paiement fait par l'un des deux débiteurs libère l'autre, à due concurrence.

**Article 1339** Lorsque le délégant est créancier du délégué, sa créance ne s'éteint que par l'exécution de l'obligation du délégué envers le délégataire et à due concurrence.

Jusque-là, le délégant ne peut en exiger ou en recevoir le paiement que pour la part qui excèderait l'engagement du délégué. Il ne recouvre ses droits qu'en exécutant sa propre obligation envers le délégataire.

La cession ou la saisie de la créance du délégant ne produisent effet que sous les mêmes limitations.

Toutefois, si le délégataire a libéré le délégant, le délégué est lui-même libéré à l'égard du délégant, à concurrence du montant de son engagement envers le délégataire.

**Article 1340** La simple indication faite par le débiteur d'une personne désignée pour payer à sa place n'emporte ni novation, ni délégation. Il en est de même de la simple indication faite, par le créancier, d'une personne désignée pour recevoir le paiement pour lui.

## 제4절 채무참가

**제1336조** ① 채무참가란 참가지시자가 타방인 참가채무자로부터 3자인 참가채권자에 대하여 채무를 부담한다는 약속을 받고 참가채권자는 참가채무자를 채무자로서 승낙하는 거래를 말한다.
② 참가채무자는 반대의 약정이 없으면, 자신과 참가지시자와의 관계 또는 참가지시자와 참가채권자의 관계에서 발생하는 어떠한 항변으로 참가채권자에 대하여 대항할 수 없다.

**제1337조** ① 참가지시자가 참가채권자의 채무자이고 참가지시자를 면책시키려는 참가채권자의 의사가 행위로부터 명시적으로 드러나는 경우에는 채무참가는 경개의 효력을 가진다.

② 그러나, 참가지시자가 참가채무자의 장래의 자력을 담보하는 것으로 명시적으로 표시하거나 참가채무자가 채무참가 당시 채무정리절차에 있다면, 참가지시자는 채무를 계속 부담한다.

**제1338조** ① 참가지시자가 참가채권자의 채무자이지만 참가채권자가 참가지시자의 채무를 면책시키지 않을 경우에 채무참가는 참가채권자에게 제2채무자를 제공한다.
② 두 채무자 중 한 사람이 한 변제는 그 범위에서 다른 채무자를 면책시킨다.

**제1339조** ① 참가지시자가 참가채무자의 채권자인 경우에 그의 채권은 참가채무자가 참가채권자에게 채무를 이행하는 경우에 같은 범위에서 소멸한다.
② 그 때까지 참가지시자는 참가채무자의 참가채권자에 대한 채무를 초과하는 부분에 대하여만 변제를 요구하거나 수령할 수 있다. 참가지시자는 참가채권자에 대한 자신의 고유한 채무를 이행하는 경우에만 참가채무자에 대하여 자신의 권리를 갖는다.
③ 참가지시자의 채권의 양도 또는 그에 대한 압류는 위와 같은 제한 하에서만 효력이 있다.

④ 그러나 참가채권자가 참가지시자를 면책시켰다면, 참가채무자 자신도 참가지시자에 대하여 그가 참가채권자에 대하여 부담하는 액수의 한도에서 면책된다.

**제1340조** 채무자가 다른 자로 하여금 자신을 대신하여 변제를 하도록 하는 단순한 지시는 경개의 효력도, 채무참가의 효력도 없다. 채권자가 다른 자로 하여금 자신을 위하여 변제를 수령하도록 하는 단순한 지시도 마찬가지이다.

## Chapitre III Les actions ouvertes au créancier

**Article 1341** Le créancier a droit à l'exécution de l'obligation ; il peut y contraindre ledébiteur dans les conditions prévues par la loi.

**Article 1341-1** Lorsque la carence du débiteur dans l'exercice de ses droits et actions à caractère patrimonial compromet les droits de son créancier, celui-ci peut les exercer pour le compte de son débiteur, à l'exception de ceux qui sont exclusivement rattachés à sa personne.

**Article 1341-2** Le créancier peut aussi agir en son nom personnel pour faire déclarer inopposables à son égard les actes faits par son débiteur en fraude de ses droits, à charge d'établir, s'il s'agit d'un acte à titre onéreux, que le tiers cocontractant avait connaissance de la fraude.

**Article 1341-3** Dans les cas déterminés par la loi, le créancier peut agir directement en paiement de sa créance contre un débiteur de son débiteur.

## Chapitre IV L'extinction de l'obligation

### Section 1 Le paiement

#### Sous-section 1 Dispositions générales

**Article 1342** Le paiement est l'exécution volontaire de la prestation due.

Il doit être fait sitôt que la dette devient exigible.

Il libère le débiteur à l'égard du créancier et éteint la dette, sauf lorsque la loi ou le contrat prévoit une subrogation dans les droits du créancier.

**Article 1342-1** Le paiement peut être fait même par une personne qui n'y est pas tenue, sauf refus légitime du créancier.

# 제3장 채권자에게 허용된 소권

**제1341조** 채권자는 채무이행에 대한 권리를 가진다. 그는 법률이 정한 요건에 따라 이에 대하여 채무자를 강제할 수 있다.

**제1341-1조** 채무자의 재산적 성격의 권리와 소권의 행사에 있어서 그의 태만이 채권자의 권리를 위태롭게 하는 경우, 채권자는 채무자의 일신에 전속하는 권리와 소권을 제외하고 그의 채무자를 위하여 이를 행사할 수 있다.

**제1341-2조** 채권자는 또한 자신의 권리를 해하려는 채무자가 한 행위가 자신에게 대항할 수 없는 것임을 선언하게 하기 위하여, 자신의 이름으로 소를 제기할 수 있으며, 유상행위인 경우에는 계약의 상대방인 제3자가 해함에 대하여 알고 있었음을 증명해야 한다.

**제1341-3조** 법률에 의하여 정해진 경우, 채권자는 그의 채무자의 채무자에게 자신의 채권의 변제를 직접 청구할 수 있다.

# 제4장 채무의 소멸

## 제1절 변제

### 제1부속절 총칙

**제1342조** ① 변제란 의무가 있는 급부의 임의적 이행이다.
② 변제는 채무의 이행기가 이르면 즉시 이루어져야 한다.
③ 변제는 채무자를 채권자에 대하여 면책시키고 채무를 소멸시키나, 법률 또는 계약으로 채권자의 권리에 대하여 대위를 규정한 경우는 그러하지 아니하다.

**제1342-1조** 변제는 채권자가 정당하게 거절한 경우가 아니면 채무 없는 자에 의해서도 이루어질 수 있다.

**Article 1342-2** Le paiement doit être fait au créancier ou à la personne désignée pour le recevoir.

Le paiement fait à une personne qui n'avait pas qualité pour le recevoir est néanmoins valable si le créancier le ratifie ou s'il en a profité.

Le paiement fait à un créancier dans l'incapacité de contracter n'est pas valable, s'il n'en a tiré profit.

**Article 1342-3** Le paiement fait de bonne foi à un créancier apparent est valable.

**Article 1342-4** Le créancier peut refuser un paiement partiel même si la prestation est divisible.

Il peut accepter de recevoir en paiement autre chose que ce qui lui est dû.

**Article 1342-5** Le débiteur d'une obligation de remettre un corps certain est libéré par sa remise au créancier en l'état, sauf à prouver, en cas de détérioration, que celle-ci n'est pas due à son fait ou à celui de personnes dont il doit répondre.

**Article 1342-6** A défaut d'une autre désignation par la loi, le contrat ou le juge, le paiement doit être fait au domicile du débiteur.

**Article 1342-7** Les frais du paiement sont à la charge du débiteur.

**Article 1342-8** Le paiement se prouve par tout moyen.

**Article 1342-9** La remise volontaire par le créancier au débiteur de l'original sous signature privée ou de la copie exécutoire du titre de sa créance vaut présomption simple de libération.

La même remise à l'un des codébiteurs solidaires produit le même effet à l'égard de tous.

**Article 1342-10** Le débiteur de plusieurs dettes peut indiquer, lorsqu'il paie, celle qu'il entend acquitter.

A défaut d'indication par le débiteur, l'imputation a lieu comme suit : d'abord sur les dettes échues ; parmi celles-ci, sur les dettes que le débiteur avait le plus d'intérêt d'acquitter. A égalité d'intérêt, l'imputation se fait sur la plus ancienne ; toutes choses égales, elle se fait proportionnellement.

**제1342-2조** ① 변제는 채권자 또는 변제를 수령하기로 지정된 자에게 이루어져야 한다.

② 변제를 수령할 자격이 없는 자에게 이루어진 변제라도 채권자가 이를 추인하거나 이로부터 이익을 받았다면 효력이 있다.

③ 계약 체결 능력이 없는 채권자에게 이루어진 변제는 그가 이로부터 이익을 받지 않았다면 효력이 없다.

**제1342-3조** 외관상 채권자에 대하여 선의로 행해진 변제는 유효하다.

**제1342-4조** ① 채권자는 급부가 가분적일지라도 일부변제를 거절할 수 있다.

② 채권자는 본래의 내용과 다른 물건의 변제로 수령할 것을 승낙할 수 있다.

**제1342-5조** 특정물 인도채무의 채무자는 채권자에게 목적물을 현 상태대로 인도하면 면책되나, 목적물이 훼손된 경우에는 그 훼손이 채무자 또는 그가 책임져야 할 사람의 행위로 인한 것이 아님을 증명하여야 한다.

**제1342-6조** 법률, 계약 또는 법원에 의하여 달리 정함이 없으면 변제는 채무자의 주소에서 행해져야 한다.

**제1342-7조** 변제의 비용은 채무자의 부담으로 한다.

**제1342-8조** 변제는 모든 방법에 의하여 증명된다.

**제1342-9조** ① 채권자가 임의로 사서증서의 원본 또는 채권의 집행권원 사본을 교부하는 것은 채무면책으로 단순 추정된다.

② 공동연대채무자 중 1인에 대한 제1항의 교부는 전체 채무자에 대하여 동일한 효력이 있다.

**제1342-10조** ① 수 개의 채무에 대한 채무자는, 변제 시에, 그가 변제하고자 하는 채무를 지정할 수 있다.

② 채무자의 지정이 없는 경우 다음과 같이 충당된다. 우선 이행기가 도래한 채무에 충당된다. 이들 중에는, 변제의 이익이 채무자에게 가장 큰 채무에 충당된다. 변제의 이익이 같은 경우에는 이행기가 가장 먼저 도래한 채무에 충당된다. 모든 것이 동일하면, 채무의 비율에 비례하여 충당된다.

### Sous-section 2 Dispositions particulières aux obligations de sommes d'argent

**Article 1343** Le débiteur d'une obligation de somme d'argent se libère par le versement de son montant nominal.

Le montant de la somme due peut varier par le jeu de l'indexation.

Le débiteur d'une dette de valeur se libère par le versement de la somme d'argent résultant de sa liquidation.

**Article 1343-1** Lorsque l'obligation de somme d'argent porte intérêt, le débiteur se libère en versant le principal et les intérêts. Le paiement partiel s'impute d'abord sur les intérêts.

L'intérêt est accordé par la loi ou stipulé dans le contrat. Le taux de l'intérêt conventionnel doit être fixé par écrit. Il est réputé annuel par défaut.

**Article 1343-2** Les intérêts échus, dus au moins pour une année entière, produisent intérêt si le contrat l'a prévu ou si une décision de justice le précise.

**Article 1343-3** Le paiement, en France, d'une obligation de somme d'argent s'effectue en euros.

Toutefois, le paiement peut avoir lieu en une autre monnaie si l'obligation ainsi libellée procède d'une opération à caractère international ou d'un jugement étranger. Les parties peuvent convenir que le paiement aura lieu en devise s'il intervient entre professionnels, lorsque l'usage d'une monnaie étrangère est communément admis pour l'opération concernée.

**Article 1343-4** A défaut d'une autre désignation par la loi, le contrat ou le juge, le lieu du paiement de l'obligation de somme d'argent est le domicile du créancier.

## 제2부속절 금전채무에 대한 특칙

**제1343조** ① 금전채무의 채무자는 명목상 금액의 지급에 의하여 면책된다.

② 정해진 금액은 물가연동지수에 의하여 변동될 수 있다.
③ 가치채무의 채무자는 청산 시 산정되는 금액의 지급에 의하여 면책된다.

**제1343-1조** ① 금전채무가 이자를 발생시킬 경우, 채무자는 원본과 이자를 지급함으로써 면책된다. 일부변제는 이자에 먼저 충당된다.
② 이자는 법률에 의하여 인정되거나 계약에 의하여 정해진다. 약정이자율은 서면에 의하여 정해져야 한다. 달리 정함이 없는 경우 연이율로 간주된다.

**제1343-2조** 이행기가 도래한 이자에 대해서는 최소한 1년분에 한하는 것으로서 계약에서 이를 정하였거나 법원이 판결로 이를 명시하면 이자가 발생한다.

**제1343-3조** ① 프랑스에서 금전채무의 변제는 유로화로 이루어진다.

② 그러나, 채무가 국제적 성격의 거래 또는 외국 판결로 인한 것이면, 변제는 다른 통화로 행해질 수 있다. 관련 거래에 외화의 사용이 통상적으로 인정되는 경우 전문 직종 간의 변제라면 외국 통화로 변제할 것을 합의할 수 있다.

**제1343-4조** 법률, 계약 또는 법원에 의하여 달리 정함이 없으면, 금전채무의 변제 장소는 채권자의 주소이다.

**Article 1343-5** Le juge peut, compte tenu de la situation du débiteur et en considération des besoins du créancier, reporter ou échelonner, dans la limite de deux années, le paiement des sommes dues.

Par décision spéciale et motivée, il peut ordonner que les sommes correspondant aux échéances reportées porteront intérêt à un taux réduit au moins égal au taux légal, ou que les paiements s'imputeront d'abord sur le capital.

Il peut subordonner ces mesures à l'accomplissement par le débiteur d'actes propres à faciliter ou à garantir le paiement de la dette.

La décision du juge suspend les procédures d'exécution qui auraient été engagées par le créancier. Les majorations d'intérêts ou les pénalités prévues en cas de retard ne sont pas encourues pendant le délai fixé par le juge.

Toute stipulation contraire est réputée non écrite.

Les dispositions du présent article ne sont pas applicables aux dettes d'aliment.

### Sous-section 3 La mise en demeure

### Paragraphe 1 La mise en demeure du débiteur

**Article 1344** Le débiteur est mis en demeure de payer soit par une sommation ou un acte portant interpellation suffisante, soit, si le contrat le prévoit, par la seule exigibilité de l'obligation.

**Article 1344-1** La mise en demeure de payer une obligation de somme d'argent fait courir l'intérêt moratoire, au taux légal, sans que le créancier soit tenu de justifier d'un préjudice.

**Article 1344-2** La mise en demeure de délivrer une chose met les risques à la charge du débiteur, s'ils n'y sont déjà.

### Paragraphe 2 La mise en demeure du créancier

**Article 1345** Lorsque le créancier, à l'échéance et sans motif légitime, refuse de recevoir le paiement qui lui est dû ou l'empêche par son fait, le débiteur peut le mettre en demeure d'en accepter ou d'en permettre l'exécution.

La mise en demeure du créancier arrête le cours des intérêts dus par le débiteur et met les risques de la chose à la charge du créancier, s'ils n'y sont déjà, sauf faute lourde ou dolosive du débiteur.

Elle n'interrompt pas la prescription.

**제1343-5조** ① 법원은 채무자의 상황 및 채권자의 필요를 고려하여 의무 있는 금전채무의 변제를 2년의 한도 내에서 연기하거나 분할하도록 할 수 있다.

② 특별히 이유를 설시한 판결로, 법원은 이행기가 연기된 금원에 대하여 최소한 법정이율 이상으로 감축된 이자를 부과하거나 변제된 금원을 우선 원본에 충당할 것을 명할 수 있다.

③ 법원은 채무자가 변제를 용이하게 하거나 담보하기 위한 적절한 행위를 이행할 것을 조건으로 이러한 조치를 명할 수 있다.
④ 법원의 판결은 채권자에 의하여 제기된 집행절차를 정지시킨다. 법원이 정한 기간 중에는, 이행지체로 인한 이자의 인상 또는 위약금이 부과되지 아니한다.

⑤ 모든 반대의 약정은 기재되지 않은 것으로 간주된다.
⑥ 본조의 규정은 부양의무에는 적용되지 아니한다.

### 제3부속절 지체

### 제1관 채무자지체

**제1344조** 채무자는 집행관최고나 충분한 촉구를 담은 문서에 의하여 또는 계약이 이를 정한다면, 이행기 도래만으로 변제의 지체에 빠진다.

**제1344-1조** 금전채무의 변제의 지체는 채권자가 손해를 증명할 의무를 부담함이 없이 법정이율의 지연이자를 발생시킨다.

**제1344-2조** 물건인도의 지체는, 위험이 아직 채무자의 부담이 아니더라도, 그 위험을 채무자에게 부담시킨다.

### 제2관 채권자지체

**제1345조** ① 채권자가, 이행기에 정당한 이유 없이 자신이 받아야 할 변제를 수령하기를 거절하거나 자신의 행위로 이를 방해하는 경우에는, 채무자는 채권자에게 변제를 수령할 것과 또는 그 이행을 허락할 것을 최고할 수 있다.
② 채권자의 지체는 채무자가 부담할 이자의 발생을 중단시키고, 위험이 아직 채권자의 부담이 아니더라도, 채무자의 중대한 또는 고의적 과책이 아닌 한, 물건의 위험을 채권자에게 부담시킨다.
③ 채권자지체는 시효를 중단시키지 아니한다.

**Article 1345-1** Si l'obstruction n'a pas pris fin dans les deux mois de la mise en demeure, le débiteur peut, lorsque l'obligation porte sur une somme d'argent, la consigner à la Caisse des dépôts et consignations ou, lorsque l'obligation porte sur la livraison d'une chose, séquestrer celle-ci auprès d'un gardien professionnel.

Si le séquestre de la chose est impossible ou trop onéreux, le juge peut en autoriser la vente amiable ou aux enchères publiques. Déduction faite des frais de la vente, le prix en est consigné à la Caisse des dépôts et consignations.

La consignation ou le séquestre libère le débiteur à compter de leur notification au créancier.

**Article 1345-2** Lorsque l'obligation porte sur un autre objet, le débiteur est libéré si l'obstruction n'a pas cessé dans les deux mois de la mise en demeure.

**Article 1345-3** Les frais de la mise en demeure et de la consignation ou du séquestre sont à la charge du créancier.

### Sous-section 4 Le paiement avec subrogation

**Article 1346** La subrogation a lieu par le seul effet de la loi au profit de celui qui, y ayant un intérêt légitime, paie dès lors que son paiement libère envers le créancier celui sur qui doit peser la charge définitive de tout ou partie de la dette.

**Article 1346-1** La subrogation conventionnelle s'opère à l'initiative du créancier lorsque celui-ci, recevant son paiement d'une tierce personne, la subroge dans ses droits contre le débiteur.

Cette subrogation doit être expresse.

Elle doit être consentie en même temps que le paiement, à moins que, dans un acte antérieur, le subrogeant n'ait manifesté la volonté que son cocontractant lui soit subrogé lors du paiement. La concomitance de la subrogation et du paiement peut être prouvée par tous moyens.

**제1345-1조** ① 방해가 지체로부터 2개월 내에 종료되지 않았다면, 채무자는 채무가 일정액의 금전을 대상으로 하는 경우에는 예금공탁금고에 공탁하거나, 또는 채무가 물건의 인도를 대상으로 하는 때에는 전문수탁인에게 물건을 기탁할 수 있다.

② 물건의 기탁이 불가능하거나 과다한 비용이 든다면, 법관은 물건의 임의매각 또는 공경매를 허가할 수 있다. 매각비용을 공제한 후, 매각대금은 예금공탁금고에 공탁된다.

③ 공탁 또는 기탁은 채권자에게 그 통지가 있는 때로부터 채무자를 면책시킨다.


**제1345-2조** 채무가 다른 객체를 대상으로 한 경우, 채무자는 그 방해가 지체로부터 2개월 내에 중단되지 않는다면 면책된다.

**제1345-3조** 최고, 공탁 또는 기탁의 비용은 채권자의 부담으로 한다.


### 제4부속절 변제자대위

**제1346조** 대위는, 변제의 정당한 이익이 있는 자가 변제를 하여 채무의 전부 또는 일부를 확정적으로 부담하는 채무자를 채권자에 대하여 면책시키는 때부터, 법률의 효력만으로 변제자의 이익을 위하여 발생한다.

**제1346-1조** ① 합의대위는, 제3의 자로부터 변제를 받는 채권자가 채무자에 대한 자신의 권리에 대하여 변제자를 대위시키는 경우에, 채권자의 주도로 일어난다.

② 합의대위는 명시적이어야 한다.
③ 합의대위는 변제와 동시에 합의되어야 하나, 대위지시인이 사전에 문서로써 변제 시에 자신의 계약상대방이 자신을 대위한다는 의사를 표시한 경우에는 그러하지 아니하다. 대위와 변제가 동시에 있었다는 사실은 모든 방법으로 증명될 수 있다.

**Article 1346-2** La subrogation a lieu également lorsque le débiteur, empruntant une somme à l'effet de payer sa dette, subroge le prêteur dans les droits du créancier avec le concours de celui-ci. En ce cas, la subrogation doit être expresse et la quittance donnée par le créancier doit indiquer l'origine des fonds.

La subrogation peut être consentie sans le concours du créancier, mais à la condition que la dette soit échue ou que le terme soit en faveur du débiteur. Il faut alors que l'acte d'emprunt et la quittance soient passés devant notaire, que dans l'acte d'emprunt il soit déclaré que la somme a été empruntée pour faire le paiement, et que dans la quittance il soit déclaré que le paiement a été fait des sommes versées à cet effet par le nouveau créancier.

**Article 1346-3** La subrogation ne peut nuire au créancier lorsqu'il n'a été payé qu'en partie ; en ce cas, il peut exercer ses droits, pour ce qui lui reste dû, par préférence à celui dont il n'a reçu qu'un paiement partiel.

**Article 1346-4** La subrogation transmet à son bénéficiaire, dans la limite de ce qu'il a payé, la créance et ses accessoires, à l'exception des droits exclusivement attachés à la personne du créancier.

Toutefois, le subrogé n'a droit qu'à l'intérêt légal à compter d'une mise en demeure, s'il n'a convenu avec le débiteur d'un nouvel intérêt. Ces intérêts sont garantis par les sûretés attachées à la créance, dans les limites, lorsqu'elles ont été constituées par des tiers, de leurs engagements initiaux s'ils ne consentent à s'obliger audelà.

**Article 1346-5** Le débiteur peut invoquer la subrogation dès qu'il en a connaissance mais elle ne peut lui être opposée que si elle lui a été notifiée ou s'il en a pris acte.

La subrogation est opposable aux tiers dès le paiement.

Le débiteur peut opposer au créancier subrogé les exceptions inhérentes à la dette, telles que la nullité, l'exception d'inexécution, la résolution ou la compensation de dettes connexes. Il peut également lui opposer les exceptions nées de ses rapports avec le subrogeant avant que la subrogation lui soit devenue opposable, telles que l'octroi d'un terme, la remise de dette ou la compensation de dettes non connexes.

**제1346-2조** ① 대위는 자신의 채무를 변제하기 위하여 금전을 차용하는 채무자가 채권자의 협력을 얻어 대주에게 채권자의 권리를 대위시키는 경우에도, 마찬가지로 발생한다. 이 경우 대위는 명시적이어야 하고 채권자가 교부하는 영수증에는 자금의 출처를 기재하여야 한다.

② 대위는 채무의 변제기가 도래하였거나 그 기한이 채무자의 이익을 위한 것이라는 조건하에, 채권자의 협력없이도 합의될 수 있다. 차용문서와 영수증은 공증인의 면전에서 작성되어야 하고, 차용증서에는 변제를 위해 금전이 차용되었음을 기재하여야 하며 또 영수증에는 새로운 채권자가 변제를 위하여 교부한 금전에 의하여 변제가 이루어졌음을 기재하여야 한다.

**제1346-3조** 대위는, 채권자가 일부만 변제받은 경우에는, 채권자를 해할 수 없다. 이 경우 채권자는 일부의 변제만을 받은 자에 우선하여 자신에게 변제가 남은 부분에 대하여 자신의 권리를 행사할 수 있다.

**제1346-4조** ① 대위는 그 수익자에게, 그가 변제한 범위에서, 채권자의 일신에 전속하는 권리를 제외하고, 채권과 그 종된 권리를 이전시킨다.

② 그러나, 대위변제자는 새로운 이자에 대하여 채무자와 합의를 하지 않는 경우에는 최고를 한 때부터 법정이자에 대한 권리만을 가진다. 이 이자는 채권에 부속된 담보권에 의하여 담보되고, 그 담보권이 제3자에 의하여 설정된 것일 경우에는, 제3자가 그 이상을 부담하기로 합의하지 않는다면, 처음의 약속의 범위 내에서 담보된다.

**제1346-5조** ① 채무자는 대위를 안 때로부터 이를 원용할 수 있으나, 대위는 채무자에게 통지되었거나 채무자가 이를 안 때에만 그에게 대항할 수 있다.
② 대위는 변제 시부터 제3자에게 대항할 수 있다.
③ 채무자는 무효, 동시이행의 항변권, 해제 또는 견련관계 있는 채무 사이의 상계와 같은 채무에 내재하는 항변으로 피대위자인 채권자에게 대항할 수 있다. 채무자는 대위가 자신에게 대항력을 갖기 전에 대위지시인과의 관계에서 발생한 항변, 즉 기한의 허여, 채무의 면제 또는 견련관계 없는 채무간의 상계와 같은 항변으로 채무자에게 대항할 수 있다.

## Section 2 La compensation

### Sous-section 1 Règles générales

**Article 1347** La compensation est l'extinction simultanée d'obligations réciproques entre deux personnes.

Elle s'opère, sous réserve d'être invoquée, à due concurrence, à la date où ses conditions se trouvent réunies.

**Article 1347-1** Sous réserve des dispositions prévues à la sous-section suivante, la compensation n'a lieu qu'entre deux obligations fongibles, certaines, liquides et exigibles.

Sont fongibles les obligations de somme d'argent, même en différentes devises, pourvu qu'elles soient convertibles, ou celles qui ont pour objet une quantité de choses de même genre.

**Article 1347-2** Les créances insaisissables et les obligations de restitution d'un dépôt, d'un prêt à usage ou d'une chose dont le propriétaire a été injustement privé ne sont compensables que si le créancier y consent.

**Article 1347-3** Le délai de grâce ne fait pas obstacle à la compensation.

**Article 1347-4** S'il y a plusieurs dettes compensables, les règles d'imputation des paiements sont transposables.

**Article 1347-5** Le débiteur qui a pris acte sans réserve de la cession de la créance ne peut opposer au cessionnaire la compensation qu'il eût pu opposer au cédant.

**Article 1347-6** La caution peut opposer la compensation de ce que le créancier doit au débiteur principal.

Le codébiteur solidaire peut se prévaloir de la compensation de ce que le créancier doit à l'un de ses coobligés pour faire déduire la part divise de celui-ci du total de la dette.

**Article 1347-7** La compensation ne préjudicie pas aux droits acquis par des tiers.

## 제2절 상계

### 제1부속절 일반규정

**제1347조** ① 상계는 두 사람 사이에 서로 대립하는 채무가 동시에 소멸하는 것을 말한다.

② 상계는 원용됨을 조건으로, 그 요건이 충족된 날에 대등액의 한도에서 발생한다.

**제1347-1조** ① 이하의 부속절에서 정하는 규정의 유보 하에, 상계는 대체가능하고, 확실하며, 확정적이고, 청구가능한 두 채무 사이에서만 발생한다.
② 금전채무가 다른 종류의 통화인 경우에도 환전할 수 있으면 대체가능하고 또는 같은 종류의 물건의 일정량을 그 목적으로 하는 것도 역시 대체가능하다.

**제1347-2조** 압류할 수 없는 채권 및 임치물, 사용대차물 또는 소유자가 부당하게 침탈당한 물건의 반환채권은, 채권자가 이에 동의하는 때에만 상계할 수 있다.

**제1347-3조** 은혜기간은 상계에 방해가 되지 아니한다.

**제1347-4조** 상계할 다수의 채무가 있다면 변제충당규정이 준용된다.

**제1347-5조** 채권양도에 이의를 유보함이 없이 승낙을 한 채무자는 양도인에게 대항할 수 있는 상계로 양수인에게 대항할 수 없다.

**제1347-6조** ① 보증인은 채권자가 주채무자에게 부담하는 채무에 대한 상계로 대항할 수 있다.

② 공동연대채무자는 채무 전부에서 어느 공동채무자의 부담 부분을 소멸시키기 위하여 채권자가 그 공동채무자에 진 채무의 상계를 주장할 수 있다.

**제1347-7조** 상계는 제3자가 취득한 권리를 해하지 아니한다.

## Sous-section 2 Règles particulières

**Article 1348** La compensation peut être prononcée en justice, même si l'une des obligations, quoique certaine, n'est pas encore liquide ou exigible. A moins qu'il n'en soit décidé autrement, la compensation produit alors ses effets à la date de la décision.

**Article 1348-1** Le juge ne peut refuser la compensation de dettes connexes au seul motif que l'une des obligations ne serait pas liquide ou exigible.

Dans ce cas, la compensation est réputée s'être produite au jour de l'exigibilité de la première d'entre elles.

Dans le même cas, l'acquisition de droits par un tiers sur l'une des obligations n'empêche pas son débiteur d'opposer la compensation.

**Article 1348-2** Les parties peuvent librement convenir d'éteindre toutes obligations réciproques, présentes ou futures, par une compensation ; celle-ci prend effet à la date de leur accord ou, s'il s'agit d'obligations futures, à celle de leur coexistence.

## Section 3 La confusion

**Article 1349** La confusion résulte de la réunion des qualités de créancier et de débiteur d'une même obligation dans la même personne. Elle éteint la créance et ses accessoires, sous réserve des droits acquis par ou contre des tiers.

**Article 1349-1** Lorsqu'il y a solidarité entre plusieurs débiteurs ou entre plusieurs créanciers, et que la confusion ne concerne que l'un d'eux, l'extinction n'a lieu, à l'égard des autres, que pour sa part.

Lorsque la confusion concerne une obligation cautionnée, la caution, même solidaire, est libérée. Lorsque la confusion concerne l'obligation d'une des cautions, le débiteur principal n'est pas libéré. Les autres cautions solidaires sont libérées à concurrence de la part de cette caution.

## 제2부속절 특별규정

**제1348조** 상계는 채무 중 하나가 확정적이지 않거나 청구가능하지 않더라도 확실하기만 하다면, 재판상 선고될 수 있다. 판결에서 달리 정하지 않았다면, 상계는 이 경우 판결일에 효력을 발생한다.

**제1348-1조** ① 법원은 채무 중 하나가 확정되지 않거나 청구가능하지 않다는 이유만으로 견련관계에 있는 채무의 상계를 기각할 수 없다.
② 이 경우, 상계는 채무 중 더 앞선 채무의 변제기일에 이루어진 것으로 본다.

③ 이와 동일한 경우, 채무 중 하나에 대한 제3자의 권리 취득은 그 채무자가 상계로 대항하는 것을 방해하지 아니한다.

**제1348-2조** 당사자는 장래 또는 현재의 상호 대립하는 모든 채무를 상계에 의하여 소멸시키는 합의를 자유로이 할 수 있다. 그 효력은 그들이 합의한 날에, 또는 장래 채무라면 경우에는 그 채무가 상호성립한 날에 발생한다.

## 제3절 혼동

**제1349조** 혼동은 동일한 채무에 대하여 채권자와 채무자의 지위가 동일한 주체에 결합함으로써 발생한다. 혼동은 채권과 그 종속된 권리를 소멸시키나, 그 권리가 제3자가 취득하거나 제3자에 대한 것인 경우에는 그러하지 아니하다.

**제1349-1조** ① 수인의 채무자 또는 수인의 채권자 사이에 연대가 있고, 혼동이 그들 중 1인에게만 발생한 경우에는, 다른 채권자 또는 채무자에 대하여 자기 부담부분에 대해서만 채권관계의 소멸이 발생한다.
② 혼동이 주채무에 관한 것일 경우, 보증인은 그가 연대보증인인 경우에도 면책된다. 혼동이 보증인 중 1인의 채무에 대한 것일 경우, 주채무자는 면책되지 아니한다. 다른 연대보증인은 혼동으로 소멸하는 보증인의 부담부분에 한하여 면책된다.

## Section 4 La remise de dette

**Article 1350** La remise de dette est le contrat par lequel le créancier libère le débiteur de son obligation.

**Article 1350-1** La remise de dette consentie à l'un des codébiteurs solidaires libère les autres à concurrence de sa part.

La remise de dette faite par l'un seulement des créanciers solidaires ne libère le débiteur que pour la part de ce créancier.

**Article 1350-2** La remise de dette accordée au débiteur principal libère les cautions, même solidaires.

La remise consentie à l'une des cautions solidaires ne libère pas le débiteur principal, mais libère les autres à concurrence de sa part.

Ce que le créancier a reçu d'une caution pour la décharge de son cautionnement doit être imputé sur la dette et décharger le débiteur principal à proportion. Les autres cautions ne restent tenues que déduction faite de la part de la caution libérée ou de la valeur fournie si elle excède cette part.

## Section 5 L'impossibilité d'exécuter

**Article 1351** L'impossibilité d'exécuter la prestation libère le débiteur à due concurrence lorsqu'elle procède d'un cas de force majeure et qu'elle est définitive, à moins qu'il n'ait convenu de s'en charger ou qu'il ait été préalablement mis en demeure.

**Article 1351-1** Lorsque l'impossibilité d'exécuter résulte de la perte de la chose due, le débiteur mis en demeure est néanmoins libéré s'il prouve que la perte se serait pareillement produite si l'obligation avait été exécutée.

Il est cependant tenu de céder à son créancier les droits et actions attachés à la chose.

## 제4절 채무면제

**제1350조** 채무면제는 채권자가 채무자를 면책시키는 계약이다.

**제1350-1조** ① 연대채무자 중 1인과 합의된 채무면제는 그의 부담부분에 한하여 다른 연대채무자를 면책시킨다.
② 연대채권자 중 1인만에 의하여 행해진 채무면제는 그 채권자의 향유부분에 한하여 채무자를 면책시킨다.

**제1350-2조** ① 주채무자에 대한 채무면제는 보증인을 면책시키며, 그가 연대보증인인 경우에도 마찬가지이다.
② 연대보증인 중 1인과 합의된 면제는 주채무자를 면책시키지 못하나, 그의 부담부분에 한하여 다른 연대보증인을 면책시킨다.
③ 채권자가 보증인으로부터 그의 보증의 면책을 위하여 수령한 것은 채무의 변제에 충당되어야 하고, 주채무자를 그 부담부분에 따라 면책하게 한다. 다른 보증인들은 면책된 보증인의 부담부분을 공제하고 남은 부분에 대하여만 책임이 있고, 제공된 가액이 그 부담부분을 초과한다면, 그 가액을 공제하고 남은 부분에 대해서만 책임이 있다.

## 제5절 이행불능

**제1351조** 급부 이행의 불능은 불가항력에 의하여 발생하고 확정적인 경우에 그 한도에서 채무자를 면책시키지만, 채무자가 이를 부담하기로 약정했거나 이미 이행을 지체한 경우에는 그러하지 아니하다.

**제1351-1조** ① 이행불능이 인도해야 할 물건의 멸실로 발생한 경우, 이행을 지체한 채무자는 채무가 이행되었더라도 멸실이 마찬가지로 발생하였을 것임을 증명하면 채무를 면한다.

② 그러나 채무자는 그 물건에 부속된 권리와 소권을 그의 채권자에게 양도할 의무를 부담한다.

## Chapitre V Les restitutions

**Article 1352** La restitution d'une chose autre que d'une somme d'argent a lieu en nature ou, lorsque cela est impossible, en valeur, estimée au jour de la restitution.

**Article 1352-1** Celui qui restitue la chose répond des dégradations et détériorations qui en ont diminué la valeur, à moins qu'il ne soit de bonne foi et que celles-ci ne soient pas dues à sa faute.

**Article 1352-2** Celui qui l'ayant reçue de bonne foi a vendu la chose ne doit restituer que le prix de la vente.

S'il l'a reçue de mauvaise foi, il en doit la valeur au jour de la restitution lorsqu'elle est supérieure au prix.

**Article 1352-3** La restitution inclut les fruits et la valeur de la jouissance que la chose a procurée.

La valeur de la jouissance est évaluée par le juge au jour où il se prononce.

Sauf stipulation contraire, la restitution des fruits, s'ils ne se retrouvent pas en nature, a lieu selon une valeur estimée à la date du remboursement, suivant l'état de la chose au jour du paiement de l'obligation.

**Article 1352-4** Les restitutions dues à un mineur non émancipé ou par un majeur protégé sont réduites à hauteur du profit qu'il a retiré de l'acte annulé.

**Article 1352-5** Pour fixer le montant des restitutions, il est tenu compte à celui qui doit restituer des dépenses nécessaires à la conservation de la chose et de celles qui en ont augmenté la valeur, dans la limite de la plus-value estimée au jour de la restitution.

**Article 1352-6** La restitution d'une somme d'argent inclut les intérêts au taux légal et les taxes acquittées entre les mains de celui qui l'a reçue.

**Article 1352-7** Celui qui a reçu de mauvaise foi doit les intérêts, les fruits qu'il a perçus ou la valeur de la jouissance à compter du paiement. Celui qui a reçu de bonne foi ne les doit qu'à compter du jour de la demande.

**Article 1352-8** La restitution d'une prestation de service a lieu en valeur. Celle-ci est appréciée à la date à laquelle elle a été fournie.

# 제5장 반환

**제1352조** 금전 이외의 물건의 반환은 원물로 하여야 하고, 원물반환이 불가능한 경우에는 반환일에 산정된 가액으로 하여야 한다.

**제1352-1조** 물건을 반환하는 자는 물건의 가액을 감소시킨 손상과 훼손에 대하여 책임이 있으나, 반환의무자가 선의이고 손상과 훼손이 반환의무자의 과책에 기인하지 않은 경우에는 그러하지 아니하다.

**제1352-2조** ① 선의로 물건을 수령하여 매각한 자는 매각대금만을 반환하여야 한다.

② 그가 악의로 물건을 수령하였다면, 그는 반환일의 가액이 매각대금보다 큰 경우 그 가액을 부담한다.

**제1352-3조** ① 반환은 과실 및 물건이 가지는 향유권의 가액을 포함한다.

② 사용수익 가액은 법관에 의하여 판결 선고일을 기준으로 평가한다.
③ 반대약정이 없으면, 과실이 원물로 존재하지 않는 때에는 채무변제일의 물건의 상태에 좇아 상환일에 산정한 가액에 따라 과실의 반환이 이루어진다.

**제1352-4조** 친권에서 해방되지 않은 미성년자나 피보호성년자가 부담하는 반환의무는 그가 무효로 된 행위로부터 얻은 이익을 한도로 감축된다.

**제1352-5조** 반환금액을 정하기 위해서는, 반환일에 산정된 가치증가분을 한도로 하여, 물건의 보존에 필요한 비용과 물건의 가치를 증가시킨 비용을 반환하여야 하는 것을 고려하여야 한다.

**제1352-6조** 금전 반환은 법정이율에 따른 이자와 금전수령자가 납부한 세금을 포함한다.

**제1352-7조** 악의로 수령한 자는, 변제 시부터의 이자, 수취한 과실 또는 향유권의 가액을 부담한다. 선의로 수령한 자는 청구일로부터만 이를 부담하면 된다.

**제1352-8조** 용역급부의 반환은 가액으로 행한다. 가액은 용역급부가 제공된 일자를 기준으로 평가한다.

**Article 1352-9** Les sûretés constituées pour le paiement de l'obligation sont reportées de plein droit sur l'obligation de restituer sans toutefois que la caution soit privée du bénéfice du terme.

## Titre IV Bis De la preuve des obligations

### Chapitre I Dispositions générales

**Article 1353** Celui qui réclame l'exécution d'une obligation doit la prouver.

Réciproquement, celui qui se prétend libéré doit justifier le paiement ou le fait qui a produit l'extinction de son obligation.

**Article 1354** La présomption que la loi attache à certains actes ou à certains faits en les tenant pour certains dispense celui au profit duquel elle existe d'en rapporter la preuve.

Elle est dite simple, lorsque la loi réserve la preuve contraire, et peut alors être renversée par tout moyen de preuve ; elle est dite mixte, lorsque la loi limite les moyens par lesquels elle peut être renversée ou l'objet sur lequel elle peut être renversée ; elle est dite irréfragable lorsqu'elle ne peut être renversée.

**Article 1355** L'autorité de la chose jugée n'a lieu qu'à l'égard de ce qui a fait l'objet du jugement. Il faut que la chose demandée soit la même ; que la demande soit fondée sur la même cause ; que la demande soit entre les mêmes parties, et formée par elles et contre elles en la même qualité.

**Article 1356** Les contrats sur la preuve sont valables lorsqu'ils portent sur des droits dont les parties ont la libre disposition.

Néanmoins, ils ne peuvent contredire les présomptions irréfragables établies par la loi, ni modifier la foi attachée à l'aveu ou au serment. Ils ne peuvent advantage établir au profit de l'une des parties une présomption irréfragable.

**Article 1357** L'administration judiciaire de la preuve et les contestations qui s'y rapportent sont régies par le code de procédure civile.

**제1352-9조** 채무변제를 위하여 설정한 담보는 당연히 반환채무를 위한 것으로 이전되지만, 보증인은 기한의 이익을 상실하지 아니한다.

# 제4편의乙 채무의 증거

## 제1장 총칙

**제1353조** ① 채무의 이행을 청구하는 자는 채무를 증명해야 한다.
② 반대로, 면책을 주장하는 자는 변제 또는 채무의 소멸을 발생시켰던 사실을 증명해야 한다.

**제1354조** ① 법률이 특정한 행위나 특정한 사실을 확실한 것으로 인정함으로써 그 행위나 사실에 부여하는 추정은 그 추정의 존재로 인하여 이익을 받는 자에게 그 행위나 사실에 관한 증거를 제시하는 것을 면제시킨다.
② 법률이 반증을 유보하고, 이때 모든 증거방법에 의하여 번복될 수 있을 경우에 단순추정이라 한다. 법률이 번복할 수 있는 방법 또는 번복할 수 있는 대상을 제한할 경우에 복합추정이라 한다. 번복할 수 없을 경우에 절대적 추정이라 한다.

**제1355조** 기판력은 판결의 목적이 된 것에 대해서만 발생한다. 소송물은 동일하여야 하고, 청구는 동일한 원인에 기초해야 하며, 동일한 당사자 사이에 관한 것이어야 하고, 동일한 자격을 가진 당사자들에 의하여, 그리고 당사자들에 대하여 형성되어야 한다.

**제1356조** ① 증거에 관한 계약은 당사자가 자유로운 처분권을 가진 권리에 대한 것일 경우에 유효하다.
② 그럼에도 불구하고, 이는 법률에 의하여 성립한 절대적 추정에 반할 수 없고, 자백이나 선서에 결부된 증명력을 변경할 수 없다. 그것은 더욱이 당사자 일방의 이익을 위해 절대적 추정을 성립시킬 수 없다.

**제1357조** 증명에 관한 재판상 처분과 그에 대한 이의는 민사소송법전으로 규율된다.

## Chapitre II L'admissibilité des modes de preuve

**Article 1358** Hors les cas où la loi en dispose autrement, la preuve peut être apportée par tout moyen.

**Article 1359** L'acte juridique portant sur une somme ou une valeur excédant un montant fixé par décret doit être prouvé par écrit sous signature privée ou authentique.

Il ne peut être prouvé outre ou contre un écrit établissant un acte juridique, même si la somme ou la valeur n'excède pas ce montant, que par un autre écrit sous signature privée ou authentique.

Celui dont la créance excède le seuil mentionné au premier alinéa ne peut pas être dispensé de la preuve par écrit en restreignant sa demande.

Il en est de même de celui dont la demande, même inférieure à ce montant, porte sur le solde ou sur une partie d'une créance supérieure à ce montant.

**Article 1360** Les règles prévues à l'article précédent reçoivent exception en cas d'impossibilité matérielle ou morale de se procurer un écrit, s'il est d'usage de ne pas établir un écrit, ou lorsque l'écrit a été perdu par force majeure.

**Article 1361** Il peut être suppléé à l'écrit par l'aveu judiciaire, le serment décisoire ou un commencement de preuve par écrit corroboré par un autre moyen de preuve.

**Article 1362** Constitue un commencement de preuve par écrit tout écrit qui, émanant de celui qui conteste un acte ou de celui qu'il représente, rend vraisemblable ce qui est allégué.

Peuvent être considérés par le juge comme équivalant à un commencement de preuve par écrit les déclarations faites par une partie lors de sa comparution personnelle, son refus de répondre ou son absence à la comparution.

La mention d'un écrit authentique ou sous signature privée sur un registre public vaut commencement de preuve par écrit.

## 제2장 증거방법의 허용

**제1358조** 법률이 달리 규정하는 경우를 제외하고, 증거는 모든 방법으로 제출될 수 있다.

**제1359조** ① 데크레가 정한 총액을 초과하는 금액이나 가액에 관한 법률행위는 사서증서 또는 공정증서에 의해서만 증명될 수 있다.

② 법률행위는 그 금액 또는 가액이 데크레상의 총액을 초과하지 않더라도 그 법률행위를 성립시키는 문서에 추가하거나 대항하기 위해서는 다른 공정증서 또는 사서증서에 의해서만 증명될 수 있다.

③ 제1항에 규정된 기준을 초과하는 채권의 채권자는 자신의 청구액을 감축함으로써 문서에 의한 증명을 면제받을 수 없다.

④ 이 총액을 초과하는 채권의 미불금 또는 일부 금액에 대한 청구가 이 총액보다 적은 채권자에 대해서도 마찬가지이다.

**제1360조** 전조에 규정된 원칙은 문서를 획득하는 것이 물리적 또는 윤리적으로 불가능한 경우, 문서를 작성하지 않는 것이 관습인 경우 또는 문서가 불가항력으로 멸실된 경우에는 예외로 한다.

**제1361조** 문서는 재판상 자백, 재판종결을 위한 선서 또는 다른 증거 방법으로 보충된 서증의 단서로 대체될 수 있다.

**제1362조** ① 법률행위를 다투는 자 또는 그가 대리하는 자로부터 나와서 주장을 신빙성있게 만드는 모든 문서는 서증의 단서가 된다.

② 법관은 당사자 일방이 직접 출석하여 이루어진 진술, 답변의 거절 또는 재판 결석을 서증의 단서와 동등한 것으로 인정할 수 있다.

③ 공정증서 또는 사서증서로 된 공적장부에 대한 기재는 서증의 단서의 효력이 있다.

## Chapitre III Les différents modes de prevue

### Section 1 La preuve par écrit

#### Sous-section 1 Dispositions générales

**Article 1363** Nul ne peut se constituer de titre à soi-même.

**Article 1364** La preuve d'un acte juridique peut être préconstituée par un écrit en la forme authentique ou sous signature privée.

**Article 1365** L'écrit consiste en une suite de lettres, de caractères, de chiffres ou de tous autres signes ou symboles dotés d'une signification intelligible, quel que soit leur support.

**Article 1366** L'écrit électronique a la même force probante que l'écrit sur support papier, sous réserve que puisse être dûment identifiée la personne dont il émane et qu'il soit établi et conservé dans des conditions de nature à en garantir l'intégrité.

**Article 1367** La signature nécessaire à la perfection d'un acte juridique identifie son auteur. Elle manifeste son consentement aux obligations qui découlent de cet acte. Quand elle est apposée par un officier public, elle confère l'authenticité à l'acte.

Lorsqu'elle est électronique, elle consiste en l'usage d'un procédé fiable d'identification garantissant son lien avec l'acte auquel elle s'attache. La fiabilité de ce procédé est présumée, jusqu'à preuve contraire, lorsque la signature électronique est créée, l'identité du signataire assurée et l'intégrité de l'acte garantie, dans des conditions fixées par décret en Conseil d'Etat.

**Article 1368** A défaut de dispositions ou de conventions contraires, le juge règle les conflits de preuve par écrit en déterminant par tout moyen le titre le plus vraisemblable.

# 제3장 여러 가지 증거방법

## 제1절 서증

### 제1부속절 총칙

**제1363조** 누구도 자신과 관련하여 문서를 작성할 수는 없다.

**제1364조** 법률행위의 증거는 공정증서 또는 사서증서의 형태로 사전에 작성될 수 있다.

**제1365조** 문서는 일련의 글자, 문자, 숫자, 또는 이해할 수 있는 의미를 가진 모든 다른 기호나 표상으로 이루어지며, 그 매체가 무엇이든 간에 상관없다.

**제1366조** 전자문서는, 그것을 작성한 사람의 동일성이 정당하게 확인될 수 있고 또한 그것의 완전성을 담보할 수 있는 요건하에서 작성되고 보존된다면, 종이매체상의 문서와 같은 증명력을 가진다.

**제1367조** ① 법률행위의 완전성을 위해 필요한 서명은 그 서명자가 누구인지를 나타낸다. 서명은 그 증서로부터 발생하는 채무에 대한 그의 동의를 표시한다. 서명은 그 증서에서 발생하는 채무에 대한 그의 동의를 표시한다. 서명이 공무수행자에 의하여 행해진 경우에는 그것은 그 증서에 공정력을 부여한다.
② 전자적 서명은 그것이 결합되는 증서와의 관계를 담보하는 신뢰할 만한 동일성 확인 방식을 사용하여 이루어져야 한다. 이 방식의 신뢰성은, 국사원 데크레에 정해진 요건에 따라 전자서명이 이루어지고, 서명의 동일성이 보장되고, 증서의 완전성이 담보되는 경우에는, 반증이 있기까지, 추정된다.

**제1368조** 반대의 규정 또는 합의가 없으면, 법원은 모든 방법에 의하여 가장 개연성있는 증서를 결정하여 서증에 관한 분쟁을 해결한다.

## Sous-section 2 L'acte authentique

**Article 1369** L'acte authentique est celui qui a été reçu, avec les solennités requises, par un officier public ayant compétence et qualité pour instrumenter.

Il peut être dressé sur support électronique s'il est établi et conservé dans des conditions fixées par décret en Conseil d'État.

Lorsqu'il est reçu par un notaire, il est dispensé de toute mention manuscrite exigée par la loi.

**Article 1370** L'acte qui n'est pas authentique du fait de l'incompétence ou de l'incapacité de l'officier, ou par un défaut de forme, vaut comme écrit sous signature privée, s'il a été signé des parties.

**Article 1371** L'acte authentique fait foi jusqu'à inscription de faux de ce que l'officier public dit avoir personnellement accompli ou constaté.

En cas d'inscription de faux, le juge peut suspendre l'exécution de l'acte.

## Sous-section 3 L'acte sous signature privée

**Article 1372** L'acte sous signature privée, reconnu par la partie à laquelle on l'oppose ou légalement tenu pour reconnu à son égard, fait foi entre ceux qui l'ont souscrit et à l'égard de leurs héritiers et ayants cause.

**Article 1373** La partie à laquelle on l'oppose peut désavouer son écriture ou sa signature. Les héritiers ou ayants cause d'une partie peuvent pareillement désavouer l'écriture ou la signature de leur auteur, ou déclarer qu'ils ne les connaissent. Dans ces cas, il y a lieu à vérification d'écriture.

**Article 1374** L'acte sous signature privée contresigné par les avocats de chacune des parties ou par l'avocat de toutes les parties fait foi de l'écriture et de la signature des parties, tant à leur égard qu'à celui de leurs héritiers ou ayants cause.

La procédure de faux prévue par le code de procédure civile lui est applicable.

Cet acte est dispensé de toute mention manuscrite exigée par la loi.

## 제2부속절 공정증서

**제1369조** ① 공정증서는 문서작성의 권한과 자격을 가진 공무수행자에 의하여, 필요한 정식절차를 갖추어, 작성된 것을 말한다.

② 공정증서는, 국사원 데크레에 정해진 요건으로 성립되고 보존되면, 전자적 매체로 작성될 수 있다.

③ 공정증서가 공증인에 의하여 작성된 경우에는, 법률에 의하여 요구되는 모든 수기 기재가 면제된다.

**제1370조** 공무수행자의 무권한 또는 무능력으로 인하여, 또는 형식의 흠결에 의해서, 공증성이 없는 증서가, 당사자에 의하여 서명이 되었다면, 사서증서로서의 효력이 있다.

**제1371조** ① 공정증서는, 공무수행자가 직접 실행하거나 확인하였다고 한 것에 대하여 허위기재확인이 있을 때까지 증명력을 가진다.

② 허위기재확인의 경우에는 법원은 증서의 집행을 정지할 수 있다

## 제3부속절 사서증서

**제1372조** 사사증서의 대항을 받는 상대방에 의하여 승인되거나 그에 대하여 법률상 승인한 것으로 보는 사서증서는, 사서증서에 서명한 당사자들 사이에서, 그들의 상속인과 승계인에 대하여 증명력이 인정된다.

**제1373조** 사사증서의 대항을 받는 상대방은 자신의 필적 또는 자신의 서명을 부인할 수 있다. 일방 당사자의 상속인 또는 승계인도 작성자의 필적 또는 서명을 부인하거나 필적 또는 서명을 알지 못한다고 주장할 수 있다. 이들 경우, 필적 감정을 행한다.

**제1374조** ① 각 당사자의 변호사들 또는 모든 당사자들의 변호사가 연서한 사서증서는 당사자들의 필적과 서명에 대한 증명력이 인정되며, 당사자들에 대해서 뿐 아니라 그 상속인들과 승계인에 대해서도 동일하다.

② 민사소송법전에 규정된 허위기재 확인절차는 이 사서증서에 적용된다.

③ 이 사서증서에서는 법률상 요구되는 자필 기재가 모두 면제된다.

**Article 1375** L'acte sous signature privée qui constate un contrat synallagmatique ne fait preuve que s'il a été fait en autant d'originaux qu'il y a de parties ayant un intérêt distinct, à moins que les parties ne soient convenues de remettre à un tiers l'unique exemplaire dressé.

Chaque original doit mentionner le nombre des originaux qui en ont été faits.

Celui qui a exécuté le contrat, même partiellement, ne peut opposer le défaut de la pluralité d'originaux ou de la mention de leur nombre.

L'exigence d'une pluralité d'originaux est réputée satisfaite pour les contrats sous forme électronique lorsque l'acte est établi et conservé conformément aux articles 1366 et 1367, et que le procédé permet à chaque partie de disposer d'un exemplaire sur support durable ou d'y avoir accès.

**Article 1376** L'acte sous signature privée par lequel une seule partie s'engage envers une autre à lui payer une somme d'argent ou à lui livrer un bien fongible ne fait preuve que s'il comporte la signature de celui qui souscrit cet engagement ainsi que la mention, écrite par lui-même, de la somme ou de la quantité en toutes lettres et en chiffres. En cas de différence, l'acte sous signature privée vaut preuve pour la somme écrite en toutes lettres.

**Article 1377** L'acte sous signature privée n'acquiert date certaine à l'égard des tiers que du jour où il a été enregistré, du jour de la mort d'un signataire, ou du jour où sa substance est constatée dans un acte authentique.

### Sous-section 4 Autres écrits

**Article 1378** Les registres et documents que les professionnels doivent tenir ou établir ont, contre leur auteur, la même force probante que les écrits sous signature privée ; mais celui qui s'en prévaut ne peut en diviser les mentions pour n'en retenir que celles qui lui sont favorables.

**Article 1378-1** Les registres et papiers domestiques ne font pas preuve au profit de celui qui les a écrits.

Ils font preuve contre lui :

1° Dans tous les cas où ils énoncent formellement un paiement reçu ;

2° Lorsqu'ils contiennent la mention expresse que l'écrit a été fait pour suppléer le défaut du titre en faveur de qui ils énoncent une obligation.

**제1375조** ① 쌍무계약을 확인하는 사서증서는 별개의 이해관계를 가지는 당사자 수만큼 원본이 작성된 경우에만 증거가 되나, 당사자들이 작성된 유일한 증서를 제3자에게 교부하기로 합의하는 경우에는 그러하지 아니하다.

② 각 원본에는 작성된 원본의 수를 기재하여야 한다.

③ 계약을 일부만이라도 이행한 당사자는 원본의 수가 부족하거나 그 수가 기재되지 않았음을 대항할 수 없다.

④ 복수 원본의 요구는, 전자적인 형태로 체결된 계약에 대해서는 그 증서가 제1366조 및 제1367조에 따라 성립 및 보존되고, 그 방식이 당사자로 하여금 지속가능한 매체에 그 사본을 저장할 수 있도록 하고, 그에 대하여 접근을 허용하는 경우에는 충족된 것으로 본다.

**제1376조** 당사자 일방만이 상대방에게 일정금액의 지급 또는 대체물의 양도를 약정하는 내용의 사서증서는 의무를 부담하는 자의 서명과 함께, 그 자신에 의하여 쓰여진, 문자와 숫자로 된 금액 또는 수량의 기재를 포함할 때에만 증명력이 인정된다. 양자가 다른 경우, 사서증서는 문자로 기재된 금액에 증명력이 있다.

**제1377조** 사서증서는 사서증서가 등록된 날, 서명인이 사망한 날, 또는 사서증서의 내용이 공정증서 안에서 확인된 날에 제3자에 대하여 확정일자를 취득한다.

## 제4부속절 그 밖의 문서

**제1378조** 직업인이 보유하거나 작성해야 하는 장부와 서류는 작성자에 불리한 경우에는 사서증서와 동일한 증명력을 가진다. 그러나 그것을 이용하는 자는 자신에게 유리한 부분만을 취하기 위해 그 장부와 서류에서 기재를 분리할 수 없다.

**제1378-1조** ① 가정의 장부와 문서는 이를 작성한 자의 이익을 위하여는 증거가 되지 못한다.

② 가정의 장부와 문서는 다음 각 호의 경우에 작성자에게 불리한 증거가 된다.

1. 가정의 장부와 문서가 변제의 수령을 명백히 밝히고 있는 모든 경우
2. 가정의 장부와 문서가 채무를 드러내는 데에 유리한 증서의 흠결을 보충하기 위하여 그 문서가 작성되었다는 명백한 기재를 포함하는 경우

**Article 1378-2** La mention d'un paiement ou d'une autre cause de libération portée par le créancier sur un titre original qui est toujours resté en sa possession vaut présomption simple de libération du débiteur.

Il en est de même de la mention portée sur le double d'un titre ou d'une quittance, pourvu que ce double soit entre les mains du débiteur.

### Sous-section 5 Les copies

**Article 1379** La copie fiable a la même force probante que l'original. La fiabilité est laissée à l'appréciation du juge. Néanmoins est réputée fiable la copie exécutoire ou authentique d'un écrit authentique.

Est présumée fiable jusqu'à preuve du contraire toute copie résultant d'une reproduction à l'identique de la forme et du contenu de l'acte, et dont l'intégrité est garantie dans le temps par un procédé conforme à des conditions fixées par décret en Conseil d'État.

Si l'original subsiste, sa présentation peut toujours être exigée.

### Sous-section 6 Les actes récognitifs

**Article 1380** L'acte récognitif ne dispense pas de la présentation du titre original sauf si sa teneur y est spécialement relatée.

Ce qu'il contient de plus ou de différent par rapport au titre original n'a pas d'effet.

### Section 2 La preuve par témoins

**Article 1381** La valeur probante des déclarations faites par un tiers dans les conditions du code de procédure civile est laissée à l'appréciation du juge.

### Section 3 La preuve par présomption judiciaire

**Article 1382** Les présomptions qui ne sont pas établies par la loi, sont laissées à l'appréciation du juge, qui ne doit les admettre que si elles sont graves, précises et concordantes, et dans les cas seulement où la loi admet la preuve par tout moyen.

**제1378-2조** ① 채권자가 계속 소지하고 있던 원본에 변제 또는 채권자에 의한 다른 면책 원인의 기재는 채무자의 면책에 대한 단순 추정의 효력을 가진다.

② 부본을 채무자가 소지하는 한, 증서 또는 영수증의 부본에 그 기재가 있는 경우에도 마찬가지이다.

### 제5부속절 사본

**제1379조** ① 신뢰할 수 있는 사본은 원본과 동일한 증명력을 가진다. 신뢰성은 법원의 판단에 따른다. 그럼에도 불구하고 집행정본 또는 공정증서 정본은 신뢰할 수 있다고 간주된다.

② 증서의 형식과 내용이 동일하게 복사에 의하고, 또 이전에 국사원 데크레에 정해진 요건에 부합하는 방식으로 완전성이 담보된 모든 사본은, 반증이 있기까지, 신뢰할 수 있는 것으로 추정된다.
③ 원본이 남아 있다면, 그 제출은 항상 요구될 수 있다.

### 제6부속절 확인증서

**제1380조** ① 확인증서는 원본의 내용이 확인증서에 특별히 기재된 경우를 제외하고는 원본의 제시가 면제되지 아니한다.
② 원본에 대하여 추가되거나 변경된 내용을 가지는 확인증서는 효력이 없다.

### 제2절 증인에 의한 증거

**제1381조** 민사소송법전의 요건에 따라 제3자가 행한 진술의 증명력은 법원의 판단에 따른다.

### 제3절 재판상 추정에 의한 증거

**제1382조** 법률에 의하여 성립되지 않은 추정은 법원의 판단에 따르며, 법원은 추정이 중요하고 명확하며 정합하고, 법률이 모든 방법에 의한 증거를 허용하는 때에만 이를 인정하여야 한다.

## Section 4 L'aveu

**Article 1383** L'aveu est la déclaration par laquelle une personne reconnaît pour vrai un fait de nature à produire contre elle des conséquences juridiques.

Il peut être judiciaire ou extrajudiciaire

**Article 1383-1** L'aveu extrajudiciaire purement verbal n'est reçu que dans les cas où la loi permet la preuve par tout moyen.

Sa valeur probante est laissée à l'appréciation du juge.

**Article 1383-2** L'aveu judiciaire est la déclaration que fait en justice la partie ou son représentant spécialement mandaté.

Il fait foi contre celui qui l'a fait.

Il ne peut être divisé contre son auteur.

Il est irrévocable, sauf en cas d'erreur de fait.

## Section 5 Le serment

**Article 1384** Le serment peut être déféré, à titre décisoire, par une partie à l'autre pour en faire dépendre le jugement de la cause. Il peut aussi être déféré d'office par le juge à l'une des parties.

### Sous-section 1 Le serment décisoire

**Article 1385** Le serment décisoire peut être déféré sur quelque espèce de contestation que ce soit et en tout état de cause.

**Article 1385-1** Il ne peut être déféré que sur un fait personnel à la partie à laquelle on le défère.

Il peut être référé par celle-ci, à moins que le fait qui en est l'objet ne lui soit purement personnel.

## 제4절 자백

**제1383조** ① 자백은 누군가 자신에게 불리한 법적 결과를 초래할 수 있는 사실을 진실한 것으로 인정하는 진술이다.
② 자백은 재판상 또는 재판외에서 이루어질 수 있다.

**제1383-1조** ① 구두로만 행해진 재판외 자백은 법률이 모든 방법에 의한 증거를 허용하는 경우에만 받아들여진다.
② 그 증명력은 법원의 판단에 따른다.

**제1383-2조** ① 재판상 자백이란 법원에서 당사자 또는 그로부터 특별히 위임받은 대리인이 한 진술이다.
② 재판상 자백은 이를 한 자에게 불리하게 증명력이 있다.
③ 재판상 자백은 그 당사자에게 불리하게 분리될 수 없다.
④ 재판상 자백은, 사실의 착오를 제외하고, 철회될 수 없다.

## 제5절 선서

**제1384조** 선서는, 재판종결의 방편으로, 해당 판결이 그 선서에 따르도록 하기 위하여 일방이 타방에게 시킬 수 있다. 선서는 또한 법원이 직권으로 당사자들 중 일방에게 요구할 수도 있다.

### 제1부속절 재판종결을 위한 선서

**제1385조** 재판종결을 위한 선서는 어떠한 종류의 분쟁이나 어떠한 사유의 경우에도 요구될 수 있다.

**제1385-1조** ① 재판종결을 위한 선서는 요구를 받은 당사자의 개인적 사실에 대하여만 요구될 수 있다.
② 재판종결을 위한 선서는 그 선서를 요구받은 자가 반대요구를 할 수 있으나, 선서의 대상이 된 사실이 자신에게 순전히 개인적인 경우에는 그러하지 아니하다.

**Article 1385-2** Celui à qui le serment est déféré et qui le refuse ou ne veut pas le référer, ou celui à qui il a été référé et qui le refuse, succombe dans sa prétention.

**Article 1385-3** La partie qui a déféré ou référé le serment ne peut plus se rétracter lorsque l'autre partie a déclaré qu'elle est prête à faire ce serment.

Lorsque le serment déféré ou référé a été fait, l'autre partie n'est pas admise à en prouver la fausseté.

**Article 1385-4** Le serment ne fait preuve qu'au profit de celui qui l'a déféré et de ses héritiers et ayants cause, ou contre eux.

Le serment déféré par l'un des créanciers solidaires au débiteur ne libère celui-ci que pour la part de ce créancier.

Le serment déféré au débiteur principal libère également les cautions.

Celui déféré à l'un des débiteurs solidaires profite aux codébiteurs.

Celui déféré à la caution profite au débiteur principal.

Dans ces deux derniers cas, le serment du codébiteur solidaire ou de la caution ne profite aux autres codébiteurs ou au débiteur principal que lorsqu'il a été déféré sur la dette, et non sur le fait de la solidarité ou du cautionnement.

### Sous-section 2 Le serment déféré d'office

**Article 1386** Le juge peut d'office déférer le serment à l'une des parties.

Ce serment ne peut être référé à l'autre partie.

Sa valeur probante est laissée à l'appréciation du juge.

**Article 1386-1** Le juge ne peut déférer d'office le serment, soit sur la demande, soit sur l'exception qui y est opposée, que si elle n'est pas pleinement justifiée ou totalement dénuée de preuves.

**제1385-2조** 선서를 요구받은 자가 선서를 거부하고 선서를 요구한 자에게 반대요구하기를 원하지 않는 경우, 또는 선서를 반대요구 받은 자가 선서하기를 거부한 경우, 각각의 주장은 인정되지 아니한다.

**제1385-3조** ① 재판종결을 위한 선서를 요구하거나 반대요구한 당사자는 다른 당사자가 그 선서를 할 준비가 되었음을 진술하는 경우에는 더 이상 철회할 수 없다.
② 요구되거나 반대요구된 재판종결을 위한 선서가 이루어진 경우, 다른 당사자는 그것이 거짓임을 증명하지 못한다.

**제1385-4조** ① 재판종결을 위한 선서는 이를 요구한 자 및 그의 상속인 및 승계인의 이익을 위하여만 또는 그들에게 불리하게만 증거가 된다.
② 연대채권자 중 1인이 채무자에게 요구한 재판종결을 위한 선서는 그 연대채권자의 향유부분에 한하여 채무자를 면책시킨다.
③ 주채무자에게 요구된 재판종결을 위한 선서는 보증인도 면책시킨다.
④ 연대채무자 중 1인에게 요구된 재판종결을 위한 선서는 공동채무자의 이익이 된다.
⑤ 보증인에게 요구된 재판종결을 위한 선서는 주채무자의 이익이 된다.
⑥ 제4항 및 제5항의 경우에, 공동연대채무자 또는 보증인의 선서는 그것이 채무에 관하여 요구된 것이고 연대 또는 보증의 사실에 관한 것이 아닌 경우에 한하여 다른 공동채무자 또는 주채무자의 이익이 된다.

### 제2부속절 직권에 의한 선서

**제1386조** ① 법원은 당사자들 중 1인에게 선서를 직권으로 요구할 수 있다.
② 그 선서는 다른 당사자에게 반대요구될 수 없다.
③ 그 증명력은 법원의 평가에 따른다.

**제1386-1조** 법원은, 청구에 의하든, 그에 대항하는 항변에 의하든, 전적으로 정당화되지 않거나 증거가 완전히 결여된 것이 아닌 때에만 직권으로 선서를 요구할 수 있다.

## Titre V Du contrat de mariage et des régimes matrimoniaux

## Chapitre I<sup>er</sup> Dispositions générales

**Article 1387** La loi ne régit l'association conjugale, quant aux biens, qu'à défaut de conventions spéciales que les époux peuvent faire comme ils le jugent à propos, pourvu qu'elles ne soient pas contraires aux bonnes moeurs ni aux dispositions qui suivent.

**Article 1387-1** Lorsque le divorce est prononcé, si des dettes ou sûretés ont été consenties par les époux, solidairement ou séparément, dans le cadre de la gestion d'une entreprise, le tribunal judiciaire peut décider d'en faire supporter la charge exclusive au conjoint qui conserve le patrimoine professionnel ou, à défaut, la qualification professionnelle ayant servi de fondement à l'entreprise.

**Article 1388** Les époux ne peuvent déroger ni aux devoirs ni aux droits qui résultent pour eux du mariage, ni aux règles de l'autorité parentale, de l'administration légale et de la tutelle.

**Article 1389** Sans préjudice des libéralités qui pourront avoir lieu selon les formes et dans les cas déterminés par le présent code, les époux ne peuvent faire aucune convention ou renonciation dont l'objet serait de changer l'ordre légal des successions.

**Article 1390** Ils peuvent, toutefois, stipuler qu'à la dissolution du mariage par la mort de l'un d'eux, le survivant a la faculté d'acquérir ou, le cas échéant, de se faire attribuer dans le partage certains biens personnels du prédécédé, à charge d'en tenir compte à la succession, d'après la valeur qu'ils ont au jour où cette faculté sera exercée.

La stipulation peut prévoir que l'époux survivant qui exerce cette faculté peut exiger des héritiers que lui soit consenti un bail portant sur l'immeuble dans lequel l'entreprise attribuée ou acquise est exploitée.

**Article 1391** Le contrat de mariage doit déterminer les biens sur lesquels portera la faculté stipulée au profit du survivant. Il peut fixer des bases d'évaluation et des modalités de paiement, sauf la réduction au profit des héritiers réservataires s'il y a avantage indirect.

Compte tenu de ces clauses et à défaut d'accord entre les parties, la valeur des biens sera arrêtée par le tribunal judiciaire.

# 제5편 부부재산계약 및 부부재산제

## 제1장 총칙

**제1387조** 법률이 재산에 관한 부부관계를 규율하는 것은, 부부가 적절한 것으로 판단하여 할 수 있는 특별한 합의가 없는 경우에 한하고, 그 합의는 선량한 풍속 및 이하의 법률규정에 반하지 않는 것이어야 한다.

**제1387-1조** 이혼이 선고되는 경우, 채무나 담보권이 부부에 의하여, 연대하여 또는 단독으로, 기업의 경영 범위에서 합의되었다면, 민사지방법원은 직업상 재산이나, 그렇지 않으면, 기업의 기반이 되는 전문자격을 보유한 배우자가 그 채무나 담보권을 배타적으로 부담하도록 결정할 수 있다.

**제1388조** 부부는 혼인으로 인하여 자신들에게 발생한 의무나 권리에 반할 수 없고, 친권, 미성년자의 법정재산관리 및 후견에 관한 원칙도 위반할 수 없다.

**제1389조** 본법전에서 정해진 형식과 요건 하에서 행할 수 있는 무상양여와는 별도로, 부부는 법정상속순위의 변경을 목적으로 하는 어떠한 합의나 포기도 할 수 없다.

**제1390조** ① 부부는, 그럼에도 불구하고, 일방의 사망으로 혼인이 해소되는 경우 생존배우자가 망인의 특정 개인재산을 취득하거나, 경우에 따라서는 그 재산분할시 이를 분배받을 권한을 가진다는 약정을 할 수 있는데, 이 경우 위 재산이 그 권한 행사일에 가지는 가액에 따라 이를 상속재산에 계산하여야 한다.
② 이 권한을 행사하는 생존배우자는 분배받거나 취득한 사업이 운영되고 있는 건물을 자신에게 임대하는 데 동의할 것을 상속인들에게 요구할 수 있음을 위 약정에서 정할 수 있다.

**제1391조** ① 부부재산계약은 생존배우자를 위하여 약정한 권한의 대상이 되는 재산을 결정하여야 한다. 혼인계약으로 평가기준 및 변제방법을 정할 수 있으나, 간접적 수익이 있는 때에는 유류분권자인 상속인의 이익을 위하여 이를 감액한다.
② 그 재산의 가액에 관하여 당사자간 합의가 없으면, 이 조항들을 고려하여 민사지방법원이 정한다.

**Article 1392** La faculté ouverte au survivant est caduque s'il ne l'a pas exercée, par une notification faite aux héritiers du prédécédé, dans le délai d'un mois à compter du jour où ceux-ci l'auront mis en demeure de prendre parti. Cette mise en demeure ne peut avoir lieu avant l'expiration du délai prévu à l'article 792.

Lorsqu'elle est faite dans ce délai, la notification forme vente au jour où la faculté est exercée ou, le cas échéant, constitue une opération de partage.

**Article 1393** Les époux peuvent déclarer, de manière générale, qu'ils entendent se marier sous l'un des régimes prévus au présent code.

A défaut de stipulations spéciales qui dérogent au régime de communauté ou le modifient, les règles établies dans la première partie du chapitre II formeront le droit commun de la France.

**Article 1394** Toutes les conventions matrimoniales seront rédigées par acte devant notaire, en la présence et avec le consentement simultanés de toutes les personnes qui y sont parties ou de leurs mandataires.

Au moment de la signature du contrat, le notaire délivre aux parties un certificat sur papier libre et sans frais, énonçant ses nom et lieu de résidence, les noms, prénoms, qualités et demeures des futurs époux, ainsi que la date du contrat. Ce certificat indique qu'il doit être remis à l'officier de l'état civil avant la célébration du mariage.

Si l'acte de mariage mentionne qu'il n'a pas été fait de contrat, les époux seront, à l'égard des tiers, réputés mariés sous le régime de droit commun, à moins que, dans les actes passés avec ces tiers, ils n'aient déclaré avoir fait un contrat de mariage.

**Article 1395** Les conventions matrimoniales doivent être rédigées avant la célébration du mariage et ne peuvent prendre effet qu'au jour de cette célébration.

**제1392조** ① 생존배우자에게 부여된 권리는, 망인의 상속인들이 상속절차에서의 권리행사 여부에 대한 최고를 한 날로부터 1월 이내에 생존배우자가 그들에 대한 통지를 통해 권리를 행사하지 않는다면 실효된다. 이 최고는 제792조에 규정된 기간이 경과하기 전에는 행해질 수 없다.
② 그 통지가 위 기간 내에 행해진 경우 이는 권한행사일에 매매를 성립시키거나 경우에 따라서는 분할행위를 구성한다.

**제1393조** ① 부부는, 일반적으로, 본법전에 규정된 부부재산제 중의 어느 하나에 따라 혼인하고자 함을 신고할 수 있다.
② 공동재산제에 반하거나 이를 변경하는 약정이 없으면 제2장 1부에 정해진 규정들이 프랑스의 일반법을 형성한다.


**제1394조** ① 모든 부부재산합의는 그 계약의 당사자들 또는 그 수임인들이 동시에 참석하여 합의함으로써 공증인 앞에서 증서로 작성된다.

② 계약에 서명할 때에 공증인은 인지가 붙어있지 않은 종이에 공증인의 성명과 거소지, 장래 부부의 성명, 자격, 주거 및 계약일자를 표시한 증명서를 당사자에게 무료로 교부하여야 한다. 이 증명서에는 혼인의 거행 전 이를 민적관에게 제출하여야 한다는 사실을 기재한다.

③ 혼인증서에 부부재산계약이 체결되지 않았음이 기재된다면, 부부는 제3자에 대하여 부부재산제의 일반원칙에 따라 혼인한 것으로 간주되나, 그 제3자와 행한 행위에서 그들이 부부재산계약을 체결하였다고 표시한 경우에는 그러하지 아니하다.

**제1395조** 부부재산합의는 혼인의 거행 전에 작성되어야 하며, 혼인거행일에 비로소 효력이 발생한다.

**Article 1396** Les changements qui seraient apportés aux conventions matrimoniales avant la célébration du mariage doivent être constatés par un acte passé dans les mêmes formes. Nul changement ou contre-lettre n'est, au surplus, valable sans la présence et le consentement simultanés de toutes les personnes qui ont été parties dans le contrat de mariage, ou de leurs mandataires.

Tous changements et contre-lettres, même revêtus des formes prescrites par l'article précédent, seront sans effet à l'égard des tiers, s'ils n'ont été rédigés à la suite de la minute du contrat de mariage ; et le notaire ne pourra délivrer ni grosses ni expéditions du contrat de mariage sans transcrire à la suite le changement ou la contre-lettre.

Le mariage célébré, il ne peut être apporté de changement au régime matrimonial que par l'effet d'un jugement à la demande de l'un des époux dans le cas de la séparation de biens ou des autres mesures judiciaires de protection ou par l'effet d'un acte notarié, le cas échéant homologué, dans le cas de l'article suivant.

**Article 1397** Les époux peuvent convenir, dans l'intérêt de la famille, de modifier leur régime matrimonial, ou même d'en changer entièrement, par un acte notarié. A peine de nullité, l'acte notarié contient la liquidation du régime matrimonial modifié si elle est nécessaire.

Les personnes qui avaient été parties dans le contrat modifié et les enfants majeurs de chaque époux sont informés personnellement de la modification envisagée. Chacun d'eux peut s'opposer à la modification dans le délai de trois mois. En cas d'enfant mineur sous tutelle ou d'enfant majeur faisant l'objet d'une mesure de protection juridique, l'information est délivrée à son représentant, qui agit sans autorisation préalable du conseil de famille ou du juge des tutelles.

Les créanciers sont informés de la modification envisagée par la publication d'un avis sur un support habilité à recevoir des annonces légales dans le département du domicile des époux. Chacun d'eux peut s'opposer à la modification dans les trois mois suivant la publication.

En cas d'opposition, l'acte notarié est soumis à l'homologation du tribunal du domicile des époux. La demande et la décision d'homologation sont publiées dans les conditions et sous les sanctions prévues au code de procédure civile.

Lorsque l'un ou l'autre des époux a des enfants mineurs sous le régime de l'administration légale, le notaire peut saisir le juge des tutelles dans les conditions prévues au deuxième alinéa de l'article 387-3.

**제1396조** ① 혼인의 거행 전에 이루어진 부부재산합의에 대한 변경은 동일한 방식으로 작성된 증서에 의하여 확인되어야 한다. 나아가, 어떠한 변경이나 이면증서도 부부재산계약의 당사자인 모든 사람들 또는 그 수임인들이 참석하여 합의하지 않으면 유효하지 않다.

② 모든 변경이나 이면증서는 비록 제1항에 규정된 방식을 따랐다고 하더라도, 그것이 부부재산계약의 원본에 추가 기재되지 아니하면, 제3자에 대하여 효력이 없다. 그리고 공증인은 변경이나 이면증서를 추가 전사(傳寫)하지 않으면 부부재산계약의 등본이나 사본을 발급할 수 없다.

③ 혼인이 거행되면 부부재산제에 대한 변경은, 재산분리나 기타 사법보호조치의 경우에는 배우자 일방의 청구에 따른 판결의 효력에 의하여서만, 그리고 제1397조의 경우에는 공정증서, 경우에 따라서는 인가를 받은 공정증서의 효력에 의해서만 할 수 있다.

**제1397조** ① 부부는 가족의 이익을 위하여 부부재산제를 수정하거나 완전히 변경하는 것까지도 공정증서로써 합의할 수 있다. 공정증서는 필요하다면, 변경된 부부재산제의 청산에 관한 내용을 포함해야 하고, 그렇지 않으면 무효가 된다.

② 수정되는 계약의 당사자였던 사람들 및 각 배우자의 성년 자녀는 제안된 수정에 대하여 개별적으로 통지를 받는다. 그들 각각은 3개월 이내에 그 수정에 대해 이의를 제기할 수 있다. 미성년자인 자녀에게 후견인이 있거나 성년인 자녀가 사법보호조치의 대상인 경우, 위 통지는 대리인에게 송달하며, 위 대리인은 친족회나 후견법원의 사전 허가를 받지 않고 이의를 제기할 수 있다.

③ 채권자는 부부의 주소지 소재 도(道)에서 법적 고지를 수령할 자격이 있는 매체상의 공고로 제안된 변경에 대하여 통지를 받는다. 각 채권자는 공고 후 3월 이내에 변경에 대하여 이의를 제기할 수 있다.

④ 이의가 있는 경우 공정증서에 대하여 부부의 주소지 관할 법원의 승인을 받는다. 승인의 신청과 결정은 민사소송법전에 정해진 요건에 따라 공고되며 위반 시 민사소송법전에 정해진 제재를 받는다.
⑤ 부부 중 일방 또는 타방에게 법정재산관리를 받을 미성년 자녀가 있는 경우, 공증인은 제387-3조 제2항에 규정된 요건에 따라 후견법관의 결정을 신청할 수 있다.

Le changement a effet entre les parties à la date de l'acte ou du jugement qui le prévoit et, à l'égard des tiers, trois mois après que mention en a été portée en marge de l'acte de mariage. Toutefois, en l'absence même de cette mention, le changement n'en est pas moins opposable aux tiers si, dans les actes passés avec eux, les époux ont déclaré avoir modifié leur régime matrimonial.

Lorsque l'un ou l'autre des époux fait l'objet d'une mesure de protection juridique dans les conditions prévues au titre XI du livre Ier, le changement ou la modification du régime matrimonial est soumis à l'autorisation préalable du juge des tutelles ou du conseil de famille s'il a été constitué.

Il est fait mention de la modification sur la minute du contrat de mariage modifié.

Les créanciers non opposants, s'il a été fait fraude à leurs droits, peuvent attaquer le changement de régime matrimonial dans les conditions de l'article 1341-2.

Les modalités d'application du présent article sont déterminées par décret en Conseil d'Etat.

**Article 1397-1** Les dispositions de l'article précédent ne sont pas applicables aux conventions qui sont passées par les époux en instance de divorce en vue de liquider leur régime matrimonial.

Les articles 265-2 et 1451 sont applicables à ces conventions.

**Article 1397-2** Lorsque les époux désignent la loi applicable à leur régime matrimonial en vertu de la convention[28] sur la loi applicable aux régimes matrimoniaux, faite à La Haye le 14 mars 1978, il est fait application des dispositions des articles 1397-3 et 1397-4.

**Article 1397-3** Lorsque la désignation de la loi applicable est faite avant le mariage, les futurs époux présentent à l'officier de l'état civil soit l'acte par lequel ils ont opéré cette désignation, soit un certificat délivré par la personne compétente pour établir cet acte. Le certificat énonce les noms et prénoms des futurs époux, le lieu où ils demeurent, la date de l'acte de désignation, ainsi que les nom, qualité et résidence de la personne qui l'a établi.

Lorsque la désignation de la loi applicable est faite au cours du mariage, les époux font procéder aux mesures de publicité relatives à la désignation de la loi applicable dans les conditions et formes prévues au code de procédure civile. S'ils ont passé un contrat de mariage, mention de la loi applicable ainsi désignée est portée sur la minute de celui-ci.

A l'occasion de la désignation de la loi applicable, avant le mariage ou au cours de celui-ci, les époux peuvent désigner la nature du régime matrimonial choisi par eux.

---

[28] la convention sur la loi applicable aux régimes matrimoniaux, faite à La Haye le 14 mars 1978

⑥ 이 변경은, 당사자 간에는 그 증서일 또는 그 변경을 예정한 판결일에, 제3자에 대하여는 혼인증서의 비고란에 기재된 날로부터 3개월 이후에 효력이 발생한다. 그러나 이 기재조차 없는 경우에도, 부부가 제3자와 행한 행위에서 부부재산제가 변경되었음을 표시한 경우에는, 그 변경으로 제3자에 대하여 대항할 수 있다.

⑦ 부부 중 일방 또는 타방이 제1권 제11편에 규정된 요건에 따라 사법보호 조치를 받는 경우, 부부재산제의 변경 또는 수정은 후견법관 또는 친족회가 성립되었다면 친족회의 사전 승인을 받아야 한다.

⑧ 수정되는 부부재산계약의 원본에 수정사항이 기재된다.
⑨ 이의를 제기하지 않은 채권자는 그들의 권리가 침해되었다면, 제1341-2조의 요건에 따라 부부재산제의 변경을 다툴 수 있다.
⑩ 본조의 적용방식은 국사원 데크레에 의하여 결정된다.


**제1397-1조** ① 제1397조의 규정은 부부재산제를 청산하기 위한 이혼소송에서 부부간에 행해진 합의에는 적용되지 아니한다.

② 제265-2조 및 제1451조가 이 합의에 적용된다.

**제1397-2조** 부부가 1978년 3월 14일 헤이그에서 체결된 부부재산제에 적용되는 법률에 관한 협약에 따라 자신들의 부부재산제에 적용되는 법률을 지정한 경우에는 제1397-3조 및 제1397-4조의 규정이 적용된다.

**제1397-3조** ① 적용되는 법률의 지정을 혼인 전에 하는 경우, 장래의 부부는 그들이 법률지정을 행한 증서 또는 그 증서를 작성할 권한이 있는 사람으로부터 교부받은 증명서를 민적관에게 제출한다. 증명서에는 장래 부부의 성과 이름, 그들이 거주하는 장소, 지정증서의 일자 및 증서 작성자의 성명·자격·거소가 기재되어야 한다.

② 적용되는 법률의 지정을 혼인 중에 하는 경우, 부부는 민사소송법전에 규정된 요건과 방식에 따라 적용되는 법률의 지정에 관한 공시조치를 취하여야 한다. 만일 부부가 이미 부부재산계약을 체결하였다면, 이와 같이 지정된 적용법률을 그 원본에 기재하여야 한다.

③ 혼인 전 또는 혼인 중 적용되는 법률을 지정할 때에, 부부는 그들이 선택한 부부재산제의 법적 성질을 지정할 수 있다.

**Article 1397-4** Lorsque la désignation de la loi applicable est faite au cours du mariage, cette désignation prend effet entre les parties à compter de l'établissement de l'acte de désignation et, à l'égard des tiers, trois mois après que les formalités de publicité prévues à l'article 1397-3 auront été accomplies.

Toutefois, en l'absence d'accomplissement de ces formalités, la désignation de la loi applicable est opposable aux tiers si, dans les actes passés avec eux, les époux ont déclaré la loi applicable à leur régime matrimonial.

**Article 1397-5** Lorsqu'un changement au régime matrimonial intervient par application d'une loi étrangère régissant les effets de l'union, les époux font procéder aux formalités de publicité prévues au code de procédure civile.

**Article 1397-6** Le changement de régime matrimonial prend effet entre les parties à dater de la décision ou de l'acte qui le prévoit et, à l'égard des tiers, trois mois après que les formalités de publicité prévues à l'article 1397-5 auront été accomplies.

Toutefois, en l'absence d'accomplissement de ces formalités, le changement de régime matrimonial est opposable aux tiers si, dans les actes passés avec eux, les époux ont déclaré avoir modifié leur régime matrimonial.

**Article 1398** Le mineur capable de contracter mariage est capable de consentir toutes les conventions dont ce contrat est susceptible et les conventions et donations qu'il y a faites sont valables, pourvu qu'il ait été assisté, dans le contrat, des personnes dont le consentement est nécessaire pour la validité du mariage.

Si des conventions matrimoniales ont été passées sans cette assistance, l'annulation en pourra être demandée par le mineur ou par les personnes dont le consentement était requis, mais seulement jusqu'à l'expiration de l'année qui suivra la majorité accomplie.

**Article 1399** Le majeur en tutelle ou en curatelle ne peut passer de conventions matrimoniales sans être assisté, dans le contrat, par son tuteur ou son curateur.

A défaut de cette assistance, l'annulation des conventions peut être poursuivie dans l'année du mariage, soit par la personne protégée elle-même, soit par ceux dont le consentement était requis, soit par le tuteur ou le curateur.

Toutefois, la personne en charge de la mesure de protection peut saisir le juge pour être autorisée à conclure seule une convention matrimoniale, en vue de préserver les intérêts de la personne protégée.

**제1397-4조** ① 적용되는 법률의 지정이 혼인 중 행해진 경우, 이 지정은 당사자 간에는 지정증서 작성 시로부터, 제3자에 대해서는 제1397-3조에 규정된 공시절차가 완료된 때로부터 3개월 후에 효력이 발생한다.

② 그러나 이 절차가 완료되지 않으면, 부부가 제3자와 행한 행위에서 자신들의 부부재산제에 적용되는 법률을 표시한 때에는 적용법률의 지정으로 제3자에 대하여 대항할 수 있다.

**제1397-5조** 결합의 효과를 규율하는 외국법률의 적용에 의하여 부부재산제의 변경이 이루어진 경우, 부부는 민사소송법전에 규정된 공시절차를 진행시킨다.

**제1397-6조** ① 부부재산제의 변경은 당사자 사이에서는 변경결정일 또는 변경을 규정한 증서 작성일부터 효력을 발생하고, 제3자에 대하여는 제1397-5조에 규정된 공시절차가 완료된 때로부터 3월 후에 효력을 발생한다.
② 그러나 이 공시절차가 완료되지 않은 때에도, 부부가 제3자와 행한 행위에서 부부재산제를 변경하였음을 표시하였다면 그 제3자에게 대항할 수 있다.

**제1398조** ① 혼인계약을 체결할 능력이 있는 미성년자는 이 혼인계약으로 가능한 모든 합의에 관하여 동의할 능력이 있으며, 미성년자가 그 계약에서 혼인이 유효하기 위하여 요구되는 동의권자의 조력을 받은 이상, 미성년자가 그 계약에서 한 합의 및 증여는 유효하다.

② 이 조력 없이 부부재산합의가 이루어진 경우, 미성년자 또는 동의권자가 그 무효화를 청구할 수 있으나, 미성년자가 성년이 된 다음 해가 만료될 때까지만 할 수 있다.

**제1399조** ① 피성년후견인 또는 피성년보좌인은 부부재산계약에서 후견인 또는 보좌인의 조력을 받지 않고서는 부부재산합의를 할 수 없다.
② 이 조력이 없으면, 혼인한 날로부터 1년 이내에, 피보호자 자신이나 동의권자나 후견인 또는 보좌인이 부부재산계약의 무효화는 소구될 수 있다.

③ 그러나 보호조치 담당자는 피보호자의 이익을 보존하기 위하여 법원에 부부재산계약 단독 체결 허가신청을 할 수 있다.

## Chapitre II Du régime en communauté

## Première partie De la communauté légale

**Article 1400** La communauté, qui s'établit à défaut de contrat ou par la simple déclaration qu'on se marie sous le régime de la communauté, est soumise aux règles expliquées dans les trois sections qui suivent.

## Section 1 De ce qui compose la communauté activement et passivement

## Paragraphe 1 De l'actif de la communauté

**Article 1401** La communauté se compose activement des acquêts faits par les époux ensemble ou séparément durant le mariage, et provenant tant de leur industrie personnelle que des économies faites sur les fruits et revenus de leurs biens propres.

**Article 1402** Tout bien, meuble ou immeuble, est réputé acquêt de communauté si l'on ne prouve qu'il est propre à l'un des époux par application d'une disposition de la loi.

Si le bien est de ceux qui ne portent pas en eux-mêmes preuve ou marque de leur origine, la propriété personnelle de l'époux, si elle est contestée, devra être établie par écrit. A défaut d'inventaire ou autre preuve préconstituée, le juge pourra prendre en considération tous écrits, notamment titres de famille, registres et papiers domestiques, ainsi que documents de banque et factures. Il pourra même admettre la preuve par témoignage ou présomption, s'il constate qu'un époux a été dans l'impossibilité matérielle ou morale de se procurer un écrit.

**Article 1403** Chaque époux conserve la pleine propriété de ses propres.

La communauté n'a droit qu'aux fruits perçus et non consommés. Mais récompense pourra lui être due, à la dissolution de la communauté, pour les fruits que l'époux a négligé de percevoir ou a consommés frauduleusement, sans qu'aucune recherche, toutefois, soit recevable au-delà des cinq dernières années.

**Article 1404** Forment des propres par leur nature, quand même ils auraient été acquis pendant le mariage, les vêtements et linges à l'usage personnel de l'un des époux, les actions en réparation d'un dommage corporel ou moral, les créances et pensions incessibles, et, plus généralement, tous les biens qui ont un caractère personnel et tous les droits exclusivement attachés à la personne.

## 제2장 공동재산제

### 제1부 법정공동재산제

**제1400조** 공동재산은 계약이 없는 경우 또는 공동재산제 하에서 혼인한다는 단순한 신고가 있는 경우에 성립하며, 이하의 세 절에서 설명하는 원칙을 따른다.

### 제1절 적극적 공동재산과 소극적 공동재산

#### 제1관 적극적 공동재산

**제1401조** 적극적 공동재산은, 부부가 혼인 중 공동으로 또는 개별적으로 취득하고, 개인적 경제활동에서 뿐 아니라 특유재산의 과실과 수익의 저축에서 유래한 혼중취득재산으로 구성된다.

**제1402조** ① 모든 재산은, 동산이든 부동산이든, 법률 규정의 적용에 의하여 부부 일방의 특유재산임이 증명되지 않는 한, 공동재산에 속하는 혼중취득재산으로 간주된다.
② 재산이 그 자체에 출처에 관한 증거 또는 표시가 없는 재산에 속하는 경우, 부부의 개인적 소유권은, 다툼이 있으면, 서면으로 증명되어야 한다. 재산목록 기타 미리 작성된 증거가 없는 경우, 법원은 특히 가족 증서, 가정의 장부 및 문서 및 은행서류와 계산서 등 모든 문서를 고려할 수 있다. 또한 법원은 부부 일방이 문서를 입수하기가 물리적 또는 정신적으로 불가능하였음을 인정하면, 증인 또는 추정에 의한 증거를 허용할 수 있다.

**제1403조** ① 부부 각자는 특유재산에 관하여 완전소유권을 보유한다.
② 공동재산은 수취하여 소비하지 않은 과실에 대하여만 권리가 있다. 그러나 공동재산이 해소되는 때에는 과실의 수취를 게을리하거나 사해적으로 소비한 배우자는 그 과실을 공동재산에 상환할 의무를 부담할 수 있으나, 최근 5년을 초과하는 추급은 수리되지 아니한다.

**제1404조** ① 부부 일방이 개인적으로 사용하는 겉옷 및 속옷과, 신체적 또는 정신적 손해에 대한 배상소권, 양도불가 채권과 연금, 그리고 보다 일반적으로, 개인적 특징을 가지는 모든 재산과 모든 일신전속권은 혼인 중 취득한 것이라도 성질에 의한 특유재산을 구성한다.

Forment aussi des propres par leur nature, mais sauf récompense s'il y a lieu, les instruments de travail nécessaires à la profession de l'un des époux, à moins qu'ils ne soient l'accessoire d'un fonds de commerce ou d'une exploitation faisant partie de la communauté.

**Article 1405** Restent propres les biens dont les époux avaient la propriété ou la possession au jour de la célébration du mariage, ou qu'ils acquièrent, pendant le mariage, par succession, donation ou legs.

La libéralité peut stipuler que les biens qui en font l'objet appartiendront à la communauté. Les biens tombent en communauté, sauf stipulation contraire, quand la libéralité est faite aux deux époux conjointement.

Les biens abandonnés ou cédés par père, mère ou autre ascendant à l'un des époux, soit pour le remplir de ce qu'il lui doit, soit à la charge de payer les dettes du donateur à des étrangers, restent propres, sauf récompense.

**Article 1406** Forment des propres, sauf récompense s'il y a lieu, les biens acquis à titre d'accessoires d'un bien propre ainsi que les valeurs nouvelles et autres accroissements se rattachant à des valeurs mobilières propres.

Forment aussi des propres, par l'effet de la subrogation réelle, les créances et indemnités qui remplacent des propres, ainsi que les biens acquis en emploi ou remploi, conformément aux articles 1434 et 1435.

**Article 1407** Le bien acquis en échange d'un bien qui appartenait en propre à l'un des époux est lui-même propre, sauf la récompense due à la communauté ou par elle, s'il y a soulte.

Toutefois, si la soulte mise à la charge de la communauté est supérieure à la valeur du bien cédé, le bien acquis en échange tombe dans la masse commune, sauf récompense au profit du cédant.

**Article 1408** L'acquisition faite, à titre de licitation ou autrement, de portion d'un bien dont l'un des époux était propriétaire par indivis, ne forme point un acquêt, sauf la récompense due à la communauté pour la somme qu'elle a pu fournir.

② 부부 일방의 직업에 필요한 작업도구도 성질에 의한 특유재산을 구성하고, 필요하다면, 상환하여야 하나, 그 작업도구가 공동재산에 속하는 영업자산 또는 사업의 종물인 경우에는 그러하지 아니하다.

**제1405조** ① 부부가 혼인거행일에 소유하였거나 점유하였던 재산과 혼인 중 상속, 증여 또는 유증으로 취득한 재산은 특유재산으로 남는다.

② 무상양여는 그 대상인 재산을 공동재산에 속하는 것으로 약정할 수 있다. 무상양여를 부부 쌍방에게 공동으로 한 경우 반대약정이 없다면 그 재산은 공동재산이 된다.

③ 부, 모 또는 다른 직계존속이 자신의 부부 일방에 대한 채무를 이행하기 위하여, 또는 타인에 대한 증여자의 채무를 변제할 부담을 지우고 부부 일방에게 물려주거나 양도한 재산은 여전히 특유재산이지만 상환한다.

**제1406조** ① 특유재산의 종물로 취득한 재산 및 새로운 유가증권과 다른 증가물은 특유재산을 구성하나, 필요하다면, 그에 대한 상환을 하여야 한다.

② 물상대위의 효력으로, 특유재산을 대체하는 채권 및 보상금과 제1434조와 제1435조에 따라 특유재산사용 또는 재사용은 특유재산을 구성한다.

**제1407조** ① 부부 일방의 특유재산에 속하던 재산의 대가로서 취득한 재산은 그의 특유재산이 되나, 보충금이 있는 때에는 공동재산에 상환하거나 공동재산으로부터 상환받는다.

② 그러나 공동재산이 부담한 보충금이 양도된 특유재산의 가액을 초과한다면, 그 대가로서 취득한 재산이 공동재산체에 속하게 되나, 양도인을 위하여 상환한다.

**제1408조** 부부 일방이 공유자였던 재산의 일부를 경매나 기타의 방법으로 취득한 것은 혼중취득재산을 구성하지 아니하나, 공동재산에서 제공받은[29] 금액은 공동재산에 상환하여야 한다.

---

29) 무상으로 취득하는 경우를 포함하여 위와 같이 표현한다.

## Paragraphe 2 Du passif de la communauté

**Article 1409** La communauté se compose passivement :
- à titre définitif, des aliments dus par les époux et des dettes contractées par eux pour l'entretien du ménage et l'éducation des enfants, conformément à l'article 220;
- à titre définitif ou sauf récompense, selon les cas, des autres dettes nées pendant la communauté.

**Article 1410** Les dettes dont les époux étaient tenus au jour de la célébration de leur mariage, ou dont se trouvent grevées les successions et libéralités qui leur échoient durant le mariage, leur demeurent personnelles, tant en capitaux qu'en arrérages ou intérêts.

**Article 1411** Les créanciers de l'un ou de l'autre époux, dans le cas de l'article précédent, ne peuvent poursuivre leur paiement que sur les biens propres et les revenus de leur débiteur.

Ils peuvent, néanmoins, saisir aussi les biens de la communauté quand le mobilier qui appartient à leur débiteur au jour du mariage ou qui lui est échu par succession ou libéralité a été confondu dans le patrimoine commun et ne peut plus être identifié selon les règles de l'article 1402.

**Article 1412** Récompense est due à la communauté qui a acquitté la dette personnelle d'un époux.

**Article 1413** Le paiement des dettes dont chaque époux est tenu, pour quelque cause que ce soit, pendant la communauté, peut toujours être poursuivi sur les biens communs, à moins qu'il n'y ait eu fraude de l'époux débiteur et mauvaise foi du créancier, sauf la récompense due à la communauté s'il y a lieu.

**Article 1414** Les gains et salaires d'un époux ne peuvent être saisis par les créanciers de son conjoint que si l'obligation a été contractée pour l'entretien du ménage ou l'éducation des enfants, conformément à l'article 220.

Lorsque les gains et salaires sont versés à un compte courant ou de dépôt, ceux-ci ne peuvent être saisis que dans les conditions définies par décret.

**Article 1415** Chacun des époux ne peut engager que ses biens propres et ses revenus, par un cautionnement ou un emprunt, à moins que ceux-ci n'aient été contractés avec le consentement exprès de l'autre conjoint qui, dans ce cas, n'engage pas ses biens propres.

## 제2관 소극적 공동재산

**제1409조** 다음 채무는 소극적 공동재산을 구성한다.
- 부부 쌍방이 부담하는 부양료 및 제220조에 따라 가사유지와 자녀 교육을 위하여 부부가 부담한 채무는 확정적으로 소극적 공동재산을 구성함
- 그 밖에 공동재산이 존속하는 동안 발생한 채무는 경우에 따라 확정적으로 또는 상환 하에 소극적 공동재산을 구성함

**제1410조** 부부가 자신들의 혼인거행일에 부담하던 채무 또는 혼인 중 부부가 취득한 상속재산과 무상양여재산이 부담하는 채무는 그 원본뿐 아니라 지연이자나 이자도 부부의 개인적 채무로 남는다.

**제1411조** ① 부부 일방 또는 타방의 채권자는 제1410조의 경우 자신의 채무자의 특유재산 및 수입에 대해서만 변제를 추급할 수 있다.

② 그럼에도 불구하고, 그 채권자는 혼인 거행일에 자신의 채무자에게 속한 동산 또는 상속이나 무상양여로 채무자에게 귀속된 동산이 공동의 자산에 혼화되어 더 이상 제1402조의 원칙에 따라 식별될 수 없는 때에는, 공동재산에 속한 재산에 대하여도 집행할 수 있다.

**제1412조** 부부 일방의 개인적 채무를 공동재산으로 변제한 때에는 상환의무가 발생한다.

**제1413조** 공동재산이 존속하는 동안 부부 각자가 어떤 이유로든 부담한 채무에 대한 변제는, 채무자인 부부 일방의 사해와 채권자의 악의가 없는 한, 항상 공동재산에 대하여 추급할 수 있으나, 필요하다면 상환의무가 발생한다.

**제1414조** ① 부부 일방의 수익과 급여는 그 채무가 제220조에 따라 가사유지와 자녀교육을 위하여 약정된 채무인 때에만 배우자의 채권자가 압류할 수 있다.

② 그 수익과 급여가 당좌계좌나 예금계좌에 입금된 경우, 이는 데크레가 규정하는 요건에 의해서만 압류될 수 있다.

**제1415조** 부부 각자는, 보증이나 대차에 의하여 자신의 특유재산과 수입만으로 책임지나, 이 경우 자신의 특유재산으로 책임지지 않는 타방 배우자의 명백한 동의 하에 이를 약정한 때에는 그러하지 아니하다.

**Article 1416** La communauté qui a acquitté une dette pour laquelle elle pouvait être poursuivie en vertu des articles précédents a droit néanmoins à récompense, toutes les fois que cet engagement avait été contracté dans l'intérêt personnel de l'un des époux, ainsi pour l'acquisition, la conservation ou l'amélioration d'un bien propre.

**Article 1417** La communauté a droit à récompense, déduction faite, le cas échéant, du profit retiré par elle, quand elle a payé les amendes encourues par un époux, en raison d'infractions pénales, ou les réparations et dépens auxquels il avait été condamné pour des délits ou quasi-délits civils.

Elle a pareillement droit à récompense si la dette qu'elle a acquittée avait été contractée par l'un des époux au mépris des devoirs que lui imposait le mariage.

**Article 1418** Lorsqu'une dette est entrée en communauté du chef d'un seul des époux, elle ne peut être poursuivie sur les biens propres de l'autre.

S'il y a solidarité, la dette est réputée entrer en communauté du chef des deux époux.

**Article 1419** (abrogé)
**Article 1420** (abrogé)

### Section 2 De l'administration de la communauté et des biens propres

**Article 1421** Chacun des époux a le pouvoir d'administrer seul les biens communs et d'en disposer, sauf à répondre des fautes qu'il aurait commises dans sa gestion. Les actes accomplis sans fraude par un conjoint sont opposables à l'autre.

L'époux qui exerce une profession séparée a seul le pouvoir d'accomplir les actes d'administration et de disposition nécessaires à celle-ci.

Le tout sous réserve des articles 1422 à 1425.

**Article 1422** Les époux ne peuvent, l'un sans l'autre, disposer entre vifs, à titre gratuit, des biens de la communauté.

Ils ne peuvent non plus, l'un sans l'autre, affecter l'un de ces biens à la garantie de la dette d'un tiers.

**제1416조** 그럼에도 불구하고 위 조문들에 기하여 공동재산에 대하여 추급할 수 있는 채무를 공동재산으로 이행한 때에는, 그 채무부담이 특유재산의 취득, 보존, 개량과 같이 부부 일방의 개인적 이익을 위하여 약정된 것이었다면 언제나 공동재산이 상환을 받을 권리가 있다.

**제1417조** ① 부부 일방이 형사범죄로 인하여 부담하는 벌금 또는 민사상 불법행위 또는 준불법행위로 인하여 부과받은 배상금과 비용을 공동재산으로 변제한 때에는 공동재산은, 경우에 따라서는, 공동재산이 얻은 이익을 공제한 후 상환받을 권리가 있다.

② 부부 일방이 혼인에 기해 부담하는 의무를 무시하고 약정한 채무를 공동재산으로 이행한 경우에도, 공동재산은 상환받을 권리가 있다.

**제1418조** ① 채무가 부부 중 일방만에 의하여 공동재산에 편입된 경우, 그 채무는 타방의 특유재산에 대하여 추급될 수 없다.
② 연대책임이 있는 때에는, 그 채무는 부부 쌍방에 의하여 공동재산에 편입된 것으로 간주된다.

**제1419조** (삭제)
**제1420조** (삭제)

### 제2절 공동재산 및 특유재산의 관리

**제1421조** ① 부부 각자는 공동의 재산을 단독으로 관리하고 처분할 수 있는 권한을 가지나 자신이 관리함에 있어 범한 과책에 대하여 책임을 져야 한다. 어느 배우자가 사해 의도 없이 행한 행위는 타방에 대하여 대항할 수 있다.
② 독립된 직업에 종사하는 부부 일방은 단독으로 그에 필요한 관리행위 및 처분행위를 할 수 있는 권한을 가진다.
③ 제1항과 제2항은 제1422조부터 제1425조까지의 유보 하에 적용된다.

**제1422조** ① 부부는, 일방이 타방과 공동으로 하지 않으면, 공동재산에 속한 재산에 대한 무상의 생전처분을 하지 못한다.
② 또한 부부 일방은 타방과 공동으로 하지 않으면 위 재산중의 어느 재산을 제3자의 채무를 위한 담보로 제공하지 못한다.

**Article 1423** Le legs fait par un époux ne peut excéder sa part dans la communauté.

Si un époux a légué un effet de la communauté, le légataire ne peut le réclamer en nature qu'autant que l'effet, par l'événement du partage, tombe dans le lot des héritiers du testateur ; si l'effet ne tombe point dans le lot de ces héritiers, le légataire a la récompense de la valeur totale de l'effet légué, sur la part, dans la communauté, des héritiers de l'époux testateur et sur les biens personnels de ce dernier.

**Article 1424** Les époux ne peuvent, l'un sans l'autre, aliéner ou grever de droits réels les immeubles, fonds de commerce et exploitations dépendant de la communauté, non plus que les droits sociaux non négociables et les meubles corporels dont l'aliénation est soumise à publicité. Ils ne peuvent, sans leur conjoint, percevoir les capitaux provenant de telles opérations.

De même, ils ne peuvent, l'un sans l'autre, transférer un bien de la communauté dans un patrimoine fiduciaire.

**Article 1425** Les époux ne peuvent, l'un sans l'autre, donner à bail un fonds rural ou un immeuble à usage commercial, industriel ou artisanal dépendant de la communauté. Les autres baux sur les biens communs peuvent être passés par un seul conjoint et sont soumis aux règles prévues pour les baux passés par l'usufruitier.

**Article 1426** Si l'un des époux se trouve, d'une manière durable, hors d'état de manifester sa volonté, ou si sa gestion de la communauté atteste l'inaptitude ou la fraude, l'autre conjoint peut demander en justice à lui être substitué dans l'exercice de ses pouvoirs. Les dispositions des articles 1445 à 1447 sont applicables à cette demande.

Le conjoint, ainsi habilité par justice, a les mêmes pouvoirs qu'aurait eus l'époux qu'il remplace ; il passe avec l'autorisation de justice les actes pour lesquels son consentement aurait été requis s'il n'y avait pas eu substitution.

L'époux privé de ses pouvoirs pourra, par la suite, en demander au tribunal la restitution, en établissant que leur transfert à l'autre conjoint n'est plus justifié.

**Article 1427** Si l'un des époux a outrepassé ses pouvoirs sur les biens communs, l'autre, à moins qu'il n'ait ratifié l'acte, peut en demander l'annulation.

L'action en nullité est ouverte au conjoint pendant deux années à partir du jour où il a eu connaissance de l'acte, sans pouvoir jamais être intentée plus de deux ans après la dissolution de la communauté.

**제1423조** ① 부부 일방이 행하는 유증은 공동재산에서의 자신의 지분을 넘지 못한다.
② 부부 일방이 공동재산 중의 어느 재산을 유증한다면, 수유자는 재산분할의 결과 그 재산이 유언자의 상속인의 분할분에 속하게 된 경우에 한하여 이를 현물로 청구할 수 있다. 그 재산이 그 상속인의 분할분에 속하게 되지 않는다면, 수유자는 유언자인 그 일방의 상속인의 공동재산에서의 지분으로부터 그리고 유언자의 개인재산으로부터 수유재산의 총액을 상환받을 권리가 있다.

**제1424조** ① 부부 각자는 타방과 공동으로 하지 않으면, 공동재산에 속하는 부동산, 영업재산 및 사업을 양도하거나 물권을 설정할 수 없고, 유통될 수 없는 회사상의 권리 및 양도에 공시가 필요한 유체동산의 경우에도 마찬가지이다. 부부 각자는 그 배우자와 공동으로 하지 않으면 이러한 거래로 인하여 발생한 자금을 수취할 수 없다.

② 마찬가지로, 부부 각자는 타방과 공동으로 하지 않으면 공동재산 중의 어느 재산을 신탁자산으로 이전할 수 없다.

**제1425조** 부부 각자는 타방과 공동으로 하지 않으면 공동재산에 속하는 상업, 공업 또는 수공업 용도의 농지나 부동산을 임대하지 못한다. 공동의 재산에 대한 그 밖의 임대차는 배우자 일방이 단독으로 체결할 수 있고 점용권자가 체결한 임대차에 관한 규정의 적용을 받는다.

**제1426조** ① 부부 일방이 지속적으로 자신의 의사를 표시할 수 없는 상태에 있거나 그의 공동재산 관리가 부적합하거나 사해적인 것임이 증명된다면, 타방 배우자는 그의 권리를 자신이 대신 행사할 수 있도록 재판상 청구할 수 있다. 제1445조부터 제1447조의 규정이 이 청구에 적용된다.
② 법원에 의하여 권한을 부여받은 배우자는 그가 대신하는 위 일방이 가질 수 있었던 것과 동일한 권한을 가진다. 그는, 대체가 일어나지 않았으면 자신이 동의권자이었을 행위를 법원의 허가를 얻어서 한다.
③ 권한을 박탈당한 부부 일방은 추후에 타방 배우자에게의 권한 이전이 더 이상 정당하지 않음을 증명하여 법원에 권한의 회복을 청구할 수 있다.

**제1427조** ① 부부 일방이 공동의 재산에 대하여 자신의 권한을 넘는 행위를 한 경우, 타방은 그 행위를 추인하지 아니한 한 그 무효화를 청구할 수 있다.
② 무효화소는 배우자가 그 행위를 안 날로부터 2년 동안 제기할 수 있으나 공동재산의 해소 후 2년이 넘은 때에는 제기하지 못한다.

**Article 1428** Chaque époux a l'administration et la jouissance de ses propres et peut en disposer librement.

**Article 1429** Si l'un des époux se trouve, d'une manière durable, hors d'état de manifester sa volonté, ou s'il met en péril les intérêts de la famille, soit en laissant dépérir ses propres, soit en dissipant ou détournant les revenus qu'il en retire, il peut, à la demande de son conjoint, être dessaisi des droits d'administration et de jouissance qui lui sont reconnus par l'article précédent. Les dispositions des articles 1445 à 1447 sont applicables à cette demande.

A moins que la nomination d'un administrateur judiciaire n'apparaisse nécessaire, le jugement confère au conjoint demandeur le pouvoir d'administrer les propres de l'époux dessaisi, ainsi que d'en percevoir les fruits, qui devront être appliqués par lui aux charges du mariage et l'excédent employé au profit de la communauté.

A compter de la demande, l'époux dessaisi ne peut disposer seul que de la nue-propriété de ses biens.

Il pourra, par la suite, demander en justice à rentrer dans ses droits, s'il établit que les causes qui avaient justifié le dessaisissement n'existent plus.

**Article 1430** (abrogé)

**Article 1431** Si, pendant le mariage, l'un des époux confie à l'autre l'administration de ses propres, les règles du mandat sont applicables. L'époux mandataire est, toutefois, dispensé de rendre compte des fruits, lorsque la procuration ne l'y oblige pas expressément.

**Article 1432** Quand l'un des époux prend en mains la gestion des biens propres de l'autre, au su de celui-ci, et néanmoins sans opposition de sa part, il est censé avoir reçu un mandat tacite, couvrant les actes d'administration et de jouissance, mais non les actes de disposition.

Cet époux répond de sa gestion envers l'autre comme un mandataire. Il n'est, cependant, comptable que des fruits existants ; pour ceux qu'il aurait négligé de percevoir ou consommés frauduleusement, il ne peut être recherché que dans la limite des cinq dernières années.

Si c'est au mépris d'une opposition constatée que l'un des époux s'est immiscé dans la gestion des propres de l'autre, il est responsable de toutes les suites de son immixtion et comptable sans limitation de tous les fruits qu'il a perçus, négligé de percevoir ou consommés frauduleusement.

**제1428조** 각 배우자는 자신의 특유재산에 대하여 관리권 및 향유권을 가지며, 또한 이를 자유롭게 처분할 수 있다.

**제1429조** ① 부부 일방이 지속적으로 자신의 의사를 표시할 수 없는 상태에 있거나 또는 자신의 특유재산이 노후화되도록 방치하거나 그 특유재산에서 얻는 수익을 낭비하거나 횡령함으로써 가족의 이익을 위험에 빠뜨린다면, 그는 제1428조에서 인정된 특유재산에 대한 관리권 및 향유권을 그 배우자의 청구에 의하여 박탈당할 수 있다. 제1445조부터 제1447조까지의 규정이 이 청구에 적용된다.

② 법정재산관리인의 선임이 필요하다고 보이지 않는 한, 법원은 권한 상실 배우자의 특유재산을 관리할 권한 및 특유재산으로부터 과실을 수취할 권한을 청구인인 배우자에게 부여하고, 그 과실은 혼인생활비용에 충당되어야 하며 그 초과분은 공동재산을 위해 사용되어야 한다.

③ 이 청구 이후에는 권한상실 배우자는 특유재산의 제한소유권만을 단독으로 처분할 수 있다.

④ 권한상실 배우자는 추후에 권한박탈을 정당화한 사유가 더 이상 존재하지 않음을 증명하는 경우 권리의 회복을 재판상 청구할 수 있다.

**제1430조** (삭제)

**제1431조** 혼인 중에 부부 일방이 자신의 특유재산에 대한 관리권을 타방에게 부여한 때에는 위임에 관한 규정이 적용된다. 그러나 위임장에서 과실(果實)의 보고의무를 명시적으로 부과하지 않은 경우 수임인인 배우자는 그 의무를 면한다.

**제1432조** ① 부부 일방이 타방의 특유재산에 대한 관리를 하고 있고 타방이 이를 알면서 이의를 제기하지 않은 때에는, 그 일방은 관리 및 향유행위를 포함하나 처분행위는 포함하지 않는 묵시적 위임을 받은 것으로 본다.

② 그 일방은 타방에게 수임인으로서 관리에 대하여 책임을 진다. 그러나 그는 현존하는 과실에 대해서만 계산 의무를 진다. 그가 수취를 게을리 하거나 사해행위로서 소비한 과실에 대하여는 그는 최후 5년 한도에서만 추급될 수 있다.

③ 이의제기를 무시하고 부부 일방이 타방의 특유재산의 관리에 개입한 경우에는, 그 일방은 개입으로 인한 모든 결과에 대하여 책임을 져야 하며, 그가 수취하였거나 수취를 게을리하거나 사해행위로서 소비한 모든 과실에 대하여 제한없이 책임을 부담한다.

**Article 1433** La communauté doit récompense à l'époux propriétaire toutes les fois qu'elle a tiré profit de biens propres.

Il en est ainsi, notamment, quand elle a encaissé des deniers propres ou provenant de la vente d'un propre, sans qu'il en ait été fait emploi ou remploi.

Si une contestation est élevée, la preuve que la communauté a tiré profit de biens propres peut être administrée par tous les moyens, même par témoignages et présomptions.

**Article 1434** L'emploi ou le remploi est censé fait à l'égard d'un époux toutes les fois que, lors d'une acquisition, il a déclaré qu'elle était faite de deniers propres ou provenus de l'aliénation d'un propre, et pour lui tenir lieu d'emploi ou de remploi. A défaut de cette déclaration dans l'acte, l'emploi ou le remploi n'a lieu que par l'accord des époux, et il ne produit ses effets que dans leurs rapports réciproques.

**Article 1435** Si l'emploi ou le remploi est fait par anticipation, le bien acquis est propre, sous la condition que les sommes attendues du patrimoine propre soient payées à la communauté dans les cinq ans de la date de l'acte.

**Article 1436** Quand le prix et les frais de l'acquisition excèdent la somme dont il a été fait emploi ou remploi, la communauté a droit à récompense pour l'excédent. Si, toutefois, la contribution de la communauté est supérieure à celle de l'époux acquéreur, le bien acquis tombe en communauté, sauf la récompense due à l'époux.

**Article 1437** Toutes les fois qu'il est pris sur la communauté une somme, soit pour acquitter les dettes ou charges personnelles à l'un des époux, telles que le prix ou partie du prix d'un bien à lui propre ou le rachat des services fonciers, soit pour le recouvrement, la conservation ou l'amélioration de ses biens personnels, et généralement toutes les fois que l'un des deux époux a tiré un profit personnel des biens de la communauté, il en doit la récompense.

**Article 1438** Si le père et la mère ont doté conjointement l'enfant commun sans exprimer la portion pour laquelle ils entendaient y contribuer, ils sont censés avoir doté chacun pour moitié, soit que la dot ait été fournie ou promise en biens de la communauté, soit qu'elle l'ait été en biens personnels à l'un des deux époux.

Au second cas, l'époux dont le bien personnel a été constitué en dot, a, sur les biens de l'autre, une action en indemnité pour la moitié de ladite dot, eu égard à la valeur du bien donné au temps de la dotation.

**제1433조** ① 특유재산으로부터 공동재산이 이익을 얻은 경우에는 언제든지 공동재산이 소유자인 부부 일방에게 상환하여야 한다.
② 특히 특유재산인 금전이나 특유재산의 매각대금을 공동재산이 수령한 때에 그러하고, 다만 그것으로 특유재산의 사용 또는 재사용이 행해진 경우에는 그러하지 아니하다.
③ 이의가 제기된 경우에는 공동재산이 특유재산으로부터 이익을 얻었다는 증거는 모든 방법으로 제시될 수 있고 증언과 추정에 의해서도 가능하다.

**제1434조** 재산 취득시 부부 일방이 그 취득은 특유재산인 금전 또는 특유재산의 매각대금으로 이루어진 것으로서 자신으로서는 특유재산사용이나 재사용에 갈음하는 것임을 표시한 경우에는 언제든지 그 일방에 대해서 특유재산사용 또는 재사용이 행해진 것으로 본다. 증서에 이러한 표시가 없는 경우에는 특유재산 사용이나 재사용은 부부의 합의에 의해서만 발생하고 그들의 상호관계에서만 효력이 생긴다.

**제1435조** 특유재산사용 또는 재사용이 미리 행해진다면, 그와 같이 취득한 재산은 특유재산이 되나, 특유재산으로부터 기대되는 금액이 그 취득일로부터 5년 내에 공동재산에 지급된다는 조건하에 그러하다.

**제1436조** 그 취득을 위한 대금 및 비용이 특유재산 사용이나 재사용의 금액을 초과하는 때에, 공동재산은 그 초과분을 상환받을 권리를 가진다. 그러나 공동재산이 분담한 금액이 취득자인 부부 일방이 분담한 금액을 초과하는 경우에는 그 취득재산은 공동재산에 속하나 그 일방에게 상환하여야 한다.

**제1437조** 부부 일방의 특유재산의 대가나 대가의 일부 또는 지역권의 환매와 같이, 일방의 개인적인 채무나 부담을 이행하기 위해서든, 개인재산의 회수, 보존, 개량을 위해서이든, 공동재산에 일정 금액을 계상한 경우에는 언제든지 그리고 일반적으로 부부 중 일방이 공동재산으로부터 개인적 이익을 얻은 경우에는 언제든지, 그 일방은 이를 공동재산에 상환하여야 한다.

**제1438조** ① 부와 모가 공동의 자녀에게 지참금을 공동으로 지급하면서 각자의 분담부분을 표시하지 않았다면, 지참금이 공동재산에서 제공되거나 약속된 경우이든, 부부 일방의 개인 재산에서 제공되거나 약속된 경우이든, 그 부모는 각각 절반씩 지급한 것으로 본다.

② 두 번째 경우, 자신의 개인재산을 지참금으로 준 배우자 일방은, 타방의 재산에 대하여, 지참금 지급 시의 증여재산의 가액을 고려하여 그 절반의 보상소권을 가진다.

**Article 1439** La dot constituée à l'enfant commun, en biens de la communauté, est à la charge de celle-ci.

Elle doit être supportée pour moitié par chaque époux, à la dissolution de la communauté, à moins que l'un d'eux, en la constituant, n'ait déclaré expressément qu'il s'en chargerait pour le tout ou pour une part supérieure à la moitié.

**Article 1440** La garantie de la dot est due par toute personne qui l'a constituée ; et ses intérêts courent du jour du mariage, encore qu'il y ait terme pour le paiement, s'il n'y a stipulation contraire.

### Section 3 De la dissolution de la communauté

### Paragraphe 1 Des causes de dissolution et de la séparation de biens

**Article 1441** La communauté se dissout :
1° par la mort de l'un des époux ;
2° par l'absence déclarée ;
3° par le divorce ;
4° par la séparation de corps ;
5° par la séparation de biens ;
6° par le changement du régime matrimonial.

**Article 1442** Il ne peut y avoir lieu à la continuation de la communauté, malgré toutes conventions contraires.

Les époux peuvent, l'un ou l'autre, demander, s'il y a lieu, que, dans leurs rapports mutuels, l'effet de la dissolution soit reporté à la date où ils ont cessé de cohabiter et de collaborer.

**Article 1443** Si, par le désordre des affaires d'un époux, sa mauvaise administration ou son inconduite, il apparaît que le maintien de la communauté met en péril les intérêts de l'autre conjoint, celui-ci peut poursuivre la séparation de biens en justice.

Toute séparation volontaire est nulle.

**제1439조** ① 공동의 자녀에게 공동재산으로 제공하기로 한 지참금은 공동재산으로 부담한다.

② 공동재산의 해소 시에는 위 지참금을 부부 각자가 절반씩 부담하여야 하나, 지참금 설정 시 부부 일방이 전부 또는 그 절반을 초과하는 부분을 부담할 것을 명시적으로 표시한 때에는 그러하지 아니하다.

**제1440조** 지참금에 관한 담보책임은 지참금을 제공하기로 한 모든 사람이 부담한다. 그 이자 는 혼인일로부터 발생하고 변제 기한이 있더라도 반대 약정이 없는 한 그러하다.

### 제3절 공동재산의 해소

### 제1관 해소사유 및 재산분리

**제1441조** 공동재산은 다음 각 호의 사유로 해소된다.
  1. 부부 중 일방의 사망
  2. 부재선고
  3. 이혼
  4. 별거
  5. 재산분리
  6. 부부재산제의 변경

**제1442조** ① 모든 반대의 합의에도 불구하고, 공동재산은 지속될 수 없다.

② 부부는 각자 필요한 경우, 그들 상호 관계에 있어 공동재산 해소의 효력을 동거 및 협조를 중단했던 날로 소급할 것을 청구할 수 있다.

**제1443조** ① 부부 일방의 사무처리 혼란, 악의적 관리 또는 비행으로 인하여 공동재산의 유지 가 타방 배우자의 이익에 위험을 초래하는 것으로 여겨지면, 타방 배우자는 재판상 재산분리를 소구할 수 있다.
② 모든 임의적인 재산분리는 무효이다.

**Article 1444** La séparation de biens, quoique prononcée en justice, est nulle si les poursuites tendant à liquider les droits des parties n'ont pas été commencées dans les trois mois du jugement passé en force de chose jugée et si le règlement définitif n'est pas intervenu dans l'année de l'ouverture des opérations de liquidation. Le délai d'un an peut être prorogé par le président de tribunal statuant sur requête.

**Article 1445** La demande et le jugement de séparation de biens doivent être publiés dans les conditions et sous les sanctions prévues par le code de procédure civile.

Le jugement qui prononce la séparation de biens remonte, quant à ses effets, au jour de la demande.

Il sera fait mention du jugement en marge de l'acte de mariage ainsi que sur la minute du contrat de mariage.

**Article 1446** Les créanciers d'un époux ne peuvent demander de son chef la séparation de biens.

**Article 1447** Quand l'action en séparation de biens a été introduite, les créanciers peuvent sommer les époux par acte d'avocat à avocat de leur communiquer la demande et les pièces justificatives. Ils peuvent même intervenir à l'instance pour la conservation de leurs droits.

Si la séparation a été prononcée en fraude de leurs droits, ils peuvent se pourvoir contre elle par voie de tierce opposition, dans les conditions prévues au code de procédure civile.

**Article 1448** L'époux qui a obtenu la séparation de biens doit contribuer, proportionnellement à ses facultés et à celles de son conjoint, tant aux frais du ménage qu'à ceux d'éducation des enfants.

Il doit supporter entièrement ces frais, s'il ne reste rien à l'autre.

**제1444조** 재산분리는, 재판상 선고되었을지라도, 당사자들의 권리를 청산하기 위한 소구가 확정판결일로부터 3개월 내에 개시되지 아니하면, 또는 청산 작업이 시작된 때로부터 1년 안에 최종 결산이 이루어지지 아니하면, 무효이다. 1년의 기간은 신청[30]에 대하여 결정을 내리는 재판장에 의하여 연장될 수 있다.


**제1445조** ① 재산분리에 관한 청구 및 판결은 민사소송법전에 규정된 요건에 따라 공시되어야 하고 위반 시 그에 따라 제재된다.[31]
② 재산분리를 선고하는 판결은, 효력에 있어서 청구일로 소급한다.

③ 판결은 혼인증서의 난외 여백 및 부부재산계약의 원본에 기재될 것이다.


**제1446조** 부부 일방의 채권자는 부부 중 1인의 권한으로 재산분리를 청구할 수 없다.


**제1447조** ① 재산분리의 소가 개시된 경우 채권자들은 부부에게, 소장 및 증거자료를 자신들에게 전달할 것을 변호사 사이의 행위로 최고할 수 있다. 채권자들은 자신의 권리를 보전하기 위하여 소송에 직접 참가할 수 있다.

② 재산분리가 채권자들의 권리를 사해하여 선고되면, 채권자들은 민사소송법전에 규정된 요건 하에 제3자이의의 방법으로 이에 불복할 수 있다.[32]

**제1448조** ① 재산분리를 인정받은 부부 일방은, 자신 및 배우자의 자력에 비례하여 가사 비용 및 자녀교육 비용을 분담하여야 한다.

② 그는 타방에게 자력이 없다면, 이 비용을 전부 부담하여야 한다.

---

30) 신청(requête)에 기한 결정이나 긴급(référé) 결정은 프랑스 민사소송법의 독특한 제도이다. 두 제도 모두 법원장이 임시법원(juridiction provisoire)으로서 재판하며 본안에 대하여는 재판하지 않는다는 공통점이 있으나, 신청(requête)에 기한 결정 절차는 일방적 절차(voie unilatérale)이며, 긴급(référé) 결정은 쌍방 대립절차(voie contradictoire)라는 점에서 차이가 있다, 이무상, "프랑스 민사소송법전 - 제1권 번역(2) - ", 법학논총 제40권 제2호, 2016, 389면.
31) 프랑스 민사소송법전 제1294조에서 규정한다.
32) 프랑스 민사소송법전 제582조 이하에서는 우리의 행정소송법 제31조의 '제3자 재심청구'와 유사하게, 판결의 당사자가 아닌 제3자가 판결에 대하여 불복할 수 있다고 규정한다.

**Article 1449** La séparation de biens prononcée en justice a pour effet de placer les époux sous le régime des articles 1536 et suivants.

Le tribunal, en prononçant la séparation, peut ordonner qu'un époux versera sa contribution entre les mains de son conjoint, lequel assumera désormais seul à l'égard des tiers les règlements de toutes les charges du mariage.

**Article 1450** (abrogé)

**Article 1451** Les conventions passées en application de l'article 265-2 sont suspendues, quant à leurs effets, jusqu'au prononcé du divorce ; elles ne peuvent être exécutées, même dans les rapports entre époux, que lorsque le jugement a pris force de chose jugée.

L'un des époux peut demander que le jugement de divorce modifie la convention si les conséquences du divorce fixées par ce jugement remettent en cause les bases de la liquidation et du partage.

**Article 1452** (abrogé)
**Article 1453** (abrogé)
**Article 1454** (abrogé)
**Article 1455** (abrogé)
**Article 1456** (abrogé)
**Article 1457** (abrogé)
**Article 1458** (abrogé)
**Article 1459** (abrogé)
**Article 1460** (abrogé)
**Article 1461** (abrogé)
**Article 1462** (abrogé)
**Article 1463** (abrogé)
**Article 1464** (abrogé)
**Article 1465** (abrogé)
**Article 1466** (abrogé)

**제1449조** ① 재판상 선고된 재산분리는 부부에게 제1536조 이하의 부부재산제를 적용받게 하는 효과를 가진다.

② 재산분리를 선고하는 법원은, 부부 일방이 배우자에게 분담금을 지급하도록 명할 수 있고, 그 배우자는 그때부터 단독으로 제3자에 대하여 모든 혼인생활비용을 변제할 책임이 있다.


**제1450조** (삭제)

**제1451조** ① 제265-2조가 적용되어 체결된 합의는 이혼의 선고 시까지 그 효력이 정지된다. 이 합의는 부부 사이에 있어서도 판결이 기판력을 가지는 경우에만 집행될 수 있다.

② 이혼판결에 의하여 형성되는 이혼의 결과로 인하여 청산과 분할의 기초에 문제가 생기면, 부부 중 일방은 이혼판결로서 그 합의를 변경할 것을 청구할 수 있다.


제1452조 (삭제)
제1453조 (삭제)
제1454조 (삭제)
제1455조 (삭제)
제1456조 (삭제)
제1457조 (삭제)
제1458조 (삭제)
제1459조 (삭제)
제1460조 (삭제)
제1461조 (삭제)
제1462조 (삭제)
제1463조 (삭제)
제1464조 (삭제)
제1465조 (삭제)
제1466조 (삭제)

## Paragraphe 2 De la liquidation et du partage de la communauté

**Article 1467** La communauté dissoute, chacun des époux reprend ceux des biens qui n'étaient point entrés en communauté, s'ils existent en nature, ou les biens qui y ont été subrogés.

Il y a lieu ensuite à la liquidation de la masse commune, active et passive.

**Article 1468** Il est établi, au nom de chaque époux, un compte des récompenses que la communauté lui doit et des récompenses qu'il doit à la communauté, d'après les règles prescrites aux sections précédentes.

**Article 1469** La récompense est, en général, égale à la plus faible des deux sommes que représentent la dépense faite et le profit subsistant.

Elle ne peut, toutefois, être moindre que la dépense faite quand celle-ci était nécessaire.

Elle ne peut être moindre que le profit subsistant, quand la valeur empruntée a servi à acquérir, à conserver ou à améliorer un bien qui se retrouve, au jour de la liquidation de la communauté, dans le patrimoine emprunteur. Si le bien acquis, conservé ou amélioré a été aliéné avant la liquidation, le profit est évalué au jour de l'aliénation ; si un nouveau bien a été subrogé au bien aliéné, le profit est évalué sur ce nouveau bien.

**Article 1470** Si, balance faite, le compte présente un solde en faveur de la communauté, l'époux en rapporte le montant à la masse commune.

S'il présente un solde en faveur de l'époux, celui-ci a le choix ou d'en exiger le paiement ou de prélever des biens communs jusqu'à due concurrence.

**Article 1471** Les prélèvements s'exercent d'abord sur l'argent comptant, ensuite sur les meubles, et subsidiairement sur les immeubles de la communauté. L'époux qui opère le prélèvement a le droit de choisir les meubles et les immeubles qu'il prélèvera. Il ne saurait cependant préjudicier par son choix aux droits que peut avoir son conjoint de demander le maintien de l'indivision ou l'attribution préférentielle de certains biens.

Si les époux veulent prélever le même bien, il est procédé par voie de tirage au sort.

## 제2관 공동재산의 청산과 분할

**제1467조** ① 공동재산이 해소되는 경우, 부부 각자는 공동재산에 포함되지 않았던 재산 중에서 자신의 것이 원물로 존재하면, 그 자체를, 그렇지 않으면 이를 대체한 재산을 되찾는다.

② 그 후 적극재산과 소극재산으로 구성된 공동재산체의 청산이 행하여진다.

**제1468조** 부부 각자의 이름으로, 앞의 절들에서 정한 규칙에 따라, 공동재산이 부부 각자에게 부담하는 상환과 부부 각자가 공동재산에 부담하는 상환에 관하여 회계장부가 작성된다.

**제1469조** ① 일반적으로 상환금은 지출된 비용과 현존이익을 나타내는 두 금액 중 더 적은 것과 같다.

② 그러나 지출된 비용이 필요비였던 경우에는, 상환금은 지출된 비용보다 적을 수 없다.

③ 차용액이 공동재산의 청산일에 차용자의 자산에 속하게 된 어떤 재산의 취득, 보존, 개량에 사용된 경우에는, 상환금은 현존이익보다 적을 수 없다. 취득, 보존, 개량된 재산이 청산 전에 양도되면, 현존이익은 그 양도일을 기준으로 평가된다. 새로운 재산이 양도된 재산을 대체하였다면, 현존이익은 그 새로운 재산을 기준으로 평가된다.

**제1470조** ① 대차 차감 후, 회계장부상 공동재산이 받아야 할 잔액이 있는 경우에는 부부 일방은 공동재산체에 그 금액을 반환한다.

② 회계장부상 부부 일방이 받아야 할 잔액이 있으면, 그는 잔액의 변제를 청구하거나 그 상당액까지 공동재산에서 선취하는 것을 선택할 수 있다.

**제1471조** ① 선취는 먼저 현금에 대하여 행사되고 그 후 동산에 대하여 행사되며, 공동재산에 속하는 부동산에 대하여는 보충적으로 행사된다. 선취를 행사하는 부부 일방은 그가 선취할 동산 및 부동산을 선택할 수 있다. 그러나 부부 일방은, 타방 배우자가 공유 유지를 청구할 권리를 갖거나 특정 재산에 관하여 우선 분배를 청구할 수 있는 권리를 가지는 경우 그 선택으로 이를 침해할 수 없다.

② 부부 쌍방이 동일한 물건을 선취하기를 원하면, 추첨의 방식에 의하여 처리된다.

**Article 1472** En cas d'insuffisance de la communauté, les prélèvements de chaque époux sont proportionnels au montant des récompenses qui lui sont dues.

Toutefois, si l'insuffisance de la communauté est imputable à la faute de l'un des époux, l'autre conjoint peut exercer ses prélèvements avant lui sur l'ensemble des biens communs ; il peut les exercer subsidiairement sur les biens propres de l'époux responsable.

**Article 1473** Les récompenses dues par la communauté ou à la communauté portent intérêts de plein droit du jour de la dissolution.

Toutefois, lorsque la récompense est égale au profit subsistant, les intérêts courent du jour de la liquidation.

**Article 1474** Les prélèvements en biens communs constituent une opération de partage. Ils ne confèrent à l'époux qui les exerce aucun droit d'être préféré aux créanciers de la communauté, sauf la préférence résultant, s'il y a lieu, de l'hypothèque légale.

**Article 1475** Après que tous les prélèvements ont été exécutés sur la masse, le surplus se partage par moitié entre les époux.

Si un immeuble de la communauté est l'annexe d'un autre immeuble appartenant en propre à l'un des conjoints, ou s'il est contigu à cet immeuble, le conjoint propriétaire a la faculté de se le faire attribuer par imputation sur sa part ou moyennant soulte, d'après la valeur du bien au jour où l'attribution est demandée.

**Article 1476** Le partage de la communauté, pour tout ce qui concerne ses formes, le maintien de l'indivision et l'attribution préférentielle, la licitation des biens, les effets du partage, la garantie et les soultes, est soumis à toutes les règles qui sont établies au titre "Des successions" pour les partages entre cohéritiers.

Toutefois, pour les communautés dissoutes par divorce, séparation de corps ou séparation de biens, l'attribution préférentielle n'est jamais de droit, et il peut toujours être décidé que la totalité de la soulte éventuellement due sera payable comptant.

**Article 1477** Celui des époux qui aurait détourné ou recelé quelques effets de la communauté est privé de sa portion dans lesdits effets.

De même, celui qui aurait dissimulé sciemment l'existence d'une dette commune doit l'assumer définitivement.

**제1472조** ① 공동재산이 부족한 경우, 부부 각자의 선취는 그가 받아야 할 상환금액에 비례한다.
② 그러나 공동재산의 부족이 부부 일방의 과책으로 인한 것이었다면, 타방 배우자는 그 일방보다 먼저 자신의 선취를 공동재산 전체에 대하여 행사할 수 있다. 타방 배우자는 보충적으로 과책 배우자의 특유재산에 대하여도 선취를 행사할 수 있다.

**제1473조** ① 공동재산으로부터 받아야 하거나 공동재산에 지급하여야 할 상환금은 그 해소일부터 당연히 이자를 발생시킨다.
② 그러나 상환금이 현존이익과 같은 경우에는, 이자는 청산일부터 발생한다.

**제1474조** 공동재산에서의 선취는 분할행위를 구성한다. 선취는 이를 행사하는 부부 일방에게 공동재산의 채권자에 우선하는 어떠한 권리를 부여하지 않으나, 필요하다면, 법정저당권으로부터 발생하는 우선권은 그러하지 아니하다.

**제1475조** ① 공동재산체에 대하여 모든 선취를 실행한 후, 남은 재산은 부부 사이에 절반씩 분할된다.
② 공동재산에 속한 어느 부동산이 부부 일방이 소유한 다른 부동산에 부속되어 있거나 그와 인접하면, 소유자인 배우자는 그 부동산을 분배청구일의 재산 가액을 기준으로 하여, 자기 몫으로의 충당 또는 보충금 지급을 통하여 분배받을 권한을 가진다.

**제1476조** ① 공동재산의 분할은, 형식, 공유유지 및 우선 분배, 재산의 공동재산 경매, 분할의 효과, 담보책임 및 보충금에 관한 모든 사항에 대하여, 공동상속인 간의 분할을 위한 "상속"편에 규정된 모든 원칙에 따른다.

② 그러나 공동재산이 이혼, 법적 별거 또는 재산분리로 인하여 해소되는 경우, 우선 분배가 당연히 이루어지지는 않으며, 보충금이 있는 경우 언제든지 전액이 현금으로 지급되어야 하는 것으로 결정될 수 있다.

**제1477조** ① 부부 중 일방이 공동재산에 속하는 어느 재산을 횡령하거나 은닉하였다면 그는 그 재산에 대한 자신의 지분을 박탈당한다.
② 마찬가지로, 부부 중 일방이 공동채무의 존재를 고의로 은폐하였다면 그는 그 채무를 확정적으로 부담하여야 한다.

**Article 1478** Après le partage consommé, si l'un des deux époux est créancier personnel de l'autre, comme lorsque le prix de son bien a été employé à payer une dette personnelle de son conjoint, ou pour toute autre cause, il exerce sa créance sur la part qui est échue à celui-ci dans la communauté ou sur ses biens personnels.

**Article 1479** Les créances personnelles que les époux ont à exercer l'un contre l'autre ne donnent pas lieu à prélèvement et ne portent intérêt que du jour de la sommation.

Sauf convention contraire des parties, elles sont évaluées selon les règles de l'article 1469, troisième alinéa, dans les cas prévus par celui-ci ; les intérêts courent alors du jour de la liquidation.

**Article 1480** Les donations que l'un des époux a pu faire à l'autre ne s'exécutent que sur la part du donateur dans la communauté et sur ses biens personnels.

**Article 1481** (abrogé)

**Paragraphe 3 De l'obligation et de la contribution au passif après la dissolution.**

**Article 1482** Chacun des époux peut être poursuivi pour la totalité des dettes existantes, au jour de la dissolution, qui étaient entrées en communauté de son chef.

**Article 1483** Chacun des époux ne peut être poursuivi que pour la moitié des dettes qui étaient entrées en communauté du chef de son conjoint.

Après le partage et sauf en cas de recel, il n'en est tenu que jusqu'à concurrence de son émolument pourvu qu'il y ait eu inventaire, et à charge de rendre compte tant du contenu de cet inventaire que de ce qui lui est échu par le partage ainsi que du passif commun déjà acquitté.

**Article 1484** L'inventaire prévu à l'article précédent doit avoir lieu dans les formes réglées par le code de procédure civile, contradictoirement avec l'autre époux ou lui dûment appelé. Il doit être clos dans les neuf mois du jour où la communauté a été dissoute, sauf prorogation accordée par le juge des référés. Il doit être affirmé sincère et véritable devant l'officier public qui l'a reçu.

**제1478조** 재산분할이 완료된 후, 부부 중 일방의 특유재산 매각대금이 타방 배우자의 개인적 채무를 변제하기 위하여 사용된 경우처럼 또는 다른 어떠한 이유로든, 부부 중 일방이 타방의 개인적 채권자이면, 그는 공동재산 중 타방 배우자에게 귀속한 부분 또는 타방 배우자의 개인재산에 대하여 자신의 채권을 행사한다.

**제1479조** ① 부부가 서로에 대하여 행사할 개인적 채권이 있는 경우 이는 선취를 발생시키지 않고, 최고일부터만 이자가 발생한다.
② 당사자의 반대의 합의가 없으면, 제1469조 제3항에 해당하는 경우에는 그 채권은 위 조항이 정한 원칙에 따라 평가된다. 이자는 이 경우에 청산일부터 발생한다.

**제1480조** 부부 중 일방이 타방에게 증여를 한 경우 이는 증여자의 공동재산상 지분과 개인재산만으로 이행된다.

**제1481조** (삭제)

### 제3관 공동재산 해소 후의 채무 및 분담금

**제1482조** 부부 각자는, 각자에 의하여 공동재산에 편입된, 그 해소일에 현존하는 채무 전체에 대하여 소구 당할 수 있다.

**제1483조** ① 부부 각자는, 그 배우자 일방에 의하여 공동재산에 편입된 채무의 절반에 대하여만 소구 당할 수 있다.
② 분할 후 재산은닉의 경우를 제외하고, 부부 각자는 재산목록이 있다면 자기 취득분의 한도 내에서만 그리고 재산목록의 내용뿐 아니라 분할에 의하여 자신에게 귀속된 것 및 이미 변제된 공동소극재산을 보고할 의무를 부담하는 한에서만 책임이 있다.

**제1484조** 제1483조의 재산목록은, 타방 배우자와 대심 형식으로 또는 타방 배우자를 정식으로 소환하여, 민사소송법전에 규정된 형식에 따라 작성되어야 한다. 재산목록은, 공동재산이 해소된 날로부터 9개월 이내에 종결되어야 하나, 긴급심리 법관으로부터 연장을 허가 받은 경우에는 그러하지 아니하다. 재산목록은 이를 수리한 공무원의 면전에서 진지하고 유효하다는 확인을 받아야 한다.

**Article 1485** Chacun des époux contribue pour moitié aux dettes de communauté pour lesquelles il n'était pas dû de récompense, ainsi qu'aux frais de scellé, inventaire, vente de mobilier, liquidation, licitation et partage.

Il supporte seul les dettes qui n'étaient devenues communes que sauf récompense à sa charge.

**Article 1486** L'époux qui peut se prévaloir du bénéfice de l'article 1483, alinéa second, ne contribue pas pour plus que son émolument aux dettes qui étaient entrées en communauté du chef de l'autre époux, à moins qu'il ne s'agisse de dettes pour lesquelles il aurait dû récompense.

**Article 1487** L'époux qui a payé au-delà de la portion dont il était tenu par application des articles précédents a, contre l'autre, un recours pour l'excédent.

**Article 1488** Il n'a point, pour cet excédent, de répétition contre le créancier, à moins que la quittance n'exprime qu'il n'entend payer que dans la limite de son obligation.

**Article 1489** Celui des deux époux qui, par l'effet de l'hypothèque exercée sur l'immeuble à lui échu en partage, se trouve poursuivi pour la totalité d'une dette de communauté, a de droit son recours contre l'autre pour la moitié de cette dette.

**Article 1490** Les dispositions des articles précédents ne font point obstacle à ce que, sans préjudicier aux droits des tiers, une clause du partage oblige l'un ou l'autre des époux à payer une quotité de dettes autre que celle qui est fixée ci-dessus, ou même à acquitter le passif entièrement.

**Article 1491** Les héritiers des époux exercent, en cas de dissolution de la communauté, les mêmes droits que celui des époux qu'ils représentent et sont soumis aux mêmes obligations.

**Article 1492** (abrogé)
**Article 1493** (abrogé)
**Article 1494** (abrogé)
**Article 1495** (abrogé)
**Article 1496** (abrogé)

**제1485조** ① 부부 각자는 봉인, 재산목록, 동산매각, 청산, 공동재산 경매 및 분할의 비용뿐 아니라, 자신에게 상환되지 않는 부부공동재산의 채무에 대하여도 절반씩 분담한다.

② 부부 각자는 자신의 부담에 대하여 상환을 하는 것을 조건으로 하여서만 공동채무가 된 채무를 단독으로 부담한다.

**제1486조** 제1483조 제2항을 유리하게 주장할 수 있는 부부 일방은, 타방 배우자의 일방만에 의하여 공동재산에 편입된 채무에 대하여는 그의 취득분을 초과하여 분담하지 않으나, 그가 상환의무를 지는 채무의 경우에는 그러하지 아니하다.


**제1487조** 위 조문들을 적용하여 정해진 부담부분을 초과하여 변제한 부부 일방은, 타방 배우자에 대하여, 초과분에 대한 구상권을 가진다.

**제1488조** 부담부분을 초과하여 변제한 부부 일방은 채권자에게 이와 같은 초과분에 대하여 반환을 전혀 청구할 수 없으나, 자신의 채무 한도 내에서만 변제하는 것임을 영수증에 명시한 경우에는 그러하지 아니하다.

**제1489조** 부부 중 일방이 분할로 자신에게 귀속된 부동산에 대하여 실행된 저당권의 효력에 따라 공동재산상 채무 전부에 대하여 소구를 당한 경우, 그는 타방 배우자에 대하여 이 채무의 절반에 대한 구상권을 행사할 수 있다.

**제1490조** 위 조문들의 규정에도 불구하고, 분할 조항을 통해 부부 중 일방 또는 타방에게 위에서 정한 것과 이외의 부담분을 변제할 의무를 지울 수 있고 소극재산 전부를 변제할 의무도 지울 수 있으나, 제3자의 권리를 침해하지 못한다.


**제1491조** 부부의 상속인은, 공동재산이 해소되는 경우, 그가 대위하는 부부와 동일한 권리를 행사하고 동일한 의무를 부담한다.


**제1492조** (삭제)
**제1493조** (삭제)
**제1494조** (삭제)
**제1495조** (삭제)
**제1496조** (삭제)

## Deuxième partie De la communauté conventionnelle

**Article 1497** Les époux peuvent, dans leur contrat de mariage, modifier la communauté légale par toute espèce de conventions non contraires aux articles 1387, 1388 et 1389.

Ils peuvent, notamment, convenir :

1° Que la communauté comprendra les meubles et les acquêts ;

2° Qu'il sera dérogé aux règles concernant l'administration ;

3° Que l'un des époux aura la faculté de prélever certains biens moyennant indemnité ;

4° Que l'un des époux aura un préciput ;

5° Que les époux auront des parts inégales ;

6° Qu'il y aura entre eux communauté universelle.

Les règles de la communauté légale restent applicables en tous les points qui n'ont pas fait l'objet de la convention des parties.

### Section 1 De la communauté de meubles et acquêts

**Article 1498** Lorsque les époux conviennent qu'il y aura entre eux communauté de meubles et acquêts, l'actif commun comprend, outre les biens qui en feraient partie sous le régime de la communauté légale, les biens meubles dont les époux avaient la propriété ou la possession au jour du mariage ou qui leur sont échus depuis par succession ou libéralité, à moins que le donateur ou testateur n'ait stipulé le contraire.

Restent propres, néanmoins, ceux de ces biens meubles qui auraient formé des propres par leur nature en vertu de l'article 1404, sous le régime légal, s'ils avaient été acquis pendant la communauté.

Si l'un des époux avait acquis un immeuble depuis le contrat de mariage, contenant stipulation de communauté de meubles et acquêts, et avant la célébration du mariage, l'immeuble acquis dans cet intervalle entrera dans la communauté, à moins que l'acquisition n'ait été faite en exécution de quelque clause du contrat de mariage, auquel cas elle serait réglée suivant la convention.

# 제2부 약정공동재산제

**제1497조** ① 부부는 그 부부재산계약에서 법정공동재산제를 변경하는 모든 종류의 합의를 할 수 있으나, 제1387조, 제1388조 및 제1389조에 반하지 않아야 한다.

② 부부는 특히 다음 각 호의 사항을 합의할 수 있다.

　1. 공동재산에 동산과 혼중취득재산을 포함함

　2. 관리에 관한 법규정을 배제함

　3. 부부 중 일방이 보상을 조건으로 특정 재산의 선취권을 가짐

　4. 부부 중 일방이 무보상선취분을 가짐

　5. 부부 쌍방이 불균등한 지분을 가짐

　6. 그들 사이에 포괄적 공동재산제를 채택함

③ 법정공동재산제의 규칙은 당사자들의 합의 대상이 되지 아니한 모든 사항에 여전히 적용된다.

## 제1절 동산 및 혼중취득재산 공동제

**제1498조** ① 부부가 그들 사이에 동산 및 혼중취득재산 공동제를 채택하기로 합의한 경우 공동적극재산에는, 법정공동재산제에서 적극적 공동재산을 구성하는 재산 이외에, 혼인일에 부부가 소유하거나 점유하고 있었던 동산이 포함되고, 상속이나 무상양여가 있은 이후에 부부에게 귀속된 동산은 증여자나 유언자가 반대로 약정하지 않는 한 포함된다.

② 그럼에도 불구하고, 법정공동재산제에서 제1404조에 따라 그 성질상 특유재산을 구성하였을 동산은, 공동재산제가 존속하는 동안에 취득하였더라도, 특유재산에 속한다.

③ 부부 중 일방이, 동산 및 혼중취득재산 공동제 약정을 포함하는 부부재산계약 이후 혼인의 거행 전에 부동산을 취득하였다면, 이 기간 중에 취득한 부동산은 공동재산에 포함되나, 취득이 부부재산계약상 어느 계약조항의 이행으로서 행하여진 경우에는 그러하지 아니하며, 이 경우 취득은 그 합의에 따라 규율된다.

**Article 1499** Entrent dans le passif commun, sous ce régime, outre les dettes qui en feraient partie sous le régime légal, une fraction de celles dont les époux étaient déjà grevés quand ils se sont mariés, ou dont se trouvent chargées des successions et libéralités qui leur échoient durant le mariage.

La fraction de passif que doit supporter la communauté est proportionnelle à la fraction d'actif qu'elle recueille, d'après les règles de l'article précédent, soit dans le patrimoine de l'époux au jour du mariage, soit dans l'ensemble des biens qui font l'objet de la succession ou libéralité.

Pour l'établissement de cette proportion, la consistance et la valeur de l'actif se prouvent conformément à l'article 1402.

**Article 1500** Les dettes dont la communauté est tenue en contre-partie des biens qu'elle recueille sont à sa charge définitive.

**Article 1501** La répartition du passif antérieur au mariage ou grevant les successions et libéralités ne peut préjudicier aux créanciers. Ils conservent, dans tous les cas, le droit de saisir les biens qui formaient auparavant leur gage. Ils peuvent même poursuivre leur paiement sur l'ensemble de la communauté lorsque le mobilier de leur débiteur a été confondu dans le patrimoine commun et ne peut plus être identifié selon les règles de l'article 1402.

**Article 1502** (abrogé)

### Section 2 De la clause d'administration conjointe.

**Article 1503** Les époux peuvent convenir qu'ils administreront conjointement la communauté.

En ce cas les actes d'administration et de disposition des biens communs sont faits sous la signature conjointe des deux époux et ils emportent de plein droit solidarité des obligations.

Les actes conservatoires peuvent être faits séparément par chaque époux.

**Article 1504** (abrogé)
**Article 1505** (abrogé)
**Article 1506** (abrogé)
**Article 1507** (abrogé)
**Article 1508** (abrogé)
**Article 1509** (abrogé)
**Article 1510** (abrogé)

**제1499조** ① 동산 및 혼중취득재산 공동제에서는, 법정공동재산제에서 소극적 공동재산을 구성하는 채무 외에도, 부부가 혼인 시에 이미 부담하고 있던 채무의 일정비율이나 혼인 중에 그들에게 귀속된 상속재산이나 무상양여재산이 부담하는 채무의 일정비율도 공동소극재산에 속한다.
② 공동재산이 부담해야 하는 소극재산 비율은, 제1498조의 규정에 의거하여 공동재산에 속하게 되는 적극재산이 혼인일의 부부의 자산 또는 상속이나 무상양여의 대상이 되는 재산 전체에서 차지하는 비율에 상응한다.

③ 이 비율을 정함에 있어서, 적극재산의 구성과 가액은 제1402조에 따라 증명된다.

**제1500조** 공동재산에 속하게 되는 재산의 반대급부로서 부담하는 채무는, 공동재산이 확정적으로 부담한다.

**제1501조** 혼인 전 소극재산 또는 상속재산과 무상양여재산이 부담하는 소극재산의 분배는 채권자를 해할 수 없다. 채권자는 어떠한 경우에도, 이전에 자신의 담보물이었던 재산에 대하여 압류할 수 있는 권리를 보유한다. 채권자는, 자기 채무자의 동산이 공동의 자산에 혼화되어 더 이상 제1402조의 규정에 따라 식별할 수 없게 된 경우, 공동재산 전체에 대하여 그 변제를 추급할 수도 있다.

**제1502조** (삭제)

### 제2절 공동 관리에 관한 조항

**제1503조** ① 부부는 공동재산을 공동으로 관리할 것을 합의할 수 있다.
② 이 경우 공동재산에 관한 관리 및 처분행위는 부부 쌍방의 공동 서명으로 행하여지고, 이들은 당연히 연대하여 채무를 부담한다.
③ 보존행위는 부부 각자가 개별적으로 할 수 있다.

**제1504조** (삭제)
**제1505조** (삭제)
**제1506조** (삭제)
**제1507조** (삭제)
**제1508조** (삭제)
**제1509조** (삭제)
**제1510조** (삭제)

## Section 3 De la clause de prélèvement moyennant indemnité

**Article 1511** Les époux peuvent stipuler que le survivant d'eux ou l'un d'eux s'il survit, ou même l'un d'eux dans tous les cas de dissolution de la communauté, aura la faculté de prélever certains biens communs, à charge d'en tenir compte à la communauté d'après la valeur qu'ils auront au jour du partage, s'il n'en a été autrement convenu.

**Article 1512** Le contrat de mariage peut fixer des bases d'évaluation et des modalités de paiement de la soulte éventuelle. Compte tenu de ces clauses et à défaut d'accord entre les parties, la valeur des biens sera fixée par le tribunal judiciaire.

**Article 1513** La faculté de prélèvement est caduque si l'époux bénéficiaire ne l'a pas exercée par une notification faite à l'autre époux ou à ses héritiers dans le délai d'un mois à compter du jour où ceux-ci l'auront mis en demeure de prendre parti. Cette mise en demeure ne peut elle-même avoir lieu avant l'expiration du délai prévu au titre : "Des successions" pour faire inventaire et délibérer.

**Article 1514** Le prélèvement est une opération de partage : les biens prélevés sont imputés sur la part de l'époux bénéficiaire ; si leur valeur excède cette part, il y a lieu au versement d'une soulte.

Les époux peuvent convenir que l'indemnité due par l'auteur du prélèvement s'imputera subsidiairement sur ses droits dans la succession de l'époux prédécédé.

## Section 4 Du préciput

**Article 1515** Il peut être convenu, dans le contrat de mariage, que le survivant des époux, ou l'un d'eux s'il survit, 0sera autorisé à prélever sur la communauté, avant tout partage, soit une certaine somme, soit certains biens en nature, soit une certaine quantité d'une espèce déterminée de biens.

**Article 1516** Le préciput n'est point regardé comme une donation, soit quant au fond, soit quant à la forme, mais comme une convention de mariage et entre associés.

**Article 1517** (abrogé)

### 제3절 보상부 선취에 관한 조항

**제1511조** 부부는 특정의 공동재산을 부부 중 누구든 생존자가 선취하거나, 어느 일방이 타방보다 오래 살면 선취하거나, 공동재산이 해소되는 모든 경우에 어느 일방이 선취할 권리를 가진다고 약정할 수 있으나, 그 특정 재산이 분할일에 가지는 가액에 따라 이를 공동재산에 계산하여야 한다. 그러나 달리 합의하였다면 그러하지 아니하다.

**제1512조** 부부재산계약에서 보충금이 발생하는 경우의 평가기준 및 지급방식을 정할 수 있다. 이 계약조항을 고려하여 당사자 사이에 의사합치가 없는 경우, 위 재산의 가액은 민사지방법원이 정한다.

**제1513조** 수익자인 배우자가 권리 행사 여부의 최고가 있은 날로부터 1개월 이내에 타방 또는 상속인에게 통지를 통하여 선취를 행사하지 아니하면, 선취권은 실효된다. 이 최고 자체는 재산목록 작성과 숙고를 위하여 "상속" 편에 명시된 기간이 만료하기 전에는 행하여질 수 없다.

**제1514조** ① 선취는 분할행위이다. 선취된 재산은 수익 배우자의 몫에 계상된다. 재산의 가액이 이 몫을 초과하면, 보충금이 납입되어야 한다.

② 부부는 선취권자가 부담하는 보상금이 사망한 배우자의 상속재산에 관한 선취자의 권리에서 보조적으로 공제된다고 합의할 수 있다.

### 제4절 무보상선취분

**제1515조** 부부재산계약에서, 부부 중 생존자 또는 타방보다 오래 사는 일방이 모든 분할에 앞서, 일정 금액이든, 특정의 원물재산이든, 특정 종류의 재산의 일정 수량이든 공동재산에서 선취할 권리를 가진다고 합의할 수 있다.

**제1516조** 무보상선취분은, 실질적이든 형식적이든, 결코 증여로 보지 않고, 부부재산상 그리고 사원 사이의 합의로 본다.

**제1517조** (삭제)

**Article 1518** Lorsque la communauté se dissout du vivant des époux, il n'y a pas lieu à la délivrance du préciput ; mais l'époux au profit duquel il a été stipulé conserve ses droits pour le cas de survie, sous réserve de l'article 265. Il peut exiger une caution de son conjoint en garantie de ses droits.

**Article 1519** Les créanciers de la communauté ont toujours le droit de faire vendre les effets compris dans le préciput, sauf le recours de l'époux sur le reste de la communauté.

### Section 5 De la stipulation de parts inégales.

**Article 1520** Les époux peuvent déroger au partage égal établi par la loi.

**Article 1521** Lorsqu'il a été stipulé que l'époux ou ses héritiers n'auront qu'une certaine part dans la communauté, comme le tiers ou le quart, l'époux ainsi réduit ou ses héritiers ne supportent les dettes de la communauté que proportionnellement à la part qu'ils prennent dans l'actif.

La convention est nulle si elle oblige l'époux ainsi réduit ou ses héritiers à supporter une plus forte part, ou si elle les dispense de supporter une part dans les dettes égale à celle qu'ils prennent dans l'actif.

**Article 1522** (abrogé)
**Article 1523** (abrogé)

**Article 1524** L'attribution de la communauté entière ne peut être convenue que pour le cas de survie, soit au profit d'un époux désigné, soit au profit de celui qui survivra quel qu'il soit. L'époux qui retient ainsi la totalité de la communauté est obligé d'en acquitter toutes les dettes.

Il peut aussi être convenu, pour le cas de survie, que l'un des époux aura, outre sa moitié, l'usufruit de la part du prédécédé. En ce cas, il contribuera aux dettes, quant à l'usufruit, suivant les règles de l'article 612.

Les dispositions de l'article 1518 sont applicables à ces clauses quand la communauté se dissout du vivant des deux époux.

**Article 1525** La stipulation de parts inégales et la clause d'attribution intégrale ne sont point réputées des donations, ni quant au fond, ni quant à la forme, mais simplement des conventions de mariage et entre associés.

Sauf stipulation contraire, elles n'empêchent pas les héritiers du conjoint prédécédé de faire la reprise des apports et capitaux tombés dans la communauté du chef de leur auteur.

**제1518조** 공동재산이 부부가 생존하는 동안 해소된 경우, 무보상선취분을 인도할 필요가 없다. 그러나 무보상선취분의 약정으로 이익을 받는 배우자는, 제265조의 유보 하에서, 생존하는 경우 자신의 권리를 유지한다. 그는 자신의 권리를 담보하기 위하여 타방 배우자에게 보증인을 요구할 수 있다.

**제1519조** 공동재산의 채권자들은 항상 무보상선취분에 포함된 재산을 매각시킬 권리를 가지나, 무보상선취분을 가지는 배우자는 공동재산의 잔여분에 대하여 구상할 수 있다.

### 제5절 불균등 지분에 관한 약정

**제1520조** 부부는 법률이 정한 균등분할과 달리 정할 수 있다.

**제1521조** ① 어느 배우자나 그의 상속인들이 공동재산에서, 3분의 1 또는 4분의 1과 같이 일정 지분만을 가지기로 약정하면, 이렇게 감축받은 배우자나 그의 상속인들은 적극재산에서 그들이 취하는 지분에 비례하여서만 공동재산의 채무를 부담한다.

② 이렇게 감축받은 배우자나 그의 상속인들이 보다 많은 지분에 의한 채무를 부담하게 하는 합의를 하거나, 적극재산에서 취하는 지분에 상응하는 채무 지분의 부담을 면하도록 하는 합의를 하면, 합의는 무효이다.

**제1522조** (삭제)
**제1523조** (삭제)

**제1524조** ① 지정된 배우자를 위하여 또는 누가 되든 생존배우자를 위하여 공동재산 전체를 분배하는 합의는, 부부 중 일방만 생존하는 경우에만 할 수 있다. 이렇게 공동재산 전부를 취득하는 배우자는 공동재산의 모든 채무를 변제하여야 한다.

② 부부 중 일방만 생존하는 경우, 부부 일방은 자신의 절반 지분 외의 망인의 지분에 관하여 점용권을 가지도록 하는 합의를 할 수도 있다. 이 경우 생존배우자는, 점용권에 관하여 제612조의 규정에 따라 채무를 분담한다.
③ 부부 쌍방의 생존 중에 공동재산이 해소되는 경우, 제1518조의 규정이 이 조항들에 적용된다.

**제1525조** ① 불균등지분약정과 전부분배조항은, 실질적으로나 형식적으로도, 결코 증여가 아니라 단지 부부재산상 그리고 사원간 약정으로 본다.

② 반대 약정이 없으면, 제1항의 약정은 먼저 사망한 배우자의 상속인들이 그들의 피상속인에 의하여 공동재산에 편입된 출자금과 자본금을 회수하는 것에 방해가 되지 아니한다.

## Section 6 De la communauté universelle

**Article 1526** Les époux peuvent établir par leur contrat de mariage une communauté universelle de leurs biens tant meubles qu'immeubles, présents et à venir. Toutefois, sauf stipulation contraire, les biens que l'article 1404 déclare propres par leur nature ne tombent point dans cette communauté.

La communauté universelle supporte définitivement toutes les dettes des époux, présentes et futures.

## Dispositions communes aux deux parties du chapitre II.

**Article 1527** Les avantages que l'un ou l'autre des époux peut retirer des clauses d'une communauté conventionnelle, ainsi que ceux qui peuvent résulter de la confusion du mobilier ou des dettes, ne sont point regardés comme des donations.

Néanmoins, au cas où il y aurait des enfants qui ne seraient pas issus des deux époux, toute convention qui aurait pour conséquence de donner à l'un des époux au-delà de la portion réglée par l'article 1094-1, au titre " Des donations entre vifs et des testaments", sera sans effet pour tout l'excédent ; mais les simples bénéfices résultant des travaux communs et des économies faites sur les revenus respectifs quoique inégaux, des deux époux, ne sont pas considérés comme un avantage fait au préjudice des enfants d'un autre lit.

Toutefois, ces derniers peuvent, dans les formes prévues aux articles 929 à 930-1, renoncer à demander la réduction de l'avantage matrimonial excessif avant le décès de l'époux survivant. Dans ce cas, ils bénéficient de plein droit du privilège sur les meubles prévu au 4° de l'article 2402 et peuvent demander, nonobstant toute stipulation contraire, qu'il soit dressé inventaire des meubles ainsi qu'état des immeubles.

**Article 1528** (abrogé)
**Article 1529** (abrogé)
**Article 1530** (abrogé)
**Article 1531** (abrogé)
**Article 1532** (abrogé)
**Article 1533** (abrogé)
**Article 1534** (abrogé)
**Article 1535** (abrogé)

## 제6절 포괄적 공동재산제

**제1526조** ① 부부는 부부재산계약을 통해 현재와 장래의 그들의 동산과 부동산에 관한 포괄적 공동재산을 설정할 수 있다. 그러나 반대의 약정이 없는 한, 제1404조가 성질상 특유재산으로 정한 재산은 결코 이 공동재산에 편입되지 않는다.

② 포괄적 공동재산은 부부의 현재와 장래의 모든 채무를 확정적으로 부담한다.

## 제2장 제1부, 제2부에 공통되는 규정

**제1527조** ① 동산 또는 채무의 혼동으로 발생한 이익과 마찬가지로, 부부 중 일방 또는 타방이 약정공동재산의 계약조항에서 얻을 수 있는 이익은 증여로 간주되지 아니한다.

② 그럼에도 불구하고, 둘 사이에서 태어나지 않은 자녀가 있으면, "생전증여와 유언"의 장 제1094-1조에 의하여 정해진 비율을 초과하여 부부 일방에게 증여하는 결과가 되는 합의는, 초과부분 전체에 대하여 효력이 없다. 그러나 공동의 노무 및 균등하지 않더라도 각자의 수입에 대한 절약을 통해 발생한 단순한 수익은, 부부 사이의 관계가 아닌 자녀에게 손해를 주는 이익으로 간주되지 아니한다.

③ 그러나 다른 관계에서의 자녀는, 생존배우자의 사망 이전에, 초과된 부부재산제상의 이익에 대한 감액 청구를 제929조부터 제930-1조까지에서 규정된 방식으로 포기할 수 있다. 이 경우, 그 자녀는 당연히 제2402조 제4호에서 규정된 동산우선특권을 가지며, 반대의 약정이 있더라도 부동산명세서뿐 아니라 동산목록을 작성할 것을 청구할 수 있다.

**제1528조** (삭제)
**제1529조** (삭제)
**제1530조** (삭제)
**제1531조** (삭제)
**제1532조** (삭제)
**제1533조** (삭제)
**제1534조** (삭제)
**제1535조** (삭제)

## Chapitre III Du régime de séparation de biens

**Article 1536** Lorsque les époux ont stipulé dans leur contrat de mariage qu'ils seraient séparés de biens, chacun d'eux conserve l'administration, la jouissance et la libre disposition de ses biens personnels.

Chacun d'eux reste seul tenu des dettes nées en sa personne avant ou pendant le mariage, hors le cas de l'article 220.

**Article 1537** Les époux contribuent aux charges du mariage suivant les conventions contenues en leur contrat ; et, s'il n'en existe point à cet égard, dans la proportion déterminée à l'article 214.

**Article 1538** Tant à l'égard de son conjoint que des tiers, un époux peut prouver par tous les moyens qu'il a la propriété exclusive d'un bien.

Les présomptions de propriété énoncées au contrat de mariage ont effet à l'égard des tiers aussi bien que dans les rapports entre époux, s'il n'en a été autrement convenu. La preuve contraire sera de droit, et elle se fera par tous les moyens propres à établir que les biens n'appartiennent pas à l'époux que la présomption désigne, ou même, s'ils lui appartiennent, qu'il les a acquis par une libéralité de l'autre époux.

Les biens sur lesquels aucun des époux ne peut justifier d'une propriété exclusive sont réputés leur appartenir indivisément, à chacun pour moitié.

**Article 1539** Si, pendant le mariage, l'un des époux confie à l'autre l'administration de ses biens personnels, les règles du mandat sont applicables. L'époux mandataire est, toutefois, dispensé de rendre compte des fruits, lorsque la procuration ne l'y oblige pas expressément.

**Article 1540** Quand l'un des époux prend en main la gestion des biens de l'autre, au su de celui-ci, et néanmoins sans opposition de sa part, il est censé avoir reçu un mandat tacite, couvrant les actes d'administration et de gérance, mais non les actes de disposition.

Cet époux répond de sa gestion envers l'autre comme un mandataire. Il n'est, cependant, comptable que des fruits existants ; pour ceux qu'il aurait négligé de percevoir ou consommés frauduleusement, il ne peut être recherché que dans la limite des cinq dernières années.

Si c'est au mépris d'une opposition constatée que l'un des époux s'est immiscé dans la gestion des biens de l'autre, il est responsable de toutes les suites de son immixtion, et comptable sans limitation de tous les fruits qu'il a perçus, négligé de percevoir ou consommés frauduleusement.

## 제3장 부부별산제

**제1536조** ① 부부가 부부재산계약에서 재산분리를 약정한 경우, 각 배우자는 자신의 개인재산의 관리, 향유 및 자유로운 처분을 계속할 수 있다.

② 부부 각자는, 제220조의 경우가 아닌 한, 혼인 전 또는 혼인 중 개인적으로 발생한 채무를 각자 단독으로 부담한다.

**제1537조** 부부는 부부재산계약상의 합의에 따라 혼인생활비용을 분담한다. 이에 관한 약정이 전혀 없으면, 제214조에서 정한 비율에 따른다.

**제1538조** ① 타방 배우자뿐 아니라 제3자에 대하여도, 부부 일방은 어떤 재산에 대하여 배타적 소유권이 있음을 모든 수단에 의하여 증명할 수 있다.

② 부부재산계약에서 표시된 소유권의 추정은, 달리 합의되지 않은 한, 부부 사이에서뿐 아니라 제3자에게도 효력이 있다. 반대증명은 당연히 가능하고, 반증은 재산이 추정을 받는 배우자에게 속하지 않았음을, 또는 그에게 속하는 경우에도 타방 배우자의 무상양여에 의하여 취득되었음을 증명하기에 적합한 모든 수단에 의하여 행하여진다.

③ 부부 중 어느 쪽도 배타적 소유권을 증명할 수 없는 재산은 각각 2분의 1의 지분으로 공유하는 것으로 간주된다.

**제1539조** 혼인기간 중 부부의 일방이 자신의 특유재산의 관리를 타방에 위탁하면, 위임 규정이 적용된다. 그러나 과실(果實)의 보고의무를 위임장에서 명시적으로 부과하지 않은 때에는, 수임인인 배우자는 이를 면한다.

**제1540조** ① 부부 중 일방이 타방의 재산 관리를 담당하고 타방이 이를 알면서도 반대하지 않은 경우에는, 그는 묵시적 위임을 받은 것으로 간주되나, 여기에 관리 및 운용행위는 포함되나 처분행위는 포함되지 아니한다.

② 전항의 배우자는 타방에게 수임인으로서 관리에 대한 책임을 진다. 그러나 단지 현존하는 과실에 한해 책임을 진다. 수임인인 배우자는 수취를 해태하였거나 사해적으로 소비한 과실에 관하여 5년 이내에 소구당할 수 있다.

③ 부부 중 일방이 타방의 분명한 반대의사를 무시하고 타방 재산의 관리에 개입하면, 그는 자신의 개입으로 인한 모든 결과에 책임이 있고, 그가 수취했거나 수취를 해태하였거나 또는 사해적으로 소비한 모든 과실에 대하여 제한 없이 책임을 진다.

**Article 1541** L'un des époux n'est point garant du défaut d'emploi ou de remploi des biens de l'autre, à moins qu'il ne se soit ingéré dans les opérations d'aliénation ou d'encaissement, ou qu'il ne soit prouvé que les deniers ont été reçus par lui, ou ont tourné à son profit.

**Article 1542** Après la dissolution du mariage par le décès de l'un des conjoints, le partage des biens indivis entre époux séparés de biens, pour tout ce qui concerne ses formes, le maintien de l'indivision et l'attribution préférentielle, la licitation des biens, les effets du partage, la garantie et les soultes, est soumis à toutes les règles qui sont établies au titre "Des successions" pour les partages entre cohéritiers.

Les mêmes règles s'appliquent après divorce ou séparation de corps. Toutefois, l'attribution préférentielle n'est jamais de droit. Il peut toujours être décidé que la totalité de la soulte éventuellement due sera payable comptant.

**Article 1543** Les règles de l'article 1479 sont applicables aux créances que l'un des époux peut avoir à exercer contre l'autre.

**Article 1544** (abrogé)
**Article 1545** (abrogé)
**Article 1546** (abrogé)
**Article 1547** (abrogé)
**Article 1548** (abrogé)
**Article 1549** (abrogé)
**Article 1550** (abrogé)
**Article 1551** (abrogé)
**Article 1552** (abrogé)
**Article 1553** (abrogé)
**Article 1554** (abrogé)
**Article 1555** (abrogé)
**Article 1556** (abrogé)
**Article 1557** (abrogé)
**Article 1558** (abrogé)
**Article 1559** (abrogé)
**Article 1560** (abrogé)
**Article 1561** (abrogé)
**Article 1562** (abrogé)

**제1541조** 부부 중 일방은 타방의 특유재산 사용 또는 재사용이 흠결된 경우를 전혀 책임지지 아니하나, 그가 양도나 대금 수령에 관여한 경우 또는 대금이 그에 의하여 수령되었거나 그의 이익으로 판명된 경우에는 그러하지 아니하다.

**제1542조** ① 배우자 중 일방의 사망으로 혼인이 해소된 후, 부부별산제 하의 배우자 간 공유재산 분할은, 그 분할 형식, 공유 유지, 및 우선 분배, 재산의 공동재산 경매, 분할의 효과, 담보책임과 보충금에 관한 모든 사항에 대하여 공동상속인 간 분할에 관한 "상속" 편에 정해진 규정에 따른다.

② 이혼 또는 별거 후에도 동일한 규정이 적용된다. 그러나 우선분배가 당연히 인정되는 것은 아니다. 보충금이 있는 경우 언제든지 그 전액이 현금으로 지급되는 것으로 결정될 수 있다.

**제1543조** 제1479조의 규정은 부부 중 일방이 타방 배우자에 대하여 행사할 수 있는 채권에 적용된다.

제1544조 (삭제)
제1545조 (삭제)
제1546조 (삭제)
제1547조 (삭제)
제1548조 (삭제)
제1549조 (삭제)
제1550조 (삭제)
제1551조 (삭제)
제1552조 (삭제)
제1553조 (삭제)
제1554조 (삭제)
제1555조 (삭제)
제1556조 (삭제)
제1557조 (삭제)
제1558조 (삭제)
제1559조 (삭제)
제1560조 (삭제)
제1561조 (삭제)
제1562조 (삭제)

**Article 1563** (abrogé)

**Article 1564** (abrogé)

**Article 1565** (abrogé)

**Article 1566** (abrogé)

**Article 1567** (abrogé)

**Article 1568** (abrogé)

## Chapitre IV Du régime de participation aux acquêts

**Article 1569** Quand les époux ont déclaré se marier sous le régime de la participation aux acquêts, chacun d'eux conserve l'administration, la jouissance et la libre disposition de ses biens personnels, sans distinguer entre ceux qui lui appartenaient au jour du mariage ou lui sont advenus depuis par succession ou libéralité et ceux qu'il a acquis pendant le mariage à titre onéreux. Pendant la durée du mariage, ce régime fonctionne comme si les époux étaient mariés sous le régime de la séparation de biens. A la dissolution du régime, chacun des époux a le droit de participer pour moitié en valeur aux acquêts nets constatés dans le patrimoine de l'autre, et mesurés par la double estimation du patrimoine originaire et du patrimoine final.

Le droit de participer aux acquêts est incessible tant que le régime matrimonial n'est pas dissous. Si la dissolution survient par la mort d'un époux, ses héritiers ont, sur les acquêts nets faits par l'autre, les mêmes droits que leur auteur.

**Article 1570** Le patrimoine originaire comprend les biens qui appartenaient à l'époux au jour du mariage et ceux qu'il a acquis depuis par succession ou libéralité, ainsi que tous les biens qui, dans le régime de la communauté légale, forment des propres par nature sans donner lieu à récompense. Il n'est pas tenu compte des fruits de ces biens, ni de ceux de ces biens qui auraient eu le caractère de fruits ou dont l'époux a disposé par donation entre vifs pendant le mariage.

La consistance du patrimoine originaire est prouvée par un état descriptif, même sous seing privé, établi en présence de l'autre conjoint et signé par lui.

A défaut d'état descriptif ou s'il est incomplet, la preuve de la consistance du patrimoine originaire ne peut être rapportée que par les moyens de l'article 1402.

제1563조 (삭제)
제1564조 (삭제)
제1565조 (삭제)
제1566조 (삭제)
제1567조 (삭제)
제1568조 (삭제)

## 제4장 혼중취득재산 참가제

**제1569조** ① 부부가 혼중취득재산참가제 하에서 혼인하였음을 신고한 경우에 부부 각자는, 혼인 일에 그에게 속하였거나 그 이후 상속이나 무상양여에 의하여 가지게 된 재산 및 혼인 중 유상으로 취득한 재산을 구분 없이, 개인재산에 관한 관리, 향유 및 자유로운 처분을 계속할 수 있다. 혼인기간 동안, 이 제도는 부부가 별산제 하에 혼인한 것과 같은 기능을 한다. 혼중취득재산참가제 해소 시, 부부 각자는 최초재산과 최종재산에 대한 이중 평가로 계산된, 타방 배우자의 재산에 존재하는 순수혼중취득재산 가액의 절반에 대하여 참가할 권리를 가진다.

② 혼중취득재산에 참가할 권리는 부부재산제가 해소되지 않는 한 양도할 수 없다. 부부 일방의 사망에 의하여 부부재산제가 해소된 경우, 상속인은 타방에 의하여 형성된 순수혼중취득재산에 대하여 피상속인과 같은 권리를 가진다.

**제1570조** ① 최초재산에는, 혼인일에 배우자에게 속하는 재산과 혼인 후 상속 또는 무상양여에 의하여 취득한 재산 및 법정부부재산제 하에서 상환의 필요 없이 성질상 특유재산을 구성하는 모든 재산이 포함된다. 이와 같은 재산으로부터 발생한 과실, 과실의 성질을 가지는 재산이나 부부 일방이 혼인 중 생전증여에 의하여 보유하는 재산의 과실은 고려하지 아니한다.

② 최초재산의 구성은 타방 배우자의 출석 하에 그가 서명하여 작성한 명세서 또는 사서증서에 의하여 증명된다.
③ 명세서가 없거나 불완전하다면, 최초재산의 구성에 관한 증명은 제1402조에 의하여서만 보충될 수 있다.

**Article 1571** Les biens originaires sont estimés d'après leur état au jour du mariage ou de l'acquisition, et d'après leur valeur au jour où le régime matrimonial est liquidé. S'ils ont été aliénés, on retient leur valeur au jour de l'aliénation. Si de nouveaux biens ont été subrogés aux biens aliénés, on prend en considération la valeur de ces nouveaux biens.

De l'actif originaire sont déduites les dettes dont il se trouvait grevé, réévaluées, s'il y a lieu, selon les règles de l'article 1469, troisième alinéa. Si le passif excède l'actif, cet excédent est fictivement réuni au patrimoine final.

**Article 1572** Font partie du patrimoine final tous les biens qui appartiennent à l'époux au jour où le régime matrimonial est dissous, y compris, le cas échéant, ceux dont il aurait disposé à cause de mort et sans en exclure les sommes dont il peut être créancier envers son conjoint. S'il y a divorce, séparation de corps ou liquidation anticipée des acquêts, le régime matrimonial est réputé dissous au jour de la demande.

La consistance du patrimoine final est prouvée par un état descriptif, même sous seing privé, que l'époux ou ses héritiers doivent établir en présence de l'autre conjoint ou de ses héritiers ou eux dûment appelés. Cet état doit être dressé dans les neuf mois de la dissolution du régime matrimonial, sauf prorogation par le président du tribunal statuant sur requête.

La preuve que le patrimoine final aurait compris d'autres biens peut être rapportée par tous les moyens, même par témoignages et présomptions.

Chacun des époux peut, quant aux biens de l'autre, requérir l'apposition des scellés et l'inventaire suivant les règles prévues au code de procédure civile.

**Article 1573** Aux biens existants on réunit fictivement les biens qui ne figurent pas dans le patrimoine originaire et dont l'époux a disposé par donation entre vifs sans le consentement de son conjoint, ainsi que ceux qu'il aurait aliénés frauduleusement. L'aliénation à charge de rente viagère ou à fonds perdu est présumée faite en fraude des droits du conjoint, si celui-ci n'y a consenti.

**제1571조** ① 최초재산은 혼인일 또는 취득일의 상태와 부부재산제 청산일의 가액에 따라 평가된다. 최초재산이 양도된 경우, 양도일의 재산의 가액에 따라 평가된다. 양도된 물건이 새로운 물건으로 대체하였다면, 그 새로운 물건의 가액을 고려한다.

② 최초의 적극재산으로 담보된 채무는 그 재산으로부터 공제되고, 이 채무는 필요한 경우, 제1469조 제3항의 규정에 따라 재평가된다. 소극재산이 적극재산을 초과하면, 그 초과부분은 최종재산에 명목상 포함된다.

**제1572조** ① 부부재산제의 해소일에 부부 일방에 속한 모든 재산은 최종재산을 구성하고, 부부 일방이 사망을 원인으로 처분한 재산도 필요한 경우 최종재산에 포함되나, 그가 상대배우자에 대한 채권액은 여기에서 공제되지 아니한다. 이혼, 별거 또는 혼중취득재산의 사전적 청산이 있었다면, 그 청구일에 부부재산제는 해소된 것으로 본다.

② 최종재산의 구성은, 부부 일방 또는 그 상속인이, 타방 배우자 또는 그 상속인이 출석하거나 그들을 정식으로 소환하여 작성한 명세서나 사서증서에 의하여 증명된다. 이 증서는 부부재산제 해소 시로부터 9월 내에 작성되어야 하나, 신청에 대하여 재판을 하는 재판장에 의하여 연장된 때는 그러하지 아니하다.

③ 최종재산이 다른 재산을 포함한다는 증명은 모든 방법에 의하여 보충될 수 있고, 증언과 추정에 의하여서도 가능하다.
④ 부부 각자는 타방 배우자의 재산에 대하여, 민사소송법전에 규정된 규칙에 따라 봉인의 부착 및 재산목록을 요구할 수 있다.

**제1573조** 현존재산에는 최초재산에 포함되지 않으나 부부 일방이 타방 배우자의 동의 없이 생전증여에 의하여 처분한 재산 및 사해적으로 양도한 재산이 명목상으로 포함된다. 종신정기금을 부담하는 양도나 종신연금이 부담되는 양도는, 이에 타방 배우자가 동의하지 않으면, 그 배우자의 권리에 대하여 사해적으로 행하여진 것으로 추정된다.

**Article 1574** Les biens existants sont estimés d'après leur état à l'époque de la dissolution du régime matrimonial et d'après leur valeur au jour de la liquidation de celui-ci. Les biens qui ont été aliénés par donations entre vifs, ou en fraude des droits du conjoint, sont estimés d'après leur état au jour de l'aliénation et la valeur qu'ils auraient eue, s'ils avaient été conservés, au jour de la liquidation.

De l'actif ainsi reconstitué, on déduit toutes les dettes qui n'ont pas encore été acquittées, y compris les sommes qui pourraient être dues au conjoint.

La valeur, au jour de l'aliénation, des améliorations qui avaient été apportées pendant le mariage à des biens originaires donnés par un époux sans le consentement de son conjoint avant la dissolution du régime matrimonial doit être ajoutée au patrimoine final.

**Article 1575** Si le patrimoine final d'un époux est inférieur à son patrimoine originaire, le déficit est supporté entièrement par cet époux. S'il lui est supérieur, l'accroissement représente les acquêts nets et donne lieu à participation.

S'il y a des acquêts nets de part et d'autre, ils doivent d'abord être compensés. Seul l'excédent se partage : l'époux dont le gain a été le moindre est créancier de son conjoint pour la moitié de cet excédent.

A la créance de participation on ajoute, pour les soumettre au même règlement, les sommes dont l'époux peut être d'ailleurs créancier envers son conjoint, pour valeurs fournies pendant le mariage et autres indemnités, déduction faite, s'il y a lieu, de ce dont il peut être débiteur envers lui.

**Article 1576** La créance de participation donne lieu à paiement en argent. Si l'époux débiteur rencontre des difficultés graves à s'en acquitter entièrement dès la clôture de la liquidation, les juges peuvent lui accorder des délais qui ne dépasseront pas cinq ans, à charge de fournir des sûretés et de verser des intérêts.

La créance de participation peut toutefois donner lieu à un règlement en nature, soit du consentement des deux époux, soit en vertu d'une décision du juge, si l'époux débiteur justifie de difficultés graves qui l'empêchent de s'acquitter en argent.

Le règlement en nature prévu à l'alinéa précédent est considéré comme une opération de partage lorsque les biens attribués n'étaient pas compris dans le patrimoine originaire ou lorsque l'époux attributaire vient à la succession de l'autre.

La liquidation n'est pas opposable aux créanciers des époux : ils conservent le droit de saisir les biens attribués au conjoint de leur débiteur.

**제1574조** ① 현존재산은 부부재산제 해소 시기의 상태에 따라, 그리고 부부재산제의 청산일의 재산 가액에 따라 평가된다. 생전증여에 의하여 양도된 재산 또는 타방 배우자의 권리를 사해적으로 양도된 재산은 양도일 당시의 재산상태 및 그 재산을 보유하였다면 부부재산제의 청산일에 재산이 가졌을 가치에 따라 평가된다.

② 배우자에게 지급되어야 하는 금액을 포함하여 아직 변제되지 않은 모든 채무는 전항에 따라 재구성한 적극재산에서 공제된다.

③ 부부재산제의 해소 전에 부부 일방이 타방 배우자의 동의 없이 혼인기간 중 최초재산에 대하여 행한 개량의 가치는, 재산 양도일을 기준으로 하여, 최종재산에 추가되어야 한다.

**제1575조** ① 부부 일방의 최종재산이 그의 최초재산을 하회하면, 부족분은 그가 전적으로 부담한다. 최종재산이 최초재산을 상회한다면, 증가분은 순수혼중취득재산을 구성하고 참가가 이루어진다.

② 순수혼중취득재산이 쌍방에 존재하면, 순수혼중취득재산은 먼저 상계되어야 한다. 초과분만이 분할된다. 타방에 비해 이득이 적었던 일방은 타방에 비해 이득이 적었던 일방은 이 초과분의 절반을 배우자에게 청구할 수 있는 채권자가 된다.

③ 부부 일방이 그 밖에 타방 배우자에게 혼인기간 중 제공한 가액 및 기타 보상금에 상응하는 채권을 가지는 때에는 그 금액을 참가채권에 추가하여 같이 결제되도록 하고, 필요한 경우, 그 일방이 배우자에게 지는 채무를 공제한다.

**제1576조** ① 참가채권은 금전으로 변제된다. 채무자인 배우자가 청산종결 시에 채무 전부를 변제하는데 심각한 어려움을 겪으면, 법원은 5년을 넘지 않는 기간을 허여할 수 있으나, 담보의 제공 및 이자 지급을 부담하게 하여야 한다.

② 그러나 채무자인 배우자가 금전으로 변제하는 데 장애가 되는 심각한 어려움을 증명한다면, 참가채권은, 부부 쌍방의 합의에 의하거나 법원의 결정에 의하여 원물로 결제될 수 있다.

③ 제2항에서 규정된 원물 결제는 분배된 재산이 최초재산에 포함되지 않았던 경우 또는 분배받는 배우자가 타방 배우자의 상속에 참여하는 경우에는, 일종의 분할의 실행으로 간주된다.

④ 청산은 배우자들의 채권자에게는 대항할 수 없다. 채권자는 채무자의 배우자에게 분배된 재산을 압류할 권리를 보유한다.

**Article 1577** L'époux créancier poursuit le recouvrement de sa créance de participation d'abord sur les biens existants et subsidiairement, en commençant par les aliénations les plus récentes, sur les biens mentionnés à l'article 1573 qui avaient été aliénés par donation entre vifs ou en fraude des droits du conjoint.

**Article 1578** A la dissolution du régime matrimonial, si les parties ne s'accordent pas pour procéder à la liquidation par convention, l'une d'elles peut demander au tribunal qu'il y soit procédé en justice.

Sont applicables à cette demande, en tant que de raison, les règles prescrites pour arriver au partage judiciaire des successions et communautés.

Les parties sont tenues de se communiquer réciproquement, et de communiquer aux experts désignés par le juge, tous renseignements et documents utiles à la liquidation.

L'action en liquidation se prescrit par trois ans à compter de la dissolution du régime matrimonial. Les actions ouvertes contre les tiers en vertu de l'article 1341-2 se prescrivent par deux ans à compter de la clôture de la liquidation.

**Article 1579** Si l'application des règles d'évaluation prévues par les articles 1571 et 1574 ci-dessus devait conduire à un résultat manifestement contraire à l'équité, le tribunal pourrait y déroger à la demande de l'un des époux.

**Article 1580** Si le désordre des affaires d'un époux, sa mauvaise administration ou son inconduite, donnent lieu de craindreue la continuation du régime matrimonial ne compromette les intérêts de l'autre conjoint, celui-ci peut demander la liquidation anticipée de sa créance de participation.

Les règles de la séparation de biens sont applicables à cette demande.

Lorsque la demande est admise, les époux sont placés sous le régime des articles 1536 à 1541.

**Article 1581** En stipulant la participation aux acquêts, les époux peuvent adopter toutes clauses non contraires aux articles 1387, 1388 et 1389.

Ils peuvent notamment convenir d'une clause de partage inégal, ou stipuler que le survivant d'eux ou l'un d'eux s'il survit, aura droit à la totalité des acquêts nets faits par l'autre.

Il peut également être convenu entre les époux que celui d'entre eux qui, lors de la liquidation du régime, aura envers l'autre une créance de participation, pourra exiger la dation en paiement de certains biens de son conjoint, s'il établit qu'il a un intérêt essentiel à se les faire attribuer.

**제1577조** 채권자인 배우자는 먼저 현존재산에 대하여 참가채권의 추심을 소구하고, 보충적으로는 가장 최근에 양도된 재산 중 제1573조에서 규정된 재산, 즉 생전증여에 의하여 양도되었거나 타방 배우자의 권리에 대한 사해적으로 양도되었던 재산에 대하여 참가채권의 회수를 소구한다.

**제1578조** ① 부부재산제의 해소 시에, 합의에 의한 청산을 진행하는 데 당사자들의 의견이 일치하지 않으면, 당사자 중 일방은 재판상 청산의 진행을 법원에 청구할 수 있다.

② 제1항의 청구에는, 합리적인 한, 상속재산과 부부공동재산의 재판상 분할을 위하여 정해진 규정이 적용된다.

③ 당사자들은 청산에 필요한 모든 참고자료와 서류를, 상호 간에 그리고 법원이 지정한 감정인에게 전달할 의무가 있다.

④ 청산 소권은 부부재산제의 해소 시부터 3년의 경과로 시효소멸한다. 제1341-2조에 기하여 제3자에 대하여 개시되는 소권은 청산종결 시부터 2년의 경과로 시효소멸한다.

**제1579조** 위의 제1571조 및 제1574조에서 규정된 평가규칙의 적용이 형평에 반하는 결과를 야기할 것이 분명하면, 법원은 부부 중 일방의 청구에 따라 그 적용을 배제할 수 있다.

**제1580조** ① 부부 일방의 무질서한 사무처리, 악의적 관리 또는 비행으로 인하여 부부재산제의 유지가 타방 배우자의 이익을 해할 우려가 야기되면, 타방 배우자는 참가채권의 사전적 청산을 청구할 수 있다.

② 재산분리에 관한 규정은 제1항의 청구에 적용된다.

③ 청구가 인용된 경우, 부부는 제1536조에서 제1541조에 규정된 부부재산제의 적용을 받는다.

**제1581조** ① 혼중취득재산 참가제를 약정하면서, 부부는 제1387조, 제1388조 및 제1389조에 반하지 않는 한 모든 계약조항을 채택할 수 있다.

② 부부는 특히 불평등 분할 조항에 합의하거나, 그들 중 생존자나, 부부 중 타방보다 오래 사는 일방이, 타방에 의하여 형성된 순수혼중취득재산의 전부에 대하여 권리를 가진다고 약정할 수 있다.

③ 부부재산제의 청산 시에 타방에 대하여 참가채권을 가진 부부 중 일방은, 자신이 그 재산의 분배에 중요한 이익을 가진다고 증명하면, 타방 배우자 소유의 특정 재산의 대물변제를 요구할 수 있다고 부부 사이에 합의하는 것도 가능하다.

## Titre VI De la vente

## Chapitre I^er De la nature et de la forme de la vente

**Article 1582** La vente est une convention par laquelle l'un s'oblige à livrer une chose, et l'autre à la payer.

Elle peut être faite par acte authentique ou sous seing privé.

**Article 1583** Elle est parfaite entre les parties, et la propriété est acquise de droit à l'acheteur à l'égard du vendeur, dès qu'on est convenu de la chose et du prix, quoique la chose n'ait pas encore été livrée ni le prix payé.

**Article 1584** La vente peut être faite purement et simplement, ou sous une condition soit suspensive, soit résolutoire.

Elle peut aussi avoir pour objet deux ou plusieurs choses alternatives.

Dans tous ces cas, son effet est réglé par les principes généraux des conventions.

**Article 1585** Lorsque des marchandises ne sont pas vendues en bloc, mais au poids, au compte ou à la mesure, la vente n'est point parfaite, en ce sens que les choses vendues sont aux risques du vendeur jusqu'à ce qu'elles soient pesées, comptées ou mesurées ; mais l'acheteur peut en demander ou la délivrance ou des dommages-intérêts, s'il y a lieu, en cas d'inexécution de l'engagement.

**Article 1586** Si, au contraire, les marchandises ont été vendues en bloc, la vente est parfaite, quoique les marchandises n'aient pas encore été pesées, comptées ou mesurées.

**Article 1587** A l'égard du vin, de l'huile, et des autres choses que l'on est dans l'usage de goûter avant d'en faire l'achat, il n'y a point de vente tant que l'acheteur ne les a pas goûtées et agréées.

**Article 1588** La vente faite à l'essai est toujours présumée faite sous une condition suspensive.

# 제6편 매매

## 제1장 매매의 성질과 형식

**제1582조** ① 매매는 일방이 물건을 인도할 의무를 부담하고 타방은 물건에 대하여 변제할 의무를 부담하는 합의이다.
② 매매는 공정증서 또는 사서증서에 의하여서 행하여질 수 있다.

**제1583조** 매매는, 목적물과 대금이 합의된 때에는, 당사자 사이에 완성되어, 소유권은 매도인과의 관계에서 합법적으로 매수인에게 취득되고, 이는 목적물이 아직 인도되지 않았고 대금이 변제되지 않았더라도 그러하다.

**제1584조** ① 매매는 단순하고 간명하게 체결될 수 있고, 또는 정지조건부나 해제조건부로 체결될 수도 있다.
② 매매는 선택적인 둘 또는 수 개의 목적물을 대상으로 할 수도 있다.
③ 제1항과 제2항의 모든 경우에, 매매의 효력은 합의에 관한 일반원칙에 따라 규율된다.

**제1585조** 상품이 일체가 아니라 무게, 개수 또는 길이로 매도되는 경우, 매각된 물건이 무게를 재거나, 개수를 세거나, 길이가 측량되기까지는 매도인의 위험으로 매각된다는 점에서, 매매는 결코 완성되지 아니한다. 그러나 매수인은 채무불이행의 경우에, 필요한 경우, 그 이행이나 인도 또는 손해배상을 청구할 수 있다.

**제1586조** 반대로 상품이 일체로서 매도되었다면, 상품이 아직 무게를 재거나 개수를 세거나 또는 길이를 측정하지 않았더라도 매매는 완성된다.

**제1587조** 매수하기 전에 시음하는 것이 관행인 포도주, 기름 및 기타 목적물에 대하여는, 매수인이 이들을 시음하고 승인하지 않는 한, 매매는 결코 성립하지 아니한다.

**제1588조** 시험매매는 언제나 정지조건부로 행하여진 것으로 추정된다.

**Article 1589** La promesse de vente vaut vente, lorsqu'il y a consentement réciproque des deux parties sur la chose et sur le prix.

Si cette promesse s'applique à des terrains déjà lotis ou à lotir, son acceptation et la convention qui en résultera s'établiront par le paiement d'un acompte sur le prix, quel que soit le nom donné à cet acompte, et par la prise de possession du terrain.

La date de la convention, même régularisée ultérieurement, sera celle du versement du premier acompte.

**Article 1589-1** Est frappé de nullité tout engagement unilatéral souscrit en vue de l'acquisition d'un bien ou d'un droit immobilier pour lequel il est exigé ou reçu de celui qui s'engage un versement, quelle qu'en soit la cause et la forme.

**Article 1589-2** Est nulle et de nul effet toute promesse unilatérale de vente afférente à un immeuble, à un droit immobilier, à un fonds de commerce, à un droit à un bail portant sur tout ou partie d'un immeuble ou aux titres des sociétés visées aux articles 728 et 1655 ter du code général des impôts, si elle n'est pas constatée par un acte authentique ou par un acte sous seing privé enregistré dans le délai de dix jours à compter de la date de son acceptation par le bénéficiaire. Il en est de même de toute cession portant sur lesdites promesses qui n'a pas fait l'objet d'un acte authentique ou d'un acte sous seing privé enregistré dans les dix jours de sa date.

**Article 1590** Si la promesse de vendre a été faite avec des arrhes chacun des contractants est maître de s'en départir,

Celui qui les a données, en les perdant,

Et celui qui les a reçues, en restituant le double.

**Article 1591** Le prix de la vente doit être déterminé et désigné par les parties.

**Article 1592** Il peut cependant être laissé à l'estimation d'un tiers ; si le tiers ne veut ou ne peut faire l'estimation, il n'y a point de vente, sauf estimation par un autre tiers.

**Article 1593** Les frais d'actes et autres accessoires à la vente sont à la charge de l'acheteur.

**제1589조** ① 매매의 예약은, 목적물과 대금에 관하여 양당사자 상호간의 합의가 있는 경우에는, 매매의 효력을 가진다.

② 이 매매 예약이 분필하여 이미 분양되었거나 또는 분양될 토지에 적용되면, 예약의 승낙과 그 결과 뒤따르는 합의는, 분할금의 명칭이 어떤 것이든 분할금의 지급과 토지의 점유 취득에 의하여 성립된다.

③ 합의일은, 나중에 조정될 수 있을지라도, 첫 번째 분할금의 지급일이 된다.

**제1589-1조** 부동산 또는 부동산에 관한 권리를 취득하기 위하여 의무를 부담하는 자가 대금을 지급하거나 그로부터 수령하기로 하는 모든 일방적 의무부담은 그 원인과 형식을 불문하고 무효로 한다.

**제1589-2조** 부동산, 부동산에 관한 권리, 영업자산, 부동산의 전부 또는 일부를 대상으로 하는 임차권 또는 일반조세법전 제728조 및 제1655 ter조에 규정된 회사의 증권에 관한 모든 유형의 매매의 일방예약은, 수익자의 승낙이 있는 날로부터 10일 이내에, 공정증서 또는 등록된 사서증서에 의하여 확정되지 않으면, 무효이고 어떠한 효력도 없다. 전술한 예약에 관한 양도는 그 양도일로부터 10일 이내에 공정증서 또는 등록된 사서증서의 대상이 되지 않은 경우에도 마찬가지이다.

**제1590조** 매매예약이 계약금과 함께 이루어졌다면, 각 예약당사자는 다음과 같은 방식으로 매매예약을 포기할 수 있다.

계약금을 지급한 자는, 이를 포기하고,

그리고 계약금을 수령한 자는, 배액을 상환한다.

**제1591조** 매매대금은 당사자들에 의하여 결정되고 지정되어야 한다.

**제1592조** 그러나 매매대금은 제3자의 평가에 맡겨질 수 있다. 제3자가 평가를 원하지 않거나 할 수 없다면, 매매는 존재하지 아니하나, 다른 제3자에 의한 평가가 있는 경우에는 그러하지 아니한다.

**제1593조** 매매에 관한 증서작성비용 및 기타 부수적 비용은 매수인의 부담으로 한다.

## Chapitre II Qui peut acheter ou vendre

**Article 1594** Tous ceux auxquels la loi ne l'interdit pas peuvent acheter ou vendre.

**Article 1595** (abrogé)

**Article 1596** Ne peuvent se rendre adjudicataires, sous peine de nullité, ni par eux-mêmes, ni par personnes interposées :

Les tuteurs, des biens de ceux dont ils ont la tutelle ;

Les mandataires, des biens qu'ils sont chargés de vendre ;

Les administrateurs, de ceux des communes ou des établissements publics confiés à leurs soins ;

Les officiers publics, des biens nationaux dont les ventes se font par leur ministère ;

Les fiduciaires, des biens ou droits composant le patrimoine fiduciaire.

**Article 1597** Les juges, leurs suppléants, les magistrats remplissant le ministère public, les greffiers, huissiers, avocats, défenseurs officieux et notaires, ne peuvent devenir cessionnaires des procès, droits et actions litigieux qui sont de la compétence du tribunal dans le ressort duquel ils exercent leurs fonctions, à peine de nullité, et des dépens, dommages et intérêts.

## Chapitre III Des choses qui peuvent être vendues.

**Article 1598** Tout ce qui est dans le commerce peut être vendu lorsque des lois particulières n'en ont pas prohibé l'aliénation.

**Article 1599** La vente de la chose d'autrui est nulle : elle peut donner lieu à des dommages-intérêts lorsque l'acheteur a ignoré que la chose fût à autrui.

**Article 1600** (abrogé)

**Article 1601** Si au moment de la vente la chose vendue était périe en totalité, la vente serait nulle.

Si une partie seulement de la chose est périe, il est au choix de l'acquéreur d'abandonner la vente, ou de demander la partie conservée, en faisant déterminer le prix par la ventilation.

## 제2장 매수와 매도의 주체

**제1594조** 법률이 금지하지 않는 자는 누구든지 매수하거나 매도할 수 있다.

**제1595조** (삭제)

**제1596조** 다음의 하나에 해당하는 자는 스스로 또는 중개인에 의하여서도 매수인이 될 수 없고, 이를 위반한 경우에는 무효가 된다.

　　후견인은 자신이 후견하는 자의 재산에 대하여
　　수임인은 자신에게 매각이 위임된 재산에 대하여
　　관리인은 자신에게 관리가 맡겨진 기초자치단체 또는 공공기관의 재산에 대하여

　　공무원은 자신들의 직무에 의하여 매각되는 국가재산에 대하여
　　수탁자는 신탁재산을 구성하는 재산 또는 권리에 대하여

**제1597조** 법관, 그의 보조인, 검찰업무를 수행하는 사법관, 법원서기, 집행관,[33] 변호사, 공식적 소송대리인[34] 및 공증인은 그가 그의 직무를 수행하는 법원의 관할에 속하는 것으로서 계쟁 중인 소송, 권리 및 소권의 양수인이 될 수 없고, 이를 위반한 경우에는 무효가 되며, 비용배상과 손해배상책임을 부담한다.


## 제3장 매각될 수 있는 물건

**제1598조** 거래되는 모든 것은 개별 법률들이 양도를 금지하고 있지 않은 경우 매매될 수 있다.

**제1599조** 타인 소유 목적물의 매매는 무효이다. 매수인이 그 목적물이 타인에게 속한 것이었음을 알지 못한 경우, 타인 소유 목적물의 매매는 손해배상의 원인이 될 수 있다.

**제1600조** (삭제)

**제1601조** ① 매매 당시에 매매목적물이 전부 멸실되었다면, 매매는 무효이다.

② 매매목적물의 일부만이 멸실되면, 매매를 포기할 것인지 아니면 잔존부분을 청구하고 그 대금은 비례평가에 의하여 결정할 것인지는 매수인의 선택에 의한다.

---

33) 우리나라의 집행관과 달리, 채권양도통지 및 최고 등의 역할도 수행한다.
34) 프랑스 민사소송법전 제416조 제1항의 변호사가 아닌 소송대리인을 의미한다.

## Chapitre III-1 De la vente d'immeubles à construire

**Article 1601-1** La vente d'immeubles à construire est celle par laquelle le vendeur s'oblige à édifier un immeuble dans un délai déterminé par le contrat.

Elle peut être conclue à terme ou en l'état futur d'achèvement.

**Article 1601-2** La vente à terme est le contrat par lequel le vendeur s'engage à livrer l'immeuble à son achèvement, l'acheteur s'engage à en prendre livraison et à en payer le prix à la date de livraison. Le transfert de propriété s'opère de plein droit par la constatation par acte authentique de l'achèvement de l'immeuble ; il produit ses effets rétroactivement au jour de la vente.

**Article 1601-3** La vente en l'état futur d'achèvement est le contrat par lequel le vendeur transfère immédiatement à l'acquéreur ses droits sur le sol ainsi que la propriété des constructions existantes. Les ouvrages à venir deviennent la propriété de l'acquéreur au fur et à mesure de leur exécution ; l'acquéreur est tenu d'en payer le prix à mesure de l'avancement des travaux.

Le vendeur conserve les pouvoirs de maître de l'ouvrage jusqu'à la réception des travaux.

**Article 1601-4** La cession par l'acquéreur des droits qu'il tient d'une vente d'immeuble à construire substitue de plein droit le cessionnaire dans les obligations de l'acquéreur envers le vendeur.

Si la vente a été assortie d'un mandat, celui-ci se poursuit entre le vendeur et le cessionnaire.

Ces dispositions s'appliquent à toute mutation entre vifs, volontaire ou forcée, ou à cause de mort.

## Chapitre IV Des obligations du vendeur

### Section 1 Dispositions générales

**Article 1602** Le vendeur est tenu d'expliquer clairement ce à quoi il s'oblige.

Tout pacte obscur ou ambigu s'interprète contre le vendeur.

# 제3-1장 건축 예정 건물의 매매

**제1601-1조** ① 건축 예정 건물의 매매는 매도인이 계약에 의하여 정해진 기간 내에 건물을 건축하기로 하는 의무를 부담하는 매매를 말한다.
② 건축 예정 건물의 매매는 기한부로 또는 장래의 준공 상태로 체결될 수 있다.

**제1601-2조** 기한부 매매는 매도인이 준공 시에 건물을 인도할 의무를 부담하고, 매수인은 인도일에 이를 인도받고 대금을 지급할 의무를 부담하는 계약이다. 소유권의 이전은 공정증서에 의한 건물의 준공 확인에 의하여 당연히 이루어지며, 매매계약일로 소급하여 그 효력이 발생한다.

**제1601-3조** ① 장래 준공 상태의 매매는, 매도인이 토지에 관한 자신의 권리 및 현존상태의 건축물의 소유권을 매수인에게 즉시 이전하는 계약이다. 장래의 공작물은 그 이행의 정도에 따라서 매수인의 소유가 된다. 매수인은 공사의 진행 정도에 따라 대금을 지급할 의무를 진다.

② 매도인은 공사의 수령 시까지 공작물에 대한 도급인으로서의 권한을 보유한다.

**제1601-4조** ① 매수인이 건축 예정 건물의 매매로부터 취득하는 권리를 양도하는 것은, 매도인에 대한 매수인의 의무를 양수인으로 하여금 당연히 대위하게 한다.

② 매매에 위임이 부가되었다면, 위임은 매도인과 양수인 사이에서 계속된다.

③ 제1항과 제2항은 임의적이거나 강제적으로 이루어진 모든 생전양도 이외에 사망을 원인으로 한 양도의 경우에도 적용된다.

# 제4장 매도인의 의무

## 제1절 총칙

**제1602조** ① 매도인은 자신이 부담하는 의무를 분명하게 설명할 의무를 진다.
② 모호하고 불분명한 모든 약정은 매도인에게 불리하게 해석된다.

**Article 1603** Il a deux obligations principales, celle de délivrer et celle de garantir la chose qu'il vend.

## Section 2 De la délivrance

**Article 1604** La délivrance est le transport de la chose vendue en la puissance et possession de l'acheteur.

**Article 1605** L'obligation de délivrer les immeubles est remplie de la part du vendeur lorsqu'il a remis les clefs, s'il s'agit d'un bâtiment, ou lorsqu'il a remis les titres de propriété.

**Article 1606** La délivrance des effets mobiliers s'opère :
Ou par la remise de la chose,
Ou par la remise des clefs des bâtiments qui les contiennent,
Ou même par le seul consentement des parties, si le transport ne peut pas s'en faire au moment de la vente, ou si l'acheteur les avait déjà en son pouvoir à un autre titre.

**Article 1607** La tradition des droits incorporels se fait, ou par la remise des titres, ou par l'usage que l'acquéreur en fait du consentement du vendeur.

**Article 1608** Les frais de la délivrance sont à la charge du vendeur, et ceux de l'enlèvement à la charge de l'acheteur, s'il n'y a eu stipulation contraire.

**Article 1609** La délivrance doit se faire au lieu où était, au temps de la vente, la chose qui en a fait l'objet, s'il n'en a été autrement convenu.

**Article 1610** Si le vendeur manque à faire la délivrance dans le temps convenu entre les parties, l'acquéreur pourra, à son choix, demander la résolution de la vente, ou sa mise en possession, si le retard ne vient que du fait du vendeur.

**Article 1611** Dans tous les cas, le vendeur doit être condamné aux dommages et intérêts, s'il résulte un préjudice pour l'acquéreur, du défaut de délivrance au terme convenu.

**제1603조** 매도인은 자신이 매도하는 물건을 인도할 의무와 담보할 의무라는 두 가지 주된 의무를 진다.

### 제2절 인도

**제1604조** 인도는 매매목적물을 매수인의 지배 및 점유 상태로 이전하는 것을 말한다.

**제1605조** 부동산의 인도의무는 매도인으로서는, 건물이라면 열쇠를 교부한 때, 또는 소유권의 권원증서를 교부한 때, 완료된다.

**제1606조** 동산의 인도는 다음의 방법에 따라 이루어진다.

목적물의 교부

또는 동산을 보관하고 있는 건물의 열쇠 교부

또는 매매 당시에 동산을 운송할 수 없거나, 매수인이 이미 다른 권원에 의하여 동산을 자신의 지배 하에 두었다면, 당사자의 합의만으로

**제1607조** 무형의 권리의 이전은 증서의 교부에 의하여 또는 매도인의 동의로 행하여진 매수인의 이용에 의하여 이루어진다.

**제1608조** 인도비용은 매도인의 부담으로 하고 반송비용은 매수인의 부담으로 하되, 반대 약정이 있으면 그러하지 아니하다.

**제1609조** 인도는, 매매 당시에 목적물이 있었던 장소에서 행하여야 하고, 인도 장소에 대하여 달리 합의되면 그러하지 아니하다.

**제1610조** 매도인이 당사자 사이에 합의한 시기에 인도하지 못하면, 매수인은 그 선택에 따라 매매계약의 해제를 청구하거나, 지체가 오로지 매도인의 행위에 기인하면 점유의 이전을 청구할 수 있다.

**제1611조** 모든 경우, 약정된 기한에 인도하지 않은 것이 매수인에게 손해를 발생시켰다면, 매도인은 손해배상의 선고를 받아야 한다.

**Article 1612** Le vendeur n'est pas tenu de délivrer la chose, si l'acheteur n'en paye pas le prix, et que le vendeur ne lui ait pas accordé un délai pour le paiement.

**Article 1613** Il ne sera pas non plus obligé à la délivrance, quand même il aurait accordé un délai pour le paiement, si, depuis la vente, l'acheteur est tombé en faillite ou en état de déconfiture, en sorte que le vendeur se trouve en danger imminent de perdre le prix ; à moins que l'acheteur ne lui donne caution de payer au terme.

**Article 1614** La chose doit être délivrée en l'état où elle se trouve au moment de la vente.
Depuis ce jour, tous les fruits appartiennent à l'acquéreur.

**Article 1615** L'obligation de délivrer la chose comprend ses accessoires et tout ce qui a été destiné à son usage perpétuel.

**Article 1616** Le vendeur est tenu de délivrer la contenance telle qu'elle est portée au contrat, sous les modifications ci-après exprimées.

**Article 1617** Si la vente d'un immeuble a été faite avec indication de la contenance, à raison de tant la mesure, le vendeur est obligé de délivrer à l'acquéreur, s'il l'exige, la quantité indiquée au contrat ;
Et si la chose ne lui est pas possible, ou si l'acquéreur ne l'exige pas, le vendeur est obligé de souffrir une diminution proportionnelle du prix.

**Article 1618** Si, au contraire, dans le cas de l'article précédent, il se trouve une contenance plus grande que celle exprimée au contrat, l'acquéreur a le choix de fournir le supplément du prix, ou de se désister du contrat, si l'excédent est d'un vingtième au-dessus de la contenance déclarée.

**제1612조** 매수인이 대금을 지급하지 않고 매도인이 매수인에게 변제의 유예를 허여하지 않았다면, 매도인은 목적물을 인도할 의무를 지지 아니한다.

**제1613조** 매매 이후 매수인이 파산 또는 도산 상태에 빠진 결과, 매도인이 대가를 상실할 긴박한 위험에 처하였다면, 매도인이 변제의 유예를 허여하였더라도, 그는 더이상 인도할 의무를 부담하지 아니한다. 매수인이 기한에 변제할 보증인을 매도인에게 세운 때에는 그러하지 아니하다.

**제1614조** ① 목적물은 매매 당시에 존재하던 상태로 인도되어야 한다.
② 매매일 이후, 모든 과실은 매수인에게 속한다.

**제1615조** 물건을 인도할 채무는 종물 및 그 상시적인 이용을 위하여 정해진 모든 것을 포함한다.

**제1616조** 매도인은, 아래에서 정하는 수정 하에, 계약에서 정해진 것과 같은 수량을 인도할 의무가 있다.

**제1617조** ① 어느 부동산의 매매가 일정 단위를 기준으로 용적을 지정하여 이루어졌다면, 계약에서 지정된 양을 매수인에게 인도할 의무가 있다.

② 또한 양으로 지정된 물건 전부가 매수인에게[35] 인도될 수 없거나, 매수인이 이를 요구하지 않는다면, 매도인은 그에 상응하는 대금의 감액을 수인할 의무가 있다.

**제1618조** 반대로, 제1617조의 경우에, 계약에서 정해진 것보다 더 많은 수량이 인도되면, 초과분이 지정된 수량의 20분의 1 이상이면, 매수인은 대금의 보충액을 지급하거나 또는 계약을 포기할 수 있는 선택권을 가진다.

---

35) 제1617조는 부동산매매가 일정 수량에 따라 대금을 산정하여 이루어진 경우에 있어서 인도된 물건이 계약내용보다 적은 경우를 규율한다. 그래서 이때 'la chose'는 지정된 수량에 미치지 못하는 부분을 말한다. 이러한 부족분의 인도를 매수인이 요구하지 않거나 또는 부족분의 인도가 불가능한 경우에 매도인은 부족한 수량에 상응하는 대금의 감액을 수인하여야 하는 것이다. Marc Mignot, JurisClasseur Civil Code, Art. 1603 à 1623−Fasc. 10. n° 169, p. 49.

**Article 1619** Dans tous les autres cas,

Soit que la vente soit faite d'un corps certain et limité,

Soit qu'elle ait pour objet des fonds distincts et séparés,

Soit qu'elle commence par la mesure, ou par la désignation de l'objet vendu suivie de la mesure,

L'expression de cette mesure ne donne lieu à aucun supplément de prix, en faveur du vendeur, pour l'excédent de mesure, ni en faveur de l'acquéreur, à aucune diminution du prix pour moindre mesure, qu'autant que la différence de la mesure réelle à celle exprimée au contrat est d'un vingtième en plus ou en moins, eu égard à la valeur de la totalité des objets vendus, s'il n'y a stipulation contraire.

**Article 1620** Dans le cas où, suivant l'article précédent, il y a lieu à augmentation de prix pour excédent de mesure, l'acquéreur a le choix ou de se désister du contrat ou de fournir le supplément du prix, et ce, avec les intérêts s'il a gardé l'immeuble.

**Article 1621** Dans tous les cas où l'acquéreur a le droit de se désister du contrat, le vendeur est tenu de lui restituer, outre le prix, s'il l'a reçu, les frais de ce contrat.

**Article 1622** L'action en supplément de prix de la part du vendeur, et celle en diminution de prix ou en résiliation du contrat de la part de l'acquéreur, doivent être intentées dans l'année, à compter du jour du contrat, à peine de déchéance.

**Article 1623** S'il a été vendu deux fonds par le même contrat, et pour un seul et même prix, avec désignation de la mesure de chacun, et qu'il se trouve moins de contenance en l'un et plus en l'autre, on fait compensation jusqu'à due concurrence ; et l'action, soit en supplément, soit en diminution du prix, n'a lieu que suivant les règles cidessus établies.

**Article 1624** La question de savoir sur lequel, du vendeur ou de l'acquéreur, doit tomber la perte ou la détérioration de la chose vendue avant la livraison, est jugée d'après les règles prescrites au titre "Des contrats ou des obligations conventionnelles en général".

### Section 3 De la garantie

**Article 1625** La garantie que le vendeur doit à l'acquéreur a deux objets : le premier est la possession paisible de la chose vendue ; le second, les défauts cachés de cette chose ou les vices rédhibitoires.

**제1619조** 다음과 같은 그 밖의 모든 경우,

　매매가 특정되고 한정된 하나의 물건에 대하여 행하여지든,

　구별되고 별개의 여러 재산을 대상으로 하든,

　매매가 수량에 의하여 개시되든 또는 매매목적물의 지정에 의하여 개시되고 뒤에 수량에 의하든,

　계약에서 정해진 수량과 실제 수량의 차이가 매도목적물의 전체 가액에 비추어 20분의 1 내외인 범위에서는 이러한 수량의 표시로 인하여 매도인에게 수량의 초과분에 대한 대금보충액이 발생하거나 매수인에게 부족한 수량에 대한 대금감액이 발생하지 않으나, 반대 약정이 있으면 그러하지 아니하다.


**제1620조** 제1619조에 따라서, 수량의 초과분에 대한 대금의 증액이 필요한 경우, 매수인은 계약을 포기할 것인지 아니면 대금에 대한 보충액을 지급할 것인지에 관한 선택권을 가진다. 매수인이 부동산을 관리하면, 이자도 함께 지급하여야 한다.

**제1621조** 매수인이 계약을 포기할 권리를 가지는 모든 경우, 매도인은 그가 수령한 것이 있다면, 대금 이외에 계약 비용도 매수인에게 반환하여야 한다.

**제1622조** 매도인 측의 대금 보충액소권, 그리고 매수인 측의 대금감액소권 또는 계약해지소권은 계약일로부터 1년 이내에 행사되어야 하고, 그 기간의 도과로 소권을 상실한다.


**제1623조** 두 개의 재산이 동일한 계약에 의하여, 그리고 하나의 동일한 대금으로 각각 수량을 지정하여 매도되었고, 하나 및 그 이상에 수량의 부족이 있다면, 해당 금액만큼 보상해야 한다. 그리고 대금의 보충액 또는 감액 소권은 이상에서 규정하는 원칙에 따라서만 발생한다.


**제1624조** 매매목적물이 인도 이전에 멸실 또는 훼손되면 매도인 또는 매수인 중 누구에게 위험이 귀속되는 것인지의 문제는 "계약 또는 약정 채무 일반"의 편에서 규정된 원칙들에 따라서 결정된다.

### 제3절 매도인의 담보책임

**제1625조** 매도인이 매수인에게 부담하는 담보책임은 두 가지를 대상으로 한다. 첫째는 매매목적물의 평온한 점유이다. 둘째는 이 물건의 숨은 하자 또는 중대한 하자이다.

## Paragraphe 1 De la garantie en cas d'éviction

**Article 1626** Quoique lors de la vente il n'ait été fait aucune stipulation sur la garantie, le vendeur est obligé de droit à garantir l'acquéreur de l'éviction qu'il souffre dans la totalité ou partie de l'objet vendu, ou des charges prétendues sur cet objet, et non déclarées lors de la vente.

**Article 1627** Les parties peuvent, par des conventions particulières, ajouter à cette obligation de droit ou en diminuer l'effet ; elles peuvent même convenir que le vendeur ne sera soumis à aucune garantie.

**Article 1628** Quoiqu'il soit dit que le vendeur ne sera soumis à aucune garantie, il demeure cependant tenu de celle qui résulte d'un fait qui lui est personnel : toute convention contraire est nulle.

**Article 1629** Dans le même cas de stipulation de non-garantie, le vendeur, en cas d'éviction, est tenu à la restitution du prix, à moins que l'acquéreur n'ait connu lors de la vente le danger de l'éviction ou qu'il n'ait acheté à ses périls et risques.

**Article 1630** Lorsque la garantie a été promise, ou qu'il n'a rien été stipulé à ce sujet, si l'acquéreur est évincé, il a droit de demander contre le vendeur :

1° La restitution du prix ;

2° Celle des fruits, lorsqu'il est obligé de les rendre au propriétaire qui l'évince ;

3° Les frais faits sur la demande en garantie de l'acheteur, et ceux faits par le demandeur originaire ;

4° Enfin les dommages et intérêts, ainsi que les frais et loyaux coûts du contrat.

**Article 1631** Lorsqu'à l'époque de l'éviction, la chose vendue se trouve diminuée de valeur, ou considérablement détériorée, soit par la négligence de l'acheteur, soit par des accidents de force majeure, le vendeur n'en est pas moins tenu de restituer la totalité du prix.

## 제1관 추탈의 경우 매도인의 담보책임

**제1626조** 매매 당시 담보책임에 대한 아무런 약정을 하지 않았더라도, 매도인은 매매목적물의 전부나 일부에 대하여 매수인이 당한 추탈에 대하여, 또는 그 목적물에 관하여 주장된 부담으로서 매매 당시 표명되지 않은 것에 대하여, 매수인에게 당연히 담보책임을 부담한다.

**제1627조** 당사자들은, 별도의 합의에 의하여, 이 법률상 의무에 그 효과를 추가하거나 축소할 수 있다. 당사자들은 매도인이 어떠한 담보책임도 부담하지 않는 것으로 합의할 수도 있다.

**제1628조** 매도인이 어떠한 담보책임도 부담하지 않기로 하였더라도, 매도인은 그의 일신상의 행위36)에 기인한 담보책임은 여전히 부담한다. 이에 반하는 모든 합의는 무효이다.

**제1629조** 담보책임을 지지 않기로 하는 약정이 있더라도, 매도인은 추탈의 경우 대금을 반환할 의무가 있으나, 매수인이 매매 시 추탈의 위험을 알았거나 또는 그의 부담과 위험으로 매수한 경우에는 그러하지 아니하다.

**제1630조** 담보책임이 약속되었던 경우 또는 이 담보책임에 대하여 아무것도 약정되지 않은 경우, 매수인이 추탈되었다면, 매수인은 매도인에게 다음 각 호를 청구할 권리를 가진다.
 1. 대금의 반환
 2. 매수인이 그를 추탈한 소유자에게 과실을 반환할 의무가 있는 경우, 과실의 반환
 3. 매수인의 담보책임 청구와 관련하여 소요된 비용과 최초의 청구자에 의하여 소요된 비용

 4. 손해배상 및 계약의 비용과 합리적 경비

**제1631조** 추탈 당시, 매매목적물이 매수인의 귀책에 의하든, 또는 불가항력적 사건에 의하든, 그 가치가 감소되거나 상당히 훼손된 경우라도 매도인은 여전히 그 대금 전부를 반환할 책임이 있다.

---

36) 이때 '일신상의 행위(faits personnels)'란, 매도인 자신이 설정하였거나 또는 매도인이 제3자를 위하여 어떤 권리를 설정했던 사정을 말하고, 이에 기하여 매도인 자신 또는 그 제3자에 의하여서 실행된 권리의 효과는 우선해서 인정되어야 한다. 설사 매도인이 이러한 책임을 부담하지 않기로 하는 합의를 하더라도 이러한 합의는 흡사 매도인이 그의 사해(fraude)에 대하여 책임을 지지 않겠다고 표명하는 것과 같은 약정이기 때문에, '일신상의 행위'에 대한 담보책임을 면할 수 없는 것은 당연하다. 일신상의 행위에 대한 담보책임은 공적 질서에 해당한다. Raymond Le Guidec, JurisClasseur Civil Code, Art. 1627 à 1629 – Fasc. n° 32, p. 7.

**Article 1632** Mais si l'acquéreur a tiré profit des dégradations par lui faites, le vendeur a droit de retenir sur le prix une somme égale à ce profit.

**Article 1633** Si la chose vendue se trouve avoir augmenté de prix à l'époque de l'éviction, indépendamment même du fait de l'acquéreur, le vendeur est tenu de lui payer ce qu'elle vaut au-dessus du prix de la vente.

**Article 1634** Le vendeur est tenu de rembourser ou de faire rembourser à l'acquéreur, par celui qui l'évince, toutes les réparations et améliorations utiles qu'il aura faites au fonds.

**Article 1635** Si le vendeur avait vendu de mauvaise foi le fonds d'autrui, il sera obligé de rembourser à l'acquéreur toutes les dépenses, même voluptuaires ou d'agrément, que celui-ci aura faites au fonds.

**Article 1636** Si l'acquéreur n'est évincé que d'une partie de la chose, et qu'elle soit de telle conséquence, relativement au tout, que l'acquéreur n'eût point acheté sans la partie dont il a été évincé, il peut faire résilier la vente.

**Article 1637** Si, dans le cas de l'éviction d'une partie du fonds vendu, la vente n'est pas résiliée, la valeur de la partie dont l'acquéreur se trouve évincé lui est remboursée suivant l'estimation à l'époque de l'éviction, et non proportionnellement au prix total de la vente, soit que la chose vendue ait augmenté ou diminué de valeur.

**Article 1638** Si l'héritage vendu se trouve grevé, sans qu'il en ait été fait de déclaration, de servitudes non apparentes, et qu'elles soient de telle importance qu'il y ait lieu de présumer que l'acquéreur n'aurait pas acheté s'il en avait été instruit, il peut demander la résiliation du contrat, si mieux il n'aime se contenter d'une indemnité.

**Article 1639** Les autres questions auxquelles peuvent donner lieu les dommages et intérêts résultant pour l'acquéreur de l'inexécution de la vente doivent être décidées suivant les règles générales établies au titre "Des contrats ou des obligations conventionnelles en général".

**Article 1640** La garantie pour cause d'éviction cesse lorsque l'acquéreur s'est laissé condamner par un jugement en dernier ressort, ou dont l'appel n'est plus recevable, sans appeler son vendeur, si celui-ci prouve qu'il existait des moyens suffisants pour faire rejeter la demande.

**제1632조** 그러나 매수인이 자신의 행위에 의한 훼손으로 이익을 얻었다면, 매도인은 그 이익에 상당하는 금액을 대금에서 공제할 권리를 가진다.

**제1633조** 매매목적물의 가액이 매수인의 행위와 관계없이, 추탈 당시 증가하였다면, 매도인은 매수인에게 매매대금을 초과하는 금액을 지급하여야 한다.

**제1634조** 매도인은 매수인에게, 매수인이 토지에 행한 모든 필요비와 유익비를 상환하거나 추탈자가 이를 상환하도록 하여야 한다.

**제1635조** 매도인이 악의로 타인의 토지를 매도하였다면, 매도인은 매수인에게 사치나 장식을 위한 비용을 포함하여 매수인이 토지에 지출한 모든 비용을 상환할 의무를 진다.

**제1636조** 매수인이 목적물의 일부만을 추탈당하였으나 그 부분이 목적물 전부에 비추어 추탈되었던 부분 없이는 매수하지 않았을 정도로 중요하면, 매수인은 매매계약을 해지할 수 있다.

**제1637조** 매매된 토지 일부의 추탈인 경우에 매매계약이 해지되지 않았다면, 매수인이 추탈당한 부분의 가액은, 매매계약의 전체 대금에 비례하여서가 아니라 추탈 당시의 평가에 따라 매수인에게 상환되고, 이는 매매목적물의 가치가 증가되었든, 감소되었든 관계없다.

**제1638조** 매매된 부동산에 매수인에게 고지되지 않은 불표현 지역권이 설정되어 있고, 이를 고지하였더라면 매수인이 매수하지 않았을 것으로 추정될 정도로 그 지역권이 중요한 것이고, 매수인이 배상에 만족하지 않는다면, 매수인은 계약의 해지를 청구할 수 있다.

**제1639조** 매매계약의 불이행으로 인하여 매수인에게 인정되는 손해배상청구권에 관한 기타의 문제들은 "계약 또는 약정 채무 일반"편에서 정한 일반규정에 따라 결정되어야 한다.

**제1640조** 추탈담보책임은, 매수인이 최종심급에서의 판결에 의하여 패소한 경우, 또는 매도인을 소송에 참가시키지는 않았으나 매도인이 매수인의 청구를 기각하기에 충분한 수단이 존재함을 증명함으로써 더 이상 상소가 수리될 수 없게 되면, 종료된다.

## Paragraphe 2 De la garantie des défauts de la chose vendue

**Article 1641** Le vendeur est tenu de la garantie à raison des défauts cachés de la chose vendue qui la rendent impropre à l'usage auquel on la destine, ou qui diminuent tellement cet usage que l'acheteur ne l'aurait pas acquise, ou n'en aurait donné qu'un moindre prix, s'il les avait connus.

**Article 1642** Le vendeur n'est pas tenu des vices apparents et dont l'acheteur a pu se convaincre lui-même.

**Article 1642-1** Le vendeur d'un immeuble à construire ne peut être déchargé, ni avant la réception des travaux, ni avant l'expiration d'un délai d'un mois après la prise de possession par l'acquéreur, des vices de construction ou des défauts de conformité alors apparents.

Il n'y aura pas lieu à résolution du contrat ou à diminution du prix si le vendeur s'oblige à réparer.

**Article 1643** Il est tenu des vices cachés, quand même il ne les aurait pas connus, à moins que, dans ce cas, il n'ait stipulé qu'il ne sera obligé à aucune garantie.

**Article 1644** Dans le cas des articles 1641 et 1643, l'acheteur a le choix de rendre la chose et de se faire restituer le prix, ou de garder la chose et de se faire rendre une partie du prix.

**Article 1645** Si le vendeur connaissait les vices de la chose, il est tenu, outre la restitution du prix qu'il en a reçu, de tous les dommages et intérêts envers l'acheteur.

**Article 1646** Si le vendeur ignorait les vices de la chose, il ne sera tenu qu'à la restitution du prix, et à rembourser à l'acquéreur les frais occasionnés par la vente.

## 제2관 매매목적물의 하자담보책임

**제1641조** 매매목적물상의 숨은 하자가 이를 그 정해진 용도에 따라 사용하기에 부적합하게 하는 것이거나, 매수인이 하자의 존재를 알았다면 이를 매수하지 않았거나 그 대금을 더 적게 지급하였을 만큼 그 용도를 상당히 감소시키는 것인 경우, 매도인은 그 하자에 대하여 담보책임을 진다.

**제1642조** 매도인은 명백한 하자와 매수인이 스스로 확인할 수 있었던 하자에 대하여는 담보책임을 지지 아니한다.

**제1642-1조** ① 건축 예정 건물의 매도인은 공사의 수령 전은 물론이고, 매수인이 점유를 취득한 이후 1월의 기간이 경과하기 전에도 그 당시 명백한 하자 또는 적합성 결여에 대하여 담보책임을 면하지 못한다.

② 매도인이 보수(補修)를 약속하면, 계약해제 또는 대금감액이 성립하지 않는다.

**제1643조** 매도인은 숨은 하자에 대하여 알 수 없었더라도 담보책임을 지지만, 이 경우에도 아무런 담보책임을 지지 않는다고 약정한 경우에는 그러하지 아니하다.

**제1644조** 제1641조 및 제1643조의 경우, 매수인은 목적물을 반환하고 대금을 반환받거나 목적물을 보유하고 대금의 일부 반환을 받을 수 있는 선택권이 있다.

**제1645조** 매도인은 목적물의 하자를 알았다면, 그가 받았던 대금의 반환 이외에 매수인이 입은 모든 손해를 배상하여야 한다.

**제1646조** 매도인은 목적물의 하자를 알지 못하였다면, 대금의 반환과 매수인에게 매매로 인하여 발생한 비용의 상환에 대하여만 책임을 진다.

**Article 1646-1** Le vendeur d'un immeuble à construire est tenu, à compter de la réception des travaux, des obligations dont les architectes, entrepreneurs et autres personnes liées au maître de l'ouvrage par un contrat de louage d'ouvrage sont eux-mêmes tenus en application des articles 1792, 1792-1, 1792-2 et 1792-3 du présent code.

Ces garanties bénéficient aux propriétaires successifs de l'immeuble.

Il n'y aura pas lieu à résolution de la vente ou à diminution du prix si le vendeur s'oblige à réparer les dommages définis aux articles 1792, 1792-1 et 1792-2 du présent code et à assumer la garantie prévue à l'article 1792-3.

**Article 1647** Si la chose qui avait des vices a péri par suite de sa mauvaise qualité, la perte est pour le vendeur, qui sera tenu envers l'acheteur à la restitution du prix et aux autres dédommagements expliqués dans les deux articles précédents.

Mais la perte arrivée par cas fortuit sera pour le compte de l'acheteur.

**Article 1648** L'action résultant des vices rédhibitoires doit être intentée par l'acquéreur dans un délai de deux ans à compter de la découverte du vice.

Dans le cas prévu par l'article 1642-1, l'action doit être introduite, à peine de forclusion, dans l'année qui suit la date à laquelle le vendeur peut être déchargé des vices ou des défauts de conformité apparents.

**Article 1649** Elle n'a pas lieu dans les ventes faites par autorité de justice.

### Chapitre V Des obligations de l'acheteur

**Article 1650** La principale obligation de l'acheteur est de payer le prix au jour et au lieu réglés par la vente.

**Article 1651** S'il n'a rien été réglé à cet égard lors de la vente, l'acheteur doit payer au lieu et dans le temps où doit se faire la délivrance.

**Article 1652** L'acheteur doit l'intérêt du prix de la vente jusqu'au paiement du capital, dans les trois cas suivants :

S'il a été ainsi convenu lors de la vente ;

Si la chose vendue et livrée produit des fruits ou autres revenus ;

Si l'acheteur a été sommé de payer.

Dans ce dernier cas, l'intérêt ne court que depuis la sommation.

**제1646-1조** ① 건축 예정 건물의 매도인은, 공사의 수령 시로부터, 설계자, 수급인 및 도급계약에 의하여 도급인과 관계된 그 밖의 사람이 본법전 제1792조, 제1792-1조, 제1792-2조 및 제1792-3조의 적용에 의하여 그들 스스로가 지게 되는 의무에 대하여 책임을 진다.

② 이 담보책임은 건물의 승계취득자에게도 이익이 된다.

③ 매도인이 본법전 제1792조, 제1792-1조 및 제1792-2조에서 정한 손해를 배상할 책임을 지거나 제1792-3조에서 정한 담보책임을 지면, 매매계약 해제 또는 대금감액이 성립하지 않는다.

**제1647조** ① 하자 있는 목적물이 그 부실한 품질로 인하여 멸실되었다면, 그 멸실은 매도인의 위험으로 하고, 매도인은 매수인에게 대금의 반환과 제1645조, 제1646조, 제1646-1조에서 규정한 그 밖의 배상을 해야 한다.

② 그러나 우연한 사정으로 발생한 멸실은 매수인의 부담으로 한다.

**제1648조** ① 해제의 원인이 되는 하자로 인한 소는 하자를 발견한 때부터 2년의 기간 내에 매수인에 의하여 제기되어야 한다.

② 제1642-1조에 의하여 규정된 경우, 소는 실권되지 않기 위하여는, 매도인이 명백한 하자 또는 적합성 결여에 대하여 면책될 수 있는 날로부터 1년 내에 제기되어야 한다.

**제1649조** 이 소권은 법원에 의하여 이루어진 매매에 대하여는 인정되지 아니한다.

## 제5장 매수인의 의무

**제1650조** 매수인의 주된 의무는 매매계약에서 정한 날짜와 장소에서 매매대금을 지급하는 것이다.

**제1651조** 매매 당시 이 점에 대하여 정하고 있지 않으면, 매수인은 매매목적물이 인도되어야 하는 장소와 시기에 매매대금을 지급하여야 한다.

**제1652조** ① 매수인은 다음 세 가지 경우, 매매대금 원금 지급시까지 매매대금에 대한 이자를 지급할 의무가 있다.

　매매 당시 그와 같이 합의하였다면

　매도되어 인도된 물건으로부터 과실이나 그 밖의 수익이 발생하였다면

　매수인이 매매대금의 지급을 최고 받았다면

② 마지막의 경우, 이자는 최고 후로부터만 발생한다.

**Article 1653** Si l'acheteur est troublé ou a juste sujet de craindre d'être troublé par une action, soit hypothécaire, soit en revendication, il peut suspendre le paiement du prix jusqu'à ce que le vendeur ait fait cesser le trouble, si mieux n'aime celui-ci donner caution, ou à moins qu'il n'ait été stipulé que, nonobstant le trouble, l'acheteur paiera.

**Article 1654** Si l'acheteur ne paye pas le prix, le vendeur peut demander la résolution de la vente.

**Article 1655** La résolution de la vente d'immeubles est prononcée aussitôt si le vendeur est en danger de perdre la chose et le prix.

Si ce danger n'existe pas, le juge peut accorder à l'acquéreur un délai plus ou moins long suivant les circonstances.

Ce délai passé sans que l'acquéreur ait payé, la résolution de la vente sera prononcée.

**Article 1656** S'il a été stipulé lors de la vente d'immeubles que, faute du paiement du prix dans le terme convenu, la vente serait résolue de plein droit, l'acquéreur peut néanmoins payer après l'expiration du délai, tant qu'il n'a pas été mis en demeure par une sommation ; mais, après cette sommation, le juge ne peut pas lui accorder ce délai.

**Article 1657** En matière de vente de denrées et effets mobiliers, la résolution de la vente aura lieu de plein droit et sans sommation, au profit du vendeur, après l'expiration du terme convenu pour le retirement.

### Chapitre VI De la nullité et de la résolution de la vente.

**Article 1658** Indépendamment des causes de nullité ou de résolution déjà expliquées dans ce titre, et de celles qui sont communes à toutes les conventions, le contrat de vente peut être résolu par l'exercice de la faculté de rachat et par la vileté du prix.

### Section 1 De la faculté de rachat

**Article 1659** La faculté de rachat est un pacte par lequel le vendeur se réserve de reprendre la chose vendue, moyennant la restitution du prix principal et le remboursement dont il est parlé à l'article 1673.

**제1653조** 매수인이, 저당소권이나, 반환소권으로 인하여 권리를 침해당하거나 침해당할 우려가 있다고 볼 정당한 이유가 있으면, 매수인은, 매도인이 그 침해를 중지시킬 때까지 매매대금의 지급을 유보할 수 있으나 매도인이 보증인을 제공하는 것을 더 선호하거나, 침해에도 불구하고 매수인이 지급하기로 약정하였다면, 그러하지 아니하다.

**제1654조** 매수인이 매매대금을 지급하지 않는다면, 매도인은 매매계약을 해제할 수 있다.

**제1655조** ① 매도인이 목적물과 매매대금을 상실할 위험이 있다면, 부동산 매매계약의 해제는 즉시 선고된다.
② 그러한 위험이 존재하지 않는 경우, 법원은 상황에 따라 매수인에게 길든 짧든 유예기한을 허여할 수 있다.
③ 매수인이 매매대금을 지급하지 않고 전항의 유예기한이 경과하는 경우, 매매계약의 해제가 선고될 것이다.

**제1656조** 부동산 매매 당시 합의한 기한 내에 매매대금을 지급하지 않으면 매매계약은 당연히 해제된다고 정하였더라도, 최고에 의하여 이행지체에 빠진 경우가 아닌 한 매수인은 기한이 만료된 후에도 대금을 지급할 수 있다. 그러나 최고가 있은 후에는 법원은 이 기한을 허여할 수 없다.

**제1657조** 훼손되기 쉬운 상품 및 동산의 경우, 매매계약은 목적물을 인수하기로 합의된 기간이 만료된 이후에는 매도인의 이익을 위하여 최고 없이 당연히 해제된다.

### 제6장 매매계약의 무효와 해제

**제1658조** 본편에서 앞서 기술한 무효와 해제 원인, 그리고 모든 합의에 공통된 무효 및 해제 원인과는 별도로, 매매계약은 환매권의 행사에 의하여, 그리고 부당염가를 원인으로 해제될 수 있다.

### 제1절 환매권

**제1659조** 환매권은 매도인이 매매대금의 원금 반환과 제1673조에 정한 것의 상환을 통하여 매매목적물을 다시 취득할 수 있도록 보류하는 계약이다.

**Article 1660** La faculté de rachat ne peut être stipulée pour un terme excédant cinq années.

Si elle a été stipulée pour un terme plus long, elle est réduite à ce terme.

**Article 1661** Le terme fixé est de rigueur et ne peut être prolongé par le juge.

**Article 1662** Faute par le vendeur d'avoir exercé son action en rachat dans le terme prescrit, l'acquéreur demeure propriétaire irrévocable.

**Article 1663** Le délai court contre toutes personnes, même contre le mineur, sauf, s'il y a lieu, le recours contre qui de droit.

**Article 1664** Le vendeur à pacte de rachat peut exercer son action contre un second acquéreur, quand même la faculté de rachat n'aurait pas été déclarée dans le second contrat.

**Article 1665** L'acquéreur à pacte de rachat exerce tous les droits de son vendeur ; il peut prescrire tant contre le véritable maître que contre ceux qui prétendraient des droits ou hypothèques sur la chose vendue.

**Article 1666** Il peut opposer le bénéfice de la discussion aux créanciers de son vendeur.

**Article 1667** Si l'acquéreur à pacte de rachat d'une partie indivise d'un héritage s'est rendu adjudicataire de la totalité sur une licitation provoquée contre lui, il peut obliger le vendeur à retirer le tout lorsque celui-ci veut user du pacte.

**Article 1668** Si plusieurs ont vendu conjointement, et par un seul contrat, un héritage commun entre eux, chacun ne peut exercer l'action en rachat que pour la part qu'il y avait.

**제1660조** ① 환매권은 5년을 초과하는 기간으로 정할 수 없다.

② 환매권 행사기간을 5년을 초과하는 것으로 정하였다면, 그 기간은 5년으로 단축된다.

**제1661조** 정해진 기간은 엄격하게 지켜져야 하며, 법원에 의하여 연장될 수 없다.

**제1662조** 매도인이 정해진 기간 내에 환매소권을 행사하지 않으면 매수인은 확정적인 소유자로 남게 된다.

**제1663조** 환매기간은 모든 사람에 대하여 진행되고, 미성년자에 대하여도 진행되나, 필요하다면 미성년자는 구상의무자[37])에게 구상권을 행사할 수 있다.

**제1664조** 환매약정을 한 매도인은 제2매매계약에서 환매권이 표시되지 않은 경우에도 제2 매수인에게 환매소권을 행사할 수 있다.

**제1665조** 환매약정을 한 매수인은 그 매도인의 모든 권리를 행사할 수 있다. 매수인은 매매목적물상의 권리나 저당권을 주장하는 자뿐만 아니라 진정한 소유자에 대하여도 시효를 주장할 수 있다.

**제1666조** 매수인은 매도인의 채권자에 대하여 검색의 항변권으로 대항할 수 있다.

**제1667조** 부동산의 공유 지분에 관하여 환매약정을 한 취득자가 그에 대하여 개시된 공동재산 경매에서 전체 부동산의 매수인이 되었다면, 그 매수인은 환매권 행사를 원하는 매도인에게 부동산 전체를 환매할 것을 요구할 수 있다.

**제1668조** 수인이 공동으로 하나의 계약으로써 그들이 공유하는 부동산을 매도하면, 각 매도인은 자신이 가졌던 지분에 대하여만 환매소권을 행사할 수 있다.

---

37) qui de droit는 숙어로 '마땅히 자격이 있는 사람'을 의미하므로, 여기서 구상의무를 부담할 마땅한 의무가 있는 사람은 법정대리인을 의미할 것이다. JurisClasseur에서도 "1663조에 의하면, 무능력자의 법정대리인이 적절한 시기에 환매권을 행사하여야 하고, 그렇지 않을 경우 무능력자가 환매권 행사가 자신에게 이익을 가져다 주었을 것임과 무능력자의 수중에 충분한 재산이 있었음을 증명한다면, 법정대리인이 (환매권을 행사하지 않은) 과실로 인한 손해를 배상할 의무가 있다."고 설명한다. 번역은 그 해석보다는 문언에 맞게 일응 '구상의무자'로 기재하였다.

**Article 1669** Il en est de même si celui qui a vendu seul un héritage a laissé plusieurs héritiers.

Chacun de ces cohéritiers ne peut user de la faculté de rachat que pour la part qu'il prend pour la succession.

**Article 1670** Mais, dans le cas des deux articles précédents, l'acquéreur peut exiger que tous les covendeurs ou tous les cohéritiers soient mis en cause, afin de se concilier entre eux pour la reprise de l'héritage entier ; et, s'ils ne se concilient pas, il sera renvoyé de la demande.

**Article 1671** Si la vente d'un héritage appartenant à plusieurs n'a pas été faite conjointement et de tout l'héritage ensemble, et que chacun n'ait vendu que la part qu'il y avait, ils peuvent exercer séparément l'action en rachat sur la portion qui leur appartenait ;

Et l'acquéreur ne peut forcer celui qui l'exercera de cette manière à retirer le tout.

**Article 1672** Si l'acquéreur a laissé plusieurs héritiers, l'action en rachat ne peut être exercée contre chacun d'eux que pour sa part, dans le cas où elle est encore indivise, et dans celui où la chose vendue a été partagée entre eux.

Mais s'il y a eu partage de la succession et que la chose vendue soit échue au lot de l'un des héritiers, l'action en rachat peut être intentée contre lui pour le tout.

**Article 1673** Le vendeur qui use du pacte de rachat doit rembourser non seulement le prix principal, mais encore les frais et loyaux coûts de la vente, les réparations nécessaires, et celles qui ont augmenté la valeur du fonds, jusqu'à concurrence de cette augmentation. Il ne peut entrer en possession qu'après avoir satisfait à toutes ces obligations.

Lorsque le vendeur rentre dans son héritage par l'effet du pacte de rachat, il le reprend, exempt de toutes les charges et hypothèques dont l'acquéreur l'aurait grevé, à la condition que ce pacte ait été régulièrement publié au fichier immobilier, antérieurement à la publication desdites charges et hypothèques. Il est tenu d'exécuter les baux faits sans fraude par l'acquéreur.

**제1669조** ① 단독으로 부동산을 매도한 자에게 수인의 상속인이 있는 경우에도 마찬가지이다.

② 이들 각 공동상속인은 상속으로 취득한 지분에 대하여만 환매권을 행사할 수 있다.


**제1670조** 그러나 제1668조, 제1669조의 경우, 매수인은 모든 공동매도인 또는 공동상속인이 부동산 전체의 회복을 위한 그들 사이의 협의를 하게 하기 위하여 소송에 참가하도록 요구할 수 있다. 그리고 그들 사이에 협의가 이루어지지 않으면, 매수인의 청구는 기각될 것이다.


**제1671조** ① 수인에게 귀속하는 부동산의 매매가 그 부동산 전체에 대하여 공동으로 이루어지지 않고 각자가 그 부동산에 대한 자기 지분만 매도하였다면, 공유자들은 그들에게 속하였던 부분에 대하여 각각 환매소권을 행사할 수 있다.
② 그리고 매수인은 이러한 방식으로 환매소권을 행사하는 자에게 부동산 전체를 환매할 것을 강제할 수 없다.

**제1672조** ① 매수인에게 수인의 상속인이 있으면, 매매목적물이 여전히 공유관계에 있거나 공동상속인 사이에서 분할된 때에는 각 공동상속인을 상대로 그 지분에 대하여만 환매소권이 행사될 수 있다.
② 그러나 상속재산의 분할이 있었고 또한 매매목적물이 상속인 중 1인의 분할분으로 귀속되면, 환매소권은 그 전체에 대하여 그 상속인을 상대로 행사될 수 있다.

**제1673조** ① 환매약정을 행사하는 매도인은 매매대금 원금뿐만 아니라 매매의 비용과 합리적 경비, 필요적 수리비용 및 토지 가치증가분 범위 내에서 토지의 가치를 증가시킨 비용을 상환하여야 한다. 매도인은 이러한 의무를 모두 이행한 이후에만 목적물의 점유를 취득할 수 있다.

② 매도인이 환매약정의 효과로 자신의 부동산을 회복하는 경우, 매수인이 설정하였던 모든 부담과 저당권이 배제된 목적물을 취득하나, 이는 그와 같은 부담과 저당권이 공시되기 이전에 환매약정이 적법하게 부동산등기부에 공시되었을 것을 조건으로 한다. 매도인은 매수인에 의하여 사해의사 없이 이루어진 임대차를 이행하여야 한다.

## Section 2 De la rescision de la vente pour cause de lésion

**Article 1674** Si le vendeur a été lésé de plus de sept douzièmes dans le prix d'un immeuble, il a le droit de demander la rescision de la vente, quand même il aurait expressément renoncé dans le contrat à la faculté de demander cette rescision, et qu'il aurait déclaré donner la plus-value.

**Article 1675** Pour savoir s'il y a lésion de plus de sept douzièmes, il faut estimer l'immeuble suivant son état et sa valeur au moment de la vente.

En cas de promesse de vente unilatérale, la lésion s'apprécie au jour de la réalisation.

**Article 1676** La demande n'est plus recevable après l'expiration de deux années, à compter du jour de la vente.

Ce délai court et n'est pas suspendu pendant la durée du temps stipulé pour le pacte du rachat.

**Article 1677** La preuve de la lésion ne pourra être admise que par jugement, et dans le cas seulement où les faits articulés seraient assez vraisemblables et assez graves pour faire présumer la lésion.

**Article 1678** Cette preuve ne pourra se faire que par un rapport de trois experts, qui seront tenus de dresser un seul procès-verbal commun, et de ne former qu'un seul avis à la pluralité des voix.

**Article 1679** S'il y a des avis différents, le procès-verbal en contiendra les motifs, sans qu'il soit permis de faire connaître de quel avis chaque expert a été.

**Article 1680** Les trois experts seront nommés d'office, à moins que les parties ne se soient accordées pour les nommer tous les trois conjointement.

**Article 1681** Dans le cas où l'action en rescision est admise, l'acquéreur a le choix ou de rendre la chose en retirant le prix qu'il en a payé, ou de garder le fonds en payant le supplément du juste prix, sous la déduction du dixième du prix total.

Le tiers possesseur a le même droit, sauf sa garantie contre son vendeur.

## 제2절 급부불균형을 이유로 한 매매의 취소

**제1674조** 매도인이 부동산의 매매대금 중 12분의 7을 초과하는 손해를 입었다면, 매도인은 매매계약취소청구권을 가지며, 이는 매도인이 매매계약에서 명시적으로 이 취소청구권을 포기한 경우 및 초과된 가액을 제공한다고 표시한 경우에도 마찬가지이다.

**제1675조** ① 12분의 7을 초과하는 급부불균형이 있는지를 밝히기 위하여, 매매 당시의 부동산의 상태와 가치에 따라 부동산을 평가하여야 한다.
② 매매의 일방예약에 있어서, 급부불균형은 매매성립일을 기준으로 판단한다.

**제1676조** ① 매매계약취소청구는 매매의 성립일로부터 2년이 경과한 이후에는 더 이상 수리되지 아니한다.
② 이 기간은 환매약정에서 정한 기간 동안에도 진행되며 정지되지 아니한다.

**제1677조** 급부불균형에 관한 증명은 주장된 사실이 급부불균형을 추정하게 할 수 있을 만큼 충분히 신뢰할 수 있고 중대한 것인 경우에 한하여 판결에 의하여서만 인정될 수 있다.

**제1678조** 이 증명은 감정인 3인의 감정서에 의하여서만 이루어질 수 있으며, 감정인들은 하나의 공동조서를 작성하여야 하고 다수결에 따라 하나의 의견만을 형성하여야 한다.

**제1679조** 감정인의 의견이 나뉘면, 조서에 그 이유를 기재할 것이나, 각 감정인의 의견이 무엇인지 알 수 있게 하는 것은 허용되지 아니한다.

**제1680조** 3인의 감정인은 법원이 직권으로 선임하지만, 당사자가 공동으로 3인 모두를 선임하는 것에 동의하지 않는 때에는 그러하지 아니하다.

**제1681조** ① 급부불균형의 소가 인용된 경우, 매수인은 자신이 지급한 대금을 회수하고 목적물의 반환을 선택하거나, 매매대금총액의 10분의 1을 공제한 후, 정당한 가격의 보충금을 지급하고 부동산을 보유할 것을 선택할 수 있다.
② 제3의 점유자도, 자신의 매도인을 상대로 한 담보책임과는 별도로, 마찬가지의 권리를 가진다.

**Article 1682** Si l'acquéreur préfère garder la chose en fournissant le supplément réglé par l'article précédent, il doit l'intérêt du supplément, du jour de la demande en rescision.

S'il préfère la rendre et recevoir le prix, il rend les fruits du jour de la demande.

L'intérêt du prix qu'il a payé lui est aussi compté du jour de la même demande, ou du jour du paiement, s'il n'a touché aucuns fruits.

**Article 1683** La rescision pour lésion n'a pas lieu en faveur de l'acheteur.

**Article 1684** Elle n'a pas lieu en toutes ventes qui, d'après la loi, ne peuvent être faites que d'autorité de justice.

**Article 1685** Les règles expliquées dans la section précédente pour les cas où plusieurs ont vendu conjointement ou séparément, et pour celui où le vendeur ou l'acheteur a laissé plusieurs héritiers, sont pareillement observées pour l'exercice de l'action en rescision.

### Chapitre VII De la licitation

**Article 1686** Si une chose commune à plusieurs ne peut être partagée commodément et sans perte ;

Ou si, dans un partage fait de gré à gré de biens communs, il s'en trouve quelques-uns qu'aucun des copartageants ne puisse ou ne veuille prendre,

La vente s'en fait aux enchères, et le prix en est partagé entre les copropriétaires.

**Article 1687** Chacun des copropriétaires est le maître de demander que les étrangers soient appelés à la licitation : ils sont nécessairement appelés, lorsque l'un des copropriétaires est mineur.

**Article 1688** Le mode et les formalités à observer pour la licitation sont expliqués au titre "Des successions" et au code de procédure.

**제1682조** ① 매수인이 제1681조에서 정한 보충금을 지급하고 목적물을 보유하고자 하면, 매수인은 취소청구가 있은 날로부터 보충금에 대한 이자를 지급하여야 한다.
② 매수인이 목적물을 반환하고 대금을 반환받고자 하면, 매수인은 취소청구가 있은 날로부터의 과실을 반환한다.
③ 매수인이 지급한 대금에 대한 이자 또한 취소청구가 있는 날로부터 산정되고, 매수인이 어떠한 과실도 수취하지 않았다면, 대금을 지급한 날로부터 산정된다.

**제1683조** 급부불균형을 이유로 한 취소권은 매수인에게 발생하지 아니한다.

**제1684조** 법률에 따라 법원만이 행할 수 있는 모든 유형의 매매에서는 급부불균형을 이유로 한 취소가 허용되지 아니한다.

**제1685조** 수인이 공동으로 또는 개별적으로 매도한 경우와 매도인이나 매수인에게 수인의 상속인이 있는 경우에 대한 제1절에서 설명한 원칙은 급부불균형소권의 행사에 있어서도 마찬가지로 준수된다.


### 제7장 공동재산 경매

**제1686조** 수인이 공유하는 물건을 손상없이 용이하게 분할할 수 없으면,

또는 공동재산의 협의에 의한 분할로는 공동분할자 중 누구도 취득할 수 없거나 취득하기를 원하지 않는 재산이 있으면,
공동재산의 매각은 경매로 이루어지고, 그 경락대금이 공유자 사이에 분할된다.

**제1687조** 공유자 각자는 제3자가 공동재산 경매에 참가하도록 요구할 수 있다. 공유자 중 1인이 미성년자인 경우, 제3자는 반드시 참가되어야 한다.


**제1688조** 공동재산 경매의 절차 및 방식은 "상속" 편과 절차법전에서 기술된다.

## Chapitre VIII Du transport de certains droits incorporels, des droits successifs et des droits litigieux

**Article 1689** Dans le transport d'un droit ou d'une action sur un tiers, la délivrance s'opère entre le cédant et le cessionnaire par la remise du titre.

**Article 1690** Le cessionnaire n'est saisi à l'égard des tiers que par la signification du transport faite au débiteur.

Néanmoins, le cessionnaire peut être également saisi par l'acceptation du transport faite par le débiteur dans un acte authentique.

**Article 1691** Si, avant que le cédant ou le cessionnaire eût signifié le transport au débiteur, celui-ci avait payé le cédant, il sera valablement libéré.

**Article 1692** (abrogé)

**Article 1693** Celui qui vend un droit incorporel doit en garantir l'existence au temps du transport, quoiqu'il soit fait sans garantie.

**Article 1694** (abrogé)
**Article 1695** (abrogé)

**Article 1696** Celui qui vend une succession sans en spécifier en détail les objets n'est tenu de garantir que sa qualité d'héritier.

**Article 1697** S'il avait déjà profité des fruits de quelque fonds, ou reçu le montant de quelque créance appartenant à cette succession, ou vendu quelques effets de la succession, il est tenu de les rembourser à l'acquéreur, s'il ne les a expressément réservés lors de la vente.

## 제8장 일부 무형의 권리, 상속권 및 계쟁 중인 권리의 이전

**제1689조** 제3자에 대한 권리나 소권(訴權)의 이전에서, 그 인도는 양도인과 양수인 사이의 증서의 교부에 의하여 이루어진다.

**제1690조** ① 양수인은 채무자에 대하여 행하여진 이전의 통지에 의하여서만 제3자에게 대항할 수 있다.
② 그럼에도 불구하고, 양수인은 채무자가 공정증서로 행한 이전의 승낙에 의하여서도 동일하게 대항할 수 있다.

**제1691조** 양도인 또는 양수인이 채무자에 대한 이전 통지를 하기 전에 채무자가 양도인에게 변제를 하였다면, 채무자는 유효하게 면책될 것이다.

**제1692조** (삭제)

**제1693조** 무형의 권리를 매도한 자는 이전 당시 권리의 존재에 대하여 담보책임이 있고, 이는 그 담보약정을 하지 않고 이루어졌더라도 그러하다.

**제1694조** (삭제)
**제1695조** (삭제)

**제1696조** 대상을 구체적으로 명시하지 않고 상속재산을 매도하는 사람은, 자신이 상속인이라는 자격에 대하여서만 담보할 책임이 있다.

**제1697조** 상속재산의 매도인이 상속재산에 속하는 일부 토지로부터 이미 과실로부터 이익을 얻었거나, 상속재산에 속하는 일부 채권으로부터 금액을 받았거나, 상속재산의 일부 재산을 매각하였다면, 그는 매매 당시 이들을 명시적으로 유보하지 않은 한, 매수인에게 그것들을 상환하여야 한다.

**Article 1698** L'acquéreur doit de son côté rembourser au vendeur ce que celui-ci a payé pour les dettes et charges de la succession, et lui faire raison de tout ce dont il était créancier, s'il n'y a stipulation contraire.

**Article 1699** Celui contre lequel on a cédé un droit litigieux peut s'en faire tenir quitte par le cessionnaire, en lui remboursant le prix réel de la cession avec les frais et loyaux coûts, et avec les intérêts à compter du jour où le cessionnaire a payé le prix de la cession à lui faite.

**Article 1700** La chose est censée litigieuse dès qu'il y a procès et contestation sur le fond du droit.

**Article 1701** La disposition portée en l'article 1699 cesse:
1° Dans le cas où la cession a été faite à un cohéritier ou copropriétaire du droit cédé ;
2° Lorsqu'elle a été faite à un créancier en paiement de ce qui lui est dû ;
3° Lorsqu'elle a été faite au possesseur de l'héritage sujet au droit litigieux.

**Article 1701-1** Les articles 1689 à 1691 et 1693 ne s'appliquent pas aux cessions régies par les articles 1321 à 1326 du présent code.

## Titre VII De l'échange

**Article 1702** L'échange est un contrat par lequel les parties se donnent respectivement une chose pour une autre.

**Article 1703** L'échange s'opère par le seul consentement, de la même manière que la vente.

**Article 1704** Si l'un des copermutants a déjà reçu la chose à lui donnée en échange, et qu'il prouve ensuite que l'autre contractant n'est pas propriétaire de cette chose, il ne peut pas être forcé à livrer celle qu'il a promise en contre-échange, mais seulement à rendre celle qu'il a reçue.

**제1698조** 상속재산의 매수인은 매도인이 상속재산의 채무와 부담을 위하여 지출하였던 가액을 자신이 매도인에게 상환하여야 하고, 매도인이 채권자였던 모든 것을 매도인에게 인정하여야 하나[38] 반대 약정이 있으면 그러하지 아니하다.

**제1699조** 계쟁 중인 권리의 양도에서 그 계쟁 권리의 의무자는 양수인에게, 비용 및 합리적 지출과 함께, 실제 양도 가액 및 양수인이 양도 가액을 지급한 날 이후부터 계산된 이자까지 지급함으로써, 양수인에 대한 책임을 면할 수 있다.

**제1700조** 권리의 실체에 관하여 소송 및 분쟁이 발생한 경우 그 물건은 계쟁물로 간주된다.

**제1701조** 제1699조에 정한 규정은 다음 각 호의 경우에는 적용되지 아니한다.
  1. 양도가 양도된 권리의 공동상속인 또는 공동소유자에게 이루어진 경우
  2. 양도가 채권자에 대한 채무의 변제로 그에게 이루어진 경우
  3. 양도가 계쟁 중인 권리의 대상인 부동산의 점유자에게 이루어진 경우

**제1701-1조** 제1689조부터 제1691조 및 제1693조는 본법전 제1321조부터 제1326조에 의하여 규율되는 양도에는 적용되지 아니한다.

## 제7편 교환

**제1702조** 교환은 당사자들이 서로 어떤 물건을 주고 다른 물건을 받기로 하는 계약이다.

**제1703조** 교환은 매매와 마찬가지로 합의만으로 성립한다.

**제1704조** 교환자 중 일방이 교환으로 제공될 물건을 이미 수령한 후 상대방이 이 물건의 소유자가 아닌 것을 증명하면, 그는 반대급부로 약속한 물건을 인도할 필요가 없고 수령한 물건을 반환하기만 하면 된다.

---

38) 피상속인의 채권자였던 상속인이 피상속인을 상속하면 혼동으로 채권이 소멸하나 이에 대한 예외로서 상속재산의 매수인이 상속인에게 채무를 변제하도록 한 것이다[JurisClasseur Civil Code (Archives antérieures au 1ᵉʳ octobre 2016), Art. 1696 à 1698, II. A. 1° b) 96.].

**Article 1705** Le copermutant qui est évincé de la chose qu'il a reçue en échange a le choix de conclure à des dommages et intérêts ou de répéter sa chose.

**Article 1706** La rescision pour cause de lésion n'a pas lieu dans le contrat d'échange.

**Article 1707** Toutes les autres règles prescrites pour le contrat de vente s'appliquent d'ailleurs à l'échange.

## Titre VIII Du contrat de louage

### Chapitre I<sup>er</sup> Dispositions générales.

**Article 1708** Il y a deux sortes de contrats de louage :
Celui des choses,
Et celui d'ouvrage.

**Article 1709** Le louage des choses est un contrat par lequel l'une des parties s'oblige à faire jouir l'autre d'une chose pendant un certain temps, et moyennant un certain prix que celle-ci s'oblige de lui payer.

**Article 1710** Le louage d'ouvrage est un contrat par lequel l'une des parties s'engage à faire quelque chose pour l'autre, moyennant un prix convenu entre elles.

**Article 1711** Ces deux genres de louage se subdivisent encore en plusieurs espèces particulières :
On appelle "bail à loyer", le louage des maisons et celui des meubles ;
"Bail à ferme", celui des héritages ruraux ;
"Loyer", le louage du travail ou du service ;
"Bail à cheptel", celui des animaux dont le profit se partage entre le propriétaire et celui à qui il les confie.
Les devis, marché ou prix fait, pour l'entreprise d'un ouvrage moyennant un prix déterminé, sont aussi un louage, lorsque la matière est fournie par celui pour qui l'ouvrage se fait.
Ces trois dernières espèces ont des règles particulières.

**Article 1712** Les baux des biens nationaux, des biens des communes et des établissements publics sont soumis à des règlements particuliers.

**제1705조** 교환으로 수령한 물건을 추탈 당한 교환자는 손해배상으로 종결하거나 자신의 물건을 반환받는 것을 선택할 수 있다.

**제1706조** 급부불균형을 이유로 한 취소는 교환계약에서 발생하지 아니한다.

**제1707조** 매매계약에 관한 기타의 모든 규정들은 교환계약에도 적용된다.

# 제8편 임약 계약

## 제1장 총칙

**제1708조** 임약 계약에는 다음 두 가지가 있다.
　물건의 임약
　그리고 일의 임약

**제1709조** 물건의 임약은 당사자 일방이 타방으로 하여금 물건을 일정기간 동안 향유하도록 할 의무를 지고 타방은 일방에게 그에 대한 일정한 대가를 지급하기로 하는 계약이다.

**제1710조** 일의 임약은 당사자 일방이 타방을 위하여 일정한 일을 할 의무를 지고 타방은 그에 대하여 당사자들 간에 합의된 대가를 지급하기로 하는 계약이다.

**제1711조** ① 두 가지 임약은 다시 다음과 같은 몇 가지 종류로 세분된다.

주택과 가구의 임약은 "건물 임대차"라고 하고,
농업용 부동산의 임약은 "농지 임대차"라고 하며,
노무 또는 용역의 임약은 "고용"이라고 하고,
동물 소유자와 동물 수탁자가 이익을 분배하는 임약은 "가축임대차"라고 한다.

② 또한, 정해진 대가를 받고 일을 완성하는 견적도급, 일괄도급 또는 정액도급은 일을 발주한 자가 재료를 제공하는 경우에 임약이다.

③ 마지막 세 종류의 임약에 대하여는 특별규정을 둔다.

**제1712조** 국유, 기초자치단체와 공공기관 재산의 임대차는 특별법의 적용을 받는다.

## Chapitre II Du louage des choses

**Article 1713** On peut louer toutes sortes de biens meubles ou immeubles.

### Section 1 Des règles communes aux baux des maisons et des biens ruraux

**Article 1714** On peut louer ou par écrit ou verbalement, sauf, en ce qui concerne les biens ruraux, application des règles particulières aux baux à ferme et à métayage.

**Article 1715** Si le bail fait sans écrit n'a encore reçu aucune exécution, et que l'une des parties le nie, la preuve ne peut être reçue par témoins, quelque modique qu'en soit le prix, et quoiqu'on allègue qu'il y a eu des arrhes données.

Le serment peut seulement être déféré à celui qui nie le bail.

**Article 1716** Lorsqu'il y aura contestation sur le prix du bail verbal dont l'exécution a commencé, et qu'il n'existera point de quittance, le propriétaire en sera cru sur son serment, si mieux n'aime le locataire demander l'estimation par experts ; auquel cas les frais de l'expertise restent à sa charge, si l'estimation excède le prix qu'il a déclaré.

**Article 1717** Le preneur a le droit de sous-louer, et même de céder son bail à un autre, si cette faculté ne lui a pas été interdite.

Elle peut être interdite pour le tout ou partie.

Cette clause est toujours de rigueur.

**Article 1718** Les dispositions des deuxième et troisième alinéas de l'article 595 relatif aux baux passés par les usufruitiers sont applicables aux baux passés par le tuteur sans l'autorisation du conseil de famille.

**Article 1719** Le bailleur est obligé, par la nature du contrat, et sans qu'il soit besoin d'aucune stipulation particulière :

1° De délivrer au preneur la chose louée et, s'il s'agit de son habitation principale, un logement décent. Lorsque des locaux loués à usage d'habitation sont impropres à cet usage, le bailleur ne peut se prévaloir de la nullité du bail ou de sa résiliation pour demander l'expulsion de l'occupant ;

2° D'entretenir cette chose en état de servir à l'usage pour lequel elle a été louée ;

3° D'en faire jouir paisiblement le preneur pendant la durée du bail ;

4° D'assurer également la permanence et la qualité des plantations.

## 제2장 물건의 임약

**제1713조** 모든 종류의 동산이나 부동산은 임대할 수 있다.

### 제1절 주택 및 농업용 재산의 임대차에 공통되는 규정

**제1714조** 임대는 서면이나 구두로 할 수 있으나, 농업용 재산에 관하여는 농지 임대차와 정률 임대차에 관한 특별규정이 적용된다.

**제1715조** ① 서면에 의하지 않은 임대차에 대하여 어떠한 이행도 아직 행해지지 않았고, 당사자 일방이 그 임대차를 부정하면, 증인에 의한 증명은 인정되지 아니하며, 이는 차임이 아무리 사소하여도 그러하고, 또 지급된 선급금이 있었다고 주장하더라도 그러하다.
② 선서는 임대차를 부정하는 자에게 요구될 수 있을 뿐이다.

**제1716조** 이행이 개시된 구두 임대차의 차임에 관하여 다툼이 있고 영수증이 존재하지 않는 경우, 소유자는 선서에 의하여 자신의 주장을 인정받을 수 있으나, 임차인이 감정인의 감정을 신청하면 그러하지 아니하다. 이 경우에 감정액이 임차인이 주장한 차임을 초과하면, 감정비용은 임차인이 부담한다.

**제1717조** ① 임차인은 전대할 권리, 나아가 임차권을 타인에게 양도할 권리를 가지고 있으나, 그 권한이 금지되었다면 그러하지 아니하다.
② 위 권한은 전부 또는 일부 금지될 수 있다.
③ 금지 조항은 언제나 엄격히 준수되어야 한다.

**제1718조** 점용권자가 체결한 임대차에 관한 제595조 제2항과 제3항의 규정은 후견인이 친족회의 허가를 얻지 않고 체결한 임대차에 적용된다.

**제1719조** 임대인은 특별한 약정이 없어도, 임대차계약의 성질에 의하여, 다음 각 호의 의무를 부담한다.
　1. 임차인에게 임대목적물을 인도할 의무, 목적물이 임차인의 주된 주거라면, 적당한 주택을 인도할 의무. 주거용으로 임대한 건물이 그 용도에 부적합한 경우, 임대인은 점유자의 퇴거를 청구하기 위하여 임대차의 무효 또는 해지를 주장할 수 없다.

　2. 위 목적물을 임대된 용도에 적합한 상태로 유지할 의무
　3. 임차인이 임대차기간 동안 목적물을 평온하게 향유하도록 할 의무
　4. 또한 수목의 항구성과 품질을 보장할 의무

**Article 1720** Le bailleur est tenu de délivrer la chose en bon état de réparations de toute espèce.

Il doit y faire, pendant la durée du bail, toutes les réparations qui peuvent devenir nécessaires, autres que les locatives.

**Article 1721** Il est dû garantie au preneur pour tous les vices ou défauts de la chose louée qui en empêchent l'usage, quand même le bailleur ne les aurait pas connus lors du bail.

S'il résulte de ces vices ou défauts quelque perte pour le preneur, le bailleur est tenu de l'indemniser.

**Article 1722** Si, pendant la durée du bail, la chose louée est détruite en totalité par cas fortuit, le bail est résilié de plein droit ; si elle n'est détruite qu'en partie, le preneur peut, suivant les circonstances, demander ou une diminution du prix, ou la résiliation même du bail. Dans l'un et l'autre cas, il n'y a lieu à aucun dédommagement.

**Article 1723** Le bailleur ne peut, pendant la durée du bail, changer la forme de la chose louée.

**Article 1724** Si, durant le bail, la chose louée a besoin de réparations urgentes et qui ne puissent être différées jusqu'à sa fin, le preneur doit les souffrir, quelque incommodité qu'elles lui causent, et quoiqu'il soit privé, pendant qu'elles se font, d'une partie de la chose louée.

Mais, si ces réparations durent plus de vingt et un jours, le prix du bail sera diminué à proportion du temps et de la partie de la chose louée dont il aura été privé.

Si les réparations sont de telle nature qu'elles rendent inhabitable ce qui est nécessaire au logement du preneur et de sa famille, celui-ci pourra faire résilier le bail.

**Article 1725** Le bailleur n'est pas tenu de garantir le preneur du trouble que des tiers apportent par voies de fait à sa jouissance, sans prétendre d'ailleurs aucun droit sur la chose louée ; sauf au preneur à les poursuivre en son nom personnel.

**Article 1726** Si, au contraire, le locataire ou le fermier ont été troublés dans leur jouissance par d'une action concernant la propriété du fonds, ils ont droit à une diminution proportionnée sur le prix du bail à loyer ou à ferme, pourvu que le trouble et l'empêchement aient été dénoncés au propriétaire.

**제1720조** ① 임대인은 목적물을 모든 종류의 수선이 잘 되어 있는 상태로 인도할 의무가 있다.

② 임대인은 목적물에, 임대차기간 동안, 임차인이 부담해야 하는 것 이외의, 필요한 모든 수선을 하여야 한다.

**제1721조** ① 임대인은 임대목적물의 사용을 방해하는 모든 하자나 결함에 대하여 임차인에게 담보책임을 부담하고, 임대인이 임대차계약 체결 시에 그 하자나 결함을 알지 못한 때에도 마찬가지이다.
② 이 하자나 결함으로 인하여 임차인에게 어떠한 손실이 발생하면, 임대인은 이를 배상할 의무가 있다.

**제1722조** 임대차기간 동안 임대목적물이 우연한 사정에 의하여 전부 멸실되면, 임대차는 당연히 해지된다. 임대목적물이 일부만 멸실되면, 임차인은 상황에 따라 차임의 감액을 청구하거나 임대차의 해지까지 청구할 수 있다. 어느 경우에도 손해배상은 성립하지 아니한다.

**제1723조** 임대인은 임대차기간 동안 임대목적물의 형태를 변경할 수 없다.

**제1724조** ① 임대차 존속 중에 임대목적물에 긴급한 수선이 필요하고 임대차 종료 시까지 그 수선을 지체할 수 없으면, 임차인은 그 수선으로 인하여 어떠한 불편함이 있고, 수선기간 동안, 임대목적물의 일부를 사용하지 못하더라도, 수선을 인용하여야 한다.

② 그러나 이 수선이 21일을 초과하여 계속되면, 임차인이 사용하지 못하는 기간 및 목적물 부분에 비례하여 차임이 감액된다.
③ 수선이 임차인과 그 가족의 주거에 필요한 부분을 거주할 수 없게 하는 성질이라면, 임차인은 임대차를 해지할 수 있다.

**제1725조** 임대인은, 제3자가 임차목적물에 대하여는 어떠한 권리도 주장하지 않은 채, 폭력행위로 임차인의 향유를 방해하는 행위에 대하여는 임차인에게 담보책임을 부담하지 아니한다. 그러나 임차인은 자신 명의로 그 제3자에 대하여 소구할 수 있다.

**제1726조** 반대로, 건물임차인이나 농지임차인이 토지의 소유권과 관련된 소권 행사로 인해 향유에 방해를 받으면, 임차인이 소유자에게 방해 사실과 방해사유를 알린 이상, 건물임대차나 농지임대차의 차임에 비례하여 감액을 요구할 권리를 가진다.

**Article 1727** Si ceux qui ont commis les voies de fait, prétendent avoir quelque droit sur la chose louée, ou si le preneur est lui-même cité en justice pour se voir condamner au délaissement de la totalité ou de partie de cette chose, ou à souffrir l'exercice de quelque servitude, il doit appeler le bailleur en garantie, et doit être mis hors d'instance, s'il l'exige, en nommant le bailleur pour lequel il possède.

**Article 1728** Le preneur est tenu de deux obligations principales :

1° D'user de la chose louée raisonnablement, et suivant la destination qui lui a été donnée par le bail, ou suivant celle présumée d'après les circonstances, à défaut de convention ;

2° De payer le prix du bail aux termes convenus.

**Article 1729** Si le preneur n'use pas de la chose louée raisonnablement ou emploie la chose louée à un autre usage que celui auquel elle a été destinée, ou dont il puisse résulter un dommage pour le bailleur, celui-ci peut, suivant les circonstances, faire résilier le bail.

**Article 1730** S'il a été fait un état des lieux entre le bailleur et le preneur, celui-ci doit rendre la chose telle qu'il l'a reçue, suivant cet état, excepté ce qui a péri ou a été dégradé par vétusté ou force majeure.

**Article 1731** S'il n'a pas été fait d'état des lieux, le preneur est présumé les avoir reçus en bon état de réparations locatives, et doit les rendre tels, sauf la preuve contraire.

**Article 1732** Il répond des dégradations ou des pertes qui arrivent pendant sa jouissance, à moins qu'il ne prouve qu'elles ont eu lieu sans sa faute.

**Article 1733** Il répond de l'incendie, à moins qu'il ne prouve :

Que l'incendie est arrivé par cas fortuit ou force majeure, ou par vice de construction.

Ou que le feu a été communiqué par une maison voisine.

**제1727조** 폭력행위를 가한 자가, 임대목적물에 대하여 어떠한 권리를 가지고 있다고 주장하면, 또는 임차인 자신이 임대목적물의 전부나 일부에 대한 점유이전을 구하는 소를 제기당하거나 지역권의 행사에 대하여 용인을 구하는 소를 제기당하면, 임차인은 담보책임을 부담하는 임대인을 참가시켜야 하고, 임차인 자신이 요구하는 경우, 임차인이 대신하여 점유하는 임대인을 참가시킴으로써 소송에서 탈퇴하여야 한다.

**제1728조** 임차인에게는 다음 각 호의 두 가지 주된 의무가 있다.
  1. 임대차에서 정한 용도에 따라, 또는 합의가 없으면, 상황에 의하여 추정되는 용도에 의하여, 임차목적물을 합리적으로 사용할 의무

  2. 합의된 시기에 차임을 지급할 의무

**제1729조** 임차인이 임차목적물을 합리적으로 사용하지 않으면, 또는 임차목적물을 정해진 것과 다른 용도로 사용하거나 임대인에게 손해를 초래할 수 있는 용도로 사용하면, 임대인은, 상황에 따라, 임대차를 해지할 수 있다.

**제1730조** 임대인과 임차인 간에 장소현황 확인서가 작성되었으면, 임차인은 수령한 대로 목적물을 위 확인서에 따라 반환하여야 하나, 노후 또는 불가항력에 의하여 멸실되거나 훼손된 것은 제외한다.

**제1731조** 장소현황 확인서가 작성되지 않았으면, 임차인은 임차인이 부담하는 수선 부분이 양호한 상태로 목적물을 수령하였던 것으로 추정되고, 반증이 없는 한, 그러한 상태로 반환하여야 한다.

**제1732조** 임차인은 자신이 향유하는 동안 발생한 훼손 또는 멸실에 대하여 책임을 부담하나, 자신의 과책없이 훼손 또는 멸실이 발생하였다는 것을 증명하는 경우에는 그러하지 아니하다.

**제1733조** 임차인은 화재에 대한 책임을 부담하나, 다음을 증명하는 경우에는 그러하지 아니한다.
  화재가 우연한 사정이나 불가항력 또는 건축상의 하자로 발생한 사실
  또는 화재가 인접 주택에서 연속된 사실

**Article 1734** S'il y a plusieurs locataires, tous sont responsables de l'incendie, proportionnellement à la valeur locative de la partie de l'immeuble qu'ils occupent ;

A moins qu'ils ne prouvent que l'incendie a commencé dans l'habitation de l'un d'eux, auquel cas celui-là seul en est tenu ;

Ou que quelques-uns ne prouvent que l'incendie n'a pu commencer chez eux, auquel cas ceux-là n'en sont pas tenus.

**Article 1735** Le preneur est tenu des dégradations et des pertes qui arrivent par le fait des personnes de sa maison ou de ses sous-locataires.

**Article 1736** Si le bail a été fait sans écrit, l'une des parties ne pourra donner congé à l'autre qu'en observant les délais fixés par l'usage des lieux.

**Article 1737** Le bail cesse de plein droit à l'expiration du terme fixé, lorsqu'il a été fait par écrit, sans qu'il soit nécessaire de donner congé.

**Article 1738** Si, à l'expiration des baux écrits, le preneur reste et est laissé en possession, il s'opère un nouveau bail dont l'effet est réglé par l'article relatif aux locations faites sans écrit.

**Article 1739** Lorsqu'il y a un congé signifié, le preneur quoiqu'il ait continué sa jouissance, ne peut invoquer la tacite reconduction.

**Article 1740** Dans le cas des deux articles précédents, la caution donnée pour le bail ne s'étend pas aux obligations résultant de la prolongation.

**Article 1741** Le contrat de louage se résout par la perte de la chose louée, et par le défaut respectif du bailleur et du preneur de remplir leurs engagements.

**Article 1742** Le contrat de louage n'est point résolu par la mort du bailleur ni par celle du preneur.

**Article 1743** Si le bailleur vend la chose louée, l'acquéreur ne peut expulser le fermier, le métayer ou le locataire qui a un bail authentique ou dont la date est certaine.

Il peut, toutefois, expulser le locataire de biens non ruraux s'il s'est réservé ce droit par le contrat de bail.

**제1734조** 수인의 임차인이 있으면, 임차인 모두는 그들이 점유하는 부동산 부분의 임대가치에 비례하여 화재에 대한 책임을 부담하나,

임차인들이 그들 중 1인의 주거에서 화재가 시작하였다는 것을 증명하면, 이러한 경우 그 임차인만이 책임을 지고,

화재가 자신의 주거에서 시작될 수 없었다는 것을 증명하면, 이러한 경우 임차인들은 책임을 부담하지 아니한다.

**제1735조** 임차인은 동거인 및 전차인의 행위로 발생하는 훼손과 멸실에 대하여 책임을 부담한다.

**제1736조** 임대차가 서면에 의하지 않고 이루어지면, 당사자 일방은 현지 관행에 의하여 정해진 기간을 준수하여서만 상대방에게 해지를 통고할 수 있다.

**제1737조** 임대차는 서면에 의하여 이루어진 때에는, 별도로 해지를 통고할 필요 없이, 정해진 임대차기간이 만료될 때 당연히 종료한다.

**제1738조** 서면에 의한 임대차 기간의 만료 시 임차인이 점유를 계속하고 있으면, 새로운 임대차가 체결되고, 그 효력은 서면에 의하지 않은 임대차에 관한 규정에 의하여 규율된다.

**제1739조** 임차인은 해지 통고가 송달된 때에는 향유를 계속하더라도, 묵시적 갱신을 주장할 수 없다.

**제1740조** 제1738조와 제1739조의 경우, 임대차를 위하여 제공된 보증은 연장으로 생긴 채무에 미치지 아니한다.

**제1741조** 임약 계약은 임대목적물의 멸실, 임대인과 임차인 각자의 채무불이행에 의하여 종료된다.

**제1742조** 임약 계약은 임대인이나 임차인의 사망에 의하여 종료하지 아니한다.

**제1743조** ① 임대인이 임차목적물을 매도하면, 매수인은 공증에 의하여 임대차계약을 체결하였거나 확정 기한 있는 임대차계약을 체결한 농지임차인, 정률임차인 또는 건물임차인을 퇴거시킬 수 없다.

② 그러나 임대차계약에서 이 권리를 유보하였다면, 매수인은 비농업용 재산의 임차인을 퇴거시킬 수 있다.

**Article 1744** S'il a été convenu lors du bail qu'en cas de vente l'acquéreur pourrait expulser le locataire et qu'il n'ait été fait aucune stipulation sur les dommages-intérêts, le bailleur est tenu d'indemniser le locataire de la manière suivante.

**Article 1745** S'il s'agit d'une maison, appartement ou boutique, le bailleur paye, à titre de dommages et intérêts, au locataire évincé, une somme égale au prix du loyer, pendant le temps qui, suivant l'usage des lieux, est accordé entre le congé et la sortie.

**Article 1746** S'il s'agit de biens ruraux, l'indemnité que le bailleur doit payer au fermier est du tiers du prix du bail pour tout le temps qui reste à courir.

**Article 1747** L'indemnité se réglera par experts, s'il s'agit de manufactures, usines, ou autres établissements qui exigent de grandes avances.

**Article 1748** L'acquéreur qui veut user de la faculté réservée par le bail d'expulser le locataire en cas de vente est, en outre, tenu de l'avertir au temps d'avance usité dans le lieu pour les congés.

**Article 1749** Les locataires ne peuvent être expulsés qu'ils ne soient payés par le bailleur ou, à son défaut, par le nouvel acquéreur, des dommages et intérêts ci-dessus expliqués.

**Article 1750** Si le bail n'est pas fait par acte authentique, ou n'a point de date certaine, l'acquéreur n'est tenu d'aucuns dommages et intérêts.

**Article 1751** Le droit au bail du local, sans caractère professionnel ou commercial, qui sert effectivement à l'habitation de deux époux, quel que soit leur régime matrimonial et nonobstant toute convention contraire et même si le bail a été conclu avant le mariage, ou de deux partenaires liés par un pacte civil de solidarité, dès lors que les partenaires en font la demande conjointement, est réputé appartenir à l'un et à l'autre des époux ou partenaires liés par un pacte civil de solidarité.

En cas de divorce ou de séparation de corps, ce droit pourra être attribué, en considération des intérêts sociaux et familiaux en cause, par la juridiction saisie de la demande en divorce ou en séparation de corps, à l'un des époux, sous réserve des droits à récompense ou à indemnité au profit de l'autre époux.

En cas de décès d'un des époux ou d'un des partenaires liés par un pacte civil de solidarité, le conjoint ou le partenaire lié par un pacte civil de solidarité survivant cotitulaire du bail dispose d'un droit exclusif sur celui-ci sauf s'il y renonce expressément.

**제1744조** 임대차계약 당시 매매되는 경우 매수인은 임차인을 퇴거시킬 수 있다고 합의되었고 손해배상에 대한 약정은 없었다면, 임대인은 임차인에게 다음과 같은 방식으로 배상해야 한다.

**제1745조** 주택, 아파트, 또는 상점의 경우, 임대인은 임차권을 박탈당한 임차인에게, 손해배상의 명목으로, 해지 통고 후 퇴거할 때까지 기간의 차임 상당액을, 현지 관행에 따라 지급하여야 한다.

**제1746조** 농업용 재산의 경우, 임대인이 농지임차인에게 지급하여야 하는 손해배상액은 남은 기간 전체 차임의 3분의 1이다.

**제1747조** 제조소, 공장 또는 기타 많은 투자금이 요구되는 시설의 경우, 감정인에 의하여 손해배상액이 산정된다.

**제1748조** 매매 시 임차인을 퇴거시킬 수 있도록 임대차계약에서 유보한 권리를 행사하고자 하는 매수인은, 현지 관행에 따라 해지 통고에 필요한 기간 전에 미리 임차인에게 통지하여야 한다.

**제1749조** 임차인은 임대인으로부터, 임대인이 이를 하지 않는 경우 새로운 매수인으로부터. 위에 기술된 손해배상을 받은 때에만 퇴거될 수 있다.

**제1750조** 임대차가 공정증서에 의하지 않았거나, 확정 기한이 없었다면, 매수인은 어떠한 손해배상의무도 지지 아니한다.

**제1751조** ① 부부 쌍방 또는 민사연대계약에 의한 동반자 쌍방의 실제 주거로 사용되는, 영업용이나 상업용이 아닌 건물의 임차권은, 부부 쌍방이 부부재산제로 정한 것이 무엇이든, 모든 반대의 합의에도 불구하고, 그리고 임대차가 혼인 이전에 체결되었을지라도, 또는 민사연대계약에 의한 동반자가 공동으로 임차권을 주장한 이상, 부부 쌍방 또는 민사연대계약상 동반자 쌍방에 속하는 것으로 간주된다.

② 이혼 또는 별거의 경우, 이혼 또는 별거의 소가 제기된 법원은 해당 사회적·가정적 이해관계를 고려하여, 제1항의 임차권을 부부 중 일방에게 부여할 수 있으나, 상대 배우자를 위한 상환 또는 배상에 관한 권리를 유보한다.

③ 부부 일방 또는 민사연대계약에 의한 동반자 일방이 사망한 경우, 공동임차권자인 생존한 부부 타방 또는 동반자 타방은 임차권을 명시적으로 포기하지 않는 한 임차권에 대한 독점적 권리를 보유한다.

**Article 1751-1** En cas de dissolution du pacte civil de solidarité, l'un des partenaires peut saisir le juge compétent en matière de bail aux fins de se voir attribuer le droit au bail du local, sans caractère professionnel ou commercial, qui sert effectivement à l'habitation des deux partenaires, sous réserve des créances ou droits à indemnité au profit de l'autre partenaire. Le bailleur est appelé à l'instance. Le juge apprécie la demande en considération des intérêts sociaux et familiaux des parties.

## Section 2 Des règles particulières aux baux à loyer

**Article 1752** Le locataire qui ne garnit pas la maison de meubles suffisants, peut être expulsé, à moins qu'il ne donne des sûretés capables de répondre du loyer.

**Article 1753** Le sous-locataire n'est tenu envers le propriétaire que jusqu'à concurrence du prix de sa sous-location dont il peut être débiteur au moment de la saisie, et sans qu'il puisse opposer des paiements faits par anticipation.

Les paiements faits par le sous-locataire, soit en vertu d'une stipulation portée en son bail, soit en conséquence de l'usage des lieux, ne sont pas réputés faits par anticipation.

**Article 1754** Les réparations locatives ou de menu entretien dont le locataire est tenu, s'il n'y a clause contraire, sont celles désignées comme telles par l'usage des lieux, et, entre autres, les réparations à faire :

Aux âtres, contre-coeurs, chambranles et tablettes de cheminées ;

Au recrépiment du bas des murailles des appartements et autres lieux d'habitation à la hauteur d'un mètre ;

Aux pavés et carreaux des chambres, lorsqu'il y en a seulement quelques-uns de cassés ;

Aux vitres, à moins qu'elles ne soient cassées par la grêle ou autres accidents extraordinaires et de force majeure, dont le locataire ne peut être tenu ;

Aux portes, croisées, planches de cloison ou de fermeture de boutiques, gonds, targettes et serrures.

**Article 1755** Aucune des réparations réputées locatives n'est à la charge des locataires quand elles ne sont occasionnées que par vétusté ou force majeure.

**Article 1756** Le curement des puits et celui des fosses d'aisances sont à la charge du bailleur s'il n'y a clause contraire.

**제1751-1조** 민사연대계약이 해소된 경우, 동반자 중 일방은 영업용 또는 상업용이 아닌 것으로서, 두 동반자의 주거에 실제 사용되는 건물에 대한 임차권을 부여받기 위하여, 상대 동반자를 위한 권리 또는 손해배상청구권을 유보하고, 임대차 관할 법원에 제소할 수 있다. 임대인은 이 소송에 소환된다. 법관은 당사자들의 사회적·가정적 이해관계를 고려하여 해당 청구를 판단한다.

## 제2절 건물 임대차에 관한 특별규정

**제1752조** 주택에 충분한 가구들을 갖추지 않은 임차인은 임대료에 상응하는 담보를 제공하지 않는 한 퇴거될 수 있다.

**제1753조** ① 전차인은 압류 시에 지급의무가 있을 수 있는 전차임(轉借賃)의 한도까지만 소유자에 대하여 책임이 있고, 선급으로써 대항할 수 없다.

② 전차인에 의한 지급은, 임대차 계약서 약정에 의한 것이든 현지 관행에 따른 것이든, 선급으로 간주되지 아니한다.

**제1754조** 임차인이 해야 하는 수선 또는 사소한 유지보수는 반대 조항이 없으면 현지 관행에 따라 정해지고, 그 중에서도 다음의 것이 보수되어야 한다.

난로, 벽난로, 창틀과 벽난로 선반
아파트 및 임차물의 1미터 높이까지 벽 밑 부분의 벽토 다시 바르기

일부만 깨어진 경우의 실내 포석(鋪石)과 타일
창문, 다만 우박이나 다른 특별한 사고, 또는 불가항력으로 파손되는 경우에 임차인은 책임을 지지 아니한다.
문, 창문, 칸막이벽 또는 상점 잠금장치, 경첩, 빗장, 그리고 자물쇠


**제1755조** 임차인의 부담이라고 간주되는 수리라도 노후화 또는 불가항력으로 인한 경우에는 임차인의 책임이 아니다.

**제1756조** 반대 조항이 없으면, 우물의 정화와 배설물 구덩이의 정화는 임대인의 책임이다.

**Article 1757** Le bail des meubles fournis pour garnir une maison entière, un corps de logis entier, une boutique, ou tous autres appartements, est censé fait pour la durée ordinaire des baux de maison, corps de logis, boutiques ou autres appartements, selon l'usage des lieux.

**Article 1758** Le bail d'un appartement meublé est censé fait à l'année, quand il a été fait à tant par an ;

Au mois, quand il a été fait à tant par mois ;

Au jour, quand il a été fait à tant par jour.

Si rien ne constate que le bail soit fait à tant par an, par mois ou par jour, la location est censée faite suivant l'usage des lieux.

**Article 1759** Si le locataire d'une maison ou d'un appartement continue sa jouissance après l'expiration du bail par écrit, sans opposition de la part du bailleur, il sera censé les occuper aux mêmes conditions, pour le terme fixé par l'usage des lieux, et ne pourra plus en sortir ni en être expulsé qu'après un congé donné suivant le délai fixé par l'usage des lieux.

**Article 1760** En cas de résiliation par la faute du locataire, celui-ci est tenu de payer le prix du bail pendant le temps nécessaire à la relocation, sans préjudice des dommages et intérêts qui ont pu résulter de l'abus.

**Article 1761** Le bailleur ne peut résoudre la location, encore qu'il déclare vouloir occuper par lui-même la maison louée, s'il n'y a eu convention contraire.

**Article 1762** S'il a été convenu, dans le contrat de louage, que le bailleur pourrait venir occuper la maison, il est tenu de signifier d'avance un congé aux époques déterminées par l'usage des lieux.

**Article 1763** (abrogé)

### Section 3 Des règles particulières aux baux à ferme

**Article 1764** En cas de contravention, le propriétaire a droit de rentrer en jouissance, et le preneur est condamné aux dommages-intérêts résultant de l'inexécution du bail.

**제1757조** 주택 전체, 건물 본채, 상점, 또는 아파트 전체를 채우기 위한 가구의 임대차는 현지 관행에 따라 주택, 건물 본채, 상점, 기타 아파트의 통상의 이용기간 동안 이루어진 것으로 간주된다.

**제1758조** ① 가구가 갖추어진 아파트의 임대차는 차임을 연 단위로 정한 경우 연 단위로,

차임을 월 단위로 정한 경우 월 단위로,
차임을 일 단위로 정한 경우 일 단위로 체결된 것으로 간주한다.
② 차임이 연 단위인지, 월 단위인지 또는 일 단위인지가 확인되지 않을 경우, 임대차는 현지 관행에 따라 이루어진 것으로 간주한다.

**제1759조** 주택이나 아파트의 임차인이 서면으로 작성된 임대차계약의 만기 후에 향유를 계속하고 임대인 측의 반대가 없으면, 그는 목적물을 동일한 조건으로 현지 관행에 의하여 정해진 기한 동안 점유하는 것으로 간주되고, 현지 관행에 의하여 정해진 기간을 준수한 해지 통고 이후에 한하여 임차물에서 퇴거하거나 퇴거당할 수 있다.

**제1760조** 임차인의 과책에 의한 해지의 경우, 임차인은 권한의 남용으로 인해 발생할 수 있는 손해배상과는 별도로, 재임대에 필요한 기간 동안의 차임을 지급할 의무가 있다.

**제1761조** 반대의 합의가 없었다면, 임대인은 임대한 주택을 자신이 쓰고 싶다는 의사를 표명한 경우에도 임대차계약을 해지할 수 없다.

**제1762조** 임대차계약에서 임대인이 장래에 주택을 쓸 수도 있다고 약정한 경우, 임대인은 현지 관행에 의하여 정해진 때에 미리 해지통고를 할 의무가 있다.

**제1763조** (삭제)

### 제3절 농지임대차에 대한 특별규정

**제1764조** 임차인의 법규위반의 경우, 소유자는 다시 임차물을 향유할 권리가 있고, 임차인은 임대차계약의 불이행으로 인한 손해배상의 선고를 받아야 한다.

**Article 1765** Si, dans un bail à ferme, on donne aux fonds une contenance moindre ou plus grande que celle qu'ils ont réellement, il n'y a lieu à augmentation ou diminution de prix pour le fermier, que dans les cas et suivant les règles exprimées au titre "De la vente".

**Article 1766** Si le preneur d'un héritage rural ne le garnit pas des bestiaux et des ustensiles nécessaires à son exploitation, s'il abandonne la culture, s'il ne cultive pas raisonnablement, s'il emploie la chose louée à un autre usage que celui auquel elle a été destinée, ou, en général, s'il n'exécute pas les clauses du bail, et qu'il en résulte un dommage pour le bailleur, celui-ci peut, suivant les circonstances, faire résilier le bail.

En cas de résiliation provenant du fait du preneur, celui-ci est tenu des dommages et intérêts, ainsi qu'il est dit en l'article 1764.

**Article 1767** Tout preneur de bien rural est tenu d'engranger dans les lieux à ce destinés d'après le bail.

**Article 1768** Le preneur d'un bien rural est tenu, sous peine de tous dépens, dommages et intérêts, d'avertir le propriétaire des usurpations qui peuvent être commises sur les fonds.

Cet avertissement doit être donné dans le même délai que celui qui est réglé en cas d'assignation suivant la distance des lieux.

**Article 1769** Si le bail est fait pour plusieurs années, et que, pendant la durée du bail, la totalité ou la moitié d'une récolte au moins soit enlevée par des cas fortuits, le fermier peut demander une remise du prix de sa location, à moins qu'il ne soit indemnisé par les récoltes précédentes.

S'il n'est pas indemnisé, l'estimation de la remise ne peut avoir lieu qu'à la fin du bail, auquel temps il se fait une compensation de toutes les années de jouissance ;

Et, cependant, le juge peut provisoirement dispenser le preneur de payer une partie du prix en raison de la perte soufferte.

**Article 1770** Si le bail n'est que d'une année, et que la perte soit de la totalité des fruits, ou au moins de la moitié, le preneur sera déchargé d'une partie proportionnelle du prix de la location.

Il ne pourra prétendre aucune remise si la perte est moindre de moitié.

**제1765조** 농지임대차에 있어서 토지의 면적이 실제 면적보다 작거나 크게 표시된 경우, "매매" 편에서 정한 경우에 그 규정에 의한 경우에만 농지임차인에 대하여 차임의 증액 또는 감액이 발생한다.

**제1766조** ① 농업용 부동산의 임차인이 경작에 필요한 가축과 도구를 갖추지 못하거나, 경작을 포기하거나, 합리적으로 경작을 하지 않거나, 원래 정해진 사용법 또는 일반적인 사용법이 아닌 용도로 임차한 물건을 사용하거나, 또는 일반적으로, 임대차계약 조항을 이행하지 않고, 그로 인해 임대인에게 손해를 입게 한다면, 임대인은 사정에 따라 임대차계약을 해지할 수 있다.

② 임차인의 행위로 인한 해지의 경우, 임차인은 제1764조에서 규정한 것과 마찬가지로 손해 배상을 할 의무가 있다.

**제1767조** 모든 농업용 재산의 임차인은 임대차계약에 의하여 정해진 장소에 농작물을 저장할 의무가 있다.

**제1768조** ① 농업용 재산의 임차인은 소유자에게 토지에 가해질 수 있는 침해를 통지해야 할 의무가 있고, 이를 위반한 경우 모든 비용과 손해배상에 대한 책임을 진다.

② 이 통지는 법원의 소환이 있는 경우에 농지의 거리에 따라 정해진 기한과 동일한 기한 내에 행해져야 한다.

**제1769조** ① 임대차계약이 수년의 기간으로 이루어지고, 임대차 기간 동안 우연한 사정으로 인해 수확량의 전부 또는 적어도 절반을 잃게 된다면, 농지임차인은 이전의 수확으로 보상받지 못하는 한 임대차의 차임 감액을 청구할 수 있다.

② 임차인이 보상받지 못한다면, 감액의 평가는 임대차계약 종료 시에만 이루어질 수 있는데, 이때 전체 향유기간에 대한 상계가 이루어진다.
③ 그러나 법관은 임차인이 겪은 멸실을 이유로 차임의 일부의 지급을 임시로 면제할 수 있다.

**제1770조** ① 임대차계약의 기간이 1년에 한하고 멸실이 과실 전부나 적어도 그 절반에 행해졌다면, 임차인은 차임 중 상응하는 부분을 면제받는다.

② 멸실이 절반 이하라면, 임차인은 어떠한 감액도 주장할 수 없다.

**Article 1771** Le fermier ne peut obtenir de remise lorsque la perte des fruits arrive après qu'ils sont séparés de la terre, à moins que le bail ne donne au propriétaire une quotité de la récolte en nature, auquel cas le propriétaire doit supporter sa part de la perte, pourvu que le preneur ne fût pas en demeure de lui délivrer sa portion de récolte.

Le fermier ne peut également demander une remise lorsque la cause du dommage était existante et connue à l'époque où le bail a été passé.

**Article 1772** Le preneur peut être chargé des cas fortuits par une stipulation expresse.

**Article 1773** Cette stipulation ne s'entend que des cas fortuits ordinaires, tels que grêle, feu du ciel, gelée ou coulure.

Elle ne s'entend pas des cas fortuits extraordinaires, tels que les ravages de la guerre, ou une inondation, auxquels le pays n'est pas ordinairement sujet, à moins que le preneur n'ait été chargé de tous les cas fortuits prévus ou imprévus.

**Article 1774** Le bail, sans écrit, d'un fonds rural, est censé fait pour le temps qui est nécessaire afin que le preneur recueille tous les fruits de l'héritage affermé.

Ainsi le bail à ferme d'un pré, d'une vigne, et de tout autre fonds dont les fruits se recueillent en entier dans le cours de l'année, est censé fait pour un an.

Le bail des terres labourables, lorsqu'elles se divisent par soles ou saisons, est censé fait pour autant d'années qu'il y a de soles.

**Article 1775** Le bail des héritages ruraux quoique fait sans écrit, ne cesse à l'expiration du terme fixé par l'article précédent, que par l'effet d'un congé donné par écrit par l'une des parties à l'autre, six mois au moins avant ce terme.

A défaut d'un congé donné dans le délai ci-dessus spécifié, il s'opère un nouveau bail dont l'effet est réglé par l'article 1774.

Il en est de même si, à l'expiration des baux écrits, le preneur reste et est laissé en possession.

**Article 1776** (abrogé)

**제1771조** ① 농지임차인은 과실이 토지에서 분리된 후에 멸실된 경우에는 차임을 감액받을 수 없으나, 임대차계약이 소유자에게 수확물의 현물 지분을 부여하지 않는 한 그러하지 아니하고, 이 경우, 임차인이 지분에 해당하는 수확물의 인도의무를 지체하지 않으면, 소유자는 멸실에 대한 자기 지분을 감수하여야 한다.
② 또한, 손해의 원인이 임대차계약의 체결 시에 존재했으며 알려진 경우 농지임차인은 차임의 감액을 청구할 수 없다.

**제1772조** 임차인은 명시적인 약정으로 우연한 사정에 대한 책임을 질 수 있다.

**제1773조** ① 이 약정은 우박, 번개, 서리 또는 개화를 막는 저해요소 등과 같은 일반적인 우연한 사정에만 적용된다.
② 이 약정은 그 지역에 일반적으로 발생하지 않는 전쟁의 피해, 홍수와 같은 예외적인 우연한 사정에는 적용되지 않으나, 임차인이 예측하거나 예측하지 못한 모든 우연한 사정에 대하여 책임을 부담한 경우에는 그러하지 아니하다.

**제1774조** ① 서면에 의하지 않은 농업용 토지의 임대차계약은 임차인이 임차한 토지의 모든 과실을 수확하기 위하여 필요한 기간으로 하여 체결된 것으로 간주된다.
② 따라서 목초지, 포도밭, 1년 동안 과실을 완전히 수확할 수 있는 기타 모든 토지에 대한 농지임대차는 1년으로 하여 체결된 것으로 간주된다.
③ 경작 가능한 토지가 윤작 또는 계절로 나누어지는 경우, 그 토지에 대한 임대차계약은 윤작지 만큼의 햇수로 하여 체결한 것으로 간주된다.

**제1775조** ① 농업용 토지에 대한 임대차계약은 서면으로 작성되지 않은 경우에도 제1774조에 정해진 기간의 만료로 종료되는 것이 아니라, 적어도 만료일로부터 6개월 전에 계약당사자 중 일방이 상대방에게 서면으로 하는 해지 통고의 효력에 따라 종료한다.
② 위에 규정된 기한 내에 해지 통고가 없었던 경우에는 제1774조에서 규정하는 효력을 가진 새로운 임대차계약이 발생한다.
③ 서면으로 작성된 임대차계약의 만료 시에 임차인이 남아 계속 점유하게 되는 경우에도 마찬가지이다.

**제1776조** (삭제)

**Article 1777** Le fermier sortant doit laisser à celui qui lui succède dans la culture, les logements convenables et autres facilités pour les travaux de l'année suivante ; et réciproquement, le fermier entrant doit procurer à celui qui sort les logements convenables et autres facilités pour la consommation des fourrages, et pour les récoltes restant à faire.

Dans l'un et l'autre cas, on doit se conformer à l'usage des lieux.

**Article 1778** Le fermier sortant doit aussi laisser les pailles et engrais de l'année, s'il les a reçus lors de son entrée en jouissance ; et quand même il ne les aurait pas reçus, le propriétaire pourra les retenir suivant l'estimation.

### Chapitre III Du louage d'ouvrage et d'industrie

**Article 1779** Il y a trois espèces principales de louage d'ouvrage et d'industrie :

1° Le louage de service ;

2° Celui des voituriers, tant par terre que par eau, qui se chargent du transport des personnes ou des marchandises ;

3° Celui des architectes, entrepreneurs d'ouvrages et techniciens par suite d'études, devis ou marchés.

### Section I Du louage de service

**Article 1780** On ne peut engager ses services qu'à temps, ou pour une entreprise déterminée.

Le louage de service, fait sans détermination de durée, peut toujours cesser par la volonté d'une des parties contractantes.

Néanmoins, la résiliation du contrat par la volonté d'un seul des contractants peut donner lieu à des dommages-intérêts.

Pour la fixation de l'indemnité à allouer, le cas échéant, il est tenu compte des usages, de la nature des services engagés, du temps écoulé, des retenues opérées et des versements effectués en vue d'une pension de retraite, et, en général, de toutes les circonstances qui peuvent justifier l'existence et déterminer l'étendue du préjudice causé.

Les parties ne peuvent renoncer à l'avance au droit éventuel de demander des dommages-intérêts en vertu des dispositions ci-dessus.

Les contestations auxquelles pourra donner lieu l'application des paragraphes précédents, lorsqu'elles seront portées devant les tribunaux civils et devant les cours d'appel, seront instruites comme affaires sommaires et jugées d'urgence.

**제1777조** ① 떠나는 농지임차인은 경작을 승계하는 자에게 다음 해의 경작을 위하여 적절한 주거와 기타 시설을 남겨두어야 한다. 반대로, 들어오는 농지임차인은 떠나는 자에게 사료의 소비와 거둬들여야 할 수확물을 위하여 적절한 숙소와 기타 시설을 마련해주어야 한다.

② 위 두 경우 모두 현지 관행을 따라야 한다.

**제1778조** 떠나는 농지임차인이 향유를 시작한 때 짚과 비료를 받았다면, 그 해의 짚과 비료를 남겨두어야 한다. 농지임차인이 이를 받지 못한 경우에도 소유자는 평가에 따라 짚과 비료를 유치할 수 있다.

## 제3장 일과 기예의 임약

**제1779조** 일과 기예의 임약의 주요한 종류는 다음 각 호와 같다.
  1. 용역의 임약
  2. 여객 또는 상품을 운송할 의무가 있는 육상 및 해상운송인의 임약

  3. 조사(調査), 견적도급 또는 정액도급에 의한 건축사, 수급인 및 건설기술자의 임약

## 제1절 용역의 임약

**제1780조** ① 누구든지 일정기간 또는 정해진 일에 대해서만 용역을 약정할 수 있다.

② 기간의 정함이 없이 행해진 용역의 임약은 계약당사자 일방의 의사로 언제든지 종료될 수 있다.
③ 그럼에도 불구하고, 계약당사자 일방만의 의사에 의한 계약의 해지는 손해배상책임을 발생시킬 수 있다.
④ 지급할 손해배상액을 정하기 위하여 필요한 경우에 관습, 약정한 용역의 성질, 경과한 기간, 퇴직연금을 목적으로 이행된 공제와 기(旣)지급금, 그리고 일반적으로 손해의 존재를 증명할 수 있고 발생한 침해의 범위를 결정할 수 있는 모든 사정을 일반적으로 고려해야 한다.

⑤ 계약당사자는 위 규정에 의한 손해배상을 청구할 장래의 권리를 미리 포기할 수 없다.

⑥ 전항들의 적용으로 인한 분쟁이 민사지방법원 및 항소법원에 제기된 경우, 그 분쟁은 약식사건으로 심리하여 긴급재판으로 판결한다.

**Article 1781** (abrogé)

## Section II Des voituriers par terre et par eau

**Article 1782** Les voituriers par terre et par eau sont assujettis, pour la garde et la conservation des choses qui leur sont confiées, aux mêmes obligations que les aubergistes, dont il est parlé au titre "Du dépôt et du séquestre".

**Article 1783** Ils répondent non seulement de ce qu'ils ont déjà reçu dans leur bâtiment ou voiture, mais encore de ce qui leur a été remis sur le port ou dans l'entrepôt, pour être placé dans leur bâtiment ou voiture.

**Article 1784** Ils sont responsables de la perte et des avaries des choses qui leur sont confiées, à moins qu'ils ne prouvent qu'elles ont été perdues et avariées par cas fortuit ou force majeure.

**Article 1785** Les entrepreneurs de voitures publiques par terre et par eau, et ceux des roulages publics, doivent tenir registre de l'argent, des effets et des paquets dont ils se chargent.

**Article 1786** Les entrepreneurs et directeurs de voitures et roulages publics, les maîtres de barques et navires, sont en outre assujettis à des règlements particuliers, qui font la loi entre eux et les autres citoyens.

## Section III Des devis et des marchés

**Article 1787** Lorsqu'on charge quelqu'un de faire un ouvrage, on peut convenir qu'il fournira seulement son travail ou son industrie, ou bien qu'il fournira aussi la matière.

**Article 1788** Si, dans le cas où l'ouvrier fournit la matière, la chose vient à périr, de quelque manière que ce soit, avant d'être livrée, la perte en est pour l'ouvrier, à moins que le maître ne fût en demeure de recevoir la chose.

**Article 1789** Dans le cas où l'ouvrier fournit seulement son travail ou son industrie, si la chose vient à périr, l'ouvrier n'est tenu que de sa faute.

**제1781조** (삭제)

## 제2절 육상 및 해상운송인의 임약

**제1782조** 육상 및 해상운송인은 그에게 맡겨진 목적물의 보관 및 보존에 관하여 "임치 및 계쟁물임치"편에 규정된 숙박업자와 동일한 의무를 부담한다.

**제1783조** 육상 및 해상운송인은 선박 또는 차량에 이미 수령한 목적물 뿐만 아니라 선박 또는 차량에 싣기 위하여 항구 또는 창고에 위탁받은 목적물에 대해서도 책임을 진다.

**제1784조** 육상 및 해상운송인은 그 멸실 및 훼손에 대하여 책임을 지나, 그들에게 위탁된 목적물이 우연한 사고 또는 불가항력으로 멸실 및 훼손되었음을 증명하면 그러하지 아니하다.

**제1785조** 육상 및 수상의 공중운송 사업자와 대중교통 사업자는 그들이 실은 금전, 재산, 소화물을 면밀하게 기록해야 한다.

**제1786조** 공중운송과 대중교통 사업자와 관리자 및 소형선박과 선박의 소유자는 이외에도 그들과 다른 시민들 사이를 규율하는 법률의 특별규정에 따른다.

## 제3절 도급

**제1787조** 어떤 자에게 일을 할 의무를 부담시키는 경우, 그는 자기의 노무 또는 기예만을 제공하거나, 그렇지 않으면 재료까지 공급하기로 약정할 수 있다.

**제1788조** 수급인이 재료를 제공하는 경우, 어떤 사유로든 인도되기 전에 목적물이 멸실되면, 목적물의 멸실은 수급인의 부담으로 하나, 도급인이 그 목적물을 수령하는 것을 지체하는 경우에는 그러하지 아니하다.

**제1789조** 수급인이 노무 또는 일만을 제공하는 경우, 목적물이 멸실되면 수급인은 그의 과책이 있는 때에만 책임을 진다.

**Article 1790** Si, dans le cas de l'article précédent la chose vient à périr, quoique sans aucune faute de la part de l'ouvrier, avant que l'ouvrage ait été reçu et sans que le maître fût en demeure de le vérifier, l'ouvrier n'a point de salaire à réclamer, à moins que la chose n'ait péri par le vice de la matière.

**Article 1791** S'il s'agit d'un ouvrage à plusieurs pièces ou à la mesure, la vérification peut s'en faire par parties : elle est censée faite pour toutes les parties payées, si le maître paye l'ouvrier en proportion de l'ouvrage fait.

**Article 1792** Tout constructeur d'un ouvrage est responsable de plein droit, envers le maître ou l'acquéreur de l'ouvrage, des dommages, même résultant d'un vice du sol, qui compromettent la solidité de l'ouvrage ou qui, l'affectant dans l'un de ses éléments constitutifs ou l'un de ses éléments d'équipement, le rendent impropre à sa destination.

Une telle responsabilité n'a point lieu si le constructeur prouve que les dommages proviennent d'une cause étrangère.

**Article 1792-1** Est réputé constructeur de l'ouvrage :

1° Tout architecte, entrepreneur, technicien ou autre personne liée au maître de l'ouvrage par un contrat de louage d'ouvrage ;

2° Toute personne qui vend, après achèvement, un ouvrage qu'elle a construit ou fait construire ;

3° Toute personne qui, bien qu'agissant en qualité de mandataire du propriétaire de l'ouvrage, accomplit une mission assimilable à celle d'un locateur d'ouvrage.

**Article 1792-2** La présomption de responsabilité établie par l'article 1792 s'étend également aux dommages qui affectent la solidité des éléments d'équipement d'un ouvrage, mais seulement lorsque ceux-ci font indissociablement corps avec les ouvrages de viabilité, de fondation, d'ossature, de clos ou de couvert.

Un élément d'équipement est considéré comme formant indissociablement corps avec l'un des ouvrages de viabilité, de fondation, d'ossature, de clos ou de couvert lorsque sa dépose, son démontage ou son remplacement ne peut s'effectuer sans détérioration ou enlèvement de matière de cet ouvrage.

**Article 1792-3** Les autres éléments d'équipement de l'ouvrage font l'objet d'une garantie de bon fonctionnement d'une durée minimale de deux ans à compter de sa réception.

**제1790조** 제1789조의 경우에 도급인이 공작물을 수령하기 전에 그리고 도급인이 일의 검수를 지체하지 않은 상태에서, 수급인 측의 과책이 없음에도 목적물이 멸실되면 수급인은 전혀 보수를 청구할 수 없으나, 목적물이 재료의 하자로 멸실된 경우에는 그러하지 아니하다.

**제1791조** 수 개의 부분으로 되거나 측정되는 공작물에 해당하면, 검수가 부분적으로 이루어질 수 있다. 도급인이 공작물 완성에 비례하여 수급인에게 보수를 지급한다면, 검수는 보수가 지급된 부분 전부에 대하여 완료된 것으로 본다.

**제1792조** ① 공작물의 모든 건축자는 도급인 또는 공작물의 양수인에 대하여, 공작물의 내구성을 침해하거나 공작물의 구성요소 중 일부 또는 부수설비 중 일부에 영향을 미침으로써 공작물이 용도에 부합하지 못하게 하는 손해에 대해서는, 그것이 토지의 하자로 인한 경우에도 당연히 책임을 진다.
② 이러한 책임은 건축자가 그 손해가 외부원인에 의하여 발생한 것임을 증명한다면 발생하지 아니한다.

**제1792-1조** 다음 각 호의 자를 공작물의 건축자로 본다.
  1. 건축사, 수급인, 건설기술자 또는 기타 일의 임약 계약으로 공작물의 도급인과 관계되어 있는 모든 자
  2. 건축하거나 건축시킨 공작물을 완성한 후에 매도하는 모든 자

  3. 공작물 소유자의 수임인의 지위로 임무를 수행하지만 공작물의 도급인으로서 사무를 수행하는 모든 자

**제1792-2조** ① 제1792조에 규정된 책임의 추정은 공작물의 부속설비의 내구성에 영향을 주는 손해에 대해서도 미치나, 그 부속설비가 정지작업, 기초, 골조, 벽, 지붕의 공작물과 불가분적으로 일체를 이루는 때에 한한다.

② 공작물의 재료를 훼손 또는 제거하지 않고는 공작물의 부속설비를 철거, 분해, 교체할 수 없는 경우에 당해 부속설비는 정지작업, 기초, 골조, 벽, 지붕의 공작물 중 일부와 불가분적으로 일체를 이루는 것으로 본다.

**제1792-3조** 공작물의 다른 부속설비들은 수령 시로부터 최소 2년의 기간 동안 정상 작동에 대한 담보책임의 대상이 된다.

**Article 1792-4** Le fabricant d'un ouvrage, d'une partie d'ouvrage ou d'un élément d'équipement conçu et produit pour satisfaire, en état de service, à des exigences précises et déterminées à l'avance, est solidairement responsable des obligations mises par les articles 1792, 1792-2 et 1792-3 à la charge du locateur d'ouvrage qui a mis en œuvre, sans modification et conformément aux règles édictées par le fabricant, l'ouvrage, la partie d'ouvrage ou élément d'équipement considéré.

Sont assimilés à des fabricants pour l'application du présent article :

Celui qui a importé un ouvrage, une partie d'ouvrage ou un élément d'équipement fabriqué à l'étranger ;

Celui qui l'a présenté comme son œuvre en faisant figurer sur lui son nom, sa marque ou tout autre signe distinctif.

**Article 1792-4-1** Toute personne physique ou morale dont la responsabilité peut être engagée en vertu des articles 1792 à 1792-4 du présent code est déchargée des responsabilités et garanties pesant sur elle, en application des articles 1792 à 1792-2, après dix ans à compter de la réception des travaux ou, en application de l'article 1792-3, à l'expiration du délai visé à cet article.

**Article 1792-4-2** Les actions en responsabilité dirigées contre un sous-traitant en raison de dommages affectant un ouvrage ou des éléments d'équipement d'un ouvrage mentionnés aux articles 1792 et 1792-2 se prescrivent par dix ans à compter de la réception des travaux et, pour les dommages affectant ceux des éléments d'équipement de l'ouvrage mentionnés à l'article 1792-3, par deux ans à compter de cette même réception.

**Article 1792-4-3** En dehors des actions régies par les articles 1792-3, 1792-4-1 et 1792-4-2, les actions en responsabilité dirigées contre les constructeurs désignés aux articles 1792 et 1792-1 et leurs sous-traitants se prescrivent par dix ans à compter de la réception des travaux.

**Article 1792-5** Toute clause d'un contrat qui a pour objet, soit d'exclure ou de limiter la responsabilité prévue aux articles 1792, 1792-1 et 1792-2, soit d'exclure les garanties prévues aux articles 1792-3 et 1792-6 ou d'en limiter la portée, soit d'écarter ou de limiter la solidarité prévue à l'article 1792-4, est réputée non écrite.

**제1792-4조** ① 사전에 구체적이고 정해진 요구사항에 따라 작동할 것으로 고안되고 사용상태가 이를 만족시키도록 제조된 공작물, 공작물 일부 또는 부속설비의 제조자는, 그에 의하여 제정된 규정을 변경함 없이 그대로 따르면서, 공작물, 공작물 일부, 당해 부속설비를 사용한 수급인에게 제1792조, 제1792-2조 및 제1792-3조에 의하여 부과되는 의무를 연대하여 책임진다.

② 본조의 적용에 있어 다음의 자를 제조자로 본다.
　외국에서 제조된 공작물, 공작물의 일부 또는 제작된 부속설비를 수입한 자

　공작물상에 자신의 상호, 상표 또는 기타 식별가능한 표식을 나타냄으로써 공작물이 자신의 작업임을 밝힌 자

**제1792-4-1조** 본법전 제1792조부터 제1792-4조로 인하여 책임을 부담할 수도 있는 모든 자연인 또는 법인은 제1792조부터 제1792-2조의 적용에 있어서는 공사의 수령 시로부터 10년, 제1792-3조의 적용에 있어서는 동조가 정하는 기간 이후에는 그에게 부과된 책임과 담보책임으로부터 면책된다.

**제1792-4-2조** 제1792조 및 제1792-2조에 규정된 공작물 또는 공작물의 부속설비에 대한 손해를 원인으로 하수급인을 상대로 한 책임소권들은 그 공사의 수령 시로부터 10년으로 시효 소멸되며, 제1792-3조가 규정하는 공작물의 부속설비 대한 손해에 관하여는 위와 같은 수령으로부터 2년의 경과로 시효소멸한다.

**제1792-4-3조** 제1792-3조, 제1792-4-1조 및 제1792-4-2조에 의하여 규율되는 소권을 제외하고, 제1792조 및 제1792-1조에서 정한 건축인 및 그 하수급인을 상대로 한 책임소권은 공사의 수령 시로부터 10년의 경과로 시효소멸한다.

**제1792-5조** 제1792조, 제1792-1조 및 제1792조-2조에서 정한 책임을 배제 또는 제한하거나, 제1792-3조 및 제1792-6조에서 정한 담보책임을 배제 또는 그 범위를 제한하거나, 제1792-4조에서 정한 연대성을 회피 또는 제한함을 목적으로 하는 계약의 모든 조항은 기재하지 아니한 것으로 본다.

**Article 1792-6** La réception est l'acte par lequel le maître de l'ouvrage déclare accepter l'ouvrage avec ou sans réserves. Elle intervient à la demande de la partie la plus diligente, soit à l'amiable, soit à défaut judiciairement. Elle est, en tout état de cause, prononcée contradictoirement.

La garantie de parfait achèvement, à laquelle l'entrepreneur est tenu pendant un délai d'un an, à compter de la réception, s'étend à la réparation de tous les désordres signalés par le maître de l'ouvrage, soit au moyen de réserves mentionnées au procès-verbal de réception, soit par voie de notification écrite pour ceux révélés postérieurement à la réception.

Les délais nécessaires à l'exécution des travaux de réparation sont fixés d'un commun accord par le maître de l'ouvrage et l'entrepreneur concerné.

En l'absence d'un tel accord ou en cas d'inexécution dans le délai fixé, les travaux peuvent, après mise en demeure restée infructueuse, être exécutés aux frais et risques de l'entrepreneur défaillant.

L'exécution des travaux exigés au titre de la garantie de parfait achèvement est constatée d'un commun accord, ou, à défaut, judiciairement.

La garantie ne s'étend pas aux travaux nécessaires pour remédier aux effets de l'usure normale ou de l'usage.

**Article 1792-7** Ne sont pas considérés comme des éléments d'équipement d'un ouvrage au sens des articles 1792, 1792-2, 1792-3 et 1792-4 les éléments d'équipement, y compris leurs accessoires, dont la fonction exclusive est de permettre l'exercice d'une activité professionnelle dans l'ouvrage.

**Article 1793** Lorsqu'un architecte ou un entrepreneur s'est chargé de la construction à forfait d'un bâtiment, d'après un plan arrêté et convenu avec le propriétaire du sol, il ne peut demander aucune augmentation de prix, ni sous le prétexte de l'augmentation de la main-d'œuvre ou des matériaux, ni sous celui de changements ou d'augmentations faits sur ce plan, si ces changements ou augmentations n'ont pas été autorisés par écrit, et le prix convenu avec le propriétaire.

**Article 1794** Le maître peut résilier, par sa seule volonté, le marché à forfait, quoique l'ouvrage soit déjà commencé, en dédommageant l'entrepreneur de toutes ses dépenses, de tous ses travaux, et de tout ce qu'il aurait pu gagner dans cette entreprise.

**Article 1795** Le contrat de louage d'ouvrage est dissous par la mort de l'ouvrier, de l'architecte ou entrepreneur.

**제1792-6조** ① 수령은 공작물의 도급인이 유보하거나 유보하지 않고 공작물을 받아들인다고 표명하는 행위이다. 수령은, 가장 먼저 한 당사자의 청구에 의하여, 당사자 사이의 합의에 의하든, 합의가 없으면 재판에 의하든, 이루어진다. 수령은, 어떠한 경우에도, 대심(對審) 형식으로 선언된다.
② 완성담보책임은, 그에 의하여 수급인은 수령 시부터 1년의 기간 동안 책임을 지고, 도급인에 의하여, 수령조서에 기재된 유보에 의하여든, 수령 이후 드러난 하자에 대하여 서면의 방식에 의하여든, 통지된 모든 하자의 보수에 미친다.


③ 보수공사의 이행에 필요한 기간은 공작물의 도급인과 관련 수급인의 상호합의로 정한다.

④ 그러한 합의가 없거나 그 기간 내에 이행하지 않는 경우에는, 최고하여도 여전히 이행하지 않으면, 이행하지 아니한 수급인의 비용과 위험으로 보수공사를 할 수 있다.

⑤ 완성담보책임에 기하여 요구되는 공사의 이행은 상호합의로 확인되고, 합의가 이루어지지 않는 경우에는, 재판상 이루어진다.
⑥ 담보책임은 통상적인 마모나 사용에 따른 결과의 회복을 위하여 필요한 공사에 대하여 미치지 아니한다.

**제1792-7조** 공작물 내에서 전문 직업 활동을 가능하게 하는 것만이 그 기능인 부속설비는 그 종물을 포함하여, 제1792조, 제1792-2조, 제1792-3조 및 제1792-4조가 의미하는 공작물의 부속설비로 보지 아니한다.


**제1793조** 건축사나 수급인이 토지의 소유자와 합의하여 결정된 설계에 따라 건물을 정액으로 건설하기로 한 경우에는, 설계에 행해진 변경이나 확장이 서면으로 승인되거나 소유자와 대금이 합의된 경우가 아니라면, 그는 노무비 또는 재료비의 증액을 이유로 하거나, 그 설계에 행하여진 변경 또는 확장을 이유로, 어떠한 대금의 증액도 청구할 수 없다.



**제1794조** 도급인은 일방의 의사로, 일이 이미 착수된 경우에도, 수급인에게 모든 비용, 모든 공사내역 및 그가 이 도급으로 인하여 얻을 수 있었을 전부를 배상하면서, 정액도급을 해지할 수 있다.

**제1795조** 일의 임약계약은 장인(匠人), 건축사 또는 수급인의 사망으로 인하여 종료한다.

**Article 1796** Mais le propriétaire est tenu de payer en proportion du prix porté par la convention, à leur succession, la valeur des ouvrages faits et celle des matériaux préparés, lors seulement que ces travaux ou ces matériaux peuvent lui être utiles.

**Article 1797** L'entrepreneur répond du fait des personnes qu'il emploie.

**Article 1798** Les maçons, charpentiers et autres ouvriers qui ont été employés à la construction d'un bâtiment ou d'autres ouvrages faits à l'entreprise, n'ont d'action contre celui pour lequel les ouvrages ont été faits, que jusqu'à concurrence de ce dont il se trouve débiteur envers l'entrepreneur, au moment où leur action est intentée.

**Article 1799** Les maçons, charpentiers, serruriers et autres ouvriers qui font directement des marchés à prix fait, sont astreints aux règles prescrites dans la présente section : ils sont entrepreneurs dans la partie qu'ils traitent.

**Article 1799-1** Le maître de l'ouvrage qui conclut un marché de travaux privé visé au 3° de l'article 1779 doit garantir à l'entrepreneur le paiement des sommes dues lorsque celles-ci dépassent un seuil fixé par décret en Conseil d'Etat.

Lorsque le maître de l'ouvrage recourt à un crédit spécifique pour financer les travaux, l'établissement de crédit ne peut verser le montant du prêt à une personne autre que celles mentionnées au 3° de l'article 1779 tant que celles-ci n'ont pas reçu le paiement de l'intégralité de la créance née du marché correspondant au prêt. Les versements se font sur l'ordre écrit et sous la responsabilité exclusive du maître de l'ouvrage entre les mains de la personne ou d'un mandataire désigné à cet effet.

Lorsque le maître de l'ouvrage ne recourt pas à un crédit spécifique ou lorsqu'il y recourt partiellement, et à défaut de garantie résultant d'une stipulation particulière, le paiement est garanti par un cautionnement solidaire consenti par un établissement de crédit, une société de financement, une entreprise d'assurance ou un organisme de garantie collective, selon des modalités fixées par décret en Conseil d'Etat. Tant qu'aucune garantie n'a été fournie et que l'entrepreneur demeure impayé des travaux exécutés, celui-ci peut surseoir à l'exécution du contrat après mise en demeure restée sans effet à l'issue d'un délai de quinze jours.

Les dispositions de l'alinéa précédent ne s'appliquent pas lorsque le maître de l'ouvrage conclut un marché de travaux pour son propre compte et pour la satisfaction de besoins ne ressortissant pas à une activité professionnelle en rapport avec ce marché.

**제1796조** 그러나 소유자는 합의에 의하여 정한 보수에 비례하여, 이미 완성된 공작물 및 준비된 재료의 가액을, 상속재산에 변제하여야 하고, 이는 그 공사와 재료가 소유자에게 유용한 경우에만 한한다.

**제1797조** 수급인은 그가 고용한 자의 행위에 대하여 책임을 진다.

**제1798조** 건물 또는 기타 공작물의 건설을 위한 도급을 위하여 고용된 석공, 목공 기타 장인(匠人)은, 공작물을 도급한 자에 대하여, 소가 제기된 때 그가 수급인에 대하여 부담하는 채무의 범위 내에서만 소권을 가진다.

**제1799조** 정액도급계약을 직접 체결한 석공, 목공, 철물공 기타 장인(匠人)은, 본절이 정하는 규정들에 따른다. 그들은 자신이 맡은 부분에 대해서는 수급인이다.

**제1799-1조** ① 제1779조 제3호에서 정한 민간공사계약을 체결한 도급인은 수급인에게 지급할 금액이 국사원 데크레로 정한 상한을 넘는 경우에는 그 금액의 변제를 담보하여야 한다.

② 공작물의 도급인이 공사의 자금 조달을 위하여 특별금융을 하는 경우에는, 금융기관은 제1779조 제3호에서 규정한 자가 대차와 관련한 공사계약에서 발생한 채권전부의 변제를 받지 못하는 한 그 이외의 자에 대해서는 대차금액을 지급할 수 없다. 지급은, 공작물 도급인의 배타적인 책임 하에서 지급 목적으로 선임된 자 또는 수임인에 의하여 기재된 순서에 따라 이루어진다.

③ 공작물의 도급인이 특별금융을 하지 않거나, 부분적으로만 하는 경우에 특별약정에 기한 담보가 없는 경우에는, 금융기관, 금융회사, 보험회사 또는 단체보증기관이 국사원이 데크레로 정하는 방식에 따라 연대보증함으로써 변제를 보증한다. 어떠한 담보도 제공되지 않고, 또한 수급인이 실행된 공사에 대하여 변제받지 못하고 있는 한, 수급인은 최고 후 15일의 기간이 지나도 아무런 결과가 없는 때에는 계약의 이행을 유예할 수 있다.

④ 제3항의 규정은, 공작물의 도급인이 자신의 계산으로 공사계약을 체결하고, 이 공사가 업무활동에 관한 것이 아닌 경우에는 적용하지 아니한다.

Les dispositions du présent article ne s'appliquent pas aux marchés conclus par un organisme visé à l'article L. 411-2 du code de la construction et de l'habitation, ou par une société d'économie mixte, pour des logements à usage locatif aidés par l'Etat et réalisés par cet organisme ou cette société.

## Chapitre IV Du Bail à Cheptel

### Section 1 Dispositions Générales

**Article 1800** Le bail à cheptel est un contrat par lequel l'une des parties donne à l'autre un fonds de bétail pour le garder, le nourrir et le soigner, sous les conditions convenues entre elles.

**Article 1801** Il y a plusieurs sortes de cheptels :
Le cheptel simple ou ordinaire,
Le cheptel à moitié,
Le cheptel donné au fermier ou au métayer.
Il y a encore une quatrième espèce de contrat improprement appelée cheptel.

**Article 1802** On peut donner à cheptel toute espèce d'animaux susceptibles de croît ou de profit pour l'agriculture ou le commerce.

**Article 1803** A défaut de conventions particulières, ces contrats se règlent par les principes qui suivent.

### Section 2 Du cheptel simple

**Article 1804** Le bail à cheptel simple est un contrat par lequel on donne à un autre des bestiaux à garder, nourrir et soigner, à condition que le preneur profitera de la moitié du croît, et qu'il supportera aussi la moitié de la perte.

**Article 1805** L'état numératif, descriptif et estimatif des animaux remis, figurant au bail, n'en transporte pas la propriété au preneur. Il n'a d'autre objet que de servir de base au règlement à intervenir au jour où le contrat prend fin.

⑤ 본조의 규정은 건축 및 주거법전 제L.411-2조에서 정한 기관 또는 공사혼성자본회사에 의하여 체결되고, 국가의 조력을 받는 임대용 주거를 위하여 당해 조직이나 회사에 의하여 이행된 도급계약에는 적용되지 아니한다.

## 제4장 가축임대차

### 제1절 총칙

**제1800조** 가축임대차는 당사자 일방이 타방에게 가축의 무리를 인도하고 당사자들 간에 합의된 조건에 따라, 이 무리를 보호하고 먹이고 돌보도록 임대하는 계약이다.

**제1801조** ① 다음과 같이 여러 종류의 가축임대차가 있다.
단순 또는 보통 임대차
반분임대차
농지임차인이나 정률임차인에게 임대하는 임대차
② 가축임대차라고 부르는 게 적절하지 않은 넷째 종류의 계약도 있다.

**제1802조** 농업이나 상업을 위한 증식이나 수익이 가능한 동물은 어느 종류이든 가축임대차로 임대할 수 있다.

**제1803조** 특별한 합의가 없는 경우에는, 가축임대차는 이하의 원칙에 의하여 규율된다.

### 제2절 단순 가축임대차

**제1804조** 단순 가축임대차는 타인으로 하여금 가축들을 보호하고 먹이고 돌보게 하는 계약으로, 임차인이 증식의 절반으로부터 이익을 얻고, 손실의 절반도 부담하는 것을 조건으로 한다.

**제1805조** 임대차계약에 표시된, 인도된 동물의 숫자와 성상과 크기에 관한 명세는 임차인에게 가축의 소유권을 이전하지 아니한다. 그 명세는 계약이 종료하는 날에 행해질 정산의 기초로 사용되는 목적을 가질 뿐이다.

**Article 1806** Le preneur doit les soins raisonnables à la conservation du cheptel.

**Article 1807** Il n'est tenu du cas fortuit que lorsqu'il a été précédé de quelque faute de sa part, sans laquelle la perte ne serait pas arrivée.

**Article 1808** En cas de contestation, le preneur est tenu de prouver le cas fortuit, et le bailleur est tenu de prouver la faute qu'il impute au preneur.

**Article 1809** Le preneur qui est déchargé par le cas fortuit est toujours tenu de rendre compte des peaux des bêtes.

**Article 1810** Si le cheptel périt en entier sans la faute du preneur, la perte en est pour le bailleur.

S'il n'en périt qu'une partie, la perte est supportée en commun, d'après le prix de l'estimation originaire et celui de l'estimation à l'expiration du cheptel.

**Article 1811** On ne peut stipuler :

Que le preneur supportera la perte totale du cheptel, quoique arrivée par cas fortuit et sans sa faute.

Ou qu'il supportera, dans la perte, une part plus grande que dans le profit.

Ou que le bailleur prélèvera, à la fin du bail, quelque chose de plus que le cheptel qu'il a fourni.

Toute convention semblable est nulle.

Le preneur profite seul des laitages, du fumier et du travail des animaux donnés à cheptel.

La laine et le croît se partagent.

**Article 1812** Le preneur ne peut disposer d'aucune bête du troupeau, soit du fonds, soit du croît, sans le consentement du bailleur, qui ne peut lui-même en disposer sans le consentement du preneur.

**Article 1813** Lorsque le cheptel est donné au fermier d'autrui, il doit être notifié au propriétaire de qui ce fermier tient ; sans quoi il peut le saisir et le faire vendre pour ce que son fermier lui doit.

**Article 1814** Le preneur ne pourra tondre sans en prévenir le bailleur.

**제1806조** 임차인은 가축의 보존을 위해 합리적인 주의를 하여야 한다.

**제1807조** 임차인은 임차인의 과책이 우연한 사정보다 크지 않은 경우에만 우연한 사정에 대해 책임을지지 아니하나, 과책이 없었더라면 멸실이 발생하지 않았을 때에는 그러하지 아니하다.

**제1808조** 다툼이 있는 경우, 임차인은 우연한 사정임을 증명할 책임이 있고 임대인은 임차인의 귀책사유를 증명할 책임이 있다.

**제1809조** 우연한 사정을 이유로 면책되는 임차인은 언제든지 동물의 가죽을 계산할 의무가 있다.

**제1810조** ① 가축이 임차인의 과책 없이 전부 멸실되면, 그 멸실은 임대인이 부담한다.

② 가축이 일부만 멸실되면, 원래의 평가액과 가축임대차의 종료시의 평가액을 비교하여 그 멸실을 공동으로 부담한다.

**제1811조** ① 다음과 같은 약정은 할 수 없다.
가축의 전부 멸실이 임차인의 과책 없이 우연한 사정에 의하여 발생한 경우에도 임차인이 그 부담을 지도록 하는 약정
또는 임차인이 손실에 있어서 수익에 있어서 보다 큰 부분을 부담한다는 약정
또는 임대차 종료시에 임대인이 자신이 제공한 가축 이외의 무엇인가를 차지하도록 하는 약정

② 유사한 모든 합의는 무효이다.
③ 가축임대차로 임대한 동물로부터 나오는 유제품, 거름과 노동은 임차인만의 수익으로 한다.

④ 가축의 털과 증식된 가축은 임대인과 임차인이 나누어 가진다.

**제1812조** 임차인은 원무리에 속한 것이든, 증식된 무리에 속한 것이든, 어떤 동물도 임대인의 동의 없이는, 처분할 수 없으며, 임대인 자신도 임차인의 동의 없이는 이를 처분할 수 없다.

**제1813조** 가축을 타인의 농지임차인에게 임대한 때에는, 농지임차인이 의무를 지는 그 소유자에게 그 사실을 통지하여야 한다. 통지하지 않은 경우 그 소유자는 자신의 농지임차인의 채무불이행을 이유로 가축을 압류하여 매각할 수 있다.

**제1814조** 임차인이 임대인에게 이를 알리지 않고는 가축의 털을 깎지 못한다.

**Article 1815** S'il n'y a pas de temps fixé par la convention pour la durée du cheptel, il est censé fait pour trois ans.

**Article 1816** Le bailleur peut en demander plus tôt la résolution si le preneur ne remplit pas ses obligations.

**Article 1817** A la fin du bail, ou lors de sa résolution, le bailleur prélève des animaux de chaque espèce, de manière à obtenir un même fonds de bétail que celui qu'il a remis, notamment quant au nombre, à la race, à l'âge, au poids et à la qualité des bêtes : l'excédent se partage.

Le bailleur peut en demander plus tôt la résolution si le preneur ne remplit pas ses obligations.

S'il n'existe pas assez d'animaux pour reconstituer le fonds de bétail tel qu'il est ci-dessus défini, les parties se font raison de la perte sur la base de la valeur des animaux au jour où le contrat prend fin.

Toute convention aux termes de laquelle le preneur, à la fin du bail ou lors de sa résolution, doit laisser un fonds de bétail d'une valeur égale au prix de l'estimation de celui qu'il aura reçu, est nulle.

### Section 3 Du cheptel à moitié.

**Article 1818** Le cheptel à moitié est une société dans laquelle chacun des contractants fournit la moitié des bestiaux, qui demeurent communs pour le profit ou pour la perte.

**Article 1819** Le preneur profite seul, comme dans le cheptel simple, des laitages, du fumier et des travaux des bêtes.

Le bailleur n'a droit qu'à la moitié des laines et du croît.

Toute convention contraire est nulle, à moins que le bailleur ne soit propriétaire de la métairie dont le preneur est fermier ou métayer.

**Article 1820** Toutes les autres règles du cheptel simple s'appliquent au cheptel à moitié.

### Section 4 Du cheptel donné par le propriétaire à son fermier ou métayer.

### Paragraphe 1 Du cheptel donné au fermier.

**Article 1821** Ce cheptel (appelé aussi cheptel de fer) est celui par lequel le propriétaire d'une exploitation rurale la donne à ferme à charge qu'à l'expiration du bail, le fermier laissera un même fonds de bétail que celui qu'il a reçu.

**제1815조** 가축임대차의 기간을 합의로 정하지 않으면, 기간을 3년으로 간주한다.

**제1816조** 임차인이 자신의 의무를 이행하지 않으면, 임대인은 미리 임대차의 해제를 청구할 수 있다.

**제1817조** ① 임대차가 종료하거나 해제된 때에는, 임대인은 자신이 인도한 가축무리와, 특히 수량과 종자와 연령과 무게와 품질에서, 동일한 가축무리를 취득하기 위하여 각 종류의 가축을 선취한다. 남는 가축은 임대인과 임차인이 나누어 가진다.

② 가축이 충분하지 아니하여 위에서 정한 가축의 무리를 재구성할 수 없으면, 당사자들은 계약종료일의 가축의 가액을 기준으로 손실비율을 정한다.

③ 임대차종료시 또는 해제시에, 임차인은 자신이 수령한 가축의 평가액과 동일한 가액의 가축무리를 남겨놓아야 한다는 내용의 모든 합의는, 무효이다.

### 제3절 반분가축임대차

**제1818조** 반분가축임대차는 각 계약당사자가 가축의 절반을 제공하는 회사로, 그 가축은 수익과 손실에 있어서 공동이 된다.

**제1819조** ① 임차인만이 단순 가축임대차에서와 마찬가지로, 가축의 유제품, 거름과 일을 수익으로 한다.
② 임대인은 털과 증식된 가축의 절반에 대해서만 권리를 가진다.
③ 이에 반하는 모든 합의는 무효로 하나, 임차인이 농지임차인 또는 정률임차인으로 되어 있는 소작지의 소유자가 임대인인 경우에는 그러하지 아니하다.

**제1820조** 단순가축임대차에 관한 다른 모든 규칙은 반분가축임대차에도 적용된다.

### 제4절 농지임차인이나 정률임차인에 대한 가축임대차

### 제1관 농지임차인에 대한 가축임대차

**제1821조** 농지임차인에 대한 가축임대차는 (엄격 가축임대차라고도 부른다) 농경지의 소유자가 농지임차인에게 농경지를 임대하면서 임대차의 종료 시 그가 수령하였던 것과 동일한 가축의 무리를 남기도록 하는 가축임대차이다.

**Article 1822** L'état numératif, descriptif et estimatif des animaux remis, figurant au bail, n'en transporte pas la propriété au preneur ; il n'a d'autre objet que de servir de base au règlement à intervenir au moment où le contrat prend fin.

**Article 1823** Tous les profits appartiennent au fermier pendant la durée de son bail, s'il n'y a convention contraire.

**Article 1824** Dans les cheptels donnés au fermier, le fumier n'est point dans les profits personnels des preneurs, mais appartient à la métairie, à l'exploitation de laquelle il doit être uniquement employé.

**Article 1825** La perte, même totale et par cas fortuit, est en entier pour le fermier, s'il n'y a convention contraire.

**Article 1826** A la fin du bail ou lors de sa résolution, le preneur doit laisser des animaux de chaque espèce formant un même fonds de bétail que celui qu'il a reçu, notamment quant au nombre, à la race, à l'âge, au poids et à la qualité des bêtes.

S'il y a un excédent, il lui appartient.

S'il y a un déficit, le règlement entre les parties est fait sur la base de la valeur des animaux au jour où le contrat prend fin.

Toute convention aux termes de laquelle le preneur, à la fin du bail ou lors de sa résolution, doit laisser un fonds de bétail d'une valeur égale au prix de l'estimation de celui qu'il a reçu est nulle.

### Paragraphe 2 Du cheptel donné au métayer.

**Article 1827** Si le cheptel périt en entier sans la faute du métayer, la perte est pour le bailleur.

**Article 1828** On peut stipuler que le métayer délaissera au bailleur sa part de la toison à un prix inférieur à la valeur ordinaire ;

Que le bailleur aura une plus grande part du profit ;

Qu'il aura la moitié des laitages ;

Mais on ne peut pas stipuler que le métayer sera tenu de toute la perte.

**Article 1829** Ce cheptel finit avec le bail de métayage.

**Article 1830** Il est d'ailleurs soumis à toutes les règles du cheptel simple.

**제1822조** 임대차계약시 작성된 인도된 가축의 수량, 성질 및 상태 명세서는 동 명세에 관하여 임차인에게 소유권을 이전하는 효력을 갖지 아니한다. 이는 계약 종료 시 결산의 기초로서 기능만 가질 뿐이다.

**제1823조** 모든 수익은 임대차기간 중에는 반대의 합의가 없다면, 농지임차인에게 속한다.

**제1824조** 농지임차인에게 임대한 가축임대차에서, 거름은 전혀 농지임차인의 사적인 수익이 되지 아니하고, 소작지에 귀속되며, 이는 소작지를 위해서만 사용되어야 한다.

**제1825조** 멸실은, 전부 멸실이거나 우연한 사정에 의한 경우에도, 당사자 사이에 반대의 합의가 없다면, 전부 농지임차인이 부담한다.

**제1826조** ① 임대차의 종료 또는 임대차의 해제 시, 임차인은 특히 수량, 종자, 연령, 무게 및 품질에서 그가 수령하였던 것과 동일한 종류의 가축을 남겨야 한다.

② 잉여가 있으면, 이는 임차인에게 귀속된다.
③ 부족분이 있으면, 당사자들 사이의 정산은 계약이 종료하는 날의 가축의 가치를 기준으로 하여 이루어진다.
④ 임대차가 종료 또는 해제 시, 임차인이 수령한 가축의 평가액과 동일한 가치의 가축의 무리를 남길 것을 내용으로 하는 모든 합의는, 무효이다.

## 제2관 정률가축임대차

**제1827조** 가축 전부가 정률임차인의 과책없이 멸실되면, 그 멸실은 임대인이 부담한다.

**제1828조** 정률임차인이 통상의 가치보다 낮은 가격에 양모에 관한 그의 지분을 임대인에게 양도하는 것으로 약정할 수 있다.
임대인이 수익에 대해서는 더 많은 지분을 가지는 것으로 약정할 수 있다.
유제품의 절반씩을 가지는 것으로 약정할 수 있다.
그러나 정률임차인이 모든 멸실을 부담하는 것으로 약정할 수 없다.

**제1829조** 이 정률가축임대차는 정률임대차계약의 종료와 함께 종료한다.

**제1830조** 정률가축임대차는 그 밖에도 단순가축임대차에 관한 모든 규정에 따른다.

## Section 5 Du contrat improprement appelé cheptel.

**Article 1831** Lorsqu'une ou plusieurs vaches sont données pour les loger et les nourrir, le bailleur en conserve la propriété : il a seulement le profit des veaux qui en naissent.

## Titre IX De la société

## Chapitre I<sup>er</sup> Dispositions générales.

**Article 1832** La société est instituée par deux ou plusieurs personnes qui conviennent par un contrat d'affecter à une entreprise commune des biens ou leur industrie en vue de partager le bénéfice ou de profiter de l'économie qui pourra en résulter.

Elle peut être instituée, dans les cas prévus par la loi, par l'acte de volonté d'une seule personne.

Les associés s'engagent à contribuer aux pertes.

**Article 1832-1** Même s'ils n'emploient que des biens de communauté pour les apports à une société ou pour l'acquisition de parts sociales, deux époux seuls ou avec d'autres personnes peuvent être associés dans une même société et participer ensemble ou non à la gestion sociale.

Les avantages et libéralités résultant d'un contrat de société entre époux ne peuvent être annulés parce qu'ils constitueraient des donations déguisées, lorsque les conditions en ont été réglées par un acte authentique.

**Article 1832-2** Un époux ne peut, sous la sanction prévue à l'article 1427, employer des biens communs pour faire un apport à une société ou acquérir des parts sociales non négociables sans que son conjoint en ait été averti et sans qu'il en soit justifié dans l'acte.

La qualité d'associé est reconnue à celui des époux qui fait l'apport ou réalise l'acquisition.

La qualité d'associé est également reconnue, pour la moitié des parts souscrites ou acquises, au conjoint qui a notifié à la société son intention d'être personnellement associé. Lorsqu'il notifie son intention lors de l'apport ou de l'acquisition, l'acceptation ou l'agrément des associés vaut pour les deux époux. Si cette notification est postérieure à l'apport ou à l'acquisition, les clauses d'agrément prévues à cet effet par les statuts sont opposables au conjoint ; lors de la délibération sur l'agrément, l'époux associé ne participe pas au vote et ses parts ne sont pas prises en compte pour le calcul du quorum et de la majorité.

Les dispositions du présent article ne sont applicables que dans les sociétés dont les parts ne sont pas négociables et seulement jusqu'à la dissolution de la communauté.

## 제5절 가축임대차라고 부르는 게 적절하지 않은 계약

**제1831조** 하나 또는 다수의 암소를 재우고 먹이도록 임대하였을 경우, 임대인은 그 소유권을 보유한다. 임대인은 그 암소로부터 태어나는 송아지들에 대해서는 이익만을 가진다.

# 제9편 회사

## 제1장 총칙

**제1832조** ① 회사는 2인 또는 수인이 공동의 사업을 영위하기 위하여 재산 또는 노무를 출연하고 그로부터 발생하는 이익을 분배하거나 절약하기로 하는 내용의 계약을 체결함으로써 성립한다.
② 회사는 법률로 정한 경우에는, 1인의 의사표시에 의해서도, 성립할 수 있다.

③ 사원은 손실을 분담할 것을 부담으로 하여 의무를 진다.

**제1832-1조** ① 부부가 회사에의 출자 또는 회사지분의 취득을 위하여 공동재산만을 이용하였다 하더라도, 부부는 그 둘만 또는 다른 사람들과 함께 동일한 회사의 사원이 되어 회사의 경영에 공동으로든 아니든 참여할 수 있다.

② 부부 사이의 회사계약에 따라 발생한 이익과 무상양여는, 그 조건이 공정증서에 의하여 정해진 경우에는, 가장증여에 해당함을 이유로 무효화될 수 없다.

**제1832-2조** ① 부부 일방은, 제1427조에서 정한 제재 하에, 타방 배우자에게 통지되었고 또 그 점이 증서상 증명되었다면, 회사에 출자를 하거나 유통성이 없는 회사 지분을 취득하기 위하여 공동재산을 이용할 수 있다.
② 사원의 자격은 부부 중 출자를 하거나 지분을 취득한 자에게 인정된다.
③ 사원의 자격은, 위 출자 또는 취득 지분의 절반에 대해서는, 스스로 사원이 되겠다는 의사를 회사에 통지한 배우자에게도 인정된다. 출자 또는 지분취득 시에 그가 그 의사를 통지한 경우, 사원들의 승낙 또는 승인은 부부 쌍방을 위하여 효력이 있다. 그 통지가 출자나 지분 취득 이후에 이루어지면, 정관상 그러한 목적으로 정해진 승인 조항은 배우자에게 대항력이 있다. 승인에 대한 심의 시 사원인 부부 일방은 의결에 참여하지 않고, 그의 지분은 정족수와 다수결의 계산에 있어서 고려되지 아니한다.

④ 본조의 규정은 그 지분을 유통할 수 없는 회사에 대해서만 적용되며 또한 부부공동재산제가 해소될 때까지만 적용된다.

**Article 1833** Toute société doit avoir un objet licite et être constituée dans l'intérêt commun des associés.

La société est gérée dans son intérêt social, en prenant en considération les enjeux sociaux et environnementaux de son activité.

**Article 1834** Les dispositions du présent chapitre sont applicables à toutes les sociétés s'il n'en est autrement disposé par la loi en raison de leur forme ou de leur objet.

**Article 1835** Les statuts doivent être établis par écrit. Ils déterminent, outre les apports de chaque associé, la forme, l'objet, l'appellation, le siège social, le capital social, la durée de la société et les modalités de son fonctionnement. Les statuts peuvent préciser une raison d'être, constituée des principes dont la société se dote et pour le respect desquels elle entend affecter des moyens dans la réalisation de son activité.

**Article 1836** Les statuts ne peuvent être modifiés, à défaut de clause contraire, que par accord unanime des associés.

En aucun cas, les engagements d'un associé ne peuvent être augmentés sans le consentement de celui-ci.

**Article 1837** Toute société dont le siège est situé sur le territoire français est soumise aux dispositions de la loi française.

Les tiers peuvent se prévaloir du siège statutaire, mais celui-ci ne leur est pas opposable par la société si le siège réel est situé en un autre lieu.

**Article 1838** La durée de la société ne peut excéder quatre-vingt-dix-neuf ans.

**Article 1839** Si les statuts ne contiennent pas toutes les énonciations exigées par la législation ou si une formalité prescrite par celle-ci a été omise ou irrégulièrement accomplie, tout intéressé est recevable à demander en justice que soit ordonnée, sous astreinte, la régularisation de la constitution. Le ministère public peut agir aux mêmes fins.

Les mêmes règles sont applicables en cas de modification des statuts.

L'action aux fins de régularisation prévue à l'alinéa premier se prescrit par trois ans à compter de l'immatriculation de la société ou de la publication de l'acte modifiant les statuts.

**제1833조** ① 모든 회사는 적법한 목적을 가져야 하며 사원들의 공동이익을 위하여 설립되어야 한다.
② 회사는 회사의 이익을 위하여 경영되며, 자신의 활동이 사회 또는 환경에 미치는 영향을 고려한다.

**제1834조** 본장의 규정은 모든 유형의 회사에 적용되나, 그 형태나 목적을 이유로 하여 법률에서 달리 정한 경우에는 그러하지 아니하다.

**제1835조** 정관은 서면으로 작성되어야 한다. 정관은 각 사원의 출자 이외에도, 회사의 형태, 목적, 명칭, 사무소 소재지, 자산, 존속기간 및 운영방식을 정한다. 정관은 존재이유를 상세히 정할 수 있고, 이는 회사가 채택하고, 자신의 활동을 수행함에 있어서 그 준수를 위하여 수단을 동원하여야 하는 원칙들로 구성된다.

**제1836조** ① 정관은 반대 조항이 없으면, 사원 전원의 일치에 의해서만, 변경될 수 있다.

② 어떠한 경우에도, 어느 사원의 의무부담이 그의 동의 없이 증가될 수 없다.

**제1837조** ① 프랑스 영토 내에 사무소가 위치하는 모든 회사는 프랑스 법률 규정의 적용을 받는다.
② 제3자는 회사의 정관상의 주소를 원용할 수 있으나, 실제의 주소가 다른 장소에 위치한다면, 회사는 정관상의 주소로써 제3자에게 대항할 수 없다.

**제1838조** 회사의 존속기간은 99년을 초과할 수 없다.

**제1839조** ① 정관에서 법률로 정하는 모든 기재사항을 포함하고 있지 않거나 법률에서 정하는 절차가 누락되거나 부적법하게 완료하였다면, 모든 이해관계인은 이행강제금의 부과와 함께 설립행위의 적법화를 명하도록 소를 제기할 수 있다. 검찰도 같은 목적으로 소를 제기할 수 있다.
② 동일한 원칙이 정관변경의 경우에도 적용된다.
③ 제1항에서 정하는 적법화를 위한 소권은 회사의 등록 시 또는 정관을 변경하는 증서의 공시일로부터 3년의 경과로 시효소멸한다.

**Article 1840** Les fondateurs, ainsi que les premiers membres des organes de gestion, de direction ou d'administration sont solidairement responsables du préjudice causé soit par le défaut d'une mention obligatoire dans les statuts, soit par l'omission ou l'accomplissement irrégulier d'une formalité prescrite pour la constitution de la société.

En cas de modification des statuts, les dispositions de l'alinéa précédent sont applicables aux membres des organes de gestion, de direction ou d'administration alors en fonction.

L'action se prescrira par dix ans à compter du jour où l'une ou l'autre, selon le cas, des formalités visées à l'alinéa 3 de l'article 1839 aura été accomplie.

**Article 1841** (abrogé)

**Article 1842** Les sociétés autres que les sociétés en participation visées au chapitre III jouissent de la personnalité morale à compter de leur immatriculation.

Jusqu'à l'immatriculation, les rapports entre les associés sont régis par le contrat de société et par les principes généraux du droit applicable aux contrats et obligations.

**Article 1843** Les personnes qui ont agi au nom d'une société en formation avant l'immatriculation sont tenues des obligations nées des actes ainsi accomplis, avec solidarité si la société est commerciale, sans solidarité dans les autres cas. La société régulièrement immatriculée peut reprendre les engagements souscrits, qui sont alors réputés avoir été dès l'origine contractés par celle-ci.

**Article 1843-1** L'apport d'un bien ou d'un droit soumis à publicité pour son opposabilité aux tiers peut être publié dès avant l'immatriculation et sous la condition que celle-ci intervienne. A compter de celle-ci, les effets de la formalité rétroagissent à la date de son accomplissement.

**Article 1843-2** Les droits de chaque associé dans le capital social sont proportionnels à ses apports lors de la constitution de la société ou au cours de l'existence de celle-ci.

Les apports en industrie ne concourent pas à la formation du capital social mais donnent lieu à l'attribution de parts ouvrant droit au partage des bénéfices et de l'actif net, à charge de contribuer aux pertes.

**제1840조** ① 관리기관, 대표기관 또는 집행기관의 최초 구성원뿐 아니라 발기인은 정관의 필요적 기재사항의 누락으로 인하여든, 회사 설립을 위하여 정해진 절차의 탈루 또는 부적법한 완료로 인하여든, 발생한 손해에 대하여 연대책임을 진다.

② 정관변경의 경우, 제1항의 규정은 그 당시 재임한 관리기관, 대표기관 또는 집행기관의 구성원들에게 적용된다.
③ 그 소권은, 둘 중 어느 경우인지에 따라서, 제1839조 제3항에서 규정된 절차 중 하나가 완료된 날로부터 10년의 시효로 소멸한다.

**제1841조** (삭제)

**제1842조** ① 제3장에서 규정하는 익명회사가 아닌 회사는 등록 시로부터 법인격을 향유한다.

② 등록이 있을 때까지 사원들 사이의 관계는 회사계약에 의하여 그리고 계약 및 채무에 적용되는 법의 일반원칙에 의하여 규율된다.

**제1843조** 등록 이전에 설립 중의 회사의 이름으로 행위한 자는 그와 같이 이루어진 행위로부터 발생하는 채무에 대하여 회사가 상사회사이면 연대하여 책임을 지나, 그 밖의 경우에는 연대책임을 지지 아니한다. 적법하게 등록된 회사는 이미 발생한 의무를 승계하며, 그 의무부담은 처음부터 자신에 의하여 체결된 것으로 간주된다.

**제1843-1조** 제3자에게 대항하기 위하여 공시가 필요한 재산이나 권리의 출연행위는, 회사의 등록 전부터 등록이 이루어질 것을 조건으로 하여 공시될 수 있다. 등록이 있은 때로부터, 공시의 효력은 공시가 행해진 날로 소급한다.

**제1843-2조** ① 회사의 자본에 대한 각 사원의 권리는 회사 성립 시 또는 회사가 존속하는 동안에 이루어진 그의 출자에 비례한다.
② 노무의 출자는 회사의 자본 형성에 기여하지 않으나, 손실 분담에 기여할 것을 조건으로 하여, 수익과 순적극재산의 분배에 대한 권리를 가지게 하는 지분 귀속의 원인이 된다.

**Article 1843-3** Chaque associé est débiteur envers la société de tout ce qu'il a promis de lui apporter en nature, en numéraire ou en industrie.

Les apports en nature sont réalisés par le transfert des droits correspondants et par la mise à la disposition effective des biens.

Lorsque l'apport est en propriété, l'apporteur est garant envers la société comme un vendeur envers son acheteur.

Lorsqu'il est en jouissance, l'apporteur est garant envers la société comme un bailleur envers son preneur. Toutefois, lorsque l'apport en jouissance porte sur des choses de genre ou sur tous autres biens normalement appelés à être renouvelés pendant la durée de la société, le contrat transfère à celle-ci la propriété des biens apportés, à charge d'en rendre une pareille quantité, qualité et valeur ; dans ce cas, l'apporteur est garant dans les conditions prévues à l'alinéa précédent.

L'associé qui devait apporter une somme dans la société et qui ne l'a point fait devient de plein droit et sans demande, débiteur des intérêts de cette somme à compter du jour où elle devait être payée et ce sans préjudice de plus amples dommages-intérêts, s'il y a lieu. En outre, lorsqu'il n'a pas été procédé dans un délai légal aux appels de fonds pour réaliser la libération intégrale du capital, tout intéressé peut demander au président du tribunal statuant en référé soit d'enjoindre sous astreinte aux administrateurs, gérants et dirigeants de procéder à ces appels de fonds, soit de désigner un mandataire chargé de procéder à cette formalité.

L'associé qui s'est obligé à apporter son industrie à la société lui doit compte de tous les gains qu'il a réalisés par l'activité faisant l'objet de son apport.

**Article 1843-4** I. - Dans les cas où la loi renvoie au présent article pour fixer les conditions de prix d'une cession des droits sociaux d'un associé, ou le rachat de ceux-ci par la société, la valeur de ces droits est déterminée, en cas de contestation, par un expert désigné, soit par les parties, soit à défaut d'accord entre elles, par jugement du président du tribunal judiciaire ou du tribunal de commerce compétent, statuant selon la procédure accélérée au fond et sans recours possible.

L'expert ainsi désigné est tenu d'appliquer, lorsqu'elles existent, les règles et modalités de détermination de la valeur prévues par les statuts de la société ou par toute convention liant les parties.

II. - Dans les cas où les statuts prévoient la cession des droits sociaux d'un associé ou le rachat de ces droits par la société sans que leur valeur soit ni déterminée ni déterminable, celle-ci est déterminée, en cas de contestation, par un expert désigné dans les conditions du premier alinéa.

L'expert ainsi désigné est tenu d'appliquer, lorsqu'elles existent, les règles et modalités de détermination de la valeur prévues par toute convention liant les parties.

**제1843-3조** ① 각 사원은 회사에 대하여 자신이 현물이나 금전 또는 노무로 출자하기로 약정한 모든 것에 관하여 채무자이다.
② 현물 출자는 상응하는 권리의 이전과 재산의 현실적인 제공에 의하여 실현된다.

③ 출자의 대상이 소유권인 경우, 출자자는 회사에 대하여 매도인의 매수인에 대한 것과 같은 담보책임을 진다.
④ 출자의 대상이 향유권인 경우, 출자자는 회사에 대하여 임대인의 임차인에 대한 것과 같은 담보책임을 진다. 그러나, 향유권의 출자가 종류물 기타 회사의 존속기간 중 통상적으로 교체되어야 하는 재산에 대한 것인 경우, 그 계약은 출자된 재산의 소유권을 회사에 이전하며, 회사는 그와 동량, 동질, 동가치의 것을 반환할 의무를 부담한다. 이 경우, 출자자는 제3항에서 정한 요건에 따른 담보책임을 진다.

⑤ 회사에 금전출자의무를 전혀 이행하지 않은 사원은 그에 대한 청구가 없더라도 당연히, 출자금을 납입하여야 했던 날로부터 해당 금액에 대한 이자에 대하여 채무자가 되며, 이는 초과손해가 있는 경우 그에 대한 손해배상청구권의 행사에 영향을 미치지 아니한다. 또한, 자본의 완전한 납입을 실현하기 위한 출자청구가 법정기간 내에 이루어지지 않은 경우, 모든 이해관계인은 신청에 대하여 결정을 내리는 법원장에게 이사, 업무집행자 및 대표자로 하여금 출자청구를 하도록 이행강제금 명령을 청구하든, 이러한 절차를 담당할 수임인을 지정할 것을 청구하든 할 수 있다.

⑥ 회사에 노무를 출자할 의무를 부담하는 사원은 자신의 출자에 해당하는 활동으로써 실현한 모든 성과에 대하여 회사에 보고하여야 한다.

**제1843-4조** I. ① 사원의 사원권 양도 대가의 조건 또는 회사에 의한 사원권의 환매를 정하기 위하여 법률이 본조의 규정을 참조하게 하는 경우, 사원권의 가액은, 다툼이 있는 때에는 감정인에 의하여 결정되고, 감정인은, 당사자에 의하여든, 당사자 사이에 합의가 없는 때에는 관할 민사지방법원장 또는 상사지방법원장에 의하여 본안에 관한 급속절차에 따라 항소할 수 없는 재판에 의하여든, 지정된다.

② 이렇게 지정된 감정인은, 회사의 정관 또는 당사자를 구속하는 어떤 합의에 의하여 규정된 가액결정을 위한 원칙과 방식이, 존재하는 경우에는, 이를 적용하여야 한다.

II. ③ 정관이 사원에 의한 사원권 양도 또는 회사에 의한 사원권 환매를 사원권의 가액이 확정되지 않았거나 확정됨이 없이 정하고 있는 경우, 그 가액은 다툼이 있는 때에는 제1항에서 정한 요건에 따라 지정된 감정인에 의하여 정해진다.

④ 이렇게 지정된 감정인은, 가액 결정을 위한 원칙과 절차가 당사자를 구속하는 어떤 합의에라도 규정되어 있는 경우에는 이를 적용하여야 한다.

**Article 1843-5** Outre l'action en réparation du préjudice subi personnellement, un ou plusieurs associés peuvent intenter l'action sociale en responsabilité contre les gérants. Les demandeurs sont habilités à poursuivre la réparation du préjudice subi par la société ; en cas de condamnation, les dommages-intérêts sont alloués à la société.

Est réputée non écrite toute clause des statuts ayant pour effet de subordonner l'exercice de l'action sociale à l'avis préalable ou à l'autorisation de l'assemblée ou qui comporterait par avance renonciation à l'exercice de cette action.

Aucune décision de l'assemblée des associés ne peut avoir pour effet d'éteindre une action en responsabilité contre les gérants pour la faute commise dans l'accomplissement de leur mandat.

**Article 1844** Tout associé a le droit de participer aux décisions collectives.

Les copropriétaires d'une part sociale indivise sont représentés par un mandataire unique, choisi parmi les indivisaires ou en dehors d'eux. En cas de désaccord, le mandataire sera désigné en justice à la demande du plus diligent.

Si une part est grevée d'un usufruit, le nu-propriétaire et l'usufruitier ont le droit de participer aux décisions collectives. Le droit de vote appartient au nu-propriétaire, sauf pour les décisions concernant l'affectation des bénéfices, où il est réservé à l'usufruitier. Toutefois, pour les autres décisions, le nu-propriétaire et l'usufruitier peuvent convenir que le droit de vote sera exercé par l'usufruitier.

Les statuts peuvent déroger aux dispositions du deuxième alinéa et de la seconde phrase du troisième alinéa.

**Article 1844-1** La part de chaque associé dans les bénéfices et sa contribution aux pertes se déterminent à proportion de sa part dans le capital social et la part de l'associé qui n'a apporté que son industrie est égale à celle de l'associé qui a le moins apporté, le tout sauf clause contraire.

Toutefois, la stipulation attribuant à un associé la totalité du profit procuré par la société ou l'exonérant de la totalité des pertes, celle excluant un associé totalement du profit ou mettant à sa charge la totalité des pertes sont réputées non écrites.

**Article 1844-2** Il peut être consenti hypothèque ou toute autre sûreté réelle sur les biens de la société en vertu de pouvoirs résultant de délibérations ou délégations établies sous signatures privées alors même que la constitution de l'hypothèque ou de la sureté doit l'être par acte authentique.

**제1843-5조** ① 자신이 개인적으로 입은 손해에 대한 배상청구소송 이외에도, 1인 또는 수인의 사원은 회사가 입은 손해에 대한 배상의 소를 업무집행자를 상대로 제기할 수 있다. 청구권자는 회사가 입은 손해에 대한 배상을 소구할 권한이 있다. 손해배상청구가 인용되는 경우, 손해배상금은 회사에 귀속된다.
② 손해배상청구소송의 제기를 사전에 사원총회에 통지하거나 그 승인을 받도록 하거나 또는 당해 소송의 제기를 미리 포기하는 내용을 담고 있는 모든 정관 조항은 기재되지 않은 것으로 간주된다.
③ 어떠한 사원총회의 결의도 업무집행자가 임무 수행과정에서 행한 과책에 대하여 그를 상대로 한 책임소권을 소멸시키는 효력을 가질 수 없다.

**제1844조** ① 모든 사원은 단체적 결의에 참가할 권리가 있다.
② 회사지분의 공유자들은 1인의 수임인에 의하여 대표되며 수임인은 공유자들 중에서 또는 그 외의 자에서 선택된다. 의견불합의의 경우, 수임인은 공유자 1인의 청구에 의하여 재판상 지정된다.
③ 지분에 점용권의 부담이 있으면, 제한소유자와 점용권자가 단체적 결정에 참가할 권리를 가진다. 투표권은 제한소유자에게 속하나, 수익의 배당에 관한 결정을 위해서만은, 투표권이 점용권자에게 유보된다. 그러나, 그 밖의 결정을 위하여는, 점용권자가 투표권을 행사하는 것으로 제한소유자와 점용권자가 합의할 수 있다.

④ 정관으로 제2항 및 제3항 제2문의 규정과 다르게 정할 수 있다.

**제1844-1조** ① 수익에 대한 각 사원의 지분과 손실에 대한 분담은 자본에 대한 그의 지분에 비례하여 결정되며, 자신의 노무만을 출자한 사원의 지분은 가장 적게 출자한 사원의 지분과 동일하며, 이 모두는 반대 조항이 있으면 그러하지 아니하다.

② 그러나, 어느 사원에게 회사가 얻은 이익의 전부를 귀속시키거나 모든 손실을 면책하는 조항 및 어느 사원을 이익으로부터 완전히 배제하거나 모든 손실을 그에게 부과하는 조항은 기재하지 않은 것으로 본다.

**제1844-2조** 저당권 또는 담보권의 설정이 공정증서에 의하여 합의되어야 하더라도, 회사의 재산에 저당권 기타 모든 물적 담보권을 설정하는 합의는 사서로 작성된 결의 또는 위임에 기한 권한에 기하여 할 수 있다.

**Article 1844-3** La transformation régulière d'une société en une société d'une autre forme n'entraîne pas la création d'une personne morale nouvelle. Il en est de même de la prorogation ou de toute autre modification statutaire.

**Article 1844-4** Une société, même en liquidation, peut être absorbée par une autre société ou participer à la constitution d'une société nouvelle, par voie de fusion.

Elle peut aussi transmettre son patrimoine par voie de scission à des sociétés existantes ou à des sociétés nouvelles.

Ces opérations peuvent intervenir entre des sociétés de forme différente.

Elles sont décidées, par chacune des sociétés intéressées, dans les conditions requises pour la modification de ses statuts.

Si l'opération comporte la création de sociétés nouvelles, chacune de celles-ci est constituée selon les règles propres à la forme de société adoptée.

**Article 1844-5** La réunion de toutes les parts sociales en une seule main n'entraîne pas la dissolution de plein droit de la société. Tout intéressé peut demander cette dissolution si la situation n'a pas été régularisée dans le délai d'un an. Le tribunal peut accorder à la société un délai maximal de six mois pour régulariser la situation. Il ne peut prononcer la dissolution si, au jour où il statue sur le fond, cette régularisation a eu lieu.

L'appartenance de l'usufruit de toutes les parts sociales à la même personne est sans conséquence sur l'existence de la société.

En cas de dissolution, celle-ci entraîne la transmission universelle du patrimoine de la société à l'associé unique, sans qu'il y ait lieu à liquidation. Les créanciers peuvent faire opposition à la dissolution dans le délai de trente jours à compter de la publication de celle-ci. Une décision de justice rejette l'opposition ou ordonne soit le remboursement des créances, soit la constitution de garanties si la société en offre et si elles sont jugées suffisantes. La transmission du patrimoine n'est réalisée et il n'y a disparition de la personne morale qu'à l'issue du délai d'opposition ou, le cas échéant, lorsque l'opposition a été rejetée en première instance ou que le remboursement des créances a été effectué ou les garanties constituées.

Les dispositions du troisième alinéa ne sont pas applicables aux sociétés dont l'associé unique est une personne physique.

**제1844-3조** 회사를 다른 형태의 회사로 적법하게 전환하여도 새로운 법인이 창설되지 아니한다. 이는 기한의 연장 또는 기타 정관의 변경의 경우에도 마찬가지이다.

**제1844-4조** ① 회사는 청산중인 경우에도, 다른 회사에 의하여 흡수될 수 있고, 합병을 통해 새로운 회사의 설립에 참여할 수 있다.

② 회사는 자신의 자산을 분할을 통해서 기존 회사들 또는 새로운 회사들에 이전할 수도 있다.

③ 이들 거래는 서로 다른 형태의 회사들 사이에도 일어날 수 있다.

④ 이들 거래는, 관련된 회사들 각자에 의하여, 정관변경에 요구되는 요건에 따라 결정된다.

⑤ 새로운 회사들의 설립을 포함하는 거래이면, 새로운 회사들 각자는 채택된 회사형태에 고유한 규칙에 따라 설립된다.

**제1844-5조** ① 모든 지분이 1인에게 귀속하더라도 회사가 당연해산 하지 아니한다. 1년의 기간 내에 정상화되지 않으면 모든 이해관계인은 해산을 청구할 수 있다. 법원은 회사에게 상황의 정상화를 위하여 최대 6개월의 기간을 허여할 수 있다. 본안에 관하여 재판을 하는 날에 이 정상화가 이뤄졌다면, 법원은 해산을 선고할 수 없다.

② 모든 지분의 점용권이 동일인에게 귀속해도 회사의 존립에는 영향을 미치지 아니한다.

③ 해산의 경우, 회사의 자산이 유일한 사원에게 포괄적으로 이전되며, 청산은 일어나지 아니한다. 채권자들은 해산 공고 후 30일의 기간 내에 해산에 대한 이의를 할 수 있다. 법원의 판결은 이의를 기각하거나, 또는 채권의 상환이든, 회사가 담보를 제공하고 그 담보가 충분하다고 판단된다면 담보의 설정이든, 명할 수 있다. 자산의 이전과 법인격의 소멸은, 이의기간이 경과하거나 이의가 있었던 경우 그 이의가 제1심에서 기각되거나 채권의 상환이 행해지거나 담보가 설정된 후에만, 일어난다.

④ 제3항의 규정은 유일한 사원이 자연인인 회사에 대해서는 적용되지 아니한다.

**Article 1844-6** La prorogation de la société est décidée à l'unanimité des associés, ou, si les statuts le prévoient, à la majorité prévue pour la modification de ceux-ci.

Un an au moins avant la date d'expiration de la société, les associés doivent être consultés à l'effet de décider si la société doit être prorogée.

A défaut, tout associé peut demander au président du tribunal, statuant sur requête, la désignation d'un mandataire de justice chargé de provoquer la consultation prévue au deuxième alinéa.

Lorsque la consultation n'a pas eu lieu, le président du tribunal, statuant sur requête à la demande de tout associé dans l'année suivant la date d'expiration de la société, peut constater l'intention des associés de proroger la société et autoriser la consultation à titre de régularisation dans un délai de trois mois, le cas échéant en désignant un mandataire de justice chargé de la provoquer. Si la société est prorogée, les actes conformes à la loi et aux statuts antérieurs à la prorogation sont réputés réguliers et avoir été accomplis par la société ainsi prorogée.

**Article 1844-7** La société prend fin :

1° Par l'expiration du temps pour lequel elle a été constituée, sauf prorogation effectuée conformément à l'article 1844-6 ;

2° Par la réalisation ou l'extinction de son objet ;

3° Par l'annulation du contrat de société ;

4° Par la dissolution anticipée décidée par les associés ;

5° Par la dissolution anticipée prononcée par le tribunal à la demande d'un associé pour justes motifs, notamment en cas d'inexécution de ses obligations par un associé, ou de mésentente entre associés paralysant le fonctionnement de la société ;

6° Par la dissolution anticipée prononcée par le tribunal dans le cas prévu à l'article 1844-5 ;

7° Par l'effet d'un jugement ordonnant la clôture de la liquidation judiciaire pour insuffisance d'actif ;

8° Pour toute autre cause prévue par les statuts.

**제1844-6조** ① 회사의 연장은 사원들의 전원일치, 또는 정관에서 정관변경을 위하여 정한 바가 있다면, 그 다수결로써 결정된다.
② 회사의 존속기간이 만료하기 최소한 1년 전에, 회사의 연장 여부를 결정하기 위하여 사원들의 의견을 수렴하여야 한다.
③ 그렇지 않으면 사원은 누구든지, 신청에 대한 재판을 하는 법원장에게 제2항에서 정하는 의견수렴을 주도할 재판상 수임인의 선임을 신청할 수 있다.

④ 의견수렴이 행해지지 않은 경우, 신청에 대한 재판을 하는 법원장은, 회사의 존속기간만료일 후 1년 내에 모든 사원의 신청에 따른 긴급청구에 대하여 재판함에 있어서, 회사를 연장하기 위한 사원들의 의사를 확인할 수 있고 3개월 내에 추완을 위한 의견수렴을 허가할 수 있으며, 필요한 경우 이를 주도할 책임을 지는 재판상 수임인을 선임한다. 회사가 연장되면, 연장 전에 법률과 정관에 합치하게 행해진 행위는 연장된 회사가 수행한 것이고 합법적인 것으로 간주된다.


**제1844-7조** 회사는 다음 각 호의 사유로 종료된다.
1. 제1844-6조에 부합하여 연장이 이루어진 경우는 제외하고, 회사의 설립 시에 정해진 존속기간의 만료
2. 회사의 목적의 실현 또는 소멸
3. 회사계약의 무효화
4. 사원들에 의하여 결정된 사전 해산
5. 사원이 그 의무를 이행하지 않는 경우 또는 회사의 기능을 마비시킬 정도의 사원 사이에 불화가 있는 경우 등 정당한 사유에 근거한 사원의 청구에 따라 법원에 의하여 선고된 사전 해산
6. 제1844-5조에서 정해진 경우에 대하여 법원에 의하여 선고된 사전 해산

7. 적극재산의 부족으로 인하여 파산의 종결을 명한 판결의 효력

8. 기타 정관에 의하여 정해진 사유

**Article 1844-8** La dissolution de la société entraîne sa liquidation, hormis les cas prévus à l'article 1844-4 et au troisième alinéa de l'article 1844-5. Elle n'a d'effet à l'égard des tiers qu'après sa publication.

Le liquidateur est nommé conformément aux dispositions des statuts. Dans le silence de ceux-ci, il est nommé par les associés ou, si les associés n'ont pu procéder à cette nomination, par décision de justice. Le liquidateur peut être révoqué dans les mêmes conditions. La nomination et la révocation ne sont opposables aux tiers qu'à compter de leur publication. Ni la société ni les tiers ne peuvent, pour se soustraire à leurs engagements, se prévaloir d'une irrégularité dans la nomination ou dans la révocation du liquidateur, dès lors que celle-ci a été régulièrement publiée.

La personnalité morale de la société subsiste pour les besoins de la liquidation jusqu'à la publication de la clôture de celle-ci.

Si la clôture de la liquidation n'est pas intervenue dans un délai de trois ans à compter de la dissolution, le ministère public ou tout intéressé peut saisir le tribunal, qui fait procéder à la liquidation ou, si celle-ci a été commencée, à son achèvement.

**Article 1844-9** Après paiement des dettes et remboursement du capital social, le partage de l'actif est effectué entre les associés dans les mêmes proportions que leur participation aux bénéfices, sauf clause ou convention contraire.

Les règles concernant le partage des successions, y compris l'attribution préférentielle, s'appliquent aux partages entre associés.

Toutefois, les associés peuvent valablement décider, soit dans les statuts, soit par une décision ou un acte distinct, que certains biens seront attribués à certains associés. A défaut, tout bien apporté qui se retrouve en nature dans la masse partagée est attribué, sur sa demande, et à charge de soulte s'il y a lieu, à l'associé qui en avait fait l'apport. Cette faculté s'exerce avant tout autre droit à une attribution préférentielle.

Tous les associés, ou certains d'entre eux seulement, peuvent aussi demeurer dans l'indivision pour tout ou partie des biens sociaux. Leurs rapports sont alors régis, à la clôture de la liquidation, en ce qui concerne ces biens, par les dispositions relatives à l'indivision.

**제1844-8조** ① 제1844-4조 및 제1844-5조 제3항에서 정해진 경우 외에는, 회사의 해산은 회사의 청산을 초래한다. 해산은 공시 후가 아니면 제3자에 대하여 효력이 없다.

② 청산인은 정관의 규정에 따라 선임된다. 정관에 정함이 없는 경우, 청산인은 사원들에 의하여 선임되거나, 사원들이 이를 선임할 수 없으면, 법원의 결정에 의한다. 청산인은 동일한 요건 하에 해임될 수 있다. 임명과 해임은 그 공시가 있은 때로부터만 제3자에게 대항할 수 있다. 이것이 적법하게 공시된 때부터는 회사든 제3자이든 자신의 면책을 주장하기 위하여 청산인의 임명이나 해임에 있어서의 적법성 하자를 원용할 수 없다.

③ 회사의 법인격은 청산의 종결이 공시될 때까지 청산에 필요한 한도에서 존속한다.

④ 해산 후 3년 내에 청산이 종결되지 않으면, 검찰 또는 모든 이해관계인이 법원에 제소하여 청산에 착수하게 하거나, 청산이 개시되었다면 청산을 완결하게 할 수 있다.

**제1844-9조** ① 채무를 변제하고 회사 자본을 상환한 이후 사원들 사이에서의 적극재산의 분할은, 그들의 수익 분배와 동일한 비율에 따라 행하나, 반대 조항이나 합의가 있으면 그러하지 아니한다.
② 우선분배를 포함한, 상속재산의 분할에 관한 원칙이 사원들 사이의 분할에 적용된다.

③ 그러나, 사원들은 특정 재산이 특정 사원에게 분배되어야 함을 정관에서든 또는 결정이나 별도의 행위에 의하든, 유효하게 정할 수 있다. 이러한 정함이 없는 경우, 출자된 재산이 원물로써 분할대상 자산에 포함되어 있다면 그 재산은 이를 출자하였던 사원의 청구에 의하여, 그 사원에게 분배되고, 필요하다면 보충금을 부담한다. 이 권한은 다른 모든 우선분배권에 앞서 행사된다.
④ 사원 전원 또는 그들 중 일부가, 회사의 재산 전부 또는 일부를 공유하는 상태로 남아 있을 수도 있다. 그들 사이의 관계는, 이 경우에 청산의 종결 시에, 그 재산과 관련하여 공유에 관한 규정에 따른다.

**Article 1844-10** La nullité de la société ne peut résulter que de la violation des dispositions de l'article 1832 et du premier alinéa des articles 1832-1 et 1833, ou de l'une des causes de nullité des contrats en général.

Toute clause statutaire contraire à une disposition impérative du présent titre dont la violation n'est pas sanctionnée par la nullité de la société, est réputée non écrite.

La nullité des actes ou délibérations des organes de la société ne peut résulter que de la violation d'une disposition impérative du présent titre, à l'exception du dernier alinéa de l'article 1833, ou de l'une des causes de nullité des contrats en général.

**Article 1844-11** L'action en nullité est éteinte lorsque la cause de la nullité a cessé d'exister le jour où le tribunal statue sur le fond en première instance, sauf si cette nullité est fondée sur l'illicéité de l'objet social.

**Article 1844-12** En cas de nullité d'une société ou d'actes ou délibérations postérieurs à sa constitution, fondée sur un vice de consentement ou l'incapacité d'un associé, et lorsque la régularisation peut intervenir, toute personne, y ayant intérêt, peut mettre en demeure celui qui est susceptible de l'opérer, soit de régulariser, soit d'agir en nullité dans un délai de six mois à peine de forclusion. Cette mise en demeure est dénoncée à la société.

La société ou un associé peut soumettre au tribunal saisi dans le délai prévu à l'alinéa précédent, toute mesure susceptible de supprimer l'intérêt du demandeur notamment par le rachat de ses droits sociaux. En ce cas, le tribunal peut, soit prononcer la nullité, soit rendre obligatoires les mesures proposées si celles-ci ont été préalablement adoptées par la société aux conditions prévues pour les modifications statutaires. Le vote de l'associé dont le rachat des droits est demandé est sans influence sur la décision de la société.

En cas de contestation, la valeur des droits sociaux à rembourser à l'associé est déterminée conformément aux dispositions de l'article 1843-4.

**Article 1844-13** Le tribunal, saisi d'une demande en nullité, peut, même d'office, fixer un délai pour permettre de couvrir les nullités. Il ne peut prononcer la nullité moins de deux mois après la date de l'exploit introductif d'instance.

Si, pour couvrir une nullité, une assemblée doit être convoquée, ou une consultation des associés effectuée, et s'il est justifié d'une convocation régulière de cette assemblée ou de l'envoi aux associés du texte des projets de décision accompagné des documents qui doivent leur être communiqués, le tribunal accorde par jugement le délai nécessaire pour que les associés puissent prendre une décision.

**제1844-10조** ① 회사의 무효는 제1832조, 제1832-1조 제1항 및 제1833조 제1항의 규정을 위반한 경우 또는 계약의 일반적 무효원인 중 하나에 해당하는 경우에만 발생한다.

② 회사의 무효를 일으키지 않는 본편의 강행규정을 위반한 모든 정관 조항은 모두 기재하지 아니한 것으로 본다.

③ 회사의 기관의 행위 또는 결의의 무효는 본편의 강행규정을 위반한 경우 또는 계약의 일반적 무효원인 중 하나에 해당하는 경우에만 발생하나, 제1833조 제2항을 예외로 한다.


**제1844-11조** 민사지방법원이 본안에 관한 판결을 선고하는 날에 무효원인이 존재하지 않는 경우에는 무효화소권이 소멸하나, 이 무효가 회사의 목적의 불법성에 기인한 경우에는 그러하지 아니하다.

**제1844-12조** ① 의사표시의 하자 또는 사원의 제한능력을 이유로 하여 회사가 무효이거나 설립 이후의 행위나 결의가 무효인 경우에 추완이 가능한 때에는, 모든 이해관계인은 이를 행할 가능성이 있는 자에게 추완을 하든지 6개월의 제척기간 내에 무효의 소를 제기하든지 할 것을 최고할 수 있다. 이 최고는 회사에 통보된다.

② 제1항에서 정한 기간 내에 소가 제기된 경우 회사 또는 사원은 청구인의 사원권을 환매하는 등으로 청구인의 이익을 제거할 수 있는 모든 조치를 수소법원에 위임할 수 있다. 그 경우, 법원은 무효를 선언하든지, 제안된 조치들이 회사가 정관변경을 위하여 정해진 요건에 따라서 사전에 채택한 조치들이라면 제안된 조치들을 의무화하든지 할 수도 있다. 사원권의 환매가 요청되는 사원의 투표는 회사의 결정에 영향을 미치지 아니한다.

③ 다툼이 있는 경우에 그 사원에게 상환하여야 할 사원권의 가액은 제1843-4조의 규정에 좇아 정해진다.

**제1844-13조** ① 무효화 청구를 받은 법원은, 무효를 치유하는 것을 허용하기 위하여 직권으로라도 기간을 정할 수 있다. 법원은 심급을 개시하는 집행관 문서 일자로부터 2개월이 지나기 전에는 무효를 선고할 수 없다.

② 무효를 치유하기 위하여, 총회가 소집되거나, 사원들의 의견청취가 행해져야 하고, 총회가 적법하게 소집되었음이 증명되거나 사원들에게 알려야 하는 서류를 첨부하여 결정안 문구를 송부하였음이 증명된다면, 법원은 사원들이 결정을 내릴 수 있도록 필요한 기간을 판결로써 허여한다.

**Article 1844-14** Les actions en nullité de la société ou d'actes et délibérations postérieurs à sa constitution se prescrivent par trois ans à compter du jour où la nullité est encourue.

**Article 1844-15** Lorsque la nullité de la société est prononcée, elle met fin, sans rétroactivité, à l'exécution du contrat.

A l'égard de la personne morale qui a pu prendre naissance, elle produit les effets d'une dissolution prononcée par justice.

**Article 1844-16** Ni la société ni les associés ne peuvent se prévaloir d'une nullité à l'égard des tiers de bonne foi. Cependant la nullité résultant de l'incapacité ou de l'un des vices du consentement est opposable même aux tiers par l'incapable et ses représentants légaux, ou par l'associé dont le consentement a été surpris par erreur, dol ou violence.

**Article 1844-17** L'action en responsabilité fondée sur l'annulation de la société ou des actes et délibérations postérieurs à la constitution se prescrit par trois ans à compter du jour où la décision d'annulation est passée en force de chose jugée.

La disparition de la cause de nullité ne met pas obstacle à l'exercice de l'action en dommages-intérêts tendant à la réparation du préjudice causé par le vice dont la société, l'acte ou la délibération était entaché. Cette action se prescrit par trois ans à compter du jour où la nullité a été couverte.

## Chapitre II De la société civile

### Section 1 Dispositions générales.

**Article 1845** Les dispositions du présent chapitre sont applicables à toutes les sociétés civiles, à moins qu'il n'y soit dérogé par le statut légal particulier auquel certaines d'entre elles sont assujetties.

Ont le caractère civil toutes les sociétés auxquelles la loi n'attribue pas un autre caractère à raison de leur forme, de leur nature, ou de leur objet.

**Article 1845-1** Le capital est divisé en parts égales.

Les dispositions du chapitre Ier du titre III du livre II du code de commerce relatives au capital variable des sociétés sont applicables aux sociétés civiles.

**제1844-14조** 회사의 무효화소권 또는 그 설립 후의 행위와 결의에 관한 무효화소권은 무효원인이 발생한 날로부터 3년의 경과로 시효소멸한다.

**제1844-15조** ① 회사의 무효가 선고된 때에는, 소급효 없이 계약의 이행이 종료된다.

② 회사가 설립의 효과를 획득한 법인이었던 때에는, 회사의 무효는 법원에 의하여 선고된 해산의 효력을 가진다.

**제1844-16조** 회사든 사원이든 선의의 제3자에게는 무효를 원용할 수 없다. 그러나 제한능력자와 그 법정대리인 또는 착오나 사기, 강박에 의하여 의사표시를 한 사원은 제한능력이나 의사표시의 하자로 인한 무효를 제3자에게도 대항할 수 있다.


**제1844-17조** ① 회사의 무효화 또는 설립 후 행위나 결의의 무효화에 따른 배상소권은 무효화 판결이 기판력을 가지게 된 날로부터 3년의 경과로 시효소멸한다.

② 무효원인의 소멸은 회사나 그 행위 또는 결의에 존재한 하자로 인해 발생한 손해의 배상을 구하는 배상소권의 행사에 방해가 되지 아니한다. 이 소권은 무효가 치유된 날로부터 3년의 경과로 시효소멸한다.


## 제2장 민사회사

### 제1절 총칙

**제1845조** ① 본장의 규정은, 모든 민사회사에 적용되나, 특별한 법률상 정관에 의하여 그에 따라 배제된 경우에는 그러하지 아니하다.

② 회사의 형태, 성질 또는 목적을 이유로 법률이 다른 성격을 부여한 것이 아닌 한, 모든 회사는 민사적 성격을 가진다.

**제1845-1조** ① 회사의 자본은 균등한 비율로 나누어진다.
② 회사의 가변자본에 관한 상법전 제2권 제3편 제1장의 규정은 민사회사에 준용된다.

## Section 2 Gérance.

**Article 1846** La société est gérée par une ou plusieurs personnes, associées ou non, nommées soit par les statuts, soit par un acte distinct, soit par une décision des associés.

Les statuts fixent les règles de désignation du ou des gérants et le mode d'organisation de la gérance.

Sauf disposition contraire des statuts, le gérant est nommé par une décision des associés représentant plus de la moitié des parts sociales.

Dans le silence des statuts, et s'il n'en a été décidé autrement par les associés lors de la désignation, les gérants sont réputés nommés pour la durée de la société.

Si, pour quelque cause que ce soit, la société se trouve dépourvue de gérant, tout associé peut réunir les associés ou, à défaut, demander au président du tribunal statuant sur requête la désignation d'un mandataire chargé de le faire, à seule fin de nommer un ou plusieurs gérants.

**Article 1846-1** Hors les cas visés à l'article 1844-7, la société prend fin par la dissolution anticipée que peut prononcer le tribunal à la demande de tout intéressé, lorsqu'elle est dépourvue de gérant depuis plus d'un an.

**Article 1846-2** La nomination et la cessation de fonction des gérants doivent être publiées.

Ni la société, ni les tiers ne peuvent, pour se soustraire à leurs engagements, se prévaloir d'une irrégularité dans la nomination des gérants ou dans la cessation de leur fonction, dès lors que ces décisions ont été régulièrement publiées.

**Article 1847** Si une personne morale exerce la gérance, ses dirigeants sont soumis aux mêmes conditions et obligations et encourent les mêmes responsabilités, civile et pénale, que s'ils étaient gérants en leur nom propre, sans préjudice de la responsabilité solidaire de la personne morale qu'ils dirigent.

**Article 1848** Dans les rapports entre associés, le gérant peut accomplir tous les actes de gestion que demande l'intérêt de la société.

S'il y a plusieurs gérants, ils exercent séparément ces pouvoirs, sauf le droit qui appartient à chacun de s'opposer à une opération avant qu'elle ne soit conclue.

Le tout, à défaut de dispositions des statuts sur le mode d'administration.

## 제2절 업무집행

**제1846조** ① 회사는 정관에 의하든, 별도의 행위에 의하든, 또는 사원결의에 의하든 선임된, 사원이거나 사원이 아닌, 1인 또는 수인에 의하여 경영된다.
② 정관은 업무집행자 1인 또는 수인의 선임 및 업무집행의 조직방식에 관한 규율을 정한다.

③ 정관에 반대의 규정이 없으면, 업무집행자는 회사 지분의 과반을 대표하는 사원결의에 의하여 선임된다.
④ 정관에서 정하지 않고, 지명 시 사원결의에 의하여 달리 정해지지 않았다면, 업무집행자는 회사의 존속기간 동안 선임된 것으로 간주된다.
⑤ 어떤 사유이든, 회사에 업무집행자가 없으면, 모든 사원은 사원총회를 소집할 수 있고, 사원총회의 소집이 없다면, 신청에 대하여 결정을 내리는 법원장에게 사원총회를 소집할 수임인을 지명하여 줄 것을 청구할 수 있고, 이 사원총회는 1인 또는 수인의 업무집행자를 선임하는 것을 유일한 목적으로 한다.

**제1846-1조** 제1844-7조에서 정한 경우를 제외하고, 회사는 1년 이상 업무집행자가 없는 경우, 이해관계인의 청구에 따라 법원이 선고할 수 있는 사전해산에 의하여 해산된다.

**제1846-2조** ① 업무집행자의 지명 및 직무종료는 공시되어야 한다.
② 이러한 결정이 적법하게 공시된 경우에는, 회사도 제3자도, 자신의 의무를 면하기 위하여, 업무집행자의 지명 또는 직무종료가 부적법하다고 주장할 수 없다.

**제1847조** 법인이 업무집행을 하면, 그 법인의 대표자는, 그 대표자 개인이 업무집행자인 경우와 동일하게 조건과 의무가 부여되고, 동일한 민·형사상 책임과는 별도로, 자신이 대표하는 그 법인과 연대하여 책임을 부담한다.

**제1848조** ① 사원과의 관계에서, 업무집행자는 회사의 이익에 부합하는 모든 관리 행위를 할 수 있다.
② 수인의 업무집행자가 있으면, 각자 그 권한을 행사하지만, 거래가 체결되기 전 그 거래에 이의제기하는 업무집행자의 권리에 대해서는 그러하지 아니하다.
③ 업무집행방식에 대하여 정관에 규정이 없는 경우, 위 2항이 적용된다.

**Article 1849** Dans les rapports avec les tiers, le gérant engage la société par les actes entrant dans l'objet social.

En cas de pluralité de gérants, ceux-ci détiennent séparément les pouvoirs prévus à l'alinéa précédent. L'opposition formée par un gérant aux actes d'un autre gérant est sans effet à l'égard des tiers, à moins qu'il ne soit établi qu'ils en ont eu connaissance.

Les clauses statutaires limitant les pouvoirs des gérants sont inopposables aux tiers.

**Article 1850** Chaque gérant est responsable individuellement envers la société et envers les tiers, soit des infractions aux lois et règlements, soit de la violation des statuts, soit des fautes commises dans sa gestion.

Si plusieurs gérants ont participé aux mêmes faits, leur responsabilité est solidaire à l'égard des tiers et des associés. Toutefois, dans leurs rapports entre eux, le tribunal détermine la part contributive de chacun dans la réparation du dommage.

**Article 1851** Sauf disposition contraire des statuts le gérant est révocable par une décision des associés représentant plus de la moitié des parts sociales. Si la révocation est décidée sans juste motif, elle peut donner lieu à dommages-intérêts.

Le gérant est également révocable par les tribunaux pour cause légitime, à la demande de tout associé.

Sauf clause contraire, la révocation d'un gérant, qu'il soit associé ou non, n'entraîne pas la dissolution de la société. Si le gérant révoqué est un associé, il peut, à moins qu'il n'en soit autrement convenu dans les statuts, ou que les autres associés ne décident la dissolution anticipée de la société, se retirer de celle-ci dans les conditions prévues à l'article 1869 (2ème alinéa).

### Section 3 Décisions collectives.

**Article 1852** Les décisions qui excèdent les pouvoirs reconnus aux gérants sont prises selon les dispositions statutaires ou, en l'absence de telles dispositions, à l'unanimité des associés.

**Article 1853** Les décisions sont prises par les associés réunis en assemblée. Les statuts peuvent aussi prévoir qu'elles résulteront d'une consultation écrite.

**Article 1854** Les décisions peuvent encore résulter du consentement de tous les associés exprimé dans un acte.

**제1849조** ① 제3자와의 관계에서, 업무집행자는 회사의 목적 범위에 속하는 행위를 통해 회사에게 의무를 부담시킨다.

② 수인의 업무집행자가 있는 경우, 그들 각자 제1항의 권한을 별도로 행사한다. 다른 업무집행자의 행위에 대하여 업무집행자가 제기한 이의는 제3자에 대하여 효력이 없으나, 제3자가 그것을 알고 있었다는 점이 증명된 경우에는 그러하지 아니하다.

③ 업무집행자의 권한을 제한하는 정관 조항은 제3자에게 대항할 수 없다.

**제1850조** ① 각 업무집행자는 법령위반이든, 정관위반이든 또는 업무집행 중 범한 과책에 대하여든, 회사 및 제3자에 대하여 각자 책임을 부담한다.

② 수인의 업무집행자가 동일한 행위에 참여하였다면, 그들은 제3자 및 사원에 대하여 연대하여 책임을 부담한다. 그러나 그들 사이의 관계에서는, 법원은 손해배상에서 각자의 부담부분을 정한다.

**제1851조** ① 정관에 반대 조항이 없으면 업무집행자는 회사지분의 과반을 대표하는 사원결의에 의하여 해임될 수 있다. 그 해임이 정당한 사유 없이 결정되었다면, 그 해임은 손해배상을 발생시킬 수 있다.

② 업무집행자는, 모든 사원의 청구에 따라, 법원에 의하여 적법한 사유로 해임될 수 있다.

③ 반대 조항이 없으면, 업무집행자의 해임은, 그가 사원이든 아니든, 회사의 해산을 초래하지 아니한다. 해임된 업무집행자가 사원이면, 그 업무집행자는 제1869조(제2항)에서 정한 요건에 따라 회사에서 탈퇴할 수 있으나, 정관에서 이에 관하여 다르게 정해지거나 다른 사원이 회사의 사전해산을 결의하였다면 그러하지 아니하다.

### 제3절 단체 결의

**제1852조** 업무집행자에게 승인된 권한을 넘는 결의는, 정관의 규정에 의하여, 또는 그러한 규정이 없으면 사원의 전원합의에 의하여 이루어진다.

**제1853조** 이러한 결의는 총회에 소집된 사원들에 의하여 이루어진다. 정관은 서면에 의한 의견수렴을 통해서 결의가 성립될 수 있음을 역시 정할 수 있다.

**제1854조** 이러한 결의는 하나의 문서에 표시된 모든 사원의 합의에 의하여도 이루어질 수 있다.

**Article 1854-1** En cas de fusion de sociétés civiles, si les statuts prévoient la consultation des associés de la société absorbante, cette consultation n'est pas requise lorsque, depuis le dépôt du projet de fusion et jusqu'à la réalisation de l'opération, la société absorbante détient au moins 90% des parts de la société absorbée.

Toutefois, un ou plusieurs associés de la société absorbante réunissant au moins 5% du capital social peuvent demander en justice la désignation d'un mandataire aux fins de provoquer la consultation des associés de la société absorbante pour qu'ils se prononcent sur l'approbation de la fusion.

## Section 4 Information des associés

**Article 1855** Les associés ont le droit d'obtenir, au moins une fois par an, communication des livres et des documents sociaux, et de poser par écrit des questions sur la gestion sociale auxquelles il devra être répondu par écrit dans le délai d'un mois.

**Article 1856** Les gérants doivent, au moins une fois dans l'année, rendre compte de leur gestion aux associés. Cette reddition de compte doit comporter un rapport écrit d'ensemble sur l'activité de la société au cours de l'année ou de l'exercice écoulé comportant l'indication des bénéfices réalisés ou prévisibles et des pertes encourues ou prévues.

## Section 5 Engagement des associés à l'égard des tiers.

**Article 1857** A l'égard des tiers, les associés répondent indéfiniment des dettes sociales à proportion de leur part dans le capital social à la date de l'exigibilité ou au jour de la cessation des paiements.

L'associé qui n'a apporté que son industrie est tenu comme celui dont la participation dans le capital social est la plus faible.

**Article 1858** Les créanciers ne peuvent poursuivre le paiement des dettes sociales contre un associé qu'après avoir préalablement et vainement poursuivi la personne morale.

**Article 1859** Toutes les actions contre les associés non liquidateurs ou leurs héritiers et ayants cause se prescrivent par cinq ans à compter de la publication de la dissolution de la société.

**제1854-1조** ① 민사회사의 합병의 경우, 정관에서 합병회사 사원들의 의견수렴을 정하고 있더라도, 합병 계획의 제출부터 거래의 실현에 이르기까지 합병회사가 피합병회사 지분의 90% 이상을 가지고 있는 경우에는, 위 의견수렴이 요구되지 아니한다.

② 그러나, 합병회사의 1인 또는 수인의 사원이 회사자본의 적어도 5% 이상을 획득한 때에는 그 사원은 합병회사의 사원들이 합병을 승인하는지 여부에 관한 그들의 의견을 수렴하는 일을 주도할 수임인의 지명을 재판상 청구할 수 있다.

### 제4절 사원들에 대한 정보제공

**제1855조** 사원들은 적어도 1년에 1번, 회사의 의사록과 서류를 열람하고, 회사의 사무처리에 대하여 서면으로 질의를 하고 1개월의 기간 내에 서면으로 답신을 받을 권리를 가진다.

**제1856조** 업무집행자는 적어도 1년에 1회, 그 사무처리를 사원들에게 보고하여야 한다. 이 보고는 실현되었거나 예상되는 수익 및 발생하였거나 예견되는 손실 내역을 포함하는, 금년 또는 지난 회계 연도의 회사 활동에 대한 전체적인 서면 보고서를 포함하여야 한다.

### 제5절 제3자에 대한 사원들의 의무부담

**제1857조** ① 제3자에 대하여, 사원들은 회사 채무의 청구일자 또는 지급정지일의 회사자본에 대한 자신의 지분비율에 따라 무제한으로 책임을 진다.

② 자신의 노무만을 출자한 사원은 회사자본에의 출자가 가장 적은 사원과 같은 책임이 있다.

**제1858조** 채권자들은, 법인에게 사전에 청구하였으나 변제를 받지 못한 경우에만, 사원에 대하여 회사채무의 변제를 소구할 수 있다.

**제1859조** 청산인이 아닌 사원 또는 그 상속인과 승계인에 대한 모든 소권은 회사의 해산 공고일로부터 5년의 경과로 시효소멸한다.

**Article 1860** S'il y a déconfiture, faillite personnelle, liquidation de biens ou règlement judiciaire atteignant l'un des associés, à moins que les autres unanimes ne décident de dissoudre la société par anticipation ou que cette dissolution ne soit prévue par les statuts, il est procédé, dans les conditions énoncées à l'article 1843-4, au remboursement des droits sociaux de l'intéressé, lequel perdra alors la qualité d'associé.

### Section 6 Cession des parts sociales.

**Article 1861** Les parts sociales ne peuvent être cédées qu'avec l'agrément de tous les associés.

Les statuts peuvent toutefois convenir que cet agrément sera obtenu à une majorité qu'ils déterminent, ou qu'il peut être accordé par les gérants. Ils peuvent aussi dispenser d'agrément les cessions consenties à des associés ou au conjoint de l'un d'eux. Sauf dispositions contraires des statuts, ne sont pas soumises à agrément les cessions consenties à des ascendants ou descendants du cédant.

Le projet de cession est notifié, avec demande d'agrément, à la société et à chacun des associés. Il n'est notifié qu'à la société quand les statuts prévoient que l'agrément peut être accordé par les gérants.

Lorsque deux époux sont simultanément membres d'une société, les cessions faites par l'un d'eux à l'autre doivent, pour être valables, résulter d'un acte notarié ou d'un acte sous seing privé ayant acquis date certaine autrement que par le décès du cédant.

**Article 1862** Lorsque plusieurs associés expriment leur volonté d'acquérir, ils sont, sauf clause ou convention contraire, réputés acquéreurs à proportion du nombre de parts qu'ils détenaient antérieurement.

Si aucun associé ne se porte acquéreur, la société peut faire acquérir les parts par un tiers désigné à l'unanimité des autres associés ou suivant les modalités prévues par les statuts. La société peut également procéder au rachat des parts en vue de leur annulation.

Le nom du ou des acquéreurs proposés, associés ou tiers, ou l'offre de rachat par la société, ainsi que le prix offert sont notifiés au cédant. En cas de contestation, sur le prix, celui-ci est fixé conformément aux dispositions de l'article 1843-4, le tout sans préjudice du droit du cédant de conserver ses parts.

**제1860조** 사원 중 1인에게 개시된 도산, 개인파산, 청산 또는 재판상 절차가 있다면, 다른 사원들이 사전에 회사를 해산하기로 일치하여 결정하지 않았거나 이러한 해산이 정관에 규정되어 있지 않는 한, 해당 사원의 사원권의 상환이 제1843-4조에 정해진 요건에 따라 진행되며, 해당 사원은 이 경우에 사원 자격을 상실한다.

## 제6절 회사지분의 양도

**제1861조** ① 회사지분은 모든 사원의 동의에 의해서만 양도될 수 있다.

② 그러나 정관은 제1항의 동의가 정관이 정하는 다수결로 얻을 수 있거나 업무집행자에 의하여 합의될 수 있음을 정할 수 있다. 정관은 사원들에게 또는 그들 중 1인의 배우자에게 합의한 양도에 대해서 동의를 면제할 수도 있다. 정관에 반대의 규정이 없으면, 양도인의 직계존속 또는 직계비속에게 합의된 양도는 동의가 요구되지 아니한다.

③ 양도의 계획은, 동의의 요구와 함께, 회사와 각 사원에게 통지된다. 정관상 동의가 업무집행자에 의하여 이루어질 수 있다고 정한 경우에는 회사에게만 통지한다.

④ 부부 쌍방이 동시에 한 회사의 구성원인 경우, 부부 중 일방의 타방 배우자에 대하여 행해진 양도가 효력이 있으려면, 공증증서 또는 양도인의 사망이 아닌 다른 확정일자를 얻은 사서증서로 행해져야 한다.

**제1862조** ① 수인의 사원이 취득의사를 표시하는 경우, 반대 조항 또는 합의가 없으면, 그들은 종전부터 보유하고 있는 지분의 수의 비율에 따라 취득자로 간주된다.

② 어느 사원도 취득자로 나서지 않으면, 회사는 다른 사원들의 전원합의로 또는 정관에 정한 방법에 따라 지정된 제3자에게 지분을 취득하게 할 수 있다. 회사는 또한 무효화시킬 목적으로 지분을 환매할 수 있다.
③ 사원 또는 제3자인, 1인 또는 수인의 제안된 취득자의 성명이나, 회사에 의한 환매 청약 및 청약 가격은, 양도인에게 통지된다. 가격에 대하여 분쟁이 있을 때, 가격은 제1843-4조의 규정에 따라 결정되고, 위 조문 전체가 적용되나 양도인이 자신의 지분을 보존할 권리를 침해하지 아니한다.

**Article 1863** Si aucune offre d'achat n'est faite au cédant dans un délai de six mois à compter de la dernière des notifications prévues au troisième alinéa de l'article 1861, l'agrément à la cession est réputé acquis, à moins que les autres associés ne décident, dans le même délai, la dissolution anticipée de la société.

Dans ce dernier cas, le cédant peut rendre caduque cette décision en faisant connaître qu'il renonce à la cession dans le délai d'un mois à compter de ladite décision.

**Article 1864** Il ne peut être dérogé aux dispositions des deux articles qui précèdent que pour modifier le délai de six mois prévu à l'article 1863(1er alinéa), et sans que le délai prévu par les statuts puisse excéder un an ni être inférieur à un mois.

**Article 1865** La cession de parts sociales doit être constatée par écrit. Elle est rendue opposable à la société dans les formes prévues à l'article 1690 ou, si les statuts le stipulent, par transfert sur les registres de la société.

Elle n'est opposable aux tiers qu'après accomplissement de ces formalités et après publication au registre du commerce et des sociétés ; ce dépôt peut être effectué par voie électronique.

**Article 1866** Les parts sociales peuvent faire l'objet d'un nantissement constaté, soit par acte authentique, soit par acte sous signatures privées signifié à la société ou accepté par elle dans un acte authentique, et donnant lieu à une publicité dont la date détermine le rang des créanciers nantis. Ceux dont les titres sont publiés le même jour viennent en concurrence.

Le privilège du créancier gagiste subsiste sur les droits sociaux nantis, par le seul fait de la publication du nantissement.

**Article 1867** Tout associé peut obtenir des autres associés leur consentement à un projet de nantissement dans les mêmes conditions que leur agrément à une cession de parts.

Le consentement donné au projet de nantissement emporte agrément du cessionnaire en cas de réalisation forcée des parts sociales à la condition que cette réalisation soit notifiée un mois avant la vente aux associés et à la société.

Chaque associé peut se substituer à l'acquéreur dans un délai de cinq jours francs à compter de la vente. Si plusieurs associés exercent cette faculté, ils sont, sauf clause ou convention contraire, réputés acquéreurs à proportion du nombre de parts qu'ils détenaient antérieurement. Si aucun associé n'exerce cette faculté, la société peut racheter les parts elle-même, en vue de leur annulation.

**제1863조** ① 매수의 청약이 제1861조 제3항에 규정된 통지 중 최후의 통지가 있은 날로부터 6개월의 기간 내에 양도인에게 행해지지 않으면, 양도에 대한 동의는 얻은 것으로 간주되지만, 다른 사원들이 동일한 기간 내에 회사의 사전해산을 결정하지 않는 때에는 그러하지 아니하다.

② 회사의 사전해산 결정이 있는 경우, 양도인은 해당 결정이 있은 날로부터 1개월 내에 양도를 포기함을 알려서 해산 결정을 무효화시킬 수 있다.

**제1864조** 제1863조(제1항)에 규정된 6개월의 기간을 변경하기 위해서만 제1862조 및 제1863조의 규정에 반할 수 있고, 또 정관에 규정된 기간은 1년을 초과할 수 없고 1개월 미만일 수 없다.

**제1865조** ① 회사지분의 양도는 서면으로 확인되어야 한다. 양도는 제1690조에 규정된 방식에 따라 또는, 정관이 이를 정하고 있다면, 회사의 명부에의 기재에 의해서 회사에 대항할 수 있다.
② 양도는 이 절차가 완성되고 상업 및 회사등기부에의 공시 후에만 제3자에 대항할 수 있다. 이 공시는 전자적 방법에 의하여 실행될 수 있다.

**제1866조** ① 회사지분은, 공정증서로든, 또는 회사에 통지되거나 회사에 의하여 공정증서로 승낙된 사서증서로든, 확인된 질권의 객체가 될 수 있고, 그 확인일자가 질권의 순위를 정하는 공시가 된다. 권리가 같은 날 공시된 자들은 경합한다.

② 질권부채권자의 우선특권은 질권의 공시 사실만으로 질물인 사원권 위에 존속한다.

**제1867조** ① 모든 사원은 질권설정 계획에 대한 다른 사원들의 합의를, 지분양도에 대한 승인과 동일한 조건으로 취득할 수 있다.
② 질권설정 계획에 대한 합의는 회사지분이 강제실현되는 경우, 매매 1개월 전에 그 실현이 사원들 및 회사에 통지된다는 조건으로, 양수인에 대한 승인을 내포한다.

③ 각 사원은 매매일로부터 만 5일의 기간 내에 매수인을 대신할 수 있다. 수인의 사원이 이 권리를 행사하면, 이들은, 반대의 규정 또는 합의가 있는 경우를 제외하고, 종전에 그들이 보유하고 있던 지분의 수의 비율로 매수인이 된다. 어느 사원도 이 권리를 행사하지 않는다면, 회사는 스스로 지분을 환매하여, 이를 무효화시킬 수 있다.

**Article 1868** La réalisation forcée qui ne procède pas d'un nantissement auquel les autres associés ont donné leur consentement doit pareillement être notifiée un mois avant la vente aux associés et à la société.

Les associés peuvent, dans ce délai, décider la dissolution de la société ou l'acquisition des parts dans les conditions prévues aux articles 1862 et 1863.

Si la vente a eu lieu, les associés ou la société peuvent exercer la faculté de substitution qui leur est reconnue par l'article 1867. Le non-exercice de cette faculté emporte agrément de l'acquéreur.

### Section 7 Retrait ou décès d'un associé.

**Article 1869** Sans préjudice des droits des tiers, un associé peut se retirer totalement ou partiellement de la société, dans les conditions prévues par les statuts ou, à défaut, après autorisation donnée par une décision unanime des autres associés. Ce retrait peut également être autorisé pour justes motifs par une décision de justice.

A moins qu'il ne soit fait application de l'article 1844-9(3ème alinéa), l'associé qui se retire a droit au remboursement de la valeur de ses droits sociaux, fixée, à défaut d'accord amiable, conformément à l'article 1843-4.

**Article 1870** La société n'est pas dissoute par le décès d'un associé, mais continue avec ses héritiers ou légataires, sauf à prévoir dans les statuts qu'ils doivent être agréés par les associés.

Il peut toutefois, être convenu que ce décès entraînera la dissolution de la société ou que celle-ci continuera avec les seuls associés survivants.

Il peut également être convenu que la société continuera soit avec le conjoint survivant, soit avec un ou plusieurs des héritiers, soit avec toute autre personne désignée par les statuts ou, si ceux-ci l'autorisent, par disposition testamentaire.

Sauf clause contraire des statuts, lorsque la succession est dévolue à une personne morale, celle-ci ne peut devenir associée qu'avec l'agrément des autres associés, donné selon les conditions statutaires ou, à défaut, par l'accord unanime des associés.

**Article 1870-1** Les héritiers ou légataires qui ne deviennent pas associés n'ont droit qu'à la valeur des parts sociales de leur auteur. Cette valeur doit leur être payée par les nouveaux titulaires des parts ou par la société elle-même si celle-ci les a rachetées en vue de leur annulation.

La valeur de ces droits sociaux est déterminée au jour du décès dans les conditions prévues à l'article 1843-4.

**제1868조** ① 다른 사원들이 합의한 질권의 실행이 아닌 강제실현도, 매매 1개월 전에 사원들과 회사에 통지되어야 한다.

② 사원들은 이 기간 내에 회사의 해산 또는 제1862조와 제1863조에 규정된 요건에 따른 지분의 취득을 결정할 수 있다.

③ 매매가 있으면, 사원들과 회사는 제1867조에 의하여 그들에게 인정된 대위할 권한을 행사할 수 있다. 이 권한의 불행사는 취득자에 대한 승인을 내포한다.

## 제7절 사원의 탈퇴 또는 사망

**제1869조** ① 제3자의 권리를 침해함이 없이, 사원은 전부 또는 부분적으로 정관에 정해진 조건에 따라, 또는 정관에 정함이 없으면 다른 사원들의 전원합의 결정에 의하여 허가를 받은 후에 회사에서 탈퇴할 수 있다. 이 탈퇴는 또한 정당한 이유가 있으면 법원의 결정으로 허가될 수 있다.

② 제1844-9조(제3항)의 적용을 받지 않는 한, 탈퇴하는 사원은, 합의가 없을 경우에는 제1843-4조에 따라 확정된, 자신들의 사원권의 가액을 상환받을 권리가 있다.

**제1870조** ① 회사는 사원의 사망에 의하여 해산되지 않고, 그의 상속인 또는 수증인과 함께 계속되나, 사원들에 의하여 동의되어야 함을 정관에서 규정할 수 있다.

② 그러나 사원의 사망이 회사의 해산을 초래한다거나 회사가 생존 사원들만으로 계속된다고 합의할 수 있다.

③ 생존배우자와 함께하든, 또는 상속인 중의 1인 또는 수인과 함께하든, 또는 정관에 의하여 지정된 또는 정관이 허용하면 유언처분에 의하여 지정된 다른 사람과 함께 하든, 회사가 계속될 수 있음을 합의할 수도 있다.

④ 정관에 반대 조항이 없으면, 상속재산이 법인에게 귀속된 경우, 법인은 다른 사원들의 동의에 의해서만 사원이 될 수 있고, 이 동의는 정관상의 조건에 따라, 또는 정관상 조건이 없으면 사원들 전원의 일치에 의하여 주어져야 한다.

**제1870-1조** ① 사원이 되지 않는 상속인 또는 수증인은 그 피상속인 또는 유증인의 회사지분 가액에 대해서만 권리를 가진다. 이 가액은 지분의 새로운 권리자에 의하여 또는 회사가 그 지분의 무효화를 위하여 환매하였다면 회사 자신에 의하여 그들에게 지급되어야 한다.

② 이 사원권의 가액은 사망한 날에 제1843-4조에 규정된 요건에 따라 결정된다.

## Chapitre III De la société en participation

**Article 1871** Les associés peuvent convenir que la société ne sera point immatriculée. La société est dite alors "société en participation". Elle n'est pas une personne morale et n'est pas soumise à publicité. Elle peut être prouvée par tous moyens.

Les associés conviennent librement de l'objet, du fonctionnement et des conditions de la société en participation, sous réserve de ne pas déroger aux dispositions impératives des articles 1832, 1832-1, 1833, 1836(2e alinéa), 1844(1er alinéa) et 1844-1(2e alinéa) et de l'article L. 411-1 du code monétaire et financier.

**Article 1871-1** A moins qu'une organisation différente n'ait été prévue, les rapports entre associés sont régis, en tant que de raison, soit par les dispositions applicables aux sociétés civiles, si la société a un caractère civil, soit, si elle a un caractère commercial, par celles applicables aux sociétés en nom collectif.

**Article 1872** A l'égard des tiers, chaque associé reste propriétaire des biens qu'il met à la disposition de la société.

Sont réputés indivis entre les associés les biens acquis par emploi ou remploi de deniers indivis pendant la durée de la société et ceux qui se trouvaient indivis avant d'être mis à la disposition de la société.

Il en est de même de ceux que les associés auraient convenu de mettre en indivision.

Il peut en outre être convenu que l'un des associés est, à l'égard des tiers, propriétaire de tout ou partie des biens qu'il acquiert en vue de la réalisation de l'objet social.

**Article 1872-1** Chaque associé contracte en son nom personnel et est seul engagé à l'égard des tiers.

Toutefois, si les participants agissent en qualité d'associés au vu et au su des tiers, chacun d'eux est tenu à l'égard de ceux-ci des obligations nées des actes accomplis en cette qualité par l'un des autres, avec solidarité, si la société est commerciale, sans solidarité dans les autres cas.

Il en est de même de l'associé qui, par son immixtion, a laissé croire au cocontractant qu'il entendait s'engager à son égard, ou dont il est prouvé que l'engagement a tourné à son profit.

Dans tous les cas, en ce qui concerne les biens réputés indivis en application de l'article 1872(alinéas 2 et 3), sont applicables dans les rapports avec les tiers, soit les dispositions du chapitre VI du titre Ier du livre III du présent code, soit, si les formalités prévues à l'article 1873-2 ont été accomplies, celles du titre IX bis du présent livre, tous les associés étant alors, sauf convention contraire, réputés gérants de l'indivision.

## 제3장 익명회사

**제1871조** ① 사원들은 회사가 등록되지 않을 것을 합의할 수 있다. 이 회사는 이 경우에 "익명회사"라고 한다. 익명회사는 법인이 아니고 공시되지 아니한다. 익명회사는 모든 수단에 의하여 증명될 수 있다.

② 사원들은 자유롭게 익명회사의 목적, 운영과 요건을 합의할 수 있으나, 제1832조, 제1832-1조, 제1833조, 제1836조(제2항), 제1844조(제1항), 제1844-1조(제2항)와 통화금융법전 제L.411-1조의 강행규정에 반하지 않을 것으로 유보한다.

**제1871-1조** 다른 조직이 예정되어 있지 않는 한, 사원들 사이의 관계는, 합리적인 한, 회사가 민사적 성격을 가지면 민사회사에 적용되는 규정에 따르든지, 회사가 상사적 성격을 가지면 합명회사에 적용되는 규정에 따르든지 한다.

**제1872조** ① 제3자에 대하여는, 각 사원은 그가 회사에 처분에 맡긴 재산의 소유자로 남는다.

② 회사의 존속기간 중 공유재산인 금전으로 취득한 재산 또는 공유재산의 매각대금으로 취득한 재산 및 회사의 처분에 맡겨지기 전에 공유였던 재산은 사원들 간에 공유로 본다.

③ 사원들이 공유하기로 합의한 재산도 마찬가지이다.

④ 그 외에 사원들 중 1인이, 제3자에 대하여, 회사의 목적을 실현하기 위하여 취득한 재산의 전부 또는 일부의 소유자라는 것도 합의할 수 있다.

**제1872-1조** ① 각 사원은 자신의 이름으로 계약할 수 있으며 제3자에 대하여 단독으로 책임을 진다.

② 그러나 익명사원들이 제3자와 공연하게 사원으로 행위를 하면, 그들 중 1인은 제3자에 대하여 그들 중 다른 이에 의하여 사원의 자격으로 한 행위로부터 발생한 채무에 대하여 책임을 지고, 상사회사이면 연대책임을 지고, 다른 경우에는 연대책임을 지지 아니한다.

③ 사원이 개입하여, 계약상대방으로 하여금 그와의 관계에서 자신이 의무를 부담하려고 한다는 것을 믿게 하거나, 또는 채무부담이 그의 이익으로 판명된 것이 증명되는 경우에도 마찬가지로 책임이 있다.

④ 모든 경우, 제3자와의 관계에서, 제1872조(제2항과 제3항)의 적용에 의하여 공유로 간주되는 재산에 관하여, 본법전 제3권 제1편 제6장의 규정이 적용되든, 또는 제1873-12조에 규정된 절차가 완성되면 본권 제9편의乙의 규정이 적용되고, 모든 사원들은 이 경우에, 반대의 약정이 없으면, 공유재산의 관리인으로 간주된다.

**Article 1872-2** Lorsque la société en participation est à durée indéterminée, sa dissolution peut résulter à tout moment d'une notification adressée par l'un d'eux à tous les associés, pourvu que cette notification soit de bonne foi, et non faite à contretemps.

A moins qu'il n'en soit autrement convenu, aucun associé ne peut demander le partage des biens indivis en application de l'article 1872 tant que la société n'est pas dissoute.

**Article 1873** Les dispositions du présent chapitre sont applicables aux sociétés créées de fait.

## Titre IX bis Des conventions relatives à l'exercice des droits indivis

**Article 1873-1** Ceux qui ont des droits à exercer sur des biens indivis, à titre de propriétaires, de nus-propriétaires ou d'usufruitiers peuvent passer des conventions relatives à l'exercice de ces droits.

## Chapitre I<sup>er</sup> Des conventions relatives à l'exercice des droits indivis en l'absence d'usufruitier

**Article 1873-2** Les coïndivisaires, s'ils y consentent tous, peuvent convenir de demeurer dans l'indivision.

A peine de nullité, la convention doit être établie par un écrit comportant la désignation des biens indivis et l'indication des quotes-parts appartenant à chaque indivisaire. Si les biens indivis comprennent des créances, il y a lieu aux formalités de l'article 1690 ; s'ils comprennent des immeubles, aux formalités de la publicité foncière.

**Article 1873-3** La convention peut être conclue pour une durée déterminée qui ne saurait être supérieure à cinq ans. Elle est renouvelable par une décision expresse des parties. Le partage ne peut être provoqué avant le terme convenu qu'autant qu'il y en a de justes motifs.

La convention peut également être conclue pour une durée indéterminée. Le partage peut, en ce cas, être provoqué à tout moment, pourvu que ce ne soit pas de mauvaise foi ou à contretemps.

**제1872-2조** ① 익명회사가 기간이 정함이 없는 경우, 해산은 사원들 중 1인이 모든 사원들에게 한 통지로부터, 이 통지가 선의이고 시기가 나쁘지 않은 경우, 언제든지 발생할 수 있다.

② 달리 합의되지 않은 한, 회사가 해산되지 않은 이상, 어떠한 사원도 제1872조의 적용에 의하여 공유재산의 분할을 청구할 수 없다.

**제1873조** 본장의 규정은 사실상으로 설립된 회사에도 적용된다.


### 제9편의乙 공유권의 행사에 관한 합의

**제1873-1조** 공유재산 위에 행사할 권리를 가진 자는, 소유자, 제한소유자[39] 또는 점용권자로서, 그 권리의 행사에 관한 합의를 체결할 수 있다.


### 제1장 점용권자가 없는 경우 공유권의 행사에 관한 합의

**제1873-2조** ① 공유자들은, 모두가 합의하는 경우에는, 공유로 남을 것을 합의할 수 있다.

② 합의는 공유재산의 지정과 각 공유자의 지분의 표시가 포함된 서면으로 작성되어야 하고, 그렇지 않은 경우에는 무효이다. 공유재산에 채권이 포함되면, 제1690조의 절차에 따라야 하고, 공유재산에 부동산이 포함되면, 공시절차를 따라야 한다.


**제1873-3조** ① 합의는 5년을 초과하지 않는 확정기간으로 체결될 수 있다. 당사자들의 명시적 결정으로 위 합의는 갱신될 수 있다. 분할은 정당한 원인이 있는 경우에만 약정된 기한 전에 청구될 수 있다.

② 합의는 불확정기간으로도 체결될 수 있다. 분할은, 그것이 악의나 부적절한 시기의 것이 아닌 한, 이러한 경우에 언제나 청구될 수 있다.

---

39) nu-propriétaire는 점용권을 설정하여 점용권의 제한을 받는 자를 가리킨다. 따라서 이를 제한소유자로 번역하기로 한다. nu-propriétaire는 pleine propritéraire(완전 소유권)의 반대 용어이다.

Il peut être décidé que la convention à durée déterminée se renouvellera par tacite reconduction pour une durée déterminée ou indéterminée. A défaut d'un pareil accord, l'indivision sera régie par les articles 815 et suivants à l'expiration de la convention à durée déterminée.

**Article 1873-4** La convention tendant au maintien de l'indivision requiert la capacité ou le pouvoir de disposer des biens indivis.

Elle peut, toutefois, être conclue au nom d'un mineur, par son représentant légal seul ; mais, dans ce cas, le mineur devenu majeur peut y mettre fin, quelle qu'en soit la durée, dans l'année qui suit sa majorité.

**Article 1873-5** Les coïndivisaires peuvent nommer un ou plusieurs gérants, choisis ou non parmi eux. Les modalités de désignation et de révocation du gérant peuvent être déterminées par une décision unanime des indivisaires.

A défaut d'un tel accord, le gérant pris parmi les indivisaires ne peut être révoqué de ses fonctions que par une décision unanime des autres indivisaires.

Le gérant, qui n'est pas indivisaire, peut être révoqué dans les conditions convenues entre ses mandants ou, à défaut, par une décision prise à la majorité des indivisaires en nombre et en parts. Dans tous les cas, la révocation peut être prononcée par le tribunal à la demande d'un indivisaire lorsque le gérant, par ses fautes de gestion, met en péril les intérêts de l'indivision.

Si le gérant révoqué est un indivisaire, la convention sera réputée conclue pour une durée indéterminée à compter de sa révocation.

**Article 1873-6** Le gérant représente les indivisaires dans la mesure de ses pouvoirs, soit pour les actes de la vie civile, soit en justice, tant en demandant qu'en défendant. Il est tenu d'indiquer, à titre purement énonciatif, le nom de tous les indivisaires dans le premier acte de procédure.

Le gérant administre l'indivision et exerce, à cet effet, les pouvoirs attribués à chaque époux sur les biens communs. Il ne peut, toutefois, disposer des meubles corporels que pour les besoins d'une exploitation normale des biens indivis, ou encore s'il s'agit de choses difficiles à conserver ou sujettes à dépérissement. Toute clause extensive des pouvoirs du gérant est réputée non écrite.

**Article 1873-7** Le gérant exerce les pouvoirs qu'il tient de l'article précédent lors même qu'il existe un incapable parmi les indivisaires.

Néanmoins, l'article 456, alinéa 3, est applicable aux baux consentis au cours de l'indivision.

③ 확정기간부 합의가 묵시적 갱신에 의하여 확정기간 또는 불확정기간으로 갱신될 수 있다고 정할 수 있다. 이러한 약정이 없는 경우, 공유는 확정기간부 합의 만료 시에 제815조 이하에 의하여 규율된다.


**제1873-4조** ① 공유의 유지를 목적으로 하는 합의에는 공유재산을 처분할 능력 또는 권한이 요구된다.
② 그러나 미성년자의 법정대리인 단독으로 미성년자의 이름으로 위 합의를 체결할 수 있다. 그러나 이 경우, 성년이 된 미성년자는 그 기간에 관계없이 성년이 된 후 1년 내에, 이 합의를 종료시킬 수 있다.

**제1873-5조** ① 공유자들은 그들 중 또는 외부에서 뽑은, 1인 또는 수인의 관리인을 선정할 수 있다. 관리인의 선임과 해임 방법은 공유자들의 전원일치의 결정으로 정할 수 있다.

② 제1항의 약정이 없는 경우, 공유자들 중에서 선택된 관리인은 다른 공유자들의 전원일치의 결정에 의해서만 해임될 수 있다.
③ 공유자가 아닌 관리인은, 위임자들 사이에서 합의된 조건에 따라, 또는 이러한 조건이 없는 경우에는 공유자들의 수와 지분의 다수결로 정해진 결정에 의하여 해임될 수 있다. 어떤 경우에서든, 관리인이 그의 관리 과실로 공유재산의 이익을 위태롭게 하는 때에는, 1인의 공유자의 청구에 의하여 법원이 해임을 명할 수 있다.

④ 해임된 관리인이 공유자이면, 그가 해임된 날로부터 불확정기간으로 합의가 체결된 것으로 본다.

**제1873-6조** ① 관리인은 일상생활의 행위를 위하여든, 원고나 피고로서 재판상이든, 자신의 권한의 범위 내에서 공유자들을 대리한다. 관리인은 소송의 최초 서면에서, 모든 공유자들의 이름을 표시해야 한다.

② 관리인은 공유재산을 관리하고, 이를 위하여, 공동재산에 대하여 각 배우자에게 부여된 권한을 행사한다. 그러나, 관리인은 공유재산의 통상적인 경영에 필요한 경우, 또는 보존하기 어렵거나 멸실의 위험이 있는 물건인 경우에만 유체동산을 처분할 수 있다. 관리인의 권한을 확장하는 모든 조항은 기재되지 않은 것으로 간주된다.


**제1873-7조** ① 관리인은 공유자들 중에 제한능력자가 존재하는 경우에도, 제1873-6조가 부여하는 권한을 행사한다.
② 그럼에도 불구하고, 제456조 제3항은 공유 중에 체결된 임대차계약에 적용된다.

**Article 1873-8** Les décisions qui excèdent les pouvoirs du gérant sont prises à l'unanimité, sauf au gérant, s'il est lui-même indivisaire, à exercer les recours prévus par les articles 815-4, 815-5 et 815-6.

S'il existe des incapables mineurs ou majeurs parmi les indivisaires, les décisions dont il est parlé à l'alinéa précédent donnent lieu à l'application des règles de protection prévues en leur faveur.

Il peut être convenu entre les indivisaires qu'en l'absence d'incapables certaines catégories de décisions seront prises autrement qu'à l'unanimité. Toutefois, aucun immeuble indivis ne peut être aliéné sans l'accord de tous les indivisaires, si ce n'est en application des articles 815-4 et 815-5 ci-dessus.

**Article 1873-9** La convention d'indivision peut régler le mode d'administration en cas de pluralité de gérants. A défaut de stipulations spéciales, ceux-ci détiennent séparément les pouvoirs prévus à l'article 1873-6, sauf le droit pour chacun de s'opposer à toute opération avant qu'elle ne soit conclue.

**Article 1873-10** Le gérant a droit, sauf accord contraire, à la rémunération de son travail. Les conditions en sont fixées par les indivisaires, à l'exclusion de l'intéressé, ou, à défaut par le président du tribunal judiciaire statuant à titre provisionnel.

Le gérant répond, comme un mandataire, des fautes qu'il commet dans sa gestion.

**Article 1873-11** Chaque indivisaire peut exiger la communication de tous les documents relatifs à la gestion. Le gérant doit, une fois par an, rendre compte de sa gestion aux indivisaires. A cette occasion, il indique par écrit les bénéfices réalisés et les pertes encourues ou prévisibles.

Chaque indivisaire est tenu de participer aux dépenses de conservation des biens indivis. A défaut d'accord particulier, les articles 815-9, 815-10 et 815-11 du présent code sont applicables à l'exercice du droit d'usage et de jouissance, ainsi qu'à la répartition des bénéfices et des pertes.

**Article 1873-12** En cas d'aliénation de tout ou partie des droits d'un indivisaire dans les biens indivis, ou dans un ou plusieurs de ces biens, les coïndivisaires bénéficient des droits de préemption et de substitution prévus par les articles 815-14 à 815-16 et 815-18 du présent code.

La convention est réputée conclue pour une durée indéterminée lorsque, pour quelque cause que ce soit, une part indivise est dévolue à une personne étrangère à l'indivision.

**제1873-8조** ① 관리인의 권한을 초과하는 결정은 전원일치로 정하나, 관리인이, 그 자신이 공유자로, 제815-4조, 제815-5조, 제815-6조에 규정된 권리를 행사하면 그러하지 아니하다.

② 공유자들 중에 미성년 또는 피보호성년자가 있으면, 제1항에서 말하는 결정은 그들을 위해 규정된 보호규정의 적용을 발생시킨다.

③ 제한능력자가 없으면 일정한 범주의 결정은 전원일치 이외의 방법으로 정할 수 있다고 공유자들 사이에서 합의할 수 있다. 그러나, 위 제815-4조 및 제815-5조가 적용되지 않는다면, 어떠한 공유 부동산도 공유자들 전원의 합의 없이는 양도될 수 없다.

**제1873-9조** 공유의 합의로 관리인이 수인인 경우에, 관리방법을 정할 수 있다. 이러한 특별한 약정이 없으면, 관리인들은 제1873-6조에 규정된 권한을 각각 보유하나, 관리인 각각은 거래행위가 체결되기 전에는 모든 거래행위에 대하여 반대할 수 있는 권리는 가진다.

**제1873-10조** ① 관리인은 반대의 합의가 없으면, 자신의 일에 대한 보수를 받을 권리가 있다. 그 조건은 이해관계인을 제외한 공유자들에게 의하여 정해지거나, 그렇지 않은 경우 잠정적으로 명령하는 법원장에 의하여 정해진다.
② 관리인은, 수임인으로서, 자신의 관리 중에 범한 과책에 대하여 책임을 진다.

**제1873-11조** ① 각 공유자는 관리에 관한 모든 서류의 송부를 요구할 수 있다. 관리인은 일 년에 한 번 공유자들에게 그의 관리를 보고해야 한다. 이 경우, 실현된 이익과 초래되거나 예상 가능한 손실을 서면으로 알려주어야 한다.

② 각 공유자는 공유재산의 보존비용을 분담한다. 특별한 약정이 없으면, 본법전 제815-9조, 제815-10조, 제815-11조는 사용권 및 향유권의 행사에 적용되고, 이익과 손실의 분배의 경우에도 마찬가지이다.

**제1873-12조** ① 공유재산 또는 공유재산 중 하나 또는 수 개에 대한 어느 공유자의 권리의 전부 또는 일부가 양도되는 경우, 다른 공유자들은 본법전 제815-14조부터 제815-16조와 제815-18조에 규정된 선매권과 대체권을 가진다.

② 어떤 이유로 인한 것이든 공유지분이 제3자에게 귀속된 경우 합의는 불확정기간으로 체결된 것으로 간주된다.

**Article 1873-13** Les indivisaires peuvent convenir qu'au décès de l'un d'eux, chacun des survivants pourra acquérir la quote-part du défunt, ou que le conjoint survivant, ou tout autre héritier désigné, pourra se la faire attribuer à charge d'en tenir compte à la succession d'après sa valeur à l'époque de l'acquisition ou de l'attribution.

Si plusieurs indivisaires ou plusieurs héritiers exercent simultanément leur faculté d'acquisition ou d'attribution, ils sont réputés, sauf convention contraire, acquérir ensemble la part du défunt à proportion de leurs droits respectifs dans l'indivision ou la succession.

Les dispositions du présent article ne peuvent préjudicier à l'application des dispositions des articles 831 à 832-2.

**Article 1873-14** La faculté d'acquisition ou d'attribution est caduque si son bénéficiaire ne l'a pas exercée par une notification faite aux indivisaires survivants et aux héritiers du prédécédé dans le délai d'un mois à compter du jour où il aura été mis en demeure de prendre parti. Cette mise en demeure ne peut elle-même avoir lieu avant l'expiration du délai prévu au titre "Des successions" pour faire inventaire et délibérer.

Lorsqu'il n'a pas été prévu de faculté d'acquisition ou d'attribution, ou que celle-ci est caduque, la quote-part du défunt échoit à ses héritiers ou légataires. En pareil cas, la convention d'indivision sera réputée conclue pour une durée indéterminée à compter de l'ouverture de la succession.

**Article 1873-15** L'article 815-17 est applicable aux créanciers de l'indivision, ainsi qu'aux créanciers personnels des indivisaires.

Toutefois, ces derniers ne peuvent provoquer le partage que dans les cas où leur débiteur pourrait lui-même le provoquer. Dans les autres cas, ils peuvent poursuivre la saisie et la vente de la quote-part de leur débiteur dans l'indivision en suivant les formes prévues par le code de procédure civile. Les dispositions de l'article 1873-12 sont alors applicables.

### Chapitre II Des conventions relatives à l'exercice des droits indivis en présence d'un usufruitier.

**Article 1873-16** Lorsque les biens indivis sont grevés d'un usufruit, des conventions, soumises en principe aux dispositions du chapitre précédent, peuvent être conclues, soit entre les nus-propriétaires, soit entre les usufruitiers, soit entre les uns et les autres. Il peut y avoir pareillement convention entre ceux qui sont en indivision pour la jouissance et celui qui est nu-propriétaire de tous les biens, de même qu'entre l'usufruitier universel et les nus-propriétaires.

**제1873-13조** ① 공유자들은 그들 중 1인이 사망한 후에, 생존하는 공유자 각자가 망인의 지분을 취득하거나, 생존하는 배우자 또는 다른 지정 상속인이 분배 또는 취득시의 가액에 따라 상속재산에서 망인의 지분을 계상하는 것을 조건으로 이를 분배받을 수 있음을 합의할 수 있다.

② 다수의 공유자 또는 다수의 상속인이 그들의 취득권이나 분배권을 동시에 행사하면, 반대의 합의가 없는 한, 그들은 공유재산이나 상속재산에서의 그들 각자의 권리에 비례하여 망인의 지분을 함께 취득하는 것으로 간주된다.
③ 본조의 규정은 제831조부터 제832-2조의 규정을 적용하는 것을 방해하지 아니한다.

**제1873-14조** ① 취득권이나 분배권은, 수익자가 승인의 최고를 받은 날로부터 한 달의 기한 내에 생존하는 공유자들 및 망인의 상속인들에 대한 통지로 이 권한을 행사하지 않았다면 무효이다. 재산을 조사하고 숙고하도록 하기 위하여 "상속"편에 규정된 기간이 만료하기 전에는 위 최고를 할 수 없다.

② 취득권이나 분배권이 규정되지 않았거나 위 권한이 실효된 경우, 망인의 지분은 그의 상속인들이나 수증자들에게 귀속된다. 이와 같은 경우, 공유합의는 상속개시 시부터 불확정기간으로 체결된 것으로 간주된다.

**제1873-15조** ① 제815-17조는 공유자들의 개인적 채권자들뿐만 아니라 공유재산의 채권자들에게도 적용된다.
② 그러나, 공유자들의 개인적 채권자들은 자신들의 채무자 자신이 분할을 청구할 수 있는 경우에만 분할을 청구할 수 있다. 그 외의 경우에는 민사소송법전에 의하여 규정된 절차에 따라 공유재산 중 그들의 채무자의 지분에 대한 압류와 매각을 추급할 수 있다. 제1873-12조의 규정은 이 경우에 적용된다.

## 제2장 점용권자가 있는 경우 공유권 행사에 관한 합의

**제1873-16조** 공유재산에 점용권이 설정된 경우, 합의는, 제1장의 규정의 원칙에 따라서, 제한소유자들 사이에서든, 점용권자들 사이에서든, 또는 제한소유자들과 점용권자들 사이에서든 체결될 수 있다. 향유권의 공유자들과 전 재산의 제한소유자 사이, 또는 포괄적 점용권자와 제한소유자들 사이에서도 마찬가지로 합의가 있을 수 있다.

**Article 1873-17** Lorsque les usufruitiers n'ont pas été parties à la convention, les tiers qui ont traité avec le gérant de l'indivision ne peuvent se prévaloir au préjudice des droits d'usufruit des pouvoirs qui lui auraient été conférés par les nus-propriétaires.

**Article 1873-18** Lorsque la convention passée entre usufruitiers et nus-propriétaires prévoit que des décisions seront prises à la majorité en nombre et en parts, le droit de vote afférent aux parts est divisé par moitié entre l'usufruit et la nue-propriété, à moins que les parties n'en soient autrement convenues.

Toute dépense excédant les obligations de l'usufruitier, telles qu'elles sont définies par les articles 582 et suivants, ne l'engage qu'avec son consentement donné dans la convention elle-même ou par un acte ultérieur.

L'aliénation de la pleine propriété des biens indivis ne peut être faite sans l'accord de l'usufruitier, sauf le cas où elle est provoquée par les créanciers habiles à poursuivre la vente.

## Titre X Du prêt

**Article 1874** Il y a deux sortes de prêt :

    Celui des choses dont on peut user sans les détruire ;

    Et celui des choses qui se consomment par l'usage qu'on en fait.

La première espèce s'appelle "prêt à usage".

La deuxième s'appelle "prêt de consommation", ou simplement "prêt".

### Chapitre I<sup>er</sup> Du prêt à usage, ou commodat

### Section 1 De la nature du prêt à usage.

**Article 1875** Le prêt à usage est un contrat par lequel l'une des parties livre une chose à l'autre pour s'en servir, à la charge par le preneur de la rendre après s'en être servi.

**Article 1876** Ce prêt est essentiellement gratuit.

**Article 1877** Le prêteur demeure propriétaire de la chose prêtée.

**Article 1878** Tout ce qui est dans le commerce, et qui ne se consomme pas par l'usage, peut être l'objet de cette convention.

**제1873-17조** 점용권자들이 합의의 당사자가 아니었던 경우, 공유재산의 관리인과 교섭하였던 제3자는 점용권을 침해하여 제한소유자들에 의하여 점용권자에게 부여되었을 권한을 사용할 수 없다.

**제1873-18조** ① 점용권자와 제한소유자들 사이에 체결된 합의로 그 결의가 공유자의 수와 지분의 다수결에 의한다고 정하는 경우, 지분에 귀속되는 투표권은 점용권과 제한소유권 사이에 반씩 나누어지나, 당사자들이 달리 합의하는 때에는 그러하지 아니하다.

② 제582조 이하에 의하여 규정된 것과 같은 점용권자의 의무를 초과하는 모든 비용은, 합의 자체에서 또는 그 이후의 법률행위로 한 동의에 의해서만 점용권자를 구속한다.

③ 공유재산의 완전소유권의 양도는 점용권자의 동의 없이 행해질 수 없으나, 매각을 청구할 권한이 있는 채권자들에 의하여 양도가 이루어진 경우에는 그러하지 아니하다.

## 제10편 대차

**제1874조** ① 두 종류의 대차계약이 있다.
물건을 훼손하지 않고 사용할 수 있는 물건의 대차
그리고 물건을 사용함으로써 소비되는 물건의 대차
② 첫 번째 종류를 '사용대차'라고 한다.
③ 두 번째를 '소비대차' 또는 단순히 '대차'라고 한다.

### 제1장 사용대차

#### 제1절 사용대차의 성질

**제1875조** 사용대차는 당사자 일방이 물건을 사용할 수 있도록 타방에게 물건을 인도하고, 차주는 목적물을 사용한 후에 그것을 반환할 의무를 지는 계약이다.

**제1876조** 사용대차는 본질적으로 무상이다.

**제1877조** 대주는 차용물의 소유자로 남는다.

**제1878조** 거래의 객체가 되고, 사용함으로써 소비되지 않는 모든 물건은, 이 합의의 목적물이 될 수 있다.

**Article 1879** Les engagements qui se forment par le prêt à usage passent aux héritiers de celui qui prête, et aux héritiers de celui qui emprunte.

Mais si l'on n'a prêté qu'en considération de l'emprunteur, et à lui personnellement, alors ses héritiers ne peuvent continuer de jouir de la chose prêtée.

### Section 2 Des engagements de l'emprunteur.

**Article 1880** L'emprunteur est tenu de veiller raisonnablement à la garde et à la conservation de la chose prêtée. Il ne peut s'en servir qu'à l'usage déterminé par sa nature ou par la convention ; le tout à peine de dommages-intérêts, s'il y a lieu.

**Article 1881** Si l'emprunteur emploie la chose à un autre usage, ou pour un temps plus long qu'il ne le devait, il sera tenu de la perte arrivée, même par cas fortuit.

**Article 1882** Si la chose prêtée périt par cas fortuit dont l'emprunteur aurait pu la garantir en employant la sienne propre, ou si, ne pouvant conserver que l'une des deux, il a préféré la sienne, il est tenu de la perte de l'autre.

**Article 1883** Si la chose a été estimée en la prêtant, la perte qui arrive, même par cas fortuit, est pour l'emprunteur, s'il n'y a convention contraire.

**Article 1884** Si la chose se détériore par le seul effet de l'usage pour lequel elle a été empruntée, et sans aucune faute de la part de l'emprunteur, il n'est pas tenu de la détérioration.

**Article 1885** L'emprunteur ne peut pas retenir la chose par compensation de ce que le prêteur lui doit.

**Article 1886** Si, pour user de la chose, l'emprunteur a fait quelque dépense, il ne peut pas la répéter.

**Article 1887** Si plusieurs ont conjointement emprunté la même chose, ils en sont solidairement responsables envers le prêteur.

**제1879조** ① 사용대차로 발생한 의무부담은 대주와 차주의 상속인들에게 이전된다.

② 그러나 차주만을 고려하고 차주 개인에게만 물건을 대여하였으면, 그 때에는 차주의 상속인들이 차용물을 계속하여 향유할 수 없다.

### 제2절 사용차주의 의무부담

**제1880조** 차주는 차용물의 관리 및 보존에 있어서 합리적인 주의를 기울일 책임이 있다. 차주는 물건의 성질 또는 합의에 의하여 정해진 용도로만 물건을 사용할 수 있다. 이를 위반하는 경우, 필요하다면 손해배상책임을 진다.

**제1881조** 차주가 목적물을 다른 용도로 사용하거나, 허용되는 기간보다 장기간 동안 사용하면, 우연한 사정에 의하여 발생한 멸실에 대해서도 책임을 진다.

**제1882조** 우연한 사정으로 차용물이 멸실되었으나 차주가 자신의 물건을 사용하였다면 차용물을 보전할 수 있었거나, 또는 두 물건 중의 하나만을 보전할 수 있었는데 자신의 것을 우선하여 보전하였다면, 차주는 차용물의 멸실에 대하여 책임을 진다.

**제1883조** 물건이 대차되면서 그에 대한 가치평가가 이루어졌다면, 비록 우연한 사정에 의하여 발생한 멸실에 대해서도, 반대의 합의가 없으면, 차주의 책임으로 귀속된다.

**제1884조** 차용물이 대차에 따른 사용의 결과만으로 훼손되었고, 차주측에게는 어떠한 과책도 없다면, 차주는 훼손에 대한 책임을 지지 아니한다.

**제1885조** 차주는 대주가 그에게 부담하는 채무와 상계하기 위하여 물건을 유치할 수 없다.

**제1886조** 차주가 물건을 사용하기 위해 필요비를 지출하였더라도, 차주는 그 비용상환을 주장하지 못한다.

**제1887조** 수인이 공동으로 동일한 물건을 차용하였다면, 대주에게 연대하여 물건에 대한 책임을 진다.

### Section 3 Des engagements de celui qui prête à usage.

**Article 1888** Le prêteur ne peut retirer la chose prêtée qu'après le terme convenu, ou, à défaut de convention, qu'après qu'elle a servi à l'usage pour lequel elle a été empruntée.

**Article 1889** Néanmoins, si, pendant ce délai, ou avant que le besoin de l'emprunteur ait cessé, il survient au prêteur un besoin pressant et imprévu de sa chose, le juge peut, suivant les circonstances, obliger l'emprunteur à la lui rendre.

**Article 1890** Si, pendant la durée du prêt, l'emprunteur a été obligé, pour la conservation de la chose, à quelque dépense extraordinaire, nécessaire, et tellement urgente qu'il n'ait pas pu en prévenir le prêteur, celui-ci sera tenu de la lui rembourser.

**Article 1891** Lorsque la chose prêtée a des défauts tels qu'elle puisse causer du préjudice à celui qui s'en sert le prêteur est responsable, s'il connaissait les défauts et n'en a pas averti l'emprunteur.

### Chapitre II Du prêt de consommation, ou simple prêt

### Section 1 De la nature du prêt de consommation.

**Article 1892** Le prêt de consommation est un contrat par lequel l'une des parties livre à l'autre une certaine quantité de choses qui se consomment par l'usage, à la charge par cette dernière de lui en rendre autant de même espèce et qualité.

**Article 1893** Par l'effet de ce prêt, l'emprunteur devient le propriétaire de la chose prêtée ; et c'est pour lui qu'elle périt, de quelque manière que cette perte arrive.

**Article 1894** On ne peut pas donner à titre de prêt de consommation des choses qui, quoique de même espèce, sont différentes, comme les animaux : alors c'est un prêt à usage.

**Article 1895** L'obligation qui résulte d'un prêt en argent n'est toujours que de la somme énoncée au contrat.

S'il y a eu augmentation ou diminution d'espèces avant l'époque du paiement, le débiteur doit rendre la somme prêtée, et ne doit rendre que cette somme dans les espèces ayant cours au moment du paiement.

## 제3절 사용대주의 의무부담

**제1888조** 대주는 합의한 기한이 경과하거나, 또는 합의가 없는 때에는, 차용물이 차용 용도대로 사용된 후에만 차용물의 반환을 청구할 수 있다.

**제1889조** 그럼에도 불구하고, 약정기간 중 또는 차주의 수요가 종료되기 전에 대주에게 차용물에 관한 긴박하고 예견할 수 없었던 수요가 발생하면, 법원은 사정을 고려하여, 차주로 하여금 대주에게 목적물을 반환할 것을 명할 수 있다.

**제1890조** 대차기간 중에, 차주가 차용물의 보존을 위하여 특별한 필요비를 지출하였고, 너무 긴박해서 이를 대주에게 미리 통지할 수 없었다면, 대주는 차주에게 그 비용을 상환할 책임이 있다.

**제1891조** 차용물을 사용하는 자에게 손해를 유발할 수 있는 하자가 차용물에 있는 경우, 대주가 하자를 알면서도 차주에게 통지하지 않았다면, 대주가 책임을 진다.

## 제2장 소비대차 또는 단순대차

### 제1절 소비대차의 성질

**제1892조** 소비대차는 당사자 일방이 사용으로 인하여 소비되는 물건의 일정량을 타방 당사자에게 인도하고, 타방 당사자는 동종·동질의 물건을 같은 양으로 그 일방에게 반환할 의무를 부담하는 계약이다.

**제1893조** 소비대차의 효력에 의하여 차주는 차용물의 소유자가 된다. 어떠한 사유로 인하여 차용물이 멸실되더라도 그에 대해서는 차주의 위험으로 한다.

**제1894조** 같은 종류이더라도, 동물과 같이, 서로 다른 물건은, 소비대차의 목적으로 할 수 없다. 이 경우에는 사용대차이다.

**제1895조** ① 금전소비대차의 결과로 발생한 의무는 언제나 계약에서 명시한 금액으로 한정된다.

② 지급시기 이전에 통화의 가치에 증감이 발생하더라도 채무자는 대여금액을 반환하여야 하며, 지급시점에 통용되는 통화로 그 금액을 반환하면 족하다.

**Article 1896** La règle portée en l'article précédent n'a pas lieu si le prêt a été fait en lingots.

**Article 1897** Si ce sont des lingots ou des denrées qui ont été prêtés, quelle que soit l'augmentation ou la diminution de leur prix, le débiteur doit toujours rendre la même quantité et qualité, et ne doit rendre que cela.

### Section 2 Des obligations du prêteur.

**Article 1898** Dans le prêt de consommation, le prêteur est tenu de la responsabilité établie par l'article 1891 pour le prêt à usage.

**Article 1899** Le prêteur ne peut pas redemander les choses prêtées avant le terme convenu.

**Article 1900** S'il n'a pas été fixé de terme pour la restitution, le juge peut accorder à l'emprunteur un délai suivant les circonstances.

**Article 1901** S'il a été seulement convenu que l'emprunteur payerait quand il le pourrait, ou quand il en aurait les moyens, le juge lui fixera un terme de paiement suivant les circonstances.

### Section 3 Des engagements de l'emprunteur.

**Article 1902** L'emprunteur est tenu de rendre les choses prêtées, en même quantité et qualité, et au terme convenu.

**Article 1903** S'il est dans l'impossibilité d'y satisfaire, il est tenu d'en payer la valeur eu égard au temps et au lieu où la chose devait être rendue d'après la convention.

Si ce temps et ce lieu n'ont pas été réglés, le paiement se fait au prix du temps et du lieu où l'emprunt a été fait.

**Article 1904** Si l'emprunteur ne rend pas les choses prêtées ou leur valeur au terme convenu, il en doit l'intérêt du jour de la sommation ou de la demande en justice.

**제1896조** 제1895조에서 규정한 원칙은 소비대차가 주괴(鑄塊)[40]에 대한 것이면 적용되지 아니한다.

**제1897조** 소비대차가 주괴 또는 식료품에 대한 것이라면, 그 가격의 증감을 불문하고, 채무자는 언제나 동량·동질의 것을 반환해야 하며 그것만 반환하면 족하다.

### 제2절 대주의 의무

**제1898조** 소비대차에서의 대주는 사용대차에 관한 제1891조에서 정한 손해배상책임을 진다.

**제1899조** 대주는 약정한 기한 전에는 차용물의 반환을 청구할 수 없다.

**제1900조** 반환의 기한이 정해지지 않았다면, 법원은 사정을 고려하여 차주에게 기간을 허여할 수 있다.

**제1901조** 차주가 변제할 수 있거나 변제할 방법이 있을 때에만 변제하기로 합의하였다면, 법원은 사정을 고려하여 차주에게 변제기를 정할 수 있다.

### 제3절 차주의 의무부담

**제1902조** 차주는 합의한 시기에 차용물과 동량·동질의 것을 반환하여야 한다.

**제1903조** ① 변제기에 동량·동질의 것을 반환할 수 없으면, 차주는 합의에 따라 물건이 반환되어야 하는 시기와 장소를 감안하여 그 가액을 지급하여야 한다.
② 위 시기와 장소가 정해지지 않으면, 소비대차가 이루어진 시기와 장소의 가액으로 변제가 행하여진다.

**제1904조** 차주가 합의한 기한에 차용물이나 그 가액을 반환하지 않는다면, 차주는 최고일 또는 재판상 청구일부터 이자를 지급하여야 한다.

---

40) 거푸집에 부어 여러 가지 모양으로 주조한 금속이나 합금의 덩이를 의미한다.

## Chapitre III Du prêt à intérêt.

**Article 1905** Il est permis de stipuler des intérêts pour simple prêt soit d'argent, soit de denrées, ou autres choses mobilières.

**Article 1906** L'emprunteur qui a payé des intérêts qui n'étaient pas stipulés ne peut ni les répéter ni les imputer sur le capital.

**Article 1907** L'intérêt est légal ou conventionnel. L'intérêt légal est fixé par la loi. L'intérêt conventionnel peut excéder celui de la loi, toutes les fois que la loi ne le prohibe pas.
Le taux de l'intérêt conventionnel doit être fixé par écrit.

**Article 1908** La quittance du capital donnée sans réserve des intérêts en fait présumer le paiement et en opère la libération.

**Article 1909** On peut stipuler un intérêt moyennant un capital que le prêteur s'interdit d'exiger.
Dans ce cas, le prêt prend le nom de "constitution de rente".

**Article 1910** Cette rente peut être constituée de deux manières, en perpétuel ou en viager.

**Article 1911** La rente constituée en perpétuel est essentiellement rachetable.
Les parties peuvent seulement convenir que le rachat ne sera pas fait avant un délai qui ne pourra excéder dix ans, ou sans avoir averti le créancier au terme d'avance qu'elles auront déterminé.

**Article 1912** Le débiteur d'une rente constituée en perpétuel peut être contraint au rachat :
1° S'il cesse de remplir ses obligations pendant deux années ;
2° S'il manque à fournir au prêteur les sûretés promises par le contrat.

**Article 1913** Le capital de la rente constituée en perpétuel devient aussi exigible en cas de faillite ou de déconfiture du débiteur.

**Article 1914** Les règles concernant les rentes viagères sont établies au titre "Des contrats aléatoires".

# 제3장 이자부대차

**제1905조** 금전에 대하여도, 식료품에 대하여도, 또는 그 밖에 동산에 대하여도 단순대차에 이자를 약정하는 것은 허용된다.

**제1906조** 약정하지 않은 이자를 지급한 차주는 지급한 이자의 반환을 요구할 수 없고, 지급한 이자를 원본에서 공제할 수도 없다.

**제1907조** ① 이자에는 법정이자와 약정이자가 있다. 법정이자는 법률에 의하여 정해진다. 법률에서 금지하지 않는 한, 약정이자는 법정이자를 초과할 수 있다.

② 약정이자율은 서면으로 정해야 한다.

**제1908조** 이자에 대한 유보 없이 발행된 원본의 영수증은 이자가 지급되었음을 추정하고 이자에 대한 변제의 효과를 가져온다.

**제1909조** ① 대주의 이행청구가 금지되는 원본에 대한 이자를 약정할 수 있다.

② 이 경우, 당해 대차는 '정기금 설정'이라고 칭한다.

**제1910조** 이 정기금은 두 가지 방식, 즉 영구적 또는 종신(終身)으로 설정될 수 있다.

**제1911조** ① 영구적으로 설정된 정기금은 그 본질상 환매가 가능하다.
② 당사자들은, 10년을 초과하지 않는 기간 이전에 환매할 수 없다거나, 그들이 정해둔 사전 기간에 채권자에게 통보하지 않고는 환매할 수 없음을 약정할 수 있을 뿐이다.

**제1912조** 영구적으로 설정된 정기금의 채무자는 다음 각 호의 경우 환매가 강제될 수 있다.
1. 채무자가 2년 동안 그 의무의 이행을 중단한 경우
2. 채무자가 계약에서 정한 담보를 대주에게 제공하지 않은 경우

**제1913조** 영구적으로 설정된 정기금의 원본도 채무자가 파산 또는 도산하는 경우에는 이행청구가 가능한 것으로 된다.

**제1914조** 종신정기금에 관한 규정은 "사행계약"의 편에서 규정한다.

## Titre XI Du dépôt et du séquestre

## Chapitre I<sup>er</sup> Du dépôt en général et de ses diverses espèces.

**Article 1915** Le dépôt, en général, est un acte par lequel on reçoit la chose d'autrui, à la charge de la garder et de la restituer en nature.

**Article 1916** Il y a deux espèces de dépôt : le dépôt proprement dit et le séquestre.

## Chapitre II Du dépôt proprement dit

### Section 1 De la nature et de l'essence du contrat de dépôt.

**Article 1917** Le dépôt proprement dit est un contrat essentiellement gratuit.

**Article 1918** Il ne peut avoir pour objet que des choses mobilières.

**Article 1919** Il n'est parfait que par la remise réelle ou fictive de la chose déposée.
   La remise fictive suffit quand le dépositaire se trouve déjà nanti, à quelque autre titre, de la chose que l'on consent à lui laisser à titre de dépôt.

**Article 1920** Le dépôt est volontaire ou nécessaire.

### Section 2 Du dépôt volontaire

**Article 1921** Le dépôt volontaire se forme par le consentement réciproque de la personne qui fait le dépôt et de celle qui le reçoit.

**Article 1922** Le dépôt volontaire ne peut régulièrement être fait que par le propriétaire de la chose déposée, ou de son consentement exprès ou tacite.

# 제11편 임치 및 계쟁물임치

## 제1장 임치 일반 및 그 다양한 종류

**제1915조** 임치는, 일반적으로, 물건을 보관하고 이를 원물로 반환할 의무를 부담하면서, 타인의 물건[41]을 수취하는 행위이다.

**제1916조** 임치에는 본래 의미의 임치와 계쟁물임치의 두 종류가 있다.

## 제2장 본래 의미의 임치

### 제1절 임치계약의 성격과 본질

**제1917조** 본래 의미의 임치는 본질적으로 무상계약이다.

**제1918조** 임치는 동산만을 대상으로 한다.

**제1919조** ① 본래 의미의 임치는 임치물의 현실인도나 간이인도에 의해서만 성립된다.
② 임치를 권원으로 하여 맡기기로 합의된 물건을 수치인이 이미, 어떤 다른 권원에 따라, 소지하고 있는 경우에는 간이인도로도 충분하다.

**제1920조** 임치는 임의적이거나 필요적일 수 있다.

### 제2절 임의임치

**제1921조** 임의임치는 임치물을 맡기는 사람과 이를 수령하는 사람의 상호 합의로써 성립된다.

**제1922조** 임의임치는 임치물의 소유자에 의하거나, 또는 그의 명시적이거나 묵시적인 동의가 있는 경우에 한하여 적법하게 행해질 수 있다.

---

41) '물건'은 프랑스어의 'la chose'를 번역한 것이다. 프랑스 민법 제1915조가 "la chose d'autrui"(타인의 물건)을 임치의 대상으로 한다고 규정하고 있으나, 이는 편의상 '물건'으로 표현한 것일 뿐이다. 즉 프랑스도 임치의 대상으로 일반 물건뿐 아니라 금전 또는 유가증권과 같은 채권도 임치의 대상으로 하고 있다.

**Article 1924** Lorsque le dépôt étant au-dessus du chiffre prévu à l'article 1359 n'est point prouvé par écrit, celui qui est attaqué comme dépositaire en est cru sur sa déclaration soit pour le fait même du dépôt, soit pour la chose qui en faisait l'objet, soit pour le fait de sa restitution.

**Article 1925** Le dépôt volontaire ne peut avoir lieu qu'entre personnes capables de contracter.

Néanmoins, si une personne capable de contracter accepte le dépôt fait par une personne incapable, elle est tenue de toutes les obligations d'un véritable dépositaire ; elle peut être poursuivie par le tuteur ou administrateur de la personne qui a fait le dépôt.

**Article 1926** Si le dépôt a été fait par une personne capable à une personne qui ne l'est pas, la personne qui a fait le dépôt n'a que l'action en revendication de la chose déposée, tant qu'elle existe dans la main du dépositaire, ou action en restitution jusqu'à concurrence de ce qui a tourné au profit de ce dernier.

### Section 3 Des obligations du dépositaire.

**Article 1927** Le dépositaire doit apporter, dans la garde de la chose déposée, les mêmes soins qu'il apporte dans la garde des choses qui lui appartiennent.

**Article 1928** La disposition de l'article précédent doit être appliquée avec plus de rigueur :
1° si le dépositaire s'est offert lui-même pour recevoir le dépôt ;
2° s'il a stipulé un salaire pour la garde du dépôt ;
3° si le dépôt a été fait uniquement pour l'intérêt du dépositaire ;
4° s'il a été convenu expressément que le dépositaire répondrait de toute espèce de faute.

**Article 1929** Le dépositaire n'est tenu, en aucun cas, des accidents de force majeure, à moins qu'il n'ait été mis en demeure de restituer la chose déposée.

**Article 1930** Il ne peut se servir de la chose déposée sans la permission expresse ou présumée du déposant.

**Article 1931** Il ne doit point chercher à connaître quelles sont les choses qui lui ont été déposées si elles lui ont été confiées dans un coffre fermé ou sous une enveloppe cachetée.

**제1924조** 제1359조에서 정한 액수를 초과하는 임치가 서면으로 증명되지 않은 경우, 임치 사실 자체이든, 또는 임치의 대상물이든, 또는 그 반환 사실에 관하여든, 수치인으로 주장되는 사람의 진술은 사실로 믿어진다.

**제1925조** ① 임의임치는 계약 체결의 능력자들 사이에서만 성립될 수 있다.

② 그럼에도 불구하고, 계약 체결의 능력자가 제한능력자에 의한 임치를 승낙하면, 그는 진정한 수치인으로서의 모든 의무를 부담한다. 그는 임치를 한 사람의 후견인이나 관리자에 의하여 소구될 수 있다.

**제1926조** 임치가 능력자에 의하여 제한능력자에게 행해졌다면, 임치를 한 사람은 수치인이 임치물을 소지하고 있는 한 임치물 반환의 소권을 가지거나, 수치인의 이익으로 판명된 범위에서 반환의 소권을 가질 뿐이다.

### 제3절 수치인의 의무

**제1927조** 수치인은 임치물의 보관에 있어서, 자기 소유의 물건을 보관할 때 하여야 하는 것과 동일한 주의를 하여야 한다.

**제1928조** 제1927조의 규정은 다음 각 호의 경우에 더욱 엄격히 적용된다.
1. 수치인이 임치물을 수령하기로 스스로 제안한 경우
2. 수치인이 임치물 보관에 대한 보수를 약정한 경우
3. 임치가 오로지 수치인의 이익을 위해서 행해진 경우
4. 수치인이 모든 과책에 대하여 책임을 진다는 것을 명시적으로 합의한 경우

**제1929조** 임치물 반환의 최고를 받지 않은 한, 수치인은 어떠한 경우에도 불가항력으로 인한 사고에 대한 책임을 지지 아니한다.

**제1930조** 수치인은 임치인의 명시적 또는 추정적 승낙 없이는 임치물을 사용할 수 없다.

**제1931조** 수치인은 물건이 폐쇄된 상자나 봉인된 봉투에 넣어져 자신에게 맡겨졌다면, 임치된 물건이 무엇인지를 전혀 알고자 하여서는 안 된다.

**Article 1932** Le dépositaire doit rendre identiquement la chose même qu'il a reçue.

Ainsi, le dépôt des sommes monnayées doit être rendu dans les mêmes espèces qu'il a été fait, soit dans le cas d'augmentation, soit dans le cas de diminution de leur valeur.

**Article 1933** Le dépositaire n'est tenu de rendre la chose déposée que dans l'état où elle se trouve au moment de la restitution. Les détériorations qui ne sont pas survenues par son fait sont à la charge du déposant.

**Article 1934** Le dépositaire auquel la chose a été enlevée par une force majeure et qui a reçu un prix ou quelque chose à la place doit restituer ce qu'il a reçu en échange.

**Article 1935** L'héritier du dépositaire, qui a vendu de bonne foi la chose dont il ignorait le dépôt, n'est tenu que de rendre le prix qu'il a reçu, ou de céder son action contre l'acheteur, s'il n'a pas touché le prix.

**Article 1936** Si la chose déposée a produit des fruits qui aient été perçus par le dépositaire, il est obligé de les restituer. Il ne doit aucun intérêt de l'argent déposé, si ce n'est du jour où il a été mis en demeure de faire la restitution.

**Article 1937** Le dépositaire ne doit restituer la chose déposée qu'à celui qui la lui a confiée, ou à celui au nom duquel le dépôt a été fait, ou à celui qui a été indiqué pour le recevoir.

**Article 1938** Il ne peut pas exiger de celui qui a fait le dépôt, la preuve qu'il était propriétaire de la chose déposée.

Néanmoins, s'il découvre que la chose a été volée, et quel en est le véritable propriétaire, il doit dénoncer à celui-ci le dépôt qui lui a été fait avec sommation de le réclamer dans un délai déterminé et suffisant. Si celui auquel la dénonciation a été faite néglige de réclamer le dépôt, le dépositaire est valablement déchargé par la tradition qu'il en fait à celui duquel il l'a reçu.

**Article 1939** En cas de mort de la personne qui a fait le dépôt, la chose déposée ne peut être rendue qu'à son héritier.

S'il y a plusieurs héritiers, elle doit être rendue à chacun d'eux pour leur part et portion.

Si la chose déposée est indivisible, les héritiers doivent s'accorder entre eux pour la recevoir.

**제1932조** ① 수치인은 자신이 수령한 물건 자체를 그대로 반환하여야 한다.

② 따라서, 현금화된 금액이 임치된 경우, 화폐가치가 상승하는 경우이거나 하락하더라도 임치가 행해졌을 때와 동일한 종류의 화폐로 반환되어야 한다.

**제1933조** 수치인은 반환 시의 상태 그대로 임치물을 반환하면 된다. 수치인의 행위로 발생한 것이 아닌 손상은 임치인이 부담한다.

**제1934조** 불가항력에 의하여 임치물을 상실하였고 그로 인해 어떤 대가나 물건을 받은 수치인은 받은 대상(代償)을 반환하여야 한다.

**제1935조** 수치인의 상속인이 임치의 사실을 모르고 임치물을 선의로 매도하였다면, 그는 받은 대금을 반환하거나, 대금을 받지 않았다면, 매수인에 대한 자신의 소권을 양도하면 된다.

**제1936조** 임치물이 과실을 산출하였고 이를 수치인이 수취하였다면, 그는 이 과실을 반환할 의무가 있다. 수치인은 반환할 것을 최고 받았던 날부터 이자를 부담하는 경우를 제외하고는, 임치된 금전에 대하여 어떠한 이자도 부담하지 아니한다.

**제1937조** 수치인은 자신에게 임치물을 맡긴 자, 그의 이름으로 임치가 행해진 자, 또는 수령자로 지정된 자에게만 임치물을 반환하여야 한다.

**제1938조** ① 수치인은 임치인에게 그가 임치물의 소유자임을 증명할 것을 요구할 수 없다.

② 그럼에도 불구하고, 임치물이 도난된 것이고, 그 물건의 진정한 소유자가 누구인지를 알게 되었다면, 수치인은 소유자에게 자신에게 이루어진 임치를 통지하고 충분한 기간을 정하여 그 기간 내에 임치물에 대한 권리를 행사할 것을 최고하여야 한다. 이러한 통지를 받은 자가 임치물에 대한 권리행사를 태만히 하였다면, 수치인은 그 물건을 자신에게 맡겼던 자에게 인도함으로써 유효하게 면책된다.

**제1939조** ① 임치인이 사망하면, 임치물은 그의 상속인에게만 반환되어야 한다.

② 다수의 상속인이 있다면, 임치물은 상속인 각자의 상속분에 따라 반환되어야 한다.

③ 임치물이 불가분이면, 상속인들은 임치물을 수취하려면 상호 합의에 이르러야 한다.

**Article 1940** Si la personne qui a fait le dépôt a été dessaisie de ses pouvoirs d'administration, le dépôt ne peut être restitué qu'à celui qui a l'administration des biens du déposant.

**Article 1941** Si le dépôt a été fait par un tuteur ou un administrateur, dans l'une de ces qualités, il ne peut être restitué qu'à la personne que ce tuteur ou cet administrateur représentaient, si leur gestion ou leur administration est finie.

**Article 1942** Si le contrat de dépôt désigne le lieu dans lequel la restitution doit être faite, le dépositaire est tenu d'y porter la chose déposée. S'il y a des frais de transport, ils sont à la charge du déposant.

**Article 1943** Si le contrat ne désigne point le lieu de la restitution, elle doit être faite dans le lieu même du dépôt.

**Article 1944** Le dépôt doit être remis au déposant aussitôt qu'il le réclame, lors même que le contrat aurait fixé un délai déterminé pour la restitution ; à moins qu'il n'existe, entre les mains du dépositaire, une saisie ou une opposition à la restitution et au déplacement de la chose déposée.

**Article 1945** Le dépositaire infidèle n'est point admis au bénéfice de cession.

**Article 1946** Toutes les obligations du dépositaire cessent s'il vient à découvrir et à prouver qu'il est lui-même propriétaire de la chose déposée.

### Section 4 Des obligations de la personne par laquelle le dépôt a été fait.

**Article 1947** La personne qui a fait le dépôt est tenue de rembourser au dépositaire les dépenses qu'il a faites pour la conservation de la chose déposée, et de l'indemniser de toutes les pertes que le dépôt peut lui avoir occasionnées.

**Article 1948** Le dépositaire peut retenir le dépôt jusqu'à l'entier paiement de ce qui lui est dû à raison du dépôt.

**제1940조** 임치인이 관리 권한을 상실하면, 임치물은 임치인의 재산을 관리하는 자에게만 반환될 수 있다.

**제1941조** 후견인 또는 재산관리인이 그들의 자격 내에서 임치를 하면, 그들의 사무 또는 관리가 종료한 경우, 그 후견인 또는 재산관리인이 대리한 자에게만 반환될 수 있다.

**제1942조** 임치계약이 반환이 이루어져야 하는 장소를 지정하면, 수치인은 임치물을 그 장소로 옮겨야 한다. 운송비용이 있으면, 이는 수치인의 부담으로 한다.

**제1943조** 임치계약이 반환 장소를 지정하지 않으면, 반환은 임치된 장소와 같은 곳에서 이루어져야 한다.

**제1944조** 임치물은 임치인이 이를 청구하는 즉시 반환되어야 하고, 이는 임치계약에서 반환에 관한 일정한 기간을 정하고 있다 하더라도 마찬가지다. 다만, 수치인에 대하여 임치물의 반환과 반출에 대한 압류나 이의가 있는 경우에는 그러하지 아니하다.

**제1945조** 불성실한 수치인은 재산 양도의 이익[42]이 인정되지 아니한다.

**제1946조** 수치인 자신이 임치물의 소유자임이 밝혀지고 증명되면 수치인의 모든 의무가 종료한다.

### 제4절 임치를 한 사람의 의무

**제1947조** 임치를 한 사람은 수치인이 임치물의 보존을 위하여 지출한 비용을 그에게 상환하고, 임치로 인하여 수치인에게 야기될 수 있었던 모든 손실을 그에게 보상할 책임을 부담한다.

**제1948조** 수치인은 임치를 이유로 자신에게 지급되어야 할 것이 완전히 변제될 때까지 임치물을 유치할 수 있다.

---

42) 재산 양도의 이익(De la cession de biens) 규정은 민법전 제1265조 이하로, 지금은 폐지되었다.

## Section 5 Du dépôt nécessaire

**Article 1949** Le dépôt nécessaire est celui qui a été forcé par quelque accident, tel qu'un incendie, une ruine, un pillage, un naufrage ou autre événement imprévu.

**Article 1950** La preuve par témoins peut être reçue pour le dépôt nécessaire, même quand il s'agit d'une valeur supérieure au chiffre prévu à l'article 1359.

**Article 1951** Le dépôt nécessaire est d'ailleurs régi par toutes les règles précédemment énoncées.

**Article 1952** Les aubergistes ou hôteliers répondent, comme dépositaires, des vêtements, bagages et objets divers apportés dans leur établissement par le voyageur qui loge chez eux ; le dépôt de ces sortes d'effets doit être regardé comme un dépôt nécessaire.

**Article 1953** Ils sont responsables du vol ou du dommage de ces effets, soit que le vol ait été commis ou que le dommage ait été causé par leurs préposés, ou par des tiers allant et venant dans l'hôtel.

Cette responsabilité est illimitée, nonobstant toute clause contraire, au cas de vol ou de détérioration des objets de toute nature déposés entre leurs mains ou qu'ils ont refusé de recevoir sans motif légitime.

Dans tous les autres cas, les dommages-intérêts dus au voyageur sont, à l'exclusion de toute limitation conventionnelle inférieure, limités à l'équivalent de cent fois le prix de location du logement par journée, sauf lorsque le voyageur démontre que le préjudice qu'il a subi résulte d'une faute de celui qui l'héberge ou des personnes dont ce dernier doit répondre.

**Article 1954** Les aubergistes ou hôteliers ne sont pas responsables des vols ou dommages qui arrivent par force majeure, ni de la perte qui résulte de la nature ou d'un vice de la chose, à charge de démontrer le fait qu'ils allèguent.

Par dérogation aux dispositions de l'article 1953, les aubergistes ou hôteliers sont responsables des objets laissés dans les véhicules stationnés sur les lieux dont ils ont la jouissance privative à concurrence de cinquante fois le prix de location du logement par journée.

Les articles 1952 et 1953 ne s'appliquent pas aux animaux vivants.

## 제5절 필요임치

**제1949조** 필요임치는 화재, 파손, 강탈, 난파 기타 예견할 수 없었던 사건 등의 재해로 인하여 강제로 행해져야 했던 임치이다.

**제1950조** 증인에 의한 증명은 필요임치의 경우, 제1359조에 규정된 액수를 초과하는 가치에 관한 것일 때에도, 허용될 수 있다.

**제1951조** 필요임치의 다른 사항들은 앞에서 서술된 모든 규정들에 의하여 규율된다.

**제1952조** 여관업자나 호텔업자는 그들의 시설에 투숙하는 여행객이 그곳에 가져온 의복, 수하물 및 다양한 물품들에 관하여 수치인으로서 책임을 진다. 이러한 종류의 물건의 임치는 필요임치로 간주된다.

**제1953조** ① 여관업자나 호텔업자는, 위 물건에 대하여 그들의 피용자나 호텔을 왕래하는 제3자에 의하여 절도가 행해졌거나 손해가 발생하였다면, 절도나 손해에 대한 책임을 부담한다.

② 여관업자나 호텔업자에게 맡겨졌거나 이들이 정당한 사유 없이 수령을 거절한 모든 종류의 목적물에 대하여 절도나 훼손이 발생한 경우, 어떠한 반대 조항의 존재에도 불구하고, 위 책임은 무제한이다.

③ 기타 모든 경우, 여행객에 대한 손해배상은 하루 대실요금의 100배로 제한되며, 위 금액 미만으로 배상액을 합의로 제한하는 것은 배제되나, 여행객이 자신이 입은 손해가 숙박을 시킨 사람 또는 그가 책임을 져야 하는 사람들의 과책으로 인한 것임을 증명한 경우에는 그러하지 아니하다.

**제1954조** ① 여관업자나 호텔업자는 불가항력에 의하여 발생한 절도나 손해 및 물건의 하자나 성질로 인한 손실에 대한 책임을 지지 않지만, 그들이 주장하는 사실을 증명해야 한다.

② 제1953조의 규정에 대한 예외로서, 여관업자나 호텔업자는 그들이 사적향유를 가지는 장소에 주차된 차량 내에 둔 목적물에 대해서는 하루 대실요금의 50배를 한도로 하여 책임이 있다.

③ 제1952조와 제1953조는 살아있는 동물에는 적용되지 아니한다.

## Chapitre III Du séquestre

## Section 1 Des différentes espèces de séquestre.

**Article 1955** Le séquestre est ou conventionnel ou judiciaire.

## Section 2 Du séquestre conventionnel.

**Article 1956** Le séquestre conventionnel est le dépôt fait par une ou plusieurs personnes, d'une chose contentieuse, entre les mains d'un tiers qui s'oblige de la rendre, après la contestation terminée, à la personne qui sera jugée devoir l'obtenir.

**Article 1957** Le séquestre peut n'être pas gratuit.

**Article 1958** Lorsqu'il est gratuit, il est soumis aux règles du dépôt proprement dit, sauf les différences ci-après énoncées.

**Article 1959** Le séquestre peut avoir pour objet, non seulement des effets mobiliers, mais même des immeubles.

**Article 1960** Le dépositaire chargé du séquestre ne peut être déchargé avant la contestation terminée, que du consentement de toutes les parties intéressées, ou pour une cause jugée légitime.

## Section 3 Du séquestre ou dépôt judiciaire.

**Article 1961** La justice peut ordonner le séquestre :
1° Des meubles saisis sur un débiteur ;
2° D'un immeuble ou d'une chose mobilière dont la propriété ou la possession est litigieuse entre deux ou plusieurs personnes ;
3° Des choses qu'un débiteur offre pour sa libération.

**Article 1962** L'établissement d'un gardien judiciaire produit, entre le saisissant et le gardien, des obligations réciproques. Le gardien doit apporter, pour la conservation des effets saisis, les soins raisonnables.

Il doit les représenter soit à la décharge du saisissant pour la vente, soit à la partie contre laquelle les exécutions ont été faites, en cas de mainlevée de la saisie.

L'obligation du saisissant consiste à payer au gardien le salaire fixé par la loi.

# 제3장 계쟁물임치

## 제1절 계쟁물임치의 종류

**제1955조** 계쟁물임치는 약정에 의하거나 재판에 의한다.

## 제2절 약정에 의한 계쟁물임치

**제1956조** 약정에 의한 계쟁물임치는 1인 또는 수인이 분쟁의 대상인 물건을 제3자에게 맡기는 임치로서, 분쟁의 종료 후, 제3자는 이를 취득하여야 한다고 판단될 사람에게 그 물건을 반환할 의무를 부담한다.

**제1957조** 계쟁물임치는 무상이 아닐 수 있다.

**제1958조** 계쟁물임치가 무상인 경우, 본래 의미의 임치에 관한 규정이 적용된다. 그러나 아래에서 달리 정하는 사항은 제외한다.

**제1959조** 계쟁물임치는 동산뿐 아니라 부동산도 그 대상으로 할 수 있다.

**제1960조** 계쟁물임치를 부담하는 수치인은 모든 이해관계자의 동의가 있거나, 정당한 것으로 판정된 사유가 있는 경우에만, 분쟁의 종료 전에 그 부담에서 벗어날 수 있다.

## 제3절 계쟁물임치 또는 재판상 임치

**제1961조** 법원은 다음 각 호의 경우에 계쟁물임치를 명할 수 있다.
1. 채무자로부터 압류한 동산
2. 2인 또는 수인 사이에 소유 또는 점유에 관한 분쟁이 있는 부동산 또는 동산

3. 채무자가 자신의 면책을 위해 제공한 물건

**제1962조** ① 재판상 관리인을 정함으로써 압류자와 관리인 사이에 상호적 의무가 발생한다. 재판상 관리인은 압류재산의 보존을 위하여 합리적인 주의를 하여야 한다.

② 재판상 관리인은 압류의 해제 시, 매각을 위한 압류자의 취하에 대하여든, 집행의 상대방이 되었던 당사자에 대하여든, 압류재산을 대리하여야 한다.
③ 압류자의 의무는 재판상 관리인에게 법률에 의하여 정해진 보수를 지급하는 데 있다.

**Article 1963** Le séquestre judiciaire est donné, soit à une personne dont les parties intéressées sont convenues entre elles, soit à une personne nommée d'office par le juge.

Dans l'un et l'autre cas, celui auquel la chose a été confiée est soumis à toutes les obligations qu'emporte le séquestre conventionnel.

## Titre XII Des contrats aléatoires.

**Article 1964** (abrogé)

## Chapitre I<sup>er</sup> Du jeu et du pari.

**Article 1965** La loi n'accorde aucune action pour une dette du jeu ou pour le paiement d'un pari.

**Article 1966** Les jeux propres à exercer au fait des armes, les courses à pied ou à cheval, les courses de chariot, le jeu de paume et autres jeux de même nature qui tiennent à l'adresse et à l'exercice du corps, sont exceptés de la disposition précédente.

Néanmoins, le tribunal peut rejeter la demande quand la somme lui paraît excessive.

**Article 1967** Dans aucun cas le perdant ne peut répéter ce qu'il a volontairement payé, à moins qu'il n'y ait eu, de la part du gagnant, dol, supercherie ou escroquerie.

## Chapitre II Du contrat de rente viagère

### Section 1 Des conditions requises pour la validité du contrat.

**Article 1968** La rente viagère peut être constituée à titre onéreux, moyennant une somme d'argent, ou pour une chose mobilière appréciable, ou pour un immeuble.

**Article 1969** Elle peut être aussi constituée, à titre purement gratuit, par donation entre vifs ou par testament. Elle doit être alors revêtue des formes requises par la loi.

**Article 1970** Dans le cas de l'article précédent, la rente viagère est réductible si elle excède ce dont il est permis de disposer ; elle est nulle si elle est au profit d'une personne incapable de recevoir.

제1963조 ① 재판상의 계쟁물임치는, 이해관계인들이 그들 사이에 합의에 의하여 선임된 사람에게든, 법관이 직권으로 선임한 사람에게든, 이루어진다.

② 위 두 경우 모두, 물건을 위탁받은 자는 약정상의 계쟁물임치에서 수반되는 모든 의무를 부담한다.

## 제12편 사행계약

**제1964조** (삭제)

## 제1장 경기와 도박

**제1965조** 법률은 경기로 인한 채무 또는 도박으로 인한 변제에 대하여 어떠한 소권도 허용하지 아니한다.

**제1966조** ① 무기를 사용하여 행하는 경기, 달리기, 경마, 차량 경주, 정구 및 신체의 단련과 운동을 목적으로 동일한 성격의 경기는 제1965조의 규정에서 제외된다.

② 그럼에도 불구하고, 법원은 그 액수가 과도하다고 인정되는 때에는 청구를 기각할 수 있다.

**제1967조** 어떠한 경우에도 패자는 임의로 지급한 것의 반환을 청구할 수 없으나, 다만 승자 측에서 사기, 기망 또는 편취가 있었던 때에는 그러하지 아니하다.

## 제2장 종신정기금계약

### 제1절 계약의 효력요건

**제1968조** 종신정기금은 일정액의 금전, 또는 가액으로 평가될 수 있는 동산, 또는 부동산을 목적물로 하여, 유상으로 설정될 수 있다.

**제1969조** 종신정기금은 생전증여나 유언에 의하여도, 순전하게 무상으로, 설정될 수 있다. 종신정기금은 이 경우에 법률에 의하여 요구되는 방식을 갖추어야 한다.

**제1970조** 제1969조의 경우, 종신정기금이 처분할 수 있는 한도를 초과한다면, 종신정기금은 감축될 수 있다. 종신정기금은 수령할 능력이 없는 자의 이익을 위한 것이라면 무효이다.

**Article 1971** La rente viagère peut être constituée soit sur la tête de celui qui en fournit le prix, soit sur la tête d'un tiers, qui n'a aucun droit d'en jouir.

**Article 1972** Elle peut être constituée sur une ou plusieurs têtes.

**Article 1973** Elle peut être constituée au profit d'un tiers, quoique le prix en soit fourni par une autre personne.

Dans ce dernier cas, quoiqu'elle ait les caractères d'une libéralité, elle n'est point assujettie aux formes requises pour les donations ; sauf les cas de réduction et de nullité énoncés dans l'article 1970.

Lorsque, constituée par des époux ou l'un d'eux, la rente est stipulée réversible au profit du conjoint survivant, la clause de réversibilité peut avoir les caractères d'une libéralité ou ceux d'un acte à titre onéreux. Dans ce dernier cas, la récompense ou l'indemnité due par le bénéficiaire de la réversion à la communauté ou à la succession du prédécédé est égale à la valeur de la réversion de la rente. Sauf volonté contraire des époux, la réversion est présumée avoir été consentie à titre gratuit.

**Article 1974** Tout contrat de rente viagère, créé sur la tête d'une personne qui était morte au jour du contrat, ne produit aucun effet.

**Article 1975** Il en est de même du contrat par lequel la rente a été créée sur la tête d'une personne atteinte de la maladie dont elle est décédée dans les vingt jours de la date du contrat.

**Article 1976** La rente viagère peut être constituée au taux qu'il plaît aux parties contractantes de fixer.

## Section 2 Des effets du contrat entre les parties contractantes.

**Article 1977** Celui au profit duquel la rente viagère a été constituée moyennant un prix peut demander la résiliation du contrat, si le constituant ne lui donne pas les sûretés stipulées pour son exécution.

**Article 1978** Le seul défaut de paiement des arrérages de la rente n'autorise point celui en faveur de qui elle est constituée à demander le remboursement du capital, ou à rentrer dans le fonds par lui aliéné : il n'a que le droit de saisir et de faire vendre les biens de son débiteur et de faire ordonner ou consentir, sur le produit de la vente, l'emploi d'une somme suffisante pour le service des arrérages.

**제1971조** 종신정기금은 대가를 제공하는 자의 종신까지 또는 종신정기금을 수익할 아무런 권리도 없는 제3자의 종신까지로 하여 설정될 수 있다.

**제1972조** 종신정기금은 1인 또는 수인의 종신까지로 하여 설정될 수 있다.

**제1973조** ① 종신정기금은 비록 그 대가를 타인이 제공하는 경우라 하더라도, 제3자의 이익을 위하여 설정될 수 있다.
② 제1항의 경우에, 종신정기금이 무상양여의 특성을 가진다고 하더라도, 증여에 필요한 방식은 적용되지 아니한다. 제1970조에서 정한 종신정기금의 감축 및 무효의 경우는 그러하지 아니하다.
③ 부부 또는 일방 배우자에 의하여 설정된 정기금이 생존배우자의 이익을 위하여 전환될 수 있도록 약정된 경우, 그 전환 조항은 무상양여 또는 유상행위의 성질을 가질 수 있다. 후자의 경우, 전환의 수익자가 부부공동재산 또는 먼저 사망한 배우자의 상속재산에 대하여 지급하여야 하는 상환 또는 보상은 정기금의 전환 가액과 동일하다. 부부 사이에 반대의 의사가 없으면, 그러한 전환은 이를 무상으로 하기로 동의된 것으로 추정된다.

**제1974조** 계약당일 이미 사망한 자의 종신까지로 하여 설정된 모든 종신정기금계약은, 아무런 효력이 없다.

**제1975조** 질병에 걸려서 종신정기금 계약 체결일로부터 20일 이내에 사망한 자의 종신까지로 하여 정기금을 설정한 계약도 제1974조와 마찬가지이다.

**제1976조** 종신정기금은 계약 당사자가 정한 이율에 따라 설정될 수 있다.

### 제2절 계약당사자간의 계약의 효력

**제1977조** 대가를 지급하고 자신의 이익을 위하여 종신정기금을 설정 받은 자는, 설정자가 이행을 위하여 약정된 담보를 제공하지 않으면, 계약의 해지를 청구할 수 있다.

**제1978조** 정기금의 단순한 미지급만으로는 자신을 위하여 종신정기금을 설정 받은 자가 원본 상환을 청구하거나, 그가 양도한 재산을 상환받는 것이 허용되지 아니한다. 그는 채무자의 재산을 압류하고 매각시킬 권리, 및 그 매각 대금에서 정기금의 제공을 위해 충분한 금액의 사용을 명령하거나 동의하게 할 권리를 가질 뿐이다.

**Article 1979** Le constituant ne peut se libérer du paiement de la rente, en offrant de rembourser le capital, et en renonçant à la répétition des arrérages payés ; il est tenu de servir la rente pendant toute la vie de la personne ou des personnes sur la tête desquelles la rente a été constituée, quelle que soit la durée de la vie de ces personnes, et quelque onéreux qu'ait pu devenir le service de la rente.

**Article 1980** La rente viagère n'est acquise au propriétaire que dans la proportion du nombre de jours qu'il a vécu.

Néanmoins, s'il a été convenu qu'elle serait payée d'avance, le terme qui a dû être payé est acquis du jour où le paiement a dû en être fait.

**Article 1981** La rente viagère ne peut être stipulée insaisissable que lorsqu'elle a été constituée à titre gratuit.

**Article 1982** (abrogé)

**Article 1983** Le propriétaire d'une rente viagère n'en peut demander les arrérages qu'en justifiant de son existence, ou de celle de la personne sur la tête de laquelle elle a été constituée.


## Titre XIII Du mandat

### Chapitre I^er De la nature et de la forme du mandat.

**Article 1984** Le mandat ou procuration est un acte par lequel une personne donne à une autre le pouvoir de faire quelque chose pour le mandant et en son nom.

Le contrat ne se forme que par l'acceptation du mandataire.

**Article 1985** Le mandat peut être donné par acte authentique ou par acte sous seing privé, même par lettre. Il peut aussi être donné verbalement, mais la preuve testimoniale n'en est reçue que conformément au titre "Des contrats ou des obligations conventionnelles en général".

L'acceptation du mandat peut n'être que tacite et résulter de l'exécution qui lui a été donnée par le mandataire.

**제1979조** 종신정기금 설정자는 원본 상환을 제공하고 변제된 정기금의 반환을 포기하면서 그 지급으로부터 벗어날 수 없다. 그는 정기금이 설정되어 있는 사람 또는 사람들의 종신까지 정기금을 제공할 책임이 있고, 이는 위 사람들의 수명이 얼마인지, 정기금을 제공하기 위하여 비용이 얼마나 드는지를 불문한다.

**제1980조** ① 종신정기금은 권리자가 살았던 일수에 비례해서만 권리자에게 취득된다.

② 그럼에도 불구하고, 종신정기금을 선지급하기로 약정하였다면, 지급되었어야 할 정기분은 지급기일에 취득된다.

**제1981조** 종신정기금은 무상으로 설정된 경우에만 압류가 금지됨을 약정할 수 있다.

**제1982조** (삭제)

**제1983조** 종신정기금의 권리자는 자신의 생존, 또는 그 종신까지로 하여 종신정기금이 설정된 사람의 생존을 증명하여야만 정기금을 청구할 수 있다.

# 제13편 위임

## 제1장 위임의 성질과 형식

**제1984조** ① 위임은 한 사람이 위임인을 위하여 위임인의 이름으로 무언가를 할 수 있는 권한을 다른 사람에게 부여하는 행위이다.
② 위임계약은 수임인의 승낙에 의해서만 성립된다.

**제1985조** ① 위임은 공정증서나 사서증서로, 심지어 편지에 의하여 행해질 수 있다. 위임은 구두로도 가능하지만, 증언증거는 "계약 또는 약정채무 일반"의 편에 따라서만 받아들여질 수 있다.

② 위임의 승낙은 묵시적만으로도 가능하고 수임인에 의하여 위임인에게 행한 이행으로 이루어질 수 있다.

**Article 1986** Le mandat est gratuit s'il n'y a convention contraire.

**Article 1987** Il est ou spécial et pour une affaire ou certaines affaires seulement, ou général et pour toutes les affaires du mandant.

**Article 1988** Le mandat conçu en termes généraux n'embrasse que les actes d'administration.

S'il s'agit d'aliéner ou hypothéquer, ou de quelque autre acte de propriété, le mandat doit être exprès.

**Article 1989** Le mandataire ne peut rien faire au-delà de ce qui est porté dans son mandat : le pouvoir de transiger ne renferme pas celui de compromettre.

**Article 1990** Un mineur non émancipé peut être choisi pour mandataire ; mais le mandant n'aura d'action contre lui que d'après les règles générales relatives aux obligations des mineurs.

## Chapitre II Des obligations du mandataire

**Article 1991** Le mandataire est tenu d'accomplir le mandat tant qu'il en demeure chargé, et répond des dommages-intérêts qui pourraient résulter de son inexécution.

Il est tenu de même d'achever la chose commencée au décès du mandant, s'il y a péril en la demeure.

**Article 1992** Le mandataire répond non seulement du dol, mais encore des fautes qu'il commet dans sa gestion.

Néanmoins, la responsabilité relative aux fautes est appliquée moins rigoureusement à celui dont le mandat est gratuit qu'à celui qui reçoit un salaire.

**Article 1993** Tout mandataire est tenu de rendre compte de sa gestion, et de faire raison au mandant de tout ce qu'il a reçu en vertu de sa procuration, quand même ce qu'il aurait reçu n'eût point été dû au mandant.

**제1986조** 위임은 반대의 합의가 없다면 무상계약이다.

**제1987조** 위임은 하나의 사무 또는 특정된 여러 사무만을 위한 특정위임이거나, 위임인의 모든 사무를 위한 일반위임일 수 있다.

**제1988조** ① 일반적 조항으로 이루어진 위임은 관리행위만을 포함한다.
② 양도, 저당권설정, 또는 기타 소유권에 관한 행위라면 그 위임이 명시되어야 한다.

**제1989조** 수임인은 위임계약에서 자신의 권한에 포함된 것 외에는 아무것도 할 수 없다. 화해권한에는 중재합의를 할 권한이 포함되어 있지 않다.

**제1990조** 친권에서 해방되지 않은 미성년자도 수임인으로 선임될 수 있다. 그러나 위임인 본인은 미성년자의 채권관계에 관한 일반 규정에 따라서만 그에 대한 소권을 가진다.

## 제2장 수임인의 의무

**제1991조** ① 수임인은 위임이 존속하는 한 위임사무를 처리할 의무가 있고, 자신의 불이행으로 인하여 발생할 수 있는 손해에 대한 책임을 진다.
② 수임인은 위임인의 사망 시에 이미 착수된 일이 지체되면 위험한 경우 그 일 또한 완료해야 한다.

**제1992조** ① 수임인은 고의뿐만 아니라, 자신의 사무관리 중 저지른 과실에도 책임을 진다.

② 그럼에도 불구하고, 과실에 관한 책임은 보수를 받는 위임보다 무상 위임에 덜 엄격히 적용된다.

**제1993조** 모든 수임인은 자신의 사무처리를 보고하여야 하고, 그가 위임에 따라 수취한 모든 것을 위임인에게 설명하여야 한다. 수취한 것이 위임인으로부터 기인한 것이 전혀 아니었더라도 마찬가지이다.

**Article 1994** Le mandataire répond de celui qu'il s'est substitué dans la gestion :

1° quand il n'a pas reçu le pouvoir de se substituer quelqu'un ;

2° quand ce pouvoir lui a été conféré sans désignation d'une personne, et que celle dont il a fait choix était notoirement incapable ou insolvable.

Dans tous les cas, le mandant peut agir directement contre la personne que le mandataire s'est substituée.

**Article 1995** Quand il y a plusieurs fondés de pouvoir ou mandataires établis par le même acte, il n'y a de solidarité entre eux qu'autant qu'elle est exprimée.

**Article 1996** Le mandataire doit l'intérêt des sommes qu'il a employées à son usage à dater de cet emploi ; et de celles dont il est reliquataire à compter du jour qu'il est mis en demeure.

**Article 1997** Le mandataire qui a donné à la partie avec laquelle il contracte en cette qualité une suffisante connaissance de ses pouvoirs n'est tenu d'aucune garantie pour ce qui a été fait au-delà, s'il ne s'y est personnellement soumis.

## Chapitre III Des obligations du mandant

**Article 1998** Le mandant est tenu d'exécuter les engagements contractés par le mandataire, conformément au pouvoir qui lui a été donné.

Il n'est tenu de ce qui a pu être fait au-delà, qu'autant qu'il l'a ratifié expressément ou tacitement.

**Article 1999** Le mandant doit rembourser au mandataire les avances et frais que celui-ci a faits pour l'exécution du mandat, et lui payer ses salaires lorsqu'il en a été promis.

S'il n'y a aucune faute imputable au mandataire, le mandant ne peut se dispenser de faire ces remboursements et paiement, lors même que l'affaire n'aurait pas réussi, ni faire réduire le montant des frais et avances sous le prétexte qu'ils pouvaient être moindres.

**Article 2000** Le mandant doit aussi indemniser le mandataire des pertes que celui-ci a essuyées à l'occasion de sa gestion, sans imprudence qui lui soit imputable.

**Article 2001** L'intérêt des avances faites par le mandataire lui est dû par le mandant, à dater du jour des avances constatées.

**제1994조** ① 수임인은 사무처리 범위 내에서 자신을 대신한 사람에 대하여 다음 각 호의 경우에 책임이 있다.
1. 수임인이 누군가로 하여금 자신을 대신하게 할 권한을 부여받지 못하였던 경우
2. 어떤 사람을 지정하지 않은 채로 이 권한이 수임인에게 부여되었고, 수임인이 선택한 사람이 제한능력자이거나 무자력자인 것이 명백하였던 경우
② 이 모든 경우에 있어서 위임인은 수임인을 대신한 사람에 대하여 직접 소를 제기할 수 있다.

**제1995조** 동일한 행위에 의하여 성립된 수인의 대리인 또는 수임인이 있는 경우, 연대관계가 표시된 경우에 한하여 이들 간에 연대책임이 있다.

**제1996조** 수임인은 자기를 위하여 사용한 금전에 대하여는 그 사용일부터, 정산 후 반환하여야 할 잔금에 대하여는 최고를 받은 날로부터 이자를 지급해야 한다.

**제1997조** 수임인이 그러한 자격으로 계약을 체결한 상대방에게 자신의 권한을 충분히 인지시킨 경우에는 권한을 넘어 행사된 것에 대하여 어떠한 담보책임도 부담하지 않으나, 수임인이 개인적으로 이를 부담한다면 그러지 아니하다.

## 제3장 위임인의 의무

**제1998조** ① 위임인은 수임인이 주어진 권한에 부합하게 약정한 의무부담을 이행하여야 한다.

② 위임인은 권한을 넘어 행사된 것에 대하여는 그가 이를 명시적 또는 묵시적으로 추인한 범위에 한하여만 책임진다.

**제1999조** ① 위임인은 수임인이 위임의 이행을 위하여 사용한 선급금과 비용을 수임인에게 상환해야 하고, 보수를 약속한 경우 수임인에게 이를 지급해야 한다.
② 수임인에게 어떠한 귀책도 없다면, 사무의 처리를 달성하지 못하였더라도 위임인은 상환의무 및 지급의무를 면할 수 없고, 선급금과 비용이 더 적게 들 수 있었다는 이유로 비용과 선급금을 감액할 수도 없다.

**제2000조** 위임인은 사무처리 과정에서 수임인이 자신의 귀책사유 없이 입은 손실 역시 보상하여야 한다.

**제2001조** 위임인은 선급금이 확인된 날로부터, 수임인이 지급한 선급금의 이자를 수임인에게 부담한다.

**Article 2002** Lorsque le mandataire a été constitué par plusieurs personnes pour une affaire commune, chacune d'elles est tenue solidairement envers lui de tous les effets du mandat.

## Chapitre IV Des différentes manières dont le mandat finit

**Article 2003** Le mandat finit :
Par la révocation du mandataire,
Par la renonciation de celui-ci au mandat,
Par la mort, la tutelle des majeurs ou la déconfiture, soit du mandant, soit du mandataire.

**Article 2004** Le mandant peut révoquer sa procuration quand bon lui semble et contraindre, s'il y a lieu, le mandataire à lui remettre soit l'écrit sous seing privé qui la contient, soit l'original de la procuration, si elle a été délivrée en brevet, soit l'expédition, s'il en a été gardé minute.

**Article 2005** La révocation notifiée au seul mandataire ne peut être opposée aux tiers qui ont traité dans l'ignorance de cette révocation, sauf au mandant son recours contre le mandataire.

**Article 2006** La constitution d'un nouveau mandataire pour la même affaire vaut révocation du premier, à compter du jour où elle a été notifiée à celui-ci.

**Article 2007** Le mandataire peut renoncer au mandat, en notifiant au mandant sa renonciation.
   Néanmoins, si cette renonciation préjudicie au mandant il devra en être indemnisé par le mandataire, à moins que celui-ci ne se trouve dans l'impossibilité de continuer le mandat sans en éprouver lui-même un préjudice considérable.

**Article 2008** Si le mandataire ignore la mort du mandant ou l'une des autres causes qui font cesser le mandat, ce qu'il a fait dans cette ignorance est valide.

**Article 2009** Dans les cas ci-dessus, les engagements du mandataire sont exécutés à l'égard des tiers qui sont de bonne foi.

**제2002조** 하나의 공동사무를 위하여 수인의 위임인에 의하여 수임인이 선임된 경우, 위임인 각자는 수임인에 대하여 위임의 효과 전부를 연대하여 책임진다.


# 제4장 위임종료의 다양한 방식

**제2003조** 다음의 경우, 위임은 종료한다.
수임인의 해임
수임인에 의한 위임의 포기
위임인이나 수임인의 사망, 성년후견 또는 도산

**제2004조** 위임인은 자신이 원하는 때에 자신의 위임을 철회할 수 있고, 필요하다면, 위임을 기록한 사서증서든, 그것이 원본환부방식으로 교부되었다면 위임에 대한 원본이든, 정본으로 보관되어 있다면 등본이든, 그 반환을 수임인에게 강제할 수 있다.


**제2005조** 수임인에게만 통지한 해임은 이 해임을 알지 못한 채 거래한 제3자에게 대항할 수 없으나, 위임인은 수임인에게 구상할 수 있다.


**제2006조** 동일한 사무에 대한 새로운 수임인의 선임은, 새로운 수임인의 선임이 구 수임인에게 통지된 날로부터, 구 수임인에 대한 해임의 효력을 가진다.

**제2007조** ① 수임인은 위임인에게 포기를 통지함으로써 위임을 포기할 수 있다.

② 그럼에도 불구하고, 그 포기가 위임인을 해한다면 손해는 수임인에 의하여 보상되어야 하나, 수임인 스스로 상당한 손해를 보지 않는 한 위임을 계속하는 것이 불가능한 경우에는 그러하지 아니하다.

**제2008조** 수임인이 위임인의 사망 또는 위임을 종료하게 하는 기타 원인 중 하나를 알지 못하였다면, 이러한 무지의 상태에서 이루어진 행위는 유효하다.

**제2009조** 제2008조의 경우에, 수임인의 의무부담은 선의의 제3자에 대하여 이행되어야 한다.

**Article 2010** En cas de mort du mandataire, ses héritiers doivent en donner avis au mandant, et pourvoir, en attendant, à ce que les circonstances exigent pour l'intérêt de celui-ci.

## Titre XIV De la fiducie

**Article 2011** La fiducie est l'opération par laquelle un ou plusieurs constituants transfèrent des biens, des droits ou des sûretés, ou un ensemble de biens, de droits ou de sûretés, présents ou futurs, à un ou plusieurs fiduciaires qui, les tenant séparés de leur patrimoine propre, agissent dans un but déterminé au profit d'un ou plusieurs bénéficiaires.

**Article 2012** La fiducie est établie par la loi ou par contrat. Elle doit être expresse.

Si les biens, droits ou sûretés transférés dans le patrimoine fiduciaire dépendent de la communauté existant entre les époux ou d'une indivision, le contrat de fiducie est établi par acte notarié à peine de nullité.

**Article 2013** Le contrat de fiducie est nul s'il procède d'une intention libérale au profit du bénéficiaire. Cette nullité est d'ordre public.

**Article 2014** (abrogé)

**Article 2015** Seuls peuvent avoir la qualité de fiduciaires les établissements de crédit mentionnés au I de l'article L. 511-1 du code monétaire et financier, les institutions et services énumérés à l'article L. 518-1 du même code, les entreprises d'investissement mentionnées à l'article L. 531-4 du même code, les sociétés de gestion de portefeuille ainsi que les entreprises d'assurance régies par l'article L. 310-1 du code des assurances.

Les membres de la profession d'avocat peuvent également avoir la qualité de fiduciaire.

**Article 2016** Le constituant ou le fiduciaire peut être le bénéficiaire ou l'un des bénéficiaires du contrat de fiducie.

**Article 2017** Sauf stipulation contraire du contrat de fiducie, le constituant peut, à tout moment, désigner un tiers chargé de s'assurer de la préservation de ses intérêts dans le cadre de l'exécution du contrat et qui peut disposer des pouvoirs que la loi accorde au constituant.

Lorsque le constituant est une personne physique, il ne peut renoncer à cette faculté.

Le constituant doit informer le fiduciaire de la désignation de ce tiers.

**제2010조** 수임인이 사망한 경우, 그의 상속인은 위임인에게 이를 통지하여야 하고, 그 동안에는, 위임인의 이익을 위하여 상황상 필요한 대처를 하여야 한다.


# 제14편 신탁

**제2011조** 신탁은 1인 또는 수인의 설정자가 현재 또는 장래의 재산, 권리 또는 담보, 또는 현재 또는 장래의 재산, 권리 또는 담보의 집합을, 1인 또는 수인의 수탁자에게 이전하고, 그 수탁자가 이것들을 자기의 고유 재산과 분별하여 보유하며, 1인 또는 수인의 수익자의 이익을 위하여 정하여진 목적 하에 행위하는 거래이다.

**제2012조** ① 신탁은 법률 또는 계약에 의하여 설정된다. 신탁은 명시적으로 이루어져야 한다.
② 신탁재산으로 이전된 물건, 권리 또는 담보가 부부간의 공동재산 또는 공유재산에 속한다면, 신탁계약은 공증인증서에 의하여 설정되어야 하고, 그러하지 아니하면 무효이다.


**제2013조** 신탁계약은 수익자의 이익을 위하여 무상양여의 의도로 이루어진 경우에는 무효이다. 이 무효는 공적 질서에 관한 것이다.

**제2014조** (삭제)

**제2015조** ① 통화금융법전 제L.511-1조에 규정된 신용기관, 같은 법전 제L.518-1조에 열거된 기관 및 부서, 같은 법전 제L.531-4조에 규정된 투자회사 및 보험법전 제L.310-1조에 따라 규율된 보험회사만이 수탁자가 될 자격을 가진다.


② 변호사직종의 일원도 수탁자가 될 자격을 가진다.

**제2016조** 설정자 또는 수탁자는 신탁계약의 수익자 또는 수인의 수익자 중 한 명이 될 수 있다.


**제2017조** ① 신탁계약에 반대되는 약정이 없으면, 설정자는 언제든지, 제3자를 지정하여 계약의 이행범위 내에서 설정자 자신의 이익 보호를 보장할 책임을 지고 법률이 설정자에게 부여한 권한을 가질 수 있도록 할 수 있다.

② 설정자가 자연인인 경우, 그는 이 권능을 포기할 수 없다.
③ 설정자는 수탁자에게 위 제3자의 지정을 통지하여야 한다.

**Article 2018** Le contrat de fiducie détermine, à peine de nullité :

1° Les biens, droits ou sûretés transférés. S'ils sont futurs, ils doivent être déterminables ;

2° La durée du transfert, qui ne peut excéder quatre-vingt-dix-neuf ans à compter de la signature du contrat ;

3° L'identité du ou des constituants ;

4° L'identité du ou des fiduciaires ;

5° L'identité du ou des bénéficiaires ou, à défaut, les règles permettant leur désignation ;

6° La mission du ou des fiduciaires et l'étendue de leurs pouvoirs d'administration et de disposition.

**Article 2018-1** Lorsque le contrat de fiducie prévoit que le constituant conserve l'usage ou la jouissance d'un fonds de commerce ou d'un immeuble à usage professionnel transféré dans le patrimoine fiduciaire, la convention conclue à cette fin n'est pas soumise aux chapitres IV et V du titre IV du livre Ier du code de commerce, sauf stipulation contraire.

**Article 2018-2** La cession de créances réalisée dans le cadre d'une fiducie est opposable aux tiers à la date du contrat de fiducie ou de l'avenant qui la constate. Elle ne devient opposable au débiteur de la créance cédée que par la notification qui lui en est faite par le cédant ou le fiduciaire.

**Article 2019** A peine de nullité, le contrat de fiducie et ses avenants sont enregistrés dans le délai d'un mois à compter de leur date au service des impôts du siège du fiduciaire ou au service des impôts des non-résidents si le fiduciaire n'est pas domicilié en France.

Lorsqu'ils portent sur des immeubles ou des droits réels immobiliers, ils sont, sous la même sanction, publiés dans les conditions prévues aux articles 647 et 657 du code général des impôts.

La transmission des droits résultant du contrat de fiducie et, si le bénéficiaire n'est pas désigné dans le contrat de fiducie, sa désignation ultérieure doivent, à peine de nullité, donner lieu à un acte écrit enregistré dans les mêmes conditions.

La désignation d'un tiers en application de l'article 2017 et l'information sur l'identité du ou des bénéficiaires effectifs de la fiducie mentionnés à l'article L. 561-2-2 du code monétaire et financier doivent également, à peine de nullité, donner lieu à un acte écrit établi par le fiduciaire et enregistré dans les mêmes conditions.

**제2018조** 신탁계약은 다음 각 호의 사항을 정해야 하며, 그러하지 아니하면 무효이다.
1. 이전되는 재산, 권리 및 담보. 그것이 장래의 것인 경우에는 특정 가능하여야 한다.
2. 이전 기간. 이 기간은 계약체결 시부터 99년을 초과할 수 없다.

3. 1인 또는 수인의 설정자의 신원
4. 1인 또는 수인의 수탁자의 신원
5. 1인 또는 수인의 수익자의 신원. 수익자 지정이 없는 경우에는, 수익자를 지정하기 위한
규칙
6. 1인 또는 수인의 수탁자의 임무와 그 관리 및 처분 권한의 범위

**제2018-1조** 신탁재산에 제공된 영업재산 또는 사무용 부동산의 사용권 또는 향유권을 설정자
가 보유하는 것으로 신탁계약이 규정하는 경우, 이와 같은 목적으로 체결된 합의에는, 상법전
제1편 제4장 제4절 및 제5절이 적용되지 아니하나, 반대 약정이 있으면 그러하지 아니하다.

**제2018-2조** 신탁의 범위 내에서 이루어지는 채권 양도는 신탁계약일 또는 양도를 확인한 추가
적 합의일로부터 제3자에게 대항할 수 있다. 양도된 채권의 채무자에 대하여는 양도인 또는
수탁자가 채무자에게 행한 통지에 의하여 비로소 이를 대항할 수 있게 된다.

**제2019조** ① 신탁계약 및 그 추가적 합의는 수탁자 소재지의 세무서, 또는 수탁자가 프랑스에
주소를 두지 않으면, 비거주자를 위한 세무서에 그 계약과 합의가 있는 날로부터 기산하여 1개
월 이내에 등록되지 아니하면 무효이다.
② 신탁계약 및 그 추가적 합의가 부동산 또는 부동산에 관한 물권을 대상으로 하는 경우에는,
일반조세법전 제647조 및 제657조가 규정하는 요건에 따라 공시가 되지 아니하면 무효이다.

③ 신탁계약에서 발생하는 권리의 이전 및 신탁계약에 의하여 수익자가 지정되지 아니한 경우
의 그 사후적 지정은 동일 요건에 따라 등록된 증서에 의하여 이루어지지 아니하면 무효이다.

④ 제2017조의 적용에 따른 제3자의 지정 및 통화금융법전 제L.561-2-2조에 규정된 1인 또는
수인의 신탁의 실질적 수익자[43] 또는 사람들에 관한 신원정보도 마찬가지로, 수탁자에 의하여
작성되고 동일 요건에 따라 등록된 증서에 의하여 이루어지지 아니하면 무효이다.

---

43) 통화금융법전(Code monetaire de financier) 제L.561-2-2조에 등장하는 개념으로, 신탁의 국면에서는
   신탁에 관하여 실질적 영향력을 행사하는 자연인이라는 의미로 해석된다.

**Article 2020** Un registre national des fiducies est constitué selon des modalités précisées par décret en Conseil d'Etat.

**Article 2021** Lorsque le fiduciaire agit pour le compte de la fiducie, il doit en faire expressément mention.

De même, lorsque le patrimoine fiduciaire comprend des biens ou des droits dont la mutation est soumise à publicité, celle-ci doit mentionner le nom du fiduciaire ès qualités.

**Article 2022** Le contrat de fiducie définit les conditions dans lesquelles le fiduciaire rend compte de sa mission au constituant.

Toutefois, lorsque pendant l'exécution du contrat le constituant fait l'objet d'une mesure de tutelle, le fiduciaire rend compte de sa mission au tuteur à la demande de ce dernier au moins une fois par an, sans préjudice de la périodicité fixée par le contrat. Lorsque pendant l'exécution du contrat le constituant fait l'objet d'une mesure de curatelle, le fiduciaire rend compte de sa mission, dans les mêmes conditions, au constituant et à son curateur.

Le fiduciaire rend compte de sa mission au bénéficiaire et au tiers désigné en application de l'article 2017, à leur demande, selon la périodicité fixée par le contrat.

**Article 2023** Dans ses rapports avec les tiers, le fiduciaire est réputé disposer des pouvoirs les plus étendus sur le patrimoine fiduciaire, à moins qu'il ne soit démontré que les tiers avaient connaissance de la limitation de ses pouvoirs.

**Article 2024** L'ouverture d'une procédure de sauvegarde, de redressement judiciaire ou de liquidation judiciaire au profit du fiduciaire n'affecte pas le patrimoine fiduciaire.

**Article 2025** Sans préjudice des droits des créanciers du constituant titulaires d'un droit de suite attaché à une sûreté publiée antérieurement au contrat de fiducie et hors les cas de fraude aux droits des créanciers du constituant, le patrimoine fiduciaire ne peut être saisi que par les titulaires de créances nées de la conservation ou de la gestion de ce patrimoine.

En cas d'insuffisance du patrimoine fiduciaire, le patrimoine du constituant constitue le gage commun de ces créanciers, sauf stipulation contraire du contrat de fiducie mettant tout ou partie du passif à la charge du fiduciaire.

Le contrat de fiducie peut également limiter l'obligation au passif fiduciaire au seul patrimoine fiduciaire. Une telle clause n'est opposable qu'aux créanciers qui l'ont expressément acceptée.

**제2020조** 국가에 의한 신탁 등록은 국사원 데크레에 의하여 정해진 방법에 따라 이루어진다.

**제2021조** ① 수탁자가 신탁의 계산으로 행위하는 경우, 그 취지를 명시적으로 표시하여야 한다.

② 마찬가지로, 신탁재산이 그 이전이 공시되는 재산 또는 권리를 포함하는 경우, 그 공시에는 직권으로 수탁자의 성명이 기재되어야 한다.

**제2022조** ① 신탁계약은 수탁자가 설정자에게 그 임무를 보고하는 요건을 정한다.

② 그러나, 계약의 이행 중에 설정자에 대하여 후견조치가 개시된 경우, 수탁자는 후견인에게 그의 청구에 따라 적어도 1년에 1회 그 임무를 보고하여야 하나, 계약에 의하여 정기적 보고에는 영향을 미치지 아니한다. 계약의 이행 중에 설정자에 대하여 보좌조치가 개시된 경우에는 수탁자는 동일한 요건에 따라 설정자 및 보좌인에 대하여 그 임무를 보고하여야 한다.

③ 수탁자는 수익자 및 제2017조의 적용에 따라, 지정된 제3자에게 그 청구에 따라, 계약에서 정해진 보고기간에 따라 그 임무를 보고하여야 한다.

**제2023조** 제3자와의 관계에서 수탁자는 신탁재산에 대하여 일체의 권한을 가지는 것으로 간주되나, 제3자가 수탁자의 권한에 대한 제한을 알고 있었다는 점이 증명되는 경우에는 그러하지 아니하다.

**제2024조** 수탁자의 이익을 위하여 구제, 재판상 회생 및 재판상 청산절차가 개시된 경우에도 신탁재산에는 영향을 미치지 아니한다.

**제2025조** ① 권리가 신탁계약 이전에 공시된 담보에 결부된 추급권을 보유한 설정자의 채권자의 권리를 해함이 없이 또 설정자의 채권자가 가진 권리에 대한 사해행위인 경우를 제외하고, 신탁재산은 그 재산의 보존 또는 관리에 의하여 발생한 채권을 가진 자에 의해서만 압류될 수 있다.

② 신탁재산이 충분하지 않은 경우 설정자의 재산이 채권자의 일반담보가 되나, 신탁계약에서 부채의 전부 또는 일부를 수탁자에게 부담하게 하는 취지의 반대약정이 있는 경우에는 그러하지 아니하다.

③ 신탁계약은 신탁채무의 범위를 신탁재산으로 한정할 수도 있다. 다만 이러한 조항은 이를 명시적으로 승낙한 채권자에 대해서만 대항할 수 있다.

**Article 2026** Le fiduciaire est responsable, sur son patrimoine propre, des fautes qu'il commet dans l'exercice de sa mission.

**Article 2027** En l'absence de stipulations contractuelles prévoyant les conditions de son remplacement, si le fiduciaire manque à ses devoirs ou met en péril les intérêts qui lui sont confiés ou encore s'il fait l'objet d'une procédure de sauvegarde ou de redressement judiciaire, le constituant, le bénéficiaire ou le tiers désigné en application de l'article 2017 peut demander en justice la nomination d'un fiduciaire provisoire ou solliciter le remplacement du fiduciaire. La décision judiciaire faisant droit à la demande emporte de plein droit dessaisissement du fiduciaire originaire et transfert du patrimoine fiduciaire en faveur de son remplaçant.

**Article 2028** Le contrat de fiducie peut être révoqué par le constituant tant qu'il n'a pas été accepté par le bénéficiaire.

Après acceptation par le bénéficiaire, le contrat ne peut être modifié ou révoqué qu'avec son accord ou par décision de justice.

**Article 2029** Le contrat de fiducie prend fin par le décès du constituant personne physique, par la survenance du terme ou par la réalisation du but poursuivi quand celle-ci a lieu avant le terme.

Lorsque la totalité des bénéficiaires renonce à la fiducie, il prend également fin de plein droit, sauf stipulations du contrat prévoyant les conditions dans lesquelles il se poursuit. Sous la même réserve, il prend fin lorsque le fiduciaire fait l'objet d'une liquidation judiciaire ou d'une dissolution ou disparaît par suite d'une cession ou d'une absorption et, s'il est avocat, en cas d'interdiction temporaire, de radiation ou d'omission du tableau.

**Article 2030** Lorsque le contrat de fiducie prend fin en l'absence de bénéficiaire, les droits, biens ou sûretés présents dans le patrimoine fiduciaire font de plein droit retour au constituant.

Lorsqu'il prend fin par le décès du constituant, le patrimoine fiduciaire fait de plein droit retour à la succession.

**Article 2031** (abrogé)

**제2026조** 수탁자는 그 임무 수행에 관하여 범한 과책에 대하여는, 그 고유 재산으로, 책임을 진다.

**제2027조** 수탁자의 변경 요건을 정한 계약상 약정이 없는 경우, 수탁자가 그 의무를 게을리하거나 위임받은 이익을 해한다면, 또는 수탁자가 구제절차나 재판상 회생절차의 대상이 된다면, 설정자, 수익자 또는 제2017조의 적용에 따라 지정된 제3자는 잠정수탁자의 선임 또는 수탁자의 변경을 재판상 신청할 수 있다. 이 신청을 인정한 법원의 판결은 당초 수탁자의 해임 및 변경 후 수탁자로의 신탁재산 이전이라는 효과를 당연히 수반한다. 이 신청을 인용한 법원의 판결은 당초 수탁자의 해임 및 변경 후 수탁자로의 신탁재산 이전이라는 효과를 당연히 수반한다.

**제2028조** ① 신탁계약은 수익자에 의하여 승낙되지 않은 이상 설정자에 의하여 철회될 수 있다.

② 수익자가 승낙한 후, 신탁계약은 수익자의 동의 또는 법원의 판결에 의해서만 변경 또는 철회될 수 있다.

**제2029조** ① 신탁계약은 자연인인 설정자의 사망, 기한의 도래 또는 추구하는 목적이 기한 전에 달성된 경우에는 그 목적의 달성에 의하여 종료된다.

② 수익자 전원이 신탁을 포기한 경우에도 신탁은 당연히 종료되지만, 계약에서 신탁이 존속하기 위한 요건을 정하고 있는 경우에는 그러하지 아니하다. 동일한 유보 하에, 수탁자가 재판상 청산절차나 해산절차의 대상이 된 경우 또는 영업양도나 흡수합병에 의하여 소멸한 경우, 그리고 수탁자가 변호사로서 그 활동의 일시금지, 등록말소 또는 제명이 되면, 계약은 당연히 종료된다.

**제2030조** ① 수익자가 없어서 신탁계약이 종료된 경우에는, 신탁재산을 구성하는 재산, 권리 및 담보는 당연히 설정자에게 복귀한다.

② 신탁계약이 설정자의 사망으로 종료된 경우에는, 신탁재산은 당연히 상속재산으로 복귀한다.

**제2031조** (삭제)

## Titre XIV Du cautionnement (abrogé)

## Titre XV Des transactions

**Article 2044** La transaction est un contrat par lequel les parties, par des concessions réciproques, terminent une contestation née, ou préviennent une contestation à naître.

Ce contrat doit être rédigé par écrit.

**Article 2045** Pour transiger, il faut avoir la capacité de disposer des objets compris dans la transaction.

Le tuteur ne peut transiger pour le mineur ou le majeur en tutelle que conformément à l'article 467 au titre "De la minorité, de la tutelle et de l'émancipation" ; et il ne peut transiger avec le mineur devenu majeur, sur le compte de tutelle, que conformément à l'article 472 au même titre.

Les établissements publics de l'Etat ne peuvent transiger qu'avec l'autorisation expresse du Premier ministre.

**Article 2046** On peut transiger sur l'intérêt civil qui résulte d'un délit.

La transaction n'empêche pas la poursuite du ministère public.

**Article 2047** (abrogé)

**Article 2048** Les transactions se renferment dans leur objet : la renonciation qui y est faite à tous droits, actions et prétentions, ne s'entend que de ce qui est relatif au différend qui y a donné lieu.

**Article 2049** Les transactions ne règlent que les différends qui s'y trouvent compris, soit que les parties aient manifesté leur intention par des expressions spéciales ou générales, soit que l'on reconnaisse cette intention par une suite nécessaire de ce qui est exprimé.

# 제14편 보증 (삭제)

# 제15편 화해

**제2044조** ① 화해는 당사자들에 의하여, 상호 양보하여 발생한 분쟁을 종료하거나, 또는 발생할 분쟁을 예방하기로 하는 계약이다.
② 이 계약은 서면으로 작성되어야 한다.

**제2045조** ① 화해를 위하여는, 화해에 포함된 대상을 처분할 능력이 있어야 한다.

② 후견인은 "미성년, 후견 그리고 친권 해방"편 제467조[44]에 따라서만 미성년자 또는 피성년 후견인을 위하여 화해할 수 있다. 또한 후견인은 성년이 된 미성년자와 후견의 계산에 관하여, 같은 편 제472조[45]에 따라서만, 화해할 수 없다.

③ 국가의 공공기관은 총리의 명시적 허가가 있어야만 화해할 수 있다.

**제2046조** ① 범죄에 기인한 민사적 이익에 대하여 화해할 수 있다.
② 화해는 검찰의 기소를 방해하지 아니한다.

**제2047조** (삭제)

**제2048조** 화해는 그 대상에 국한된다. 그 안에서 모든 권리, 소권 그리고 주장에 행해진 포기는, 단지 발생한 분쟁에 관계된 것에만 이루어진다.

**제2049조** 화해는 당사자들이 특별한 또는 일반적인 표시로써 그들의 의사를 표명하였든, 표시된 것에 대한 필연적인 귀결로서 그 의사를 알 수 있는 경우든, 화해에 포함되는 분쟁만을 규율한다.

---

44) 개정 전 "미성년, 후견 그리고 친권 해방"편에 있던 제467조는 중재합의에 관한 내용을 추가하여 현행 "성년 및 법률에 의하여 보호되는 성년자"편 제506조로 이동하였다.

45) 개정 전 "미성년, 후견 그리고 친권 해방"편에 있던 구 제472조는 현재는 삭제되었고, 구 제472조가 규율하던 성년도래 후 후견인과의 정산방식에 관하여는 현행 "성년 및 법률에 의하여 보호되는 성년자"편 제514조 등이 규율하고 있다.

**Article 2050** Si celui qui avait transigé sur un droit qu'il avait de son chef acquiert ensuite un droit semblable du chef d'une autre personne, il n'est point, quant au droit nouvellement acquis, lié par la transaction antérieure.

**Article 2051** La transaction faite par l'un des intéressés ne lie point les autres intéressés et ne peut être opposée par eux.

**Article 2052** La transaction fait obstacle à l'introduction ou à la poursuite entre les parties d'une action en justice ayant le même objet.

**Articles 2053** (abrogés)
**Articles 2054** (abrogés)
**Articles 2055** (abrogés)
**Articles 2056** (abrogés)
**Articles 2057** (abrogés)
**Articles 2058** (abrogés)

## Titre XVI De la convention d'arbitrage

**Article 2059** Toutes personnes peuvent compromettre sur les droits dont elles ont la libre disposition.

**Article 2060** On ne peut compromettre sur les questions d'état et de capacité des personnes, sur celles relatives au divorce et à la séparation de corps ou sur les contestations intéressant les collectivités publiques et les établissements publics et plus généralement dans toutes les matières qui intéressent l'ordre public.

Toutefois, des catégories d'établissements publics à caractère industriel et commercial peuvent être autorisées par décret à compromettre.

**Article 2061** La clause compromissoire doit avoir été acceptée par la partie à laquelle on l'oppose, à moins que celle-ci n'ait succédé aux droits et obligations de la partie qui l'a initialement acceptée.

Lorsque l'une des parties n'a pas contracté dans le cadre de son activité professionnelle, la clause ne peut lui être opposée.

**제2050조** 자신이 권한상 보유한 권리에 대하여 화해한 자가 그 후 타인이 보유하던 유사한 권리를 취득한다면, 취득한 새로운 권리에 관하여는, 이전의 화해에 의하여 구속되지 아니한다.

**제2051조** 이해관계인들 중의 1인에 의하여 행해진 화해는 다른 이해관계인들을 구속하지 않고, 그들에 의하여 이의제기 될 수 없다.

**제2052조** 화해는 당사자들 사이에 동일한 소송물에 관한 소구나 제소에 방해가 된다.

**제2053조** (삭제)
**제2054조** (삭제)
**제2055조** (삭제)
**제2056조** (삭제)
**제2057조** (삭제)
**제2058조** (삭제)

## 제16편 중재합의

**제2059조** 모든 사람은 그들이 자유로운 처분권을 가지는 권리들에 대하여 중재합의를 할 수 있다.

**제2060조** ① 사람의 신분과 능력의 문제, 이혼과 별거에 관한 문제 또는 자치단체와 공공기관, 보다 일반적으로는 공적 질서에 관한 모든 분쟁에 대하여 중재합의를 할 수 없다.

② 그러나, 산업 및 상업적 성격을 지닌 유형의 공공기관은 데크레에 의하여 중재합의가 허용될 수 있다.

**제2061조** ① 중재조항은 이로써 대항을 받는 당사자가 승낙을 하였어야 하지만, 그 당사자가 이를 최초로 승낙한 자의 권리와 의무를 승계한 경우에는 그러하지 아니하다.

② 당사자들 중의 1인이 그의 직업적 활동의 범위에서 계약을 체결하지 않았을 경우, 그 조항으로 그에게 대항할 수 없다.

## Titre XVII De la convention de procédure participative

**Article 2062** La convention de procédure participative est une convention par laquelle les parties à un différend s'engagent à œuvrer conjointement et de bonne foi à la résolution amiable de leur différend ou à la mise en état de leur litige.

Cette convention est conclue pour une durée déterminée.

**Article 2063** La convention de procédure participative est, à peine de nullité, contenue dans un écrit qui précise :

1° Son terme ;

2° L'objet du différend ;

3° Les pièces et informations nécessaires à la résolution du différend ou à la mise en état du litige et les modalités de leur échange.

4° Le cas échéant, les actes contresignés par avocats que les parties s'accordent à établir, dans des conditions prévues par décret en Conseil d'Etat.

**Article 2064** Toute personne, assistée de son avocat, peut conclure une convention de procédure participative sur les droits dont elle a la libre disposition, sous réserve des dispositions de l'article 2067.

**Article 2065** Tant qu'elle est en cours, la convention de procédure participative conclue avant la saisine d'un juge rend irrecevable tout recours au juge pour qu'il statue sur le litige. Toutefois, l'inexécution de la convention par l'une des parties autorise une autre partie à saisir le juge pour qu'il statue sur le litige.

En cas d'urgence, la convention ne fait pas obstacle à ce que des mesures provisoires ou conservatoires soient demandées par les parties.

**Article 2066** Sans préjudice du 7° de l'article L. 111-3 du code des procédures civiles d'exécution, les parties qui, au terme de la convention de procédure participative, parviennent à un accord réglant en tout ou partie leur différend peuvent soumettre cet accord à l'homologation du juge.

Lorsque, faute de parvenir à un accord au terme de la convention conclue avant la saisine d'un juge, les parties soumettent leur litige au juge, elles sont dispensées de la conciliation ou de la médiation préalable le cas échéant prévue.

Le deuxième alinéa n'est pas applicable aux litiges en matière prud'homale.

# 제17편 참여절차 합의

**제2062조** ① 참여절차 합의는 분쟁의 서로 다른 당사자가 그들의 분쟁의 합의에 의한 해결 또는 소송의 변론준비절차에 관하여 선의를 갖고 함께 협력해야 할 의무를 부담하는 합의이다. ② 이 합의는 확정기간으로 체결된다.

**제2063조** 참여절차 합의는 다음 각 호의 사항을 정한 문서에 포함되어야 하며, 그러하지 아니하면 무효이다.
1. 기한
2. 분쟁의 대상
3. 분쟁의 해결 또는 변론준비절차에 필요한 서류와 정보 그리고 그 교환 방식

4. 경우에 따라서는, 국사원 데크레에서 정한 조건 하에, 당사자들이 그 작성에 동의한 변호사에 의하여 부서된 증서

**제2064조** 모든 사람은, 변호사의 조력을 받아, 제2067조의 규정의 유보 하에, 자유로이 처분할 수 있는 권리에 관하여 참여절차 합의를 체결할 수 있다.

**제2065조** ① 참여절차가 진행중인 한, 법원에 소제기를 하기 전에 체결된 참여절차의 합의는, 그 쟁송에 대한 재판을 받기 위한 모든 제소를 법원은 수리적격성을 갖추지 못한 것으로 본다. 그러나, 일방 당사자의 합의의 불이행은 다른 당사자에게 쟁송에 대한 재판을 받기 위한 법원에의 제소를 허용한다.
② 긴급한 경우, 이 합의는 당사자들의 잠정조치 또는 보전조치의 신청을 방해하지 아니한다.

**제2066조** ① 민사집행법전 제L.111-3조 제7호에 영향을 미치지 아니하고, 참여절차 합의의 만기 시에, 그 분쟁의 전부 또는 일부를 규율하는 합의에 도달한 당사자들은 법원에 합의서를 제출하여 그 승인을 받을 수 있다.

② 당사자들이 법원에 제소하기 전에 체결된 참여절차의 합의 기한 내에 의견일치에 달하지 못하여 그들의 쟁송을 법원에 제소하는 경우, 당사자들은 경우에 따라 예정된 사전 조정 또는 알선 절차를 면제받는다.
③ 제2항은 노동재판소의 쟁송에는 적용되지 아니한다.

**Article 2067** Une convention de procédure participative peut être conclue par des époux en vue de rechercher une solution consensuelle en matière de divorce ou de séparation de corps.

L'article 2066 n'est pas applicable en la matière. La demande en divorce ou en séparation de corps présentée à la suite d'une convention de procédure participative est formée et jugée suivant les règles prévues au titre VI du livre Ier relatif au divorce.

**Article 2068** La procédure participative est régie par le code de procédure civile.

## Titre XVIII Des privilèges et hypothèques (abrogé)

## Titre XIX De la saisie et de la distribution du prix de vente de l'immeuble (abrogé)

## Titre XIX De l'expropriation forcée et des ordres entre les créanciers (abrogé)

## Titre XX De la prescription extinctive

### Chapitre Ier Dispositions générales

**Article 2219** La prescription extinctive est un mode d'extinction d'un droit résultant de l'inaction de son titulaire pendant un certain laps de temps.

**Article 2220** Les délais de forclusion ne sont pas, sauf dispositions contraires prévues par la loi, régis par le présent titre.

**Article 2221** La prescription extinctive est soumise à la loi régissant le droit qu'elle affecte.

**Article 2222** La loi qui allonge la durée d'une prescription ou d'un délai de forclusion est sans effet sur une prescription ou une forclusion acquise. Elle s'applique lorsque le délai de prescription ou le délai de forclusion n'était pas expiré à la date de son entrée en vigueur. Il est alors tenu compte du délai déjà écoulé.

En cas de réduction de la durée du délai de prescription ou du délai de forclusion, ce nouveau délai court à compter du jour de l'entrée en vigueur de la loi nouvelle, sans que la durée totale puisse excéder la durée prévue par la loi antérieure.

**Article 2223** Les dispositions du présent titre ne font pas obstacle à l'application des règles spéciales prévues par d'autres lois.

**제2067조** ① 참여절차 합의는 부부가 이혼 또는 별거에 관하여 합의에 의한 해결책을 찾기 위해서 체결할 수 있다.

② 제2066조는 이에 대하여는 적용되지 아니한다. 이혼 또는 별거에서 참여절차 합의에 이어 제시된 청구는 이혼과 관련된 제1부 제4편에서 정한 규정에 따라 제기되고 판단된다.

**제2068조** 참여절차는 민사소송법전에 의하여 규율된다.

# 제18편 우선특권 및 저당권 (삭제)

# 제19편 부동산매각대금의 압류 및 배당 (삭제)

# 제19편 공용수용 및 채권자들 사이의 순서 (삭제)

# 제20편 소멸시효

## 제1장 총칙 규정

**제2219조** 소멸시효는 일정 기간이 경과하는 동안에 그 권리자가 권리를 행사하지 않아서 비롯되는 권리의 소멸 방법이다.

**제2220조** 제척기간은, 반대의 규정이 없으면, 본편에 의하여 규율되지 아니한다.

**제2221조** 소멸시효는 그 관계되는 권리를 규율하는 법에 따른다.

**제2222조** ① 시효기간 또는 제척기간을 연장하는 법률은 완성된 시효나 제척기간에는 효력이 없다. 이 법률은 시효기간 또는 제척기간이 그 시행일에 만료되지 아니한 경우에 적용된다. 이미 지나간 기간은 이 경우에 고려된다.

② 시효기간 또는 제척기간을 단축하는 경우, 이 새로운 기간은 신법의 시행일로부터 기산되고, 전체 기간은 구법에 의하여 규정된 기간을 초과할 수는 없다.

**제2223조** 본편의 규정은 다른 법률의 특별규정의 적용을 방해하지 아니한다.

**Chapitre II Des délais et du point de départ de la prescription extinctive.**

**Section 1 Du délai de droit commun et de son point de départ.**

**Article 2224** Les actions personnelles ou mobilières se prescrivent par cinq ans à compter du jour où le titulaire d'un droit a connu ou aurait dû connaître les faits lui permettant de l'exercer.

**Section 2 De quelques délais et points de départ particuliers.**

**Article 2225** L'action en responsabilité dirigée contre les personnes ayant représenté ou assisté les parties en justice, y compris à raison de la perte ou de la destruction des pièces qui leur ont été confiées, se prescrit par cinq ans à compter de la fin de leur mission.

**Article 2226** L'action en responsabilité née à raison d'un événement ayant entraîné un dommage corporel, engagée par la victime directe ou indirecte des préjudices qui en résultent, se prescrit par dix ans à compter de la date de la consolidation du dommage initial ou aggravé.

Toutefois, en cas de préjudice causé par des tortures ou des actes de barbarie, ou par des violences ou des agressions sexuelles commises contre un mineur, l'action en responsabilité civile est prescrite par vingt ans.

**Article 2226-1** L'action en responsabilité tendant à la réparation du préjudice écologique réparable en application du chapitre III du sous-titre II du titre III du présent livre se prescrit par dix ans à compter du jour où le titulaire de l'action a connu ou aurait dû connaître la manifestation du préjudice écologique.

**Article 2227** Le droit de propriété est imprescriptible. Sous cette réserve, les actions réelles immobilières se prescrivent par trente ans à compter du jour où le titulaire d'un droit a connu ou aurait dû connaître les faits lui permettant de l'exercer.

# 제2장 소멸시효의 기간과 기산점

## 제1절 일반법상의 기간과 그 기산점

**제2224조** 대인소권 또는 동산소권은 그 권리자가 자신이 그 권리를 행사하는 것이 허용된다는 사실을 알았거나 알았어야 한 날로부터 5년의 경과로 시효소멸한다.

## 제2절 특별한 기간과 기산점

**제2225조** 재판상 당사자를 대리하거나 보조한 사람에 대한 책임소권은 그 위탁받은 문서의 상실 또는 손괴를 원인으로 하는 경우를 포함하여, 임무의 종료 시부터 5년의 경과로 시효소멸한다.

**제2226조** ① 신체 손해를 야기한 사건을 원인으로 하여 발생하고 직접 또는 간접적으로 손해를 입은 피해자에 의하여 행사된 책임소권은, 원손해 또는 확대손해가 확정된 날부터 10년의 경과로 시효소멸한다.

② 다만, 고문, 야만행위, 또는 미성년자에 대한 폭력이나 성적 침해를 원인으로 한 피해의 경우, 민사책임소권은 20년의 경과로 시효소멸한다.

**제2226-1조** 본권 제3편 제2부속편 제3장을 적용하는 회복가능한 생태손해의 배상을 목적으로 하는 책임소권은 권리자가 생태손해의 발생을 알았거나 알았어야 한 날로부터 10년의 경과로 시효소멸한다.

**제2227조** 소유권은 시효에 걸릴 수 없다. 그 외의 부동산 물권에 관한 소권은 권리자가 그것을 행사할 수 있다는 사실을 알았거나 알았어야 한 날로부터 30년의 경과로 시효소멸한다.

## Chapitre III Du cours de la prescription extinctive

### Section 1 Dispositions générales

**Article 2228** La prescription se compte par jours, et non par heures.

**Article 2229** Elle est acquise lorsque le dernier jour du terme est accompli.

**Article 2230** La suspension de la prescription en arrête temporairement le cours sans effacer le délai déjà couru.

**Article 2231** L'interruption efface le délai de prescription acquis. Elle fait courir un nouveau délai de même durée que l'ancien.

**Article 2232** Le report du point de départ, la suspension ou l'interruption de la prescription ne peut avoir pour effet de porter le délai de la prescription extinctive au-delà de vingt ans à compter du jour de la naissance du droit.

Le premier alinéa n'est pas applicable dans les cas mentionnés aux articles 2226, 2226-1, 2227, 2233 et 2236, au premier alinéa de l'article 2241 et à l'article 2244. Il ne s'applique pas non plus aux actions relatives à l'état des personnes.

### Section 2 Des causes de report du point de départ ou de suspension de la prescription

**Article 2233** La prescription ne court pas :
1° A l'égard d'une créance qui dépend d'une condition, jusqu'à ce que la condition arrive ;
2° A l'égard d'une action en garantie, jusqu'à ce que l'éviction ait lieu ;
3° A l'égard d'une créance à terme, jusqu'à ce que ce terme soit arrivé.

**Article 2234** La prescription ne court pas ou est suspendue contre celui qui est dans l'impossibilité d'agir par suite d'un empêchement résultant de la loi, de la convention ou de la force majeure.

## 제3장 소멸시효의 진행

### 제1절 총칙

**제2228조** 시효는 시(時)가 아닌, 일(日)로 계산한다.

**제2229조** 시효는 기간의 최종일이 만료된 때에 완성한다.

**제2230조** 시효의 정지는 이미 진행된 기간의 말소 없이 시효의 진행을 일시적으로 멈추게 한다.

**제2231조** 중단은 진행된 시효기간을 말소시킨다. 중단은 종전과 같은 기간의 새로운 시효기간을 진행시킨다.

**제2232조** ① 기산점의 연기, 시효의 정지 또는 중단은 소멸시효기간을 권리의 발생일로부터 20년을 넘게 하는 효력을 가지지 못한다.

② 제1항은 제2226조, 제2226-1조, 제2227조, 제2233조, 제2236조, 제2241조 제1항 및 제2244조에 규정된 사항에는 적용되지 아니한다. 제1항은 또한 인적 지위에 관한 소권에도 적용되지 아니한다.

### 제2절 시효의 기산점의 연기 또는 시효정지의 사유

**제2233조** 다음 각 호의 경우에 시효는 진행하지 아니한다.
1. 조건부 채권의 경우, 조건이 성취될 때까지
2. 담보책임소권의 경우, 추탈이 발생한 때까지
3. 확정기한부 채권의 경우, 확정기한이 도래한 때까지

**제2234조** 법률, 합의 또는 불가항력으로부터 생긴 장애사유로 인하여 권리의 행사가 불가능한 상태에 있는 자에 대하여는 시효는 진행하지 아니하거나 정지된다.

**Article 2235** Elle ne court pas ou est suspendue contre les mineurs non émancipés et les majeurs en tutelle, sauf pour les actions en paiement ou en répétition des salaires, arrérages de rente, pensions alimentaires, loyers, fermages, charges locatives, intérêts des sommes prêtées et, généralement, les actions en paiement de tout ce qui est payable par années ou à des termes périodiques plus courts.

**Article 2236** Elle ne court pas ou est suspendue entre époux, ainsi qu'entre partenaires liés par un pacte civil de solidarité.

**Article 2237** Elle ne court pas ou est suspendue contre l'héritier acceptant à concurrence de l'actif net, à l'égard des créances qu'il a contre la succession.

**Article 2238** La prescription est suspendue à compter du jour où, après la survenance d'un litige, les parties conviennent de recourir à la médiation ou à la conciliation ou, à défaut d'accord écrit, à compter du jour de la première réunion de médiation ou de conciliation. La prescription est également suspendue à compter de la conclusion d'une convention de procédure participative ou à compter de l'accord du débiteur constaté par l'huissier de justice pour participer à la procédure prévue à l'article L. 125-1 du code des procédures civiles d'exécution.

Le délai de prescription recommence à courir, pour une durée qui ne peut être inférieure à six mois, à compter de la date à laquelle soit l'une des parties ou les deux, soit le médiateur ou le conciliateur déclarent que la médiation ou la conciliation est terminée. En cas de convention de procédure participative, le délai de prescription recommence à courir à compter du terme de la convention, pour une durée qui ne peut être inférieure à six mois. En cas d'échec de la procédure prévue au même article, le délai de prescription recommence à courir à compter de la date du refus du débiteur, constaté par l'huissier, pour une durée qui ne peut être inférieure à six mois.

**Article 2239** La prescription est également suspendue lorsque le juge fait droit à une demande de mesure d'instruction présentée avant tout procès.

Le délai de prescription recommence à courir, pour une durée qui ne peut être inférieure à six mois, à compter du jour où la mesure a été exécutée.

**제2235조** 시효는 친권이 해방되지 않은 미성년자 및 피성년후견인에 대하여는 진행하지 아니하거나 정지되지만, 임금, 정기금, 부양정기금, 차임, 소작료, 관리비, 대여금의 이자에 대한 지급소권 또는 반환소권 및 그 밖에 1년 단위 또는 그보다 짧은 기간으로 정한 정기적 지급소권의 경우에는 그러하지 아니하다.

**제2236조** 시효는 배우자들 사이는 물론, 민사연대계약(PACS)에 기초한 동반자들 사이에도 진행하지 아니하거나 정지된다.

**제2237조** 시효는 한정상속인이 상속재산에 대하여 가지고 있는 채권에 관하여는, 진행하지 아니하거나 정지된다.

**제2238조** ① 시효는 소송이 개시된 후, 당사자들이 알선이나 조정에 따르기로 합의한 날부터, 또는 문서에 의한 합의가 아닌 경우라면 알선이나 또는 조정의 1차 기일부터 정지된다. 마찬가지로 시효는 참여절차합의가 체결된 때부터, 또는 민사집행법전 제L.125-1조에 규정된 절차 참여를 위하여 집행관에 의하여 확인된 채무자의 동의가 있는 때부터 정지된다.

② 시효기간은 당사자 일방 또는 쌍방이든, 알선자 또는 중재자든 알선이나 조정이 종료되었음을 선언한 날부터 다시 진행하고, 재진행하는 기간은 6개월보다 짧을 수 없다. 참여절차합의의 경우 시효기간은 합의된 기한으로부터 다시 진행하고, 재진행하는 기간은 6개월보다 짧을 수 없다. 민사집행법전 제L.125-1조에 규정된 절차가 실패하는 경우, 시효기간은 집행관에 의하여 확인된 채무자의 거부일로부터 다시 진행하고, 재진행하는 기간은 6개월보다 짧을 수 없다.

**제2239조** ① 시효는 법관이 재판의 진행에 앞서 심리조치 신청을 받아들인 경우에도 정지된다.

② 시효기간은 그 조치가 시행된 날로부터 다시 진행하고, 재진행하는 기간은 6개월보다 짧을 수 없다.

## Section 3 Des causes d'interruption de la prescription

**Article 2240** La reconnaissance par le débiteur du droit de celui contre lequel il prescrivait interrompt le délai de prescription.

**Article 2241** La demande en justice, même en référé, interrompt le délai de prescription ainsi que le délai de forclusion.

Il en est de même lorsqu'elle est portée devant une juridiction incompétente ou lorsque l'acte de saisine de la juridiction est annulé par l'effet d'un vice de procédure.

**Article 2242** L'interruption résultant de la demande en justice produit ses effets jusqu'à l'extinction de l'instance.

**Article 2243** L'interruption est non avenue si le demandeur se désiste de sa demande ou laisse périmer l'instance, ou si sa demande est définitivement rejetée.

**Article 2244** Le délai de prescription ou le délai de forclusion est également interrompu par une mesure conservatoire prise en application du code des procédures civiles d'exécution ou un acte d'exécution forcée.

**Article 2245** L'interpellation faite à l'un des débiteurs solidaires par une demande en justice ou par un acte d'exécution forcée ou la reconnaissance par le débiteur du droit de celui contre lequel il prescrivait interrompt le délai de prescription contre tous les autres, même contre leurs héritiers.

En revanche, l'interpellation faite à l'un des héritiers d'un débiteur solidaire ou la reconnaissance de cet héritier n'interrompt pas le délai de prescription à l'égard des autres cohéritiers, même en cas de créance hypothécaire, si l'obligation est divisible. Cette interpellation ou cette reconnaissance n'interrompt le délai de prescription, à l'égard des autres codébiteurs, que pour la part dont cet héritier est tenu.

Pour interrompre le délai de prescription pour le tout, à l'égard des autres codébiteurs, il faut l'interpellation faite à tous les héritiers du débiteur décédé ou la reconnaissance de tous ces héritiers.

**Article 2246** L'interpellation faite au débiteur principal ou sa reconnaissance interrompt le délai de prescription contre la caution.

## 제3절 시효중단사유

**제2240조** 시효 원용의 상대방이 보유한 권리에 대한 채무자의 승인은 시효기간을 중단시킨다.

**제2241조** ① 재판상 청구는, 긴급심리의 경우에도, 시효기간 및 제척기간까지 중단시킨다.

② 관할권이 없는 법원에 제소하거나 법원의 압류가 절차의 하자의 효과로 무효화된 경우에도 마찬가지이다.

**제2242조** 재판상 청구로 인한 중단은 소송이 종료될 때까지 그 효력이 지속된다.

**제2243조** 원고가 청구를 취하하거나, 기간 경과로 소송이 종료되거나, 청구가 최종적으로 기각되면, 중단은 없었던 것으로 된다.

**제2244조** 시효기간 또는 제척기간은 민사집행법전에 따른 보전조치 또는 강제집행행위로도 중단된다.

**제2245조** ① 재판상 청구나 강제집행행위에 의하여 연대채무자 중 1인에 대하여 행하여진 최고, 또는 시효 원용의 상대방이 보유한 권리에 대한 채무자의 승인은, 다른 모든 채무자는 물론 그들의 상속인들에 대하여도 시효기간을 중단시킨다.

② 이와 반대로, 채무가 가분이라면, 한 연대채무자의 상속인 중 1인에 대하여 행하여진 최고, 또는 그 상속인의 승인은, 다른 공동상속인에 대하여는, 저당권부 채권의 경우에도, 시효기간을 중단시키지 아니한다. 이 최고 또는 승인은, 다른 공동채무자에 관하여는, 그 상속인이 부담하는 부분에 대해서만 시효기간을 중단시킨다.

③ 다른 공동채무자에 관하여, 시효기간을 모두에 대하여 중단시키기 위해서는, 사망한 채무자의 모든 상속인에 대한 최고 또는 그 모든 상속인의 승인이 필요하다.

**제2246조** 주채무자에 대한 최고 또는 그의 승인은 보증인에 대하여 시효기간을 중단시킨다.

## Chapitre IV Des conditions de la prescription extinctive.

### Section 1 De l'invocation de la prescription.

**Article 2247** Les juges ne peuvent pas suppléer d'office le moyen résultant de la prescription.

**Article 2248** Sauf renonciation, la prescription peut être opposée en tout état de cause, même devant la cour d'appel.

**Article 2249** Le paiement effectué pour éteindre une dette ne peut être répété au seul motif que le délai de prescription était expiré.

### Section 2 De la renonciation à la prescription.

**Article 2250** Seule une prescription acquise est susceptible de renonciation.

**Article 2251** La renonciation à la prescription est expresse ou tacite.

La renonciation tacite résulte de circonstances établissant sans équivoque la volonté de ne pas se prévaloir de la prescription.

**Article 2252** Celui qui ne peut exercer par lui-même ses droits ne peut renoncer seul à la prescription acquise.

**Article 2253** Les créanciers, ou toute autre personne ayant intérêt à ce que la prescription soit acquise, peuvent l'opposer ou l'invoquer lors même que le débiteur y renonce.

# 제4장 소멸시효의 요건

## 제1절 시효의 원용

**제2247조** 법관은 시효로 인한 항변을 직권으로 보충할 수 없다.


**제2248조** 포기한 경우를 제외하고는, 시효는 어떠한 절차적 단계에서도, 심지어는 항소심에서도 주장될 수 있다.

**제2249조** 채무를 소멸시키기 위하여 행하여진 변제는 시효기간이 완성되었다는 이유만으로 반환을 청구할 수 없다.

## 제2절 시효의 포기

**제2250조** 시효는 완성된 후에만 포기될 수 있다.

**제2251조** ① 시효의 포기는 명시적 또는 묵시적으로 할 수 있다.
② 시효의 묵시적 포기는 시효를 주장하지 않는다는 의사가 명백히 드러나는 사정이 있는 경우에 인정된다.

**제2252조** 권리를 스스로 행사할 수 없는 사람은 완성된 시효를 단독으로 포기할 수 없다.


**제2253조** 채권자들, 또는 그 밖에 시효 완성으로 이익이 있는 모든 사람은, 채무자가 시효를 포기한 경우라도 시효로 대항하거나 시효를 원용할 수 있다.

## Section 3 De l'aménagement conventionnel de la prescription.

**Article 2254** La durée de la prescription peut être abrégée ou allongée par accord des parties. Elle ne peut toutefois être réduite à moins d'un an ni étendue à plus de dix ans.

Les parties peuvent également, d'un commun accord, ajouter aux causes de suspension ou d'interruption de la prescription prévues par la loi.

Les dispositions des deux alinéas précédents ne sont pas applicables aux actions en paiement ou en répétition des salaires, arrérages de rente, pensions alimentaires, loyers, fermages, charges locatives, intérêts des sommes prêtées et, généralement, aux actions en paiement de tout ce qui est payable par années ou à des termes périodiques plus courts.

## Titre XXI De la possession et de la prescription acquisitive

### Chapitre I<sup>er</sup> Dispositions générales.

**Article 2255** La possession est la détention ou la jouissance d'une chose ou d'un droit que nous tenons ou que nous exerçons par nous-mêmes, ou par un autre qui la tient ou qui l'exerce en notre nom.

**Article 2256** On est toujours présumé posséder pour soi, et à titre de propriétaire, s'il n'est prouvé qu'on a commencé à posséder pour un autre.

**Article 2257** Quand on a commencé à posséder pour autrui, on est toujours présumé posséder au même titre, s'il n'y a preuve du contraire.

### Chapitre II De la prescription acquisitive.

**Article 2258** La prescription acquisitive est un moyen d'acquérir un bien ou un droit par l'effet de la possession sans que celui qui l'allègue soit obligé d'en rapporter un titre ou qu'on puisse lui opposer l'exception déduite de la mauvaise foi.

**Article 2259** Sont applicables à la prescription acquisitive les articles 2221 et 2222, et les chapitres III et IV du titre XX du présent livre sous réserve des dispositions du présent chapitre.

## 제3절 합의에 의한 시효의 수정

**제2254조** ① 시효기간은 당사자들의 합의에 의하여 단축 또는 연장될 수 있다. 다만 이 기간은 1년 미만으로 단축되거나 10년을 초과하여 연장될 수 없다.
② 또한, 당사자들은 상호 합의에 의하여, 법률에 정해진 시효의 정지 또는 중단의 사유를 추가할 수 있다.
③ 제1항 및 제2항은 임금, 정기금, 부양정기금, 차임, 소작료, 관리비, 대여금의 이자에 대한 지급소권 또는 반환소권 및 그 밖에 1년 단위 또는 그보다 짧은 기간으로 정한 정기적 지급소권의 경우에는 적용되지 아니한다.

# 제21편 점유와 취득시효

## 제1장 총칙

**제2255조** 점유란 물건이나 권리의 소지 또는 향유로서 자신이 스스로 보유 또는 행사하거나, 타인을 통하여 자신의 이름으로 보유 또는 행사하는 것이다.

**제2256조** 타인을 위하여 점유를 개시하였음이 증명되지 않는 한, 언제나 자신을 위하여 그리고 소유자의 권원으로 점유한 것으로 추정된다.

**제2257조** 타인을 위하여 점유를 개시한 때, 반대의 증명이 없는 한, 언제나 동일한 권원으로 점유한 것으로 추정된다.

## 제2장 취득시효

**제2258조** 취득시효는 점유의 효과에 의하여 재산이나 권리를 취득하는 수단이고, 취득시효를 주장하는 자는 점유에 대한 권원을 제시할 필요가 없으며 누구도 그에 대하여 악의에 기한 항변으로 대항할 수 없다.

**제2259조** 제2221조 및 제2222조와 본권 제20편 제3장 및 제4장의 규정은 본장의 규정의 유보 하에 취득시효에 준용된다.

## Section 1 Des conditions de la prescription acquisitive.

**Article 2260** On ne peut prescrire les biens ou les droits qui ne sont point dans le commerce.

**Article 2261** Pour pouvoir prescrire, il faut une possession continue et non interrompue, paisible, publique, non équivoque, et à titre de propriétaire.

**Article 2262** Les actes de pure faculté et ceux de simple tolérance ne peuvent fonder ni possession ni prescription.

**Article 2263** Les actes de violence ne peuvent fonder non plus une possession capable d'opérer la prescription.

La possession utile ne commence que lorsque la violence a cessé.

**Article 2264** Le possesseur actuel qui prouve avoir possédé anciennement est présumé avoir possédé dans le temps intermédiaire, sauf la preuve contraire.

**Article 2265** Pour compléter la prescription, on peut joindre à sa possession celle de son auteur, de quelque manière qu'on lui ait succédé, soit à titre universel ou particulier, soit à titre lucratif ou onéreux.

**Article 2266** Ceux qui possèdent pour autrui ne prescrivent jamais par quelque laps de temps que ce soit.

Ainsi, le locataire, le dépositaire, l'usufruitier et tous autres qui détiennent précairement le bien ou le droit du propriétaire ne peuvent le prescrire.

**Article 2267** Les héritiers de ceux qui tenaient le bien ou le droit à quelqu'un des titres désignés par l'article précédent ne peuvent non plus prescrire.

## 제1절 취득시효의 요건

**제2260조** 전혀 거래의 대상이 되지 않는 물건이나 권리는 시효로 취득할 수 없다.

**제2261조** 시효취득을 위하여는, 계속되고 중단되지 않으며, 평온하고, 공연하며, 모호하지 않고, 소유자의 권원에 의한 점유가 있어야 한다.

**제2262조** 순수자유행위[46]와 단순관용행위[47]는 점유나 취득시효의 기초가 될 수 없다.

**제2263조** ① 폭력행위도 시효취득을 할 수 있는 점유의 기초가 될 수 없다.

② 유효한 점유는 폭력이 종료한 때에만 개시된다.

**제2264조** 과거에 점유하였음을 증명하는 현재의 점유자는, 반증이 있는 경우를 제외하고, 중간 기간에도 점유한 것으로 추정된다.

**제2265조** 시효완성을 위하여, 포괄적이거나 특정한 권원이든, 영리적이거나 유상의 권원이든, 어떠한 방식으로 승계하였는지를 불문하고 자신의 점유에 피승계인의 점유를 합할 수 있다.

**제2266조** ① 타인을 위하여 점유하는 사람은 그 시간의 경과가 어떠하든 시효취득을 할 수 없다.
② 따라서, 임차인, 수치인, 점용권자 그리고 소유자의 재산이나 권리를 일시적으로 소지하는 다른 모든 사람도 이를 시효로 취득할 수 없다.

**제2267조** 제2266조에서 정한 권원으로 누군가에 속하는 재산이나 권리를 소지한 사람의 상속인도 시효취득을 할 수 없다.

---

46) 순수자유행위(les actes de pure faculté)는 타인의 권리를 침해하지 않는 권리 또는 자유의 작용을 말한다. 예를 들어, 바닷가 토지 소유자가 바닷가에 건축물을 가지지 않고 있다고 해서 건축의 자유가 소멸되지 않는데 반해, 그의 이웃은 그가 가진 경관의 이익을 계속 보유하기 위해서 조망 지역권을 취득한 것이 아니다. Ph. Malaurie et L. Aynès, Droit des biens, LGDJ, 8e éd., 2019. n°556.

47) 단순관용행위(les actes de simple tolérance)는 무상으로 토지소유자로부터 철회가능한 허락을 받아 타인의 토지에 행위하는 것을 말한다. 예를 들어, 이웃이 그의 토지에 대한 통행을 허용하는 경우를 들 수 있다. Ph. Malaurie et L. Aynès, Droit des biens, LGDJ, 8e éd., 2019. n°556.

**Article 2268** Néanmoins, les personnes énoncées dans les articles 2266 et 2267 peuvent prescrire, si le titre de leur possession se trouve interverti, soit par une cause venant d'un tiers, soit par la contradiction qu'elles ont opposée au droit du propriétaire.

**Article 2269** Ceux à qui les locataires, dépositaires, usufruitiers et autres détenteurs précaires ont transmis le bien ou le droit par un titre translatif de propriété peuvent la prescrire.

**Article 2270** On ne peut pas prescrire contre son titre, en ce sens que l'on ne peut point se changer à soi-même la cause et le principe de sa possession.

**Article 2271** La prescription acquisitive est interrompue lorsque le possesseur d'un bien est privé pendant plus d'un an de la jouissance de ce bien soit par le propriétaire, soit même par un tiers.

### Section 2 De la prescription acquisitive en matière immobilière.

**Article 2272** Le délai de prescription requis pour acquérir la propriété immobilière est de trente ans.

   Toutefois, celui qui acquiert de bonne foi et par juste titre un immeuble en prescrit la propriété par dix ans.

**Article 2273** Le titre nul par défaut de forme ne peut servir de base à la prescription de dix ans.

**Article 2274** La bonne foi est toujours présumée, et c'est à celui qui allègue la mauvaise foi à la prouver.

**Article 2275** Il suffit que la bonne foi ait existé au moment de l'acquisition.

**제2268조** 그럼에도 불구하고, 제2266조와 제2267조에서 규정된 사람들일지라도, 제3자에 기인한 원인으로든, 그들이 소유자의 권리에 대항하여 한 반대주장으로든, 그들의 점유 권원이 전환된다면, 시효취득을 할 수 있다.

**제2269조** 임차인, 수치인, 점용권자 기타 일시적 소지인으로부터 소유권이전권원에 의거하여 물건이나 권리를 양수받은 사람은 이를 시효로 취득할 수 있다.

**제2270조** 자신의 점유의 원인과 원칙을 스스로 변경할 수 없다는 점에서, 누구도 자신의 권원에 반하여 시효취득을 할 수 없다.

**제2271조** 물건의 점유자가, 소유자에 의하여든, 제3자에 의하여든, 1년을 넘는 기간 동안 그 재산의 향유를 박탈당한 경우 취득시효는 중단된다.

## 제2절 부동산에 관한 취득시효

**제2272조** ① 부동산 소유권을 취득하기 위해 요구되는 시효기간은 30년이다.

② 그러나 선의와 정당한 권원으로 부동산을 취득한 사람은 10년의 경과로 부동산의 소유권을 시효취득한다.

**제2273조** 형식상의 흠결로 무효인 권원은 10년 시효의 기초가 되지 못한다.

**제2274조** 선의는 항상 추정되며, 악의를 주장하는 사람이 이를 증명해야 한다.

**제2275조** 선의는 취득 시에 존재한 것으로 충분하다.

## Section 3 De la prescription acquisitive en matière mobilière.

**Article 2276** En fait de meubles, la possession vaut titre.

Néanmoins, celui qui a perdu ou auquel il a été volé une chose peut la revendiquer pendant trois ans à compter du jour de la perte ou du vol, contre celui dans les mains duquel il la trouve ; sauf à celui-ci son recours contre celui duquel il la tient.

**Article 2277** Si le possesseur actuel de la chose volée ou perdue l'a achetée dans une foire ou dans un marché, ou dans une vente publique, ou d'un marchand vendant des choses pareilles, le propriétaire originaire ne peut se la faire rendre qu'en remboursant au possesseur le prix qu'elle lui a coûté.

Le bailleur qui revendique, en vertu de l'article 2332, les meubles déplacés sans son consentement et qui ont été achetés dans les mêmes conditions doit également rembourser à l'acheteur le prix qu'ils lui ont coûté.

## Chapitre III De la protection possessoire

**Article 2278** La possession est protégée, sans avoir égard au fond du droit, contre le trouble qui l'affecte ou la menace.

La protection possessoire est pareillement accordée au détenteur contre tout autre que celui de qui il tient ses droits.

**Article 2279** (abrogé)

## Livre IV Des sûretés

**Article 2284** Quiconque s'est obligé personnellement, est tenu de remplir son engagement sur tous ses biens mobiliers et immobiliers, présents et à venir.

**Article 2285** Les biens du débiteur sont le gage commun de ses créanciers ; et le prix s'en distribue entre eux par contribution, à moins qu'il n'y ait entre les créanciers des causes légitimes de préférence.

## 제3절 동산에 관한 취득시효

**제2276조** ① 동산에 관하여, 점유는 권원의 효과를 가진다.
② 그럼에도 불구하고, 물건을 유실하였거나 도난당한 사람은, 유실 또는 도난일로부터 3년 동안 그가 찾는 물건을 소지한 사람에 대하여 그 반환을 청구할 수 있다. 다만, 소지자는 그 물건을 자신에게 인도한 사람을 상대로 상환청구권을 행사할 수 있다.

**제2277조** ① 도품 또는 유실물의 현재 점유자가 정기시장, 상설시장, 공매 또는 동종의 물건을 판매하는 상인에게서 물건을 구매하였다면, 원소유자는 물건에 소요된 가액을 점유자에게 상환해야만 이를 반환받을 수 있다.

② 제2332조에 의거하여, 임대인의 동의 없이 이전되어 동일한 조건으로 매매된 동산의 반환을 청구하는 임대인도, 물건에 소요된 가액을 매수인에게 상환하여야 한다.


## 제3장 점유보호

**제2278조** ① 점유는, 본권(本權)에 관계없이, 점유에 영향을 주거나 이를 위태롭게 하는 방해로부터 보호를 받는다.
② 점유보호는 소지자가 권리를 받은 사람 이외의 모든 사람을 대상으로 소지자에게 마찬가지로 인정된다.

**제2279조** (삭제)

## 제4권 담보

**제2284조** 누구든지 개인적으로 채무를 부담한 자는, 현재 및 장래의, 자신의 모든 동산과 부동산인 재산을 가지고 의무를 이행할 책임이 있다.

**제2285조** 채무자의 재산은 그의 채권자들의 공동담보가 된다. 그리고 그 재산 가액은 채권자들 사이에 적법한 우선권의 근거가 없는 한, 채권자들 간에 비례하여 분배된다.

**Article 2286** Peut se prévaloir d'un droit de rétention sur la chose :

    1° Celui à qui la chose a été remise jusqu'au paiement de sa créance ;

    2° Celui dont la créance impayée résulte du contrat qui l'oblige à la livrer ;

    3° Celui dont la créance impayée est née à l'occasion de la détention de la chose ;

    4° Celui qui bénéficie d'un gage sans dépossession.

    Le droit de rétention se perd par le dessaisissement volontaire.

**Article 2287** Les dispositions du présent livre ne font pas obstacle à l'application des règles prévues en cas d'ouverture d'une procédure de sauvegarde, de redressement judiciaire ou de liquidation judiciaire ou encore en cas d'ouverture d'une procédure de traitement des situations de surendettement des particuliers.

## Titre I<sup>er</sup> Des sûretés personnelles

**Article 2287-1** Les sûretés personnelles régies par le présent titre sont le cautionnement, la garantie autonome et la lettre d'intention.

### Chapitre I<sup>er</sup> Du cautionnement

### Section 1 Dispositions générales

**Article 2288** Le cautionnement est le contrat par lequel une caution s'oblige envers le créancier à payer la dette du débiteur en cas de défaillance de celui-ci.

    Il peut être souscrit à la demande du débiteur principal ou sans demande de sa part et même à son insu.

**Article 2289** Lorsque la loi subordonne l'exercice d'un droit à la fourniture d'un cautionnement, il est dit légal.

    Lorsque la loi confère au juge le pouvoir de subordonner la satisfaction d'une demande à la fourniture d'un cautionnement, il est dit judiciaire.

**제2286조** ① 다음 각 호의 자는 물건에 대한 유치권을 주장할 수 있다.
1. 자신의 채권을 변제받을 때까지 물건을 교부받은 자
2. 물건을 인도할 의무가 있는 계약에서 발생한 채권을 변제받지 못한 자
3. 물건의 소지와 관련하여 발생한 채권을 변제받지 못한 자
4. 비점유질권을 향유하는 자[48]
② 유치권은 자발적인 소지 상실로 소멸한다.

**제2287조** 본권의 규정은 구제절차, 재판상 회생 또는 재판상 청산절차 개시의 경우 또는 개인의 채무초과상태의 처리 절차[49]의 개시에 대하여 정한 규정의 적용에 장애가 되지 아니한다.


# 제1편 인적 담보

**제2287-1조** 본편에 규정된 인적담보에는 보증, 독립적 보증, 그리고 의향서가 있다.


# 제1장 보증

## 제1절 총칙

**제2288조** ① 보증은 보증인이 채무자의 채무불이행의 경우에 채권자에게 채무자의 채무를 이행할 의무가 있는 계약이다.
② 보증은 주채무자의 부탁이 있거나 부탁이 없이 그리고 주채무자가 알지 못한 채로 행해질 수 있다.

**제2289조** ① 법률이 어느 권리의 실행을 보증의 제공에 따르게 하는 경우, 이를 법률상 보증이라 한다.
② 법률이 법관에게 보증제공 요구의 충족을 따르게 할 권한을 부여하는 경우, 이를 재판상 보증이라 한다.

---

48) 프랑스 민법상 유치권은, 비점유질권자에 대해서도 인정하는 점에서 우리 민법과는 차이를 가진다.
49) 이는 소비자파산절차로, 소비자보호법전 제7권상의 절차를 말한다.

**Article 2290** Le cautionnement est simple ou solidaire.

La solidarité peut être stipulée entre la caution et le débiteur principal, entre les cautions, ou entre eux tous.

**Article 2291** On peut se porter caution, envers le créancier, de la personne qui a cautionné le débiteur principal.

**Article 2291-1** Le sous-cautionnement est le contrat par lequel une personne s'oblige envers la caution à lui payer ce que peut lui devoir le débiteur à raison du cautionnement.

### Section 2 De la formation et de l'étendue du cautionnement

**Article 2292** Le cautionnement peut garantir une ou plusieurs obligations, présentes ou futures, déterminées ou déterminables.

**Article 2293** Le cautionnement ne peut exister que sur une obligation valable.

Néanmoins, celui qui se porte caution d'une personne physique dont il savait qu'elle n'avait pas la capacité de contracter est tenu de son engagement.

**Article 2294** Le cautionnement doit être exprès.

Il ne peut être étendu au-delà des limites dans lesquelles il a été contracté.

**Article 2295** Sauf clause contraire, le cautionnement s'étend aux intérêts et autres accessoires de l'obligation garantie, ainsi qu'aux frais de la première demande, et à tous ceux postérieurs à la dénonciation qui en est faite à la caution.

**Article 2296** Le cautionnement ne peut excéder ce qui est dû par le débiteur ni être contracté sous des conditions plus onéreuses, sous peine d'être réduit à la mesure de l'obligation garantie.

Il peut être contracté pour une partie de la dette seulement et sous des conditions moins onéreuses.

**제2290조** ① 보증은 단순보증 또는 연대보증이다.

② 연대성은 보증인과 주채무자 사이, 보증인들 사이, 또는 그들 모두 사이에 약정될 수 있다.


**제2291조** 누구든지 채권자에 대하여, 주채무자를 보증했던 자를, 보증할 수 있다.


**제2291-1조** 구상보증은 채무자가 보증인에게 보증으로 인하여 이행해야 할 수 있는 것을 어떤 사람이 보증인에게 변제할 의무가 있는 계약이다.

### 제2절 보증의 성립과 범위

**제2292조** 보증은 하나 또는 수 개의 채무, 현재 또는 장래의 채무, 확정되거나 확정될 수 있는 채무를 보증할 수 있다.

**제2293조** ① 보증은 유효한 채무에 대해서만 존재할 수 있다.

② 그럼에도 불구하고, 채무자가 계약체결 능력이 없는 자연인임을 아는 보증인은 그의 채무를 이행할 책임이 있다.

**제2294조** ① 보증은 명시적이어야 한다.

② 보증은 계약된 한도를 넘어 확장될 수 없다.

**제2295조** 반대 조항이 없으면, 보증은 피보증채무의 이자 및 그 밖의 부수적 채무뿐 아니라 최초의 청구비용 및 보증인에게 한 통지 이후의 모든 청구비용에 미친다.


**제2296조** ① 보증은 채무자에 의하여 부담되는 채무를 초과할 수 없고, 더 중한 조건으로 약정될 수 없으며, 이를 위반하는 경우 피보증채무의 범위로 감축된다.

② 보증은 채무의 일부만에 대해서나 감경된 조건으로 약정될 수 있다.

**Article 2297** A peine de nullité de son engagement, la caution personne physique appose elle-même la mention qu'elle s'engage en qualité de caution à payer au créancier ce que lui doit le débiteur en cas de défaillance de celui-ci, dans la limite d'un montant en principal et accessoires exprimé en toutes lettres et en chiffres. En cas de différence, le cautionnement vaut pour la somme écrite en toutes lettres.

Si la caution est privée des bénéfices de discussion ou de division, elle reconnaît dans cette mention ne pouvoir exiger du créancier qu'il poursuive d'abord le débiteur ou qu'il divise ses poursuites entre les cautions. A défaut, elle conserve le droit de se prévaloir de ces bénéfices.

La personne physique qui donne mandat à autrui de se porter caution doit respecter les dispositions du présent article.

**Article 2298** La caution peut opposer au créancier toutes les exceptions, personnelles ou inhérentes à la dette, qui appartiennent au débiteur, sous réserve des dispositions du deuxième alinéa de l'article 2293.

Toutefois la caution ne peut se prévaloir des mesures légales ou judiciaires dont bénéficie le débiteur en conséquence de sa défaillance, sauf disposition spéciale contraire.

**Article 2299** Le créancier professionnel est tenu de mettre en garde la caution personne physique lorsque l'engagement du débiteur principal est inadapté aux capacités financières de ce dernier.

A défaut, le créancier est déchu de son droit contre la caution à hauteur du préjudice subi par celle-ci.

**Article 2300** Si le cautionnement souscrit par une personne physique envers un créancier professionnel était, lors de sa conclusion, manifestement disproportionné aux revenus et au patrimoine de la caution, il est réduit au montant à hauteur duquel elle pouvait s'engager à cette date.

**Article 2301** La personne qui s'oblige au titre d'un cautionnement légal ou judiciaire doit avoir une solvabilité suffisante pour répondre de l'obligation.

Si cette caution devient insolvable, le débiteur doit lui substituer une autre caution, sous peine d'être déchu du terme ou de perdre l'avantage subordonné à la fourniture du cautionnement.

Le débiteur peut substituer au cautionnement légal ou judiciaire une sûreté réelle suffisante.

**제2297조** ① 보증채무가 무효가 되지 않기 위해서, 자연인인 보증인은 채무자의 채무불이행의 경우에 채무자가 변제해야 하는 것을, 글자와 숫자로 표시된 원금과 부수적 채무의 금액의 한도에서, 보증인으로서 채권자에게 변제할 의무가 있음을 자서하여야 한다. 차이가 있을 경우, 보증은 글자로 기재된 금액에 대해서만 유효하다.

② 보증인이 검색의 이익 또는 분별의 이익을 박탈당하면, 보증인은 채권자가 채무자에게 우선 청구하거나 또는 채권자가 보증인들 사이에 그의 청구를 분할하라고 채권자에게 요구할 수 없음을, 그 기재에서 인정한다. 그렇지 않으면, 보증인은 이 이익을 주장할 권리를 보유한다.

③ 타인에게 보증을 이행할 것을 위임하는 자연인은 본조의 규정을 준수해야 한다.

**제2298조** ① 보증인은, 인적 항변이든 채무에 내재한 항변이든, 채무자에게 속하는 모든 항변으로 채권자에게 대항할 수 있으나, 제2293조 제2항의 규정을 유보한다.

② 그럼에도 불구하고, 반대의 특별 규정이 없으면, 보증인은 채무자의 채무불이행의 결과로 채무자가 이익을 받는 법적 또는 재판상 조치를 주장할 수 없다.

**제2299조** ① 직업적 채권자는, 주채무자의 채무가 주채무자의 재정 능력에 부합하지 않는 경우, 자연인인 보증인에게 경고할 책임이 있다.

② 그렇지 않으면, 직업적 채권자는 보증인이 입은 손해의 정도까지 보증인에 대한 권리를 박탈당한다.

**제2300조** 직업적 채권자에 대하여 자연인이 한 보증이, 체결당시, 보증인의 소득과 재산에 명백히 타당하지 않는다면, 보증은 보증인이 그 날짜에 이행할 수 있는 한도금액으로 감축된다.

**제2301조** ① 법률상보증 또는 재판상보증으로 의무를 지는 자는 그 의무를 이행할 충분한 변제자력을 가져야 한다.
② 그 보증인이 변제자력이 없게 되면, 채무자는 다른 보증인으로 대체해야 하고, 이를 위반하면 기한이익을 상실하게 되거나 보증의 제공에 따르는 이익을 상실한다.

③ 채무자는 법률상보증 또는 재판상보증을 충분한 물적 담보로 대체할 수 있다.

## Section 3 Des effets du cautionnement

### Sous-section 1 Des effets du cautionnement entre le créancier et la caution

**Article 2302** Le créancier professionnel est tenu, avant le 31 mars de chaque année et à ses frais, de faire connaître à toute caution personne physique le montant du principal de la dette, des intérêts et autres accessoires restant dus au 31 décembre de l'année précédente au titre de l'obligation garantie, sous peine de déchéance de la garantie des intérêts et pénalités échus depuis la date de la précédente information et jusqu'à celle de la communication de la nouvelle information. Dans les rapports entre le créancier et la caution, les paiements effectués par le débiteur pendant cette période sont imputés prioritairement sur le principal de la dette.

Le créancier professionnel est tenu, à ses frais et sous la même sanction, de rappeler à la caution personne physique le terme de son engagement ou, si le cautionnement est à durée indéterminée, sa faculté de résiliation à tout moment et les conditions dans lesquelles celle-ci peut être exercée.

Le présent article est également applicable au cautionnement souscrit par une personne morale envers un établissement de crédit ou une société de financement en garantie d'un concours financier accordée à une entreprise.

**Article 2303** Le créancier professionnel est tenu d'informer toute caution personne physique de la défaillance du débiteur principal dès le premier incident de paiement non régularisé dans le mois de l'exigibilité de ce paiement, à peine de déchéance de la garantie des intérêts et pénalités échus entre la date de cet incident et celle à laquelle elle en a été informée.

Dans les rapports entre le créancier et la caution, les paiements effectués par le débiteur pendant cette période sont imputés prioritairement sur le principal de la dette.

**Article 2304** Dans le mois qui en suit la réception, la caution communique à ses frais à la sous-caution personne physique les informations qu'elle a reçues en application des articles 2302 et 2303.

**Article 2305** Le bénéfice de discussion permet à la caution d'obliger le créancier à poursuivre d'abord le débiteur principal.

Ne peut se prévaloir de ce bénéfice ni la caution tenue solidairement avec le débiteur, ni celle qui a renoncé à ce bénéfice, non plus que la caution judiciaire.

## 제3절 보증의 효력

## 제1부속절 채권자와 보증인 사이의 보증의 효력

**제2302조** ① 직업적 채권자는 매년 3월 31일 이전에 자신의 비용으로, 전년의 12월 31일에 보증채무로서 의무가 남아있는 채무의 원본 금액, 이자와 그 밖의 부수적 채무를, 모든 자연인인 보증인에게 고지할 책임이 있으며, 그러하지 아니하면 이전의 통지일 이후로 새로운 통지가 전달된 날까지의 변제기가 도래한 이자 및 위약금에 대한 보증이 실효된다. 채권자와 보증인 사이의 관계에서, 이 기간 동안 채무자에 의하여 이행된 변제는 채무의 원본에 대하여 우선하여 충당된다.

② 직업적 채권자는 그의 비용으로 동일한 제재 하에, 자연인인 보증인에게 그의 채무의 기한을, 만일 보증이 불확정 기간이라면, 언제든지 해지할 권한과 해지권이 실행될 수 있는 조건을 알릴 책임이 있다.

③ 본조는 기업에 부여된 금융지원의 담보로서 법인이 신용기관 또는 금융회사에 대하여 한 보증에 대해서도 적용된다.

**제2303조** ① 직업적 채권자는, 변제 요구가능한 달에 첫 번째 연체사고가 발생한 즉시, 모든 자연인인 보증인에게 주채무자의 불이행을 통지할 책임이 있으며, 그러하지 아니하면 그 사고일과 통지가 된 날 사이에 변제기가 도래한 이자 및 위약금의 보증이 실효된다.

② 채권자와 보증인 사이의 관계에서, 이 기간 동안 채무자에 의하여 이행된 변제는 채무의 원본에 대하여 우선하여 충당된다.

**제2304조** 그 수령 이후 한 달 내에, 보증인은 그의 비용으로 구상보증인인 자연인에게 자신이 제2302조와 제2303조의 적용에 의하여 취득한 정보를 알려준다.

**제2305조** ① 검색의 이익은 보증인에게 채권자로 하여금 먼저 주채무자에게 소구하는 것을 강제할 수 있도록 한다.
② 채무자와 연대하여 채무를 부담한 보증인이나 검색의 이익을 포기한 보증인은 이 이익을 주장할 수 없고, 재판상 보증인도 그러하다.

**Article 2305-1** Le bénéfice de discussion doit être invoqué par la caution dès les premières poursuites dirigées contre elle.

La caution doit indiquer au créancier les biens du débiteur susceptibles d'être saisis, qui ne peuvent être des biens litigieux ou grevés d'une sûreté spéciale au profit d'un tiers.

Si le créancier omet de poursuivre le débiteur, il répond à l'égard de la caution de l'insolvabilité de celui-ci à concurrence de la valeur des biens utilement indiqués.

**Article 2306** Lorsque plusieurs personnes se sont portées cautions de la même dette, elles sont chacune tenues pour le tout.

Néanmoins, celle qui est poursuivie peut opposer au créancier le bénéfice de division. Le créancier est alors tenu de diviser ses poursuites et ne peut lui réclamer que sa part de la dette.

Ne peuvent se prévaloir du bénéfice de division les cautions solidaires entre elles, ni les cautions qui ont renoncé à ce bénéfice.

**Article 2306-1** Le bénéfice de division doit être invoqué par la caution dès les premières poursuites dirigées contre elle.

Il ne peut être mis en œuvre qu'entre cautions solvables. L'insolvabilité d'une caution au jour où la division est invoquée est supportée par celles qui sont solvables. La caution qui a demandé la division ne peut plus être recherchée à raison de l'insolvabilité d'une autre, survenue postérieurement.

**Article 2306-2** Si le créancier a divisé de lui-même son action, il ne peut plus revenir sur cette division, même s'il y avait, au temps de l'action, des cautions insolvables.

**Article 2307** L'action du créancier ne peut avoir pour effet de priver la caution personne physique du minimum de ressources fixé à l'article L. 731-2 du code de la consommation.

**제2305-1조** ① 검색의 이익은 보증인을 상대로 제기된 최초의 소구 직후 보증인에 의하여 원용되어야 한다.

② 보증인은 압류할 수 있는 주채무자의 재산을 채권자에게 적시하여야 하고, 이 재산은 계쟁 중이거나 제3자의 이익을 위하여 특정 담보가 부과된 재산이어서는 아니된다.

③ 채권자가 채무자에게 소구를 해태하였으면, 채권자는 보증인에 대하여 유효하게 적시된 재산 가액의 한도에서 주채무자의 무자력에 관한 책임을 부담하여야 한다.

**제2306조** ① 수인이 동일한 채무를 위하여 보증인이 된 경우, 그들은 각자가 채무 전부에 대하여 책임을 진다.

② 그럼에도 불구하고, 소구된 보증인은 채권자에게 분별의 이익으로 대항할 수 있다. 채권자는 이 경우에 그들의 소구를 분할할 의무가 있고, 보증인에게 채무 중 그의 부담 부분만을 청구할 수 있다.

③ 보증인 중 연대채무자는 분별의 이익을 주장할 수 없고, 분별의 이익을 포기한 보증인도 이를 주장할 수 없다.

**제2306-1조** ① 분별의 이익은 보증인을 상대로 제기된 최초의 소구 직후 보증인에 의하여 원용되어야 한다.

② 분별의 이익은 자력이 있는 보증인 사이에서만 행사될 수 있다. 분별이 원용될 당시 보증인 1인의 무자력은 자력이 있는 보증인에 의하여 분담된다. 분별을 청구한 보증인은 그 이후 발생한 다른 보증인의 무자력을 이유로 더 이상 추급될 수 없다.

**제2306-2조** 채권자 자신이 소권을 분할하면, 채권자는 더 이상 이 분할을 번복할 수 없고, 소 제기 시 무자력 보증인이 있었던 경우에도 그러하다.

**제2307조** 채권자의 소권은 소비자법전 제L.731-2조에서 정한 최저 소득을 자연인인 보증인으로부터 박탈하는 효과를 가질 수 없다.

## Sous-section 2 Des effets du cautionnement entre le débiteur et la caution

**Article 2308** La caution qui a payé tout ou partie de la dette a un recours personnel contre le débiteur tant pour les sommes qu'elle a payées que pour les intérêts et les frais.

Les intérêts courent de plein droit du jour du paiement.

Ne sont restituables que les frais postérieurs à la dénonciation, faite par la caution au débiteur, des poursuites dirigées contre elle.

Si la caution a subi un préjudice indépendant du retard dans le paiement des sommes mentionnées à l'alinéa premier, elle peut aussi en obtenir réparation.

**Article 2309** La caution qui a payé tout ou partie de la dette est subrogée dans les droits qu'avait le créancier contre le débiteur.

**Article 2310** Lorsqu'il y a plusieurs débiteurs principaux solidaires d'une même dette, la caution dispose contre chacun d'eux des recours prévus aux articles précédents.

**Article 2311** La caution n'a pas de recours si elle a payé la dette sans en avertir le débiteur et si celui-ci l'a acquittée ultérieurement ou disposait, au moment du paiement, des moyens de la faire déclarer éteinte. Toutefois, elle peut agir en restitution contre le créancier.

## Sous-section 3 Des effets du cautionnement entre les cautions

**Article 2312** En cas de pluralité de cautions, celle qui a payé a un recours personnel et un recours subrogatoire contre les autres, chacune pour sa part.

## Section 4 De l'extinction du cautionnement

**Article 2313** L'obligation de la caution s'éteint par les mêmes causes que les autres obligations.

Elle s'éteint aussi par suite de l'extinction de l'obligation garantie.

## 제2부속절 채무자와 보증인 사이의 보증의 효력

**제2308조** ① 채무의 전부 또는 일부를 변제한 보증인은 자신이 변제한 금액 및 이자와 비용에 대하여 채무자에게 개인적 구상권이 있다.

② 이자는 변제일로부터 당연히 발생한다.

③ 보증인이 자신에 대하여 소구가 행하여졌음을 채무자에게 통지한 후의 비용만이 상환될 수 있다.

④ 보증인이 제1항에서 규정된 금액의 변제가 지체되는 것과 무관한 손해를 입게 되면, 보증인은 그에 관한 배상도 받을 수 있다.

**제2309조** 채무의 전부 또는 일부를 변제한 보증인은 채권자가 채무자에 대하여 가진 권리들을 대위한다.

**제2310조** 동일한 채무에 관하여 수인의 연대한 주채무자가 있는 경우, 보증인은 주채무자 각자에 대하여 제2308조와 제2309조에 규정된 구상권을 가진다.

**제2311조** 보증인이 채무자에게 통지하지 않고 채무를 변제하였고, 채무자가 그후 채무를 변제하거나 채무자가 변제 당시에 채무 소멸을 선언하게 할 수 있는 수단을 가졌다면, 보증인은 구상권을 가지지 못한다. 그러나, 보증인은 채권자에 대하여 그 반환의 소를 제기할 수 있다.

## 제3부속절 보증인 사이의 보증의 효력

**제2312조** 수인의 보증인이 있는 경우, 변제한 보증인은 다른 보증인에 대하여, 각자의 부담부분에 관하여 개인적 구상권 및 대위 구상권[50]을 가진다.

## 제4절 보증의 소멸

**제2313조** ① 보증채무는 다른 채무와 동일한 사유로 소멸한다.

② 보증채무는 피보증채무의 소멸에 따라 소멸한다.

---

50) 개인적 구상권은 보증인이 변제한 것을 넘어서 완전한 보상을 취득하도록 하는 반면, 대위 구상권은 보증인이 변제한 범위 내에서 채권자의 채무자에 대한 채권만을 이전하도록 하는 차이가 있다 [JurisClasseur, Civil Code, *Art. 2288 à 2320*, Philippe Simler(2021), n° 60].

**Article 2314** Lorsque la subrogation aux droits du créancier ne peut plus, par la faute de celui-ci, s'opérer en sa faveur, la caution est déchargée à concurrence du préjudice qu'elle subit.

Toute clause contraire est réputée non écrite.

La caution ne peut reprocher au créancier son choix du mode de réalisation d'une sûreté.

**Article 2315** Lorsqu'un cautionnement de dettes futures est à durée indéterminée, la caution peut y mettre fin à tout moment, sous réserve de respecter le délai de préavis contractuellement prévu ou, à défaut, un délai raisonnable.

**Article 2316** Lorsqu'un cautionnement de dettes futures prend fin, la caution reste tenue des dettes nées antérieurement, sauf clause contraire.

**Article 2317** Les héritiers de la caution ne sont tenus que des dettes nées avant le décès.

Toute clause contraire est réputée non écrite.

**Article 2318** En cas de dissolution de la personne morale débitrice ou créancière par l'effet d'une fusion, d'une scission ou de la cause prévue au troisième alinéa de l'article 1844-5, la caution demeure tenue pour les dettes nées avant que l'opération ne soit devenue opposable aux tiers ; elle ne garantit celles nées postérieurement que si elle y a consenti à l'occasion de cette opération ou, pour les opérations affectant la société créancière, par avance.

En cas de dissolution de la personne morale caution pour l'une des causes indiquées au premier alinéa, toutes les obligations issues du cautionnement sont transmises.

**Article 2319** La caution du solde d'un compte courant ou de dépôt ne peut plus être poursuivie cinq ans après la fin du cautionnement.

**Article 2320** La simple prorogation de terme, accordée par le créancier au débiteur principal, ne décharge pas la caution.

Lorsque le terme initial est échu, la caution peut soit payer le créancier et se retourner contre le débiteur, soit, en vertu des dispositions du livre V du code des procédures civiles d'exécution, solliciter la constitution d'une sûreté judiciaire sur tout bien du débiteur à hauteur des sommes garanties. Elle est alors présumée justifier de circonstances de menacer le recouvrement de sa créance, sauf preuve contraire apportée par le débiteur.

**제2314조** ① 채권자의 권리의 대위가 채권자의 귀책사유로 그의 이익을 위하여 더 이상 행사될 수 없게 된 때, 보증인은 자신이 입은 손해의 한도에서 책임을 면한다.

② 모든 반대 조항은 기재되지 않은 것으로 본다.
③ 보증인은 담보권 실행방법의 선택에 대하여 채권자의 책임을 물을 수 없다.

**제2315조** 장래 채무의 보증이 불확정 기간에 의한 것이라면, 보증인은 언제든지 이를 종료할 수 있으나, 계약상 정해진 예고 기간의 준수나, 그렇지 않으면, 합리적인 유예기한의 준수를 유보한다.

**제2316조** 장래 채무의 보증이 종료된 경우, 보증인은 그 이전에 발생한 채무에 대하여는 채무를 계속 부담하나, 반대 조항이 있으면 예외로 한다.

**제2317조** ① 보증인의 상속인은 사망 이전에 발생한 채무에 대하여만 책임을 진다.
② 모든 반대 조항은 기재되지 않은 것으로 본다.

**제2318조** ① 합병, 분할, 또는 제1844-5조 제3항에서 규정된 사유의 효력으로 채무자이거나 채권자인 법인이 해산된 경우, 보증인은 합병 등이 제3자에게 대항할 수 있기 전에 발생한 채무에 대하여 책임을 진다. 보증인은 채권자단에게 영향을 주는 합병 등의 상황이나 합병 등에 대하여 사전에 동의한 때에만 그 후 발생한 채무에 대하여 보증한다.

② 제1항에 명시된 사유 중 하나로 보증인인 법인이 해산된 경우, 보증으로 인한 모든 채무는 이전된다.

**제2319조** 당좌계좌나 정기계좌 미불금[51]의 보증인은 보증 종료 후 5년 이후로는 더 이상 소구될 수 없다.

**제2320조** ① 채권자와 채무자 사이에 합의된 단순한 기한 연장은, 보증인을 면책시키지 아니한다.
② 최초의 기한이 도래된 경우, 보증인은 채권자에게 변제하고 채무자에 대하여 구상하든지, 민사집행법전 제5권의 규정에 따라 채무자의 총 재산 위에 보증액의 한도에서 재판상 담보의 설정을 청구하든지 할 수 있다. 보증인은 이 경우에 자신의 채권의 추심에 해를 끼칠 가능성이 있는 상황을 증명하였다고 추정되나, 채무자가 제출한 반증이 있는 경우는 그러하지 아니하다.

---

51) 당좌계좌나 정기계좌의 보증인은 거래의 보증 종료 이후 계좌의 종료일까지 미불금을 지급할 의무를 지게 되므로, 민법 제2319조에 의하여 보증기간이 제한되게 된다[L. AYNÈS, P. CROCQ et A. AYNÈS, Droit des Sûretés, LGDJ(2015), n° 182].

## Chapitre II De la garantie autonome

**Article 2321** La garantie autonome est l'engagement par lequel le garant s'oblige, en considération d'une obligation souscrite par un tiers, à verser une somme soit à première demande, soit suivant des modalités convenues.

Le garant n'est pas tenu en cas d'abus ou de fraude manifestes du bénéficiaire ou de collusion de celui-ci avec le donneur d'ordre.

Le garant ne peut opposer aucune exception tenant à l'obligation garantie.

Sauf convention contraire, cette sûreté ne suit pas l'obligation garantie.

## Chapitre III De la lettre d'intention

**Article 2322** La lettre d'intention est l'engagement de faire ou de ne pas faire ayant pour objet le soutien apporté à un débiteur dans l'exécution de son obligation envers son créancier.

## Titre II Des sûretés réelles

### Sous-titre I^er Dispositions générales

**Article 2323** La sûreté réelle est l'affectation d'un bien ou d'un ensemble de biens, présents ou futurs, au paiement préférentiel ou exclusif du créancier.

**Article 2324** La sûreté réelle est légale, judiciaire ou conventionnelle, selon qu'elle est accordée par la loi à raison de la qualité de la créance, par un jugement à titre conservatoire, ou par une convention.

Elle est mobilière ou immobilière, selon qu'elle porte sur des biens meubles ou immeubles.

Elle est générale lorsqu'elle porte sur la généralité des meubles et des immeubles ou des seuls meubles ou des seuls immeubles. Elle est spéciale lorsqu'elle ne porte que sur des biens déterminés ou déterminables, meubles ou immeubles.

## 제2장 독립적 보증

**제2321조** ① 독립적 보증은 독립적 보증인이, 제3자에 의하여 약정된 채무를 고려하여, 요구불(要求拂)이든, 합의된 방법에 따르든, 일정액을 지급할 의무를 지는 약정이다.

② 독립적 보증인은 수익자의 명백한 권리 남용이나 사해가 있는 경우거나 수익자와 지시인의 공모가 있는 경우에는 책임을 지지 아니한다.
③ 독립적 보증인은 피보증채무에 관한 어떠한 항변으로도 대항할 수 없다.
④ 반대의 합의가 없으면, 이 담보는 피보증채무에 수반하지 아니한다.

## 제3장 의향서

**제2322조** 의향서는 어느 채무자의 채권자에 대한 채무 이행에 있어서 채무자에 대한 지원을 목적으로 하는 작위 또는 부작위의 의무부담이다.

## 제2편 물적 담보

### 제1부속편 총칙

**제2323조** 물적담보는, 현재 또는 장래의, 재산 또는 집합재산을, 채권자의 우선적 또는 배타적인 변제에 할당하는 것이다.

**제2324조** ① 물적담보는 채권의 성질을 이유로 법률에 의하여 부여되거나, 보전을 이유로 재판에 의하여 부여되거나 또는 합의에 의하여 부여되느냐에 따라 법정담보, 재판상담보 또는 약정담보이다.
② 물적담보는 동산 또는 부동산인 재산을 대상으로 하느냐에 따라, 동산담보 또는 부동산담보이다.
③ 물적담보는 동산과 부동산 일반, 또는 동산 일반만 또는 부동산 일반만을 목적으로 하는 경우에는 일반물적담보이다. 물적담보는 특정되거나 특정될 수 있는, 동산 또는 부동산인 재산만을 목적으로 하는 경우에는 특정물적담보이다.

**Article 2325** La sûreté réelle conventionnelle peut être constituée par le débiteur ou par un tiers.

Lorsqu'elle est constituée par un tiers, le créancier n'a d'action que sur le bien affecté en garantie. Les dispositions des articles 2299, 2302 à 2305-1, 2308 à 2312 et 2314 sont alors applicables.

**Article 2326** Une sûreté réelle peut être constituée sur les biens d'une personne morale de droit privé en vertu de pouvoirs résultant de délibérations ou délégations établis sous signatures privées alors même que la constitution de la sureté doit l'être par acte authentique.

**Article 2327** (abrogé)

**Article 2328** (abrogé)

**Article 2328-1** (abrogé)

## Sous-titre II Des sûretés sur les meubles

**Article 2329** Les sûretés sur les meubles sont :
1° Les privilèges mobiliers ;
2° Le gage de meubles corporels ;
3° Le nantissement de meubles incorporels ;
4° La propriété retenue ou cédée à titre de garantie.

## Chapitre I^er Des privilèges mobiliers

**Article 2330** Les privilèges mobiliers sont accordés par la loi.

Ils sont généraux ou spéciaux.

Les dispositions légales qui les régissent sont d'interprétation stricte.

Ils donnent le droit d'être préféré aux autres créanciers. Sauf disposition contraire, ils ne confèrent pas de droit de suite. Ils se reportent sur la créance de prix du débiteur à l'égard de l'acquéreur.

**제2325조** ① 약정물적담보는 채무자 또는 제3자에 의하여 설정될 수 있다.

② 약정물적담보가 제3자에 의하여 설정되는 경우, 채권자는 담보로 할당된 재산에 대해서만 소권을 가진다. 제2299조, 제2302조부터 제2305-1조까지, 제2308조부터 제2312조까지 및 제2314조의 규정은 이 경우에 적용된다.

**제2326조** 담보의 설정이 공정증서에 의하여 설정되어야 하더라도, 사법인의 재산에 대한 물적담보는 사서증서에 의하여 성립된 의결 또는 위임으로부터 발생하는 권한에 의하여 설정될 수 있다.

**제2327조** (삭제)

**제2328조** (삭제)

**제2328-1조** (삭제)


## 제2부속편 동산에 관한 담보

**제2329조** 동산에 관한 담보는 다음 각 호와 같다.
1. 동산우선특권
2. 유체동산질권
3. 무체동산질권
4. 담보목적으로 유보 또는 양도된 소유권


## 제1장 동산우선특권

**제2330조** ① 동산우선특권은 법률에 의하여 부여된다.
② 동산우선특권은 일반적이거나 특정적일 수 있다.
③ 동산우선특권을 규율하는 법률규정은 엄격한 해석에 의한다.
④ 동산우선특권은 다른 채권자에게 우선할 수 있는 권리를 부여한다. 반대의 규정이 없으면, 동산우선특권은 추급권을 부여하지 아니한다. 동산우선특권은 취득자와의 관계에서 채무자의 대금채권 위에 존속한다.

## Section 1 Des privilèges généraux

**Article 2331** Outre celles prévues par des lois spéciales, les créances privilégiées sur la généralité des meubles sont :

1° Les frais de justice, sous la condition qu'ils aient profité au créancier auquel le privilège est opposé ;

2° Les frais funéraires ;

3° Les rémunérations et indemnités suivantes :

- les rémunérations, pour les six derniers mois, des salariés et apprentis ;

- le salaire différé, pour l'année échue et pour l'année courante, institué par l'article L. 321-13 du code rural et de la pêche maritime ;

- les créances du conjoint survivant instituées par l'article 14 de la loi n° 89-1008 du 31 décembre 1989 relative au développement des entreprises commerciales et artisanales et à l'amélioration de leur environnement économique, juridique et social et l'article L. 321-21-1 du code rural et de la pêche maritime ;

- l'indemnité de fin de contrat prévue à l'article L. 1243-8 du code du travail et l'indemnité de précarité d'emploi prévue à l'article L. 1251-32 du même code ;

- l'indemnité due en raison de l'inobservation du préavis prévue à l'article L. 1234-5 du code du travailet l'indemnité compensatrice prévue à l'article L. 1226-14 du même code ;

- les indemnités dues pour les congés payés prévues aux articles L. 3141-24 et suivants du même code ;

- les indemnités de licenciement dues en application des conventions collectives de travail, des accords collectifs d'établissement, des règlements de travail, des usages, des dispositions des articles L. 1226-14, L. 1234-9, L. 7112-3 à L. 7112-5 du code du travail pour la totalité de la portion inférieure ou égale au plafond visé à l'article L. 3253-2 du même code et pour le quart de la portion supérieure audit plafond ;

- les indemnités dues, le cas échéant, aux salariés, en application des articles L. 1226-15, L. 1226-20, L. 1226-21, L. 1235-2 à L. 1235-4, L. 1235-11, L. 1235-12, L. 1235-14 et L. 1243-4 du code du travail ;

4° Pendant la dernière année, les produits livrés par un producteur agricole dans le cadre d'un accord interprofessionnel à long terme homologué, ainsi que les sommes dues par tout contractant d'un exploitant agricole en application d'un contrat-type homologué.

**Article 2331-1** Les privilèges du Trésor public et des caisses de Sécurité sociale sont déterminés par les lois qui les concernent.

## 제1절 일반우선특권

**제2331조** 특별법에 의하여 규정된 권리 외에, 동산 일반 위의 우선특권부채권은 다음 각 호와 같다.

1. 우선특권의 대항을 받은 채권자에게 이익이 되었음을 조건으로 하는 사법절차비용

2. 장례비용

3. 다음과 같은 보수와 보상금
- 임금근로자 또는 수습공의 마지막 6개월의 보수
- 농수산업법전 제L. 321-13조에 의하여 설정된 것으로서, 만기년도 및 당해연도로 미루어진 임금
- 상사 및 수공업기업의 발달과 경제적, 법적 및 사회적 여건의 개선에 관한 1989년 12월 31일 법률 제89-1008호 제14호와 농수산업법전 제L.321-21-1조에 의하여 신설된 생존배우자의 채권

- 노동법전 제L.1243-8조에 규정된 계약의 종료로 인한 보상금 및 노동법전 제L.1251-32조에 규정된 고용불안정으로 인한 보상금
- 노동법전 제L.1234-5조에 규정된 예고 위반을 원인으로 한 보상금과 노동법전 제L.1226-14조에 규정된 보상금
- 노동법전 제L.3141-24조 이하에 규정된 유급휴가에 대한 보상금

- 단체협약, 기업단체협정, 취업규칙, 관행 및 노동법전 제L.1226-14조, 제L.1234-9조, 제L.7112-3조부터 제L.7112-5조의 규정의 적용에 의한 해고보상금으로서, 노동법전 제L.3253-2조에 규정된 한도 이하 또는 동액의 전액에 대한 보상금과 해당 한도를 초과하는 부분의 4분의 1에 대한 보상금

- 경우에 따라, 노동법전 제L.1226-15조, 제L.1226-20조, 제L.1226-21조, 제L.1235-2조부터 제L.1235-4조, 제L.1235-11조, 제L.1235-12조, 제L.1235-14조 및 제L.1243-4조의 적용에 의하여 임금근로자가 받는 보상금

4. 최근연도 동안, 동일한 장기의 직업 간 합의의 범위 내의 농촌생산자에 의하여 교부된 산출물 및 동일한 전형계약의 적용에 의하여 농촌경영자의 모든 계약자가 부담하는 금액

**제2331-1조** 국고 및 사회보장기관의 우선특권은 그에 관한 법률로 정한다.

## Section 2 Des privilèges spéciaux

**Article 2332** Outre celles prévues par des lois spéciales, les créances privilégiées sur certains meubles sont :

1° Toutes les sommes dues en exécution d'un bail ou de l'occupation d'un immeuble, sur le mobilier garnissant les lieux et appartenant au débiteur, y compris, le cas échéant, le mobilier d'exploitation et la récolte de l'année ;

2° Les frais de conservation d'un meuble, sur celui-ci ;

3° Le prix de vente d'un meuble, sur celui-ci ;

4° Les créances nées du contrat de travail de l'auxiliaire salarié d'un travailleur à domicile répondant à la définition de l'article L.7412-1 du code du travail, sur les sommes dues à ce travailleur par les donneurs d'ouvrage.

## Section 3 Du classement des privilèges

**Article 2332-1** Sauf dispositions contraires, les privilèges spéciaux priment les privilèges généraux.

**Article 2332-2** Les privilèges généraux s'exercent dans l'ordre de l'article 2331, à l'exception du privilège du Trésor public, dont le rang est déterminé par les lois qui le concernent, et du privilège des caisses de sécurité sociale, qui vient au même rang que le privilège des salariés.

Les créanciers privilégiés qui sont dans le même rang sont payés par concurrence.

**Article 2332-3** Les privilèges spéciaux du bailleur d'immeuble, du conservateur et du vendeur de meuble s'exercent dans l'ordre qui suit :

1° Le privilège du conservateur, lorsque les frais de conservation sont postérieurs à la naissance des autres privilèges ;

2° Le privilège du bailleur d'immeuble, qui ignorait l'existence des autres privilèges ;

3° Le privilège du conservateur, lorsque les frais de conservation sont antérieurs à la naissance des autres privilèges ;

4° Le privilège du vendeur de meuble ;

5° Le privilège du bailleur d'immeuble, qui connaissait l'existence des autres privilèges.

Entre les conservateurs du même meuble, la préférence est donnée au plus récent.

Pour l'application des règles ci-dessus, le privilège de l'auxiliaire salarié d'un travailleur à domicile est assimilé au privilège du vendeur de meuble.

## 제2절 특정우선특권

**제2332조** 특별법에 의하여 규정된 권리 외에, 일정한 동산에 관한 우선특권부채권은 다음 각 호와 같다.

1. 경우에 따라서는 경작용 동산과 당해연도 수확물을 포함하여, 채무자의 소유이면서 해당 장소를 차지하고 있는 동산에 대한, 부동산의 임대 또는 점유로 인해 발생한 금액

2. 동산에 관한, 그 동산의 보관비용
3. 동산에 관한, 그 동산의 매각대금
4. 도급계약의 발주자에 의하여 위 프리랜서에게 지급할 금액에 관한, 노동법전 제L.7412-1조의 정의에 해당하는 프리랜서의 유급보조자의 근로계약에서 발생한 채권

## 제3절 우선특권의 순위

**제2332-1조** 반대의 규정이 없으면, 특정우선특권은 일반우선특권에 우선한다.

**제2332-2조** ① 일반우선특권은 제2331조의 순위에 따라 행사되나, 관련 법률에 의하여 그 순위가 정해진 국고우선특권 및 임금우선특권과 동일한 순위인 사회보장기금들의 우선특권은 제외한다.

② 동일한 순위에 있는 우선특권부채권은 경합하여 변제된다.

**제2332-3조** ① 부동산임대인, 동산의 보관자 및 매도인의 특정우선특권은 다음 각 호의 순서에 따라 행사된다.
1. 보관비용이 다른 우선특권의 발생 후의 것인 경우에는, 보관자의 우선특권

2. 다른 우선특권의 존재를 알지 못한 부동산임대인의 우선특권
3. 보관비용이 다른 우선특권의 발생 전의 것인 경우, 보관자의 우선특권

4. 동산 매도인의 우선특권
5. 다른 우선특권의 존재를 알고 있는 부동산임대인의 우선특권

② 동일한 동산의 보관자 사이에는, 우선권은 가장 최근의 보관자에게 주어진다.
③ 제1항 및 제2항의 규정을 적용함에 있어, 프리랜서의 유급보조자의 우선특권은 동산 매도인의 우선특권과 동일하게 본다.

**Article 2332-4** Sauf loi spéciale, le droit de préférence conféré par le gage s'exerce au rang du privilège du bailleur d'immeuble.

## Chapitre II Du gage de meubles corporels

**Article 2333** Le gage est une convention par laquelle le constituant accorde à un créancier le droit de se faire payer par préférence à ses autres créanciers sur un bien mobilier ou un ensemble de biens mobiliers corporels, présents ou futurs.

Les créances garanties peuvent être présentes ou futures ; dans ce dernier cas, elles doivent être déterminables.

**Article 2334** Le gage peut avoir pour objet des meubles immobilisés par destination.

L'ordre de préférence entre le créancier hypothécaire et le créancier gagiste est déterminé conformément à l'article 2419.

**Article 2335** Le gage de la chose d'autrui peut être annulé à la demande du créancier qui ignorait que la chose n'appartenait pas au constituant.

**Article 2336** Le gage est parfait par l'établissement d'un écrit contenant la désignation de la dette garantie, la quantité des biens donnés en gage ainsi que leur espèce ou leur nature.

**Article 2337** Le gage est opposable aux tiers par la publicité qui en est faite.

Il l'est également par la dépossession entre les mains du créancier ou d'un tiers convenu du bien qui en fait l'objet ou du titre qui, tel un connaissement, le représente.

Lorsque le gage a été régulièrement publié, les ayants cause à titre particulier du constituant ne peuvent se prévaloir de l'article 2276.

**Article 2338** (abrogé)

**Article 2339** Le constituant ne peut exiger la radiation de l'inscription ou la restitution du bien gagé qu'après avoir entièrement payé la dette garantie en principal, intérêts et frais.

**제2332-4조** 특별법이 없으면, 질권에 의하여 부여되는 우선권은 부동산임대인의 우선특권의 순위에 따라 행사된다.


# 제2장 유체동산질권

**제2333조** ① 질권합의는 설정자가 현재 또는 장래의 동산 또는 유체동산의 집합에 대하여 채권자에게 자신의 다른 채권자에 대하여 우선하여 변제받을 수 있는 권리를 부여하는 합의를 말한다.
② 피담보채권은 현재 또는 장래의 채권일 수 있다. 후자의 경우 확정될 수 있어야 한다.


**제2334조** ① 질권은 용도에 의하여 부동산이 된 동산을 목적으로 할 수 있다.
② 저당권자와 질권부채권자 사이의 우선순위는 제2419조에 따라 결정된다.


**제2335조** 타인의 물건에 대한 질권은 물건이 설정자에게 속하지 않다는 것을 몰랐던 채권자의 청구에 의하여 무효화될 수 있다.

**제2336조** 질권은 피담보채무의 표시와 질권이 설정된 동산의 양 및 질물의 종류 또는 성질을 포함하는 서면의 작성에 의하여 완성된다.


**제2337조** ① 질권은 그에 대하여 공시가 행해짐으로써 제3자에게 대항할 수 있다.
② 채권자 또는 합의된 제3자에게 질권의 객체인 동산 또는 선하증권과 같이 그 동산을 표상하는 증서의 점유의 이전에 의하여도 제3자에게 대항할 수 있다.
③ 질권이 적법하게 공시되었을 경우, 설정자의 특정승계인은 제2276조를 원용할 수 없다.


**제2338조** (삭제)

**제2339조** 질권설정자는 피담보채무의 원본, 이자 및 비용을 전부 변제한 후에만 등록의 말소 또는 질권이 설정된 동산의 반환을 청구할 수 있다.

**Article 2340** Lorsqu'un même bien fait l'objet de plusieurs gages successifs sans dépossession, le rang des créanciers est réglé par l'ordre de leur inscription.

Lorsqu'un bien donné en gage sans dépossession fait ultérieurement l'objet d'un gage avec dépossession, le droit de préférence du créancier gagiste antérieur est opposable au créancier gagiste postérieur lorsqu'il est régulièrement publié nonobstant le droit de rétention de ce dernier.

**Article 2341** Lorsque le gage avec dépossession a pour objet des choses fongibles, le créancier doit les tenir séparées des choses de même nature qui lui appartiennent. A défaut, le constituant peut se prévaloir des dispositions du premier alinéa de l'article 2344.

Si la convention dispense le créancier de cette obligation, il acquiert la propriété des choses gagées à charge de restituer la même quantité de choses équivalentes.

Dans le cas visé au premier alinéa, le constituant peut, si la convention le prévoit, aliéner les choses gagées à charge de les remplacer par la même quantité de choses équivalentes.

**Article 2342** Lorsque le gage sans dépossession a pour objet des choses fongibles, le constituant peut, sauf convention contraire, les aliéner à charge de les remplacer par la même quantité de choses équivalentes.

**Article 2342-1** Lorsque le constituant a la faculté d'aliéner les biens gagés dans les conditions prévues par les articles 2341 ou 2342, les biens acquis en remplacement sont de plein droit compris dans l'assiette du gage.

**Article 2343** Le constituant doit rembourser au créancier ou au tiers convenu les dépenses utiles ou nécessaires que celui-ci a faites pour la conservation du gage.

**Article 2344** Lorsque le gage est constitué avec dépossession, le constituant peut réclamer la restitution du bien gagé, sans préjudice de dommages-intérêts, si le créancier ou le tiers convenu ne satisfait pas à son obligation de conservation du gage.

Lorsque le gage est constitué sans dépossession, le créancier peut se prévaloir de la déchéance du terme de la dette garantie ou solliciter un complément de gage si le constituant ne satisfait pas à son obligation de conservation du gage.

**Article 2345** Sauf convention contraire, lorsque le détenteur du bien gagé est le créancier de la dette garantie, il perçoit les fruits de ce bien et les impute sur les intérêts ou, à défaut, sur le capital de la dette.

**제2340조** ① 동일한 동산이 점유이전 없이 수 개의 순차적인 질권의 객체가 되는 경우, 채권자의 순위는 질권의 등록된 순서에 따라 정해진다.
② 점유이전 없이 질권이 설정된 동산이 나중에 점유이전이 있는 질권의 객체가 된 경우, 질권부채권자의 우선권은, 질권이 적법하게 공시되는 경우, 후질권부채권자에게 유치권이 있더라도 그에게 대항할 수 있다.

**제2341조** ① 점유질권이 대체물을 목적으로 하는 경우, 채권자는 자신에게 속하는 동일한 성질의 물건과 분리하여 그 물건을 보존하여야 한다. 그렇지 않으면, 질권설정자는 제2344조 제1항의 규정을 원용할 수 있다.
② 합의로 채권자를 제1항의 의무에서 면하게 한다면, 채권자는 등가·동량의 물건으로 반환하는 의무를 부담하여 질물의 소유권을 취득한다.
③ 제1항에 규정된 경우, 설정자는, 합의가 이를 정하면, 등가·동량의 물건으로 대체하는 의무를 부담하여 질물을 양도할 수 있다.

**제2342조** 점유이전이 없는 질권이 대체물을 목적으로 하는 경우, 설정자는, 반대의 합의가 없으면, 등가·동량의 물건으로 대체하는 의무를 부담하여 그 물건을 양도할 수 있다.

**제2342-1조** 설정자가 제2341조 또는 제2342조에 의하여 정해진 요건 하에서 질권이 설정된 동산을 양도할 권한을 가진 경우, 이를 대신하여 취득한 동산은 질권의 범위에 당연히 포함된다.

**제2343조** 설정자는 채권자 또는 합의된 제3자[52]에게 그가 질물의 보존을 위하여 지출한 유익비 또는 필요비를 상환하여야 한다.

**제2344조** ① 점유질권이 설정된 경우, 채권자 또는 합의된 제3자가 질물의 보존을 위한 의무를 다하지 아니하였다면 질권설정자는 손해배상과는 별도로 질물의 반환을 주장할 수 있다.

② 비점유질권이 설정된 경우, 질권설정자가 질물의 보존을 위한 의무를 다하지 아니하였다면 채권자는 피담보채무의 기한이익의 상실을 주장하거나 질물의 보충을 주장할 수 있다.

**제2345조** 반대의 합의가 없으면, 질물의 점유자가 피담보채무의 채권자인 경우에, 채권자는 질물의 과실을 수취하여 이를 이자에 충당하거나, 이자가 없다면, 원본에 충당한다.

---

52) 제2337조의 제3자를 말한다.

**Article 2346** A défaut de paiement de la dette garantie, le créancier peut poursuivre la vente du bien gagé. Cette vente a lieu selon les modalités prévues par le code des procédures civiles d'exécution sans que la convention de gage puisse y déroger.

Lorsque le gage est constitué en garantie d'une dette professionnelle, le créancier peut faire procéder à la vente publique des biens gagés par un notaire, un huissier de justice, un commissaire-priseur judiciaire ou un courtier de marchandises assermenté, huit jours après une simple signification faite au débiteur et, le cas échéant, au tiers constituant du gage.

**Article 2347** Le créancier peut aussi faire ordonner en justice que le bien lui demeurera en paiement.

Lorsque la valeur du bien excède le montant de la dette garantie, la somme égale à la différence est versée au constituant ou, s'il existe d'autres créanciers gagistes, est consignée.

**Article 2348** Il peut être convenu, lors de la constitution du gage ou postérieurement, qu'à défaut d'exécution de l'obligation garantie le créancier deviendra propriétaire du bien gagé.

La valeur du bien est déterminée au jour du transfert par un expert désigné à l'amiable ou judiciairement, à défaut de cotation officielle du bien sur une plate-forme de négociation au sens du code monétaire et financier. Toute clause contraire est réputée non écrite.

Lorsque cette valeur excède le montant de la dette garantie, la somme égale à la différence est versée au constituant ou, s'il existe d'autres créanciers gagistes, est consignée.

**Article 2349** Le gage est indivisible nonobstant la divisibilité de la dette entre les héritiers du débiteur ou ceux du créancier.

L'héritier du débiteur qui a payé sa portion de dette ne peut demander la restitution de sa portion dans le gage tant que la dette n'est pas entièrement acquittée.

Réciproquement, l'héritier du créancier, qui a reçu sa portion de créance, ne peut remettre le gage au préjudice de ceux de ses cohéritiers qui ne sont pas payés.

**Article 2350** Le séquestre ou la consignation de sommes, effets ou valeurs, ordonné judiciairement à titre de garantie ou à titre conservatoire, emporte affectation spéciale et droit de préférence au sens de l'article 2333.

**제2346조** ① 피담보채무가 변제되지 않으면, 채권자는 법원에 질권이 설정된 물건의 매각을 추급할 수 있다. 이 매각은 민사집행법전에서 규정된 방식에 따라 이루어지며 질권설정합의에 의하여 이와 달리 정할 수 없다.
② 질권이 직업적 채무의 담보로 설정된 경우, 채권자는 공증인, 집행관, 사법동산경매인 또는 선서한 상품의 중개인에 의하여 채무자에게, 그리고 경우에 따라서는, 질권을 설정한 제3자에게 단순통지가 행해진 8일 후에 질물의 공매를 진행시킬 수 있다.

**제2347조** ① 채권자는 질물로 변제에 충당할 것을 재판상 청구할 수도 있다.

② 질물의 가액이 피담보채무의 총액을 초과할 경우, 차액에 해당하는 금액은 설정자에게 지급되거나, 다른 질권부채권자가 있다면, 공탁된다.

**제2348조** ① 질권 설정 당시 또는 설정 이후에, 피담보채무가 변제되지 않을 경우에 채권자가 질물의 소유자가 되는 것을 약정할 수 있다.
② 통화금융법전의 의미에서의 거래 플랫폼에 공식적인 시세가 없는 경우, 물건의 가액은 합의나 재판상 선임된 감정인에 의하여 소유권이 이전되는 날에 정해진다. 모든 반대 조항은 기재되지 않은 것으로 본다.
③ 위의 가액이 피담보채무의 총액을 초과할 경우, 차액에 해당하는 금액은 설정자에게 지급하거나, 다른 질권부채권자가 있다면, 공탁된다.

**제2349조** ① 피담보채무가 채무자의 상속인이나 채권자의 상속인 간에 분할될 수 있더라도 질권은 불가분이다.
② 채무 전부가 변제되지 않는 한 자신의 채무 부분만을 변제한 채무자의 상속인은 자신의 부담 부분에 대한 질물의 반환을 청구할 수 없다.
③ 마찬가지로, 자신의 채권을 변제받은 채권자의 상속인은, 변제받지 못한 공동상속인들의 채권을 무시하고 질물을 반환할 수 없다.

**제2350조** 담보 또는 보전의 목적으로 법원이 명한 금전, 동산, 유가증권의 계쟁물임치나 공탁에는, 특별 충당[53]과 제2333조가 의미하는 우선변제권이 인정된다.

---

53) 압류채권자의 채권에의 우선충당을 말한다.

## Section 1 Du droit commun du gage (abrogé)

## Section 2 Du gage portant sur un véhicule automobile (abrogé)

**Article 2351** (abrogé)
**Article 2352** (abrogé)
**Article 2353** (abrogé)

## Section 3 Dispositions communes (abrogé)

**Article 2354** (abrogé)

## Chapitre III Du nantissement de meubles incorporels

**Article 2355** Le nantissement est l'affectation, en garantie d'une obligation, d'un bien meuble incorporel ou d'un ensemble de biens meubles incorporels, présents ou futurs.

Il est conventionnel ou judiciaire.

Le nantissement judiciaire est régi par les dispositions applicables aux procédures civiles d'exécution.

Le nantissement conventionnel qui porte sur les créances est régi, à défaut de dispositions spéciales, par le présent chapitre.

Celui qui porte sur d'autres meubles incorporels est soumis, à défaut de dispositions spéciales, aux règles prévues pour le gage de meubles corporels, à l'exclusion du 4° de l'article 2286.

**Article 2356** A peine de nullité, le nantissement de créance doit être conclu par écrit.

Les créances garanties et les créances nanties sont désignées dans l'acte.

Si elles sont futures, l'acte doit permettre leur individualisation ou contenir des éléments permettant celle-ci tels que l'indication du débiteur, le lieu de paiement, le montant des créances ou leur évaluation et, s'il y a lieu, leur échéance.

**Article 2357** (abrogé)

**Article 2358** Le nantissement de créance peut être constitué pour un temps déterminé.

Il peut porter sur une fraction de créance, sauf si celle-ci est indivisible.

## 제1절 질권의 일반규칙 (삭제)

## 제2절 자동차를 목적물로 하는 질권 (삭제)

**제2351조** (삭제)
**제2352조** (삭제)
**제2353조** (삭제)

## 제3절 통칙 (삭제)

**제2354조** (삭제)

## 제3장 무체동산질권

**제2355조** ① 무체동산질권은 현재 또는 장래의, 하나 또는 집합의 무체동산을, 채권의 담보로 할당하는 것이다.
② 무체동산질권은 약정 무체동산질권이거나 재판상 무체동산질권이다.
③ 재판상 무체동산질권은 민사집행절차에 적용되는 규정에 의하여 규율된다.

④ 채권에 대한 약정 무체동산질권은, 특별한 규정이 없으면, 본장에 의하여 규율된다.

⑤ 기타 무체동산에 대한 약정 질권은, 특별한 규정이 없으면, 제2286조 제4호를 제외하고, 유체동산질권에 대한 규정에 따른다.

**제2356조** ① 채권에 대한 무체동산질권은 서면으로 체결되어야 하고, 그렇지 않은 경우에는 무효이다.
② 피담보채권과 질물인 채권은 그 서면에 표시된다.
③ 피담보채권과 질물인 채권이 장래의 채권인 경우, 이를 서면으로 특정하거나 채무자의 지정, 변제장소, 채권액 또는 채권의 평가액, 변제기가 있다면 변제기 등과 같은 특정될 수 있는 요소를 서면에 포함하여야 한다.

**제2357조** (삭제)

**제2358조** ① 채권에 대한 무체동산질권은 특정한 기간을 정하여 설정될 수 있다.
② 채권에 대한 무체동산질권은 불가분 채권이 아닌 한 채권의 일부를 대상으로 할 수 있다.

**Article 2359** Le nantissement s'étend aux accessoires de la créance à moins que les parties n'en conviennent autrement.

**Article 2360** Lorsque le nantissement porte sur un compte, la créance nantie s'entend du solde créditeur, provisoire ou définitif, au jour de la réalisation de la sûreté sous réserve de la régularisation des opérations en cours, selon les modalités prévues par les procédures civiles d'exécution.

Sous cette même réserve, au cas d'ouverture d'une procédure de sauvegarde, de redressement judiciaire, de liquidation judiciaire ou d'une procédure de traitement des situations de surendettement des particuliers contre le constituant, les droits du créancier nanti portent sur le solde du compte à la date du jugement d'ouverture.

**Article 2361** Le nantissement d'une créance, présente ou future, prend effet entre les parties et devient opposable aux tiers à la date de l'acte. En cas de contestation, la preuve de la date incombe au créancier nanti, qui peut la rapporter par tout moyen.

**Article 2361-1** Lorsqu'une même créance fait l'objet de nantissements successifs, le rang des créanciers est réglé par l'ordre des actes. Le créancier premier en date dispose d'un recours contre celui auquel le débiteur aurait fait un paiement.

**Article 2362** Pour être opposable au débiteur de la créance nantie, le nantissement de créance doit lui être notifié ou ce dernier doit intervenir à l'acte.

A défaut, seul le constituant reçoit valablement paiement de la créance.

**Article 2363** Après notification, le créancier nanti bénéficie d'un droit de rétention sur la créance donnée en nantissement et a seul le droit à son paiement tant en capital qu'en intérêts.

Le créancier nanti, comme le constituant, peut en poursuivre l'exécution, l'autre dûment informé.

**Article 2363-1** Le débiteur de la créance nantie peut opposer au créancier nanti les exceptions inhérentes à la dette. Il peut également opposer les exceptions nées de ses rapports avec le constituant avant que le nantissement ne lui soit devenu opposable.

**제2359조** 무체동산질권은 당사자 간에 달리 정하지 않는 한 채권의 종된 권리에 대해서도 미친다.

**제2360조** ① 무체동산질권이 예금을 목적으로 하는 경우, 질물인 채권은 민사집행절차를 위하여 정해진 방식에 따라, 담보가 실행되는 날의 잠정적인 또는 확정적인 잔액에 미치나, 진행 중인 거래의 결산이 있는 경우에는 그러하지 아니하다.

② 질권설정자에 대하여 구제절차, 재판상 회생 또는 재판상 청산절차 개시의 경우 또는 개인의 채무초과상태에 대한 처리 절차가 개시된 경우, 무체동산질권부 채권자의 권리는 절차개시 결정일의 예금의 잔액을 대상으로 하나, 진행 중인 거래의 결산이 있는 경우에는 역시 그러하지 아니하다.

**제2361조** 현재 또는 장래의 채권을 목적으로 하는 무체동산질권은, 서면이 작성된 날로부터 당사자 간에 효력이 발생하고 제3자에게 대항할 수 있다. 다툼이 있는 경우, 일자의 증명책임은 무체동산질권부 채권자가 지며, 모든 방법으로 이를 주장할 수 있다.

**제2361-1조** 동일한 채권이 순차적인 질권의 목적이 된 경우에, 채권자의 순위는 서면이 작성된 순서에 의하여 정해진다. 일자상 선순위의 채권자는 채무자가 변제하였을 자에 대하여 구상할 수 있다.

**제2362조** ① 채권을 목적으로 하는 무체동산질권을 질물인 채권의 채무자에게 대항하기 위해서, 채권의 무체동산질권이 그에게 통지되거나 그가 서면작성에 참가하여야 한다.
② 그렇지 아니한 경우에는 질권설정자만이 유효하게 채권의 변제를 받는다.

**제2363조** ① 통지 이후에는, 무체동산질권자는 질물로 제공된 채권에 대하여 유치권의 이익을 받으며, 그 무체동산질권자만이 그 원본과 이자를 변제받을 권리가 있다.

② 무체동산질권자는, 설정자와 마찬가지로, 다른 채권자에게 적법하게 통지하여 집행을 계속할 수 있다.

**제2363-1조** 입질채권의 채무자는 채무에 내재된 항변으로 무체동산질권자에게 대항할 수 있다. 또한 채무자는 무체동산질권이 그에게 대항할 수 있기 전에, 설정자와의 관계에서 발생한 항변으로 대항할 수 있다.

**Article 2364** Les sommes payées au titre de la créance nantie s'imputent sur la créance garantie lorsqu'elle est échue.

Dans le cas contraire, le créancier nanti les conserve à titre de garantie sur un compte spécialement affecté ouvert à cet effet auprès d'un établissement habilité à les recevoir à charge pour lui de les restituer si l'obligation garantie est exécutée. En cas de défaillance du débiteur de la créance garantie et huit jours après une mise en demeure restée sans effet, le créancier affecte les fonds au remboursement de sa créance dans la limite des sommes impayées.

**Article 2365** En cas de défaillance de son débiteur, le créancier nanti peut se faire attribuer, par le juge ou dans les conditions prévues par la convention, la créance donnée en nantissement ainsi que tous les droits qui s'y rattachent.

Il peut également attendre l'échéance de la créance nantie.

**Article 2366** S'il a été payé au créancier nanti une somme supérieure à la dette garantie, celui-ci doit la différence au constituant.

### Chapitre IV De la propriété retenue ou cédée à titre de garantie.

### Section 1 De la propriété retenue à titre de garantie.

**Article 2367** La propriété d'un bien peut être retenue en garantie par l'effet d'une clause de réserve de propriété qui suspend l'effet translatif d'un contrat jusqu'au complet paiement de l'obligation qui en constitue la contrepartie.

La propriété ainsi réservée est l'accessoire de la créance dont elle garantit le paiement.

**Article 2368** La réserve de propriété est convenue par écrit.

**Article 2369** La propriété réservée d'un bien fongible peut s'exercer, à concurrence de la créance restant due, sur des biens de même nature et de même qualité détenus par le débiteur ou pour son compte.

**Article 2370** L'incorporation d'un meuble faisant l'objet d'une réserve de propriété à un autre bien ne fait pas obstacle aux droits du créancier lorsque ces biens peuvent être séparés sans subir de dommage.

**제2364조** ① 입질채권으로서 변제되는 금액은 피담보채권이 이행기에 도래했을 경우 그 변제에 충당된다.

② 이행기가 도래하지 않은 반대의 경우에는 무체동산질권자는 이를 수령할 권한이 있는 기관에 그러한 목적으로 특별히 할당된 계좌를 개설하여 담보목적으로 그 금액을 보관할 수 있되, 피담보채권이 이행된다면 무체동산질권자는 이를 반환하여야 한다. 피담보채권의 채무자가 채무를 이행하지 않고 이행을 최고하였음에도 불구하고 그로부터 8일이 경과하도록 이행하지 않으면, 채권자는 채무자로부터 변제받지 못한 금액의 범위 내에서 위 예금자산을 자신의 채권의 상환에 충당할 수 있다.

**제2365조** ① 자신의 채무자가 채무를 이행하지 않는 경우, 무체동산질권부 채권자는, 법원에 의하여 또는 합의에 의하여 정한 조건에 따라 질물로 제공된 채권 및 이에 부수하는 모든 권리를 취득할 수 있다.

② 무체동산질권부 채권자는 질물인 채권의 이행기를 기다릴 수도 있다.

**제2366조** 무체동산질권부 채권자가 피담보채무의 금액 이상을 변제받은 경우, 그는 질권설정자에게 그 차액을 반환하여야 한다.

## 제4장 담보목적으로 유보 또는 양도된 소유권

### 제1절 담보목적으로 유보된 소유권

**제2367조** ① 물건의 소유권은, 반대채권을 성립시키는 채무의 완제 시까지 계약의 이전효를 정지시키는 소유권유보조항의 효력에 따라 담보목적으로 유보될 수 있다.

② 그와 같이 유보된 소유권은 채권의 변제를 담보하는 종된 권리이다.

**제2368조** 소유권의 유보는 서면으로 합의된다.

**제2369조** 대체물에 대한 소유권의 유보는, 잔존 채권액의 범위에서, 채무자가 소지하거나 그의 계산으로 소지하는 동일한 성질 및 동일한 특성의 물건을 대상으로 행사될 수 있다.

**제2370조** 소유권유보의 목적이 되는 동산이 다른 물건에 첨부되더라도, 그 물건들이 손해 없이 분리될 수 있을 경우에는 채권자의 권리에 장애가 되지 아니한다.

**Article 2371** A défaut de complet paiement à l'échéance, le créancier peut demander la restitution du bien afin de recouvrer le droit d'en disposer.

La valeur du bien repris est imputée, à titre de paiement, sur le solde de la créance garantie.

Lorsque la valeur du bien repris excède le montant de la dette garantie encore exigible, le créancier doit au débiteur une somme égale à la différence.

**Article 2372** En cas d'aliénation ou de perte du bien, la propriété se reporte sur la créance du débiteur à l'égard du sous-acquéreur ou sur l'indemnité d'assurance subrogée au bien.

Le sous-acquéreur ou l'assureur peut alors opposer au créancier les exceptions inhérentes à la dette ainsi que les exceptions nées de ses rapports avec le débiteur avant qu'il ait eu connaissance du report.

### Section 2 De la propriété cédée à titre de garantie.

### Sous-section 1 De la fiducie à titre de garantie

**Article 2372-1** La propriété d'un bien mobilier ou d'un droit peut être cédée à titre de garantie d'une obligation en vertu d'un contrat de fiducie conclu en application des articles 2011 à 2030.

L'obligation garantie peut être présente ou future ; dans ce dernier cas, elle doit être déterminable.

Par dérogation à l'article 2029, le décès du constituant personne physique ne met pas fin au contrat de fiducie constitué en application de la présente section.

**Article 2372-2** En cas de fiducie conclue à titre de garantie, le contrat mentionne à peine de nullité, outre les dispositions prévues à l'article 2018, la dette garantie.

**제2371조** ① 이행기에 완제가 없으면, 채권자는 목적물의 처분권을 회복하기 위하여 물건의 반환을 청구할 수 있다.

② 반환된 물건의 가액은 변제로서 담보된 채권의 잔액에 충당된다.

③ 반환된 물건의 가액이 아직 청구가능한 피담보채무의 총액을 초과하는 경우, 채권자는 그 차액에 해당하는 금액에 대하여 채무자에게 책임이 있다.

**제2372조** ① 물건의 양도 또는 멸실의 경우, 소유권은 전득자에 대한 채무자의 채권 위에 또는 물건을 대신하는 보험금 위에 존속한다.

② 전득자나 보험자는 이 경우에 채무에 고유한 항변 및 그가 물상대위를 알기 전에 채무자와의 관계에서 발생한 항변을 채권자에게 대항할 수 있다.

## 제2절 담보목적으로 양도된 소유권

### 제1부속절 담보목적의 신탁

**제2372-1조** ① 동산이나 권리의 소유권은 제2011조부터 제2030조까지를 적용하여 체결된 신탁계약에 의하여 채무의 담보목적으로 양도될 수 있다.

② 피담보채무는 현재 또는 장래의 채무일 수 있다. 장래채무는 특정가능하여야 한다.

③ 제2029조의 규정에 대한 예외로, 신탁계약을 설정한 자연인의 사망은 본절의 적용으로 성립된 신탁계약을 종료시키지 아니한다.

**제2372-2조** 담보목적으로 체결된 신탁의 경우, 그 계약이 무효가 되지 않기 위하여, 제2018조의 규정 이외에, 피담보채무를 기재하여야 한다.

**Article 2372-3** A défaut de paiement de la dette garantie et sauf stipulation contraire du contrat de fiducie, le fiduciaire, lorsqu'il est le créancier, acquiert la libre disposition du bien ou du droit cédé à titre de garantie.

Lorsque le fiduciaire n'est pas le créancier, ce dernier peut exiger de lui la remise du bien, dont il peut alors librement disposer, ou, si le contrat de fiducie le prévoit, la vente du bien ou du droit cédé et la remise de tout ou partie du prix.

La valeur du bien ou du droit cédé est déterminée par un expert désigné à l'amiable ou judiciairement, sauf si elle résulte d'une cotation officielle sur une plate-forme de négociation au sens du code monétaire et financier ou si le bien est une somme d'argent. Toute clause contraire est réputée non écrite.

Si le fiduciaire ne trouve pas d'acquéreur au prix fixé par expert, il peut vendre le bien ou le droit au prix qu'il estime, sous sa responsabilité, correspondre à sa valeur.

**Article 2372-4** Si le bénéficiaire de la fiducie a acquis la libre disposition du bien ou du droit cédé en application de l'article 2372-3, il verse au constituant, lorsque la valeur mentionnée à l'avant-dernier alinéa de cet article excède le montant de la dette garantie, une somme égale à la différence entre cette valeur et le montant de la dette, sous réserve du paiement préalable des dettes nées de la conservation ou de la gestion du patrimoine fiduciaire.

Sous la même réserve, si le fiduciaire procède à la vente du bien ou du droit cédé en application du contrat de fiducie, il restitue au constituant la part du produit de cette vente excédant, le cas échéant, la valeur de la dette garantie.

**Article 2372-5** La propriété cédée en application de l'article 2372-1 peut être ultérieurement affectée à la garantie de dettes autres que celles mentionnées par l'acte constitutif pourvu que celui-ci le prévoie expressément.

Le constituant peut l'offrir en garantie, non seulement au créancier originaire, mais aussi à un nouveau créancier, encore que le premier n'ait pas été payé. Lorsque le constituant est une personne physique, le patrimoine fiduciaire ne peut alors être affecté en garantie d'une nouvelle dette que dans la limite de sa valeur estimée au jour de la recharge.

A peine de nullité, la convention de rechargement établie selon les dispositions de l'article 2372-2 est enregistrée sous la forme prévue à l'article 2019. La date d'enregistrement détermine, entre eux, le rang des créanciers.

Les dispositions du présent article sont d'ordre public et toute clause contraire à celles-ci est réputée non écrite.

**Article 2372-6** (abrogé)

**제2372-3조** ① 피담보채무의 변제가 없고 신탁계약상 반대약정이 없다면, 수탁자는, 자신이 채권자인 경우, 담보목적으로 양도된 동산 또는 권리에 대한 자유로운 처분권을 취득한다.

② 수탁자가 채권자가 아닌 경우, 채권자는 동산의 인도를 청구하여, 이를 자유롭게 처분할 수 있고, 또는, 신탁계약이 정하고 있다면, 양도된 동산 또는 권리의 매각 및 그 대금의 전부 또는 일부의 교부를 청구할 수 있다.
③ 양도된 동산 또는 권리의 가액은, 통화금융법전상 의미의 거래 플랫폼에서의 공식적인 시세에 따른 것이거나 그 동산이 금전인 경우를 제외하고, 협의 또는 재판상 선임된 감정인에 의하여 결정된다. 모든 반대 약정은 기재되지 않은 것으로 본다.

④ 수탁자가 감정인에 의하여 정해진 가격으로 취득할 자를 찾지 못하였다면, 그는 그의 책임으로, 그 가치에 상응하다고 산정한 가격으로 동산 또는 권리를 매각할 수 있다.

**제2372-4조** ① 신탁의 수익자가 제2372-3조에 의하여 양도된 동산 또는 권리의 자유로운 처분을 취득하였으면, 수익자는 제2372-3조 제3항에 규정된 가액이 피담보채무의 총액을 초과하는 경우, 설정자에게 위 가액과 피담보채무액 간 차이에 상응하는 금액을 지급하나, 신탁재산의 보존 또는 관리로 인해 발생하는 채무의 우선변제를 유보한다.

② 동일한 유보 하에, 수탁자가 신탁 계약에 의하여 양도된 동산 또는 권리의 매각을 진행한다면, 수탁자는 경우에 따라 피담보채무액을 초과하는 수익 부분을 설정자에게 반환하여야 한다.

**제2372-5조** ① 제2372-1조에 의하여 양도된 소유권은, 설정증서가 이를 명시적으로 규정하는 한, 설정증서에 기재된 채무 이외에 다른 채무의 담보로 사후에 할당될 수 있다.

② 설정자는, 원채권자뿐만 아니라 새로운 채권자에게 이를 담보로 제공할 수 있고, 원채권자가 변제받지 못하였더라도 마찬가지이다. 설정자가 자연인인 경우, 신탁재산은 이때 충전일에 평가된 가액의 한도 내에서만 새로운 채무를 위한 담보로 할당될 수 있다.

③ 무효가 되지 않기 위해서는, 제2372-2조의 규정에 따라 작성된 충전합의는, 제2019조에 규정된 방식으로 등기되어야 한다. 등기일자는 채권자들 간에 그들의 순위를 결정한다.

④ 본조의 규정은 공적 질서에 관한 것이며, 모든 반대 약정은 기재되지 않은 것으로 본다.

**제2372-6조** (삭제)

## Sous-section 2 De la cession de créance à titre de garantie

**Article 2373** La propriété d'une créance peut être cédée à titre de garantie d'une obligation par l'effet d'un contrat conclu en application des articles 1321 à 1326.

**Article 2373-1** Les créances garanties et les créances cédées sont désignées dans l'acte.

Si elles sont futures, l'acte doit permettre leur individualisation ou contenir des éléments permettant celle-ci tels que l'indication du débiteur, le lieu de paiement, le montant des créances ou leur évaluation et, s'il y a lieu, leur échéance.

**Article 2373-2** Les sommes payées au cessionnaire au titre de la créance cédée s'imputent sur la créance garantie lorsqu'elle est échue.

Dans le cas contraire, le cessionnaire les conserve dans les conditions prévues aux articles 2374-3 à 2374-6.

**Article 2373-3** Lorsque la créance garantie est intégralement payée avant que la créance cédée ne le soit, le cédant recouvre de plein droit la propriété de celle-ci.

## Sous-section 3 De la cession de somme d'argent à titre de garantie

**Article 2374** La propriété d'une somme d'argent, soit en euro soit en une autre monnaie, peut être cédée à titre de garantie d'une ou plusieurs créances, présentes ou futures.

**Article 2374-1** A peine de nullité, la cession doit être conclue par écrit.

Cet écrit comporte la désignation des créances garanties. Si elles sont futures, l'acte doit permettre leur individualisation ou contenir des éléments permettant celle-ci tels que l'indication du débiteur, le lieu de paiement, le montant des créances ou leur évaluation et, s'il y a lieu, leur échéance.

**Article 2374-2** La cession est opposable aux tiers par la remise de la somme cédée.

**Article 2374-3** Le cessionnaire dispose librement de la somme cédée, sauf convention contraire qui en précise l'affectation.

## 제2부속절 담보목적의 채권 양도

**제2373조** 채권의 소유권은 제1321조부터 제1326조까지에 따라 체결된 계약의 효력에 의하여 채무에 대한 담보 목적으로 양도될 수 있다.

**제2373-1조** ① 피담보채무와 양도된 채권은 증서에서 지정된다.
② 그 채권이 장래채권인 경우, 증서는 개별화를 허용하거나 채무자의 표시, 변제장소, 채권액 또는 그 평가, 그리고 필요한 경우 변제일과 같이 개별화를 허용하는 요소를 포함해야 한다.

**제2373-2조** ① 양도된 채권을 위하여 양수인에게 변제된 금액은 이행기가 도래한 경우 피담보 채무에서 충당된다.
② 반대의 경우, 양수인은 제2374-3조부터 제2374-6조까지에 규정된 요건에 따라 이 금액을 보전한다.

**제2373-3조** 양도된 채권이 변제되기 전에 피담보채권이 전부 변제된 경우, 양도인은 당연히 양도된 채권의 소유권을 회복한다.

## 제3부속절 담보목적의 현금 양도

**제2374조** 유로든 다른 통화이든, 일정 금액의 현금의 소유권은, 현재 또는 장래의 하나 또는 수 개의 채권의 담보목적으로 양도될 수 있다.

**제2374-1조** ① 무효로 되지 않기 위해서는, 담보목적의 현금 양도는 서면으로 체결되어야 한다.
② 이 서면은 피담보채무의 지정을 포함한다. 지정된 피담보채무가 장래채무라면, 그 서면은 개별화를 허용하거나 채무자의 표시, 변제 장소, 채무 금액 또는 평가, 그리고 필요하다면, 변제일과 같이 개별화를 허용하는 요소를 포함하여야 한다.

**제2374-2조** 담보목적의 현금 양도는 양도할 현금을 지급함으로써 제3자에게 대항할 수 있다.

**제2374-3조** 양수인은, 그 할당을 구체적으로 정하는 반대의 합의가 없다면, 양도된 현금을 자유롭게 처분한다.

**Article 2374-4** Lorsque le cessionnaire n'a pas la libre disposition de la somme cédée, les fruits et intérêts produits par celle-ci accroissent l'assiette de la garantie, sauf clause contraire.

Lorsque le cessionnaire a la libre disposition de la somme cédée, il peut être convenu d'un intérêt au profit du cédant.

**Article 2374-5** En cas de défaillance du débiteur, le cessionnaire peut imputer le montant de la somme cédée, augmentée s'il y a lieu des fruits et intérêts, sur la créance garantie. Le cas échéant, il restitue l'excédent au cédant.

**Article 2374-6** Lorsque la créance garantie est intégralement payée, le cessionnaire restitue au cédant la somme cédée, augmentée s'il y a lieu des fruits et intérêts.

### Sous-titre III Des sûretés sur les immeubles

**Article 2375** Les sûretés sur les immeubles sont les privilèges, le gage immobilier et les hypothèques.

La propriété de l'immeuble peut également être retenue ou cédée en garantie.

### Chapitre I<sup>er</sup> Des privilèges immobiliers

**Article 2376** Les privilèges immobiliers sont accordés par la loi.

Ils sont généraux.

Ils sont dispensés de la formalité de l'inscription.

Les dispositions légales qui les régissent sont d'interprétation stricte.

Ils donnent le droit d'être préféré aux autres créanciers mais ne confèrent pas de droit de suite.

Lorsque le privilège porte aussi sur la généralité des meubles du débiteur, il ne s'exerce sur les immeubles qu'à défaut de mobilier suffisant.

**제2374-4조** ① 양수인이 양도된 현금을 자유롭게 처분할 수 없는 경우, 반대 조항이 없으면, 양수인에 의하여 수취한 과실 및 이자는 담보의 범위를 확대한다.

② 양수인이 양도된 현금을 자유롭게 처분할 수 있는 경우, 양수인은 양도인의 이익을 위하여 이자를 합의할 수 있다.

**제2374-5조** 채무자의 채무불이행의 경우, 양수인은 양도된 현금을, 필요에 따라 과실 및 이자를 가산하여, 피담보채무에 충당할 수 있다. 경우에 따라서는, 양수인은 초과분을 양도인에게 반환한다.

**제2374-6조** 피담보채권이 전부 변제되는 경우, 양수인은, 필요에 따라 과실과 이자가 가산된, 양도된 현금을 양도인에게 반환한다.

### 제3부속편 부동산에 관한 담보

**제2375조** ① 부동산에 관한 담보에는 우선특권, 부동산질권 및 저당권이 있다.

② 부동산의 소유권도 담보목적으로 유보되거나 양도될 수 있다.

### 제1장 부동산우선특권

**제2376조** ① 부동산우선특권은 법률에 의하여 부여된다.
② 부동산우선특권은 일반 우선특권이다.
③ 부동산우선특권은 등기절차가 면제된다.
④ 부동산우선특권을 규율하는 법률규정에 대해서는 엄격해석을 행한다.
⑤ 부동산우선특권은 다른 채권자들보다 우선할 권리를 주지만 추급권을 부여하지 아니한다.

⑥ 우선특권이 채무자의 동산 일반도 대상으로 하는 경우, 우선특권은 충분한 동산이 없는 때에만 부동산에 대하여 행사된다.

**Article 2377** Outre celles prévues par des lois spéciales, les créances privilégiées sur la généralité des immeubles sont :

1° Les frais de justice, sous la condition qu'ils aient profité au créancier auquel le privilège est opposé ;

2° Les rémunérations et indemnités suivantes :

- les rémunérations, pour les six derniers mois, des salariés et apprentis ;

- le salaire différé, pour l'année échue et pour l'année courante, institué par l'article L. 321-13 du code rural et de la pêche maritime ;

- les créances du conjoint survivant instituées par l'article 14 de la loi n° 89-1008 du 31 décembre 1989 relative au développement des entreprises commerciales et artisanales et à l'amélioration de leur environnement économique, juridique et social et l'article L. 321-21-1 du code rural et de la pêche maritime ;

- l'indemnité de fin de contrat prévue à l'article L. 1243-8 du code du travail et l'indemnité de précarité d'emploi prévue à l'article L. 1251-32 du même code ;

- l'indemnité due en raison de l'inobservation du préavis prévue à l'article L. 1234-5 du code du travail et l'indemnité compensatrice prévue à l'article L. 1226-14 du même code ;

- les indemnités dues pour les congés payés prévues aux articles L. 3141-24 et suivants du même code ;

- les indemnités de licenciement dues en application des conventions collectives de travail, des accords collectifs d'établissement, des règlements de travail, des usages, des dispositions des articles L. 1226-14, L. 1234-9 et L. 7112-3 à L. 7112-5 du code du travail pour la totalité de la portion inférieure ou égale au plafond visé à l'article L. 3253-2 du même code et pour le quart de la portion supérieure audit plafond ;

- les indemnités dues, le cas échéant, aux salariés, en application des articles L. 1226-15, L. 1226-20, L. 1226-21, L. 1235-2 à L. 1235-4, L. 1235-11, L. 1235-12, L. 1235-14 et L. 1243-4 du code du travail.

**Article 2378** Les privilèges généraux priment le droit de préférence attaché au gage immobilier et à l'hypothèque.

Ils s'exercent dans l'ordre de l'article 2377.

**제2377조** 특별법에 규정된 채권 외에, 다음 각 호의 채권은 부동산 일반에 대하여 우선특권이 있다.

1. 우선특권의 대항을 받은 채권자에게 이익이 되었을 것을 조건으로 하는, 사법절차비용[54]

2. 다음 각 목(目)의 보수와 보상금
- 근로자 및 수습근로자의 최종 6월에 대한 보수
- 농수산업법전 제L.321-13조에 의하여 신설된, 전년도 및 당해 연도의 미지급된 임금

- 상사 및 수공업기업의 발달과 경제적, 법률적 및 사회적 여건의 개선에 관한 1989년 12월 31일 법률[55] 제89-1008호 제14조에 의하여 신설된 생존배우자의 채권 및 농수산업법전 제L.321-21-1조에 의하여 신설된 생존배우자의 채권

- 노동법전 제L.1243-8조에 규정된 근로계약의 종료에 관한 보상금 및 노동법전 제L.1251-32조에 규정된 고용불안정 보상금
- 노동법전 제L.1234-5조에 규정된 해고예고기간의 미준수로 인한 보상금 및 노동법전 제L.1226-14조에 규정된 보상금
- 노동법전 제L.3141-24조 이하에 규정된 유급휴가보상금

- 단체협약, 기업단체협정, 취업규칙, 관행 및 노동법전 제L.1226-14조, 제L.1234-9조, 제L.7112-3조부터 제L.7112-5조까지의 규정에 의한 해고보상금으로서, 노동법전 제L.3253-2조에 규정된 한도 이하의 전액과 한도를 초과하는 부분의 4분의 1에 해당하는 보상금

- 노동법전 제L.1226-15조, 제L.1226-20조, 제L.1226-21조, 제L.1235-4조부터 제L.1235-4조까지, 제L.1235-11조, 제L.1235-12조, 제L.1235-14조, 제L.1243-4조가 적용되는 경우 근로자가 받는 보상금

**제2378조** ① 일반우선특권은 부동산질권과 저당권에 결부된 우선권보다 우선한다.

② 일반우선특권은 제2377조의 순서대로 행사된다.

---

54) 사법절차비용이란 반드시 소제기를 전제로 하지 않고 채무자의 책임재산 일반에 대한 권리를 실현하는 데에 필요한 일체의 절차에서 초래한 비용을 말한다. 남효순, 프랑스민법상의 부동산우선특권, 개정 담보법(2006)의 내용을 중심으로, 민사법학, 2010, 139면 참조.

55) 법률명은 다음과 같다 : loi n° 89－1008 du 31 décembre 1989 relative au développement des entreprises commerciales et artisanales et à l'amélioration de leur environnement économique, juridique et social et la créance du conjoint survivant.

## Chapitre II Du gage immobilier.

**Article 2379** Le gage immobilier est l'affectation d'un immeuble en garantie d'une obligation avec dépossession de celui qui le constitue.

**Article 2380** Les dispositions relatives aux hypothèques prévues aux articles 2390, 2409 à 2413, 2415 et 2450 à 2453 sont applicables au gage immobilier.

**Article 2381** Le créancier perçoit les fruits de l'immeuble affecté en garantie à charge de les imputer sur les intérêts, s'il en est dû, et subsidiairement sur le capital de la dette.

Il est tenu, à peine de déchéance, de pourvoir à la conservation et à l'entretien de l'immeuble et peut y employer les fruits perçus avant de les imputer sur la dette. Il peut à tout moment se soustraire à cette obligation en restituant le bien à son propriétaire.

**Article 2382** Le créancier peut, sans en perdre la possession, donner l'immeuble à bail, soit à un tiers, soit au débiteur lui même.

**Article 2383** Le débiteur ne peut réclamer la restitution de l'immeuble avant l'entier acquittement de sa dette.

**Article 2384** Les droits du créancier titulaire d'un droit de gage immobilier s'éteignent notamment:
1° Par l'extinction de l'obligation principale ;
2° Par la restitution anticipée de l'immeuble à son propriétaire.

## Chapitre III Des hypothèques

### Section 1 Dispositions générales

**Article 2385** L'hypothèque est l'affectation d'un immeuble en garantie d'une obligation sans dépossession de celui qui la constitue.

**Article 2386** L'hypothèque n'a lieu que dans les cas et suivant les formes autorisés par la loi.

**Article 2387** L'hypothèque est légale, judiciaire ou conventionnelle.

## 제2장 부동산질권

**제2379조** 부동산질권은 어느 부동산을 질권설정자로부터 점유를 이전받아 채무의 담보에 할 당하는 것이다.

**제2380조** 저당권에 관한 제2390조, 제2409조부터 제2413조까지, 제2415조, 제2450조부터 제 2453조까지의 규정은 부동산질권에 준용된다.

**제2381조** ① 채권자는 담보에 할당된 부동산의 과실을 수취하여 이자를 지급하여야 하면 이자 에 충당하고, 보충적으로 채무의 원본에 충당한다.
② 채권자는, 권리를 상실하지 않기 위하여, 부동산을 보존·관리할 책임이 있으며 수취한 과 실을 채무에 충당하기 전에 부동산의 보존·관리에 사용할 수 있다. 채권자는 언제든지 소유자 에게 부동산을 반환하여 이 의무를 면할 수 있다.

**제2382조** 채권자는, 부동산에 대한 점유를 상실하지 않은 채, 그 부동산을 제3자에게든 채무 자 본인에게든 임대할 수 있다.

**제2383조** 채무자는 자신의 채무를 완전히 변제하기 전에는 부동산의 반환을 요구할 수 없다.

**제2384조** 부동산질권을 가지는 채권자의 권리는 특히 다음 각 호의 사유에 의하여 소멸한다.

1. 주된 채무의 소멸
2. 소유자에게의 부동산의 사전 반환

## 제3장 저당권

### 제1절 총칙

**제2385조** 저당권은 어느 부동산을 저당권설정자로부터 점유를 이전하지 않고 채무의 담보에 할당하는 것이다.

**제2386조** 저당권은 법률이 허용한 경우 및 그 형식에 따른 때에만 성립한다.

**제2387조** 저당권에는 법정저당권, 재판상저당권, 약정저당권이 있다.

**Article 2388** Sont susceptibles d'hypothèques tous les droits réels immobiliers qui sont dans le commerce.

**Article 2389** L'hypothèque s'étend aux améliorations qui surviennent à l'immeuble hypothéqué, ainsi qu'aux accessoires réputés immeubles.

**Article 2390** L'hypothèque s'étend aux intérêts et autres accessoires de la créance garantie. Cette extension profite au tiers subrogé dans la créance garantie pour les intérêts et autres accessoires qui lui sont dus.

**Article 2391** L'hypothèque est indivisible, nonobstant la division de la dette : le codébiteur propriétaire de l'immeuble hypothéqué est, sur cet immeuble, tenu pour le tout ; chacun des créanciers a l'entier immeuble pour sûreté de sa part dans la créance.

L'hypothèque est encore indivisible, nonobstant la division de l'immeuble ou la pluralité d'immeubles : chaque partie de l'immeuble divisé, chacun des immeubles est affecté à la sûreté de la totalité de la dette.

**Article 2392** Les hypothèques légales sont générales ou spéciales.

Le créancier bénéficiaire d'une hypothèque générale peut inscrire son droit sur tous les immeubles appartenant actuellement à son débiteur. Il peut prendre des inscriptions complémentaires sur les immeubles entrés, par la suite, dans le patrimoine de son débiteur.

Le créancier bénéficiaire d'une hypothèque spéciale ne peut inscrire son droit que sur l'immeuble sur lequel elle porte.

**Article 2393** Outre celles prévues par des lois spéciales, les créances auxquelles une hypothèque légale générale est attachée sont :
1° Celles de l'un des époux contre l'autre ;
2° Celles des mineurs ou des majeurs en tutelle contre l'administrateur légal ou le tuteur ;
3° Celles de l'Etat, des départements, des communes et des établissements publics contre les receveurs et administrateurs comptables ;
4° Celles du légataire, sur les biens immeubles de la succession, en vertu de l'article 1017 ;
5° Celles des frais funéraires ;
6° Celles ayant fait l'objet d'un jugement, contre le débiteur condamné ;
7° Celles du Trésor public, dans les conditions fixées par le code général des impots ;
8° Celles des caisses de sécurité sociale, dans les conditions fixées par le code de la sécurité sociale.

**제2388조** 거래의 대상이 되는 모든 부동산물권은 저당권의 목적물이 될 수 있다.

**제2389조** 저당권은 부동산으로 간주되는 종물뿐만 아니라 사후에 저당부동산에 행해진 개량부분에도 미친다.

**제2390조** 저당권은 피담보채권의 이자와 그 밖의 부수적 채권에 미친다. 이 확장은 피담보채권의 대위권자인 제3자에게 지급되어야 할 이자와 그 밖의 부수적 채권만큼 이익이 된다.

**제2391조** ① 저당권은 채무의 분할에도 불구하고, 불가분이다. 저당부동산의 소유자인 공동채무자는, 저당부동산으로, 전부에 대하여 책임을 진다. 채권자들 각자는 부동산 전체를 자신의 채권 지분의 담보로 가진다.
② 저당권은 부동산의 분할이나 수 개의 부동산이 있는 경우에도, 불가분이다. 분할된 부동산의 각 부분, 수 개의 부동산 중 각 부동산은 채무 전체에 대한 담보에 할당된다.

**제2392조** ① 법정저당권에는 일반저당권과 특정저당권이 있다.
② 일반저당권의 권리자인 채권자는 그 채무자가 현재 소유하는 모든 부동산에 자신의 권리를 등기할 수 있다. 그는 그 후에 채무자의 자산에 속하게 된 부동산에 추가등기를 할 수 있다.

③ 특정저당권의 권리자인 채권자는 특정저당권의 대상인 부동산에만 자신의 권리를 등기할 수 있다.

**제2393조** 특별법에 규정된 채권 외에 다음 각 호의 채권은 일반 법정저당권부 채권이다.

1. 부부 일방이 타방에 대하여 가지는 채권
2. 미성년자 또는 피성년후견인이 법정재산관리인 또는 후견인에 대하여 가지는 채권
3. 국가, 도, 기초자치단체, 공공기관이 징수관과 회계관에 대하여 가지는 채권

4. 수유자의 채권으로서 제1017조에 의하여 상속부동산에 대한 것
5. 장례비용채권
6. 제재를 받는 채무자에 대하여 가지는, 판결의 대상이 된 채권
7. 국세일반법전에서 정하는 요건에 따른 국고의 채권
8. 사회보장법전에서 정하는 요건에 따른 사회보장기금의 채권

## Paragraphe 1 Des règles particulières à l'hypothèque légale des époux

**Article 2394** Quand les époux ont stipulé la participation aux acquêts, chacun a, sauf convention contraire, la faculté d'inscrire l'hypothèque légale pour la sûreté de la créance de participation.

L'inscription pourra être prise avant la dissolution du régime matrimonial, mais elle n'aura d'effet qu'à compter de cette dissolution et à condition que les immeubles sur lesquels elle porte existent à cette date dans le patrimoine de l'époux débiteur.

En cas de liquidation anticipée, l'inscription antérieure à la demande a effet du jour de celle-ci, l'inscription postérieure n'ayant effet que de sa date ainsi qu'il est dit à l'article 2418.

L'inscription pourra également être prise dans l'année qui suivra la dissolution du régime matrimonial ; elle aura alors effet de sa date.

**Article 2395** Quand l'hypothèque légale a été inscrite par application de l'article précédent, et sauf clause expresse du contrat de mariage l'interdisant, l'époux bénéficiaire de l'inscription peut consentir, au profit des créanciers de l'autre époux ou de ses propres créanciers, une cession de son rang ou une subrogation dans les droits résultant de son inscription.

Il en est ainsi même pour l'hypothèque judiciaire, garantissant la pension alimentaire allouée ou susceptible d'être allouée à un époux, pour lui ou pour ses enfants.

Si l'époux bénéficiaire de l'inscription, en refusant de consentir une cession de rang ou subrogation, empêche l'autre époux de faire une constitution d'hypothèque qu'exigerait l'intérêt de la famille ou s'il est hors d'état de manifester sa volonté, les juges pourront autoriser cette cession de rang ou subrogation aux conditions qu'ils estimeront nécessaires à la sauvegarde des droits de l'époux intéressé. Ils ont les mêmes pouvoirs lorsque le contrat de mariage comporte la clause visée au premier alinéa.

**Article 2396** Les jugements pris en application de l'article précédent sont rendus dans les formes réglées par le code de procédure civile.

L'hypothèque légale des époux est soumise, pour le renouvellement des inscriptions, aux règles de l'article 2429.

**Article 2397** Les dispositions des articles 2393 à 2396 sont portées à la connaissance des époux ou futurs époux dans les conditions fixées par un décret.

# 제1관 부부간 법정저당권에 대한 특별규정

**제2394조** ① 부부가 혼중취득재산참가제를 약정한 경우, 부부 각자는, 반대의 합의가 없으면, 참가채권의 담보를 위한, 법정저당권을 등기할 수 있는 권리를 가진다.

② 법정저당권의 등기는 부부재산제의 해소 전에도 할 수 있으나, 그 등기는 그 목적 부동산이 부부재산제의 해소일에 채무자인 배우자의 재산에 속해있다는 조건에서만 그날부터 효력이 생긴다.
③ 사전청산의 경우, 그 청구 전에 행해진 등기는 청구일로부터 효력이 생기며, 그 청구 후의 등기는 제2418조에서 정하는 바와 같이 등기일로부터만 효력이 생긴다.

④ 등기는 부부재산제의 해소일로부터 1년 이내에도 할 수 있다. 그 등기는 이 경우에 등기일로부터 효력이 생긴다.

**제2395조** ① 제2394조에 따라 법정저당권이 등기된 경우, 부부재산계약에 이를 금지하는 명시적 조항이 없으면, 등기권리자인 배우자는 타방 배우자의 채권자 또는 자신의 채권자의 이익을 위하여 저당권의 순위를 양도하거나 등기로부터 발생하는 권리를 대위하게 할 수 있다.

② 부부의 일방에게 그 또는 그의 자녀를 위하여 지급되거나 지급될 수 있는 부양정기금을 담보하기 위한 재판상저당권도 제1항과 마찬가지이다.
③ 등기권리자인 배우자가 순위의 양도 또는 대위를 거절하고 타방 배우자가 가족의 이익을 위한 저당권설정을 방해한다면 또는 권리자인 배우자가 의사를 표시할 수 없는 상태에 처해 있다면, 법관은 해당 배우자의 권리보전에 필요하다고 평가하는 조건에 맞추어 순위의 양도 또는 대위를 허가할 수 있다. 부부재산계약에 제1항에서 언급한 조항이 포함된 경우에도 법관은 동일한 권한을 가진다.

**제2396조** ① 제2395조를 적용하여 내리는 판결은 민사소송법전에서 정하는 형식으로 선고되어야 한다.
② 부부간 법정저당권은, 등기의 갱신에 관하여는, 제2429조의 규정에 따른다.

**제2397조** 제2393조부터 제2396조까지의 규정은 데크레가 정하는 요건에 따라 부부 또는 장래 부부가 될 자들에게 알려야 한다.

**Paragraphe 2 Des règles particulières à l'hypothèque légale des mineurs ou des majeurs en tutelle**

**Article 2398** A l'ouverture de toute tutelle, le conseil de famille ou, à défaut le juge, après avoir entendu le tuteur, décide si une inscription doit être requise sur les immeubles du tuteur. Dans l'affirmative, il fixe la somme pour laquelle il sera pris inscription et désigne les immeubles qui en seront grevés. Dans la négative, il peut, toutefois, décider que l'inscription de l'hypothèque sera remplacée par la constitution d'un gage ou d'un nantissement, dont il détermine lui-même les conditions.

Au cours de la tutelle, le conseil de famille ou, à défaut, le juge peut toujours ordonner, lorsque les intérêts du mineur ou du majeur en tutelle paraissent l'exiger, qu'il sera pris, soit une première inscription, soit des inscriptions complémentaires, ou qu'un gage ou un nantissement sera constitué.

Au cas d'administration légale des biens du mineur, le juge des tutelles, statuant soit d'office, soit à la requête d'un parent ou allié ou du ministère public, peut pareillement décider qu'une inscription sera prise sur les immeubles de l'administrateur légal, ou que celui-ci devra constituer un gage ou un nantissement.

Les inscriptions prévues par le présent article sont prises à la requête du greffier du juge des tutelles, et les frais en sont imputés au compte de la tutelle.

**Article 2399** Le mineur, après sa majorité ou son émancipation, ou le majeur en tutelle, après la mainlevée de la tutelle des majeurs, peut requérir, dans le délai d'un an, l'inscription de son hypothèque légale ou une inscription complémentaire.

Ce droit peut être exercé par leurs héritiers dans le même délai ou dans l'année de leur décès s'ils sont décédés alors qu'ils étaient encore mineurs ou majeurs en tutelle.

**Article 2400** Pendant la minorité et la tutelle des majeurs, l'inscription prise en vertu de l'article 2398 doit être renouvelée, conformément à l'article 2429 du code civil, par le greffier du tribunal judiciaire.

## 제2관 미성년자 또는 피성년후견인의 법정저당권에 대한 특별규정

**제2398조** ① 후견이 개시된 경우, 친족회 또는 친족회가 없는 경우 법관은 후견인의 의견을 청취한 뒤 후견인의 부동산에 대하여 저당권의 등기가 필요한지 여부를 결정한다. 필요성이 인정되는 경우, 친족회 또는 법관은 등기로써 담보할 채무의 최고액을 확정하고 저당권이 설정될 부동산을 결정한다. 그러나 필요성이 부정되는 경우, 친족회 또는 법관은 스스로 조건을 정하여 질권 또는 무체동산질권을 설정함으로써 저당권 등기를 대체할 수 있다.

② 후견의 계속 중에는, 친족회 또는 친족회가 없는 경우 법관은 미성년자 또는 피성년후견인의 이익을 위하여 필요한 경우에는 언제든지 최초의 저당권등기나 추가등기가 이루어질 것을 명하거나 또는 질권이나 무체동산질권의 설정을 명할 수 있다.

③ 미성년자의 재산에 대한 법정재산관리의 경우, 후견법관은 직권으로든, 아니면 혈족이나 인척 또는 검찰의 신청에 의한 결정으로든 법정재산관리인의 부동산에 대하여 저당권 등기를 하거나 법정재산관리인이 유체동산질권이나 무체동산질권을 설정할 것을 결정할 수 있다.

④ 본조에 의하여 규정되는 등기는 후견법관 서기의 신청에 의하여 이루어지며, 그 비용은 후견사무의 계산으로 충당한다.

**제2399조** ① 미성년자는, 성년이 되거나 친권 해방이 있은 후, 피성년후견인은, 성년후견 종료 후, 각 1년 이내에, 법정저당권의 등기 또는 추가등기를 청구할 수 있다.

② 이 권리는 미성년자 또는 피성년후견인이 미성년자이거나 피성년후견인인 동안에 사망했다면, 그들의 상속인에 의하여 같은 기간 내에 또는 그들이 사망한 연도 내에 행사될 수 있다.

**제2400조** 미성년 또는 성년후견 기간 동안에 제2398조에 근거하여 이루어진 등기는 민법전 제2429조에 따라 민사지방법원 서기에 의하여 갱신되어야 한다.

## Paragraphe 3 Des règles particulières à l'hypothèque légale attachée aux jugements de condamnation

**Article 2401** L'hypothèque légale attachée aux jugements de condamnation résulte des jugements contradictoires ou par défaut, définitifs ou provisoires, en faveur de celui qui les a obtenus.

Elle résulte également des sentences arbitrales revêtues de l'exequatur ainsi que des décisions judiciaires rendues par les juridictions d'un autre Etat et revêtues de la force exécutoire en France.

## Sous-section 2 Des hypothèques spéciales

**Article 2402** Outre celles prévues par des lois spéciales, les créances auxquelles une hypothèque légale spéciale est attachée sont les suivantes :

1° La créance du prix de vente d'un immeuble est garantie sur celui-ci ;

2° La créance de celui qui a fourni les deniers pour l'acquisition d'un immeuble est garantie sur celui-ci pourvu qu'il soit authentiquement constaté par l'acte d'emprunt que la somme était destinée à cet emploi, et par la quittance du vendeur que ce paiement a été fait des deniers empruntés ;

3° Les créances de toute nature du syndicat des copropriétaires relatives à l'année courante ainsi qu'aux quatre dernières années échues sont garanties sur le lot vendu du copropriétaire débiteur ;

4° La créance d'un héritier ou d'un copartageant, par l'effet du partage, du rapport ou de la réduction est garantie sur les immeubles partagés, donnés ou légués ;

5° Les créances sur une personne défunte et les legs de sommes d'argent d'une part, les créances sur la personne de l'héritier d'autre part, sont respectivement garantis sur les immeubles successoraux et les immeubles personnels de l'héritier comme il est dit à l'article 878 ;

6° La créance de l'accédant à la propriété titulaire d'un contrat de location-accession régi par la loi n° 84-595 du 12 juillet 1984 définissant la location-accession à la propriété immobilière est garantie sur l'immeuble faisant l'objet du contrat, pour la garantie des droits qu'il tient de ce contrat ;

7° Les créances de l'Etat, de la commune, de l'établissement public de coopération intercommunale à fiscalité propre ou de la métropole de Lyon, selon le cas, nées de l'application de l'article L. 184-1, du chapitre Ier du titre Ier du livre V ou de l'article L. 521-3-2 du code de la construction et de l'habitation sont garanties sur les immeubles faisant l'objet des mesures prises en application de ces dispositions.

### 제3관 제재판결에 결부된 법정저당권에 대한 특별규정

**제2401조** ① 제재판결에 결부된 법정저당권은, 판결을 받은 자들의 이익을 위하여, 대심 또는 궐석판결, 종국적 또는 잠정적 판결로 발생한다.

② 법정저당권은 집행력 있는 중재판정 및 외국법원에 의하여 내려져 프랑스에서 집행력이 있는 사법적 결정으로도 발생한다.

### 제2부속절 특정저당권

**제2402조** 특별법에서 정하는 채권 이외에, 다음 각 호의 채권은 특정법정저당권부 채권이다.

1. 부동산의 매매대금채권은 당해 부동산에 의하여 담보된다.
2. 어느 부동산의 취득을 위한 자금을 제공한 자의 채권은, 금액이 이러한 용도를 위한 것이라는 차용증서 및 해당 변제가 차용된 금전에 의하여 이루어졌다는 매도인의 영수증에 의하여 확실하게 확인되는 한, 당해 부동산에 의하여 담보된다.

3. 최근 4년간뿐만 아니라 당해년도에 관한 구분소유자 조합의 모든 유형의 채권들은 채무자인 구분소유자의 매도된 구분소유부분에 의하여 담보된다.

4. 상속인 또는 분할의 효과로서 반환되거나 감액된 공동소유자의 채권은 분할 또는 증여되거나 무상양여된 부동산에 의하여 담보된다.
5. 한편으로 망인에 대한 채권과 금전 유증, 다른 한편으로 상속인에 대한 채권은 각각 상속부동산 및 제878조에 규정된 바와 같이 상속인 개인 소유의 부동산에 의하여 담보된다.

6. 부동산 소유권의 임대부취득에 대하여 규정하는 1984년 7월 12일의 법률 제84-595호에 의하여 규율되는 임대부취득계약의 권원에 의한 채권은 당해 계약에 기인한 권리의 담보를 위하여 당해 계약의 목적인 부동산에 의하여 담보된다.

7. 국가, 기초자치단체, 독자적 재정에 의한 기초자치단체 상호간의 협력을 위한 공공기관, 리용광역도시권 및 경우에 따라서 건축 및 주거에 관한 법전 제5권 제1편 제1장의 제L.184-1조 또는 제L.521-3-2조의 적용에 의하여 발생하는 채권은 이들 규정들의 적용에 의하여 취해지는 조치들의 대상인 부동산에 의하여 담보된다.

**Article 2403** L'action résolutoire établie par l'article 1654 ne peut être exercée après l'extinction de l'hypothèque spéciale du vendeur, ou à défaut d'inscription de cette hypothèque, au préjudice des tiers qui ont acquis les droits sur l'immeuble du chef de l'acquéreur et qui les ont publiés.

**Article 2404** Le titulaire de la créance visée au 7° de l'article 2402 conserve son hypothèque par la double inscription faite :

1° Par l'auteur de l'arrêté de police pris en application de l'article L. 184-1 du code de la construction et de l'habitation pour les mesures édictées sous peine d'interdiction d'habiter ou d'utiliser les locaux ou de fermeture définitive de l'établissement ou de l'article L. 511-11 du même code comportant une évaluation sommaire du coût des mesures ou des travaux à exécuter ;

2° Du titre de recouvrement de la créance par son auteur.

Pour les créances nées de l'application du chapitre Ier du titre Ier du livre V ou de l'article L. 521-3-2 du code de la construction et de l'habitation lorsque la démolition du bâtiment déclaré insalubre ou menaçant ruine a été ordonnée, l'hypothèque prend rang à concurrence du montant évalué ou de celui du titre de recouvrement, s'il lui est inférieur, à compter de la première inscription et à compter de la deuxième inscription pour la fraction du montant du titre de recouvrement qui serait supérieure au montant résultant de la première inscription.

Pour les autres créances, l'hypothèque est conservée à concurrence du montant évalué ou de celui du titre de recouvrement, s'il lui est inférieur.

**Article 2405** Par dérogation à l'article 2404, l'hypothèque peut également être conservée par la seule inscription du titre de recouvrement, à concurrence de sa valeur.

**Article 2406** Les frais d'inscription sont à la charge des débiteurs.

**제2403조** 제1654조에 의하여 성립되는 해제소권은 매도인의 특정저당권이 소멸한 이후, 또는 당해 저당권의 등기가 없으면, 취득자로부터 부동산에 대한 권리를 취득하고 이를 공시한 제3자를 해하여 행사될 수는 없다.

**제2404조** ① 제2402조 제7호에서 상정하는 채권의 보유자는 다음 각 호의 두 개의 등기에 의하여 자신의 저당권을 보전한다.
1. 건물의 주거금지나 사용금지 또는 시설의 종국적 폐쇄를 조건으로 내려진 조치를 위한 건축 및 주거법전 제L.184-1조의 적용 또는 이행할 조치나 공사비용의 약식평가를 포함하는 동법전 제L.511-11조의 적용에 의한 도지사명령을 발령한 자의 등기

2. 발행인에 의한 채권의 추심권원에 대한 등기
② 비위생적인 것으로 선언되거나 붕괴위험이 있는 건물의 철거가 명령된 경우, 건축 및 주거법전 제5권 제1편 제1장의 적용 또는 제L.521-3-2조의 적용으로 발생하는 채권에 대하여, 저당권은 평가된 금액 또는 추심권원에 관한 금액의 한도까지 우선순위를 가지며, 이는 추심권원의 금액이 평가된 금액보다 적은 때에는 제1등기 시부터, 제1등기로 인한 금액을 초과하는 추심권원의 금액 부분에 대해서는 제2등기 시부터 그러하다.

③ 그 밖의 다른 채권에 대하여는, 저당권은 평가된 금액 또는, 추심권원의 금액이 평가된 금액보다 적은 때에는, 그 추심권원의 금액의 한도 내에서 보전된다.

**제2405조** 제2404조에 대한 예외로서, 저당권은 또한 추심권원의 등기만으로도 그 가액에 비례하여 보전될 수 있다.

**제2406조** 등기비용은 채무자의 부담으로 한다.

**Article 2407** Lorsque les mesures prescrites par l'arrêté ou la mise en demeure mentionnés au 1° de l'article 2404 ont été exécutées par le propriétaire ou l'exploitant, la publication à leurs frais d'un arrêté de mainlevée avant l'inscription du titre de recouvrement prévue au 2° du même article emporte caducité de la première inscription. Mention est faite de la radiation résultant de cette caducité en marge de l'inscription, aux frais du propriétaire ou de l'exploitant.

La radiation de la seconde inscription ne peut intervenir que conformément aux dispositions des articles 2436 et suivants.

**Sous-section 3 Des règles particulières à l'hypothèque légale des personnes en tutelle. (abrogé)**

### Section 3 Des hypothèques judiciaires

**Article 2408** L'hypothèque judiciaire, qui est constituée à titre conservatoire, est régie par le code des procédures civiles d'exécution.

### Section 4 Des hypothèques conventionnelles

**Article 2409** L'hypothèque conventionnelle est consentie par acte notarié.
Le mandat d'hypothéquer est donné dans les mêmes formes.

**Article 2410** L'hypothèque conventionnelle ne peut être consentie que par celui qui a la capacité de disposer de l'immeuble qu'il y soumet.

**Article 2411** Celui qui n'a sur l'immeuble qu'un droit conditionnel ne peut consentir qu'une hypothèque soumise à la même condition.

**Article 2412** L'hypothèque d'un immeuble indivis conserve son effet quel que soit le résultat du partage si elle a été consentie par tous les indivisaires. Dans le cas contraire, elle ne conserve son effet que dans la mesure où l'indivisaire qui l'a consentie est, lors du partage, alloti du ou de ces immeubles indivis ou, lorsque l'immeuble est licité à un tiers, si cet indivisaire est alloti du prix de la licitation.

L'hypothèque d'une quote-part dans un ou plusieurs immeubles indivis ne conserve son effet que dans la mesure où l'indivisaire qui l'a consentie est, lors du partage, alloti du ou de ces immeubles indivis ; elle le conserve alors dans toute la mesure de cet allotissement sans être limitée à la quote-part qui appartenait à l'indivisaire qui l'a consentie ; lorsque l'immeuble est licité à un tiers, elle le conserve également si cet indivisaire est alloti du prix de la licitation.

**제2407조** ① 제2404조의 제1호에서 규정한 명령 또는 최고에 의하여 정해진 조치가 소유자 또는 경영자에 의하여 실행된 경우, 제2404조 제2호에서 정한 회복 권원의 등기 전에 그들의 비용으로 한 말소명령의 공시는 제1등기의 실효를 초래한다. 실효로 인한 말소는 등록부의 비고란에 기재되고, 그 비용은 소유자 또는 경영자의 부담으로 한다.

② 제2등기의 말소는 제2436조 이하의 규정에 부합하는 경우에만 이루어질 수 있다

### 제3부속절 후견에 놓인 자의 법정저당권에 대한 특별규정 (삭제)

### 제3절 재판상저당권

**제2408조** 보전의 목적으로 설정되는 재판상저당권은 민사집행법에 의하여 규율된다.

### 제4절 약정저당권

**제2409조** ① 약정저당권은 공정증서에 의하여 설정된다.
② 저당권설정의 위임은 동일한 방식으로 이루어진다.

**제2410조** 약정저당권은 담보로 제공하는 부동산에 대한 처분권한이 있는 자에 의해서만 설정될 수 있다.

**제2411조** 부동산에 관하여 조건부권리만을 가지는 자는 동일한 조건에 복종하는 저당권만을 설정할 수 있다.

**제2412조** ① 공유부동산의 저당권은, 그것이 모든 공유자에 의하여 합의되었다면, 분할의 효과가 어떠하든 그의 효력을 유지한다. 반대의 경우에는, 저당권을 합의했던 공유자가, 분할 당시, 공유부동산 하나 또는 여럿을 분할받은 한도에서만 저당권은 효력을 유지하고 또는, 공유부동산이 제3자에게 경매되었을 때, 그 공유자가 경매대금을 배당받은 한도에서만 저당권은 효력을 유지한다.
② 1개 또는 수 개의 공유부동산의 지분에 대한 저당권은 이를 합의했던 공유자가 분할 시에 그 공유부동산 하나 또는 여럿으로부터 분할받은 한도에서만 저당권은 효력을 유지한다. 저당권은 이 경우 그에 합의했던 공유자에게 속한 지분에 한하지 않고 분할된 전부에 대하여 그 효력을 유지한다. 그 부동산이 제3자에게 매각된 경우, 공유자들이 경매대금으로부터 배당받았다면, 마찬가지로 저당권은 효력을 유지한다.

**Article 2413** Les contrats passés en pays étranger ne peuvent donner d'hypothèque sur les biens de France, s'il n'y a des dispositions contraires à ce principe dans les lois politiques ou dans les traités.

**Article 2414** L'hypothèque peut être consentie sur des immeubles présents ou futurs.

A peine de nullité, l'acte notarié désigne spécialement la nature et la situation de chacun de ces immeubles, ainsi qu'il est dit à l'article 2421.

**Article 2415** L'hypothèque peut être consentie pour sûreté d'une ou plusieurs créances, présentes ou futures. Si elles sont futures, elles doivent être déterminables.

La cause en est déterminée dans l'acte.

**Article 2416** L'hypothèque constituée à des fins professionnelles par une personne physique ou morale peut être ultérieurement affectée à la garantie de créances professionnelles autres que celles mentionnées dans l'acte constitutif pourvu que celui-ci le prévoie expressément.

Le constituant peut alors l'offrir en garantie, dans la limite de la somme prévue dans l'acte constitutif et mentionnée à l'article 2417, non seulement au créancier originaire, mais aussi, nonobstant toute clause contraire, à un nouveau créancier encore que le premier n'ait pas été payé.

La convention de rechargement qu'il passe soit avec le créancier originaire, soit avec le nouveau créancier revêt la forme notariée.

Elle est publiée, sous la forme prévue à l'article 2425, à peine d'inopposabilité aux tiers.

**Article 2417** L'hypothèque est toujours consentie, pour le capital, à hauteur d'une somme déterminée que l'acte notarié mentionne à peine de nullité. Le cas échéant, les parties évaluent à cette fin les rentes, prestations et droits indéterminés, éventuels ou conditionnels. Si la créance est assortie d'une clause de réévaluation, la garantie s'étend à la créance réévaluée, pourvu que l'acte le mentionne.

Lorsqu'elle est consentie pour sûreté d'une ou plusieurs créances futures et pour une durée indéterminée, le constituant peut à tout moment la résilier sauf pour lui à respecter un préavis de trois mois. Une fois résiliée, elle ne demeure que pour la garantie des créances nées antérieurement.

**제2413조** 외국에서 체결된 계약은, 정치적인 법률이나 조약에서 다음의 원칙에 반하는 규정이 없는 한, 프랑스 소재의 재산에 관하여 저당권을 설정할 수 없다.

**제2414조** ① 저당권은 현재 또는 장래의 부동산에 관하여 약정될 수 있다.
② 무효로 되지 않기 위해서는, 공정증서는 제2421조에서 규정한 바와 같이, 특히 이들 각 부동산의 성질과 위치를 기술하여야 한다.

**제2415조** ① 저당권은 하나 또는 수 개의 현재 또는 장래의 채권들을 담보하기 위하여 설정될 수 있다. 장래의 채권들을 위한 것이라면 특정할 수 있는 것이어야 한다.
② 채권발생의 원인은 증서에 특정된다.

**제2416조** ① 자연인 또는 법인에 의하여 직업적 목적으로 설정된 저당권은 저당권 설정 증서가 분명하게 이를 표시한 경우에 한하여 그 설정증서에 기재된 채권 이외의 직업적 채권의 담보로 나중에 할당될 수 있다.
② 따라서 저당권설정자는 원채권자 뿐만 아니라 모든 반대 조항에도 불구하고 원채권자가 변제받지 않았다고 하더라도 새로운 채권자에 대해서도 저당권설정증서 및 제2417조에서 규정된 금액의 범위 내에서 저당권을 담보로 제공할 수 있다.

③ 원채권자 또는 새로운 채권자와 체결한 충전합의는 공증된 형식을 갖추어야 한다.

④ 그 합의는 제2425조에서 규정한 형식으로 공시되고, 그렇지 않은 경우에는 제3자에게 대항할 수 없다.

**제2417조** ① 저당권은 원본을 공정증서에 기재된 특정금액까지 담보하는 것으로 언제든지 합의되며, 이에 반하는 합의는 무효이다. 이를 위해 필요한 경우 당사자들은 확정되지 않았거나 불확실하거나 조건부인 정기금, 급부, 권리를 평가한다. 채권에 재평가조항이 있으면, 그것이 공정증서에 기재되어 있는 한, 담보는 재평가된 채권까지 미친다.

② 저당권이 1개 또는 수 개의 장래채권의 담보를 위해 그리고 기간의 정함이 없이 합의된 경우, 저당권설정자는 3개월의 예고기간을 준수하여 언제든지 저당권을 해지할 수 있다. 해지된 경우 저당권은 이전에 발생한 담보에 대해서만 존속한다.

## Section 5 Du classement des hypothèques

**Article 2418** Les hypothèques légales, judiciaires et conventionnelles n'ont rang que du jour de leur inscription prise au fichier immobilier, dans la forme et de la manière prescrites par la loi.

Par exception, l'hypothèque prévue au 3° de l'article 2402 est dispensée d'inscription. Elle prime toutes les autres hypothèques pour l'année courante et pour les deux dernières années échues. Elle vient en concours avec l'hypothèque du vendeur et du prêteur de deniers pour les années antérieures.

Lorsque plusieurs inscriptions sont prises le même jour relativement au même immeuble, leur rang respectif est déterminé comme suit, quel que soit l'ordre qui résulte du registre prévu à l'article 2447 :
- l'inscription d'une hypothèque légale est réputée d'un rang antérieur à celui de l'inscription d'une hypothèque judiciaire ou conventionnelle ; et s'il y a plusieurs inscriptions d'hypothèques légales, elles viennent en concurrence, sauf s'il s'agit de l'hypothèque spéciale du vendeur et de l'hypothèque spéciale du prêteur de deniers, la première étant réputée antérieure à la seconde ;
- en présence de plusieurs inscriptions d'hypothèques conventionnelles ou judiciaires, celle qui est prise en vertu du titre portant la date la plus ancienne est réputée d'un rang antérieur ; et si les titres ont la même date, elles viennent en concurrence.

**Article 2419** L'ordre de préférence entre les créanciers hypothécaires et les créanciers gagistes, dans la mesure où leur gage porte sur des biens réputés immeubles, est déterminé par les dates auxquelles les titres respectifs ont été publiés, nonobstant le droit de rétention des créanciers gagistes.

## 제5절 저당권의 순위

**제2418조** ① 법정저당권, 재판상 저당권, 약정저당권은 법률에서 정한 형식과 방식에 따라 부동산색인56)에 등기된 날로부터만 순위를 가진다.

② 예외적으로, 제2402조 제3호에서 정하는 저당권은 등기가 면제된다. 이 저당권은 해당 년도 및 기한이 도래한 최근 2년에 대해서는 다른 모든 저당권에 우선한다. 이 저당권은 그 이전 년도들에 대해서는 매도인의 저당권 및 금전대여자의 저당권과 경합한다.

③ 수 개의 등기가 동일한 부동산에 관하여 같은 날에 이루어진 경우, 그 각각의 순위는 제2447조에서 규정한 등록부로부터 초래되는 순위와는 별개로 다음과 같이 정해진다.

- 법정저당권의 등기는 재판상저당권이나 약정저당권의 등기 순위에 앞서는 것으로 간주된다. 그리고 수 개의 법정저당권이 이루어진 때에는 상호 경합하나, 매도인의 특정저당권과 금전대여자의 특정저당권은 그러하지 아니하며, 전자가 후자에 앞서는 것으로 간주된다.

- 수 개의 약정저당권 또는 재판상저당권의 등기가 있는 경우, 날짜에서 가장 앞서는 권원을 가진 저당권이 순위에서 앞서는 것으로 간주된다. 그리고 권원들이 동일한 날짜를 가지면 상호 경합한다.

**제2419조** 저당권부채권자와 질권부채권자 사이의 우선순위는, 그들의 담보권이 부동산으로 간주되는 재산인 한도에서만, 질권부채권자의 유치권에도 불구하고 각자의 권원이 공시된 날짜에 의하여 결정된다.

---

56) 프랑스에서의 부동산색인은 우리 법에서의 등기부에 해당하는 것으로 설명할 수 있다. 즉, 물권의 설정 이외에 물권의 양도에 관한 사항을 기재할 뿐만 아니라 부동산에 관한 채권 또는 대인적 권리를 공시함으로써 제3자에 대한 대항력을 갖추게 한다는 점에서 이와 같이 평가할 수 있다. 다만, 우리 법에서는 등기부가 물적 편성주의를 취하고 있으나, 프랑스에서는 인적 편성주의와 물적 편성주의를 아우르고 있다는 점에서 근본적인 차이가 있다. 즉, 프랑스 부동산공시법에서는 부동산색인의 유형과 관련하여, 제4조부터 제7조까지에서는 '소유자색인'(Fiches personnelles de propriétaire), 제8조 및 제9조에서는 '토지구획별색인'(Fiches parcellaires), 제10조부터 제12조까지에서는 '부동산색인'(Fiches d'immeuble)에 대하여 각각 규정하고 있다.

**Article 2420** Les créanciers titulaires d'une même hypothèque rechargeable bénéficient du rang de l'inscription de la convention constitutive de la sûreté.

Toutefois, dans leurs relations réciproques, la date de publication des conventions de rechargement détermine leur rang. Il en va de même à l'égard des créanciers titulaires d'une hypothèque légale ou judiciaire.

## Section 6 De l'inscription des hypothèques

### Sous-section 1 Du mode d'inscription des hypothèques

**Article 2421** Sont inscrites au service chargé de la publicité foncière de la situation des biens les hypothèques légales, judiciaires ou conventionnelles, sous réserve de l'exception prévue au deuxième alinéa de l'article 2418.

L'inscription qui n'est jamais faite d'office par ce service, ne peut avoir lieu que pour une somme et sur des immeubles déterminés, dans les conditions fixées par l'article 2423.

En toute hypothèse, les immeubles sur lesquels l'inscription est requise doivent être individuellement désignés, avec indication de la commune où ils sont situés, à l'exclusion de toute désignation générale, même limitée à une circonscription territoriale donnée.

**Article 2422** Les créanciers hypothécaires ne peuvent prendre utilement inscription sur le précédent propriétaire, à partir de la publication de la mutation opérée au profit d'un tiers.

L'inscription ne produit aucun effet entre les créanciers d'une succession si elle n'a été faite par l'un d'eux que depuis le décès, dans le cas où la succession n'est acceptée qu'à concurrence de l'actif net ou est déclarée vacante.

En cas de saisie immobilière ou de procédure de sauvegarde, de redressement judiciaire ou de liquidation judiciaire ou encore en cas de procédure de traitement des situations de surendettement des particuliers, l'inscription des hypothèques produit les effets réglés par les dispositions du livre III du code des procédures civiles d'exécution, du livre VII du code de la consommation et des titres II, III ou IV du livre VI du code de commerce.

Dans les départements du Bas-Rhin, du Haut-Rhin et de la Moselle, en cas d'exécution forcée immobilière, l'inscription des hypothèques produit les effets réglés par les dispositions de la loi du 1er juin 1924.

**제2420조** ① 하나의 동일한 충전저당권의 권리자인 채권자들은 담보설정합의의 등기에 따른 순위를 향유한다.

② 그러나, 그들 상호간의 관계에 있어서는, 충전합의의 공시일이 그들의 순위를 결정한다. 법정저당권 또는 재판상저당권의 권리자인 채권자들에 대해서도 마찬가지이다.

## 제6절 저당권 등기

### 제1부속절 저당권 등기의 방법

**제2421조** ① 법정저당권, 재판상저당권 또는 약정저당권은, 재산 소재지의 부동산등기소에 등기되며, 제2418조 제2항에 규정된 예외를 유보한다.

② 부동산등기소에 의하여 직권으로 행해지지 않는 등기는, 제2423조에 정해진 요건에 따라, 일정한 금액에 대하여 그리고 특정된 부동산들에 관해서만 행해질 수 있다.

③ 어떤 경우에도, 등기가 신청된 부동산들은 해당 부동산들이 소재하는 기초자치단체의 표시와 더불어, 개별적으로 지정되어야 하며, 일정한 지역적 경계에 한정될지라도, 모든 일반적 지정은 배제된다.

**제2422조** ① 저당권부 채권자들은, 제3자의 이익을 위하여 행해진 이전등기가 공시된 때부터, 종전의 소유권자에 대하여 등기를 유효하게 취할 수 없다.

② 상속이 한정승인만 되거나 상속 주장자 부존재로 신고된 경우, 등기가 상속재산 채권자들 중의 1인에 의하여 사망 후에야 행해졌다면, 등기는 이들 사이에서는 아무런 효과도 발생시키지 아니한다.

③ 부동산압류, 구제절차, 재판상 회생절차나 재판상 청산절차의 경우, 또는 개인의 채무초과 상태의 처리절차의 경우, 저당권의 등기는 민사집행법전 제3권, 소비자법전 제7권 및 상법전 제6권 2편, 3편 또는 4편의 규정에 따른 효과를 발생시킨다.

④ 바-렌, 호-렌 및 모젤 도에서는, 부동산 강제집행의 경우, 저당권의 등기는 1924년 6월 1일 법률의 규정에 따라 효과를 발생시킨다.

**Article 2423** L'inscription des hypothèques est opérée par le service chargé de la publicité foncière sur le dépôt de deux bordereaux datés, signés et certifiés conformes entre eux par le signataire du certificat d'identité prévu aux articles 5 et 6 du décret du 4 janvier 1955 ; un décret en Conseil d'Etat détermine les conditions de forme auxquelles le bordereau destiné à être conservé par ce service doit satisfaire. Au cas où l'inscrivant ne se serait pas servi d'une formule réglementaire, le service chargé de la publicité foncière accepterait cependant le dépôt, sous réserve des dispositions de l'avant-dernier alinéa du présent article.

Toutefois, pour l'inscription de l'hypothèque légale attachée aux jugements de condamnation et de l'hypothèque judiciaire, le créancier présente en outre, soit par lui-même, soit par un tiers, audit service :

1° L'original, une expédition authentique ou un extrait littéral de la décision judiciaire donnant naissance à l'hypothèque, lorsque celle-ci résulte des dispositions de l'article 2401 ;

2° L'autorisation du juge, la décision judiciaire ou le titre pour l'hypothèque judiciaire.

Chacun des bordereaux contient exclusivement les indications et mentions fixées par décret en Conseil d'Etat.

Le dépôt est refusé :

1° A défaut de présentation du titre générateur de la sûreté pour l'hypothèque légale attachée aux jugements de condamnation et pour l'hypothèque judiciaire ;

2° A défaut de la mention visée de la certification de l'identité des parties prescrite par les articles 5 et 6 du décret du 4 janvier 1955, ou si les immeubles ne sont pas individuellement désignés, avec indication de la commune où ils sont situés.

Si le service chargé de la publicité foncière, après avoir accepté le dépôt, constate l'omission d'une des mentions prescrites, ou une discordance entre, d'une part, les énonciations relatives à l'identité des parties ou à la désignation des immeubles contenues dans le bordereau, et, d'autre part, ces mêmes énonciations contenues dans les bordereaux ou titres déjà publiés depuis le 1er janvier 1956, la formalité est rejetée, à moins que le requérant ne régularise le bordereau ou qu'il ne produise les justifications établissant son exactitude, auxquels cas la formalité prend rang à la date de la remise du bordereau constatée au registre de dépôts.

La formalité est également rejetée lorsque les bordereaux comportent un montant de créance garantie supérieur à celui figurant dans le titre pour l'hypothèque légale attachée aux jugements de condamnation et pour l'hypothèque judiciaire ainsi que, dans l'hypothèse visée au premier alinéa du présent article, si le requérant ne substitue pas un nouveau bordereau sur formule réglementaire au bordereau irrégulier en la forme.

Le décret prévu ci-dessus détermine les modalités du refus du dépôt ou du rejet de la formalité.

**제2423조** ① 저당권의 등기는 1955년 1월 4일 데크레 제5조와 제6조에 규정된 신원증명서의 서명자에 의하여 일자가 기재되고 서명되었으며 상호 간에 일치함이 확인된 2부의 등기신청서의 제출에 따라 부동산등기소에 의하여 행해진다. 국사원 데크레는 부동산등기소에 보존되어야 할 등기신청서가 충족하여야 하는 형식요건을 정한다. 등기신청인이 규정에 맞는 형식을 사용하지 않는 경우라도, 부동산등기소는 제출을 접수하여야 하고, 본조 제6항의 규정을 유보한다.

② 그러나, 재판상저당권과 제재판결에 결부된 법정저당권 등기의 경우, 채권자는 스스로 또는 제3자를 통해서 해당 등기소에 다음 각 호의 서류를 추가로 제출하여야 한다.

1. 저당권이 제2401조의 규정에 따라 발생하는 경우, 저당권을 발생시킨 법원 판결의 원본, 공증 등본 또는 초본

2. 재판상저당권에 관한 법관의 허가, 법원 판결 또는 권리증서
③ 각 등기신청서는 국사원 데크레에 의하여 정해진 표시 및 기재사항만을 포함해야 한다.

④ 다음 각 호의 경우에 제출은 각하된다.
1. 재판상저당권과 제재판결에 결부된 법정저당권에 관하여, 담보의 발생 권원이 제시되지 않은 경우
2. 1955년 1월 4일 데크레 제5조와 제6조에 의하여 규정된 당사자의 신원증명에 관한 기재의 결여, 또는, 부동산들이 소재하는 기초자치단체의 표시와 더불어, 해당 부동산들이 개별적으로 지정되지 않은 경우
⑤ 부동산등기소가, 제출이 접수된 후, 규정된 기재사항의 누락을 확인하거나, 한편, 당해 등기신청서에 기재된 당사자의 신원이나 부동산의 지정에 관한 표시와, 다른 한편, 1956년 1월 1일 이후에 이미 공시된 권리증서나 등기신청서에 포함된 동일 내용의 표시 사이의 불일치를 확인하면 절차가 기각되지만, 신청자가 등기신청서를 정정하거나 등기신청서의 정확성을 입증하는 증거자료를 제시하는 때에는 그러하지 아니하며, 이 경우 그 절차는 제출등록부에서 확인된 등기신청서의 교부일로 순위를 정한다.

⑥ 등기신청서가 재판상저당권과 제재판결에 결부된 법정저당권에 관한 권리증서에 표시된 액수를 초과하는 피담보채권액을 표시하는 경우 및 본조 제1항에 규정된 사항에서, 신청자가 부적격한 형식의 등기신청서를 적법한 형식에 따른 새로운 등기신청서로 대체하지 않으면 절차는 역시 기각된다.

⑦ 위에 규정된 데크레는 제출의 각하 또는 절차의 기각에 관한 방식을 정한다.

**Article 2424** Pour les besoins de leur inscription, les hypothèques portant sur des lots dépendant d'un immeuble soumis au statut de la copropriété sont réputés ne pas grever la quote-part de parties communes comprise dans ces lots. Néanmoins, les créanciers inscrits exercent leurs droits sur ladite quote-part prise dans sa consistance au moment de la mutation dont le prix forme l'objet de la distribution ; cette quote-part est tenue pour grevée des mêmes sûretés que les parties privatives et de ces seules sûretés.

**Article 2425** Sont publiées au fichier immobilier, sous forme de mentions en marge des inscriptions existantes, les subrogations aux hypothèques, mainlevées, réductions, cessions d'antériorité et transferts qui ont été consentis, prorogations de délais, changements de domicile et, d'une manière générale, toutes modifications, notamment dans la personne du créancier bénéficiaire de l'inscription, qui n'ont pas pour effet d'aggraver la situation du débiteur.

Il en est de même pour les dispositions par acte entre vifs ou testamentaires, à charge de restitution, portant sur des créances hypothécaires.

Sont publiées sous la même forme les conventions qui doivent l'être en application de l'article 2416.

Les actes et décisions judiciaires constatant ces différentes conventions ou dispositions et les copies, extraits ou expéditions déposés au service chargé de la publicité foncière en vue de l'exécution des mentions doivent contenir la désignation des parties conformément au premier alinéa des articles 5 et 6 du décret du 4 janvier 1955. Cette désignation n'a pas à être certifiée.

En outre, au cas où la modification mentionnée ne porte que sur parties des immeubles grevés, lesdits immeubles doivent, sous peine de refus du dépôt, être individuellement désignés.

**Article 2426** Le service chargé de la publicité foncière fait mention, sur le registre prescrit par l'article 2447 ci-après, du dépôt des bordereaux, et remet au requérant, tant le titre ou l'expédition du titre, que l'un des bordereaux, au pied duquel il mentionne la date du dépôt, le volume et le numéro sous lesquels le bordereau destiné aux archives a été classé.

La date de l'inscription est déterminée par la mention portée sur le registre des dépôts.

**제2424조** 등기의 목적상, 구분소유의 법적 지위에 따르는 건물에 속하는 구분소유부분을 대상으로 하는 저당권은 그 구분소유에 속하는 공용부분 지분에는 설정되지 않은 것으로 본다. 그럼에도 불구하고, 등기한 채권자는 양도 시에 구분소유권에 포함된 해당 지분에 대한 권리를 행사할 수 있으며, 그 대금은 배당의 대상이 된다. 이 공용부분의 지분은, 전유부분과 같은 담보로서, 그리고 이 담보에만 설정된 것으로 본다.

**제2425조** ① 저당권의 대위, 말소동의, 감축, 합의에 의한 이전 및 선순위양도, 기간의 연장, 주소변경 그리고, 일반적으로, 특히 등기권리자인 채권자 개인에 관하여, 채무자의 사정을 악화시키는 효과를 발생시키지 않는 모든 변경은, 기존의 등록부 비고란에 기재되는 방식에 의하여, 부동산색인에 공시된다.

② 저당권부채권에 관한, 반환의 부담이 있는, 생전행위 또는 유언에 의한 처분의 경우에도 마찬가지이다.
③ 제2416조의 적용에 따라 공시되어야 하는 합의도 동일한 방식으로 공시된다.

④ 여러 합의나 처분을 확인하는 증서나 법원 판결, 기재사항의 집행을 위해 부동산등기소에 제출된 사본이나 초본 또는 등본에는 1955년 1월 4일 데크레 제5조 제1항과 제6조 제1항에 따라 당사자의 지정을 포함하여야 한다. 이 지정은 인증될 필요가 없다.

⑤ 그밖에 기재된 변경사항이 저당부동산의 일부만을 대상으로 하는 경우에 해당 부동산은, 제출이 각하되지 않기 위해서는, 개별적으로 지정되어야 한다.

**제2426조** ① 부동산등기소는, 제2447조 이하에 규정된 등록부에, 등기신청서의 제출을 기재하고, 신청자에게 권리증서 또는 그 등본뿐 아니라 등기신청서 중 1부를 교부하며, 그 등기신청서 하단에 제출일, 편철의 대상인 등기신청서가 분류된 권수 및 번호를 기재한다.
② 등기일자는 제출등록부에 행해진 기재에 의하여 정해진다.

**Article 2427** Le créancier hypothécaire inscrit pour un capital produisant intérêt et arrérages, a le droit d'être colloqué, pour trois années seulement, au même rang que le principal, sans préjudice des inscriptions particulières à prendre, portant hypothèque à compter de leur date, pour les intérêts et arrérages autres que ceux conservés par l'inscription primitive.

Toutefois, le créancier a le droit d'être colloqué pour la totalité des intérêts, au même rang que le principal, lorsque l'hypothèque a été consentie en garantie du prêt viager défini au I de l'article L. 315-1 du code de la consommation.

**Article 2428** Il est loisible à celui qui a requis une inscription ainsi qu'à ses représentants ou cessionnaires par acte authentique de changer au service chargé de la publicité foncière le domicile par lui élu dans cette inscription, à la charge d'en choisir et indiquer un autre situé en France métropolitaine, dans les départements d'outre-mer ou dans la collectivité territoriale de Saint-Pierre-et-Miquelon.

**Article 2429** L'inscription conserve l'hypothèque jusqu'à la date que fixe le créancier en se conformant aux dispositions qui suivent.

Si le principal de l'obligation garantie doit être acquitté à une ou plusieurs dates déterminées, la date extrême d'effet de l'inscription prise avant l'échéance ou la dernière échéance prévue est, au plus, postérieure de un an à cette échéance, sans toutefois que la durée de l'inscription puisse excéder cinquante années.

Si l'échéance ou la dernière échéance est indéterminée, notamment dans le cas prévu à l'article L. 315-1 du code de la consommation, ou si l'hypothèque est assortie d'une clause de rechargement prévue à l'article 2416, la durée de l'inscription est au plus de cinquante années au jour de la formalité.

Si l'échéance ou la dernière échéance est antérieure ou concomitante à l'inscription, la durée de l'inscription est au plus de dix années au jour de la formalité.

Lorsque la sûreté garantit plusieurs créances et que celles-ci sont telles que plusieurs des trois alinéas précédents sont applicables, le créancier peut requérir soit, pour chacune d'elles, des inscriptions distinctes, soit une inscription unique pour l'ensemble jusqu'à la date la plus éloignée. Il en est de même lorsque le premier de ces trois alinéas étant seul applicable, les différentes créances ne comportent pas les mêmes échéances ou dernières échéances.

**제2427조** ① 이자나 지연이자를 발생시키는 원본채권을 등기한 저당권부 채권자는 3년에 한하여 이자와 지연이자에 관해서는 원본채권과 동일한 순위로 배당받을 권리를 가지고 있으나, 이는 원래의 등기에 의하여 보전된 것 이외의 이자 및 지연이자를 위하여 행해지는, 그 등기일로부터 저당권의 효과가 있는, 별개 등기에는 영향을 미치지 아니한다.

② 그러나 저당권이 소비자법전 제L.315-1조 I 에 규정된 종신소비대차의 담보로 설정된 경우, 채권자는 이자 전부에 대하여 주된 채권과 동일한 순위로 배당받을 권리를 가진다.

**제2428조** 등기를 신청한 자뿐만 아니라 그의 대리인 또는 공정증서에 의한 양수인은, 프랑스 본토나 해외의 도 또는 쌩·피에르·에·미끌롱(Saint-Pierre-et-Miquelon) 자치령(自治領)에 소재하는 다른 주소를 선정하여 표시할 것을 부담으로, 등기에 선정된 주소지를 부동산등기소에서 변경하는 것이 허용된다.

**제2429조** ① 등기는 다음의 규정에 따라 채권자가 정한 날까지 저당권을 보전한다.

② 피담보채권의 원본이 하루 또는 수일의 특정일에 변제되어야 한다면, 예정된 변제기 전 또는 최종변제기 전에 행해진 등기의 최종효력일은 변제기로부터 적어도 1년 이후이어야 하지만, 등기 기간은 50년을 넘지 못한다.

③ 변제기 또는 최종변제기가 정해지지 않았다면, 특히 소비자법전 제L.315-1조에 규정된 경우 또는 저당권이 제2416조에 규정된 충전 조항과 관련된 경우, 등기 기간은 절차완료일[57]로부터 최장 50년이다.

④ 변제기 또는 최종변제기가 등기 이전 또는 등기와 동시라면, 등기 기간은 절차완료일로부터 최장 10년이다.

⑤ 담보가 수 개의 채권을 보증하고 이 채권들이 제2항, 제3항과 제4항 중 복수의 항이 적용되는 경우, 채권자는 채권들 각각을 별개의 등기로 신청하거나 가장 먼 날까지 채권 전부에 대하여 하나의 등기로 신청할 수 있다. 이 세 개의 항 중 제2항만이 적용되고 각각의 채권들이 변제기 또는 최종변제기가 동일하지 않은 경우에도 마찬가지이다.

---

57) 제513-3-1조 제2항, 제515-7조 제8항 참조.

**Article 2430** L'inscription cesse de produire effet si elle n'a pas été renouvelée au plus tard à la date visée au premier alinéa de l'article 2429.

Chaque renouvellement est requis jusqu'à une date déterminée. Cette date est fixée comme il est dit à l'article 2429 en distinguant suivant que l'échéance ou la dernière échéance, même si elle résulte d'une prorogation de délai, est ou non déterminée et qu'elle est ou non postérieure au jour du renouvellement.

Le renouvellement est obligatoire, dans le cas où l'inscription a produit son effet légal, notamment en cas de réalisation du gage, jusqu'au paiement ou à la consignation du prix.

**Article 2431** Si l'un des délais prévus aux articles 2428 et 2429 n'a pas été respecté, l'inscription n'a pas d'effet au-delà de la date d'expiration de ce délai.

**Article 2432** Quand il a été pris inscription provisoire d'hypothèque judiciaire, les dispositions des articles 2429 à 2431 s'appliquent à l'inscription définitive et à son renouvellement. La date retenue pour point de départ des délais est celle de l'inscription définitive ou de son renouvellement.

**Article 2433** S'il n'y a stipulation contraire, les frais des inscriptions, dont l'avance est faite par l'inscrivant, sont à la charge du débiteur, et les frais de la publicité de l'acte de vente, qui peut être requise par le vendeur en vue de l'inscription de son hypothèque légale, sont à la charge de l'acquéreur.

**Article 2434** Les actions auxquelles les inscriptions peuvent donner lieu contre les créanciers seront intentées devant le tribunal compétent, par exploits faits à leur personne, ou au dernier des domiciles par eux élus sur les bordereaux d'inscription, et ce, nonobstant le décès, soit des créanciers, soit de ceux chez lesquels ils auront fait élection de domicile.

### Sous-section 2 De la radiation et de la réduction des inscriptions

### Paragraphe 1 Dispositions générales

**Article 2435** Les inscriptions sont rayées du consentement des parties intéressées et ayant capacité à cet effet, ou en vertu d'un jugement en dernier ressort ou passé en force de chose jugée. La radiation s'impose au créancier qui n'a pas procédé à la publication, sous forme de mention en marge, prévue au quatrième alinéa de l'article 2416.

**제2430조** ① 늦어도 제2429조 제1항에서 정한 날까지 갱신되지 않았다면, 등기는 그 효력을 상실한다.

② 각 갱신은 정해진 날까지 신청되어야 한다. 갱신신청일은, 그것이 기간의 연장에서 비롯될 것이라도, 변제기 또는 최종변제기가 정해져 있는가의 여부 및 그것이 갱신일 이후인가의 여부를 구별하여 제2429조에서 규정된 것과 같이 정해진다.

③ 갱신은, 등기가 법적 효력을 발생시킨 경우, 특히 담보권 실현의 경우, 대금의 변제 또는 공탁 시까지 의무적이다.

**제2431조** 제2428조와 2429조에 규정된 기간 중의 하나가 준수되지 않았다면, 등기는 이 기간의 종료일을 지나서는 효력이 없다.

**제2432조** 재판상저당권이 잠정등기된 경우, 제2429조부터 제2431조까지의 규정은 종국등기 및 그 등기의 갱신에 적용된다. 기간의 기산점은 종국등기일 또는 그 등기의 갱신일이다.

**제2433조** 반대의 약정이 없으면, 등기신청인이 선지출한 등기비용은 채무자가 부담하고, 자신의 법정저당권을 등기할 목적으로 매도인에 의하여 신청될 수 있는, 매도증서의 공시에 관한 비용은 취득자가 부담한다.

**제2434조** 등기로 인하여 채권자들에 대하여 발생할 수 있는 소는, 채권자 본인에 대한 소환장에 의해, 또는 채권자들이 등기신청서에 선정한 주소지 중 최종주소지의 관할법원에 제기되어야 하며, 이는 채권자가 사망하거나 또는 채권자가 주소 선정을 한 곳의 사람이 사망하였더라도 마찬가지이다.

### 제2부속절 등기의 말소 및 감축

### 제1관 총칙

**제2435조** 등기는 그 말소에 이해관계가 있고 능력이 있는 당사자들의 합의로 또는 종심판결이나 기판력 있는 판결에 의하여 말소된다. 공시를 진행하지 않은 채권자에 대해서는, 제2416조 제4항에 규정된, 비고란에 기재하는 방식으로, 말소가 강제된다.

**Article 2436** Dans l'un et l'autre cas, ceux qui requièrent la radiation déposent au service chargé de la publicité foncière l'expédition de l'acte authentique portant consentement, ou celle du jugement.

Aucune pièce justificative n'est exigée à l'appui de l'expédition de l'acte authentique en ce qui concerne les énonciations établissant l'état, la capacité et la qualité des parties, lorsque ces énonciations sont certifiées exactes dans l'acte par le notaire ou l'autorité administrative.

La radiation de l'inscription peut être requise par le dépôt au service chargé de la publicité foncière d'une copie authentique de l'acte notarié certifiant que le créancier a, à la demande du débiteur, donné son accord à cette radiation ; le contrôle opéré par ce service se limite à la régularité formelle de l'acte à l'exclusion de sa validité au fond.

**Article 2437** La radiation non consentie est demandée au tribunal dans le ressort duquel l'inscription a été faite, si ce n'est lorsque cette inscription a eu lieu pour sûreté d'une condamnation éventuelle ou indéterminée, sur l'exécution ou liquidation de laquelle le débiteur et le créancier prétendu sont en instance ou doivent être jugés dans un autre tribunal ; auquel cas la demande en radiation doit y être portée ou renvoyée.

Cependant la convention faite par le créancier et le débiteur, de porter, en cas de contestation, la demande à un tribunal qu'ils auraient désigné, recevra son exécution entre eux.

**Article 2438** La radiation doit être ordonnée par les tribunaux, lorsque l'inscription a été faite sans être fondée ni sur la loi, ni sur un titre, ou lorsqu'elle l'a été en vertu d'un titre soit irrégulier, soit éteint ou soldé, ou lorsque les droits d'hypothèque sont effacés par les voies légales.

**Article 2439** Lorsque les inscriptions prises en vertu d'une hypothèque légale générale sont excessives, le débiteur peut demander leur réduction en se conformant aux règles de compétence établies dans l'article 2437.

Sont réputées excessives les inscriptions qui grèvent plusieurs immeubles lorsque la valeur d'un seul ou de quelques-uns d'entre eux excède une somme égale au double du montant des créances en capital et accessoires légaux, augmenté du tiers de ce montant.

**제2436조** ① 위의 두 경우 모두에 말소를 신청하는 자들은 합의를 포함한 공정증서의 등본 또는 판결문 등본을 부동산등기소에 제출하여야 한다.

② 당사자의 신분·능력·자격에 관한 표시가 공증인 또는 행정기관에 의한 증서로 정확한 것으로 증명된 경우, 이 표시에 관한 공정증서의 등본을 뒷받침하기 위하여 어떠한 증거서류도 요구되지 아니한다.

③ 등기의 말소는 채권자가 채무자의 요청으로 그 말소에 동의하였음을 확인하는 공정증서의 정본을 부동산등기소에 제출함으로써 신청될 수 있다. 이 등기소에 의하여 행해지는 심사는 그 증서의 실질적 유효성을 제외한 형식적 적법성에 한한다.

**제2437조** ① 합의되지 않은 말소는 등기가 행해진 지역의 관할법원에 청구할 수 있으나, 발생할 수 있거나 미확정인 제재의 담보를 위하여 그 등기가 행해졌고 그 판결의 집행 또는 청산에 관하여 채무자와 채권자로 주장하는 자가 다른 법원에서 소송 중에 있거나 재판받아야 하는 경우에는 그러하지 않다. 이 경우에 말소청구는 그 법원에 제기되거나 그 법원으로 이송되어야 한다.

② 그러나 이의가 있는 경우, 자신들이 지정한 법원에 청구하기로 하는, 채권자와 채무자에 의한 합의는, 이들 사이에 집행력이 있다.

**제2438조** 등기가 법률이나 권리증서에 근거하지 않고 행해진 경우, 또는 등기가 부적법하거나 소멸 또는 변제된 권리증서에 근거하여 행해진 경우, 또는 저당권이 적법한 수단에 의하여 소멸된 경우, 법원은 말소를 명하여야 한다.

**제2439조** ① 일반 법정저당권에 근거하여 행하여진 등기가 과도한 경우, 채무자는 제2437조에서 정하는 관할의 원칙에 따라 그 감축을 청구할 수 있다.

② 다수의 부동산을 담보로 한 등기는, 그 부동산 중 1개 또는 수 개의 가액이 원본채권 및 법정의 부수채권 총액의 2배에 그 3분의 1을 가산한 금액을 초과하는 경우, 과도한 것으로 본다.

## Paragraphe 2 Dispositions particulières relatives aux hypothèques des époux et des personnes en tutelle

**Article 2440** Quand l'hypothèque légale a été inscrite par application de l'article 2394, et sauf clause expresse du contrat de mariage l'interdisant, l'époux bénéficiaire de l'inscription peut en donner mainlevée totale ou partielle.

Il en est ainsi même en ce qui concerne l'hypothèque légale, ou éventuellement l'hypothèque judiciaire, garantissant la pension alimentaire allouée ou susceptible d'être allouée à un époux, pour lui ou pour ses enfants.

Si l'époux bénéficiaire de l'inscription, en refusant de réduire son hypothèque ou d'en donner mainlevée, empêche l'autre époux de faire une constitution d'hypothèque ou une aliénation qu'exigerait l'intérêt de la famille ou, s'il est hors d'état de manifester sa volonté, les juges pourront autoriser cette réduction ou cette mainlevée aux conditions qu'ils estimeront nécessaires à la sauvegarde des droits de l'époux intéressé. Ils ont les mêmes pouvoirs lorsque le contrat de mariage comporte la clause visée au premier alinéa.

**Article 2441** Si la valeur des immeubles sur lesquels l'hypothèque du mineur ou du majeur en tutelle a été inscrite excède notablement ce qui est nécessaire pour garantir la gestion du tuteur, celui-ci peut demander au conseil de famille ou à défaut au juge des tutelles de réduire l'inscription aux immeubles suffisants.

Il peut pareillement lui demander de réduire l'évaluation qui avait été faite de ses obligations envers le mineur.

L'administrateur légal peut, dans les mêmes cas, lorsqu'une inscription a été prise sur ses immeubles en vertu de l'article 2398, demander au juge des tutelles de la réduire, soit quant aux immeubles grevés, soit quant aux sommes garanties.

Le tuteur et l'administrateur légal peuvent en outre, s'il y a lieu, sous l'observation des mêmes conditions, demander la mainlevée totale de l'hypothèque.

La radiation partielle ou totale de l'hypothèque sera faite au vu d'un acte de mainlevée signé par un membre du conseil de famille ayant reçu délégation à cet effet ou à défaut au vu d'une décision du juge des tutelles, en ce qui concerne les immeubles du tuteur, et au vu d'une décision du juge des tutelles, en ce qui concerne les immeubles de l'administrateur légal.

**Article 2442** Les jugements sur les demandes d'un époux, d'un tuteur ou d'un administrateur légal dans les cas prévus aux articles précédents sont rendus dans les formes réglées au code de procédure civile.

Si le tribunal prononce la réduction de l'hypothèque à certains immeubles, les inscriptions prises sur tous les autres sont radiées.

## 제2관 부부와 피후견인의 저당권에 관한 특칙

**제2440조** ① 제2394조의 적용에 따라 법정저당권이 등기되었고, 부부재산계약에 이를 금지하는 명시적 조항이 없다면, 등기권리자인 배우자는 저당권의 전부 또는 일부의 말소동의를 할 수 있다.

② 부부 일방 또는 그의 자녀를 위하여, 그에게 지급되거나 지급될 수 있는 부양정기금을 담보하는, 법정저당권 또는 발생할 수 있는 재판상저당권에 관하여도 제1항과 마찬가지이다.

③ 등기권리자인 배우자가 자신의 저당권을 감축하거나 그 말소동의를 하는 것을 거부함으로써 타방 배우자가 가족의 이익에 필요한 저당권설정이나 양도를 하는 것을 방해한다면, 또는 등기 권리자인 배우자가 의사를 표시할 수 없는 상태에 있다면, 법관은 해당 배우자의 권리 보전에 필요하다고 평가하는 조건에 맞추어 저당권의 감축 또는 말소동의를 허가할 수 있다. 부부재산계약이 제1항에서 규정한 조항을 포함하는 경우에도 법관은 같은 권한을 가진다.

**제2441조** ① 미성년자 또는 피성년후견인의 저당권이 등기되어 있던 부동산들의 가액이 후견인의 관리를 담보하기 위해 필요한 정도를 현저히 초과한다면, 후견인은 친족회에 또는 친족회가 없으면 후견법관에 충분한 부동산들로 등기를 감축할 것을 청구할 수 있다.

② 후견인은 또한 미성년자에 대한 자신의 채무에 행해진 평가액의 감액을 친족회에 또는 친족회가 없으면 후견법관에 청구할 수 있다.

③ 법정관리인은, 위와 동일한 경우에서 제2398조에 의하여 자신의 부동산들 위에 등기가 행해진 경우, 후견법관에게 저당부동산들 또는 피담보채권의 감축을 청구할 수 있다.

④ 후견인과 법정관리인은 그밖에 필요에 따라 위와 동일한 요건을 준수하여 저당권 전부의 말소동의를 청구할 수 있다.

⑤ 저당권의 일부 또는 전부의 말소는, 후견인의 부동산들에 관하여는 그 사무를 위하여 권한을 수임한 친족회원 1인이 서명한 말소동의증서에 따라 또는 친족회가 없는 경우에 후견법관의 결정에 따라, 법정관리인의 부동산들에 관하여는 후견법관의 결정에 따라, 행해진다.

**제2442조** ① 제2440조와 제2441조에 규정된 경우에서, 부부 일방, 후견인 또는 법정관리인의 청구에 대한 판결은 민사소송법전에서 규율하는 형식에 따라 내려진다.

② 법원이 일정한 부동산들로 저당권의 감축을 선고하면, 그 외의 모든 부동산에 행해진 등기는 말소된다.

## Sous-section 3 De la publicité des registres et de la responsabilité en matière de publicité foncière

**Article 2443** Les services chargés de la publicité foncière sont tenus de délivrer, à tous ceux qui le requièrent, copie ou extrait des documents, autres que les bordereaux d'inscription, qui y sont déposés dans la limite des cinquante années précédant celle de la réquisition, et copie ou extrait des inscriptions subsistantes ou certificat qu'il n'existe aucun document ou inscription entrant dans le cadre de la réquisition.

Ils sont également tenus de délivrer sur réquisition, dans un délai de dix jours, des copies ou extraits du fichier immobilier ou certificat qu'il n'existe aucune fiche entrant dans le cadre de la réquisition.

**Article 2444** I. - L'Etat est responsable du préjudice résultant des fautes commises par chaque service chargé de la publicité foncière dans l'exécution de ses attributions, notamment :

1° Du défaut de publication des actes et décisions judiciaires déposés dans les services chargés de la publicité foncière et des inscriptions requises, toutes les fois que ce défaut de publication ne résulte pas d'une décision de refus ou de rejet ;

2° De l'omission, dans les certificats délivrés par les services chargés de la publicité foncière, d'une ou plusieurs des inscriptions existantes, à moins dans ce dernier cas que l'erreur ne provienne de désignations insuffisantes ou inexactes qui ne pourraient leur être imputées.

II. - L'action en responsabilité de l'Etat pour les fautes commises par chaque service chargé de la publicité foncière est exercée devant le juge judiciaire et, sous peine de forclusion, dans le délai de dix ans suivant le jour où la faute a été commise.

**Article 2445** Lorsque le service chargé de la publicité foncière, délivrant un certificat au nouveau titulaire d'un droit réel immobilier, omet une inscription d'hypothèque, le droit demeure dans les mains du nouveau titulaire, affranchi de l'hypothèque non révélée, pourvu que la délivrance du certificat ait été requise par l'intéressé en conséquence de la publication de son titre. Sans préjudice de son recours éventuel contre l'Etat, le créancier bénéficiaire de l'inscription omise ne perd pas le droit de se prévaloir du rang que cette inscription lui confère tant que le prix n'a pas été payé par l'acquéreur ou que l'intervention dans l'ordre ouvert entre les autres créanciers est autorisée.

## 제3부속절 등록부의 공시와 부동산 공시에 대한 책임

**제2443조** ① 부동산등기소는 모든 신청자에게 등기신청일 전 50년의 기간 내에 등기소에 제출된 문서들 중 등기신청서를 제외한 문서들의 등본이나 초본을, 그리고 현존등기의 등본이나 초본 또는 등기신청의 범위에 속하는 문서나 등기가 존재하지 않는다는 취지의 증명서를 교부하여야 한다.

② 또한 부동산등기소는 신청이 있는 때에는 10일 이내에 부동산색인의 등본이나 초본 또는 등기신청의 범위에 속하는 부동산색인이 존재하지 않는다는 증명서를 교부하여야 한다.

**제2444조** I. 국가는 각 부동산등기소가 그들의 권한을 실행하는 범위 내에서 범한 과책으로 야기된 손해를 배상할 책임이 있으며, 특히 다음 각 호에 대하여 그러하다.

1. 이 공시의 흠결이 각하 또는 기각 결정으로 인한 것이 아닌 모든 경우, 부동산등기소에 제출된 증서 및 법원 판결의 공시의 흠결과 신청된 등기의 흠결

2. 그러한 잘못이 부동산등기소에 귀책될 수 없는 불충분 또는 부정확한 지시로 인한 것이 아닌 한, 부동산등기소에 의하여 교부된 증명서상 1개 또는 수 개의 등기의 누락

II. 각 부동산등기소가 행한 과책에 대하여 국가를 상대로 한 책임소송은 과책이 있었던 날로부터 10년을 제척기간으로 하여 민사법원에 제기하여야 한다.

**제2445조** 부동산물권의 새로운 권리자에게 증명서를 교부한 부동산등기소가 저당권의 등기를 누락한 경우, 이해관계인이 자신의 권리증서의 공시의 결과로서 증명서의 발급을 청구하였던 경우라면, 새로운 권리자는 그 증명서상 드러나지 않은 저당권의 부담이 없는 권리를 취득한다. 누락된 등기의 권리자인 채권자는 취득자가 대금을 지급하지 않았거나 다른 채권자들 사이의 순위에 대한 참가가 허가되는 한, 그 등기가 부여하는 순위를 주장할 수 있는 권리를 상실하지 않으며, 이는 국가에 대하여 가능한 청구에는 영향을 미치지 아니한다.

**Article 2446** En dehors des cas où ils sont fondés à refuser le dépôt ou à rejeter une formalité, conformément aux dispositions législatives ou réglementaires, sur la publicité foncière, les services chargés de la publicité foncière ne peuvent refuser ni retarder l'exécution d'une formalité ni la délivrance des documents régulièrement requis, sous peine des dommages et intérêts des parties ; à l'effet de quoi, procès-verbaux des refus ou retardements seront, à la diligence des requérants, dressés sur-le-champ, soit par un juge du tribunal judiciaire, soit par un huissier audiencier du tribunal, soit par un autre huissier ou un notaire assisté de deux témoins.

**Article 2447** Les services chargés de la publicité foncière seront tenus d'avoir un registre sur lequel ils inscriront, jour par jour, et par ordre numérique, les remises qui leur seront faites d'actes, décisions judiciaires, bordereaux et, généralement, de documents déposés en vue de l'exécution d'une formalité de publicité.

Ils ne pourront exécuter les formalités qu'à la date et dans l'ordre des remises qui leur auront été faites.

Chaque année, une reproduction des registres clôturés pendant l'année précédente sera déposée sans frais au greffe d'un tribunal judiciaire situés dans un arrondissement autre que celui où réside le service chargé de la publicité foncière.

Le tribunal au greffe duquel sera déposée la reproduction sera désigné par arrêté du ministre de la justice.

Un décret déterminera les modalités d'application du présent article et, notamment, les procédés techniques susceptibles d'être employés pour l'établissement de la reproduction à déposer au greffe.

**Article 2448** Le registre tenu en exécution de l'article précédent est coté et paraphé à chaque page, par première et dernière, par le juge tribunal judiciaire dans le ressort duquel le bureau est établi. Il est arrêté chaque jour.

Par dérogation à l'alinéa précédent, un document informatique écrit peut tenir lieu de registre ; dans ce cas, il doit être identifié, numéroté et daté dès son établissement par des moyens offrant toute garantie en matière de preuve.

**Article 2449** Dans les services chargés de la publicité foncière dont le registre est tenu conformément aux dispositions du deuxième alinéa de l'article 2448, il est délivré un certificat des formalités acceptées au dépôt et en instance d'enregistrement au fichier immobilier sur les immeubles individuellement désignés dans la demande de renseignements. Un décret en Conseil d'Etat précise le contenu de ce certificat.

**제2446조** 법령의 규정에 근거하여 부동산등기소가 부동산공시에 관한 서류제출을 각하하거나 절차를 기각할 수 있는 경우 이외에는 등기절차의 실행 및 적법하게 신청된 문서의 교부를 거절하거나 지연시킬 수 없으며, 이에 위반한 때에는 당사자에게 손해배상을 하여야 한다. 손해배상을 위하여, 민사지방법원의 법관에 의하든, 그 법원의 집행관에 의하든, 또는 2인의 증인의 조력을 받은 기타의 집행관이나 공증인에 의하든 등기실행에 관한 거절조서 또는 지연조서가 신청인의 청구로 즉시 작성된다.

**제2447조** ① 부동산등기소는 증서, 법원판결, 등기신청서 등 공시절차의 실행을 위하여 제출된 문서를 접수하였다는 사실을 일자별로 번호 순서로 기재한 등록부를 보유하여야 한다.

② 부동산등기소는 접수된 날짜에만, 그리고 그 일련번호 순으로만 등기절차를 실행할 수 있다.

③ 전년도의 기간 동안에 종결된 등록부는 매년 그 복제본을 부동산등기소가 소재하는 시·군·구 이외의 시·군·구에 소재하는 민사지방법원 서기과에게 무상으로 임치한다.

④ 복제본의 임치가 이루어지는 법원은 법무부의 명령으로 이를 지정한다.

⑤ 본조의 적용방식, 특히 법원 서기에게 임치할 복제본의 작성을 위하여 사용될 기술적인 절차에 대하여는 데크레로 정한다.

**제2448조** ① 제2447조의 적용에 의하여 관리되는 등록부는 그 등기소 소재지를 관할하는 민사지방법원의 법관이 첫 면부터 마지막 면까지 각 면에 번호를 붙이고 약식서명하여야 한다. 등록부는 매일 단위로 종결된다.
② 제1항의 규정에 대한 예외로서 전자문서가 등록부를 대신할 수 있다. 이 경우에는 전자문서의 작성 시에 증거에 관하여 완전한 보증을 제공할 수 있는 방법으로 동일성 확인을 위한 정보, 번호 및 일자를 기록하여야 한다.

**제2449조** 제2448조 제2항의 규정에 따라 등록부를 관리하는 부동산등기소에서는 조회신청서에 기재된 개별 부동산에 대하여 등기신청이 접수되었고 부동산색인에의 등기가 진행중임을 확인하는 증명서를 교부한다. 이 증명서의 구체적 기재사항은 국사원 데크레로 정한다.

## Section 7 Des effets des hypothèques

### Sous-section 1 Du droit de préférence et du droit de suite

**Article 2450** Le créancier hypothécaire impayé peut poursuivre la vente du bien hypothéqué selon les modalités prévues par le code des procédures civiles d'exécution, auxquelles la convention d'hypothèque ne peut déroger.

Sur le prix de vente, il est payé par préférence aux créanciers chirographaires.

S'il est en concours avec d'autres créanciers hypothécaires, il est payé au rang que lui assignent les articles 2418 à 2420.

**Article 2451** Le créancier hypothécaire peut aussi demander en justice que l'immeuble, s'il ne constitue pas la résidence principale du constituant, lui demeure en paiement.

**Article 2452** Il peut être convenu dans la convention d'hypothèque que le créancier deviendra propriétaire de l'immeuble hypothéqué. Toutefois, cette clause est sans effet sur l'immeuble qui constitue la résidence principale du débiteur.

**Article 2453** Dans les cas prévus aux deux articles précédents, l'immeuble doit être estimé par expert désigné à l'amiable ou judiciairement.

Si sa valeur excède le montant de la dette garantie, le créancier doit au débiteur une somme égale à la différence ; s'il existe d'autres créanciers hypothécaires, il la consigne.

**Article 2454** En cas d'aliénation de l'immeuble, l'hypothèque le suit entre les mains du tiers acquéreur.

Le tiers acquéreur est ainsi obligé, dans la limite des inscriptions, à toute la dette garantie, en capital et intérêts, quel qu'en soit le montant.

S'il reste impayé, le créancier hypothécaire peut poursuivre en justice la vente de l'immeuble hypothéqué dans les conditions prévues par le livre III du code des procédures civiles d'exécution.

## 제7절 저당권의 효력

## 제1부속절 우선변제권과 추급권

**제2450조** ① 변제받지 못한 저당권부채권자는 민사집행법전이 정하는 방법에 따라 저당목적물의 매각을 추급할 수 있으며, 저당권설정합의는 민사집행법전이 정하는 방법과 달리 정할 수 없다.

② 저당권부채권자는 무담보채권자들에 우선하여 매각대금으로부터 변제를 받는다.

③ 다른 저당권부채권자와 경합하는 경우, 저당권부채권자는 제2418조부터 2420조까지가 그에게 부여하는 순서에 의하여 변제받는다.

**제2451조** 저당권부채권자는 또한 부동산이 저당권설정자의 주된 거소를 구성하지 않으면 변제로서 그 부동산을 자신의 소유로 해줄 것을 재판상 청구할 수 있다.

**제2452조** 저당권설정합의에서 채권자가 저당부동산의 소유자가 되기로 약정할 수 있다. 그러나 그 조항은 채무자의 주된 거소인 부동산에 대해서는 효력이 없다.

**제2453조** ① 제2451조 및 제2452조에서 정한 경우에, 부동산은 합의로 또는 재판상 선임된 감정인의 평가를 받아야 한다.

② 그 가액이 피담보채무액을 초과하면, 채권자는 차액에 상당하는 금액을 채무자에게 지급하여야 한다. 다른 저당권부채권자가 존재하는 경우 채권자는 그 금액을 공탁한다.

**제2454조** ① 부동산의 양도 시, 저당권은 제3취득자의 수중에 있더라도 부동산을 추급한다.

② 제3취득자는, 등기 범위 내에서, 그 금액이 얼마가 되든지 담보된 모든 채무의 원금과 이자를 변제할 의무를 부담한다.

③ 저당권부채권자가 채권을 변제받지 못하면, 그는 민사집행법전 제3권에서 정하는 조건에 따라 저당목적물인 부동산의 매각을 재판상 추급할 수 있다.

**Article 2455** Le tiers acquéreur qui n'est pas personnellement obligé à la dette peut s'opposer à la vente de l'immeuble s'il demeure d'autres immeubles, hypothéqués à la même dette, en la possession du débiteur principal, et en requérir la discussion préalable selon la forme réglée au chapitre Ier du titre Ier du livre IV du présent code. Pendant cette discussion, il est sursis à la vente de l'immeuble hypothéqué.

Ce tiers acquéreur peut encore, comme le pourrait une caution, opposer au créancier toutes les exceptions qui appartiennent au débiteur principal.

**Article 2456** Une fois sommé de payer, et sauf le bénéfice de discussion prévu à l'article précédent, le tiers acquéreur peut :
- soit payer,
- soit purger l'immeuble suivant les règles prévues à la sous-section suivante,
- soit se laisser saisir.

**Article 2457** Le tiers acquéreur doit indemniser le créancier hypothécaire du préjudice résultant des dégradations qui ont diminué la valeur de l'immeuble par son fait ou par sa faute. Mais il peut obtenir remboursement, par prélèvement sur le prix de vente, de ses dépenses nécessaires à la conservation de l'immeuble et de celles qui en ont augmenté la valeur, dans la limite de la plus-value estimée au jour de la restitution.

**Article 2458** Si le prix de vente excède la dette hypothécaire, la différence est pour le tiers acquéreur, sauf les droits de ses créanciers inscrits sur l'immeuble.

**Article 2459** Après la vente, le tiers acquéreur retrouve les droits réels, notamment les servitudes, qu'il avait sur l'immeuble avant qu'il ne l'acquière.

**Article 2460** Le tiers acquéreur qui a payé la dette hypothécaire, ou subi la saisie de l'immeuble hypothéqué, a un recours en garantie dans les conditions du droit commun et un recours subrogatoire contre le débiteur principal.

### Sous-section 2 De la purge

**Article 2461** L'immeuble est, de plein droit, purgé du droit de suite attaché à l'hypothèque dans les cas prévus par la loi, notamment la vente sur saisie immobilière, l'expropriation pour cause d'utilité publique ou les situations prévues par les livres VI du code de commerce ou VII du code de la consommation.

**제2455조** ① 인적 채무를 부담하지 않는 제3취득자는 주채무자가 점유하는 동일한 채무에 대하여 저당권이 설정된 다른 부동산이 있는 경우 부동산의 매각에 대하여 이의를 제기하고, 본 법전 제4권 제1편 제1장에서 정하는 방식에 따라 그에 대하여 사전 검색을 요구할 수 있다. 이 검색 동안 저당부동산의 매각은 정지된다.

② 제3취득자는 나아가, 보증인이 할 수 있는 것과 마찬가지로, 주채무자에게 속하는 모든 항변으로 채권자에게 대항할 수 있다.

**제2456조** 변제 최고가 있으면, 제2455조에서 정한 검색의 이익을 제외하고, 제3취득자는 아래의 행위를 할 수 있다.
 - 변제
 - 이하 부속절에서 규정하는 바에 따른 부동산의 척제
 - 압류의 허용

**제2457조** 제3취득자는 저당권부채권자에게 자신의 행위나 과책에 의하여 부동산의 가치를 감소시킨 훼손으로 야기된 손해를 배상하여야 한다. 그러나 제3취득자는 부동산의 보존에 필요한 비용과, 반환일을 기준으로 평가된 가치 증가분의 범위 내에서 그 부동산의 가치를 증가시키는데 소요된 비용을 매각대금에서 선취하여 상환받을 수 있다.

**제2458조** 매각대금이 저당채무액을 초과하면, 제3취득자의 채권자가 그 부동산에 등기한 권리를 제외하고, 그 차액은 제3취득자가 취득한다.

**제2459조** 매각 후, 제3취득자는 그가 부동산을 취득하기 전에 부동산에 대하여 가지고 있던 물권, 특히 지역권을 다시 취득한다.

**제2460조** 저당채무를 변제하거나 저당부동산을 압류당한 제3취득자는 주채무자에 대하여 일반법상 요건에 따른 담보책임과 변제자대위의 구제수단을 가진다.

### 제2부속절 척제(滌除)

**제2461조** 부동산은 법에 정하는 경우, 특히 부동산 압류에 의한 매각, 공용수용이나 상법전 제4권 또는 소비자법전 제7권에서 정하는 상황의 경우, 저당권에 결부된 추급권으로부터 당연히 척제된다.

**Article 2462** La simple publication au service chargé de la publicité foncière des titres translatifs de propriété ne purge pas les hypothèques établies sur l'immeuble.

Le vendeur ne transmet à l'acquéreur que la propriété et les droits qu'il avait lui-même sur la chose vendue : il les transmet sous l'affectation des mêmes hypothèques dont la chose vendue était grevée.

**Article 2463** Lorsque, à l'occasion de la vente d'un immeuble hypothéqué, tous les créanciers inscrits conviennent avec le débiteur que le prix en sera affecté au paiement total ou partiel de leurs créances ou de certaines d'entre elles, ils exercent leur droit de préférence sur le prix et ils peuvent l'opposer à tout cessionnaire comme à tout créancier saisissant de la créance de prix.

Par l'effet de ce paiement, l'immeuble est purgé du droit de suite attaché à l' hypothèque.

**Article 2464** A défaut de l'accord prévu par l'article précédent, le tiers acquéreur peut, une fois la vente publiée, purger l'immeuble du droit de suite attaché à l'hypothèque.

Il doit, soit avant les poursuites, soit dans le mois de la première sommation de payer qui lui est faite, notifier aux créanciers inscrits un acte où il dit être prêt à acquitter sur-le-champ les dettes hypothécaires, exigibles ou non exigibles, mais jusqu'à concurrence du prix stipulé dans l'acte d'acquisition ou, s'il a reçu l'immeuble par donation, de la valeur qu'il déclare.

**Article 2465** Tout créancier inscrit peut, dans les quarante jours suivant la notification qui lui a été faite, requérir la vente de l'immeuble aux enchères publiques, pourvu qu'il surenchérisse d'un dixième sur le prix stipulé ou sur la valeur déclarée, et qu'il fournisse caution à due concurrence.

**Article 2466** Le créancier requérant ne peut par son désistement, et même s'il offre de payer la surenchère, empêcher l'adjudication publique, sauf si tous les autres créanciers inscrits y consentent.

**Article 2467** Si aucun créancier ne requiert la mise aux enchères dans le délai et les formes prescrites, la valeur de l'immeuble est définitivement fixée au prix stipulé ou à la valeur déclarée.

L'immeuble est, en conséquence, libéré de toute hypothèque par le paiement de cette somme aux créanciers inscrits, ou par sa consignation.

**제2462조** ① 부동산등기소의 소유권 양도 증서의 단순 공시는 부동산에 설정된 저당권을 척제하지 아니한다.

② 매도인은 취득자에게 소유권과 매각 목적물에 대하여 갖고 있던 권리만을 양도한다. 매도인은 매도된 물건에 설정된 것과 동일한 저당권의 부담 하에 이를 양도한다.

**제2463조** ① 저당부동산의 매매에 있어서 모든 등기채권자가 채무자와 사이에 대금을 그들 채권의 전부 또는 일부의 전부 또는 일부 변제에 충당하기로 합의한 경우에 이들 채권자는 대금에 대하여 우선변제권을 행사하고, 이들은 대금채권의 양수인과 대금채권을 압류한 채권자에 대하여 대항할 수 있다.

② 제1항의 변제의 효과로서 당해 부동산은 저당권에 결부된 추급권으로부터 척제된다.

**제2464조** ① 제2463조에 규정된 합의가 없으면, 제3취득자는 매매가 공시되면 부동산을 저당권에 결부된 추급권으로부터 척제할 수 있다.

② 제3취득자는, 소구 전이나 그에게 최초로 변제가 최고된 달 이내에 등기채권자에게, 즉시 청구 가능하든 가능하지 않든, 저당채무를 즉시, 그러나 취득증서에 기재된 가격 상당액, 또는 증여에 의하여 부동산을 취득한 경우는 그가 진술하는 가치에 상응하는 금액까지 변제할 준비가 되어 있다는 것이 기재된 증서를 통지해야 한다.

**제2465조** 모든 등기채권자는, 그가 부동산취득가격 또는 진술된 부동산 가액보다 10분의 1 이상 증가된 금액으로 입찰하고, 해당 금액에 대한 담보를 제공하는 이상, 그에게 행해진 통지일로부터 40일 내에 공경매 절차에 의한 부동산의 매각을 요구할 수 있다.

**제2466조** 신청채권자는, 비록 그가 상승경매가에 해당하는 금액을 지급하기로 제안하더라도, 경매철회에 의하여 공개경매를 저지할 수 없지만, 다른 모든 등기된 채권자들이 그에 동의하면 그러하지 아니하다.

**제2467조** ① 어느 채권자도 정해진 기간과 방식에 따라 경매의 신청을 하지 않으면, 부동산의 가액은 약정가격 또는 신고가액으로 확정된다.

② 부동산은, 그에 따라, 등기된 채권자들에 대한 해당 대금의 지급에 의하여, 또는 공탁에 의하여, 모든 저당권으로부터 벗어난다.

**Article 2468** La vente aux enchères, s'il y a lieu, se fait selon les formes établies par le code de procédure civile, à la diligence soit du créancier qui l'a requise, soit du tiers acquéreur.

**Article 2469** L'adjudicataire est tenu, au-delà du prix de son adjudication, de restituer au tiers acquéreur les coûts de son contrat, y compris de sa publication, ainsi que ceux de la notification et tous les autres frais exposés en vue de la purge.

**Article 2470** Le tiers acquéreur qui se rend adjudicataire, et conserve ainsi la propriété de l'immeuble, n'est pas tenu de faire publier le jugement d'adjudication.

Il dispose d'un recours contre son vendeur pour le remboursement de ce qui excède le prix stipulé et pour l'intérêt de cet excédent à compter du jour de son paiement.

**Article 2471** Dans le cas où le tiers acquéreur aurait acquis par le même acte, pour un prix global ou à des prix distincts, des immeubles et des meubles, ou plusieurs immeubles, dont certains seuls sont hypothéqués, et qui forment ou non une même exploitation, le prix de chaque immeuble frappé d'inscription sera déclaré dans la notification prévue par l'article 2464, par ventilation, s'il y a lieu, du prix global.

Le créancier surenchérisseur ne peut, en aucun cas, être contraint d'étendre sa soumission au mobilier ou à d'autres immeubles que ceux qui sont hypothéqués à sa créance ; sauf le recours du tiers acquéreur contre ses auteurs, pour l'indemnité du dommage qu'il éprouverait, soit de la division des objets de son acquisition, soit de celle des exploitations.

**Article 2472** Si l'immeuble aliéné comprend un immeuble par destination grevé d'un gage, le créancier gagiste est assimilé à un créancier inscrit pour l'application de la présente sous-section.

Le tiers acquéreur peut, une fois la vente publiée, purger l'immeuble par destination du droit de suite attaché au gage en application de l'article 2464. La notification indique alors le prix de l'immeuble par destination gagé, par ventilation s'il y a lieu du prix global, et inclut l'engagement, dans les limites et conditions fixées par cet article, de s'acquitter des dettes garanties par le gage.

Si un créancier gagiste forme surenchère en application de l'article 2465, celle-ci porte sur le seul immeuble par destination gagé.

Si un créancier gagiste et un créancier hypothécaire forment surenchère, seule celle de ce dernier produit effet.

Par l'effet du paiement ou de la consignation intervenu en application des deuxièmes alinéas des articles 2463 ou 2467, l'immeuble est libéré de tout gage.

**제2468조** 경매는, 필요한 경우, 신청채권자이든, 제3취득자이든, 그의 청구에 의하여 민사소송법전이 규정한 방식에 따라 이루어진다.

**제2469조** 매수인은 매각대금 외에도, 제3취득자에게 공시비용을 포함한 계약비용 및 통지비용과 기타 척제에 관하여 발생한 일체의 비용을 상환할 책임을 부담한다.

**제2470조** ① 스스로 매수인이 되어 부동산의 소유권을 보유하게 된 제3취득자는, 매각결정을 공시할 책임을 부담하지 아니한다.
② 제3취득자는 약정가격을 초과하는 부분 및 대금납부일로부터 가산한 이자에 대하여 자신의 매도인을 상대로 구상권을 가진다.

**제2471조** ① 제3취득자가 동일한 증서에 의하여, 일괄가격 또는 개별가격에, 동산과 부동산, 또는 수 개의 부동산을 취득하였고, 그 중 일부에만 저당권이 설정된 경우, 동일한 사용에 제공되는지 여부와 상관없이, 등기된 각 부동산의 가액은 필요한 경우 일괄가격을 안분한 금액으로 제2464조에 규정된 통지에 표시되어야 한다.

② 상승경매가를 제시한 채권자는, 어떠한 경우에도 그 제시가격이 동산 또는 자신의 채권에 관한 저당권이 설정된 다른 부동산에까지 확장되는 것으로 구속받지 아니한다. 다만, 제3취득자의 전소유자를 상대로 취득한 목적물의 분할이나 사용목적물의 분할로 인하여 받은 손해의 배상을 청구하는 것은 별도로 한다.

**제2472조** ① 양도된 부동산에 질권이 설정된 용도에 의한 부동산이 포함된 경우, 질권부채권자는 본부속절의 적용에 있어 등기된 채권자로 본다.

② 제3취득자는, 매매가 공시되고 나면, 용도에 의한 부동산에서 제2464조의 적용에 의하여 질권에 결부된 추급권을 척제할 수 있다. 통지는 이 경우 질권이 설정된 용도에 의한 부동산의 가격을, 전체 가격이 있다면 안분하여, 명시하고 또한 본조가 정한 제한과 요건의 범위 내에서, 질권에 의하여 담보된 채무를 변제하겠다는 의무부담을 포함한다.

③ 질권부채권자가 제2465조에 의하여 상승경매를 신청하면, 이는 질권이 설정된 용도에 의한 부동산을 대상으로만 이루어진다.
④ 질권부채권자와 저당권부채권자가 상승경매를 신청하면, 저당권부채권자의 것만이 효력을 발생한다.
⑤ 제2463조 제2항 또는 제2476조 제2항에 의한 변제나 공탁의 효과로, 부동산은 모든 질권으로부터 벗어난다.

## Section 8 De la transmission et de l'extinction des hypothèques

**Article 2473** L'hypothèque est transmise de plein droit avec la créance garantie. Le créancier hypothécaire peut subroger un autre créancier dans l'hypothèque et conserver sa créance.

Il peut aussi, par une cession d'antériorité, céder son rang d'inscription à un créancier de rang postérieur dont il prend la place.

**Article 2474** Les hypothèques s'éteignent notamment :

1° Par l'extinction de l'obligation principale sous réserve du cas prévu à l'article 2422 ;

2° Par la renonciation du créancier à l'hypothèque sous la même réserve ;

3° Par la purge ;

4° Par la résiliation permise au dernier alinéa de l'article 2417 et dans la mesure prévue par ce texte.

**Article 2475** (abrogé)
**Article 2476** (abrogé)
**Article 2477** (abrogé)
**Article 2478** (abrogé)
**Article 2479** (abrogé)
**Article 2480** (abrogé)
**Article 2481** (abrogé)
**Article 2482** (abrogé)
**Article 2483** (abrogé)
**Article 2484** (abrogé)
**Article 2485** (abrogé)
**Article 2486** (abrogé)
**Article 2487** (abrogé)
**Article 2488** (abrogé)

## 제8절 저당권의 이전과 소멸

**제2473조** ① 저당권은 당연히 피담보채권과 함께 이전된다. 저당권부채권자는 저당권의 범위 내에서 다른 채권자를 대위하여 자신의 채권을 보전할 수 있다.

② 저당권부채권자는 선순위 양도를 통하여, 후순위채권자에게 등기된 자신의 순위를 양도하고 자신은 그 후순위채권자의 지위를 취득할 수도 있다.

**제2474조** 저당권은 특히 다음 각 호의 사유에 의하여 소멸한다.
1. 제2422조에 규정된 경우의 유보 하에, 주채무의 소멸
2. 같은 유보 하에, 채권자의 저당권 포기
3. 척제
4. 제2417조 제2항에서 허용되고, 그 조항이 규정한 범위 내에서 이루어진 해지

**제2475조** (삭제)
**제2476조** (삭제)
**제2477조** (삭제)
**제2478조** (삭제)
**제2479조** (삭제)
**제2480조** (삭제)
**제2481조** (삭제)
**제2482조** (삭제)
**제2483조** (삭제)
**제2484조** (삭제)
**제2485조** (삭제)
**제2486조** (삭제)
**제2487조** (삭제)
**제2488조** (삭제)

## Chapitre IV De la fiducie à titre de garantie

**Article 2488-1** La propriété d'un bien immobilier peut être cédée à titre de garantie d'une obligation en vertu d'un contrat de fiducie conclu en application des articles 2011 à 2030.

L'obligation garantie peut être présente ou future ; dans ce dernier cas, elle doit être déterminable.

Par dérogation à l'article 2029, le décès du constituant personne physique ne met pas fin au contrat de fiducie constitué en application du présent chapitre.

**Article 2488-2** En cas de fiducie conclue à titre de garantie, le contrat mentionne à peine de nullité, outre les dispositions prévues à l'article 2018, la dette garantie.

**Article 2488-3** A défaut de paiement de la dette garantie et sauf stipulation contraire du contrat de fiducie, le fiduciaire, lorsqu'il est le créancier, acquiert la libre disposition du bien cédé à titre de garantie.

Lorsque le fiduciaire n'est pas le créancier, ce dernier peut exiger de lui la remise du bien, dont il peut alors librement disposer, ou, si la convention le prévoit, la vente du bien et la remise de tout ou partie du prix.

La valeur du bien est déterminée par un expert désigné à l'amiable ou judiciairement. Toute clause contraire est réputée non écrite.

Si le fiduciaire ne trouve pas d'acquéreur au prix fixé par expert, il peut vendre le bien ou le droit au prix qu'il estime, sous sa responsabilité, correspondre à sa valeur.

**Article 2488-4** Si le bénéficiaire de la fiducie a acquis la libre disposition du bien en application de l'article 2488-3, il verse au constituant, lorsque la valeur mentionnée à l'avant-dernier alinéa de cet article excède le montant de la dette garantie, une somme égale à la différence entre cette valeur et le montant de la dette, sous réserve du paiement préalable des dettes nées de la conservation ou de la gestion du patrimoine fiduciaire.

Sous la même réserve, si le fiduciaire procède à la vente du bien en application du contrat de fiducie, il restitue au constituant la part du produit de cette vente excédant, le cas échéant, la valeur de la dette garantie.

## 제4장 담보신탁

**제2488-1조** ① 부동산 소유권은 제2011조부터 제2030조까지에 따라 체결된 신탁계약에 의하여 채무의 담보를 목적으로 양도될 수 있다.
② 피담보채무는 현재나 장래의 것일 수 있다. 장래 채무의 경우, 특정이 가능하여야 한다.

③ 제2029조에 대한 예외로, 신탁을 설정한 자연인이 사망하더라도 본장에 의하여 체결된 신탁계약은 종료되지 아니한다.

**제2488-2조** 담보목적으로 체결된 신탁의 경우, 그 계약이 무효가 되지 않기 위하여, 제2018조에 규정된 사항 이외에 피담보채무가 기재되어야 한다.

**제2488-3조** ① 피담보채무의 변제가 없고 신탁계약에 반대약정이 없으면, 수탁자는, 그가 채권자인 경우, 담보목적으로 양도된 부동산에 대한 자유로운 처분권을 취득한다.

② 수탁자가 채권자가 아닌 경우, 채권자는 부동산의 인도를 수탁자에게 청구하여, 그는 이 경우에 이를 자유롭게 처분할 수 있고, 또는, 합의로 그렇게 정한다면, 부동산의 매각과 그 대금의 전부 또는 일부의 교부를 청구할 수 있다.
③ 부동산의 가액은 합의 또는 재판상 지정된 감정인에 의하여 정해진다. 모든 반대 조항은 기재되지 않은 것으로 본다.
④ 수탁자는 감정인이 결정한 가격에 취득할 사람을 발견하지 못하면, 자신의 책임으로, 부동산의 가치에 따라 산정한 가격에 부동산을 매각할 수 있다.

**제2488-4조** ① 신탁의 수익자가 제2488-3조에 의하여 부동산의 자유로운 처분권을 취득하였으면, 수익자는, 동조 제3항에 규정된 가액이 피담보채무의 총액을 초과하는 경우, 위 가액과 채무액 사이의 차액과 동일한 금액을 설정자에게 지급하나, 신탁재산의 보존 또는 관리로 발생한 채무에 대한 우선변제를 유보한다.

② 동일한 유보 하에, 수탁자가 신탁계약에 의하여 부동산을 매각하면, 경우에 따라 매각으로 인하여 피담보채무액을 초과하는 수익 부분을 설정자에게 반환한다.

**Article 2488-5** La propriété cédée en application de l'article 2488-1 peut être ultérieurement affectée à la garantie de dettes autres que celles mentionnées par l'acte constitutif pourvu que celui-ci le prévoie expressément.

Le constituant peut l'offrir en garantie, non seulement au créancier originaire, mais aussi à un nouveau créancier, encore que le premier n'ait pas été payé. Lorsque le constituant est une personne physique, le patrimoine fiduciaire ne peut alors être affecté en garantie d'une nouvelle dette que dans la limite de sa valeur estimée au jour de la recharge.

A peine de nullité, la convention de rechargement établie selon les dispositions de l'article 2488-2 est publiée sous la forme prévue à l'article 2019. La date de publication détermine, entre eux, le rang des créanciers.

Les dispositions du présent article sont d'ordre public et toute clause contraire à celles-ci est réputée non écrite.

## Titre III De l'agent des sûretés

**Article 2488-6** Toute sûreté ou garantie peut être prise, inscrite, gérée et réalisée par un agent des sûretés, qui agit en son nom propre au profit des créanciers de l'obligation garantie.

L'agent des sûretés est titulaire des sûretés et garanties.

Les droits et biens acquis par l'agent des sûretés dans l'exercice de sa mission forment un patrimoine affecté à celle-ci, distinct de son patrimoine propre.

Les qualités requises du bénéficiaire de la sûreté s'apprécient en la personne du créancier de l'obligation garantie.

**Article 2488-7** A peine de nullité, la convention par laquelle les créanciers désignent l'agent des sûretés doit être constatée par un écrit qui mentionne sa qualité, l'objet et la durée de sa mission ainsi que l'étendue de ses pouvoirs.

**Article 2488-8** Lorsque l'agent des sûretés agit au profit des créanciers de l'obligation garantie, il doit faire expressément mention de sa qualité.

**Article 2488-9** L'agent des sûretés peut, sans avoir à justifier d'un mandat spécial, exercer toute action pour défendre les intérêts des créanciers de l'obligation garantie et procéder à toute déclaration de créance.

**제2488-5조** ① 제2488-1조에 의하여 양도된 소유권은 설정증서에 이를 명시적으로 미리 규정한 경우에는, 설정증서에 표시된 채무 이외의 채무의 담보로 사후에 할당될 수 있다.

② 설정자는 원채권자뿐만 아니라 새로운 채권자에게도 담보로 위 소유권을 제공할 수 있고, 원채권자가 변제받지 못하였더라도 마찬가지다. 설정자가 자연인인 경우, 신탁재산은 이때 충전일에 산정된 가액의 범위에서만 새로운 채무를 위한 담보로 할당될 수 있다.

③ 무효가 되지 않기 위하여, 제2488-2조의 규정에 따라 성립된 충전합의는 제2019조에서 규정된 형식으로 공시되어야 한다. 공시일자는 채권자들 사이에서 그들의 순위를 결정한다.

④ 본조의 규정은 공적 질서에 관한 것으로, 모든 반대 약정은 기재되지 않은 것으로 본다.

## 제3편 담보권수탁자

**제2488-6조** ① 모든 담보권(sûreté) 또는 담보(garantie)는 피담보채무의 채권자의 이익을 위하여 자신의 이름으로 행위하는 담보권수탁자에 의하여 취득, 등기, 관리 및 실현될 수 있다.

② 담보권수탁자는 담보권과 담보의 권리자이다.
③ 담보권수탁자가 그의 업무수행을 통하여 취득한 권리 및 물건은 그에게 위탁된 재산을 구성하며 그의 고유재산과 구별된다.
④ 담보권의 수익자에게 요구되는 자격은 피담보채무의 채권자 본인을 기준으로 판단한다.

**제2488-7조** 무효가 되지 않기 위하여, 채권자들이 담보권수탁자를 지정하는 합의는 그의 자격, 임무의 대상과 기간 및 권한의 범위를 기재한 서면에 의하여 확인되어야 한다.

**제2488-8조** 담보권수탁자가 피담보채무의 채권자의 이익을 위하여 행위하는 경우, 그는 자신의 자격을 명시적으로 표시하여야 한다.

**제2488-9조** 담보권수탁자는 특별한 위임을 증명하지 않더라도, 피담보채무의 채권자의 이익을 보호하기 위한 모든 행위를 수행할 수 있고, 모든 채권신고를 처리할 수 있다.

**Article 2488-10** Les droits et biens acquis par l'agent des sûretés dans l'exercice de sa mission ne peuvent être saisis que par les titulaires de créances nées de leur conservation ou de leur gestion, sous réserve de l'exercice d'un droit de suite et hors les cas de fraude.

L'ouverture d'une procédure de sauvegarde, de redressement judiciaire, de liquidation judiciaire, de rétablissement professionnel, de surendettement ou de résolution bancaire à l'égard de l'agent des sûretés est sans effet sur le patrimoine affecté à sa mission.

**Article 2488-11** En l'absence de stipulations contractuelles prévoyant les conditions de son remplacement et si l'agent des sûretés manque à ses devoirs, met en péril les intérêts qui lui sont confiés ou fait l'objet de l'ouverture d'une procédure de sauvegarde, de redressement judiciaire, de liquidation judiciaire, de rétablissement professionnel, de surendettement ou de résolution bancaire, tout créancier bénéficiaire des sûretés et garanties peut demander en justice la désignation d'un agent des sûretés provisoire ou le remplacement de l'agent des sûretés.

Tout remplacement conventionnel ou judiciaire de l'agent des sûretés emporte de plein droit transmission du patrimoine affecté au nouvel agent des sûretés.

**Article 2488-12** L'agent des sûretés est responsable, sur son patrimoine propre, des fautes qu'il commet dans l'exercice de sa mission.

**제2488-10조** ① 담보권수탁자가 그의 업무수행을 통하여 취득한 권리와 물건은, 그 보존 또는 관리로 인하여 발생한 채권의 권리자에 의하여만 압류될 수 있으나, 추급권의 행사를 유보하고, 사기의 경우에는 압류할 수 없다.
② 담보권수탁자에 관하여 구제절차, 재판상 회생절차, 재판상 청산절차, 회복절차, 채무초과처리절차 또는 은행도산절차가 개시된 경우, 그의 임무에 위탁된 재산에 대하여는 아무런 효력이 없다.

**제2488-11조** ① 담보권수탁자의 교체 요건을 정하는 약정이 없고, 담보권수탁자가 자신의 의무를 다하지 않아, 자신에게 맡겨진 이익을 위태롭게 하거나 또는 자신에 대하여 구제절차, 재판상 회생절차, 재판상 청산절차, 회복절차, 채무초과처리절차 또는 은행도산절차가 개시의 대상이 된 때에는, 모든 담보권과 담보를 가진 채권자는 임시담보권수탁자의 지정이나 담보권수탁자의 교체를 재판상 청구할 수 있다.


② 담보권수탁자를 약정상 또는 재판상 교체한 모든 경우에 위탁된 재산은 새로운 담보권수탁자에게 당연히 이전된다.

**제2488-12조** 담보권수탁자는 자신의 임무수행 과정에서 범한 과책에 대하여 자신의 고유재산으로 책임을 부담한다.

# 색인(조문 번호 표기)

## [번역진 명단]

1. 강윤희 교수(고려대학교 법학전문대학원)
2. 고유강 교수(서울대학교 법학전문대학원)
3. 권철 교수(성균관대학교 법학전문대학원)
4. 김기환 교수(충남대학교 법학전문대학원)
5. 김은아 박사(서울대학교 법학연구소)
6. 김현진 교수(인하대학교 법학전문대학원)
7. 김태훈 박사(한국형사·법무정책연구원)
8. 김태희 석사(경희대학교 대학원 법학과 박사과정)
9. 남궁술 교수(경상대학교 법학과)
10. 남효순 명예교수(서울대학교 법학전문대학원)
11. 박수곤 교수(경희대학교 법학전문대학원)
12. 박준혁 교수(울산대학교 법학과)
13. 송재일 교수(명지대학교 법학과)
14. 이상헌 교수(경북대학교 법학전문대학원)
15. 이은희 교수(충북대학교 법학전문대학원)
16. 이재우 박사(연세대학교)
17. 이종록 판사(대법원 재판연구관)
18. 이주은 변호사(법무법인 태평양)
19. 이지은 교수(숭실대학교 법학과)
20. 정다영 교수(충남대학교 법학전문대학원)
21. 정윤아 부장판사(창원지방법원)
22. 정준호 변호사(법률사무소 공간과 길)
23. 조응경 변호사(스위스 로펌)
24. 조인영 교수(연세대학교 법학전문대학원)
25. 황재훈 변호사(법무법인 로고스)

프랑스민법전

초판발행         2023년 11월 10일

지은이          (사)한불민사법학회
펴낸이          안종만 · 안상준

편 집           한두희
기획/마케팅      조성호
표지디자인       이은지
제 작           고철민 · 조영환

펴낸곳          (주) **박영사**
               서울특별시 금천구 가산디지털2로 53, 210호(가산동, 한라시그마밸리)
               등록  1959. 3. 11. 제300-1959-1호(倫)

전 화           02)733-6771
f a x          02)736-4818
e-mail         pys@pybook.co.kr
homepage       www.pybook.co.kr
ISBN           979-11-303-4525-3   93360

정 가           72,000원